Kurzlehrbücher
für das juristische Studium

Roxin/Schünemann
Strafverfahrensrecht

Strafverfahrensrecht

Ein Studienbuch

von

Dr. Dr. h. c. mult. Claus Roxin

em. o. Professor an der Universität München

seit der 26. Auflage fortgeführt von

Dr. Dr. h. c. mult. Bernd Schünemann

em. o. Professor an der Universität München

29., neu bearbeitete Auflage, 2017
des von Eduard Kern begründeten Werkes

C. H. BECK

Übersetzung ins Japanische von
Nobuyuki Yoshida

Übersetzung ins Chinesische von
Li-chi Wu

Übersetzung ins Spanische von
Gabriela E. Córdoba und Daniel R. Pastor (25. Aufl.)
und von
Ignacio F. Tedesco, Darío N. Rolón und Mario Amoretti (29. Aufl.)

www.beck.de

ISBN 978 3 406 70680 6

Wilhelmstraße 9, 80801 München
Druck und Bindung: Nomos Verlagsgesellschaft mbH & Co. KG
In den Lissen 12, 76547 Sinzheim

Satz: Jung Crossmedia Publishing GmbH
Gewerbestraße 17, 35633 Lahnau

Umschlaggestaltung: Martina Busch, Grafikdesign, Homburg Saar

Gedruckt auf säurefreiem, alterungsbeständigem Papier
(hergestellt aus chlorfrei gebleichtem Zellstoff)

Vorwort

Als ich vor genau einem halben Jahrhundert erstmals an diesem Lehrbuch mitarbeiten durfte, damals als frischgebackene wissenschaftliche Hilfskraft von *Claus Roxin,* habe ich diesem die von ihm sofort akzeptierte Qualifizierung des „Strafverfahrensrechts als Seismograph der Staatsverfassung“ vorgeschlagen. Heute möchte ich in Abwandlung eines berühmten Wortes *Franz von Liszts* hinzufügen, dass es die „Magna Charta des Bürgers“ bildet. In dieser Aufgabe muss es sich heute bewähren, weil der vom Grundgesetz geschaffene deutsche Rechtsstaat zum ersten Mal ernsthaft bedroht ist. Der von amerikanischen Sozialwissenschaftlern entwickelte analytische Begriff des „governing through crime“ vermag die gegenwärtig Deutschland beherrschende Politik zu erklären, mit genuin polizeistaatlichen Mitteln bald auf die als Folge des eigenen, rechtlich vielfach prekären Handelns entstandenen, wirklichen oder vermeintlichen Bedrohungslagen zu reagieren, bald sie auszunutzen. Die kaum kontrollierbare, vom uniformierten Schutzmann auf der Straße längst auf opake Geheimdienste und unergründliche IT-Technologien verlagerte Überwachung drängt das im rechtsstaatlichen Strafverfahren zu exekutierende Strafrecht als Grenze der bürgerlichen Freiheit in den Hintergrund, nach den jüngsten Plänen sogar auf dem Gebiet der Meinungsfreiheit in dem einer Lenkung von staatlicher oder unsichtbarer Hand schwerer zugänglichen Internet.

Damit sich wenigstens das Strafverfahrensrecht als Herzkammer des Rechtsstaats behaupten kann, bedarf es naturgemäß seiner kritisch-konstruktiven Analyse, Darstellung und Verteidigung durch eine nicht in den Schlangenwindungen postmoderner Drittmittelfinanzierung korrumpierbare Dogmatik, die an der gegenwärtig ablaufenden Entwicklung nicht nur wie ein registrierender Buchhalter, sondern als intellektueller Zuchtmeister teilzunehmen versucht und dadurch ihre implizite verfassungsrechtliche Aufgabe als Avantgarde der Zivilgesellschaft ernst nimmt. Anders als die Dogmatik des materiellen Strafrechts, in der die larmoyante Anzweifelung ihrer eigenen Errungenschaften im Interesse eines perspektivenlosen Neopositivismus modisch geworden ist, hat die akademische Strafprozessrechtsdogmatik durch die wissenschaftlichen Beiträge von Seiten professioneller Strafverteidiger so zahlreiche und starke Impulse erfahren, dass sie ihre Aufgabe national und nota bene auch international weiterhin wahrnimmt und sich ihr nicht durch Selbstaufgabe entzieht.

Freilich ist es deshalb für den Verfasser eines Lehrbuches schier unmöglich geworden, die ungeheure Menge und Differenziertheit der einschlägigen Publikationen nachzuweisen, geschweige denn explizit zu berücksichtigen. Die weiterhin wachsende Zahl hervorragender Großkommentare zur Strafprozessordnung und die immer perfekter werdenden elektronischen Suchmaschinen haben mir die unvermeidbare Selektion und Konzentration erträglich gemacht, wobei ich vor allem bestrebt war, den in diesen Fundgruben meist zu kurz kommenden, aber unsere Rechtskultur kennzeichnenden, einzigartigen Schatz an Monographien und Festschriftbeiträgen dem an vertiefter Durchdringung interessierten Leser greifbar zu halten.

Meinen eigenen Beitrag zu der genannten Aufgabe versuche ich dadurch zu leisten, dass ich mit mir angebracht erscheinender Kritik nicht hinter dem Berg halte und – in der Neuauflage weiterhin verstärkt – nicht nur das „law in books“, sondern auch das „law in action“ behandele.

Selbstverständlich ist auch diese Auflage auf den neuesten Stand von Gesetzgebung und Rechtsprechung gebracht worden (Stichtag 1.1.2017, in Einzelfällen darüber hinaus). Von den 19 Gesetzen, die seit der Vorauflage die Strafprozessordnung geändert haben, hat freilich allein das 3. Opferrechtsreformgesetz eine Strukturfrage betroffen, nämlich die durch 6 Gesetze in 3 Jahrzehnten immer weiter ausgebaute Verfahrensposition des Opferprätendenten als private Gegenpartei in dem von der Staatsanwaltschaft betriebenen öffentlichen Strafverfahren (u. Rn. 2 vor § 63). Außerdem ist ein weiteres Kapitel in der unendlichen Geschichte der Vorratsdatenspeicherung aufgeschlagen (§ 26 Rn. 29–30), die Anwesenheitspflicht des Angeklagten in der Berufungshauptverhandlung in vom EGMR erzwungener, etwas kurioser Weise geregelt (§ 54 Rn. 23) und die Auslieferung nach einem Abwesenheitsverfahren zugelassen worden (§ 62 Rn. 2). Ungleich bedeutsamer ist die dazu ergangene, die Wahrung der deutschen Verfassungsidentität im Prozess der Europäisierung beschwörende Entscheidung des BVerfG (§ 3 Rn. 21 a) als pars pro toto der höchstrichterlichen Rechtsprechung, die die rechtliche Gestaltungsaufgabe – bei aller Angreifbarkeit im Detail – per Saldo seriöser wahrnimmt als der zunehmend populistischer agierende Gesetzgeber. Den ständigen Dialog der Wissenschaft mit dem Bundesgerichtshof als unentbehrlichen Bestandteil einer elaborierten Rechtskultur habe ich in der unerschütterlichen Hoffnung fortgeführt, dass er auch auf der anderen Seite ergebnisoffen und nicht nur zur Gewinnung von Zitatendeponien geführt wird.

München, im Januar 2017 *Bernd Schünemann*

Inhaltsverzeichnis

Abkürzungs- und Literaturverzeichnis XVII

Einleitung 1

§ 1. Begriff und Aufgabe des Strafverfahrensrechts 1
A. Strafrecht und Strafverfahrensrecht 1
B. Aufgabe und Ziel des Strafverfahrensrechts 2
C. Der Umfang des Strafverfahrensrechts 5
D. Das Strafverfahrensrecht in seinem Verhältnis zum allgemeinen Prozessrecht und zum materiellen Strafrecht 5
E. Strafverfahrensrecht und Strafprozesslehre 6

§ 2. Das Strafverfahrensrecht in der Verfassungsordnung 9
A. Das Strafverfahrensrecht als Seismograph der Staatsverfassung 9
B. Das Modell der StPO und dessen Krise 11

§ 3. Übersicht über die Rechtsquellen und den Einfluss des Europarechts 13
A. Die zentralen deutschen Gesetze 13
B. Ergänzende Vorschriften 14
C. Sonstige Bundesgesetze 15
D. Bundeseinheitlich geltende Verwaltungsanordnungen 15
E. Landesrecht 16
F. Europäisches, internationales und Völkerstrafverfahrensrecht 16

§ 4. Überblick über den Gang des Verfahrens 27
A. Abschnitte des Strafprozesses 27
B. Das erstinstanzliche ordentliche Erkenntnisverfahren 28
C. Legaldefinition des Beschuldigten im Strafverfahren 30

1. Kapitel. Strafgerichtsverfassungsrecht

§ 5. Der Umfang der deutschen Strafgerichtsbarkeit; internationale Strafgerichtsbarkeit 32

§ 6. Die sachliche Zuständigkeit und die Besetzung der Strafgerichte 32
A. Das richterliche Entscheidungsmonopol 33
B. Die sachliche Zuständigkeit 34
C. Die Besetzung der Strafgerichte 38

§ 7. Die örtliche Zuständigkeit 43

§ 8. Die Ausschließung und Ablehnung der Gerichtspersonen. Vorverurteilung durch die Medien 46
A. Die Ausschließung des Richters 46
B. Die Ablehnung des Richters 48
C. Vorverurteilung durch die Medien 51

§ 9. Die Staatsanwaltschaft und ihre Gehilfen ... 52
A. Die Staatsanwaltschaft ... 53
B. Die Polizei ... 59
C. Der Ermittlungsrichter ... 64
D. Die Gerichtshilfe ... 66

2. Kapitel. Die Grundsätze des Strafverfahrensrechts

§ 10. Übersicht ... 67

§ 11. Die regulativen Verfahrensprinzipien der Unschuldsvermutung, des Fair Trial und der Fürsorgepflicht ... 69
A. Die Unschuldsvermutung (Art. 6 II EMRK) ... 69
B. Fair Trial ... 70
C. Gerichtliche Fürsorgepflicht ... 72

§ 12. Der Grundsatz der Strafverfolgung durch den Staat (Offizialprinzip) ... 73
A. Zur Geschichte ... 73
B. Das geltende deutsche Recht ... 73

§ 13. Der Anklagegrundsatz (Akkusationsprinzip) ... 76
A. Grundsätzliches ... 76
B. Das geltende Recht ... 77

§ 14. Der Verfolgungs- und Anklagezwang (Legalitätsprinzip) ... 78
A. Grundsätzliches ... 79
B. Legalitäts- und Opportunitätsprinzip im geltenden Recht ... 80

§ 15. Das Prinzip der materiellen Wahrheit und der Ermittlungsgrundsatz (Instruktionsmaxime) ... 87
A. Der Ermittlungsgrundsatz ... 87
B. Weitere Beweisgrundsätze ... 90

§ 16. Die Grundsätze der Form (Mündlichkeit und Öffentlichkeit) und der Beschleunigung ... 90
A. Mündlichkeitsgrundsatz ... 91
B. Öffentlichkeitsgrundsatz ... 91
C. Der Beschleunigungsgrundsatz und die Überforderung der Hauptverhandlung durch Umfangsverfahren ... 91

3. Kapitel. Die Rechtsstellung der Verfahrensbeteiligten

§ 17. Die gesetzliche Struktur des deutschen Strafverfahrens und ihre Sprengung durch die Urteilsabsprachen ... 96
A. Die Prozesssubjekte ... 96
B. Inquisitionsverfahren und Parteiverfahren ... 96
C. Eigenständiger Prozesstyp ... 97
D. Die Sprengung dieser Struktur durch die Urteilsabsprachen ... 98

§ 18. Die Stellung des Beschuldigten im Strafverfahren 108
A. Der Beschuldigte als Prozesssubjekt 108
B. Rechte des Beschuldigten 109
C. Der Schutz des Persönlichkeitsrechts vor den Medien 111

§ 19. Verteidiger und Beistände 114
A. Die prozessuale Stellung des Verteidigers 116
B. Notwendige und freiwillige Verteidigung 121
C. Gewählter und bestellter Verteidiger; die Person des Verteidigers 125
D. Ausschluss des Verteidigers; sitzungsleitende Maßnahmen 130
E. Aufgaben und Rechte des Verteidigers 133
F. Beistände 140

4. Kapitel. Gegenstand und Voraussetzungen des Strafverfahrens; Prozesshandlungen; richterliche Entscheidungen

§ 20. Der Prozessgegenstand 141
A. Grundlagen 141
B. Ausgestaltung des Prozessgegenstandes im Einzelnen 142

§ 21. Die Prozessvoraussetzungen 149
A. Begriff und Abgrenzung 149
B. Die einzelnen Prozessvoraussetzungen 149
C. Berücksichtigungspflicht; Beweisverfahren 155
D. Folgen des Fehlens einer Prozessvoraussetzung 155

§ 22. Zur Lehre von den Prozesshandlungen im Strafprozess im Allgemeinen 155
A. Begriff 156
B. Wirksamkeitsvoraussetzungen 157

§ 23. Die richterlichen Entscheidungen im Allgemeinen 162
A. Die Arten der richterlichen Entscheidungen 162
B. Gemeinsame Bestimmungen für gerichtliche Entscheidungen 163

5. Kapitel. Die Stoffsammlung, insb. das Beweisrecht

§ 24. Die Grundlagen des Beweisrechts, insb. die Beweisverbote 165
A. Beweis, Glaubhaftmachung und Verdachtsbegründung 165
B. Strengbeweis und Freibeweis 165
C. Die Beweisbedürftigkeit 166
D. Beweisverbote 168

§ 25. Der Beschuldigte im Beweisrecht 192
A. Der Beschuldigte als Beweismittel 193
B. Die Erscheinenspflicht des Beschuldigten 194
C. Die Vernehmung des Beschuldigten 194
D. Verbotene Vernehmungsmethoden 199
E. Das Schweigen des Beschuldigten 203

§ 26. Der Zeuge ... 204
A. Begriff ... 206
B. Die Pflichten des Zeugen ... 208
C. Die Durchführung der Vernehmung und der Vereidigung ... 217
D. Der Zeuge als Prozesssubjekt ... 220

§ 27. Der Sachverständige ... 222
A. Begriff ... 223
B. Die Zuziehung des Sachverständigen und ihre Grenzen ... 225
C. Die Rechtsstellung des Sachverständigen ... 227
D. Der Beweiswert des Gutachtens ... 228

§ 28. Die sachlichen Beweismittel ... 229
A. Augenschein ... 229
B. Urkunden ... 230
C. Die Beweismittelqualität von Tonband- und Videoaufnahmen ... 231

6. Kapitel. Zwangsmaßnahmen und Grundrechtseingriffe

§ 29. Grundlagen ... 232
A. Zwecke ... 232
B. Zwangsmaßnahmen als Grundrechtseingriffe ... 233
C. Die Zuständigkeit zu Eingriffen ... 234
D. Rechtsschutz gegen strafprozessuale Grundrechtseingriffe ... 234
E. Reformbedarf ... 239
F. Tabellarische Übersicht der wichtigsten Zwangsmittel ... 241

§ 30. Die Untersuchungshaft ... 242
A. Zweck und Bedeutung der Untersuchungshaft ... 242
B. Die Verhängung der U-Haft ... 244
C. Durchführung und Folgen der Verhaftung ... 248
D. Der Vollzug der U-Haft ... 250
E. Aussetzung der U-Haft (Haftverschonung) ... 252
F. Die Aufhebung des Haftbefehls ... 253
G. Haftprüfung ... 256

§ 31. Vorläufige Festnahme, Identitätsfeststellung und Vorführung 257
A. Vorläufige Festnahme und unmittelbarer Zwang ... 257
B. Die Identitätsfeststellung ... 262
C. Die Vorführung ... 263

§ 32. Fahndung ... 265
A. Allgemeines ... 265
B. Ausschreibung zur Festnahme ... 265
C. Netzfahndung ... 267
D. Rasterfahndung ... 268
E. Datenabgleich ... 269

§ 33. Anstaltsbeobachtung, körperliche Untersuchung, erkennungs- dienstliche Maßnahmen und DNA-Analyse 269
A. Maßnahmen gegen den Beschuldigten 270
B. Maßnahmen gegen Dritte 275

§ 34. Sicherstellung und Beschlagnahme 278
A. Übersicht 279
B. Die Sicherstellung von Beweismitteln u. Führerscheinen im Allgemeinen 279
C. Die Beschlagnahme nach §§ 94ff. insb. 280
D. Die Sicherstellung nach §§ 111b ff. 285

§ 35. Durchsuchung, Kontrollstelle und Razzia 286
A. Durchsuchung 287
B. Kontrollstelle und Razzia 291

§ 36. Überwachung der Telekommunikation, Erhebung von Verkehrsdaten, IMSI-Catcher, Observation, Lauschangriff, Einsatz technischer Mittel 293
A. Überwachung der Telekommunikation (§§ 100a, 100b) 294
B. Erhebung von Verkehrs- und Bestandsdaten (§§ 100g, j) 301
C. Längerfristige Observation (§ 163f.) 303
D. IMSI-Catcher (§ 100i) 303
E. Akustische Wohnraumüberwachung (sog. großer Lauschangriff) 304
F. Einsatz technischer Mittel 306

§ 37. Einsatz von verdeckten Ermittlern, Vertrauenspersonen und Lockspitzeln 307
A. Überblick 308
B. Verdeckte Ermittler (VE) und V-Leute 308

§ 38. Vorläufige Maßregelverhängung 312
A. Überblick 312
B. Die einstweilige Unterbringung 313
C. Die vorläufige Entziehung der Fahrerlaubnis 314
D. Das vorläufige Berufsverbot 314

7. Kapitel. Das Vorverfahren und das Zwischenverfahren

§ 39. Das Ermittlungsverfahren 316
A. Die Anlässe für die Einleitung eines Ermittlungsverfahrens 318
B. Ermittlungstätigkeit und Tatverdacht 320
C. Die Durchführung des Ermittlungsverfahrens 322
D. Zur Reform des Ermittlungsverfahrens 326

§ 40. Abschluss des Ermittlungsverfahrens, Einstellung und Klageerhebung 327
A. Überblick 328
B. Einstellung des Verfahrens 328
C. Klageerhebung 329
D. Wirkungen der Klageerhebung 329
E. Die Anklage im Einzelnen 331

§ 41. Das Klageerzwingungsverfahren 333
A. Sinn und Zweck 333
B. Die Ausgestaltung im Einzelnen 334

§ 42. Das Zwischenverfahren 338
A. Begriff und Bedeutung 338
B. Einleitung und Durchführung 339
C. Die Entscheidung des Gerichts 340

8. Kapitel. Das Hauptverfahren in erster Instanz

§ 43. Die Vorbereitung der Hauptverhandlung 344
A. Terminsansetzung 344
B. Die Ladungen 344
C. Die Mitteilung der Gerichtsbesetzung und die Namhaftmachung der Zeugen 346
D. Kommissarische Beweisaufnahme 347
E. Einstellung vor der Hauptverhandlung 347

§ 44. Die Hauptverhandlung 348
A. Bedeutung 349
B. Wichtige Bestandteile 349
C. Unterbrechung und Aussetzung 351
D. Leitung 353
E. Anwesenheitspflichten 360
F. Die Anwesenheit des Angeklagten insb. 361
G. Die Verständigung als Urteilsgrundlage 367
H. Die Reform der Hauptverhandlung 374

§ 45. Die Beweisaufnahme 377
A. Der Grundsatz der richterlichen Aufklärungspflicht 379
B. Beweisantrag und Beweisermittlungsantrag 380
C. Die Ablehnung von Beweisanträgen 382
D. Freie Beweiswürdigung 394
E. Der Grundsatz in dubio pro reo 399

§ 46. Mündlichkeit und Unmittelbarkeit der Hauptverhandlung 402
A. Begriff und Bedeutung 403
B. Auswirkungen 404

§ 47. Die Öffentlichkeit der Hauptverhandlung 416
A. Bedeutung 417
B. Einschränkungen 419
C. Revisibilität 423

9. Kapitel. Urteil, Sitzungsprotokoll und Rechtskraft

§ 48. Begriff und Arten, Gegenstand und Zustandekommen des Urteils 425
A. Begriff und Arten 425

B. Gegenstand ... 425
C. Zustandekommen durch Beratung und Abstimmung ... 427

§ 49. Die Verkündung des Urteils und der Nebenentscheidungen ... 429
A. Die Verkündung ... 429
B. Die Urteilsformel (Tenor) ... 430

§ 50. Die Urteilsurkunde ... 433
A. Die Absetzung des Urteils ... 433
B. Aufbau des Strafurteils ... 434
C. Urteilsbegründung ... 434
D. Unterschrift ... 437
E. Beispiel ... 437

§ 51. Das Sitzungsprotokoll ... 439
A. Inhalt des Protokolls ... 440
B. Protokollführung, Unterschrift und Fertigstellung ... 441
C. Beweiskraft des Protokolls ... 441
D. Protokollberichtigung und Revision ... 442
E. Tonbandprotokolle ... 443

§ 52. Die Rechtskraft ... 444
A. Die formelle Rechtskraft ... 444
B. Die materielle Rechtskraft ... 445
C. Weder formelle noch materielle Rechtskraft unbeachtlicher Entscheidungen ... 450

10. Kapitel. Die Rechtsbehelfe (Die Anfechtbarkeit der gerichtlichen Entscheidungen)

§ 53. Allgemeine Fragen der Rechtsmittellehre ... 452
A. Die Rechtsbehelfe ... 452
B. Die Rechtsmittel ... 453

§ 54. Die Berufung ... 462
A. Begriff und Zulässigkeit ... 462
B. Rechtspolitische Gesichtspunkte ... 463
C. Einlegung der Berufung ... 463
D. Vorprüfung durch das Berufungsgericht ... 464
E. Hauptverfahren ... 465
F. Die Entscheidung des Berufungsgerichts ... 466

§ 55. Die Revision ... 468
A. Begriff und Zulässigkeit der Revision ... 471
B. Zweck der Revision ... 473
C. Sach- und Verfahrensrügen ... 473
D. Begriff der Gesetzesverletzung ... 474
E. Die Revisionsgründe ... 479
F. Einlegung der Revision ... 482
G. Vorprüfung durch das Revisionsgericht ... 484
H. Hauptverhandlung ... 486

J. Die Entscheidung des Revisionsgerichts ... 487
K. Revisionserstreckung ... 491

§ 56. Die Beschwerde ... 492
A. Begriff ... 492
B. Aktivlegitimation, Zulässigkeit und Einlegung ... 492
C. Wirkung ... 493
D. Sofortige Beschwerde ... 494
E. Weitere Beschwerde ... 494

§ 57. Die Wiederaufnahme des Verfahrens ... 494
A. Bedeutung und Zulässigkeit ... 495
B. Die Wiederaufnahmegründe ... 496
C. Der Gang des Verfahrens ... 498

11. Kapitel. Strafvollstreckung; Kosten; Entschädigung

§ 58. Die Strafvollstreckung und die Register ... 501
A. Strafvollstreckung und Strafvollzug ... 501
B. Die Durchführung der Strafvollstreckung ... 501
C. Zentralregister und Verkehrszentralregister ... 503
D. Das länderübergreifende staatsanwaltschaftliche Verfahrensregister ... 505

§ 59. Die Kosten ... 506
A. Begriff der Kosten ... 506
B. Entscheidung über Kosten und notwendige Auslagen ... 506
C. Pflicht zur Kostentragung ... 507
D. Anfechtung der Kostenentscheidungen ... 508
E. Kostenfestsetzungsverfahren ... 509

§ 60. Entschädigung ... 509
A. Die Entschädigung des Beschuldigten ... 509
B. Die Entschädigung für Opfer von Gewalttaten ... 511

12. Kapitel. Besonderheiten des ordentlichen Verfahrens

§ 61. Das beschleunigte Verfahren und die sog. Hauptverhandlungshaft ... 513
A. Zweck und Grenzen ... 513
B. Die Regelung des beschleunigten Verfahrens ... 514
C. Die sog. Hauptverhandlungshaft ... 515

§ 62. Das Verfahren gegen Abwesende ... 516
A. Abwesende und Ausgebliebene ... 517
B. Beweissicherung, Gestellung, sicheres Geleit ... 518

13. Kapitel. Die Beteiligung des Verletzten am Strafverfahren

§ 63. Die Privatklage ... 521
A. Entwicklung und Eigenart des Privatklageverfahrens ... 521
B. Privatklagefähige Delikte ... 522

C. Verhältnis zur öffentlichen Klage ... 523
D. Verhältnis der Privatklage zum Strafantrag ... 523
E. Privatklageberechtigte ... 524
F. Besonderheiten des Verfahrensablaufes ... 524
G. Widerklage ... 527

§ 64. Die Nebenklage ... 527
A. Begriff und Zweck ... 527
B. Stellung des Nebenklägers ... 528
C. Zulässigkeit ... 528
D. Verfahren ... 529
E. Kosten ... 530

§ 65. Das Adhäsionsverfahren und die Stellung des Verletzten im Übrigen ... 530
A. Die Entschädigung des Verletzten (Adhäsionsprozess) ... 531
B. Sonstige Befugnisse des Verletzten ... 533
C. Sonstiger Schadensausgleich ... 535

14. Kapitel. Die besonderen Verfahrensarten

§ 66. Das Sicherungsverfahren ... 537
A. Anwendungsbereich ... 537
B. Besonderheiten des Verfahrens ... 538
C. Das Verfahren bei Verhängung der vorbehaltenen oder nachträglichen Sicherungsverwahrung ... 539

§ 67. Das Verfahren bei Verfall und Einziehung, Vermögensbeschlagnahme und Geldbußenfestsetzung gegen juristische Personen ... 540
A. Das Verfahren bei Verfall und Einziehung ... 541
B. Das Verfahren bei Vermögensbeschlagnahme ... 541
C. Festsetzung einer Geldbuße gegen jur. Personen ... 542

§ 68. Das Strafbefehlsverfahren ... 542
A. Bedeutung und Problematik ... 543
B. Zulässigkeit und Verfahrensgang ... 543

15. Kapitel. Epilog

§ 69. Die Zukunft des deutschen Strafverfahrens ... 547

Paragrafenverzeichnis ... 555

Sachverzeichnis ... 565

Abkürzungs- und Literaturverzeichnis

a. A.	anderer Ansicht
a. a. O.	am angegebenen Ort
abgedr.	abgedruckt
abl.	ablehnend
ABl.	Amtsblatt
abw.	abweichend
AcP	Archiv für die civilistische Praxis
a. E.	am Ende
AE	Alternativentwurf
a. F.	alte Fassung
AfP	Archiv für Presserecht
AG	Ausführungsgesetz, Amtsgericht
ähnl.	ähnlich
AK/*Bearbeiter*	Alternativkommentar zur StPO, 1992 ff.
allg.	allgemein
Alt.	Alternative
a. M.	anderer Meinung
Angekl.	Angeklagter
Anh.	Anhang
Anm.	Anmerkung
AnwBl.	Anwaltsblatt
AO	Abgabenordnung
AöR	Archiv des öffentlichen Rechts
arg.	argumentum
Art.	Artikel
ASt.	Antragsteller
AuslG	Ausländergesetz
AV	Allgemeine Verfügung
BA	Blutalkohol
BAnz.	Bundesanzeiger
Baumann, Grundbegriffe	*Baumann,* Grundbegriffe und Verfahrensprinzipien des Strafprozeßrechts, 3. Aufl., 1979
BayBS	Bereinigte Sammlung des bayerischen Landesrechts 1802–1956
BayObLG	Bayerisches Oberstes Landesgericht
BayObLGSt	Entscheidungen des Bayerischen Obersten Landesgerichts in Strafsachen, amtliche Sammlung
BayPresseG	Bayerisches Pressegesetz i. d. F. v. 19. 4. 2000 (GVBl., 340, BayRS 2250–1-I)
BayRS	Bayerische Rechtssammlung
BayStVollzG	Bayerisches Strafvollzugsgesetz v. 10. 12. 2007 (GVBl., 866)
BayVerf.	Verfassung des Freistaates Bayern v. 2. 12. 1946
BayVerfGH	Sammlung von Entscheidungen des Bayerischen Verwaltungsgerichtshofs mit Entscheidungen des Bayerischen Verfassungsgerichtshofs
BB	Betriebsberater
BBG	Bundesbeamtengesetz i. d. F. v. 5. 2. 2009 (BGBl. I 160)
Bd.	Band
Bek.	Bekanntmachung
bestr.	bestritten
Beulke	*Beulke,* Strafprozessrecht, 13. Aufl., 2016
BGB	Bürgerliches Gesetzbuch
BGBl.	Bundesgesetzblatt
BGH	Bundesgerichtshof
BGHSt	Entscheidungen des Bundesgerichtshofes in Strafsachen

BGHZ . . . . Entscheidungen des Bundesgerichtshofes in Zivilsachen
BJM bzw. BMJ . . . Bundesjustizministerium
BKA . . . . Bundeskriminalamt
BR . . . . Bundesrat
BRAK . . . . Bundesrechtsanwaltskammer
BRAO . . . . Bundesrechtsanwaltsordnung v. 1.8.1959 (BGBl. I 565) in der im Bundesgesetzblatt Teil III, Gliederungsnummer 303–8, veröffentlichten bereinigten Fassung
BRD . . . . Bundesrepublik Deutschland
BR-Drs. . . . . Bundesratsdrucksache
BremStGH . . . . . Staatsgerichtshof Bremen
BRRG . . . . Beamtenrechtsrahmengesetz i. d. F. v. 31.3.1999 (BGBl. I 654)
BT . . . . Bundestag
BT-Drs. . . . . Bundestagsdrucksache
BtMG . . . . Gesetz über den Verkehr mit Betäubungsmitteln (Betäubungsmittelgesetz) v. 1.3.1994 (BGBl. I 358)
BVerfG . . . . Bundesverfassungsgericht
BVerfGE . . . . . . Entscheidungen des Bundesverfassungsgerichts, amtliche Sammlung
BVerfGG . . . . . . Gesetz über das Bundesverfassungsgericht i. d. F. v. 11.8.1993 (BGBl. I 1473)
BVerwGE . . . . . . Entscheidungen des Bundesverwaltungsgerichts, amtliche Sammlung
BVG . . . . Gesetz über die Versorgung der Opfer des Krieges (Bundesversorgungsgesetz) i. d. F. v. 22.1.1982 (BGBl. I 21)
BZRG . . . . Bundeszentralregistergesetz i. d. F. v. 21.9.1984 (BGBl. I 1229; BGBl. 1985 I 195)

CCC . . . . Constitutio Criminalis Carolina von 1532 (= PGO)
CuR . . . . Computer und Recht

dag. . . . . dagegen
DAR . . . . Deutsches Autorecht
DAV . . . . Deutscher Anwalt Verein
DAV-FS . . . . Arbeitsgemeinschaft Strafrecht des Deutschen Anwaltvereins (Hrsg.), Strafverteidigung im Rechtsstaat, 2009
DDR . . . . Deutsche Demokratische Republik
dies. . . . . dieselbe(n)
diff. . . . . differenzierend
DJ . . . . Deutsche Justiz
DJT . . . . Deutscher Juristentag
DJZ . . . . Deutsche Juristenzeitung
DÖV . . . . Die Öffentliche Verwaltung
DRB . . . . Deutscher Richterbund
DRiG . . . . Deutsches Richtergesetz i. d. F. v. 19.4.1972 (BGBl. I 713)
DRiZ . . . . Deutsche Richterzeitung
DRZ . . . . Deutsche Rechtszeitschrift
DStR . . . . Deutsches Steuerrecht
DStrZ . . . . Deutsche Strafrechtszeitung
dt. . . . . deutsch
DtZ . . . . Deutsch-Deutsche Rechtszeitschrift
DVBl. . . . . Deutsches Verwaltungsblatt

E . . . . Entwurf; Entscheidungssammlung
ebda. . . . . ebenda
EG . . . . Einführungsgesetz
EGMR . . . . Europäischer Gerichtshof für Menschenrechte
EGOWiG . . . . . . Einführungsgesetz zum Gesetz über Ordnungswidrigkeiten v. 24.5.1968 (BGBl. I 503)
EGStGB . . . . Einführungsgesetz zum Strafgesetzbuch v. 2.3.1974 (BGBl. I 469)
Einl. . . . . Einleitung
einschr. . . . . einschränkend

Eisenberg, BewR . . *Eisenberg,* Beweisrecht der StPO, 9. Aufl., 2015
EKMR . . . . Europäische Kommission für Menschenrechte
EMRK . . . . Europäische Konvention zum Schutze der Menschenrechte und der Grundfreiheiten v. 4.11.1950 (BGBl. 1952 II, 685)
Entsch. . . . . Entscheidung(en)
Erl. . . . . Erlass; Erläuterung
Esser . . . . *Esser,* Auf dem Weg zu einem europäischen Strafverfahrensrecht, 2002
EuGRZ . . . . Europäische Grundrechte-Zeitschrift
EuRhÜbK . . . . . . Europäisches Übereinkommen über die Rechtshilfe in Strafsachen v. 20.4.1959
EURhÜbk . . . . . . Übereinkommen über die Rechtshilfe in Strafsachen zwischen den Mitgliedstaaten der Europäischen Union v. 29.5.2000 (BGBl. 2005 II, 651)
evtl. . . . . eventuell

Fezer . . . . *Fezer,* Strafprozeßrecht, Juristischer Studienkurs, 2. Aufl., 1995 (zitiert nach Fall und Randnummer)
FG . . . . Festgabe
FinDAG . . . . Finanzdienstleistungsaufsichtsgesetz v. 22.4.2002 (BGBl. 2002 I 1310)
Fischer . . . . *Fischer,* Strafgesetzbuch (Kurzkommentar), 63. Aufl., 2016
Fn. . . . . Fußnote
FS . . . . Festschrift
FS 50 Jahre BGH-Prax . . . . Festschrift aus Anlass des 50jährigen Bestehens des BGH, der Bundesanwaltschaft und der Rechtsanwaltschaft beim BGH, 2000
FS 50 Jahre BGH-Wiss. . . . . 50 Jahre Bundesgerichtshof, Festgabe aus der Wissenschaft, Bd. IV, 2000
FS SKG . . . . Festschrift zum 50jährigen Bestehen der Schweizerischen Kriminalistischen Gesellschaft, 1992
FS Strauda . . . . . . Festschrift zu Ehren des Strafrechtsausschusses der Bundesrechtsanwaltskammer, 2006

G. . . . . Gesetz
GA . . . . Goltdammers Archiv für Strafrecht
Gaede . . . . *Gaede,* Fairness als Teilhabe – Das Recht auf konkrete und wirksame Teilhabe durch Verteidigung gem. Art. 6 EMRK, 2007
GBA . . . . Generalbundesanwalt
gem. . . . . gemäß
GemS . . . . Gemeinsamer Senat der obersten Gerichtshöfe des Bundes
GenStA . . . . Generalstaatsanwalt
GerS . . . . Der Gerichtssaal
GewO . . . . Gewerbeordnung i. d. F. v. 22.2.1999 (BGBl. I 202)
GG . . . . Grundgesetz für die Bundesrepublik Deutschland vom 23.5.1949 (BGBl. I 1)
ggf. . . . . gegebenenfalls
GKG . . . . Gerichtskostengesetz i. d. F. v. 5.5.2004 (BGBl. I 718)
Gössel . . . . *Gössel,* Strafverfahrensrecht, 1977
Graf/*Bearbeiter* . . . *Graf* (Hrsg.), Strafprozessordnung: StPO. Mit Gerichtsverfassungsgesetz und Nebengesetzen, Kommentar, 2. Aufl., 2012
grds. . . . . grundsätzlich
GrS . . . . Grosser Senat
GruchBeitr. . . . . . Gruchots Beiträge zur Erläuterung des deutschen Rechts
GRUR Int. . . . . . Gewerblicher Rechtsschutz und Urheberrecht, Internationaler Teil
GS . . . . Gedächtnisschrift
GVBl. . . . . Gesetz- und Verordnungsblatt
GVG . . . . Gerichtsverfassungsgesetz i. d. F. vom 9.5.1975 (BGBl. I 1077)

Hahn I . . . . *Hahn* (Hrsg.), Die gesamten Materialien zu den Reichsjustizgesetzen, Bd. 3 Abt. 1, 2. Aufl., 1885
Hamm . . . . *Hamm,* Die Revision in Strafsachen, 7. Aufl., 2010

Hdb.	Handbuch
Heghmanns	*Heghmanns,* Handbuch zum Strafverfahren, 2008
Henkel	*Henkel,* Strafverfahrensrecht, 2. Aufl., 1968
Henkel, 1. Aufl.	*ders.,* Strafverfahrensrecht, 1. Aufl., 1953
Hess. StGH	Hessischer Staatsgerichtshof
HeWi	Mitteilungen des Landesverbandes Hessen des Deutschen Richterbundes
HGB	Handelsgesetzbuch v. 10.5.1897 (RGBl., 219)
HK/*Bearbeiter*	*Julius u. a.* (Hrsg.), Heidelberger Kommentar zur Strafprozessordnung, 5. Aufl., 2012
h. L.	herrschende Lehre
h. M.	herrschende Meinung
HRRS	Höchstrichterliche Rechtsprechung Strafrecht
hrsg.	herausgegeben
Hrsg.	Herausgeber
Hs.	Halbsatz
HV	Hauptverhandlung
i. A. a.	im Anschluss an
i. d. F.	in der Fassung
i. d. R.	in der Regel
i. E.	im Ergebnis
i. e.	im Einzelnen
i. E. s.	im Einzelnen siehe
i. e. S.	im engeren Sinne
insb.	insbesondere
InsO	Insolvenzordnung vom 5.10.1994 (BGBl. I 2866)
IRG	Gesetz über die internationale Rechtshilfe in Strafsachen vom 27.6.1994 (BGBl. I 1537)
i. S. d.	im Sinne des/der
i. S. v.	im Sinne von
i. Ü.	im Übrigen
i. V. m.	in Verbindung mit
i. w. S.	im weiteren Sinne
JA	Juristische Arbeitsblätter
Jakobs, AT, 2. Aufl.	*Jakobs,* Strafrecht, Allgemeiner Teil, 2. Aufl., 1991
Jauernig/Hess	*Jauernig/Hess,* Zivilprozessrecht, 30. Aufl., 2011
JBl.	Juristische Blätter
Jescheck	*Jescheck/Weigend,* Lehrbuch des Strafrechts, Allgemeiner Teil, 5. Aufl., 1996
JGG	Jugendgerichtsgesetz i. d. F. v. 11.12.1974 (BGBl. I 3427)
Jh.	Jahrhundert
JK	Jura-Kartei, Beilage der Zeitschrift Juristischer Ausbildung (Jura)
JMBl.	Justizministerialblatt
JMBlNRW	Justizministerialblatt für das Land Nordrhein-Westfalen
JR	Juristische Rundschau
Jura	Juristische Ausbildung
JuS	Juristische Schulung
Justiz	Die Justiz, Amtsblatt des Justizministeriums Baden-Württemberg
JVBl.	Justizverwaltungsblatt
JW	Juristische Wochenschrift
JZ	Juristenzeitung
Kamisar/LaFave/Israel/King/Kerr	*Kamisar/LaFave/Israel/King/Kerr,* Modern Criminal Procedure, 12. Aufl., 2008
KG	Kammergericht
Kissel/Mayer	*Kissel/Mayer,* Gerichtsverfassungsgesetz, Kommentar, 8. Aufl., 2015
KK/*Bearbeiter*	*Hannich* (Hrsg.), Karlsruher Kommentar. Strafprozessordnung. Gerichtsverfassungsgesetz, 7. Aufl., 2013

KMR/*Bearbeiter*	*v. Heintschel-Heinegg/Stöckel* (Hrsg.), Kommentar zur Strafprozessordnung, Stand: Juli 2013
Komm.	Kommentar
Krey I	*Krey/Heinrich,* Deutsches Strafverfahrensrecht I, 2. Aufl., 2013
Krey II	*Krey/Heinrich,* Deutsches Strafverfahrensrecht II, 2. Aufl., 2013
KrimJ	Kriminologisches Journal
krit.	kritisch
KritJ	Kritische Justiz
KritV	Kritische Vierteljahrsschrift für Gesetzgebung und Rechtswissenschaft
KUG	Gesetz, betreffend das Urheberrecht an Werken der bildenden Künste und der Photographie v. 9. 1. 1907 (RGBl. 1907, 7)
Kühne	*Kühne,* Strafprozessrecht, 9. Aufl., 2015
Lackner/Kühl	*Lackner/Kühl,* Strafgesetzbuch mit Erläuterungen, 28. Aufl., 2014
Lang, Geheimdienstinformationen	*Lang,* Geheimdienstinformationen im deutschen und amerikanischen Strafprozess, 2015
Lesch	*Lesch,* Strafprozessrecht, 2. Aufl., 2001
LG	Landgericht
Lit.	Literatur
LK/*Bearbeiter*	Strafgesetzbuch (Leipziger Kommentar), 11. Aufl., 1992ff.; 12. Aufl., 2006ff.
LM	*Lindenmaier-Möhring,* Nachschlagewerk des BGH
Löffler, PresseR	Sedelmeier/Burkhardt (Hrsg.), Kommentar zu den Landespressegesetzen der BRD, begr. von Löffler, 6. Aufl., 2015
LR/*Bearbeiter*	*Löwe/Rosenberg,* Die Strafprozeßordnung und das Gerichtsverfassungsgesetz, 26. Aufl., 2006ff., 27. Aufl. 2016
Maurach/Zipf 1	*Maurach/Zipf,* Strafrecht, AT, Teilbd. 1, 8. Aufl., 1992
m. a. W.	mit anderen Worten
M/D/*Bearbeiter*	*Maunz/Dürig,* Grundgesetz, Kommentar (Loseblattsammlung, Stand: Dez. 2013)
MDR	Monatsschrift für Deutsches Recht
Meurer	*Meurer,* Strafprozeßrecht, 3. Aufl., 1991
MfS	Ministerium für Staatssicherheit der ehemaligen DDR
M-G	*Meyer-Goßner/Schmitt,* Strafprozessordnung (Kurzkommentar), 59. Aufl., 2016 (Kommentierung von *Meyer-Goßner,* soweit nicht anders gekennzeichnet [*M-G/S,* dann *Schmitt*])
MiStra	Anordnung über Mitteilungen in Strafsachen v. 19. 5. 2008
M/K/S/*Bearbeiter*	*v. Mangoldt/Klein/Starck,* Bonner Grundgesetz, Kommentar, 6. Aufl., 2010
m. N.	mit Nachweisen
MschrKrim	Monatsschrift für Kriminologie und Strafrechtsreform
MSchrKrimPsych	Monatsschrift für Kriminalpsychologie (Kriminalbiologie) und Strafrechtsreform
MüKoStPO/*Bearbeiter*	*Knauer/Kudlich/Schneider* (Hrsg.), Münchener Kommentar zur Strafprozessordnung, 1. Aufl., 2014
m. w. N.	mit weiteren Nachweisen
m. z. w. N.	mit zahlreichen weiteren Nachweisen
nachf.	nachfolgend
Nachtr.	Nachtrag, Nachträge
Nachw.	Nachweise
nds.	niedersächsisch
nds. Rpfl.	Niedersächsische Rechtspflege
n. F.	neue Fassung; neue Folge
N/Sch/W	*Niemöller/Schlothauer/Weider,* Gesetz zur Verständigung im Strafverfahren. Kommentar, 2010
NJ	Neue Justiz
NJW	Neue Juristische Wochenschrift

NK .... Neue Kriminalpolitik
NStZ .... Neue Zeitschrift für Strafrecht
NStZ-RR ...... NStZ-Rechtsprechungs-Report Strafrecht
NZV .... Neue Zeitschrift für Verkehrsrecht

OEG .... Opferentschädigungsgesetz i. d. F. v. 7.1.1985 (BGBl. I 1)
OLG .... Oberlandesgericht
OLGSt .... Entscheidungen der Oberlandesgerichte zum Straf- und Strafverfahrensrecht (Loseblattsammlung)
2. OpferRRG .... Gesetz zur Stärkung der Rechte von Verletzten und Zeugen im Strafverfahren (2. Opferrechtsreformgesetz) v. 29.7.2009 (BGBl. I 2280)
3. OpferRRG .... Gesetz zur Stärkung der Opferrechte im Strafverfahren (3. Opferrechtsreformgesetz) v. 21.12.2015 (BGBl. 2015 I 2525)
OrgKG .... Gesetz zur Bekämpfung des illegalen Rauschgifthandels und anderer Erscheinungsformen der organisierten Kriminalität (OrgKG) v. 15.7.1992 (BGBl. I 1302)
OVG .... Oberverwaltungsgericht
OVGE .... Entscheidungen der Oberverwaltungsgerichte für das Land Nordrhein-Westfalen in Münster sowie für die Länder Niedersachsen und Schleswig-Holstein in Lüneburg
OWiG .... Gesetz über Ordnungswidrigkeiten i. d. F. v. 19.2.1987 (BGBl. I 602)

PAG .... Gesetz über die Aufgaben und Befugnisse der Bayerischen Staatlichen Polizei (Polizeiaufgabengesetz) i. d. F. v. 14.9.1990 (GVBl., 397)
Peters .... *Peters,* Strafprozeß, 4. Aufl., 1985
Pfeiffer .... *Pfeiffer,* StPO-Kommentar, 5. Aufl., 2005
PflVersG .... Gesetz über die Pflichtversicherung für Kraftfahrzeughalter (PflichtversicherungsG) v. 5.4.1965 (BGBl. I 213)
PGO .... Peinliche Gerichtsordnung von 1532 (= CCC)
pr. .... preußisch
proz. .... prozessual
PsychPbG ...... Gesetz über die psychosoziale Prozessbegleitung im Strafverfahren (3. Opferrechtsreformgesetz) v. 21.12.2015 (BGBl. 2015I 2525)
PVG .... Polizeiverwaltungsgesetz

RA .... Rechtsanwalt
Radtke/Hohmann/
Bearbeiter ...... *Radtke/Hohmann* (Hrsg.), Strafprozessordnung. Kommentar, 2011
RAK .... Rechtsanwaltskammer
Ranft .... *Ranft,* Strafprozeßrecht, 3. Aufl., 2005
RAO .... Rechtsanwaltsordnung v. 1.7.1878 (RGBl., 177)
Rb .... Rahmenbeschluss
RG .... Reichsgericht
RGBl. .... Reichsgesetzblatt
RGSt .... Entscheidungen des Reichsgerichts in Strafsachen
RGZ .... Entscheidungen des Reichsgerichts in Zivilsachen
RiStBV .... Richtlinien für das Strafverfahren und das Bußgeldverfahren i. d. F. v. 1.1.2008 (BAnz. Nr. 208 v. 8.11.2007)
RiVASt .... Richtlinien für den Verkehr mit dem Ausland in strafrechtl. Angelegenheiten i. d. F. v. 8.12.2008 (BAnz. Nr. 196b v. 24.12.2008)
Rn. .... Randnummer
ROW .... Recht in Ost und West
Roxin, AT I ..... *Roxin,* Strafrecht, Allgemeiner Teil, Band I, 4. Aufl., 2006
Roxin, AT II ..... *Roxin,* Strafrecht, Allgemeiner Teil, Band II, 2003
RPflG .... Rechtspflegergesetz v. 5.11.1969 (BGBl. I 2065)
Rspr. .... Rechtsprechung
Rudolphi-
Symposium ..... *Wolter* (Hrsg.), Zur Theorie und Systematik des Strafprozeßrechts. Symposion zu Ehren von Hans-Joachim Rudolphi, 1995

RuP	Recht und Politik
Rüping	*Rüping,* Das Strafverfahren, 3. Aufl., 1997
s.	siehe
Sartorius	Sartorius I, Verfassungs- und Verwaltungsgesetze der Bundesrepublik (Loseblattsammlung)
Sch/Sch/*Bearbeiter*	*Schönke/Schröder* (Hrsg.), Strafgesetzbuch, Kommentar, 29. Aufl., 2014
Schäfer	*Schäfer/Sander,* Die Praxis des Strafverfahrens, 7. Aufl., 2007
Schaffstein/Beulke	*Schaffstein/Beulke,* Jugendstrafrecht, 15. Aufl., 2014
SchlHA	Schleswig-Holsteinische Anzeigen
Schlüchter	*Schlüchter,* Das Strafverfahren, 2. Aufl., 1983
Schlüchter, StPR	*Schlüchter,* Strafprozeßrecht, 2. Aufl., 1995
Eb. Schmidt I, II bzw. III	*Eberhardt Schmidt,* Lehrkommentar zur StPO und zum GVG; Teil I: Grundlagen, 2. Aufl., 1964; Teil II: StPO und EGStPO, 1957; Teil III: GVG und EGGVG, 1960
Eb. Schmidt, Aufsätze	*Eberhardt Schmidt,* Strafprozeß und Rechtsstaat, Strafprozeßrechtliche Aufsätze und Vorträge (1952–1969), 1970
Eb. Schmidt, Kolleg	*Eberhardt Schmidt,* Deutsches Strafprozeßrecht. Ein Kolleg, 1967
Eb. Schmidt, Nachtr. I bzw. II	*Eberhardt Schmidt,* Lehrkommentar zur StPO und zum GVG, Nachträge und Ergänzungen zu Teil II, 1967 bzw. 1970
Schönfelder	Schönfelder, Deutsche Gesetze (Loseblattsammlung)
Schroeder, StPR	*Fr.-Chr. Schroeder/Verrel,* Strafprozessrecht, 5. Aufl., 2011
Schünemann, Absprachen	*Schünemann,* Absprachen im Strafverfahren? Grundlagen, Gegenstände und Grenzen. Gutachten B zum 58. Deutschen Juristentag, 1990
Schünemann, Gesamtkonzept	*Schünemann* (Hrsg.), Ein Gesamtkonzept für die europäische Strafrechtspflege, 2006
Schünemann, Kognition	*Schünemann,* Kognition, Einstellung und Vorurteil bei der Rechtsfindung, in: *Lampe* (Hrsg.), Beiträge zur Rechtsanthropologie, Beiheft 22 zu ARSP 1985, S. 68 ff.
Schünemann, Risse	*Schünemann* (Hrsg.), Risse im Fundament, Flammen im Gebälk: Zum Zustand des kontinentaleuropäischen Strafverfahrens, 2010
Schünemann, Verfahrensgerechtigkeit	*Schünemann,* Der Richter im Strafverfahren als manipulierter Dritter? Zur empirischen Bestätigung von Perseveranz- und Schulterschlußeffekt, in: Bierbrauer/Gottwald/Birnbreier-Stahlberger (Hrsg.), Verfahrensgerechtigkeit – Rechtspsychologische Forschungsbeiträge für die Justizpraxis, 1995, 215 ff.; auch in: StV 2000, 159
Schünemann, Wetterzeichen	*Schünemann,* Wetterzeichen vom Untergang der deutschen Rechtskultur – Die Urteilsabsprachen als Abgesang auf die Gesetzesbindung der Justiz und den Beruf unserer Zeit zur Gesetzgebung, 2005
Schünemann-Symposium	*Hefendehl* (Hrsg.), Empirische und dogmatische Fundamente, kriminalpolitischer Impetus – Symposium für Schünemann, 2005
SchwZStr.	Schweizerische Zeitschrift für Strafrecht
SDÜ	Schengener Durchführungs-Übereinkommen
SJZ	Süddeutsche Juristenzeitung
SK/*Bearbeiter*	*Wolter* (Hrsg.), Systematischer Kommentar zur Strafprozessordnung, 5. Aufl., 2016
SK/*Bearbeiter,* Loseblatt	*Rudolphi/Frisch/Rogall/Schlüchter/Wolter* (Hrsg.), Systematischer Kommentar zur Strafprozeßordnung und zum Gerichtsverfassungsgesetz, Loseblattsammlung, Stand: Oktober 2009

sog.	so genannt
Sp.	Spalte
SSW-*Bearbeiter*	*Satzger/Schluckebier/Widmaier* (Hrsg.), StPO, 2. Aufl., 2016
st. Rspr.	ständige Rechtsprechung
StA	Staatsanwaltschaft; Staatsanwalt
StGB	Strafgesetzbuch i. d. F. v. 13. 11. 1998 (BGBl. I 3322)
StORMG	Gesetz zur Stärkung der Rechte von Opfern sexuellen Missbrauchs v. 26. 6. 2013 (BGBl. I 1805)
StPÄG 1964	Gesetz zur Änderung der StPO und des GVG v. 19. 12. 1964 (BGBl. I 1067)
StPÄG 1986	Gesetz zur Änderung der StPO v. 19. 4. 1986 (BGBl. I 537)
StPO	Strafprozessordnung i. d. F. v. 7. 4. 1987 (BGBl. I 1074)
str.	strittig
StraFo	Strafverteidigerforum (Zeitschrift)
Strafverf.	Strafverfahren
StrEG	Gesetz über die Entschädigung für Strafverfolgungsmaßnahmen v. 8. 3. 1971 (BGBl. I 157)
StrRÄndG	Strafrechtsänderungsgesetz
StrRG	Strafrechtsreformgesetz
StrV	Strafverteidiger (Zeitschrift)
StrVollstrO	Strafvollstreckungsordnung i. d. F. v. 28. 3. 2001
StS	Strafsenat
StVÄG 1979	Strafverfahrensänderungsgesetz 1979 vom 5. 10. 1978 (BGBl. I 1645)
StVÄG 1987	Strafverfahrensänderungsgesetz 1987 vom 27. 1. 1987 (BGBl. I 475)
StVG	Straßenverkehrsgesetz v. 5. 3. 2003 (BGBl. I 310, 919)
StVO	Straßenverkehrs-Ordnung vom 16. 11. 1970 (BGBl. I 1565; BGBl. 1971 I 38)
StVollzG	Strafvollzugsgesetz v. 16. 3. 1976 (BGBl. I 581, 2088; BGBl. 1977 I 436)
1. StVRG	Erstes Gesetz zur Reform des Strafverfahrensrechts vom 9. 12. 1974 (BGBl. I 3393)
StVZO	Straßenverkehrs-Zulassungs-Ordnung i. d. F. v. 28. 9. 1988 (BGBl. I 1793)
Tab.	Tabelle
TKG	Telekommunikationsgesetz v. 22. 6. 2004 (BGBl. I 1190)
TKÜ	Telekommunikationsüberwachung
u.	und; unten
u. a.	und andere; unter anderem
U-Haft	Untersuchungshaft
U-Haftnovelle 2009	Gesetz zur Änderung des Untersuchungshaftrechts v. 31. 7. 2009 (BGBl. I 2274)
umstr.	umstritten
UrhG	Gesetz über Urheberrecht und verwandte Schutzrechte (Urheberrechtsgesetz) v. 9. 9. 1965 (BGBl. I 1273)
usw.	und so weiter
u. U.	unter Umständen
UVollzO	Untersuchungshaftvollzugsordnung i. d. F. v. 15. 12. 1976
UWG	Gesetz gegen den unlauteren Wettbewerb v. 3. 7. 2004 (BGBl. I 1414)
UZwG	Gesetz über den unmittelbaren Zwang bei Ausübung öffentlicher Gewalt durch Vollzugsbeamte des Bundes v. 10. 3. 1961 (BGBl. I 165)
v.	vom; von
v. a.	vor allem
VBG	Gesetz zur Änderung des StGB, der StPO und anderer Gesetze (Verbrechensbekämpfungsgesetz) v. 28. 10. 1994 (BGBl. I 3186)
VE	Verdeckte(r) Ermittler
Verf.	Verfahren
Verh.	Verhandlungen
VerständG	Gesetz zur Regelung der Verständigung im Strafverfahren v. 3. 8. 2009 (BGBl. I 2353)

Vert.	Verteidiger; Verteidigung
VerwRspr.	Verwaltungsrechtsprechung in Deutschland
VO	Verordnung
V-Person	Vertrauensperson
VStGB	Völkerstrafgesetzbuch v. 26.6.2002 (BGBl. I 2254)
VwGO	Verwaltungsgerichtsordnung i. d. F. v. 19.3.1991 (BGBl. I 686)
WaffG	Waffengesetz i. d. F. v. 11.10.2002 (BGBl. I 3970, 4592; BGBl. 2003, 1957)
WDO	Wehrdisziplinarordnung i. d. F. v. 16.8.2001 (BGBl. I 2093)
Welzel	*Welzel,* Das deutsche Strafrecht, 11. Aufl., 1969
wistra	Zeitschrift für Wirtschaft, Steuer, Strafrecht
Wolf	*Wolf,* Gerichtsverfassungsrecht aller Verfahrenszweige, 6. Aufl., 1987
WV	Weimarer Verfassung (= Verfassung des Deutschen Reich) v. 11.8.1919 (RGBl., 1383)
ZAkDR	Zeitschrift der Akademie für Deutsches Recht
ZIS	Zeitschrift für Internationale Strafrechtsdogmatik
ZPO	Zivilprozessordnung i. d. F. v. 5.12.2005 (BGBl. I 3202; BGBl. 2006 I 431; BGBl. 2007 I 1781)
ZRG, Germ. Abt.	Zeitschrift der Savigny-Stiftung für Rechtsgeschichte, Germanistische Abteilung
ZRP	Zeitschrift für Rechtspolitik
ZStW	Zeitschrift für die gesamte Strafrechtswissenschaft
ZStW-Beiheft Teheran	Deutsche strafrechtliche Landesreferate zum IX. Internationalen Kongreß für Rechtsvergleichung Teheran 1974, Beiheft zur ZStW
z. T.	zum Teil
zust.	zustimmend
Zust.	Zustimmung
ZustVO	Zuständigkeitsverordnung
zutr.	zutreffend
zw.	zweifelnd; zweifelhaft
ZZP	Zeitschrift für Zivilprozess

Paragrafen ohne Gesetzesbezeichnung sind, soweit sich nicht aus den Umständen etwas anderes ergibt, solche der StPO.

Einleitung

§ 1. Begriff und Aufgabe des Strafverfahrensrechts

Literatur: *Eb. Schmidt,* Von Sinn und Notwendigkeit wissenschaftl. Behandlung des Strafprozessrechts, ZStW 65 (1953), 161; *Tiedemann,* Die Auslegung des Strafprozessrechts, FG Peters II, 1984, 131; *Hassemer,* Unverfügbares im Strafpr., FS Maihofer, 1988, 183; *Neumann,* Materiale und prozedurale Gerechtigkeit im Strafverf., ZStW 101 (1989), 52; *Wolter,* Menschenwürde und Freiheit im Strafpr., GS Meyer, 1990, 493; *Bottke,* Materielle und formelle Verf.gerechtigkeit im demokrat. Rechtsstaat, 1991; *Roxin,* Die Rspr. des BGH zum Strafverf.recht, in: *Jauernig/Roxin,* 40 Jahre BGH, 1991, 66; *Schlüchter,* Wert der Form im Strafprozess, FS Rudolphi, 1995, 205; *Wolter,* Zur Theorie und Systematik des Strafprozessr., Rudolphi-Symposium, 1995, 267; *Lüke,* Zur Bedeutung des Strafprozessrechts für die allg. Prozeßrechtslehre, FS Müller-Dietz, 2001, 479; *Weigend,* Unverzichtbares im Strafverf., ZStW 113 (2001), 271; *Wolter,* Kriminalpolitik und Strafprozessrechtssystem, FS Roxin, 2001, 1141; *Schünemann,* Wohin treibt der deutsche Strafprozess?, ZStW 114 (2002), 1; *Geppert,* Wechselwirkungen zw. mat. Strafrecht und Strafprozessr., GS Schlüchter, 2002, 43; *Radtke,* Das Strafverfahren als Diskurs?, FS Schreiber, 2003, 375; *Murmann,* Über den Zweck des Strafpr., GA 2004, 65; *Schünemann,* Wetterzeichen vom Untergang der deutschen Rechtskultur, 2005; *ders.,* Die Zukunft des Strafverf. – Abschied vom Rechtsstaat?, ZStW 119 (2007), 945; *Vormbaum,* Strafrecht u. Strafpr., FS Eisenhardt, 2007, 155; *Schünemann,* Zur Kritik des amerik. Strafpr.modells, FS Fezer, 2008, 555; *Wagner,* Ziele des Strafpr.?, GS Eckert, 2008; *Haas,* Strafbegriff, Staatsverständnis u. Prozessstruktur, 2008; *Schünemann* (Hrsg.), Risse im Fundament, Flammen im Gebälk: Zum Zustand des kontinentaleurop. Strafverf., 2010; *ders.,* Strafrecht u. Strafprozess im Rechtsstaat, in: *Scholler* (Hrsg.), Die Sicherung des Rechtsstaatsgebots pp., 2011, 47; *Albrecht, P.-A.,* Die vergessene Freiheit, 3. Aufl., 2011; *Steinberg,* Richterl. Gewalt u. individuelle Freiheit, 2011; *Wolter,* Wider das systemlose Abwägungs-Strafprozessr., FS Roxin II, 2011, 1245; *Rieß,* Beiträge zur Entwicklung der deutschen StPO, 2012; *Ostendorf,* Der Wandel vom klassischen zum ökonomischen Strafpr., ZIS 2013, 172; *Börner,* Legitimation durch Strafverfahren, 2014; *Dölling,* Über das Ziel des Strafverfahrens, FS Beulke, 2015, 679; *Bäcker,* Kriminalpräventionsrecht, 2015; *Reimer,* Verfahrenstheorie, 2016.

A. Strafrecht und Strafverfahrensrecht

Das **materielle Strafrecht,** dessen Grundregeln im StGB enthalten sind, legt die 1
Merkmale der strafbaren Handlung fest und droht die Rechtsfolgen (die Strafen und Maßregeln) an, die an die Tatbegehung geknüpft sind. Wenn diese Normen ihre Funktion, die elementaren Voraussetzungen friedlichen mitmenschlichen Zusammenlebens zu sichern, erfüllen sollen, dürfen sie im Falle der Tatbegehung nicht nur auf dem Papier stehen. Es bedarf vielmehr eines rechtlich geordneten Verfahrens, mit Hilfe dessen das Vorliegen einer strafbaren Handlung ermittelt und ggf. die im Gesetz vorgesehene Sanktion festgelegt und durchgesetzt werden kann. Dabei ist unter einem „rechtlich geordneten" Verfahren dreierlei zu verstehen: Seine Vorschriften müssen darauf abgestellt sein, dem materiellen Strafrecht in einer dem wahren Sachverhalt entsprechenden Weise zur Durchsetzung zu verhelfen; sie müssen aber gleichzeitig die Grenzen festlegen, die dem Eingriffsrecht der Strafverfolgungsbehörden zum Schutze der Freiheit des Einzelnen gezogen sind; und sie müssen endlich die Möglichkeit schaffen, durch eine abschließende Entscheidung den gestörten Rechtsfrieden wiederherzustellen. Das **Strafverfahrensrecht** (auch Strafprozessrecht oder formelles Strafrecht genannt) ist der Inbegriff der diesem Ziel dienenden Normen. Sie sind überwiegend in der StPO zusammengefasst (i. E. s. u. § 3 Rn. 2ff.).

B. Aufgabe und Ziel des Strafverfahrensrechts

2 **I.** Das Recht zu strafen ist heute dem Staat vorbehalten. Aus dieser Monopolisierung der Strafgewalt beim Staat ergeben sich die **drei Aufgaben,** die dem Strafverfahrensrecht soeben zugewiesen wurden, mit einer gewissen Zwangsläufigkeit. Denn wenn der Staat Privatrache und Fehden, wie sie im Mittelalter weithin üblich waren, grds. verbietet, erwächst ihm daraus als Kehrseite die Pflicht, selbst für den Schutz seiner Bürger Sorge zu tragen und Vorschriften zu schaffen, die eine staatliche Verfolgung und Überführung des Rechtsbrechers ermöglichen und den Rechtsfrieden durch endgültigen Abschluss des Verfahrens erneuern. Diese Entwicklung, aus der mit der Ablösung des Fehderechts das neuzeitliche Straf- und Strafprozessrecht hervorgegangen sind, hat für die Freiheit und Sicherheit des Einzelnen sehr segensreiche Wirkungen. Auf der anderen Seite ist aber nicht zu verkennen, dass der Zuwachs an Macht, den der Staat durch die Übertragung der Strafgewalt erhält, für den möglicherweise unschuldig in Verdacht Geratenen oder Missliebigen auch eine große Gefahr bedeuten kann. Deshalb ergibt sich mit der Entstehung eines staatlichen Strafverfolgungsrechts immer zugleich auch die Notwendigkeit, Schranken gegen die Möglichkeit eines staatlichen Machtmissbrauches zu errichten; wie weit dem Rechnung getragen wird, ist freilich eine Frage der jeweiligen Staatsverfassung (dazu u. § 2 Rn. 1 ff.). Die Grenzen der staatlichen Eingriffsbefugnis, die den Unschuldigen vor ungerechten Verfolgungen und übermäßiger Freiheitsbeschränkung schützen und auch dem Schuldigen die Wahrung aller Verteidigungsrechte sichern sollen, kennzeichnen die **Justizförmigkeit** des Verfahrens. Ein Urteil ist, auch wenn es den Schuldigen trifft, nur dann prozessordnungsgemäß (justizförmig) zustande gekommen, wenn keine formalen Garantien des Verfahrens zum Nachteil des Beschuldigten verletzt worden sind. In einem rechtsstaatlichen Strafverfahren ist die Wahrung der Justizförmigkeit nicht weniger wichtig als die Verurteilung Schuldiger und die Wiederherstellung des Rechtsfriedens. Das bedarf in seinen Auswirkungen auf das Strafverfahrensrecht im Folgenden näherer Erläuterung.

3 **II. Ziel des Strafverfahrens** ist demnach die (1) materiell richtige, (2) prozessordnungsmäßig zustande kommende, (3) Rechtsfrieden schaffende Entscheidung über die Strafbarkeit des Beschuldigten. Der Spruch des Gerichts – in der Regel das Urteil – soll also nach der Idee des Gesetzgebers drei Qualitäten aufweisen, die in der Realität nicht notwendig vereinigt sind: Urteile können justizförmig einwandfrei gewonnen und doch inhaltlich falsch oder zwar im Ergebnis richtig, aber prozessordnungswidrig zustande gekommen sein; es ist sogar denkbar, dass eine Entscheidung weder in einer der Prozessordnung entsprechenden Weise erlangt noch inhaltlich richtig ist und dass gleichwohl die Frage auftritt, ob der Gesetzgeber es nicht um des durch die Rechtskraft geschaffenen Rechtsfriedens willen dabei bewenden lassen soll. Daraus folgt: Es ist nicht das Ziel des Strafverfahrens, um jeden Preis ein der materiellen Rechtslage entsprechendes Urteil zu erreichen; eine wesentliche Aufgabe des Strafprozessrechts liegt gerade darin, bei formell oder inhaltlich fehlerhaften Entscheidungen die drei geschilderten Kriterien gegeneinander abzuwägen und rechtliche Maßstäbe dafür aufzurichten, welchem von ihnen im Einzelfall der Vorrang gebührt.

4 Dabei kann die Lösung des Konflikts ganz verschieden ausfallen: Wenn etwa ein Geständnis durch verbotene Vernehmungsmethoden erzielt worden ist, darf es nicht verwertet werden (§ 136a III 2); der Angeklagte muss dann, sofern er nicht auf andere

Weise überführt werden kann, freigesprochen werden, auch wenn er die ihm vorgeworfene, aber mit anderen Beweismitteln nicht nachweisbare Tat begangen hat. Die Justizförmigkeit des Verfahrens, die in Wahrheit keine bloß formale Kategorie ist, sondern hier unmittelbar dem Schutze der Menschenwürde dient, wird also in diesem Falle dem Ziel materieller Richtigkeit des Urteils übergeordnet. Das ist nicht immer so: Beispielsweise wird die erwähnte Antinomie von der herrschenden Meinung im umgekehrten Sinne gelöst, soweit es sich um die durch verbotene Vernehmungsmethoden mittelbar erlangten Beweise handelt. Wenn also der des Mordes verdächtige Beschuldigte unter dem Einfluss einer Täuschung nicht nur gesteht, sondern auch angibt, wo er die Leiche versteckt hat, hält man es für zulässig, dieses Beweisstück zu seiner Überführung zu benutzen; das Ziel materieller Richtigkeit des Urteils gewinnt dann trotz der Prozessordnungswidrigkeit des Verfahrens den Vorrang (s. dazu, aber auch zum Problem der Folter u. § 24 Rn. 59ff.). Ähnliche Probleme ergeben sich, wenn der erstrebte Rechtsfrieden und die sachliche Richtigkeit des Urteils in Widerstreit geraten. So kann eine rechtskräftige Entscheidung bei nachträglicher Entdeckung neuer Tatsachen und Beweismittel zugunsten des Verurteilten wiederaufgenommen werden (§ 359 Nr. 5); es wird insoweit also die Feststellung der Wahrheit der Rechtsbeständigkeit vorgezogen. Dagegen ist im entspr. Fall die Wiederaufnahme zuungunsten eines Freigesprochenen nur im Fall eines nachträglichen Geständnisses möglich (vgl. § 362 Nr. 4); der Gesetzgeber nimmt hier die Straflosigkeit eines vielleicht Schuldigen eher in Kauf als die Rechtsunsicherheit, die durch die Möglichkeit ständig erneuter Aufrollung des einmal abgeschlossenen Verfahrens geschaffen würde.

Auch das isoliert betrachtete Prozessziel der materiellen Richtigkeit birgt zudem zwei gegenläufige Tendenzen in sich. Denn da die Wahrheit meist nicht von vornherein gegeben ist, Schuld und Unschuld vielmehr erst im Laufe des Prozesses ermittelt werden sollen, muss der Gesetzgeber die Notwendigkeit energischen Zugreifens gegenüber dem möglichen Täter mit dem Erfordernis schonenden Vorgehens gegenüber dem vielleicht Unschuldigen in Einklang bringen: Er muss sich in jeder Prozesssituation von Neuem entscheiden, ob er einen der Überführung förderlichen Eingriff in die Rechtssphäre des Beschuldigten gestatten oder ob er ihn, um den etwa Unschuldigen nicht über Gebühr zu belasten, untersagen oder mit besonderen Kautelen umgeben soll. Viele gesetzliche Regelungen, wie etwa die U-Haft mit ihren zahlreichen Ausnahmen, Einschränkungen und Gegenausnahmen (§§ 112ff.), werden überhaupt nur verständlich, wenn man die Aufgabe der prozessualen Normen nicht allein darin sieht, den Schutz des Bürgers vor dem Delinquenten zu gewährleisten, sondern ebenso darin, den Beschuldigten vor einem unverhältnismäßigen Zugriff der Strafverfolgungsorgane zu bewahren. 5

Das Ziel des Strafverfahrens ist also komplexer Art: Die Verurteilung des Schuldigen, der Schutz des Unschuldigen, die aller Willkür entrückte Justizförmigkeit des Verfahrens und die Rechtsbeständigkeit der Entscheidung – alle diese Forderungen sind für ein rechtsstaatlich verfasstes Gemeinwesen gleichermaßen bedeutsam. Ihre gleichzeitige Verwirklichung und ihre Abwägung im Konfliktsfall machen den Reiz und die Schwierigkeit dieses Rechtsgebietes aus. Darum kann der Strafprozess auch nicht wie ein Pfeil geraden Weges das Ziel erreichen. Er ist, weil er gegensätzlichen Ansprüchen Genüge tun muss, von vornherein dialektisch strukturiert und braucht bei gründlicher Berücksichtigung der verschiedenen Möglichkeiten und Standpunkte seine Zeit, bedarf aber wegen der mit dem Zeitablauf für Täter und Opfer schwindenden Ein- 6 druckskraft des Urteils, der wachsenden Fehlerquellen vor allem des Zeugenbeweises und der im bloßen Verfahren liegenden Belastung des Beschuldigten tunlichster Beschleunigung (vgl. u. § 16 Rn. 3ff.).

7 Wenn das BVerfG seit 1972 (BVerfGE 33, 367, 383) die „**Funktionstüchtigkeit** der Strafrechtspflege" als Element des Rechtsstaates hervorgehoben und seither in vielen Entscheidungen als verfassungsrechtlichen Argumentationstopos herangezogen hat,[1] so ist das nach der o. dargelegten Prozesszielbestimmung im Ansatz nicht falsch. Denn die Durchsetzung des materiellen Rechts als eines wesentlichen Prozessziels ist ohne eine funktionstüchtige Strafrechtspflege nicht möglich; ein Staat aber, in dem das Strafrecht keinen effektiven Schutz gewährt, wäre kein Rechtsstaat mehr. Bedenklich wäre aber die Annahme, dass schon die „Effizienz" der Strafrechtspflege dem Rechtsstaat Genüge täte. Eine rechtsstaatliche Strafrechtspflege muss die Funktionstüchtigkeit mit voller Wahrung der Justizförmigkeit verbinden; nur wenn sie dies tut, kann sie den Rechtsfrieden wiederherstellen. Wenn die Bedürfnisse der Effizienz und des Beschuldigtenschutzes in Widerstreit geraten, gebührt auch keineswegs durchweg der Regelung der Vorzug, die eine Verurteilung möglich macht; vielmehr sind alle Gesichtspunkte gegeneinander abzuwägen und nach ihrer Bedeutung zu gewichten. Anderenfalls besteht die Gefahr, dass die „Funktionstüchtigkeit der Strafrechtspflege" zu einem „gegenreformatorischen Argumentationstopos" *(Hassemer)* wird, mit Hilfe dessen die Beschuldigtenrechte im Interesse einer Entlastung und Vereinfachung des Strafverfahrens allmählich abgebaut würden.[2] Dieser in den Gesetzesnovellen der letzten Jahrzehnte immer stärker hervortretenden Gefahr versuchte die Rechtsprechung des BVerfG namentlich durch eine strenge Kontrolle aller Ansätze zur Etablierung eines Überwachungsstaates (u. § 9 Rn. 22, § 35 Rn. 8, § 36 Rn. 16) wie auch dadurch zu steuern, dass die „Erfordernisse einer wirksamen Rechtspflege" oder die „Funktionstüchtigkeit der Rechtspflege" an rechtsstaatliche Grenzen gebunden werden (BVerfGE 80, 367, 375; BVerfGE 93, 213, 236ff.). Neuerdings droht jedoch die vom 1. StS und GrS des BGH ersonnene, für die rechtsstaatliche Balance des Strafverfahrens verhängnisvolle Idee, die (in erster Linie dem Schutz des Beschuldigten dienende) Beschleunigungsmaxime (näher u. § 16 Rn. 3) und den (nur auf die Abwehr schädlicher Nebenfolgen gerichteten und deshalb sekundären, s. Rn. 8) Opferschutz zur „Schleifung" seit 1879 unbestrittener Verteidigungsbastionen einzusetzen, auch beim BVerfG Fuß zu fassen[3], worin man – zusammen mit der bis heute rechtsstaatlich nicht hinreichend ausbalancierten Europäisierung (u. § 3 F) und der Eröffnung richterlicher Willkürspielräume durch die noch unter Drittweltniveau angesiedelte Regelung von Urteilsabsprachen (u. § 44 G) – unleugbar „Wetterzeichen vom Untergang der deutschen Rechtskultur" *(Schünemann)* erblicken muss.

8 Die genannten Prozessziele dienen vornehmlich der Verwirklichung des Rechtsstaates. Angesichts der Entwicklung des materiellen Strafrechts wird vielfach die sozialstaatliche Forderung nach resozialisierender Einwirkung auf den zu Verurteilenden schon im Strafverfahren als weiteres Prozessziel erhoben.[4] Doch gibt es für die Verwirklichung dieser Forderung nicht nur im geltenden Strafprozessrecht erst geringe Ansätze, sondern auch ein schwer zu überwindendes rechtsstaatliches Hindernis in Gestalt der Unschuldsvermutung (u. § 11 Rn. 1ff.). Ihr damit zu vereinbarender Ausbau ist eine der schwierigsten Aufgaben der Strafprozessreform (vgl. näher u. § 2 Rn. 6 mit den

[1] BVerfGE 34, 238, 248; 38, 105, 118; 38, 312, 321; 41, 246, 250; 44, 353, 374, 378; 46, 214, 222; 51, 324, 343; 74, 262; 77, 65; 122, 248, 272.

[2] Zur Diskussion: *Riehle,* KritJ 1980, 316; *Hassemer,* StV 1982, 275; *Niemöller/Schuppert,* AöR 107 (1982), 387; *Landau,* NStZ 2007, 121. Sehr skeptisch *Wolter,* 1990: „Menschenwürde und Freiheit im Strafprozess sind auf dem Rückzug … Sie weichen vielfach der Funktionstüchtigkeit der Strafrechtspflege."; *ders.,* GS Weßlau, 2016, 445. Differenzierend, aber im Ganzen optimistischer *Roxin,* 1991.

[3] BGH (1. StS) StV 2006, 287, 289 m. abl. Anm. *Fezer;* ebenso BGHSt (GrS) 51, 298, 310f. (Rn. 46f.); bezgl. der Bedeutung des Beschleunigungsgebots ebenso BVerfGE 122, 248, 273f. zum Problem der Rügeverkümmerung, dazu u. § 51 Rn. 11; BGHSt (1. StS) 55, 355, 362 (Rn. 17) m. abl. Anm. *Eidam,* JZ 2009, 318; ebenso BVerfG StV 2010, 113, 114 (Rn. 20) zum Problem der Fristsetzung für Beweisanträge, dazu u. § 45 Rn. 28; w. N. b. *Roxin,* FS Schünemann, 2014, 941.

[4] Die Skizze einer liberalen und sozial-rechtsstaatlichen Strafprozessrechtstheorie zeichnet *Wolter,* 1995.

dortigen Weiterverweisungen). Ferner sind in den letzten Jahrzehnten der **Opferschutz** und die Genugtuung für das Opfer zu eigenständigen Verfahrenszielen erhoben worden, was bezüglich des Schutzes des (bis zur rechtskräftigen Verurteilung nur potentiellen!) Verletzten im Ansatz berechtigt ist, aber nur einen die Abwehr schädlicher Nebenfolgen betreffenden **sekundären Zweck** ausmacht und nicht die legitimen Verteidigungsinteressen des Beschuldigten beeinträchtigen darf, während die Genugtuung zu den durch die materiell richtige Entscheidung zu verwirklichenden Strafzwecken gehört und deshalb **kein selbständiges Verfahrensziel** darstellt (was in den Opferschutznovellen teilweise verkannt worden ist, u. Rn. 1 ff. vor § 63).

C. Der Umfang des Strafverfahrensrechts

Das Strafverfahren im weitesten Sinne des Wortes umfasst nach der Chronologie seines Ablaufs drei Phasen: das **Strafverfahren** i. e. S. (das Erkenntnisverfahren), in dem über das Vorliegen einer Straftat entschieden und im Falle der Verurteilung die angemessene Sanktion festgesetzt wird. Im Anschluss daran folgt das **Vollstreckungsverfahren,** das in zwei weitere Abschnitte zerfällt: die Einleitung und generelle Überwachung der Urteilsdurchsetzung, die man als **Strafvollstreckung** i. e. S. bezeichnet, und bei Freiheitsstrafen den **Strafvollzug,** der die Durchführung der Strafsanktion im Einzelnen betrifft. Diesen drei Abschnitten entsprechen die rechtlichen Disziplinen des **Strafverfahrensrechts** i. e. S., des **Strafvollstreckungsrechts** und des **Strafvollzugsrechts.** Gegenstand des vorliegenden Lehrbuches ist im Wesentlichen das Recht des Erkenntnisverfahrens, also des Strafverfahrens i. e. S. Das ihm gegenüber in seiner Bedeutung weit zurück stehende Strafvollstreckungsrecht erfährt eine kurze Darstellung (u. § 58). Wegen des Strafvollzugsrechts, das in der Föderalismusreform ohne triftige Gründe der Landesgesetzgebung zugeschlagen worden ist (Art. 74 Abs. I Nr. 1 GG), ist auf die speziellen Lehrdarstellungen zu verweisen. Dagegen greift der nachfolgende Text über den Bereich des Strafverfahrensrechts insofern hinaus, als er auch die für das Verständnis des Strafprozesses wichtigsten Teile des **Strafgerichtsverfassungsrechts,** das den Aufbau und die Zuständigkeit der mit der Strafrechtspflege befassten Justizbehörden regelt, in den Grundzügen behandelt (u. §§ 5–9). 9

D. Das Strafverfahrensrecht in seinem Verhältnis zum allgemeinen Prozessrecht und zum materiellen Strafrecht

I. Das Strafprozessrecht gehört zum großen Komplex des Verfahrensrechts (des „formellen Rechts") und ist daher öffentliches Recht. Es ist vielfach versucht worden, aus den verschiedenen Prozessrechten allgemeine Grundsätze (eine sog. **Allgemeine Prozessrechtslehre**) zu entwickeln und daraus dann wieder Folgerungen für das Strafprozessrecht abzuleiten, doch ist der Gewinn einer solchen Betrachtungsweise bisher gering geblieben. 10

1. Eine Parallelisierung mit dem **Zivilprozess** muss daran scheitern, dass der „Strafanspruch" des Staates nicht mit dem Anspruch des Klägers im Zivilprozess verglichen werden kann, sondern nur eine begriffliche Umschreibung der staatlichen Eingriffsbefugnis darstellt. Zwar lassen sich eine Reihe allgemeiner Prozessrechtsbegriffe aufstellen, wie z. B. der „Prozessgegenstand" und die formelle oder materielle „Rechtskraft" (s. dazu u. §§ 20, 52); eine inhaltserfüllte Definition kann aber immer nur im Rahmen des jeweiligen Prozessrechtes gegeben werden, während ein gemeinsamer Oberbegriff zu abstrakt bleibt und daher für die Rechtsfindung nichts mehr hergibt. 11

12 2. Auch ein Vergleich mit dem **Verwaltungsprozessrecht** führt nicht viel weiter. Denn der Verwaltungsprozess ist ein Rechtsschutzverfahren, das der Bürger gegen den eingreifenden Staat betreibt, während der Strafprozess umgekehrt ein vom Staat betriebenes, mit besonderen Kautelen ausgestattetes Eingriffsverfahren darstellt. Anders als im Zivil- und Verwaltungsrecht, wo „Ansprüche" i. d. R. freiwillig erfüllt werden und der Prozess die Ausnahme ist, kann außerdem der staatliche „Strafanspruch" nur im Strafverfahren verwirklicht werden; selbst wenn sich jemand freiwillig zur Bestrafung meldete, müsste zuvor ein Strafprozess gegen ihn durchgeführt werden.

13 **II.** Weit enger als zu den übrigen Prozessrechten ist die Beziehung des Strafprozessrechts zum **materiellen Strafrecht.** Unter den leitenden Aspekten der Kriminalpolitik stehen die beiderseitigen Regelungen in einem notwendigen Ergänzungsverhältnis, das aber nicht mit einem Ableitungsverhältnis verwechselt werden darf. Zwar dient der Prozess zunächst einmal der Durchsetzung des materiellen Rechts (der Aufrechterhaltung der „Sanktionsgeltung" der materiellen Norm). Aber weil der konkrete Prozess (anders als die abstrakte Strafrechtsnorm) in empirischer Hinsicht die Ungewissheit über das wirkliche Geschehen und in normativer Hinsicht die Unschuldsvermutung zur Basis hat, muss das Verfahrensrecht eine Fülle neuer Rechts- und Interessenkonflikte lösen und zu diesem Zweck eine eigenständige Ordnung herausbilden. Manchmal sind Institute des materiellen Strafrechts und des Strafprozessrechts allerdings funktional gleichwertig, z. B. die objektiven Bedingungen der Strafbarkeit im materiellen Recht und die Prozessvoraussetzungen im Verfahrensrecht; die Ausscheidung von Bagatelltaten durch Tatbestandsauslegung („erhebliche Beeinträchtigung" bei § 223 StGB, „empfindliche Drohung" in § 240 StGB) oder durch eine Einstellung wegen Geringfügigkeit nach § 153 (vgl. *Schroeder,* FS Peters, 1974, 411). Eine Strafrechtsordnung kann in der Praxis immer nur so gut sein, wie das Verfahren zu ihrer Durchsetzung es zulässt, und umgekehrt ist eine befriedigende Verfahrensregelung nicht möglich, wenn sie nicht auf das materielle Recht (d. h. insb. auf die danach anzuordnenden Rechtsfolgen) zugeschnitten ist. Wenn z. B. die Sanktion vorwiegend nach spezialpräventiven Gesichtspunkten zu bestimmen wäre, müsste das Strafprozessrecht dem durch eine auf die Erforschung der Täterpersönlichkeit zugeschnittene Verfahrensgestaltung Rechnung tragen, wie es die Reformpläne zur Neuregelung der Hauptverhandlung denn auch zeitweise vorsahen. Mit der Einsicht in die begrenzten Erfolgsaussichten einer „Erziehung zur Freiheit in Unfreiheit" ist dagegen im Strafprozess wieder die strenge Respektierung der Unschuldsvermutung in den Vordergrund getreten, um neuerdings infolge des Einbaus des Täter-Opfer-Ausgleichs ins Sanktionenrecht abermals herausgefordert zu werden (näher u. vor § 63 Rn. 2 f.). Deshalb gehören materielles Strafrecht und Strafprozessrecht in Lehre und Forschung ebenso eng zusammen, wie es in der Rechtspraxis seit eh und je der Fall ist.

E. Strafverfahrensrecht und Strafprozesslehre

Literatur: Zur **Strafprozesslehre** grdl. *Peters,* GS H.-Peters, 1967, 891; *ders.,* FS Maurach, 1972, 453; *ders.,* FS Henkel, 1974, 253; *ders.,* FS Klug, 1983, 539. Ferner *Schreiber,* Verf.recht und Verf.wirklichkeit, ZStW 88 (1976), 117; *Roxin,* Recht und soziale Wirklichkeit im Strafverf., in: Kriminologie und Strafverf., 1976, 9; *Jäger,* Kriminologie im Strafprozess, 1980; *Rieß,* Statist. Beiträge zur Wirklichkeit des Strafverf., FS Sarstedt, 1981, 253; *Dessecker/Geissler-Frank,* Empirische Forschungsarbeiten zum Strafverfahren und Strafverfahrensrecht, 1995; *Albrecht,* Rechtstatsachenforschung zum Strafverfahren, 2005; *Sommer,* Effektive Strafverteidigung, 3. Aufl., 2016; *Albrecht, H.-J.,* Empirische Strafverf.forschung, neue Ermittlungsmethoden und Überwachungstechnologien, Sessar-Symposium, 2012, 85.

Zur **Fehlurteilsforschung:** *Sello,* Die Irrtümer der Strafjustiz und ihre Ursachen, 1911; *Alsberg,* Justizirrtum und Wiederaufnahme, 1913; *Hellwig,* Justizirrtümer, 1914; *Peters,* Untersuchungen zum Fehlurteil im Strafprozess, 1967; *ders.,* Fehlerquellen im Strafprozess, Bd. I, 1970; Bd. II, 1972; Bd. III, 1974; *ders,* Gescheiterte Wiederaufnahmeverf., FS Gallas, 1973, 441; *ders.,* Fehlerquellen und Rechtsanwendung im Strafprozess, GS H. Kaufmann, 1986, 913; *Beneke,* Das falsche Geständnis als Fehlerquelle im Strafverf. usw., 1990; *Barton* (Hrsg.), „Redlich aber falsch" – Die Fragwürdigkeit des Zeugenbeweises, 1995.

Zur Psychologie der Urteilstätigkeit: *Reik,* Geständniszwang und Strafbedürfnis, und *Alexander/Staub,* Der Verbrecher und seine Richter, in: *Moser* (Hrsg.), Psychoanalyse und Justiz, 1971, 9, 205; *Reiwald,* Die Gesellschaft und ihre Verbrecher, 1948 (als Taschenbuch mit einer Einleitung von *Moser* und *Jäger,* 1973); *Bohne,* Zur Psychologie der richterl. Überzeugungsbildung, 1948 (Nachdruck 1967); *Bendix,* Zur Psychologie der Urteilstätigkeit des Berufsrichters, 1932 (Neudruck 1968); *Weimar,* Psychologische Strukturen richterl. Entscheidungen, 1969; *Schünemann,* Kognition;; *ders./Bandilla,* Perseverance in Courtroom Decisions, in: *Wegener/Lösel/Haisch* (Hrsg.), Criminal Behaviour and the Justice System, 1989, 181; *ders.,* Verfahrensgerechtigkeit; *Kühne,* Die Instrumentalisierung der Wahrheitsfindung im Strafverf., GA 2008, 361; *Englich,* Urteilseinflüsse vor Gericht, in: Steller/Volbert (Hrsg.), Handbuch der Rechtspsychologie, 2008, 486; *Sommer,* Vor-Urteil, DAV-FS, 2009, 846; *Schünemann,* Richterbezogene Attitüdenforschung und der Indikator des ‚qualifizierten Begründungsfehlers', FS Mehle, 2009, 613; *ders.,* Die Allmacht des Tatrichters und die Einseitigkeit der Wahrheitsfindung, FS Kühne, 2013, 361.

Zur sozialen Herkunft der Berufsrichter: *Dahrendorf,* Bemerkungen zur sozialen Herkunft und Stellung der Richter an OLGs, Hamburger Jahrbuch für Wirtschafts- und Gesellschaftspolitik 5 (1960), 260; *Feest,* Die Bundesrichter usw., in: Zapf, Beiträge zur Analyse der deutschen Oberschicht, 2. Aufl., 1965, 95; *Zwingmann,* Zur Soziologie des Richters in der BRD, 1966; *Kaupen,* Die Hüter von Recht und Ordnung, 1969; *Richter,* Zur Soziologie der deutschen Richterschaft, 1968; *Heldrich/Schmidtchen,* Gerechtigkeit als Beruf, 1982.

Über weltanschauliche Hintergründe in der Rechtsprechung s. den gleichnamigen Sammelband von *Böhme* (Hrsg.), 1968; ferner *Opp/Peukert,* Ideologie und Fakten in der Rechtsprechung, 1971; *Opp,* KritJ 1970, 383; *Rottleuthner,* Rechtswissenschaft als Sozialwissenschaft, 1973; *Weyrauch,* Zum Gesellschaftsbild des Juristen, 1970.

Entscheidungssoziologie und teilnehmende Beobachtung: *Weiss,* Die Theorie der richterl. Entscheidungstätigkeit in den USA, 1971; *Schumann/Winter,* Sozialisation und Legitimierung des Rechts im Strafverf. usw., in: Jahrbuch für Rechtssoziologie und Rechtstheorie, Bd. 3 (1972), 529; *dies.,* Zur Analyse der Hauptverhandlung im Strafprozess, in: *Friedrichs* (Hrsg.), Teilnehmende Beobachtung abweichenden Verhaltens, 1973, 174; *Lautmann,* Justiz – Die stille Gewalt, 1973; *ders.,* Teilnehmende Beobachtungen der Strafjustiz, in: Teilnehmende Beobachtung abweichenden Verhaltens, 1973, 103; *Rottleuthner,* Richterl. Handeln, 1973; *D. Peters,* Richter im Dienst der Macht, 1973.

Soziale Beziehungen zwischen Richtern und Angeklagten: *Tausch/Langer,* Soziales Verhalten von Richtern gegenüber Angekl., Z. f. Entwicklungspsychologie 3 (1971), 283; *Leodolter,* Das Sprachverhalten von Angekl. bei Gericht, 1975; *Dürkop,* Der Angekl., 1977; *Grosse,* Amtsführung der Richter und StAe aus Sicht der Verf.beteiligten, in: Dt. Richterbund (Hrsg.), Richter und StA im Dienst für den Bürger, 1987, 19.

Rechtsmittelforschung: *Haddenhorst,* Die Einwirkung der Verf.rüge auf die tatsächl. Feststellungen im Strafverf., 1971; *Fezer,* Die erweiterte Revision – Legitimierung der Rechtswirklichkeit?, 1974; *Mikinovic/Stangl,* Strafprozess und Herrschaft, 1978; *Barton,* Die erweiterte Revision in der Rspr. des Bundesgerichtshofes, FS Fezer, 2008, 333.

Umwandlung der Verfahrensstruktur durch Urteilsabsprachen: *Schünemann,* Absprachen im Strafverfahren?, Gutachten zum 58. DJT 1990, 12–65; *Siolek,* Verständigung in der Hauptverhandlung, 1993, 21–82; *Bußmann/Lüdemann,* Klassenjustiz oder Verfahrensökonomie – Aushandlungsprozesse in Wirtschafts- und allgemeinen Strafverfahren, 1995; *Schünemann,* Zur Entstehung des deutschen plea bargaining, FS Heldrich, 2005, 1177; *Altenhain u. a.,* Die Praxis der Absprachen in Wirtschaftsstrafverfahren, 2007; *Altenhain u. a.,* Die Praxis der Absprachen in Strafverfahren, 2013, *Schünemann,* Die Urteilabsprachen im Strafprozess – ewige Wiederkunft des Gleichen?, FS Wolter, 2013, 1107.

14 In der **Strafprozessrechtslehre** werden die **Normen,** nach denen das Strafverfahren abläuft, wissenschaftlich untersucht, also typisiert, systematisiert, konkretisiert und interpretiert. Demgegenüber erforscht die **Strafprozesslehre** die **tatsächlichen Gegebenheiten** des Verfahrensablaufs; sie beschreibt und erklärt sie und sucht so zu einer allgemeinen Theorie der Strafprozesswirklichkeit zu gelangen (vgl. die empirischen Forschungsarbeiten bei *Dessecker/Geissler-Frank,* 1995).

15 Ihr Forschungsgebiet ist weit gespannt und erfordert interdisziplinäre Kooperation von Juristen, Kriminologen, Kriminalisten, Soziologen, Psychologen und Medizinern. Klassische Disziplinen der Strafprozesslehre sind die empirischen Hilfswissenschaften der Sachverhaltsaufklärung, u. a. Kriminaltaktik, -technik und -psychologie (zusammengefasst **Kriminalistik,** dazu *Wirth* [Hrsg.], Kriminalistik-Lexikon, 4. Aufl., 2010), Aussagepsychologie (s. dazu 11. Aufl., § 29), forensische Psychiatrie und gerichtliche Medizin. Seit den 1970er Jahren des 20. Jh. sind auch das Rollenverhalten der Prozessbeteiligten, die Art und Weise der Entscheidungsfindung, die soziale Herkunft der Richter, die Psychologie der Urteilstätigkeit, die weltanschaulichen Hintergründe der Rechtsprechung sowie eine vermutete schichtenspezifische Differenzierung bei der Strafverfolgung, insb. durch die Polizei (Labeling approach), Gegenstand intensiver wissenschaftlicher Bemühungen. Besondere Bedeutung hat auch die Fehlurteilsforschung sowie die empirische Erforschung der die Prozessstruktur auf den Kopf stellenden, lange Zeit von den Beteiligten streng geheim gehaltenen Urteilsabsprachen.

16 Die Bedeutung der Strafprozesslehre nicht nur für die **Verfahrenspraxis,** sondern auch für das Strafverfahrens*recht* ist beträchtlich: Zum einen trägt sie durch systematische Erforschung der Prozesstatsachen zur methodisch schon längst als notwendig erachteten Öffnung der Rechtswissenschaft zu den Wirklichkeitswissenschaften bei; und zum anderen kann eine sorgfältige Wirklichkeitsanalyse sowohl die Realisierungsbedingungen mancher Prozessprinzipien als auch die möglichen Fehlerquellen von Strafurteilen aufdecken. Damit leistet sie einen unentbehrlichen Beitrag zur Rationalität unseres Kriminal- und Prozessrechtswesens und ermöglicht eine fundierte Normkritik und Strafprozesspolitik. Auch für die teleologische Interpretation der Prozessnormen spielt sie unter dem Aspekt der Folgenorientierung eine wichtige Rolle. Exemplarisch ist auf die empirischen Forschungen zur Beeinflussung der (namentlich polizeilichen) Vernehmungsprotokolle durch die Ermittlungshypothesen des Vernehmungsbeamten[5] und zur Prägung der richterlichen Informationsverarbeitung in der Hauptverhandlung durch die Kenntnis der zuvor gelesenen Ermittlungsakten zu verweisen: Dadurch wird der sog. Inertia- oder **Perseveranzeffekt** ausgelöst, kraft dessen die in der Hauptverhandlung auftretenden Bestätigungen der Anklage systematisch überschätzt und etwa dagegen sprechende neue Ergebnisse systematisch unterschätzt werden.[6] Hieraus ergeben sich weitreichende Folgerungen de lege lata (z. B. gegen die Zulässigkeit einer Akteneinsicht durch Laienrichter, u. § 6 Rn. 17, oder einer indirekten Einführung der Vernehmungsprotokolle in die Hauptverhandlung im Wege des

[5] *Banscherus,* Polizeiliche Vernehmung, Formen, Verhalten, Protokollierung, 1977, 207 ff.; *Schmitz,* Tatgeschehen, Zeugen und Polizei, 1978, 189 ff.; *ders.,* in: *Kube u. a.* (Hrsg.), Wissenschaftliche Kriminalistik, 1983, 353, 356; *Gundlach,* Die Vernehmung des Beschuldigten im Ermittlungsverfahren, 1984; *Wulf,* Strafprozessuale und kriminalpraktische Fragen der polizeilichen Beschuldigtenvernehmung pp., Heidelberger jur. Diss. 1984; *Eisenberg,* Kriminologie, 6. Aufl. 2005, 315 ff.

[6] Näher *Schünemann,* Kognition; *ders.,* Verfahrensgerechtigkeit; *Barton,* Einführung in die Strafverteidigung, 2. Aufl., 2013, § 12 Rn. 35 ff.; bereits bei den Beratungen der RStPO *Lasker,* in: Hahn I 531.

sog. Vorhalts, u. § 46 Rn. 25) oder ferenda (z. B. über die notwendige Stärkung der Verteidigerstellung zwecks Ausgleichung der strukturellen Vorbefangenheit des Richters, u. § 19 Rn. 1).

§ 2. Das Strafverfahrensrecht in der Verfassungsordnung

Literatur: *Sax,* Grundsätze der Strafrechtspflege, in: *Bettermann/Nipperdey/Scheuner,* Die Grundrechte III, 1959, 909 (992 ff.); *Rüping/Martin/Böing,* Der Schutz der Menschenrechte im Strafverf., ZStW 91 (1979), 351, 364, 379; *Ingo Müller,* Rechtsstaat u. Strafverf., 1980; *Heubel,* Der „fair-trial" – ein Grundsatz des Strafverf.?, 1981; *Müller-Dietz,* Sozialstaatsprinzip u. Strafverf., FS Dünnebier, 1982, 75; *Niemöller/Schuppert,* Die Rspr. des BVerfG zum Strafverf.recht, AöR 107 (1982), 387; *Niebler,* Der Einfluß der Rspr. des BVerfG auf das Strafprozessrecht, FS Kleinknecht, 1985, 299; *H. Chr. Maier,* Die Garantiefunktion des Gesetzes im Strafprozess, 1991; *Teyssen,* Legislative und Judikative im Strafverf., 1992; *Wolter,* Verfassungsrecht im Strafprozess- und Strafrechtssystem, NStZ 1993, 1; *Rieß,* Verfassungsrecht und Strafprozess, StraFo 1995, 94; *Maier,* Demokratischer Rechtsstaat, Strafrecht und Strafverfahren, FS Tiedemann, 2008, 1223; *Schünemann,* Verfassungsrechtl. Vorgaben f. die Struktur des Strafverf., DAV-FS, 2009, 827.

A. Das Strafverfahrensrecht als Seismograph der Staatsverfassung

I. Die Strafe trennt den Bürger vom Verbrecher, den freien Menschen von der wie im Käfig gehaltenen Kreatur. Sie stellt von allen Eingriffen des Staates in den Freiheitsraum des Individuums die einschneidendste und deshalb auch problematischste Maßnahme dar; ihre Verhängung bedeutet oft eine vollständige Hintansetzung der Freiheitsinteressen des Straftäters zugunsten der Sicherheitsinteressen der Allgemeinheit. Da infolgedessen im Strafverfahren die Kollektiv- und Individualinteressen in nirgendwo sonst anzutreffender Schärfe miteinander in Widerstreit treten, ist die vom Gesetz hier getroffene Interessenabwägung symptomatisch für das in einem Gemeinwesen allgemein gültige Verhältnis von Staat und Individuum: Das Strafverfahrensrecht ist der Seismograph der Staatsverfassung! Seine hierin liegende politische Aktualität bedeutet zugleich, dass jede wesentliche Verschiebung in der politischen Struktur (namentlich eine Veränderung des Staatsgefüges) auch zu Umgestaltungen des Strafverfahrens führt. 1

II. 1. Im **absolutistischen** Staat der frühen Neuzeit und heute wieder in **totalitären** Staaten ist den **kollektiven** Interessen der unbedingte Vorrang eingeräumt worden. Im früheren absolutistischen Staat lag alle Strafgewalt beim Monarchen, der in die Justiz nach Belieben mit seinen **Machtsprüchen** eingreifen konnte. Im heutigen totalitären Staat ist durch die persönliche und sachliche Abhängigkeit der Richter sichergestellt, dass die Rechtsprechung mit den Direktiven der Partei- oder Militäroligarchie in Einklang steht. Im Absolutismus waren Ankläger und Richter identisch (Inquisitionsprozess), in den Diktaturen wird die hier besonders weitreichende politische Justiz de facto von der Polizei wahrgenommen (Gestapo, KGB), so dass sich die **Gewaltenhäufung** als Grundkonstitutivum dieser Staatstypen im Strafprozess im kleinen wiederfindet. 2

Der Beschuldigte ist im absolutistischen oder totalitären Staat lediglich Gegenstand des Verfahrens (Inquisit, Untersuchungsobjekt) oder kann doch zumindest die ihm nach der Verfahrensordnung zustehenden Rechte in der Praxis nicht durchsetzen, wenn sie zu den Machtinteressen der Staatsführung in Widerspruch treten. Das hier- 3 für charakteristischste Strafverfahrensinstitut ist die **Folter** (Tortur, peinliche Befragung), die im Absolutismus von Rechts wegen vorgesehen war und im totalitären Staat aus Gründen der „Staatsräson" immer wieder auch gegen das Gesetz praktiziert wird.

4 2. Der absolutistische Strafprozess ist durch die **Aufklärung** und den auf deren Gedankengut aufbauenden **Liberalismus** zerstört worden, wobei die drei Fundamentalprinzipien des neuen Staatsmodells zugleich für die Strafprozessreform von entscheidender Bedeutung waren: Aus dem **Gewaltenteilungsprinzip** ergab sich die **Unabhängigkeit** der Richter, die dadurch zu einer unvoreingenommenen Abwägung von Kollektivnutzen und Individualinteressen in den Stand gesetzt werden sollten, und die Verlagerung der exekutivischen Verfolgungstätigkeit auf eine neu geschaffene, von den Gerichten organisatorisch und personell getrennte Justizbehörde: die **Staatsanwaltschaft.** Die Anerkennung dem Staat vorgegebener **Grundrechte** hatte zur Folge, dass der Beschuldigte als **Prozesssubjekt** anerkannt und mit selbstständigen Rechten ausgestattet wurde, deren wichtigste das Recht auf Wahrung der Menschenwürde und der unbeschränkbare Anspruch auf Verteidigung waren. Das Prinzip vom **Vorbehalt des Gesetzes** gewährleistete schließlich, dass die Eingriffe des Staates in die Freiheitssphäre des Beschuldigten nur nach **Maßgabe der Gesetze** erfolgten, die deren Voraussetzungen, Inhalte und Grenzen so genau wie möglich festlegten und dadurch die Maßnahmen des Staates für den Bürger vorhersehbar machten.

5 3. Daneben hat der Liberalismus des 19. Jahrhunderts im Kampf um die Schwurgerichte **demokratischen** Prinzipien Eingang in das Strafprozessrecht verschafft. Aus Misstrauen gegen eine befürchtete Obrigkeitshörigkeit der zu dem Monarchen in einem Dienst- und Treueverhältnis stehenden Berufsrichter wurde die **Mitwirkung des Volkes an der Strafjustiz** (in letzter Konsequenz die Selbstrechtsprechung des Volkes durch vom Volk gewählte Volksrichter) verlangt und auch in Gestalt der Schöffen- und Schwurgerichte (zur Unterscheidung s. u. § 6 Rn. 16) durchgesetzt. Als weitere Folgerung aus dem demokratischen Gedanken ist die Einführung der Öffentlichkeit des Verfahrens zu nennen, die eine Kontrolle der Rechtspflege durch das Volk ermöglichen und damit einen Missbrauch der Strafgewalt durch die Justiz verhindern sollte. Die zentrale Bedeutung des Öffentlichkeitsprinzips für einen demokratischen Strafprozess ist am besten an seiner Unwirksamkeit bzw. Perversion in den totalitären Staaten zu erkennen, wo der politische Gegner meist entweder in einem Geheimverfahren oder in einem das Tribunal zur Szene gestaltenden Schauprozess abgeurteilt wird.

6 4. Erhebliche Probleme wirft die Anpassung des Strafverfahrens an das in der Verfassung niedergelegte **Sozialstaatsprinzip** auf (Art. 20 GG). Jahrhundertelang hat im Strafprozess die „Repression des Sozialschädlings" im Vordergrund gestanden. Nunmehr gilt es, der Erkenntnis Rechnung zu tragen, dass der Staat dem Gestrauchelten zur Hilfe und zur Förderung seiner (Re-)Sozialisation verpflichtet ist, ohne dass dadurch aber die Unschuldsvermutung missachtet werden darf. Nahziele eines sozialen Strafprozesses sind die Verbesserung der **Pflichtverteidigung** (die wegen der Unentbehrlichkeit eines Verteidigers für die Wahrheitsfindung auch vom Rechtsstaatsprinzip verlangt wird, s. u. § 19 Rn. 1), die Einführung des **Tat-** oder **Schuldinterlokuts** (deren praktische Bedeutung freilich begrenzt ist, s. u. § 44 Rn. 62f.) und der Ausbau der **Gerichtshilfe** (s. u. § 9 Rn. 30f.). Auch ein ausreichender **Opferschutz** im Strafverfahren ist eine Forderung des Sozialstaatsprinzips, ebenso wie die Einbeziehung des

Wiedergutmachungsgedankens. Doch liegt hier der Konflikt mit der Unschuldsvermutung und den Verteidigungsrechten des Beschuldigten auf der Hand und erfordert eine behutsame Abwägung, die die Reformgesetze der letzten Jahre teilweise vermissen lassen (vgl. u. vor § 63 Rn. 2, § 65 Rn. 9ff.).

III. In allen Fällen hängt die Ausgestaltung des Strafprozesses weniger von den geschriebenen Verfassungsnormen als vielmehr von der **Verfassungswirklichkeit** ab. 7
Dafür geben nicht nur die autoritären Staaten ein Beispiel, sondern auch die bundesdeutsche Entwicklung: Durch die Rspr. des BVerfG zum **Verhältnismäßigkeitsprinzip,** die die Einzelfall-Wirksamkeit der Grundrechte in einem noch niemals dagewesenen Umfang (allerdings auf Kosten der Rechtssicherheit) gesteigert hat, sind die generellen Eingriffsbefugnisse des Staates auf das nach den konkreten Umständen des jeweiligen Falles unumgängliche Ausmaß reduziert worden, und der Gesetzgeber hat sich dem beugen müssen (vgl. § 112 I 2).[1]

IV. Die vorstehende Skizze darf freilich nicht den Eindruck erwecken, als stelle das 8
Strafverfahrensrecht ausschließlich eine Konkretisierung des Verfassungsrechts dar. Seine Ausformung beruht vielmehr mindestens ebenso sehr auf vielfältigen (von der **Strafprozessgeschichtswissenschaft** und der **Strafprozesslehre** – s. o. § 1 Rn. 14ff. – zu erforschenden) **vorrechtlichen Gegebenheiten,** von denen hier nur die beiden wichtigsten erwähnt werden sollen: die **kriminologischen** und **kriminalätiologischen Voraussetzungen** (z. B. gab es den Inquisitionsprozess schon lange vor dem Absolutismus, weil der alte germanische Prozess der gegen Ende des Mittelalters einsetzenden Entwicklung eines Berufsverbrechertums nicht gewachsen war) und die **kriminalistischen Möglichkeiten** (z. B. wurde die Folter durch die Verbesserung der kriminalistischen Methoden als weitgehend entbehrlich und sogar unter dem Gesichtspunkt der Wahrheitserforschung als zweifelhaft erkannt). Die Gegenwart ist durch einen permanenten Ausbau der **technischen Überwachungsmöglichkeiten** gekennzeichnet, der die Grenze zwischen der in der StPO geregelten Strafverfolgung und der präventivpolizeilichen Aufgabe der Straftatenverhütung verschwimmen lässt und durch die darin liegende Gewaltenhäufung den liberalen Rechtsstaat vor ernste Probleme stellt.

B. Das Modell der StPO und dessen Krise

Die Strafprozessordnung stellte im wesentlichen eine Verbindung demokratischer und 9
liberaler Ideen dar, wie sie sich in der vielfach unter französischem Einfluss stehenden, auf dem Gedankengut der Aufklärung beruhenden Reformbewegung der ersten Hälfte des 19. Jahrhunderts in Deutschland durchgesetzt und nach dem Zweiten Weltkrieg unter der Herrschaft des Grundgesetzes erneuert und gefestigt hatten. So haben sich spezifisch **demokratische** Forderungen verwirklicht in der bei den meisten strafrechtlichen Spruchkörpern vorgesehenen Beteiligung von Laienrichtern (vgl. §§ 28ff., 76f. GVG); ferner auch darin, dass Urteilsgrundlage nur sein darf, was in mündlicher, öffentlicher und damit der Überprüfung durch das Volk zugänglicher Hauptverhandlung vorgetragen worden ist (vgl. §§ 250, 261 StPO, 169ff. GVG). Der **liberale** Gedanke, dass die Freiheitssphäre des Einzelnen vor willkürlichen oder übermäßigen staatlichen Eingriffen bewahrt bleiben muss, durchwirkt unseren Straf-

[1] Krit. zur Rspr. des BVerfG *Eb. Schmidt,* NJW 1969, 1137; *ders.,* ZStW 80 (1968), 567.

prozess bis ins Detail hinein (einen hervorragenden Gesamtüberblick über die unverfügbaren Garantien im Strafprozess liefert SK/*Wolter*, Loseblatt, vor § 151 Rn. 130ff.). Vorab sollen nur einige maßgebliche Grundsätze genannt werden: z. B. die richterliche Unabhängigkeit, die das Urteil vor allen sachfremden Einflüssen gerade auch von Seiten der Exekutive bewahren soll (Art. 97 I GG, §§ 1 GVG, 25 DRiG); das Verbot der Ausnahmegerichte durch das Prinzip des „gesetzlichen Richters" (Art. 101 I GG, § 16 GVG), das den Beschuldigten vor allen justizwidrigen Manipulationen sichert; das Recht auf rechtliches Gehör (Art. 103 I GG, 6 I EMRK); die Grundsätze „in dubio pro reo" (Art. 6 II EMRK) und „ne bis in idem" (Art. 103 III GG), die die Verurteilung eines möglicherweise Unschuldigen bzw. eine mehrmalige Bestrafung wegen desselben Vorganges verhindern; das Verhältnismäßigkeitsprinzip (vgl. § 112 I 2), die minutiöse Regelung aller während des Strafverfahrens erforderlichen Eingriffe in die persönliche Freiheit (§§ 81ff., 94ff., 112ff. StPO, Art. 104 GG) und die strikte Untersagung aller die autonome Willensentschließung der Verfahrensbeteiligten antastenden Vernehmungsmethoden (§§ 136, 136a, 163a III und IV). Über die Anforderungen hinaus, die sich aus den genannten Verfahrensgrundrechten ergeben, hat das BVerfG in ständiger Rspr. aus dem Rechtsstaatsprinzip des Art. 20 GG einen Anspruch des Angeklagten auf ein **faires Strafverfahren** bejaht.[2] Die Normen des Strafverfahrensrechts müssen sich an diesem allgemeinen Prozessgrundrecht messen lassen (krit. *Heubel*, 1981, insb. 73, 122, 141). Der Anspruch auf ein faires Verfahren garantiert dadurch in seiner optimalen Ausprägung dem einzelnen Strafverfahren seinen dezidiert rechtsstaatlich-liberalen Charakter, ist jedoch in jüngster Zeit in eine **tiefe Effektivitätskrise** geraten, weil die wachsende und zunehmend organisierte Kriminalität der entwickelten Industriegesellschaft mit ihren in Europa offenen Grenzen und ihrer quantitativ (BtM-Bereich!) wie qualitativ (komplizierte Tatbestände des Wirtschaftsstrafrechts!) unleugbaren Strafrechtshypertrophie im traditionellen Strafprozess nicht mehr bewältigt werden kann. Durch die Eröffnung weiter und kaum kontrollierbarer Spielräume zu informellem Vorgehen an das im deutschen Prozessmodell ohnehin übermächtige Gericht und durch die Einschränkung von Verteidigungsrechten – ursprünglich kraft richterlicher Rechtsfortbildung contra legem vorangetrieben und von dem vor seinen Gestaltungsaufgaben resignierenden Gesetzgeber geduldet oder gar abgesegnet (o. § 1 Rn. 7) – hat sich die Praxis zu helfen versucht, dadurch aber die Effektivitätskrise zu einer **Legitimitätskrise** erweitert.

10 Der sozialstaatlichen Verpflichtung des Strafverfahrens tragen die von der Rspr. entwickelte Fürsorgepflicht (vgl. u. §§ 11 Rn. 11, 44 Rn. 26ff.) Rechnung, ferner die Bestellung eines Pflichtverteidigers im Erkenntnisverfahren (§§ 140, 141), die Bestellung eines Verteidigers für die Vorbereitung eines Wiederaufnahmeverfahrens (§ 364b) sowie u. a. die Verpflichtung der Strafverfolgungsorgane, auf die persönlichen Verhältnisse des Beschuldigten Bedacht zu nehmen (vgl. §§ 136 III, 160 III). Freilich bedarf gerade der Sozialstaatsgedanke weiterer gesetzlicher Konkretisierung; so ist z. B. de lege ferenda die Aufhebung der Kostentragungspflicht eines Verurteilten zu erwägen (vgl. u. § 59 Rn. 5), während die ein Jahrhundert vernachlässigte Fürsorge für den (präsumtiv) Verletzten in den letzten beiden Jahrzehnten in eine die Unschuldsvermutung gefährdende Opferprivilegierung umzuschlagen droht (vgl. u. Bem. vor § 63).

[2] BVerfGE 26, 66, 71; 38, 105, 111; 39, 238, 243; 40, 95, 99; 41, 246, 249; 46, 202, 210; 57, 250, 274; 63, 380, 390; 66, 313, 318; 70, 297, 308; 77, 65, 76; 89, 120, 129; 109, 279, 368; 110, 222, 253; 112, 304, 314; 118, 212, 231; näher u. § 11 Rn. 4ff.

§ 3. Übersicht über die Rechtsquellen und den Einfluss des Europarechts

Als die 25. Auflage dieses Lehrbuches im Jahre 1998 erschien, war noch das für die deutsche Strafrechtspflege Relevante mit dem deutschen Strafverfahrensrecht identisch. Seitdem ist die Bedeutung des **europäischen** und des **Völkerrechts** auch auf dem Gebiet der Strafrechtspflege sprunghaft angewachsen. Nachfolgend werden zunächst die deutschen und sodann die supranationalen und völkerrechtlichen Rechtsquellen im Überblick dargestellt. Während wegen der Einzelheiten des transnationalen Rechtshilfe- und Auslieferungsverkehrs auf die Spezialdarstellungen zu verweisen ist, wird der enorme Einfluss, den die EMRK in ihrer Interpretation durch den EGMR heute auf den Alltag des nationalen Strafverfahrens ausübt, im Detail in dem jeweils einschlägigen Kapitel zu berücksichtigen sein. Noch weitaus wichtiger, obwohl keine Rechtsquelle im technischen Sinn, ist freilich die **Judikatur des BVerfG** und des **BGH,** die sich wie ein (gerade im letzten Jahrzehnt immer dichter gewebter) Teppich über die Gesetze gebreitet hat. Während das BVerfG vor allem die liberalen Garantien des GG gegenüber einer zunehmend die Strafverfolgungseffizienz akzentuierenden Gesetzgebung zu bewahren getrachtet hat, hat der BGH teils praeter, teils auch contra legem ein umfangreiches **Richterrecht** entwickelt, beispielsweise in Gestalt der (lange vor dem VerständG praktizierten) Schleifung der gesetzlichen Prozessstruktur durch die Urteilsabsprachen (u. § 17 Rn. 7 ff.), der Ausformung der Beweisverwertungsverbote und ihrer vier restriktiven Prinzipien (u. § 24 Rn. 30 ff.) oder der weitgehenden Paralysierung der Verfahrensrevision durch Anhebung ihrer formellen Hürden (u. § 55 Rn. 33 ff.).

A. Die zentralen deutschen Gesetze

1. Die wichtigsten Quellen des Strafgerichtsverfassungs- und Strafprozessrechts sind das GVG v. 27. 1. 1877 und die RStPO v. 1. 2. 1877, die beide zusammen mit den übrigen sog. Reichsjustizgesetzen (ZPO, RAO und KO) am 1. 10. 1879 in Kraft getreten sind. 1

2. Die StPO ist in acht Bücher eingeteilt: 2

1. Buch: Allgemeine Vorschriften

2. Buch: Verfahren im ersten Rechtszug

3. Buch: Rechtsmittel

4. Buch: Wiederaufnahme des Verfahrens

5. Buch: Beteiligung des Verletzten am Verfahren

6. Buch: Besondere Arten des Verfahrens

7. Buch: Strafvollstreckung und Kosten des Verfahrens

8. Buch: Erteilung von Auskünften pp., sonstige Verwendung von Informationen pp., Dateiregelungen, länderübergreifendes staatsanwaltschaftliches Verfahrensregister

3 StPO und GVG sind seit ihrer Verkündung durch zahllose Novellen geändert worden. Die StPO gilt jetzt i. d. F. der Bek. v. 7.4.1987 (BGBl. I 1074), mit seitdem 122 Änderungsgesetzen in 27 Jahren – weit mehr als in den 110 Jahren davor. Trotz dieser hektischen, auf jedes wirkliche oder vermeintliche Tagesbedürfnis sofort reagierenden Novellierungstätigkeit des Gesetzgebers hatte sich die Verfahrenswirklichkeit durch die contra legem eingeführte (nunmehr vom Gesetzgeber abgesegnete) Praxis der Urteilsabsprachen von der durch die StPO geregelten Verfahrensstruktur weithin entfernt (vgl. u. § 17 Rn. 7ff.), so dass der heutige deutsche Strafprozess ohne seine Prägung durch ein (verfassungsrechtlich zutiefst fragwürdiges) Richterrecht nicht verstanden werden kann. Die StPO gilt seit der Wiedervereinigung auch in den neuen Bundesländern, wobei anfängliche kleinere Abweichungen (25. Aufl., § 3 Rn. 3) inzwischen keine Rolle mehr spielen.

B. Ergänzende Vorschriften

4 Diese zentralen Gesetze (GVG und StPO) werden ergänzt:

1. durch das **JGG** v. 4.8.1953 i. d. F. v. 11.12.1974: Es enthält nicht bloß das materielle Jugendstrafrecht, sondern auch die Bestimmungen über Jugendgerichte und das Verfahren gegen Jugendliche;

2. durch das **EGGVG** i. d. F. v. 18.6.1997, welches in seinem Zweiten Abschnitt (§§ 12ff.) verfahrensübergreifende Mitteilungen von Amts wegen, im Dritten Abschnitt (§§ 23ff.) die Anfechtung von Justizverwaltungsakten und im Vierten Abschnitt (§§ 31ff.) die Kontaktsperre von Gefangenen zur Abwehr der Gefahr terroristischer Vereinigungen regelt;

3. durch die **ZPO** i. d. F. v. 5.12.2005, auf die die StPO an mehreren Stellen direkt verweist, z. B. hinsichtlich der Zustellungen, § 37, oder bezüglich des Kostenfestsetzungsverfahrens, § 464b;

4. durch das **Deutsche Richtergesetz** v. 8.9.1961 i. d. F. v. 19.4.1972;

5. durch die **Bundesrechtsanwaltsordnung** v. 1.8.1959;

6. durch das **Gerichtskostengesetz** i. d. F. v. 5.5.2004;

7. durch das **Gesetz über die Entschädigung der ehrenamtlichen Richter** i. d. F. v. 1.10.1969;

8. durch das **Justizvergütungs- und -entschädigungsgesetz** v. 5.5.2004;

9. durch das **Rechtsanwaltsvergütungsgesetz** von 5.5.2004;

10. durch das **Gesetz über die Entschädigung für Strafverfolgungsmaßnahmen** v. 8.3.1971;

11. durch das **Gesetz über die internationale Rechtshilfe in Strafsachen** v. 23.12.1982 i. d. F. v. 27.6.1994 (IRG; BGBl. I 1537);

12. durch das **Gesetz über das Bundeskriminalamt** v. 8.3.1951 i. d. F. v. 7.7.1997;

13. durch das **Gesetz über das Zentralregister und das Erziehungsregister** v. 18.3.1971 i. d. F. v. 21.9.1984;

14. durch die **Justizbeitreibungsordnung** v. 11.3.1937, auf die § 459 für die Vollstreckung von Geldstrafen verweist.

C. Sonstige Bundesgesetze

Des Weiteren finden sich einzelne strafprozessuale Bestimmungen in anderen Bundes- 5
gesetzen, vor allem

I. im **Grundgesetz,** insb. in Art. 46, 92, 96f., den sog. justiziellen Grundrechten der Art. 101 I und 103f., in dem Grundrechtskatalog der Art. 1–19 und in dem Rechtsstaatsprinzip des Art. 20 als Quelle des Anspruchs auf ein faires Verfahren. Im Vergleich zu Verfassungen anderer Länder ist das (ebenso wie übrigens für das Strafrecht) eher mager, doch hat die Rspr. des BVerfG zu den verfassungsrechtlichen Grenzen strafprozessualer Eingriffsgesetze und zur grundrechtskonformen Anwendung des Strafprozessrechts aufgrund von Verfassungsbeschwerden der Bürger eine starke Bastion zur Verteidigung des rechtsstaatlichen-liberalen Strafverfahrens gegenüber den politischen Versuchungen des „Überwachungsstaates" geschaffen;

II. in folgenden einfachen Bundesgesetzen: 6

1. im **StGB:** über den Strafantrag (§§ 77–77d);

2. in §§ 385ff. der Abgabenordnung (AO) i. d. F. v. 1.10.2002 (BGBl. I 3866; BGBl. 2003 I 61);

3. im **Ordnungswidrigkeitengesetz** (OWiG) v. 24.5.1968 i. d. F. v. 19.2.1987, das u. a. die Verbindung von Bußgeld- und Strafverfahren regelt.

D. Bundeseinheitlich geltende Verwaltungsanordnungen

Die StPO enthält die rechtliche Regelung des Strafverfahrens; seine technische Ausge- 7
staltung i. E. fällt in die Kompetenz der Justizverwaltungen der Länder und des Bundes. Um dennoch ohne Eingriff in die bundesstaatliche Kompetenzverteilung eine einheitliche Handhabung zu gewährleisten, haben die Länder untereinander und mit dem Bundesjustizministerium bundeseinheitlich geltende Fassungen für die **Verwaltungsanordnungen** beschlossen, die weder Eingriffstatbestände enthalten noch die Gerichte binden, sondern nur die Details des Verfahrens der beteiligten Justizbehörden regeln.

Es sind dies: 8

1. die **Richtlinien für das Strafverfahren und das Bußgeldverfahren** (RiStBV) v. 1.1.1977 i. d. F. ab 1.2.1997 (abgedruckt bei *M-G*, Anh. 12). Sie enthalten in einem allg. und einem nach den einzelnen Deliktsarten gruppierten besonderen Teil eine umfangreiche und detaillierte Regelung des gesamten Verfahrensablaufs. Ihre Bedeutung liegt generell in der Einengung der Restbereiche staatsanwaltschaftlichen Ermessens, speziell in der Entscheidung der in der StPO weitgehend offengelassenen technischen Fragen der Verfahrenshandhabung;

2. die **Strafvollstreckungsordnung** (StrVollstrO) v. 15.2.1956 (BAnz. Nr. 42) mit späteren Änderungen, die den Betrieb der Strafvollstreckung regelt;

3. die **Anordnung über Mitteilungen in Strafsachen** (MiStra) v. 29.4.1998.

9 In zahlreichen Strafverfahren werden Vorgänge erörtert, die auch für andere Behörden oder Stellen wichtig sind und ihnen zu Maßnahmen Anlass geben können (z. B. können die in Strafverfahren gegen Beamte erörterten Tatsachen disziplinarrechtlich bedeutsam sein). Die MiStra will sicherstellen, dass diese Behörden von den Vorgängen Kenntnis erhalten. Zu diesem Zweck werden die Justizbehörden verpflichtet, in Strafsachen durch Mitteilungen andere Behörden und Stellen (in dem genannten Beispiel gem. Nr. 15 V die Dienstvorgesetzten des Beschuldigten) zu unterrichten. In den einzelnen Vorschriften der MiStra sind der Umfang der Mitteilungspflicht, die Form der Mitteilungen und die mitteilungspflichtigen Stellen aufgeführt. Die hierfür zur Einschränkung des Grundrechts auf informationelle Selbstbestimmung (BVerfGE 67, 1) notwendige gesetzliche Grundlage ist in Gestalt von §§ 12ff. EGGVG durch das **Justizmitteilungsgesetz** (JuMiG) v. 18.6.1997 (BGBl. I 1430) geschaffen worden.

10 4. die **Richtlinien für den Verkehr mit dem Ausland in strafrechtlichen Angelegenheiten** (RiVASt) i. d. F. v. 8.12.2008 (BAnz. Nr. 196b), in denen die gegenseitige Rechtshilfe in Strafsachen, vor allem das Auslieferungsverfahren, aber auch z. B. die Vernehmung von Zeugen und die Versendung von Akten geregelt sind.

E. Landesrecht

11 **I.** In den verschiedenen **Länderverfassungen** finden sich Vorschriften, die das Strafverfahren regeln (insb. in der bayerischen Verfassung, vgl. v. a. Art. 88–91, die weit über das GG hinausgehen). Gem. Art. 31 GG geht jedoch alles Bundesrecht vor; neben der StPO kommt Landesrecht sogar nur ausnahmsweise ergänzend in Frage (§ 6 EGStPO). Soweit in den Landesverfassungen prozessuale Grundrechte gewährleistet werden, bleiben sie zwar in Kraft (Art. 142 GG), können aber natürlich nicht den Bundesgesetzgeber binden (BVerfGE 1, 281); für das bundesrechtlich geregelte Strafverfahren ist das Landesverfassungsrecht daher ohne jede Bedeutung (BayVerfGH 7, 66). Dagegen hat die Föderalismusreform den Ländern die Kompetenz zur Regelung des Vollzuges der **Untersuchungshaft** neu zugewiesen (näher u. § 30 Rn. 30f.).

12 **II.** Landesrechtlich sind das **Feld- und Forstrügeverfahren** geregelt. Zu der Frage, inwieweit die Landespolizei- und -pressegesetze neben der StPO angewendet werden können, vgl. u. §§ 31 Rn. 11ff.; 34 Rn. 33.

F. Europäisches, internationales und Völkerstrafverfahrensrecht

Literatur: *Kühl,* Der Einfluß der MRK auf das Strafrecht und Strafverf.recht usw., ZStW 100 (1988), 406, 601; *Schroeder,* Der Geltungsbereich der Menschenrechte in den Stadien des Strafverf., FS Pötz, 1993, 205; *Esser,* Auf dem Weg zu einem europäischen Strafverfahrensrecht, 2002; *Heine,* Europol und die Europäisierung des Rechts, FS Trechsel, 2002, 237; *Ambos,* Der Europäische Gerichtshof für Menschenrechte und die Verfahrensrechte, ZStW 115 (2003), 583; *K. Degenhart,* Europol und Strafprozeß, 2003; *Felgenhauer,* Grundlagen der institutionalisierten Polizeizusammenarbeit, FS Hilger, 2003, 75; *Huber,* Die polizeiliche und justitielle Zusammenarbeit in Europa, ebda., 2003, 135; *Lüderssen,* Europäisierung des Strafrechts und gubernative Rechtssetzung, GA 2003, 71; *Schroeder,* Die Gesamtprüfung der Verfahrensfairness durch den EGMR, GA 2003, 293; *Wolter,* Die polizeiliche und justitielle Zusammenarbeit in Strafsachen in der Europäischen Union, FS Kohlmann, 2003, 693; *Gleß,* Zum Prinzip der gegenseitigen Anerkennung, ZStW 116 (2004), 353; *Nestler,* Europäisches Strafprozessrecht, ZStW 116 (2004), 332; *Radtke,* Der Europäische Staatsanwalt – Ein Modell für Strafverfolgung in Europa mit Zukunft?, GA 2004, 1; *Schünemann* (Hrsg.), Alternativentwurf europäische Strafverfolgung, 2004; *Braum,* Das Prinzip der gegenseitigen Anerkennung, GA 2005, 681; *Korn,* Defizite bei der Umsetzung der EMRK im deutschen Strafverfahren, 2005; *Satzger,* Europäische Autopsie pp., Schünemann-Symposium, 2005, 305; *Tiedemann,* Bemerkungen zur Zukunft des europäischen Strafprozesses, FS Eser, 2005, 889; *Gleß,* Beweisrechtsgrundsätze einer grenzüberschreitenden Strafverfolgung, 2006; *Haubrich,* Beschränkung von Grundfreiheiten auf dem Prüfstand des Europäischen Gerichtshofs, FS Richter II, 2006, 205; *Hilger,* Europol-Daten/Strafverteidigung, FS Strauda, 2006, 263; *Paeffgen,* Haus ohne Hüter?, ZStW 118 (2006), 275; *Reichling,* Zusammenarbeit der Staatsanwaltschaften in Europa, Kunert-Symposium, 2006, 51; *Grote/Marauhn* (Hrsg.), EMRK/GG Konkordanzkommentar, 2006; *Schünemann* (Hrsg.), Ein Gesamtkonzept für die europäische Strafrechtspflege, 2006; *Unfried,* Die Freiheits- und Sicherheitsrechte nach Art. 5 EMRK, 2006; *Gaede,* Fairness als Teilhabe pp., 2007; *Gierhake,* Das Prinzip der Weltrechtspflege pp., ZStW 120 (2008), 375; *Hassemer,* Gemeinsame Standards f. Strafv. in Europa?, FS Egon Müller, 2008, 251; *Mankowski/Bock,* Die internationale Zuständigkeit der deutschen Strafgerichte pp., JZ 2008, 555; *Wolter u. a.* (Hrsg.), AE Europol u. europ. Datenschutz, 2008; *Wasmeier/Möhlig,* Strafr. der EU, 2. Aufl., 2008; *Jung,* Neues zum Konfrontationsrecht?, GA 2009, 235; *S. Kress,* Der „Große Lauschangriff" als Mittel internationaler Verbrechensbekämpfung, 2009; *Krüßmann,* Transnationales Strafprozessrecht, 2009; *I. Roxin,* Bindungswirkung von EGMR-Urteilen?, DAV-FS, 2009, 1070; *Gleß,* Europa – eine Herausforderung für die Strafverteidigung, StV 2010, 400; *Noltenius,* Strafverfahrensrecht als Seismograph der europäischen Integration pp., ZStW 122 (2010), 604; *Roger,* Zum Rahmenbeschl. über die eur. Beweisanordnung, GA 2010, 27; *Ambos,* Internationales Strafrecht, 4. Aufl., 2014; *Ambos* (Hrsg.), Europ. Strafrecht post – Lissabon, 2011; *Hoven,* Rechtsstaatliche Anforderungen an völkerstrafr. Verf., 2011; *Renzikowski,* Die Zurechenbarkeit von Konventionsverletzungen bei Beweiserhebungen im Ausl., FS Achenbach, 2011, 373; *Safferling,* Internationales Strafrecht, 2011; *Sieber u. a.* (Hrsg.), Europ. Strafrecht, 2. Aufl., 2014; *Ahlbrecht,* Strukturelle Defizite europ. Verteidigung, StV 2012, 491; *Beulke,* Der Beitrag des EGMR zur Entwicklung des deutschen Verf.rechts, in: *Hölan* (Hrsg.),Wirkungen der Rspr. des EGMR im deutschen Recht, 2012, 71; *Esser,* Europ. u. Internationales Strafrecht, Vorschriftensammlung, 3. Aufl., 2017; *ders.,* IBPR und MRK, in: LR, Bd. VIII, 2012; *Hecker,* Europ. Strafrecht, 5. Aufl., 2015; *Lagodny/Schomburg,* Verteidigung im international-arbeitsteiligen Strafverf., NJW 2012, 348; *Schomburg/Lagodny/Gleß/Hackner,* Internationale Rechtshilfe in Strafsachen, 5. Aufl., 2012; *Strobel,* Die Untersuchungen des Europ. Amtes für Betrugsbekämpfung (OLAF), 2012; *Schmitt,* Der Einfluss der strafr. Rspr. des EGMR auf den BGH und das BVerfG, in: *Jahn/Nack* (Hrsg.), Gegenwartsfragen des europäischen und deutschen Strafrechts, 2012, 47; *Vogel,* Der Einfluss der strafr. Rspr. des EGMR auf das BVerfG und den BGH, ebda., S. 23; *Böse* (Hrsg.), Europ. Strafr. mit poliz. Zusammenarbeit, Enzyklopädie Europaracht, Bd. 9, 2013; *Eisele,* Jurisdiktionskonflikte in der EU, ZStW 125 (2013), 1; *Gleß,* Abschied von der Fiktion einer Waffengleichheit gegenüber eur. Strafverfolgung?, StV 2013, 317; *dies.,* Grenzüberschreitende Beweissammlung, ZStW 125 (2013), 573; *Jung,* Fairness = wirksame Verteidigung?, GA 2013, 90; *Satzger,* Internationales u. Europ. Strafrecht, 7. Aufl., 2016; *ders.,* Die potentielle Einrichtung einer Europ. StA, NStZ 2013, 206; *Swoboda,* Verfahrens- u. Beweisstrategien vor den UN-ad hoc Tribunalen, 2013; *Grünewald,* Eine Europ. StA, HRRS 2013, 508; *Zimmermann,* Strafgewaltkonflikte in der EU, 2014; *Schünemann,* Die Europäisierung der Strafrechtspflege als Demontage des demokratischen Rechtsstaats, 2014; *Böse,* Die Europ. Ermi.anordnung pp., ZIS 2014, 152; *Gleß,* Der Europ. Gesetzgeber im Lichte des neu gefassten § 136 Abs. 1 Satz 2 StPO, FS Schünemann, 2014, 1059; *Schünemann,* The European Investigation Order, in: Ruggeri (ed), Transnational Evidence and Multicultural Inquiries, 2014, 28; *ders.,* Solution Models and Principles Governing the Transnational Evidence–gathering in the EU, ibid. 161; *Zimmermann,* Die Europ. Ermi.anordnung pp., ZStW 127 (2014), 143; *Ronsfeld,* Rechtshilfe, Anerkennung und Vertrauen – Die Europ. Ermi.anordnung, 2015; *Reinbacher,* Strafrecht im Mehrebenensystem. 2015; *Langbauer,* Das Strafrecht vor den Unionsgerichten, 2015; *Hecker,* Schließt Art. 54 SDÜ die Strafverfolgung … aus pp.?, in: FS v. Heintschel-Heinegg, 2015, 175; *Pauckstadt-Maihold,* Der Grundsatz „ne bis in idem" auf EU-Ebene, ebda., 359; *Satzger,* … dass der BGH gegen seine Vorlagepflicht verstößt, ebda., 391; *Zerbes,* Fragmentiertes Strafverf., ZIS 2015, 145; *Nieto Martin/Blumenberg,* Das Prinzip nemo tenetur se ipsum u. der europ. Strafpr., FS Beulke, 2015, 855; *Triffterer u. a.,* The Rome Statute of the Int. Criminal Court, 3. Aufl., 2015;; *Schünemann,* Mindestbedingungen einer effektiven Verteidigung in transnationalen europ. Strafverf., StV 2016, 178; *Brodowski,* Strafrechtsrelevante Entwicklungen in der EU, ZIS 2016, 106; *Roger,* Grund u. Grenzen transnationaler Strafrechtspflege, 2016.

Noch vor wenig mehr als einem Jahrzehnt schien sich die transnationale Dimension 13
des Strafverfahrensrechts auf die Regelung von Auslieferung und Rechtshilfe zu beschränken, denn es gab keine internationalen Strafgerichthöfe, die Kompetenzen der Europäischen Gemeinschaften erstreckten sich nach h. M. nicht auf das Straf- und Strafprozessrecht, und bezüglich der in Deutschland seit 3.9.1953 in Kraft befindlichen EMRK herrschte lange die Auffassung vor, dass die Garantien der StPO für

den Beschuldigen nicht geringer, sondern vielfach umfangreicher als diejenigen der EMRK seien. Auf allen drei Gebieten haben sich seitdem umstürzende Wandlungen vollzogen.

I. Europäische Menschenrechtskonvention

14 1. Die Konvention der Mitglieder des Europarates zum Schutze der Menschenrechte und Grundfreiheiten (**EMRK** vom 4.11.1950, deutsches Zustimmungsgesetz BGBl. 1952, 685, 953; Bek. über das Inkrafttreten BGBl. 1954 II, 14) enthält eine Reihe grundlegender strafprozessualer Garantien, nämlich: das Verbot der Folter und der unmenschlichen oder erniedrigenden Strafe oder Behandlung (Art. 3), die Einschränkung des staatlichen Festnahmerechts (Art. 5, vor allem Abs. I c), die allgemeine Garantie eines rechtsstaatlichen Gerichtsverfahrens **(„Fair Trial")**, das grds. öffentlich und beschleunigt durchgeführt werden muss (Art. 6 I), die Unschuldsvermutung zugunsten des Angeklagten (Art. 6 II), Mindestgarantien einer wirksamen Verteidigung (Art. 6 III mit den einzelnen Ausprägungen a) Anspruch auf Information über die Beschuldigung, b) ausreichende Zeit und Gelegenheit zur Vorbereitung der Verteidigung, c) Recht auf Verteidigung, für bedürftige Personen durch einen Anspruch auf Beiordnung eines Verteidigers, „wenn dies im Interesse der Rechtspflege erforderlich ist", d) Recht auf eine kontradiktorische Verhandlung, das heißt zur Befragung der Belastungszeugen [„Konfrontationsrecht"] und zur waffengleichen Benennung von Entlastungszeugen, sowie e) unentgeltliche Unterstützung durch einen Dolmetscher bei Verständigungsschwierigkeiten) und die Einschränkung der staatlichen Eingriffsbefugnisse in das Privatleben (Art. 8). Weitere Garantien wie eine zweite Instanz in Strafsachen und das Verbot der Doppelbestrafung (zur Rspr. des EGMR *Jung*, GA 2010, 472) gründen sich im 7. Zusatzprotokoll, das aber bisher von der BRD nicht ratifiziert worden ist.

15 2. Die Einhaltung der EMRK durch die Vertragsstaaten wird dadurch abgesichert, dass die Bürger gem. Art. 34 bei einer Verletzung ihrer durch die Konvention garantierten Rechte Beschwerde zum Europäischen Gerichtshof für Menschenrechte erheben können, der gem. Art. 19 seit dem 1.11.1998 als ständiger Gerichtshof etabliert ist. Voraussetzung ist allerdings gem. Art. 35 die Erschöpfung des innerstaatlichen Rechtsweges, wozu auch die Verfassungsbeschwerde zählt.

Dazu instruktiv EGMR StV 2005, 475, wo der EGMR den vom BVerfG statuierten überstrengen Zulässigkeitsanforderungen eine Lektion erteilt, die mitgeteilten Verfahrensdaten allerdings zugleich deutlich machen, worin die Effizienzschwäche der Menschenrechtsbeschwerde besteht: in der völligen Überlastung des EGMR und der dadurch bedingten Verfahrensdauer, die paradoxerweise auch bei innerstaatlicher Verletzung des Beschleunigungsgebotes aus Art. 6 I EMRK eine schleunige Korrektur verhindert.

16 3. Erhebliche dogmatische und praktische Probleme werfen allerdings der Rang der EMRK innerhalb der Normenpyramide und das Verhältnis seiner Interpretation durch deutsche Gerichte zur Rechtsprechung des EGMR auf. Nach h. M. zählt die EMRK nicht zu den gemäß Art. 25 GG den Bundesgesetzen vorgehenden allgemeinen Regeln des Völkerrechts, sondern steht kraft des Transformationsgesetzes auf einer Stufe mit der StPO und zu ihr damit im Verhältnis der lex specialis zur generalis (BVerfGE 10, 271, 274; BGHSt 21, 81, 84; BGHSt 45, 321, 328f.; BVerfGE 74, 358, 370; BVerfGE 82, 106, 120). Das eröffnet die Möglichkeit, dass die EMRK innerstaatlich von den deutschen Gerichten anders interpretiert wird als vom EGMR,

dessen Judikatur für die Mitgliedstaaten jedoch völkerrechtlich verbindlich ist, so dass innerstaatlich gültige Entscheidungen der deutschen Gerichte zugleich eine völkerrechtliche Haftung der BRD auslösen könnten. BGH und BVerfG haben diesen Konflikt dadurch entschärft, dass sie verlangen, die Auslegung der EMRK seitens des EGMR durch eine „konventionskonforme Auslegung des deutschen Strafprozessrechts" (BGHSt 46, 93, 97) „im Rahmen methodisch vertretbarer Gesetzesauslegung" (BVerfGE 111, 307, 317, 323 im familienrechtlichen Fall Görgülü; differenzierend BVerfGE 128, 326 bzgl. Sicherungsverwahrung) zu berücksichtigen (ähnlich bereits BGHSt 45, 321) – was auf eine Art „weichen Vorrangs" hinausläuft.

4. In jüngster Zeit hat sich die Rechtsprechung des EGMR immer intensiver auf diejenige des BGH ausgewirkt, beispielsweise bezüglich des Beschleunigungsgebots aus Art. 6 I (u. § 16 Rn. 3ff.), des Zeitpunktes der Pflichtverteidigerbestellung gem. Art. 6 II c (u. § 19 Rn. 42), der Grenzen des Einsatzes von Lockspitzeln (u. § 37 Rn. 8ff.) und der Auswirkungen des Konfrontationsrechts gem. Art. 6 III d (u. etwa § 46 Rn. 32). Bezüglich der Ausgestaltung der Berufung ist sogar die Gesetzgebung beeinflusst worden (u. § 54 Rn. 23). Im Einzelnen wird darauf im jeweiligen Sachzusammenhang eingegangen. Hierbei ist die Anpassung der deutschen Rechtsprechung dadurch erleichtert worden, dass der EGMR die allgemeine Garantie des Fair Trial in Art. 6 I als ein regulatives Prinzip handhabt, das auch eine einschränkende Interpretation einzelner Garantien wie etwa des Konfrontationsrechts gestattet, wenn das Verfahren nur insgesamt fair abgelaufen ist (dazu *Esser*, 2002, 724; *Gaede*, 2007, 685ff.; EGMR JR 2015, 95, 98). 17

Als Zwischenbilanz der EGMR-Rechtsprechung lässt sich sagen, dass sie über Jahrzehnte hinweg (zuletzt noch einmal nach dem Beitritt der osteuropäischen Länder) eine segensreiche Rolle bei der Liberalisierung des gemeinen europäischen Strafprozessrechts gespielt hat, sich neuerdings aber wegen der Diskrepanz zwischen diesem ihrem praktisch wichtigsten Feld und der Rekrutierung der Richter vorwiegend aus dem Bereich des Völkerrechts zu einer aleatorischen Instanz zu entwickeln droht, die bald wegweisende, bald handwerklich unzulängliche Ratschlüsse produziert (Bsp. u. § 25 Rn. 23, § 53 Rn. 14, § 54 Rn. 22). Insgesamt repräsentiert sie ähnlich wie die Rechtsprechung des EuGH „Die heimliche Revolution vom Rechtsstaat zum Richterstaat" (so der Titel der Schrift von *Rüthers*, 2. Aufl., 2016), die nur dann keine „furchtbare Gewalt" im Sinne *Montesquieus* schafft, wenn eine Rationalitätskontrolle durch die (als eine herrschaftsfreie vierte Gewalt den sonst unendlichen Regress „quis custodiet ipsos custodientes" abbrechende) Rechtswissenschaft stattfindet, der sich nun aber EGMR wie EuGH durch ihren autoritativen Begründungsstil zu entziehen versuchen (dazu m. z. w. N. *Schünemann*, ZIS 2016, 375, 385; *ders.*, FS Streng, 2017). 17a

II. Rechtssetzung durch die Europäische Union

1. Hier hat sich in dem letzten Jahrzehnt ein vollständiger Wandel vollzogen, dessen rechtlich zunächst überaus zweifelhafte Formen durch den de facto eine neue Verfassung der EU enthaltenden Vertrag von Lissabon[1] auf eine solidere Grundlage gestellt worden sind, die freilich nach der bisher praktizierten Maxime „rasche Verstärkung der 18

[1] Vertrag v. 13.12.2007, s. die konsolidierten Fassungen der Verträge über die Europäische Union und über die Arbeitsweise der Europäischen Union (AEUV), ABl. v. 9.5.2008, C 115/1. Die straf- und strafprozessrechtlich relevanten Artikel sind abgedr. b. *Esser*, Vorschriftensammlung, 2016.

Strafverfolgungsmacht, schleppende Verstärkung der Beschuldigtenrechte"[2] neue Gefahren schafft. Ihrer zunächst rein wirtschaftlichen Zweckrichtung der Schaffung eines einheitlichen Binnenmarktes entsprechend, hatten die Gründungsverträge der EWG, der EGKS und von Euratom ursprünglich keinerlei supranationale Zuständigkeit auf dem Gebiet der Strafrechtspflege vorgesehen. Diese Entscheidung blieb auch nach der Europäisierung zahlreicher anderer Politikfelder in der Sache weiterhin richtig – nicht wegen der im Standardschrifttum verbreiteten Auffassung, dass das Strafrecht wie kaum ein anderes Rechtsgebiet in der nationalen Kultur verwurzelt sei[3] (denn damit wird das seit der Aufklärungszeit gemeineuropäische Postulat verkannt, dass Strafrecht nur als ultima ratio zum Rechtsgüterschutz legitim sein kann); sondern wegen der in Deutschland in Art. 103 II GG zum Ausdruck kommenden, qualifizierten Anforderungen des Strafrechts an eine direkte demokratische Legitimation, der die im Kern gouvernemental-bürokratisch verankerten Machtstrukturen der europäischen Organe nicht genügen konnten.[4] Dies wurde auf dem Gebiet des **Strafrechts** von der EG auch Jahrzehnte lang respektiert, indem im Rahmen des Primärrechts (also der Verträge) selbst bei der Einräumung einer Kompetenz zur Bekämpfung von „Betrügereien und sonstigen gegen die finanziellen Interessen der Gemeinschaft gerichteten rechtswidrigen Handlungen" (Art. 280 I EGV) ausdrücklich „die Anwendung des Strafrechts der Mitgliedstaaten und ihre Strafrechtspflege unberührt" blieben (Abs. 4 S. 2). Deshalb wurde auch im Sekundärrecht, namentlich in den die Mitgliedstaaten zu einer bestimmten Gesetzgebung anweisenden Richtlinien, anfangs nur die Formel verwendet, dass zum Schutz der darin behandelten Rechtsgüter Maßnahmen vorzusehen seien, die „wirksam, verhältnismäßig und abschreckend" sein mussten.[5]

19 Der diese Praxis revolutionierende Europäisierungsschub kam durch die Schaffung des sog. **3. Pfeilers** der **„Polizeilichen und justiziellen Zusammenarbeit in Strafsachen"** in den Verträgen von Maastricht und Amsterdam, die gem. Art. 31 I c EUV die „Annahme von Maßnahmen zur Festlegung von Mindestvorschriften über die Tatbestandsmerkmale strafbarer Handlungen und die Strafen" durch einstimmige Beschlüsse des Rates einschloss. Hiervon hat dieser in Gestalt des durch den Vertrag von Amsterdam (Art. 34 II b EUV) geschaffenen Instituts der „Rahmenbeschlüsse zur Angleichung der Rechts- und Verwaltungsvorschriften der Mitgliedstaaten, (die für diese) hinsichtlich des zu erreichenden Zieles verbindlich sind, (ihnen) jedoch die Wahl der Form und der Mittel überlassen (und) nicht unmittelbar wirksam sind," einen immer ausgedehnteren Gebrauch gemacht.[6] Diese Übertragung einer legislativen (Anweisungs-)Gewalt auf ein ausschließlich aus Regierungsvertretern bestehendes europäisches Organ war zwar im Ausgangspunkt durch Art. 23 Abs. 1 GG gedeckt. Soweit ein Rb. auch die Schaffung und Ausgestaltung von Straftatbeständen einschloss, verstieß das aber gegen das Demokratie- und das durch Art. 103

---

[2] Was auch von den Organen der EU nicht bestritten wird, s. nur die Entschließung des Rats v. 30.11.2009 über einen Fahrplan zur Stärkung der Verfahrensrechte von Verdächtigen oder Beschuldigten im Strafverfahren, ABl. EU 2009 C 295/01, Nr. 10.

[3] Vgl. zu diesem „nationalen Kulturvorbehalt" bereits *Jung/Schroth,* GA 1983, 241, 242f.; *Jung,* StV 1990, 509, 512; *Sieber,* ZStW 103 (1991), 957, 963; *Rüter* ZStW 105 (1993), 30, 41; *Weigend,* ibid., 774, 786ff.; *Zieschang,* ZStW 113 (2001), 255, 265, 270.

[4] Hierzu wie auch zum nachf. Text grdl. *Lüderssen,* GA 2003, 71ff.; *Schünemann,* ZRP 2003, 185, 472; *ders.,* StV 2003, 531; *ders.,* ZIS 2007, 535; *ders.,* FS Szwarc, 2009, 109 = jeweils *ders.,* 2014, resp. S. 52ff., 48ff., 203ff., 233ff.; im Standardschrifttum allerdings selbst nach der diesen Gedanken unausgesprochen übernehmenden Lissabon-Entscheidung des BVerfG (u. Rn. 19) geflissentlich verdrängt.

[5] Z. B. noch in Art. 14 der Richtlinie 2003/6/EG des Europäischen Parlaments und des Rates vom 28.1.2003 über Insider-Geschäfte und Marktmanipulation (Marktmissbrauch), ABl. L 96/16 v. 12.4.2003.

[6] Eine Übersicht findet sich bei *Satzger,* Internationales und Europäisches Strafrecht, 2016, § 9 Rn. 33; ausführlich *Hecker,* 2015, § 11 Rn. 10ff.

Abs. 2 GG mitgeprägte Rechtsstaatsprinzip und konnte wegen der in Art. 23 Abs. 1 S. 2 vorbehaltenen Ewigkeitsgarantie des Art. 79 Abs. 3 GG die deutsche Gesetzgebung innerstaatlich nicht binden. Wenn der deutsche Gesetzgeber die in Rb. verlangten Straftatbestände schuf, war dies entgegen der h. L. (z. B. *Tiedemann,* Wirtschaftsstrafrecht AT, 4. Aufl., 2014, § 2 Rn. 84 a) also seine freie Entscheidung und wegen der Unvereinbarkeit bindender strafrechtlicher Rahmenbeschlüsse mit den in der EU geltenden demokratischen minimalia auch europarechtlich nicht vorgegeben. Aber das hat nicht nur die Politik, sondern auch den EuGH wenig gekümmert: Die von ihm proklamierte strafrechtliche Annexkompetenz der EG (also im supranationalen 1. Pfeiler!) stellte die bis dahin anerkannte Kompetenzverteilung auf den Kopf[7], findet sich nunmehr aber in Art. 83 Abs. 2 AEUV in der hier ausdrücklich begründeten, weiten Strafgesetzgebungskompetenz der EU wieder. In seiner Lissabon-Entscheidung v. 30. 6. 2009 hat das BVerfG die schon zuvor im Schrifttum (*Schünemann,* KritV 2008, 6 ff.) als Minimalgarantie geforderte Vorabkontrolle durch den Bundestag zur Befriedigung des nunmehr auch von ihm für das Strafrecht anerkannten besonderen demokratische Legitimationsbedürfnisses für ausreichend erklärt.[8] Ob die daraufhin umgehend vorgenommene Verbesserung der „Mitbestimmunsgesetze"[9] zu einer wirksameren Verteidigung rechtsstaatlicher Grundsätze gegenüber der traditionell im Bereich der Strafrechtspflege das Sicherheits- deutlich gegenüber dem Freiheitsprinzip bevorzugenden EU-Gesetzgebung führen wird, ist aber angesichts der sich ebenso traditionell als Vollzugsorgan von Brüssel und der Bundesregierung fühlenden Bundestagsabgeordneten zu bezweifeln. Insbesondere dürfte die in Art. 82 III u. 83 III AEUV vorgesehene nationale „Notbremse", wenn grundlegende Aspekte der staatlichen Strafrechtsordnung berührt würden, aus politischen Gründen selbst dann kaum gezogen werden, wenn sich dafür in der europapositivistischen Standardliteratur einmal eine Mehrheit finden lassen würde.[10]

2. a) Seit der Schaffung eines einheitlichen Binnenmarkts und dem Abbau der Grenzkontrollen durch das Schengener Durchführungsübereinkommen[11] bildet die EU freilich einen einheitlichen kriminalgeographischen Raum mit der typischen „Modernisierungsfolge" grenzüberschreitender Kriminalität, deren wirksame Verfolgung entweder den Aufbau einer supranationalen Strafjustiz oder eine transnationale Effizienzsteigerung der in den einzelnen Mitgliedstaaten (u. U. parallel) stattfindenden Strafverfahren erfordert. Die europäischen Kompetenzen hierfür waren ebenfalls in dem **3. Pfeiler** geschaffen worden, bargen jedoch ähnliche rechtsstaatliche Probleme wie im materiellen Strafrecht, wenn ein Rb. des Rates die Schaffung von Eingriffstatbeständen verlangte, die in ihrer Wirkung einer Strafrechtsnorm gleichkamen oder unter dem Aspekt der Einschränkung der bürgerlichen Freiheitsrechte sogar noch gravierender waren. Das gilt besonders für das den Rb. zum Strafverfahren durchweg zu- 20

[7] Urt. v. 13.9.2005 (C-176/3, Rn. 48), NJW 2006, 281. Zur Kritik dieser Rspr. *Braum,* wistra 2006, 121; *Hefendehl,* ZIS 2006, 161; *Schünemann,* StV 2006, 361, 362 = *ders.,* 2014, 136, 138 ff.; *Eisele,* JZ 2008, 251; *Fromm,* ZIS 2008, 168; *Sugmann Stubbs/Jager,* KritV 2008, 57.

[8] BVerfGE 123, 267, 410, 413 f. (= Rn. 358, 365), dazu – teils scharf – krit. etwa *v. Bogdandy,* NJW 2010, 1 ff.; *Classen,* JZ 2009, 881 ff.; *Halberstam/Möllers,* German Law Journal 2009, 1241 ff.; *Oppermann,* EuZW 2009, 473 ff.; dem BVerfG eher zust. dagegen *Schorkopf,* EuZW 2009, 718 ff.; *Meyer,* NStZ 2009, 657 ff.; *Isensee,* ZRP 2010, 33 ff., sowie die Beiträge von *Schünemann, Ambos/Rackow, Braum* u. *Folz* in ZIS 2009, 397 ff. S. ferner die Beiträge in Der Staat 48 (2010), Heft 4. Gegen die Verbindlichkeit der ohne Beteiligung des Bundestages erlassenen Rahmenbeschlusse daher *Schunemann/Roger,* ZIS 2010, 515, 516 f.; a. A. *Bose,* ZIS 2010, 607 f.; Erwiderung durch *Schünemann,* ZIS 2010, 735, 737 f.

[9] Integrationsverantwortungsgesetz v. 22.9.2009 (BGBl. I 3022), zuletzt geändert durch Gesetz v. 1.12.2009 (BGBl. I S. 3822) sowie Gesetz über die Zusammenarbeit von Bundesregierung und Deutschem Bundestag in Angelegenheiten der Europäischen Union vom 12.3.1993 (BGBl. I 311), zuletzt geändert durch § 12 S. 2 Gesetz über die Zus.arbeit von BReg. u. BTag in Angelegenheiten der EU v. 4.7.2013 (BGBl. I 2170).

[10] Ein Beipiel bietet die Zustimmung zum Abwesenheitsverfahren (u. § 62 Rn. 2) zuletzt im Rahmenbeschluss 2009/299/JI (ABl. EU 2009, Nr. L 2009/L 81/24), durch die ohne Not ein rechtsstaatliches Fundament des deutschen Strafverfahrens aufgegeben wurde.

[11] Vom 19. 6. 1990, Sartorius II Nr. 280.

grunde gelegte Prinzip der **gegenseitigen Anerkennung,** das ursprünglich im Recht des Warenverkehrs zwecks Verwirklichung des Binnenmarktes entwickelt wurde und darin bedeutet, dass eine in einem Mitgliedstaat legal in Verkehr gelangte Ware auch in allen Mitgliedstaaten verkehrsfähig ist. Für die Strafrechtspflege ist es erstmals in dem von einer Arbeitsgruppe europäischer Strafrechtsprofessoren im Auftrag von Kommission und Europaparlament ausgearbeiteten sog. *„Corpus Juris"*[12] vorgeschlagen und sodann vom Rat anstelle der auf absehbare Zeit unrealistischen Harmonisierung der Strafverfahrensrechte der Mitgliedstaaten zum programmatischen Angelpunkt transnationaler Strafverfahren in der EU erklärt worden.[13] Der Vertrag von Lissabon hat die gegenseitige Anerkennung gerichtlicher Entscheidungen sogar in Art. 82 AEUV zur allgemeinen Basis der justiziellen Zusammenarbeit in Strafsachen erklärt. Dabei ist aber nicht genügend beachtet worden, dass die automatische grenzüberschreitende Anerkennung sämtlicher von der Strafjustiz eines Staates ausgehenden Eingriffe tendenziell zur europaweiten Exekutierbarkeit der jeweils punitivsten Strafrechts- und Strafverfahrensordnung führen wird und deshalb erstens eine souveräne Entscheidung der nationalen Gesetzgeber sowie zweitens kompensatorische Garantien der Verteidigungsrechte des Betroffenen voraussetzt, um mit dem Demokratie- und Rechtsstaatsprinzip vereinbar zu sein.[14]

21 b) Dies zeigt sich exemplarisch am Rb. des Rates vom 13.6.2002 über den Europäischen **Haftbefehl** und die Übergabeverfahren zwischen den Mitgliedstaaten (2002/584/JI, ABl. L 190 vom 18.7.2002, S. 1 – RbEuHb). Danach ist innerhalb der EU das traditionelle Auslieferungsverfahren durch ein stark vereinfachtes Übergabeverfahren zu ersetzen, und zwar unter Einbeziehung eigener Staatsangehöriger des übergebenden Staates und unter Fortfall der traditionellen Auslieferungsvoraussetzung der beiderseitigen Strafbarkeit für einen in Art. 2 Abs. 2 des Rb. aufgeführten langen, überdies äußerst unpräzisen Katalog von Delikten und Deliktsgruppen (u. a. „Korruption", „Betrugsdelikte", „Rassismus und Fremdenfeindlichkeit" oder „Sabotage"). Beispielsweise könnte danach in Deutschland wegen einer nur hier, nicht aber in Großbritannien strafbaren Vorteilsannahme gem. § 331 StGB („Korruption") ein europäischer Haftbefehl gegen einen in London Beihilfe leistenden Briten erlassen und dessen Überstellung in deutschen Gewahrsam durchgesetzt werden. Die Entscheidung, einen Menschen (gar einen eigenen Staatsbürger) der Strafjustiz eines anderen Staates wegen eines Verhaltens zu übergeben, das nach den *eigenen Rechtsmaßstäben nicht strafwürdig* ist, stößt aber nicht nur in einem den ultima ratio-Grundsatz ernst nehmenden Rechtsstaat auf schwere Legitimationsbedenken, sondern verlangt jedenfalls durch die darin liegende Geltungserstreckung der ausländischen Strafnorm zumindest einen souveränen Gesetzgebungsakt des Parlaments, das darin nicht durch den von Regierungsvertretern gefassten RbEuHb gebunden sein konnte. Das BVerfG hat deshalb im Ergebnis zutreffend das den RbEuHb ins deutsche Recht transponierende (1.) EuHbG v. 21.7.2004 (BGBl. I 1748) für nichtig erklärt (BVerfGE 113, 273ff.) und in der Begründung mit Recht hervorgehoben, dass der Gesetzgeber die politische Gestaltungsmacht behalte und „in normativer Freiheit" entscheiden müsse (BVerfGE 113, 273, 301 u. 315). In einem nicht aufgelösten Widerspruch hierzu wurde jedoch an anderer Stelle der Entscheidung die Bindungswirkung des Rb. bejaht (BVerfGE 113, 273, 300f.[15]) und ein aus Art. 16 GG abzuleitendes Auslieferungshindernis bezüglich eigener Staatsbür-

[12] *Delmas-Marty* (Hrsg.), Corpus Juris der strafrechtlichen Regelungen zum Schutz der finanziellen Interessen der Europäischen Union, 1998, in überarbeiteter Fassung von Florenz *dies./Vervaele,* The implementation of the Corpus Juris in the member states I, Antwerpen u. a. 2000, Art. 24 I b, 25 ter, 33 II.

[13] Näher *Schünemann,* ZRP 2003, 185, 186f.; *ders.,* in: *Pache* (Hrsg.), Die Europäische Union – Ein Raum der Freiheit, der Sicherheit und des Rechts?, 2005, 81ff. = jeweils *ders.,* 2014, resp. S. 52ff., 104ff.

[14] *Schünemann,* StraFo 2003, 344; *ders.,* GA 2004, 193; *ders.,* StV 2006, 361; *ders.,* ZIS 2007, 528 = jeweils *ders.,* 2014, resp. S. 64ff., 83ff., 136ff., 189ff., *Nestler,* ZStW 116 (2004), 332; umfassend *Roger,* 2016, S. 217ff.; a. M. *Deiters,* ZRP 2003, 359; differenzierend *Gleß,* ZStW 116 (2004), 353ff.

[15] Ebenso auch in der Grundsatzentscheidung BVerfGE 140, 317 (Rn. 77), ohne auf die Frage der Vereinbarkeit dieser gubernativen Gesetzgebung mit dem Demokratieprinzip einzugehen.

ger[16] nur für Taten mit einem sog. „maßgeblichen Inlandsbezug" ausgesprochen (BVerfGE 113, 273, 302). Diese Limitierung hat der Gesetzgeber sodann im (2.) EuHbG v. 20.7.2006 (BGBl. I 1721) durch pauschale Übernahme in § 80 Abs. 1 Nr. 2 und Abs. 2 Nr. 2 IRG aufgegriffen, i. Ü. aber im Wesentlichen das (1.) EuHbG einfach wiederholt. Zwar hat der EuGH die vom belgischen Verfassungsgericht in einem Vorlagebeschluss erhobenen, sehr triftigen Bedenken gegen die Gültigkeit des RbEuHb (*Belg. Schiedshof* NStZ 2006, 106) ohne argumentative Ausschöpfung der Problematik zurückgewiesen (*EuGH* NJW 2007, 2237 m. Rezension *Braum,* wistra 2007, 401). Doch ist die grundsätzliche Kritik an der Aufhebung des Prinzips beiderseitiger Stafbarkeit im RbEuHb vom BVerfG in der Lissabon-Entscheidung durch die Maxime der vom nationalen Parlament zu bestimmenden Strafbarkeit (BVerfGE 123, 267, 408 ff.) in der Sache bestätigt worden.[17] Nichtsdestotrotz dürfte eine Ersetzung des Rb. durch eine nach neuem Recht von Rat und Europäischem Parlament gem. Art. 82 zu erlassende, das Erfordernis der beiderseitigen Strafbarkeit restituierende Richtlinie aus politischen Gründen nicht zu erwarten sein.

In den letzten Jahren haben sich die rechtlichen Kontroversen beim Einsatz des europäischen Haftbefehls nochmals verschärft. In der Rechtssache *Melloni* hat der EuGH ausgesprochen, dass der Rahmenbeschluss (Art. 4a I) bei einem Vollstreckungshaftbefehl nach einem Abwesenheitsurteil selbst nationalem Verfassungsrecht bezüglich der unabdingbaren Überprüfbarkeit von Abwesenheitsurteilen vorgehe (NJW 2013, 1215, dazu krit. *Vogel* StV 2013 H. 5 Editorial). In seiner Grundsatzentscheidung zur Europafestigkeit der deutschen Verfassungsidentität, zu der auch der Schuldgrundsatz und damit das Prinzip der materiellen Wahrheitsfindung im Strafprozess gehörten, hat das BVerfG dagegen die deutschen Gerichte für verpflichtet erklärt, die Existenz der vom Schuldprinzip verlangten Überprüfbarkeit eines Abwesenheitsurteils im Ausstellungsstaat vor Ausführung eines europäischen Haftbefehls aufzuklären und sicherzustellen, was sich freilich auch schon aus Europarecht in Gestalt von Art. 4a Abs. 1 Buchstabe d (i) RbEuHb ergebe (BVerfGE 140, 317 m. zust. Rezension *Esslinger/Herzmann* Jura 2016, 852, u. krit. von *Sauer* NJW 2016, 1134, sog. „Identitätskontrolle I"). Der EuGH hat daraufhin Art. 4 GRCh „scharf gemacht" und die vollstreckende Justizbehörde für verpflichtet erklärt, bei seriösen Anhaltspunkten für unmenschliche oder erniedrigende Haftbedingungen im Ausstellungsstaat die Übergabe abzulehnen, wenn oder solange diese nicht entkräftet werden (NJW 2016, 1709), was den die Rechtspolitik der EU tragenden Grundsatz des gegenseitigen Vertrauens in ein fahles Licht hüllt und, an die zum luxemburgischen Weltkulturerbe gehörende Springprozession erinnernd, alsbald durch die Bejahung des „hohen Maßes an Vertrauen zwischen den Mitgliedstaaten" auch bei lediglich von der StA bestätigten polizeilichen Haftbefehlen konterkariert worden ist (Urt. v. 10.11.2016 – C-453/16 PPU, BeckRS 2016, 82663). 21a

c) In dem einzigen Bereich, wo sich das Prinzip der gegenseitigen Anerkennung zum Vorteil des Beschuldigten auswirkt, droht gegenwärtig sogar eine Übersteigerung in diese Richtung: Art. 54 SDÜ erstreckt das ursprünglich nur *innerstaatlich* geltende **Verbot der Doppelbestrafung** (s. u. § 52 Rn. 6 ff., 21) auf den Fall der rechtskräftigen Aburteilung in einem anderen Mitgliedstaat, was nach dem Urteil des EuGH vom 11.2.2003[18] alle verfahrensbeendenden Entscheidungen einschließt, die die Strafklage 22

[16] Näher *Schünemann,* StV 2005, 681 ff.; *ders.,* FS Szwarc, 2009, 109, 121 = jeweils *ders.,* 2014, resp. S. 124 ff., 233 ff., vgl. jetzt auch BVerfG NJW 2009, 2267, 2288 f.

[17] Zur verfassungsrechtlichen Fundierung des Prinzips beiderseitiger Strafbarkeit näher *Schünemann/Roger,* ZIS 2010, 515, 519 f.; dagegen *Böse,* ZIS 2010, 607, 609 ff.; Erwiderung durch *Schünemann,* ZIS 2010, 735, 739 f.

[18] In den Rechtssachen Gözütok und Brügge, EuGHE 03, I–1345 m. Anm. *Kühne,* JZ 2003, 305; Rezensionen von *Vogel/Norouzi,* JuS 2003, 1059; *Radtke/Rusch,* NStZ 2003, 281. Zur Erstreckung des SDÜ auf mittlerweile alle EU-Mitgliedstaaten s. *Wasmeier/Möhlig,* 2008, 108 f.; zur Qualifikation einer

nach nationalem Recht endgültig verbrauchen und eine Ahndungswirkung haben. Weil bei transnationalen Sachverhalten in der Regel zahlreiche Mitgliedstaaten ihre Zuständigkeit reklamieren, erwächst hieraus die Gefahr, dass ein geschickter Beschuldigter in einem an dem Verfahren nur peripher interessierten Mitgliedstaat das in den meisten Staaten existierende „Freikaufverfahren" (in Deutschland etwa § 153a StPO, s. u. § 14 Rn. 13ff.) beschreitet und dadurch eine angemessene Strafverfolgung insgesamt zu blockieren vermag. Dieser Gefahr könnte nur dadurch gesteuert werden, dass für transnationale Strafverfahren frühzeitig eine Zuständigkeitskonzentration bei dem jeweils am stärksten betroffenen Mitgliedstaat stattfindet, was zugleich den Beschuldigten vor der gleichzeitigen Belastung durch mehrere parallele Strafverfahren bewahren würde.[19] Während Art. 54 das Eingreifen von „ne bis in idem" von einer sog. „Vollstreckungskomponente" abhängig macht (extrem großzügig ausgelegt in *EuGH* HRRS 2009 Nr. 3 – Bourquain), ist davon in der entsprechenden Garantie in der durch den Lissabon-Vertrag in Kraft gesetzten Grundrechtecharta der EU (Art. 50) keine Rede; doch haben BGHSt 56, 11 und EuGH NJW 2014, 3007 dies zutr. unter Berufung auf die in Art. 52 GRCh vorbehaltene gesetzliche Einschränkung hineingelesen (dagegen *Böse,* GA 2011, 504; zum Streitstand *Nestler,* HRRS 2013, 337 m.w.N.; *Roger* S. 283; zu Konsequenzen für das Auslieferungsrecht *Brodowski,* StV 2013, 339).

23 d) Während der Rat dem RbEuHb Rahmenbeschlüsse über die gegenseitige Anerkennung von Sicherstellungs- u. Einziehungsentscheidungen und von Geldstrafen und Geldbußen (abgedruckt bei *Wasmeier/Möhlig,* 186, 196, 261), über die Vollstreckung von Urteilen mit Freiheitsentziehung[20] und über die Europäische Beweisanordnung[21] folgen ließ, die nach dem gleichen Prinzip der gegenseitigen Anerkennung verfahren, ist die als rechtsstaatliche Kompensation unverzichtbare europäische Garantie von Mindestverfahrensrechten des Beschuldigten blass geblieben. Die durch den Vertrag von Lissabon in Art. 82 II b vorgesehene Gesetzgebungskompetenz der EU, durch Richtlinien über die Rechte des Einzelnen im Strafverfahren Mindestvorschriften festzulegen, „soweit dies zur Erleichterung der gegenseitigen Anerkennung gerichtlicher Urteile und Entscheidungen und der polizeilichen und justiziellen Zusammenarbeit in Strafsachen mit grenzüberschreitender Dimension erforderlich ist", ist schon durch ihre falsche Perspektive (Rechtsgewährung zwecks Erleichterung der Strafverfolgung!) kompromittiert und hat den vorliegenden Fahrplan mit großer Gemächlichkeit realisiert.[22] Inhaltlich hat sich der Ehrgeiz des sog. Stockholmer Programms in Grenzen gehalten.[23]

---

sich über mehrere Länder erstreckenden Schmuggelfahrt (d. h. sowohl Aus- als auch Einfuhr!) als eine einzige Tat i. S. v. Art. 54 SDÜ *EuGH* NJW 2006, 1781 (van Esbroeck); NJW 2007, 3412; BGHSt 52, 275 mit Rezension *Heger,* HRRS 2008, 413. Zur Übertragung auf den europ. Haftbefehl *EuGH* NStZ 2011, 466; Übersicht über dessen Rspr. bei *Hackner,* NStZ 2011, 425.

[19] Vgl. dazu Grünbuch der Kommission der EG über die Kompetenzkonflikte und den Grundsatz ne bis in idem in Strafverfahren KOM (2005) 696 endg.; Ratsdok. 5381/06; sowie die Vorschläge von *Biehler u. a.,* Freiburg Proposal on Concurrent Jurisdiction pp., 2003; *Schünemann,* Gesamtkonzept, 4ff.

[20] Vom 27.11.2008, ABl. L 327/27.

[21] Vom 18.12.2008, ABl. L 350/72, dazu *Roger,* GA 2010, 27 und zur geplanten Wiederabschaffung *Brodowski,* ZIS 2016, 117f. Zur künftigen Anerkennung von Abwesenheitsentscheidungen s. u. § 62 Rn. 2.

[22] Aus dem Fahrplan (o. Fn. 2) sind bisher die Garantie von Übersetzungen und Dolmetscherleistungen, s. Richtlinie 2010/64/EU v. 20.10.2010 (ABl. EU L 280/01), das Recht auf Belehrung in Strafverfahren, s. Richtlinie 2012/13/EU v. 22.5.2012 (ABl. EU L 142/1), auf einen Rechtsbeistand im Strafverfahren v. 6.11.2013 (ABl. EU 2013 L 294) und über Prozesskostenhilfe im Strafverfahren pp. v. 4.11.2016 (ABl. EU 2016 L 297, z. T. nach erheblicher Einschränkung der ursprünglichen Vorschläge durch den Rat, realisiert; demgegenüber ist eine Richtlinie über die Rechte des Opfers im Strafverfahren rasch verabschiedet worden (Richtlinie 2012/29/EU v. 25.10.2012, ABl. EU 315/57), obwohl diese bereits im Rahmenbeschluss 2001/220/JI v. 15.3.2001 (ABl. EU L 82/01) geregelt waren. Zum gegenwärtigen Stand *Brodowski,* ZIS 2016, 113ff. sowie krit. *Schünemann,* StV 2016, 178ff.

[23] ABl. EU 2010 C 115, 1, 18ff.; zum Ganzen s. *Schünemann,* StRR 2011, 130, 134f., ausführlichere Fassung bei *dems.,* 2014, S. 303ff., 313ff.

Währenddessen ist die gegenseitige Anerkennung gerichtlicher und behördlicher Entscheidungen gem. Art. 82 I AEUV stetig vorangetrieben, wobei insb. die Europäischen Beweisanordnung noch vor ihrer Umsetzung oder Evaluation durch eine die Strafverfolgungsmacht weiter entfesselnde „Europäische Ermittlungsanordnung“ ersetzt worden ist (Richtlinie 2014/41/EU v. 3.4.2014 [ABl. L 130/1]). Der laufende Konsultationsprozess zum Grünbuch der Kommission im Hinblick auf eine (behutsamere) Weiterentwicklung der bestehenden Beweisanordnung wurde dabei ohne viel Federlesens ignoriert.[24] Immerhin bietet die Europäische Ermittlungsanordnung einen Silberstreifen in die richtige Richtung[25]. Denn das Prinzip der gegenseitigen Anerkennung verlangt zumindest, dass der dadurch bewirkte Machtzuwachs der Strafverfolgungsbehörden in transnationalen Strafverfahren durch darauf zugeschnittene Verteidigungsrechte des Beschuldigten ausbalanciert wird (zahlr. Vorschläge bei *Schünemann,* Gesamtkonzept, 9–56; im Sinne einer „rechtsstaatlichen Funktionsklausel“ *Roger* S. 269ff., 292f.). 24

3. In der Praxis mindestens ebenso bedeutsam wie die europarechtlichen Vorgaben für das Verfahren ist die Schaffung neuer **Behörden** und Einrichtungen mit europaweiter Zuständigkeit. Die im Corpus Juris vorgeschlagene Einrichtung einer europäischen Staatsanwaltschaft ist bis heute so wenig verwirklicht wie ein europäisches Strafgericht, bleibt aber nach Art. 86 AEUV „zur Bekämpfung von Straftaten zum Nachteil der finanziellen Interessen der Union“ ebenso eine Option der Zukunft wie ggf. zur „Bekämpfung der schweren Kriminalität mit grenzüberschreitender Dimension“ (Abs. 1 und 4). Gegenwärtig existieren nur zwei die Koordination der nationalen Strafverfolgungsbehörden betreibende Institutionen, nämlich **Europol** und **Eurojust.** 25

a) Das Europol genannte „Europäische Polizeiamt“ ist durch das Europol-Übereinkommen vom 26.7.1995 gegründet worden und beruht seit dem 1.1.2010 auf dem Ratsbeschluss v. 6.4.2009 (umgesetzt durch G. v. 31.7.2009, BGBl. I 2504). Es ist bei allen schwerwiegenden Formen internationaler Kriminalität zuständig für die Gewährleistung einer verstärkten Zusammenarbeit der nationalen Polizeibehörden und deren Unterstützung, vor allem durch ein automatisiertes Informationssystem. Exekutivische Befugnisse einer konventionellen Polizeibehörde besitzt Europol zwar nicht, doch berührt auch die Datenweitergabe ein Grundrecht, nämlich auf informationele Selbstbestimmung (dazu *Wolter* u. a. [Hrsg.], AE Europol u. europ. Datenschutz, 2008). Unter rechtsstaatlichen Aspekten wichtig und kontrovers, unter praktischen Aspekten bisher allerdings bedeutungslos ist die den Europol-Bediensteten zuerkannte Immunität in Bezug auf eine nationale Strafverfolgung (dazu umfassend *Voß,* Europol – Polizei ohne Grenzen?, 2003).

b) Während Europol die nationalen Polizeibehörden koordiniert, ist für dasselbe Ziel bei den Staatsanwaltschaften **Eurojust** gegründet und in Art. 31 EUV a. F. verankert worden. Nach dem Errichtungsbeschluss des Rates vom 28.2.2002 (*Wasmeier/Möhlig,* 58ff., zur Umsetzung in Deutschland BGBl. 2004 I 902; zur geplanten Neuregelung *Brodowski* ZIS 2016, 111) i.V.m. dem Ratsbeschluss zur Stärkung von Eurojust vom 16.12.2008 setzt sich Eurojust aus je einem nationalen Mitglied pro Mitgliedstaat zusammen und hat die Aufgabe, die Koordinierung der in den Mitgliedstaaten laufenden Strafverfolgungen zu fördern und zu verbessern, und zwar in einem noch über die Zuständigkeit von Europol hinausgehenden Bereich (Art. 4). Hierbei kann Eurojust u. a. die nationalen Behörden ersuchen, die Strafverfolgung aufzunehmen oder zu bestimmten Tatbeständen Ermittlungen zu führen wie auch sich mit der Aufnahme von Ermittlungen durch eine andere zuständige Behörde einverstanden zu erklären, eine Koordinierung vorzunehmen, ein gemeinsames Ermittlungsteam einzusetzen oder alle erforderlichen Informationen zur Verfügung zu stellen (Art. 7 a). Durch ein solches Ersuchen werden die nationalen Behörden zwar nicht verpflichtet, 26

[24] Grünbuch „Erlangung verwertbarer Beweise in Strafsachen aus einem anderen Mitgliedstaat“ (KOM [2009] endgültig), s. dazu die Stellungnahmen von *Schünemann/Roger,* ZIS 2010, 92 sowie die weiteren unter http://ec.europa.eu/justice/news/consulting_public/news_consulting_0004_en.htm, wobei bemerkenswerterweise Bundesrat und Bundesregierung schon dieses Grünbuch für verfrüht hielten, weil noch keine Erfahrungen mit der Europäischen Beweisanordnung gesammelt worden seien.

[25] Dazu näher *Böse,* ZIS 2014, 152 u. zuvor bereits *Ahlbrecht,* StV 2013, 114; *Dicker,* KritV 2012, 417; *Heydenreich,* StraFo 2012, 439; *Zimmermann,* ZStW 127 (2015), 143ff.; *Bachmaier,* eucrim 2015, 47ff.; *Schünemann,* StV 2016, 183f.

sie müssen aber im Falle einer Ablehnung hierfür eine Begründung geben (Art. 8). Auch ohne Anweisungsbefugnis kann Eurojust auf diese Weise für eine Koordinierung und ggf. Konzentration der nationalen Ermittlungen wichtige Impulse geben, ist jedoch in Ermangelung eines behördlichen Unterbaus in seiner Erledigungskapazität stark eingeschränkt. Das setzt sich nach dem Vertrag von Lissabon entsprechend Art. 85 AEUV zunächst fort, wobei der Wortlaut dieser Vorschrift jedoch Raum für die zukünftige Statuierung einer Anweisungsbefugnis („Einleitung von strafrechtlichen Ermittlungsmaßnahmen") lässt.

26a c) Art. 86 und 57 AEUV eröffnen ferner die Möglichkeit, ausgehend von Eurojust eine **Europäische Staatsanwaltschaft** einzurichten. Diesbezüglich wird auf europäischer Ebene derzeit mit Hochdruck gearbeitet und eine Verabschiedung für 2017 erwartet, von einigen Mitgliedstaaten aber noch Widerstand geleistet.[26]

27 4. Während Eurojust ungeachtet seiner fehlenden Anweisungskompetenz in den transnationalen Strafverfahren der Mitgliedstaaten eine effiziente Moderations- und Koordinationsaufgabe erfüllt, ist das **Europäische Justitielle Netz**[27] eine reine Informationsinstanz, welche über die Kontaktstellen in jedem Mitgliedstaat, dessen Justizbehörden, Gerichtswesen und Verfahrenspraxis sowie über die einschlägigen Rechtsquellen informiert. Für Strafverfahren nur mittelbar bedeutsam ist schließlich das Europäische Amt für Betrugsbekämpfung (OLAF).[28] OLAF besitzt zwar sowohl externe Untersuchungsbefugnisse zur Bekämpfung von Betrug, Korruption und sonstigen rechtswidrigen Handlungen zum Nachteil der Gemeinschaft als auch zu Verwaltungsermittlungen innerhalb der Organe der EU, kann aber keine eigenen strafverfahrensrechtlichen Maßnahmen ergreifen (näher *Kuhl/Spitzer,* EuR 2000, 671 ff.; *Braum,* wistra 2005, 401 ff.).

28 5. Der vorstehend dargestellten Kompetenzverteilung entsprechend, sind alle Rechtsetzungsakte der EU auf dem Gebiet des Strafverfahrens auf ein nationales Transformationsgesetz angewiesen. Von Ausnahmen wie dem Strafklageverbrauch abgesehen, gehört es zu der in diesem Buch nicht dargestellten Materie des **internationalen Strafverfahrensrechts,** für dessen Studium auf die speziellen Darstellungen (namentlich von *Ambos, Hecker* und *Satzger* sowie den Kommentar von *Schomburg/Lagodny/Gleß/Hackner*) zu verweisen ist.

III. Völkerstrafverfahrensrecht

29 Zur Durchsetzung des Völkerstrafrechts existieren gegenwärtig drei internationale Gerichtshöfe, nämlich die vom Sicherheitsrat der UNO eingesetzten Internationalen Staatsgerichtshöfe für das ehemalige Jugoslawien (ICTY) und für Ruanda (ICTR), ferner der durch das Statut von Rom eingesetzte Internationale Strafgerichtshof ICC (zur Geschichte und zu der unterschiedlichen institutionellen Ausgestaltung eingehend *Ambos,* § 6; *Satzger,* § 13 Rn. 18 ff.). Vor allem das Statut von Rom enthält eine ausführliche Regelung des Verfahrensrechts, die durch die ebenfalls von den Vertragsstaaten erlassenen *Rules of Procedure and Evidence* ergänzt worden sind und Elemente des kontinentaleuropäischen mit denen des angloamerikanischen Strafverfahrens verbinden (ausf. *Hoven,* 2011; *Swoboda,* 2013 sowie *Safferling,* Towards an International Criminal Procedure, 2. Aufl., 2003). Deutschland hat nicht nur das Rom-Statut ratifiziert, sondern auch ein eigenes VStGB erlassen und dessen Tatbestände gem. § 1 VStGB dem Weltrechtsprinzip unterstellt, grds. also für alle völkerrechtlichen Verbrechen die Zuständigkeit der deutschen Strafgerichtsbarkeit angeordnet. Um eine Über-

[26] Dazu den Vorschlag der EU-Kommission, KOM (2013), 534 endg., und dazu *Brodowski,* ZIS 2013, 455, 460 ff.; 2016, 109 ff.; ferner *Beukelmann,* NJW-Spezial 2013, 568; *Ligeti/Simonato,* New Journal of European Criminal Law 4 (2013), 7; *Satzger,* NStZ 2013, 206; zum Rechtsschutz *Böse,* Rechtswissenschaft 2012, 172; krit. *Zerbes,* ZIS 2015, 145; *Roger,* 2016, S. 284 ff.

[27] Rechtsgrundlage ist nunmehr der Beschluss des Rates v. 16. 12. 2008, ABl. L 348/130.

[28] Errichtet durch Kommissionsbeschluss v. 28. 4. 1999, ABl. EG 1999 Nr. L 136/20.

lastung der deutschen Ermittlungsressourcen zu vermeiden, ist aber gleichzeitig durch § 153f StPO eine Einstellungsmöglichkeit geschaffen worden, wenn die Taten keinen Inlandsbezug aufweisen und der Tatortstaat, der Heimatstaat des Täters bzw. Opfers oder ein internationaler Gerichtshof die Verfolgung übernimmt. Nichtsdestotrotz hatte das Weltrechtsprinzip angesichts der Fülle internationaler Rechtsverletzungen durch politisch Mächtige für die deutsche Strafjustiz intrikate Probleme geschaffen, wie die gewundene Begründung des GBA für die Ablehnung der Verfolgung des amerikanischen Präsidenten George W. Bush wegen Vorbereitung eines Angriffskrieges gem. § 80 StGB zeigte, dessen Tatbestand durch die geplante Beteiligung der BRD eingeschränkt war (*GBA* JZ 2003, 908 m. zust. Anm. *Kreß;* ähnlich gewunden *Kreß,* ZStW 115 [2003], 294[29]; vgl. dagegen die ohne Kniefall vor den Mächtigen geschriebenen Beiträge in: *Ambos/Arnold* [Hrsg.], Der Irak-Krieg und das Völkerrecht, 2004). Dass die Völkerstrafjustiz in der Regel (nur) die Verlierer trifft und dann zur *Siegerjustiz* degeneriert, zeigten auch der völkerrechtswidrige, durch Desinformation der Öffentlichkeit als „humanitäre Intervention" aufgezäumte Kosovokrieg (dazu *Merkel* [Hrsg.], Der Kosovo-Krieg und das Völkerrecht, 2000; *Loquai,* Der Kosovo-Konflikt pp., 2000; *Deiseroth* NJW 1999, 3084 mwN.) und die Libyen-Intervention der NATO (dazu ZIS 2011, Ausgabe 10). Nachdem das Gesetz zur Änderung des VStGB v. 22.12.2016 (BGBl. 2016 I 3150) § 80 StGB in einem überaus zügigen, in der Öffentlichkeit kaum diskutierten Gesetzgebungsverfahren durch das „Verbrechen der Aggression" (§ 13 VStGB) ersetzt hat, dürften dem GBA zukünftig derartig heikle Einstellungsentscheidungen wesentlich erleichtert werden, nämlich durch die (im Hinblick auf Art. 26 GG verfassungsrechtlich zweifelhafte) Tatbestandseinschränkung auf „eine offenkundige Verletzung der UN-Charta" (sog. Schwellenklausel), die Hilflosigkeit des Völkerrechts gegenüber modernen Gewaltverbrämungen als Terrorismusbekämpfung, humanitäre Intervention, Sezessionsunterstützung oder regime change und die Beschränkung auf deutsche Täter in § 1 S. 2 VStGB. In jedem Falle gilt, wenn es zu einem Tätigwerden deutscher Justizorgane kommt, hierfür nicht Völker-, sondern deutsches Strafverfahrensrecht. Zu dem außerordentlich komplizierten Verhältnis zwischen internationalem und deutschem Völkerstrafrecht und -strafverfahren instruktiv *Satzger,* § 17.

§ 4. Überblick über den Gang des Verfahrens

A. Abschnitte des Strafprozesses

Der **Schwerpunkt** des Strafverfahrens liegt nach der Regelung des Gesetzes in der 1
Hauptverhandlung als alleiniger Grundlage des Urteils (§§ 261, 264). Die Hauptverhandlung stellt aber zeitlich gesehen nur einen kleinen Ausschnitt aus dem Verfahren dar. Denn damit ein historisch äußerst komplexer Sachverhalt (die Normverletzung) in einer konzentrierten Beweisaufnahme vollständig aufgeklärt werden kann, muss diese eingehend vorbereitet werden. Und weil jedes Urteil in den „Wahrspruch" über das vergangene Geschehen und den Ausspruch über die sich daran knüpfende Rechtsfolge zerfällt, teilt sich das Strafverfahren in das Erkenntnis- und das anschließende

[29] Zur gleichsinnigen Ablehnung eines Verfahrens gegen Rumsfeld s. *Hillenkamp,* JZ 2005, 313 u. die Kritik von *Basak,* KritV 2007, 333; *Ambos,* NStZ 2006, 434.

Vollstreckungsverfahren auf. Die nachfolgend beschriebenen einzelnen Verfahrensphasen ergeben sich also unmittelbar aus der Natur der Sache.

2 Wie der Zivilprozess, so zerfällt auch der Strafprozess in **zwei Hauptteile:** das **Erkenntnisverfahren** (2.–6. Buch) und das **Vollstreckungsverfahren** (7. Buch). Den Einschnitt bildet die Rechtskraft. Vor Eintritt der Rechtskraft gibt es – wenigstens in einem Rechtsstaat – keine Strafvollstreckung.

I. Das **Erkenntnisverfahren** wird durchgeführt

1. entweder im ordentlichen Verfahren (2.–4. Buch der StPO) oder

2. in einer besonderen Verfahrensart (5. und 6. Buch der StPO), also z. B. im Privatklageverfahren oder im Strafbefehlsverfahren.

II. Das **Vollstreckungsverfahren** ist bei beiden Arten des Erkenntnisverfahrens das gleiche (z. B. erfolgt die Vollstreckung eines auf 40 Tagessätze zu 50 EUR Geldstrafe lautenden Strafbefehls nicht anders als die Vollstreckung eines Urteils, das die gleiche Strafe ausspricht).

B. Das erstinstanzliche ordentliche Erkenntnisverfahren

3 Hier sind drei Abschnitte zu unterscheiden: Vorverfahren, Zwischenverfahren, Hauptverfahren.

I. Das **Vorverfahren** (auch Ermittlungsverfahren genannt) liegt in der Hand des StA.

1. Es besteht in Ermittlungen, die der StA entweder selbst vornimmt oder durch den Ermittlungsrichter oder die Polizei vornehmen lässt.

2. Es endet mit der Entscheidung des StA über das Ergebnis der Ermittlungen. Diese Entscheidung ist entweder

a) positiv: Erhebung der Klage, und zwar

aa) der Anklage = Stellung des Antrags auf Eröffnung des Hauptverfahrens, d. h. auf Anberaumung einer Hauptverhandlung, oder

bb) Antrag auf Strafbefehl, oder

b) negativ: Einstellung (aus tatsächlichen Gründen, aus Rechtsgründen oder wegen Geringfügigkeit).

Die **Anklage** bildet den Einschnitt zwischen dem Vorverfahren und dem Zwischenverfahren.

4 **II.** Das **Zwischenverfahren** (§§ 199–211) liegt in der Hand des Gerichts, das ohne Laienmitwirkung entscheidet.

1. Es liegt zwischen dem Eingang der Anklageschrift beim beschließenden Gericht und der Entscheidung dieses Gerichts über die Zulassung der Anklage. Es besteht in der Mitteilung der Anklageschrift an den Angeschuldigten, in etwaigen Einwendungen des Angeschuldigten gegen die Eröffnung des Hauptverfahrens sowie in etwaigen Beweisanträgen und Beweiserhebungen.

2. Es endet mit der Entscheidung des beschließenden Gerichts über die Zulassung der Anklage, also:

a) entweder mit dem Eröffnungsbeschluss, nämlich dann, wenn der Angeschuldigte einer strafbaren Handlung hinreichend verdächtig erscheint (§ 203);

b) oder mit der Ablehnung der Eröffnung des Hauptverfahrens, also mit einem Einstellungsbeschluss des Gerichts (§ 204).

Der **Eröffnungsbeschluss** bildet den Einschnitt zwischen Zwischenverfahren und Hauptverfahren.

III. Im **Hauptverfahren** ist zwischen der Vorbereitung der Hauptverhandlung 5
(§§ 213–225 a) und der Hauptverhandlung selbst (§§ 226–275) zu unterscheiden.

a) Die **Vorbereitung der Hauptverhandlung** besteht in Terminsansetzung, Ladung sowie ggf. der Mitteilung der Gerichtsbesetzung und etwaiger kommissarischer Beweisaufnahme.

b) Die **Hauptverhandlung** ist i. d. R. öffentlich. Sie bildet u. U. ein Teilstück einer mehrere unterschiedliche Hauptverhandlungen umfassenden „Sitzung", deren Tagesordnung vorher durch Aushang an der Gerichtstafel der Öffentlichkeit bekanntgegeben wird. Sie zerfällt in folgende Teile (§§ 243 ff.):

1. Aufruf der Sache. Der Vorsitzende stellt fest, ob der Angeklagte und der Verteidiger 6
anwesend und die Beweismittel herbeigeschafft, insb. die geladenen Zeugen und Sachverständigen erschienen sind.

Die Zeugen werden gemeinsam über ihre Zeugenpflicht belehrt und verlassen den Sitzungssaal.

2. Vernehmung des Angeklagten zur Person.

3. Verlesung des Anklagesatzes (ggf. i. d. F. der auf Verlangen des Gerichts nach § 207 abgeänderten Anklageschrift) durch den StA.

4. Mitteilung über evtl. Erörterung einer „Verständigung" vor der Hauptverhandlung.

5. Hinweis an den Angeklagten darauf, dass es ihm freistehe, sich zu der Anklage zu äußern oder nicht zur Sache auszusagen; und, wenn er zur Äußerung bereit ist, Vernehmung zur Sache nach §§ 243 V, 136 II. Die sog. **Einlassung** des Angekl. wird also von der StPO formal vor die Beweisaufnahme gesetzt und von ihr getrennt (arg. § 244 I), was aber nichts daran ändert, dass sie zum Inbegriff der Hauptverhandlung gem. § 261 gehört und für die Beweiswürdigung des Gerichts eine zentrale Rolle spielt.

6. Beweisaufnahme (§§ 244–257 a): Zu dieser gehört insb. die Vernehmung der Zeu- 7
gen und Sachverständigen. Sie erfolgt ebenfalls durch den Vorsitzenden. Dieser hat aber den Beisitzern (einschließlich der Laienbeisitzer), dem StA, dem Angeklagten und dessen Verteidiger zu gestatten, unmittelbar Fragen an die Zeugen zu richten. Auf Verlangen ist dem StA und dem Verteidiger Gelegenheit zur Abgabe von Erklärungen zu geben (§ 257). Zur Beweisaufnahme gehört auch die Einnahme eines Augenscheins und die Verlesung von Urkunden (z. B. von Protokollen, Briefen, Straflisten usw.). Eine bestimmte Reihenfolge in der Benutzung der Beweismittel, z. B. erst

der Zeugen, dann der Sachverständigen, oder erst der Be- und dann der Entlastungszeugen, ist nicht vorgeschrieben und wäre auch nicht sinnvoll; vielmehr bestimmt der Vorsitzende die Reihenfolge nach der Zweckmäßigkeit im einzelnen Fall.

7. Die Ausführungen und Anträge der StA und des Verteidigers, die sog. Plädoyers (§ 258), und zwar hat zuerst der StA, dann der Angeklagte oder sein Verteidiger das Wort. Der StA hat das Recht der Erwiderung, aber nur einmal; dann kann der Angeklagte oder sein Verteidiger noch einmal sprechen. Das Gericht kann gestatten, dass die Plädoyers noch weiter fortgesetzt werden; Anspruch darauf haben die Prozessbeteiligten nicht.

8 8. Der Angeklagte (oder sein Verteidiger) kann immer das letzte Wort beanspruchen. Wenn der Verteidiger plädiert hat, ist trotzdem der Angeklagte im Anschluss daran stets zu befragen, „ob er selbst noch etwas zu seiner Verteidigung anzuführen habe" (§ 258 III).

9. Dann folgt die Beratung und Abstimmung (§§ 192ff. GVG, 263 StPO). Dazu zieht sich das Gericht i. d. R. in das Beratungszimmer zurück. Die beschlossene Urteilsformel wird noch im Beratungszimmer schriftlich festgelegt, weil sie nachher „verlesen" werden muss.

10. Nach Wiedereintritt des Gerichts erfolgt die Urteilsverkündung durch Verlesung des Urteilsspruchs und mündliche Verkündung der Urteilsgründe (§ 268).

11. Die Sitzung endet mit der Rechtsmittelbelehrung (§ 35a).

9 **IV.** Wird gegen das Urteil Berufung oder Revison eingelegt, so kann es zu einer erneuten Hauptverhandlung vor dem Berufungs- oder Revisionsgericht kommen; zu deren Aufbau u. §§ 54 Rn. 13ff., 55 Rn. 57ff.

C. Legaldefinition des Beschuldigten im Strafverfahren

10 Weil der durch das Strafverfahren zu überführende Täter erst mit Rechtskraft der Verurteilung feststeht, gibt es in prozessualer Perspektive nur einen Beschuldigten, der in den verschiedenen Abschnitten des Verfahrens versch. Bezeichnungen trägt: im Ermittlungsverfahren „Beschuldigter", nach Erhebung der Anklage „Angeschuldigter", vom Eröffnungsbeschluss an (also im Hauptverfahren) „Angeklagter" (§ 157). Die diskriminierende Bezeichnung als „Angeklagter" setzt also den Beschluss eines unabhängigen Gerichts voraus. Zu der für die prozessuale Rechtsstellung wichtigen Frage, ab wann ein ursprünglich (etwa nach Auffindung eines Erdrosselten) gegen Unbekannt eingeleitetes Verfahren (Aktenzeichen UJs …) auf einen bestimmten Beschuldigten konkretisiert wird (Aktenzeichen Js …), s. u. § 25 Rn. 11.

Die verschiedenen Abschnitte des Strafverfahrens im Überblick: 11

Das Strafverfahren in seiner Gesamtheit:

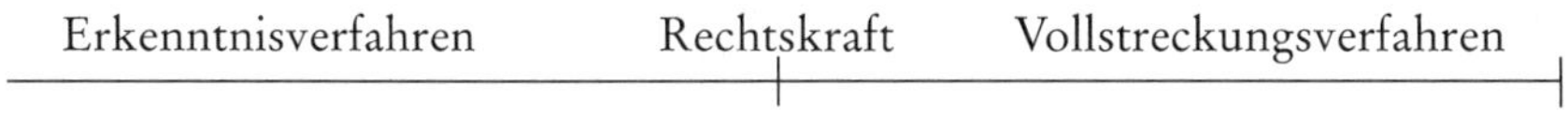

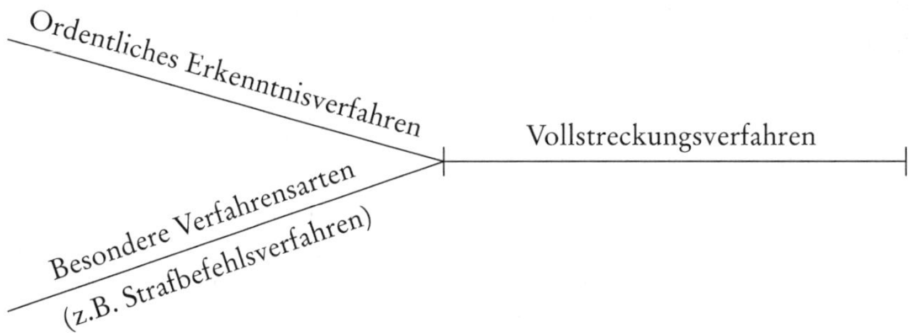

Das ordentliche Erkenntnisverfahren:

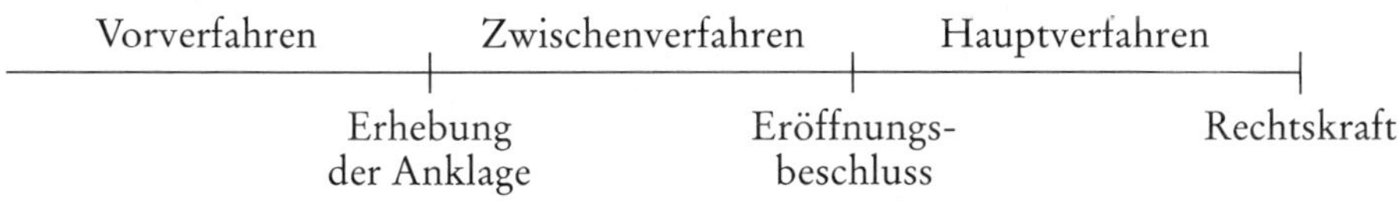

Das Hauptverfahren:

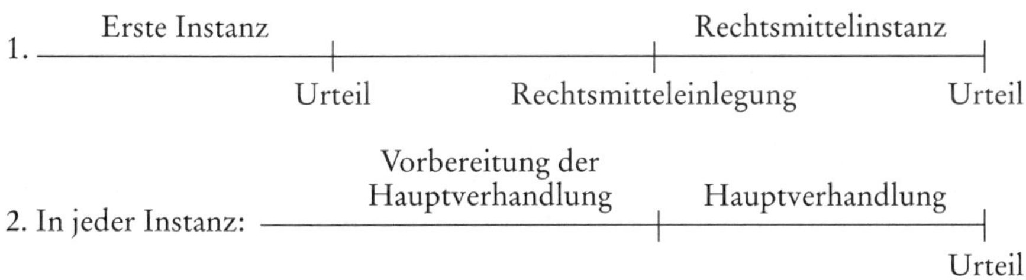

Hauptverhandlung erster Instanz:

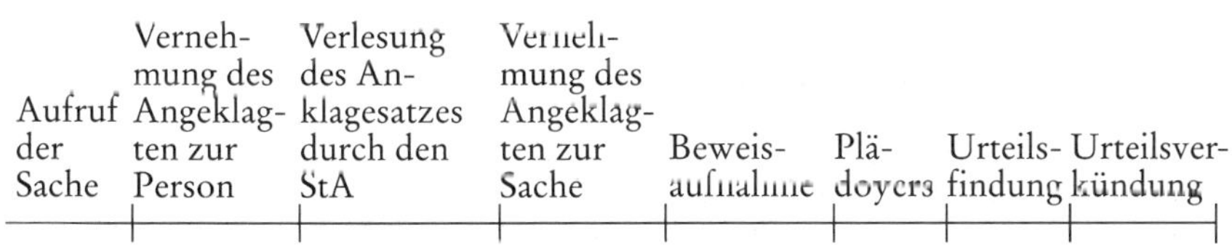

1. Kapitel. Strafgerichtsverfassungsrecht

Literatur: *Kern,* Geschichte des Gerichtsverfassungsrechts, 1954; *Schilken,* Gerichtsverfassungsrecht, 4. Aufl., 2007; *Kissel/Mayer,* Gerichtsverfassungsgesetz, 8. Aufl., 2015.

§ 5. Der Umfang der deutschen Strafgerichtsbarkeit; internationale Strafgerichtsbarkeit

Literatur: *Oehler,* Internat. Strafrecht, 2. Aufl., 1983; *Kutsch/Hengstler/Jacoby/MacLean/Richter,* Internationale strafrechtliche Zusammenarbeit, 2. Aufl., 2007; *Jeßberger,* Der transnat. Geltungsbereich des dt. StrafR., 2011, s. ferner § 3 F.

1 **I.** Die deutsche Strafgerichtsbarkeit besteht grds. für alle Taten, die der deutschen **Strafgewalt** unterliegen. Deren Grenzen („erster Stufe") werden vom **Internationalen Strafrecht** bestimmt, das zugleich auf der „zweiten Stufe" als **Strafanwendungsrecht** darüber entscheidet, ob der Richter in Ausübung seiner Strafgewalt eigenes oder fremdes materielles Recht anwendet.

2 Das deutsche Internationale Strafrecht ist in den §§ 3–7 StGB geregelt. Anders als das Internationale Privatrecht bestimmt es nicht, wann der deutsche Strafrichter ausländisches Recht anzuwenden hat, sondern legt ausschließlich die Anwendung und damit auch den **Geltungsbereich** des deutschen materiellen Strafrechts fest (MüKoStGB/*Ambos* StGB § 3 Rn. 1; and. NK-StGB/*Böse* StGB Vor § 3 Rn. 8). Weil die §§ 3ff. StGB also auch die erste Stufe (die Grenzen) der deutschen Strafgewalt regeln, beschreiben sie eine **Verfahrensvoraussetzung,** bei deren Fehlen nicht freizusprechen, sondern das Verfahren einzustellen ist (BGHSt 34, 1, 3; BGH NJW 1995, 1844 und allg. u. § 21).

3 **II.** Bestimmte Personen sind aufgrund von Völker- oder Verfassungsrecht der deutschen Strafgerichtsbarkeit entzogen.

1. Die **völkerrechtlichen** Beschränkungen sind in den §§ 18–20 GVG wiedergegeben. Die hier statuierte sog. **Exterritorialität** umfasst den Kreis derjenigen Personen, die nach den allgemein anerkannten Regeln des Völkerrechts oder aufgrund von Staatsverträgen von der deutschen Gerichtsbarkeit befreit sind, z. B. fremde Staatsoberhäupter, Botschafter u. a. (s. *Wolf,* § 5 III 2; *Maurach-Zipf* 1, § 11 II B).

2. Eine verfassungsrechtliche Begrenzung der Strafgerichtsbarkeit findet sich in der **Immunität** der Abgeordneten (s. u. § 21 Rn. 19).

§ 6. Die sachliche Zuständigkeit und die Besetzung der Strafgerichte

Literatur: *Marx,* Der gesetzl. Richter i. S. v. Art. 101 I 2 GG, 1969; *Kellermann,* Probleme des gesetzl. Richters unter besond. Berücksichtigung der großen Strafverf., 1971; *Achenbach,* StA u. gesetzl. Richter – ein vergessenes Problem? FS Wassermann, 1985, 849; *Eser,* Der „gesetzl. Richter" u. seine Bestimmung für den Einzelfall, FS Salger, 1995, 247; *Sowada,* Der gesetzliche Richter im Strafverfahren, 2002; *Rotsch/Sahan,* Verbindung und Trennung von Strafsachen, JA 2005, 801; *Riess,* Die Zuständigkeitskonzentration – eine Skizze, FS Böttcher, 2007, 145; *Strate,* Die bewegliche Zuständigkeit des gesetzlichen Richters, FS Widmaier, 2008, 567; *Fornauf,* Die Marginalisierung der Unabhängigkeit der Dritten Gewalt pp., 2010;

Yang, Rechtstheoret. Grundlagen u. ges. Bedingungen der richterl. Unabhängigkeit, 2013; *Tepperwien,* Richterl. Unabhängigkeit pp., FS Tolksdorf, 2014, 577; *Fischer,* Gesetzl. Richter im Strafverf., FS Beulke, 2015, 709; *Zimmermann,* Bewegliche Zuständigkeiten im Strafverf. pp., ibid., 1091; *Brodowski,* Die Verw. darf nicht strafen – warum eigentl. nicht? pp., ZStW 128 (2016), 370; *Schünemann,* Der unabhängige Strafrichter – Macht ohne Maß?, FS Streng, 2017.

A. Das richterliche Entscheidungsmonopol

1. Die Ausübung der Strafgewalt hat seit jeher und in allen Kulturen den Inbegriff der 1
Gerichtsbarkeit gebildet. Die „rechtsprechende Gewalt", die in Art. 92 GG den Richtern anvertraut wird, schließt deshalb nach der überzeugenden Rspr. des BVerfG neben der Streitentscheidung durch einen unbeteiligten Dritten jedenfalls auch die Strafrechtspflege ein (BVerfGE 4, 74, 92f.; BVerfGE 22, 49, 77f.; BVerfGE 27, 18, 28), so dass die Verurteilung zu einer Kriminalstrafe nur durch einen **sachlich und persönlich unabhängigen,** d. h. allein dem Gesetz unterworfenen (Art. 97 GG) und für die Entscheidung des konkreten Falles nicht nach Willkür, sondern durch abstrakt-generelle Festlegung in den Prozessgesetzen und Geschäftsverteilungsplänen bestimmten **gesetzlichen Richter** (Art. 101 I 2 GG) erfolgen kann (BVerfGE 21, 139, 145f.; st. Rspr.). Das früher im Steuerstrafrecht existierende Unterwerfungsverfahren, in dem der Bürger eine vom Finanzamt festgesetzte Strafe akzeptierte, ist vom BVerfG mit Recht für verfassungswidrig erklärt worden (BVerfGE 22, 49, 73ff.), während die Ahndung von Ordnungswidrigkeiten durch einen von der Verwaltungsbehörde gem. § 65 OWiG erlassenen Bußgeldbescheid mit Art. 92 GG vereinbar ist, weil die Geldbuße (anders als die Geldstrafe) keine kriminalrechtliche Sanktion darstellt (BVerfGE 9, 167, 171; BVerfGE 22, 49, 79). Aus demselben Grunde bedeutet auch die in § 153a I 7 der StA verliehene Kompetenz, das Ermittlungsverfahren bei geringfügigen Vergehen gegen Zahlung eines Geldbetrages oder andere Auflagen mit Zustimmung des Besch. einzustellen, nach hM keinen Übergriff in den den Richtern vorbehaltenen Bereich der Rspr. (näher u. § 14 Rn. 14).

2. Die in Art. 97 GG garantierte Unabhängigkeit der Richter zählt nach einhelliger 1a
Auffassung zu den verfassungsgestaltenden Strukturprinzipien des Grundgesetzes, soll zum Wesen richterlicher Tätigkeit gehören und an der Ewigkeitsgarantie von Art. 79 Abs. 3 GG teilhaben.[1] Diese Unabhängigkeit in Verbindung mit der Ernennung auf Lebenszeit (abgesehen von den Schöffen, dazu u. C.) droht die richterliche Gewalt zu einer „schrecklichen Gewalt" im Sinne *Montesquieus*[2] zu machen – umso mehr, als nach der StPO der deutsche Strafrichter die in anderen Rechtsordnungen auf bis zu sechs verschiedene Rollen[3] verteilten Verfahrensfunktionen sämtlich in seiner Hand vereinigt, nämlich (1) die Zulassung der Anklage und Eröffnung des Hauptverfahrens wegen Wahrscheinlichkeit der Verurteilung (§ 207), (2) die Leitung der Hauptverhandlung (§ 238), (3) die Erhebung der Beweise (§ 244 Abs. 2), (4) die Würdigung

[1] Sachs/*Detterbeck,* GG, 7. Aufl. 2014, Art. 97 Rn. 1, 6 m. z. N. aus der Rspr. des BVerfG, Maunz/Dürig/*Hillgruber,* Grundgesetz-Kommentar, Lfg. 52 2008, Art. 97 Rn. 1f.

[2] De l'esprit des Lois, XI. Buch 6. Kapitel (éd. Nourse, 1772, S. 193): „la puissance de juger, si terrible parmi les hommes".

[3] Z. B. obliegt in den USA die Eröffnung des Hauptverfahrens der Grand Jury, die Leitung der Hauptverhandlung dem Berufsrichter (bench), die Beweisaufnahme dem StA und dem Verteidiger, die Würdigung der Beweise und der Schuldspruch der Jury, der Strafausspruch der bench, die plea negotiations dem StA, von deren Existenz die im Falle ihres Scheiterns entscheidende Jury nicht einmal etwas erfährt.

der Beweise (§ 261), (5) das Urteil in der Schuldfrage (§ 264), (6) das Urteil in der Straffrage (§ 267 Abs. 3), ggf. (7) die Führung der Abspracheverhandlungen (§ 257c) sowie (8) die (Weiter-)Führung der Hauptverhandlung nach gescheiterten Abspracheverhandlungen (§ 257c Abs. 4). Damit aus der richterlichen Gewalt nicht eine „Macht ohne Maß" (*Schünemann,* 2017), also Willkür, wird, ist deshalb ihre innerprozessuale Kontrolle mit dem Ziel einer Verfahrensbalance (dazu u. § 11 Rn. 7) unverzichtbar.

B. Die sachliche Zuständigkeit

I. Begriffliches

2 Die sachliche Zuständigkeit ist die Verteilung der Rechtssachen auf die verschiedenen Spruchkörper des ersten Rechtszugs (Amtsrichter, Schöffengericht, Große Strafkammer des LG, Strafsenat des OLG) nach ihrer Art oder ihrer Schwere. Von ihr ist auch der Instanzenzug abhängig. Ihre Regelung findet sich im GVG, während die örtliche Zuständigkeit (näher u. § 7) in der StPO geregelt ist. Teilweise wird die sachliche Zuständigkeit von der **funktionellen** unterschieden, womit man die Zuständigkeit als Rechtsmittelinstanz, die Verteilung zwischen Spruchkörpern der gleichen Ebene (allg. Strafkammer oder Wirtschaftsstrafkammer) und innerhalb der Spruchkörper meint. Die Garantie des gesetzlichen Richters (dazu Rn. 1 u. 11) erstreckt sich natürlich auch hierauf.

II. Die verschiedenen theoretischen Möglichkeiten

3 Die Verteilung kann nach verschiedenen Gesichtspunkten erfolgen:

1. entweder **abstrakt** (ohne Rücksicht auf die im konkreten Fall zu erwartende Strafe) **durch das Gesetz**

a) so, dass bestimmt bezeichnete Straftaten bestimmten Spruchkörpern zugewiesen sind (z. B. den Schwurgerichten Mord, Totschlag, Körperverletzung mit Todesfolge; den Strafkammern Raub und Vergewaltigung; den Schöffengerichten der Diebstahl, dem Amtsrichter die Privatklagedelikte usw.) oder

b) so, dass für die Zuteilung die im Gesetz angedrohte Höchststrafe maßgebend ist, so dass z. B. alle mit Freiheitsstrafe über fünf (oder zehn) Jahren bedrohten Verbrechen vor das Schwurgericht, alle übrigen Verbrechen vor die Strafkammer, alle mit Freiheitsstrafe von über einem Jahr bedrohten Vergehen vor das Schöffengericht kommen;

4 2. oder aber **konkret,** d. h. so, dass den Gerichten eine bestimmte Strafgewalt zugewiesen ist (z. B. dem Amtsrichter eine solche bis zu einem Jahr Freiheitsstrafe, dem Schöffengericht eine solche über ein Jahr Freiheitsstrafe, der Strafkammer die Zuständigkeit zur Verhängung von Freiheitsstrafe bis zu fünf Jahren und Sicherungsverwahrung, dem Schwurgericht die volle Strafgewalt) und dass nun die Zuteilung davon abhängt, welche Strafe im Einzelfall voraussichtlich höchstens zu erwarten ist. Die Prognose hat der StA vorzunehmen; aber auch das Gericht kann an ihr beteiligt werden, indem es in Fällen, in denen seine Strafgewalt voraussichtlich nicht ausreicht, die Anordnung der Hauptverhandlung ablehnt.

III. Die gegenwärtige Rechtslage

Die StPO enthält in ihrer augenblicklich geltenden Fassung ein gemischtes System, wonach die Zuständigkeit z. T. abstrakt, z. T. konkret bestimmt ist. Die Einzelheiten sind in der Tabelle nach Rn. 20 zusammengefasst, um deren Studium wir den Leser bitten möchten. 5

1. Sie können daraus ersehen, dass beim **Amtsgericht** zwei erstinstanzliche Spruchkörper tätig sind, nämlich der Straf(Einzel-)richter und das Schöffengericht, deren Zuständigkeit durchaus verschiedenen „Mischregelungen" folgt (vgl. §§ 24, 25 GVG). So ist der **Strafrichter** zuständig für die Privatklagedelikte (abstrakt: nach Einzeltatbeständen) sowie für Vergehen, bei denen nicht mehr als zwei Jahre Freiheitsstrafe zu erwarten sind (konkret). Das **Schöffengericht** ist als urteilender Spruchkörper (vorbehaltlich der Regelung des § 24 I Nr. 3 GVG; vgl. u. Rn. 10ff.) zuständig sowohl für nicht in die Zuständigkeit des Strafrichters fallende Vergehen als auch für Verbrechen, sofern nicht die Zuständigkeit eines höheren Gerichts begründet (abstrakt) oder im Einzelfall eine höhere Strafe als vier Jahre Freiheitsstrafe zu erwarten ist (konkret). Auch diese letzte Zuweisung ist aber nach oben wieder abstrakt limitiert insofern, als die Aburteilungszuständigkeit des AG bei vier Jahren Freiheitsstrafe schlechthin endet (§ 24 II GVG); ergibt sich also in der Hauptverhandlung vor dem Einzelrichter oder dem Schöffengericht wider Erwarten, dass eine schwerere Bestrafung notwendig ist, so muss die Sache an das LG verwiesen werden. 6

2. Auf der **Landgerichtsstufe** finden wir mehrere strafgerichtliche Spruchkörper: die Kleine Strafkammer, die Große Strafkammer, verschiedene Strafkammern mit spezieller sachlicher Zuständigkeit und das Schwurgericht. 7

a) Davon üben die Große Strafkammer und das Schwurgericht eine **erstinstanzliche** Tätigkeit aus. Während die Zuständigkeit des **Schwurgerichts** abstrakt nach Einzeltatbeständen bestimmt ist (lesen Sie § 74 II GVG: es handelt sich fast ausschließlich um Tötungsdelikte und Delikte mit Todesfolge), besteht für die **Große Strafkammer** eine Art „Auffangzuständigkeit", d. h., sie hat als erste Instanz alle Delikte abzuurteilen, für die keine andere (höhere oder niedere) Zuständigkeit begründet ist (vgl. §§ 74 I, 76 I GVG); praktisch ergibt sich daraus – je nach der Abgrenzung bei den übrigen Spruchkörpern – eine teils abstrakte, teils konkrete Regelung.

b) Die **Berufungszuständigkeit**, die sich früher auf die Große und die Kleine Strafkammer verteilte, liegt seit 1993 allein bei der **Kleinen Strafkammer** (§§ 74 III, 76 I GVG). Das ist in schon damals nicht überzeugender Weise mit Engpässen während des Justizaufbaus in den neuen Bundesländern begründet, aber auch nach dessen Abschluss nicht revidiert worden. Das traditionelle Prinzip, dass die Rechtsmittelinstanz über eine personell stärkere Besetzung verfügt als die 1. Instanz, ist damit in Schöffengerichtssachen aufgegeben (zur Besetzung siehe unten Rn. 18).

c) Die Rechtsentwicklung der Nachkriegszeit hat zur Bildung von **Strafkammern mit spezieller sachlicher Zuständigkeit** geführt. Eine solche besondere Strafkammer ist seit 1975 auch das Schwurgericht (§ 74 II GVG: „eine Strafkammer als Schwurgericht", vgl. näher u. Rn. 15ff.), daneben gibt es die Sonderstrafkammer für Staatsschutzsachen (§ 74a GVG), die Wirtschaftsstrafkammer (§ 74c GVG) und die Jugendschutzkammer (§§ 74b, 26 I 1 GVG). Mit Ausnahme der Wirtschaftsstrafkammer, wenn sie als Berufungsgericht tätig ist (vgl. § 74c I GVG), handelt es sich bei ihnen allen um **Große Strafkammern** (§ 76 I 1 GVG). Über die Rangordnung bei der sachlichen Zuständigkeit vgl. §§ 74e GVG, 47a, 103 II JGG.

8 3. Die **Oberlandesgerichte** sind teils in erster Instanz, teils als Revisionsgerichte zuständig.

a) In **erster Instanz** sind die OLGs, in deren Bezirk die jeweilige Landesregierung ihren Sitz hat, für **Staatsschutzdelikte** zuständig. §§ 120 I, 120b GVG (lesen!) enthalten eine abschließende Aufzählung von Delikten, die stets die Zuständigkeit des OLG begründen; es ist dies eine abstrakte Regelung. Die Regelung des § 120 II GVG (lesen!) hingegen ist konkret: Nach ihr ist das OLG bei gewissen, die Staatssicherheit berührenden Straftaten im Einzelfall zuständig, wenn der Generalbundesanwalt wegen der besonderen Bedeutung des Falles die Verfolgung übernimmt (instruktiv BGHSt 46, 238).

b) Ferner entscheiden alle OLGs über die **Revisionen** gegen die Urteile des AG (§ 335) sowie gegen die Berufungsurteile des LG (s. § 121 GVG). Von einigen aus der Tabelle ersichtlichen Ausnahmefällen abgesehen, kommt das OLG daher nur für die Verfahren als Revisionsgericht in Frage, die auf der Stufe des AG beginnen.

9 4. Demgegenüber ist der **Bundesgerichtshof** für die **Revisionen** in den Strafsachen zuständig, deren (erste und letzte) Tatsacheninstanz beim LG oder beim OLG liegt (s. § 135 GVG).

IV. Die „bewegliche" Zuständigkeit, die Geschäftsverteilung und das Problem des gesetzlichen Richters

10 1. Sie werden bei der Lektüre unserer Tabellen festgestellt haben, dass die sachliche Zuständigkeit der Strafgerichte durch das Gegensatzpaar „abstrakt – konkret" mit seinen verschiedenen Abwandlungen noch nicht vollständig beschrieben wird, dass vielmehr die *StA* in gewissen Fällen die Möglichkeit hat, die Anklage entweder beim AG oder beim LG zu erheben. So werden Vergehen und Verbrechen, für die an sich das AG zuständig ist, in erster Instanz von der Großen Strafkammer abgeurteilt, „wenn die Staatsanwaltschaft wegen der besonderen Schutzbedürftigkeit von Verletzten der Straftat, die als Zeugen in Betracht kommen, des besonderen Umfangs oder der besonderen Bedeutung des Falles Anklage beim Landgericht erhebt" (vgl. §§ 24 I Nr. 3; 74 I 2 GVG); damit kann die StA dem Angeschuldigten also sogar die Berufungsinstanz nehmen (vgl. § 312), was § 24 I 2 GVG ausdrücklich zwecks Vermeidung belastender Mehrfachvernehmungen beim Namen nennt (zw., s. u. Rn. 2 vor § 63).

11 Diese Regelung kommt den Bedürfnissen der Praxis entgegen, weil weder abstrakte Umschreibungen nach Tatbeständen oder der Deliktsqualität noch die Höhe der zu erwartenden Strafe es in allen Fällen gestatten, eine Tat nach ihrem Gewicht in der Zuständigkeitsordnung richtig einzustufen. Unter rechtsstaatlichen Gesichtspunkten ist diese **„bewegliche Zuständigkeit"** gleichwohl problematisch (vgl. dazu M/K/S/*Classen,* Art. 101 GG Rn. 39ff.). Der Zweck der verhältnismäßig komplizierten und detaillierten gesetzlichen Zuständigkeitsordnung besteht nämlich gerade darin, dass für jede Straftat ein *bestimmter* Spruchkörper *gesetzlich* zur Verfügung gestellt werden soll, damit keinerlei Möglichkeit besteht, die Person des entscheidenden Richters nach sachfremden Gesichtspunkten willkürlich auszuwählen. Daher ist zweifelhaft, ob die

bewegliche Zuständigkeit mit dem Grundsatz des **gesetzlichen Richters** (Art. 101 I 2 GG, § 16 GVG; vgl. dazu *Achenbach,* 1985; *Sowada,* 590; *Arnold,* ZIS 2008, 92) vereinbar ist. Das BVerfG hat jedoch die Verfassungsmäßigkeit der beweglichen Zuständigkeitsregelung bejaht (BVerfGE 9, 223; BVerfGE 22, 254).

Das BVerfG beruft sich v. a. darauf, dass das Kriterium der „besonderen Bedeutung des Falles" in § 24 I Nr. 3 GVG keine Ermessensklausel, sondern einen unbestimmten Rechtsbegriff darstelle; wenn seine Voraussetzungen vorlägen, *müsse* die StA beim LG anklagen, so dass eine Wahlfreiheit im eigentlichen Sinne nicht bestehe. Außerdem wird nach Ansicht des BVerfG eine missbräuchliche Ausnutzung der beweglichen Zuständigkeit durch § 209 I StPO verhindert; nach dieser Vorschrift kann das LG das Verfahren wegen jeder bei ihm eingereichten Anklage auch vor dem AG eröffnen, so dass eine gerichtliche Kontrolle der staatsanwaltschaftlichen Anklagepraxis gewährleistet ist. 11a

Damit ist freilich das Problem nicht gelöst, sondern nur eine neue Aufgabe gestellt worden (so schon *Eb. Schmidt,* JZ 1959, 535), nämlich die einer generalisierenden Bestimmung der Kriterien für die „besondere" bzw. „mindere Bedeutung" einer Sache (*Achenbach,* 1985, 851 f., der im weiteren darauf aufmerksam macht, dass Art. 101 I 2 GG noch an anderen Stellen zu ähnlichen Problemen führt). Auch das BVerfG hat nicht verhehlt, dass sich eine Regelung denken ließe, „die dem Grundgedanken des Art. 101 GG besser gerecht" werde. Tiefdringende Überlegungen dazu bei *Sowada,* 527 ff.

Nimmt dagegen das LG in offenbarer Willkür seine Zuständigkeit an, weil das an sich zuständige AG das Hauptverfahren nicht eröffnen will, liegt ein Verstoß gegen den Grundsatz des gesetzlichen Richters vor. § 269 gilt für Fälle der Willkür nicht; vielmehr ist hier nach § 6 die Unzuständigkeit auch ohne Rüge festzustellen (BGHSt 40, 120; BGH StV 1995, 620). Das Revisionsgericht muss dann von Amts wegen das Urteil des LG aufheben und die Sache an das zuständige AG verweisen (BGHSt 38, 212). Ebenso wird dem Angekl. der gesetzliche Richter entzogen, wenn ein Schöffengericht seine Zuständigkeit willkürlich annimmt (OLG Düsseldorf StV 1995, 238; OLG Köln StV 1996, 298; OLG Hamm StV 1996, 300). Besonders problematisch ist die „bewegliche" Zuständigkeitsregelung des § 120 II GVG, weil hiernach sogar die Grenze zwischen der Landes- und der Bundesjustiz überschritten werden kann (Präzisierungsbemühungen bei BGHSt 46, 238; für Verfassungswidrigkeit *Backhaus,* Der gesetzliche Richter im Staatsschutzstrafrecht, 2010).

2. Weil es bei jedem Gericht mehr oder weniger zahlreiche Spruchkörper derselben Ebene gibt, verlangt die Garantie des gesetzlichen Richters, dass der konkret zur Entscheidung berufene Richter durch jährlich im Voraus aufzustellende, autonomen Satzungen vergleichbare **Geschäftsverteilungspläne** der einzelnen Gerichte und **Mitwirkungspläne** der einzelnen Spruchkörper im Fall der „Überbesetzung" (z. B. wenn einer Strafkammer drei Beisitzer zugewiesen sind) anhand objektiver Kriterien zu bestimmen ist.[4] Das GVG enthält hierüber eingehende Regelungen in den §§ 21a–g. Nachträgliche Änderungen im Laufe des Geschäftsjahres sind möglich (BGHSt 3, 353; BGHSt 44, 161, 165) und können in der Revision (§ 338 Nr. 1!) nur in engen Grenzen überprüft werden (BGH StV 2010, 290, 294, 296). 12

V. Verfahrensverbindung

Die strenge Aufteilung der sachlichen Zuständigkeit wird aus verfahrensökonomischen Gründen bei **zusammenhängenden Straftaten** durchbrochen (ebenso bei der örtlichen Zuständigkeit, s. u. § 7 Rn. 7 ff.). Ein **Zusammenhang** ist gem. § 3 gegeben, wenn ein Beschuldigter wegen mehrerer Straftaten (zur Auslegung LR/*Erb,* § 3, Rn. 3; KK/*Scheuten,* § 3 Rn. 2) verfolgt wird (**persönlicher** Zusammenhang) oder wenn mehrere Personen als Täter oder Beteiligte i. w. S. (BGH NJW 1988, 150) beschuldigt werden (**sachlicher** Zusammenhang); beide Fälle können ferner kombiniert auftreten 13

[4] Zur einschlägigen Rspr. des BVerfG Sachs/*Degenhart,* Grundgesetz, 7. Aufl., 2014, Art. 101 Rn. 6a ff.

(*M-G/S,* § 3 Rn. 4). Teilnahme i. S. d. § 3 ist jede in dieselbe Richtung zielende Mitwirkung an einem einheitlichen Vorgang (BGH NStZ 1987, 569).

Praktisch wichtig sind folgende Fälle: Jemand hat einen schweren Raub (normale Zuständigkeit: Große Strafkammer) und einen kleinen Diebstahl (Zuständigkeit: Strafrichter) begangen. Oder: Jemand hat die Bestrafung eines Mörders (Zuständigkeit: Schwurgericht) vereitelt (normale Zuständigkeit: Schöffengericht).

14 Fälle dieser Art können von vornherein durch die StA verbunden werden, indem sie eine gemeinschaftliche Anklage vor dem höheren Gericht erhebt (§ 2 I). Wenn sie das unterlässt und für jeden Fall isoliert Klage erhebt, kann die Verbindung immer noch durch Beschluss des höheren Gerichts (§ 4 I, II 1), nicht durch Vereinbarung der beteiligten Gerichte (BGH NStZ 1996, 47) erfolgen. Das Gericht handelt dabei nach seinem Ermessen (BGHSt 18, 238; BGHSt 45, 342, 351). Das kann sogar nach Beginn der Hauptverhandlung erfolgen, wobei aber selbstverständlich gegen einen dadurch neu hinzugekommenen Mitangeklagten kein Verfahrensstoff aus der noch ohne seine Mitwirkung durchgeführten Hauptverhandlung verwertet werden darf (BGH a. a. O.). Das (höhere) Gericht kann auch jederzeit wieder eine **Trennung** der verbundenen Verfahren anordnen, bleibt danach aber für beide Verfahren zuständig (BGHSt 47, 116).

Das weitere Verfahren richtet sich bei verbundenen Strafsachen stets nach der schwereren Straftat (§ 5), was z. B. für die Fragen von Bedeutung ist, welches Rechtsmittel gegeben ist oder ob ein Fall der notwendigen Verteidigung vorliegt.

Die zuständigkeitsverändernde Verbindung von Strafsachen durch die StA gem. § 2 unterliegt ähnlichen Bedenken aus dem Grundsatz des gesetzlichen Richters (Art. 101 I 2 GG) wie die bewegliche Zuständigkeit im Fall der §§ 24 I Nr. 3, 74 I 2 GVG (vgl. o. Rn. 10ff.; näher *Achenbach,* 857f.)

C. Die Besetzung der Strafgerichte

Literatur: *Knittel,* Mitbestimmung in der Strafjustiz, 1970; *Hartung,* Um das Schwurgericht, ZStW 82 (1970), 601; *Jescheck,* Das Laienrichtertum pp., FS Hans-Schultz, 1977, 229; *Volk,* Der Laie als Strafrichter, FS Dünnebier, 1982, 373; *Benz,* Zur Rolle der Laienrichter im Strafpr., 1982; *Jung,* Die Beteiligung von Laien pp., in: 150 Jahre LG Saarbrücken, 1985, 317; *Salditt,* Fragen zur Rolle des Laienrichters pp., in: *Memmann/Manoledakis* (Hrsg.), Der Richter in Strafsachen, 1992, 67; *Renning,* Die Entscheidungsfindung d. Schöffen und Berufsr. in rechtl. und psycholog. Sicht, 1993; *Hillenkamp,* Zur Teilhabe des Laienrichters, FS Kaiser, 1998, 1437; *Spona,* Laienbeteiligung im Strafverfahren, 2000; *Linkenheil,* Laienbeteiligung an der Strafjustiz, 2003; *Grube,* Richter ohne Robe, 2005; *Lilie,* Blinde Kontrollinstanz?, FS Riess 2002, 303; *Duttge,* Laienrichter in der Strafgerichtsbarkeit, JR 2006, 358; *Dölling,* Zur Beteiligung von Laienrichtern, FS Böttcher, 2007, 41; *Lagodny,* Die Ungeeignetheit von reinen Geschworenengerichten, FS Jung, 2007, 499; *Löhr,* Zur Mitwirkung der Laienrichter im Strafprozess, 2008; *Riess,* Über das Schwurgericht, FS Widmaier, 2008, 473; *König,* Die Beteiligung von Schöffen, DAV-FS, 2009, 623; *Börner,* Die Beteiligung von Laienrichtern am Strafpr. pp., StraFo 2012, 434; *Lemke-Küch,* Der Laienrichter pp., 2014.

I. Berufs- und Laienrichter

15 Die grds. Probleme der richterlichen Rechtsstellung, die historische Entwicklung des Berufs- und Laienrichtertums im deutschen Strafverfahren, die sachliche und persönliche Unabhängigkeit des Richters und die persönlichen Voraussetzungen seiner Ernennung werden im Gerichtsverfassungs- und im Richterrecht (GVG und DRiG) be-

handelt (vgl. *Wolf,* §§ 15–23) und bedürfen hier keiner besonderen Darstellung. Nur die Form der für den deutschen Strafprozess charakteristischen Laienmitwirkung im Hauptverfahren erfordert an dieser Stelle einen ergänzenden Hinweis.

Die StPO kannte ursprünglich zwei verschiedene Arten von Laienrichtern, die Schöffen und die Geschworenen. Während die **Schöffen** von vornherein, wie es heute bei allen ehrenamtlichen Richtern der Fall ist, neben den Berufsrichtern im Spruchkollegium in derselben Funktion und (ausgenommen die Aktenkenntnis) mit denselben Rechten zusammenwirkten, war bei den für die Aburteilung der Kapitalverbrechen zuständigen Schwurgerichten zunächst eine Aufgabenteilung zwischen Berufs- und Laienrichtern (den **Geschworenen**) vorgesehen: Die mit zwölf Laienrichtern besetzte sog. „Geschworenenbank" hatte über die Schuldfrage allein zu entscheiden, und der „Richterbank" (den drei Berufsrichtern) blieb neben den Verfahrensfragen im wesentlichen nur die Strafzumessung vorbehalten (i. e. s. *Kern,* Gerichtsverfassungrecht 4. Aufl., 1965, 208 ff.). Diese Gestaltung der Schwurgerichte, die wir seit je im Jurysystem Englands und der USA und heute etwa noch in Frankreich (Cour d'Assises) und Österreich (§§ 301 ff. öStPO)[5] finden, hing mit der spezifisch „demokratischen" Idee des Laienrichtertums zusammen. Die Einrichtung von Schwurgerichten zählte zu den großen liberalen Reformforderungen des 19. Jh. und wurde in den §§ 143 III, 179 II der Paulskirchenverfassung von 1849 vorgesehen, weil man (historisch mit Recht) davon ausging, dass das Volk als Träger der Staatsgewalt in den Strafgerichten am besten durch den einfachen Staatsbürger repräsentiert werde, der zugleich die beste Gewähr gegen obrigkeitliche Beeinflussungsversuche biete. In der Praxis hatten sich die Schwurgerichte alten Stils jedoch mit dem Ende des Obrigkeitsstaates überlebt. Denn der rechtsunkundige Laie ist gegen sachfremde Einflussnahmen in Wahrheit weniger gefeit als der durch seine Ausbildung und lange Erfahrung zur Objektivität erzogene Berufsrichter. Vor allem aber ist der Laienrichter für sich allein nach einer langen und komplizierten Hauptverhandlung zur Beurteilung der Schuldfrage häufig auch dann nicht mehr in der Lage, wenn er, wie es vorgesehen war, vom Vorsitzenden der Richterbank eine allgemeine Rechtsbelehrung empfangen oder spezifische Fragen vorgelegt erhalten hat. Die Schwurgerichte sind deshalb (und auch aus fiskalischen Gründen) im Jahre 1924 durch die nach dem damaligen Reichsjustizminister benannte, ohne Beteiligung des Reichstags erlassene sog. Emminger-Notverordnung in der bisherigen Form abgeschafft worden; sie unterscheiden sich von den Schöffengerichten jetzt nur noch durch den Namen (zur Besetzung s. u. Rn. 18 ff.). Der Gesetzgeber hat dem dadurch Rechnung getragen, dass er die alte Bezeichnung „Geschworener", für die seither keine sachliche Notwendigkeit mehr bestand, abgeschafft und durch den einheitlichen Ausdruck „Schöffe" ersetzt hat. Dagegen ist der traditionelle Name „Schwurgericht" erhalten geblieben (vgl. Tab. S. 39 f.). Demnach üben heute ehrenamtliche Richter „das Richteramt in vollem Umfang und mit gleichem Stimmrecht" aus wie Berufsrichter; sie entscheiden „über die Schuld- und Straffrage gemeinschaftlich" (§§ 30, 77 I GVG). Dabei sind sie „in gleichem Maße wie ein Berufsrichter unabhängig" (§ 45 I 1 DRiG). 16

In dieser Form könnte die Laienmitwirkung in der Strafrechtspflege auch heute noch wertvoll sein. Ihre Bedeutung für den modernen Rechtsstaat läge zwar nicht mehr im Schutz gegen obrigkeitliche Übergriffe; 17

[5] Wo sie ähnlich wie in den USA in der Verfassung garantiert ist (Art. 91 II); zur auch dort geführten Reformdiskussion *Lewisch,* Abschaffung der Geschworenengerichte?, 2009.

aber sie trüge auch jetzt noch dazu bei, das Verständnis der Bevölkerung für die Strafrechtspflege und das Vertrauen in ihre Gerechtigkeit zu stärken (vgl. *Schroeder,* NJW 1983, 141; *Rönnau,* GS Weßlau, 2016, 293; sehr krit. *Volk,* FS Dünnebier, 1982, 373; *Duttge,* JR 2006, 358). Voraussetzung wäre jedoch ein „institutionell fundiertes Selbstbewusstsein" der Laienrichter, das in Deutschland (anders als in den USA) gesellschaftlich nicht ausreichend verankert ist, so dass die Laienrichter in der Praxis selbst beim Schöffengericht (wo sie die Mehrheit bilden) der professionellen Überlegenheit des Berufsrichters kaum jemals ernsthaft Paroli bieten. Ein Grund für ihre strukturelle Unterwürfigkeit liegt paradoxer Weise in einer im Interesse der Wahrheitsfindung äußerst sinnvollen Beschränkung ihrer Mitwirkungsrechte: Nach der zutreffenden Auffassung dürfen sie nicht die Gerichtsakten lesen (BGHSt 5, 261; BGHSt 13, 73; *Krüger,* FS Schünemann, 2014, 915; *Rönnau,* aaO., 299; a. M. KK/*Barthe,* § 30 GVG Rn. 2; LR/*Siolek,* § 30 GVG Rn. 4ff., beide m. z. w. N.; offen gelassen in BGHSt 43, 36, 39; s. ferner u. § 46 Rn. 6), wodurch sie vor dem die Berufsrichter kennzeichnenden, die Wahrheitsfindung trübenden Urteils-Perseveranzeffekt (s. o. § 1 Rn. 16) bewahrt, in der Prozesswirklichkeit aber erst recht durch die Aktenkenntnis des Berufsrichters überwältigt werden. Die Überwindung dieser Aporie in der gegenwärtigen Rolle des Laienrichtertums bleibt deshalb ein Desiderat der zukünftigen Strafprozessreform.

II. Die Besetzung der Strafgerichte im Einzelnen

17a 1. Abgesehen von der untersten Stufe des Strafrichters am Amtsgericht, gilt für alle Spruchkörper das Kollegialprinzip mit dem rechtsstaatlich motivierten Ziel einer „Inter-Organ-Kontrolle" (*Sowada,* 2002, S. 415). Deshalb müssen alle mitwirkenden Richter in der Lage und bereit sein, die gesetzlichen Grundlagen der Entscheidung (in den Tatinstanzen die Hauptverhandlung, in der Revisionsinstanz die Verfahrensakten) selbst zu erfassen und zu beurteilen (zum daraus folgenden Problem beim BGH s. u. § 44 Rn. 67).

18 2. Der Strafrichter ist immer ein Berufsrichter (vgl. §§ 28, 29 GVG); für die Kleinkriminalität ist also keine Laienbeteiligung vorgesehen. Das Schöffengericht ist normalerweise mit einem Berufsrichter als Vorsitzendem und zwei ehrenamtlichen Richtern besetzt; bei umfangreichen Sachen kann u. U. ein zweiter Berufsrichter hinzugezogen werden (vgl. § 29 II GVG; sog. *erweitertes Schöffengericht,* dazu *Nassif,* Das erw. Schöffengericht, 2008).

19 Beim LG liegt es so, dass die Kleine Strafkammer aus einem Berufsrichter als Vorsitzendem und zwei ehrenamtlichen Richtern, die Große Strafkammer dagegen aus (ursprünglich) drei Berufsrichtern und zwei ehrenamtlichen Richtern besteht (§ 76 I 1 GVG). Die Praxis sieht aber heute anders aus. Die Große Strafkammer kann nämlich bei Eröffnung des Hauptverfahrens beschließen, dass in der Hauptverhandlung nur zwei Richter und zwei Schöffen mitwirken, wenn sie nicht als Schwurgericht zuständig ist und nicht aus besonderen Gründen die Mitwirkung eines dritten Richters notwendig erscheint (§ 76 II, III GVG – lesen!).[6] Die Große Strafkammer ist deshalb heute in den meisten Fällen nur noch mit 2 Berufsrichtern (dem Vorsitzenden und dem Berichterstatter) besetzt, so dass sich der für die Wahrheitsfindung schädliche Urteils-Perseveranzeffekt (s. o. § 1 Rn. 16) besonders stark auswirkt. Bei dem Beschluss nach § 76 II GVG wird der Tatinstanz vom BGH ein „weiter Beurteilungsspielraum" zugebilligt, zu dessen Überschreitung exemplarisch BGH StV 2010, 228. Bei Berufungen gegen ein Urteil des gemäß § 29 II GVG erweiterten Schöffengerichts muss

[6] Wegen der angeblichen Überlastung der Justiz durch die Aufgaben der Wiedervereinigung befristet eingeführt durch das RPflegeEntlastungG v. 11.1.1993, BGBl. I 50 und, obwohl diese längst bewältigt sind, durch G. über die Besetzung der großen Straf- und Jugendkammern pp. v. 15.12.2012, BGBl. I 2554 endgültig beibehalten – ähnlich wie seinerzeit die Abschaffung der Schwurgerichtsverfassung durch die Emmingersche Notverordnung von 1924 (dazu *Riess,* FS Schöch, 2010, 895).

auch die Kleine Strafkammer um einen zweiten Richter erweitert werden, der aber nur in der Hauptverhandlung mitwirkt (§ 76 III GVG).

Das Schwurgericht, das mit drei Berufsrichtern und sechs Schöffen auch nach 1924 noch der umfangreichste Spruchkörper unserer Strafjustiz war, ist seit 1975 nur noch eine Große Strafkammer mit besonderer Zuständigkeit (§§ 74 II, 74d GVG), besteht also ebenfalls – und zwar stets (§ 76 II) – aus drei Berufsrichtern und zwei Schöffen. Dabei ist der Vorsitzende hier wie überall ein Berufsrichter. Sowohl bei der Großen als auch bei der Kleinen Strafkammer wirken außerhalb der Hauptverhandlung die Schöffen nicht mit (§ 76 I 2 GVG).

Die OLGs und der BGH urteilen stets ohne Laienmitwirkung. Wenn das OLG in erster Instanz tätig wird, entscheidet es mit fünf Berufsrichtern über die Eröffnung des Hauptverfahrens und beschließt bei der Eröffnung, ob es in der Hauptverhandlung mit drei oder ausnahmsweise auch hier mit fünf Richtern besetzt ist (§ 122 II GVG); außerhalb der Hauptverhandlung entscheidet es mit drei Richtern, über die Einstellung des Hauptverfahrens wegen eines Verfahrenshindernisses aber in der für die Hauptverhandlung bestimmten Besetzung (§ 122 I, II 3 GVG). Als Revisionsgericht entscheidet es stets mit drei Berufsrichtern (§ 122 I GVG). Der BGH urteilt immer mit fünf Richtern (§ 139 I GVG; zur Besetzung bei Beschwerdeentscheidungen und Entscheidungen über Anträge nach § 161a III s. § 139 II GVG). 20

Gericht	Abteilung	Besetzung	Zuständigkeit	Rechtsquelle
Amtsgericht	*Strafrichter*	1 Berufsrichter	**Vergehen,** 1. wenn sie im Wege der Privatklage verfolgt werden, 2. wenn eine höhere Strafe als Freiheitsstrafe von 2 Jahren nicht zu erwarten ist.	§§ 24, 25 GVG
	Schöffengericht	1 oder 2 Berufsrichter, 2 ehrenamtliche Richter (Schöffen)	1. **Vergehen,** soweit nicht die Zuständigkeit des Strafrichters begründet ist, die StA wegen der besonderen Bedeutung des Falles Anklage beim LG erhebt oder ein Fall der §§ 74 II, 74a, 120 GVG vorliegt.	§ 135 GVG
			2. **Verbrechen,** wenn nicht die Zuständigkeit des Schwurgerichts oder des OLG begründet oder im Einzelfall eine höhere Strafe als 4 Jahre Freiheitsstrafe oder die Unterbringung des Beschuldigten in einem psychiatrischen Krankenhaus bzw. in der Sicherungsverwahrung zu erwarten ist oder die StA wegen der besonderen Bedeutung des Falles Anklage beim LG ergebt.	§§ 24, 25, 28, 29 GVG
Landgericht	*Kleine Strafkammer*	1 (ausnahmsweise 2) Berufsrichter, 2 ehrenamtliche Richter (Schöffen)	Ausschließlich Berufungen gegen Urteile des Strafrichters und des Schöffengerichts, im Falle des § 74c I GVG als *Wirtschaftsstrafkammer.*	§§ 74 III, 74c I, 76 I, IV GVG

Gericht	Abteilung	Besetzung	Zuständigkeit	Rechtsquelle
	Große Strafkammer	3 (ggf. nur 2) Berufsrichter, 2 ehrenamtliche Richter (Schöffen)	1. Ausschließlich als Gericht 1. Instanz, und zwar: 2. Als *Schwurgericht* bei vorsätzlichen Tötungsdelikten (§§ 211 f. StGB), zahlreichen Delikten mit Todesfolge (z. B. §§ 226, 251 StGB usw.) und besonders schweren gemeingefährlichen Straftaten wie §§ 306b, 307 I-III, 308 I-III StGB (i. e. s. § 74 II GVG). 3. Als erstinstanzliche Wirtschaftskammer in den in § 74c GVG genannten *Wirtschaftsstrafsachen.* 4. Als *Staatsschutzkammer* bei den in § 74a GVG aufzählten leichten Staatsschutzdelikten. 5. Im Übrigen als Gericht 1. Instanz bei allen Verbrechen, die nicht zur Zuständigkeit des AG oder des OLG gehören, sowie bei allen Vergehen und Verbrechen, die von der StA wegen der besonderen Bedeutung des Falles bei der Großen Strafkammer angeklagt werden oder vom AG an sie verwiesen sind, weil seine Strafgewalt zu ihrer Aburteilung nicht ausreicht[7].	§§ 74 I u. II, 74a, 74c, 76 I–III GVG
Oberlandesgericht	*Strafsenat für Revisionen und Beschwerden*	3 Berufsrichter	1. Revisionen gegen die Berufsurteile des LG[8]; 2. Revisionen gegen die erstinstanzlichen Urteile des LG, wenn die Revision ausschließlich auf die Verletzung einer in den Landesgesetzen enthaltenen Rechtsnorm gestützt wird.	§§ 121, 122 GVG
	Erstinstanzlicher Strafsenat[9]	5 bzw. 3 Berufsrichter	Bei allen in § 120 I GVG aufgezählten (schweren) Staatsschutzdelikten. Außerdem, wenn der Generalbundesanwalt wegen der besonderen Bedeutung des Falles die Verfolgung übernimmt, nach §§ 74a II, 120 II Nr. 1 GVG bei den (leichten) Staatsschutzdelikten des § 74a GVG, sowie bei den in § 120 II Nr. 2, 3 GVG aufgezählten Delikten.	§§ 120, 120b, 122 GVG

[7] Das AG darf nicht auf eine höhere Freiheitsstrafe als 4 Jahre und nicht auf Unterbringung in einem psychiatrischen Krankenhaus oder in der Sicherungsverwahrung erkennen (§ 24 II GVG).

[8] Will ein OLG bei seiner Entscheidung von einer nach dem 1.4.1950 ergangenen Entscheidung eines anderen OLG oder von einer Entscheidung des BGH abweichen, so hat es die Sache diesem vorzulegen (§ 121 II GVG). Bei abw. Auslegung des Rechts der Europäischen Gemeinschaft gilt das nicht (BGHSt 33, 76; 36, 92).

[9] Gem. § 120 I GVG ist hier in jedem Bundesland nur das OLG zuständig, in dessen Bezirk die Landesregierung ihren Sitz hat.

Gericht	Abteilung	Besetzung	Zuständigkeit	Rechtsquelle
Bundesgerichtshof	*Strafsenat*	5 Berufsrichter	1. Revision gegen die Urteile der Schwurgerichte und die Urteile der Großen Strafkammern im ersten Rechtszuge, soweit nicht die Zuständigkeit der OLGs begründet ist. 2. Revisionen gegen die erstinstanzlichen Urteile der OLGs.	§ 135 GVG

§ 7. Die örtliche Zuständigkeit

Bei der örtlichen Zuständigkeit handelt es sich um die Verteilung der Aufgaben unter 1
die verschiedenen räumlich nebeneinander liegenden Gerichte gleicher Art (z. B. AG Tübingen, AG Reutlingen; LG Stuttgart, LG Ulm) nach örtlichen Gesichtspunkten (Tatort, Wohnsitz usw.). Sie ist (im Gegensatz zur sachlichen Zuständigkeit) nicht im GVG, sondern in der StPO geregelt (§§ 7ff.). Das Gesetz spricht hier wie in der ZPO vom **„Gerichtsstand"**. Man kann zwischen ordentlichen und außerordentlichen Gerichtsständen unterscheiden.

Die Bestimmung des örtlich zuständigen Gerichts obliegt zunächst der StA (§§ 200 I, 407 I). Diese kann nach h. M. zwischen den verschiedenen Gerichtsständen nach ihrem Ermessen wählen. Die Vereinbarkeit einer solchen Wahlmöglichkeit mit dem Grundsatz des gesetzlichen Richters (Art. 101 I 2 GG) wird aber mit Recht zunehmend bezweifelt (*Engelhardt,* DRiZ 1982, 419; *Achenbach,* FS Wassermann, 1985, 855 m.w.N.; *Park,* FS Beulke, 2015, 927).

A. Die **ordentlichen Gerichtsstände** zerfallen in allgemeine (für alle Arten von Straf- 2
taten) und besondere.

I. Die **allgemeinen** Gerichtsstände sind folgende:

1. **primäre:**

a) der Gerichtsstand des **Tatorts** (§ 7): Bei ihm wird die Klage in der Praxis besonders häufig erhoben, denn dort ist der Augenschein einzunehmen; auch werden die Zeugen meist in der Nähe des Tatorts wohnen. Die Tat ist an jedem Ort begangen, an dem der Täter gehandelt hat oder an dem der Erfolg eingetreten ist (oder – bei Versuch – hätte eintreten sollen), also wenn jemand einen beleidigenden Brief von Stuttgart nach München schreibt, sowohl in Stuttgart (Ort der Handlung) wie in München (Ort, an dem die Kenntnisnahme erfolgt ist) (§ 9 I). Diese Bestimmung hat nicht nur materiellrechtliche Bedeutung für das Geltungsgebiet des Strafrechts, sondern auch prozessuale für die Zuständigkeit.

Für den Gerichtsstand bei Straftaten auf Schiffen und Flugzeugen vgl. § 10 und BGHSt 53, 265.

b) der Gerichtsstand des **Wohnsitzes** (§ 8): Der Gerichtsstand ist auch bei dem Ge- 3
richt begründet, bei dem der Angeschuldigte zur Zeit der Erhebung der Klage (also nicht: zur Zeit der Hauptverhandlung) seinen Wohnsitz hat. Vgl. auch den fingierten Wohnsitz des § 11 und zur Wohnsitzfrage bei Gesellschaften BGHSt 51, 29;

c) der Gerichtsstand der **Ergreifung** (§ 9; ob dabei schon ein Haftbefehl existierte, ist irrelevant, BGHSt 44, 347). Er kommt praktisch vor allem bei Auslandstaten und solchen Inlandstaten in Frage, bei denen der Tatort nicht ermittelt ist (z. B. Vergewaltigung in einem Wohnwagen; oder: in Tübingen wird ein Heimatloser mit einem Fahrrad ermittelt, das er offenbar irgendwo gestohlen hat; Tübingen ist als Gerichtsstand des Ergreifungsorts zuständig);

d) der Gerichtsstand der **Soldaten in besonderer Auslandsverwendung** (§ 11 a, nämlich Kempten).

4 e) Für denselben Straffall werden demnach in der Regel **mehrere** Gerichte örtlich zuständig sein. Unter diesen gebührt dem Gericht der Vorrang, das die Untersuchung zuerst eröffnet hat (§ 12), d. h. den Eröffnungsbeschluss gefasst hat.

Dieses **Prioritätsprinzip** wird in einem Fall durchbrochen: Ist eine Sache bei Gerichten verschiedener Ordnung (AG und LG) anhängig, so gebührt in Abweichung vom Grundsatz der Priorität dem höheren Gericht der Vorzug, wenn das untere nicht für alle Taten zuständig ist. Es kann das bei dem niederrangigen Gericht schwebende Verfahren durch einen Verbindungsbeschluss an sich ziehen und das Verfahren beim niederen dadurch beenden, ohne dass es insoweit eines Einstellungsbeschlusses bedürfte (BGHSt 36, 175; NStZ 1995, 351; aM *M-G/S,* § 12 Rn. 2).

2. **subsidiäre:**

5 Wenn der Angeschuldigte keinen Wohnsitz im Geltungsgebiet der StPO hat (§ 8 II), gilt der Gerichtsstand des **gewöhnlichen Aufenthaltsorts** oder, wenn ein solcher nicht bekannt ist, des **letzten inländischen Wohnsitzes.**

Fehlt es im Geltungsbereich der StPO an einem zuständigen Gericht oder ist dieses nicht ermittelt, so bestimmt der BGH das zuständige Gericht (§ 13a).

Ein Gerichtsstand „fehlt" z. B. dann, wenn jemand, der im Ausland wohnt, eine dem deutschen Strafrecht unterfallende Auslandstat begangen und eine Ergreifung i. S. d. § 9 nicht stattgefunden hat (vgl. für den Fall ausländischer Kriegsverbrechen BGH NStZ 1994, 139). Hat jemand unter den genannten Voraussetzungen die Tat zwar in Deutschland begangen, ist der Tatort aber nicht feststellbar, so kann der Gerichtsstand „nicht ermittelt" werden. Für Straftaten im Bereich des Meeres s. § 10a.

6 **II. Besondere Gerichtsstände** gelten:

1. für **Staatsschutzdelikte;** hier ist jeweils nur das OLG bzw. LG zuständig, in dessen Bezirk die Landesregierung ihren Sitz hat (§§ 120, 74a GVG); die Anzahl der zuständigen Oberlandesgerichte kann durch Ländervereinbarung weiter beschränkt werden (§ 120 V GVG).

2. für **Pressedelikte** (z. B. Preisgabe von Staatsgeheimnissen durch eine Zeitschrift): Für sie ist maßgebend der **Erscheinungsort** der Druckschrift (§ 7 II).

Der frühere sog. „fliegende Gerichtsstand" der Presse, der an jedem Ort begründet war, wo das Presseerzeugnis, z. B. eine Nummer einer Zeitung, hingelangt war, ist schon 1902 (durch Beifügung des § 7 II) aufgehoben worden. Nur bei Beleidigungen, die im Weg der Privatklage verfolgt werden, ist außer dem Gerichtsstand des Erscheinungsortes auch das Gericht zuständig, in dessen Bezirk die beleidigte Person ihren Wohnsitz oder gewöhnlichen Aufenthalt hat, sofern die Druckschrift (wenn auch nur in einem Stück) auch im Bezirk dieses Gerichts verbreitet worden ist. Auf Rundfunk- und Fernsehsendungen ist § 7 II 1 analog anwendbar (AG Würzburg NStZ 1990, 199; str.). Lässt sich der Erscheinungsort der Druckschrift nicht feststellen, gilt der allgemeine Gerichtsstand des Tatortes (§ 7 I); insoweit verbleibt es dann also beim fliegenden Gerichtsstand (BGH NStZ 1997, 447).

B. Außerordentliche Gerichtsstände sind:

I. Der Gerichtsstand des **Zusammenhangs** (§ 13). 7

1. Zum Begriff des Zusammenhangs s. o. § 6 Rn. 13. Der einmal begründete Gerichtsstand des Zusammenhangs bleibt auch dann bestehen, wenn die vermittelnde Tat nicht abgeurteilt werden kann (wenn z. B. nach einem im Bezirk des LG Offenburg begangenen Mord dem flüchtigen Täter in München Geld und Pass zur Flucht nach Ungarn gegeben worden sind, kann diese Strafvereitelung auch in Offenburg abgeurteilt werden).

2. Sind zusammenhängende Strafsachen schon bei verschiedenen StAen anhängig (z. B. ein Hochstapler hat in Hamburg, Berlin und zuletzt in München Betrügereien begangen; dort ist er ergriffen und verhaftet worden), so kann das Ermittlungsverfahren durch Abgabeerklärung der übrigen bei einer StA konzentriert werden. Sind schon isolierte Klagen erhoben, so empfiehlt sich nachträgliche Verbindung. Diese kann freiwillig durch Vereinbarung der zuständigen Gerichte (aber nur, wenn die StA darauf anträgt!) oder (auf Antrag der StA oder des Angeschuldigten) zwangsweise auf Anordnung des gemeinsamen oberen Gerichts (also u. U. des BGH) erfolgen (§ 13 II). Wenn die zuständigen Gerichte verschiedenen Stufen angehören (etwa Schöffengericht Göttingen und LG Kassel), kommt allerdings niemals eine Vereinbarung, sondern nur die Bestimmung durch das übergeordnete Gericht in Frage (denn in diesem Fall ist nicht § 13 einschlägig, s. BGH NStZ 1982, 294, sondern § 4 II 2); eine wenig einleuchtende Differenzierung, denn es ist nicht einzusehen, warum das niedrigere Gericht auf seine Zuständigkeit nicht soll „verzichten" können. 8

3. Eine spätere Aufhebung der Verbindung ist möglich, kann aber nur auf demselben komplizierten Wege wie diese selbst zustande kommen (§ 13 III).

II. Ein Gerichtsstand des **höheren Auftrags** kann (außer bei Zusammenhang) durch das gemeinschaftliche obere Gericht begründet werden: 9

1. bei rechtlicher oder tatsächlicher Verhinderung des örtlich zuständigen Gerichts (z. B. wenn der einzige Richter eines Gerichts kraft Gesetzes ausgeschlossen ist oder wenn alle Richter eines Gerichts langwierig erkrankt sind), § 15;

2. wenn von der Verhandlung vor dem örtlich zuständigen Gericht (z. B. wegen politischer Unruhen) eine Gefährdung der öffentlichen Sicherheit zu besorgen wäre (§ 15 und dazu BGHSt 47, 275);

3. nach Aufhebung eines Urteils durch die Revisionsinstanz; hier muss eine Verweisung an eine andere Abteilung, Kammer oder einen anderen Senat desselben Gerichts oder an ein benachbartes Gericht erfolgen (§ 354 II);

4. beim inneren Zuständigkeitsstreit oder **Kompetenzkonflikt** (§§ 14, 19). 10

a) Ein *positiver* Kompetenzkonflikt liegt vor, wenn sich mehrere Gerichte für zuständig halten, ein **negativer** Kompetenzkonflikt, wenn sich alle in Betracht kommenden Gerichte für unzuständig halten.

Nach § 14, der sowohl positive wie negative Kompetenzkonflikte betrifft, entscheidet dann das gemeinschaftliche obere Gericht (z. B. der BGH bei Zuständigkeitsstreit zwischen Gerichten verschiedener Länder oder wenn das OLG einen Verweisungsbeschluss des LG für willkürlich hält, BGHSt 45, 26).

b) § 14 setzt jedoch voraus, dass noch keine rechtskräftige Entscheidung ergangen ist. Ist das der Fall, dann entscheidet die Priorität; d. h. die Entscheidung des Gerichts, dessen Urteil zuerst die Rechtskraft erlangt hat, ist gültig, die andere fehlerhaft (vgl. dazu u. § 52 Rn. 29ff.).

c) Trotz rechtskräftiger Entscheidung gilt das eben Gesagte jedoch dann nicht, wenn bei einem negativen Zuständigkeitsstreit mehrere Gerichte, von denen eines das zuständige ist, rechtskräftig ihre Unzuständigkeit ausgesprochen haben; in diesem Fall entscheidet das gemeinsame höhere Gericht unter Aufhebung einer der rechtskräftigen Entscheidungen (s. § 19). Dadurch soll verhindert werden, dass eine Straftat unverfolgt bleibt.

§ 8. Die Ausschließung und Ablehnung der Gerichtspersonen. Vorverurteilung durch die Medien

Literatur: *Arzt,* Der befangene Strafrichter, 1969; *Brandt-Janczyk,* Richterl. Befangenheit durch Vorbefassung im Wiederaufnahmeverf., 1978; *Schairer,* Der befangene StA, 1983; *Strate,* Richterl. Befangenheit und rechtl. Gehör, FG Koch, 1989, 261; *Dierlamm,* Ausschließung und Ablehnung von Tatrichtern pp., 1994; *Semmler,* Prozeßverhalten des Richters unter dem Aspekt des § 24 II StPO, 1994; *Tummeltshammer,* Die Ablehnung des Richters wegen Besorgnis der Befangenheit, 2001; *Zwiehoff,* Der Befangenheitsantrag im Strafverfahren, 2003; *Richter,* Marginalien zum Ablehnungsrecht, FS Hamm, 2008, 687; *Schaefer,* Staatsanwaltschaftl. Ermittlungsverfahren und Vorverurteilung – eine zwingende Folge?, FS Egon Müller, 2008, 623; *Altermann,* Medienöffentliche Vorverurteilung, 2009; *Ziegler,* Der Entzug des gesetzlichen Richters durch die Fiktion der Unbefangenheit, FS Mehle, 2009, 687; s. auch u. vor § 18 C; *Breidling,* Der sog. 5-vor-9-(Ablehungs-)Antrag, FS v. Heintschel-Heinegg, 2015, 80; *Schünemann,* Der unabhängige Strafrichter – Macht ohne Maß?, FS Streng, 2017.

1 Die Ausschließung und Ablehnung der Gerichtspersonen (Berufs- und Laienrichter, Urkundsbeamte und sonstige als Protokollführer zugezogene Personen, vgl. § 31) gehört der Sache nach zum Gerichtsverfassungsrecht. Sie ist aber in den Prozessordnungen (StPO: §§ 22–31, ZPO: §§ 41– 49) i. e. unterschiedlich geregelt und wegen der engen Verzahnung mit den Bestimmungen des Verfahrensrechts hier zu behandeln. Der Unterschied zwischen diesen beiden Formen der Richterverhinderung liegt darin, dass für die **Ablehnung** eines Richters immer ein Antrag erforderlich ist (§ 24), während die **Ausschließung** unmittelbar kraft Gesetzes eingreift (§§ 22f.), allerdings auch durch Ablehnungsgesuch geltend gemacht werden kann (§ 24 I). Sämtlichen Vorschriften liegt der Gedanke zugrunde, dass ein Richter, gegen dessen Unvoreingenommenheit in einem bestimmten Verfahren Bedenken bestehen, im Interesse der Beteiligten wie auch zur Erhaltung des Vertrauens in die Unparteilichkeit der Rechtspflege in diesem Verfahren keine Entscheidungen treffen soll; dieser Grundsatz ist in Art. 101 I 2 GG verfassungsrechtlich verbürgt (BVerfGE 21, 139).

Zur Ausschließung oder Ablehnung des StA u. § 9 Rn. 15; zur Ablehnung des Sachverständigen und des Dolmetschers u. § 27 Rn. 14f. und § 22 Rn. 8.

A. Die Ausschließung des Richters

2 Die **Ausschließungsgründe** können in vier Gruppen zusammengefasst werden:

1. Der Richter ist durch die Tat **selbst verletzt** (§ 22 Nr. 1); dafür genügt es, dass er (im Falle einer Beleidigung) Strafantrag gestellt hat (BVerfG StV1992, 209). Anders als beim Klageerzwingungsverfahren (s. u. § 41) hält die Rspr. hier streng an dem Er-

fordernis unmittelbarer Rechtsbeeinträchtigung fest (BGHSt 1, 298; 51, 100: Mitgliedschaft in der geschädigten Partei genügt nicht). Diese Einengung ist nicht unbedenklich, erscheint aber wegen der Möglichkeit einer Ablehnung des nicht ausgeschlossenen Richters (s. u. Rn. 7 ff.) für die Praxis gerade noch vertretbar.

2. Der Richter steht in einer engen **familiären Beziehung** zu dem durch die Tat **Verletzten** (§ 22 Nr. 2, 3).

3. Der Richter steht in einer engen **familiären Beziehung** zum **Beschuldigten** (§ 22 Nr. 2, 3); a fortiori folgt daraus die Selbstverständlichkeit, dass niemand über eine Anklage gegen sich selbst entscheiden darf (Fall des Dorfrichters *Adam*).

4. Der Richter ist schon **früher** in der Sache **beteiligt** gewesen, nämlich 3

a) als StA, Polizeibeamter, Verteidiger oder Anwalt des Verletzten (§ 22 Nr. 4). Die Rspr. (BGHSt 9, 193) legt hier den Begriff der „Sache" weit aus und lässt jeglichen sachlichen Zusammenhang mit dem jetzigen Verfahren ausreichen, der den Verdacht einer Voreingenommenheit begründen kann, z. B. bei Verurteilung von Anstifter und Täter in verschiedenen Verfahren (mit Recht verneint von BGHSt 49, 29 bei bloßer Opferidentität in verschiedenen Verfahren);

b) als Zeuge oder Sachverständiger (§ 22 Nr. 5). Wie bei § 22 Nr. 4 bedeutet auch hier Sachgleichheit nicht Verfahrensidentität; der Richter ist also auch dann ausgeschlossen, wenn er in einem anderen Verfahren über denselben Sachverhalt vernommen worden ist (BGHSt 31, 358). Wie der eindeutige Wortlaut ergibt, reicht hier aber bloße Ladung ohne Vernehmung nicht aus (BGHSt 14, 219).

Dienstliche Äußerungen eines Richters im Vorverfahren rechtfertigen einen Ausschluss nur, wenn er zur Tat- und Schuldfrage relevante Angaben gemacht hat (*Schmid,* GA 1980, 285). Dienstliche Äußerungen in der Hauptverhandlung über seine amtlichen Wahrnehmungen in dieser Sache begründen die Ausschließung ebenfalls nicht (BGHSt 44, 4; näher u. § 45 Rn. 17).

c) als Richter einer unteren Instanz (§ 23 I), der nicht über sein eigenes Urteil richten kann; 4

d) als Richter, der an einer Entscheidung mitgewirkt hat, für die jetzt Wiederaufnahme beantragt wird (§ 23 II), aus denselben Gründen wie o. bei c). „Mitgewirkt" im Sinne dieser Vorschrift hat nicht nur der Tat-, sondern auch der Revisionsrichter (*Sieg,* 1984), nicht aber der an der Beratung und Abstimmung unbeteiligte Ergänzungsrichter (vgl. u. § 44 Rn. 36) und auch nicht der nur bei dem Eröffnungsbeschluss beteiligte Richter (BVerfGE 30, 149, 165 und dazu *Arzt,* NJW 1971, 1112). Ferner ist nach § 23 II 3 als Richter ausgeschlossen, wer bei Entscheidungen zur Vorbereitung eines Wiederaufnahmeverfahrens mitgewirkt hat.

5. Weitere Ausschließungsgründe sind in der StPO nicht vorgesehen; z. B. hindert eine Tätigkeit als Ermittlungsrichter nicht die spätere Teilnahme an der Hauptverhandlung (BGHSt 9, 233). Auch die Identität von eröffnendem und erkennendem Richter begründet keine Befangenheit. Wegen der bewusst kasuistischen, abschließend aufzählenden Fassung der Ausschlussgründe erscheint tatsächlich in sämtlichen anderen Fällen kein Analogieschluss, sondern ein argumentum e contrario geboten. Das gilt vor allem auch bei der Zurückverweisung durch das Revisionsgericht an eine andere Kammer oder Abteilung nach § 354 II, wo bei zwischenzeitlichem Richter- 5

tausch kein Ausschließungsgrund gegeben ist (BGHSt 21, 142). Statt dessen ist nur ein Ablehnungsgrund wegen Besorgnis der Befangenheit anzunehmen (s. u. Rn. 8ff.).

6 6. Die Ausschließung eines Richters bedeutet, dass er sich jeder Amtshandlung zu enthalten hat. Die trotzdem ergangenen Entscheidungen sind mangelhaft (das Ausmaß ist i. E. umstritten, vgl. *Peters,* 153), bei Urteilen liegt ein absoluter Revisionsgrund vor (§ 338 Nr. 2); dagegen bleiben Eröffnungsbeschlüsse, die unter Mitwirkung eines ausgeschlossenen Richters zustande kommen, wirksam (BGH NStZ 1985, 464).

B. Die Ablehnung des Richters

7 1. Ein Richter, der nicht schon kraft Gesetzes ausgeschlossen ist, kann wegen **Besorgnis der Befangenheit abgelehnt** werden, wenn ein Grund vorliegt, der geeignet ist, Misstrauen gegen seine Unparteilichkeit zu rechtfertigen (§ 24 I, II). Es ist dafür also nicht erforderlich, dass er tatsächlich voreingenommen ist, vielmehr reicht es aus, wenn ein dahin gehender Verdacht bei verständiger Würdigung aufkommen kann (vgl. BGHSt 1, 37; BGH MDR/D 1972, 571). Auf die rein subjektive Sicht des Ablehnenden abzustellen, würde gegen den Grundsatz des gesetzlichen Richters (Art. 101 I, 2 GG) verstoßen (BGHSt 43, 16, 18f.).

8 2. Dieser „objektiv-individuelle Maßstab eines vernünftigen Angeklagten“ (BGHSt 21, 341; BGHSt 43, 18) wird in der Praxis ausgesprochen restriktiv gehandhabt, so dass eine Ablehnung meist nur bei klarer Voreingenommenheit des Richters Erfolg hat (Zusammenstellung der insgesamt seltenen Fälle in der 25. Aufl., § 9 Rn. 8). Dies gilt vor allem für die Fälle unprovozierter Entgleisungen. Berüchtigt ist die Äußerung des Schwurgerichtsvorsitzenden in einem Gattenmordprozess, dem – leugnenden – Angeklagten möge seine tote Frau nachts vor Augen treten, BGH MDR 1958, 741. Neuerdings hat der 3. StS des BGH derbe Geschmacklosigkeiten eines Strafrichters im Internet auch ohne Bezug zu einem konkreten Verfahren als Befangenheitsgrund anerkannt (BGH StV 2016, 71 m. Rezension *Eibach/Wölfel* Jura 2016, 907), was auch für kongeniale Passagen der Kolumne von „Deutschlands bekanntestem Strafrichter“ *Fischer* in ZEIT-online gelten könnte. Ebenso für die grundlose Abschneidung von Rechten (etwa wenn der Richter die Zeugnisverweigerung eines dazu Berechtigten kritisiert – BGHSt 1, 34 –, wenn er den berechtigten Wunsch des Angeklagten missachtet, einen Anwalt seines Vertrauens beigeordnet zu bekommen – dazu u. § 19 Rn. 30ff. –, oder wenn er einem Angeklagten, der von seinem Schweigerecht Gebrauch macht, das Stellen von Fragen verwehrt – BGH StV 1985, 2), sowie schließlich für die Behauptung noch nicht bewiesener Tatsachen vor der Presse oder die Inaussichtstellung einer sicheren Verurteilung (BGHSt 4, 264, allerdings auch BGHSt 21, 85; KG StV 1988, 98). Als besonders problematische Fallgruppen sind Unmutsäußerungen im Rahmen von Spannungen zwischen dem Richter und dem Angekl. oder seinem Verteidiger, richterliche Vorentscheidungen in der Sache sowie das Verhalten im Rahmen von Urteilsabsprachen gesondert zu betrachten.

9 a) Es liegt auf der Hand, dass der Angekl. und sein Verteidiger es nicht in der Hand haben dürfen, durch die Provokation von *Spannungen* eine Ablehnungssituation herbeizuführen, so dass Besorgnis der Befangenheit in diesen Fällen nur dann vorliegt, wenn der Richter klar unsachgemäß und überzogen reagiert (BGH NStZ 1993, 339: „Unverschämtheit“, oder BGH wistra 2005, 109: „widerwärtig“).

b) Für den Angeklagten nachteilige **Vorentscheidungen** sollen den Richter in der Regel selbst dann nicht befangen machen, wenn sie einen Verfahrensverstoß enthalten, solange sie nicht abwegig sind oder den Anschein der Willkür erwecken (BGHSt 48, 4, 8; BGH StV 2007, 622; krit. *Paeffgen,* GS Weßlau, 2016, 217).

Nach BGH StV 1987, 1 soll ein Richter auch nicht dadurch befangen werden, dass er in einem früheren Prozess gegen einen Mitangeklagten bestimmte Urteile über den Tatbeitrag des Angeklagten abgegeben hat (zw.). Auch eine Vorbefassung nach §§ 33a, 349 IV soll keine Befangenheit begründen (BGH NStZ 1994, 447). Ob ein Richter befangen ist, wenn er über ein Befangenheitsgesuch mitentscheidet, in dem geltend gemacht wird, die abgelehnten Richter hätten ein gegen ihn gerichtetes Befangenheitsgesuch fehlerhaft abgelehnt, ist str. und nach Lage des Einzelfalls zu entscheiden (BGH NStZ 1994, 447 m.w.N.).

Umstritten ist, ob im Fall des § 354 II der schon früher tätig gewesene und jetzt durch zufälligen Austausch wieder zuständige Richter wenigstens wegen Besorgnis der Befangenheit abgelehnt werden kann. Im Anschluss an die im Schrifttum h. M.[1] ist dies entgegen BGHSt 21, 142 zu bejahen, auch wenn die Gesetzessystematik dagegen spricht. Entscheidend dafür spricht jedoch die Überlegung, dass ein Richter, der schon einmal in dieser Sache aufgrund einer Hauptverhandlung ein Urteil gefällt hat, sich von seinen früheren Eindrücken unmöglich ganz frei machen kann. Da dieser „Befangenheitsvermutung“ in § 354 II nur unzureichend Rechnung getragen wurde, sollte dessen Lücke durch eine Heranziehung des § 24 geschlossen werden. In einem späteren Urteil (BGHSt 24, 336) hält der BGH diese Bedenken immerhin dann für gerechtfertigt, wenn das angefochtene Urteil abträgliche Werturteile enthielt (vermittelnd auch Stuttgart StV 1985, 492 bei besonders langen Verfahren). Diese Rechtsprechung ist psychologisch sicherlich lebensfremd, wie der Urteilsperseveranzeffekt zeigt (oben § 1 Rn. 16). In dem Rahmen, wie die Strafprozessordnung Vorentscheidungen des erkennenden Gerichts voraussetzt (etwa über die Eröffnung des Hauptverfahrens, die Fortdauer der Untersuchungshaft etc.), ist sie jedoch normativ berechtigt, eben weil die StPO diesen Effekt selbst vorsieht und er deshalb nicht als Auslöser einer Befangenheit qualifiziert werden kann. 10

c) Eine außerordentlich intrikate Fallgruppe hatte sich die Rechtsprechung bis zum VerständG dadurch eingebrockt, dass sie durch eine illegitime richterliche Rechtsfortbildung die Verfahrensform der *Urteilsabsprachen* usurpiert hatte (näher u. § 17 Rn. 7ff.), für die naturgemäß keine klaren Verhaltensregeln existierten und bei denen jedenfalls dann, wenn die Initiative vom Richter ausgeht, dessen Voreingenommenheit bezüglich der Schuld des Angeklagten strukturell angelegt ist (*Schünemann,* Absprachen, 117ff.). Der BGH hat sich deshalb darum bemüht, zwischen einer keine Befangenheit begründenden, nach der „lex artis“ durchgeführten Absprachepraxis und solchen Missbrauchsfällen eine Grenze zu ziehen, in denen der Richter durch eine unerträglich weite Öffnung der „Sanktionsschere“ zwischen der mit oder ohne Geständnis in Aussicht gestellten Strafe einen unzumutbaren Druck auf den Angeklagten ausübt oder in anderer Form die gebotene Fairness gegenüber den Beteiligten missachtet. 11

So ist eine vom Richter aufgemachte „Sanktionsschere“ zwischen 3 ½ (mit Geständnis) und 6 bis 7 (bzw. 7 bis 8) Jahren Freiheitsstrafe (ohne Geständnis) oder zwischen 2 und 6 Jahren ebenso als Befangenheitsgrund gewertet worden (BGH StV 2004, 470; StV 2005, 201; StV 2007, 619; NStZ 2008, 170) wie die Drohung mit einem objektiv nicht veranlassten Haftbefehl (BGH StV 2005, 201) oder Sicherungsverwahrung bei Ausbleiben eines Geständnisses (BGH NStZ 2005, 526; NStZ-RR 2007, 116). Eine Absprache nur mit der Verteidigung unter Übergehung der StA ist teils als Befangenheitsgrund gewertet worden (BGHSt 45, 312 bei hinzu kommender Unterschreitung des schuldangemessenen Strafmaßes; BGH NStZ 2003, 563), teils nicht (BGH NStZ 2008, 172 bei bloßer Übergehung in den Vorgesprächen). Befangenheit liegt auch dann nahe, wenn das Gericht bei mehreren Angeklagten nur mit einem einzigen eine Urteilsabsprache trifft und hierbei ersichtlich die dadurch eintretende Belastung der übrigen angezielt hat

[1] Vgl. nur *Dahs,* NJW 1966, 1691; *Hanack,* NJW 1967, 580; *Arzt,* 1969, 80; *Beulke,* Rn. 74.

(BGH StV 2011, 69, 72; vgl. auch BGH StV 2009, 393). Zum „umgekehrten“ Fall einer Absprache nach (erfolgloser) Ablehnung s. u. § 55 Rdn. 37.

12 3. Ablehnungsberechtigt sind gemäß § 24 III 1 die StA, der Privatkläger und der Beschuldigte sowie nach h. M. über den Wortlaut des Gesetzes hinaus auch der Antragsteller im Klageerzwingungsverfahren (OLG Karlsruhe NJW 1973, 1658; OLG Saarbrücken NJW 1975, 399).

4. Das Ablehnungsgesuch ist bei dem Gericht anzubringen, dem der abgelehnte Richter angehört (§ 26 I), wobei der Ablehnungsgrund (meist durch anwaltliche Versicherungen oder durch Bezugnahme auf das Zeugnis des abgelehnten Richters [§ 26 II, 3], seltener durch eidesstattliche Zeugenerklärungen) **glaubhaft,** d. h. wahrscheinlich zu machen ist (§ 26 II, dazu u. § 24 Rn. 1). Es kann grds. nur bis zum Beginn der Vernehmung des (ersten) Angeklagten über seine persönlichen Verhältnisse, in der Berufungs- oder Revisionshauptverhandlung bis zum Beginn des Vortrags des Berichterstatters vorgebracht werden (§ 25 I), später nur noch dann, wenn die Ablehnungsgründe erst danach eintraten oder bekannt wurden. Sie müssen unverzüglich geltend gemacht werden (§ 25 II), doch muss der Angeklagte Gelegenheit haben, den Vorgang zu überlegen, sich mit seinem Verteidiger zu beraten und ein Ablehnungsgesuch abzufassen (BGH NStZ 1984, 371; NStZ 1992, 290; StV1991, 49); eine Einreichung nach einer Woche ist aber nicht mehr unverzüglich (BGH NStZ 1993, 141). Nach dem letzten Wort des Angeklagten ist eine Ablehnung schlechthin nicht mehr zulässig (§ 25 II 2). Das ist bedenklich; denn eine richterliche Befangenheit kann sich auch nach dem letzten Wort noch enthüllen (z. B. in abfälligen Bemerkungen beim Verlassen des Gerichtssaals); für die Verfassungsmäßigkeit jedoch BVerfG NStZ 1988, 34.

13 Die in § 26 III vorgeschriebene dienstliche Äußerung des Richters zu dem Ablehnungsgesuch ist dem Antragsteller vor der Entscheidung bekanntzugeben (BGH StV 1982, 457; BayObLG StV 1982, 460; zur Revisibilität der Unterlassung vgl. BGH, BayObLG a. a. O.). Wird das Gesuch als unzulässig verworfen (zu den Voraussetzungen § 26a I lesen!), so wirkt der abgelehnte Richter bei dieser Entscheidung mit (§ 26a II),[2] andernfalls tritt sein Vertreter an seine Stelle (s. §§ 27 I StPO, 21e, 21f, 21g, 70 GVG). Beim Richter des AG entscheidet ein anderer Richter dieses Gerichts (§ 27 III 1), es sei denn, der abgelehnte Richter selbst erklärt das Ablehnungsgesuch für begründet (§ 27 III 2; OLG *Düsseldorf* MDR 1987, 253). Würde bei dieser Regelung Beschlussunfähigkeit eintreten, etwa weil das ganze Gericht, d. h. korrekterweise: jeder einzelne Richter unter Angabe von jeden einzelnen betreffenden Gründen (*BremStGH* MDR 1958, 901; BGH MDR 1955, 271; BGHSt 23, 200), abgelehnt wurde, so entscheidet das nächsthöhere Gericht (§ 27 IV). Bei ehrenamtlichen Richtern und Protokollführern entscheiden der Vorsitzende bzw. die berufsrichterlichen Mitglieder des Gerichts (§ 31 II). Werden Ablehnungsgesuche gegen mehrere Richter gleichzeitig eingereicht und auf den gleichen Grund gestützt, so muss über sie einheitlich entschieden werden, damit nicht ein Richter über einen Ablehnungsgrund entscheiden muss, der auch gegen ihn selbst geltend gemacht wird (BGHSt 44, 26). Bei nacheinander eingehenden und unterschiedlich begründeten Ablehnungsgesuchen ist dagegen nach dem Grundsatz des gesetzlichen Richters (Art. 101 I, 2 GG) eine sukzessive Entscheidung in der Reihenfolge der eingehenden Ablehnungsgesuche erforderlich (BGH NStZ 1996, 144).

14 5. Ein abgelehnter Richter darf vor Erledigung des Ablehnungsgesuchs nur noch unaufschiebbare Handlungen (etwa Vernehmung eines todkranken Zeugen) vornehmen, § 29 I. Ein Verstoß dagegen wird jedoch geheilt, wenn das Ablehnungsgesuch erfolglos bleibt (BGHSt 48, 264). Eine Erledigung i. S. d. § 29 liegt wohl schon mit dem ersten

[2] Lag kein Fall des § 26a I vor, so ist die Verwerfung eo ipso fehlerhaft und die Revision begründet, s. BGHSt 50, 216.

Zurückweisungsbeschluss, d. h. vor dessen Rechtskraft, vor (arg. § 28 II 2; sonst wäre der zu Unrecht abgelehnte Richter fortdauernd ausgeschlossen, ein unmögliches Ergebnis; das Ganze ist aber str., s. KMR/*Bockemühl,* § 29 Rn. 4).

Würde die erst in der Hauptverhandlung erfolgende Richterablehnung deren Unterbrechung (dazu u. § 44 Rn. 7 ff.) erfordern, so kann die Hauptverhandlung unter Mitwirkung des betroffenen Richters nach dem durch das **StVÄG 1979** eingeführten § 29 II so lange (aber maximal noch einen weiteren Verhandlungstag) fortgesetzt werden, bis eine Entscheidung über die Ablehnung ohne Verzögerung der Hauptverhandlung möglich ist; wird die Ablehnung für begründet erklärt, so ist ihr nach der Anbringung des Ablehnungsgesuchs liegender Teil zu wiederholen (i. e. s. § 29 II).

6. Die Rechtsmittel gegen den Beschluss über das Ablehnungsgesuch sind stark eingeschränkt (§ 28). Die Zurückweisung der Ablehnung eines erkennenden Richters kann nicht mit der Beschwerde, sondern nur zusammen mit dem Urteil in der Revision angefochten werden (§ 28 II 2; vgl. auch § 338 Nr. 3). Das setzt aber nach h. M. voraus, dass der Beschluss an sich mit der Beschwerde anfechtbar wäre. Hat das OLG im ersten Rechtszug ein Ablehnungsgesuch verworfen, so ist dieser Beschluss nach § 304 IV 2 nicht beschwerdefähig und deshalb nach BGHSt 27, 96 auch nicht mit der Revision anfechtbar (zust. BVerfG NJW 1977, 1815; abl. *Schmidt-Leichner,* NJW 1977, 1804). 15

7. Die sog. **Selbstablehnung** eines Richters (§ 30) betrifft den Fall, dass ein Richter Umstände, die seine Befangenheit begründen könnten, dem Gericht anzeigt und eine Entscheidung nach § 27 herbeiführt; ein Selbstablehnungsrecht des Richters besteht also nicht. Ob er eine Anzeige nach § 30 macht, steht in seinem pflichtgemäßen Ermessen, so dass das Unterlassen einer Anzeige grds. nicht überprüft werden kann. Macht er eine solche Anzeige, so darf dies nicht als innerdienstlicher Vorgang behandelt werden; vielmehr gebietet der Grundsatz des rechtlichen Gehörs, dass die Selbstablehnung den Verfahrensbeteiligten mitgeteilt und ihnen Gelegenheit zur Stellungnahme gegeben wird (BVerfG NJW 1993, 2229). 16

C. Vorverurteilung durch die Medien

Eine Vorverurteilung durch die Medien (etwa eine auf Verurteilung abzielende Pressekampagne) ist als solche nicht geeignet, die Richter befangen zu machen (BGHSt 22, 289, 294). Eine Ablehnung kann also nur dann Erfolg haben, wenn ein Richter aufgrund der Vorverurteilung ein befangenes Verhalten an den Tag legt. Auch ein aus dem Gesichtspunkt des fair trial abgeleitetes Verfahrenshindernis kann die Vorverurteilung nicht begründen; sonst hätten es die Medien in der Hand, die Strafrechtspflege lahmzulegen. Ein Vorverurteilungen pönalisierender Straftatbestand der „Störung der Strafrechtspflege", wie ihn § 452 des E 1962 vorsah, ist abzulehnen, weil er die Pressefreiheit zu sehr beschränken würde. Dagegen muss schon nach geltendem Recht verhindert werden, dass Kopien aus den Ermittlungsakten, polizeiliche und staatsanwaltliche Ermittlungsberichte oder Anklageschriften an die Medien gegeben werden und über sie die Hauptverhandlung beeinflussen (s. §§ 203 II, 353d StGB). Zum **Schutz** des *Beschuldigten* **vor** den Medien s. u. § 18 C. 17

§ 9. Die Staatsanwaltschaft und ihre Gehilfen

Literatur: *Otto,* Die preußische StA, 1899; *Elling,* Die Einführung der StA in Deutschland, 1911; *Eb. Schmidt,* Zur Rechtsstellung und Funktion der StA als Justizbehörde, MDR 1964, 629, 713; *Anterist,* Anzeigepflicht und Privatsphäre des StA, 1968; *Roxin,* Rechtsstellung und Zukunftsaufgaben der StA, DRiZ 1969, 385; *Görgen,* Die organisationsrechtl. Stellung der StA zu ihren Hilfsbeamten und zur Polizei, 1973; *Günther,* StA, Kind der Revolution, 1973; *Blankenburg/Sessar/Steffen,* Die StA im Prozeß sozialer Kontrolle, 1977; *Denninger/Lüderssen,* Polizei und Strafprozess im demokrat. Rechtsstaat, 1978; *Frisch,* Ausschluß und Ablehnung des StA, FS Bruns, 1978, 385; *Kürzinger,* Private Strafanzeige und polizeil. Reaktion, 1978; *Weigend,* Anklagepflicht und Ermessen, 1978; *Jescheck/Leibinger* (Hrsg.), Funktion und Tätigkeit der Anklagebehörde im ausländ. Recht, 1979; *Kausch,* Der StA – ein Richter vor dem Richter?, 1980; *Wendisch,* Zur Ausschließung und Ablehnung des StA, FS Schäfer, 1980, 243; *Rüping,* Das Verhältnis von StA und Polizei, ZStW 95 (1983), 894; *Schairer,* Der befangene StA, 1983; *Walder,* Grenzen der Ermittlungstätigkeit, ZStW 95 (1983), 862; *Kunert,* Wie abhängig ist der StA? FS Wassermann, 1985, 915; *Uhlig,* Die Polizei – Herrin des Strafverfahrens, DRiZ 1986, 247; *Zimmermann,* Freiheit und Gebundenheit der StA bei der Anklageerhebung, 1988; *Odersky,* Aktuelle Überlegungen zur Stellung der StA, FS Rebmann, 1989, 343; *Pfeiffer,* Zur Ausschließung und Ablehnung des StA im geltenden Recht, ibid., 359; *Tolksdorf,* Mitwirkungsverbot für den befangenen StA, 1989; *Knemeyer,* StA und Polizei, FS Krause, 1990, 471; *Geerds,* Zum Weisungsrecht gegenüber StAen, FS StA-Schleswig-Holstein, 1992, 297; *Haft/Hilgendorf,* Die Bindung der StA an die höchstrichterl. Rspr. usw., ibid., 279; *Villmow,* Die Amtsanwälte, ibid., 411; *Wille,* Das externe Weisungsrecht, ibid., 317; *Rüping,* Die Geburt der StA in Deutschland, GA 1992, 147; *Gusy,* Polizeiarbeit zwischen Gefahrenabwehr und Strafverfolgung, StV 1993, 269; *Heghmanns,* Das Arbeitsgebiet des StA, 1993; *Voß,* Staatsanwaltschaftl. Entscheidung. Beeinflussung durch systematische Informationserweiterung?, 1993; *Lilie,* Das Verhältnis von Polizei und StA im Ermittlungsverf., ZStW 106 (1994), 625; *Wohlers,* Entstehung und Funktion der StA, 1994; *Paeffgen,* Verpolizeilichung des Strafprozesses pp., Rudolphi-Symposium, 1995, 13; *Roxin,* Zur Rechtsstellung der StA damals und heute, FG StA Berlin 1996, 13 = DRiZ 1997, 109; *L.-H. Schröder,* Das verwaltungsrechtlich organisierte Verhältnis der strafverfolgenden Polizei zur StA, 1996; *Gipp,* StA – Objektivste Behörde der Welt?, 1997; *Brößler/Terbach,* Der Gegensatzpaar staatsanwaltschaftliche „Prozeßhandlung" – „Justizverwaltungsakt", FS Schlüchter, 1998, 85; *Frank,* Hierarchische Strukturen im (bundesstaatlichen) Aufbau der StA, ibid., 49; *Meyer,* Freiheit und Verantwortung des StA, ibid., 59; *Schairer,* Gedanken zum externen Weisungsrecht, FS Lenckner, 1998, 739; *Geisler* (Hrsg.), Das Ermittlungsverhalten der Polizei u. die Einstellungspraxis der StA, 1999; *Schünemann,* Polizei und StA, Kriminalistik 1999, 74, 146; *Collin,* „Wächter der Gesetze" oder „Organ der Staatsregierung"?, 2000; *Schäfer,* Zur Entwicklung des Verhältnisses StA – Polizei, FS Hanack, 2001, 191; *Fezer,* Effektiver Rechtsschutz bei „Gefahr im Verzug", FS Riess 2002, 93; *Schaefer,* Das Fairnessgebot für den StA, ibid., 491; *Ignor,* Geschichte des Strafprozesses in Deutschland 1532–1846, 2002, 269ff; *Paeffgen,* Das externe Weisungsrecht des Justizministers – ein obsoletes Institut?, GS Schlüchter, 2002, 563; *Gusy,* Polizeiliche Datenerhebung und -verwendung nach der EMRK, FS Hilger 2003, 117; *Heghmanns,* Die prozessuale Rolle der StA, GA 2003, 433; *Jehle,* Die Funktion der StA, FS Schreiber, 2003, 173; *Lindemann,* Ermittlungsrechte und -pflichten der StA nach Beginn der HV, 2003; *Paeffgen,* Kompetenzen zur Datenübermittlung, FS Hilger, 2003, 153; *Rieß,* Datenübermittlungen im neuen Str. pr.R, ebda., 171; *Stuckenberg,* Speicherung personenbezogener Daten?, ebda., 25; *Durand/Mayali/Schioppa/Simon* (Hrsg.), StA, 2005; *Bölter,* Der StA frei von ministerieller Weisung, FS Strauda, 2006, 293; *Hellebrand,* Ermittlungen der StA im oder parallel zum Hauptverfahren, Kunert-Symposium, 2006, 97; *Kelker,* Die Rolle der StA im Strafverfahren, ZStW 118 (2006), 389; *Rautenberg,* Die Abhängigkeit der deutschen StA, GA 2006, 356; *Helgerth,* Auswirkungen der aktuellen Rechtsprechung des BVerfG auf die Strafverfolgung, FS Nehm, 2006, 299; *Ahrenhövel,* Die Unabhängigkeit der StAe, ibid. 231; *Wohlers,* Krit. Anm. zur Konzeption einer weisungsunabhängigen StA, FS Schroeder, 2006, 735; *Arloth,* Zur Ausschließung und Ablehnung von StA, FS Böttcher, 2007, 3; *Markwardt,* Brauchen wir eine „unabhängige" StA?, ibid., 93; *Combé,* Stellung und Objektivität der StA im Ermittlungsverf., 2007; *Hüls,* Polizeil. u. staatsanw. Ermittlungstätigkeit, 2007; *Reisch,* Der Polizeivollzugsbeamte als Ermittlungsperson der StA pp., 2007; *Lilie,* StA als Verwaltungsbehörde, als Organ der Rechtspflege, als Teil der Justiz, FS Mehle, 2009, 359; *Rieß,* Die Entwickl. der gesetzl. Aufgabenverteilung im Ermittlungsverf. im dt. Str.Pr., FS Volk, 2009, 559; *Schaefer,* Das Berufsbild des StA, FS Stöckel, 2010, 307; *Wollweber,* Die Zust. des GBA in Staatschutzsachen nach § 120 I, II GVG, 2010; *Graulich,* Die Zus.arbeit von GBA und BKA beim Vorgehen gegen den internationalen Terrorismus, 2013; *Vordermayer,* Handb. für den StA, 2013; *Breneselović,* Die Bindung der

StA an die höchstrichterl. Rspr., 2013; GenStA Brandenburg (Hrsg.), Die Zukunft von Staatsanwaltschaft und Kriminalpolizei in Deutschland, 2013; *Heinz,* Die Staatsanwaltschaft. Eine Sanktionsinstanz mit ... nicht hinreichend kontrollierter Sanktionsmacht, FS Kühne, 2013, 213; *Schünemann,* Die Stellung der StA im postmodernen Strafverf., GS Weßlau, 2016, 351; *Carsten/Rautenberg,* Die Gesch. der StA in Dt. bis zur Gegenwart, 2016.

A. Die Staatsanwaltschaft

I. Prozessuale Aufgabe und Tätigkeit der Staatsanwaltschaft

1. In dem bis ins 19. Jahrhundert hinein in Deutschland praktizierten Inquisitionspro- 1
zess des gemeinen Rechts wurde zwischen der Strafverfolgung und der Urteilsfindung keine prinzipielle Trennung vorgenommen, so dass für eine eigens mit der Strafverfolgung betraute Staatsanwaltschaft neben dem Gericht weder Raum noch Bedürfnis bestand. Umgekehrt benötigte auch der englische Parteiprozess keine organisierte Staatsanwaltschaft, weil die Ermittlungen von der Polizei durchgeführt werden konnten und in der Hauptverhandlung ursprünglich der Verletzte, später ein von Fall zu Fall von der Krone beauftragter Rechtsanwalt die Anklage vertrat. Die Einrichtung einer organisatorisch selbstständigen Staatsanwaltschaft entstand im Zuge der französischen Revolution zunächst in Frankreich, ging von dort aus auf die bis 1815 französischen linksrheinischen Gebiete über und wurde mit der Einführung der öffentlichen und mündlichen, jedenfalls in gravierenden Fällen vor dem Geschworenengericht stattfindenden Hauptverhandlung nach und nach in den Mitgliedstaaten des Deutschen Bundes im sogenannten reformierten Strafprozess des 19. Jahrhunderts eingeführt. Das passte scheinbar nahtlos zu der unter den großen Prozessualisten der ersten Hälfte des 19. Jahrhunderts[1] unbestrittenen Einsicht, dass eines der zentralen Gebrechen des Inquisitionsprozesses in der Identität von Verfolgungs- und Entscheidungsorgan bestand. Durch die Aufteilung dieser Funktionen der Strafrechtspflege auf zwei verschiedene Organe konnte deshalb gewissermaßen eine prozessuale Gewaltenteilung etabliert werden. Bis vor wenigen Jahren entsprach es deshalb der einhelligen Auffassung, die Staatsanwaltschaft sei als „Kind der Revolution" (*Günther,* 1973) als „Mittel staatsbürgerlicher Befreiung ins Leben getreten" (*Roxin,* DRiZ 1969, 985), und zwar auch in Preußen, wo ihr kein Geringerer als *Savigny,* Minister für Gesetzgebung in der absolutistischen Zeit vor 1848, die Aufgabe eines „Wächters des Gesetzes" zuerkannt habe.[2] *Franz von Liszts* Warnung vor dem Missverständnis, die Staatsanwaltschaft für die „objektivste Behörde der Welt" zu halten,[3] wurde deshalb auch gewöhnlich genau umgekehrt als affirmative Formel zitiert. Nunmehr hat die Erschließung der preußischen Archive durch *Collin* (2000) den Nachweis erbracht, dass die Einführung der StA jedenfalls in Preußen den Zweck verfolgte, der dem König unterstehenden Exekutive einen Einfluss auf die als politisch unzuverlässig eingeschätzte Justiz zu sichern. Auch die Idee der prozessualen Gewaltenteilung steht empirisch auf schwachen Beinen, denn ihr steht die prozesspsychologische Erkenntnis gegenüber, dass StA und Ge-

[1] *Feuerbach,* Betrachtungen über die Oeffentlichkeit und Mündlichkeit der Gerechtigkeitspflege, Bde. I–II, 1821–5; *Mittermaier,* Die Mündlichkeit, das Anklageprinzip, die Oeffentlichkeit und das Geschworenengericht, 1845, S. 281 ff., 309 ff.; *Zachariä,* Die Gebrechen und die Reform des deutschen Strafverfahrens, 1846, S. 91 ff., 271 ff.

[2] *Eb. Schmidt,* Einführung in die Geschichte der deutschen Strafrechtspflege, 3. Aufl., 1965, S. 330 f.; *Rüping/Jerouschek,* Grundriss der Strafrechtsgeschichte, 6. Aufl., 2011, Rn. 252 f.

[3] DJZ 1901, 179, 180.

richt eher in einem „Schulterschluss" agieren, weil der Sitzungsvertreter der StA ebenso wie der Richter infolge des Urteilsperseveranzeffekts (o. § 1 Rn. 16) gleichermaßen auf der Marschroute der Ermittlungsakten vorgeht und wechselseitig die Einschätzung des Anderen zur Bestärkung der eigenen Meinung dient.[4] Dennoch können diese historischen und soziologischen Richtigstellungen nichts daran ändern, dass **normativ** die traditionelle Auffassung richtig ist, dass die StA allein auf die korrekte Anwendung des Gesetzes und damit auf Wahrheit und Gerechtigkeit verpflichtet ist: Die historischen Motive des preußischen Monarchen Friedrich Wilhelm IV. spielen heute keinerlei Rolle mehr, und die Gefahr einer psychologischen Überforderung des einzelnen StA ändert nichts an dessen Rechtsstellung, sondern verweist nur auf die zusätzliche Notwendigkeit einer effektiven Verteidigung gerade auch im Interesse der Wahrheitsfindung (näher u. § 19 Rn. 1).

2 2. Die verschiedenen **Aufgaben der StA im Strafverfahren,** die später noch i. e. zu besprechen sein werden, sind kurz zusammengefasst folgende:

a) Die StA hat Strafanzeigen und Strafanträge entgegenzunehmen (§ 158), das Ermittlungsverfahren zu führen oder zu leiten (§§ 160ff.), die Anwendung von Zwangsmitteln zu beantragen bzw. (u. U. nur bei Gefahr im Verzug) selbst zu treffen, i. e. s. u. § 39 Rn. 27, und die Entscheidung darüber zu treffen, ob das Verfahren einzustellen oder die öffentliche Klage zu erheben ist (§ 170).

b) In der Hauptverhandlung hat sie die Anklage zu vertreten (§§ 243 III, 226). Der StA hat außerdem darauf zu achten, dass die Prozessordnung richtig gehandhabt wird, hat gegenüber einer Verständigung ein Vetorecht (§ 257c III 4), und er hat – anders als der Verteidiger – Verstöße sofort zu rügen. Er kann Rechtsmittel einlegen (§§ 296, 301).

c) Die StA ist ferner Vollstreckungsbehörde (§ 451); außerdem kann sie nach Landesrecht Gnadenbehörde sein, der die Vorbereitung von Gnadenentscheidungen, z. T. auch die Entscheidung selbst, obliegt.

3 d) Vor allen Entscheidungen des Gerichts, gleichviel, ob diese in oder außerhalb der Hauptverhandlung ergehen, ist ihr Gelegenheit zur mündlichen oder schriftlichen Äußerung zu geben, z. B. vor der Aufhebung eines Haftbefehls oder vor dem Beschluss, der über einen Antrag auf Wiederaufnahme des Verfahrens entscheidet (§ 33).

4 3. Die Ermittlungstätigkeit der StA hat ihren Schwerpunkt im Vorverfahren. Nach Anklageerhebung und Eröffnung des Hauptverfahrens sind weitere eigene Ermittlungen grds. von einer Entscheidung des nunmehr die Verfahrensherrschaft ausübenden Gerichts abhängig zu machen. Nach hM sollen sie dagegen zulässig sein, solange sie in die gerichtl. Aufklärungstätigkeit nicht störend eingreifen.[5] Zum Verbot heimlicher Nachermittlungen außerhalb der Hauptverhandlung s. u. § 44 Rn. 54a.

[4] Erklärbar durch die Theorie der sozialen Vergleichsprozesse, wobei die Prägung der Richter und Staatsanwälte durch die sie beide umfassende Justizorganisation und ihre sich darin abspielenden Karrieren noch verstärkt wird, siehe *Schünemann,* in: *Kaiser/Kury/Albrecht* (Hrsg.), Kriminologische Forschung in den 80er Jahren, 1988, 265ff.; *ders.,* Verfahrensgerechtigkeit, 223ff.; *ders.,* StV 2000, 162.

[5] OLG Stuttgart MDR 1983, 955; präzisierend *Odenthal,* StV 1991, 441; *Lindemann,* 2003 (mit zw. Analogie zu § 161); *Schneider,* NStZ 2010, 54; *Engländer/Zimmermann,* FS Beulke, 2015, 599; nur für Eilfälle *M-G,* vor § 212 Rn. 6; wie hier *Hahn,* GA 1978, 331; *Strate,* StV 1985, 337; zum Ganzen *Hellebrand,* 2006.

4. Zum „unaufhaltsamen Machtanstieg“ der StA in den letzten Jahrzehnten s. *Schünemann* (2016), zu dem deswegen unzulänglich gewordenen **Rechtsschutz** gegen Maßnahmen der StA de lege lata s. u. § 29 Rn. 15.

II. Der Aufbau der Staatsanwaltschaft

1. Die StA ist die staatliche Behörde, die zur Strafverfolgung berufen ist; sie ist eine 5
hierarchisch aufgebaute Justizbehörde. Das Privileg sachlicher und persönlicher Unabhängigkeit, wie es dem Richter zukommt, genießt der StA also nicht: „Die Beamten der StA haben den dienstlichen Anweisungen ihres Vorgesetzten nachzukommen“ (§ 146 GVG). Der einzelne StA tritt nicht in eigener Machtvollkommenheit auf, sondern handelt stets als Vertreter des ersten Beamten der StA (§ 144 GVG), der die Sache jederzeit an sich ziehen **(Devolutionsrecht)** oder einen anderen StA mit ihrer Wahrnehmung beauftragen kann (**Substitutionsrecht,** § 145 GVG). Freilich gilt diese Bindung nur im behördlichen Innenverhältnis, ohne dass die Beauftragung nach außen jeweils im Einzelfall nachgewiesen werden müsste (§ 144 GVG). Nimmt also etwa ein StA eine Berufung weisungswidrig zurück oder stimmt er einer vom Gericht angeregten Einstellung eigenmächtig zu, so sind diese prozessualen Willenserklärungen wirksam, auch wenn sie interne Pflichtwidrigkeiten darstellen. Der Justizminister hat (weil er kein StA ist) kein Devolutions-, wohl aber ein Substitutionsrecht.

2. Das Amt der StA wird beim BGH und bei den OLGs im Rahmen ihrer erstinstanz- 6
lichen Zuständigkeit durch den **Generalbundesanwalt** ausgeübt, der der Aufsicht und Leitung des Bundesjustizministers untersteht und seinerseits gegenüber den Bundesanwälten weisungsberechtigt ist (§§ 142 I Nr. 1, 142a, 147 Nr. 1 GVG). Er hat nach § 142a I 1 eine originäre Zuständigkeit für die Verfolgung von Staatsschutzdelikten und terroristischen Straftaten. In bestimmten Fällen kann der GBA das Verfahren vor den OLGs an die Landesstaatsanwaltschaften abgeben (und zwar bei geringeren, die Bundesinteressen wenig berührenden Straftaten, i. e. s. § 142a II–IV GVG). Da i. ü. die Organisation der StA Ländersache ist, ist jedoch die Bundesanwaltschaft den Landesstaatsanwaltschaften nicht übergeordnet. Die Dienstaufsicht über den Generalstaatsanwalt, den ersten Beamten der StA bei den OLGs, steht vielmehr dem Landesjustizminister zu. Der GenStA ist der Vorgesetzte des Leitenden Oberstaatsanwalts bei den LGs seines Bezirks, der wiederum die Staats- und Amtsanwälte des LG und der diesem zugeordneten AGs unter sich hat (§§ 142 I Nr. 2, 3; 147 Nr. 2, 3 GVG).[6] Dabei ist zu merken, dass die Amtsanwälte anders als die StAe (§ 122 DRiG) nicht die Befähigung zum Richteramt zu besitzen brauchen und nur in amtsgerichtlichen Sachen tätig werden dürfen (§§ 142 I Nr. 3, II; 145 II GVG); es handelt sich bei ihnen meist (aufgrund landesrechtlicher Regelungen) um Rechtspfleger mit besonderer Ausbildung (näher *Villmow,* 1992) oder auch um Referendare (zu deren Rechtsstellung und Kompetenzen *Landau/Globuschütz,* NStZ 1992, 68).

3. Demnach kann also zwar der GenStA allen StAen des OLG-Bezirks Weisungen er- 7
teilen, nicht aber die Bundesanwaltschaft. Ebenso wenig kann sie eine von der Landes-StA beim BGH eingereichte Revision von sich aus zurücknehmen; sie kann nur, wenn sie die Revision nicht vertreten zu können glaubt, deren Verwerfung beantragen.

[6] Die StPO kennt die Bezeichnungen „Generalstaatsanwalt“ und „Oberstaatsanwalt“ nicht; sie entstammen dem Landesrecht.

Eine bundeseinheitlich gelenkte Strafverfolgung findet also von Seiten der StA aus grds. nicht statt; ein wesentlicher Ansatz dazu findet sich aber in der Regelung der §§ 142a, 120 I, II GVG, die dem GBA die Möglichkeit zur Übernahme der Strafverfolgung bei gewissen schweren Straftaten vor allem zur Bekämpfung des nationalen und internationalen Terrorismus gibt. Auch sind in den letzten Jahrzehnten durch vertragliche Abmachung der Länder untereinander für Spezialmaterien erste Ansätze einer überregionalen staatsanwaltschaftlichen Verbrechensaufklärung geschaffen worden. Zur Strafverfolgung innerhalb Europas s. o. § 3 Rn. 13ff.

8 Zur Aufklärung der von den nationalsozialistischen Gewalthabern in den Jahren 1939–1945 begangenen Verbrechen ist durch die Vereinbarung der deutschen Landesjustizverwaltungen am 1.12.1958 eine **Zentralstelle in Ludwigsburg** eröffnet worden. Sie ist selbst keine StA, obwohl sie nach staatsanwaltschaftlichen Grundsätzen arbeitet, sondern eine den StAen vorgeschaltete Stelle. Die StAen müssen diese Stelle von abgeschlossenen oder anhängigen oder anhängig werdenden Verfahren unterrichten; die Zentrale gibt das von ihr ermittelte Material zur Weiterverfolgung an die zuständigen StAen ab. Sie wird ihre Arbeit in Kürze abschließen. Zum Ganzen *Rückerl* (Hrsg.), NS-Prozesse, 2. Aufl., 1972; *ders.,* Die Strafverfolgung der NS-Verbrechen 1945–1978, 1979.

9 4. Besondere organisatorische Maßnahmen erfordert schließlich die **Wirtschaftskriminalität.** Während Polizei und Strafjustiz mangels ausreichender betriebswirtschaftlicher Fachkenntnisse den häufig sehr raffinierten Manipulationen der „Täter im weißen Kragen", mit denen erhebliche, z. T. in die Milliarden gehende Schäden angerichtet werden, früher weitgehend verständnis- und hilflos gegenüberstanden, versuchen die Strafverfolgungsbehörden heute mit wechselhaftem Erfolg, durch gezielte Maßnahmen auch dieser Erscheinungsformen kriminellen Handelns Herr zu werden: Einzelne StAe und Polizeibeamte werden für die Verfolgung der Wirtschaftskriminalität besonders ausgebildet; bei den landgerichtlichen StAen übernehmen Sonderdezernenten die Bearbeitung der Wirtschaftsstrafsachen; besonders schwierige und umfangreiche Wirtschaftsstrafverfahren werden (auf Weisung des GenStA gem. § 143 IV GVG) bestimmten Schwerpunkt-StAen zugewiesen. Den ermittelnden StA unterstützen Fachleute (Volks-, Betriebswirte, Buchhalter). Eine entsprechende Spezialisierung findet sich auch auf Seiten der Gerichte (vgl. § 74c GVG). Zum Ganzen eingehend *Wabnitz/Janowsky* (Hrsg.), Handbuch des Wirtschafts- und Steuerstrafrechts, 4. Aufl., 2014, Kap. 22ff.; *Müller-Gugenberger/Bieneck* (Hrsg.), Wirtschaftsstrafrecht, 6. Aufl., 2015, §§ 10ff.

III. Die Rechtsstellung der StA im Strafverfahren

10 Die StA ist eine Justizbehörde, die weder der Exekutive noch der dritten Gewalt zuzurechnen ist, sondern als **selbstständiges Organ der Rechtspflege** zwischen beiden steht. Die StA kann also keineswegs, wie es bisweilen verlangt wird, dem Richter gleichgestellt werden; dagegen sprechen nicht nur der eindeutige Wortlaut des Art. 92 GG und ihre Weisungsgebundenheit, sondern auch der Umstand, dass die spezifisch richterliche Aufgabe Rechtskraft schaffender Entscheidung dem StA entzogen ist (vgl. auch *Roxin,* DRiZ 1997, 113). Die StA ist aber ebenso wenig eine reine Verwaltungsbehörde. Denn da ihr in Funktionsteilung mit den Gerichten die Strafrechtspflege anvertraut ist, kann ihre Tätigkeit, wie die des Richters, nicht an den Erfordernissen der Verwaltung, sondern nur am Rechtswert, d. h. an den Kriterien der Wahrheit und Gerechtigkeit, orientiert sein (vgl. dazu *Roxin,* DRiZ 1997, 114; *Eb. Schmidt,* 1964). Das hat weitreichende praktische Konsequenzen:

11 1. Der StA des deutschen Strafprozesses ist **nicht „Partei".** Er hat also nicht einseitig Belastungsmaterial gegen den Beschuldigten zusammenzutragen, sondern er hat „auch die zur Entlastung dienenden Umstände zu ermitteln" (§ 160 II); alles andere wäre mit seiner Verpflichtung auf Wahrheit und Gerechtigkeit unvereinbar. Ebenso kann er Rechtsmittel auch zugunsten des Beschuldigten einlegen (§ 296 II) und die Wieder-

aufnahme mit dem Ziel einer Freisprechung des Verurteilten betreiben (§§ 365, 301). Er muss das sogar tun, wenn auf diese Weise eine richtige Entscheidung herbeigeführt werden kann.

2. Andererseits ist die StA beim Vorliegen strafbarer Handlungen grds. **zur Anklage** 12
verpflichtet (§ 152 II, sog. **„Legalitätsprinzip“;** vgl. dazu u. § 14). Ein StA etwa, der gegen Wahrheit und Gerechtigkeit einen Diebstahl unverfolgt ließe, würde sich der Strafvereitelung im Amt (§ 258a StGB) schuldig machen. Auch die ministerielle Weisungsbefugnis findet am Legalitätsprinzip ihre Grenze: Ein GenStA, der von seinem Minister angewiesen würde, einen Bestechungsfall, in den hochgestellte Personen verwickelt sind, auf sich beruhen zu lassen, müsste einer solchen Anordnung den Gehorsam versagen. Selbst im Bereich des Opportunitätsprinzips sind Weisungen, die sich als Ermessensüberschreitung oder Ermessensfehlgebrauch darstellen, unzulässig, so dass eine Weisung, entgegen dem Verfahren in vergleichbaren Fällen eine Sache nach § 153 oder 153a mit Rücksicht auf einen hohen Politiker einzustellen, rechtswidrig wäre (näher *Roxin,* DRiZ 1997, 118).

3. Die Frage, ob der einzelne StA, wenn er einen Beschuldigten aus tatsächlichen oder 13
rechtlichen Gründen für straflos hält, von seinem Vorgesetzten zur Vertretung der Anklage, zur Beantragung eines Haftbefehls oder zu sonstigen Verfolgungsmaßnahmen gezwungen werden kann, ist umstritten, richtigerweise aber zu verneinen.[7] Denn die Weisungsbefugnis ist nicht nur an das Legalitätsprinzip, sondern nach allgemeinem Beamtenrecht[8] schlechthin an Gesetz und Recht (Art. 20 III GG) gebunden. Eine rechtswidrige Weisung darf der StA daher schon nach allgemeinem Beamtenrecht nicht befolgen, anderenfalls er sich wegen Strafvereitelung im Amt (§ 258a StGB) oder Verfolgung Unschuldiger (§ 344 StGB) strafbar macht. Er muss deshalb seine rechtlichen Bedenken nach den einschlägigen beamtenrechtlichen Vorschriften (bei einem Vorgesetzten, ggf. bis hinauf zum Minister) vortragen. Aber selbst im Falle der Bestätigung der Weisung durch die übergeordneten Instanzen darf der StA nicht genötigt werden, gegen seine Überzeugung zu handeln. Denn wenn auch der einzelne StA immer nur als Vertreter des „ersten Beamten“ (§ 144 GVG) handelt, sind Wahrheit und Gerechtigkeit doch keine vertretbaren Größen, sondern Sache gewissenhafter, individueller Entscheidung. Deshalb ist auch die von der h. M.[9] befürwortete Hinnahme eines Disziplinarverfahrens, in dem nachträglich über die Rechtmäßigkeit der Weisung entschieden wird, kein akzeptabler Ausweg. Die Lösung gibt vielmehr das Gesetz selbst vor. Dann auch wenn der StA die Weisung nicht befolgt, bleibt die übergeordnete Entscheidungsbefugnis des leitenden Beamten der StA dadurch unangetastet, weil sein Devolutions- und Substitutionsrecht ihm die Möglichkeit gibt, die Sache an sich zu ziehen oder einen anderen StA damit zu betrauen, § 145 GVG (vgl. näher zur Problematik des Weisungsrechts *Roxin,* DRiZ 1997, 118). Unzulässig sind ferner vor der Hauptverhandlung erteilte Weisungen zur Stellung bestimmter Schlussanträge. Da nach dem Unmittelbarkeitsprinzip (s. u. § 46) das Urteil allein auf den Er-

[7] A. A. z. B. *Kissel/Mayer,* § 146 Rn. 5f.; *Krey/Pföhler,* 1985, 152, wollen nur das externe Weisungsrecht des Ministers hier enden lassen; gegen eine unterschiedliche Behandlung von externem und internem Weisungsrecht *Roxin,* DRiZ 97, 118f. Vgl. zu weiteren Differenzierungsvorschlägen *Fezer,* 2/17–26; wie hier *Beulke,* Rn. 85; *Rüping,* Rn. 70ff. Für strikte Weisungsgebundenheit *Hund,* ZRP 1994, 470.

[8] Vgl. §§ 56 II BBG, 38 II BRRG sowie die entsprechenden Vorschriften der Landesbeamtengesetze.

[9] LR/*Franke,* § 146 GVG Rn. 33; *Kissel/Mayer,* § 146 Rn. 9 (lt. *Kissel* ist das aber ein „zutiefst unbefriedigendes Ergebnis“); mit Einschränkungen *Krey/Pföhler,* NStZ 1985, 151f.

gebnissen der Hauptverhandlung beruhen darf und die StA ihre im Plädoyer zu vertretende Überzeugung auf dieselbe Weise zu gewinnen hat, wäre eine den Ausgang der Beweisaufnahme antizipierende Weisung prozessordnungswidrig und deshalb unbeachtlich.

13a Das **ministerielle Weisungsrecht** des § 147 Nr. 1 u. 2 GVG unterliegt denselben Einschränkungen. Weil der Justizminister nicht über das Devolutions- und Substitutionsrecht des § 145 GVG verfügt (für Letzteres str., s. SK/*Wohlers,* § 145 GVG Rn. 6 mwN.), bleibt ihm im Konfliktsfall nur die Versetzung des Behördenleiters in den einstweiligen Ruhestand, falls es sich bei diesem um einen sog. politischen Beamten handelt, was aber nicht mehr in den Ländern, sondern nur noch gem. § 54 I Nr. 5 BBG beim GBA der Fall ist. Auf Grund des *netzpolitik.org-Skandals,* in dem BJMin *Maas* aus klientelpolitischen Gründen lt. GBA *Range* eine das Legalitätsprinzip verletzende Weisung erteilt (lt. *Maas* nur eine „gemeinsame Verabredung“ getroffen, was aber bei Rechtsverletzungen keinen Unterschied macht) hatte, wird ganz allgemein und mit Recht die Beseitigung dieses Relikts einer Kabinettsjustiz gefordert (*Trentmann* JR 2015, 571; ZIS 2016, 130; *Schünemann,* 2016, 363).

14 4. Äußerst umstr. ist die Frage, ob eine Pflicht zur Anklage auch dann besteht, wenn die StA ein Verhalten entgegen der höchstrichterlichen Rspr. für straflos hält. Ein Teil der Literatur bejaht diese Frage schon bei einzelnen verurteilungsgünstigen Präjudizien (*Kühne,* Rn. 144). Der BGH nimmt eine Anklagepflicht nur bei einer ständigen Rspr. an (BGHSt 15, 155, ebenso Ranft, Rn. 242; *Beulke,* Rn. 90). Umgekehrt bejahen diese Autoren aber ein Recht der StA zur Anklageerhebung, wenn diese ein Verhalten trotz entgegenstehender höchstrichterlicher Auslegung einer Norm für strafbar hält. Mit der in der Literatur h. M. (vgl. *Bottke,* 1980; *Fezer,* 2/32–35; *Haft/Hilgendorf,* 1992) ist eine Bindung der StA an die höchstrichterliche Rspr. jedoch zu verneinen. Die in § 150 GVG ausgesprochene Unabhängigkeit der StA von den Gerichten spricht ebenso dagegen wie der Umstand, dass die absolute Verpflichtung auf Wahrheit und Gerechtigkeit eine selbstständig und eigenverantwortlich gewonnene Rechtsüberzeugung voraussetzt. Der Hinweis des BGH auf das Legalitätsprinzip schlägt demgegenüber nicht durch; denn dieser Grundsatz besagt zwar, dass die StA strafbare Handlungen verfolgen muss (§ 152 II), nicht aber, dass sie über die Strafbarkeit nicht nach ihrer eigenen Rechtsauffassung urteilen dürfte. Auch das Gewaltenteilungsprinzip verlangt nicht, dass die StA im Widerspruch zu ihrer eigenen Rechtsauffassung Anklage erheben müsste. Denn zwar ist die Rspr. allein den Gerichten zugewiesen (Art. 92 GG); aber die Einstellung wegen eines von der StA für straflos befundenen Verhaltens ist keine Rspr. im Sinne des GG. Gegen die Bindung lässt sich außerdem die praktische Erwägung geltend machen, dass über die Voraussetzungen einer „ständigen Rspr.“ schwer Einigkeit zu erzielen ist und dass bei ihrem Fehlen die StA der Entscheidung über die Klageerhebung jedenfalls ihre eigene Rechtsüberzeugung zugrunde legen muss. Da die StA auch ein Verhalten anklagen darf, das die Rspr. für straflos hält, ist zudem nicht einzusehen, warum die StA ihre eigene Rechtsauffassung nicht auch zugunsten des Beschuldigten sollte geltend machen dürfen. Schließlich sieht das Klageerzwingungsverfahren nur im Interesse des Verletzten aufgrund einer richterlichen Einzelfallentscheidung eine Pflicht zur Klageerhebung vor (§ 175). Daraus folgt aber, dass es einen generellen Zwang zur Anklage nicht gibt (vgl. zum Ganzen ausführlich *Roxin,* DRiZ 1997, 114 ff.). *Krey* I, Rn. 151 f., will den StA, der entgegen einer st. Rspr. nicht anklagt, zwar nicht nach § 258 a StGB bestrafen, ihn aber disziplinarisch zur Verantwortung ziehen. Doch kann es kein Dienstvergehen sein, wenn ein Rechtspflegeorgan seinem eigenen Rechtsgewissen folgt.

5. Wegen der richtergleichen Bindung des StA an Wahrheit und Gerechtigkeit muss auch seine Ablehnung möglich sein (a. A. *Kissel/Mayer,* § 145 Rn. 8), obwohl die §§ 22ff. nicht unmittelbar für die StA gelten.[10] Einem an den Dienstvorgesetzten zu richtenden Antrage des Beschuldigten auf Auswechslung eines StA nach § 145 GVG ist zu entsprechen, „wenn ein Grund vorliegt, der bei einem Richter zur Ausschließung führt, oder wenn vom Standpunkt des Beschuldigten aus die Besorgnis der Befangenheit begründet ist" (OLG Hamm NJW 1969, 808). In § 7 NdsAGGVG ist eine solche Regelung, die allg. als Richtlinie gelten kann, sogar gesetzlich fixiert (ähnlich § 11 des Baden-Württemberg. AGGVG; verfassungsrechtl. Bedenken bei *Frisch,* 1978, 389). Nach BGH NStZ 1991, 595 ist ein StA dadurch, dass er in der Vorinstanz als Richter tätig war, in seiner Amtsausübung nicht befangen. Ggf. muss nach dem Grundsatz des fair trial auch das Gericht auf eine Ablösung des befangenen StA nach § 145 GVG hinwirken (LG Mönchengladbach StV 1987, 333 m. Anm. *Bruns,* JR 1987, 305). Trotzdem hat die Rspr. einen nach §§ 23ff. EGGVG im Klagewege durchsetzbaren Rechtsanspruch auf Ablösung eines befangenen StA (dazu OLG Hamm a. a. O.) bisher in aller Regel ebenso verneint (*Fezer,* 2/30) wie die Revisibilität eines Urteils, das unter Mitwirkung eines zu Recht abgelehnten StA zustande gekommen ist.[11] Beides ist nicht überzeugend: Die Ablehnung der Auswechslung eines StA kann sehr wohl als Justizverwaltungsakt nach § 23 EGGVG angesehen werden;[12] und wenn die Mitwirkung eines durch seine Zeugenrolle ausgeschlossenen StA anerkanntermaßen die Revision begründen kann (s. dazu u. § 26 Rn. 7), dürfte es hier nicht anders sein.[13] Nachdem die Stellung des StA durch das 1. StVRG eine erhebliche Stärkung erfahren hat, ist eine gesetzliche Absicherung seiner Objektivität durch die Möglichkeit seiner Ablehnung noch dringlicher geworden.[14] 15

B. Die Polizei

I. Ihre Beamten

Die StA als solche hat keine ausführenden Organe; sie ist ein „Kopf ohne Hände" 16 (*Kern,* GVR, S. 227). In den Reformen des 19. Jahrhunderts gab es zwei rivalisierende Konzepte, nämlich zum einen die Einrichtung einer der Staatsanwaltschaft unterstellten, besonderen Gerichtspolizei oder aber die Indienstnahme der dem Innenministerium unterstellten Polizeibehörden für strafprozessuale Zwecke. Wegen der immer schon engen Verzahnung der allgemeinen polizeilichen Aufgabe der Gefahrenabwehr (präventive Verbrechensbekämpfung) mit der Aufklärung begangener Straftaten (repressive Strafverfolgung) ist in der RStPO und dem GVG von Anfang an die zweite

[10] Für entspr. Anwendung mit der Wirkung, dass das Gericht ggf. den StA ausschließen oder ablehnen muss, *Arloth,* NJW 1983, 207.

[11] Schwankend BGH NJW 1980, 845; vgl. dazu *Joos,* NJW 1981, 100; offen gelassen in BGH StV 1996, 296.

[12] *Bruns,* FS Grützner, 1970, 42, 51; *Hilgendorf,* StV 1996, 50; a. A. *Wendisch,* 1980; *Schlüchter,* Rn. 66.1; *Krey* I, Rn. 433ff.

[13] *Bruns,* FS Grützner, 1970, 42, 46; *Schlüchter,* Rn. 66, 1; OLG Stuttgart NJW 1974, 1394 m. Anm. *Fuchs; Krey* I, Rn. 439, 447ff. will nur beim Vorliegen eines Ausschluss-, nicht eines Befangenheitsgrundes eine Revision zulassen, während *Beulke,* Rn. 97, und *Pawlik,* NStZ 1995, 309, die Möglichkeit einer Revision grds. bejahen, einen Anspruch aus § 23 EGGVG aber ablehnen.

[14] Vgl. *Dahs,* NJW 1975, 1877; *Kuhlmann,* DRiZ 1976, 11; *Roxin,* FS Schmidt-Leichner, 1977, 149; *Frisch,* 1978; *Bruns,* JR 1980, 397; *Tolksdorf,* 1989, 186.

Alternative gewählt worden: Die Polizei ist der StA nicht organisatorisch unterstellt, sondern untersteht den Innenministerien der Länder; das Gesetz ordnet sie ihr aber funktional zu. Dabei unterscheidet es die **Ermittlungspersonen der Staatsanwaltschaft,** die mit besonderen Zwangsbefugnissen ausgestattet sind, von den übrigen Polizeibeamten. Welche Angehörigen der Polizei Ermittlungspersonen[15] der StA sind (vgl. § 152 II GVG), ist in Rechtsverordnungen der Bundesländer festgelegt (z. B. für Bayern in der VO v. 21.12.1995, GVBl. 1996, 4; Übersicht bei *M-G,* § 152 GVG Rn. 4).

17 Gemeinsam haben **alle Polizeibeamten** nur einige wenige Eingriffsrechte: das Recht zur vorläufigen Festnahme (§ 127 I 1, 127 II, 163b I 2), das Recht zur Vornahme erkennungsdienstlicher Maßnahmen (§§ 81b, 163b I 3), die kurzfristige technische Observation außerhalb einer Wohnung (§ 100h) sowie das Recht zur Identitätsfeststellung (§ 163b). Außerdem besteht bei Gefahr im Verzug das Recht auf selbständigen Einsatz eines Verdeckten Ermittlers, wobei allerdings unverzüglich die Entscheidung der StA und binnen dreier Tage auch die des Richters herbeizuführen ist (i. e. s. § 110b I 2, II 3, 4).

18 Die **Ermittlungspersonen** haben – in dringenden Fällen – noch eine Reihe weiterer Eingriffsrechte: in bestimmten Fällen die Anordnung von Beschlagnahmen (§§ 98 I, 111e I 2; zur Durchführung der Beschlagnahme vgl. auch § 111f I) und Durchsuchungen (§ 105 I), die Anordnung einer Blutprobe oder einer sonstigen körperlichen Untersuchung des Beschuldigten (§ 81a II) sowie – im Regelfall – der körperlichen Untersuchung von Zeugen (§ 81c V); die Anordnung, Kontrollstellen einzurichten (§ 111 II), die Anordnung einer Schleppnetzfahndung (§ 163d II 1) sowie Fahndungs- und Sicherstellungsmaßnahmen gemäß §§ 131c, 132 und die längerfristige Observation (§ 163f III).

II. Ermittlungstätigkeiten

19 1. Die Polizei hat **von sich aus** die Ermittlungen aufzunehmen, sobald sie von einer strafbaren Handlung erfährt. Dabei hat sie jedoch nur das Recht und die Pflicht des **ersten Zugriffs:** Sie hat „alle keinen Aufschub gestattenden Maßnahmen zu treffen" (§ 163 I); danach hat sie ihre Ermittlungen ohne Verzug der StA zu übersenden. Damit soll gesichert werden, dass die Herrschaft über das Ermittlungsverfahren bei der StA bleibt. Nur wenn die Polizei die schleunige Vornahme einer richterlichen Untersuchungshandlung (dazu u. Rn. 28f.) für erforderlich hält, übersendet sie die Akten unmittelbar an das AG (§ 163 II 2). Dieses hat dann zu entscheiden, ob es nach § 165 tätig werden muss, hat aber so bald wie möglich der StA die weitere Verfügung zu überlassen (§ 167). Bis zum StVÄG 1999 war umstritten, ob § 163 nur eine allgemeine Aufgabenzuweisung enthielt oder auch zu Eingriffen geringerer Intensität befugte („*Schwellentheorie*", dazu 25. Aufl., § 10 Rn. 17). Nunmehr enthält § 163 I 2

[15] Die Nomenklatur ist ebenso verwirrend wie die ganze Regelung, denn gem. § 161 I sind alle Polizeibehörden und -beamten verpflichtet, dem „Ersuchen" (an die Behörde) bzw. „Auftrag" (an die einzelne Ermittlungsperson) zu genügen, was in § 152 I GVG für die Ermittlungspersonen wiederholt wird. Und die Abgrenzung der Ermittlungspersonen deckt sich nicht mit der Unterscheidung zwischen Kriminalpolizei und Schutzpolizei, sondern betrifft den Dienstgrad und ergriff früher unter der Bezeichnung als „Hilfsbeamte" alle Polizeibeamten vom Hauptwachtmeister aufwärts, seit dem Einigungsvertrag in den neuen Bundesländern auch Angestellte, was freilich wegen der ihnen verliehenen besonderen Zwangsbefugnisse auf verfassungsrechtliche Bedenken stößt.

eine beschränkte **Generalklausel,** die außer einem allgemeinen Auskunftsrecht gegenüber anderen Behörden „Ermittlungen jeder Art" vorbehaltlich spezialgesetzlicher Regelung gestattet. Das ist dann, wenn es um Grundrechtseingriffe geht, die über den auch im gesellschaftlichen Verkehr sozialüblichen Kontakt hinausgehen, im Hinblick auf den aus dem Rechtsstaatsprinzip fließenden Bestimmtheitsgrundsatz verfassungsrechtlich problematisch. Nachdem der Gesetzgeber aber – angehalten vor allem durch das BVerfG – in den letzten Jahrzehnten die die modernen technischen Überwachungsformen mehr und mehr ausreizenden polizeilichen Aufklärungsmethoden in einer nicht abreißenden Kette von Kriminalitätsbekämpfungsgesetzen immer detaillierter geregelt hat, bleiben nur zwei in rechtsstaatlicher Hinsicht freilich besonders dubiose Praktiken bis heute ohne spezielle gesetzliche Grundlage, nämlich der Einsatz von V-Leuten sowie von polizeilichen Lockspitzeln (dazu eingehend u. § 37).

2. Treffen Gefahrenabwehr und Strafverfolgungsmaßnahmen zusammen, so sollen 20
StA und Polizei tunlichst im Einvernehmen handeln. Kollidieren beide Aufgaben, so ist danach zu entscheiden, ob die Strafverfolgung oder die Gefahrenabwehr das höherwertige Ziel ist. In unaufschiebbaren Eilfällen soll die Polizei entscheiden (RiStBV Anlage A). Streitig ist, ob die StA der Polizei nicht nur ein Einschreiten als solches, sondern auch dessen konkrete Durchführung (z. B. den Schusswaffeneinsatz) vorschreiben kann. Dies ist im Hinblick auf die §§ 161 I 2 StPO, 7 UZwG (Sartorius 115), 81c VI 2 StPO (e contrario) entgegen *Krey,* ZRP 1971, 224 zu bejahen, sofern es sich um eine strafprozessuale Maßnahme handelt (ebenso *Beulke,* Rn. 102). Falls die Maßnahme dagegen auf eine polizeiliche Ermächtigungsnorm gestützt wird, lässt sich eine Weisungsbefugnis der StA auch nicht aus dem Gesichtspunkt des Sachzusammenhanges mit (bloß) zeitgleicher Strafverfolgungstätigkeit begründen. Im Wesentlichen übereinstimmend RiStBV Anlage A (dazu *Rüping,* Rn. 90). Zur komplizierten „Gemengelage" von Polizeirecht und Strafverfahrensrecht näher AK/*Achenbach,* § 161 Rn. 17–19; § 163 Rn. 11.[16] Zum Rechtsschutz gegen Strafverfolgungsmaßnahmen der Polizei s. u. § 29 Rn. 16.

III. Verhältnis Polizei – Staatsanwaltschaft

1. Nach der Konzeption des Gesetzgebers (zur Geschichte *Görgen,* 1973, 35; *Rüping,* 21
1983) liegt, vom Recht des ersten Zugriffs abgesehen, die Leitung der Ermittlungen ganz in der Hand der StA, die nur für einzelne begrenzte Ermittlungsaufträge die Polizei heranzieht. In der *Praxis* ist das Ermittlungsverfahren dagegen, von einzelnen spektakulären Verfahren und Wirtschaftsstrafsachen abgesehen[17], weitgehend in die Hand der Polizei übergegangen (näher *Schünemann,* 1999). Häufig führt sie die Ermittlungen selbstständig und übersendet erst nach ihrem Abschluss die Akten an die StA, die allein entscheiden kann, ob das Verfahren eingestellt oder Anklage erhoben wird.[18] Zwar kann die Polizei (vom Ausnahmefall der §§ 163 II 2, 165 abgesehen) richterliche Zwangsmaßnahmen nicht selbst erwirken, sondern dies nur bei der StA anregen. Namentlich in Steuerstrafsachen hat aber oft die (hier gem. § 404 AO als Ermittlungsorgan agierende) *Steuerfahndung* das Heft in der Hand, und der StA spielt dann in Um-

[16] Speziell zum verwaltungsrechtlichen Verhältnis von Polizei und StA *L.-H. Schröder,* 1996.

[17] Auch beim Verdacht von Tötungsdelikten, s. § 159 und dazu BGH NStZ 2010, 158.

[18] Die nach dem niederländischen Beispiel unterbreiteten Vorschläge für eine begrenzte Einstellungsbefugnis der Polizei bei *Elsner,* Entlastung der StA durch mehr Kompetenzen der Polizei?, 2008, werden der Justizförmigkeit des deutschen Verfahrens nicht gerecht.

kehrung der gesetzlichen Regelung faktisch nur die Rolle eines Hilfsbeamten.[19] Diese Entwicklung ist einerseits bedenklich, weil sie die justizbehördliche Leitung des Ermittlungsverfahrens in Frage stellt. Andererseits ist sie von der Tendenz (nicht von ihren Auswüchsen) her unvermeidlich, weil die Kriminalität einer entwickelten Industriegesellschaft nicht nur durch ein enormes quantitatives Wachstum, sondern auch durch erheblich gestiegene Aufklärungsanforderungen im Einzelfall gekennzeichnet ist, durch die eine aktive Einschaltung der Staatsanwälte in den Alltag der Ermittlungsverfahren unmöglich gemacht wird.[20]

Nach den von einer Gemeinsamen Kommission der Justiz- und Innenministerkonferenz vorgelegten **Leitsätzen über die Neugestaltung des Verhältnisses Polizei – Staatsanwaltschaft,** die von beiden Konferenzen 1975 gebilligt worden sind, sollten deshalb die rechtlichen Regeln im Detail stärker der Entwicklung der Realität angeglichen werden.[21] In die gleiche Richtung weisen die Vorschläge, Verbesserungen der staatsanwaltschaftlichen Kontrolle durch die Einrichtung von staatsanwaltschaftlichen Sonderdezernaten, durch die Ermöglichung eines unmittelbaren Zugriffs auf die bei der Polizei gespeicherten Datenbestände[22] sowie durch die Einführung einer verstärkten polizeilichen Berichtspflicht gegenüber der StA zu erreichen (ausführlich *Roxin,* DRiZ 1997, 120).

22 2. Während der Gesetzgeber sich zu einer Lösung dieses Problems bisher nicht in der Lage gesehen hat, hat sich die **Verpolizeilichung des Ermittlungsverfahrens,** die sich zunächst infolge des beschriebenen gesellschaftlichen Wandels zwangsläufig vollzogen hat, durch die von den Polizeibehörden seit den 70er Jahren des vorigen Jahrhunderts planmäßig durchgeführte Weiterentwicklung ihres operativen Gesamtkonzepts auf **drei** kumulativ wirkenden Stufen immer schärfer ausgeprägt.[23] Besonders bei der Bekämpfung organisierter Kriminalität, aber nicht nur hier (Beispiel: Videoüberwachung öffentlicher Räume) hat die Polizei ihre präventive und ihre repressive Tätigkeit immer stärker miteinander verzahnt. Dadurch geriet die StA doppelt ins Hintertreffen, weil sie in die präventiven Aktivitäten und Erkenntnisse der Polizei keinen Einblick hat (geschweige denn hierüber eine Anweisungskompetenz besitzt) und infolge dessen nicht einmal die von der Polizei vorgenommene Selektion der bei der Strafverfolgung verwerteten präventiven Erkenntnisse kontrollieren kann. Auf der zweiten Ebene schlägt die überwachungstechnische Aufrüstung der Poli-

---

[19] Sofern nicht, was bei reinen Steuerstrafsachen gemäß §§ 386, 399 AO ausnahmsweise (spätestens bis zum Erlass eines Haftbefehls) möglich ist, die Finanzbehörde selbst die Rolle der Staatsanwaltschaft übernimmt.

[20] Nach dem von den Bundesministerien des Innern und der Justiz erstatteten „Zweiten Periodischen Sicherheitsbericht" (S. 21) ist für das Jahr 2005 von rund 8,6 Millionen zu bearbeitenden Fällen auszugehen. Diesen standen 2006 in Bund und Ländern rund 5 000 Staatsanwälte gegenüber, so dass auf jeden einzelnen (wenn man die in der Rechtsmittelinstanz etc. tätigen Staatsanwälte abzieht) rein rechnerisch über 10 000 Verfahren entfallen oder rund 500 pro Arbeitstag. In der Polizei gab es dagegen in Bund und Ländern 1998 rund 270000 Planstellen (BT-Drs. 14/4113, 7). Außerdem gibt es noch ca. 2600 Steuerfahnder und 6 000 mit der Bekämpfung der Schwarzarbeit befasste Zollfahnder. Nach Abzug von Grenzschutz, Bereitschaftspolizei und reinen Verwaltungsstellen dürften also auf jeden Staatsanwalt ungefähr 30 in der Verbrechensverhütung und -aufklärung eingesetzte Polizeibeamte entfallen.

[21] Zur Kritik und Antikritik siehe *Görgen,* ZRP 1976, 59, DRiZ 1976, 296; *Kuhlmann,* DRiZ 1976, 265; *Ulrich u. Rupprecht,* ZRP 1977, 158 u. 275.

[22] Zur polizeilichen Datenverarbeitung im Kompetenzstreit zwischen Polizei- und Prozessrecht *Siebrecht,* JZ 1996, 711; zum allg. Problem des Datentransfers aus dem und in das Strafverfahren u. § 39 Rn. 21 ff.

[23] Dazu *Paeffgen,* 1995, 13; *Kühne,* in: *Kühne/Miyazawa* (Hrsg.), Neue Strafrechtsentwicklungen im deutsch-japanischen Vergleich, 1995, 153; *Lüderssen,* ebda., 195; *Schünemann,* Kriminalistik, 1999, 74; *ders.,* ZStW 119 (2007), 945, 948 ff.; *ders.,* GA 2008, 314; *Wolter,* ZStW 107 (1995), 793; *Ambos,* Jura 2003, 674; *Kutscha,* in: *Roggan/Kutscha* (Hrsg.), Hdb. zum Recht der inneren Sicherheit, 2. Aufl., 2006, 82 ff.

zei zu Buche, die inzwischen Orwellsche Dimensionen erreicht hat und dadurch eine natürliche Überlegenheit der Polizei erzeugt, gegenüber der die rechtliche Befehlsgewalt der Staatsanwaltschaft, deren Hauptinstrument nach wie vor die Einvernahme von Zeugen und Beschuldigten und damit im vorvorigen Jahrhundert verwurzelt ist, unweigerlich verblasst. Diese Modernisierungen der operativen polizeilichen Tätigkeit haben auf der dritten Stufe auf vielen Feldern zu einer **Vergeheimdienstlichung** des Ermittlungsverfahrens geführt,[24] dessen Speerspitze zuletzt die Liechtensteiner Steueraffäre bildete, d. h. der vom BND vermittelte, selbst Straftatbestände erfüllende Ankauf kriminell kontaminierten Beweismaterials zwecks Verfolgung von Steuerhinterziehung in Bezug auf Fluchtkapital in Liechtenstein.[25]

Es wäre unrealistisch, die gebotene Domestizierung der so über alle Maßen angewachsenen Polizeigewalt angesichts dieser Entwicklungen von einer fortdauernden engmaschigen Kontrolle durch die StA zu erwarten. Und es wäre darüber hinaus verfassungsrechtlich antiquiert, denn die aus Misstrauen gegen die Obrigkeit genährte liberale Reformforderung des 19. Jahrhunderts nach Kontrolle der Polizei durch die Staatsanwaltschaft (Rn. 1) bleibt zwar auch in einem demokratischen Rechtsstaat sinnvoll, ist aber zur Sicherstellung der Rechte des Beschuldigten bei weitem nicht ausreichend: Hierfür ist ein System von Beweiserhebungs- und -verwertungsverboten unverzichtbar, wie es dank der Rechtsprechung des BVerfG wenigstens in Umrissen verwirklicht ist (näher u. § 24 Rn. 13 ff.), sowie eine wesentliche Verstärkung der Verteidigungsposition, die ein Desiderat der Zukunft bleibt (zum dringenden Reformbedarf unten § 19 Rn. 1 f.). 23

IV. Bundesbehörden

Nach dem GG sind Einrichtung und Organisation der Polizei prinzipiell Ländersache. 24
Sie ist also grds. auf ihr jeweiliges Bundesland beschränkt und darf nur bei der Verfolgung Flüchtiger die Landesgrenze nach Maßgabe des § 167 GVG überschreiten (dazu *B. Heinrich,* NStZ 1996, 361). Der Bund hat wegen der primären Zuständigkeit der Länder nur in engen Grenzen eigene Polizeiorgane.

1. Das **Bundesamt für Verfassungsschutz** ist aufgrund des BVerfSchG (Sartorius 80) eingerichtet worden (Rechtsgrundlage: Art. 73 Nr. 10; 87 I GG) und dient der Bekämpfung politischer Delikte. Es hat jedoch nur die Aufgabe der „Sammlung und Auswertung von Informationen, insb. sach- und personenbezogenen Auskünften, Nachrichten und sonstigen Unterlagen" über verfassungsfeindliche Bestrebungen (§ 2 des genannten Gesetzes). Eigentliche polizeiliche Eingriffsbefugnisse stehen dieser Behörde nicht zu. Im Zuge der Antiterror-Gesetzgebung ist sie jedoch mit der Strafverfolgung informationstechnisch immer stärker vernetzt worden (s. u. § 39/24).

2. Der früher sog. Bundesgrenzschutz firmiert heute als **Bundespolizei** aufgrund des Bundespolizeigesetzes vom 19. 10. 1994 (BGBl. I 2978, Sartorius 90). Deren Aufgaben bestehen in erster Linie in der präventiven Gefahrenabwehr an der deutschen Grenze, auf dem Gebiet der Bahnanlagen der Eisenbahnen des Bundes und des Luftverkehrs sowie unter bestimmten Voraussetzungen der transnationalen Gefahrenabwehr (§§ 2–11 BPolG). Gemäß § 12 BPolG ist die Bundespolizei unter den darin im Einzelnen geregelten Voraussetzungen aber auch zur Verfolgung von Straftaten berufen, die in besonderer Weise ihren präventiven Zuständigkeitsbereich betreffen.

3. Von besonderer Bedeutung ist das **Bundeskriminalamt** (BKA), dessen Aufgaben und Befugnisse im Gesetz über das Bundeskriminalamt und die Zusammenarbeit des Bundes und der Länder in kriminalpolizeilichen Angelegenheiten geregelt sind (BKAG v. 7.7.1997; Sartorius 450; Rechtsgrundlage: Art. 73 25

[24] Dazu *Prantl,* DRiZ 1991, 69; *Paeffgen,* GA 2003, 647; *ders.,* StV 2002, 336; *Zöller,* Informationssysteme und Vorfeldmaßnahmen von Polizei, Staatsanwaltschaft und Nachrichtendiensten, 2002; *Schünemann,* ZStW 119 (2007), 945, 949 ff.; *ders.,* GA 2008, 314; *Soiné,* NStZ 2007, 247 ff.; *Roggan/Bergemann,* NJW 2007, 876; *Hefendehl,* GA 2011, 209 ff.

[25] Vgl. dazu die Nachw. u. § 24 Rn 54.

Nr. 9a, 10, Art. 87 I GG). Das BKA unterstützt als Zentralstelle für das polizeiliche Auskunfts- und Nachrichtenwesen die Polizeien des Bundes und der Länder bei der Verhütung und Verfolgung von Straftaten mit länderübergreifender, internationaler oder erheblicher Bedeutung (§ 2 I). Das BKA, das mit den zentralen Dienststellen der Landeskriminalpolizei (Landeskriminalämtern) zusammenarbeitet, hat insb. zur Erfüllung der genannten Aufgabe alle erforderlichen Informationen zu sammeln und auszuwerten, erkennungsdienstliche Einrichtungen und Sammlungen zu unterhalten, kriminaltechnische Untersuchungen und Forschungen durchzuführen, kriminalpolizeiliche Analysen und Statistiken zu erstellen sowie auf Verlangen der Strafverfolgungsorgane entsprechende Gutachten zu erstatten (§ 2). Die besondere Bedeutung des neuen BKA liegt in seiner Funktion als Zentralstelle für die Erfassung und Verarbeitung personenbezogener Daten; hierfür wurden spezielle Befugnisnormen geschaffen (§§ 7ff.). Nach § 1 III bleiben die vorbeugende Verbrechensbekämpfung und die Verfolgung von Straftaten Sache der Länder; doch ist dieser Grundsatz in folgenden drei Fällen durchbrochen: Das BKA nimmt die polizeilichen Aufgaben auf dem Gebiet der Strafverfolgung selbst wahr bei international organisierten Verbrechen wie Rauschgift- oder Waffenhandel und Falschmünzerei (§ 4 I Nr. 1), bei Angriffen auf Leben oder Freiheit der Mitglieder von Verfassungsorganen der BRD und ihrer ausländischen Gäste bzw. der bei der BRD akkreditierten Diplomaten (i. e. s. § 4 I Nr. 2) sowie in Fällen des internationalen und Auslandsterrorismus (§ 4 I Nr. 3–5); das dient der Behebung von Zuständigkeitskonflikten. Ferner kann das BKA auf Ersuchen einer Landesbehörde, auf Anordnung des Bundesministers des Inneren, die nur aus „schwerwiegenden Gründen" erfolgen kann, oder bei Ermittlungsverfahren, die in die Zuständigkeit des GBAs fallen, die polizeilichen Aufgaben selbst wahrnehmen (§ 4 II). In den meisten dieser Fälle obliegt dem BKA auch der Zeugenschutz (§ 6). Soweit eine Straftat den Bereich mehrerer Länder berührt, ist das BKA befugt, einem der betroffenen Bundesländer im Einvernehmen mit einem GenStA dieses Landes und seiner obersten Landesbehörde die polizeilichen Aufgaben auf dem Gebiet der Strafverfolgung insgesamt zuzuweisen (§ 18 I). In den genannten Fällen dürfen die Vollzugsbeamten des Bundes bzw. des Landes Amtshandlungen im gesamten Bundesgebiet vornehmen; sie sind insoweit Ermittlungspersonen der zuständigen StA (§ 19 I). Durch eine Reihe weiterer Vorschriften (vgl. insb. §§ 1 II, 13) wird die Zusammenarbeit des BKA mit den Landeskriminalämtern sichergestellt. Ferner übernimmt das BKA den Schutz der Verfassungsorgane des Bundes und ihrer Gäste (§ 5 I). Das BKA ist außerdem Nationales Zentralbüro der BRD für die Internationale Kriminalpolizeiliche Organisation (IKPO/Interpol)[26] (§ 3 I). Zur Verhütung und Verfolgung von Straftaten obliegt grds. dem BKA die internationale Zusammenarbeit mit Behörden anderer Staaten; jedoch können etwa im Rahmen regionaler Schwerpunktmaßnahmen auch die Polizeien der Bundesländer einen solchen unmittelbaren Dienstverkehr unterhalten (§ 3 II, III).

Das BKA ist auch zuständige nationale Behörde von **Europol** (dazu o. § 3 Rn. 25.)

C. Der Ermittlungsrichter

Literatur: *Nelles,* Kompetenzen und Ausnahmekompetenzen in der StPO, 1980, 29ff.; *Rieß,* Die Prüfungskompetenz des Ermittlungsrichters, NStZ 1991, 513; *Geppert,* Kontroll- und Förderungspflicht des Ermittlungsrichters, DRiZ 1992, 405; *Prechtel,* Das Verhältnis der StA zum Ermittlungsrichter, 1995; *Schlothauer,* Der Beweiserhebungsanspruch des Beschuldigten gegenüber dem Ermittlungsrichter, StV 1995, 158; *Boetticher/Landau,* Plädoyer für eine Stärkung des Richters im Ermittlungsverfahren, FS BGH-Prax., 2000, 555; *Nehm,* Umfang der Bindung des Ermittlungsrichters an Anträge der StA, FS Meyer-Goßner, 2001, 277; *Backes/Gusy,* Wer kontrolliert die Telefonüberwachung?, 2003; *Schäfer,* Vom Umgang mit dem Ermittlungsrichter, FS Roxin II, 2011, 1299; *Gusy,* Grundrechtssicherung durch Richtervorbehalte, FS Paeffgen, 2015, 407.

I. Funktion und Verhältnis zur StA

26 1. Der StA ist Herr des Ermittlungsverfahrens; er hat alle zur Aufklärung des Sachverhalts notwendigen Maßnahmen zu treffen. Auch wenn es sich dabei nach der ursprünglichen Konzeption der RStPO um ein bloß vorbereitendes Verfahren handeln sollte, konnte doch schon in dieser Phase das Bedürfnis auftreten, Zeugen durch die

[26] Als Internationale Kriminalpolizeiliche Kommission (IKK) gegründet, 1956 im Zuge einer Reform umbenannt; ihr Sitz wurde 1989 von Paris nach Lyon verlegt.

(der Staatsanwaltschaft nicht zu Gebote stehende) Abnahme des Eides zur Wahrheit anzuhalten oder ein später in der Hauptverhandlung reproduzierbares richterliches Vernehmungsprotokoll aufzunehmen. Erst recht sind zahlreiche zur Sachverhaltsaufklärung oder Verfahrenssicherung erforderliche Eingriffe schon von Verfassungs wegen einer richterlichen Anordnung vorbehalten (etwa Art. 13 II und III, 104 II und III GG) oder von der über den rechtsstaatlichen Mindeststandard des GG hinausgehenden StPO vorbehaltlich einer Gefahr im Verzuge dem Richter vorbehalten worden (etwa §§ 81f, 81g III, 81h II, 98 I, 100 I, 100b I, 105 I, 111 II, 111a, 111e, 111n, 132a). Um diese Maßnahmen gleichwohl schon im Ermittlungsverfahren zu ermöglichen, ohne dem StA die Herrschaft über das Verfahren zu nehmen, sieht das Gesetz die Institution des **Ermittlungsrichters** vor: Die StA beantragt die Vornahme aller ihr erforderlich erscheinenden richterlichen Untersuchungshandlungen bei dem Richter am AG ihres eigenen Bezirks, § 162 I 1 (über die Wahlzuständigkeit bei Haftbefehl, Vernehmung und Augenscheineinnahme vgl. § 162 I 2, 3; zur Zuständigkeit des erkennenden Gerichts nach Erhebung der öffentlichen Klage § 162 III). Der Richter hat lediglich die Zulässigkeit der beantragten Handlung zu prüfen, § 162 II (z. B. die Verhältnismäßigkeit einer beantragten Vorführung, OLG Zweibrücken NJW 1981, 534, oder der Ausforschung persönlicher Daten, LG Verden StV 1986, 427), nicht aber die bloße Zweckmäßigkeit. Er darf also nicht etwa eine von der StA beantragte richterliche Vernehmung mit der Begründung ablehnen, diese sei überflüssig oder könne auch von der StA selbst durchgeführt werden.[27] In dieser Bindung des Richters an die Entschließung der StA liegt keine Verletzung der richterlichen Unabhängigkeit (Art. 97 GG), denn der Ermittlungsrichter übt insofern keine Rechtsprechungs-, sondern eine Verwaltungstätigkeit aus und wird lediglich in verfassungsrechtlich gebotener Amtshilfe (Art. 35 GG) für die StA tätig (BVerfGE 31, 43). Dieser beschränkten Prüfungskompetenz entspricht in der Prozesswirklichkeit eine beschränkte Prüfungseffizienz, weshalb im Schrifttum zunehmend bezweifelt wird, dass die Institution des Ermittlungsrichters die ihr zugedachte Funktion der Freiheitssicherung ausreichend zu erfüllen vermag (näher u. § 29 Rn. 25).

2. In **Staatsschutzsachen** können neben dem Amtsrichter des Bezirks auch die Ermittlungsrichter des OLG tätig werden; für Ermittlungen des GBA sind sogar eigene Richter des BGH zuständig (i. e. s. § 169 StPO). Dass bei den Staatsschutzsachen für eine solche Zuständigkeitskonzentration auch schon im Vorverfahren ein Bedürfnis besteht, ist anzuerkennen; die Einrichtung von „Ermittlungsrichtern des BGH beim OLG" ist aber wenig sinnvoll (zutr. *Fischer,* NJW 1969, 449; a. A. *Martin,* NJW 1969, 713), denn über die Anträge des Generalbundesanwalts im Vorverfahren könnte ebenso gut der Ermittlungsrichter des OLG entscheiden. 27

II. Tätigkeiten des Ermittlungsrichters

1. Außer in den vorgenannten Fällen hat der Ermittlungsrichter **auf Antrag der StA oder des Betroffenen** auch in den Fällen zu entscheiden, in denen die StA, ihre Ermittlungspersonen oder andere Polizeibeamte Maßnahmen und Entscheidungen zunächst – meist wegen Gefahr im Verzug – aus eigenem Entschluss treffen konnten und für die im Gesetz eine nachträgliche richterliche Bestätigung oder Zustimmung vorgesehen ist. Hierher gehören etwa die Fälle der §§ 98 II 1, 2; 98b I 2, 3; 100 II; 100b I 3; 111e II 1, 3; 111n I 3; 128; 163c I 2; 163d II 2, 3; 163e IV 3, 4; 443 II 2 28

[27] *Rieß,* 1991; KG JR 1965, 268 u. dazu *Fuhrmann,* JR 1965, 253; *Nehm,* 2001, 285; einschr. *Schellenberg,* NStZ 1991, 72.

Hs. 2. Findet die gesetzlich vorgesehene Mitwirkung des Richters nicht fristgemäß statt, so hat dies in aller Regel (eine Ausnahme bildet etwa die bloße Sollvorschrift des § 98 II 1) das Außerkrafttreten der getroffenen Anordnung zur Folge.

29 2. Auf **eigene Initiative** wird der Ermittlungsrichter nur bei Gefahr im Verzug tätig. Er handelt dann an Stelle des StA, als sog. **„Notstaatsanwalt".** In diesem Fall hat er alle unaufschiebbaren Untersuchungshandlungen von Amts wegen vorzunehmen, § 165, und kann sogar von Amts wegen einen Haftbefehl erlassen, § 125. Um die Herrschaft des StA über das Ermittlungsverfahren zu sichern, bestimmt das Gesetz aber, dass er die weitere Verfügung der StA zu überlassen hat, § 167.

Eigene Ermittlungen darf der Ermittlungsrichter nicht anstellen; wenn die ihm von der StA eingereichten Unterlagen für den Erlass z. B. eines Haft- oder Durchsuchungsbefehls nicht ausreichen, muss er die StA um weiteres Material oder ergänzende Ermittlungen ersuchen. Kommt diese dem Ersuchen nicht nach, so ist der Antrag abzulehnen (LG Stuttgart NStZ 1983, 520 m. Anm. *Rieß*). Allerdings muss der Ermittlungsrichter nach § 166, wenn ein von ihm vernommener Beschuldigter zu seiner Entlastung einzelne Beweiserhebungen beantragt, diese vornehmen, soweit er sie für erheblich hält, wenn sonst ein Beweisverlust zu befürchten ist oder die Beweiserhebung die Freilassung des Beschuldigten begründen kann (näher *Schlothauer,* StV 1995, 158).

D. Die Gerichtshilfe

30 Gemäß § 160 III 1 soll die StA bereits im vorbereitenden Verfahren alle Umstände ermitteln, „die für die Bestimmung der Rechtsfolgen der Tat von Bedeutung sind". Zu solchen Umständen zählen neben der Tat auch die Persönlichkeit des Täters und dessen soziale Verhältnisse; sie sind z. B. für die Strafzumessung, die Strafaussetzung zur Bewährung, die Verwarnung mit Strafvorbehalt und die Anordnung etwaiger Maßnahmen entscheidend (vgl. §§ 46, 56, 59f. StGB; Nr. 15 I 1 RiStBV). Die persönlichen Umstände können aber von StA und Polizei nur unzureichend festgestellt werden, da die ihnen zur Verfügung stehenden Hilfsmittel zu grob sind und psychologische Hemmnisse solche Ermittlungen behindern. Daher sieht § 160 III 2 vor, dass die StA sich hierzu der Gerichtshilfe bedienen kann, deren Aufgabe darin besteht, als „Ermittlungshilfe" StA und Gericht ein „möglichst umfassendes Bild" von der Persönlichkeit des Täters und dessen sozialen Verhältnissen zu verschaffen.[28]

31 Ihre institutionelle Ausgestaltung und ihr Tätigwerden sind, anders als bei der Jugendgerichtshilfe (vgl. §§ 38, 70 JGG), gesetzlich nicht geregelt. § 160 III 2 stellt es in das Ermessen der StA, ob sie sich der Gerichtshilfe bedienen will, und Art. 294 EGStGB überlässt die Einführung und Regelung aller Einzelheiten den Ländern. Sie hat deshalb bis heute im Erwachsenenstrafverfahren keine besondere Bedeutung erlangt (näher 25. Aufl., § 10 Rn. 44), was wegen der Gefahr einer die Hauptverhandlung präjudizierenden Stigmatisierung des Beschuldigten nicht unbedingt ein Mangel ist.

[28] *Bruns,* Das Recht der Strafzumessung, 2. Aufl., 1985, 293; *Rahn,* NJW 1976, 838; *Stöckel,* FS Bruns, 1978, 299. Umfassend zur Gerichtshilfe *Bottke,* MSchrKrim 1981, 62; zur Bedeutung der Gerichtshilfe in der Praxis *Renschler-Delcker,* Die Gerichtshilfe in der Praxis der Strafrechtspflege, 1983; ferner *Sonnen* und *Thier,* FS StA Schleswig-Holstein, 1992, 431, 447; *Geiter/Schuldzinski/Walter,* BewHi 1994, 425.

2. Kapitel. Die Grundsätze des Strafverfahrensrechts

§ 10. Übersicht

Literatur: *Sax,* Grundsätze der Strafrechtspflege, in: *Bettermann/Nipperdey/Scheuner* (Hrsg.), Die Grundrechte, III, 2, 1959, 983; *Rieß,* Prozessmaximen u. Ermittlungsverf., FS Rebmann, 1989, 381; *Eser,* Funktionswandel strafrechtl. Prozessmaximen, ZStW 104 (1992), 361; *Volk,* Die Prozessprinzipien und das Chaos, FS Schüler-Springorum, 1993, 505; *Weigend,* Unverzichtbares im Strafverfahrensrecht, ZStW 113 (2001), 271; *Schwaighofer,* Fairness und Gerechtigkeit im Strafverfahren, FS Miklau, 2006, 511; *Schünemann,* Wetterzeichen vom Untergang der deutschen Rechtskultur, 2005; *ders.,* Die Allmacht des Tatrichters und die Einseitigkeit der Wahrheitsfindung, FS Kühne, 2013, 361; *ders.,* Legitimation durch Verfahren?, StraFo 2015, 177; *Gerson,* Das Recht auf Beschuldigung, 2016.

I. Das heute geltende deutsche Strafverfahrensrecht wird von folgenden Grundsätzen (den sog. **Prozessmaximen**) beherrscht: 1

Oberstes **Prozessziel:** die **materielle Wahrheit**
1. Grundsätze der **Einleitung des Verfahrens:**
   a) der Grundsatz der Strafverfolgung durch den Staat (das Offizialprinzip)
   b) der Anklagegrundsatz (das Akkusationsprinzip)
   c) der Verfolgungs- und Anklagezwang (das Legalitätsprinzip)
   d) der Grundsatz des gesetzlichen Richters
2. Grundsätze der **Durchführung des Verfahrens:**
   a) der Ermittlungsgrundsatz (Instruktionsprinzip, Untersuchungsgrundsatz, Prinzip der materiellen Wahrheit)
   b) der Grundsatz des rechtlichen Gehörs
   c) der Grundsatz der Beschleunigung, für die Hauptverhandlung der Grundsatz der Konzentration
   d) Unschuldsvermutung, fair trial und gerichtliche Fürsorgepflicht
3. **Beweisgrundsätze:**
   a) der Ermittlungsgrundsatz, s. auch o. 2 a
   b) der Grundsatz der Unmittelbarkeit der Beweiserhebung
   c) der Grundsatz der freien Beweiswürdigung
   d) der Grundsatz „in dubio pro reo"
4. Grundsätze der **Form:**
   a) Mündlichkeit
   b) Öffentlichkeit

II. Von diesen Grundsätzen sind im **Gesetz** nur folgende ausdrücklich ausgesprochen: 2
1. im Grundgesetz:
   der Grundsatz des rechtlichen Gehörs, Art. 103 I GG
   – der Grundsatz des gesetzlichen Richters, Art. 101 I, 2 GG (vgl. auch § 16 GVG)
2. im GVG: der Grundsatz der Öffentlichkeit, § 169 GVG
3. in der StPO:
   – der Anklagegrundsatz, §§ 151, 155, 264
   – das Offizialprinzip, § 152 I

- das Legalitätsprinzip, § 152 II
- das Instruktionsprinzip, §§ 155, 244 II
- der Grundsatz der freien Beweiswürdigung, § 261

3 4. Die übrigen Grundsätze sind im Gesetz nicht ausdrücklich formuliert, lassen sich aber aus seinem Sinnzusammenhang und bestimmten Einzelvorschriften **ableiten;** so ist der Grundsatz der Mündlichkeit in §§ 261, 264, der der Unmittelbarkeit in § 250 und der der Konzentration in § 229 enthalten.

4 **III.** Die Grundsätze sind teils **starr** (sie erleiden keine Ausnahmen), wie der Anklagegrundsatz und der Ermittlungsgrundsatz, teils **nachgiebig,** so alle übrigen, z. B. der Anklagezwang oder die Öffentlichkeit. Jeder dieser Grundsätze hat seinen **theoretischen** Gegensatz, z. B.:

1. das Offizialprinzip (nur der Staat kann anklagen) in der Popular- und in der Privatklage sowie in der Dispositionsmaxime
2. das Akkusationsprinzip (das Gericht wird nur auf eine Klage hin tätig) im Inquisitionsprinzip (Klage und Urteil liegen bei derselben Behörde)
3. der Ermittlungsgrundsatz (das Instruktionsprinzip) in der Verhandlungsmaxime
4. das Prinzip der freien Beweiswürdigung in der gesetzlichen Beweisregelung

5 **IV.** In ihrem Zusammenspiel bilden diese Grundsätze die Struktur des deutschen Strafverfahrens und damit zugleich einen charakteristischen Zug der deutschen Rechtskultur insgesamt (zur Struktur näher u. § 17). Das gemeinsame Fundament der in der RStPO verwirklichten Prozessmaximen bestand – in der Tradition der preußischen Staatsphilosophie und der kantianischen Ethik – in der Verwirklichung von **materieller Wahrheit** und materieller Gerechtigkeit vermöge der möglichst lückenlosen Durchsetzung des materiellen Strafrechts.[1] Dadurch erklärt es sich, dass die spezifischen Ausprägungen der Verfahrensgerechtigkeit, wie sie im angloamerikanischen Rechtsdenken am Modell des Zweikampfes zwischen Ankläger und Angeklagtem entwickelt worden sind, also das Prinzip des fair trial (nachfolgend § 11 Rn. 4ff.) und die Lehre von den Beweisverboten (u. § 24 Rn. 13ff.), in die Doktrin und erst recht in die Praxis des deutschen Strafverfahrens erst spät Eingang gefunden haben. Doch steht ihre Berechtigung auch hier außer Frage, weil im Wahrheitsbegriff selbst vorausgesetzt ist, dass die Verteidigung ihren Standpunkt optimal zur Geltung bringen kann (von *Schünemann,* 2015, 180 als „normatives Fundamentalprinzip der *Verfahrensbalance*“ bezeichnet, die *Gerson,* 2016, philosophisch abzuleiten versucht). Es markiert deshalb erst einen epochalen Wandel der deutschen Rechtskultur, dass die amerikanische Praxis der Urteilsabsprachen, die mit so gut wie keiner traditionellen Prozessmaxime vereinbar ist, seit ungefähr drei Jahrzehnten in einer noch wesentlich radikaleren Form in die deutsche Strafverfahrenswirklichkeit Einzug gehalten hat und schließlich vom Gesetzgeber legalisiert worden ist (dazu vorerst *Schünemann,* 2005; näher u. § 17 Rn. 7ff.).

[1] Und zwar als zwingende Konsequenz aus dem Schuldprinzip, das wiederum im Rechtsstaatsprinzip des Art. 20 GG verankert ist und dadurch an der Ewigkeitsgarantie des Art. 79 III GG teilhat, so die mit Recht st. Rspr. des BVerfG, s. E 57, 250, 275; 95, 96, 130f.; 118, 212, 231; 122, 248, 270; 123, 267, 413; 130, 1, 26; 133, 168, 197ff.; 140, 317 Rn. 53ff.; *Schünemann,* StraFo 2015, 177, 179ff. m. z. w. N.; krit. *Stuckenberg,* GA 2016, 689. S. ferner u. § 15/6.

§ 11. Die regulativen Verfahrensprinzipien der Unschuldsvermutung, des Fair Trial und der Fürsorgepflicht

A. Die Unschuldsvermutung (Art. 6 II EMRK)

Literatur: *Krauß,* Der Grundsatz der Unschuldsvermutung im Strafverf., in: *Müller-Dietz* (Hrsg.), Strafrechtsdogmatik u. Kriminalpolitik, 1971, 153; *Kühl,* Unschuldsvermutung, Freispruch und Einstellung, 1983; *Frister,* Schuldprinzip, Verbot der Verdachtsstrafe und Unschuldsvermutung als materielle Grundprinzipien des Strafrechts, 1988; *Gropp,* Zum verfahrenslimitierenden Gehalt der Unschuldsvermutung, JZ 1991, 804; *Stuckenberg,* Untersuchungen zur Unschuldsvermutung, 1998; *ders.,* Die normative Aussage der Unschuldsvermutung, ZStW 111 (1999), 422; *L. Schulz,* Normiertes Misstrauen, 2001; *ders.,* Grenzen prozessualer Normativierung. Aspekte der Unschuldsvermutung, GA 2001, 226 (m. Replik *Stuckenberg,* GA 2001, 583); *Lilie,* Unschuldsvermutung und „Beweislastumkehr", FS Schroeder, 2006, 829; *Pananis,* Die Erosion der Unschuldsvermutung, DAV-FS, 2009, 721; *Esser,* Unschuldsvermutung ... bei Verfahrenshemmung, FS Paeffgen, 2015, 503.

Der sachliche Gehalt der in Art. 6 II EMRK positivierten, aber bereits aus dem Rechtsstaatsprinzip folgenden[1] **Unschuldsvermutung** ist – von dem „Kernbestand" des In-dubio-Satzes abgesehen – bis heute umstr.[2] Nach der systemtheoretischen Interpretation von *Stuckenberg,* 1998, ist sie mit dem Verbot einer „Desavouierung" des Verfahrens identisch und bedeutet lediglich, dass die Strafe nicht vorweggenommen werden darf, bevor auf diese Rechtsfolge erkannt worden ist. Auch Kostenentscheidungen dürften nicht dazu dienen, das Verfahrensergebnis nachfolgend zu entwerten, weshalb *Stuckenberg* die §§ 467 IV, 471 III Nr. 2 für Verstöße gegen die Unschuldsvermutung hält (and. BVerfG NStZ 1990, 598; *Haberstroh,* NStZ 1984, 289, 294). 1

Eindeutig verboten sind jedenfalls implizite oder explizite Schuldfeststellungen vor dem oder ohne ein Urteil. So dürfen die Behörden einen noch nicht rechtskräftig Verurteilten nicht als schuldig bezeichnen; zulässig ist nur die öffentliche Bekanntgabe des Verdachtes (näher *Frowein,* FS H. Huber, 553). Kommt es nicht zu einer Verurteilung (z. B. bei Freispruch und Einstellung), verstößt zwar noch nicht eine Verdachtsäußerung, wohl aber eine Feststellung der Schuld in den Gründen gegen die Unschuldsvermutung (näher *Kühl,* 1983; *ders.,* NJW 1984, 1264; *ders.,* NJW 1988, 3233; BVerfG NStZ 1990, 598; zur neueren, diesen Gedanken übertreibenden Rspr. des EGMR s. u. § 53 Rn. 14). Ebenso, wenn das Gericht ein Privatklageverfahren nach § 383 II einstellt und dabei von der Schuld des Angeklagten ausgeht, ohne das Verfahren bis zur Schuldspruchreife durchgeführt zu haben (BVerfGE 74, 358; dazu *Krehl,* NJW 1988, 3254; *Nierwetberg,* NJW 1989, 1978). Wird die Sache nach § 383 II eingestellt, so dürfen dem Beschuldigten im Hinblick auf die Unschuldsvermutung die Kosten nicht in vollem Umfang, jedoch bei nachvollziehbarem Klageanlass immerhin teilweise auferlegt werden (BVerfG NStZ 1991, 93). Auch darf bei Entscheidungen nach § 467 III 2 Nr. 2 die Schuld nicht vor Schuldspruchreife festgestellt werden (BVerfG NStZ 1992, 289). Ein Einstellungsbeschluss nach § 153a lässt (z. B. in einem Verfahren wegen Entziehung der Approbation) nicht den Schluss zu, die Straftat sei nachgewiesen (BVerfG MDR 1991, 891). 2

Durch die Rückführung auf ihre prozessstrukturelle Funktion oder auf ein allgemeines Prinzip der Fairness (so bereits *Bottke,* Assoziationsprävention, 1995, 201) wird der Gehalt der Unschuldsvermutung aber noch nicht erschöpft (*Schulz,* 2001, 489 ff.). Zwar ist es unbestritten, dass die auf der bloßen *Verdächtigung* beruhenden strafprozessualen Zwangsmaßnahmen (s. u. 6. Kap.) mit ihr ebenso zu vereinbaren sind wie die Abstufung der staatlichen Eingriffsbefugnisse nach dem Grade des Tatverdachts. Aber 3

---

[1] BVerfGE 35, 311, 320; 82, 106, 114.

[2] Vgl. etwa die gegensätzlichen Interpretationen von *Sax,* 1959, und *Krauß,* 1971; zur verf.-rechtl. Begründung *Frister,* 1988. Eingehende Darstellung mit reicher Kasuistik bei SK/*Paeffgen,* Art. 6 EMRK Rn. 175 ff.; LR/*Esser,* Art. 6 EMRK Rn. 445 ff.; ferner *Frister,* GS Weßlau, 2016, 149.

sie bezeichnet (und dadurch unterscheidet sie sich vom allgemeinen Verhältnismäßigkeitsgrundsatz) ähnlich wie die Menschenwürde eine letzte, abwägungsfeste Grenze: Was einem Unschuldigen schlechterdings nicht als Aufopferung im öffentlichen Interesse zugemutet werden kann, darf auch einem noch so dringend Tatverdächtigen nicht zugefügt werden. Daraus folgt etwa, dass es (wie in vielen anderen Ländern) auch in Deutschland eine absolute Höchstgrenze der Untersuchungshaft und des Strafverfahrens geben muss und die im Prinzip beliebige Haftverlängerbarkeit durch das OLG gem. § 121 (dazu u. § 30 Rn. 55 ff.) ebenso rechtsstaatswidrig ist wie das gänzliche oder langfristige Ruhen der Verjährung nach Eröffnung des Hauptverfahrens bzw. dem Erlass eines nicht rechtskräftigen Urteils gem. § 78 b III und IV StGB oder wie die Verweigerung einer absoluten Grenze bei der überlangen Verfahrensdauer (dazu u. § 16 Rn. 8 ff.).

B. Fair Trial

Literatur: *Tettinger,* Fairness und Waffengleichheit, 1984; *Heubel,* Der „fair trial" – ein Grundsatz des Strafverf.?, 1981; *Doerr,* Faires Verfahren, 1984; *Bottke,* Formelle und materielle Verf.gerecht. im demokr. Rechtsstaat, 1991; *Hamm,* Die Entdeckung des „fair trial" usw., FS Salger, 1995, 273; *Steiner,* Das Fairneßprinzip im Strafprozess, 1995; *Weissbrodt/Wolfram,* The Right to a Fair Trial, 1999; *Rzepka,* Zur Fairneß im dt. Strafverf., 2000; *Bottke,* Konkretisierung strafpr. Fairness, FS Meyer-Goßner, 2001, 73; *ders.,* Fairness im Strafverf. gegen Bekannt, FS Roxin, 2001, 1243; *Renzikowski,* „Fair trial" im Strafprozess, FS Lampe, 2003, 791; *Gaede,* Fairness als Teilhabe pp., 2007; *Hies,* Das fair-trial-Prinzip und seine Bindungswirkung für den RA als Strafvert., 2009; *Goerlich,* Faires Verfahren und Funktionenordnung, GS Seebode, 2015, 275; *Jahn,* Fair trial als strafproz. Leitprinzip im Mehrebenensystem, ZStW 127 (2015), 549.

4 Die Idee des „fair trial" stammt ursprünglich aus dem Parteiprozess: Jeder darf zu obsiegen versuchen, muss aber die Regeln der Verfahrensgerechtigkeit einhalten, ähnlich wie beim fairplay im Sport. Für den deutschen Strafprozess wäre es eigentlich angemessener, zwecks Einhegung der richterlichen Machtstellung (o. § 6 Rn. 1 a) von der Justizförmigkeit des Verfahrens *(Eb. Schmidt)* oder noch besser von der **Verfahrensbalance** als regulativem Generalprinzip zu sprechen (s. u. § 15/7). Doch hat sich der Begriff „fair trial" als generalklauselartiges „Optimierungsgebot" und Konsequenz aus den grundlegenden Wertentscheidungen des Rechts- und Sozialstaats (Art. 1, 20, 28 GG)[3] durchgesetzt, zumal es durch Art. 6 I 1 EMRK für ganz Europa und damit auch für den kontinentaleuropäischen Strafprozess positiviert worden ist.[4]

5 Nach der älteren deutschen Übersetzung des Art. 6 I 1 EMRK hat jedermann allerdings nur den Anspruch, dass seine Sache „in billiger Weise" gehört wird.[5] Nach dem maßgeblichen englischen Text (SK/*Paeffgen,* EMRK-Einl. Rn. 19) hat aber Art. 6 EMRK eindeutig in umfassender Weise den angloamerikanischen Rechtsgrundsatz des **fair trial** garantiert, der die Verfahrensgerechtigkeit meint und namentlich dem Beschuldigten die Chance sichern soll, sich gegenüber der ihm an Mitteln überlegenen Anklagebehörde bestmöglich zu verteidigen.[6] Kritische Stellungnahmen weisen darauf

[3] BVerfGE 26, 66, 71; 38, 105, 111; 39, 238, 243; 40, 88, 99; 41, 246, 249; 46, 202, 210.

[4] *M-G,* Einl. Rn. 19; LR/*Esser,* Art. 6 EMRK Rn. 16 f., 167 ff.; SK/*Paeffgen,* Art. 6 EMRK Rn. 70 ff.; *Geppert,* Jura 1992, 597; BGHSt 24, 131; *Steiner,* 1995, 122; *Esser,* 2002, 401.

[5] Vgl. *Gurazde,* Die MRK, 1968, Art. 6, Anm. 15; *Schorn,* Die MRK, 1965, Art. 6, Anm. 68.

[6] Vgl. *EKMR* NJW 1963, 2247; BGHSt 24, 24; *Gaede,* S. 290 ff.; SK/*Paeffgen,* Art. 6 EMRK Rn. 70; BVerfGE 107, 395, 408 ff. Zur Geschichte *Bodenhauer,* Fair Trial: Rights of the Accused in American History, New York – Oxford, 1992.

hin, dass eine extensive Anwendung des Fairnessgebots die Wertungen des einfachen Gesetzes durch übergeordnete Generalklauseln überspiele (*Frisch,* FS Bruns, 1978, 391) und letztlich zu einer „Überjustizialisierung“ führe und damit zur Verzögerung und Unübersichtlichkeit des Strafprozesses beitrage (*Kunkis,* DRiZ 1993, 185ff.). Diese Kritik nötigt aber keineswegs dazu, den Grundsatz des „fair trial“ für unnütz zu erklären (so aber *Heubel,* 1981, insb. 73, 122, 141). Vielmehr ist, wie schon erwähnt, die Garantie des fairen Verfahrens ein regulatives Prinzip im rechtstechnischen Sinne, das die **größtmögliche Optimierung** verfassungsmäßiger Werte verlangt (*Steiner,* 1995, 140ff. m.w.N.).

So wird z. B. eine bestmögliche Verwirklichung der *Menschenwürde* dadurch erreicht, dass der Beschuldigte nicht zum bloßen Objekt des Verfahrens herabgewürdigt wird. Deshalb muss etwa in der Verhandlung vor dem Revisionsgericht auch ohne gesetzliche Grundlage in „schwerwiegenden Fällen“ ein Pflichtverteidiger bestellt werden (BVerfGE 46, 202; vgl. u. § 19 Rn. 28). Bleibt ein Verteidiger in der Hauptverhandlung aus, so muss das Gericht sie verschieben, wenn er eine durch widrige Umstände verursachte Verspätung angekündigt hat; ggf. muss das Gericht auf einen verspäteten Verteidiger warten, vgl. u. § 19 Rn. 79. Es muss ihm auch die Akteneinsicht angemessene Zeit vor der Hauptverhandlung gewähren (KG StV 1982, 10). Eine (wenn auch ergebnislose) Telefonabhörung muss dem Angeklagten bekanntgegeben werden (vgl. u. § 36). Andererseits ist der Grundsatz des „fair trial“ noch nicht dadurch verletzt, dass gegen den Angeklagten zur selben Zeit zwei Hauptverhandlungen vor verschiedenen Gerichten durchgeführt werden, wenn ihm nur genügend Zeit bleibt, sich auf die einzelnen Verhandlungen vorzubereiten (BGH NStZ 1984, 274). Im Einzelnen harrt freilich das Prinzip des „fair trial“ der konkretisierenden Ausarbeitung.[7] 6

Vermöge ihrer Verankerung in der Tradition des angloamerikanischen Parteiverfahrens 7
zielt die Garantie des Fair Trial auf das **„Prinzip der Waffengleichheit“** im Sinne einer möglichst ausgeglichenen Stellung der Verfahrensbeteiligten. Zwar ist der Ausdruck „Waffengleichheit“ zumindest missverständlich, weil eine wirkliche Waffengleichheit weder mit unserer Verfahrensstruktur (vgl. u. § 17) zu vereinbaren noch auch in einem reinen Parteiprozess durchführbar wäre (soll der Beschuldigte etwa das Recht haben, bei einem Entlastungszeugen eine Untersuchung entspr. § 81c selbst durchzuführen?).[8] Die Funktion der Fair-Trial-Garantie wird deshalb besser durch die Idee der **Verfahrensbalance** ausgedrückt: Der Beschuldigte muss eine faire Chance erhalten, die von den übermächtigen Strafverfolgungsbehörden zusammengetragenen Belastungsbeweise kritisch zu analysieren und zu kontern,[9] was in verschiedener Hinsicht sogar eine kompensierende Besserstellung der Verteidigung in der Hauptverhandlung gegenüber der Staatsanwaltschaft erfordert. Ein instruktives Beispiel bietet das mit Abschluss der Ermittlungen unbeschränkbare Akteneinsichtsrecht des Verteidigers bei gleichzeitiger Befugnis, die eigenen Entlastungsbeweise erst bei Einführung in die Hauptverhandlung zu offenbaren (näher dazu u. § 19 Rn. 66ff.) – während etwa im amerikanischen Strafverfahren die vergleichbare Discovery des Verteidigers gegen den StA nicht unbeschränkt und wegen der dem StA gegen den Verteidiger ebenfalls zustehenden Discovery zu einer Kompensation des Machtgefälles ungeeignet ist.[10]

[7] Ansätze bei *Gaede,* S. 290ff.; SK/*Paeffgen,* Art. 6 EMRK Rn. 70ff.

[8] LR/*Kühne,* Einl. I Rn. 118ff. Gegen ein Prinzip der Waffengleichheit *Krey* II, Rn. 259.

[9] Ähnlich SK/*Paeffgen,* Art. 6 EMRK Rn. 79; *M-G,* Einl. Rn. 88; *Beulke,* Rn. 37ff.; *Safferling,* NStZ 2004, 181ff.; zur Bestimmung durch das BVerfG BVerfGE 38, 105, 111; BVerfG NJW 1984, 1907.

[10] Dazu *Schünemann,* FS Fezer, 2008, 555; *Whitebread/Slobogin,* Criminal Procedure, 5. Aufl., 2008, 630, 672, 681ff.; *Kamisar/LaFave/Israel/King/Kerr,* 1195ff.

8 Die **Rechtsfolgen,** die ein Verstoß gegen das Gebot der Fairness nach sich zieht, werden kontrovers diskutiert, wobei die Rspr. unter Berufung auf die materielle Wahrheit einen dezidiert punitiven Kurs verfolgt, indem sie zu dem prima facie sonderbaren Tausch „Unfairness erzeugt Strafmilderung" neigt (näher u. § 16 Rn. 9ff., § 21 Rn. 20, § 37 Rn. 7). Häufig wird ein Revisionsgrund gegeben sein. Beweismittel, die unter bewusster Verletzung der Prozessnormen gewonnen wurden, sind unverwertbar (vgl. BGHSt 24, 125 sowie u. § 24 Rn. 49). Nach der im Schrifttum stark vertretenen Meinung kann sogar der staatliche Strafanspruch im Ganzen verwirkt werden, wenn ein polizeilicher Agent den Beschuldigten in unzulässiger Weise vom Wege des Rechts fortgelockt hat (vgl. o. § 37 Rn. 8) oder wenn Schlampereien der Justizbehörde das Verfahren übermäßig verzögert haben (u. § 16 Rn. 10).

9 Verschafft sich die StA durch eine unzulässige Beschlagnahmeaktion Einsicht in das Verteidigungskonzept, so entsteht nach der Rspr. aus diesem Verstoß gegen den Grundsatz des „fair trial" kein Verfahrenshindernis, wohl aber ggf. ein Revisionsgrund (BGH NStZ 1984, 419 m. Anm. *Gössel* u. *Rieß,* JR 1985, 45). Die Nichteinhaltung einer Zusage der StA, eine bestimmte Tat bei Rücknahme des vom Angeklagten in einer anderen Sache eingelegten Rechtsmittels nicht zu verfolgen, ist ein Verstoß gegen das Fair-trial-Prinzip und soll bei einer späteren Verurteilung einen „wesentlichen Strafmilderungsgrund" abgeben (BGHSt 37, 10 m. Anm. *Weigend,* JR 1991, 257); die Annahme eines Verfahrenshindernisses wäre angemessener.

10 Auch durch bewusst einseitige und unfaire Ermittlungen der StA soll nicht ohne weiteres ein Verfahrenshindernis begründet werden (OLG Karlsruhe StV 1986, 10). Ein Verfahrenshindernis erwächst auch nicht daraus, dass die Polizei versucht, eine Verurteilung „um jeden Preis" herbeizuführen (BGHSt 33, 283). Über die gerichtl. Fürsorgepflicht als Ausprägung des fair-trial-Gedankens vgl. u. Rn. 11.

C. Gerichtliche Fürsorgepflicht

Literatur: *Plötz,* Die gerichtl. Fürsorgepflicht im Strafverf., 1980; *Hübner,* Allgemeine Verfahrensgrundsätze, Fürsorgepflicht oder Fair Trial?, 1983; *W. Schmidt,* Prozess. Fürsorgepflicht u. fair trial, 2010.

11 In der Rspr. werden Lücken in den gesetzlich geregelten Hinweis- und Unterstützungspflichten manchmal durch die Anerkennung einer allgemeinen prozessualen **Fürsorgepflicht** (etwa zur Belehrung des Rechtsunkundigen über wichtige Antragsrechte oder zur Einräumung von Bedenkzeit vor irreversiblen Entscheidungen) geschlossen.[11] Sie wird von vielen Autoren als Konsequenz des Fair Trial-Grundsatzes gesehen,[12] betrifft aber eine darüber hinausgehende Frage. Denn der Fairnessgrundsatz zielt auf die Autonomie der Beteiligten und ist im Rechtsstaatsprinzip verankert, während die Fürsorgepflicht die „Last" der Autonomie erleichtern soll und deshalb dem Sozialstaatsprinzip zuzuordnen ist. Wann sie eingreift, ist aber bis heute nicht geklärt, und in der neueren Rspr. des BGH dominiert sogar die genau entgegengesetzte Tendenz, Verfahrensfehler des Gerichts für geheilt zu erklären, wenn der Verteidiger nicht ausdrücklich widerspricht („Widerspruchslösung", näher u. § 24 Rn. 34). Weil die Frage der gerichtlichen Fürsorgepflicht eine besondere Rolle in der Hauptverhandlung spielt und hier wiederum dann, wenn der Prozessverlauf für den Angeklagten nicht transparent ist, namentlich wenn sich das Gericht an eine zuvor getroffene Absprache nicht mehr halten will, wird darauf unten im Zusammenhang näher eingegangen (vgl. u. § 44 Rn. 26ff., 73ff.).

[11] BGHSt 22, 118, 122; 25, 325, 330; 26, 1, 4; 36, 210; *Plötz,* 36.
[12] Näher *Hübner,* 70ff.; sehr skeptisch SK/*Paeffgen,* Art. 6 EMRK Rn. 74.

§ 12. Der Grundsatz der Strafverfolgung durch den Staat (Offizialprinzip)

A. Zur Geschichte

I. Der Grundsatz, wonach der Staat das Verbrechen von Amts wegen verfolgt, ist in **älteren Rechten** nicht zu finden; vielmehr hatte das ältere römische Recht die Popularklage, das germanische Recht die Privatklage ausgebildet. 1

1. Bei der **Privatklage** wurde das Strafverfahren durch Klage des Verletzten oder seiner Sippe eingeleitet. Diese Regelung fand ihren Grund darin, dass ursprünglich zwischen zivilrechtlichen und strafrechtlichen Folgen einer Tat und somit auch zwischen Zivil- und Strafverfahren nicht unterschieden wurde: Wenn man nämlich eine Körperverletzung durch Zahlung einer Buße an den Verletzten abgelten kann oder einen Totschlag damit, dass man an die Sippe des Erschlagenen einen Geldbetrag bezahlt (Kompositionen-System), so ist die Öffentlichkeit an der Sache wenig interessiert, und das Strafverfahren verläuft nicht anders als ein Zivilprozess, bei dem auf Schadenersatz wegen unerlaubter Handlung geklagt wird.

2. Die **Popularklage** besteht darin, dass jedermann (quivis ex populo) die Strafklage erheben kann. Sie ist nur sinnvoll, wenn sich jeder Bürger für die Strafrechtspflege mitverantwortlich fühlt.

II. Mit der Erstarkung des Staatsgedankens – in Rom also schon relativ früh, nördlich der Alpen zuerst im **Frankenreich** – erwächst ein öffentliches Interesse an der Verbrechensverhütung und -ahndung. Im Laufe der Zeit wird daher die (nach heutiger Terminologie privatrechtliche) Buße zu einer öffentlich-rechtlichen Strafe umgebildet, deren Verhängung ein staatliches Strafverfolgungsverfahren vorauszugehen hat. Das kanonische Recht hat zu dieser Entwicklung viel beigetragen. 2

III. In der **Peinlichen Gerichtsordnung,** der Constitutio Criminalis Carolina (= CCC) Kaiser Karls V. aus dem Jahre 1532, die in den folgenden Jahrhunderten den deutschen Strafprozess bestimmt hat, finden wir Verfolgung von Staats wegen (Offizialprinzip) und Klage des Privaten noch nebeneinander; in Wirklichkeit ist aber die Privatklage im Absterben. 3

IV. Im **absolutistischen Staat,** der den Staatsgedanken am schärfsten ausprägt, ist das Offizialprinzip streng durchgeführt; der Staat verfolgt den Verbrecher von Amts wegen. 4

V. In **England** bildet noch heute die Popularklage den theoretischen Ausgangspunkt, wenn auch die private Strafverfolgung zahlreichen Ausnahmen und Beschränkungen unterworfen ist. In der Praxis wird die Verfolgung meist von der Polizei betrieben. Ähnlich ist es der heute noch in **Spanien** theoretisch existierenden Popularklage ergangen. 5

B. Das geltende deutsche Recht

Im heutigen deutschen Recht herrscht das **Offizialprinzip**, d. h., die Strafverfolgung geschieht von Amts wegen (ex officio). Dabei versteht man unter Strafverfolgung i. e. S. die Tätigkeit der StA bis zur Anklageerhebung, in einem weiteren, hier zugrunde gelegten Sinne die gesamte (das Gericht einschließende) staatliche Tätigkeit 6 bis zum Urteil (näher *Schroeder*, GA 1985, 485). Das Offizialprinzip gilt allerdings nicht ganz ohne Einschränkungen.

7 **I.** Der **Grundsatz** besagt folgendes:

Der Staat hat nicht nur das Recht (dazu u. § 14), sondern auch die Pflicht zur Strafverfolgung. Er verwirklicht den „Strafanspruch"[1] selbst, und zwar ohne Rücksicht auf den Willen des Verletzten; er schreitet bei allen Straftaten von Amts wegen ein. Der Verletzte kann als Anzeigeerstatter auftreten oder im Prozess Zeuge sein; aber nicht einmal das ist nötig. Jedenfalls hat er grds. keinen Einfluss darauf, ob ein Strafverfahren stattfindet. (Wohl kann z. B. der von einem Angestellten bestohlene Kaufmann von einer Anzeige absehen und damit praktisch vielfach das Strafverfahren und damit die Bestrafung unmöglich machen; wenn die Sache aber durch die Anzeige eines Mitangestellten oder sonstwie zur Kenntnis der staatlichen Strafverfolgungsorgane, z. B. der Polizei, gelangt, so wird die Straftat – wenn nicht ein Fall des § 248 a StGB vorliegt – verfolgt). Grund dieser Regelung ist das im generalpräventiven Zweck des Strafrechts wurzelnde öffentliche Interesse daran, dass Straftaten nicht unverfolgt bleiben. Privatpersonen sind oft nicht willens oder nicht in der Lage, die Klage selbst zu erheben; sie können namentlich auch aus Furcht vor Rache oder vor irgendwelchen anderen Unannehmlichkeiten geneigt sein, von einer Strafanzeige abzusehen. Neben dieser formellen hat das Offizialprinzip auch eine materielle Seite, die in der StPO nicht eigens ausgesprochen ist, weil sie in Verbindung mit dem Legalitätsprinzip (u. § 14) selbstverständlich erschien: **Anders** als im Zivilprozess, wo die Parteien über den Prozessgegenstand verfügen können (**Verfügungsgrundsatz** oder **Dispositionsmaxime**), können die Strafverfolgungsbehörden über das begangene Delikt und die dadurch verwirkte Strafe (den staatlichen „Strafanspruch") nicht verfügen. Einen „Vergleich", den § 380 für die Privatklage implizit als möglich voraussetzt, gibt es im Offizialverfahren deshalb nicht.

8 **II.** Der Satz, dass der Staat ohne Rücksicht auf den Willen des Verletzten einschreitet, erleidet folgende zwei **Einschränkungen** und eine **Ausnahme:**

1. Es gibt einmal Straftaten – meist unbedeutende Vergehen –, bei denen die Verfolgung stets oder doch zumindest im Regelfall nur auf Antrag des Verletzten eintritt (sog. **Antragsdelikte;** Gegensatz: Offizialdelikte).

a) Zu den **reinen Antragsdelikten,** bei denen die Verfolgung ausschließlich auf Antrag des Verletzten eintreten kann, gehören insb. Hausfriedensbruch (§ 123 StGB), Haus- u. Familiendiebstahl (§ 247 StGB) sowie Haus- u. Familienbetrug (§ 263 IV StGB i. V. m. § 247 StGB). Bei allen diesen Delikten darf die StA keine öffentliche Klage erheben, das Gericht darf keinen Eröffnungsbeschluss erlassen oder verurteilen, solange kein Strafantrag gestellt ist.

9 Die StA darf aber schon vor Stellung des Strafantrags Ermittlungen anstellen; sogar ein richterlicher Haftbefehl oder eine vorläufige Festnahme ist zulässig (§§ 127 III, 130); andernfalls wäre oft nach Stellung des Antrags die Aufklärung des Falles nicht mehr möglich oder der Täter entflohen. Andererseits setzt die Stellung des Strafantrages vo-

[1] Verstanden nicht als Gegenstück zum zivilrechtlichen Anspruch, sondern als hoheitliche Befugnis zur Bestrafung, s. *Goldschmidt*, Der Prozess als Rechtslage, 1925, S. 243 Fn. 1327.

raus, dass die Tat schon begangen ist; ein „vorsorglich" vor Tatbegehung gestellter Strafantrag ist wegen Fehlens einer „Tat" unzulässig (*Ott,* StV 1982, 45).

Durch das Antragserfordernis wird auf das Interesse des Verletzten Rücksicht genommen. Entweder hat der Verletzte wegen der Geringfügigkeit kein Interesse an der Strafverfolgung, dann hat der Staat erst recht keines; oder die Sache liegt so, dass der Verletzte geradezu ein Interesse daran haben kann, dass die Strafverfolgung unterbleibe (so erklärt sich z. B. das Strafantragserfordernis beim Haus- und Familiendiebstahl, § 247 StGB, das auch bei qualifiziertem Diebstahl, § 244 StGB, gilt.

Der Strafantrag ersetzt die staatsanwaltliche Klage nicht; er muss vielmehr zu ihr hinzutreten und bildet eine Strafverfolgungsvoraussetzung. 10

Wenn der Antrag des Verletzten fehlt, muss deshalb nicht freigesprochen, sondern das Verfahren eingestellt werden (u. U. auch noch in der Hauptverhandlung, § 260 III). Umgekehrt ist bei Vorliegen eines Strafantrags die StA nicht unbedingt verpflichtet, die Klage zu erheben. Vielmehr hat sie auch dann noch die Pflicht zu prüfen, ob hinreichender Verdacht vorliegt; wenn nicht, ist das Verfahren einzustellen.

b) Des Weiteren gibt es die **relativen Antragsdelikte,** bei denen ein Antrag ausnahmsweise dann nicht notwendig ist, wenn die Strafverfolgungsbehörde wegen des **besonderen öffentlichen Interesses** an der Strafverfolgung ein Einschreiten von Amts wegen für erforderlich erachtet – so seit der VO v. 2.4.1940 bei einfacher vorsätzlicher und jeder fahrlässigen Korperverletzung (§ 230 I StGB), die zuvor reine Antragsdelikte gewesen waren. Ebenso bei der leichteren Form des sexuellen Missbrauchs von Jugendlichen gem. § 182 II und III, Diebstahl und Unterschlagung geringwertiger Sachen (§ 248a StGB), betrügerischer Erlangung geringwertiger Sachen (§ 263 IV StGB i. V. m. § 248a StGB) und seit 1986 gem. § 303c StGB auch bei Sachbeschädigung (§ 303 StGB) sowie den neu eingeführten Delikten Datenveränderung (§ 303a StGB) und Computersabotage (§ 303b StGB), ferner Nachstellung (§ 238 StGB) und Bestechung im geschäftlichen Verkehr (§ 299). Auch im Nebenstrafrecht hat der Gesetzgeber diese Kategorie neuerdings stark ausgedehnt (s. §§ 17 V, 18 III, 19 III UWG; 109 UrhG). Das läuft, weil die Entscheidung der StA nach h. M. nicht überprüfbar ist (s. i. f. Rn. 12), der Sache nach auf eine weitere Einschränkung des Legalitätsprinzips (u. § 14) hinaus. 11

Die Erklärung der StA über das Bestehen eines besonderen öffentlichen Interesses an der Strafverfolgung stellt eine Ermessensentscheidung dar und ist nach h. M. (BVerfGE 51, 176; BGHSt 16, 225; BayObLG NJW 1991, 1765) der gerichtlichen Nachprüfung entzogen, nach einer neuerdings im Vordringen begriffenen Meinung hingegen vom Gericht im Rahmen des Eröffnungsbeschlusses daraufhin zu prüfen, ob die Grenzen pflichtmäßigen Ermessens (a. M.: des Beurteilungsspielraums) eingehalten sind. Vielfach wird das Vorliegen eines öffentlichen Interesses auch als Verfahrensvoraussetzung angesehen, die vom Gericht selbstständig beurteilt werden muss und entgegen der Auffassung der StA auch verneint werden kann (LG München StV 1990, 400 m. w. N.; *Kröpil,* NJW 1992, 654; *Fezer,* 1/67 f.). Die Bejahung des öffentlichen Interesses kann auch konkludent durch Anklageerhebung erklärt (str.) und noch in der Revisionsinstanz nachgeholt werden (BGHSt 6, 282). Damit sind diese Delikte den Offizialdelikten stark angenähert, sie sind gewissermaßen Offizialdelikte, für die das Opportunitätsprinzip (dazu s. u. § 14) gilt. 12

c) Eine besondere Ausgestaltung hat das Antragserfordernis bei der Beleidigung (§§ 185 ff. StGB) und der Verunglimpfung des Andenkens Verstorbener (§ 189 StGB) in § 194 I, II StGB erfahren: Diese Delikte werden i. d. R. nur auf Antrag verfolgt. Ein solcher ist jedoch nicht erforderlich, wenn der Betroffene Opfer der nationalsozialistischen oder einer anderen Gewalt- oder Willkürherrschaft war und die Beleidigung oder Verunglimpfung damit zusammenhängt. Die Tat kann aber auch in 13 diesen Fällen nicht von Amts wegen verfolgt werden bei (unwiderruflichem!) Widerspruch des Antragsberechtigten.

d) Über die Ausübung des Strafantragsrechts vgl. i. E. die (systematisch falsch platzierten) §§ 77ff. StGB.[2]

14 2. Eine weitere Einschränkung bilden die **Ermächtigungsdelikte** (§§ 90, 90b, 97, 202–104, 194 IV, 353a, 353b StGB). Die Notwendigkeit einer Ermächtigung zur Strafverfolgung stellt es in das Ermessen der zuständigen politischen Organe, ob bei Straftaten von politischer Bedeutung die Strafverfolgung überhaupt stattfinden oder besser unterbleiben soll. Die Ermächtigung ist an keine Frist oder Form gebunden und wird von Amts wegen eingeholt. Bei Straftaten gegen ausländische Staaten (§§ 102ff. StGB) ist außerdem noch ein **Strafverlangen** der ausländischen Regierung erforderlich (§ 104a StGB).

15 3. Eine **Ausnahme** bilden die **privatklagefähigen Delikte,** also diejenigen meist weniger wichtigen oder das öffentliche Interesse weniger stark berührenden Straftaten, bei denen der Verletzte die Anklage nicht nur, wie bei den Antragsdelikten, veranlassen, sondern selbst erheben und im Strafverfahren vertreten kann. Das waren ursprünglich nur Beleidigungen und die nur auf Antrag verfolgbaren Körperverletzungen; 1921 sind Hausfriedensbruch, Bedrohung, Sachbeschädigung, Verletzung des Briefgeheimnisses sowie unlauterer Wettbewerb u. ä. hinzugetreten, zuletzt noch Nachstellung und Bestechung im geschäftlichen Verkehr (§ 374). Mit der einzigen Ausnahme der Bedrohung (§ 241 StGB), die ein Offizialdelikt ist, bilden die Privatklagedelikte damit einen engeren Kreis innerhalb der Antragsdelikte.

16 Die Privatklage ist auf die genannten Vergehensarten beschränkt; eine allgemeine subsidiäre Klage des Verletzten (also eine Befugnis des Verletzten, in allen Fällen – z. B. auch bei Diebstahl oder Sexualdelikten – die Anklage zu erheben, wenn die StA das ablehnt) kennt das heutige deutsche Strafverfahrensrecht nicht. Soweit die Privatklage überhaupt zugelassen ist, ist sie nicht subsidiär, d. h., der vorherige vergebliche Antrag an die StA auf Erhebung der öffentlichen Klage ist nicht notwendig. Die Privatklage ist auch nicht exklusiv: Ihre Zulässigkeit hindert die StA nicht, die öffentliche Klage zu erheben oder die Verfolgung im späteren Verlaufe des Verfahrens zu übernehmen (§§ 376f.).

§ 13. Der Anklagegrundsatz (Akkusationsprinzip)

A. Grundsätzliches

1 Soweit die Strafverfolgung Privatpersonen überlassen ist, ist der Strafprozess ein Parteiprozess, der notwendig mit der Erhebung der Klage durch einen Kläger gegen einen Beklagten beginnt. Wenn dagegen der Staat die Strafverfolgung selbst in die Hand nimmt, besteht eine doppelte Möglichkeit der Gestaltung des Strafverfahrens: Inquisitionsprozess oder Akkusations-(= Anklage-)prozess.

[2] *M.-K. Meyer,* Zur Rechtsnatur und Funktion des Strafantrags, 1984; *Zielinski,* GS H. Kaufmann, 1986, 875; *Brähmer,* Wesen und Funktion des Strafantrags, 1994. Vgl. zum Ganzen ausf.: *Kalsbach,* Die gerichtl. Nachprüfung von Maßnahmen der StA im Strafverf., 1967, 31–59 u. 126–132; *Keller,* GA 1983, 511; zum öffentl. Interesse an der Verfolgung von Körperverletzungen im Sport *H. Kaufmann,* FS Kleinknecht, 1985, 203.

1. Im **Inquisitionsprozess** greift der Richter von sich aus ein: Er verhaftet, vernimmt, untersucht und verurteilt. Es gibt keinen Kläger und keinen Angeklagten, sondern nur den – untersuchenden und urteilenden – Richter (den Inquirenten) und das Objekt seiner Tätigkeit (den Inquisiten). In der Geschichte hat die Anerkennung des Offizialprinzips zunächst zu dieser Form des Strafverfahrens geführt. Gegen diese Gestaltung des Prozesses bestehen aber schwere Bedenken: Einmal ist der Richter im Inquisitionsprozess nicht unbefangen, sondern fühlt sich überwiegend als Organ der Strafverfolgung, und zum anderen ist der Inquisit nahezu wehrlos; er kann sich nicht genügend verteidigen. 2

2. Die andere Möglichkeit besteht darin, den Strafprozess unter Beibehaltung des Offizialprinzips als **Anklageprozess** auszugestalten, also die Vorzüge der staatlichen Strafverfolgung mit denen des Anklageprozesses zu verbinden, die darin bestehen, dass Richter und Ankläger nicht dieselbe Person sind. Das kann in der Weise geschehen, dass der Staat sowohl die Aufgabe des Anklägers wie die des Richters übernimmt, aber diese Aufgabe auf zwei verschiedene staatliche Behörden verteilt – auf eine Anklagebehörde und auf das Gericht. Diesen Weg ist die Entwicklung im Reformierten Strafprozess des 19. Jahrhunderts bis zur RStPO gegangen, nachdem sich die liberalen Reformforderungen mit dem Bestreben der (damals monarchisch gelenkten) Exekutive nach einer Kontrollposition innerhalb der Rechtspflege verbunden hatten (näher o. § 9 Rn. 1). Dass eine eigene, von der Polizei wie vom Gericht organisatorisch getrennte Anklagebehörde erhebliche Vorteile sowohl in Bezug auf Effizienz als auch in Bezug auf Rechtsstaatlichkeit bietet, ist inzwischen auch in den Ländern des Common Law realisiert worden, wo es ursprünglich nur die Polizei und die deren Anklage in der Hauptverhandlung repräsentierenden privaten Rechtsanwälte *(Barrister)* gab. So ist auch in England 1985 endgültig eine unabhängige Anklagebehörde eingeführt worden, der *Crown Prosecution Service.* 3

B. Das geltende Recht

I. Im geltenden Recht gilt **lückenlos der Anklagegrundsatz** (Akkusationsprinzip, Klageformprinzip); die Eröffnung einer gerichtlichen Untersuchung (also des Hauptverfahrens) ist durch die Erhebung einer Klage bedingt (§ 151). 4

1. Das **Gericht** kann **nie von Amts wegen** vorgehen, selbst dann nicht, wenn eine Straftat (z. B. ein Meineid oder Totschlag) vor den Augen des Gerichts in der Sitzung begangen wird (vgl. aber § 183 GVG: Mitteilung an die StA). Es gilt der Satz: „Wo kein Kläger, da kein Richter." 5

Eine nur scheinbare Ausnahme enthält die Bestimmung, wonach der Amtsrichter bei Gefahr im Verzug die erforderlichen Untersuchungshandlungen von Amts wegen vorzunehmen hat (§ 165). Hier ist der Amtsrichter aber nur „Notstaatsanwalt". Die weitere Verfügung gebührt der StA (§ 167).

2. Das **Gericht** kann auch ein bei ihm anhängiges Verfahren **nicht** auf **andere Personen** oder auf **andere** rechtlich selbstständige **Taten** desselben Täters ausdehnen. Die StPO bestimmt ausdrücklich, dass die Untersuchung und Entscheidung sich nur auf die in der Klage bezeichnete Tat und auf die durch die Klage beschuldigten Personen erstreckt (§ 155). Das ist eine Folgerung aus dem Anklagegrundsatz. 6

Die Möglichkeit einer **Nachtragsanklage,** bei der der StA **in der Hauptverhandlung** die Anklage auf weitere Taten des Angeklagten erstreckt (§ 266) – s. u. § 48 Rn. 4ff. –, ist keine Ausnahme vom Anklageprinzip, sondern seine Bestätigung; sie ist nur eine Ausnahme von dem Grundsatz, dass die Anklage schriftlich erhoben werden muss.

7 **II.** Zur **Erhebung der Klage** ist der Staat berufen. Er wird dabei durch die StA vertreten. Diese hat grds. das Anklagemonopol; einzige Ausnahme hiervon sind die Fälle der Privatklage (s. u. § 63).

8 **III.** Wird die Bindung der StA an die Rechtsprechung der Gerichte verneint (vgl. o. § 9 Rn. 14ff.), so wirkt sich dies auch auf das Verständnis des Akkusationsprinzips aus. Entscheidet nämlich die StA in eigener Verantwortung über Strafbarkeit und Nichtstrafbarkeit eines bestimmten Verhaltens, so tritt sie als selbstständiges Organ der Rechtspflege neben die Gerichte. Ihre Funktion erschöpft sich dann nicht darin, der Voreingenommenheit des inquirierenden Richters zu begegnen, sondern sie wird neben dem Gericht und gleichberechtigt mit ihm zum „Wächter des Gesetzes" (näher o. § 9 Rn. 10f.).

Eine Verurteilung setzt damit voraus, dass **zwei** Behörden – StA und Gericht – ein Verhalten übereinstimmend, wenn auch nicht notwendig im selben Verfahrensstadium, als strafbar ansehen.

9 **IV.** Das Akkusationsprinzip ist formell im deutschen Strafverfahren überall gewahrt. Doch erleidet es materiell eine Ausnahme im Klageerzwingungsverfahren (vgl. dazu u. § 41).

§ 14. Der Verfolgungs- und Anklagezwang (Legalitätsprinzip)

Literatur: *Heyden,* Begriff, Grundlagen und Verwirklichung des Leg.prinzips und des Opportunitätsprinzips, 1961; *Wagner,* Zum Leg.prinzip, FS für den 45. DJT, 1964, 149; *Cramer,* Ahndungsbedürfnis und staatl. Sanktionsanspruch, FS Maurach, 1972, 487; *Naucke,* Der Begriff der geringen Schuld (§ 153 StPO) im Straftatsystem, ebd., 197; *Dreher,* Die Behandlung der Bagatellkriminalität, FS Welzel, 1974, 917; *Baumann,* Minima non curat praetor, FS Peters, 1974, 3; *Schroeder,* Leg.- und Opportunitätsprinzip heute, ebd., 411; *Zipf,* Kriminalpolit. Überlegungen zum Leg.prinzip, ebd., 487; *Kleinknecht,* Das Leg. prinzip nach Abschluß des gerichtl. Strafverf., FS Bruns, 1978, 475; *Ahrens,* Die Einstellung in der Hauptverhandlung gem. §§ 153 II, 153a II, 1978; *Weigend,* Anklagepflicht und Ermessen, 1978; *Rieß,* Vereinfachte Verf.arten für die kleinere Kriminalität, in: *Schreiber* (Hrsg.), Strafprozess und Reform, 1979, 113; *Hirsch,* Zur Behandlung der Bagatellkriminalität in der BRD, ZStW 92 (1980), 218; *Kausch,* Der StA – ein Richter vor dem Richter?, 1980; *Kunz,* Die Einstellung wegen Geringfügigkeit durch die StA, 1980; *Gössel,* Überlegungen zur Bedeutung des Leg.prinzips usw., FS Dünnebier, 1982, 121; *Rieß,* Leg.prinzip – Interessenabwägung – Verhältnismäßigkeit, ebd., 149; *Hobe,* „Geringe Schuld" und „öffentl. Interesse" in den §§ 153 und 153a StPO, FS Leferenz, 1983, 629; *Jung,* Leg.prinzip oder Opportunitätspr. im Strafverf., in: Recht und Gesetz im Dialog III, 1986, 55; *Mertes,* Leg.prinzip oder Opportunitätspr. im Strafverf., ebda., 73; *Paschmanns,* Die staatsanwaltschaftl. Verf.einstellung wegen Geringfügigkeit, 1988; *Müller/Wache,* Opportunitätserwägungen bei Straftaten gegen die äußere Sicherheit, FS Rebmann, 1989, 321; *Rieß,* Überlegungen zur künftigen Ausgestaltung der Verf.einstellung gegen Auflagen, FG Koch, 1989, 215; *Ambs,* Das Leg.prinzip auf dem Prüfstand der Rechtswirklichkeit usw., GS Meyer, 1990, 7; *Bottke,* Grundlagen des polizeil. Leg.prinzips, JuS 1990, 81; *ders.,* Polizeil. Ermittlungsarbeit und Leg.prinzip, GS Meyer, 1990, 37; *Justizministerium Baden-Württemberg* (Hrsg.), Ist das Leg.prinzip noch zeitgemäß?, 1990; *W. Hassemer,* Legalität und Opportunität im Strafverf., FS StA-Schleswig-Holstein, 1992, 529; *Lorenzen,* Leg.- und Opportunitätsprinzip, ebda., 541; *Lampe* (Hrsg.), Vorschläge zur Behandlung der Kleinkriminalität, 1993; *Fezer,* Vereinfachte Verf. im Strafprozess, ZStW 106 (1994), 1; *Radtke,* Zur Systematik des Strafklageverbrauchs verfahrenserl. Entscheidungen im Strafpr., 1994; *B. Heinrich,* Die gerichtliche

Nachprüfbarkeit von Entscheidungen der StA, NStZ 1996, 110; *Pott,* Die Außerkraftsetzung der Legalität in den Vorschriften der §§ 154, 154a StPO, 1996; *Terbach,* Einstellungserzwingungsverfahren nach §§ 153, 153a StPO, 1996; *M.-K. Meyer,* Das „Fehlen des öffentlichen Interesses", GA 1997, 405; *Weigend,* Das „Opportunitätsprinzip", ZStW 109 (1997), 103; *Eisenberg,* § 152 II StPO: Legalitätsprinzip im gerichtsfreien Raum?, NJW 1998, 2241; *Terbach,* Rechtsschutz gegen die staatsanwaltschaftliche Zustimmungsverweigerung zur Verfahrenseinstellung nach §§ 153 II, 153a II StPO, NStZ 1998, 172; *Erb,* Legalität und Opportunität, 1999; *Naucke,* Das System der proz. Entkriminalisierung, FS Grünwald, 1999, 403; *Bohnert,* Sortierte Einstellung, GA 2000, 113; *Jung/Britz,* Anmerkung zur „Flexibilisierung" des Katalogs von § 153a Abs. 1 StPO, FS Meyer-Goßner, 2001, 307; *Riess,* Plädoyer für ein Einstellungserzwingungsverf., FS Roxin, 2001, 1319; *Horstmann,* Zur Präzisierung u. Kontrolle von Opportunitätsentsch., 2002; *Beulke,* Die unbenannten Auflagen und Weisungen des § 153a StPO, FS Dahs, 2005, 209; *Saliger,* Grenzen der Opportunität, GA 2005, 155; *Deiters,* Legalitätsprinzip u. Normgeltung, 2006; *Wiebke,* Die Wahlbefugnis der StA bei Anklageerhebung pp., 2007; *Pommer,* Das Legalitätspr. im Strafpr., Jura 2007, 662; *Salditt,* § 153a und die Unschuldsvermutung, FS Egon Müller, 2008, 611; *Scheinfeld,* Die Verfahrenseinstellung in gr. Wirtschaftsstrafsachen, FS Herzberg, 2008, 843; *Schroeder,* Absehen v. d. Strafe u. Absehen v. d. Strafverfolgung, FS Fezer, 2008, 543; *Böttcher,* § 154 StPO und die Belange des Opfers, FS Volk, 2009, 61; *ders.,* Rücksichtnahme auf Opferinteressen bei der Verfahrenseinstellung, FS Stöckel, 2010, 161; *J. M. Scholz,* §§ 154, 154a StPO – Dogmatische Probleme und Rechtspraxis, 2010; *Steinberg,* Richterl. Gewalt und individuelle Freiheit, 2010, 149ff; *Prelle,* Opportunität und Konsens – verfahrensförmige Normsuspendierung als Hilfe für die Überlast im Kriminaljustizsystem?, KritV 2011, 331; *Beulke,* § 153a StPO im Wirtschaftsstrafrecht, FS v. Heintschel-Heinegg, 2015, 33; *Duttge,* Zum Strafcharakter der „Auflagen" nach § 153a StPO, FS Beulke, 2015, 689; *Trentmann,* § 153a StPO u. das ö ff. Interesse an der Strafverfolgung pp., ZStW 128 (2016), 446..

A. Grundsätzliches

1 Das **Legalitätsprinzip** besagt einerseits, dass die StA Ermittlungen aufzunehmen hat, wenn ein Tatverdacht vorhanden ist, andererseits, dass sie verpflichtet ist, Anklage zu erheben, wenn ein hinreichender Tatverdacht nach den Ermittlungen bestehen bleibt (BVerfG NStZ 1982, 430). Seinen theoretischen Gegensatz bildet das **Opportunitätsprinzip,** das die StA ermächtigt, zwischen Anklageerhebung und Verfahrenseinstellung auch dann zu wählen, wenn die Ermittlungen zu dem Ergebnis führen, dass der Beschuldigte mit an Sicherheit grenzender Wahrscheinlichkeit eine strafbare Handlung begangen hat. Es gilt in vielen Rechtsordnungen Europas und auch in den USA.

2 Das Legalitätsprinzip ist bei Erlass der StPO durchgesetzt worden, um die Gewähr dafür zu schaffen, dass die als Teil der Exekutive dem Monarchen untergeordnete und daher nicht ohne Misstrauen betrachtete StA jede Straftat ohne Ansehen der Person verfolgen würde. Es entspricht der damals völlig herrschenden Vergeltungsidee, derzufolge der Staat zur Herstellung absoluter Gerechtigkeit jede Übertretung des Strafgesetzes ohne Ausnahme zu bestrafen hat. Mit der Ablösung dieser absoluten Straftheorie durch general- und spezialpräventive Auffassungen, die die Bestrafung an ihre gesellschaftliche Notwendigkeit und Zweckmäßigkeit knüpfen, hat das Legalitätsprinzip seine ursprüngliche theoretische Basis teilweise verloren. Es ist gleichwohl heute nicht überholt. Denn Demokratie, Rechtsstaat, der Bestimmtheitsgrundsatz (Art. 103 II GG) und auch der Gleichheitssatz (Art. 3 GG) verlangen, dass der Gesetzgeber die Voraussetzungen strafrechtlicher Ahndung prinzipiell selbst bestimmt und nicht den Strafverfolgungsbehörden die Entscheidung überlässt, wer im konkreten Fall bestraft werden soll. Die Ausnahmen vom Legalitätsprinzip folgen aus dem verfassungsrechtlichen Grundsatz der Verhältnismäßigkeit, d. h. aus dem Gedanken, dass im Einzelfall auf eine Bestrafung verzichtet werden darf, wenn präventive Gründe sie nicht fordern

(näher *Rieß,* 1981, 5f.). Eine an diesen Grundsätzen orientierte Gesamtkonzeption fehlt allerdings bisher im geltenden Recht (sehr weitgehende Vorschläge bei *Deiters,* 2006).

3 Für die Polizei gilt das Legalitätsprinzip ohne die Durchbrechungen, die für die StA bestehen (§§ 153ff.). Tendenzen zur Relativierung der polizeilichen Verfolgungspflicht ist entgegenzutreten (*Krey* II, Rn. 238ff.).

B. Legalitäts- und Opportunitätsprinzip im geltenden Recht

I. Der Anklagezwang

4 Als **Grundsatz** gilt in der StPO nach wie vor das Legalitätsprinzip: Die StA ist prinzipiell zur Aufnahme der Ermittlungen wegen aller verfolgbaren Straftaten verpflichtet, sofern zureichende tatsächliche Anhaltspunkte vorliegen (§ 152 II); wenn die Ermittlungen genügenden Anlass dazu bieten, muss sie auch Anklage erheben (§ 170 I). Dem Anklagemonopol (Akkusationsprinzip, o. § 13) tritt so der Verfolgungs- und Anklagezwang zur Seite.

Das Legalitätsprinzip wird durch das **Klageerzwingungsverfahren,** §§ 172–177, und durch die schwere **Strafdrohung** des § 258a StGB (Strafvereitelung im Amt) gesichert. Auch das Weisungsrecht des Justizministers findet an ihm seine Grenze.

II. Durchbrechungen des Anklagezwanges

5 1. Der genannte Grundsatz ist nun allerdings von so vielen Ausnahmen durchbrochen, dass im Bereich der kleineren und weitgehend auch der mittleren Kriminalität praktisch das Opportunitätsprinzip gilt. Allerdings trifft das nur für die StA zu; die Polizei hat kein Einstellungsermessen, so dass für sie das Legalitätsprinzip uneingeschränkt wirksam ist.

Die StPO kennt heute vier große Gruppen, in denen das Strafverfahren trotz bestehenden Tatverdachts eingestellt werden kann:

a) Wenn der Tatvorwurf **geringfügig** ist und kein Strafverfolgungsinteresse besteht *(„schwindendes Interesse“),*

b) wenn das Strafverfolgungsinteresse auf **andere Weise** befriedigt werden kann *(„ablösbares Interesse“),*

c) wenn ihm **vorrangige** staatliche Interessen entgegenstehen *(„weichendes Interesse“)* oder

d) wenn der **Verletzte** selbst die Strafverfolgung betreiben kann *(„privatisiertes Interesse“).*

6 2. I. E. ist die Einstellung an folgende Voraussetzungen geknüpft:

a) **Geringfügigkeitsfälle:** Diese Taten sind dadurch gekennzeichnet, dass durch sie die Belange der deutschen Strafrechtspflege nur in geringem Maße berührt werden.

aa) In den Fällen **absoluter Geringfügigkeit,** in denen die Schuld des Täters gering und die Tat in der Regel unbedeutend ist, erscheint ein aufwändiges gerichtliches Verfahren in vielen Fällen wenig zweckmäßig. Daher lockert das Gesetz den Verfolgungszwang bei Vergehen (§ 153), wenn die Schuld des Täters als gering anzusehen wäre und kein öffentliches Interesse an der Durchführung der Strafverfolgung besteht,[1] sowie in den Fällen, in denen das Gericht von Strafe absehen könnte (§ 153b), z. B. bei § 60 StGB (hierzu *Ranft*, Rn. 1174ff. m.w.N.), § 46a StGB oder § 157 StGB. Durch den Wortlaut des § 153 ist nunmehr klargestellt, dass die Einstellung wegen Geringfügigkeit nicht den vollen Schuldnachweis, sondern nur die Wahrscheinlichkeit der Verurteilung voraussetzt.

bb) In den Fällen **relativer Geringfügigkeit** kann schon dann von der Verfolgung einer Tat abgesehen werden, wenn die zu erwartende Strafe oder Maßregel neben einer bereits rechtskräftig verhängten oder zu erwartenden Strafe oder Maßregel nicht beträchtlich ins Gewicht fällt (§ 154 I Nr. 1) oder wenn ein Urteil wegen dieser Tat nicht in angemessener Frist zu erwarten ist und wenn die bereits verhängte oder zu erwartende Strafe zur Einwirkung auf den Täter und zur Verteidigung der Rechtsordnung ausreichend erscheint (§ 154 I Nr. 2). § 154 setzt dabei voraus, dass mehrere selbstständige Taten vorliegen, während § 154a dieselbe Möglichkeit für mehrere abtrennbare Teile einer Tat oder einzelne von mehreren Gesetzesverletzungen durch dieselbe Tat (etwa bei einem Verkehrsunfall mit Unfallflucht § 142 StGB gegenüber dem dazu in Idealkonkurrenz stehenden § 315c StGB) vorsieht; zu dem hierfür maßgeblichen prozessualen Tatbegriff s. u. § 20 Rn. 5ff. 7

Diese (vom Gesetzgeber mehrfach erweiterten) Einstellungsmöglichkeiten schaffen einen enormen Spielraum, denn selbst wenn die zu erwartenden Rechtsfolgen „beträchtlich“ ins Gewicht fallen, also die Verurteilung wegen der einzustellenden Tat bzw. Gesetzesverletzung zu einer wesentlichen Erhöhung einer nach §§ 54, 55 StGB zu bildenden Gesamtstrafe führen würde, erlaubt der v. a. auf Großverfahren zugeschnittene § 154 I Nr. 2 zur Abkürzung des Verfahrens eine noch weitergehende Reduzierung des Verfahrensstoffes. Das lässt sich vom generalpräventiven Zweck des Strafrechts her legitimieren, sofern freilich berücksichtigt wird, dass eine Beschränkung der Strafverfolgung bei solchen Taten nicht vertretbar ist, bei deren Begehung der Täter hierauf geradezu spekuliert hat. Denn sonst würde das Strafverfahren die implizite Botschaft transportieren, dass man die Strafrechtsnormen nicht mehr weiter zu respektieren braucht, sofern man sie schon einige Male übertreten hat, was die generalpräventive Wirkung des Strafrechts insgesamt ruinieren würde. Auch wenn § 154, nachdem die Rechtsfigur der fortgesetzten Handlung durch die Rspr. aufgegeben worden ist (BGHSt 40, 138), nunmehr der einzige Notbehelf zur verfahrensökonomischen Erledigung von Serienstraftaten ist (dazu *Erb*, GA 1995, 430) schließt es der Vorbehalt der „Verteidigung der Rechtsordnung“ ähnlich wie bei § 56 StGB aus, den schon bei seiner Tat auf die Einstellungsmöglichkeit spekulierenden Täter zu privilegieren. Umgekehrt darf § 154 aber auch nicht zur Erzwingung einer Urteilsabsprache missbraucht werden, indem – ähnlich der in den USA bekannten Strategie des *„Overcharging“* – im Windschatten des Hauptvorwurfes noch alle möglichen unsicheren weiteren Punkte angeklagt und in einem vom Gericht summarisch behandelten Zwischenverfahren ebenfalls zur Hauptverhandlung zugelassen werden, um sodann deren Einstellung im Austausch gegen ein Geständnis des Angeklagten im Hauptpunkt anzubieten. Dass alle derartigen Missbrauchsfälle praktisch nicht kontrolliert werden können, stempelt die Einstellung wegen relativer Geringfügigkeit zu einem rechtsstaatlich problematischen Institut. Weitergehend hält *Pott*, 1996, 151, die §§ 154, 154a wegen Verstoßes gegen das Bestimmtheitsgebot für verfassungswidrig und kritisiert auch i. Ü. die Zurückdrängung des Legalitätsprinzips. 8

Ein besonders intrikates Problem stellt die Verwertbarkeit der nach § 154 oder § 154a 9
ausgeschiedenen Delikte für die Beweiswürdigung oder im Rahmen der Strafzumes-

[1] Zur Auslegung dieser Begriffe *Hobe*, 1983. Mit Recht hält *M.-K. Meyer*, GA 1997, 405, den Vorbehalt des „öffentlichen Interesses“ neben dem der „Geringschuld“ für überflüssig; denn es ist unklar und auch nicht hinreichend objektivierbar, worin dieses Interesse bestehen sollte.

sung dar. Sie ist schon deshalb zu verneinen, weil sie gegen die Unschuldsvermutung verstößt. Denn nach dem Zweck der §§ 154, 154a kann die Begehung der ausgeschiedenen Taten nicht gründlich geprüft worden sein.[2] Anders die Rspr.: Laut BGH soll in den Fällen, in denen das **Gericht** an der Einstellung beteiligt ist – sei es gem. § 154 II (BGHSt 30, 197), § 154a II (BGH StV 1983, 184) oder mittelbar durch Übernahme der Beschränkung einer staatsanwaltschaftlich nach § 154a verfügten Einstellung im Rahmen des Eröffnungsbeschlusses nach § 207 II Nr. 2, 4 (BGHSt 30, 147) –, eine Verwertung der ausgeschiedenen Delikte bei der Strafzumessung oder Beweiswürdigung zulässig sein, sofern der Angeklagte darauf in der Hauptverhandlung hingewiesen worden ist (BGH StV 2009, 117 m. w. N., wobei es sich aber nicht um eine protokollierungspflichtige wesentliche Förmlichkeit handeln soll, BGH StV 2011, 399 m. abl. Rezension v. *Beulke/Stoffer* [442]). Der Hinweis kann nach BGH JR 1986, 165 m. Anm. *Pelchen* sogar unterbleiben, wenn der Angeklagte nicht darauf vertrauen durfte, dass der ausgeschiedene Verfahrensstoff auch bei der Beweiswürdigung nicht zu seinen Lasten verwendet werden würde. Ein entspr. Hinweis soll auch bei einer Einstellung durch die StA nach § 154 I geboten und ausreichend sein.[3]

10 Nach § 154a III kann das Gericht ausgeschiedene Tatteile in jeder Lage des Verfahrens wiedereinbeziehen; auf Antrag der StA ist es dazu sogar verpflichtet (BGHSt 32, 84; BGH NStZ 1985, 515). Dies gilt jedoch in der Revisionsinstanz dann nicht mehr, wenn dadurch eine abschließende Entscheidung über das Rechtsmittel verhindert würde (BGHSt 21, 326; BGH NJW 1984, 1365).

11 cc) Bei den Fällen mit **Auslandsbeziehung** ist das Interesse an der Strafverfolgung deshalb besonders gering, weil die Straftat entweder im Ausland begangen worden ist (i. e. s. § 153c I Nr. 1, 2), der inländische Tatbeitrag zu einer ausländischen kriminellen Vereinigung gering ist (§ 153c I Nr. 3) oder weil wegen der Tat im Ausland eine Strafe gegen den Beschuldigten bereits vollstreckt worden ist (§ 153c). In diesem Fall wäre innerhalb der EU ein deutsches Strafverfahren freilich schon wegen „ne bis in idem" ausgeschlossen (s. o. § 3 Rn. 22). Auf einem ähnlichen Gedanken beruht § 154b: Bei Abschiebung oder Auslieferung des Beschuldigten fehlt der deutschen Strafjustiz das Interesse an der Verfolgung des Täters. Verwandten Erwägungen verdankt sich auch die Opportunitätsregelung für Völkerstraftaten in § 153f.

12 dd) Gem. **§ 31 a BtMG** kann die StA bei Verstößen gegen § 29 I, II und IV BtMG von der Verfolgung absehen, wenn die Schuld des Täters als gering anzusehen wäre, kein öffentliches Interesse an der Strafverfolgung besteht und die Betäubungsmittel nur zum Eigenverbrauch dienen. In der sog. „Cannabis-Entscheidung" hat das BVerfG (BVerfGE 90, 145, 189 m. Anm. *Kreuzer*, NJW 1994, 2400) den § 31 a BtMG unter Hinweis auf das Übermaßverbot so ausgelegt, dass bundeseinheitlich bei Besitz und Erwerb geringer Mengen von Cannabisprodukten zum Eigenverbrauch eine Verfahrenseinstellung zu erfolgen hat (zur gleichwohl uneinheitl. Praxis *Endriß/Kinzig*, NJW 2001, 3217 f.).

13 b) **Ablösbares Interesse:** Das EGStGB hat durch Einführung des **§ 153a** die Möglichkeit geschaffen, die Verfolgung von Vergehen auch dann einzustellen, wenn zwar zu-

[2] Ebenso *Eisenberg*, BewR, Rn. 417 ff.; *Beulke*, Rn. 340; *Vogler*, FS Kleinknecht, 1985, 429.

[3] *Terhorst*, JR 1982, 247; BGH StV 1982, 523; a. A. BGHSt 30, 165 m. Anm. *Bruns*, StV 1982, 18, die in diesem Fall eine Verwertung ohne rechtl. Hinweis für zulässig erachten.

nächst ein Strafverfolgungsinteresse besteht, dieses aber dadurch beseitigt werden kann, dass dem Beschuldigten **Auflagen und Weisungen** auferlegt werden, sofern diese geeignet sind, das öffentliche Strafverfolgungsinteresse zu beseitigen, und (ursprünglich: die Schuld des Täters als gering anzusehen wäre, seit 1993:) die Schwere der Schuld nicht entgegensteht. Von den in § 153a I Nr. 1–7 (lesen!) im einzelnen aufgeführten Auflagen und Weisungen (die Aufzählung im Gesetz ist nicht abschließend; zu den „unbenannten Auflagen“ näher *Beulke,* Rn. 337c) wird die praktisch wichtigste von der Zahlung eines *Geldbetrages* zu Gunsten einer gemeinnützigen Einrichtung oder der Staatskasse (Nr. 2) gebildet. Kriminalpolitisch moderne Institute sind die Weisung, sich ernsthaft um einen Täter-Opfer-Ausgleich zu bemühen (Nr. 5, dazu näher §§ 155a und b), sowie diejenige, an einem sozialen Trainingskurs teilzunehmen (Nr. 6, namentlich in Fällen häuslicher Gewalt). Die Nachschulung im Straßenverkehr heißt nunmehr „Aufbauseminar“ (Nr. 7). Der traditionellen Sanktionierungsschärfe bei Straßenverkehrsdelikten entsprechend, soll hier § 69 II StGB eine Art Sperrwirkung entfalten (*Meyer-Goßner* StPO § 153a Rn. 22c), doch wird eher umgekehrt ein Schuh daraus: Wenn § 153a erfüllt ist so sperrt das die Verurteilung und damit auch die Anwendung des § 69 StGB. Aus dem Verweis in Abs. 1 S. 8 auf § 246a II folgt ferner die Zulässigkeit der dort definierten *Therapieweisung,* regelmäßig nach Anhörung eines Sachverständigen.

Obwohl § 153a die Zustimmung des Beschuldigten voraussetzt (die aber nicht etwa die Bedeutung eines Geständnisses hat, s. BVerfG NJW 1991, 1530; StV 2008, 368), dem die StA daraufhin eine Erfüllungsfrist setzt (§ 153a I 3), kann die Erfüllung der Auflagen oder Weisungen nicht erzwungen werden. Stattdessen hat das Gesetz ein zweistufiges Verfahren gewählt, indem zunächst nur eine vorläufige Einstellung erfolgt, die im Fall der Nichterfüllung analog § 56f StGB widerrufen wird. Erfüllt der Beschuldigte die Auflagen und Weisungen, so wird das Verfahren endgültig eingestellt, und danach kann die Tat nicht mehr als Vergehen verfolgt werden (Verfahrenshindernis, § 153a I 5, II 2). Unter der „Tat“ ist dabei der gesamte historische Vorgang i. S. d. § 264 zu verstehen (OLG Nürnberg NJW 1977, 1787; *Loos,* JZ 1978, 597; vgl. u. §§ 20 Rn. 5ff., § 52 Rn. 11), auch wenn sich nachträglich ein größerer Schuldgehalt herausstellt (OLG Düsseldorf StV 1997, 344) – es sei denn, dass sich ein Verbrechenstatbestand ergibt.

Diese Vorschrift, an der schon vor ihrer Einführung unter dem Gesichtspunkt einer „Kommerzialisierung der Strafrechtspflege“ heftige Kritik geübt worden ist (vgl. *Schmidhäuser,* JZ 1973, 529; *Hanack,* FS Gallas, 1973, 339; heute *Stuckenberg* u. *Weigend,* GS Weßlau, 2016, 369, 413), hat sich in der Praxis durchgesetzt und als wirksames Instrument zur Entlastung der Strafjustiz erwiesen (näher *Rieß,* ZRP 1983, 93). Diese „Wirksamkeit“ wäre aber auch bei einer schematischen Einstellung jedes Verfahrens mit ungeradem Aktenzeichen erzielbar, kann also das Legitimitätsproblem nicht lösen. Die sich aufdrängenden Bedenken wegen einer Verletzung der *Unschuldsvermutung* wird man noch beschwichtigen können, denn § 153a setzt gerade keine Schuldfeststellung voraus, sondern sieht von dieser ab, wie an der früheren Formulierung ganz deutlich wurde („wenn die Schuld als gering anzusehen wäre“). Die Einstellungsentscheidung nach § 153a und die Zustimmung des Beschuldigten dazu begründen deshalb auch keinen Beweis für die Begehung der eingestellten Tat (BVerfG MDR 1991, 891). Allerdings handelt es sich der Sache nach doch um ein „Freikaufverfahren“, weshalb der 9. ZS des BGH ungeschminkt davon spricht, dass der Beschuldigte „keine unentgeltliche Leistung erbringt, wenn die erteilte Auflage in einem angemessenen Verhältnis zu dem Verurteilungsrisiko (sic!) und dem öffentlichen Interesse an der Durchsetzung des staatlichen Strafanspruchs (sic!) steht“ (StV 2010, 555). Nicht weniger bedenklich stimmt, dass die Erfüllung der Auflagen und Weisungen zwar theoretisch freiwillig, praktisch aber wegen des sonst drohenden Strafverfahrens mit einem an § 136a heranreichenden *Zwang* durchgesetzt wird (*Dencker,* JZ 1973, 149). Außerdem bestehen 14 gegen die Vorschrift auch schwere verfassungsrechtliche Bedenken, weil die *Unbestimmtheit* der Einstellungsvoraussetzungen kaum mit dem lex-certa-Grundsatz des Art. 103 II GG zu vereinbaren ist. Ernsthaft in Zweifel zu ziehen ist auch die Vereinbarkeit mit dem **Gleichheitsgrundsatz** des Art. 3 GG sowie – damit zusammenhängend – mit der **Rechtsweggarantie** des Art. 19 IV GG: Eine Privilegierung der „Weiße-Kragen-Täter" ist durch § 153a geradezu vorprogrammiert. Empirische Untersuchungen haben zwar nur ergeben, dass sich in der bisherigen Praxis die soziale Stellung des Beschuldigten nicht unmittelbar, sondern allein über eine geschickte Verteidigungsstrategie einstellungsförderlich auswirkt (*Kaiser,* NStZ 1984, 343). Aber viel schwerer wiegt die durch § 153a ermöglichte und in der Praxis realisierte *Privilegierung gravierender Wirtschaftskriminalität* (vgl. *Meinberg,* Geringfügigkeitseinstellungen von Wirtschaftsstrafsachen, 1985, 242f.; *Eisenberg,* Kriminologie, 6. Aufl., 2005, § 27 Rn. 73; *Scheinfeld,* FS Herzberg, 2008, 843). Selbst bei einem Schadensvorwurf in Millionen- oder gar Milliardenhöhe kommen in tatsächlich wie rechtlich extrem komplizierten Untreue- oder Betrugsverfahren immer wieder Einstellungen nach § 153a vor, was der Gesetzgeber dadurch „abgesegnet" hat, dass er nicht mehr auf eine geringe Schuld, sondern nur noch auf eine fehlende Schwere der Schuld abstellt. Die Hauptursache für die ungleichmäßige Anwendung des § 153a liegt hierbei darin, dass diese ins Ermessen der StA gestellt ist und der Beschuldigte also keinen durchsetzbaren, erst recht keinen gerichtlich überprüfbaren Anspruch auf Gleichbehandlung besitzt.

15 Besser mit dem Rechtsstaatsprinzip zu vereinbaren wäre die Lösung, die Einstellungsgründe im einzelnen detailliert zu beschreiben und zu Verfahrenshindernissen auszugestalten (so bereits *Zipf,* 1974, 499); dabei wäre die Leerformel des „öffentlichen Interesses" in objektive Kriterien wie das Ausmaß des Schadens, die Erstmaligkeit der Tat oder die soziale Situation des Täters aufzulösen (zum Ganzen *Roxin,* in: Kriminologie u. Strafverf., 1976, 18ff., 20f.; *Rieß,* 1979; *Lampe* [Hrsg.], Vorschläge z. proz. Behdlg. d. Kleinkriminalität, 1993; *Deiters,* 2006; *Heinz,* FS Kühne, 2013, 213). Der AE einer Novelle zur StPO (1980) schlägt die Wiederabschaffung des § 153a und seine Ersetzung durch ein nichtöffentliches richterliches Verfahren vor.

16 c) Die große Gruppe des **weichenden Strafverfolgungsinteresses** zerfällt in fünf Untergruppen:

aa) Von besonderer Bedeutung ist dabei das durch das 8. StrÄndG v. 25.6.1968 (BGBl. I 741) eingeführte **Opportunitätsprinzip bei Staatsschutzsachen.** Nach **§ 153d I** kann von der Verfolgung derartiger Straftaten abgesehen werden, wenn die Durchführung des Verfahrens die Gefahr eines schweren Nachteils für die BRD herbeiführen würde oder wenn der Verfolgung sonstige überwiegende Interessen entgegenstehen (vgl. auch § 153d II!). Damit soll der Tatsache Rechnung getragen werden, dass bei bestimmten Delikten, wie z. B. Landesverrat, die Durchführung des Verfahrens die in der Tat selbst liegende Gefährdung der Staatssicherheit übersteigen würde. Freilich wird dadurch deutlich, dass das Strafrecht hier als Mittel des politischen Kampfes eingesetzt wird, so dass die ganze Regelung in die Nähe des sog. **Feindstrafrechts** gerät, bei dem die Bekämpfungseffizienz über die Rechtsstaatlichkeit gestellt wird und das deshalb nach h. M. eine in einem Rechtsstaat nicht akzeptable Entartung darstellt.[4]

17 bb) Auf dem gleichen Grundgedanken beruht **§ 153e I,** der es bei Staatsschutzdelikten honoriert, wenn der Täter nach der Tat einen Beitrag zur Abwehr von Gefahren für Bestand, Sicherheit oder verfassungsmäßige Ordnung der BRD leistet.

cc) Bei **§ 154 c** soll die Einstellungsmöglichkeit die Anzeigebereitschaft des genötigten oder erpressten Opfers fördern. Sie besteht freilich nur unter dem Vorbehalt, dass „nicht wegen der Schwere der Tat eine Sühne unerlässlich ist". Um sicherzugehen, ist es deshalb für das Opfer zweckmäßig, sich zunächst durch einen Anwalt, der seinen Mandanten nicht offenbart, ein Absehen von der Strafverfolgung für den Fall der Anzeige zusichern zu lassen (*Krey* II, Rn. 458).

18 dd) **§ 154 d** schließlich soll erstens die Gefahr einander widersprechender Gerichtsentscheidungen mindern und zweitens verhindern, dass der Anzeigende das kostenlose Strafverfahren als Druckmittel oder zur Vorbereitung eines anderen Verfahrens benutzt, etwa wenn jemand ein Verfahren wegen Fischwilderei (§ 293 StGB) beantragt, um sein Fischereirecht feststellen zu lassen. Die erste Zweckbestimmung liegt

[4] Dazu im Allg. und krit. *Schünemann,* FS Nehm, 2006, 219; *Roxin,* AT I § 2 Rn. 126ff.; *Greco,* GA 2006, 96ff. alle mit weiteren Nachw.; zur strafprozessualen Dimension etwa *Schneider,* ZStW 113 (2001), 499; *Hörnle,* GA 2006, 88f., 95.

auch **§ 154 e** zugrunde, wonach Hauptverfahren wegen falscher Verdächtigung oder Beleidigung regelmäßig erst nach Abschluss eines Straf- oder Disziplinarverfahrens gegen den Verdächtigten durchgeführt werden sollen.

ee) Seit Jahrzehnten umstritten ist, ob der StA die Möglichkeit eingeräumt werden soll, einem Tatbeteiligten Straffreiheit zuzusichern, um ihn als Hauptbelastungszeugen gegen seine Komplizen zu gewinnen (aufgrund der englischen Tradition sog. **„Kronzeuge"**, besser **„Aufklärungsgehilfe"**).[5] Der Beweiswert „erkaufter" Aussagen und die Rechtsstaatlichkeit der dabei angewandten Mittel sind jedoch meist dubios. Ferner muss die darin liegende Ungleichbehandlung trotz gleicher Tatschuld bei schwersten Straftaten das allgemeine Rechtsbewusstsein zu sehr erschüttern und dadurch kriminalitätsfördernd wirken. Zwar ist die Aufklärungshilfe als ein der Strafrechtspflege nützliches „Verhalten nach der Tat" selbstverständlich ein Strafmilderungsgrund gemäß § 46 Abs. 2 StGB, dem der Gesetzgeber auch durch einen Verweis auf § 49 Abs. 1 StGB feste Konturen verleihen kann. Der Rubikon der Rechtsstaatlichkeit wird aber überschritten, wenn unabhängig von der Tatschwere eine Milderung nach freiem Ermessen bis hin zur Straflosigkeit und Verfahrenseinstellung ermöglicht und diese zum Objekt einer Absprache gemacht wird; ein solches Institut zerstört „retroaktiv" die generalpräventive Wirkung der Strafrechtsnorm und ist deshalb ebenfalls eine Erscheinungsform des in einem Rechtsstaat inakzeptablen Feindstrafrechts. Ein solcher Paradigmawechsel zeichnet sich in der Gesetzgebung unter dem Eindruck des Terrorismus und anderer Formen der organisierten Kriminalität jedoch bereits ab. 19

Nunmehr hat das „43. Gesetz zur Änderung des StGB – Strafzumessung bei Aufklärungs- und Präventionshilfe" (v. 31.7.2009, BGBl. I 2288) in einem neuen § 46b StGB einen *allgemeinen* Strafmilderungsgrund bei „Hilfe zur Aufklärung oder Verhinderung von schweren Straftaten" geschaffen, der durch den Verweis auf § 49 I StGB im Ausgangspunkt limitiert ist (besonders deutlich bei Mord, für den eine Mindestfreiheitsstrafe von 10 Jahren statuiert wird). Diese Begrenzung wird jedoch in § 46b I 4 für solche Taten aufgegeben, die (ohne die Milderung) konkret keine höhere Freiheitsstrafe als drei Jahre rechtfertigen würden; bei ihnen kann vollständig von Strafe abgesehen werden. Hieraus wird sich dann wiederum über den Mechanismus des § 153b (o. Rn. 6) für die StA die Möglichkeit ergeben, das Verfahren mit Zustimmung des Gerichts überhaupt einzustellen. Ähnliche Regelungen existieren ferner für zwei spezielle Bereiche mit feindstrafrechtl. Einschlag: für das Drogenstrafrecht in § 31 BtMG sowie für kriminelle und terroristische Vereinigungen in § 129 VI, 129a VII StGB. Zu den inneren Widersprüchen *Malek,* StV 2010, 200; zur (riesigen) Bedeutung im europäischen Kartellrecht *Michaeli* u. *Hiéramente,* FS f. Wessing, 2015, 393, 407. 20

d) Die **Privatklagedelikte** bilden zunächst eine Ausnahme vom Offizialprinzip (vgl. o. § 12 Rn. 15). Bei diesen Delikten gilt außerdem auch noch das Opportunitätsprinzip (vgl. §§ 376, 377). Es steht im Ermessen der StA, ob sie die Verfolgung dieser Delikte übernimmt. 21

3. Die **Zuständigkeitsregelung** 22

Grundsätzlich liegt die Kompetenz zur Einstellung bis zur Erhebung der Klage bei der Staatsanwaltschaft, danach bei dem mit der Sache befassten Gericht. Während die Staatsanwaltschaft in den meisten Fällen allein entscheiden kann und nur bei gravierenden Vorwürfen auf die Zustimmung des Gerichts angewiesen ist, bedarf das Gericht ausnahmslos der Zustimmung der Staatsanwaltschaft. Damit ist der StA auch im Zwischen- und Hauptverfahren eine ihr in dieser Phase sonst nicht zukommende Vetoposition eingeräumt worden, was im Hinblick auf Art. 19 IV GG den schon erwähnten verfassungsrechtlichen Bedenken begegnet. Im Einzelnen:

a) In vielen Fällen kann die StA das Verfahren **selbst** – also ohne gerichtliche Mitwirkung – einstellen bzw. von Verfolgung absehen. §§ 153 I 2; 153a I 7 (hier aber nur mit Zustimmung des Beschuldigten); 153c I, II; 153d I; 154 I; 154a I; 154b I–III; 154c; 154d; 154e.

[5] Nachw. zu dem ganz überwiegend krit. Schrifttum s. Voraufl., S. 82 Fn. 5.

b) In den anderen Fällen bedarf die StA bis zur Erhebung der Klage der Zustimmung des zur Entscheidung über die Eröffnung des Hauptverfahrens bzw. des für die Hauptverhandlung zuständigen Gerichts (§§ 153 I 1; 153a I 1; 153b I; 153e I). Im Fall des § 153a ist außerdem die Zustimmung des Beschuldigten erforderlich.

c) Nach Klageerhebung kann in den meisten Fällen (Ausnahmen s. u. d) *nur* noch das **Gericht** (jedoch nur mit Zustimmung oder auf Antrag der StA; bei § 153 II außerdem i. d. R. nur mit Zustimmung des Angeschuldigten!) das Verfahren einstellen (§§ 153 II; 153a II; 153b II; 153e II; 154 II; 154a II; 154b IV), und zwar in jeder Lage, d. h., solange noch kein rechtskräftiges Urteil vorliegt. Die Zustimmungsverweigerung durch die StA kann nach h. M. nicht nach §§ 23ff. EGGVG angefochten werden (OLG Hamm MDR 1985, 785; SK/*Weßlau/Deiters,* § 153 Rn. 63 m. w. N.; für direkte Substituierbarkeit durch das Gericht dagegen *Terbach,* 1996, und *ders.,* NStZ 1998, 174 gegen BGHSt 35, 137, 142); wegen der verfassungsrechtlichen Bedenken s. u. § 29 Rn. 12.

23 d) Nach §§ 153c IV, 153d II kann die StA die Klage bei **Staatsschutzdelikten** selbst nach Eröffnung des Hauptverfahrens (arg. „in jeder Lage des Verfahrens") **ohne** Beteiligung des Gerichts zurücknehmen und das Verfahren einstellen. Darin liegt eine Durchbrechung des Immutabilitätsprinzips (s. u. Rn. 28).

24 4. **Anfechtbarkeit** und **Rechtskraft** der Verfahrenseinstellung

a) Nach § 153 II 4 kann der Einstellungsbeschluß des Gerichts nicht angefochten werden; ebenso unanfechtbar ist nach § 153a II 4 der Beschluß des Gerichts, das Verfahren vorläufig einzustellen. Das betrifft jedoch nur die Ermessenentscheidung, so dass Beschwerde eingelegt werden kann, wenn die nach §§ 153 II 1, 153a I, II 1 erforderlichen Zustimmungen gefehlt haben (BGH NJW 2002, 240; *M-G/S,* § 153 Rn. 34, § 153a Rn. 57; OLG Hamm MDR 1977, 749), oder wenn irrtümlicherweise bei Vorliegen eines Verbrechens eingestellt worden ist (OLG Hamm NStZ-RR 2004, 144).

25 b) Hat die StA das Verfahren gem. § 153 I mit Zustimmung des Gerichts eingestellt, so kann sie es jederzeit wieder aufnehmen. (§ 153a I, 5e contrario; nach LR/*Beulke,* § 153 Rn. 56 aber nur bei einem sachlich einleuchtenden Grund, während *Radtke,* NStZ 1999, 483 sogar § 153a I 5 analog anwenden will).

26 c) Dagegen erwächst der *gerichtliche* Einstellungsbeschluss nach § 153 II in beschränkte Rechtskraft. In Analogie zu §§ 211, 174 II StPO; § 47 I Nr. 2 i. V. m. § 45 II Nr. 2 und § 47 III JGG wird man (immerhin, aber auch lediglich) verlangen müssen, dass nur aufgrund neuer, die bisherige Qualifikation als Bagatelle entkräftender Tatsachen oder Beweismittel von neuem Anklage erhoben werden kann.[6] Handelt es sich um ein bei der Einstellung übersehenes Verbrechen, wird man dies freilich auch ohne neue Tatsachen oder Beweismittel für eine Fortführung des Verfahrens genügen lassen müssen (ebenso OLG Hamm GA 1993, 231; *Radtke,* JR 2003, 129; *Beulke,* JR 2005, 37). Denn hier liegt sogar bei § 153a gem. I 5 die Grenze der Rechtskraft (arg. a fortiori). Dagegen ist es verfehlt, bei § 153 II eine Analogie zu § 153a I 5 zu ziehen und auch hier *nur* beim Verdacht eines Verbrechens eine Erneuerung des Verfahrens für zulässig zu halten.[7] Zwar hat sich inzwischen auch der BGH dieser Auffassung im Ergebnis mit dem zusätzlichen materiellen Argument angeschlossen, dass bei der gerichtlichen Entscheidung nach § 153 II „eine Sachverhaltsaufklärung möglich (sei), deren Maß dasjenige erreicht, was auch für den Urteilserlass gilt" (BGHSt 48, 331, 337, zust. *Kühne,* JZ 2004, 37; abl. *Heghmanns,* NStZ 2004, 633). Aber das ist schon theoretisch unzutreffend, weil das Gericht hierbei keine Hauptverhandlung durchführen kann, und geht an der Praxis völlig vorbei, die nach bloß summarischer Prüfung des Akteninhalts entscheidet.

27 d) Eine Sonderregelung ist in § 154 III, IV für die Fälle getroffen, dass das Verfahren im Hinblick auf anderweitig angeordnete oder noch zu erwartende Strafen oder Maßregeln eingestellt worden war, deren Entwicklung bzw. Bestand quasi die Geschäfts-

[6] So zutr. *Kleinknecht,* JR 1965, 350; i. Erg. ebenso LR/*Beulke,* § 153 Rn. 91; SK/*Weßlau/Deiters,* § 153 Rn. 57; *M-G/S,* § 153 Rn. 38.

[7] So aber BayObLG JR 1965, 350; *Loos,* JZ 1978, 598; *Radtke,* 1994, S. 350ff.; *ders.,* NStZ 1999, 483.

grundlage der Teileinstellung bildet. Bei § 154a kann die Einstellung sogar jederzeit rückgängig gemacht werden (§ 154a III); dies gilt auch dann, wenn die StA fälschlich nach § 154 anstatt nach § 154a eingestellt hatte (BGHSt 25, 388). Ergibt sich in der Hauptverhandlung, dass wegen der hauptsächlichen Anklagepunkte ein Freispruch erfolgen müsste, so ist vorher der ausgeschiedene Tatteil wieder einzubeziehen, damit wenigstens er zur Aburteilung kommt (BGHSt 22, 105; 29, 315; 32, 84 m. abl. Anm. *Maiwald,* JR 1984, 479). Eines förmlichen Gerichtsbeschlusses bedarf es für die Einbeziehung anders als nach § 154 V nicht (BGH NJW 1975, 1748).

III. Das Immutabilitätsprinzip

Das Legalitätsprinzip wird ergänzt durch das sog. **Immutabilitätsprinzip,** wonach die 28
öffentliche Klage von der StA nicht mehr zurückgenommen werden kann, wenn das beschließende Gericht das Hauptverfahren eröffnet hat (§ 156). Wenn also das Strafverfahren einmal bei Gericht anhängig gemacht worden ist und dieses die Eröffnung einer Untersuchung beschlossen hat, kann die StA es dem Gericht nicht mehr entziehen. Eine Zurücknahme der Klage nach Ablehnung der Eröffnung innerhalb der Beschwerdefrist ist ebenfalls nicht zulässig (OLG Frankfurt a. M. JR 1986, 470 m. zust. Anm. *Meyer-Goßner;* str.). Damit wird das Interesse des Beschuldigten an einer rechtskräftigen Erledigung der Sache geschützt, denn sonst könnte die StA bei einem drohenden Freispruch die Sache immer wieder an sich ziehen (*Schroeder,* GA 2011, 501; vgl. auch u. § 43 Rn. 11).

Eine Ausnahme gilt im Strafbefehlsverfahren (§ 411 III; s. u. § 68 Rn. 10) und bei Staatsschutzsachen (s. o. Rn. 23).

Über die Möglichkeit der Zurücknahme einer Privatklage s. u. § 63 Rn. 22.

§ 15. Das Prinzip der materiellen Wahrheit und der Ermittlungsgrundsatz (Instruktionsmaxime)

Literatur: *Herrmann,* Die Reform der dt. HV nach dem Vorbild des amerikan. Strafverf., 1971; *Schünemann,* Kognition, Einstellung und Vorurteil bei der Rechtsfindung, in: *E.-J. Lampe* (Hrsg.), Beiträge zur Rechtsanthropologie (Beiheft 22 zur ARSP), 1985, 68; *Stamp,* Die Wahrheit im Strafverfahren, 1998; *Duff/Farmer/Marshall/Tadros* (Hrsg.), The Trial on Trial, Oxford et al., Bd. I-III, 2004 ff.; *Schünemann,* Zur Kritik des amerik. Strafprozessmodells, FS Fezer 2008, 555; *Kühne,* Die Instrumentalisierung der Wahrheitsfindung im Strafverf., GA 2008, 361; *Stübinger,* Das „idealisierte" Strafrecht, 2008, 391 ff.; *Malek,* Abschied von der Wahrheitssuche, StV 2011, 559; *Schünemann,* Die Allmacht des Tatrichters u. die Einseitigkeit der Wahrheitsfindung, FS Kühne, 2013, 361; *ders.,* Überfordert die Komplexität der Wirklichkeit die Juristen?, wistra 2015, 161.

A. Der Ermittlungsgrundsatz

I. Unterschiede von Zivil- und Strafprozess

Im **Zivilprozess** gilt, da und soweit nur private Interessen auf dem Spiele stehen, die 1
sog. **Verhandlungsmaxime,** d. h., die Parteien haben für die tatsächlichen Urteilsgrundlagen zu sorgen und tragen dafür die alleinige Verantwortung (*Jauernig/Hess,* § 25); auf diese Weise wird die hinsichtlich des **Prozessgegenstandes** kraft der **Dispositionsmaxime** bestehende Verfügungsmacht der Parteien auch auf die **Beweisgewinnung** ausgedehnt (anders als im Verwaltungsprozess). Nach der Verhandlungsmaxime

darf der Richter daher seinem Urteil nur das zugrunde legen, was die Parteien behauptet, unter Beweis gestellt und bewiesen haben:

2 a) Übereinstimmende Parteierklärungen binden den Richter. So ist der Richter an ein Geständnis gebunden (§ 288 ZPO), es wird dem Urteil ungeprüft zugrunde gelegt. Ferner gelten Tatsachenbehauptungen, die unwidersprochen geblieben sind, als zugestanden (§ 138 III ZPO; auf diesem Satz beruhen das Versäumnisverfahren und das Mahnverfahren).

b) Bestrittene Tatsachen bedürfen zwar des Beweises; das Gericht sucht aber nicht selbst nach Beweismitteln, sondern beschränkt sich auf die Benutzung der Beweismittel, die die Parteien benennen (d. h., die Parteien müssen „Beweis antreten", § 282 ZPO). Dieser Grundsatz ist allerdings schon weitgehend durchbrochen.

Im Zivilprozess gilt sonach das „Prinzip der **formellen Wahrheit**".

3 Im Gegensatz zum Zivilprozess gilt im **Strafprozess** das Prinzip der **materiellen Wahrheit** und für deren Auffindung der **Ermittlungsgrundsatz,** der auch als **Instruktions-** bzw. **Inquisitionsprinzip** bezeichnet wird.

Der Ermittlungsgrundsatz **bedeutet,** dass das Gericht den Sachverhalt selber ermittelt (sich selbst „instruiert") und dabei an Anträge und Erklärungen der Prozessbeteiligten nicht gebunden ist. In der StPO ist das ausgedrückt durch § 155 II: „Innerhalb dieser (d. h.: der durch die Klage gezogenen) Grenzen sind die Gerichte zu einer selbstständigen Tätigkeit berechtigt und verpflichtet" und § 244 II: „Das Gericht hat zur Erforschung der Wahrheit die Beweisaufnahme von Amts wegen auf alle Tatsachen und Beweismittel zu erstrecken, die für die Entscheidung von Bedeutung sind." Der Ermittlungsgrundsatz besagt i. E. folgendes:

4 1. Das Gericht ist an die Behauptungen der Prozessbeteiligten nicht gebunden, insb. nicht an das Geständnis des Angeklagten; es steht ihm völlig frei gegenüber (s. u. § 45 Rn. 42ff.).

2. Es kann im Strafprozess – im Gegensatz zum Zivilprozess – kein Versäumnisverfahren geben, das aus der Tatsache, dass der Angeklagte nicht erscheint, ohne weiteres den Schluss zieht, dass er sich schuldig bekennt und schuldig ist.

Eine Art Ausnahme enthalten § 329 I für die Berufung und § 391 II für den Privatkläger. Außerdem kann gegen den gänzlich abwesenden Angeklagten ein Beweissicherungsverfahren durchgeführt werden (vgl. u. § 62 Rn. 5ff.).

5 3. Das Gericht ist nicht auf die Beweisanträge beschränkt: Es kann und muss von Amts wegen andere, weder vom StA noch vom Angeklagten verlangte Beweismittel beiziehen. Das gilt für alle Abschnitte des Verfahrens, für das Zwischenverfahren, die Vorbereitung der Hauptverhandlung und namentlich für die Hauptverhandlung selbst.

II. Vergleich mit dem US-amerikanischen Strafprozess

6 Im Rechtskreis des Common Law ist die für den europäischen Kontinent charakteristische strenge Trennung von Zivil- und Strafprozess weitaus weniger scharf durchgeführt worden, weil die dafür verantwortlichen rechtlichen und politischen Phänomene (Einfluss des kanonischen Rechts, Rezeption des römischen Rechts, fürstlicher Abso-

lutismus) in England und erst recht in den USA überhaupt nicht oder nur in stark abgeschwächter Form eine Rolle gespielt haben. Das Schwurgerichtssystem ist für Strafsachen in Art. 3 Abschn. 2 der amerikanischen Bundesverfassung, für Zivilsachen im 7. Amendment garantiert, womit wiederum die Überantwortung der Beweisaufnahme an die Parteien und folglich die Verhandlungsmaxime verbunden sind. Dass damit auch der Grundsatz der formellen Wahrheit gilt, wird zwar vielfach mit dem Argument bestritten, dass der „Adversary Process" gerade das bessere System zur Wahrheitsfindung darstelle, weil das Eigeninteresse der gegeneinander kämpfenden Parteien eine sorgfältigere Wahrheitsermittlung garantiere als die Beweiserhebung durch einen allzu früh zu einem vorurteilsbehafteten Ergebnis gelangenden inquisitorischen Richter.[1] Aber das ist nicht einmal erkenntnistheoretisch zutreffend, weil ein stummer Zuhörer einer fremden, von ihm notwendig nur partiell verstandenen Kommunikation ohne ein eigenes Fragerecht nur beurteilen kann, welcher Akteur „besser" war, nicht aber die hinter dem ihm vorgeführten Wettkampf existierende Wahrheit zu erfassen vermag (näher *Schünemann,* FS Fezer, 2008, 562ff.). Und in rechtlicher Hinsicht ist es doppelt unzutreffend, weil es im Adversary System an einem zur Sicherstellung einer vollständigen Beweisaufnahme verpflichteten Prozessorgan fehlt und weil sogar umgekehrt die Verurteilung außer auf dem Wahrspruch der Geschworenen auch auf das *guilty plea* des Angeklagten gegründet werden kann, also auf eine Verfügungserklärung nach Art des zivilprozessualen Klageanerkenntnisses gemäß § 307 ZPO. Der Strafprozess kann aber nur durch das Verfahrensziel der **materiellen Wahrheitsfindung** legitimiert werden, weil ihm dies vom materiellen Recht, zu dessen Durchsetzung er existiert, und damit vom **Rechtsstaatsprinzip** und **Schuldprinzip** (BVerfGE 133, 168, 199 – st. Rspr.) vorgeschrieben wird – im Unterschied zum Zivilprozess, dessen Basis letztlich in der vom Zivilrecht vorgegebenen Privatautonomie besteht (*Schünemann,* FS Fezer, 2008, 559f. und passim).

Richtig ist dagegen, dass das amerikanische Modell die spezifische Gefahr der Vorur- 7
teilsbildung in Gestalt des Effekts der Urteilsperseveranz (o. § 1 Rn. 16) vermeidet, der der deutsche Richter deshalb ausgesetzt ist, weil er zur Erfüllung der Aufklärungspflicht die (von der Polizei gestalteten) Ermittlungsakten lesen und auf deren Basis das Konzept für die Hauptverhandlung entwerfen muss; wobei dieser Effekt noch dadurch verstärkt wird, dass der Hauptverhandlungsrichter fast ausnahmslos bereits den Eröffnungsbeschluss gefasst und darin die Wahrscheinlichkeit der Verurteilung attestiert hat (u. § 42 Rn. 7), was in der Praxis in vielen Fällen zu einer self-fulfilling prophecy degeneriert. Das führt zu einem echten Dilemma, weil die Instruktionsmaxime aus psychologisch-praktischen Gründen genau das gefährdet, dessentwegen sie aus erkenntnistheoretischen Gründen unverzichtbar ist, nämlich die Auffindung der materiellen Wahrheit. Ein Ausweg aus diesem Dilemma lässt sich nur mit Hilfe einer sorgfältig austarierten **Verfahrensbalance** finden, die in den letzten Jahrzehnten freilich vom Gesetzgeber und der Rspr. unter Führung des BGH erheblich beeinträchtigt worden ist: zum einen durch die Praxis der Urteilsabsprachen und deren Legalisierung (i. e. u. § 17 Rn. 7ff.), zum anderen dadurch, dass das Prinzip der materiellen Wahrheit vorwiegend gegen den Beschuldigten und die Verteidigung gewendet worden ist (näher *Kühne,* 2008), und zum dritten durch die unablässige Verstärkung der prozessualen Machtposition des Opfer-Prätendenten auf Kosten der Verteidigung (i. e. u. vor

[1] Eingehend *Herrmann,* 1971, 167ff. m. z. w. N.; *Duff/Farmer/Marshall/Tadros,* Vol. 1.

§ 63). Nur wenn diese Balance in der überfälligen Gesamtreform wiederhergestellt werden sollte, wird das deutsche Strafverfahrensmodell international den Anschluss an den derzeit die globale Diskussion beherrschenden amerikanischen Prozess zurückgewinnen können.

B. Weitere Beweisgrundsätze

8 Indem der Ermittlungsgrundsatz die Ermittlung der materiellen Wahrheit durch den Staat, im Hauptverfahren durch das erkennende Gericht vorschreibt, flankiert er das Offizial- und das Legalitätsprinzip nach der tatsächlichen Seite hin: So wie danach der Prozessgegenstand der Disposition durch die Beteiligten entzogen ist, wird hierdurch eine indirekt zu dem gleichen Ergebnis führende Beschränkung der Beweisaufnahme ausgeschlossen. Die Beweisaufnahme selbst wird von drei Grundsätzen regiert, deren Bedeutung vor allem in der Hauptverhandlung liegt und die deshalb in diesem Zusammenhang dargestellt werden: dem Grundsatz der Unmittelbarkeit, wonach sich der Richter sein Urteil nur aufgrund des Inbegriffs der Hauptverhandlung und nicht – wie früher im Inquisitionsprozess – anhand der Gerichtsakten bilden darf; dem Grundsatz der freien Beweiswürdigung, der die ebenfalls den Inquisitionsprozess kennzeichnende Bindung an feste Beweisregeln ausschließt; und dem Grundsatz „in dubio pro reo", der im Zweifelsfall eine Entscheidung zu Gunsten des Angeklagten verlangt (näher u. § 45 Rn. 42ff., 56ff., § 46). Im Einzelnen unterliegt die Beweisaufnahme in allen Verfahrensstadien einer detaillierten Reglementierung, die im 5. Kapitel näher dargestellt wird.

§ 16. Die Grundsätze der Form (Mündlichkeit und Öffentlichkeit) und der Beschleunigung

Literatur: *Herrmann,* Das Versagen des überlieferten Strafpr.r. in Monstreverf., ZStW 85 (1973), 255; *Peters,* Beschleunigung des Strafverf. und die Grenzen der Verf.beschleunigung, in: *Schreiber* (Hrsg.), Strafprozess und Reform, 1979, 82; *Rebmann,* Strafproz. Bewältigung von Großverf., NStZ 1984, 241; *Ulsamer,* Art. 6 MRK und die Dauer von Strafverf., FS Faller, 1984, 373; *Gollwitzer,* Gerechtigkeit und Prozesswirtschaftlichkeit, FS Kleinknecht, 1985, 147; *Kohlmann,* „Überlange Strafverf.", FS Pfeiffer, 1988, 203; *Hillenkamp,* Verf.hindernisse von Verfassung wegen, NJW 1989, 2841; *Roxin,* Die Rspr. des BGH zum Strafverf.recht, in: *Jauernig/Roxin* (Hrsg.), 40 Jahre BGH, 1991, 66; *Scheffler,* Die überlange Dauer von Strafverf., 1991; *Pfeiffer,* Das strafrechtl. Beschleunigungsgebot, FS Baumann, 1992, 329; *Wolfslast,* Staatlicher Strafanspruch und Verwirkung, 1995; *Barton,* Rechtstatsachen zur Dauer von Strafverfahren und zu deren Gründen, StV 1996, 690; *ders.,* Eine selbsterfüllende Prophezeiung: Die zunehmende Dauer von Strafverf., FS Bemmann, 1997, 524; *Salditt,* Die Entlastungsspirale, FS Bemmann, 1997, 614; *Dölling,* Über die Beschleunigung des Strafverf., FS Meyer-Goßner, 2001, 101; *Ress,* Probleme überlanger Strafverf. im Lichte der EMRK, FS Müller-Dietz, 2001, 627; *Lemke,* Schnelle Strafverfahren pp., FS Schreiber, 2003, 249; *I. Roxin,* Die Rechtsfolgen schwerwiegender Rechtsstaatsverstöße in der Strafrechtspflege, 4. Aufl., 2004; *Nack,* Verfahrensverzögerung und Beschleunigungsgebot, FS Strauda, 2006, 425; *Kraatz,* Gedanken zur Strafzumessungslösung bei rechtsstaatswidriger Verfahrensverzögerung, JR 2006, 403; *Krehl/L. Eidam,* Die überlange Dauer von Strafverfahren, NStZ 2006, 1; *Laue,* Das öffentliche Interesse an der Beschleunigung des Strafverf. pp., ZStW 118 (2006), 159; *Paeffgen,* Irrungen und Wirrungen … gegen das Beschleunigungsgebot, StV 2007, 487; *Fezer,* Der Beschleunigungsgr. als allg. Auslegungsmaxime im Strafverfahrensrecht?, FS Widmaier, 2008, 177; *Pfordte,* Verteidigungsinteressen im Zwiespalt zwischen Beschleunigungsgrundsatz pp., ebda., 411; *Piel,* Beschleunigungsgebot u. wirksame Verteidigung, ebda., 429; *Rahlf,* Verteidigerwahl u. Beschleunigungsgebot, ebda., 447; *Tepperwien,* „Schöpferische Rechtsfindung" in der neueren Rspr. des BGH zum Strafverf.recht, ebda., 583; *Kraatz,* Die neue Vollstreckungslösung und ihre Auswirkungen, JR 2008, 189; *Pieroth/Hartmann,* Das verfassungsrecht. Beschleunigungsgebot in Haftsachen, StV 2008, 276; *B. Schmitt* u. *Ziegert,* Die überlange Verfahrensdauer, StraFo 2008, 313, 321; *Leipold,* Das strafpr. Beschleunigungsgebot – Eine Bestandsaufnahme, DAV-FS, 2009, 636; *I. Roxin,* Die Entwicklung der Rspr. zum überlangen Strafverf., FS Volk, 2009, 617; *Landau,* Die Ambivalenz des Beschleunigunsgebots, FS Hassemer, 2010, 1073; *I. Roxin,* Ambivalente Wirkungen des Beschleunigungsgebotes, StV 2010, 437; *Baumanns,* Der Beschleunigungsgrundsatz im Strafverf., 2011; *Pastor,* Durchführung des Strafverf. innerhalb angemessener Frist, FS Roxin II, 2011, 1287; *Pohlit,* Die Rspr. des BGH zum Vollstreckungsmodell, FS Rissing van Saan, 2011, 453; *Reich,* Überlange Verf.dauer und andere Verfahrensfehler im Strafverf. unter Berücksichtigung der Vollstreckungslösung des Großen Senats für Strafsachen, 2011; *Link/v. Dorp,* Rechtsschutz bei überlangen Gerichtsverf., 2012; *Sommer,* Die Verzögerungsrüge, StV 2012, 107; *Paeffgen,* Zur historischen Entwicklung des „Beschleunigungsdenkens“ pp., GA 2014, 275; *Plankemann,* Überlange Verfahrensdauer im Strafverf., 2015.

A. Mündlichkeitsgrundsatz

Das **Mündlichkeitsprinzip** besagt: Urteilsgrundlage ist nur das, was mündlich vorgetragen ist. Alles, was im Prozess geschieht, namentlich die Vernehmung des Angeklagten, die Beweisaufnahme, die Plädoyers, alles das muss mündlich erfolgen – auch die Beratung und Abstimmung und die Verkündung des Urteils; was nicht gesprochen ist, wird nicht beachtet, gilt als nicht geschehen oder als nicht vorhanden – im Gegensatz zum Schriftlichkeitsprinzip: quod non est in actis, non est in mundo. Die Ersetzung des schriftlichen (und geheimen) Inquisitionsverfahrens durch die mündliche und öffentliche Hauptverhandlung war eines der großen Reformanliegen des 19. Jahrhunderts. Das Mündlichkeitsprinzip hat den Vorzug der Lebendigkeit, Frische und Raschheit, hat aber die Gefahren des Überhörens und Vergessens im Gefolge. 1

Da dieser Grundsatz nur für die Hauptverhandlung gilt, wird er im Einzelnen – zusammen mit dem ihm eng verwandten Unmittelbarkeitsprinzip – erst dort (u. § 46) behandelt.

B. Öffentlichkeitsgrundsatz

Der in §§ 169–175 GVG geregelte **Grundsatz der Öffentlichkeit** gilt nur für die Hauptverhandlung. Er ist daher ebenfalls erst dort (u. § 47) zu behandeln. 2

C. Der Beschleunigungsgrundsatz und die Überforderung der Hauptverhandlung durch Umfangsverfahren

1. Da der Strafprozess in den Rechtskreis des möglicherweise zu Unrecht Beschuldigten empfindlich eingreift und die Güte der Beweismittel (namentlich die Erinnerungskraft der Zeugen) im Laufe der Zeit abnimmt, besteht ein erhebliches Interesse an einer **raschen Strafrechtspflege.** Andererseits darf dadurch die Sorgfalt der Ermittlungen nicht zu sehr beeinträchtigt werden. So sind etwa „Schnellgerichte“ nur in besonders einfach gelagerten Ausnahmefällen zulässig (§§ 417 ff.; dazu u. § 61). Ein allg. **Grundsatz der Beschleunigung** ist in der StPO nicht ausgesprochen, liegt aber einer Reihe von Einzelvorschriften zugrunde und ist in Art. 6 I 1 EMRK („innerhalb angemessener Frist“) als **Recht des Beschuldigten** ausdrücklich formuliert sowie in Art. 5 III EMRK für den Fall der Untersuchungshaft unterstrichen worden. Soweit das Beschleunigungsgebot daneben auch im öffentlichen Interesse an zügiger Wiederherstellung des Rechtsfriedens besteht (BVerfG NStZ 2006, 680; BVerfGE 122, 248, 273; StV 2010, 113, 114; *Landau,* 2010; *Eidam,* JZ 2009, 320), lässt sich daraus keinesfalls eine Einschränkung der gesetzlichen Rechte des Beschuldigten ableiten (o. § 1 Rn. 7; *Fezer,* 2008; eingehend *I. Roxin,* StV 2010, 437; *Schünemann,* StV 2010, 538, 543; *Trüg,* StV 2010, 528). 3

4 Zu den Einzelvorschriften gehören z. B. die §§ 115, 128f. (der Festgenommene ist unverzüglich dem Richter vorzuführen), 121 (regelmäßige Beschränkung der Untersuchungshaft auf sechs Monate), 161a, 163a III (Pflicht von Beschuldigten, Zeugen und Sachverständigen, den Ladungen der StA Folge zu leisten), 163 II 1 (die Polizei hat ihre Verhandlungen ohne Verzug der StA zu übersenden), die §§ 222a, 222b (Rügepräklusion vorschriftswidriger Gerichtsbesetzungen) und die §§ 314, 341 (kürzere Rechtsmittelfristen als etwa im Zivilprozess).

5 2. Die Vorschriften über die Hauptverhandlung ließen ursprünglich das **Konzentrationsprinzip** erkennen: Die ganze Hauptverhandlung sollte möglichst in einem Zug durchgeführt werden, eine Unterbrechung durfte gem. § 228 RStPO höchstens drei Tage dauern. Davon ist heute wegen der Belastung der Justiz durch sog. **Umfangsverfahren** („Monsterprozesse“, bei denen die Hauptverhandlung ein Jahr und länger dauern kann, dazu *Wesemann,* DAV-FS, 2009, 891) wenig übrig geblieben, vgl. u. § 44 Rn. 7.

6 Die gesetzliche Forderung eines beschleunigten Strafverfahrens kann freilich nichts daran ändern, dass die von der Instruktionsmaxime vorgeschriebene Ermittlung der materiellen Wahrheit sowohl im Ermittlungsverfahren als auch in der Hauptverhandlung in den 130 Jahren seit Inkrafttreten der RStPO einen immer größeren Zeitaufwand erfordert, dessen Ursachen sich einer Beherrschung durch die Justiz entziehen. Eine vor allem die StA treffende Ursache liegt in der Verfahrensflut, die einerseits durch die Ausdehnung des Strafrechts auf neue Lebensbereiche und die Intensivierung des Verfolgungsdrucks (Beispiele: Straßenverkehrsstrafrecht, Wirtschafts- und Umweltstrafrecht, neuestens intensive Verfolgung von Schwarzarbeit und privater Korruption), andererseits infolge der die entwickelte Industriegesellschaft allgemein kennzeichnenden Zunahme abweichenden Verhaltens immer mehr angewachsen ist.[1] Auf der Ebene der Gerichte hat die Vermehrung der Richterstellen zwar lange Zeit mit der Zunahme der Hauptverhandlungen Schritt halten können.[2] Es hat sich aber die Dauer der einzelnen Hauptverhandlung vervielfacht, was auf gestiegene Anforderungen an die Wahrheitsfindung (einschließlich der darüber abzufassenden Urteilsbegründung), vor allem aber auf eine der forensischen Rekonstruktion im Grunde kaum noch zugängliche Bildung der modernen Straftatbestände zurückzuführen ist. So konnte ein Mordprozess mit klarer Beweislage früher in einem Verhandlungstag erledigt werden, während heute die aufwändige Erhebung von Sachverständigengutachten zur Schuldfähigkeit fast schon die Regel bildet. Erst recht ist die den Alltag der Wirtschaftsstrafverfahren bildende Rekonstruktion umfang- und detailreicher Geschäftsvorfälle (manchmal sogar der gesamten Existenz eines betrügerisch gegründeten oder in Insolvenz gefallenen Unternehmens) in einer mündlichen und öffentlichen Hauptverhandlung im Grunde nicht mehr vollständig zu bewältigen.

[1] Unter Einbeziehung der Straßenverkehrskriminalität fallen seit Jahren durchschnittlich knapp 5 Mio. Ermittlungsverfahren an, vgl. Bundesamt für Justiz, Geschäftsentwicklung der Staatsanwaltschaften, Stand 2015, abrufbar auf der Webseite bundesjustizamt.de.

[2] *Schünemann,* FS Pfeiffer, 1988, 461, 463ff.; es ist deshalb auch umstritten und empirisch nicht einwandfrei belegt, ob die Strafverfahren tatsächlich immer länger dauern, siehe *Meyer-Goßner/Ströber,* ZRP 1996, 354; *dies.,* StV 1997, 212; dagegen *Barton,* StV 1996, 690; *ders.,* 1997; *Kempf,* StV 1997, 218; *ter Veen,* StV 1997, 274.

Obwohl sich drei Juristentage mit der Frage befasst haben, ob die Überforderung der Hauptverhandlung durch diese Entwicklung des Strafrechts und der Kriminalität mit Hilfe von sektoralen Verfahrensreformen abgewendet werden könnten[3], und obwohl im Schrifttum zahlreiche weitere Reformvorschläge unterbreitet worden sind,[4] waren alle Anstrengungen zum Scheitern verurteilt. Denn solange man an dem im 19. Jahrhundert entwickelten Modell der „Wahrheitsfindung in der unmittelbar-mündlichen Hauptverhandlung“ (näher u. § 46) festhielt, konnte deren Überforderung durch die vorstehend skizzierten, innerhalb des Strafverfahrens nicht steuerbaren Veränderungen nicht aufgefangen werden. Die Praxis hatte deshalb zum Zeitpunkt des 60. DJT längst einen anderen Weg gewählt, der das Problem in tatsächlicher Hinsicht löste, aber nur um den Preis einer Missachtung der nach wie vor unveränderten gesetzlichen Struktur des von der StPO geregelten deutschen Strafverfahrens: nämlich durch die Entwicklung der **Urteilsabsprachen,** die in der Rechtswirklichkeit einen neuen, contra legem entwickelten und als „richterliche Rechtsfortbildung“ gerechtfertigten, inzwischen notdürftig legalisierten völlig neuen Prozesstyp geschaffen haben (dazu u. §§ 17 Rn. 7 ff., § 44 Rn. 59 ff.). 7

3. Soweit ein Strafverfahren noch in den durch die StPO vorgezeichneten Bahnen verläuft, kann es infolge dessen selbst bei bestem Bemühen der Justizorgane zu einer dem Beschuldigten eigentlich unzumutbaren **überlangen Verfahrensdauer** kommen. Zusätzlich zu der darin liegenden objektiven Nichteinhaltung der in der EMRK verlangten Durchführung „innerhalb angemessener Frist“ kann eine von den Strafverfolgungsorganen zu vertretende und deshalb das Rechtsstaatsprinzip verletzende **Verfahrensverzögerung** vorliegen. Die Rechtsfolgen einer entweder unvermeidbaren oder durch eine Verfahrensverzögerung veranlassten überlangen Verfahrensdauer haben den EGMR, das BVerfG und den BGH seit langem beschäftigt und zu einer wechselhaften Rechtsprechung geführt, die allerdings vor kurzem durch eine Entscheidung des GrS zu einem Schlusspunkt geführt sein könnte. Ob sich das überwiegend zur Rechtsprechung sehr kritisch eingestellte Schrifttum hiermit abfinden wird, bleibt allerdings abzuwarten. **Fünf** unterschiedliche Lösungen sind teils alternativ, teils kumulativ entwickelt worden: die einfache und die qualifizierte Strafzumessungslösung, die Verfahrenshindernis-Lösung, die § 153-Einstellungslösung und zuletzt die Vollstreckungslösung. Selbständig daneben steht die durch Gesetz v. 2.12.2011 (BGBl. I 2302) eingeführte Geldentschädigung (dazu u. § 60 Rn. 8). 8

a) In der Rechtsprechung des BGH ist lange Zeit die **einfache Strafzumessungslösung** vertreten worden, wonach ein langer Zeitraum zwischen Tat und Urteil bereits *für sich allein* einen strafmildernden Umstand darstellt (BGH NStZ 1983, 167; NStZ 1986, 217 f.; NStZ 1987, 232 f.; NStZ 1988, 552),[5] neben dem als *selbstständiger weiterer Strafmilderungsgrund* zu berücksichtigen ist, wenn dem Staat (dem deutschen, 9

[3] Der 50. DJT 1974 unter der Frage „Empfiehlt es sich, besondere strafprozessuale Vorschriften für Großverfahren einzuführen?“, Gutachten von *Grünwald,* Referate von *Römer, Waldowski* und *Bruns;* der 60. DJT 1994 unter der Frage „Empfehlen sich Änderungen des Strafverfahrensrechts mit dem Ziel, ohne Preisgabe rechtsstaatlicher Grundsätze den Strafprozess, insb. die Hauptverhandlung, zu beschleunigen?“, Gutachten von *Gössel,* Referate von *Linden, Müller* und *Weigend;* und in fast befremdlicher Retriplizierung der 68. DJT 2010 unter der merklich variierten Frage „Erfordert das Beschleunigungsgebot eine Umgestaltung des Strafverfahrens?“, Gutachten von *Kudlich,* Referate von *Faust, Harms* und *Thomas.*

[4] Exemplarisch zum Thema des 60. DJT zusätzlich *Albrecht,* NJ 1994, 396; *Bertram,* NJW 1994, 2186; *Bernsmann,* ZRP 1994, 329; *Dencker,* StV 1994, 503; *Fezer,* ZStW 106 (1994), 1, 49 ff.; *Frister,* StV 1994, 445; *Perron,* JZ 1994, 823; *Rieß,* NStZ 1994, 409; *Schlüchter,* GA 1994, 397; *Widmaier,* NStZ 1994, 414.

[5] Die Überlegung, „bei überlanger Verfahrensdauer wirkt das in der ständigen Belastung liegende, der Strafe schon vorweggenommene, Übel strafmildernd“ (BGH NStZ 1989, 526, 527) findet sich auch in der amerikanischen Prozesstheorie als „The process is the punishment“, so der Titel einer Monographie von *Feeley,* New York 1979.

ausländische Verzögerungen spielen dafür lt. BGHSt 57, 1 keine Rolle) eine Verfahrensverzögerung zur Last fällt (BGHSt 24, 239, 242; BGHSt 27, 274ff.; BGH NStZ 1982, 291f.). Diese zusätzliche Strafmilderung sollte in den gesetzlich vorgesehenen Fällen bis zum Absehen von Strafe und bei Vergehen auch zur Einstellung nach § 153 StPO führen können, an der im gesetzlichen Strafrahmen vorgesehenen Mindeststrafe aber ihre Grenze finden (BGHSt 24, 239, 242f.; BGHSt 27, 274) und deshalb bei einer obligatorisch vorgeschriebenen lebenslangen Freiheitsstrafe keine Auswirklungen haben (BGH NJW 2006, 1529, 1535). Das fand im Grundsatz die Billigung des BVerfG (NJW 1984, 967; NJW 1993, 3254, 3256; NJW 2003, 2897, 2899; NStZ 2006, 680, 681), welches an Stelle der (vor ihm nicht justiziablen) Verletzung der EMRK auf das Rechtsstaatsprinzip und den Verhältnismäßigkeitsgrundsatz rekurrierte. Das BVerfG hat sich dann aber der Rechtsprechung des EGMR (namentlich i. S. Eckle./.BRD, EuGRZ 1983, 371 m. Anm. *Kühne*) angeschlossen, wonach das Ausmaß der Strafmilderung bei einer vom Staat zu vertretenden Verfahrensverzögerung im Urteil numerisch fixiert werden muss (BVerfG NStZ 1997, 591; NJW 2003, 2225f.).

b) Dem hat der BGH später durch die **qualifizierte Strafzumessungslösung** Rechnung getragen und gefordert, dass der Tatrichter die vom Staat zu vertretende Verzögerung exakt feststellen und in einem zweiten Schritt das Maß der Kompensation durch Vergleich der an sich verwirkten mit der tatsächlich verhängten Strafe ausdrücklich und konkret bestimmen müsse (BGH StV 1998, 377; StV 2002, 598; NJW 1999, 1198f.; NStZ-RR 2000, 343; wistra 1997, 347; wistra 2001, 177; wistra 2002, 420; StraFo 2003, 247).

10 c) Während das Schrifttum teilweise der Rechtsprechung gefolgt ist und deren Lösung weiter ausdifferenziert hat (*Scheffler,* 1991), hat es überwiegend im Anschluss an *I. Roxin* gefordert, die Strafzumessungslösung durch eine **Verfahrenshindernis-Lösung** zu ergänzen, wenn die vom Staat zu vertretende Verfahrensverzögerung einen unerträglichen Umfang angenommen hat, für dessen numerische Präzisierung *I. Roxin* den Regelstrafrahmen des betreffenden Delikts vorgeschlagen hat.[6] Das hat zwar für „außergewöhnliche Einzelfälle" auch die höchstrichterliche Rechtsprechung konzediert (BVerfG NStZ 1984, 128; NStZ 1993, 352; NJW 2006, 2684; BGHSt 46, 159ff.; StV 2008, 299; OLG Rostock StV 2011, 220). Allerdings werden diese Einzelfälle weitaus restriktiver bestimmt als im Schrifttum: Bei einem erheblichen Schuldumfang soll dafür kein Raum sein (BGH NStZ 2006, 625; wistra 2007, 457), also erst recht nicht bei lebenslanger Freiheitsstrafe (BGH NJW 2006, 1529). Bei Vergehen wird auf jeden Fall eine **Einstellung** nicht wegen eines Verfahrenshindernisses, sondern wegen (verbleibender) **geringer Schuld gem. § 153 II** bevorzugt (BGH StraFo 2006, 379), sofern diese nicht an der Verweigerung der Zustimmung seitens der StA scheitert (BGHSt 35, 137, 142f.).

11 d) Die qualifizierte Strafzumessungslösung, die trotz kontrovers gebliebener Details[7] gefestigt war, hat nunmehr der GrS aufgrund eines im Schrifttum heftig kritisierten Vorlagebeschlusses des 3. Strafsenats[8] durch eine **„Vollstreckungslösung"** ersetzt, die für den Fall der vom Staat zu vertretenden Verfahrensverzögerung keine zusätzliche[9] Milderung des Strafausspruches vorsieht, sondern statt dessen vom Tatrichter verlangt, zum Zwecke der Kompensation der hierin liegenden Menschenrechtsverletzung einen numerisch bestimmten Teil der verhängten Strafe für verbüßt zu erklären.[10]

12 Das klingt zunächst nur wie eine äußerlich-technische „Umfirmierung", kann aber auch erhebliche praktische Konsequenzen haben, die sich teils zu Gunsten, überwiegend aber zu Ungunsten des Beschuldigten

---

[6] *I. Roxin,* 2004, S. 230ff.; zust. *Schroth,* NJW 1990, 29; ähnlich *Pfeiffer,* 1992; *Wolfslast,* 1995, 259ff. Aus der Rechtsprechung tendenziell ebenso OLG Stuttgart NStZ 1993, 450; OLG Zweibrücken NStZ 1995, 49.

[7] Beispielhaft BGH StV 2006, 407 mit z. T. krit. Anm. *Krehl,* Übersicht bei *Krehl/L. Eidam,* NStZ 2006, 1.

[8] BGH NJW 2007, 3294 mit krit. Rezension von *Peglau; I. Roxin,* StV 2008, 14.

[9] D. h. neben der schlichten Strafmilderung allein schon wegen der objektiven Belastung durch ein langes Strafverfahren, s. BGH StV 2009, 638.

[10] BGHSt (GrS) 52, 124ff.; zur Technik ihrer Durchführung BGH StV 2008, 298 und 299; zur Verfassungsmäßigkeit der alten wie der neuen Lösung BVerfG StV 2009, 673; zur „Begrüßung" durch den *EGMR* StV 2009, 561, 563 m. zust. Anm. *Krehl.*

auswirken. So kann nunmehr bei der lebenslangen Freiheitsstrafe ein Teil der Mindestverbüßungszeit gem. § 57a Abs. 1 Nr. 1 StGB für abgegolten erklärt werden;[11] umgekehrt scheidet eine Strafaussetzung zur Bewährung gemäß § 56 StGB aus, wenn die Verfahrensverzögerung nicht mehr zum Anlass für eine Strafmilderung von 3 Jahren auf 2 Jahre, sondern nur für die Feststellung genommen wird, dass von der Strafe von 3 Jahren 1 Jahr als verbüßt gilt, so dass der Verurteilte bis zum Drittelerlass gemäß § 57 StGB dann noch 1 Jahr zu verbüßen hat. Der Grund für diese überraschende Wendung des BGH liegt ersichtlich in seiner Unzufriedenheit mit den namentlich bei Wirtschaftsstrafsachen häufig extrem milden Konsequenzen der Strafzumessungslösung (BGHSt 50, 299, 308f.; BGH StV 2006, 461; drastisch StV 2008, 345; StV 2008, 633). In dieser Hinsicht bringt aber auch die Vollstreckungslösung keine prinzipielle Änderung (drastisch die vom BGH kassierte, extreme Anrechnung durch den Tatrichter in BGH StV 2010, 228, 230f.), weshalb man sich im Schrifttum nicht ohne Grund fragt, ob nicht die Strafzumessung in generalpräventiv widersinniger Weise zum „billigen Jakob“ für den eigentlich vorzuziehenden Staatshaftungsanspruch gemacht werde, weil der Austausch „Pflichtverletzung der Strafverfolgungsorgane gegen milde Strafe“ genau genommen Äpfeln mit Kaulquappen vergleiche.[12] Legitim wäre danach allein die Berücksichtigung der objektiven Belastung durch ein überlanges Strafverfahren als schlichter Strafmilderungsgrund, während ein Fehlverhalten von Strafverfolgungsorganen haftungsrechtlich (dazu *EGMR* StV 2009, 519, 561), disziplinarisch und notfalls auch strafrechtlich zu ahnden und extremen Verfahrensverzögerungen durch eine Neuregelung des Verjährungsrechts[13] Einhalt zu gebieten wäre. Aber das sind Forderungen an den Gesetzgeber, denn dass die Rechtsprechung noch einmal eine grds. andere Richtung einschlägt, ist unrealistisch.

e) Zu beachten ist außerdem, dass **prozessuale Zwangsmaßnahmen,** die unter dem Gebot der Verhältnismäßigkeit stehen (wie z. B. die U-Haft), im Einzelfall aufzuheben sind, wenn das Recht des Beschuldigten auf Verhandlung innerhalb angemessener Frist verletzt wird (vgl. OLG Stuttgart JZ 1974, 268; BVerfG NStZ 2004, 49; StV 2008, 198; StV 2014, 35). Art. 5 III 1 Halbs. 2 EMRK hat hierfür ein besonderes, neben Art 6 I strengeres Beschleunigungsprinzip formuliert (*EGMR* StV 2006, 474, 478; BGH StV 2008, 633; StV 2010, 228, 231). Auch ein nach § 116 ausgesetzter Haftbefehl darf nicht unbegrenzt aufrechterhalten werden (vgl. BVerfGE 53, 152, wo der Haftbefehl mehr als zwölf Jahre lang bestanden hatte). 13

[11] Während nach der „qualifizierten Strafzumessungslösung“ bei lebenslanger Freiheitsstrafe bisher keine Milderung möglich sein sollte, s. BVerfG JR 2007, 251 m. abl. Anm. *Gaede.*

[12] Eindringlich *Paeffgen,* 2007; früher bereits *Wohlers,* 1994; ebenfalls für die Intensivierung des Haftungsanspruchs, aber zusätzlich zur Strafzumessungslösung *Kraatz,* 2006. Zum gleichen Fehler auf dem zweiten Anwendungsfeld der „Strafzumessungslösung“, nämlich bei der rechtsstaatswidrigen Tatprovokation, u. § 37 Rn. 7f.

[13] Namentlich durch Abschaffung der „Verjährungssperren“ des § 78b III und IV StGB.

3. Kapitel. Die Rechtsstellung der Verfahrensbeteiligten

§ 17. Die gesetzliche Struktur des deutschen Strafverfahrens und ihre Sprengung durch die Urteilsabsprachen

Literatur: *Hirschberg,* Das amerikan. und das deutsche Strafverf. in rechtsvergleichender Sicht, 1963; *J. Meyer,* Dialektik im Strafprozess, 1965; *Küper,* Die Richteridee der StPO und ihre geschichtl. Grundlagen, 1967; *Herrmann,* Die Reform der deutschen Hauptverhandlung nach dem Vorbild des anglo-amerikan. Strafverf., 1971; *Weigend,* Unverzichtbares im Strafverfahrensrecht, ZStW 113 (2001), 271; *Trüg,* Lösungskonvergenzen trotz Systemdivergenzen im dt. u. US-amerikan. Strafverf., 2003; *Ambos,* Zum heutigen Verständnis von Akkusationsprinzip und -verfahren aus historischer Sicht, Jura 2008, 586; *Schünemann,* Wetterzeichen pp., 2005; *ders.,* Der deutsche Strafprozess – krank an Haupt und Gliedern, FS Katoh, 2008, 49; *ders.,* Zur Kritik des amerikanischen Strafprozessmodells, FS Fezer, 2008, 555; *Haas,* 2008 (Lit. zu § 1); *Gaede,* Parteirechte d. Verteid. im dt. Inquisitionsproz., StV 2012, 51; *Wesslau,* Wahrheit und Legenden: die Debatte über den adversator. Strafprozess, FS Schünemann, 2014, 995; *Billis,* Die Rolle des Richters im adversator. u. im inquisitor. BewVerfahren, 2015;.*Duttge,* Der reformierte Str.proz. in: Heun/Schorkopf (Hrsg.), Wendepunkte der Rechtswiss., 2014.

A. Die Prozesssubjekte

1 Die Verfahrensbeteiligten, die dem deutschen Strafprozess sein Gesicht geben, sind der Beschuldigte und sein Verteidiger, die StA, das Gericht und der Verletzte. Man spricht bei diesen Personen von **Prozesssubjekten,** weil sie über jeweils selbstständige Verfahrensrechte verfügen. Von ihnen werden der Beschuldigte und sein Verteidiger in den beiden folgenden Paragrafen erörtert; die StA ist mit ihren Hilfsorganen oben (in § 9) eingehend besprochen worden. Der Verletzte, dessen Position erst in den letzten Jahren in den Mittelpunkt des wissenschaftlichen Interesses gerückt ist (vgl. u. vor § 63), wird in einem eigenen Buch der StPO (5. Buch, u. §§ 61 ff.), aber auch im Klageerzwingungsverfahren (u. § 41) und in verschiedenen anderen Zusammenhängen behandelt (näher *Rieß,* Jura 1987, 281). Die verfassungsrechtlichen Grundlagen und die Erscheinungsformen des Richtertums schließlich werden im Lehrbuch des Gerichtsverfassungsrechts dargestellt (lesen: *Wolf,* §§ 15–23). An dieser Stelle geht es nicht um eine derart isolierte Betrachtung der einzelnen Verfahrensbeteiligten, sondern um ihre Stellung zueinander, die für das Gefüge und den Ablauf des Strafprozesses von entscheidender Bedeutung ist.

B. Inquisitionsverfahren und Parteiverfahren

2 Um das aus dem Zusammenwirken der Prozesssubjekte sich ergebende Strukturmodell unseres Strafverfahrens zu verstehen, tut man gut, sich die beiden extremen Gestaltungsmöglichkeiten zu vergegenwärtigen, die historisch im altdeutschen Inquisitionsprozess und im angloamerikanischen Verfahren ihren Ausdruck gefunden haben.

3 1. Der gemeinrechtliche **Inquisitionsprozess** beruht auf dem Prinzip, dass die Wahrheitserforschung in der Hand des Richters liegt: Er sammelt von Anfang an das Beweismaterial, er vernimmt den Beschuldigten, er leitet die Verhandlung und spricht das Urteil. Einer StA bedarf es bei diesem Prozesstyp nicht, weil der Richter deren Funktionen mit übernimmt. Der Vorzug einer solchen Gestaltung liegt darin, dass der Richter wegen seiner alleinigen Verfahrensherrschaft sich umfassend informieren

kann. Ihr verhängnisvoller Nachteil ergibt sich daraus, dass die Vereinigung zweier Prozessrollen (des Strafverfolgers und des Urteilers) in der Person des einen Richters eine psychologische Überforderung bedeutet: Wer das Belastungsmaterial selbst gesammelt hat, steht dem Ergebnis der Ermittlungen i. d. R. nicht mehr so unbefangen gegenüber, wie es für einen gerecht abwägenden Urteilsspruch erforderlich ist (zu den psychol. Gründen dafür s. o. § 1 Rn. 16).

2. Der **englische Strafprozess** in seiner klassischen Form und seiner Weiterentwick- 4
lung in den USA entgeht diesem Dilemma durch die Ausgestaltung des Strafprozesses als Parteiverfahren. Das staatliche Strafverfolgungsinteresse wird vom Vertreter der Anklage wahrgenommen, die Belange des Beschuldigten vertritt der Verteidiger: Beide zusammen führen im Wesentlichen die Vernehmungen des Angeklagten und der Zeugen durch, und zwar vorzugsweise im Wege des für den angloamerikanischen Strafprozess charakteristischen Kreuzverhörs. Die Parteien üben also die Verfahrensherrschaft aus und können auch (etwa wie im deutschen Zivilprozess) durch Rücknahme der Anklage oder ein Schuldbekenntnis des Angeklagten *(guilty plea)* über den Prozessgegenstand verfügen. Der Berufsrichter *(bench)* trägt im Schwurgerichtsverfahren nicht durch eigene Untersuchungshandlungen die Urteilsgrundlagen zusammen, sondern leitet die Verhandlung – z. B. durch Zulassung oder Zurückweisung von Fragen – nur als eine Art neutraler Schiedsrichter, während die Geschworenen *(jury)* auf der Basis des von den „Parteien" gesammelten Be- und Entlastungsmaterials über den Schuldspruch (das *verdict*) entscheiden; der Berufsrichter setzt dann im Falle einer Verurteilung *(conviction)* die Strafe fest *(sentence)*. Man spricht hier von einem **„reinen Akkusationsprozess"**, weil nur die von der Anklage beigebrachten Tatsachen zur Verurteilung führen können, bzw. in den USA vom Gegnerprinzip (*adversarial principle*, s. o. § 13 Rn. 3).

C. Eigenständiger Prozesstyp

Der **deutsche Strafprozess,** dessen Grundstruktur auf dem europäischen Kontinent 5
vorherrscht und im 19. Jh. durch das französische Recht vielfältig beeinflusst wurde, verbindet Prinzipien des Inquisitionsprozesses mit denen des reinen Anklageverfahrens. Er stimmt mit dem reinen Anklageverfahren darin überein, dass Strafverfolgungs- und Urteilstätigkeit auf zwei voneinander unabhängige Behörden (StA und Gericht) verteilt werden, dass das erkennende Gericht von jeder Untersuchungstätigkeit im vorbereitenden Verfahren ferngehalten wird, dass die Eröffnung einer gerichtlichen Untersuchung „durch die Erhebung einer Klage bedingt" ist (§ 151; über das Akkusationsprinzip i. e. s. o. § 13) und dass das Urteil nicht auf die Ergebnisse des Ermittlungsverfahrens, sondern nur auf den Inbegriff der Hauptverhandlung gestützt werden kann (§ 261). Er bewahrt aber Züge des Inquisitionsprozesses insofern, als nach Erhebung der öffentlichen Klage die Verfahrensherrschaft auf den Richter übergeht, der – sei es im Zwischenverfahren oder in der Hauptverhandlung – nicht nur die Vernehmungen durchführt, sondern sämtliche zur Überführung oder Entlastung des Beschuldigten dienenden Beweise in eigener Verantwortung erhebt. Darin liegt auch der tiefere Grund, warum das Kreuzverhör, das theoretisch von der StPO zugelassen wird (§ 239), in der Praxis keinerlei Bedeutung erlangt hat. Es gilt also im deutschen Verfahrensrecht der bereits oben (§ 15 Rn. 1 ff.) besprochene Ermittlungsgrundsatz, der es von vornherein ausschließt, dass StA und Verteidigung über den Prozessstoff

verfügen. Man kann auch anders als im englischen Recht den deutschen Strafprozess nicht als „kontradiktorisches Parteiverfahren" bezeichnen. Eine solche Charakterisierung wäre nicht nur deshalb falsch, weil es nicht die „Parteien" sind, die den Prozess in den entscheidenden Stadien beherrschen, sondern v. a., weil die deutsche StA nicht auf die Rolle des belastenden Anklägers beschränkt, sondern von Gesetzes wegen gerade zur Unparteilichkeit und zur Ermittlung auch der entlastenden Umstände verpflichtet ist (§ 160 II; dazu näher schon o. § 9 Rn. 10ff.). Man sollte deshalb den Begriff der „Partei" im deutschen Strafprozessrecht grds. nicht – auch nicht in einem nur „formellen", möglicherweise aber doch Verwirrung stiftenden Sinne – verwenden (dazu eingehend und immer noch lesenswert *Henkel,* § 24).

6 Will man die derart skizzierte Strukturform unseres Strafprozesses, deren Auswirkungen sämtliche Stadien des Verfahrens prägen, zusammenfassend kennzeichnen, so kann man von einem **„Akkusationsprozess mit inquisitorischer Hauptverhandlung"** sprechen, der als eigenständiger Prozesstyp vom gemeinrechtlichen Inquisitionsverfahren ebenso wie vom reinen Anklageverfahren zu unterscheiden ist.

D. Die Sprengung dieser Struktur durch die Urteilsabsprachen

Literatur: *Deal,* Der strafprozessuale Vergleich, StV 1982, 545; *Schmidt-Hieber,* Verständigung im Strafverf., 1986; *ders.,* Vereinbarungen im Strafverfahren, NJW 1982, 1017; *ders.,* Beschleunigung des Strafverf. durch Kooperation?, FS Richterakademie Trier, 1983, 193; *ders.,* Der strafproz. „Vergleich", StV 1986, 355; *ders.,* Die gescheiterte Verständigung, NStZ 1988, 302; *ders.,* Absprachen im Strafprozeß – Rechtsbeugung und Klassenjustiz?, DRiZ 1990, 321; *Schünemann,* Prozessrechtl. Vorgaben f. d. Kommunikation im Strafpr., in: *JMin. Ba-Wü.* (Hrsg.), Triberg-Symposium, 1987, 24ff.; *Hassemer/Hippler,* Informelle Absprachen in der Praxis des deutschen Strafverfahrens, StV 1986, 360; *Widmaier,* Der strafprozessuale Vergleich, StV 1986, 357; *Dencker/Hamm,* Der Vergleich im Strafprozess, 1988; *Rönnau,* Die Absprache im Strafprozess, 1990; Verhandlungen des 58. DJT 1990, Bd. I: Gutachten B von *Schünemann,* Absprachen im Strafverf.? Grundlagen, Gegenstände u. Grenzen); Bd. II: Referate von *Böttcher, Schäfer* u. *Widmaier;* Tagungsverlauf u. Beschlüsse: NJW 1990, 2987f. u. 2992ff.; *Bussmann,* Die Entdeckung der Informalität, 1991; *Zschockelt,* Die Urteilsabsprache in der Rspr. des BVerfG und des BGH, NStZ 1991, 305; *Gerlach,* Absprachen im Strafverf., 1992; *Schünemann,* Die informellen Absprachen als Überlebenskrise des deutschen Strafverfahrens, FS Baumann, 1992, 361; *Böttcher/Dahs/Widmaier,* Verständigung im Strafverf. – eine Zwischenbilanz, NStZ 1993, 375 (scharfe Kritik daran bei *Schünemann,* StV 1993, 657; *Zschockelt,* FS Salger, 1995, 435: „Der Richter ist kein Handelspartner"); *Siolek,* Verständigung in der Hauptverhandlung, 1993; *Bussmann/Lüdemann,* Klassenjustiz oder Verfahrensökonomie?, 1995; *Friehe,* Der Verzicht auf Entschädigung für Strafverfolgungsmaßnahmen, 1997; *Janke,* Verständigung und Absprachen im Strafverfahren, 1997; *Nelle-Rublack,* Der modernisierte Strafprozess, 1999; *Bogner,* Absprachen im dt. u. ital. Strafprozessrecht, 2000; *Kuckein/Pfister,* Verständigung im Strafverfahren – Bestandsaufnahme und Perspektiven, FS 50 Jahre BGH-Praxis, 2000, 641; *Weigend,* Der BGH vor der Herausforderung der Absprachenpraxis, FS 50 Jahre BGH-Wiss., Bd. IV, 2000, 1011; *Weider,* Vom Dealen mit Drogen und Gerechtigkeit, 2000; *Bömeke,* Rechtsfolgen fehlgeschlagener Absprachen im dt. u. engl. Strafverf., 2001; *B. Schmitt,* Zur Rspr. u. Rechtswirklichkeit verfahrensbeendender Absprachen, GA 2001, 411; *Wagner,* Das einvernehmliche Verfahren, FS Gössel 2002, 585; *Schünemann,* Die Absprachen im Strafverfahren pp., FS Riess 2002, 525; *Siolek,* Zur Fehlentwicklung strafprozessualer Absprachen, ibid., 563; *Weßlau,* Das Konsensprinzip im Strafverfahren – Leitidee für eine Gesamtreform?, 2002; *Dreher,* Kontrollierbarkeit konsensualer Verfahrensweisen am Beispiel des US-amerikanischen Strafprozessrechts, 2003; *Duttge,* Möglichkeiten eines Konsensualprozesses nach deutschem Strafprozessrecht, ZStW 115 (2003), 539; *Salditt,* Ergänzende Überlegungen, ibid., 570; *Goldbach* (Hrsg.), Der Deal mit dem Recht, 2004; *Heller,* Die gescheiterte Urteilsabsprache, 2004; *Weßlau,* Absprachen im Strafverfahren, ZStW 116 (2004), 150; *Altenhain/Haimerl,* Modelle konsensualer Erledigung des Hauptverfahrens, GA 2005, 281; *Meyer-Goßner,* Domestikation der Absprachen im Strafpr., Schünemann-Symposium, 2005, 235; *Nestler,* Schünemanns Gutachten zu den Absprachen im Strafverf. von 1990, ibid., 15; *Schünemann,* Brennpunkte des Strafrechts in der entw. Industriegesellschaft, ibid., 39, 376f.; *ders.,* Wetterzeichen vom

Untergang der deutschen Rechtskultur, 2005; *ders.,* Zur Entstehung des deutschen „plea bargaining", FS Heldrich, 2005, 1177; *ders.,* Bundesrechtsanwaltskammer auf Abwegen, ZRP 2006, 63; *ders./Hauer,* Absprachen im Strafverfahren, AnwBl. 2006, 439; *Graumann,* Vertrauensschutz und strafprozessuale Absprachen, 2006; *Lien,* Analyt. Unters. der Ursachen des and. Streits um Absprachen, GA 2006, 129; *Jahn,* Die Konsensmaxime in der Hauptverhandlung, ZStW 118 (2006), 427; *Ignor,* Die Urteilsabsprache und die leitenden Prinzipien der StPO, FS BRAK, 2006, 321; *Matt/Vogel,* Urteilsabsprachen im Strafverf.: Ein Alternativvorschlag, ibid., 391; *Wahle,* Gescheiterte Verständigung – einmal anders, ibid., 539; *Altenhain u. a.,* Die Praxis der Absprachen in Wirtschaftsstrafverfahren, 2007; *dies.,* Die Vorschläge zur gesetzlichen Regelung der Urteilsabsprachen im Lichte aktueller rechtstatsächlicher Erkenntnisse, NStZ 2007, 71; *Ashworth,* Plea Bargaining, Pragmatism and Rights, FS Jung, 2007, 19; *Gatzweiler,* Verführung durch konsensuale Harmonie, ibid., 215; *Duttge,* Zu den aktuellen Bestrebungen, Urteilsabsprachen per Gesetz zu zähmen, FS Böttcher, 2007, 53; *Hauer,* Geständnis und Absprache, 2007; *Huttenlocher,* Dealen wird Gesetz pp., 2007; *G. Schöch,* Urteilsabsprachen in der Strafrechtspraxis, 2007; *Schünemann,* Die Zukunft des Strafverfahrens – Abschied vom Rechtsstaat?, ZStW 119 (2007), 945; *Eschelbach,* Absprachenpraxis versus Wiederaufnahme des Verfahrens, HRRS 2008, 190; *Hassemer,* Konsens im Strafprozess, FS Hamm, 2008, 171; *Lüderssen,* Verständigung im Strafv., ibid., 419; *Böttcher,* Opferinteressen im Strafverf. und verf.beendende Absprachen, FS Egon Müller, 2008, 87; *Dippel,* Urteilsabsprachen im Strafprozess pp., FS Widmaier, 2008, 105; *Salditt,* Das unzuverlässige Geständnis pp., ibid., 545; *Hamm,* Quo vadis Strafprozess?, FS Egon Müller, 2008, 235; *Hettinger,* Von der Gleichheit vor dem Gesetz zur Ungleichheit vor Gericht?, ibid., 261; *Knierim,* Gesellschaftliche Trends u. Absprachen im Strafv., ibid., 341; *Weßlau,* Strategische Planspiele oder konzeptionelle Neuausrichtung?, ibid., 779; *Graumann,* Die gesetzl. Regelung von Absprachen im Strafverfahren, HRRS 2008, 122; *Kobor,* Bargaining in the criminal justice systems of the United States and Germany, 2008; *Müller,* Probleme um eine gesetzliche Regelung der Absprachen im Strafverfahren, 2008; *Trüg,* Erkenntnisse aus der Untersuchung des US-amerikanischen plea-bargaining-Systems pp., ZStW 120 (2008), 331; *Graumann,* Die Absprache über die Nichtverfolgung einer Tat gem. § 154 StPO, HRRS-FG Fezer, 2008, 53; *Fischer,* Strafbarkeit beim Dealen mit dem Recht?, FS Seebode, 2008, 59; *Schünemann,* Ein deutsches Requiem auf den Strafprozess des liberalen Rechtsstaats, ZRP 2009, 104; *Meyer-Goßner,* Was nicht Gesetz werden sollte, ZRP 2009, 107; *Fischer,* Absprache-Regelung: Problemlösung oder Problem?, StraFo 2009, 177; *Niemöller,* Urteilsabsprachen im Strafprozess – noch ein Regelungsvorschlag, GA 2009, 172; *Salditt,* ‚Massenproduktion – Plea bargaining in England, FS Mehle, 2009, 581; *Viering,* Absprachen als verfahrensökonomische Lösung pp., 2009; *Saal,* Absprachen im dt. u. poln. Strafproz., 2009; *Kölbel/Selter,* Achtung: Absprache!, JR 2009, 447; *Nolte,* Verständigung im Strafpr. in Dt. und Frankreich, Münchener jur. Diss. 2010, *Peters, J.,* Urteilsabsprachen im Strafpr. Die deutsche Regelung im Vergleich pp., 2011; *Prelle,* Opportunität u. Konsens, KritV 2011, 331; *Radtke,* Die Entwicklung der Absprachen im Strafverf., in: 300 Jahre OLG Celle, 2011, 515; *B. Vogel,* Strafprozessuale Verständigung und Kronzeugenregelungen pp., GA 2011, 520; *Heller,* Das Gesetz zur Regelung der Verständigung im Strafverf. – no big deal?, 2012; *Laliashvili,* Absprachenverf. in vergleichender Sicht, 2012; *Seppi,* Absprachen im Strafpr., 2012; *Altenhain/Dietmeier/May,* Die Praxis der Absprachen im Strafverf., 2013; *Beulke/Stoffer,* Bewährung für den Deal?, JZ 2013, 663; *Mosbacher,* Praktische Auswirkung der Entscheidung des BVerfG zur Verständigung, NZWiSt 2013, 201; *Schünemann,* Urteilsabsprachen im Strafverf. – ewige Wiederkehr des Gleichen?, FS Wolter, 2013, 1107; *ders.,* Vom Tempel zum Marktplatz, 2013; *Stratenwerth,* Überlegungen zur Ungleichheit der Beteiligten im Absprache-Verf., GA 2013, 111; *Mylonopoulos,* Zur Möglichkeit einer theoretischen Begründung des plea bargaining, FS Kühne, 2013, 259; *Salditt,* Zum Richterbild des VerständG, FS Tolksdorf, 2014, 377; *Duttge,* Die Urteilsabsprachen als Signum einer rechtl. Steuerungskrise, FS Schünemann, 2014, 875; *Sacher,* Diskurstheorie als Legitimation für die Absprachen im Strafverf.?, FS Schünemann, 2014, 957; *Knauer,* Wirtschaftsstrafverf., Absprachen und die StA, FS v. Heintschel-Heinegg, 2015, 245; *Ziegler,* Die Verständigung im Strafverf. aus Sicht der Praxis, ebda., 521; *Höland,* Verhandlungs- und vertragsorientierte Ansätze im Strafverf., FS Beulke, 2015, 787; *Leibold,* Der Deal im Steuerstrafrecht, 2016. S. ferner die Lit. zu § 44 G.

I. Entstehung und Mechanismus

1. Die inquisitorische mündliche und öffentliche Hauptverhandlung, in der das Gericht von Amts wegen alle relevanten Beweise zur Auffindung der materiellen Wahrheit erhebt, insb. sich nicht mit den Protokollen früherer Vernehmungen zufrieden gibt, sondern die Zeugen selbst vernimmt und das Urteil allein auf diesen „Inbegriff 7

der Hauptverhandlung" stützt, macht die fundamentale Struktur des von der StPO und dem GVG gesetzlich geregelten deutschen Strafverfahrens aus (§§ 244 II, 249, 261 StPO, 169 GVG). Als die Erledigungskapazität dieses Modells zur Bewältigung der „Umfangsverfahren", namentlich der seit den 70er Jahren des vorigen Jahrhunderts immer mehr zunehmenden Wirtschaftsstrafprozesse, nicht ausreichte, wurde in den Tatsacheninstanzen, anfangs unter strenger Geheimhaltung, aus quantitativ und qualitativ kleinen Schritten, mit denen ohne Rücksicht auf die StPO eine Abkürzung des einzelnen Verfahrens erreicht werden sollte, nach und nach die Praxis der **Urteilsabsprachen** entwickelt. Sie stellte einen eigenen, die Grundentscheidungen der StPO und damit auch die richterliche Gesetzesbindung gem. Art. 20 III GG missachtenden Prozesstyp dar, dessen **Illegalität** vom Großen Strafsenat des BGH durch die Qualifikation als eine „richterrechtliche Fortbildung der Strafprozessordnung wegen der unabweislichen Bedürfnisse einer ordnungsgemäßen Strafrechtspflege" (BGHSt 50, 40, 53) eingeräumt worden ist. Diese Rechtsfortbildung war darüber hinaus aber auch **illegitim,** (1) weil die Umstürzung der vom Gesetzgeber geregelten Verfahrensstruktur schon die engen allgemeinen Grenzen einer verfassungsrechtlich zulässigen richterlichen Rechtsfortbildung[1] weit überschreitet, (2) weil speziell im Strafverfahren als einem hoheitlichen Eingriffsverfahren mit schwersten Grundrechtseingriffen anders als etwa im Zivilrecht der strenge verfassungsrechtliche Grundsatz vom Vorbehalt des Gesetzes[2] gilt, (3) weil die Strafjustiz bei dieser „Rechtsfortbildung" ihrer eigenen Befugnisse in eigener Sache und damit notwendig parteilich entscheidet, (4) weil das Modell der Urteilsabsprachen jede verfahrensmäßige Balance zwischen Strafverfolgung und Verteidigung vermissen lässt und deshalb massiv das Rechtsstaatsprinzip verletzt und (5) weil schließlich der erstmalige (unzulängliche) Versuch des 4. Strafsenats, die Praxis der Urteilsabsprachen an gewisse feste Regeln zu binden (BGHSt 43, 195), erst im Jahr 1997 erging, so dass selbst eine etwa darin liegende Rechtsfortbildung die vorherige 20-jährige Praxis[3] vom Makel der Missachtung des Rechts durch die zu seiner Bewahrung geschaffenen Institutionen nicht mehr befreien konnte (zusammenfassend *Schünemann,* Wetterzeichen, 2005). Selbst nach der vom Gesetzgeber 2009 durch das VerständG besorgten nachträglichen Legalisierung hat die Strafjustiz ihren Gesetzesungehorsam fortgesetzt (nunmehr gegenüber den vom BGH geforderten und vom Gesetzgeber übernommenen Kautelen[4]), was das BVerfG als Ermahnung an die den Gesetzesbruch bei anderen mit Gefängnis ahndende Justiz mit dem fälschlich als Feststellung formulierten Sollenssatz quittiert hat, „dass im Rechtsstaat des Grundgesetzes das Recht die Praxis bestimmt und nicht die Praxis das Recht" (BVerfGE 133, 168, 235) – was gerade wegen seiner Selbstverständlichkeit die totale Erosion des rechtsstaatlichen Strafverfahrens durch die Absprachenpraxis evident macht.

Der OGH Österreichs hat dagegen, unbeirrt durch alle vermeintlichen Zwänge der Praxis, für die vergleichbare Struktur des österr. Strafverfahrens klargestellt, dass Urteilsabsprachen „wegen des eklatanten Widerspruches zu den tragenden Grundprinzipien des österreichischen Strafverfahrensrechtes, namentlich jenem zur – ein Kontrahieren des Gerichtes mit (mutmaßlichen) Rechtsbrechern ausschließenden – Erfor-

[1] BVerfGE 34, 269; 65, 182.

[2] BVerfGE 4, 219, 233ff.; 38, 175, 184f.; 46, 268, 285f.; 56, 249, 261ff.; 58, 300, 319; 74, 264, 285ff.

[3] Zur Entstehung der Absprachenpraxis in den 70er Jahren und zu ihrer vollständigen Ausbildung bereits bei der von *Schünemann* 1986/87 bundesweit durchgeführten Repräsentativumfrage siehe *ders.,* 1990 und in FS Heldrich, 2005.

[4] Dazu näher die vom BVerfG in Auftrag gegebene empirische Untersuchung von *Altenhain/Dietmaier/May,* 2013.

schung der materiellen Wahrheit, prinzipiell abzulehnen (sind) und die Beteiligten disziplinärer (§ 57 öRDG) und strafrechtlicher Verantwortlichkeit (§ 302 öStGB) aussetzen".[5]

2. Die Urteilsabsprachen, die 2009 durch das **VerständG formell legalisiert** (dazu u. § 44 G) und in dieser Form vom BVerfG 2013 für **verfassungsmäßig** erklärt worden sind (dazu u. IV.), können begrifflich dadurch gekennzeichnet werden, dass die Prozesssubjekte ihre Handlungen nicht autonom allein an ihrer eigenen Beurteilung der jeweiligen Prozesslage orientieren, sondern nach dem Modell des Austauschvertrages in ein synallagmatisches Verhältnis bringen. Sie sind ursprünglich nach den sozialen Regeln der Austauschgerechtigkeit (dazu *Schünemann,* 1990, 27ff.) in der Form entwickelt worden, dass das Gericht eine numerisch definierte Strafe, die im Vergleich mit dem bei „streitiger Verhandlung" zu erwartenden Ergebnis wirklich oder vermeintlich stark gemildert ist, unter der Bedingung zusagt, dass der Angekl. in einem vorher definierten Umfang ein Geständnis ablegt und nach Urteilsverkündung Rechtsmittelverzicht erklärt. Dieses Modell, in dem bereits vor der formellen Legalisierung ein großer Teil der Strafverfahren erledigt wurde (*Schünemann,* 1990; *Siolek,* 1993; *Altenhain* u. a., 2007), entspricht funktional dem im angloamerikanischen Parteiprozess entwickelten und dort seit langem in über 95 % aller Verfahren praktizierten (*Schumann,* 1977; *ders.,* GS Weßlau, 2016, 331) *plea bargaining,* jedoch mit zwei für die dogmatische Einordnung wie für die Zerstörung der Verfahrensbalance ausschlaggebenden Unterschieden: Anstelle des eine Verfügung über den Prozessgegenstand enthaltenden *guilty plea* des Angeklagten tritt das **Geständnis als bloßes Beweismittel;** und **Partner** der Absprache ist nicht die Staatsanwaltschaft, sondern das **Gericht.** Die Abspracheverhandlungen („Vorgespräche") werden (ebenso wie die *plea negotiations* in den USA) informell und nicht öffentlich sowie ohne Beteiligung des durch seinen Verteidiger vertretenen Angeklagten geführt. Das galt früher auch für die Urteilsabsprache selbst (engl. *plea agreement*), die aber seit BGHSt 43, 195 als wesentliche Förmlichkeit qualifiziert worden ist und deshalb gem. § 273 Ia in das Hauptverhandlungsprotokoll aufgenommen werden muss. Die Initiative kann vom Gericht, dem Staatsanwalt oder dem Verteidiger ausgehen, vom Verteidiger typischerweise schon im Ermittlungsverfahren (namentlich im Fall der U-Haft), vom Gericht frühestens im Zwischenverfahren und typischerweise vor Beginn der Hauptverhandlung. Weil eine Einigung nach den Regeln der Verhandlungsgerechtigkeit einen Tausch voraussetzt, müssen beide Seiten eine Konzession anbieten, die auf Seiten der Justiz in der Strafmilderung gegenüber der andernfalls zu erwartenden Strafe („Sanktionsschere"), bei laufender U-Haft auch in Haftverschonung besteht, während der Angeklagte durch sein Geständnis und der Verteidiger durch Verzicht auf sein in der deutschen Hauptverhandlung besonders großes Obstruktionspotential die von der Justiz aus Kapazitätsgründen benötigte Verfahrensabkürzung anbieten. 8

3. Auch wenn der Gesetzgeber euphemistisch nicht von „Absprache", sondern überall nur von **Verständigung** spricht (§§ 243 IV, 257 c, 267 III 5, 273 I a, 302 I 2) und die **Bindung** des Gerichts auffälligerweise nicht ausdrücklich anordnet, sondern in § 257 c IV 1 voraussetzt, kann dadurch nicht verborgen werden, dass sich das Gericht vorbehaltlich einer u. U. zulässigen „Abweichung" (§ 257 c IV 4) festlegt und also vor Ende der Beweisaufnahme über den Prozessgegenstand **mit Zustimmung von StA und Angekl. partiell verfügt.** Das ist der Sache nach eine **Absprache** ebenso wie das *agree-* 8a

[5] JBl. 2005, 127.

ment im amerikanischen plea bargaining, so dass die in der Bundestagsdebatte nicht angezweifelte Auffassung der Begründung des VerständG, die Struktur des deutschen Strafverfahrens sei unverändert geblieben, nicht zutrifft (zur Kritik speziell zum VerständG *Schünemann* u. *Meyer-Goßner,* ZRP 2009, 104, 107; *Fischer,* StraFo 2009, 177). Dass laut § 257c I 2 „§ 244 Absatz 2 unberührt bleibt", geht nicht nur an der Verfahrenswirklichkeit der Absprachen (um deren Legalisierung es dem Gesetzgeber zu tun war) vollständig vorbei, sondern verkennt auch, dass die Aufklärungspflicht nach der StPO durch vollständige Beweiserhebung in der HV zu erfüllen ist, während die „Verständigung" nur die Aktenlage und ein nicht spontanes, sondern durch die Strafmaßfestlegung eingetauschtes und deshalb für die Wahrheitsfindung strukturell entwertetes Geständnis des Angekl. zur Grundlage hat.

8b Der entscheidende inhaltliche Mangel des VerständG besteht deshalb darin, dass es nicht erkannt hat, dass die von ihm euphemistisch als „Verständigung" bezeichneten Urteilsabsprachen die im 19. Jahrhundert geschaffene Struktur des deutschen Strafverfahrens zertrümmern, die Hauptverhandlung als dessen Kernstück praktisch abschaffen und damit eine Neuregelung des de facto zum Entscheidungszentrum des Strafverfahrens aufgewerteten Ermittlungsverfahrens unerlässlich machen (näher u. § 69 Rn. 4ff.). Dies wurde in der Behauptung der Begründung, „im Übrigen bestehen keine Alternativen" (BT-Drs. 16/11736, 2), ab ovo verkannt. Damit ist eine mehr als 100 Jahre alte Prozessstruktur durch einige oberflächlich ausgearbeitete Paragrafen ebenso unrühmlich zu Grabe getragen worden wie im Jahre 1924 die Schwurgerichtsverfassung durch die Emmingersche Notverordnung.

II. Legitimations- und Domestikationsversuche

9 1. Nachdem der über die Absprachenpraxis anfangs von den Beteiligten gelegte Schleier des Geheimnisses 1982 durch einen unter Pseudonym erschienenen Aufsatz erstmals gelüftet und durch die 1986/87 durchgeführte Repräsentativumfrage *Schünemanns* entfernt wurde,[6] hatte sich der BGH immer öfter mit deren Zulässigkeit zu befassen. Obwohl wegen der unklaren Terminologie (beliebt war der ebenso schillernde wie euphemistische Ausdruck „Verständigung", den das VerständG bezeichnenderweise übernommen hat), wegen der ungenügenden Kenntnis der Verfahrenswirklichkeit und wegen der fehlenden dogmatischen Aufarbeitung zunächst eine unübersichtliche Situation bestand, die durch eine verfrühte und ob ihrer sibyllinischen Natur äußerst unglückliche Kammerentscheidung des BVerfG[7] noch gesteigert wurde, hütete sich der BGH lange davor, eine prozessuale Bindungswirkung der Absprachen zu bejahen.[8] Erst in dem Grundsatzurteil BGHSt 43, 195 (4. StS) wurden die Urteilsabsprachen prinzipiell für prozessordnungsgemäß erklärt und mit einer aus dem Fair Trial („Vertrauensschutz") abgeleiteten Bindungswirkung versehen, zugleich aber mit einer Reihe von Kautelen verknüpft, durch die sie mit den anerkannten Strafverfahrensmaximen versöhnt werden sollten. Das ist später vom GrS im Wesentlichen bestätigt worden (BGHSt 50, 40).

2. Die nach Meinung des BGH für die Domestikation der Absprachenpraxis notwendigen und hinreichenden Kautelen lassen sich in *neun Regeln* zusammenfassen, von

[6] *Detlef Deal* alias *Weider,* StV 1982, 545; zu den wichtigsten Ergebnissen der Repräsentativumfrage s. *Schünemann* 1990, 151; *ders.,* FS Wolter, 2013, 1107, 1117ff.

[7] BVerfG NStZ 1987, 419; zur Kritik *Schünemann,* 1990, 143ff.

[8] Vgl. BGHSt 36, 210 (2. StS), wo eine Bindungswirkung von Absprachen verneint und nur eine Hinweispflicht vor Nichteinhaltung bejaht wurde, und dazu *Schünemann,* JZ 1989, 984ff.; BGHSt 37, 99, 298 (3. StS), wo es um die Befangenheit des Richters infolge dubioser Absprachepraktiken ging.

denen der Gesetzgeber durch das VerständG in § 257c sechs übernommen, zwei in § 257c II 1 und § 302 I 2 verschärft und eine in § 257c III 4 quasi auf den Kopf gestellt hat und die vom BVerfG in seiner Entscheidung zur Verfassungsmäßigkeit des VerständG möglichst streng interpretiert worden sind.

a) Der **Ermittlungsgrundsatz** müsse gewahrt bleiben (nunmehr § 257c I 2). Das Gericht dürfe also nicht etwa ein im Rahmen einer Vereinbarung abgelegtes Geständnis ohne Weiteres zur Urteilsgrundlage nehmen, sondern müsse vielmehr dessen Glaubwürdigkeit besonders überprüfen und dazu ggf. (BVerfGE 133, 168, 209f.: immer) weitere Beweise erheben. 10

b) Der **nemo-tenetur-Grundsatz** und § 136a (s. u. § 25 Rn. 1ff.) müssten auch bei Vereinbarungen gewahrt bleiben, so dass weder auf den Angekl. ein rechtswidriger Druck ausgeübt noch ihm ein unzulässiger Vorteil versprochen werden dürfe. Zwar dürfe das Gericht für den Fall eines Geständnisses Strafmilderung in Aussicht stellen; denn das sei nach allgemeinen Strafzumessungsgrundsätzen legitim, ebenso wie die Zusage einer Einstellung anderer Verfahren durch die StA gem. § 154 (einschränkend § 257c II, 1: nur innerhalb desselben Verfahrens). Unstatthaft (weil die Zuständigkeit des Gerichts überschreitend) sei aber das Versprechen eines „Freigangs" im Vollzug (vgl. BGH NJW 1995, 2568), die Forderung der Wiedergutmachung in einem anderen Strafverfahren (BGHSt 49, 84 – fehlende Konnexität!) oder eines pauschalen Verzichts auf die prozessualen Rechte des Angekl. (BGH NStZ 2006, 586).[9] Und vor allem dürfe das Gericht die Freiheit des Angekl. nicht durch Drohungen mit einer unzulässigen U-Haft, Sicherungsverwahrung oder einer unverhältnismäßig großen „Sanktionsschere" beeinträchtigen (näher o. § 8 Rn. 11). 11

c) Der **Öffentlichkeitsgrundsatz** müsse eingehalten werden. Die Vereinbarung müsse also in der Hauptverhandlung getroffen und im Protokoll festgehalten werden. Vorgespräche der Beteiligten vor oder außerhalb der Hauptverhandlung würden freilich dadurch nicht ausgeschlossen, könnten aber die Bindungswirkung für sich allein nicht auslösen (dazu näher BGH StV 2003, 481; NStZ 2004, 493; nunmehr §§ 243 IV, 273 Ia). 12

d) Vor Protokollierung der Vereinbarung müsse **allen Verfahrensbeteiligten rechtliches Gehör** gewährt werden (BGHSt 38, 102; BGH NStZ 2006, 708). Das hieß aber **nicht,** dass der StA hierdurch eine **Vetoposition** eingeräumt würde (zutr. *Altenhain/Haimerl,* GA 2005, 286; mit äußerst zw. Wendungen [„Vorschlag des Gerichts, den die Verfahrensbeteiligten annehmen, ablehnen oder modifizieren können"] offen gelassen von BGH NStZ 2006, 708). Denn wenn die StA mit dem Vorgehen des Gerichts nicht einverstanden war, musste sie mit Ablehnungs-, Beweisanträgen oder Rechtsmitteln auf ein der Sach- und Rechtslage entspr. Ergebnis hinwirken; **anders** aber nunmehr § 257c III 4! 13

e) Der **Unmittelbarkeitsgrundsatz** dürfe nicht verletzt werden. Es sei also unzulässig, dass das Gericht eine verbindliche Zusage über die genaue Höhe der zu verhängenden Strafe („Punktstrafe") mache (auch nicht in verklausulierter Form, s. BGH NStZ-RR 2007, 245; BGHSt 51, 84, 86). Denn bei einer solchen Vorwegnahme des Urteils könne das Gericht seine Entscheidung nicht mehr aus dem „Inbegriff der Verhandlung" (§ 261) schöpfen. Dagegen dürfe das Gericht eine im Regelfall verbindliche **Strafobergrenze** festsetzen (nunmehr § 257c III, 2: Ober- und Untergrenze). 14

f) Der **Schuldgrundsatz** müsse respektiert werden. Das Gericht dürfe daher ein Geständnis nicht mit einer Strafmilderung erkaufen, die weit unterhalb der Grenze des Schuldangemessenen liegt. Freilich sei das Geständnis ein wesentlicher Strafmilderungsgrund, und zwar auch dann, wenn es nicht aus Einsicht und Reue, sondern aus verfahrenstaktischen Gründen zur Erlangung eines milderen Urteils abgelegt wird. Denn auch dadurch bekenne sich der Angekl. zu seiner Tat und fördere das Prozessziel des Rechtsfriedens. 15

g) Der **Grundsatz des fairen Verfahrens** müsse stets beachtet werden. Daher sei das Gericht an die von ihm zugesagte Strafobergrenze normalerweise gebunden. Allerdings müsse es, wenn es relevante tatsächliche oder rechtliche Aspekte übersehen habe (so der GrS; enger früher der 4. StS: nur wenn diese erst nachträglich bekannt würden), die festgelegte Strafobergrenze ausnahmsweise doch überschreiten dürfen. Es müsse dann aber den Angekl. in öffentlicher Hauptverhandlung unter konkreter Darlegung der neuen 16

[9] Zw. *Beulke,* Rn. 396, dass der Verzicht auf einen einzelnen Beweisantrag oder eine einzelne Verfahrensrüge mit einer Strafmilderung honoriert werden dürfe, denn auch hier fehlt es an der Konnexität.

Umstände auf diese Möglichkeit hinweisen (§ 265 I, II StPO). Während der GrS für einen solchen Fall die Frage der Verwertbarkeit des im Vertrauen auf die Absprache abgelegten Geständnisses offen ließ (BGHSt 50, 40, 51), hat § 257c IV 3 nunmehr ein **Verwertungsverbot** statuiert.

17 h) Das Gericht dürfe sich in der Vereinbarung **keinen Rechtsmittelverzicht** des Angekl. versprechen lassen. Denn die Rechtsmittelbefugnis sei von der Höhe der Strafe unabhängig und dürfe nicht mit ihr verknüpft werden. Auch könne vom Angekl. nicht verlangt werden, dass er sich der Kontrollmöglichkeit einer Rechtsmitteleinlegung begibt, bevor er das Urteil kennt.

18 i) **Nach** dem abgesprochenen Urteil sei ein Rechtsmittelverzicht zulässig, aber nur nach vorheriger qualifizierter Belehrung (scil. über die Unwirksamkeit einer darüber etwa vorher getroffenen Abrede). **Anders** nunmehr § 302 I 2, der jeglichen Rechtsmittelverzicht nach einer Absprache ausschließt.

III. Kritik der Absprachen

19 1. Diese Kautelen ähneln aber mehr einer äußerlichen Choreographie als substantiellen Garantien und sind schon im Ansatz ungeeignet, die durch die Urteilsabsprachen zertrümmerte Verfahrensbalance des Prozessmodells der StPO wieder herzustellen, zumal die Praxis der Urteilsabsprachen alle jene Balanceinstrumente vermissen lässt, die die Unerträglichkeit des angloamerikanischen Instituts des plea bargaining wenigstens abmildern, und deshalb das Zerrbild eines auf Wahrheit und Gerechtigkeit angelegten Verfahrens darstellt.[10]

20 a) Die Pflicht, die Glaubwürdigkeit des Geständnisses anhand der Ermittlungsakten (!) zu überprüfen, ändert nichts daran, dass die inquisitorische Hauptverhandlung als Kernstück des deutschen Strafverfahrens durch eine Unterwerfung des Angeklagten unter das Ergebnis des Ermittlungsverfahrens ersetzt wird.

21 b) Das Ausmaß des zugesagten Strafrabatts hängt nach den Regeln der Verhandlungsgerechtigkeit und auch nach der tatsächlichen Praxis von dem Ausmaß der vom Verteidiger angebotenen Verfahrensabkürzung ab, was eine Strafverschärfung für die Ausübung der Verfahrensrechte zur Kehrseite hat und deshalb mit den Grundsätzen der Strafzumessung nicht vereinbar ist (eingehend *Hauer,* 2007) – so dass eben doch das von § 136a verbotene „Versprechen eines gesetzlich nicht vorgesehenen Vorteils" vorliegt. Die in der Rechtsprechung des BGH akzeptierten Strafrabatte sind dementsprechend bei einer starken Verhandlungsposition des Angeklagten auch so enorm, dass sie durch die (bei einer Absprache nur geringfügig) schuldmindernde Wirkung des Geständnisses nicht mehr erklärt werden können.[11]

22 c) Auch die Einschränkung der gerichtlichen Zusage auf einen bloßen Strafrahmen ändert hieran im Grundsatz nichts und missachtet überdies die Grundsätze der Verhandlungsgerechtigkeit, weil der Angeklagte mit seinem Geständnis vorleisten und deshalb wissen muss, worauf er sich einlässt – weshalb in der Praxis die *Obergrenze* meist als bloß verhüllende Floskel für eine präzise Absprache verwendet und auch vom 4. Straf-

[10] Dazu (stellvertr. für die im dogmatisch vertieften Schrifttum völlig überw. Meinung) eingehend *Schünemann,* 1990 u. 2005, sowie in den FS Baumann, 1992, u. Rieß, 2002; *Friehe,* 526ff.; *Rönnau,* 1990, 73ff.; *Duttge* und *Salditt,* 2003; *Fischer,* StraFo 2009, 177. Bezeichnenderweise haben auch ursprüngliche Anhänger der Absprachenpraxis inzwischen ihre Meinung geändert, exemplarisch *Eschelbach,* 2008.

[11] Näher *Hauer,* 2007, 340ff.; der BGH hat zwar eine Strafzumessungsschere zwischen dreieinhalb Jahren und sechs bis sieben Jahren beanstandet und als Grund für eine Besorgnis der Befangenheit qualifiziert (o. § 8 Rn. 11), eine solche zwischen viereinhalb Jahren und „über" sieben Jahren aber toleriert, s. BGH StV 2005, 201; StV 2007, 453; ähnlich BGH wistra 2007, 474.

senat eingeräumt wurde, dass „oftmals die später im Urteil verhängte Strafe diese Strafhöhe wird erreichen müssen" (BGHSt 43, 208). Die nunmehr von § 257c III 2 vorgeschriebene Angabe auch einer *Untergrenze* dient allein dem Interesse der StA, was in Verbindung mit deren in § 257c III 4 eingeführter Vetoposition den **Dealcharakter** der „Verständigung" evident macht.

d) Der Öffentlichkeitsgrundsatz wird nur scheinbar gewahrt, weil die eigentlichen Entscheidungen in den **Absprachеverhandlungen** getroffen werden und die Öffentlichkeit also nur das Ergebnis zeremoniell vorgeführt bekommt (erst recht, wenn nicht einmal das stattfindet; verkannt von BGHSt 48, 255). 23

e) Die Verfahrensfairness kann schon deshalb in einem zum deutschen Prozess allein passenden Absprachenmodell nicht gewahrt werden, weil das vom Angeklagten vorzuleistende Geständnis nicht (wie das guilty plea) eine rücknehmbare Verfügungserklärung, sondern ein Beweismittel ist, das „eigentlich" auch nach Fortfall der Bindungswirkung der gerichtlichen Zusage in der Welt bleibt.[12] Umgekehrt kann nach Rechtskraft des Urteils durch den Widerruf eines **ausgehandelten** Geständnisses eine Wiederaufnahme des Verfahrens (u. § 57 Rn. 9ff.) erzwungen werden, so dass die vermeintliche Patentlösung des die StPO ignorierenden „Deals" hier ihren „weichen Unterleib" hat.[13] 24

f) Dass der Angeklagte nicht auf Rechtsmittel verzichten kann (nunmehr § 302 I 2), nutzt ihm wenig, weil es ihm nach seinem Geständnis und dem Verzicht auf eine gehaltvolle Hauptverhandlung regelmäßig an Revisionsgründen fehlen wird: Er kann zwar ggf. die Verletzung der von der Rspr. formulierten (und nunmehr in § 257c übernommenen) formalen Absprachеregeln rügen, hat aber nur geringe Chancen, die inhaltliche Unrichtigkeit der auf das abgesprochene Geständnis gestützten Feststellungen anzugreifen (näher *Weider,* in: N/Sch/W, 157ff.). 25

2. Noch stärker als diese Unzulänglichkeit der vom BGH faute de mieux formulierten und im VerständG im Wesentlichen nur übernommenen Kautelen fallen aber die **vier Grundgebrechen** der deutschen Absprachenpraxis ins Gewicht, die sie insgesamt zu einer **Verletzung des Fair Trial** stempeln: 26

a) Die Legitimationsidee besteht (entgegen einigen wirklichkeitsfremden Konzepten im Schrifttum[14]) **nicht** im **Konsensprinzip,** denn der Angeklagte stimmt der Verurteilung nicht aus innerer Überzeugung zu (das könnte er auch ohne das ganze Absprachеverfahren tun), sondern um einer anderenfalls drohenden weit schwereren Strafe zu entgehen. Es geht also in der Sache um eine **Unterwerfung** unter die Ergebnisse des Ermittlungsverfahrens, die mit den Prinzipien der Fairness und der materiellen Wahrheit nur unter der Voraussetzung vereinbar erscheint, dass die Stellung der Verteidigung bereits im Ermittlungsverfahren stark genug ist, um unrichtige Ergebnisse zu verhindern oder wenigstens nachträglich zu korrigieren. Im Vorverfahren der RStPO war das entbehrlich gewesen und fehlt deshalb bis heute. Ohne diese Verstär- 27

[12] Insoweit zutr. BGHSt 52, 165, 168f, s. u. § 45 Rn. 47. Das nunmehr in § 257c IV 3 statuierte Verwertungsverbot (s. u. § 44 Rn. 64) macht vollends deutlich, dass es um einen synallagmatischen Vergleich und nicht um Wahrheitsfindung geht.

[13] Dazu bereits *Schünemann,* 1990, 128ff.; nunmehr *Eschelbach,* 2008; ferner *Förschner,* StV 2008, 443; *Hellebrand,* NStZ 2008, 374.

[14] Zutr. *Lien,* GA 2006, 129, 143ff. gegen *Jahn,* GA 2004, 272; vgl. auch *Hassemer* versus *Lüderssen,* FS Hamm, 2008, 171, 419.

kung der Verteidigung, die über die Rechtsforbildungsmöglichkeiten der Rechtsprechung hinaus ging und eine umfassende Neustrukturierung durch den Gesetzgeber voraussetzte, die das VerständG aber schuldig geblieben ist, kann deshalb die erzwungene Unterwerfung unter das Ergebnis der Ermittlungen nicht legitimiert werden.

28 b) Der Angeklagte ist nach der heutigen Praxis nicht davor geschützt, Opfer einer **bloß vermeintlichen Strafmilderung** zu werden, weil der Richter innerhalb der weiten gesetzlichen Strafrahmen die Einstiegsmarke in „freier Würdigung" (§ 257c III 2) angeben und dabei, wie es bei Rabattverhandlungen üblich ist, die für ein Geständnis offerierte Ermäßigung vorher draufschlagen kann. Es müsste deshalb zumindest (ähnlich wie bei der qualifizierten Strafzumessungslösung bei überlanger Verfahrensdauer, oben § 16 Rn. 9) die Angabe einer alternativen und ebenfalls verbindlichen Obergrenze für den Fall einer „streitigen" Verhandlung obligatorisch sein, die entsprechend dem materiellen Strafzumessungsrecht maximal 20 % höher liegen dürfte.[15]

29 c) Die gravierendste Abweichung vom angloamerikanischen Modell liegt schließlich darin, dass in Deutschland das später über die Schuld- und Straffrage entscheidende **Gericht selbst** Partner der Absprachenverhandlung ist, die es **nach Willkür** einleiten oder verweigern kann (vgl. OLG Celle StV 2012, 394; BGH StV 2013, 432), so dass der Angeklagte seine Situation als ausweglos empfinden muss, während der Richter als Verhandlungspartner seine **neutrale Stellung verliert**[16] und deshalb nach einer gescheiterten Absprache strukturell voreingenommen ist, von der durch die anfängliche Absprachebereitschaft des Angeklagten ausgelösten, empirisch nachweisbaren Verdoppelung des inertia-Effekts mit der Folge einer ungebremsten Überschätzung der Belastungsindizien[17] ganz abgesehen – wonach der durch die Vereinigung der (in den USA getrennten) Funktionen von Beweiserhebung, Prozessleitung, Schuldspruch und Strafzumessung ohnehin übermächtige Richter des deutschen Prozessmodells vollends zu einer im Sinne *Montesquieus* „furchtbaren Gewalt" pervertiert.

30 d) **Ohne einen Verteidiger,** der auf der Eingangsstufe des Amtsgerichts und damit in der großen Masse der Verfahren nur ausnahmsweise notwendig ist, kann der Angeklagte weder seine Absprachenchancen adäquat wahrnehmen noch das „Angebot" des Gerichts auch nur annähernd zuverlässig beurteilen (deshalb nimmt OLG Naumburg StV 2014, 274 einen Fall notwendiger Verteidigung an).

31–32 3. Ein die Urteilsabsprachen organisch einbeziehendes, neues Verfahrensmodell hätte deshalb, wie auch der GrS mit großem Nachdruck ausgesprochen hat (BGHSt 50, 40, 64), nur durch eine umfassende gesetzliche Reform geschaffen werden können. Während sich nicht nur Italien, Spanien, Frankreich und Polen, sondern auch diverse lateinamerikanische Staaten und zuletzt die Schweiz (mit freilich meist geringem Erfolg) um eine rechtsstaatliche gesetzliche Gesamtregelung eines mit Urteilsabsprachen arbeitenden Strafverfahrens wenigstens bemüht haben,[18] bleibt der deutsche Gesetzge-

[15] Näher *Schünemann/Hauer,* 2006; *Hauer,* 2007, 164ff., 303ff.; *Schünemann,* FS Fezer, 2008, 555, 574f.

[16] Zu der darin aus soziologischer Sicht liegenden Verwandlung des Strafverfahrens als eines „Wertkonflikts" in einen den Richter zu einer Partei denaturierenden „Interessenkonflikt" näher *Schünemann,* 1990, 50ff.

[17] *Schünemann,* Wetterzeichen, 26f.; zum „einfachen" inertia-Effekt o. § 1 Rn. 16.

[18] Nachw. b. *Schünemann,* FS Fezer, 2008, 555ff. Fn. 8f., 34–37; Art. 358ff. der Schweizerischen StPO v. 5.10.2007 (BGBl. 2007, 6977), in Kraft seit 1.1.2011.

ber diese seit langem schuldig. Das VerständG (näher u. § 44 Rn. 59ff.) hat sich weitgehend auf eine Regelung der Äußerlichkeiten des Absprachevorganges beschränkt und um eine neue Ausbalancierung der Verfahrenspositionen (nach der Zerstörung der im 19. Jahrhundert mit Hilfe der klassischen Prozessmaximen erreichten Ausgewogenheit der Hauptverhandlung) nicht einmal bemüht.[19] Auch im Schrifttum macht die anfangs auf Praktikerpublikationen (zuletzt *Altvater,* FS Rissing van Saan, 2011, 1, 33) und Dissertationen in zweitrangigen Reihen beschränkte Unkenntnis oder Geringschätzung der auf der Idee der materiellen Wahrheitsfindung ruhenden Prozessstruktur und ihrer zwingenden Konsequenzen zunehmend Proselyten[20].

IV. Die Entscheidung des BVerfG

Die Hoffnung, dass das BVerfG die in der vom VerständG legalisierten Absprachen- 33
praxis liegende Verletzung des Rechtsstaatsprinzips (Art. 20 GG) und der Garantie der Urteilsfindung durch einen unbeteiligten Dritten (Art. 92 GG)[21] ungeachtet seiner Billigung verschiedener vom BGH richterrechtlich vorgenommener Schleifungen rechtsstaatlicher Bastionen der StPO (s. § 45 Rn. 28, § 51 Rn. 11) brandmarken und die Fortsetzung der Absprachenpraxis von einer **Strukturreform** (zu deren Inhalt u. § 69) abhängig machen würde, wurde durch den Plan des BVerfG für die mündliche Verhandlung am 7.11.2012[22] und deren Verlauf[23] zunächst bestärkt, durch das am 19.3.2013 ergangene Urteil (BVerfGE 133, 168 m. instrukt. Rezension *Stuckenberg,* ZIS 2013, 212; vgl. auch *Heger/Pest* ZStW 126 [2014], 446 sowie die eigenen Analysen des Senatsmitglieds *Landau* NStZ 2014, 425 u. in FS Rössner, 2015) aber ebenso enttäuscht wie die dadurch Steine statt Brot erhaltenden Dealbefürworter. Im Ls. 1 (Begr. Rn. 103–110) hat das BVerfG mit Recht das Prinzip der materiellen Wahrheitsfindung im Schuldprinzip des GG verankert und daraus in Verbindung mit dem Prinzip des fair trial, der Unschuldsvermutung und der Neutralitätspflicht des Gerichts das eindeutige Verbot einer Disposition über Wahrheitsfindung, Schuld- und Strafausspruch abgeleitet, jedoch in Ls. 3 das VerständG als eine ausreichende Kautel angesehen, deren notorische Missachtung in der Praxis „derzeit" noch nicht zur Verfassungswidrigkeit der gesetzlichen Regelung führe (Begr. Rn. 108–116).

Die hieraus abgeleiteten drei „Kernverbotszonen" der Entscheidung würden freilich, wenn die Praxis sie 34
respektiert, ein Erdbeben verursachen und den „Deal", wie er in 30 Jahren entwickelt worden ist und sich immer mehr Strafverfahren einverleibt hat, ein für alle Mal beseitigen. Sie lauten: „Es genügt jedoch nicht, das verständigungsbasierte Geständnis durch einen bloßen Abgleich mit der Aktenlage zu überprüfen" (Rn. 71); „eine Strafrahmenverschiebung darf nicht Gegenstand einer Verständigung sein, und zwar auch dann nicht, wenn sie sich auf Sonderstrafrahmen für besonders schwere oder minder schwere Fälle im Vergleich zum Regelstrafrahmen bezieht" (Rn 74); „jegliche sonstigen ‚informellen' Absprachen, Vereinba-

---

[19] Auch die von Seiten der Anwaltschaft unterbreiteten Vorschläge waren diesen Schritt schuldig geblieben, Übersicht b. *Huttenlocher,* 2007, 163ff.; *Müller,* 2008, 394ff.; dazu näher u. krit. *Schünemann,* 2006 u. 2007; *Duttge,* 2007; *Weßlau,* 2008.

[20] Vgl. *Jahn,* StV 2011, 497ff.; *Kudlich,* Gutachten zum 68. DJT (o. § 17 Rn. 5), dazu näher Voraufl. § 17 Rn. 32.

[21] BVerfGE 21, 139, 146; 42, 206, 211; 54, 159, 170; *Haas* (s. Lit. zu § 1), S. 305ff.

[22] S. *Schünemann,* FS Wolter, 1107, 1109.

[23] Indem die Regelung der Absprachen fast ausnahmslos scharf kritisiert wurde, gipfelnd in der Untersuchung *Altenhains u. a.* (2013) zu der seit 30 Jahren unveränderten (*Schünemann,* FS Wolter, 2013, 1107, 1117ff.), selbst die bescheidenen Kautelen des § 257c missachtenden Praxis, und dem Eingeständnis der Bundesjustizministerin *Leutheusser-Schnarrenberger,* sie wisse ja, dass das Gesetz nachgebessert werden müsse.

rungen und ‚Gentlemen's Agreements' [sind] untersagt" (Rn. 76), womit insb. auch Zusagen der Staatsanwaltschaft über die Einstellung anderer Verfahren ausgeschlossen sind (Rn 79).

35 Diese Lösung verschließt jedoch immer noch die Augen davor, dass jeder „Verständigung" ein Aushandlungsprozess vorausgeht, in dem das VerständG gegen die strukturelle Überwältigung der Verteidigung keine wirklichen Kautelen geschaffen hat, und dass der Richter über die Einleitung eines Verständigungsversuchs nach Willkür entscheidet und hieran (ebenso wie die StA!) mit eigenen bürokratischen Interessen an Verfahrensabkürzung teilnimmt, wodurch er die in der StPO vorausgesetzte strenge Neutralität im Sinne nicht nur von Unparteilichkeit, sondern Freiheit von eigenen Interessen verliert. Die Beförderung der seit Jahrzehnten als Bock in der vom BVerfG mit Recht verdammten informellen Dealpraxis aktiven Staatsanwaltschaften (zu deren Sicht *Busch-Gervasoni,* FS W. Schiller, 2014, 109) zum Gärtner, dessen „Kontrolle ... herausgehobene Bedeutung zukommt" (Rn. 93), führt eher zu einer Verschärfung des Machtungleichgewichts zwischen Justiz und Verteidigung, ebenso wie das die Praktikabilität der Verständigung in Wirtschaftsstrafsachen weitestgehend ausschließende Verbot, die Einstellung anderer Verfahren gem. § 154 StPO in die Bindungswirkung der Verständigung einzubeziehen (u. § 44 Rn. 76). Ähnliches gilt für das Verbot der verbreiteten Praxis (s. etwa BGH StV 2012, 5), über die Annahme eines minder schweren Falles eine Absprache zu treffen.

36 Die Preisgabe der von der RStPO intendierten Verfahrensbalance durch das VerständG hat das BVerfG dadurch zu kompensieren versucht, dass es die von den Mitteilungs- und Protokollierungspflichten der §§ 243 IV, 273 Ia für die außerhalb der HV geführten Verständigungsgespräche (in den USA weniger euphemistisch plea negotiations genannt) vorgeschriebene **mittelbare Transparenz,** um deren Beachtung durch eine widerwillige Strafjustiz zu erzwingen, zu quasi absoluten Revisionsgründen hoch gestuft hat (E 133, 168, 217 ff.). Aber abgesehen davon, dass dies zu einer verzwickten Kasuistik und zu heftigen Kontroversen innerhalb der Strafsenate des BGH wie auch zwischen diesen und der 2. Kammer des BVerfG geführt hat (u. § 44/68 a ff.), liegt hierin für den Angeklagten wie auch für die vom BVerfG als Kontrollmedium beschworene Öffentlichkeit nur eine schwache Kautel. Denn weil diese Gespräche „außerhalb der Hauptverhandlung in der Praxis meist in seiner Abwesenheit geführt" werden (BGHSt 58, 310, 314), kann die bloße Bekanntgabe ihres „wesentlichen Inhalts" weder den Verlust der Subjektsstellung des Angeklagten während ihres Stattfindens ungeschehen machen noch ein tiefes Verständnis der oft entscheidenden Nuancen der Kommunikation ermöglichen. Auch in dogmatischer Hinsicht zahlt das BVerfG einen hohen Preis, weil es die formalen Garantien der §§ 243 IV, 257 c V, 273 Ia contra legem zu quasi absoluten Revisionsgründen hochstuft (Rn. 97–99), um deren Beachtung durch die Justiz zu erzwingen; dazu krit. *Niemöller,* GA 2014, 179.

§ 18. Die Stellung des Beschuldigten im Strafverfahren

Literatur: *Dahs,* Das rechtl. Gehör im Strafprozess, 1965; *Rüping,* Der Grundsatz des rechtl. Gehörs und seine Bedeutung im Strafverf., 1976; *Rieß,* Der Beschuld. als Subjekt des Strafverf. in Entwicklung und Reform der StPO, FS ‚Vom Reichsjustizamt zum BMJ', 1977, 373; *Giehring,* Rechte des Beschuld., Handlungskompetenz und kompensatorische Strafverfolgung, in: *Hassemer/Lüderssen* (Hrsg.), Sozialwissenschaften im Studium des Rechts, III, Strafrecht, 1978, 181; *Müller-Dietz,* Die Stellung des Beschuld. im Strafprozess, ZStW 93 (1981), 1177; *Frohn,* Rechtl. Gehör und richterl. Entscheidung, 1989; *Eser,* Rechtsstellung des Beschuld. im Strafprozess der BRD, in: *Eser/Kaiser* (Hrsg.), Deutsch-ungar. Kolloquium über Strafrecht u. Kriminologie, 1990, 147; *Luef-Kölbl,* Der Beschuldigte: Vom Objekt zum Subjekt des Strafverfahrens, 2004; *Krehl,* Der verfassungsrechtl. Schutz rechtl. Gehörs, FS Hassemer, 2010, 1055; *Roxin,* Zur Beschuldigteneigenschaft im Strafprozess, FS Schöch, 2010, 823; i. Ü. s. die Literaturnachweise zu § 25.

A. Der Beschuldigte als Prozesssubjekt

1 Der Beschuldigte ist **Objekt** staatlichen Zwanges insofern, als er das Strafverfahren über sich ergehen lassen und gegebenenfalls wider seinen Willen auch massive Eingriffe in seine persönliche Freiheit oder die körperliche Integrität (wie etwa die U-

Haft oder die Entnahme einer Blutprobe) hinnehmen muss (vgl. dazu das 6. Kapitel dieses Buches). Er ist insofern (z. B. als Gegenstand von Untersuchungen) auch **Beweismittel** (dazu näher u. § 25). Seine Stellung hat sich im gemeinrechtlichen Inquisitionsprozess lange Zeit in dieser Objektrolle nahezu erschöpft, d. h., der Beschuldigte war dem Zugriff der staatlichen Strafverfolgung fast wehrlos ausgeliefert. Erst mit dem Eindringen liberaler Gedanken im reformierten Strafprozess des 19. Jahrhunderts brach sich allmählich die Vorstellung Bahn, dass der Beschuldigte auch und vor allem als ein mit selbständigen Verfahrensrechten ausgestattetes *Prozesssubjekt* anzuerkennen sei. Heute ist die Stellung des Beschuldigten als Prozesssubjekt durch eine Fülle von (zum Teil sogar im GG gewährleisteten) Rechten bis ins Einzelne gesetzlich ausgestaltet.[1]

B. Rechte des Beschuldigten

Die folgende Übersicht unterscheidet zwischen den Rechten, die der Beschuldigte als 2
Aktiv- (I) und Passivbeteiligter (II) im Strafverfahren besitzt. Ob und ggf. unter welchen Voraussetzungen ein *Verzicht* des Beschuldigten auf bestimmte Verfahrensrechte im Einzelfall möglich ist und angenommen werden kann, ist abseits ausdrücklicher Vorschriften (etwa §§ 217 III, 302 I) Gegenstand einer umfangreichen, dogmatisch noch wenig abgeklärten Kasuistik (näher *Bohnert,* NStZ 1983, 344; exemplarisch BGHSt 45, 203, 205; BGHSt 51, 144, 146 ff.). Zu der umstr. Frage, ob alle diese Rechte unter einem ungeschriebenen **Missbrauchsvorbehalt** stehen, s. u. § 20 Rn. 13.

I. Aktive Beteiligungsrechte

Das wichtigste unter ihnen ist der Anspruch auf rechtliches Gehör (1). Daneben fin- 3
den wir eine breit gefächerte Skala weiterer Verfahrensrechte (2).

1. Der Anspruch auf **rechtliches Gehör** vor Gericht ist in Art. 103 I GG als Grund- 4
recht gewährleistet und ist auch in Art. 6 EMRK enthalten. Danach dürfen gerichtlichen Entscheidungen nur solche Tatsachen und Beweisergebnisse zugrunde gelegt werden, zu denen Stellung zu nehmen den Beteiligten Gelegenheit gegeben war (BVerfGE 6, 12; 7, 278; BGHSt 26, 332; eingehend *Grupp, FS* Stern, 2012, 313).

a) Das richterliche Gehör im Strafverfahren wird allgemein – nicht nur gegenüber dem Beschuldigten – 5
durch § 33 I–III garantiert. Für den Fall seiner Verletzung ist der besondere Rechtsbehelf der **Anhörungsrüge** geschaffen worden (näher u. § 23 Rn. 10).

b) Über Art. 103 I GG hinaus ist in der StPO in Verwirklichung des Rechtsstaatsprinzips das rechtliche 6
Gehör auch gegenüber der StA eingeräumt (§ 163 a, näher *Kempf,* DAV FS, 2009, 592).

c) Im Vor- und Zwischenverfahren ist richterliches Gehör durch die §§ 115, 118, 128 dem Festgenomme- 7
nen oder Verhafteten, durch § 175 dem Beschuldigten im Klageerzwingungsverfahren und, besonders wichtig, durch § 201 vor der Entscheidung über den Eröffnungsbeschluss gewährleistet.

d) In der Hauptverhandlung konkretisiert die StPO den Art. 103 I GG in den §§ 243 II, IV (der Ange- 8
klagte kann sich zur Person und zur Sache äußern) und §§ 257, 258 (er kann jederzeit Erklärungen abgeben und hat das letzte Wort, dazu BVerfGE 54, 140). Ferner muss ihm bei jeder Veränderung des rechtlichen Gesichtspunktes unter Hinweis darauf Gelegenheit zur Verteidigung gegeben werden (§ 265).

[1] Grdl. zur Subjektstellung des Beschuldigten SK/*Rogall,* vor § 133 Rn. 59 ff.

9 e) In den Rechtsmittelverfahren wird das rechtliche Gehör durch die §§ 308 I, 311 III, 311a, 324 II, 326, 350, 351 II gewährleistet.

10 f) Grundsätzlich ist das richterliche Gehör **vor** der Entscheidung zu gewähren. Ausnahmen bestehen einmal für das Strafbefehlsverfahren (§ 407 III), weil in diesem summarischen Verfahren der Beschuldigte durch die Möglichkeit eines Einspruchs (§ 410) als ausreichend geschützt gilt. Ferner ist die vorherige Anhörung dann nicht notwendig, wenn dadurch der Zweck einer nur im Falle der Überraschung erfolgversprechenden Untersuchungsmaßnahme gefährdet würde (§ 33 IV).

11 g) Der Anspruch auf rechtliches Gehör gibt über die Möglichkeit, sich zu Tatsachen zu erklären, hinaus auch die Befugnis, dem Gericht rechtliche Ausführungen zu unterbreiten (h. M., s. BVerfGE 12, 110; *BayVerfGH* JZ 1963, 63; M/D/*Schmidt-Aßmann,* GG, Art. 103 I, Rn. 66, 85–89).

12 h) Art. 103 I GG garantiert nur **die Gelegenheit** zum rechtlichen Gehör; lässt der Beschuldigte sie schuldhaft (dazu BGHSt 13, 123) aus, so ist dem Verfassungsgebot gleichwohl Genüge getan, und er muss die dadurch entstandenen prozessualen Nachteile ohne ein Recht auf nochmalige Anhörung tragen.

13 i) Der Beschuldigte muss so rechtzeitig gehört werden, dass seine Stellungnahme bei der endgültigen Überzeugungsbildung des Gerichts noch berücksichtigt werden kann; nach h. M. ist aber nicht erforderlich, dass er so zeitig vernommen wird, dass er sich an die entscheidungserheblichen Vorgänge noch erinnern kann (s. auch LR/*Kühne,* Einl. I Rn. 91).

14 2. Die **weiteren Verfahrensrechte** sind im Vorverfahren noch verhältnismäßig gering und schwach ausgebildet, im Zwischen- und Hauptverfahren dagegen zahlreich und vielfältig. I. e. sind zu nennen:

a) das Recht auf Wahl eines Verteidigers in jeder Lage des Verfahrens (§ 137); dazu zählt auch das Recht auf Bestellung eines notwendigen Verteidigers (§ 140), freilich häufig erst von einer späteren Lage des Verfahrens an (vgl. § 141 und u. § 19 Rn. 29ff.);

b) das Recht auf Anwesenheit bei Beweisaufnahmen, das im Vorverfahren allerdings nur bei richterlichen Beweisaufnahmen gewährleistet ist und bei einer ernsten Gefahr für das Wohl des Zeugen (namentlich einer Traumatisierung nach Sexualstraftaten) zu einem Anspruch auf Videoübertragung schrumpft (vgl. §§ 168c, d, e; s. u. § 39 Rn. 30). Zur kommissarischen Zeugenvernehmung und Augenscheinseinnahme während der Vorbereitung der Hauptverhandlung s. §§ 223–225;

15 c) das Recht auf Vornahme einzelner Beweiserhebungen nach Anklageerhebung (§ 201);

16 Dabei ist zu beachten, dass die StPO häufig Handlungspflichten normiert, ohne ihnen Handlungsrechte anderer Prozessbeteiligter sichtbar entsprechen zu lassen. So begründet § 201 vom Wortlaut her nur eine Verpflichtung des Vorsitzenden, die Anklageschrift dem Angeschuldigten mitzuteilen. In der Sache handelt es sich auch in diesem Fall um ein Prozesshandlungsrecht des Angeschuldigten (dazu *Henkel,* 238f.).

17 d) das Recht auf Richter- bzw. Richtergehilfenablehnung (§§ 24, 31), vgl. dazu bereits o. § 8 Rn. 7ff.;

e) das Recht auf Aussetzung bei Nichteinhaltung der Ladungsfrist (§ 217 II), vgl. u. § 42 Rn. 12;

f) das Recht auf Anwesenheit in der Hauptverhandlung (§ 230), vgl. u. § 44 Rn. 42ff.;

g) das Recht auf Stellung von Beweisanträgen (§§ 219, 244–246), vgl. u. § 45 Rn. 5ff.; dazu gehört auch das Recht auf unmittelbare Ladung von Zeugen und Sachverständigen durch den Angekl. (§ 220), s. u. § 43 Rn. 6;

h) das Recht auf Stellung von Fragen an Zeugen und Sachverständige (§ 240 II);

i) das Recht auf Rechtsmitteleinlegung (§ 296), s. u. § 53 Rn. 8;

j) nach h. M. (BVerfGE 53, 207, 214; *Beulke,* Rn. 160) hat der Beschuldigte kein Recht auf Akteneinsicht, sondern nur die vom Ermessen der Strafverfolgungsbehörden abhängige und doppelt (durch den Ermittlungszweck und die überwiegenden Interessen Dritter) eingeschränkte Möglichkeit, Auskünfte und Abschriften erteilt zu bekommen (§ 147 VII); aber das ist in dieser Absolutheit nicht haltbar (näher u. § 19 Rn. 69);

k) das Recht auf unentgeltliche Beiziehung eines Dolmetschers, wenn der Angeklagte die Verhandlungssprache des Gerichts nicht versteht oder sich nicht darin ausdrücken kann (§ 187 GVG und Art. 6 III e EMRK; vgl. *EKMR* NJW 1978, 447); näher hierzu u. § 22 Rn. 8.

II. Passive Beteiligungsrechte

Auch soweit der Beschuldigte bloß **passiv Beteiligter** ist, ist seine Rechtsstellung mit 18
zahlreichen Kautelen ausgestattet.

1. Er kommt zwar als Beweismittel in Frage, seine Personautonomie darf dadurch aber nicht angetastet werden. Er darf daher jede Einlassung zur Sache verweigern (§§ 136 I 2, 3, 163a III 2, IV 2), und seine Aussagen dürfen nur verwertet werden, wenn sie ohne Zwang und Täuschung zustande gekommen sind (§§ 136a, 163a III, IV). Darüber eingehend u. § 25.

2. Auch wenn er Objekt staatlichen Zwanges ist (bei Verhaftung, Beschlagnahme und 19
körperlichen Untersuchungen), müssen die Würde seiner Person (Art. 1 GG) gewahrt und der Verhältnismäßigkeitsgrundsatz beachtet werden (vgl. BVerfGE 16, 194 u. 17, 108). Auch ist er immer nur zur Duldung von Zwangsmaßnahmen und nie zu aktiver Mitwirkung bei ihrer Durchführung verpflichtet (KG NJW 1979, 1668). Allgemein ist seine Freiheitssphäre durch die Art. 2, 10, 13 und 104 GG sowie durch Art. 8 EMRK geschützt, deren Vorbehaltsschranken in der StPO verfassungskonform konkretisiert sind (i. E. s. u. 6. Kapitel).

C. Der Schutz des Persönlichkeitsrechts vor den Medien

Literatur: *Fraube,* Die Bildberichterstattung über den Angekl. und der Öffentlichkeitsgrundsatz im Strafverf., 1978; *v. Becker,* Straftäter und Tatverdächtige in den Massenmedien, 1979; *Bornkamm,* Pressefreiheit und Fairneß des Strafverf., 1980; *Bottke,* Strafprozessuale Rechtsprobleme massenmedialer Fahndung, ZStW 93 (1981), 425; *Kerscher,* Gerichtsberichterstattung und Persönlichkeitsschutz, 1982; *Zielemann,* Der Tatverdächtige als Person der Zeitgeschichte, 1982; *Rüping,* Strafverf. als Sensation, FS Dünnebier, 1982, 391; *Eser/Meyer* (Hrsg.), Öffentl. Vorverurt. und faires Strafverf., 1986; *Wagner,* Strafprozessführung über Medien, 1987; *Roxin,* Strafrechtl. und strafproz. Probleme der Vorverurt., NStZ 1991, 153; *Gerasch,* Prozesswirklichkeit und Gerichtsberichterstattung, 1995, *Roxin,* Strafprozess und Medien, FS Münchener Jurist. Gesellschaft, 1996, 97; *Hamm,* Große Strafprozesse und die Macht der Medien, 1997; *Y. Braun,* Medienberichterstattung im Strafverf. im dt. u. engl. Recht, 1998; *Dölling u. a.,* Kriminalberichterstattung in der Tagespresse, 1998; *Kuß,* Öffentlichkeitsmaxime der Judikative pp., 1999: BMJ (Hrsg.), Kriminalität in den Medien, 2000; *Kühl,* Kriminalberichterstattung, FS Müller-Dietz, 2001, 401; *Weigend,* Ermittlungsverf. im Lichte der Medienöffentl., FS Rolinski, 2002, 253; *Meier,* Auskunftserteilung gegenüber den Medien, FS Schreiber, 2003, 331; *Neuling,* Inquisition durch Information, 2005; *Eg. Müller,* Zum Alternativ-Entwurf Strafjustiz und Medien, FS Strauda, 2006, 405; *Schaefer,* Medienfreiheit und Strafverfolgung, ebda., 447; *Volk,* Medienöffentlichkeit, FS Welp, 2006, 47; *Fink,* Bild- und Tonaufnahmen im

Umfeld der strafgerichtl. HV, 2007; *Danziger,* Die Medialisierung des Strafprozesses, 2009; *Gerhardt,* Die Richter und das Medienklima, ZRP 2009, 247; *Holzinger/U. Wolff,* Im Namen der Öffentl. – Litigation-PR pp., 2009; *Knauer,* Bestrafung durch die Medien?, GA 2009, 541; *Boehme-Neßler* (Hrsg.), Die Öffentlichkeit als Richter?, 2010; *Schlüter,* Verdachtsberichterstattung: zwischen Unschuldsvermutung und Informationsinteresse, GA 2011, 347; *Zabel,* „Öffentlicher Pranger" und reformierter Strafpr., GA 2011, 347; *Fechner* (Hrsg.), Zeugenbeeinflussung durch Medien, 2012; *Reike,* Die Rolle der StA in der Mediengesellschaft, 2012; *Xiong,* Massenmedien u. Strafurteil, 2012; *Saliger,* Aushöhlung d. Unschuldsvermutung durch gezielte Ö ff.?, KritV 2013, 165; *N. Fischer,* Die Medienö ff. im strafrechtl. Ermittl.verf., 2014; *Jung,* (Straf-)Justiz u. Medien, GA 2014, 257; *Stieper,* Bildberichterstattung über Prozessbet., JZ 2014, 271; *Fröhling,* Der moderne Pranger, 2014; *Schünemann,* Parlament. Untersuchungsausschüsse u. Strafverf., FS Ostendorf, 2015, 817; *Altenhain,* Öffentl. im Strafverf., Gutachten zum 71. DJT, 2016; *Prittwitz,* Was sind u. zu welchem Ende betreibt man Str.pr.?, GS Weßlau, 2016, 253; *Meinecke,* Prominentenstrafrecht, 2016.

20 Das **Persönlichkeitsrecht** des Beschuldigten ist auch von Presse, Rundfunk und Fernsehen zu beachten. Allgemein gilt, dass in jedem Einzelfall eine am Verhältnismäßigkeitsgrundsatz orientierte Güterabwägung zwischen dem Persönlichkeitsrecht des Straftäters (Art. 1, 2 I GG; 8 EMRK) und der Freiheit der Berichterstattung vorzunehmen ist. Insbesondere folgt aus den §§ 22–24 KunstUrhG kein unumschränktes Recht zur Berichterstattung. Im Einzelnen ist zu differenzieren (*Altenhain,* 2016):

21 **Vor der Verurteilung** ist die Unschuldsvermutung des Art. 6 II EMRK zu berücksichtigen. Ihr zufolge sind grds. eine Berichterstattung mit Namensnennung, eine Abbildung oder sonstige Hinweise, die eine Identifizierung ermöglichen, unzulässig (vgl. *Braunschweig,* NJW 1975, 651 und Nr. 23 RiStBV). Dies gilt auch dann, wenn die Berichterstattung Fahndungszwecken dient; diese können lediglich im Rahmen des § 131 verfolgt werden (vgl. zur Problematik der Fernsehsendung „Aktenzeichen XY-ungelöst" u. § 32 Rn. 7). Selbst wenn gegen den Beschuldigten das Hauptverfahren eröffnet worden ist, lässt sich aus § 169 S. 1 GVG nicht die Befugnis der Presse ableiten, auch die Allgemeinheit über alle Einzelheiten zu informieren. Nur bei zeitgeschichtlich bedeutsamen Vorwürfen gegen im Blickfeld der Öffentlichkeit stehende Personen besteht analog § 23 I 1 KunstUrhG eine Ausnahme vom Gebot der Anonymisierung, näher OLG Düsseldorf StV 2013, 200. Zu Fernsehübertragungen in den Pausen einer öffentl. HV s. u. § 47 Rn. 3, zu Presseerklärungen der StA *E. Müller* GA 2016, 702.

21a In neuester Zeit haben öffentlich-rechtliche Medien und politische Parteien die Persönlichkeitsrechte von Beschuldigten durch systematisches Betreiben von Vorverurteilungen gravierend verletzt. Die eine Gefahrenquelle bilden parlamentarische Untersuchungsausschüsse, aus denen während eines laufenden Ermittlungsverfahrens dessen Ergebnisse in selektiver und dadurch verfälschender Weise an die Öffentlichkeit und parteiliche Presseorgane getragen zu werden drohen (zum bawü. EnBW-Untersuchungsausschuss *Schünemann,* 2015). Die andere Gefahrenquelle bilden Fernsehanstalten, die während laufender Hauptverhandlungen „Dokufictions" über die Angeklagten senden wie sowohl ARD als auch ZDF zum NSU-Prozess, wobei der darin für einen rechtlich denkenden Menschen liegende Skandal dadurch potenziert wird, dass ihn weder die Rechtsaufsicht noch die anderen Medien zu empfinden vermochten. Umgekehrt hat sich im Anschluss an amerikanische Vorbilder seit dem O. J. Simpson-Prozess auch in Deutschland eine **Litigation PR** etabliert, durch die finanzstarke Parteien die Prozessberichterstattung der Medien und dadurch die Gerichte zu ihren Gunsten zu beeinflussen versuchen,

22 **Nach der Verurteilung** ist mit dem BVerfG auch in zeitlicher Hinsicht zu unterscheiden: Bei der aktuellen Berichterstattung über schwere Straftaten verdient das Informationsinteresse der Öffentlichkeit im Allgemeinen den Vorrang vor dem Persönlichkeitsschutz des Straftäters. Aber auch hier muss die Berichterstattung auf den „unantastbaren innersten Lebensbereich" Rücksicht nehmen; Namensangaben oder andere die Person des Straftäters aufdeckende Hinweise sind danach „nicht immer" zulässig. Die Schilderung einer Straftat, die schon länger zurückliegt, ist dann unzulässig, wenn sie den Täter von neuem und zusätzlich beeinträchtigt und dadurch dessen Resozialisierung gefährdet. Dies ist z. B. dann der Fall, wenn nach Vollendung des Strafvollzugs der Täter in einem Dokumentarfernsehspiel eingangs im Bild vorgeführt und im Laufe des Spiels immer wieder namentlich genannt wird (*Lebach*-Urteil, BVerfGE 35, 202; dazu allg. *Hoffmann-Riem,* JZ 1975, 469).

22a In diametralem Gegensatz zu diesen in der BRD anerkannten humanitären minimalia werden in den USA die Bedrohungsängste der Bevölkerung in populistischer Manier den Persönlichkeitsrechten von wegen eines weiten Katalogs von Sexualdelikten Vorbestraften einseitig vorgezogen. Verbreitet sind die sog. **sexual offender registries,** die es jedem Internet-Nutzer ermöglichen, durch die schlichte Bedienung von Suchmaschinen Internet-Seiten zu finden, bei denen man unter Angabe einer beliebigen Adresse eine Stadtkarte zu sehen bekommt, in denen die Wohnungen solcher „sexual offender" (denen oft auch durch die Bezeichnung als „sexual predator" = sexuelles Raubtier die Menschenwürde abgesprochen wird) farbig markiert sind und diese durch Farbfotos, Vor- und Nachnamen und Hausdressen individualisiert werden (etwa www.familywatchdog.us). Insbesondere das U.S. Department of Justice führt eine derartige Internet-Seite – die sog. National Sexual Offender Public Website – http://www.nsopw.gov/.

23 Verletzungen des Persönlichkeitsrechts durch die Presse kann mit einem Unterlassungsanspruch nach §§ 823 I, 1004 BGB (ggf. durch einstweilige Verfügung) und mit einer Schmerzensgeldklage entgegengetreten werden (*Bornkamm,* NStZ 1983, 107). Gegen entsprechende Presseinformationen der StA kann nach §§ 23 ff. EGGVG (OLG Koblenz StV 1987, 430; OLG Hamm NStZ 1995, 412; OLG Stuttgart NJW 2001, 3797) und ggf. § 839 BGB vorgegangen werden. Demgegenüber hält das BVerwG (NStZ 1988, 513; NJW 1992, 62) den Verwaltungsrechtsweg für gegeben.

24 Das in § 353d Nr. 3 StGB enthaltene Verbot, Anklageschriften und andere amtliche Schriftstücke eines Straf- oder Bußgeldverfahrens vor ihrer Erörterung in öffentlicher Verhandlung oder vor Abschluss des Verfahrens zu veröffentlichen, bezweckt in erster Linie den Schutz der Unbefangenheit der an diesem Verfahren Beteiligten, soll also die Gefahr einer Vorverurteilung abwenden, und dient dadurch erst mittelbar auch dem Schutz der Persönlichkeitsrechte des Beschuldigten. Aus diesem **Publikationsverbot** darf deshalb ebenso wenig wie aus §§ 22 ff. KunstUrhG oder § 169 S. 1 GVG e contrario die unbeschränkte Veröffentlichungsbefugnis der Presse während und nach der Verhandlung gefolgert werden, da der Persönlichkeitsschutz des Beschuldigten (von zeitgeschichtlich bedeutsamen Ereignissen abgesehen) schon verfassungsrechtlich regelmäßig den Vorrang vor dem Informationsbedürfnis der Öffentlichkeit verdient.[2]

25 Obwohl wegen des Hungers der heutigen Freizeitgesellschaft nach „Infotainment" die Gefahr von Vorverurteilungen ernster zu nehmen ist als jemals zuvor, gibt es bis heute gegen einen Missbrauch der Medienmacht (z. B. Liveübertragung einer spektakulären Festnahme) keine wirksamen Instrumente (eingehend *Danziger,* 2009). Häufig werden nach § 203 II StGB strafbare Indiskretionen von Strafverfolgungspersonen vorausgehen, deretwegen aber kaum ernsthaft ermittelt wird (zur ausufernden „Öffentlichkeitsarbeit" der StA mit Recht krit. *Becher,* FS Feigen, 2014, 15 ff.). Ein unter dem Aspekt des Fair Trial diskutiertes Verfahrenshindernis würde über das Ziel hinausschießen, denn dann hätten es die Medien in der Hand, die Strafrechtspflege lahm zu legen. § 452 des E 1962 hat deshalb in Anlehnung an die angloamerikanische Figur des „Contempt of Court" einen Straftatbestand der „Störung der Strafrechtspflege" vorgeschlagen, der aber wegen der einzelfallbezogenen Abwägung zwischen Persönlichkeitsschutz und Informationsinteresse mit dem Bestimmtheitsgrundsatz in Konflikt gerät. Auch die Diskussionen auf dem 58. DJT 1990

2 *Kerscher,* 1982, 293; vgl. auch § 353d Nr. 1 u. 2 StGB u. § 174 III GVG sowie zur Kritik des missglückten § 353d Nr. 3 StGB *Többens,* GA 1983, 97.

(Gutachten von *Stürner* und Referate von *Herrmann* und *Wenzel,* Beschlüsse in NJW 1990, 2991 f.) haben keine klare Lösung aufzeigen können (beachtl. Vorschläge b. *Altenhain,* 2016).

25a Was ist zu tun? Auf den bizarren Einfall des Staatsschutzstrafsenats des OLG Düsseldorf, seinen Urteilen im Internet publizierte „Vorworte" vorauszuschicken, in denen mit Kritik an der Verteidigung und Lob für die Ermittlungsbeamten nicht gegeizt wurde (mit Recht krit. *Thiemann,* StV 2009, 607), folgte mit der (zu einem Freispruch führenden) Hauptverhandlung gegen *Kachelmann* und der Etablierung der *Massen-Nebenklage* im *Demjanjuk-* und *NSU-*Verfahren eine Umwandlung des Tribunals zur Szene, die in einem die Unschuldsvermutung ernst nehmenden, justizförmigen Verfahren inakzeptabel ist. Als Teillösung für das Ermittlungsverfahren muss mindestens dadurch eine Kompensation geschaffen werden, dass bei eingriffstiefer Medienöffentlichkeit regelmäßig vollständige Akteneinsicht analog § 147 II 2 zu gewähren ist. Zur Bewahrung einer justizförmigen Öffentlichkeit der Hauptverhandlung s. u. § 47 Rn. 4, zur notwendigen Reaktion auf die Ausuferung der Nebenklage s. u. § 64 Rn. 6.

§ 19. Verteidiger und Beistände

Literatur: *v. Liszt,* Die Stellung der Vert. in Strafsachen, DJZ 1901, 178; *Eb. Schmidt,* Rechte und Pflichten, Funktionen und Konflikte des Strafvert., JZ 1969, 316; *Knapp,* Der Vert. – ein Organ der Rechtspflege?, 1974; *Schneider,* Der RA, ein unabhängiges Organ der Rechtspflege, 1976; *Jescheck,* Die Ausschließung des Strafvert. in rechtsvergl. Sicht, FS Dreher, 1977, 793; *Welp,* Der Vert. als Anwalt des Vertrauens, ZStW 90 (1978), 101; *ders.,* Die Rechtsstellung des Strafvert., ebd., 804; *Ostendorf,* Strafvereitelung durch Strafvert., NJW 1978, 1345; *Arbeitskreis Strafprozessreform,* Die Vert., Gesetzentwurf mit Begründung, 1979 (krit. Rezension von *Hanack,* ZStW 93 [1981], 559); *Beulke,* Wohin treibt die Reform der Strafvert.?, in: *Schreiber* (Hrsg.), Strafprozess und Reform, 1979, 30; *Gössel* und *Herrmann,* Vert.beschränkungen in Terroristenverf., in: *dies./Sternkamm/Döriung* (Hrsg.), Rechtsstaat in der Bewährung, Bd. 7 (1979), 19 u. 37; *Holtfort* (Hrsg.), Strafvert. als Interessenvertreter, 1979; *Beulke,* Der Vert. im Strafverf., 1980; *Haffke,* Zwangsvert. – notwendige Vert. – Pflichtvert., StV 1981, 471; *Gössel,* Die Stellung des Vert. im rechtsstaatl. Strafverf., ZStW 94 (1982), 5; *Lüderssen,* Wie abhängig ist der Strafvert. usw., FS Dünnebier, 1982, 263; *Barton,* Strafverteidigungs-Aktivitäten im Justizalltag, StV 1984, 394; *Bottke,* Wahrheitspflicht des Vert., ZStW 96 (1984), 726; *Gerlach,* Der Vert. in Bagatellverf., FG Peters II, 1984, 153; *Rückel,* Die Notwendigkeit eigener Ermittlungen des Strafvert., ebda., 265; *Wasserburg,* Strafvert. und Zeugenschutz, ebda., 285; *Heinicke,* Der Beschuldigte und sein Vert., 1984; *Pfeiffer,* Zulässiges und unzulässiges Vert. handeln, DRiZ 1984, 341; *Deutscher Anwaltverein* (Hrsg.), Pflichtvert. und Rechtsstaat (Aufsätze), 1985; *Molketin,* Die Schutzfunktion des § 140 II StPO zugunsten des Beschuldigten im Strafverf., 1985; *Barton,* Zur Effizienz der Strafverteidigung, MschrKrim 1988, 93; *Deutscher Anwaltverein* (Hrsg.), Die Vert. in der Hauptverhandlung usw. (Aufsätze), 1988; *Rückel,* Strafvert. und Zeugenbeweis, 1988; *Krauß,* Sicherheitsstaat und Strafvert., StV 1989, 315; *Krekeler,* Strafrechtl. Grenzen der Vert., NStZ 1989, 146; *Mehle,* Strafvereitelung durch Wahrnehmung proz. Rechte?, FG Koch, 1989, 179; *Parigger,* Die Ausschließung des Strafvert. de lege lata – de lege ferenda, ebda., 199; *Müller,* Strafvert. im Überblick, 1989; *Fezer,* Zur Struktur des Ausschließungsverf. gem. §§ 138 a ff. StPO, GS Meyer, 1990, 81; *Spaniol,* Das Recht auf Vert.beistand im GG und in der MRK, 1990; *Brei,* Grenzen zulässigen Vert.handelns, 1991; *Vogtherr,* Rechtswirklichkeit und Effizienz der Strafvert., 1991; *Winter,* Die Reform der Informationsrechte des Strafvert. im Ermittlungsverf., 1991; *Bohlander,* Vert.notdienst im strafproz. Ermittlungsverf., 1992; *Kaum,* Der Beistand im Strafprozessrecht, 1992; *Remagen-Kemmerling,* Der Ausschluß des Strafvert. in Theorie und Praxis, 1992; *Strafrechtsausschuß der BRAK,* Thesen zur Strafvert., 1992; *Breucker,* Vert.fremdes Verhalten. Anträge u. Erklärungen im „Baader-Meinhof-Prozess", 1993; *Fezer,* Hat der Beschuldigte ein „Recht auf Lüge"?, FS Stree/Wessels, 1993, 663; *Richter II,* Sockelvert., NJW 1993, 2152; *Barton,* Mindeststandards der Strafvert., 1994; *Dornach,* Der Strafvert. als Mitgarant eines justizförmigen Strafverf., 1994; *Kempf,* Rechtsmißbrauch im Strafprozess, StV 1996, 507; *König,* Wege und Grenzen eigener Ermittlungstätigkeit des Strafvert., StraFo 1996, 98; *Niemöller,* Rechtsmißbrauch im Strafprozess, StV 1996, 501; *Bandisch,* Rechtswahrung für den unverteidigten Beschuldigten, FG Friebertshäuser1997, 145; *Grabenweger,* Die Grenzen rechtmäßiger Strafvert., 1997; *Kniemeyer,* Das Verhältnis des Strafvert. zu seinen Mandanten, 1997; *Schöch,* Der Einfluß der Strafvert. auf den Verlauf der U-Haft, 1997; *Rüping,* Der Missbrauchsgedanke im Strafprozessrecht und sein Missbrauch, JZ 1997, 865; *Jahn,* Konfliktvert. und Inquisitionsmaxime, 1998; *Kudlich,* Gesetzliche Regelungsmöglichkeiten gegen den strafprozessualen Missbrauch, FS

Schlüchter, 1998, 13; *Stankewitz,* Grenzen zulässiger Rechtsausübung, ebda., 25; *Ignor,* Zur Rechtsstellung und zu den Aufgaben des Strafvert., ibid., 39; *Leipold,* Zulässige Einwirkung und Belehrung von Zeugen durch den Vert., StraFo 1998, 79; *Walischewski,* Probleme des Akteneinsichtsrechts der Vert. im Ermittlungsverfahren pp., 1999; *Roxin,* Gegenwart und Zukunft der Vert. im rechtsstaatl. Strafverf., FS Hanack, 1999, 1; *Schäfer,* Zum Schutz der Vert. gegen Zugriffe der Strafverfolgungsorgane, ebda., 77; *Wahle,* Gedanken zur Beziehung von Mandant und Vert., ibid., 105; *Schroth,* Vertraulichkeit des Verteidiger/Mandanten-Gesprächs pp., FS Ellscheid, 1999, 150; *Beulke,* Strafvert. im Spannungsfeld zwischen Rechtsstaatl. und Verfahrenseffizienz, in: *Kühne/Miyazawa* (Hrsg.), Alte Strafrechtsstrukturen und neue gesellschaftl. Herausford. in Japan und Deutschl., 2000, 137ff.; *Grüner,* Über den Missbrauch von Mitwirkungsrechten und die Mitwirkungpflichten des Vert. im Strafprozess, 2000; *Meyer-Goßner,* Die Vert. vor dem BGH und dem Instanzgericht, FS 50 Jahre BGH-Praxis, 2000, 615; *Wolf,* Das System des Rechts der Strafverteidigung, 2000; *Arzt,* Grundrechtsverwirkung im Strafverfahren, FS N. Schmid, 2001, 633; *Hassemer,* Über den Missbrauch von Rechten, FS Meyer-Goßner, 2001, 127; *Beckemper,* Durchsetzbarkeit des Verteidigerkonsultationsrechts, 2002; *Weßlau,* Der Missbrauch von Verfahrensrechten im Strafverfahren, FS Lüderssen, 2002, 787; *Beulke,* Beschlagnahmefreiheit von Verteidigungsunterlagen, ebda., 693; *Bernsmann,* Geldwäsche durch Strafvert.?, ebda., 683; *Hamm,* Die (notwendige) Vert. während des Vorverfahrens pp., ebda., 717; *Senge,* Missbräuchl. Inanspruchnahme verfahrensrechtl. Gestaltungsmögl., NStZ 2002, 225; *Abdallah,* Die Problematik des Rechtsmissbrauchs im Strafverfahren, 2002; *Hilgendorf,* Das eingeschränkte Vert.privileg, GS Schlüchter, 2002, 497; *Hilger,* StVÄG 1999 und Vert., FS Riess 2002, 171; *König,* Der Anwalt als Zeugenbeistand – Gegner oder Gehilfe der Vert.?, ebda., 243; *Mehle,* Einschränkung der Strafvert. durch das Berufsrecht?, ebda., 317; *Fahl,* Rechtsmißbrauch im Strafprozess, 2004; *Geppert,* Schriftl. oder mündl. Erklärungen des Vert. als Einlassung des Angekl.?, FS Rudolphi, 2004, 643; *Wohlers,* Notwendige Vert. im Ermittlungsverfahren, ebda., 713; *Hamm,* Zehn Gebote für den Vert., FS Tondorf, 2004, 311; *Schünemann,* Ein Linsengericht zum Tausch für den Strafpr. von 1877?, StraFo 2004, 293; *E. Müller,* Der Strafvert. als Organ der Rechtspflege, FS Dahs, 2005, 3; *Schäfer,* Die Einlassung zur Sache durch den Vert., ebda., 441; *Weihrauch,* Strafvert. und Berufsrecht, ebda., 19; *Schünemann,* Vom Einfluss der Strafvert. auf die Rechtsentwicklung, StraFo 2005, 177; *Beulke,* Äußerung des Strafvert. in der Hauptverhandlung als Einlassung des Angekl., FS Strauda, 2006, 87; *E. Müller,* Der Strafvert. und sein Honorar, ebda., 161; *Meyer-Goßner,* Vert. aus der Sicht der Justiz, Welp Welp, 2006, 81; *Weigend,* „Strafvert. vor neuen Herausforderungen", ebda., 11; *B. Mehle,* Zeitpunkt und Umfang notwendiger Vert. im Ermittlungsverfahren, 2006; *Senge,* Gedanken zur Konfliktvert., FS Nehm, 2006, 339; *Barton,* Einführung in die Strafvert., 2007; *Gaede,* Schlechtverteidigung, HRRS 2007, 402; *Kuhn,* Das Recht auf Akteneinsicht gemäß § 147 StPO, 2007; *Barton,* Von der Verantwortung des Vert., FS Egon Müller, 2008, 31; *Beulke,* Ehrenschutz und Strafvert., ebda., 45; *Ignor,* Gedanken zur Berufsethik d. Rechtsanwalts, ebda., 283; *Weihrauch,* Die Kleidung des Strafvert., ebda., 753; *Beulke,* Fernwirkungen des § 148, FS Fezer, 2008, 3; *ders.,* Kleider machen Strafvert.?!, FS Hamm, 2008, 21; *Taschke,* Zum Beschlagnahmeschutz der Handakten d. Unternehmensanwalts, ebda., 751; *Knauer,* Zur Wahrheitspflicht des (Revisions-)Vert., FS Widmaier, 2008, 291; *Leitner,* Strafvert. und Verstrickungsverdacht, ebda., 325; *Schünemann,* Prolegomena zu einer jeden künftigen Vert., die in einem geheimdienstähnl. Strafverf. wird auftreten können, GA 2008, 314; *Weigend/Walther/Grunewald* (Hrsg.), Strafvert. vor neuen Herausforderungen, 2008; *Demko,* Das Recht des Angekl. auf unentgeltl. Beistand eines Vert. pp., HRRS-FG Fezer, 2008, 1; *Gaede,* Ungehobene Schätze in der Rspr. des EGMR f. d. Vert.?, ibid., 21; *Gröger,* Das Akteneinsichtsrecht im Strafverfahren pp., 2009; *Kortz,* Die Notwendigkeit der Verteidigung pp., 2009; *Rieß,* Zur Entwicklung der Verteidigung im deutschen Strafprozessrecht, DAV-FS, 2009, 773; zum StV-Symposium 2010 *Lüderssen,* 30 Jahre Strafverteidiger pp., StV 2010, 393ff.; *Beulke/Ruhmannseder,* Strafproz. Zwangsmaßnahmen in der Vert.sphäre, StV 2011, 180, 252; *Renzikowski,* Das Recht auf den Beistand eines Vert. pp., FS Roxin II, 2011, 1341; *Rohe,* Notwendige Vert. und Verteidigerbeiordnung im Ermittlungsverf., 2011; *Jahn,* Die Rechtsstellung des Verteidigers pp., StV 2014, 40; *Fischer,* Strafverteid. aus der Sicht des Richters, StV 2014, 47; *Fetzer,* Der Rechtsanwalt als unabhängiges Organ d. Rechtspflege, FS Tolksdorf, 2014; *Schlothauer,* Verteidigung, Vertretung, Verständigung, FS Beulke, 2015, 1023; *Lesch,* Die Akten im Strafprozess – ein Beitrag aus der Sicht der Strafverteidigung, FS Paeffgen, 2015, 527.

Zur Strafbarkeit des Vert., insb. nach § 258 StGB: *Mallison,* Rechtsauskunft als strafbare Teilnahme, 1979; *Strzyz,* Die Abgrenzung von Strafvert. und Strafvereitelung, 1983; *Lamberti,* Strafvereitelung durch Strafvert., 1988; *Stumpf,* Die Strafbarkeit des Vert. wegen Strafvereitelung, 1999; *Widmaier,* Strafvert. im strafrechtlichen Risiko, FS 50 Jahre BGH-Wiss., Bd. IV, 2000, 1043; *Beulke,* Zwickmühle des Vert. – Strafvert. und Strafvereitelung im demokratischen Rechtsstaat, FS Roxin, 2001, 1173; *Dessecker,* Strafvert.

und Strafvereitelung pp., GA 2005, 142; *Eckhart Müller,* Geldwäschestrafbarkeit d. Strafvert., FS Egon Müller, 2008, 477; *Widmaier,* Strafrechtl. Risiken d. Beratungstätigkeit v. RAen u. Steuerberatern, ebda., 797; *Kargl,* Das Unrecht der Strafvereitelung, FS Hamm, 2008, 235; *Burhoff/Stephan,* Strafvereitelung durch Strafvert., 2008; *Beulke/Ruhmannseder,* Die Strafbarkeit des Vert., 2. Aufl., 2010; *Krekeler,* Verteidigung in Wirtschaftsstrafsachen und Strafbarkeitsrisiken, FS Samson, 2010, 681; *Henschel,* „Konfliktvert." und strafpr. Gegenmaßnahmen, 2011; *Horvath,* Das allgemeine Missbrauchsverbot im Strafpr. – Praxis oder Recht?, 2012; *Augustin,* Das Recht des Besch. auf effektive Vert., 2013; *Kunz,* Die Erscheinungsformen der Konfliktvert. und die Reaktionsmöglichkeiten der Justiz, 2013.

Über die Beratungen der Strafvert.tage liegen seit 1984 dokumentierende Sammelbände in der Schriftenreihe der Strafvert.-Vereinigungen vor. Zur Tätigkeit des Strafvert. aus praktischer Sicht siehe auch die Handbücher von *Dahs,* Handbuch des Strafvert., 8. Aufl., 2015; *Volk* (Hrsg.), Münchener Anwaltshandbuch Strafvert. in Wirtschafts- und Steuerstrafsachen, 2. Aufl., 2014; *Bockemühl* (Hrsg.), Handbuch des Fachanwalts Strafr., 6. Aufl., 2015; *Burhoff,* Handbuch für das strafr. Erm.verf. bzw. für die strafr. HV, jeweils 2013; *Sommer,* Effektive Strafverteidigung, 3. Aufl., 2016, und die von *Beulke/Schreiber* herausgegebene, mittlerweile 33 Bände umfassende Reihe „Praxis der Strafvert.".

A. Die prozessuale Stellung des Verteidigers

I. Die Erforderlichkeit des Verteidigers im deutschen Strafprozess

1 Die Struktur des deutschen Strafverfahrens (vgl. o. § 17) weist dem Verteidiger nicht dieselbe zentrale Stellung zu, wie sie ihm im Parteiverfahren des angelsächsischen Strafprozesses zukommt. Man könnte sogar fragen, wozu es eines besonderen Verteidigers überhaupt bedürfe, wenn schon StA und Gericht zur Ermittlung aller entlastenden Umstände von Amts wegen verpflichtet seien. In solchen Erwägungen, die bei der ursprünglich schwachen Ausbildung der Verteidigerrechte in der StPO mitgewirkt haben, steckt eine trügerische Verwechslung von Idee und Erscheinung: Was sein soll, geschieht nicht schon deswegen in jedem Einzelfall. Gerade weil StA und Gericht den Sachverhalt umfassend erforschen müssen, können trotz besten Willens beim Zusammentragen des Untersuchungsmaterials Entlastungsmomente übersehen oder in ihrer Tragweite verkannt werden. Durch die inquisitorische Struktur des Ermittlungsverfahrens wie auch der Hauptverhandlung und die Prägung des Richters durch seine Kenntnis der von der Polizei gestalteten Ermittlungsakten und den dadurch ausgelösten Perseveranz-Effekt (o. § 1 Rn. 16) wird diese Gefahr wesentlich verstärkt, so dass bei StA wie beim Gericht eine tendenzielle Überschätzung der Belastungsmomente droht. Um hier den Ausgleich herzustellen, bedarf es des Verteidigers als eines Gegenpols zu Richter und StA, der ausschließlich zugunsten des Beschuldigten am Prozess mitwirkt. Er soll die auf rasche Verfahrensgestaltung und materielle Wahrheitsfindung ausgerichtete Justiz kontrollieren und veranlassen, dass die gefundenen Ergebnisse bis zur Einbeziehung aller Gesichtspunkte immer wieder in Zweifel gezogen werden. Als rechtsstaatlicher Garant der Unschuldsvermutung für den Beschuldigten (Art. 6 II EMRK) ist der Verteidiger, nach der Rspr. wenigstens bei allen schwerwiegenden Deliktsvorwürfen, unverzichtbar (vgl. BVerfGE 38, 105; BVerfGE 39, 156; BVerfGE 39, 238). Denn der Beschuldigte selbst ist meist weder nach seiner geistigen und fachlichen Qualifikation noch aufgrund seiner persönlichen Lage (er ist vielfach mittellos oder sitzt in U-Haft) zur eigenen Verteidigung hinreichend imstande. Hinzu kommt, dass unsere Rechtsordnung auch die Verurteilung des Schuldigen nicht um jeden Preis, sondern nur in justizförmiger Weise, d. h. unter Beachtung aller – dem Schutz seiner Grundrechte und seinem Aktivstatus als Prozesssubjekt dienenden – Verfahrensvorschriften gestattet. Wenn hier Ankläger und Gericht einen Fehler begehen,

kann der Beschuldigte als juristischer Laie seine prozessualen Rechte nur mit Hilfe eines Verteidigers wahrnehmen. Man kann also sagen: Auch bei einem nicht als Parteiprozess ausgestalteten, auf dem Ermittlungsgrundsatz beruhenden Verfahrenstyp leidet die Rechtsstaatlichkeit Schaden, wenn die Verteidigung nicht mit weitgehenden und selbstständigen Befugnissen ausgestattet wird. Deshalb sind Einschränkungen der Verteidigerstellung[1] stets bedenklich.

Wenn demgegenüber in regelmäßig wiederkehrenden Gesetzesentwürfen des Bundesrates (exemplarisch BT-Drs. 13/4541) und neuerdings auch in der Rechtsprechung des BGH ein zunehmendes Misstrauen gegenüber dem Beitrag der Verteidiger zur Wahrheitsfindung artikuliert und „die Änderung des anwaltlichen Ethos" (BGHSt [GrS] 51, 298, 313) zum Anlass für eine Einschränkung ihrer Rechtsstellung genommen wird, so ist dagegen auf die empirisch gesicherten Befunde hinzuweisen, dass die durchschnittliche Verteidigung gerade nicht durch eine (gar übertriebene) Aktivität, sondern durch eine erstaunliche Passivität gekennzeichnet ist (*Barton,* StV 1984, 394ff.; *ders.,* MschrKrim 1988, 93ff.). Ein in wenigen Einzelfällen vorkommender Missbrauch, der als „Konfliktverteidigung" apostrophiert wird (dazu *Senge,* NStZ 2002, 225; *ders.,* FS Nehm, 2006, 339; *Eck Müller,* FS Beulke, 2105, 889), darf deshalb nicht zum Anlass für eine prinzipielle Schwächung der Verteidigung genommen werden, wenn eine Ausbalancierung der in der inquisitorischen Hauptverhandlung strukturell angelegten Fehlerquellen gelingen soll. 2

II. Die Rechtsstellung des Verteidigers

Die Frage nach der **Rechtsstellung des Verteidigers** ist seit Jahrzehnten umstritten.

1. Nach der Rspr., der auch der größte Teil der Lehre folgt, ist der Verteidiger kein einseitiger Interessenvertreter des Beschuldigten, sondern ein als „Beistand" (§ 137) neben ihm stehendes „selbstständiges Organ der Rechtspflege" (BGHSt 12, 369; vgl. § 1 BRAO), das auch den Belangen einer funktionstüchtigen Strafrechtspflege verpflichtet ist. Inhalte und Grenzen seiner Tätigkeit bestimmen sich danach als Ergebnis einer Abwägung zwischen privaten und öffentlichen Interessen (eingehend *Beulke,* 1980, 200; krit. dazu *Heinicke,* 1984, 449). Diese sog. „Organtheorie" wird in zahlreichen Spielarten (vgl. die Übersicht bei *Dornach,* 1994) vertreten, die wichtigsten sind die vor allem von *Beulke* herausgearbeitete „eingeschränkte"[2] und die der neueren Rspr. zugrunde liegende, hier sog. „strenge" Organtheorie. 3

2. Gegen diese herkömmliche Konzeption wenden sich die Vertreter der sog. „Interessentheorie" (vgl. zu den Spielarten dieser Theorie ebenf. *Dornach,* 1994). Sie sind der Ansicht, dass es Aufgabe des Vert. ist, dem Beschuldigten bei der Wahrnehmung eigener Interessen aus eigenem Recht zu helfen (*Welp,* ZStW 90 [1978], 101 und 804), nach *Holtfort* (1979, 37) sogar als „soziale Gegenmacht". 4

Die geschlossenste Konzeption dieser Art ist das von *Lüderssen* (LR, 24. Aufl., vor § 137 und §§ 137ff. sowie LR/*Lüderssen/Jahn,* vor § 137 und §§ 137ff.) entwickelte *Vertragsprinzip,* das jede öffentlich-rechtliche Komponente der Strafverteidigung bestreitet und diese als zivilrechtlichen Geschäftsbesorgungsvertrag 5

[1] Vgl. vorerst nur exemplarisch die Einführung des § 257a, durch den der Vert. auf die schriftliche Stellung von Anträgen beschränkt werden kann.

[2] Grdl. bereits *Beulke,* 1980, S. 143ff., 258ff.; *ders.,* 2000, S. 137ff.; zus.fassend u. m.w.N. *ders.,* Strafprozessrecht, Rn. 150. In den Ergebnissen unterscheidet sich diese eingeschränkte Organtheorie freilich nicht wesentlich von der im Text vertretenen Position.

deutet. Der Verteidiger ist danach ganz von den Weisungen seines Mandanten abhängig, soweit nicht §§ 134, 138 BGB dergestalt eine Grenze ziehen, dass dem Verteidiger „Betrug, falsche Aussage, Urkundenfälschung, Beleidigung und Nötigung verboten sind“ (LR/*Lüderssen/Jahn,* Rn. 167 vor § 137; ähnlich LR, 24. Aufl., Rn. 140 vor § 137). Auch unwahre Behauptungen des Verteidigers, die sich „als Alleintäterschaft oder mittelbare Täterschaft“ darstellen, werden für strafbar erklärt (arg. § 258 StGB); dagegen soll ein lügnerisches Zusammenwirken mit dem Beschuldigten straflos sein (LR/*Lüderssen/Jahn,* Rn. 133 g vor § 137; LR, 24. Aufl., Rn. 141 vor § 137). Mit dem geltenden Recht ist diese Konzeption nach h. M. aber deshalb nicht zu vereinbaren, weil eine dem Beschuldigten gegen seinen Willen aufgezwungene notwendige Verteidigung (vgl. u. Rn. 17 ff.) aus dem Vertragsprinzip schwerlich zu erklären ist und weil die Regelungen der StPO einer Vertretung des Beschuldigten durch den Verteidiger vielfach entgegenstehen (vgl. *Barton,* StV 1990, 237).

6 3. Was zunächst die **strenge Organtheorie** anlangt, so kommt sie in der Rspr. zum Ausdruck, die dem Verteidiger eine Pflicht zur Gewährleistung eines „sachdienlichen und in prozessualen Bahnen verlaufenden Verfahrens“ (OLG Hamburg NStZ 1998, 586 m. Anm. *Kudlich*) und zum Widerspruch gegen prozessordnungswidrige Maßnahmen des Vorsitzenden gem. § 238 II sowie gegen die gerichtliche Verwertung rechtswidrig erlangter Beweismittel auferlegt, widrigenfalls der Rechtsverstoß geheilt sein soll (BGHSt 38, 214, 220; BGHSt 39, 349; BGHSt 42, 15, 22; NStZ 1997, 502; NJW 2008, 307 m. krit. Rezension *Weigend,* StV 2008, 39), und ihn sogar zur Beschränkung der Rechte des Beschuldigten auf Stellung von Beweisanträgen instrumentalisiert (BGHSt 38, 111, 114; NStZ 1992, 513). Aber eine derartige staatliche Inpflichtnahme der Vert. kann jedenfalls nicht auf § 1 BRAO gestützt werden.[3] Denn erstens kann eine berufsrechtliche Vorschrift dieser Art nicht die prozessrechtliche Stellung des Anwalts präjudizieren; zweitens könnte sie die Rechtsstellung des Hochschullehrers als Strafverteidiger von vornherein nicht regeln; drittens gilt sie auch für den zivilrechtlichen Anwalt, der unbestrittenermaßen reiner Parteiinteressenvertreter ist; und viertens kann man auch aus dem Organ-Begriff nicht mehr ableiten, als dass der Anwalt eine Funktion in der Rechtspflege hat, was ja niemand bestreiten wird.

7 Auf ähnlich schwachen gesetzlichen Füßen steht aber auch die **Parteiinteressentheorie,** wenn man sie so deutet, dass der Vert. keine andere Aufgabe hat, als den Beschuldigten bei der Wahrnehmung seiner selbst definierten, höchstpersönlichen Interessen zu vertreten. Denn aus § 140 ergibt sich eindeutig, dass das Gesetz die Strafverteidigung nicht als eine Privatangelegenheit des Beschuldigten ansieht, sondern diesem bei allen schwereren Taten und auch sonst bei allen die Vert. erheblich erschwerenden Umständen von Amts wegen einen Vert. zur Seite stellt, ob er will oder nicht. Wenn es aber in den gravierenden Fällen gar nicht darauf ankommt, ob der Beschuldigte an einem Vert. interessiert ist oder nicht, kann dieser nicht ausschließlich im subjektiven Interesse des Beschuldigten da sein. Im Übrigen zeigen zahlreiche Vorschriften der StPO, dass der Vert. gerade nicht Vertreter des Beschuldigten ist (§§ 230, 240 II, 257, vgl. ausführl. die 24. Aufl., § 19 A II 3).

8 Zwar erkennt die neuere Rspr. den Vert. als Vertreter des Angekl. an, wenn dieser in der HV nicht anwesend oder aus sonstigen Gründen (z. B. wegen mangelnder Verhandlungsfähigkeit) zur Stellung eines Antrages (etwa auf Ablehnung des Gerichtes) nicht in der Lage ist. „Er ist der berufene Sachwalter seines Mandanten. Es gibt niemanden, der die rechtlichen Voraussetzungen und die Folgen einer Richterablehnung besser beurteilen könnte, als er“ (BGHSt 41, 69, 72). Im Grunde bestätigt diese neu-

[3] Näher zum Ganzen: Arbeitskreis Strafprozessreform, Die Vert., 1979, 37; *Dornach,* 1994, 41.

ere Rspr. aber nur die Selbstständigkeit des Vert., weil seine Vertretungsmacht nicht aus einer Ermächtigung durch den Angekl. hergeleitet wird.

4. Aus dem Gesagten wird deutlich, dass man die Rechtsstellung des Vert. nicht aus 9 vorgefassten einseitigen „Theorien" ableiten darf, sondern aus den konkreten Einzelregelungen der StPO gewinnen muss.[4] Dann zeigt sich, dass der Gesetzgeber, wo immer es ihm nötig erscheint, dem Beschuldigten einen Vert. zur Seite stellt, der alle zu dessen Gunsten sprechenden Tatsachen und alle diesem gewährten Rechte in bestmöglicher Weise zur Geltung bringen soll. Er hat damit als zur Einseitigkeit verpflichteter Vertreter der gesetzlich anerkannten Vert.interessen des Beschuldigten eine Verfahrensfunktion, die weder der Staatsanwalt noch der Richter noch der Beschuldigte selbst erfüllen können (vgl. o. Rn. 1 f.).

Daraus folgt, dass er einerseits eine öffentliche Aufgabe wahrnimmt, indem er auf der 10 Tatseite die Unschuldsvermutung (und ggf. auch alle zugunsten des Schuldigen sprechenden Tatsachen) zur Geltung bringt und in rechtlicher Hinsicht die Justizförmigkeit des Verfahrens überwacht. An beidem hat der Staat ein Interesse, wenn er als Rechtsstaat anerkannt werden will; und diesem Interesse dient der Vert. Er dient damit in einer Art von prästabilisierter Harmonie aber zugleich und ausschließlich dem Beschuldigteninteresse, insoweit dieses darauf gerichtet ist, so gut wie möglich verteidigt zu werden. Man kann, wenn man an die geläufigen Termini anknüpfen will, sagen, der Vert. sei zur ausschließlichen Geltendmachung der gesetzlich legitimierten Vert.interessen des Beschuldigten berufen und in dieser Funktion Organ der Rechtspflege (ähnlich *Vehling,* StV 1992, 86), wodurch dann der Gegensatz der Theorien in einer höheren Synthese aufgehoben würde.

Diese Einordnung des Vert. **als Organ der Rechtspflege im ausschließlichen Dienst** 11 **der gesetzlich zulässigen Beschuldigteninteressen** trägt starke sozialstaatliche, ja paternalistische Züge. Denn diese Hilfe wird dem Beschuldigten sogar gegen seinen Willen aufgenötigt. So kann der Vert., wenn das der Entlastung dient, Beweisanträge – etwa auf Zeugenvernehmung – auch gegen den Willen des Beschuldigten stellen, der vielleicht den zu Vernehmenden decken möchte; ebenso kann er beantragen, den Beschuldigten auf seinen psychischen Zustand untersuchen zu lassen (§ 81), selbst wenn dieser sich für normal hält und von einer Anstaltsbeobachtung nichts wissen will; er kann sogar Freispruch beantragen, obwohl der Angeklagte sich (aus welchen Gründen immer) zu Unrecht schuldig bekannt hat. Eine Ausnahme von dieser Regel bildet § 297 (keine Rechtsmitteleinlegung durch den Verteidiger gegen den ausdrücklichen Willen des Beschuldigten). Dagegen enthält der Satz, dass der Anwalt Verteidigungsmöglichkeiten stets nur mit Zustimmung des Beschuldigten aufgeben darf – aus ihm folgt § 302 II –, eine solche Ausnahme nicht; er ergibt sich allein daraus, dass der Verteidiger überhaupt nur zugunsten seines Mandanten tätig werden darf.

5. Aus dem hier entwickelten Leitbild lassen sich wesentliche Schlussfolgerungen ab- 12 leiten:

[4] Ebenso bereits *Beulke,* 1980. Eine Ebene höher setzen die neuerdings beliebten verfassungsrechtlichen Vert.theorien an (vgl. *Hamm,* NJW 1993, 289 u. *Gössel,* ZStW 94 [1982], 5 sowie *Bernsmann,* StraFo 1999, 226; *ders.,* StV 2006, 342; ähnlich SK/*Wohlers,* vor § 137 Rn. 29), die aber im GG kaum präzise Anknüpfungspunkte finden.

a) Der Vert. darf diese einseitige Vertretung der Beschuldigteninteressen nicht über die **Missbrauchsgrenze** hinaus betreiben. Wer das Verfahren sabotiert, indem er etwa dem Beschuldigten zur Flucht verhilft, bringt weder entlastende Tatsachen vor, noch macht er Rechte des Beschuldigten geltend. Wer Beweisanträge „zum Zweck der Prozessverschleppung" stellt (§ 244 III 2) oder mit Ablehnungsanträgen „offensichtlich das Verfahren nur verschleppt oder nur verfahrensfremde Zwecke verfolgt" (§ 26a I Nr. 3), kann sich bei solcher Obstruktion auf die Geltendmachung von Beweisantrags- und Ablehnungsrechten nicht mehr berufen. Wer Zeugenaussagen oder Urkunden präsentiert, deren Unrichtigkeit ihm bekannt ist, handelt außerhalb der Aufgaben, die er wahrzunehmen hat. Erst recht darf der Vert. keine Beweisquellen trüben, etwa einem Zeugen eine falsche Erinnerung bestärken (BGHSt 46, 53, in concreto freilich sehr großzügig). Alle diese Schranken der §§ 244 III 2; 26a I Nr. 3, 138a ff. oder aus der Strafbarkeit nach §§ 153ff., 267 StGB sind der konkretisierende Ausdruck der immanenten Grenzen, die dem Vert. durch seine Funktion gezogen sind.

13 b) Die Frage, ob es – über die bisher gesetzlich geregelten Grenzen hinaus – ein **allgemeines Missbrauchsverbot** für prozessuale Rechte gibt, ist sehr umstr. Im Anschluss an die grdl. Untersuchungen von *U. Weber,* GA 1975, 290, und *Niemöller,* StV 1996, 501, vertritt der BGH in st. Rspr. die Auffassung, dass man sich auf jedes Recht nur solange berufen dürfe, als man es nicht missbrauche (BGHSt 38, 111, 113; BGHSt 51, 88, 92; BGHSt 51, 298 [GrS]; BGH NStZ 2005, 646; StV 2006, 169), und hat damit im Schrifttum vielfach Zustimmung gefunden.[5] Das Gericht könnte also bei Rechtsmissbräuchlichkeit ggf. einen Beweisantrag ablehnen, eine Frage zurückweisen oder das Wort entziehen. Aber das verschwommene Kriterium des Missbrauchs hat im formenstrengen Prozessrecht keinen Platz und ist rechtsstaatlich doppelt bedenklich, weil es zu unbestimmt ist und selbst zum Missbrauch verleitet.[6] Daran würde sich auch nichts ändern, wenn in das Gesetz eine ausdrückliche Missbrauchsklausel aufgenommen würde, wie es von *Rebmann* (NStZ 1984, 241) und *Kröpil* (ZRP 1997, 9; JR 1997, 315) vorgeschlagen worden ist (dagegen zutr. *Kempf,* StV 1996, 507; *Kühne,* StV 1996, 684). Die Befugnis des Gerichts, eine missbräuchliche Ausübung der Verteidigungsrechte zurückzuweisen, muss sich deshalb immer durch Auslegung einer entsprechenden Norm herleiten lassen, so wie dies etwa für Beweisanträge zum Zwecke der Verfahrensverschleppung in § 244 III 2 geregelt ist. Erst recht kann eine einzige, womöglich missbräuchliche Prozesshandlung nicht zur Verwirkung des Beteiligungsrechts als solchem führen (*Rüping,* JZ 1997, 685). Selbst § 257a lässt das Recht auf schriftliche Stellung von Anträgen und Unterbreitung von Anregungen unberührt.

14 c) Aus diesen Umständen ergibt sich auch die Stellungnahme zur umstr.[7] *Wahrheitspflicht* des Vert. Mit einer Lüge werden keine entlastenden Tatsachen und auch keine Rechte geltend gemacht. Zwar wird die

[5] *Abdallah,* 2002, 147ff. und passim; *Beulke,* 1980, 230ff.; *ders.,* 2000, 144ff. (trotz seiner Kritik einzelner BGH-Entscheidungen); enger *ders.,* StV 2009, 554; *Kudlich,* Strafprozess und allgemeines Missbrauchsverbot, 1998, 60ff., 113ff., 249ff.; *ders.,* NStZ 1998, 588; *ders.,* FS Schlüchter, 1998, 13, 20ff.; *Stankewitz,* ibid., 25ff.; *Roxin,* FS Hanack, 1999, 20; *Fahl,* 2004, 124ff.; *Pfister,* StV 2009, 550.

[6] Zu Recht krit. deshalb *Grüner,* 2000, 165f und passim; *Ignor,* FS Schlüchter, 1998, 44ff.; *Jahn/Schmitz,* wistra 2001, 328; LR/*Lüderssen/Jahn,* vor § 137 Rn. 163, 165; SK/*Wohlers,* vor § 137 Rn. 63; tendenziell auch *Hassemer,* FS Meyer-Goßner, 2001, 127; *Senge,* NStZ 2002, 225; *Weßlau,* FS Lüderssen, 2002, 787.

[7] Grdl. *Bottke,* ZStW 96 (1984), 726. Vgl. aber auch LR/*Lüderssen/Jahn,* vor § 137 Rn. 169ff.; AK/*Stern,* vor § 137 Rn. 78.

vermeintliche Lügebefugnis des Vert. immer wieder darauf gestützt, dass der Beschuldigte ein Recht zum Lügen habe, das folglich auch der Vert. als sein Interessenvertreter müsse geltend machen dürfen (*Ostendorf,* NJW 1978, 1349). Aber der Beschuldigte hat kein solches Recht; das nur auf seine Person zugeschnittene Selbstbegünstigungsprivileg, das ihm zur Straflosigkeit verhilft, liegt auf der Ebene strafausschließender (in diesem Fall zur Tatbestandslosigkeit führender) Exkulpation, nicht der Rechtfertigung. Andernfalls müsste er nach § 136 darüber belehrt werden, dass er auch lügen dürfe, was wohl noch niemand befürwortet hat. Auch hat noch niemand aus dem Umstand, dass der Beschuldigte straflos fliehen darf, die Zulässigkeit einer Fluchthilfe durch den Vert. gefolgert. Auf einem anderen Blatt steht es, dass der Vert. den Beschuldigten über die Straflosigkeit wahrheitswidrigen Leugnens stimulationsneutral informieren und dass er dessen etwaige Lügen nicht aufdecken darf. Aber das folgt aus seiner Pflicht zur rechtlichen Beratung und zur Verschwiegenheit, also aus seinem Verhältnis zum Mandanten, und bezeichnet nur die Grenzen der Wahrheitspflicht, nicht deren Fehlen.

d) Als einseitig dem Beschuldigten verpflichtetes Rechtspflegeorgan hat der Verteidiger 15
nur zu dessen Gunsten sprechende Umstände geltend zu machen und ihm bei der umfassenden Wahrnehmung seiner prozessualen Rechte zu helfen. Die Pflicht zur Wahrhaftigkeit und das Verbot der Verdunkelung werden also durch eine **Fürsprachepflicht** ergänzt, die der Gesetzgeber noch durch eine besondere Schweigepflicht strafrechtlich abgesichert hat (§ 203 I Nr. 3 StGB). Eine optimale Vert. ist nur möglich auf der Basis einer Vertrauensbeziehung zwischen Vert. und Beschuldigtem. Der Gesetzgeber trägt dem u. a. dadurch Rechnung, dass er dem Beschuldigten den Vert. seiner Wahl gibt, und zwar in der Regel selbst im Falle einer Pflichtverteidigerbestellung (§ 142 I 1, 2).

e) Die Kunst der Verteidigung besteht darin, die bisweilen widerstreitenden Anforderungen im konkreten 16
Fall miteinander in Einklang zu bringen: Der Verteidiger muss nach besten Kräften fürsprechen, ohne je die Unwahrheit zu sagen oder zu verdunkeln, aber auch ohne seine Schweigepflicht zu verletzen. Wenn also etwa der Angeklagte ihm unter vier Augen ein Geständnis abgelegt hat, so darf er, wenn die dem Gericht vorliegenden Beweise zur Verurteilung nicht ausreichen, unter Hinweis auf diesen Umstand gleichwohl Freispruch beantragen; seine Fürsprachepflicht gebietet ihm das sogar. Darin liegt auch rechtsethisch nichts Bedenkliches:[8] Denn das Gesetz verlangt den Freispruch auch des Schuldigen, wenn er mit prozessordnungsmäßigen Mitteln nicht überführt werden kann. Der Verteidiger würde deshalb, wenn er das Geständnis dem Gericht gegen den Willen seines Mandanten mitteilte, nicht nur seine Fürsprachepflicht gröblich vernachlässigen, sondern sich auch nach § 203 StGB strafbar machen. Allenfalls könnte er, wenn sein Gewissen ihm einen Antrag auf Freispruch verbietet, sein Mandat ohne Angabe von Gründen niederlegen. Dagegen darf der Verteidiger in einem solchen Fall nicht etwa in seinem Plädoyer ausführen, aufgrund zahlreicher Gespräche mit seinem Mandanten sei er von dessen Unschuld völlig überzeugt. Das würde seiner Wahrheitspflicht widerstreiten, da er sich damit aktiv in einer das Gericht irreführenden Weise zur Informationsquelle dafür machen würde, dass ihm auch in den Vorbesprechungen mit seinem Klienten nichts Gegenteiliges bekanntgeworden sei. Im Einzelnen werden Aufgaben und Rechte des Verteidigers im Spannungsfeld der durch seine prozessuale Stellung vorgezeichneten Pflichten später noch näher geschildert werden (vgl. u. Rn. 60 ff.).

B. Notwendige und freiwillige Verteidigung

Ist die Verteidigung auch in jeder Lage eines Verfahrens zulässig (§ 137), so ist die Mit- 17
wirkung eines Verteidigers doch nur in einer begrenzten Anzahl von Fällen notwendig. Der Begriff der **notwendigen Verteidigung** bedeutet dabei, dass ein Verteidiger (sei es ein vom Gericht bestellter, sei es ein von dem Beschuldigten selbst gewählter) in bestimmten Verfahrenslagen mitwirken *muss,* und zwar selbst dann, wenn der Beschuldigte selbst Rechtsanwalt ist (vgl. BGH NJW 1954, 1415). Ist die Verteidigung frei-

[8] Näher zur „Vert. wider besseres Wissen" *Hammerstein,* NStZ 1997, 12.

willig, so kann sich ein beschuldigter Rechtsanwalt dagegen – wie jeder andere Beschuldigte – selbst verteidigen. Er hat dann allerdings nach h. M. auch nicht die Rechte eines Verteidigers, z. B. das unbegrenzte Akteneinsichtsrecht; auch anwaltliche Gebühren kann er nicht verlangen (BVerfG NStZ 1988, 282).

I. Voraussetzungen notwendiger Verteidigung

§ 140 I zählt neun Fälle der notwendigen Verteidigung katalogmäßig auf, während Abs. II eine Generalklausel mit unbestimmten Rechtsbegriffen (Schwere der Tat, Schwierigkeit der Rechts- und Sachlage) aufstellt.

18 1. Nach § 140 I Nr. 1, 2 ist eine Mitwirkung eines Verteidigers immer dann notwendig, wenn die Hauptverhandlung im ersten Rechtszug vor dem OLG oder dem LG stattfindet oder dem Beschuldigten ein Verbrechen zur Last gelegt wird. Durch die von der U-Haftnovelle 2009 eingefügte Nr. 4 ist in Erfüllung langjähriger Reformforderungen für den Fall von **U-Haft** oder einstweiliger Unterbringung die Verteidigung vom ersten Tag der Vollstreckung an für notwendig erklärt worden. Das gilt auch für Parallelverfahren, in denen kein Haftbefehl ergangen ist (OLG Frankfurt a. M. StV 2011, 218). Umstr. ist, ob die „Vollstreckung" erst mit der Aufrechterhaltung der U-Haft gem. § 115 IV 1 (so BGHSt 60, 38, 41), mit der Vorführung vor den nach § 115 entscheidenden Richter beginnt (so SK/*Wohlers,* § 140 Rn. 11) oder bereits mit der Festnahme aufgrund eines schon existierenden Haftbefehls (so überzeugend *Weider,* StV 2010, 102, 104; *Deckers,* StraFo 2009, 441, 443 f.; MüKoStPO/*Thomas/Kämpfer* StPO § 140 Rn. 17). Die Begründung des BGH für seinen engherzigen Standpunkt ignoriert nicht nur, dass nach den Vernehmungen durch Polizei und Ermittlungsrichter der Prozess angesichts der praktischen Dominanz des Ermittlungsverfahrens so gut wie entschieden ist und der spätere Pflichtverteidiger nur noch als Ornament wirkt, sondern ist nicht einmal auf ihrer positivistischen Oberfläche zutreffend, weil § 115 IV ausdrücklich von der „Aufrechterhaltung der Haft" spricht, deren Beginn bereits mit der Verhaftung also voraussetzt. Für die weiteren Fälle des Abs. 1 vgl. den Gesetzestext, zu dessen Ergänzungsbedürftigkeit mit Rücksicht auf die EMRK u. Rn. 42. Andere Fälle der notwendigen Verteidigung finden sich noch in den §§ 118 a II 2, 3; 350 III 1; 364 a; 364 b; 418 IV. In besonders umfangreichen und schwierigen Prozessen kann sogar die Bestellung von zwei Pflichtverteidigern zulässig oder gar geboten sein, um ein Weiterverhandeln auch bei zeitweiligem Ausfall eines Verteidigers sicherzustellen (OLG Celle StV 1988, 379). Diesen Anspruch kann der erste Pflichtverteidiger im Wege der Beschwerde durchsetzen (OLG Frankfurt a. M. NJW 1972, 1664; StV 1993, 348).

19 2. Liegen die Voraussetzungen des § 140 I nicht vor, so sind noch die Voraussetzungen der Generalklausel des Abs. II zu prüfen (näher *Molketin,* 1985).

20 a) Das Merkmal der **„Schwere der Tat"** ist dabei im Wesentlichen nach der Härte der zu erwartenden Strafe oder Maßregel (z. B. Entziehung der Fahrerlaubnis für einen Berufsfahrer) oder auch der außerstrafrechtlichen Folgen (Verlust der Beamtenstellung, KG StV 1983, 186) zu bestimmen, soweit diese für den Fall der Verurteilung mit hinreichender Sicherheit vorhersehbar sind (OLG Hamburg NStZ 1984, 281). Ab welcher Höhe der zu erwartenden Strafe die Beiordnung eines Strafverteidigers unerlässlich ist, ist dabei umstritten. Nach h. M. wird die Grenze bei einem Jahr,[9] teils bei einem Jahr ohne Bewährung,[10] teils bei

[9] KG StV 1982, 412; LG Oldenburg StV 1983, 236; OLG Düsseldorf NStZ 1984, 43; OLG Karlsruhe StV 1992, 213; *Dahs,* NJW 1978, 140; *Wasserburg,* GA 1982, 318.

[10] OLG Frankfurt a. M. StV 1992, 220 m. Anm. *Temming;* OLG Frankfurt a. M. StV 1995, 628.

einem Jahr und sechs Monaten[11] oder sogar erst bei zwei Jahren[12] gezogen. Mitunter wird auf die konkreten Umstände des Einzelfalles abgestellt.[13] Richtiger wäre es jedoch, die Grenze bereits bei einer Freiheitsstrafe von mehr als sechs Monaten ohne Strafaussetzung zur Bewährung (vgl. § 56 III StGB) zu ziehen (so auch OLG Köln StV 1986, 238), weil eine nicht auszusetzende mehr als sechsmonatige Freiheitsstrafe immer noch selten ist und einen einschneidenden Eingriff bedeutet, der deshalb eine anwaltliche Verteidigung notwendig macht. Auch bei einer fahrlässigen Tötung ist die Schwere der Tat meist zu bejahen (LG Bayreuth StV 1993, 181; *Herzig*, NJW 1980, 164).

b) Eine **Schwierigkeit** der **„Sach- und Rechtslage"** wird bei Schuldfähigkeitsproblemen sowie dann gegeben sein, wenn die Verteidigung nur bei Kenntnis des dem Gericht vorliegenden Aktenmaterials (etwa bei Widersprüchlichkeit der Zeugenaussagen) möglich ist. Denn das Akteneinsichtsrecht steht grds. nur dem Verteidiger und nicht dem Beschuldigten zu (§ 147, näher u. Rn. 66 ff.). Schwierig ist die Rechtslage auch, wenn verschiedene Gerichtsinstanzen unterschiedliche Rechtsstandpunkte vertreten (LG Bonn StV 1986, 246), das Verfahren wegen seines Umfanges besonders unübersichtlich ist (OLG Stuttgart StV 1987, 8), wegen des Umfanges der Sache vor dem erweiterten Schöffengericht angeklagt wird oder die StA gegen ein freisprechendes Urteil Berufung eingelegt hat (OLG Frankfurt a. M. StV 1990, 12; OLG Düsseldorf StV 1990, 487). 21

c) Eine **mangelnde Fähigkeit, sich selbst zu verteidigen,** liegt z. B. vor, wenn der Angeklagte des Lesens und Schreibens (OLG Celle StV 1983, 187) nicht mächtig oder mit dem deutschen Recht gänzlich unvertraut (LG Hannover StV 1987, 382) ist. Nach der früheren Rspr. (25. Aufl., § 19 Rn. 19) sollte dies auch gelten, wenn der Beschuldigte als Ausländer der deutschen Sprache nicht hinreichend kundig ist, doch hat hier § 187 GVG eine andere Lösung gefunden: Dem Beschuldigten wird statt dessen direkt ein Anspruch auf Übernahme sämtlicher Dolmetscherkosten zugebilligt, die (auch schon im Vorverfahren) durch die Übersetzung wichtiger Verfahrensdokumente, eigener Anträge oder Erklärungen des Beschuldigten oder bei einem Beratungsgespräch mit dem gewählten Verteidiger anfallen. Eine mangelnde Verteidigungsfähigkeit liegt ferner vor, wenn der Angekl. zwar nicht verhandlungsunfähig ist (dann muss das Verfahren – mindestens vorläufig – eingestellt werden, u. § 21 Rn. 12 f.), seine Verhandlungsfähigkeit aber so weit vermindert ist, dass ihre Defizite durch einen Verteidiger kompensiert werden müssen (näher *Fischer* u. a., NStZ 1994, 316). Nach § 140 II 2 ist dem Antrag eines hör- oder sprachbehinderten Beschuldigten auf Bestellung eines Pflichtverteidigers zu entsprechen (zu den Hintergründen dieser Regelung *Werner*, NStZ 1988, 346; *R. Hamm*, NJW 1988, 1820). 22

II. Zeitpunkt und Konsequenzen notwendiger Verteidigung

1. Die Bedeutung der notwendigen Verteidigung liegt, wie sich § 145 I entnehmen lässt, vor allem darin, dass während der ganzen Dauer der Hauptverhandlung einschließlich der Urteilsverkündung ein Verteidiger anwesend sein muss. Dabei ist es nicht notwendig, dass es sich um ein und denselben Verteidiger handelt. Wirken vielmehr mehrere Verteidiger mit, so dürfen sie auch nacheinander tätig werden. Dies schließt die Rspr. aus der Nichterwähnung des Verteidigers in § 226 und seiner Nennung in § 227 (vgl. BGHSt 13, 337). Die notwendige Verteidigung ist damit nach der StPO ebenso wie der ganze Prozess „hauptverhandlungszentriert", doch in einer Reihe von Fällen bereits für das Vorverfahren ausdrücklich vorgesehen: 23

a) Nach dem Wortlaut des § 141 III kann (bis zum Abschluss der Ermittlungen nach dem Ermessen des Gerichts, s. Satz 3 e contrario!) die Bestellung eines Pflichtverteidigers schon im **Vorverfahren** erfolgen, falls die StA dies beantragt; hierzu ist diese verpflichtet, sobald erkennbar wird, dass im späteren Verfahren ein Fall der notwendigen Verteidigung vorliegen wird. Ein weiterer Zwang zur Bestellung im Vorverfahren 24

[11] OLG Celle StV 1986, 142; BayObLG NStZ 1990, 142.

[12] BGHSt 6, 199; OLG Hamburg NJW 1978, 1172; OLG Stuttgart StV 1981, 611; OLG Hamm NStZ 1982, 298; OLG Frankfurt a. M. StV 1983, 497; OLG Celle MDR 1986, 164; BayObLG NStZ 1990, 250.

[13] BVerfGE 46, 202 m. Anm. *Dahs*, NJW 1978, 140; *Peters*, JZ 1978, 230; ähnl. *EGMR* NStZ 1983, 373 m. Anm. *Stöcker*. Konkretisierende Vorschläge dazu bei *Hanack*, FS Dünnebier, 1982, 301.

besteht in den Fällen des § 140 I Nr. 6 bei Anstaltsbeobachtung nach § 81. Zur extensiven Anwendung dieser Vorschrift in der neueren Rspr. und dem Bedürfnis nach weiterer Ausdehnung näher u. Rn. 42 u. § 24 Rn. 37–39.

25 b) Sonst erfolgt die Bestellung des Verteidigers in den Fällen des § 140 I u. II spätestens mit der Aufforderung des Gerichts an den Angeschuldigten, sich zur *Anklage* zu äußern (§§ 201, 141 I). Erweist sich erst während der Hauptverhandlung, dass eine Verteidigung – etwa wegen der Schwierigkeit der Sachlage – notwendig ist, und wählt sich der Angekl. erst jetzt einen Verteidiger bzw. wird ihm erst jetzt ein Verteidiger bestellt, so muss die Hauptverhandlung entweder ausgesetzt (d. h. i. d. R. nach mehr als zehn Tagen völlig von neuem begonnen, u. § 44 Rn. 11) oder wenigstens in ihren wesentlichen Verfahrensabschnitten (Vernehmung des Angeklagten zur Person und Sache, Verlesung des Anklagesatzes, Beweisaufnahme) wiederholt werden (vgl. § 145 II und BGHSt 9, 243).

26 c) Eine Wiederholung der Hauptverhandlung ist dagegen dann nicht nötig, wenn der Angeklagte während eines Teils der Hauptverhandlung von einem notwendigen Verteidiger verteidigt worden ist, dieser dann sein Mandat niederlegt und das Gericht sofort einen neuen Verteidiger bestellt. Denn dann ist immerhin ein Verteidiger anwesend gewesen. Der neue Verteidiger hat allerdings ein Recht auf Gewährung eines genügenden Zeitraums zur Vorbereitung der Verteidigung. Bei sachlich und rechtlich sehr schwierigen und umfangreichen Fällen kann u. U. aus diesem Grunde eine Aussetzung des Verfahrens erforderlich werden (vgl. § 145 II, III und BGHSt 13, 337; BGH NJW 1973, 1985; BGHSt 58, 296). Ob der Vert. bei einem Vert.wechsel für eine Fortführung der Vert. hinreichend vorbereitet ist, hat er in erster Linie selbst zu beurteilen. Das Gericht darf dies nicht nachprüfen, weil es nicht in die selbständige Führung der Vert. eingreifen darf (BGH NStZ 1997, 401; and. bei einem „Interimsverteidiger", BGHSt 58, 296, 300).

27 d) Ist in den Fällen der Notwendigkeit kein Verteidiger zugezogen oder hat er während der Hauptverhandlung auch nur vorübergehend die Sitzung verlassen, so ist die Revision begründet (§ 338 Nr. 5).[14]

28 2. Die Bestellung wirkt **bis zur Urteilsrechtskraft,**[15] umfasst also auch das Berufungs- und Revisionsverfahren, nach der Rspr. aber nicht die **Revisionshauptverhandlung** (BGHSt 19, 258; NJW 1984, 2480; BVerfGE 46, 202). Ein Anspruch auf Beiordnung eines Pflichtverteidigers eigens für die Revisionshauptverhandlung zur Gewährleistung eines Fair Trial besteht nach § 350 III nur für den inhaftierten und nicht vorgeführten Angekl., daneben aber auch nach der allg. Regel des § 140 II. Nur bei Angekl., die die notwendigen Mittel nicht aufbringen können, ist zunächst von BVerfGE 46, 202 (and. u. obsolet BVerfG NJW 1965, 147) eine Erweiterung auf alle „schwerwiegenden Fälle" von Verfassungs wegen für geboten erklärt und sodann von *EGMR* NStZ 1983, 373 aus Art. 6 III c EMRK gefolgert worden, dass dies praktisch immer „im Interesse der Rechtspflege erforderlich ist". Das entspricht nunmehr der h. L.,[16] führt aber zu einem kaum bemerkten Bruch im System der Pflichtverteidigung, die gerade kein „Armenrecht" ist und also weder von der Mittellosigkeit noch von einem entsprechenden Antrag des Angekl. abhängt. Wenn ein Verteidiger bestellt worden ist (zuständig ist dafür der Vorsitzende des Revisionsgerichts), so verlangt der Fair Trial, dass im Falle seines Ausbleibens nicht ohne ihn verhandelt wird (BVerfGE 65, 171). Ob § 140 II im **Vollstreckungs- oder Vollzugsverfahren** direkt oder analog oder überhaupt nicht anwendbar ist, ist str. und dürfte für das Vollstreckungsverfahren

[14] Ausnahmsweise ist, wenn gegen mehrere Angeklagte zusammen verhandelt wird, die Anwesenheit des notwendigen Verteidigers eines Angeklagten in der Hauptverhandlung während derjenigen Verfahrensabschnitte nicht erforderlich, in denen nur Vorgänge erörtert werden, die allein die Mitangeklagten betreffen (zutr. BGHSt 21, 186).

[15] Einschl. sog. Nachtragsentscheidungen, insb. des Wiederaufnahmeverfahrens – aber sehr str., s. *M-G,* § 364a Rn. 2; KMR/*Eschelbach,* § 364a Rn. 37.

[16] SK/*Wohlers,* § 350 Rn. 20f.; *Meyer-Goßner,* FS BGH-Prax., 2000, 615, 619.

zu bejahen, für das gänzlich andere Strafvollzugsverfahren aber zu verneinen sein (*M-G/S,* § 140 Rn. 33ff. m.w. N).

C. Gewählter und bestellter Verteidiger; die Person des Verteidigers

I. Begriffe

Während die Frage der notwendigen Verteidigung das Problem betrifft, ob der Beschuldigte einen Verteidiger braucht oder auch ohne ihn auskommen kann, geht es bei dem Komplex „gewählter und bestellter Verteidiger" um das Problem, durch wen (den Beschuldigten oder den Vorsitzenden des Gerichts, § 141 IV) jemand in die Verteidigerstellung berufen wird. Wählt der Beschuldigte den Verteidiger selbst, so spricht man von einem **gewählten** Verteidiger. Wird der Verteidiger vom Vorsitzenden berufen, so spricht man von einem **bestellten** Verteidiger oder auch **Pflichtverteidiger.** Da die Problemkreise „notwendige – freiwillige Verteidigung" und „gewählter – bestellter Verteidiger" verschiedene Fragen betreffen, kann dementsprechend ein notwendiger Verteidiger auch vom Beschuldigten gewählt sein. Dagegen korrespondieren notwendige und bestellte Verteidigung, da ein Verteidiger vom Vorsitzenden nur in den Fällen der notwendigen Verteidigung bestellt wird (§ 141). Ein bestellter Verteidiger kann also niemals freiwilliger Verteidiger sein. 29

II. Kriterien für die Wahl oder Bestellung des Verteidigers

a) **Grundsätzlich** kann sich der Angeklagte seinen Verteidiger selbst **wählen** (Art. 6 III c EMRK). Hat der Beschuldigte einen gesetzlichen Vertreter, so kann auch dieser selbständig einen Verteidiger wählen (§ 137). 30

b) Der Vorsitzende **bestellt** von sich aus einen Verteidiger nur dann, wenn der Beschuldigte selber keinen wählt und die Verteidigung notwendig ist (i. e. s. § 141 I und IV, bei eiligen ermittlungsrichterlichen Vernehmungen auch das Amtsgericht[17]). Diesem soll Gelegenheit gegeben werden, innerhalb einer bestimmten Frist selbst einen Rechtsanwalt zu bezeichnen (§ 142 I 1), sofern nicht eine sofortige Beiordnung des Vert. notwendig ist (BGH NStZ 1997, 401). Wenn der Vorsitzende die Gelegenheit nach § 142 I 1 nicht gewährt und von sich aus einen Pflichtverteidiger bestellt, so begründet der Verstoß gegen diese Sollvorschrift die Revision nach § 336 nur dann, wenn die Entscheidung ermessensfehlerhaft war (BGH NStZ 1992, 201 m. Anm. *Barton,* StV 1992, 406). Hat der Beschuldigte einen (sei es auch auswärtigen) Rechtsanwalt bezeichnet, zu dem er besonderes Vertrauen hat, so ist dieser zu bestellen (BGH StV 1997, 564), wenn nicht wichtige Gründe, wie z. B. in Verfahren gegen terroristische Gewalttäter (OLG Karlsruhe NJW 1978, 1172) oder bei außergewöhnlichem Zeit- oder Kostenaufwand, dagegen sprechen (§ 142 I 2); die bloße Verleumdung staatlicher Stellen durch einen Verteidiger reicht für eine Ablehnung jedoch noch nicht aus (a. A. KG JR 1978, 346). Die Bestellung muss zurückgenommen werden, wenn der Beschuldigte sich nachträglich einen anderen Verteidiger wählt (§ 143). 31

c) Zu den Rechtsbehelfen gegen die Beiordnung eines unerwünschten Pflichtverteidigers *Schlothauer,* StV 1981, 443. Wird der berechtigte Wunsch des Angeklagten, ihm den Anwalt seines Vertrauens beizuordnen, vom Gericht unbeachtet gelassen, so kann dies Befangenheit begründen (BayObLG StV 1988, 97). 32

[17] Was so fürsorglich aussieht, hat einen Pferdefuß, s. u. § 26 Rn. 52.

III. Wählbarer und bestellbarer Personenkreis

33 Der Kreis der *Personen,* denen die Verteidigung[18] übertragen werden kann, ist bei der Wahlverteidigung und der bestellten Verteidigung (Offizialverteidigung) nicht der gleiche:

a) **Wählbar** sind nach § 138 zunächst alle[19] in der BRD zugelassenen **Rechtsanwälte;**[20] ferner die **Rechtslehrer** an deutschen Hochschulen (was durch den Verweis auf das Hochschulrahmengesetz die Fachhochschulen einschließt).[21] Der Gesetzgeber wollte dadurch für besonders komplizierte Verfahren die Möglichkeit schaffen, dass eine in der Wissenschaft verankerte und nicht durch die Rücksichtnahme auf andere oder künftige Mandate behinderte Verteidigung möglich ist.

34 b) **Bestellbar** sind **Rechtsanwälte,** seit dem 2. OpferRRG auch Rechtslehrer (§ 142 I, arg. „Verteidiger"). Die Bestellung erfolgt durch den Vorsitzenden (§§ 141 IV, 142 I; i. E. s. o. Rn. 31).[22]

IV. Abberufung des Pflichtverteidigers

35 Ein Verteidiger ist in keinem Fall kraft Gesetzes ausgeschlossen oder vom Staatsanwalt ablehnbar. Auch der Angekl. kann einen ihm bestellten Verteidiger nicht ablehnen; er kann nur einen anderen Verteidiger wählen und auf diesem Weg erreichen, dass die Bestellung zurückgenommen werden muss (§ 143). Ist freilich das Vertrauensverhältnis zwischen dem Beschuldigten und seinem Pflichtverteidiger durch Meinungsverschiedenheiten über die Führung der Verteidigung (OLG Hamm StV 1982, 510; OLG Düsseldorf StV 1993, 6) oder durch eine Strafanzeige des Verteidigers gegen seinen Mandanten (BGHSt 39, 310) zerstört, so ist auf Antrag ein anderer Verteidiger zu bestellen (sonst Revision nach § 338 Nr. 8; vgl. u. § 44 Rn. 40); dies gilt auch dann, wenn der Verteidiger (und nicht der Angekl.!) aus diesem Grunde die Abberufung verlangt (ebenso OLG Hamm NJW 1975, 1238; a. A. OLG Frankfurt a. M. NJW 1971, 1851; dazu *Seibert,* NJW 1971, 2274). Eine Ausnahme ist allerdings dann zu machen, wenn die Abberufung des Pflichtverteidigers zu dem Zweck verlangt wird, das Verfahren lahmzulegen, wie namentlich in Terroristenprozessen. Andererseits ist ein Wechsel des Pflichtverteidigers ohne nähere Darlegung der Gründe für den Vertrauensverlust dann möglich, wenn er einvernehmlich erfolgt und keine Kosten oder Verzögerungen mit sich bringt (KG NStZ 1993, 201).

---

[18] Außer in der Hauptverhandlung oder bei Zeugenvernehmungen lässt die h. M. (*M-G/S,* vor § 137 Rn. 12) auch ohne Genehmigung des Gerichts die Beauftragung privater Bevollmächtigter zur Abgabe von Erklärungen des Beschuldigten (z. B. bei der Berufungseinlegung) zu.

[19] Eine Ausnahme gilt für die Rechtsanwälte, die beim BGH zugelassen sind; diese dürfen nur vor dem BGH, den anderen obersten Gerichtshöfen des Bundes, dem Gemeinsamen Senat der obersten Gerichtshöfe und dem BVerfG auftreten: § 172 BRAO.

[20] Dass der gewählte Verteidiger mit Zustimmung seines Mandanten die Verteidigung (bereits im Ermittlungsverfahren) einem Referendar übertragen kann, der seit mindestens 15 Monaten im Justizdienst beschäftigt ist (§ 139; nicht aber auf einen Assessor, s.BGHSt 26, 319; BayObLG StV 1992, 99), ist eine Vorsorge aus den Zeiten geringer Anwaltsdichte und langer Referendarzeit, die heute keine Rolle mehr spielt.

[21] Wählbar sind auch andere Personen, diese aber nur mit Genehmigung des Gerichts, und bei notwendiger Verteidigung nur, wenn der Gewählte auch zum Verteidiger bestellt werden könnte; sonst nur in Gemeinschaft mit einem solchen (§ 138 II). In der Praxis spielt § 138 II keine Rolle; die Gerichte gehen mit Recht davon aus, dass ein Nichtanwalt (sei er auch Jurist) die für eine Genehmigung erforderliche besondere Befähigung zur Verteidigung nicht besitzt (OLG Karlsruhe NStZ 1987, 424).

[22] Die in § 142 II vorgesehene Möglichkeit, Referendare, die seit mindestens 15 Monaten im Vorbereitungsdienst tätig sind, zu Pflichtverteidigern zu bestellen, hat wegen der Verkürzung und Neugliederung des Referendardienstes praktisch keine Bedeutung mehr (zu Einzelheiten s. 25. Aufl., § 19 Rn. 34).

V. Verbot der Mehrfachverteidigung und der Verteidigervielzahl

a) Um Interessenkollisionen zu vermeiden, darf ein Verteidiger weder mehrere dersel- 36
ben Tat Beschuldigte noch in einem Verfahren mehrere verschiedener Taten Beschuldigte gleichzeitig verteidigen (§ 146). Nach der geltenden, durch das StVÄG 1987 eingeschränkten Fassung des § 146 ist dagegen die **sukzessive Mehrfachverteidigung** gestattet (BGH NStZ-RR 2002, 12); auch fällt die Verteidigung mehrerer Beschuldigter in verschiedenen Verfahren, deren Anklagen ein gemeinsamer Tatkomplex oder Sachzusammenhang zugrunde liegt, nicht mehr unter § 146. Aus dem Wort „gleichzeitig“ ergibt sich ferner, dass ein Verteidiger unter Niederlegung des Erstmandats das Mandat eines Mitbeschuldigten übernehmen darf, dass ein erstes Verteidigerverhältnis nach dem unzulässigen Hinzutritt eines zweiten beibehalten werden kann und dass der Tod eines früheren Mandanten eine Zweitverteidigung nicht ausschließt. Dagegen ist auch bei einer Verbindung verschiedener Taten die Verteidigung der wegen verschiedener Taten Angeklagten durch ein und denselben Verteidiger verboten (§ 146 S. 2).

b) Weil das (rechtpolitisch zweifelhafte, s. u. Rn. 45) Verbot der Mehrfachverteidigung hart in die anwalt- 37
liche Berufsausübung eingreift, wird es entgegen der früheren Rspr. mehr und mehr einengend ausgelegt. So hat der BGH gefordert, das „Bestreben nach möglicher Vermeidung eines beim einzelnen Verteidiger auftretenden Interessenwiderstreits“ und das Bedürfnis „nach einer nicht zu weit gehenden Beschränkung der freien Advokatur“ maßvoll auszugleichen, und deshalb bei einem Verstoß gegen § 146 für den Erfolg der Revision den Nachweis einer konkreten Interessenkollision verlangt (BGHSt 27, 22 m. zust. Anm. *K. Meyer,* JR 1977, 212). Einzelne Fragen eines Verteidigers zugunsten eines Mitangeklagten verstoßen ebenso wenig gegen § 146 (BGH MDR/H 1982, 449) wie Anbahnungsgespräche, die ein Anwalt mit mehreren Beschuldigten führt, ohne sich schon entschieden zu haben, wen er verteidigen will (OLG Düsseldorf StV 1984, 106). Nach dem eindeutigen Willen des Gesetzgebers ist es nicht zulässig, in entsprechender Anwendung des § 146 einen Verteidiger wegen anderer, gesetzlich nicht geregelter Interessenkonflikte auszuschließen (OLG Düsseldorf NStZ 1991, 352).

c) Zwar darf ein Beschuldigter mehrere Verteidiger haben; doch dürfen es, damit nicht 38
der Verfahrensablauf durch zu viele Verteidiger gehemmt wird, höchstens **drei** sein (§ 137 I 2, II 2). Str. ist, ob die Zahl von drei Verteidigern durch Unterbevollmächtigungen überschritten werden darf (dafür *Schmidt-Leichner,* NJW 1975, 420, dagegen KG NJW 1977, 912 u. *Schmid,* MDR 1979, 804). Bei einer Sozietät zählt jeder Anwalt als Einzelverteidiger; erforderlich ist nur, dass in Fällen des § 146 und bei Sozietäten mit mehr als drei Anwälten (§ 137 I 2) deutlich wird, wer welchen Klienten verteidigt (näher BVerfGE 43, 79; BGHSt 27, 124).

d) Prozesshandlungen eines nach §§ 137 I 2 oder 146 unzulässigen Verteidigers werden gleichwohl wirk- 39
sam, wenn das Gericht den Verteidiger nicht vor oder gemeinsam mit dieser Handlung zurückweist (s. § 146a und BGHSt 26, 335). Im Ermittlungsverfahren darf auch der StA den Verteidiger zurückweisen (BVerfG NJW 1976, 231). Dabei ist die Zurückweisung durch das Gericht vom Verteidiger und seinem Mandanten mit der Beschwerde (BGHSt 26, 291), diejenige durch die StA nach § 23 EGGVG angreifbar.[23]

[23] Nur bei zurückweisenden Entscheidungen des BGH oder eines OLG im ersten Rechtszug entfällt nach § 304 IV die Beschwerde (BGH NJW 1976, 156) und damit nach Ansicht von BGHSt 27, 96 auch die Revision (a. A. *Gössel,* 1979, 35; *Herrmann,* 1979, 43f.).

VI. Sicherungsverteidiger

40 Trotz zahlreicher Bedenken im Schrifttum hat es sich in der Gerichtspraxis eingebürgert, in erstinstanzlichen Sachen größeren Umfangs *neben* den Wahlverteidigern noch Pflichtverteidiger zu bestellen oder doch diese nach Auftreten von Wahlverteidigern nicht zu entlassen (vgl. zum Problem *Fezer,* 4/42–43). Diese Übung wird damit begründet, dass die Pflicht zur Fürsorge für den Angekl. und zur beschleunigten Verfahrensdurchführung die Bestellung von Pflichtverteidigern schon dann gebiete, wenn sich nur „die Gefahr abzeichne, dass der Verteidiger die zur Durchführung der Hauptverhandlung notwendigen Maßnahmen nicht treffen kann oder ... will".[24] In der Tat wird man nicht zulassen können, dass ein langwieriger Prozess nur deshalb nicht zu Ende geführt werden kann, weil der Wahlverteidiger kurz vor Abschluss sein Mandat niederlegt und der dann zu bestellende Pflichtverteidiger (§ 145 I) in die Materie nicht eingearbeitet ist. Andererseits ist die jetzige Praxis, dem Beschuldigten trotz Vorhandenseins eines Wahlverteidigers einen im Prozess zur uneingeschränkten Mitwirkung berechtigten (!) Pflichtverteidiger aufzuzwingen, mit dem Wortlaut des § 143 schwer in Einklang zu bringen (für ein Recht zur Beschwerde gegen einen aufgezwungenen Pflichtverteidiger daher auch OLG Frankfurt a. M. StV 1987, 379). Auch hat sie in der Vergangenheit eine effektive Verteidigung oft eher behindert. Denn soweit sich der Beschuldigte, sein Wahlverteidiger und der aufgenötigte Pflichtverteidiger nicht auf eine Strategie einigen können, hat der vom Vertrauen und der Information seines Klienten abgekoppelte „Zwangsverteidiger" wenig Chancen, dessen Grundrechte effektiv zu schützen. Er hält lediglich den äußeren Schein einer ordnungsgemäßen Verteidigung aufrecht und begründet für die Gerichte die ständige Versuchung, das Verfahren auch bei kurzfristigen Verhinderungen des meist besser informierten Wahlverteidigers ohne Unterbrechung fortzuführen.

41 Wird der Angeklagte freigesprochen, darf der dem Wahlverteidiger entstehende Erstattungsanspruch nicht um die Pflichtverteidigerkosten gekürzt werden, solange die Bestellung des Pflichtverteidigers nicht auf dem Verschulden des Angeklagten beruht (BVerfG NStZ 1984, 561). Str. ist, ob der Wahlverteidiger überhaupt verpflichtet ist, einen während des Verfahrens hinzutretenden Pflichtverteidiger über den bisherigen Prozessverlauf zu informieren (dafür KG JR 1981, 86; abl. *Beulke,* JR 1982, 45).

VII. Fortentwicklung durch die Rspr. und weiterer Reformbedarf

42 a) Die im Konzept der RStPO konsequente, in der heutigen Rechtswirklichkeit aber für die Effizienz der Verteidigung ruinöse starke Beschränkung der notwendigen Verteidigung im Ermittlungsverfahren hat in der neueren Rechtsprechung einer großzügigeren Bestellungspraxis Platz gemacht. Das wird auch von der Garantie in Art. 6 III c EMRK gefordert, die zwar ihrem Wortlaut nach eine bloße „Anwaltskosten-Hilfe" darzustellen scheint (worauf SK/*Paeffgen,* Art. 6 EMRK Rn. 153 abstellt), vom EGMR aber mit Recht als Gewährleistung einer wirksamen Verteidigung insgesamt verstanden wird.[25] Zwar geht der BGH noch nicht so weit wie das Schrifttum, welches

---

[24] So unter Hinweis auf § 145 I BGHSt 15, 306, 309; BGH NJW 1973, 1985; OLG Frankfurt a. M. NJW 1972, 2055; OLG Hamm NJW 1979, 1986; LG Koblenz NStZ 1995, 250 m. Anm. *Wasserburg;* a. A. *Schmidt-Leichner,* NJW 1975, 421; einschr. OLG Frankfurt a. M. StV 1986, 144.

[25] Dazu eingehend *Gaede,* 564ff. m. w. N., der zutr. darauf hinweist, dass die im völkerrechtlich verbindlichen englischen Text der EMRK verwandte Formel der „interests of justice" in der alten deutschen Übersetzung mit dem „Interesse der Rechtspflege" unzulänglich wiedergegeben wird, weil es nämlich um die Sicherstellung der Gerechtigkeit in Gestalt der Verfahrensgerechtigkeit geht; *Wohlers,* FS Rudolphi, 2004, 725ff. m. w. N.; SK/*Wohlers,* § 137 Rn. 2 und § 141 Rn. 7; *B. Mehle,* 2006, 170f.

eine Pflicht der StA zur Antragstellung nach § 141 III 2 vom ersten Augenblick an bejaht, in dem die Notwendigkeit der Verteidigung im späteren gerichtlichen Verfahren ersichtlich wird, daneben ein eigenes Antragsrecht des Beschuldigten praeter legem annimmt und bei unter Verletzung dieser Prinzipien erhobenen Beweisen ein Verwertungsverbot bejaht (umfassend *B. Mehle,* 2006, 223ff. u. passim; ferner *Zöller,* FS Feigen, 2014, 399ff.). Aber in mehreren grundlegenden Entscheidungen hat der BGH betont, dass dem unverteidigten Beschuldigten vor einer zum Zweck der Beweissicherung durchgeführten ermittlungsrichterlichen Vernehmung des zentralen Belastungszeugen jedenfalls dann ein Verteidiger zu bestellen ist, wenn der Beschuldigte von der Anwesenheit ausgeschlossen ist (BGHSt 46, 93; BGH StV 2008, 58). In diesem Fall soll die StA eine Pflicht zur entsprechenden Antragstellung, aber auch einen gewissen Beurteilungsspielraum besitzen (BGHSt 47, 172, 176), und eine Verletzung dieser Pflichten soll zwar kein Beweisverwertungsverbot begründen (so *v. Stetten,* FS Beulke, 2015, 1053), aber den Beweiswert des Vernehmungsergebnisses vermindern (BGHSt 46, 93, 103ff., sog. **Beweiswürdigungslösung,** dazu allg. u. § 24 Rn 39). Eine Pflicht als StA, allgemein bei jedem dringenden Verdacht eines Verbrechens sogleich die Bestellung eines Pflichtverteidigers zu beantragen, wird dagegen außerhalb des Spezialfalles der beweissichernden ermittlungsrichterlichen Vernehmung ebenso abgelehnt wie eine entsprechende Reduzierung des richterlichen Ermessensspielraums auf Null, weil erst der Gesetzgeber über eine derartige Verstärkung der Verteidigerrechte zu befinden und das „Interesse des Beschuldigten an möglichst effektiver Verteidigung“ gegen „die Belange der Wahrheitsfindung, Verfahrensbeschleunigung, eines effektiven Opferschutzes und Kosteninteressen“ abzuwägen habe (BGHSt 47, 233, 236f.; 60, 38). Aber damit verkennt der BGH, dass eine effektive Verteidigung gerade auch für die Wahrheitsfindung unerlässlich ist und deshalb auch vom Rechtsstaatsprinzip des Art. 20 GG verlangt wird, um so mehr, als die Rspr. durch die contra legem erfolgte Umgestaltung des Strafverfahrens (o. § 17 Rn. 7ff.) selbst erst das Bedürfnis für eine frühe Verteidigung im Ermittlungsverfahren unabweisbar gemacht hat. Die Rspr. kann aber nicht einerseits im Interesse einer schlagkräftigen Strafverfolgung die Regelungen der StPO beiseite schieben, andererseits die daraus notwendig folgende Verstärkung der Verteidigungsrechte verweigern.

b) Auch außerhalb dieses zentralen Desiderates bestehen begründete Forderungen für eine Verbesserung der Rechtsstellung der Verteidigung de lege ferenda: 43

aa) Liegen die Voraussetzungen der notwendigen Verteidigung nicht vor, so besteht für Beschuldigte, die sich keinen Verteidiger leisten können, ggf. die Möglichkeit der Inanspruchnahme einer kostenlosen Beratung nach dem BeratungshilfeG v. 18.6.1980 (i. e. S. *Kühne,* Rn. 197f.). Der „Arbeitskreis Strafprozessreform“ schlägt darüber hinausgehend vor, allen Beschuldigten das Recht zu geben, bei Sachdienlichkeit eine als Verteidiger wählbare Person **auf Kosten der Staatskasse** mit der Verteidigung zu beauftragen (§ 3 I u. II des Entwurfes). Wichtig wäre ferner, die Zuständigkeit für die Auswahl des Pflichtverteidigers vom Vorsitzenden auf die Rechtsanwaltskammer zu verlagern, um der (wegen der ökonomisch angespannten Situation vieler Rechtsanwälte häufig drohenden) Entstehung symbiotischer Verhältnisse zwischen einem Vorsitzenden und „seinem“ Pflichtverteidiger vorzubeugen. 44

bb) Die Beschränkung der Verteidigerzahl in § 137 I 2 sowie die starke Einschränkung der Mehrfachverteidigung in § 146 ist vom BVerfG (BVerfGE 39, 156) für verfassungsmäßig erklärt worden, im Schrifttum aber mit Recht weitgehend auf Ablehnung gestoßen. Gegen § 137 I 2 lässt sich geltend machen, dass in Mammutprozessen die Zulassung von mehr als drei Verteidigern sehr wohl auch eine Beschleunigung durch spezialisierte Arbeitsteilung ermöglichen kann. Vor allem aber weckt § 146, auch in der heute geltenden Form, Bedenken. Die Interessenkollision, der diese Bestimmung vorbeugen will, wird normalerweise durch § 356 StGB und die eigene Aufmerksamkeit des Angeklagten verhindert werden; tritt sie 45 doch einmal auf, würde ein Ausschluss im Einzelfall genügen, wie § 146 i. d. F. vor 1975 ihn vorsah. Einen gewissen Ausgleich, aber auch Gefahren bietet die Möglichkeit einer internen Abstimmung der Verteidiger verschiedener Angeklagter auf eine gemeinsame Strategie, sog. *Sockelverteidigung* (dazu näher *Wohlers,* FS Beulke, 2015, 1067).

46 cc) Um den durch die Figur des „Sicherungsverteidigers" entstehenden Konflikt zu entschärfen, schlagen manche Autoren die Einführung von **Ersatzverteidigern** vor, die von vornherein anwesend sind und aus der Staatskasse bezahlt werden, in das Prozessgeschehen aber nur in den Fällen des § 145 eingreifen dürfen. Sehr befriedigend ist aber auch diese Lösung nicht (näher 25. Aufl., § 19 Rn. 37 ff.).

47 c) Selbst wenn die vorstehend referierten punktuellen Verbesserungsvorschläge realisiert würden, würde das freilich an der strukturellen Schwäche der von der RStPO in erster Linie für die Hauptverhandlung konzipierten Verteidigung in dem heutigen Strafverfahren nichts ändern, weil die Würfel hier in der Regel bereits im Ermittlungsverfahren fallen, das nicht nur durch das Übergewicht der Polizei („Verpolizeilichung"), sondern auch durch die immer häufigere und intensivere Verwendung geheimdienstähnlicher Ermittlungsmethoden („Vergeheimdienstlichung") gekennzeichnet ist, deren Ergebnisse der Verteidiger in der Regel nur noch in Form einer Urteilsabsprache akzeptieren kann (näher *Schünemann,* StraFo 2004, 293 ff.; StraFo 2005, 177 ff.; GA 2008, 314 ff.). Im Rahmen der vom GrS mit Recht für unabweisbar erklärten, vom Gesetzgeber seit Jahren schuldig gebliebenen Gesamtreform des Verfahrens (BGHSt 50, 40, 64) wird deshalb die Position der Verteidigung im Ermittlungsverfahren insgesamt eine wesentliche Verstärkung erfahren müssen (näher u. § 29 Rn. 26).

D. Ausschluss des Verteidigers; sitzungsleitende Maßnahmen

I. Die Ausschließung

48 Die frühere Rspr. hatte einen Ausschluss des Verteidigers immer dann zugelassen, wenn er seine Rolle als Rechtspflegeorgan, namentlich durch Konspiration mit seinem Mandanten, missbrauchte. Diese Praxis hatte BVerfGE 34, 293 (Fall Schily) mangels gesetzlicher Grundlage wegen Verstoßes gegen Art. 12 I GG im Jahre 1973 für unzulässig erklärt, so dass ein Verteidigerausschluss seither nicht möglich war. Daraufhin ist unter dem Eindruck der RAF-Prozesse in mehreren Anläufen (dazu i. e. *Remagen-Kemmerling,* 1992) die Regelung der §§ 138a–d geschaffen worden.

49 1. Danach gibt es jetzt **fünf Fallgruppen,** in denen ein Verteidiger von der Mitwirkung in einem Verfahren auszuschließen ist. Dabei wird bezüglich der Ausschlussgründe kein voller Nachweis vorausgesetzt, vielmehr genügt es:

a) wenn der Verteidiger dringend oder in einem die Eröffnung des Hauptverfahrens rechtfertigenden Grade, d. h. hinreichend verdächtig ist, mit dem Mandanten im Hinblick auf dessen Tat in strafbarer Weise (BGH NStZ 1986, 37) zusammenzuwirken (z. B. als Teilnehmer oder Strafvereiteler), § 138a I Nr. 1, 3.

50 Dabei meint **dringender** Tatverdacht große, **hinreichender** Tatverdacht überwiegende Wahrscheinlichkeit (näher unten § 39 Rn. 16). Anders als bei der Eröffnung des Hauptverfahrens, das erst nach „Durchermittlung" des Sachverhalts in Betracht kommt, soll jedoch nach BGHSt 36, 133 (m. Anm. *Mehle,* NStZ 1990, 92; *Fezer,* JR 1990, 79; *Scholderer,* StV 1993, 228) im Falle des hinreichenden Verdachtes einer Strafvereitelung die Ausschließung eines Verteidigers nicht einmal die Einleitung eines Ermittlungsverfahrens und erst recht nicht dessen Fortschreiten bis zur Anklagereife voraussetzen. Zur Begründung wird der Wortlaut des Gesetzes und der Umstand angeführt, dass „ein bestimmender Einfluss der Anklagebehörde" (BGHSt 36, 137) dem Zweck des Gesetzes widerspreche; doch sollte gerade auf die weit besseren Ermitt-

lungsmöglichkeiten der StA nicht verzichtet werden. Nach der Rspr. soll auch der Begriff der Beteiligung in § 138a I Nr. 1 weit auszulegen sein, so dass z. B. im Prozess gegen den Hehler der Dieb nicht als Anwalt auftreten kann. Denn wie § 60 Nr. 2 soll auch § 138a I über die Beteiligten i. S. d. §§ 25ff. StGB hinaus jeden erfassen, der bei der Tat in strafbarer Weise in dieselbe Richtung wie der Beschuldigte gewirkt hat (vgl. u. § 26 Rn. 44ff. 2a) und deshalb im Prozess aus erheblichem Eigeninteresse die Wahrheitsfindung behindern könnte (vgl. BGH MDR/H 1977, 984; a. A. *Ulsenheimer,* GA 1975, 103, 111; *Gössel,* 1979, 29). Nach BGH NJW 1984, 316 soll ein Ausschluss sogar dann möglich sein, wenn der Anwalt wegen seiner Beteiligung mangels Strafantrags strafrechtlich nicht belangt werden kann. Schon die theoretische Möglichkeit einer ehrengerichtlichen Ahndung soll den Ausschluss rechtfertigen (zw.). Dagegen liegt keine Beteiligung vor, wenn ein Anwalt durch einen irrtümlichen, aber vertretbaren Rechtsrat zur strafbaren Handlung seines Mandanten Anlass gegeben hat (OLG Stuttgart NJW 1987, 2883).

b) wenn er zumindest hinreichend verdächtig ist, den Verkehr mit dem inhaftierten 51
Mandanten zu Straftaten zu missbrauchen, § 138a I Nr. 2, 1. Alt.

Diese Vorschrift soll, weitergehend als § 138a I Nr. 1 u. 3, nicht nur die Wahrheitsfindung schützen, sondern auch den Inhaftierten an weiteren Beeinträchtigungen der Rechtsordnung mit Hilfe seines Anwalts hindern. Die Bestimmung ist jedoch viel zu weit geraten, indem sie ihrem ausdrücklichen Wortlaut nach sämtliche Tatbestände des StGB (z. B. auch einfache Beleidigungen!) erfasst (so auch *Gössel,* 1979, 30).

c) wenn er zumindest hinreichend verdächtig ist, den Verkehr mit dem Mandanten zu 52
erheblicher Gefährdung der Anstaltssicherheit zu missbrauchen, § 138a I Nr. 2, 2. Alt.

d) wenn seine Mitwirkung bei bestimmten Staatsschutzdelikten die Sicherheit der 53
Bundesrepublik gefährden würde, § 138b.[26]

e) wenn das Verfahren eine Straftat nach § 129a StGB zum Gegenstand hat und bestimmte Tatsachen den Verdacht begründen, dass er mit dem Mandanten im Hinblick auf dessen Tat in strafbarer Weise zusammengewirkt hat, § 138a II. Hier verzichtet das Gesetz also auf einen qualifizierten Verdachtsgrad.

Ließe man aber den einfachen Anfangsverdacht genügen, könnten in rechtsstaatlich bedenklicher Weise Anwälte auch dann ausgeschlossen werden, wenn ihnen nicht einmal soviel nachzuweisen ist, dass ein Hauptverfahren eröffnet werden könnte (vgl. u. § 39 Rn. 15ff.). Wenigstens ist daher ein Verdacht zu fordern, der nicht nur die Einleitung, sondern auch noch die Durchführung des Ermittlungsverfahrens wahrscheinlich macht (KG NJW 1978, 1538).

2. Entgegen der früheren Rspr. hat BGHSt 42, 94 (m. Anm. *Weigend,* NStZ 1997, 47) nunmehr entschieden, dass auch der Pflichtverteidiger nur nach Maßgabe der §§ 138a ff. abberufen werden darf. Dem ist zuzustimmen. Denn der Pflichtverteidiger unterliegt bei seiner Amtsführung keinen anderen Einschränkungen als ein Wahlverteidiger und darf daher auch nicht leichter abberufen werden können (*Rieß,* JR 1979, 36; *Dencker,* NJW 1979, 2176; AK/*Stern,* § 138a Rn. 8 m.w.N.). 54

3. Die Ausschließungsregelung der §§ 138a ff. ist abschließend. Keinesfalls darf daher eine Verletzung von Standespflichten zum Ausschluss führen (lehrreich OLG Karlsruhe NJW 1975, 159), und auch einen Zeugen oder ein Straftatopfer kann das Gericht nicht als Verteidiger ausschließen. Nur ein verhandlungsunfähiger „Verteidiger" muss zurückgewiesen werden, weil er in juristisch relevantem Sinne überhaupt nicht verteidigen kann. 55

4. Der Ausschluss soll für das **ganze Verfahren** gelten; ein ausgeschlossener Verteidiger kann danach also nicht etwa nunmehr einen Mitangekl. verteidigen (BGHSt 26, 221). Außerdem kann ein Angekl. in demselben Strafverfahren nicht gleichzeitig als Vert. eines Mitangekl. tätig werden (BGH StV 1996, 469) Denn es besteht die Gefahr, dass er seinen Mandanten belastet, um sich selbst zu entlasten. Darüber hi-

[26] *Beulke,* 1980, 104 fordert eine Streichung dieser nach seiner Ansicht zu weit in die Rechte der freien Vert.wahl eingreifenden Vorschrift; zust. *Junker,* 1996, 200.

naus kann er als Angekl. nicht in derselben Weise auf Wahrheit und Gerechtigkeit verpflichtet sein, wie dies bei einem Vert. der Fall ist.

56 5. Über den Ausschluss entscheidet i. d. R. das OLG, ggf. auch der BGH (vgl. näher § 138c), und zwar nach mündlicher Verhandlung, zu der der Verteidiger zu laden, der Beschuldigte und in der Regel der Vorstand der Rechtsanwaltskammer zu benachrichtigen sind (§ 138d I–V); einer mündlichen Verhandlung bedarf es entgegen dem Wortlaut von § 138d I nicht, wenn das Gericht eine Ausschließung von vornherein nicht in Betracht zieht (OLG Düsseldorf NStZ 1991, 299 m.w.N.). Die Beweisaufnahme unterliegt nach BGHSt 28, 116 den Regeln des Freibeweises (dazu u. § 25 Rn. 3ff.; krit. LR/*Lüderssen*/*Jahn,* § 138d Rn. 8). Das Ausschlussverfahren kann nach § 138c V auch dann weitergeführt werden, wenn der Vert. sein Mandat nach Einleitung des Verfahrens gegen ihn freiwillig niederlegt. Wird dabei festgestellt, dass die Mitwirkung des Vert. in dem Verfahren unzulässig wäre, so steht dies dem Ausschluss gleich. Die Regelung soll verhindern, dass sich der Vert. den Wirkungen eines zu erwartenden Ausschlusses durch sein vorzeitiges Ausscheiden aus dem Prozess entzieht (näher OLG Koblenz JR 1980, 477 m. Anm. *Rieß*). Gegen den Ausschluss kann der Vert. sofortige Beschwerde einlegen, während eine den Ausschluss ablehnende Entscheidung nicht anfechtbar ist (§ 138d VI); nicht anfechtbar ist auch die Ablehnung der Wiederaufhebung eines Ausschlusses (BGHSt 32, 231).

57 6. Die Ausschließung ist aufzuheben (§ 138a III Nr. 1–3):

a) sobald ihre Voraussetzungen nicht mehr vorliegen,

b) wenn der Vert. in einem Hauptverfahren, das wegen des Ausschließungssachverhalts eröffnet wurde, freigesprochen wurde,

c) wenn ein Ehren- oder Berufsgericht keine schuldhafte Verletzung der Berufspflichten im Hinblick auf den Ausschließungssachverhalt feststellte oder

d) wenn nicht spätestens ein Jahr nach der Ausschließung das strafprozessuale Hauptverfahren oder das ehren- oder berufsgerichtliche Verfahren eröffnet oder ein Strafbefehl erlassen wurde; aus wichtigem Grunde kann diese Frist jedoch um ein weiteres Jahr verlängert werden (§ 138a III 2).

58 7. Um Umgehungen zu verhindern, gilt folgendes: Solange ein Verteidiger ausgeschlossen ist, kann er den Beschuldigten auch in anderen Verfahren nicht verteidigen. Inhaftierte Beschuldigte darf er auch in sonstigen Angelegenheiten (etwa Zivilprozessen) nicht aufsuchen (§ 138a IV). Darüber hinaus darf er auch nicht andere Beschuldigte desselben Verfahrens verteidigen; wenn er in einem Verfahren, das eine Straftat nach § 129a StGB zum Gegenstand hat, ausgeschlossen wurde, darf er Mitbeschuldigte auch nicht in anderen Verfahren gleicher Art verteidigen (§ 138a V 1).

II. Sitzungsleitende oder strafrechtliche Maßnahmen gegen den Verteidiger

59 Von der Frage der Ausschließung des Verteidigers ist die Frage zu unterscheiden, ob ihm das **Wort entzogen** werden kann, z. B. weil er Zeugen verunglimpft oder weil seine Ausführungen in keinem Zusammenhang mit dem Gegenstand der Verteidigung stehen. Dies ist dem Vorsitzenden kraft seiner Prozessleitungsbefugnis nach § 238 I gestattet (vgl. BGH MDR 1964, 72 u. § 257 II, III). Eine davon zu unterscheidende Frage ist, ob der Verteidiger aus Gründen der Sitzungspolizei wegen Ungehorsams oder Ungebühr äußerstenfalls aus dem **Sitzungssaal entfernt** werden kann. Da der Verteidiger neben StA und Gericht gleichberechtigtes Rechtspflegeorgan ist, wird man Ordnungsmittel nach §§ 177, 178 GVG und damit eine Entfernung des Verteidigers aus sitzungspolizeil. Gründen als unzulässig betrachten müssen (h. M.;

vgl. *Kühne,* Rn. 223). Dagegen soll ein Verteidiger ohne Robe zurückgewiesen werden dürfen (BVerfGE 28, 21). *Justizkritik* des Verteidigers in der Hauptverhandlung oder verbale Attacken gegen Zeugen und Sachverständige sind nur im Extremfall nach den §§ 185ff. StGB strafbar, weil er regelmäßig in Wahrnehmung berechtigter Interessen gem. § 193 StGB handelt (näher Sch/Sch/*Lenckner/Eisele* StGB § 193 Rn. 22; *Beulke,* FS E. Müller, 2008, 45; *Schmitt-Leonardy,* AnwBl 2016, 528).

E. Aufgaben und Rechte des Verteidigers

Die Pflichten und Befugnisse des Verteidigers sind durch seine prozessuale Stellung vorgezeichnet und in ihren grundsätzlichen Aspekten schon o. bei Rn. 3ff. dargestellt worden. Sie werden auch, soweit sie ihren Niederschlag in besonderen prozessualen Vorschriften gefunden haben, bei Schilderung des Hauptverfahrens noch jeweils im Einzelnen erörtert werden. Es sollen deshalb an dieser Stelle nur eine Reihe übergreifender Gesichtspunkte zusammengefasst werden (instruktiv *Pfeiffer,* 1984). 60

I. Rechtsberatung ohne Strafvereitelung

Das Gesetz hat, offensichtlich im Hinblick auf die Anerkennung des Vert. als eines eigenen Organ der Rechtspflege, diesem erheblich mehr Rechte als dem Beschuldigten selbst zugebilligt. Dass er diese Rechte nicht zur Strafvereitelung oder der Begehung anderer Straftaten missbrauchen darf, geht direkt aus § 138a I hervor, ohne dass hierdurch aber das Abgrenzungsproblem gelöst wäre. Denn weil Strafverteidigung, einem geflügelten Wort zufolge, ihrem Wesen nach Strafvereitelung ist, verweist der Straftatbestand des § 258 StGB wieder auf die StPO zurück: Pflichtentsprechendes Verteidigerhandeln ist nach heute nahezu einhelliger Auffassung nicht straftatbestandsmäßig.[27] Insoweit folgt aus der unter A. II. näher beschriebenen Rechtsstellung des Verteidigers, dass er seinem Mandanten **umfassenden Rechtsrat** zu erteilen hat. Er soll ihm nicht nur bei der Wahrnehmung seiner prozessualen Rechte zur Seite stehen, sondern ihn auch über die materielle Rechtslage aufklären. Dabei darf er ihm Rechtskenntnisse selbst dann vermitteln, wenn der Beschuldigte sie dazu benutzen kann, sich der Bestrafung zu entziehen, indem er sich etwa auf eine fehlende Zueignungsabsicht, auf Notwehr oder einen unverschuldeten Verbotsirrtum beruft. Gegen das Verbot der Verdunkelung verstößt der Verteidiger erst dann, wenn er selbst die Einlassung seines Klienten erfindet oder in diesen dringt, wahrheitswidrig entsprechende Schutzbehauptungen vorzubringen. Doch bleibt die darin in der Regel nur liegende Anstiftung zu einer tatbestandslosen Selbstbegünstigung aus Akzessorietätsgründen als solche straflos, was entgegen einer verbreiteten, aber strafrechtsdogmatisch unrichtigen Auffassung auch eine quasi-mittäterschaftliche Strafvereitelung (§ 258 StGB) ausschließt.[28] Stellt der Beschuldigte von sich aus eine solche Behauptung auf, darf der Verteidiger, der es besser weiß, die Wahrheit einerseits dem Gericht nicht bekanntgeben (Schweigepflicht), andererseits die Einlassung nicht als seiner Überzeugung entsprechend darstellen. Doch wäre selbst das keine Strafvereitelung, weil die Mitteilung der Überzeugung des Verteidigers kein Beweismittel, sondern nur eine (irrelevante) 61

[27] BVerfG StV 2006, 522; BGHSt 29, 102; 38, 347; 46, 53; *Fischer,* § 258 StGB Rn. 17 m.w.N.

[28] Siehe zum entspr. Problem beim Selbstmord LK/*Schünemann,* § 25 Rn. 172 m.w.N.; für § 258 StGB übersehen von OLG Nürnberg NJW 2012, 1895 m. zust. Anm. *Ruhmannseder;* noch extensiver *Beulke/Ruhmannseder,* Rn. 159ff. Zur verteidigerspezifischen Konstellationen MüKoStGB/*S. Cramer,* § 258 Rn. 43ff. m.w.N.

Prozesshandlung ist. Schwieriger ist die Subsumtion bei vorsätzlich-prozessordnungswidrigen Anträgen (zu Beweisanträgen *Schneider,* FS Geppert, 2011, 607ff.; zur unwahren Revisionsrüge LG Augsburg NJW 2012, 93 m. Bespr. *Jahn/Ebner,* ibid., 30). Eine für § 258 StGB ausreichende Tatherrschaft ist hier nur bei einer Täuschung des Gerichts über entscheidungsrelevante Tatsachen denkbar.

62 Zu beachten ist, dass § 258 StGB **direkten Vorsatz** voraussetzt („absichtlich oder wissentlich"). Es liegt also noch keine Strafvereitelung vor, wenn der Vert. Tatsachenschilderungen seines Mandanten vorträgt, deren Wahrheit er selbst bezweifelt (BGHSt 38, 348). Unklar und umstr. ist, ob man daraus ein „allgemeines Verteidigerprivileg" mit der Wirkung abzuleiten hat, dass eine Strafbarkeit des Vert. auch bei der Verwirklichung anderer Tatbestände nicht schon bei dolus eventualis, sondern nur bei direktem Vorsatz eintrete. Eine derartige „Sperrwirkung" hat der 1. Strafsenat des BGH abgelehnt, andererseits aber an die Feststellung des bedingten Vorsatzes bei den anderen, sog. *verteidigungsspezifischen Straftaten* (etwa §§ 267; 153, 26), namentlich an dessen voluntative Komponente, so strenge Anforderungen gestellt, dass sich das Ergebnis von einer objektiven Sperrwirkung kaum unterscheidet:[29] Der Verteidiger werde dubiose Beweismittel im Regelfall mit dem inneren Vorbehalt verwenden, das Gericht werde sie seinerseits einer kritischen Prüfung unterziehen und ihre Fragwürdigkeit nicht übersehen (BGHSt 38, 345, 350f.; weitergeführt in BGHSt 46, 53). Weil es in BGHSt 38, 345 um die Vorlage einer Serie von Krankheitsattesten und zuletzt der Sterbeurkunde des flüchtigen und nach Kenntnis des Verteidigers „völlig gesunden" Mandanten ging und in BGHSt 46, 53 um einen Vertrag des Verteidigers mit der Belastungszeugin, wonach ein ihr zu zahlendes Schmerzensgeld an die Bedingung geknüpft war, dass der Mandant aufgrund einer Aussageänderung der Zeugin nicht wegen Menschenhandels verurteilt werde, sind die Zweifel des BGH am bedingten Vorsatz in derart krassen Fällen allerdings schwer nachvollziehbar. Im Anschluss an *Fischer* (§ 258 StGB, Rn. 28) dürfte deshalb eine vermittelnde Lösung den Vorzug verdienen, die auf die Risiko-Verantwortung im Rahmen objektiver Zurechnung abhebt und dem Verteidiger deshalb nur bei solchem Beweismaterial, dessen Glaubwürdigkeit er durch eigene Handlungen untergraben hatte, die Vorlage untersagt oder zumindest von einer entsprechenden Aufklärung des Gerichts abhängig macht.[30]

II. Außergerichtliche Aktivitäten

63 Die Fürsprachepflicht sollte den Verteidiger außerdem veranlassen, seinem Mandanten, wenn die Sachlage es erfordert, auch durch Taten, d. h. durch **eigene Ermittlungen,** zu helfen (näher *Rückel,* 1984; *König,* StraFo 1996, 98). Zwar stellt die StPO dem Vert. keine Zwangsrechte zur Verfügung. Er darf aber den Tatort untersuchen, sich um Entlastungszeugen bemühen und private Sachverständigengutachten zugunsten des Beschuldigten anfertigen lassen. Er darf sogar die Verwandten des Beschuldigten aufsuchen und sie bitten, von ihrem Zeugnisverweigerungsrecht zugunsten seines Mandanten Gebrauch zu machen (BGHSt 10, 393: keine Strafvereitelung); denn das ist ihr gutes Recht, um dessen Ausübung sie jedermann ersuchen darf. Er darf ferner Gedächtnisprotokolle des Beschuldigten und Fotokopien richterlicher Vernehmungen verteilen (BGHSt 29, 99: keine Strafbarkeit gem. §§ 129, 129a StGB) oder Aussagen des Beschuldigten dem Verteidiger eines Mitbeschuldigten bekanntgeben (OLG Frankfurt a. M. GA 1982, 181). Unzutreffend ist allerdings die Einschränkung, dass dies nicht gelten soll, wenn der Vert. nur scheinbar Verteidigungszwecke verfolge und in Wirklichkeit der terroristischen Vereinigung helfen wolle. Denn dies läuft auf ein unzulässiges Gesinnungsstrafrecht hinaus (zust. *Bottke,* JA 1980, 448). Die Grenze zur Strafvereitelung wird nur dann überschritten, wenn der Verteidiger durch Täuschung oder Drohung auf die freie Willensentschließung der Zeugen einwirkt, wenn

[29] *Widmaier,* FS BGH-Wiss., 2000, 1042, 1058; *Fischer,* § 258 StGB Rn. 25, 27.

[30] Woran es aber in BGHSt 46, 53 gefehlt hatte. Zu der außerordentlich intensiven und kontroversen Diskussion vgl. im übrigen MüKoStGB/*S. Cramer,* § 258 Rn. 10ff.; *Fischer,* § 258 StGB Rn. 16ff. m. w. z.N.

er sie zu falschen Aussagen veranlasst oder sonst zur Verfälschung von Beweismitteln beiträgt (etwa durch Spurenverwischung am Tatort, Veränderung von Urkunden oder Kassiberbeförderung zur Abstimmung mit dem Mittäter, vgl. *Ostendorf,* 1349); m. a. W.: Er darf „keine Beweisquellen trüben".

III. Anwesenheit bei Ermittlungen

Eine wirksame Verteidigung setzt möglichst weitgehende **Anwesenheitsrechte** bei Er- 64
mittlungshandlungen anderer Verfahrensbeteiligter voraus. Die StPO sichert die Anwesenheit des notwendigen Verteidigers in der Hauptverhandlung umfassend (vgl. dazu u. § 44 Rn. 40), im Vorverfahren aber nur recht unvollkommen. Bei **richterlichen** Untersuchungshandlungen im Vorverfahren ist der Verteidiger zwar ohne gegenständliche Einschränkung zur Anwesenheit berechtigt (§§ 168c, d; gem. § 168e bei zwingenden Gründen des Zeugenschutzes allerdings nur per Videoübertragung). Aber es bleibt die Möglichkeit zu einer faktischen Blockade seiner Rechte, indem er von dem betreffenden Termin nicht unterrichtet wird, wenn die Benachrichtigung den Untersuchungserfolg gefährden würde (§ 168c V 2; vgl. u. § 39 Rn. 28ff.). Die Ermittlungen der **StA** im Vorverfahren sind dagegen grds. geheim. Der Verteidiger hat daher kein Recht auf Anwesenheit bei Zeugenvernehmungen, auch nicht bei der Gegenüberstellung des Angeklagten zum Zwecke der Wiedererkennung durch einen Zeugen (KG NJW 1979, 1668). Lediglich bei Vernehmungen des Beschuldigten raumt ihm das Gesetz mit der Beschränkung des § 168c V 2 ein Anwesenheitsrecht ein (§§ 163a III 2, 168c I, V). Bei Ermittlungen durch die **Polizei** schließlich hat der Verteidiger keinerlei Anwesenheitsrecht, also auch nicht bei Beschuldigtenvernehmungen (das ergibt ein Vergleich von § 163a III und IV; a. A. *Kühne,* Rn. 225 unter Berufung auf den Grundsatz des fair trial). Der Beschuldigte kann die Anwesenheit des Verteidigers allerdings dadurch erzwingen, dass er sich weigert, ohne ihn auszusagen (§ 163a IV 2 i. V. m. § 136 I 2).

Diese Regelung war im Konzept der RStPO sachgerecht, weil eine frühzeitige Information des Verteidigers 65
und damit indirekt auch des Beschuldigten für diesen zu viele Obstruktions- und Verdunkelungsmöglichkeiten geboten hätte, während umgekehrt richterliche Vernehmungen wegen der privilegierten Verlesbarkeit der darüber aufgenommenen Protokolle in der Hauptverhandlung die zukünftige Verteidigung und damit die Wahrheitsfindung zu präjudizieren drohen. Weil aber auch Polizeiprotokolle im Wege des Vorhalts in der Hauptverhandlung verwendet werden (näher u. § 46 Rn. 19f.) und überhaupt das Ermittlungsverfahren als zentrale Determinante der späteren Hauptverhandlung erkannt worden ist (wenn es nicht sogar im Fall einer Urteilsabsprache überhaupt die einzige echte Wahrheitserforschungsphase darstellt), besteht daher auch in diesem Punkt dringender Reformbedarf (dazu näher § 29 Rn. 25ff.).

IV. Akteneinsicht

1. Das Recht des Verteidigers zur **Akteneinsicht** (einschließlich des Strafregisterauszu- 66
ges, BVerfG NStZ 1983, 131; *Schmidt,* NStZ 1983, 89) sowie zur *Besichtigung* amtlich verwahrter Beweisstücke (dazu instruktiv *Beulke/Witzigmann,* StV 2013, 75) gilt grds. im gesamten Verfahren (§ 147 I) und ist damit wesentlich stärker ausgestaltet als die im amerikanischen Strafprozess funktional vergleichbare **„discovery"**.[31] Nur in seltenen Ausnahmefällen kann dem Verteidiger jegliche Akteneinsicht verwehrt werden, nämlich wenn gegen ihn ein Verteidigerausschlussverfahren nach den §§ 138a, b anhängig (§ 138c III 1) oder wenn eine Kontaktsperre nach den §§ 31ff. EGGVG

[31] Dazu *Whitebread/Slobogin,* Criminal Procedure, 5. Aufl., 2008, 681ff.

verhängt worden ist (§ 34 III Nr. 2 S. 3 EGGVG). Sonst dürfen Einsicht oder Besichtigung vor Abschluss der Ermittlungen nur dann ausnahmsweise versagt werden, wenn sie den Untersuchungszweck gefährden könnten (§ 147 II, Gegenausnahme in Abs. 3!), also etwa überraschende Beschlagnahmen oder Verhaftungen durch Mitteilung des Akteninhalts vereitelt würden. Gegen die Versagung der Akteneinsicht durch die dafür im Ermittlungsverfahren zuständige StA (§ 147 V 1) kann gem. § 147 V 2 gerichtliche Entscheidung durch den Ermittlungsrichter (mit Beschwerderecht gem. § 147 V 3) beantragt werden, wenn ein uneinschränkbares Einsichtsrecht bestand oder wenn sich im Fall des § 147 II der Beschuldigte in Haft befindet. Daraus folgt e contrario, dass in allen anderen Fällen kein Rechtsbehelf (auch nicht nach §§ 23ff. EGGVG) gegeben ist, was vom BVerfG mit der Begründung für verfassungsmäßig erklärt worden ist, dass Art. 19 IV GG nur Rechtsschutz innerhalb angemessener Zeit garantiere und dass dem Beschuldigten im Interesse einer wirksamen funktionstüchtigen Strafrechtspflege zuzumuten sei, mit der Akteneinsicht bis zum endgültigen Abschluss des Ermittlungsverfahrens zu warten (NStZ 1994, 551). Angesichts des Funktionswandels des Ermittlungsverfahrens bedeutet das eine weitere Störung der Verfahrensbalance, die aber wegen des der StA im Rahmen des § 147 II zustehenden weiten Beurteilungsspielraumes nicht durch Zubilligung eines in der Sache wenig effizienten Rechtsbehelfs, sondern im Rahmen der gesamten Neustrukturierung des Ermittlungsverfahrens kompensiert werden muss (u. § 29 Rn. 26).

67 2. Für den Fall der **Untersuchungshaft** (in derselben Sache, s. BGH *[Ermittlungsrichter]* StV 2012, 321) hat sich die Rspr. des EGMR dieser notwendigen Balance bereits angenähert. Dieser hatte im Jahre 1989 aus Art. 5 IV EMRK gefolgert, dass die Verteidigung im Stadium der Haftprüfung einen Anspruch auf Einsicht in die dem Haftbefehl zugrunde liegenden Aktenteile besitzt (*EGMR* StV 1993, 283 – Lamy gegen Belgien), während das BVerfG – etwas restriktiver – aus dem Anspruch auf ein faires Verfahren und auf rechtliches Gehör ableitete, dass der Verteidiger einen Anspruch auf Einsicht in Akten(teile) habe, wenn und soweit er die sich darin befindenden Informationen zur effektiven Verteidigung benötigt, wobei regelmäßig Teilakteneinsicht in die für die Haftentscheidung relevanten Tatsachen und Beweismittel genüge (BVerfG NStZ 1994, 551, 552; BGH NJW 1996, 734). Später hat der EGMR in drei gegen Deutschland gerichteten Entscheidungen bekräftigt, dass alle Informationen, die für die Frage der Rechtmäßigkeit der Inhaftierung wesentlich sind, dem Verteidiger zugänglich gemacht werden müssen (*EGMR* StV 2001, 201, 203, 205, dazu *Unfried* [§ 3 F], 124ff). Weil die „Wesentlichkeit" aber letztlich von der Einlassung des Beschuldigten abhängt und deshalb nur vom Verteidiger zuverlässig beurteilt werden kann, muss mit der Vollstreckung des Haftbefehls **uneingeschränkte Akteneinsicht** gewährt werden – allein darin liegt die der Idee der Balance entsprechende und abseitige Streitigkeiten über die „Wesentlichkeit" vermeidende Lösung. Dem wird die neue Regelung des § 147 II 2 i. d. F. der U-Haftnovelle 2009 („insoweit") immer noch nicht ganz gerecht.

68 3. Auf seinen Antrag sollen dem Verteidiger die Akten (nicht die Beweisstücke!) auch mit nach Hause gegeben werden, doch kann ein solcher Antrag, wenn „wichtige Gründe entgegenstehen", durch unanfechtbare Entscheidung abgelehnt werden (§ 147 IV). Eine Aushändigung der Akten an den Beschuldigten ist unzulässig; denn dieser hat jedenfalls neben seinem Verteidiger kein eigenes Akteneinsichtsrecht. Doch darf und muss der Verteidiger nach zwar umstrittener, aber billigenswerter Ansicht seinem Mandanten aus den Akten mündlich oder durch Überlassung fotokopierter Auszüge alles **mitteilen,** was sich auf das Verfahren bezieht und einer sachgemäßen Verteidigung dienlich sein kann; andernfalls könnte er solche

Informationen auch in Schriftsätzen an das Gericht, die der Beschuldigte natürlich liest, nicht verwerten (eingehend *Walischewski,* 1999, 153ff.; zum Problem in Verfahren wegen Kinderpornographie *Ziemann,* StV 2014, 299; *Jahn,* FS Beulke, 2015, 801).

4. Die h. M. folgert im Gegenschluss aus § 147 VII, dass der *Beschuldigte* niemals einen Anspruch auf eigene Akteneinsicht habe, sondern dass ihm lediglich unter den in Abs. 7 genannten Voraussetzungen Auskünfte und Abschriften aus den Akten erteilt werden könnten (BVerfGE 53, 207, 214; *Beulke* Rn. 126, 160) bzw. seit dessen Neufassung durch die U-Haftnovelle 2009 müssen. Nach anderer Meinung steht das Akteneinsichtsrecht dagegen materiell nicht dem Verteidiger, sondern dem Beschuldigten selbst zu, der es lediglich durch seinen Verteidiger ausüben lassen muss (*Walischewski,* 1999, 146ff.; LR/*Lüderssen/Jahn,* § 147 Rn. 9; SK/*Wohlers,* § 147 Rn. 5). Richtigerweise hat der Verteidiger zwar ein eigenes Akteneinsichtsrecht (das folgt aus seiner Stellung als eigenständigem Organ der Rechtspflege), aber daneben besitzt der Beschuldigte ein originäres umfassendes Informationsrecht aus Art. 103 I GG und dem Anspruch auf Fair Trial. Aus dem in Art. 6 III c EMRK garantierten Recht auf eigene Verteidigung ergibt sich deshalb ein Anspruch auf Zurverfügungstellung einer kompletten Aktenkopie anstelle des beim Beschuldigten allzu verlustgefährdeten Originals.[32] 69

5. a) Zur Akte gehören auch CD oder Disketten, auf denen relevante Informationen gespeichert werden (*Fezer,* StV 1991, 142). Von der Einsicht sind dagegen die Handakten, private Notizen von Richtern während der Hauptverhandlung (OLG Karlsruhe NStZ 1982, 299) sowie rein innerdienstliche Vorgänge auszuschließen (Nr. 187 II 1 RiStBV); das sind Schriftstücke über innerbehördliche Vorgänge (Protokollentwürfe [BGHSt 29, 394], Duplikate, Dienstaufsichtsbeschwerden, Schriftverkehr mit anderen Behörden u. ä.), die im Zusammenhang mit der Strafsache entstehen (dazu *Kleinknecht,* FS Dreher, 1977, 721). Fühlt sich der Beschuldigte dadurch beschwert, dass die StA ein Schriftstück zu den Handakten genommen hat, steht ihm der Rechtsweg nach §§ 23ff. EGGVG offen (*Kleinknecht,* 1977, 726). Das Einsichtsrecht beschränkt sich aber nicht auf Akten, die für die Schuld- oder Rechtsfolgenfrage relevant sind. Es erstreckt sich auch auf die dem Gericht vorliegenden U-Haft-Unterlagen; denn darin können sich für die Verteidigung wichtige Informationen befinden (BGHSt 37, 204 m. Anm. *Foth,* StV 1991, 337). Auch Fahndungsakten dürfen nach Abschluss der Ermittlungen der Einsicht nicht entzogen werden (OLG Hamburg NStZ 1992, 50). 70

b) Gegenstand lebhaften Streites ist das Recht auf Einsicht in die von der Kriminalpolizei angelegten **Spurenakten,** die manchmal Tausende von Fingerabdrücken, Autonummern oder Hinweisen aus der Bevölkerung umfassen. Soweit solches Material in die Ermittlungsakten der StA integriert wird, unterliegt es dem vollen Akteneinsichtsrecht nach § 147. Soweit es jedoch als unerheblich bei der Polizei belassen oder ihr zurückgegeben wird, ist es nach dem herrschenden **formellen Aktenbegriff**[33] nicht Bestandteil der Ermittlungsakten (im Unterschied zu schriftlichen Zusammenfassungen abgehörter, von der Polizei für irrelevant erachteter Telefongespräche, instruktiv BGH StV 2010, 228, 229f. m. Anm. *Stuckenberg*). Stellt der Verteidiger einen Antrag auf Beiziehung solcher Spurenakten, so ist das Gericht dazu nicht nach § 147 verpflichtet (BGHSt 30, 131). Es handelt sich vielmehr um einen Beweisermittlungsantrag (vgl. u. § 45 Rn. 8), dem das Gericht im Rahmen der Aufklärungspflicht nach § 244 II stattgeben muss, wenn es Anhaltspunkte dafür hat, dass die Spurenakten etwas für die Schuld- oder Straffrage Relevantes enthalten (BGHSt 30, 131; *Meyer-Goßner,* NStZ 1982, 353). Zieht das Gericht die Spurenakten nicht bei, wird man jedoch dem Verteidiger ein ggf. nach § 23 EGGVG erzwingbares Recht geben müssen, sie unmittelbar 71

---

32 *EGMR* NStZ 1998, 429; *Walischewski,* 1999, 191ff.; SK/*Wohlers,* § 147 Rn. 14, wonach § 147 VII verfassungskonform im gleichen Umfang wie § 147 II auszulegen ist; enger *Esser,* 428ff.

33 Der sämtliche Ermittlungsergebnisse umfasst, die durch die Identität der Tat und des Täters zusammen gehalten werden, s. BGHSt 30, 131, 138f.; BGH StV 2010, 228, 229; zu abw. Aktenbegriffen (materieller, funktionaler) s. LR/*Stuckenberg,* § 199 Rn. 8ff.

bei der Polizei oder StA einzusehen; das Gericht muss dafür die Hauptverhandlung unterbrechen oder sogar aussetzen.[34]

72 c) Eine Telefonabhörung muss dem Verteidiger noch während der Hauptverhandlung bekanntgegeben werden, damit er sich durch Akteneinsicht von deren Ergebnis unterrichten und es bei seiner Verteidigung berücksichtigen kann. Dies gebietet der Grundsatz des fairen Verfahrens auch dann, wenn das Gericht das Ergebnis nicht für entscheidungserheblich hält (BGHSt 36, 305).

73 6. Wird das Verfahren eingestellt, so kann der Betroffene bei berechtigtem Interesse Akteneinsicht verlangen und gegen einen abl. Bescheid der StA gem. § 147 V 2 das Landgericht anrufen (OLG Hamm NJW 2003, 768).

74 7. Ob der Verteidiger verpflichtet ist, an der Rekonstruktion verlorengegangener Akten durch Zurverfügungstellung seiner Abschriften oder Kopien mitzuwirken, ist str., aber zu verneinen, da der Verteidiger nur die Interessen des Beschuldigten und nicht die des Gerichts wahrzunehmen hat (*Waldowski,* NStZ 1984, 448; *Mehle,* FG Peters II, 1984, 201; a. A. *Rösman,* NStZ 1983, 446). Auf jeden Fall kann der Akteninhalt im Wege des Freibeweises rekonstruiert werden, so dass kein Verfahrenshindernis entsteht (OLG Saarbrücken NJW 1994, 2711).

V. Schriftlicher und mündlicher Verkehr mit Mandanten

75 1. Das Recht des Verteidigers zum schriftlichen und mündlichen Verkehr mit dem Beschuldigten ist, auch wenn dieser sich in Haft befindet, grds. nicht beschränkbar (§ 148 I; lehrreich KG JR 1977, 213; BGH NJW 1973, 2035; dazu *Fezer,* 4/57–69; näher u. § 30 Rn. 37 u. § 34 Rn. 20). § 148 I muss über seinen Wortlaut hinaus sinngemäß auf Anbahnungsgespräche erstreckt werden, in denen über eine mögliche Mandatsübernahme erst verhandelt wird (*Danckert,* StV 1986, 171; a. A. KG StV 1985, 405 m. abl. Anm. *W. Hassemer*). Zur Unzulässigkeit der Telefonüberwachung bei Verteidigern s. u. § 36 Rn. 12, 24.

76 Um die Fortsetzung krimineller Vereinigungen aus der Haft heraus zu unterbinden, soll der Schriftverkehr zwischen einem Mandanten, der einer Straftat nach § 129a StGB dringend verdächtig ist, und seinen Verteidigern in diesem wie in anderen Verfahren überwacht werden; die Überwachung darf aber nur von einem mit dem Verfahren nicht befassten und zur Verschwiegenheit verpflichteten Richter durchgeführt werden (§§ 148 II 1, 2; 148a; dazu *Neufeld,* NStZ 1984, 154; in der Praxis hat sich die Regelung nicht bewährt, *Gohl,* FS Rebmann, 1989, 199). Die dazu erforderliche richterliche Anordnung ergibt sich nicht schon implizit aus dem Haftbefehl (and. BGHSt 36, 205 m. Anm. *Müller-Dietz,* JZ 1989, 961, aber obsolet seit der Neufassung des § 148 II durch die U-Haftnovelle 2009, s. BT-Drs. 16/11644, 34). Ist der schriftliche Verkehr zwischen einem solchen Beschuldigten und seinem Vert. zu überwachen, so sind für das Gespräch zwischen Beschuldigtem und Vert. Vorrichtungen vorzusehen, die die Übergabe von Schriftstücken und anderen Gegenständen aus-

[34] *Meyer-Goßner,* 1982; vgl. auch *Bender/Nack,* ZRP 1983, 1; in diesem Sinne ebenfalls BVerfG NStZ 1983, 273 m. Anm. *Peters,* 275 u. *M. Amelung,* StV 1983, 181; OLG Hamm NStZ 1984, 423 m. Anm. *Meyer-Goßner;* a. A. – v. a. aus Gründen des Datenschutzes – *H. Schäfer,* MDR 1984, 454. Für ein unmittelbares Einsichtsrecht nach § 147 *Wasserburg,* NJW 1980, 2440; NStZ 1981, 211; *Dünnebier,* StV 1981, 504; *Beulke,* FS Dünnebier, 1982, 285, von denen die Spurenakten unter Zugrundelegung eines „materiellen" Aktenbegriffs als Bestandteil der Gerichtsakten angesehen werden. Zur Frage, wie lange Spurenakten nach vorläufiger Einstellung des Ermittlungsverfahrens aufbewahrt werden müssen, vgl. *Schnarr,* ZRP 1996, 128.

schließen (§ 148 II 3, sog. Trennscheibe, dazu krit. *Birkhoff/Hawickhorst,* StV 2013, 540).

De lege lata wird man aus § 148 I, II im Gegenschluss folgern müssen, dass bei anderen Straftaten als denen nach § 129a StGB jede Erschwerung des mündlichen oder schriftlichen Verkehrs, insb. jede Briefkontrolle oder -beschlagnahme sowie eine darauf abzielende Durchsuchung des Verteidigers oder die Anbringung einer Trennscheibe unzulässig ist (so grds. auch OLG Hamm NJW 1980, 1404). Dies schließt freilich eine Durchsuchung des Vert. und der von ihm mitgebrachten Sachen aufgrund sitzungspolizeilicher Verfügungen (§ 176 GVG) nicht aus, wenn der Vorsitzende willkürfrei eine Gefahr für die Ordnung in der Sitzung annimmt (BVerfGE 48, 118; krit. *Krekeler,* NJW 1979, 185). Zulässig ist es auch, den Vert. bei Besuchen eines inhaftierten Gefangenen aus Gründen der Erhaltung der Anstaltssicherheit wie jeden anderen Besucher zu behandeln und auf Waffen und Ausbruchswerkzeuge zu untersuchen (vgl. BVerfGE 38, 26; BGH NJW 1973, 1656). Gegen solche Maßnahmen ist der Rechtsweg nach §§ 23ff. EGGVG gegeben (BGH NJW 1980, 3514). 77

2. Unter dem Eindruck des Entführungsfalles Schleyer hat der Gesetzgeber in einem Blitzgesetz (Gesetz zur Änderung des EGGVG v. 30.9.1977, BGBl. I 1877) eine vollständige **Kontaktsperre** zwischen Anwalt und Mandanten während laufender terroristischer Aktivitäten eingeführt, nachdem diese bereits seit der Nacht vom 5. zum 6. 9. vom GBA, Bundes- und Landesjustizminister entgegen dem Beschl. des Ermittlungsrichters beim BGH v. 6.9. (aufgehoben vom 3. StS des BGH am 23.9. [BGHSt 27, 260 m. krit. Anm. *Amelung,* NJW 1978, 623; *Sydow,* JuS 1978, 222]) durchgesetzt worden war (Anträge der Verteidiger auf einstweilige Anordnung dagegen zurückgewiesen durch BVerfGE 46, 1; zum „Kontaktsperregesetz“ vgl. die krit. Auseinandersetzung bei *Junker,* Analyse u. Kritik d. strafverf.rechtl. Terrorismusgesetzgebung, 1996, 204ff.). Nach §§ 31, 33 EGGVG können die Justizbehörden der Länder die Verbindungen „von Gefangenen untereinander und mit der Außenwelt einschließlich des schriftlichen und mündlichen Verkehrs mit dem Verteidiger“ unterbrechen, wenn eine Landesregierung bzw. eine von ihr bestimmte oberste Landesbehörde oder der BMJ (s. § 32 EGGVG) eine dreifache Feststellung treffen: dass eine gegenwärtige Gefahr für Leib, Leben oder Freiheit einer Person besteht, dass bestimmte Tatsachen den Verdacht begründen, diese Gefahr gehe von einer terroristischen Vereinigung aus, und dass zur Abwehr dieser Gefahr die Unterbrechung der Verbindungen mit Gefangenen, die im Zusammenhang mit Straftaten i. S. d. § 129a StGB einsitzen, geboten ist (zur Unanwendbarkeit des Kontaktsperregesetzes auf nicht organisierte terroristische „Einzelgänger“ BGHSt 27, 260). Über die Ausführung und die Auswirkungen der Kontaktsperre s. § 34 EGGVG, über das Außerkrafttreten, die gerichtliche Bestätigung und die Erneuerung der Feststellung nach § 31 s. §§ 35, 36 EGGVG. Die Verfassungsmäßigkeit des umstrittenen Kontaktsperregesetzes ist zwar von BVerfGE 49, 24 bejaht worden, richtigerweise aber sogar trotz seiner deutlichen Abmilderung durch den mit Gesetz v. 4.12.1985 (BGBl. I 2141) eingefügten § 34a EGGVG zu verneinen. Obwohl es zu begrüßen ist, dass dem Gefangenen nunmehr auf seinen Antrag ein Rechtsanwalt als Kontaktperson beizuordnen ist, werden die rechtsstaatlichen Mindestbedürfnisse hierdurch deshalb nicht erfüllt, weil die Beiordnung nur auf dessen Antrag erfolgt (§ 34a I). Denn durch die Aufhebung jeglichen Kontakts zur Außenwelt wird die Menschenwürde der Gefangenen angetastet, und dass ein Rechtsstaat dies auch ohne Antrag des Gefangenen vermeiden sowie in seinem eigenen Interesse den bloßen Anschein eines übertrieben harten Vorgehens vermeiden muss, zeigt der bis heute mit ungeklärten Details versehene Tod von Baader, Ensslin und Raspe in der Nacht vom 17. auf den 18.10.1977 (dazu *Aust,* Der Baader-Meinhof-Komplex, 1985; *Weidenhammer,* Selbstmord oder Mord?, 1988; zur Bewältigung der rechtsstaatlichen Probleme in dem vorangegangenen Prozess *Amhoff,* Der Stammheim-Prozess – ein rechtswidriges Verfahren?, 2010; in der ansonsten instruktiven Analyse von *Tenfelde,* Die Rote Armee Fraktion und die Strafjustiz, 2009, ausgespart). 78

VI. Kurze Verhinderungen des Verteidigers

Ist der Wahlverteidiger in einem Termin verhindert, so gebietet Art. 6 III c EMRK, dass darauf tunlichst Rücksicht genommen werde (BGH NStZ 1988, 235). Es folgt aber weder aus Art. 103 I GG noch aus dem Gebot des Fair Trial, dass das Gericht unter allen Umständen die Verhandlung unterbrechen muss, wenn der (freiwillige) Wahlverteidiger verhindert ist; vielmehr ist nach Lage des Einzelfalles abzuwägen, was dem Angekl. zugemutet werden kann (BGH NStZ 1984, 176). Bei einer Verspätung 79 des Wahlverteidigers gebietet es die Fürsorgepflicht, i. d. R. mindestens 15 Minuten und bei vorheriger Ankündigung oder unvorhergesehenen Umständen (Unfall, Verkehrsstau) ggf. auch länger[35] zu warten (§ 265 IV). Ist ein Pflichtverteidiger verhindert, so darf das Gericht nicht ohne Weiteres einen anderen Pflichtverteidiger bestellen, der sich nicht in die Sache einarbeiten konnte (BGHSt 58, 296) oder zu dem der Angeklagte kein Vertrauen hat, sondern es muss versuchen, mit dem Verteidiger des Vertrauens einen anderen Termin innerhalb der 3-Wochen-Frist des § 229 I abzustimmen; eine Aussetzung kann jedoch nicht verlangt werden (BGH NStZ 1992, 247).

F. Beistände

80 Eine zweite, neben den Verteidigern wenig bedeutungsvolle Kategorie von Fürsprechern kennt die StPO in Gestalt der **Beistände** (§ 149). Anders als im Zivil- und Verwaltungsprozess (§§ 90 ZPO, 67 II VwGO) müssen im Strafverfahren gegen Erwachsene nur der Ehegatte oder gesetzliche Vertreter des Beschuldigten in der Hauptverhandlung auf ihren Antrag zugelassen werden (weitergehend § 69 JGG für das Jugendstrafverf.); im Vorverfahren unterliegt ihre Zulassung dem Ermessen des Richters. Der Antrag muss allerdings vom Beistandsberechtigten selbst gestellt werden; ein bloßer Antrag des Angekl. genügt nicht (OLG Düsseldorf NJW 1979, 938). Der Beistand hat ein Fürsprache- und Anhörungsrecht und zu diesem Zweck auch das Recht, an Zeugen Fragen zu stellen (BGHSt 47, 62, 64). Zu seiner Ausübung muss er in der Hauptverhandlung, deren Zeit und Ort ihm mitzuteilen sind, anwesend sein können, doch ist dieses Recht im Interesse der Wahrheitsermittlung eingeschränkt: Kommt er als Zeuge in Betracht, so geht § 243 II 1 vor; auch kann § 247 analog angewendet werden (BGHSt 47, 62). Weitergehende Rechte – etwa zur Stellung von Beweisanträgen –, die seine prozessuale Position der des Vert. annähern würden, hat der Beistand (anders als im Jugendstrafverf. nach § 69 JGG) nicht. Sein mündlicher Verkehr mit dem inhaftierten Angekl. darf auch überwacht werden, allerdings nur bis zum Schluss der Beweisaufnahme (BGHSt 44, 82, 86ff.).

[35] OLG Düsseldorf StV 1983, 269; 1995, 454; OLG Köln StV 1984, 147; 1990, 257; OLG Zweibrücken StV 1984, 148; BayObLG StV 1985, 6.

4. Kapitel. Gegenstand und Voraussetzungen des Strafverfahrens; Prozesshandlungen; richterliche Entscheidungen

§ 20. Der Prozessgegenstand

Literatur: *Liu,* Der Begriff der Identität der Tat, 1927; *Bertel,* Die Identität der Tat, 1970; *Neuhaus,* Der strafverf.rechtl. Tatbegriff – ‚ne bis in idem', 1985; *Marxen,* Der proz. Tatbegriff in der neueren Rspr., StV 1985, 472; *Krauth,* Zum Umfang der Rechtskraft bei Verurteilung von Mitgliedern krimineller u. terrorist. Vereinigungen, FS Kleinknecht, 1985, 215; *Wolter,* Tatidentität u. Tatumgestaltung im Strafprozess, GA 1986, 143; *Neuhaus,* Materielle Handlungseinheit u. proz. Tatidentität, wistra 1988, 67; *ders.,* Der strafproz. Tatbegriff u. seine Identität, MDR 1988, 1012; MDR 1989, 213; *Cording,* Der Strafklageverbrauch bei Dauer- u. Organisationsdelikten, 1993; *Beulke,* Der prozessuale Tatbegriff, FS 50 Jahre BGH-Wiss., Bd. IV, 2000, 781; *Maatz,* Strafklageverbrauch und Gerechtigkeit pp., FS Meyer-Goßner, 2001, 257; *Stuckenberg,* Double Jeopardy: Das Verbot doppelter Bestrafung und Strafverfolgung im US-amerikanischen Recht, 2001; *Hellebrand,* Gerechtigkeit oder Rechtssicherheit? pp., GS Schlüchter, 2002, 473; *Bauer,* Der prozessuale Tatbegriff, NStZ 2003, 174; *Paeffgen,* Prozessualer Tatbegriff und das Kriterium der Untersuchungsrichtung, GS Heinze, 2005, 615; *Kahlo/Zabel,* Schuldgrundsatz u. Strafklageverbrauch, HRRS-FG Fezer, 2008, 87; *Radtke,* Der strafpr. Tatbegriff auf europ. und nationaler Ebene, NStZ 2012, 479; *Stuckenberg,* Strafklageverbrauch bei Besitzdelikten pp., FS v. Heintschel-Heinegg, 2015; *Greco,* Strafprozesstheorie und materielle Rechtskraft, 2015.

S. ferner die Literaturnachweise zu § 52.

A. Grundlagen

I. Begriff

Gegenstand des Strafverfahrens ist i. w. S. die Frage, ob sich der Beschuldigte strafbarer Handlungen schuldig gemacht hat und welche Rechtsfolgen gegebenenfalls gegen ihn zu verhängen sind. Der Terminus technicus **„Prozessgegenstand"** (oder „Verfahrensgegenstand") hat demgegenüber eine engere Bedeutung. Er betrifft nur die „in der Anklage bezeichnete Tat" der angeklagten Person(en) (§§ 155 I, 264 I), d. h. nur den Gegenstand des gerichtlichen Verfahrens. Diese Festlegung ist eine Konsequenz des Anklagegrundsatzes (dazu o. § 13): Wenn die gerichtliche Untersuchung von der Erhebung einer Klage abhängt (§ 151), so muss sie auch thematisch durch die Anklage gebunden sein (dazu näher u. § 40 Rn. 12). Innerhalb der Grenzen des Prozessgegenstandes ist das Gericht dagegen zu umfassender Aufklärung der Tat nach ihrer tatsächlichen wie rechtlichen Seite hin verpflichtet (vgl. §§ 155 II, 264 II, 265). 1

II. Aufgaben

Der Prozessgegenstand hat zwei **Aufgaben:** Er bezeichnet den Gegenstand der Rechtshängigkeit (dazu u. § 40 Rn. 10) und umreißt dadurch zugleich die Grenzen der gerichtlichen Untersuchung und der Urteilsfindung; und er bestimmt die Ausdehnung der Rechtskraft (dazu s. u. § 52), d. h. was nach endgültigem Verfahrensabschluss definitiv entschieden ist und nicht abermals aufgerollt werden darf („ne bis in idem"). Beide Funktionen sind nur zwei Seiten ein und derselben Medaille, und zwar sowohl aus logisch zwingenden Gründen als auch im Hinblick auf den hinter diesen Instituten stehenden Schutzzweck: Die Reichweite des Prozessgegenstandes bestimmt nach dem Akkusationsprinzip, welche strafrechtlichen Vorwürfe sich der Angeklagte im 2

Hauptverfahren gefallen lassen muss; und die materielle Rechtskraft schützt ihn dagegen, nach endgültigem Abschluss dieses Verfahrens noch einmal mit denselben Vorwürfen konfrontiert zu werden. Es wäre deshalb mit einem Fair Trial nicht zu vereinbaren, wenn man die in §§ 155, 264 umrissene Kognitions**macht** des Gerichts, die wegen der inquisitorischen Struktur der Hauptverhandlung zugleich eine Kognitions**pflicht** bedeutet, extensiver bestimmen würde als die am Ende dieses Verfahrens stattfindende Erledigung. Der in den §§ 155, 264–266 für die Hauptverhandlung definierte Prozessgegenstand bestimmt deshalb zugleich die Reichweite der Rechtskraft. Diese **Identität** ist vom RG von Anfang an in st. Rspr. anerkannt worden,[1] obwohl der Rechtsgrundsatz „ne bis in idem" als Kehrseite des Akkusationsprinzips in der RStPO nicht ausdrücklich ausgesprochen worden war. Er ist aber eine weltweit anerkannte Konsequenz aus dem Rechtsstaatsprinzip[2] und in Art. 103 III GG sogar als Grundrecht garantiert. Es ist deshalb dogmatisch falsch, wenn sich die Rspr. bei der Bekämpfung des Terrorismus dem Verbot des „ne bis in idem" dadurch zu entziehen versucht, dass sie eine unterschiedliche Reichweite des Prozessgegenstandes für die Hauptverhandlung einerseits, für die Rechtskraft andererseits behauptet. Zwar scheint diese Identität des Tatbegriffs beim Zusammentreffen der Mitgliedschaft in einer kriminellen oder terroristischen Vereinigung (§§ 129a, b StGB) mit den in deren Rahmen begangenen speziellen Straftaten zu Schwierigkeiten zu führen, weil die Rspr. hier ein berechtigtes Interesse der Beschuldigten bejaht, sowohl wegen des Organisationsdelikts als auch wegen aller bekannten Einzeltaten zugleich angeklagt und abgeurteilt zu werden, die Rechtskraft aber nicht auf die hierbei übersehenen Einzeltaten erstrecken will (näher u. Rn. 9). Sie schießt aber dogmatisch übers Ziel hinaus, wenn sie zu diesem Zweck den Prozessgegenstand in der Hauptverhandlung gem. § 155, 264 anders (nämlich weiter) als für die Reichweite der Rechtskraft gem. Art. 103 III GG bestimmen will (BGHSt 29, 288, 297; BVerfGE 56, 22, 35f.; zu entsprechenden Ansätzen im Schrifttum s. die Nachw. u. zutr. Kritik bei *Greco,* 2015, S. 477ff.). Denn ausnahmsweise kann aus dem Rechtsstaatsprinzip auch ein Zwang zur Verbindung und einheitlichen Aburteilung *mehrerer* Prozessgegenstände folgen (zu einem anderen Beispiel beim Agent Provocateur s. u. § 37 Rn. 8), so dass die von BGH und BVerfG hierzu bemühte Zerstörung des einheitlichen Tatbegriffs dogmatisch weder notwendig noch stimmig ist.

B. Ausgestaltung des Prozessgegenstandes im Einzelnen

I. Identität des Prozessgegenstands

3 Wegen des hohen Ranges des Akkusationsprinzips (§ 151) und des Grundsatzes „ne bis in idem" (Art. 103 III GG) ist die Frage, ob ein und derselbe Prozessgegenstand (eadem res) vorliegt, von erheblicher Bedeutung. Die StPO gibt hierfür keine Definition, aber in den §§ 154 und 154a, 155, 200 I, 264, 265 wichtige Fingerzeige. Die **Identität des Prozessgegenstandes** hat eine persönliche und eine sachliche, sowohl tatsächlich-prozessuale als auch materiellrechtliche Komponente, d. h., sie setzt voraus:

[1] RGSt 21, 78, 80 mit weiteren zahlreichen Nachweisen. Das entspricht auch heute noch der h. M. in Rspr. und Literatur, s. BVerfGE 23, 191, 202; 45, 434, 435; BGHSt 6, 92, 95; *Achenbach,* ZStW 87 (1975), 84f., 87ff.; KMR/*Stuckenberg,* § 264 Rn. 6 mit weiteren zahlreichen Nachweisen.

[2] Zur entspr. angloamerikanischen Rechtsfigur der *double jeopardy* s. *Stuckenberg,* 2001; zur Geltung innerhalb der EU kraft Art. 54 SDÜ s. o. § 3 Rn. 23.

1. die **Identität der Person:** Es kann während des Prozesses kein Wechsel in der Person des Beschuldigten eintreten, insb. z. B. nicht ein der Tat dringend verdächtiger oder geständiger Zeuge an Stelle des Angeklagten auf die Anklagebank gesetzt werden (vgl. o. § 13 Rn. 6). 4

2. die **Identität der Tat.** 5

Der hierfür maßgebliche **prozessuale Tatbegriff** ist nach Rspr. und h. L. vom materiellen Recht weitgehend unabhängig. Er bezeichnet das gesamte Verhalten des Angekl., soweit es mit dem durch die Anklage dem Gericht unterbreiteten **geschichtlichen Vorkommnis** nach der **Lebensauffassung** eine Einheit bildet.[3] Im Schrifttum wird die vorgenannte Formel vielfach als „vordogmatisch", „tautologisch" oder „methodisch unhaltbar" kritisiert[4] und statt dessen eine Normativierung gefordert (näher *Roxin,* JR 1984, 346, 248; *ders.,* JZ 1988, 260f.; umfassend Greco, s. u. Rn. 14a). Immerhin liegt ihr der normativ, nämlich prozessstrukturell im Ansatz fruchtbare Gedanke zugrunde, dass ein historischer Sachverhalt in sozialen Sinneinheiten von aufeinander bezogenen Handlungssequenzen stattfindet, die in der durch den Zeugenbeweis geprägten Ermittlung in eben dieser Sinneinheit umgangssprachlich rekonstruiert werden müssen, worauf sich wiederum der Angekl. in der Hauptverhandlung einstellen und was er auch vom Gericht verlangen kann, wobei die Einheitlichkeit des Lebensvorganges durch den in der Anklageschrift bezeichneten materiellen Straftatbestand vorgezeichnet wird. Ferner lässt sich dem Gesetz entnehmen, dass die Tat durch die Anklage in ihrer Identität nicht statisch festgeschrieben, sondern in gewissem Umfang **Veränderungen** zugänglich ist. Das Gericht kann sie nicht nur rechtlich anders würdigen (§§ 155 II, 264 II), es kann auch nachträglich erkannten tatsächlichen Abweichungen von Anklage und Eröffnungsbeschluss im Rahmen des Prozessgegenstandes Rechnung tragen (vgl. § 265 II), solange nur die Substanz des angeklagten Vorganges erhalten bleibt. Entscheidend ist also nicht, ob die Anklage ein bestimmtes Geschehen erwähnt, sondern ob es mit dem durch die Anklage bezeichneten Vorkommnis einen einheitlichen Vorgang bildet (BGH NStZ 1996, 243). Wann dies der Fall ist, wird in der Praxis in der Regel intuitiv entschieden, wie der nachfolgende Überblick über die Rspr. zeigt.

So ist es etwa dieselbe Tat, wenn sich herausstellt, dass der Angeklagte den ihm vorgeworfenen Einbruchs- 6
diebstahl nicht am 12. Juli, sondern schon 5 Tage vorher begangen hatte oder dass er dabei nicht das Fenster entriegelt, sondern die Tür mit einem Nachschlüssel geöffnet hatte (zur Hinweispflicht nach § 265 in einem solchen Fall s. u. § 44 Rn. 27ff.). Wenn dagegen ein wegen Diebstahls Angeklagter gesteht, dass das bei ihm gefundene Geld nicht aus dem angeklagten Diebstahl, sondern aus einer früher begangenen Erpressung herrührt, sind die Grenzen der Tat überschritten (es kommt höchstens Nachtragsanklage, § 266, in Betracht; s. dazu u. § 48 Rn. 4ff.). Bei folgenlosen Gefährdungsdelikten im Straßenverkehr können dagegen schon geringe zeitliche Verschiebungen wegen der hier bestehenden Verwechslungsgefahr die Tatidentität ausschließen (AG Gemünden NJW 1980, 1477). Auch zwischen einer Trunkenheitsfahrt und der durch sie bewirkten unerlaubten Einfuhr von BtM besteht nach der Rspr. Tatidentität (BGH StV

[3] Grundl. bereits RGSt 5, 249, 250f.; BGHSt 10, 396, 397; 23, 141; 35, 60, 61; 41, 292, 298; 45, 211; NStZ 1984, 469; 1999, 524; 2006, 350; zahlreiche weitere Nachweise bei KMR/*Stuckenberg,* § 264 Rn. 15, 17, 25; LR/*Kühne,* Einl. K Rn. 60f. Häufig wird auch folgende ähnliche Definition benutzt (BGHSt 41, 385, 388; 43, 252, 255): „Zwischen den einzelnen Verhaltensweisen des Täters muss eine innere Verknüpfung bestehen, dergestalt, dass ihre getrennte Aburteilung in verschiedenen erstinstanzlichen Verfahren als unnatürliche Aufspaltung eines einheitlichen Lebensvorganges empfunden würde."

[4] Siehe *Marxen,* StV 1985, 472, 473; *Hruschka,* JZ 1966, 700, 703; *Pfeiffer,* § 264 Rn. 2; KMR/*Stuckenberg,* § 264 Rn. 28 m.w.N.

1995, 62; StV 2010, 119). Leitgedanke muss immer sein, ob der von der Abweichung nicht betroffene Teil des Anklagevorwurfs noch eine eindeutige, Verwechslungen ausschließende Individualisierung des Prozessgegenstandes zulässt (näher *Puppe,* NStZ 1982, 230). Nacheinander auf verschiedene Opfer abgegebene Schüsse sollen deshalb trotz des engen raumzeitlichen Zusammenhanges zwei verschiedene Prozessgegenstände bilden (BGH StraFo 2008, 383).

7 3. Obwohl diese Konturen des prozessualen Tatbegriffs im Ansatz nichts mit der materiellrechtlichen Konkurrenzlehre zu tun haben, folgt nach h. M. aus ihnen a fortiori, dass *eine* Handlung auch nur *einen* Prozessgegenstand bilden kann, während mehrere Handlungen unter Umständen einen einzigen historischen Vorgang und dementsprechend ein und dieselbe prozessuale Tat darstellen können. Wenn man die Konstellationen, die nach der materiellrechtlichen Konkurrenzlehre entweder als Tateinheit (§ 52 StGB) oder als Tatmehrheit (§ 53 StGB) qualifiziert werden, in den prozessualen Tatbegriff einordnet, also auf die jeweilige Reichweite der Kognitionsbefugnis des Gerichts und der materiellen Rechtskraft des Urteils hin befragt, so ergibt sich folgendes Bild:

8 a) Liegt materiellrechtlich **Idealkonkurrenz** vor (z. B. bei einer Ohrfeige: §§ 52, 223, 185 StGB), so ist jedenfalls in der Grundform (eine Handlung, mehrere Gesetzesverletzungen) auch *eine* prozessuale Tat gegeben (instruktiv BGH NJW 1981, 997; BGHSt 38, 37; a. A. *Greco,* 2015, S. 445 ff., 581 ff.). Bei der gleichzeitigen unerlaubten Einfuhr von Waffen und Betäubungsmitteln handelt es sich um *eine* Tat; die rechtskräftige Verurteilung wegen des Waffendelikts lässt daher eine spätere Aburteilung nach dem BtMG nicht mehr zu (BGH NStZ 1989, 38). Unklar und umstr. ist dagegen die prozessuale Behandlung des Zusammentreffens eines Zustands- mit einem Dauerdelikt sowie der Idealkonkurrenz durch die sog. Klammerwirkung einer dritten, nicht minderschweren Straftat (dazu materiellrechtlich *Roxin,* AT II, § 33 Rn. 93 ff., 101 ff.). Hier hat der BGH seit langem in äußerst großzügiger Weise Idealkonkurrenz und eine einheitliche prozessuale Tat angenommen: Ein Fahren ohne Erlaubnis (§ 21 I Nr. 1 StVG) stehe mit den während der Fahrt begangenen Raub- und Sexualdelikten im Verhältnis der Tateinheit und bilde mit ihnen eine Tat (BGH NStZ 1984, 135); ein einheitlicher Lebensvorgang soll nach BGH NStZ 1996, 41 auch dann vorliegen, wenn der Täter während des Fahrens ohne Fahrerlaubnis zwischendurch einen Bankraub verübt, oder nach BGH StV 2013, 141, wenn während einer Trunkenheitsfahrt bewaffnet BtM transportiert werden und damit Handel getrieben wird.

9 Eine Ausnahme soll jedoch nach BGHSt 29, 288 für die Organisationsdelikte der §§ 129, 129 a StGB gelten: Wenn jemand Mitglied einer kriminellen oder terroristischen Vereinigung ist, so stünden die im Dienste dieser Vereinigung begangenen Straftaten mit den §§ 129, 129 a StGB in Idealkonkurrenz (str.; für Realkonkurrenz u. a. *Gössel,* JR 1982, 111); trotzdem sollten sie selbstständige „Taten" i. S. d. der Rechtskraftlehre sein, wenn sie (z. B. Mord, Sprengstoffverbrechen) mit schwererer Höchststrafe bedroht sind als das Organisationsdelikt.[5] Nachdem OLG Hamm NStZ 1986, 278 diese Argumentation verallgemeinern und die rechtskräftige Verurteilung wegen des Waffendelikts nicht zum Strafklageverbrauch hinsichtlich eines mit der Waffe begangenen Tötungsdelikts führen lassen wollte,[6] löste der 4. StS in BGHSt 36, 151[7] (ähnlich wie OLG Zweibrücken NJW 1986, 2841) den gordischen Knoten hier bereits im materiellen Recht: Unerlaubter Waffenbesitz und eine mit der Waffe begangene versuchte räuberische Erpressung stünden materiellrechtlich in Realkonkurrenz und seien deshalb auch prozessual zwei verschiedene

[5] Das Urteil ist vom BVerfG (BVerfGE 56, 22) mit der Begründung bestätigt worden, dass eine Tateinheit zwar bei tatsächlichen Handlungseinheiten notwendig zur Annahme eines einheitlichen Geschehens i. S. d. Art. 103 III GG führe; dies gelte jedoch nicht für lediglich rechtliche Handlungseinheiten, wie sie etwa durch eine Dauerstraftat begründet werden. Die Verwirrung wird dadurch vollgemacht, dass das BVerfG zuvor im Haftverfahren in derselben Angelegenheit die Annahme einer Realkonkurrenz akzeptiert und gerade deshalb die Tatidentität verneint hatte, BVerfGE 45, 434.

[6] Scharf abl. *Grünwald,* StV 1986, 243; Tateinheit verneinend und daher i. E. zust. *Puppe,* JR 1986, 205; vgl. ferner *Neuhaus,* NStZ 1987, 138, und *Mitsch,* NStZ 1987, 457; MDR 1988, 1005.

[7] Mit Anm. *Neuhaus,* StV 1990, 342; *Mitsch,* JR 1990, 162; ebenso für den europarechtl. Tatbegriff des Art. 54 SDÜ (dazu o. § 3 Rn. 22) BGHSt 59, 120.

Taten, so dass die rechtskräftige Verurteilung nach dem WaffG die Strafklage wegen des mit der Waffe begangenen Verbrechens nicht verbrauche. Dieser **„materiellrechtlichen Lösung“** haben sich nach und nach auch die anderen Senate des BGH angeschlossen (näher *Beulke,* 2000, 802), während das Schrifttum z. T. an einer **„prozessualen Lösung“** festhält, wonach auch bei Idealkonkurrenz mehrere Prozessgegenstände vorliegen sollen, wenn in der Anklageschrift nicht alle Phasen eines **Dauerdelikts** erfasst sind.[8] Aber darin steckt eine Inkonsequenz. Denn wenn als vorgreifliche Wertung des materiellen Rechts richtig ist (wäre), dass Idealkonkurrenz vorliegt und deshalb gem. § 52 StGB nur auf eine einzige Strafe erkannt werden kann, dann kann dieser einzelne Strafanspruch auch nur einen einzigen Prozessgegenstand bilden (zutr. *Puppe,* JR 1986, 205). Es ist deshalb daran festzuhalten, dass bei materiellrechtlicher Idealkonkurrenz auch prozessual nur eine Tat vorliegt.

b) Umstritten ist, ob die Regel „ein einziger Strafanspruch = ein Prozessgegenstand“ 10
auch für den Fall der **Alternativität** gilt, d. h. wenn sich die Strafbarkeit des Angeklagten entweder aus dem Sachverhalt x oder aus dessen „negativem Spiegelbild“ y ergibt.[9] Dafür gibt es zwingende Gründe, sowohl im berechtigten Interesse des Beschuldigten wie in demjenigen des Staates: Wenn der angeklagte Sachverhalt mit rechtlicher Notwendigkeit die Verneinung eines anderen, zu einer alternativen Strafbarkeit führenden Sachverhalts voraussetzt, dann muss der Beschuldigte vor der Gefahrverdoppelung (engl. double jeopardy) geschützt werden, dass ihm später (womöglich sogar nach Verbüßung der Strafe wegen des Vorwurfes x) der entgegengesetzte Sachverhalt y zusätzlich zum Vorwurf gemacht wird. Und weil ein derart widersprüchliches Verhalten in einem Rechtsstaat nicht vorkommen darf, müssen die Justizorgane die Möglichkeit und dementsprechend auch die Pflicht haben, den gesamten Komplex im ersten Verfahren definitiv zu untersuchen und zu entscheiden. In dem viel erörterten Fall RGSt 21, 78 (Freispruch vom Vorwurf der unterlassenen Anzeige des Mordes; erneutes Verfahren wegen Anstiftung zu eben diesem Mord) hat das RG deshalb mit Recht ausgesprochen, dass nur *eine* Tat vorlag, denn der Angeklagte hätte nur entweder wegen unterlassener Anzeige oder wegen Anstiftung bestraft werden können.[10]

Zwar ist diese „Alternativitätstheorie“ in der neueren Rspr. aufgegeben worden.[11] Aber die inneren Wider- 11
sprüche und praktischen Unzuträglichkeiten dieser neuen Judikatur werden an der Entscheidung BGHSt 35, 60 offenbar, in der der BGH keine Bedenken getragen hat, jemanden, der wegen Hehlerei einer Sache rechtskräftig abgeurteilt war, in einem neuen Verfahren zusätzlich wegen der Vortat des Raubes derselben Sache zu bestrafen. Weil der Vortäter nicht zugleich Hehler sein kann (s. nur *Lackner/Kühl,* StGB, § 259 Rn. 18), hat sich das neue Verfahren von Anfang an in einen Widerspruch zum früheren Urteil gesetzt und im Grunde genommen eine Wiederaufnahme wegen neuer Tatsachen oder Beweismittel zu Ungunsten des Verurteilten betrieben, die mit dem Gesetz nicht zu vereinbaren ist (arg. §§ 359 Nr. 5, 362e contrario). Da die Strafe wegen Hehlerei bereits verbüßt war, nutzte auch eine Wiederaufnahme zu Gunsten des Beschuldigten bzgl. des früheren Urteils nichts, weshalb der BGH – nun aber ohne jede gesetzliche Grundlage – eine Anrechnung der Hehlereistrafe auf die Raubstrafe angeordnet (BGHSt 35, 66) und damit die Identität des Prozessgegenstandes offensichtlich gemacht hat.

---

8 Grundlegend *Erb,* 1994, 265, 276; *Schlehofer,* 1997, 101; *Beulke,* 2000, 805f.

9 *Schöneborn,* MDR 1974, 529; *Grünwald,* ZStW-Beiheft Teheran, 1974, 94, 108. Vgl. auch BGH JZ 1955, 343; BGHSt 36, 167, 169.

10 Ebenso für die gleiche Konstellation zutr. BGH NStZ 1993, 50; zu anderen Fällen wie den Alternativen „Begehung oder Vortäuschung einer Straftat“, „Straftat oder Strafvereitelung bzgl. derselben Straftat“ s. OLG Celle NJW 1968, 2390; 1979, 228, OLG Zweibrücken NJW 1980, 2144; OLG Hamm NJW 1981, 237; StV 1984, 15.

11 Eingehend BGHSt 32, 215; für den freilich ohnehin sehr weitgehenden Fall einer Alternativität von Falschaussage und falscher Verdächtigung ebenso BGHSt 32, 146; BayObLG NStZ 1984, 569; OLG Celle JZ 1985, 147; OLG Frankfurt a. M. NStZ 1988, 92. Dogmat. Begr. bei *Greco,* 2015, S. 611ff.

12 c) **Konkurrieren** materiellrechtlich mehrere Delikte **realiter,** so werden in der Regel auch mehrere prozessuale Taten vorliegen (BGHSt 35, 14). Bei Einheitlichkeit des historischen Vorgangs kann aber ausnahmsweise auch *eine* prozessuale Tat vorliegen (so, wenn der Täter einen Unfall verursacht und dann Unfallflucht begangen hat, vgl. BGHSt 23, 141, 270; das soll auch dann gelten, wenn § 142 StGB durch Nichtrückkehr zum Unfallort verwirklicht wird, BGH MDR/H 1982, 626). Falls auf der Flucht ein neues Verkehrsdelikt begangen wird, soll dieses dagegen nach der Rspr. des BGH selbst dann eine prozessual selbstständige Tat darstellen, wenn die gesamte Autofahrt zugleich den Tatbestand des § 316 StGB erfüllt.[12] Einen einzigen Prozessgegenstand bilden die Umsatzsteuerhinterziehungen, die einerseits durch die Voranmeldungen, andererseits durch die Jahreserklärung begangen werden (BGHSt 49, 359; ähnlich BGHSt 36, 105 bei mehrfachen Versuchen zur Hinterziehung ein und derselben Steuer), während die Annahme des BGH, eine Brandstiftung und ein späterer Betrug zum Nachteil der Versicherung bildeten eine einzige prozessuale Tat (BGHSt 45, 211), für die Einheitsstiftung in unvertretbarer Weise einen bloßen Motivationszusammenhang ausreichen lässt. In anderen Entscheidungen sind deshalb auch zutreffend zwei Taten im prozessualen Sinne angenommen werden, wenn ein Abtreibungsversuch zur Geburt eines lebenden Kindes führt und dieses anschließend getötet wird (BGHSt 13, 21); wenn nach dem gescheiterten Versuch, dem Opfer durch Betrug 30000 DM abzunehmen, die Erlangung des Geldes durch räuberische Erpressung versucht wird (BGH NStZ 1983, 87); oder wenn nach dem Erwerb von Rauschgift anschließend eine Autofahrt in einem infolge des Rauschgiftgenusses fahruntüchtigen Zustand angetreten wird (BayObLG JZ 1991, 1095; dazu *Schlüchter,* JZ 1991, 1057; *Neuhaus,* NStZ 1993, 202). Nach dieser Rspr. muss, wenn die zweite Tat erst in der Hauptverhandlung bekannt wird, ihretwegen eine neue Anklage erfolgen; wird die zweite Tat erst nach rechtskräftiger Aburteilung der ersten entdeckt, so ist immer noch eine neue Anklage möglich, während ihr, wenn man das Geschehen als eine einheitliche Tat ansähe, der Grundsatz „ne bis in idem" entgegenstünde (dazu u. § 52 Rn. 6ff.). Hinsichtlich der bisherigen Verurteilung (z. B. wegen Hehlerei im Falle BGHSt 35, 60) kann eine Wiederaufnahme nach § 359 Nr. 5 zum Freispruch führen (LG Saarbrücken NStZ 1989, 546 m. Anm. *Gössel*).[13] Im Ganzen tendiert die neuere Rspr. dahin, für die Frage, wann ein einheitlicher Geschehensvorgang gegeben ist, die strafrechtliche Bedeutung der jeweiligen Teilvorgänge mitbestimmend sein zu lassen (vgl. *Roxin,* JR 1984, 346; BGH StV 1985, 181). Sind sie im rechtlichen Unwertgehalt einander ähnlich, wird eher eine einheitliche Tat angenommen, als wenn der nachträglich entdeckte Vorgang eine wesentlich höhere Unrechtsdimension erreicht. Das hat zu einer kaum noch überschaubaren und schwer prognostizierbaren Kasuistik geführt, die sich wechselnder Formeln für die Begründung der inneren Verknüpfung „durch zeitliche oder örtliche Nähe", „kausale oder logische Abfolge", „Identität des Tatobjekts oder der Beteiligten", „einheitliche Tatsituation oder Motivation", „Gesamtplan" oder (so vor allem in der Literatur) „Richtung des Tätigkeitsaktes" bedient (Überblick bei KMR/*Stuckenberg,* § 264 Rn. 19–33), ohne dass dies bisher zu einer handhabbaren Theorie verfestigt werden konnte.

13 d) Die Einzeltaten bei **Kollektivdelikten** (z. B. § 260 StGB) bilden allein wegen ihrer Gewerbs-, Gewohnheits- oder Geschäftsmäßigkeit weder materiellrechtlich eine Handlungseinheit (vgl. Sch/Sch/*Sternberg-Lieben/Bosch,* StGB Vorb. § 52 Rn. 93f.) noch prozessual eine Tat. Dasselbe gilt für die ehemals als fortgesetzte Handlung qualifizierten Einzelakte seit Preisgabe dieser Rechtsfigur durch BGHSt 40, 138. Gewisse Restbestände hat die Rspr. durch die Ausdehnung der natürlichen Handlungseinheit und das Konzept der Bewertungseinheit gerettet: So können mit dem Besitz von Rauschgift verbundene Tätigkeitsakte eine „Bewertungseinheit" bilden und als einheitliche Tat abgeurteilt werden, auch wenn nur einer der Tätigkeitsakte angeklagt war (BGH NStZ 1994, 495).

14 e) Bei **Unterlassungen** kommt es für die Frage, ob ein angeklagtes und ein abgeurteiltes Unterlassen dieselbe Tat ist, darauf an, ob ein enger Zusammenhang zwischen den Situationen besteht, aus denen die Handlungspflicht erwachsen ist (BGH NStZ 1995, 46).

14a 4. Dass die Formel von der „natürlichen Lebensauffassung" als Kriterium des prozessualen Tatbegriffs sich trotz ihrer offensichtlichen methodischen Mängel in Theorie

[12] BGHSt 23, 150 unter Hinweis auf den materiellrechtlichen Grundsatz, dass mehrere selbstständige strafbare Handlungen durch eine mit ihnen in Tateinheit stehende minderschwere Dauerstraftat nicht zu Idealkonkurrenz verklammert werden können; s. bereits o. a).

[13] Zur „Beseitigung materiellrechtlich widersprüchlicher Entscheidungen von Strafgerichten" näher *Meyer-Goßner,* FS Salger, 1995, 345.

und Praxis bis heute behauptet hat, hängt damit zusammen, dass es keine umfassend ausgearbeitete normative Theorie gab. Eine solche ist nunmehr von *Greco,* 2015, aus der Grundidee heraus entwickelt worden, dass die den Gegenstand des einzelnen Strafverfahrens und damit die Reichweite der richterlichen Kognition und der Sperrwirkung der materiellen Rechtskraft bestimmende Anklage keine neutrale Nacherzählung eines geschichtlichen Vorgangs ist, sondern zugleich den Vorwurf verkörpert, dass sich jemand strafbar verhalten hat (S. 470ff.). Damit weise der Gegenstand des Strafverfahrens eine faktische und eine normative Dimension auf und lege das Gericht in beiderlei Hinsicht auf eine bestimmte Richtung fest (im Einzelnen S. 513ff.). Die faktische Dimension werde durch die in der Anklage vorgegebene *Untersuchungsrichtung* festgelegt und dadurch auf die Tatsachen begrenzt, die sich auf die in der Anklage beschriebenen so zurückführen lassen, dass deren Auffinden nicht als *wesentliche Abweichung eines Ermittlungsverlaufs* angesehen werden könne (S. 534f.). Entdecke man etwa bei einem Verfahren wegen einer Trunkenheitsfahrt (§ 316 StGB), dass der Angeklagte in seinem Auto auch verbotene Waffen mit sich führte (§ 52 I WaffG), so sei das reiner Zufall; diese neuen Vorgänge gehörten nicht zum Gegenstand des ersten Verfahrens. In normativer Hinsicht bestimme die Anklage eine bestimmte *Vorwurfsrichtung:* Nur Straftatbestände, die eine bestimmte Nähe zu den in der Anklage beschriebenen haben, würden von dieser implizit miterfasst. Diese Nähe lasse sich insb. durch die Heranziehung der Regeln der Gesetzeskonkurrenz und der Wahlfeststellung präzise bestimmen (S. 522ff.). Deshalb gehe es im Schulbeispiel des wegen Wilderei (§ 292 StGB) Angeklagten, der in Wahrheit einen Mord begangen hat (§ 211 StGB), um zwei verschiedene prozessuale Taten. Auch zwischen einer Trunkenheitsfahrt und einem Raub gebe es keine gemeinsame Vorwurfsrichtung, weshalb die Verurteilung wegen der Trunkenheitsfahrt entgegen BGH NStZ 1984, 135 die Möglichkeit unberührt lasse, wegen eines während der Fahrt begangenen Raubs ein weiteres Verfahren durchzuführen.

II. Unteilbarkeit des Prozessgegenstandes

1. Aus den vorgenannten Grundsätzen folgt, dass der Prozess **die Tat in jeder Richtung ergreift.** „Gegenstand der Urteilsfindung ist die in der Anklage bezeichnete Tat, wie sie sich nach dem Ergebnis der Verhandlung darstellt" (§ 264 I). 15

a) In **tatsächlicher Hinsicht** umfasst die Tat alle Vorbereitungs-, Neben- und Nachhandlungen.

b) In **rechtlicher Hinsicht:** Der Prozess ergreift die Tat unter jedem rechtlichen Gesichtspunkt. 16

Das Gericht ist also an die rechtliche Beurteilung der Tat, welche dem Eröffnungsbeschluss zugrunde liegt, nicht gebunden (§ 264 II). Das bedeutet, dass das Gericht Erschwerungs- oder Milderungsgründe berücksichtigen kann, die in der Hauptverhandlung hervorgetreten sind, also z. B., wenn die Anklage auf gewöhnlichen Diebstahl lautet, wegen Diebstahls mit Waffen verurteilen kann; das Gericht kann auch unter einem anderen rechtlichen Gesichtspunkt (z. B. wegen Unterschlagung statt wegen Diebstahls, wegen falscher Verdächtigung statt wegen Falschaussage [BayObLG NStZ 1991, 405] oder wegen Beihilfe statt Mittäterschaft und umgekehrt) oder unter weiteren rechtlichen Gesichtspunkten (z. B. wegen Urkundenfälschung „und eines durch dieselbe Handlung begangenen Betrugs") verurteilen (aber nur nach vorherigem Hinweis gem. § 265; s. u. § 44 Rn. 27ff.).

17 c) Im Gegensatz zum Zivilprozess gibt es hinsichtlich ein und desselben Prozessgegenstandes **keine Zwischenurteile,** also z. B. kein Urteil, das die Schuldfrage bejaht, die Straffrage oder die Frage nach einer sichernden Maßnahme aber noch offen lässt (vgl. aber de lege ferenda u. § 44 Rn. 62f.).

18 2. Die Unteilbarkeit kann aber gewisse **Ausnahmen** erleiden.

a) So, wenn aus prozessualen Gründen die Verfolgung unter einem von mehreren sachlich zutreffenden rechtl. Gesichtspunkten nicht zulässig ist. Es findet dann eine „normative Kupierung" des Prozessgegenstandes statt (*Greco,* 2015, S. 560ff.).

Wenn bei einem tateinheitlichen Zusammentreffen eines Offizialdelikts und eines Antragsdelikts kein Strafantrag gestellt ist, so kann die Tat nur unter dem Gesichtspunkt des Offizialdelikts verfolgt werden (wenn z. B. jemand zum Zwecke einer Nötigung in eine fremde Wohnung eingedrungen ist, kann die Tat ohne Strafantrag nur nach § 240 StGB, nicht aber als Hausfriedensbruch verfolgt werden).

19 b) Es ist ferner möglich, im Rechtsmittelverfahren logisch abtrennbare Teile eines Urteils getrennt anzufechten, z. B. nur die Straffrage, die Entscheidung über die Aussetzung zur Bewährung oder die Verhängung oder Nichtverhängung einer Maßregel (§ 318); vgl. dazu u. § 53 Rn. 15ff.

III. Mehrheit von Prozessgegenständen

20 Es ist durchaus möglich, dass in ein und demselben Verfahren – d. h. in ein und demselben äußeren Rahmen – **mehrere Prozessgegenstände** behandelt werden, z. B. bei Tatmehrheit oder Teilnahme. Die Beteiligung jedes einzelnen Angekl. an der Tat oder an jeder von mehreren rechtlich selbstständigen Handlungen (z. B. an mehreren Einbruchsdiebstählen) bildet einen selbstständigen Prozessgegenstand. Auch abgesehen von Tatmehrheit und Teilnahme kann das Gericht bei Gleichartigkeit (z. B. bei Weinfälschungen verschiedener Weinbauern in demselben Dorf) oder bei Gegenseitigkeit (z. B. bei einer Rauferei) oder bei sonstigem Zusammenhang (z. B. der nach § 138 StGB strafbaren Nichtanzeige eines Verbrechens mit diesem Verbrechen) mehrere Strafsachen gemeinsam verhandeln. Eine solche **Verbindung** setzt lediglich einen losen Zusammenhang zwischen den verschiedenen Taten voraus (§ 237); falls die strengeren Voraussetzungen des § 3 (dazu o. § 6 Rn. 13f.; § 8 Rn. 7f.) nicht vorliegen, ist sie aber natürlich nur zulässig, wenn das verbindende Gericht für jede einzelne Strafsache sachlich und örtlich zuständig ist (vgl. BGHSt 26, 271; BGHSt 38, 172). Die Verbindung wie auch die jederzeit wieder mögliche **Abtrennung** der Verfahren steht im Ermessen des Gerichts, das darüber entscheiden kann, sobald die StA die Strafsachen durch isolierte oder verbundene Klageerhebung bei ihm anhängig gemacht hat (s. § 237). Die Entscheidung über die Trennung ist (abgesehen von den Fällen des § 304 IV, BGH NStZ 1993, 296) mit der Beschwerde anfechtbar (OLG Frankfurt a. M. StV 1991, 501). Die Verbindung zusammenhängender Strafsachen hat den Vorteil, dass über das Gesamtgeschehen nur einmal Beweis erhoben werden muss, und gewährleistet daher eine größtmögliche Prozessökonomie.

§ 21. Die Prozessvoraussetzungen

Literatur: *Oetker,* Zur Lehre von den Prozess- und Urteilsvor. im Strafverf., GerS 104 (1935), 85; *Engisch,* Prozessfähigkeit und Verhandlungsfähigkeit, FS Rosenberg, 1949, 101; *Hilde Kaufmann,* Strafanspruch – Strafklagerecht, 1968; *Sulanke,* Die Entsch. bei Zweifeln über das Vorhandensein von Prozessvor. und Prozesshindernissen im Strafverf., 1974; *Volk,* Prozessvor. im Strafrecht, 1978; *Többens,* Der Freibeweis und die Prozessvor. im Strafprozess, NStZ 1982, 184; *Rüping,* Die völkerrechtl. Immunität im Strafverf., FS Kleinknecht, 1985, 397; *Wolfslast,* Immunität und Hauptverhandlung im Strafverf., NStZ 1987, 433; *Hillenkamp,* Verf.hindernisse von Verfassungs wegen, NJW 1989, 2841; *Katzorke,* Die Verwirklichung des staatl. Strafanspruchs, 1989; *Schünemann,* Materielle Tatverdachtsprüfung und völkerrechtswidrige Entführung pp., FS Pötz, 1993, 215; *ders.,* Strafrechtl. Verantwortl. für die DDR-Spionage gegen die Bundesrepublik nach der Wiedervereinigung, in: *Lampe* (Hrsg.), Die Verfolgung von Regierungskrim. der DDR nach der Wiedervereinigung, 1993, 173ff.; *Weiler,* Irreparable Verletzung des Rechts des Beschuldigten auf ein faires rechtsstaatl. Strafverf. als Verf.hindernis?, GA 1994, 561; *Wilske,* Strafverfahren gegen völkerrechtswidrig Entführte pp., ZStW 107 (1995), 48; *Wolfslast,* Staatlicher Strafanspruch und Verwirkung, 1995; *Rath,* Zum Begriff der Verhandlungsfähigkeit im Strafverfahren, GA 1997, 214; *Limbach,* Der drohende Tod als Strafverfahrenshindernis, 1998; *Rieß,* Der Bundesgerichtshof und die Prozessvoraussetzungen, FS BGH-Wiss., Bd. IV, 2000, 809; *Krack,* Verfahrenshindernisse im Strafprozess, GA 2003, 536; *Meyer-Goßner,* Prozesshindernisse und Einstellung des Verfahrens, FS Eser, 2005, 373; *Steinberg* (s. § 14 vor Rn. 1), 95ff.; *Meyer-Goßner,* Prozessvoraussetzungen und Prozesshindernisse, 2011.

A. Begriff und Abgrenzung

Verfahrensvoraussetzungen i.w.S. sind Umstände, von denen die Zulässigkeit des ganzen Verfahrens oder gewisser Verfahrensabschnitte abhängt, z. B. Zuständigkeit des Gerichts, Vorliegen eines Strafantrags, Unterfallen des Beschuldigten unter die deutsche Gerichtsbarkeit usw. Sie sind von den Rechtsgrundlagen her äußerst unterschiedlich und können deshalb nur negativ dadurch charakterisiert werden, dass sie die materiellrechtliche Strafbarkeit unberührt lassen und lediglich die Strafverfolgung hemmen oder hindern. 1

Die Prozessvoraussetzungen sind von den **objektiven Bedingungen der Strafbarkeit** zu unterscheiden; solche sind z. B. nach h. M. die Rechtmäßigkeit der Amtsausübung beim Widerstand gegen Vollstreckungsbeamte (§ 113 StGB) und die Begehung der Rauschtat beim Vollrausch (§ 323a StGB). Die objektiven Bedingungen der Strafbarkeit liegen auf dem Boden des materiellen Rechts; fehlt eine solche Bedingung, so ist auf Freispruch zu erkennen. 2

Die **Prozesshandlungs- bzw. Prozessgestaltungsvoraussetzungen** betreffen im Gegensatz zu den Prozessvoraussetzungen nicht die Bedingungen der Zulässigkeit des Prozesses im Ganzen, sondern nur die Frage der Zulässigkeit einzelner Verfahrenshandlungen (z. B. der Beweisanträge) im Rahmen eines Prozesses. Vgl. dazu u. § 22 Rn. 5ff.

B. Die einzelnen Prozessvoraussetzungen

I. Aburteilungsbefugnis des Gerichts

1. Unterfallen des Beschuldigten unter die **deutsche Gerichtsbarkeit** (§§ 18, 19 GVG); vgl. dazu o. § 5. 3

2. **Fehlen beschränkender Auslieferungsbedingungen.** Hat eine ausländische Macht einen Beschuldigten der deutschen Gerichtsbarkeit ausgeliefert (sog. Einliefe-

rung) und dabei die Verwertung der Rechtshilfe an eine Bedingung geknüpft, so ist diese im inländischen Verfahren zu beachten, § 72 IRG.

3. **Zulässigkeit des Strafrechtsweges** (§ 13 GVG); nach § 82 OWiG kann ggf. auch eine Ordnungswidrigkeit im Strafverfahren abgeurteilt werden.

4 4. **Sachliche und örtliche Zuständigkeit** des Gerichts.

a) Seine **sachliche Zuständigkeit** hat das Gericht grds. in jeder Lage des Verfahrens von Amts wegen zu prüfen (§ 6 und dazu BGHSt 40, 120, 122; BGHSt 44, 34, 36; BGHSt 45, 58, 59). Wird z. B. die Klage beim AG erhoben und hält der Strafrichter die Zuständigkeit eines Gerichts höherer Ordnung für begründet, so legt er die Akten durch Vermittlung der StA diesem Gericht zur Entscheidung vor (§ 209 II); umgekehrt kann das höhere Gericht (z. B. LG) unmittelbar vor jedem von ihm für zuständig gehaltenen Gericht niedrigerer Ordnung (AG) in seinem Bezirk das Hauptverfahren eröffnen (§ 209 I).

5 Nach dem Eröffnungsbeschluss wird die Rechtslage kompliziert: Wenn ein Gericht bei der Vorbereitung der Hauptverhandlung die sachliche Zuständigkeit eines Gerichts höherer Ordnung für begründet hält, so hat es diesem die Akten vorzulegen und dadurch das Verfahren bei ihm anhängig zu machen (sog. **Transportwirkung**). Daraufhin entscheidet das höhere Gericht nach Prüfung durch Beschluss verbindlich darüber, ob es die Sache übernimmt oder wieder an das untere Gericht zurückgibt (§ 225a I). Voraussetzung für diese auf den ersten Blick erstaunlich wirkende, aber schon vor Einführung des § 225a von der Rechtsprechung praeter legem praktizierte[1] Möglichkeit ist freilich, dass sich die Situation durch eine kommissarische Zeugenvernehmung gem. § 223 gegenüber der beim Eröffnungsbeschluss bestehenden Aktenlage geändert hat, denn sonst wäre eine bloße Meinungsänderung des Gerichts mit der Garantie des gesetzlichen Richters (Art. 101 I 2 GG) nicht zu vereinbaren. Noch einen Schritt weiter geht § 270, der nach Beginn der Hauptverhandlung sogar eine Verweisung des unteren an das höhere Gericht (§ 270 I) mit Bindungswirkung (§ 270 III 1) vorsieht, wenn nach dem bisherigen Ergebnis der Hauptverhandlung die sachliche Zuständigkeit des höheren Gerichts begründet erscheint. Das gilt namentlich dann, wenn das Amtsgericht seine Strafgewalt von vier Jahren Freiheitsstrafe (§ 24 II GVG) nunmehr für unzureichend hält, was nach der Rspr. allerdings voraussetzt, dass die Verhandlung bereits so weit geführt worden ist, dass der Schuldspruch feststehe und eine im Rahmen der Strafgewalt bleibende mildere Beurteilung nicht mehr zu erwarten sei (BGHSt 45, 58, 60 – was eigentlich erst nach Schluss der Beweisaufnahme der Fall sein kann, vorher wäre ein Befangenheitsgrund gegeben). Die Bindungswirkung soll allerdings bei objektiver Willkür, d. h. bei einer unvertretbaren Entscheidung des unteren Gerichts entfallen, wobei das höhere Gericht dann freilich anders als bei § 225a I 2 die Sache nicht verbindlich an das untere Gericht zurückreichen kann; vielmehr entsteht dann ein sog. **negativer Kompetenzkonflikt,** der analog §§ 14, 19 durch das gemeinschaftliche obere Gericht zu entscheiden ist (BGHSt 45, 26, 29ff.; BGHSt 45, 58, 62; eingehend *Gollwitzer,* FS Rieß, 2002, 135ff.). Hält dagegen das obere Gericht nach Beginn der Hauptverhandlung die Zuständigkeit des unteren Gerichts für gegeben, etwa weil sich die Straferwartung wesentlich verringert hat oder die besondere Bedeutung der Sache fortgefallen ist, muss es dennoch das Verfahren zu Ende führen (§ 269). Diese aus Gründen der Prozessökonomie getroffene Regelung (BGHSt 46, 238, 240) beruht auf der Idee, dass die größere sachliche Zuständigkeit die geringere einschließe, und nimmt deshalb die praktisch durchaus fühlbaren, rechtlich aber nicht fassbaren Nachteile für den Angekl. (bei erstinstanzlich tätigen Großen Strafkammern sind Freiheitsstrafen knapp unter vier Jahren „alltäglicher" und deshalb häufiger zu erwarten als bei einem Schöffengericht, gegen dessen Urteil außerdem zwei Rechtsmittelinstanzen und nicht nur eine wie beim LG zur Verfügung stünden!) in Kauf.

6 b) Besondere Regeln gelten für die **Zuständigkeit besonderer Strafkammern** i. S. d. § 74e GVG (dazu o. § 6 Rn. 7). Sie prüft das Gericht nur bis zur Eröffnung des Hauptverfahrens von Amts wegen, danach nur noch auf Einwand des Angekl., der diesen jedoch nur bis zum Beginn seiner Vernehmung zur Sache (vgl. § 243 V) geltend machen kann (§ 6a).

[1] BGHSt 18, 290; 25, 309.

c) Die gleichen Beschränkungen, wie unter b) geschildert, gelten auch für die Prüfung der **örtlichen Zuständigkeit** (§ 16). 7

d) Wenn das Gericht seine **Zuständigkeit zu Unrecht angenommen** (z. B. den fristgerecht vorgebrachten Einwand der örtlichen Unzuständigkeit zu Unrecht zurückgewiesen) hat, so ist ein absoluter Revisionsgrund gegeben (§ 338 Nr. 4).

II. Verfolgbarkeit der konkreten Sache

1. Die Sache muss noch **„unberührt“**, d. h. sie darf noch nicht anderweit rechtshängig oder rechtskräftig entschieden sein (Gebot des „ne bis in idem“, s. u. § 52 Rn. 6f.). Erkennt ein Gericht, dass dieselbe Sache schon bei einem anderen Gericht anhängig ist, so hat das Gericht den Vorrang, bei dem die Sache zuerst anhängig gemacht, d. h. im Regelfall: der Eröffnungsbeschluss gefasst worden ist (§ 12, dazu o. § 7 Rn. 4 für die örtliche Zuständigkeit; ebenso i. d. R. auch für die sachliche Zuständigkeit, d. h. zwischen AG und LG, es sei denn, dass der Fall die Zuständigkeit des unteren Gerichts übersteigt, BGHSt 22, 232, 235; BGHSt 36, 175, 181f.). 8

2. Die Strafverfolgung darf **nicht verjährt** sein. 9

Die früher h. L. hat die Verjährung teils als materiellrechtlichen Strafaufhebungsgrund, teils als Strafaufhebungsgrund und Verfahrenshindernis (sog. „gemischte Lehre“) betrachtet. Nach der neueren Lehre und Rspr. (vgl. BGHSt 2, 300; BGHSt 50, 138, 139f.; BVerfG NStZ 2000, 251) wird überwiegend ein rein prozessrechtlicher Charakter der Verjährung angenommen (dagegen mit beachtl. Gründen *H. Kaufmann,* 1968, 121, 154). Die Frage ist zweimal aktuell geworden anlässlich der Diskussion um die Verlängerung oder Abschaffung der Verjährungsfristen für NS-Gewaltverbrechen und nach der Wiedervereinigung bei der Aufarbeitung der Untaten des SED-Regimes. Zum Teil wird die Ansicht vertreten, dass trotz des prozessrechtlichen Charakters der Verjährung eine nachträgliche *Verlängerung* von Verjährungsfristen gegen das Rückwirkungsverbot des Art. 103 II GG verstoße oder jedenfalls aus rechtsstaatlichen Gründen unzulässig sei.[2] Für die Zulässigkeit aber zu Recht BVerfGE 25, 269: Der Täter hat, wie auch die Unterbrechungsmöglichkeit des § 78c StGB zeigt, kein schutzwürdiges Interesse, die Dauer seiner Verfolgbarkeit schon vor der Tatbegehung abschätzen zu können. Das kann aber nicht für die nachträgliche Aufhebung einer bereits eingetretenen Verjährung und richtigerweise auch nicht für die rückwirkende vollständige Abschaffung der Verjährung gelten, weil der Gesetzgeber dadurch in Ansehung konkreter Fälle entscheidet (also richterliche Aufgaben an sich zieht) und eine Strafbarkeit rückwirkend neu begründet bzw. in ihrem generalpräventiven Gewicht entscheidend verändert (also sowohl den staatsrechtlich-gewaltenteilenden als auch den strafrechtlich-generalpräventiven Schutzzweck des Art. 103 II GG durchkreuzt[3]). Die wegen der NS-Verbrechen 1979 eingeführte Unverjährbarkeit des Mordes[4] war deshalb richtigerweise auf die NS-Verbrechen gerade nicht anwendbar, und auch die äußerst komplizierten Eingriffe in die Verjährung von SED-Untaten anlässlich der Wiedervereinigung stoßen teilweise auf gravierende rechtsstaatliche Einwände.[5]

3. Die Strafverfolgung darf nicht durch eine gesetzliche **Amnestie** ausgeschlossen sein. 10

---

[2] Vgl. dazu *Klug,* JZ 1965, 149; *Bemmann,* JuS 1965, 333; *Baumann,* Der Aufstand des schlechten Gewissens, 1965; *Grünwald,* MDR 1965, 521; *Schreiber,* ZStW 80 (1968), 348.

[3] Zu dieser „Doppelfunktionalität“ von „nulla poena sine lege“ vgl. nur *Schünemann* Nulla poena sine lege?, 1978, 9ff., 17 („Kumulationsthese“); *ders.,* 1993, 173, 186f. Die in der Rspr. vorherrschende Methode, das Institut der Verjährung zunächst als solches dem Prozessrecht zuzuschlagen und „deshalb“ die Unanwendbarkeit von Art. 103 II GG anzunehmen, ist dagegen ein begriffsjuristischer Zirkelschluss.

[4] Durch Einfügung von § 78 II StGB durch das 16. StrÄndG v. 16.7.1979, BGBl. I 1046, dazu krit. *Schünemann,* JR 1977, 177ff.

[5] And. die Rspr., s. BGHSt 40, 48, 59; 40, 113, 117f.; krit. *Schünemann* FS Grünwald, 1999, 657, 667ff.

4. Es müssen eine ordnungsgemäße *Anklage* und ein ordnungsgemäßer **Eröffnungsbeschluss** vorliegen (dazu u. § 40 Rn. 12, 16).

5. Ein etwa erforderlicher **Strafantrag** oder eine behördliche **Ermächtigung** (z. B. § 194 IV StGB) müssen vorliegen.

III. Verfolgbarkeit des Angeklagten

11 1. Der Angeklagte muss **leben** und **verhandlungsfähig** sein.

a) Der Tod des Angeklagten ist ein Prozesshindernis (a. A. *Fezer,* 9/139) und beendete nach der früheren Rspr. auch ohne Einstellungsbeschluss das Verfahren von selbst (BGH NStZ 1983, 179; BGHSt 34, 184; vgl. u. § 53 Rn. 8). Nach neuerer Rspr. muss dagegen ein konstitutiver Einstellungsbeschluss ergehen, der eine Kostenentscheidung nach § 467 ermöglicht.[6] Eine noch nach dem Tode des Angeklagten ergehende sachliche Entscheidung ist nichtig und muss aus Gründen der Klarheit zurückgenommen werden (OLG Schleswig NJW 1978, 1016; i. e. s. *Kühl,* NJW 1978, 977).

12 b) Verhandlungsfähigkeit bedeutet die Fähigkeit des Beschuldigten, „seine Interessen vernünftig zu vertreten, seine Rechte zu wahren und seine Verteidigung in verständiger und verständlicher Weise zu führen".[7] Dieser Begriff ist also nicht identisch mit dem zivilprozessualen Begriff der Prozessfähigkeit. Die Verhandlungsfähigkeit kann einerseits bei einem Geisteskranken oder zivilrechtlich Geschäftsunfähigen (BGH NStZ 1983, 280) u. U. gegeben sein, auf der anderen Seite bei einem voll Schuldfähigen etwa infolge Selbstmordversuches fehlen. Die Verhandlungsfähigkeit ist auch dafür maßgebend, ob ein Beschuldigter oder Zeuge eine Belehrung nach §§ 136, 52, 55 hinreichend verstehen kann; nach der Rspr. gelten dafür die Regeln des Freibeweises (vgl. u. § 24 Rn. 3 f.), so dass der Grundsatz in dubio pro reo nicht zur Anwendung kommt (BGH NStZ 1993, 395). Aber auch Prozesshandlungen eines Verhandlungsunfähigen sind insoweit wirksam, als sie ihn begünstigen und z. B. die Rechtskraft einer Verurteilung (durch Rechtsmitteleinlegung) hemmen (BayObLG NStZ 1989, 131). Auch im Revisionsverfahren, in dem es ohnehin nur um die Rechtsfrage geht, genügt eine eingeschränkte Verteidigungsfähigkeit.[8]

13 Gefährdet die Durchführung der Hauptverhandlung wegen der damit verbundenen Anstrengungen das Leben des Beschuldigten oder ist ernstlich zu befürchten, dass er durch sie irreparable Gesundheitsschäden erleiden würde, gebietet Art. 2 II 1 GG aufgrund einer Kombination von Unschuldsvermutung und Verhältnismäßigkeitsprinzip die Einstellung des Verfahrens (BVerfGE 51, 352). Ist ein Beschuldigter nur vorübergehend verhandlungsunfähig, so stellt das Gericht das Verfahren **zeitweilig** ein (§ 205); ist mit einer Wiederherstellung der Verhandlungsfähigkeit nicht zu rechnen, wird das Verfahren **endgültig** eingestellt (BGH StV 1996, 250). In dem speziell für Schuldunfähige, die für die öffentliche Sicherheit gefährlich sind, geschaffenen Sicherungsverfahren (vgl. u. § 66) braucht der Betroffene naturgemäß nicht verhandlungsfähig zu sein (§ 415).

[6] BGHSt 45, 108; näher *Heger,* GA 2009, 45; *Pflüger,* 1988.

[7] *Henkel,* 233; ähnlich BGHSt 41, 16, 18, der die Fähigkeit zur Abgabe und Entgegennahme von Prozesserklärungen eigens herausstellt. Über die Beurteilungskriterien *Cabanis,* StV 1984, 87. Einen engeren, an die Autonomie des Beschuldigten anknüpfenden Begriff der Verhandlungsfähigkeit entwickelt *Rath,* 1997.

[8] Näher BGHSt 41, 16; BVerfG NStZ 1995, 391.

Umstr. ist dagegen der Fall, dass der Angekl. mit hoher Wahrscheinlichkeit das Urteil nicht mehr erleben wird. Nach der Rspr. gebietet die Menschenwürde dann ebenfalls eine Einstellung des Verfahrens; auf die Frage, ob der Angekl. noch verhandlungsfähig ist, soll es dabei nicht ankommen (Fall Honecker).[9] Im Schrifttum wird ein solches Verfahrenshindernis vielfach abgelehnt, weil auch das Feststellungs- und Aufklärungsinteresse der Rechtsgemeinschaft schützenswert erscheine.[10] Ziel der Hauptverhandlung ist jedoch das Urteil und nicht ein davon unabhängiges historisches Interesse.[11] 14

c) Ebenso wie der zivilprozessuale Begriff der Prozessfähigkeit im Strafverfahren durch den Begriff der Verhandlungsfähigkeit ersetzt wird, ist auch der Begriff der Parteifähigkeit im (Offizial-)Strafverfahren unergiebig, da das Offizialverfahren kein Parteiverfahren darstellt (vgl. o. § 17 Rn. 2ff.) und daher für den Begriff der Parteifähigkeit auch kein Raum ist. 15

d) Von dem zu c) Erörterten gilt eine gewisse Ausnahme für das **Privatklageverfahren,** welches Einschläge eines Parteiverfahrens aufweist (vgl. u. § 63). In diesem Verfahren haben daher auch die Begriffe der Prozessfähigkeit und Parteifähigkeit eine beschränkte Bedeutung. So sind hier „aktiv parteifähig" alle durch ein Privatklagedelikt Verletzten, u. U. auch Personenvereinigungen (§ 374 III); „prozessfähig" sind auf der Klägerseite nur Geschäftsfähige; für Geschäftsunfähige bzw. beschränkt Geschäftsfähige kann dagegen nur der gesetzliche Vertreter die Klage erheben, zurücknehmen etc. 16

e) Gegen **Kinder** bis zum 14. Lebensjahr ist nach h. L. (vgl. *Schaffstein/Beulke,* § 6 Rn. 148) das Verfahren einzustellen. Das beruht allerdings nicht auf der fehlenden Verhandlungsfähigkeit des Kindes, sondern darauf, dass der Gesetzgeber hier eine unwiderlegliche Vermutung der Schuldunfähigkeit (§ 19 StGB) zu einem Verfahrenshindernis ausgestaltet hat. 17

2. Der Angeklagte muss, soweit nicht eine gesetzliche Ausnahme (dazu eingehend u. § 44 Rn. 42ff.) eingreift, **anwesend** sein (§ 230). Den Charakter der Anwesenheitspflicht als einer von Amts wegen zu berücksichtigenden Prozessvoraussetzung verneint BGHSt 26, 84 zu Unrecht; denn wenn schon die Verhandlungsunfähigkeit das Verfahren irregulär macht, muss dies erst recht für die völlige Abwesenheit des Angeklagten gelten (a. A. *Schlüchter,* StPR, 89). 18

3. Der Angeklagte darf nicht durch seine **Immunität** als Abgeordneter (Art. 46 II, IV GG) der Strafverfolgung entzogen sein.[12] Landesgesetzliche Vorschriften über die Voraussetzungen, unter denen gegen Mitglieder eines Organs der Gesetzgebung eine Strafverfolgung eingeleitet oder fortgesetzt werden kann, sind auch für die anderen Länder der Bundesrepublik und für den Bund wirksam (§ 152a). 19

4. In neuerer Zeit wird in zunehmendem Maße versucht, aus staatlichen Verstößen gegen rechtsstaatliche Grundsätze – etwa in Extremfällen einer von der Justiz verschuldeten überlangen Verfahrensdauer (BVerfG NStZ 1984, 128; näher o. § 16 Rn. 8ff.) oder Verletzungen des Fair trial-Prinzips (vgl. o. § 11 Rn. 4ff.) – Verfahrenshindernisse 20

---

[9] Vgl. zum Fall Honecker näher KG NStZ 1993, 297; *BerlVerfGH* NJW 1993, 515ff.; LG Berlin NStZ 1993, 298; NJW 1993, 1608; KG NJW 1993, 673 m. krit. Anm. *Jahntz,* NStZ 1993, 298; BVerfG NJW 1993, 915f.; 1993, 1577. Zur ähnlichen Problematik im Fall Mielke *BerlVerfGH* NJW 1994, 436.

[10] *Beulke,* Rn. 289; *Schlüchter,* StPR, 89; *Meurer,* JR 1993, 89; *Schoreit,* NJW 1993, 881; *Wassermann,* NJW 1993, 1567; *Sachs,* Zeitschr. f. Politik 1993, 121, 134ff.; *Starck,* JZ 1993, 231; wie hier aber *Paeffgen,* NJ 1993, 152; *Koppernock/Staechelin,* StV 1993, 433, 440f; LR/*Stuckenberg,* § 206a Rn 47.

[11] Eine prozessbezogene historische Aufarbeitung liefert *Richter,* Kurzer Prozess. Honecker und Genossen – Ein Staat vor Gericht?, 1993.

[12] Dazu, dass es sich bei der Immunität (im Unterschied zur Indemnität des Art. 46 I GG) nicht um einen Strafausschließungsgrund, sondern um ein – ggf. behebbares – Verfahrenshindernis handelt, vgl. OLG Düsseldorf NStZ 1987, 87 m. Anm. *Jakobs.*

direkt aus der Verfassung (ex constitutione) abzuleiten. Ob und inwieweit dies zum deutschen Prozessmodell passt, ist wissenschaftlich noch wenig geklärt.[13] Der **Verwirkungsgedanke,** der dafür eine systematische Basis bilden könnte, passt eigentlich nur zum angloamerikanischen Parteiprozess, während in dem an der materiellen Wahrheit und Gerechtigkeit orientierten Modell der StPO andere Lösungen den Vorzug verdienen und ein direkt aus dem Rechtsstaatsprinzip abgeleitetes Verfahrenshindernis nur als ultima ratio in Betracht kommt. Die Rspr. favorisiert statt dessen die sog. **Strafzumessungslösung** (bei der überlangen Verfahrensdauer o. § 16 Rn. 9ff., beim unzulässigen Lockspitzeleinsatz u. § 37 Rn. 7f.). Diese ist aber, soweit sie sich nicht bereits aus der Theorie der Strafzumessung ergibt, eine Verlegenheitslösung, neben der vorrangig drei andere Rechtsfolgen stark in Betracht kommen: die Sicherstellung der Bestrafung der rechtsstaatswidrigen Ermittlungshandlung im selben Verfahren durch notwendige **Verfahrensverbindung** ex constitutione (zum Lockspitzeleinsatz s. u. § 37 Rn. 8, zur Folter s. u. § 25 Rn. 30[14]); die Verneinung des materiellen Unrechts vom Staat provozierter abstrakter Gefährdungsdelikte (am Beispiel des Lockspitzeleinsatzes u. § 37 Rn. 8); oder die Annahme eines Beweisverwertungsverbots (gesetzlich geregelt in § 136a, näher u. § 25 Rn. 15ff.). Anstelle des vom BVerfG (NStZ 1995, 383) aus dem Prinzip der Verhältnismäßigkeit gegenüber ehemaligen DDR-Spionen abgeleiteten Strafverfolgungshindernisses (dazu *Volk,* NStZ 1995, 367; *Classen,* NStZ 1995, 371) wäre deshalb in einer Rechtsanalogie zu Art. 20 der Haager Landkriegsordnung, wonach Kriegsgefangene nach dem Friedensschluss zu entlassen sind, wegen Fortfalls des materiellen Strafbedürfnisses ein aus dem Rechtsstaatsprinzip folgender materieller Strafausschließungsgrund passender gewesen (dazu *Schünemann* in Lampe, 1993, 188ff.).Wegen einer Vielzahl verschiedener und irreparabler Rechtsstaatsverstöße ist das sog. Schmücker-Verfahren vom LG Berlin (StV 1991, 371) eingestellt worden (in der Beschränkung auf die Kumulation unheilbarer Verstöße zust. *Scheffler,* JZ 1992, 131). Wegen eines ebenso fundamentalen Rechtsstaatsverstoßes muss auch die **völkerrechtswidrige Entführung** eines Beschuldigten aus dem Ausland durch die deutsche Polizei ein Verfahrenshindernis begründen, ebenso wenn der Angeklagte durch Einsatz eines Lockspitzels im Ausland listig zur Wiedereinreise in die BRD bewegt und dort festgenommen worden ist. Nach BGH NStZ 1985, 464; OLG Düsseldorf NJW 1984, 2050; BVerfG NStZ 1986, 178, 468; NStZ 1995, 95 soll dies freilich nicht der Fall sein, solange nicht der verletzte Staat die Rückführung des Entführten verlangt.[15]

IV. Andere Einteilungen

21 In der *Literatur* werden die Prozessvoraussetzungen z. T. nach von der hier vorgenommenen Einteilung abweichenden, i. E. sehr verschiedenartigen Gesichtspunkten gegliedert. Zum Beispiel wird unterschieden zwischen positiven und negativen Prozessvoraussetzungen (letztere auch *Prozesshindernisse* genannt): Jene müssen positiv

[13] Vgl. *Rieß,* JR 1985, 45; grds. dafür *Hillenkamp,* 1989; *Weiler,* 1994; *Hamm,* StV 1991, 533; *Wolfslast,* 1995; krit. *Katzorke,* 1989, 50ff.

[14] Erforderlichenfalls durch Schaffung passender Straftatbestände. So ist kaum legitimierbar, dass de lege lata eine fahrlässige Anordnung von Untersuchungshaft sanktionslos ist, eine fahrlässige Geschwindigkeitsüberschreitung aber mit Geldbuße geahndet wird.

[15] Dagegen mit Recht kritisch *Vogler,* FS Oehler, 1985, 379; *Schubarth,* StV 1987, 173; *Schünemann,* FG Pötz, 1993, 215. Vgl. auch *Bauer,* Die völkerrechtswidrige Entführung, 1968; *Dehn,* 1993; *Schlimm,* ZRP 1993, 262; *Grams,* JA 1994, 65. Rechtsvergleichend *Wilske,* ZStW 107 (1995), 48.

gegeben sein (z. B. o. Rn. 3 Nr. 1, 3); diese dürfen nicht vorliegen (z. B. o. Rn. 8, 9, 11). Zu weiteren Einteilungen s. *Eb. Schmidt* I, Rn. 122 ff. Aus diesen und anderen Einteilungen ergeben sich keine praktischen Konsequenzen.

C. Berücksichtigungspflicht; Beweisverfahren

Das Vorliegen aller Prozessvoraussetzungen i. w. S. ist grds. (mit einer Beschränkung für die Zuständigkeit besonderer Strafkammern und die örtliche Zuständigkeit, §§ 6a, 16; dazu o. Rn. 3 f.) in jedem Abschnitt des Verfahrens von Amts wegen zu prüfen. Prozessuale Einreden, die vom Gericht nur zu berücksichtigen sind, wenn der Beschuldigte sich auf sie beruft, gibt es, von der Ausnahme der §§ 6a, 16 S. 2 abgesehen, nicht. In der Revisionsinstanz werden die Prozessvoraussetzungen auch dann geprüft, wenn sie vom Beschwerdeführer nicht gerügt sind (st. Rspr. des BGH, s. BGHSt 16, 115 und u. § 55 Rn. 61). 22

Für die Feststellung der Prozessvoraussetzungen wird in Wissenschaft und Praxis allgemein das Verfahren des **Freibeweises** (vgl. u. § 24 Rn. 3 f.) verwendet (vgl. z. B. *Kühne,* Rn. 663). Dagegen sprechen allerdings die Bedeutung der Prozessvoraussetzungen für das ganze Verfahren wie auch ihre funktionale Vergleichbarkeit mit den dem Strengbeweis unterliegenden objektiven Strafbarkeitsbedingungen (25. Aufl., § 21 Rn. 22). 23

D. Folgen des Fehlens einer Prozessvoraussetzung

Fehlt eine Verfahrensvoraussetzung (oder liegt ein Prozesshindernis vor), so ist das Verfahren unzulässig; eine Sachentscheidung kann nicht ergehen; das Verfahren ist daher durch Einstellung zu beenden. Die Einstellung geschieht im Ermittlungsverfahren durch Einstellungsverfügung des StA, nach Erhebung der Klage durch gerichtlichen Beschluss (§§ 204, 206a); zeigt sich die Unzulässigkeit erst in der Hauptverhandlung, so ist das Verfahren durch Urteil einzustellen (§§ 206a, 260 III). 24

Wenn mit der Behebung des Verfahrenshindernisses gerechnet werden kann (z. B. bei Verhandlungsunfähigkeit des Beschuldigten), so erfolgt nach Erhebung der Klage gem. § 205, ggf. auch noch in der Hauptverhandlung, eine nur vorläufige Einstellung des Verfahrens. Zur Nachholung des Eröffnungsbeschlusses bzw. seiner nachträglichen Verbesserung vgl. u. § 42 Rn. 13.

Zur Entscheidung bei unauflösbaren Zweifeln s. u. § 45 Rn. 61 ff.

§ 22. Zur Lehre von den Prozesshandlungen im Strafprozess im Allgemeinen

Literatur: *Nußbaum,* Die Prozesshandlungen, ihre Voraussetzungen und Erfordernisse, 1908; *Kern,* Zur Lehre von den Prozesshandlungen im Strafprozess, FS Lenel, 1921, 52; *Goldschmidt,* Der Prozess als Rechtslage, 1925; *Siegert,* Die Prozesshandlung, ihr Widerruf und ihre Nachholung, 1929; *Niese,* Doppelfunktionelle Prozesshandlungen, 1950; *Lässig,* Deutsch als Gerichts- und Amtssprache, 1980; *J. Meyer,* „Die Gerichtssprache ist deutsch" – auch für Ausländer?, ZStW 93 (1981), 507; *W. Schmid,* Bedingte Prozesshandlungen im Strafprozess?, GA 1982, 95; *Gössel,* Überlegungen zur „Zulässigkeit" im Strafverf. usw., GS H. Kaufmann, 1986, 977; *Schlothauer,* Hilfsbeweisantrag – Eventualbeweisantrag – bedingter Beweisantrag, StV 1988, 542; *Basdorf,* Strafverf. gegen der deutschen Sprache nicht mächtige Beschuldigte, GS Meyer, 1990, 19; *Paulus,* Beweisverbote als Prozesshandlungshindernisse, ebda., 309; *Weith,* Gerichtssprachenproblematik im Straf- und Bußgeldverf., 1992; *Grunst,* Prozesshandlungen im Strafprozess, 2002; *Ingelfinger,* Rechtsprobleme bedingter Beweisanträge im Strafprozeß, 2002; *Graalmann-Scheerer,* Moderne Kommunikationsformen und Wiedereinsetzung in den vorigen Stand, FS Nehm, 2006, 277; *Meyer-Goßner,* Wiedereinsetzung in den vorigen Stand u. Rechtsmittel, FS Hamm, 2008, 443.

A. Begriff

1 **I.** Das Wort **Prozesshandlung** kommt in der StPO nicht vor. Da der Prozess eine Summe von menschlichen Handlungen ist, kann man alle diese Handlungen (z. B. Untersuchungshandlungen, Festnahme, Zeugenaussage, Urteil) als Prozesshandlungen bezeichnen. Da mit diesem weiten Begriff nicht viel anzufangen ist, empfiehlt es sich, unter Prozesshandlungen nur solche **Erklärungen** zu verstehen, die eine Rechtsfolge im Prozess **willensgemäß** auslösen, die also den Prozess dem erklärten Willen gemäß weiter fördern sollen (wie z. B. Strafantrag, Anklage, Haftbefehl, Anordnung der Hauptverhandlung, Urteil, Rechtsmitteleinlegung).

Man kann die Prozesshandlungen nach dem Subjekt in richterliche und nichtrichterliche, nach dem Inhalt in **Anträge** und **Entscheidungen** einteilen. Eine Handlung kann zugleich Entscheidung und Antrag sein; so ist die Anklage zugleich eine Entscheidung der StA und ein Antrag an das Gericht auf Eröffnung des Hauptverfahrens.

2 **II.** Die **herrschende Meinung** sieht demgegenüber alle prozessrechtlich relevanten Handlungen der Prozesssubjekte, auch die Realakte (z. B. eine Festnahme), als Prozesshandlungen an, wobei Einteilung und Abgrenzung ebenso umstritten sind wie die Frage, welche Rechtsfolgen damit verbunden sind. Eine traditionelle Einteilung unterscheidet zwischen Willens-, Wissenserklärungen und Realakten. Eine andere unterscheidet im Anschluss an *Goldschmidt* zwischen Erwirkungs- und Bewirkungshandlungen.

1. Die **Erwirkungshandlungen** sind auf die Herbeiführung einer anderen Prozesshandlung, namentlich einer richterlichen Entscheidung, gerichtet; sie bezwecken also eine Verfahrensgestaltung durch Einflussnahme auf ein anderes Prozesssubjekt. Die für sie relevanten Bewertungskategorien sind Zulässigkeit und Begründetheit (krit. *Grunst,* 215 f.). Als Untergruppen unterscheidet man die Anträge und die Behauptungen.

2. Die **Bewirkungshandlungen** gestalten den Prozess dagegen unmittelbar aus sich selbst heraus (z. B. Rechtsmittelverzicht, Herbeischaffung von Beweismitteln, Sicherheitsleistung). Mangels positiver Gemeinsamkeiten können sie nur negativ dahin umschrieben werden, dass sie nicht die Prozesshandlung eines anderen Verfahrensbeteiligten „erwirken" sollen. Ihre wichtigsten Kategorien sind Statthaftigkeit (Beachtlichkeit), Wirksamkeit und (Un-)Anfechtbarkeit.

3 3. Von *Niese* (zust. *Eb. Schmidt* I, Rn. 60 ff.) wurde der Begriff der **doppelfunktionellen Prozesshandlungen** geprägt. Damit soll das Phänomen erfasst werden, dass eine Prozesshandlung (z. B. eine Festnahme oder eine Haussuchung) auch materiellrechtliche Auswirkungen haben kann und dass die materielle und die prozessuale Rechtslage getrennt zu beurteilen sind (exemplarisch u. §§ 24 Rn. 27, 37 Rn. 8).

4 4. Die Rspr. verwendet den abstrakten Begriff der Prozesshandlung vor allem zu dem Zweck, die Vorschriften des Zivilrechts über die Anfechtung oder den Widerruf von

Willenserklärungen auszuschließen und dadurch die Beteiligten an ihren Erklärungen prinzipiell festzuhalten. Der Schwerpunkt der Diskussion hat sich mittlerweile auf eine ganz andere Ebene verlagert, nämlich ob die Ergebnisse der bei *Goldschmidt* (S. 514–516) nur beiläufig erwähnten Beweisaufnahme verwertbar bleiben, wenn dabei das Recht verletzt worden ist (näher u. § 24 Rn. 13ff.). Ausgerechnet in dem zentralen Punkt, dass es keine Verträge über das Urteilsergebnis zwischen dem Gericht und den Verfahrensbeteiligten geben kann und dass deshalb Urteilsabsprachen eine ab ovo unstatthafte Prozesshandlung darstellen (näher *Schünemann,* Absprachen, 66ff.), sind durch deren Legalisierung aber die von der RStPO geregelten Interaktionsstrukturen im pragmatischen Interesse der Prozessbeschleunigung umgestürzt worden (näher o. § 17 Rn. 7ff.).

B. Wirksamkeitsvoraussetzungen

I. Verhandlungsfähigkeit

So wie die **Verhandlungsfähigkeit** des Beschuldigten Voraussetzung des Prozesses im 5
Ganzen ist (vgl. o. § 21 Rn. 12), so ist sie es auch für die Vornahme einzelner Prozesshandlungen. Ist der sonst verhandlungsfähige Angekl. etwa bei Abgabe eines Rechtsmittelverzichtes unter dem Eindruck der Urteilsverkündung seelisch stark erschüttert, so kann u. U. der Rechtsmittelverzicht wegen akuter Verhandlungsunfähigkeit unwirksam sein; andererseits kann die Ermächtigung zur Rücknahme eines Rechtsmittels durch einen zivilrechtlich Geschäftsunfähigen wirksam sein, wenn er verhandlungsfähig ist (BGH NStZ 1983, 280). Abweichende Regeln gelten auch hier wieder für das Privatklageverfahren (vgl. bereits o. § 21 Rn. 16); so kann hier nur ein Geschäftsfähiger die Privatklage zurücknehmen.

II. Anforderungen an die Prozesshandlung als Willenserklärung

1. Die Erklärung muss einen **erkennbaren Sinn** besitzen. Ihr objektiver Gehalt ist er- 6
forderlichenfalls durch **Auslegung** zu ermitteln, wobei nicht allein auf den Wortlaut, sondern vor allem auf den erkennbar gemeinten Sinn abzustellen ist (OLG Hamburg JR 1982, 36; BGH StV 1982, 356). Eine solche Auslegung ist bei allen Prozesshandlungen, also auch bei Urteilen, zulässig und geboten, doch darf der Inhalt sich nicht bloß aus völlig außerhalb der Erklärung liegenden Umständen ergeben; eine Bezugnahme in einem Urteil auf ein anderes Urteil genügt dem Inhaltserfordernis daher nicht (vgl. RGSt 66, 8). Hinsichtlich einer Rechtsmitteleinlegung ist in § 300 ausdrücklich gesagt, dass eine falsche Bezeichnung unschädlich ist, woraus gefolgert werden kann, dass eine bloße Unklarheit in der Bezeichnung das Rechtsmittel erst recht nicht unwirksam macht (vgl. BGHSt 2, 67). So kann z. B. der von einem nicht Rechtskundigen gestellte „Wiedereinsetzungsantrag" gegen ein Verwerfungsurteil nach § 412 als Berufung ausgelegt werden, wenn ersichtlich ist, dass eine volle Überprüfung des Urteils gewünscht ist (OLG Düsseldorf NJW 1988, 153).

2. Sehr umstritten ist die Behandlung von **Willensmängeln** bei Vornahme der Pro- 7
zesshandlung.

a) Ein **Irrtum** berührt die Gültigkeit der Prozesshandlung nach h. M. nicht (BGHSt 5, 341), weil Verfahrenserklärungen unanfechtbar sein sollen (zur Kritik vgl. u. § 53 Rn. 27ff.). Wenn das Gericht aber einen erkennbaren Irrtum des Angeklagten nicht aufgeklärt hat, kann die Erklärung wegen Verletzung der gerichtlichen Fürsorgepflicht ungültig sein (s. *Rob. Schmidt,* JuS 1967, 158 sowie BGHSt 18, 257 u. BGHSt 19, 101).

b) Bei einer **Täuschung** des Angeklagten ergibt sich die Unwirksamkeit der Prozesshandlung aus dem in § 136a enthaltenen, auf Art. 1 GG zurückgehenden, allgemeinen Rechtsgedanken (a. M. der BGH, vgl. BGHSt 17, 14, der u. U. wegen Verletzung der gerichtlichen Fürsorgepflicht zu demselben Ergebnis gelangen würde).

c) Auch im Fall der durch **Drohung** erzwungenen Prozesshandlung ist § 136a sinngemäß anzuwenden (enger BGHSt 17, 14).

8 3. **Formvoraussetzungen:**

a) Alle Erklärungen müssen in der Gerichtssprache (deutsch) abgegeben werden (§ 184 GVG).

Bei Personen, die der deutschen Sprache nicht mächtig sind (die Ausländereigenschaft als solche genügt nicht, BGH NJW 2005, 3434), ist in jeder Lage des Verfahrens ein Dolmetscher beizuziehen (§ 185 GVG), und zwar kostenlos (Art. 6 III c, e EMRK; *EGMR* NJW 1985, 1273; zur Gesamtproblematik *Kranjčič,* „… dass er treu und gewissenhaft übertragen werde", 2010); bzgl. der vorbereitenden Gespräche mit einem Wahlverteidiger s. o. § 19 Rn. 22. Der Dolmetscher muss einen besonderen Eid leisten (§ 189 GVG), bei dessen Fehlen das Urteil in der Regel aufgehoben werden muss (BGH StV 1997, 515). Kann der Angekl. überhaupt kein Deutsch, ist das Fehlen des Dolmetschers ein Revisionsgrund nach § 338 Nr. 5; ist er des Deutschen teilweise mächtig, kann eine Revision nach § 337 begründet sein, wenn er bestimmten Verhandlungsteilen nicht folgen konnte (BGHSt 3, 285; BGH StV 1992, 54). Übersetzt der Dolmetscher Zeugenaussagen zu Lasten des Angeklagten unrichtig, begründet das seine Befangenheit; das von ihm Übersetzte darf dann nicht verwertet werden (LG Berlin StV 1994, 180). Für das Strafverfahren trifft § 187 GVG eine Spezialregelung zum Ausmaß der Beiziehung eines Dolmetschers oder Übersetzers, die früher nur die Generalklausel enthielt, „soweit dies zur Ausübung seiner (scil. des Beschuldigten, Verurteilten oder Nebenklägers) strafprozessualen Rechte erforderlich ist". In Umsetzung der Richtlinien 2010/64/EU und 2012/13/EU (zu deren Auslegung *EuGH* NJW 2016, 303) ordnet § 187 I 2 GVG nunmehr einen entsprechenden Hinweis an den Beschuldigten (auch als Voraussetzung eines wirksamen Verzichts, Abs. 3) an, und Abs. 2 S. 1 definiert den erforderlichen Umfang für den Regelfall durch „die schriftliche Übersetzung von freiheitsentziehenden Anordnungen, Anklageschriften, Strafbefehlen und nicht rechtskräftigen Urteilen", wobei jedoch im Einzelfall ein bloßer Auszug genügen kann (S. 2) und sogar regelmäßig die mündliche Übersetzung oder gar eine bloße Zusammenfassung ausreicht, wenn der Beschuldigte einen Verteidiger hat (S. 4, 5). Dasselbe gilt für hör- oder sprachbehinderte Personen (§§ 186, 187 GVG).

Auch eine Rechtsmittelschrift muss in deutscher Sprache abgefasst sein. Doch muss ein Ausländer in einer ihm verständlichen Sprache darüber belehrt werden; sonst kann er Wiedereinsetzung (§ 44) beantragen (BGHSt 30, 182). Weitergehend werden fremdsprachige Rechtsmittelschriften entweder stets (*Lässig,* 1980, und *J. Meyer,* 1981, m. w. N.) oder wenigstens dann für zulässig gehalten, wenn ein Richter die fremde Sprache versteht (*Meurer,* JR 1982, 517). Dem steht aber § 184 GVG entgegen; auch wäre die Gefahr zu groß, dass es infolge von Missverständnissen zu Fehlurteilen kommt. Zum Ganzen näher *Basdorf,* 1990.

9 b) Früher waren bestimmte Handlungen (das Erheben der Hand beim Schwur, heute noch § 64 IV als Sollvorschrift; das Brechen des Stabes bei der Verkündung des Todesurteils) und der Gebrauch bestimmter **Wortformen** (z. B. bei Verkündung des Geschworenenspruchs durch den Obmann: „Auf Ehre und Gewissen bezeuge ich als den Spruch der Geschworenen") vorgeschrieben. Eine solche Wortform finden wir heute nur noch beim Eid: „Ich schwöre es" (§ 64).

c) An **Ausdrucksformen** gibt es heute die **Mündlichkeit** und ihre gesteigerten Formen der **Verlesung** (vgl. § 268 II) und der **Erklärung zu Protokoll** (s. etwa §§ 299, 314) sowie die **Schriftlichkeit** (z. B. §§ 314, 341). 10

Die Schriftlichkeit verlangt an sich eigenhändige **Unterschrift.** Die Anforderungen an die Schriftform sind aber allmählich immer geringer geworden. Die Rspr. begnügt sich heute damit, dass die Person des Erklärenden aus dem Schriftstück bedenkenfrei hervorgeht. Das kann auch bei unleserlicher und sogar bei fehlender eigenhändiger Unterschrift der Fall sein (vgl. dazu BGHSt 12, 317). Zur Schriftlichkeit (z. B. einer Rechtsmitteleinlegung) genügt auch ein **Telegramm** (Einzelheiten 25. Aufl., Rn. 10) oder ein **Telefax** (*M-G,* Einl. Rn. 139a). Dagegen ist eine telefonische Rechtsmitteleinlegung nicht zulässig (BGHSt 30, 64); denn hier liegt eine schriftliche Erklärung des Rechtsmittelführers überhaupt nicht vor, so dass die Gefahr von Missverständnissen zu groß ist (str.; abl. *Wolter,* JR 1982, 211). Aus denselben Gründen ist auch ein telefonischer Rechtsmittelverzicht unwirksam (OLG Stuttgart NJW 1982, 1472). Eine Einreichung per **E-Mail** genügt nur, wenn diese mit einer sog. **qualifizierten elektronischen Signatur** versehen ist (§ 41 a). 11

III. Bedingungsfeindlichkeit

Die Verknüpfung von Prozesshandlungen mit echten **Bedingungen** ist in der Regel unzulässig, weil über Beginn, Lage und Ende des Strafverfahrens Klarheit bestehen muss. So sind Klageerhebung und Rechtsmitteleinlegung bedingungsfeindlich; ja „schon der Zweifel, ob die Erklärung mit einer Bedingung verbunden ist, macht das Rechtsmittel unzulässig" (BGHSt 5, 183). Entsprechendes gilt für Strafantrag, Rechtsmittelverzicht und -rücknahme. Unschädlich ist jedoch eine Rechtsbedingung, die nur eine ohnehin im Gesetz enthaltene Voraussetzung wiederholt (BGHSt 25, 187: Einspruch gegen einen Strafbefehl unter der Bedingung, dass er erlassen ist). 12

Darüber hinaus sind Beweisanträge auch als **Eventualanträge**[1] zulässig: Der Verteidiger beantragt für den Fall, dass der Angekl. nicht freigesprochen wird, die Vernehmung eines weiteren Zeugen (näher u. § 45 Rn. 39). Ebenso hat der BGH (BGHSt 29, 396) einen Antrag der StA nach § 154a III 1 u. 2 auf Wiedereinbeziehung ausgeschiedener Tatteile für zulässig erklärt, auch wenn er nur unter der Bedingung gestellt wird, dass das Gericht den Angekl. freisprechen oder nur zu Strafe bis zu einer bestimmten Höhe verurteilen will. Bei solchen Eventualanträgen der Verteidigung oder der StA wird keine Unklarheit geschaffen, weil die Gültigkeit des Antrages von einer Entscheidung des Gerichts selbst abhängt. Aus diesem Grund wird man auch sonst Erwirkungshandlungen, die an sog. **innerprozessuale Bedingungen** anknüpfen, zulassen können.[2] 13

IV. Widerrufbarkeit

Von der Frage der Bedeutung der Willensmängel für die Wirksamkeit der Prozesshandlung zu unterscheiden ist die Frage ihrer **Widerruflichkeit.** Den Prozessbeteiligten ist es in weitem Umfang gestattet, ihre Prozesshandlungen zu widerrufen. So können die Beteiligten Anträge (z. B. Beweisanträge) und Behauptungen jederzeit fallenlassen oder abändern. Jedoch enthält die StPO eine Reihe von ausdrücklichen und stillschweigenden Verboten des Widerrufs von Prozesshandlungen. So sind Eröffnungsbeschlüsse, gerichtliche Urteile, mit sofortiger Beschwerde anfechtbare Be- 14

[1] *Schlothauer,* 1988, unterscheidet in diesem Zusammenhang zwischen Hilfsbeweisantrag, Eventualbeweisantrag und bedingtem Beweisantrag.

[2] Vgl. dazu die Darstellung des Meinungsstandes bei *W. Schmid,* 1982; di ff. *Niemöller,* 1992, 886 ff., der zwischen zulässigen Urteilsbedingungen und unzulässigen Beurteilungsbedingungen unterscheidet.

schlüsse (vgl. § 311 III), Klagen vom Zeitpunkt der Eröffnung des Hauptverfahrens an (§ 156) und unter bestimmten Voraussetzungen Rechtsmitteleinlegungen (§§ 302 I 2, 303) nicht frei widerruflich (h. M., vgl. LR/*Jesse,* § 302 Rn. 39ff.). Ein Beispiel für eine in der StPO nicht ausdrücklich ausgesprochene Unwiderruflichkeit soll nach BGHSt 10, 245 die Rücknahme eines Rechtsmittels sein (a. A. *Specht,* GA 1977, 72).

V. Fristen, Termine, Wiedereinsetzung in den vorigen Stand

15 1. Eine **Frist** ist ein Zeitraum, innerhalb dessen eine Prozesshandlung vorzunehmen ist. Sie endet erst um 24 Uhr des letzten Tages (vgl. §§ 186ff. BGB) unabhängig vom Dienstschluss der Behörde (BVerfGE 41, 323, 327f.; BVerfGE 42, 128, 131). Man kann zwischen gesetzlichen Fristen und richterlichen Fristen (z. B. § 201 I) unterscheiden. Die Differenzierung der ZPO zwischen einfachen Fristen und Notfristen kennt die StPO nicht. Aber alle von der StPO den Parteien gesetzten Fristen sind sachlich Notfristen, d. h., sie können vom Gericht nicht verlängert werden; ihre Wahrung wird von Amts wegen geprüft. Das stellt jetzt § 37 I 2 ausdrückl. klar. Über die Einzelheiten der Fristberechnung vgl. §§ 42, 43.

16 2. Für den **Zugang** genügt es für den wichtigsten Fall schriftlicher Erklärungen, dass das Schriftstück innerhalb der Frist ordnungsgemäß in die Verfügungsgewalt des zuständigen Gerichts gelangt (BGH wistra 1999, 346; ausführlich *W. Schmid,* FS Dünnebier, 1982, 101).

17 3. Gegen die Versäumung von Fristen findet die **Wiedereinsetzung in den vorigen Stand** statt (§§ 44–47). Unter „Fristen" sind dabei alle prozessualen Handlungsfristen ohne Rücksicht darauf zu verstehen, ob sie ausschließlich beim Gericht wahrzunehmen sind oder – wie z. B. gem. § 172 I die Beschwerdefrist im Klageerzwingungsverfahren – bei der StA (vgl. u. § 41 Rn. 10). Etwas anderes gilt hingegen für materiellrechtl. Ausschlussfristen wie die Verjährung; gegen ihre Versäumung findet keine Wiedereinsetzung statt. In der Praxis liegt die Bedeutung der Wiedereinsetzung hauptsächlich bei der Versäumung von Rechtsmittelfristen; aber auch gegen die Versäumung einer Wiedereinsetzungsfrist wird nicht selten Wiedereinsetzung begehrt. Zur Frage der Wiedereinsetzung zwecks Nachholung einzelner Revisionsrügen vgl. u. § 55 Rn. 62.

18 a) Voraussetzung der Wiedereinsetzung ist nach § 44, dass der Antragsteller ohne Verschulden (etwa durch Unfall, Erkrankung oder Naturereignisse) an der Einhaltung der Frist gehindert worden ist, etwa wenn er ohne sein Verschulden von einer Zustellung keine Kenntnis erhalten hat oder wenn sich die Postzustellung ungebührlich verzögert. Bei der Versäumung einer Rechtsmittelfrist wird die fehlende Schuld unwiderleglich vermutet, wenn eine gesetzlich vorgeschriebene Rechtsmittelbelehrung unterblieben war (§ 44 S. 2).

19 Nach st. Rspr. des BVerfG sind insb. dann keine überspannten Anforderungen an Vorkehrungen des Beschuldigten gegen eine eventuelle Fristversäumung (oder an die Unverzüglichkeit des Wiedereinsetzungsantrags) zu stellen, wenn es um die Frist für die Einlegung des Einspruchs gegen einen Strafbefehl nach § 409 (oder einen Bußgeldbescheid nach § 66 OWiG) geht; denn in diesen Fällen des „ersten Zugangs" zum Gericht stellt der Einspruch für den Beschuldigten die einzige Möglichkeit dar, das durch Art. 103 I GG gewährte rechtliche Gehör im Straf- (bzw. Bußgeld-)verfahren zu erlangen.[3] Dementsprechend ist in

[3] Vgl. etwa BVerfGE 37, 93, 96; 37, 100, 102; 38, 35, 38; 40, 42, 44; 40, 46, 49f.; 40, 88, 91; 41, 356, 358; 54, 80, 84.

solchen Fällen Wiedereinsetzung zu gewähren, wenn die Versäumung der Frist durch die Abwesenheit des Beschuldigten – wegen Urlaub, Krankheit oder aus beruflichen Gründen – zur Zeit der Zustellung (BVerfGE 40, 88; BVerfGE 43, 95) oder aber dadurch bedingt wurde, dass die Zustellung an einen Ausländer erfolgte, der der deutschen Sprache nicht hinreichend mächtig ist (BVerfGE 40, 95; BVerfGE 42, 120; BVerfG NStZ 1991, 446). Wer die Berufungsverhandlung versäumt, handelt dagegen i. d. R. schuldhaft, wenn er voraussehbare Verkehrsstaus nicht hinreichend berücksichtigt hat (BVerfG StV 1994, 113). Weil der Verteidiger anders als im Zivilrecht nicht Vertreter, sondern nur Beistand ist, hindert dessen auf die Fristwahrung bezügliches Verschulden bei der Anfechtung des Schuld- oder Rechtsfolgenausspruchs (anders bei der Anfechtung der Kostenentscheidung, BGHSt 26, 126) die Wiedereinsetzung nicht, sofern der Beschuldigte die Versäumung nicht durch eigenes Verschulden mitverursacht hat (BGHSt 14, 308, 332). Ein Mitverschulden des Beschuldigten soll z. B. darin liegen, dass er sorgfaltswidrig seine Rechtsangelegenheiten einem Anwalt anvertraut hat, der sich in der Behandlung von Fristsachen erkennbar als unzuverlässig erwiesen hat (BGHSt 25, 89; dazu berechtigte Kritik bei *Janknecht,* NJW 1973, 1890) oder hinsichtlich dessen besondere Gründe die Besorgnis nahelegen, er werde nicht in ausreichendem Maße tätig (BGH NStZ 1997, 560). Dagegen nimmt die h. M. an, obwohl § 85 II ZPO in der StPO keine Entsprechung hat, dass andere Beteiligte (Privat- und Nebenkläger, Verletzte beim Klageerzwingungsverfahren) das Verschulden ihres Anwalts zu vertreten haben (BGHSt 30, 309; OLG Düsseldorf NJW 1993, 341). Zur Wiedereinsetzung bei einem Verstoß gegen § 145a III vgl. u. § 53 Rn. 21.

b) Formelle Voraussetzung der Wiedereinsetzung ist ein Antrag, der binnen einer Woche nach Beseitigung 20
des Hindernisses unter Angabe und Glaubhaftmachung des Hinderungsgrundes einzureichen ist (§ 45 I). Die **Glaubhaftmachung** (zum Begriff u. § 24 Rn. 1) kann gem. § 45 II 1 noch nach Ablauf der genannten Frist bis zum rechtskräftigen Abschluss des Wiedereinsetzungsverfahrens nachgeholt werden (BVerfGE 41, 332 m. abl. Anm. *Heyland,* JR 1977, 402; BVerfGE 43, 95); sie erfolgt meist durch Urkunden oder eidesstattliche Versicherungen von Zeugen. Eine eidesstattliche Versicherung des Antragstellers selbst genügt (anders als nach § 294 ZPO) nicht; sie kann jedoch in eine einfache Erklärung des Antragstellers umgedeutet werden (BGHSt 25, 92), die zur Glaubhaftmachung dann genügt, wenn ihr, wie etwa bei einem Urlaub in der allgemeinen Ferienzeit, nach der Lebenserfahrung eine nicht unerhebliche Wahrscheinlichkeit innewohnt (vgl. BVerfGE 26, 315; BVerfGE 38, 39; BVerfGE 40, 92) oder wenn andere Mittel der Glaubhaftmachung nicht zur Verfügung stehen und die Behörde Vorkehrungen unterlässt, durch die der Zeitpunkt der Absendung eines Schreibens dokumentiert werden könnte (BVerfG StV 1995, 393). Mit dem Wiedereinsetzungsantrag ist zugleich die versäumte Handlung (z. B. das Rechtsmittel) nachzuholen (§ 45 II 2); ist dies geschehen, so kann Wiedereinsetzung auch ohne Antrag gewährt werden (§ 45 II 3).

c) Der Antrag auf Wiedereinsetzung zerstört die schon eingetretene Rechtskraft nicht; 21
erst wenn die Wiedereinsetzung bewilligt wird, fällt diese rückwirkend weg. Auch die Vollstreckung einer gerichtlichen Entscheidung wird durch den Wiedereinsetzungsantrag nicht gehemmt; doch kann das Gericht Vollstreckungsaufschub anordnen (§ 47).

4. Ein **Termin** ist ein Zeitpunkt, der zum Beginn einer Prozesshandlung (z. B. einer 22
Zeugenvernehmung, einer Augenscheinseinnahme, einer Hauptverhandlung) bestimmt ist.

Ausnahmsweise ist auch gegen die Versäumung eines Termins in gesetzlich einzeln aufgezählten Fällen eine **Wiedereinsetzung** möglich. Sie wird hauptsächlich bei Urteilen gewährt, die in Abwesenheit des Angeklagten ergangen sind (§§ 235, 329 III, 412), und führt zur rückwirkenden Beseitigung des Urteils. Auch wenn der Privatkläger die Hauptverhandlung verpasst, kann die gesetzlich angeordnete Fiktion einer Rücknahme der Privatklage durch Wiedereinsetzung aufgehoben werden (§ 391 II–IV).

War der Angeklagte zu dem Termin nicht oder nicht ordnungsgemäß geladen, so kann er bei schuldloser Unkenntnis des Termins oder bei schuldloser Säumnis trotz erlangter Kenntnis in entspr. Anwendung der §§ 235, 329 III, 412 Wiedereinsetzung verlangen (str.; vgl. *Dittmar,* NJW 1982, 209).

§ 23. Die richterlichen Entscheidungen im Allgemeinen

A. Die Arten der richterlichen Entscheidungen

1 **I.** Die richterlichen Entscheidungen sind nach ihrer **Form** Urteile, Beschlüsse oder Verfügungen.

1. **Urteile** erlässt das Gericht aufgrund mündlicher und öffentlicher Hauptverhandlung. Sie haben instanzerledigenden Charakter und sind, soweit sie nicht mit dem Erlass rechtskräftig werden, mit der **Berufung** oder der **Revision** anfechtbar (über das Urteil i. e. u. §§ 48ff.).

2 2. **Beschlüsse** werden vom Gericht erlassen, und zwar während der Hauptverhandlung unter Mitwirkung auch der Laienrichter, außerhalb der Hauptverhandlung ohne sie. Sie dienen i. d. R. dazu, den Prozess in Richtung auf das Urteil weiterzutreiben, etwa durch den Beschluss über die Eröffnung des Hauptverfahrens, den Ausschluss der Öffentlichkeit oder die Verlesung einer Urkunde (über prozesserledigende Entscheidungen in Beschlussform vgl. u. Rn. 12f.). Beschlüsse sind, wenn überhaupt, mit der (einfachen oder sofortigen) Beschwerde anfechtbar.

3 3. **Verfügungen** sind Entscheidungen, die ein einzelner Richter in Erfüllung einer besonderen Aufgabe (als Vorsitzender, als Ermittlungsrichter, als beauftragter oder ersuchter Richter) trifft, z. B. die Bestimmung des Termins zur Hauptverhandlung durch den Vorsitzenden. Sie sind entweder gar nicht oder durch Beschwerde (vgl. § 304) oder auch im Wege einer Anrufung des Gerichts (z. B. § 238 II) angreifbar.

4 **II.** Eine gerichtliche Entscheidung ist mit der Unterschrift der Richter aktenmäßig erlassen und kann von diesem Zeitpunkt an angefochten werden. Ein Erlass mit Außenwirkung (mit der Folge der Unabänderbarkeit in derselben Instanz) liegt erst dann vor, wenn die Entscheidung an gerichtsfremde Personen herausgegeben wird (BayObLGSt 77, 77, 79). Dabei ist es nicht erforderlich, dass die Bekanntgabe der Entscheidung aufgrund richterlicher Verfügung erfolgt, BayObLG NJW 1981, 2589 (a. A. OLG Bremen NJW 1956, 435; OLG Hamburg NJW 1963, 874).

Im Gegensatz zu der auf die Herausgabe der Entscheidung abstellenden Auffassung soll nach BGH NStZ 1994, 96 eine Revisionsverwerfung nach § 349 II bereits dann mit Außenwirkung erlassen und einer Abänderung unzugänglich sein, wenn sie mit den Unterschriften der Richter in den Geschäftsgang gegeben wurde.

5 **III.** Nach ihrem **Inhalt** kann man prozesserledigende und laufende Entscheidungen unterscheiden.

1. **Prozesserledigende Entscheidungen** erfolgen

a) wenn sie aufgrund einer **Hauptverhandlung** ergehen, grds. durch **Urteil;** das gilt sowohl für die Sachentscheidung (Verurteilung oder Freisprechung) wie für die Prozessentscheidung, die auf Einstellung des Verfahrens lautet, z. B. wegen mangelnden Strafantrags oder wegen Verbrauchs des Strafklagerechts durch Rechtskraft; im letzten Fall kann man das Urteil auch so fassen: „Die Strafverfolgung wird für unzulässig erklärt."

Ausnahmsweise erfolgt aufgrund der Hauptverhandlung eine prozesserledigende Entscheidung durch **Beschluss:** nämlich die Einstellung des Verfahrens wegen Geringfügigkeit (§ 153 II 3; § 153a II 3).

b) Ist **keine Hauptverhandlung** vorangegangen, so ergeht die Entscheidung in **Beschlussform,** z. B. die Entscheidung, die im Klageerzwingungsverfahren ergeht (§ 175), die Entscheidung, die die Eröffnung des Hauptverfahrens ablehnt (§ 204 I), oder die Entscheidung über einen Antrag auf Wiederaufnahme des Verfahrens (§ 370). 6

2. **Laufende Entscheidungen** ergehen grds. in Beschlussform (z. B. der Verweisungsbeschluss des § 270); eine Ausnahme bildet die Entscheidung des Revisionsgerichts, die ein Urteil der unteren Instanz aufgrund einer Hauptverhandlung aufhebt und die Sache zurückverweist: Diese laufende Entscheidung ergeht in Urteilsform (§§ 353, 356). 7

B. Gemeinsame Bestimmungen für gerichtliche Entscheidungen

I. 1. Die Entscheidungen des Gerichts, die im Laufe einer Hauptverhandlung ergehen (z. B. über den Ausschluss der Öffentlichkeit, über die Vereidigung eines Zeugen, über die Verlesung einer Urkunde), werden nach **Anhörung** der Verfahrensbeteiligten erlassen (§ 33 I); Entscheidungen außerhalb der Hauptverhandlung erfordern mindestens eine Anhörung der StA (§ 33 II), aber auch sonstiger Verfahrensbeteiligter, soweit es sich um die Verwertung ihnen nachteiliger Tatsachen oder Beweisergebnisse handelt (§ 33 III); davon gilt nur dann eine Ausnahme, wenn, wie bei Anordnung der U-Haft oder einer Beschlagnahme, eine vorherige Anhörung die Maßnahme vereiteln würde (§ 33 IV). Das verstößt nicht gegen Art. 103 I GG, der in solchen Fällen stillschweigend die nachträgliche Gewährung des rechtlichen Gehörs zulässt (BVerfGE 9, 89, 94ff. und für den Fall des Haftbefehls § 115). 8

Die Anhörung eines verteidigten Angeklagten setzt keine ausdrückliche Aufforderung des Gerichts zur Äußerung voraus; vielmehr genügt es, wenn die Beteiligten erkennbar Gelegenheit zur Äußerung gehabt haben. Ob ein nichtverteidigter Angeklagter ausdrücklich zur Stellungnahme aufgefordert und ob dies ggf. als wesentliche Förmlichkeit nach § 273 I protokolliert werden muss, lässt der BGH offen (NStZ 1993, 500). 9

Wenn bei einer nicht mehr durch Rechtsmittel anfechtbaren Entscheidung der Anspruch des Betroffenen auf rechtliches Gehör verletzt wird, war früher allein noch die Verfassungsbeschwerde wegen Verletzung des Grundrechts aus Art. 103 I GG zulässig, was zu einer Überflutung des BVerfG mit einschlägigen Verfahren führte. Durch das Anhörungsrügegesetz v. 9.12.2004 ist nunmehr allgemein (§ 33a), bei Beschwerdeentscheidungen (§ 311a) und bei Revisionsentscheidungen (§ 356a) für das entscheidende Gericht die Möglichkeit geschaffen worden, auf **Anhörungsrüge** des Betroffenen oder (nur in den beiden ersten Fällen) von Amts wegen das rechtliche Gehör nachträglich zu gewähren und danach erneut in der Sache zu entscheiden (dazu allg. *Eschelbach/Geipel/Weiler,* StV 2010, 325). Im Revisionsverfahren muss die Anhörungsrüge binnen einer Woche erhoben werden (§ 356a S. 2), mit hohen Anforderungen an eine Wiedereinsetzung (BGH StV 2010, 297). Im Übrigen ist sie an keine Frist gebunden, darf aber nicht beliebig lange hinausgezögert werden (OLG Koblenz wistra 1987, 357). Freilich folgt aus dem psychologischen Gesetz der Urteils- 10 perseveranz (o. § 1 Rn. 16), dass ein nachträgliches Gehör eine signifikant schwächere Wirkung hat als ein vorher gewährtes Gehör, woraus sich für die zukünftige Strafverfahrensreform ein Kompensationsbedarf ergibt (u. § 29 Rn. 26).

11 **II.** Eine **Begründung** ist vorgeschrieben (§ 34):

1. für alle Entscheidungen, die mit Rechtsmitteln anfechtbar sind (damit das Rechtsmittelgericht die Richtigkeit der Entscheidung nachprüfen kann), außerdem

2. für alle Entscheidungen, durch die ein Antrag abgelehnt wird (z. B. die Ablehnung des Beweisantrags). Dabei sind rechtsstaatliche Erwägungen maßgebend: Der Antragsteller soll sehen, dass sein Antrag gründlich geprüft worden ist und dass keine Willkür waltet.

Selbstverständlich bedürfen alle Urteile, auch wenn sie nicht mit Rechtsmitteln anfechtbar sind, der Begründung (§§ 267f.). Keine Begründung enthielt der „Wahrspruch" der Geschworenen im früheren Schwurgerichtsverfahren. § 305 RStPO lautete: „Die Geschworenen haben die ihnen vorgelegten Fragen mit Ja oder mit Nein zu beantworten." Das stand im Einklang mit der englischen Tradition und der hinzugefügten französischen Theorie der „conviction intime", die mit der Einführung der freien Beweiswürdigung (näher u. § 45 Rn. 42ff.) die richterliche Überzeugungsbildung für einen höchstpersönlichen und deshalb nicht weiter zu begründenden Vorgang erachtete.

Die Art der Begründung ist im Gesetz nur für das Urteil (§ 267) und den Haftbefehl (§ 114) vorgeschrieben. In allen Fällen müssen die Gründe insb. erkennen lassen, ob die Entscheidung auf rechtlichen oder auf tatsächlichen Erwägungen beruht.

12 **III.** Über die **Bekanntmachung** der Entscheidungen bestimmt das Gesetz, dass die in Anwesenheit der davon betroffenen Person ergehende Entscheidung (z. B. ein Urteil oder ein Haftbefehl) durch **Verkündung,** die in Abwesenheit derselben ergehende durch **Zustellung** bzw., wenn die Bekanntmachung keine Frist in Lauf setzt, durch **formlose Mitteilung** bekanntzugeben ist (§ 35).

Bei der Bekanntmachung einer Entscheidung, die durch ein befristetes Rechtsmittel angefochten werden kann, ist der Betroffene über die Möglichkeiten der Anfechtung und die dafür vorgeschriebenen Fristen und Formen sowie bei zulässiger Berufung gegen ein Urteil über die Rechtsfolgen der §§ 40 III, 329, 330 zu belehren (§ 35a).

13 Im Übrigen wird die Zustellung von Entscheidungen durch den Vorsitzenden angeordnet und durch die Geschäftsstelle ausgeführt (§ 36 I). Wenn unklar ist, wie oder an wen eine Entscheidung zuzustellen ist, hat der Richter (nicht die Geschäftsstelle) die erforderliche Anordnung zu treffen; sonst ist die Zustellung unwirksam (OLG Düsseldorf NJW 1982, 590). Entscheidungen, die der Vollstreckung bedürfen, sind der StA zu übergeben (§ 36 II; Ausnahme: § 36 II 2). Für das Verfahren bei Zustellungen gilt die ZPO (§ 37). Nach § 178 ZPO kann ersatzweise auch an erwachsene Familienangehörige, in der Familie beschäftigte Personen und ständige Mitbewohner (einschl. Lebensgefährten) zugestellt werden (BGHZ 111, 1; obsolet BGHSt 34, 250). Ist die Zustellung des erstinstanzlichen Urteils unterblieben, so liegt darin nach BGHSt 33, 183 ein Verfahrensfehler, aber kein Verfahrenshindernis.

5. Kapitel. Die Stoffsammlung, insb. das Beweisrecht

§ 24. Die Grundlagen des Beweisrechts, insb. die Beweisverbote

Literatur: *Beling,* Revision wegen „Verletzung einer Rechtsnorm über das Verf." im Strafprozess, FS Binding, 1911, II, 87; *Ditzen,* Dreierlei Bew. im Strafverf., 1926; *Döhring,* Die Erforschung des Sachverhalts, 1964; *Sarstedt,* Bew.regeln im Strafprozess, FS E. Hirsch, 1968, 171; *Willms,* Wesen und Grenzen des Freibew., Ehrengabe f. Heusinger, 1968, 393; *Ziegler,* Zweckmäßigkeitstendenzen in der höchstrichterl. Auslegung des Bew.rechts im Strafverf., 1969; *Lüderssen,* Die strafrechtsgestaltende Kraft des Bew.rechts, ZStW 85 (1973), 288; *Greger,* Bew. und Wahrscheinlichkeit, 1978; *Hiegert,* Die Sphäre der Offenkundigkeit in der StPO, 1989; *Keller,* Offenkundigkeit und Bew.bedürftigkeit im Strafprozess, ZStW 101 (1989), 381; *Meyer-Goßner,* Über die „Gerichtskundigkeit", FS Tröndle, 1989, 551; *Dedes,* Bew.verf. und Bew. recht, 1992; *Grünwald,* Das Bew.recht der StPO, 1993; *Schneider,* Bew. und Bew.würdigung, 5. Aufl., 1994; *ter Veen,* Beweisumfang und Verfahrensökonomie im Strafprozess, 1995; *Graul,* Systemat. Unters. zur Offenkundigkeit im Strafpr., 1996; *Gössel,* Über Beweis, Amtsaufklärung und die Pflicht zur Beweiserhebung, FS Nishihara, 1998, 215; *Stamp,* 1998 (Lit. § 16); *Volk,* Begriff und Beweis subjektiver Merkmale, FS BGH-Wiss., Bd. IV, 2000, 739; *L. Schulz,* Normiertes Misstrauen, 2001; *Paulus,* Abstraktion und Konkretisierung in der „gesetzlichen Beweistheorie" des Strafverf., FS U. Weber, 2004, 485; *Knierim,* Entfällt das Richterprivileg für die Tatsachenfeststellung?, FS Dahs, 2005, 313; *Gleß,* Beweisrechtsgrundsätze einer grenzüberschreitenden Strafverfolgung, 2006; *Schuster,* Verwertbarkeit im Ausland gewonnener Beweise im deutschen Strafpr., 2006; *Dahs,* Die „Plausibilitätsrüge", FS Hamm, 2008, 41; *Paulus,* Strafpr. Beweisstrukturen, FS Fezer, 2008, 243; *Hamm,* Beweis als Rechtsbegriff u. seine revisionsrechtl. Kontrolle, ebda., 393; *Kunz,* Tatbeweis jenseits eines vernünftigen Zweifels, ZStW 121 (2009), 572; *Hassemer,* Grenzen des Wissens im Strafprozess, ibid. 829; *Alsberg,* Der Bew.antrag im Strafpr., 6. Aufl., 2013; *Zabel,* Dogmatik u. Funktionswandel des Tatverdachts, ZIS 2014, 340; *Momsen,* Zum Umgang mit digitalen Beweismitteln im Strafprozess, FS Beulke, 2015, 871; *Ceffinato,* Bew.würdigung u. Indizkonstruktionen pp., ZStW 128 (2016), 804.

Vgl. ferner die Angaben zu § 45.

A. Beweis, Glaubhaftmachung und Verdachtsbegründung

Beweisen heißt, die Überzeugung von dem Vorliegen einer Tatsache verschaffen (die einzelnen Beweisgrundsätze werden in § 45 eingehend dargestellt). In der Hauptverhandlung bedürfen alle für die Schuld- und Straffrage relevanten Tatsachen des vollen Beweises. Demgegenüber genügt für die **Glaubhaftmachung,** die bei manchen prozessualen Zwischenentscheidungen wie für die Ablehnung eines Richters (§ 26 II), für die Begründung eines Antrags auf Wiedereinsetzung (§ 45 II) oder für die Begründung eines Zeugnisverweigerungsrechts (§ 56) erfordert wird, ein bloßes Wahrscheinlichmachen.[1] Im Vor- und Zwischenverfahren geht es dagegen noch nicht um den (vollen) Nachweis, sondern nur um die Begründung eines **Verdachts,** der in unterschiedlichen Wahrscheinlichkeitsgraden von der entfernten („überzufälligen") bis zur hohen Wahrscheinlichkeit reicht (umfassend *L. Schulz,* 2001). 1

B. Strengbeweis und Freibeweis

I. Für die Feststellung der Umstände, die für den Hergang der Tat, die Schuld des Täters und die Höhe der Strafe, also für die sog. Schuld- und Straffrage, von Bedeutung 2

[1] Die Tatsache muss soweit bewiesen werden, dass das Gericht sie für wahrscheinlich hält und ohne verzögernde weitere Ermittlungen entscheiden kann (BGHSt 21, 334, 347, 350).

sind, schreibt das Gesetz eine strenge Förmlichkeit der Beweiserhebung vor; man spricht hier vom **Strengbeweis.**

Dieser ist doppelt eingeschränkt:

1. Er ist begrenzt auf die **gesetzlichen Beweismittel,** d. h. den Beschuldigten, Zeugen (§§ 48–71), Sachverständige (§§ 72–85), Augenschein (§§ 86–93) und Urkunden (§§ 249–256). Die eine zunehmende Rolle spielenden *digitalen Beweismittel* bilden keine eigene Gruppe, sondern sind Gegenstand eines Sachverständigen- oder Augenscheinsbeweises (zu ihren Problemen *Momsen,* FS Beulke, 2015, 871).

2. Diese Beweismittel dürfen nur nach den in den §§ 244 ff. genau festgelegten Regeln verwendet werden.

3 **II.** Alle übrigen Umstände kann das Gericht nach ständiger Praxis im Wege des **Freibeweises** erforschen, d. h., es kann sich auf jede beliebige Weise (etwa durch Hinzuziehung von Akten oder eine telefonische Rückfrage) Gewissheit verschaffen; überdies genügt in vielen Fällen bloße Glaubhaftmachung. Das Freibeweisverfahren, das die StPO nicht ausdrücklich nennt, hat sich im Anschluss an Arbeiten von *Beling* und *Ditzen* allgemein durchgesetzt, eine theoretisch zureichende Begründung aber bis heute nicht erfahren (vgl. *Többens,* 1982, 184; *Volk,* 1978, 73 ff.). Nach BGH StV 2012, 3 gilt auch hier die richterliche Aufklärungspflicht, die freilich noch im Revisionsverfahren erfüllt werden könne.

4 Das Freibeweisverfahren wird angewandt (näher *Eisenberg,* BewR, Rn. 36 ff.):

1. für die Feststellung von Tatsachen, die für die Entscheidung nur prozessual erheblich sind, z. B. des Zeitpunktes der Kenntnis von Tat und Täter beim Antragsberechtigten oder für die Feststellung des Alters eines Zeugen (wichtig für die Vereidigung, § 60 Nr. 1);

2. für die Feststellung von Tatsachen (auch materiellrechtlich bedeutsamen) für andere Entscheidungen als Urteile, z. B. für den Erlass eines Haftbefehls oder für die Eröffnung des Hauptverfahrens.

Zur Anwendung des Freibeweises bei der Feststellung von Prozessvoraussetzungen vgl. o. § 21 Rn. 23. Ist eine Tatsache doppelrelevant, d. h. sowohl für die Schuld- und Straffrage als auch prozessual erheblich, so gilt das Strengbeweisverfahren (BGH StV 1982, 101).

5 **III.** Nach BGHSt 16, 166 kann auch die Frage, ob bei einer Vernehmung des Beschuldigten verbotene Vernehmungsmethoden (§ 136a, vgl. u. § 25 Rn. 15 ff.) angewandt worden sind, im Wege des Freibeweises geklärt werden, weil es sich dabei um die Feststellung eines bloßen Verfahrensfehlers handelt (a. A. *Eisenberg,* BewR, Rn. 707); ebenso BGH StV 2012, 3 allg. für die Feststellung eines Beweisverwertungsverbots.

C. Die Beweisbedürftigkeit

I. Grundsatz: alle entscheidungserheblichen Tatsachen

6 Während in dem von der Verhandlungsmaxime beherrschten Zivilprozess nur die bestrittenen Tatsachen beweisbedürftig sind, gilt im Strafprozess als Ausfluss der Instruktionsmaxime der Grundsatz, dass *alle* für eine gerichtliche Entscheidung irgendwie erheblichen Tatsachen bewiesen werden müssen (s. § 244 II).

Unter den **beweisbedürftigen Tatsachen** kann man unmittelbar erhebliche Tatsachen, Indizien und Hilfstatsachen des Beweises unterscheiden.

1. Zu den **unmittelbar erheblichen Tatsachen** zählen alle Umstände, die durch sich selbst die Strafbarkeit begründen (der Zeuge Z hat den Bauern W beim Wildern beobachtet) oder ausschließen (der Zeuge hat gesehen, dass A, der den B erschlagen hat, von diesem angegriffen wurde). 7

2. **Indizien** sind Tatsachen, die einen Schluss auf eine unmittelbar erhebliche Tatsache zulassen, also z. B. die Tatsache, dass der des Mordes Verdächtige unmittelbar vor der Tötung des X Todesdrohungen gegen ihn ausgesprochen oder nach der Tat Blutflecken aus seiner Hose entfernt hat oder dass der des Versicherungsbetrugs Verdächtige sich vor der Tat Benzin beschafft und die Versicherungssumme erhöht hat (näher u. § 45 Rn. 18, 48).

3. **Hilfstatsachen des Beweises** sind die Tatsachen, die einen Schluss auf die Güte eines Beweismittels zulassen, z. B. die Wahrheitsliebe oder das Erinnerungsvermögen eines Zeugen.

II. Ausnahme: offenkundige Tatsachen

Eine Tatsache braucht aber ausnahmsweise dann nicht bewiesen zu werden, wenn sie **offenkundig** ist (§ 244 III 2, 1. Alt.). Dabei darf das Gericht einen Beweisantrag nicht nur wegen Offenkundigkeit der behaupteten Tatsache, sondern auch deshalb ablehnen, weil das Gegenteil der Beweisbehauptung offenkundig ist (str.; näher *Keller,* 1989, 384 ff.; *ter Veen,* 1995, 89 ff.). 8

1. Offenkundig sind zunächst die sog. **allgemeinkundigen** Tatsachen. Dazu gehören Naturvorgänge (z. B. der Zeitpunkt einer Mondfinsternis) und historische Ereignisse (z. B. die Ermordung jüdischer Menschen in KZs, BGH NStZ 1994, 140) wie überhaupt alle Tatsachen, von denen verständige Menschen regelmäßig Kenntnis haben oder über die sie sich aus zuverlässigen Quellen (Lexika, Landkarten u. ä.) sicher unterrichten können (BGHSt 6, 293; BGHSt 26, 59). Eine solche Allgemeinkundigkeit kann auch dann noch vorliegen, wenn die Kenntnis auf einen bestimmten Personenkreis (z. B. die Einwohner der Stadt X hinsichtlich lokaler Zustände) beschränkt ist (BGHSt 6, 293). 9

2. Offenkundig sind ferner auch die sog. **gerichtskundigen** Tatsachen, d. h. alles, „was der Richter im Zusammenhang mit seiner amtlichen Tätigkeit zuverlässig in Erfahrung gebracht hat" (BGHSt 6, 293; abw. *Schmidt-Hieber,* JuS 1985, 295; *Keller,* 1989, 405 ff.). Privates Wissen des Richters genügt also nicht (etwa wenn er Zeuge eines Verkehrsunfalls war; vgl. auch u. § 26 Rn. 6). Gerichtskundig sind vor allem Vorgänge, die in einer großen Zahl von Strafverfahren in stets gleichbleibender Weise die Grundlage der Entscheidung gebildet haben (BGHSt 6, 296). Dafür reichen nach Ansicht des BGH auch die in den Urteilen anderer Richter getroffenen Feststellungen aus (vgl. BGHSt 6, 292. Verfassungsfeindlichkeit der FDJ; krit. dazu *Peters,* 308). Hat ein Gericht andererseits in bestimmten Fragen eine besondere Sachkunde (z. B. der Kartellsenat des KG auf dem Gebiete des Kartellwesens, BGHSt 26, 58), so ist für die Gerichtskundigkeit diese entscheidend. Zur Annahme der Gerichtskundigkeit genügt es, dass ein „kundiger" Richter die Mehrheit des Gerichts von seinem Wissen überzeugen kann (*Meyer-Goßner,* 1989; LR/*Sander,* § 261 Rn. 28 m. w. N.; i. E. auch *Graul,* 1996, 122 ff., 136; str.). 10

11 3. Über eine offenkundige Tatsache braucht zwar kein Beweis erhoben zu werden; wegen der Garantie des rechtlichen Gehörs in Art. 103 I GG muss sie aber zum Gegenstand der Hauptverhandlung gemacht werden (BGHSt 6, 295; BGH StV 1994, 527), es sei denn, dass sie **völlig selbstverständlich** ist und deswegen keiner ausdrücklichen Hervorhebung bedarf. Die Einführung offenkundiger (v. a. gerichtskundiger) Tatsachen in die Hauptverhandlung erfolgt durch den Hinweis des Gerichts, es werde diese Tatsachen möglicherweise als offenkundig seiner Entscheidung zugrunde legen (BGH NStZ 1995, 246). Zur Frage, ob das protokollierungsbedürftig ist, vgl. u. § 51 Rn. 3.

12 4. Die Führung eines **Gegenbeweises** ist bei den offenkundigen Tatsachen nicht schlechthin ausgeschlossen. Falls sie gelingt, lag dann genaugenommen nur die fälschliche Annahme der Offenkundigkeit vor. Wenn eine Tatsache allgemeinkundig ist, genügt allerdings die bloße Behauptung des Gegenteils zur Erzwingung einer Beweisaufnahme nicht; vielmehr müssten dafür neue und bisher nicht bekannte Umstände vorgetragen werden (OLG Düsseldorf StV 1992, 314). Insoweit reicht es dann aber aus, wenn durch die neuen Umstände vernünftige Zweifel an der Wahrheit der vom Gericht zunächst aufgrund ihrer Allgemeingültigkeit für wahr erachteten Tatsache geweckt werden (näher zum Ganzen *Graul,* 1996, 181ff.).

D. Beweisverbote

Literatur: *Beling,* Die Bew.verb. als Grenzen der Wahrheitserforschung im Strafprozess, 1903 (Neudruck 1968); *Grünwald,* Bew.verb. im Strafverf., JZ 1966, 489; DJT 1966, Bd. I, Gutachten, Teil 3 A: *Andenaes, Nuvolone, Mueller, Peters, Rupp;* Teil 3 B: *Jescheck;* Teil F: Referate von *Sarstedt,* 8ff., und *Klug,* 30ff.; Diskussionen, 73ff.; *Honig,* Bew.verb. und Grundrechte im amerik. Strafprozess, 1967; *Erdmann,* Die Ausdehnung der strafproz. Garantien der US-Bundesverfassung auf den Strafprozess der Einzelstaaten, 1969; *Kühne,* Strafproz. Bew.verb. und Art. 1 I GG, 1970; *Otto,* Grenzen und Tragweite der Bew.verb. im Strafverf., GA 1970, 289; *Rudolphi,* Die Revisibilität von Verf.mängeln im Strafprozess, MDR 1970, 93; *Petry,* Bew.verb. im Strafprozess, 1971; *Haffke,* Schweigepflicht, Verf.revision und Bew.verb., GA 1973, 65; *Sydow,* Kritik der Lehre von den „Bew.verb.", 1976; *Dencker,* Verwertungsverb. im Strafprozess, 1977; *Fezer,* Grundfälle zum Verlesungs- und Verwertungsverb. im Strafprozess, JuS 1978, 104, 325, 472, 612, 765; *Rogall,* Stand und Entwicklungstendenzen der Lehre von den strafproz. Bew.verb., ZStW 91 (1979), 1; *Amelung,* Der Grundrechtsschutz der Gewissenserforschung und die strafproz. Behandlung von Tagebüchern, NJW 1988, 1002; *Dalakouras,* Bew.verb. bezüglich der Achtung der Intimsphäre usw., 1988; *Deutscher Anwaltverein* (Hrsg.), Wahrheitsfindung und ihre Schranken, 1989; *Strate,* Rechtshistor. Fragen der Bew.verb., JZ 1989, 176; *Amelung,* Informationsbeherrschungsrechte im Strafprozess, 1990; *Geppert,* Die „qualifizierte" Belehrung, GS Meyer, 1990, 93; *Paulus,* Bew.verb. als Prozeßhandlungshindernisse, ebda., 309; *Wolter,* Menschenwürde und Freiheit im Strafprozess, ebda., 493; *ders.,* Repressive und präventive Verwertung tagebuchartiger Aufzeichnungen, StV 1990, 175; *Reinecke,* Die Fernwirkung von Bew.verwertungsverb., 1990; *Wu,* Rechtsfehler bei der Bew.gewinnung und ihr strafproz. Rechtsmittel, 1990; *Baumann/Brenner,* Die strafproz. Bew.verwertungsverb., 1991; *Beulke,* Hypothet. Kausalverläufe im Strafverf. bei rechtswidrigem Vorgehen von Ermittlungsorganen, ZStW 103 (1991), 657; *Gauthier,* Die Bew.verb., ZStW 103 (1991), 796; *Geis,* Der Kernbereich des Persönlichkeitsrechts, JZ 1991, 112; *Gössel,* Die Bew.verb. im Strafverf.recht der BRD, GA 1991, 483; *Peres,* Strafproz. Bew.verb. und Bew.verwertungsverb., 1991; *Roxin,* Die Rspr. des BGH zum Strafverf.recht, in: Jauernig/Roxin, 40 Jahre BGH, 1991, 66; *Knoll,* Die Fernwirkungen von Bew.verwertungsverb., 1992; *Salditt,* 25 Jahre Miranda, GA 1992, 51; *Sv. Schröder,* Bew.verwertungsverb. und die Hypothese rechtmäßiger Bew.erlangung im Strafprozess, 1992; *Störmer,* Dogmat. Grundlagen der Verwertungsverb., 1992; *Grünwald,* Das Bew.recht der StPO, 1993; *Hauf,* Ist die „Rechtskreistheorie" noch zu halten?, NStZ 1993, 457; *Pelz,* Bew.verwertungsverb. und hypothetische Ermittlungsverläufe, 1993; *Bauer,* Ist die Kritik an der „Rechtskreistheorie" (methodisch) noch zu halten?, NJW 1994, 2530; *Kelnhofer,* Hypothetische Ermittlungsverläufe im System der Beweisverb., 1994; *Koriath,* Über Bew.verb. im Strafprozess, 1994; *Fezer,* Grundfragen der Bew.verwertungsverb., 1995 (ausführl. u. krit. dazu *Amelung,* GA 1996, 332); *Rogall,* Bew.verb. im System des deutschen und des amerikanischen Strafverfahrensrechts, FS Rudolphi, 1995, 113; *Bauer,* Der neue Streit um die Rechtskreistheorie als methodisches Problem, wistra 1996, 46; *Frank,* Die Verwertbarkeit rechtswidriger Tonbandaufnahmen Privater, 1996; *Hauf,* Der neue Streit um die Rechtskreistheorie, wistra 1995, 53; *M. Heinrich,* Zur Operationsvorbereitung entnommene Blutproben als Beweismittel im Strafprozess, 1996; *Maul/Eschelbach,* Zur „Widerspruchslösung" von Bew.verb.problemen in der Rechtsprechung,

StraFo 1996, 66; *Rogall,* Über die Folgen der rechtswidr. Beschaffung des Zeugenbeweises im Strafpr., JZ 1996, 944; *Amelung,* Subjektive Rechte in der Lehre von den strafproz. Bew.verb., FS Bemmann, 1997, 505; *Renzikowski,* Die förmliche Vernehmung des Besch. und ihre Umgehung, JZ 1997, 710; *Roxin,* Das Recht des Besch. zur Verteidigerkonsultation in der neuesten Rspr., JZ 1997, 343; *ders.,* Zum Hörfallen-Beschluß des GrS, NStZ 1997, 18; *Lindner,* Der Begleitfund, 1998; *Meyer-Goßner,* Die Ausweitung des Widerspruchserfordernisses, StraFo 1998, 258; *Nagel,* Verwertung und Verwertungsverb. im Strafverfahren, 1998; *Dudel,* Das Widerspruchserfordernis bei Bew.verwertungsverb., 1999; *Gössel,* Die Unterscheidung zwischen absoluten und relativen Bew.verwertungsverb. pp., FS Hanack, 1999, 277; *Rogall,* Abwägungen im Recht der Bew.verb., ebda., 293; *ders.,* Zur Lehre von den Bew.verb., FS Grünwald, 1999, 523; *Gleß,* Das Verhältnis von Bew.erhebungs- und Beweisverwertungsverb. und das Prinzip „locus regit actum", ebda., 197; *Keller,* Privatisierung der Polizeifunktionen und strafpr. Bew.verwertungsverb., ibid., 267; *Höpfel/Huber* (Hrsg.), Bew.verb. in Ländern der EU und vergleichbaren Rechtsordnungen, 1999; *Macht,* Verwertungsverb. bei rechtswidr. Informationserlangung im Verwaltungsverf., 1999; *Müssig,* Bew.verb. im Legitimationszusammenhang von Strafrechtstheorie und Strafverfahren, GA 1999, 119; *v. Stetten,* Bew.verwertung beim Einsatz Verdeckter Ermittler, 1999; *B. Heinrich,* Rügepflichten in der Hauptverh. und Disponibilität strafverfahrensrechtl. Vorschriften, ZStW 112 (2000), 398; *Wolter,* Bew.verb. und Umgehungsverbote zwischen Wahrheitserforschung und Ausforschung, FS BGH-Wiss., Bd. IV, 2000, 1043; *Amelung,* Zum Streit über die Grundlage der Lehre von den Bew.verwertungsverb., FS Roxin, 2001, 1259; *Brandis,* Bew.verb. als Belastungsverbote aus der Sicht des Besch., 2001; *Dencker,* Verwertungsverb. und Verwendungsverb. im Strafpr., FS Meyer-Goßner, 2001, 237; *S. Götting,* Bew.verwertungsverb. in Fällen gesetzl. nicht geregelter Ermittl.tätigkeit, 2001; *von der Lippe,* Die „Widerspruchslösung" der Rspr. f. strafproz. Bew.verwertungsverb., 2001; *Amelung,* Prinzipien der strafpr. Verwertungsverb., GS Schlüchter, 2002, 417; *Fezer,* Wider die „Bew.würdigungs-Lösung" des BGH bei verfahrensfehlerhafter Bew.erhebung, FS Gössel, 2002, 627; *Ignor,* Plädoyer für die Widerspruchslösung, FS Riess, 2002, 185; *Rogall,* Verwertungsverb. im Besteuerungsverfahren, ebda., 951; *Schlothauer,* Zur Bedeutung der Bew.verwertungsverb. im Ermittlungs- und Zwischenverf., FS Lüderssen, 2002, 761; *Ufer,* Der Verwertungswiderspruch in Theorie u. Praxis, 2002; *Amelung,* Normstruktur und Positivität strafprozessualer Bew.verb., FG Hilger, 2003, 327; *Jäger,* Bew.verwertung und Bew.verb. im Strafpr., 2003; *Maiberg,* Zur Widerspruchsabhängigkeit von strafpr. Verwertungsverb., 2003; *Salditt,* Opferschutz durch Bew. verb.?, FS Kohlmann, 2003, 667; *S. Cramer/Bürgle,* Die strafproz. Bew.verwertungsverb., 2. Aufl., 2004; *Esser,* Grenzen für verdeckte Ermittlungen gegen inhaftierte Beschuldigte pp., JR 2004, 98; *Wohlers,* Verwertungsverb. bei Verstoß gegen § 168c Abs. 5 Satz 1 StPO, GA 2003, 895; *Meyer-Mews,* Bew.verwertungsverb. im Strafverfahren, JuS 2004, 39, 126, 208; *Müssig,* Grenzen der Bew.verwertung beim Einsatz „Verdeckter Ermittler", GA 2004, 87; *Popp,* Verfahrenstheoret. Grundlagen der Fehlerkorrektur im Strafverf., 2005; *Arloth,* Zur Diskussion um die Bew.verwertungsverb., GA 2006, 258; *Kalb,* Die funktionale Begr. strafproz. Bew.verb., 2006; *Roxin/Schäfer/Widmaier,* Die Mühlenteichtheorie. Überlegungen zur Ambivalenz von Verwertungsverb., FS Strauda, 2006, 435; *Warntjen,* Heimliche Zwangsmaßnahmen und der Kernbereich privater Lebensgestaltung, 2007; *Amelung,* Die Darstellung d. Lehre v. d. Informat. beherrschungsrechten, JR 2008, 327; *Beulke,* Bew.erhebungs- u. Bew.verwert.- verbote pp., Jura 2008, 653; *Jahn,* Bew.erhebungs- u. Bew.verwert.verb. im Spannungsfeld pp. – Gutachten z. 67. DJT 2008 (m. Referaten v. *Becker, Hassemer* u. *Müller*), dazu umf. krit. *Rogall,* JZ 2008, 818; *ders.,* Kernbereichsmystik im Strafverf., FS Fezer, 2008, 61; *Schlothauer,* Strafproz. Verwertung selbstbelastender Angaben im Verwaltungsverf., ebda., 289; *Wohlers,* Die Hypothese rechtmäß. Beweiserlangung usw., ebda., 311; *ders.,* Die Nichtbeachtung des Richtervorbehalts, StV 2008, 434; *Gleß,* Bew.verb. in Fällen mit Auslandsbezug, JR 2008, 317; *Godenzi,* Das strafpr. Verbot staatl. Beweismittelhehlerei, GA 2008, 500; *Jäger,* Bew.erhebungs- und Bew.verwertungsverb. als proz. Regelungsinstrumente, GA 2008, 473; *Mitsch,* Strafproz. Bew.verb. im Spannungsfeld zwischen Jurisprudenz und realer Gefahr, NJW 2008, 2295; *Löffelmann,* Die normat. Grenzen d. Wahrheitserforschung im Strafverf., 2008; *Chao,* Einwirkungen der Grundrechte auf die Bew. verb. im Strafprozessrecht, 2009; *Conen,* Zur Disziplinierung der Strafverfolgungsorgane durch Bew.verw. verb., FS Eisenberg, 2009, 459; *Singelnstein,* Unselbstständ. Verwertungsverbote und informationelle Selbstbestimmung, ebda., 643; *Lesch,* Funktionale Rekonstruktion der Lehre von den Bew.verb., FS Volk, 2009, 311; *Linnenbaum,* Belehrung und „qualifizierte" Belehrung im Strafverfahren, 2009; *Münchhalffen,* Zur Verwertbarkeit auf Grundlage rechtswidr. Durchsuchung erlangter Beweismittel, FS Mehle, 2009, 445; *Muthorst,* Das Beweisverbot, 2009; *Park,* Strafprozessuale Beweisverbote pp., 2009, *Warnking,* Strafproz. Bew.verbote in der Rspr. d. EGMR pp., 2009, *Ambos,* Beweisverwertungsverbote, 2010; *Barthelme,* Die qualifiz. Belehrung bei Verfahrensverstößen im Strafpr., 2011; *Sowada,* Bew.verw.verb. im Spannungsfeld zw. nemo-tenetur-Grundsatz und fair-trial-Prinzip, FS Geppert, 2011, 689; *Verrel,* Selbstbelastungsfreiheit und Täuschungsverbot bei verdeckten Ermittlungen, FS Puppe, 2011, 1629; *Amelung,* Prinzipien strafproz. Beweisverbote, 2011; *Mosbacher,* Zur Zukunft der Widerspruchslösung, FS Rissing van Saan, 2011, 357; *Roericht,* Beweisverw.verb. und Beweisrecht, 2011; *Jäger,* Proz. Gesamtbetracht.- u. Kausalüberlegungen pp., FS Wolter, 2013, 947; *C. Schneider,* Bew.verbote aus dem Fair-Trail-Prinzip pp., 2013; *T. Zimmermann,* Selbstgespräch u. Kernbereich privater Lebensgestaltung, GA 2013, 162; *Roxin,* Zur Reichweite von Verwertungsverboten pp., FS Kühne, 2013, 317; *Magnus,* Beweisverbote bei Zufallsfunden ... am Bsp. der DNA-Reihenuntersuchung, ZStW 126 (2014), 695; *Gleß,* Gesetzl. Regelung von Beweisverwertungsverboten pp., GS f. Heine, 2015, 127; *Duttge,* Das „selbstständige Beweisverwertungsverbot" pp., FS v. Heintschel-Heinegg, 2015; *Ransiek,* Rechtswidrige Ermittlungen und die Fernwirkung von Beweisverwertungsverboten, FS Beulke, 2015, 949; *Traub,* Die Verwertbarkeit von Selbstgesprächen im Strafverfahren, 2015; *Schuster,* Verwertbarkeit von Beweismitteln bei grenzüberschreit. Strafverfolgung, ZIS 2016, 564.

Insb. Beweisermittlungen durch Private: *Otto,* Die strafproz. Verwertbarkeit von Beweismitteln, FS Kleinknecht, 1985, 319; *Krey,* Zur Problematik privater Ermittlungen des durch die Straftat Verletzten, 1994; *Bockemühl,* Private Ermittl. im Strafproz., 1996; *Hassemer/Matussek,* Das Opfer als Verfolger, 1996; *Wölfl,* Die Verwertbarkeit heimlicher privater Ton- und Bildaufnahmen im Strafverf., 1997; *Mende,* Grenzen privater Ermittl., 2001; *Bittmann/Molkenbur,* Private Ermittlungen, arbeitsrechtliche Aussagepflicht und strafproz. Schweigerecht, wistra 2009, 373; *Eckhardt,* Private Ermittlungsbeiträge im Rahmen der staatl. Strafverfolgung, 2009; *Knierim,* Das Verhältnis von strafr. und internen Ermittl., StV 2009, 324; *ders.,* Vom Sinn und Unsinn privater Ermittl., FS Volk, 2009, 247; *Matula,* Private Ermittlungen, 2012; *Rödiger,* Strafverfolgung von Unternehmen, Internal Investigations und strafr. Verwertbarkeit von „Mitarbeitergeständnissen", 2012; *Wewerka,* Internal Investigations, 2012; *Wimmer,* Die Verwertung unternehmensinterner Untersuchungen, Imme FS Roxin, 2012, 537; *Reeb,* Internal Investigations, 2012; *Kruse,* Compliance und Rechtsstaat, 2014; *Kaspar,* Strafproz. Verwertbarkeit nach rechtswidriger privater Beweisbeschaffung, GA 2015, 206; *Kubiciel,* Strafproz. Verwertbarkeit digitaler Konterbande, GA 2015, 226; *Preuß,* Die Kontrolle von E-mails pp., 2015; w. N. u. § 25/14.

13 Aus dem Institut des Strengbeweises und jeder anderen Regelung des Beweisverfahrens folgt genau genommen ein Beweisverbot, nämlich das Verbot, ein nicht zugelassenes Beweismittel oder ein zugelassenes Beweismittel in rechtswidriger Weise zu benutzen. Das ist in dem auf dem Prinzip der materiellen Wahrheit basierenden deutschen Prozessmodell nicht so selbstverständlich, wie es zunächst wirkt. Denn weil die Wahrheitsfindung im Strafprozess zu einem erheblichen Teil nicht unter Anwendung naturwissenschaftlich exakter Methoden (wie etwa bei einer DNA-Bestimmung oder mit Hilfe eines eindeutigen Fingerabdrucks), sondern mit dem notorisch unzuverlässigen Zeugenbeweis (u. § 26) vonstatten gehen muss, setzt die Gewinnung der maximalen Gewissheit wissenschaftstheoretisch gesehen die Benutzung aller überhaupt existierenden Erkenntnismittel voraus. Andererseits ist es evident, dass jedenfalls extreme Ermittlungsmethoden wie etwa die das Rückgrat des gemeinrechtlichen Inquisitionsprozesses bildende Folter schon von Verfassungs wegen ausgeschlossen sind. Legitimation, Abgrenzung und Rechtsfolgen jedweder Beschränkung der Beweisaufnahme bilden deshalb geradezu die neuralgischen Punkte eines rechtsstaatlichen Strafverfahrens.

14 Eine einheitliche Terminologie hat sich bei diesem schwierigen Problemkreis noch nicht durchgesetzt. In systematischer Hinsicht sind die strafprozessualen Verwertungsverbote ein Sonderfall der allg. datenschutzrechtlichen Kategorie der *Verwendungsregeln* (näher *Singelnstein,* ZStW 120 [2008], 854ff.). Unter dem Oberbegriff der **Beweisverbote** werden hier alle die Rechtsnormen zusammengefasst, die eine Einschränkung der Beweisführung im Strafverfahren enthalten. Sie zerfallen in die drei Gruppen der **Beweiserhebungs-** (I, II), **Beweisverwertungs-** (III, IV) und **Verwendungsverbote** (V), deren Erscheinungsformen im Folgenden summarisch geschildert werden. Trotz intensiver Bemühungen von Literatur und Rspr. hat sich bis heute weder eine klare und einheitliche Terminologie noch eine allgemein anerkannte Beweisverbotslehre herausgebildet.

I. Begriff und Arten der Beweiserhebungsverbote; Beweistransfer

1. Die strafprozessuale Aufklärungspflicht zur Ermittlung der materiellen Wahrheit (vgl. insb. §§ 160, 244) ist durch eine Anzahl von Beweiserhebungs-(Beweisgewinnungs-)verboten begrenzt. Nach ihnen dürfen entweder 15

a) bestimmte Tatsachen nicht zum Gegenstand der Beweisführung gemacht werden **(Beweisthemaverbote)** oder

b) bestimmte Beweismittel nicht verwendet werden **(Beweismittelverbote)** oder

c) bei der Beweiserhebung bestimmte Methoden nicht angewendet werden **(Beweismethodenverbote),** oder es darf

d) die Beweisgewinnung nur von bestimmten Personen angeordnet oder durchgeführt werden **(relative Beweisverbote).**

2. a) Die gesetzliche Regelung eines **Beweisthemaverbots** findet sich z. B. in § 51 I BZRG, nach dem getilgte oder tilgungsreife frühere Verurteilungen dem Betroffenen in einem neuen Strafverfahren grds. nicht mehr vorgehalten und zu seinem Nachteil verwertet werden dürfen (zur Verfassungsmäßigkeit dieser Regelung BVerfGE 36, 174). Dadurch wird es nicht nur verboten, die getilgten oder tilgungsreifen oder nach § 16 II 1 BZRG entfernten Vorstrafen in dem neuen Strafverfahren strafverschärfend zu berücksichtigen (BGHSt 24, 378; BGHSt 28, 338); vielmehr darf die Vortat auch bei der Beweiswürdigung zur Schuldfrage nicht zum Nachteil des Angekl. (etwa zum Nachweis eines bestimmten modus operandi) benutzt werden (BGH NJW 1990, 2264; StraFo 2006, 296). Dagegen ist es zulässig, auf eine schon getilgte frühere Verurteilung zurückzugreifen, *soweit* sich der Angekl. zu seiner *Entlastung* auf diese beruft (BGHSt 27, 108). Auch darf nach der insoweit restriktiven Rspr. ein früher eingestelltes Ermittlungsverfahren zu Lasten des Angekl. berücksichtigt werden (BGHSt 25, 64), was zwar vom Wortlaut des § 51 BZRG gedeckt ist, aber in einem schwer auflösbaren Spannungsverhältnis zu der nach einer Einstellung bezüglich der früheren Tat fortgeltenden Unschuldsvermutung steht. 16

b) **Beweismittelverbote** sind in den §§ 52–55, 81 c III aufgestellt. Personen, die das Zeugnis oder die körperliche Untersuchung zu Recht verweigern, sind im Strafverfahren als Beweismittel ausgeschlossen. Flankierende Regelungen finden sich in § 97 (für Beschlagnahmen) und § 160 a (für sonstige Ermittlungen). Ähnlich ist nach den §§ 61 f. BBG, 39 BRRG die Vernehmung eines Amtsträgers ausgeschlossen, wenn ihm zur Wahrung von Staats- und Amtsgeheimnissen keine Aussagegenehmigung erteilt wird (wofür auch eine Einordnung bei den Beweisthemaverboten in Frage kommt, vgl. 25. Aufl., Rn. 15). 17

c) Ein typisches **Beweismethodenverbot** enthält § 136 a (s. u. § 25 Rn. 15 ff.).

d) Ein **relatives Beweisverbot** statuiert § 81 a, der körperliche Eingriffe nur durch einen Arzt und nur auf Anordnung des Richters (bei Gefahr im Verzuge auch des StA und seiner Hilfsbeamten) gestattet; vgl. ferner §§ 98, 100, 105, 111 e, 111 n.

3. Ein **Beweistransfer** der Ermittlungsergebnisse eines anderen Straf- oder Verwaltungsverfahrens bedarf, wenn es sich (wie fast immer) um personenbezogene Daten handelt, als **Zweckänderung** einer diese gestattenden, klaren gesetzlichen Verwen- 18

dungsregelung[2] und ist grds. nur dann gestattet, wenn die betr. Aufklärungsmaßnahme auch in diesem Verfahren hätte getroffen werden dürfen (sog. **hypothetischer Ersatzeingriff**, s. §§ 161 II 1, 477 II 2; *Beulke,* Rn. 233a–c). Ob das als Kautel allemal ausreicht, ist bis heute ungeklärt (Beispiele u. § 39 Rn. 23 allg. u. Rn. 24 zum „Trennungsprinzip" zwischen Strafverfolgung und Geheimdiensten).

II. Sinn und Grundlagen der Beweiserhebungsverbote

19 1. Eine an keine Grenzen gebundene Aufklärung von Straftaten würde die Gefahr der Zerstörung vieler gemeinschaftlicher und persönlicher Werte in sich bergen. Die Wahrheitserforschung ist daher im Strafverfahren kein absoluter Wert; der Strafprozess ist vielmehr selbst in die sittlichen und rechtlichen Rangordnungen unseres Staates eingebettet (vgl. dazu bereits o. § 1 und BGHSt 14, 358, 365: „Es ist kein Grundsatz der StPO, dass die Wahrheit um jeden Preis erforscht werden müsste").

20 2. Dieser Erkenntnis ist bei der Normierung der einzelnen Beweiserhebungsvoraussetzungen Rechnung getragen (vgl. zu den verschiedenen Funktionen der Beweisverbote zusammenfassend *Koriath,* 1994, 43ff.; *Jahn,* DJT-Gutachten, 2008, 22ff.). Dazu zwei Beispiele:

a) Würde den nahen Angehörigen kein Zeugnisverweigerungsrecht gewährt, so stünde zu befürchten, dass das enge Vertrauensverhältnis innerhalb der Familie empfindlich gestört würde. Der durch Art. 6 I GG gebotene Schutz der Familie wird daher durch § 52 verwirklicht. Ähnliches gilt für die in § 53 genannten Berufskreise.

b) Viele andere die Beweisgewinnung regelnden Vorschriften der StPO sind geradezu Ausführungsgesetze zum GG (§ 136a – Art. 1 GG; §§ 81, 81a, 81c – Art. 2, 104 GG). Die Aufklärungspflicht ist hier besonders augenfällig durch die Grund- und Menschenrechte eingeschränkt. *Jahn* hat deshalb den Versuch unternommen, die Beweisverbote vermöge einer von ihm sog. „Beweisbefugnislehre" direkt aus dem GG abzuleiten, insb. aus dem Verbot einer Verletzung der Menschenwürde in Art. 1 und eines Eingriffs in den Wesensgehalt der Freiheitsrechte gem. Art. 19 II GG (*Jahn,* 2008, 66ff., Zusammenfassung 127). Aber diese „Fixpunkte" sind (von Extremfällen abgesehen) viel zu unbestimmt und erlauben deshalb keine inhaltliche Konkretisierung.

III. Allgemeine Verwertungsverbotslehren

21 1. Sind die Voraussetzungen, an die die Beweiserhebung geknüpft ist, nicht beachtet worden, so stellt sich die Frage, ob die verbotswidrig erlangten Beweisergebnisse dennoch verwertet werden können, d. h., ob den Beweiserhebungsverboten Beweisverwertungsverbote entsprechen oder nicht. In ähnlicher Weise stellt sich bei Erkenntnissen, die in anderen Verfahren (etwa einem Verwaltungsverfahren) rechtswidrig erhoben worden sind, die Frage, ob diese trotzdem im Strafverfahren verwertet werden dürfen.[3] Weiter stellt sich im Falle eines Verwertungsverbots die zusätzliche Frage, ob

[2] BVerfGE 125, 260, 309ff. (Vorratsdaten); 130, 1 Rn. 133 m. z. w. N. (Al Qaida); BGHSt 54, 69, 82 Rn. 35 (Al Qaida); 58, 84, 93 Rn. 25 (Beinahetreffer).

[3] Zur weiteren Aufgliederung wird häufig die Unterscheidung zwischen *unselbstständigen* (d. h. solchen, die auf der Verletzung eines Beweiserhebungsverbotes beruhen) und *selbstständigen* Beweisverwertungsverboten (die keine vorherige Gesetzesverletzung voraussetzen) benutzt (26. Aufl.; *Beulke,* Rn. 457). Aber diese Unterscheidung führt nicht weiter, weil eine Verletzung des Verfahrensrechts nach h. M.

nur die unmittelbare **Verwertung als Beweismittel** (z. B. durch Abspielen einer prozessordnungswidrig aufgenommenen Tonaufnahme) oder ob auch die **Verwendung** der dadurch gewonnenen Hinweise zu weiteren Ermittlungsmaßnahmen (das unerlaubt mitgehörte Gespräch liefert einen Hinweis auf das Versteck der Beute, die daraufhin sichergestellt und als selbstständiges Beweismittel benutzt wird – sog. **Spurenansatz**) untersagt ist. Das ist im Grundsatz wie im Einzelnen und auch in der Terminologie stark umstritten, wobei die bisherigen Unterscheidungen der Fortentwicklung zu einer **Dreistufentheorie** bedürfen: Die „stärkste" 3. Stufe der Benutzung eines verbotswidrig erlangten Beweises (etwa eines rechtswidrig aufgenommenen Tonbandes) besteht in seiner direkten Einführung und Verwertung in der Hauptverhandlung, während die „schwächste" 1. Stufe in der bloßen Ausnutzung des dadurch erlangten Spurenwissens zu weiteren Ermittlungshandlungen besteht. Die 2. Stufe besteht in der direkten Verwertung zur Begründung der gesetzlichen Voraussetzungen für einen Grundrechtseingriff im Ermittlungsverfahren, etwa für einen Antrag auf die vom Richter anzuordnende Haussuchung beim Beschuldigten mit seinen vom BVerfG unterstrichenen rechtsstaatlichen Bedingungen (u. § 35 Rn. 5 f.). Dementsprechend können die Beweisverbote bereits als absolute Verwendungsverbote auf der 1. Stufe eingreifen oder nur die direkte Einführung zur Verdachtsbegründung für eine Eingriffsmaßnahme im Ermittlungsverfahren (2. Stufe, vgl. BGHSt 54, 69, 101 – Al Qaida; BGHSt 58, 84, 94 – Beinahetreffer) oder erst als Beweismittel in die Hauptverhandlung (3. Stufe) verbieten.

2. Die RStPO traf hierfür ursprünglich keine ausdrückliche Regelung, weil die von ihr vorausgesetzte strenge Trennung zwischen Vorverfahren und Hauptverfahren und die Revisibilität jedes für das Urteil kausalen Verfahrensfehlers im Hauptverfahren (§§ 336, 337) offenbar als ausreichend empfunden wurden, weshalb das Problem der Beweisverbote auch erstmals von *Beling* in seiner Tübinger Antrittsvorlesung 1902 als eigenständiges Problem thematisiert wurde. Als Reaktion auf die menschenrechtswidrigen Verfolgungspraktiken des 3. Reiches wurde 1950 die lange Zeit allein stehende Vorschrift des § 136a III 2 geschaffen, die jedoch stricto sensu ein Verwertungsverbot nicht begründete, sondern voraussetzte. Erst in jüngster Zeit hat der Gesetzgeber auf Anforderung des BVerfG eine ganze Anzahl spezieller Regelungen geschaffen, die aber untereinander erhebliche Unterschiede aufweisen und es deshalb weiterhin Rspr. und Wissenschaft überlassen, eine umfassende Dogmatik der Beweisverwertungsverbote zu entwickeln. Derartige Regelungen finden sich in §§ 81a III, 81c III 5, 100c V 3, VI 2; 100d V, 101 VIII 3, 108 II und III, 136a III 2, 160a, 161 II, 257c IV 3, 477 II, in Art. 13 V GG, in § 7 IV 2 G. 10, in § 97 I 3 InsO und in § 393 II 1 AO (zu diesen näher u. § 25 Rn. 13) sowie im Stasi-Unterlagen-Gesetz (StUG) vom 20.12.1991, das die Verwertbarkeit von Stasi-Unterlagen (besonders der darin enthaltenen personenbezogenen Daten) regelt und in den §§ 4 ff. ausdrückliche Beweisverbote enthält.[4] 22

3. Alle anderen Fälle sind in der StPO nicht ausdrücklich geregelt und dementsprechend lebhaft umstritten. Während im Schrifttum verschiedene Ansätze zu einer um- 23

nicht notwendig zu einem Beweisverwertungsverbot führt, während es bei den sog. selbstständigen Beweisverwertungsverboten teilweise um Beweisthemen- oder Beweismittelverbote geht und zum anderen Teil um Probleme des Transfers von Beweisen aus einem Verfahren in ein anderes.

[4] Näher dazu *Klinghardt,* NJ 1992, 185; *Marscholleck,* NJ 1992, 539; *Schmidt-Dörr,* Stasi-Unterlagengesetz (Kommentar), 1993; krit. zum StUG *Staff,* ZRP 1992, 462; *Stoltenberg,* DtZ 1992, 65.

fassenden Theorie entwickelt worden sind, von denen sich aber keiner allgemein durchsetzen konnte, dominiert in der neueren Rspr. eine auf den Einzelfall bezogene Abwägungstheorie.

24 a) Eine generelle Lösung der Problematik strebte die vom BGH ursprünglich entwickelte sog. **„Rechtskreistheorie“** (grdl. BGHSt [GrS] 11, 213) an, derzufolge bei der Verletzung von Beweiserhebungsverboten die Revisibilität und damit auch die Verwertbarkeit der erlangten Beweise davon abhängt, ob die „Verletzung den Rechtskreis des Beschwerdeführers wesentlich berührt oder ob sie für ihn nur von untergeordneter oder von keiner Bedeutung ist. Bei dieser Untersuchung sind vor allem der Rechtfertigungsgrund der Bestimmung und die Frage, in wessen Interesse sie geschaffen ist, zu berücksichtigen“ (BGHSt [GrS] 11, 215). Die Rechtskreistheorie ist aber von Anfang an heftig umkämpft gewesen[5] und vielen Einwänden ausgesetzt. Denn der Angeklagte hat ein Recht darauf, dass nicht nur die speziell zu seinem Schutz bestimmten Vorschriften beachtet werden, sondern dass allgemein die Justizförmigkeit des Verfahrens gewährleistet bleibt; auch Verstöße in diesem Bereich berühren also seinen „Rechtskreis“ und können ein Verwertungsverbot rechtfertigen, so dass dieses Kriterium zur Abschichtung nicht ausreicht. In der neueren Rspr. erfreut sie sich aber wieder im Rahmen der Gesamtabwägung großer Beliebtheit, s. u. Rn. 32.

25 b) Eine verbesserte Form der Rechtskreistheorie stellt die **Schutzzwecktheorie** dar, deren Vertreter eine Verwertung zulassen wollen, wenn das mit dem Schutzzweck der verletzten Norm zu vereinbaren ist.[6] Ein Beispiel dafür liefern die §§ 81 a, 81 d StPO mit ihrer Forderung, dass körperliche Eingriffe von einem Arzt vorgenommen werden müssen bzw. körperliche Untersuchungen, die das Schamgefühl gefährden, von einer Person gleichen Geschlechts oder einem Arzt. Der Schutzzweck dieser Vorschriften hat sich nach der Maßnahme verbraucht und kann deshalb ein Beweisverwertungsverbot nicht begründen.[7]

26 c) Zu einer deutlichen Erweiterung der Beweisverbote führt demgegenüber der **revisionsrechtliche Ansatz,** der unter Hinweis auf § 337 davon ausgeht, dass prinzipiell jede Rechtsverletzung mit der Revision gerügt werden kann (*Kühne,* Rn. 909; ähnlich *Fezer,* 1995). Wie aber § 336 erkennen lässt, hat der Gesetzgeber damit richterliche Entscheidungen und nicht ein Fehlverhalten von StA oder Polizei im Vorverfahren gemeint, so dass die Rechtsfolgen fehlerhafter Ermittlungsmaßnahmen von der revisionsrechtlichen Perspektive nicht erfasst werden.[8] Außerdem führt die revisionsrechtliche Perspektive wegen des in § 337 aufgestellten Kausalitätserfordernisses (dazu näher u. § 55 Rn. 34) zur Ablehnung eines Verwertungsverbots, wenn das Beweismittel auch ohne Verletzung eines Beweiserhebungsverbotes zu erlangen gewesen wäre. Die Berücksichtigung solcher **„hypothetischer Ermittlungsverläufe** bzw. **Ersatzein-**

[5] Gegen sie v. a. *Eb. Schmidt,* JZ 1958, 596; *Rudolphi,* MDR 1970, 93; di ff. *Philipps,* FS Bockelmann, 1978, 831. Vgl. aber auch *Sydow,* 1976, und das „Plädoyer für die Rechtskreistheorie“ von *Bauer,* NJW 1994, 2530 f., die Replik von *Hauf,* wistra 1995, 53, und die Antikritik von *Bauer,* wistra 1996, 46.

[6] Grdl. *Grünwald,* JZ 1966, 489; ferner *Rudolphi,* MDR 1970, 93; *Petry,* 1971, 88; *Frisch,* Rudolphi-Symposium, 1995, 182 ff.; *Beulke,* Rn. 458; beiläufig BGHSt 46, 189, 195. Eine umfassende Ausarbeitung findet sich nunmehr in Form der „beweisgegenständlichen Schutzzwecklehre“ von *Jäger,* 2003.

[7] *Schünemann,* JA 1972, 633, 640 f.

[8] So bereits *Schünemann,* Die vier Stufen der Rechtsgewinnung, exemplifiziert am strafprozessualen Revisionsrecht, unverö ff. Münchener Habil.-Schrift 1974; im Ansatz auch anerkannt von *Kühne,* Rn. 909.2.

griffe“[9] wird jedoch mit dem Argument kritisiert, dass ein Verwertungsverbot aus Gründen des präventiven Rechtsschutzes bei schweren Verfahrensverstößen unerlässlich sei (Rechtsgedanke des § 338); so sei z. B. die richterliche Anordnungskompetenz bei der Telefonüberwachung (§ 100b) sinnlos, wenn die Ergebnisse eigenmächtiger polizeilicher Abhörungen nur deshalb verwertbar wären, weil eine richterliche Anordnung hätte eingeholt werden können.[10] Ob Entsprechendes gilt, wenn die von Ermittlungsorganen angenommene Eingriffsgrundlage fehlt, aber eine hypothetische andere Grundlage existierte, ist umstr. (näher u. Rn. 43, 50, 62).

d) Hier liegt auch ein Problem des an sich fruchtbaren Ansatzes von *Amelung,* 1990, 27
der (als Spezialfall eines „Folgenbeseitigungsanspruchs“) ein Verwertungsverbot bei der Verletzung von **„Informationsbeherrschungsrechten“** (grundrechtliche Geheimsphäre, Aussageverweigerungsrechte, allg. Persönlichkeitsrecht, berufliche und staatliche Geheimhaltungsbefugnisse) annimmt, bei Verletzung des Richtervorbehaltes aber die Verwertung zulassen will, sofern die Strafverfolgungsorgane einen Anspruch auf die Information haben, diese also auch rechtmäßig zu erlangen gewesen wäre. Denn bei bewusster oder willkürlicher Missachtung von Verfahrensnormen bejaht die Rspr. nach dem Grundsatz des fair trial selbst dann ein Verwertungsverbot, wenn, wie im Fall der §§ 81a, 105, der Beschuldigte kein Informationsbeherrschungsrecht hat (s. u. § 33 Rn. 8, § 35 Rn. 9). Für diese Konstellation sowie für Verwertungsverbote, die aus der Verletzung von Mitwirkungsrechten (§§ 168c, 224, 257) folgen, bedarf der Ansatz deshalb der Ergänzung (so *Amelung* selbst, 2001). Dagegen lässt sich auch nicht mit Erfolg anführen, dass der Gesetzgeber den Transfer von anderweitig erhobenen Beweisen in das Strafverfahren entsprechend der Figur des „hypothetischen Ersatzeingriffs“ regelmäßig nur davon abhängig macht, dass die betreffende Beweiserhebung auch im Strafverfahren zulässig gewesen wäre (s. §§ 161 II, 477 II 2, ferner 100d V). Denn diese für den Transfer rechtmäßig erhobener Beweise sinnvolle Regelung kann nicht ohne weiteres auch für die Folgen einer rechtswidrigen Beweiserhebung gelten. Die notwendige Ergänzung der Theorie der **Informationsbeherrschungsrechte** sollte deshalb durch zwei bisher vernachlässigte Prinzipien geleistet werden: durch das **Verbot einer Verwertung prozessversehrter Beweisergebnisse** und die **Verfahrensfairnessgarantie durch Strafrecht:** Unter einer „Prozessversehrung“ soll die „Verkrüppelung“ des Erhebungsverfahrens durch prozessordnungswidrigen Ausschluss des mitwirkungsberechtigten Beschuldigten oder Verteidigers (u. Rn. 42) verstanden werden, die die vom Gesetz gewollte Kompensation des inertia-Effekts (o. § 1 Rn. 16) vereitelt und dadurch ein für die Wahrheitsfindung einseitig-minderwertiges und deshalb nicht verwertbares Beweisergebnis produziert. Die Idee einer Fairnessgarantie durch Strafrecht soll das Problem der „Disziplinierung“ der Ermittlungsbehörden lösen, die die Kautelen der StPO beliebig missachten könnten, wenn ein Verstoß überhaupt folgenlos bliebe. Der verbreitete Gedanke einer Sanktionierung durch Beweisverbote ist nämlich im Konzept des Parteiverfahrens konsequent, bildet aber im an der materiel-

[9] Dazu allg. u. krit. *Jahn,* DJT-Gutachten, 2008, 74ff.; *Jahn/Dallmeyer,* NStZ 2005, 297; *Schröder,* 1992, passim; zur Übertragung dieses allg. Prinzip des Transfers *zulässig* erhobener Daten (§§ 161 II 1; 477 II 2, o. Rn. 18) auf die Verwertung rechtswidrig erlangter Beweise aus der Rspr. exemplarisch BGHSt 48, 240 (bejahend) und BGHSt 51, 285, 295f. (verneinend, s. u. § 35 Rn. 9).

[10] Näher *Rogall,* 1988, in Anknüpfung an *Wolter,* NStZ 1984, 276; *Roxin,* NStZ 1989, 376; *Fezer,* StV 1989, 290; *Meurer,* JR 1990, 391 in Auseinandersetzung mit BGH NStZ 1989, 375; *Beulke,* 1991; *Sv. Schröder,* 1992, 111ff. Gegen die Anerkennung einer solchen **„Disziplinierungsfunktion“** dagegen *Dencker,* 1977, 52ff.; *Amelung,* 1990, 17ff.; *ders.,* 2001, 1263; *Koriath,* 1994, 45.

len Wahrheit orientierten deutschen Modell an sich einen dysfunktionalen Fremdkörper, weshalb dieser Zweck für die meisten Fälle allein durch eine effektive strafrechtliche Sanktionierung grober Verfahrensverstöße verfolgt werden sollte, was de lege lata allerdings mangels verfahrensspezifischer Straftatbestände nur eingeschränkt möglich ist (exemplarisch u. § 37 Rn. 8).

28 Wenn ein Beweisverwertungsverbot eingreift und die übrigen Beweise zum Schuldnachweis nicht genügen, muss der Angeklagte nach h. M. freigesprochen werden, was nach einem berühmten Wort von *Cardozo*[11] dazu führt, dass der Kriminelle frei ausgehe, weil der Kriminalbeamte gepatzt habe (engl. Originalzitat bei *Amelung*, 1991, 1269 Fn. 48). Auch der Vorschlag von *Jäger*, in diesem Fall statt eines Freispruchs auf Einstellung zu erkennen (*Jäger*, 2003, 257ff.), kann daran in der Sache nichts ändern. Für die i. F. darzustellende Abwägungstheorie ist daraus die Versuchung erwachsen und in der Rspr. des BGH flugs zum Prinzip erhoben worden (s. etwa u. Rn. 40), die Beweisverbote bei gravierenden Tatvorwürfen enger zu fassen als bei leichteren. Aber das weicht die Justizförmigkeit des Verfahrens in widersinniger Weise gerade dort auf, wo sie für den Beschuldigten am wichtigsten ist. Das intensivere Verfolgungsinteresse bei Kapitalstrafsachen wird bereits durch die Zulassung eingriffsintensiverer Ermittlungsmaßnahmen befriedigt (z. B. u. §§ 30 Rn. 13ff., 36 Rn. 5f.). In der Dogmatik der Beweisverbote darf das Gewicht des Vorwurfs deshalb nicht nochmals in die Waagschale fallen. Auch hier gilt wiederum, dass zwar die modernen Regelungen über den Transfer anderweitig erlangter Beweismittel im Anschluss an die Rspr. des BVerfG kraft des Verhältnismäßigkeitsprinzips auf eine Abwägung zwischen dem Gewicht des Strafverfolgungsinteresses und der Intensität des Grundrechtseingriffs abstellen (s. §§ 160a II, 100c VI 2, 108 III), hierbei aber an ursprünglich rechtmäßige Maßnahmen angeknüpft wird und dadurch die Rechtsfolgen prozessordnungswidriger Beweiserhebungen nicht präjudiziert werden. Auf der anderen Seite steckt in der Abwägungstheorie der berechtigte Kern, den Bereich der Verwertungsverbote nicht durch Überreizung der im deutschen Prozessmodell dysfunktionalen Disziplinierunsgtheorie überhand nehmen zu lassen. Die rechtspolitisch bessere Lösung dürfte deshalb im Ausbau der vorstehend Rn. 27 skizzierten „Fairnessgarantie durch Strafrecht" bestehen, die aber nur der Gesetzgeber leisten kann.

29 f) Noch nicht abschließend geklärt ist auch die Frage, ob Beweisverwertungsverbote **nur zu Gunsten** des Beschuldigten wirken und welche Rechtsfolge es hat, wenn die Überführung des Angeklagten infolge eines Verwertungsverbots nicht gelingt. Während Beweiserhebungsverbote unterschiedliche Zwecke verfolgen und sich dann (in nicht unproblematischer Weise) auch zum Nachteil des Beschuldigten auswirken können (z. B. wenn ein Geistlicher eine Aussage über das ihm gegenüber vom wirklichen Täter abgelegte Geständnis unter Berufung auf das Beichtgeheimnis gem. § 53 I Nr. 1 verweigert), sprechen gewichtige Argumente dafür, ein Verwertungsverbot nur bei **Belastungsbeweisen** in Betracht zu ziehen (näher *Brandis*, 2001; *Roxin/Schäfer/Widmaier*, FS Strauda, 2006, 435; a. M. *M-G*, Einl. Rn. 55a m.w.N.; ebenso für § 136a i.V. m. § 244 II BGH StV 2009, 113 m. Anm. *Roxin*) bzw. dem Beschuldigten zumindest eine Dispositionsbefugnis einzuräumen (so selbst bei Eingriffen in den unantastbaren Kernbereich der Persönlichkeit BGHSt 50, 206, 215; im Fall des § 100a BGH NJW 2006, 1361, 1362).

IV. Die Abwägungslehre im Spiegel der Rechtsprechung und ihrer vier reduktionistischen Prinzipien

30 Nach der vor allem von *Rogall* entwickelten[12] **Abwägungslehre** soll auf monistische Ansätze verzichtet und die Lösung für die einzelnen Beweiserhebungsverbote geson-

[11] Mitglied des US Supreme Court von 1932–1938 als Nachfolger des noch berühmteren Oliver Wendell Holmes jr.

[12] *Rogall*, 1979; unter der Bezeichnung „normative Fehlerfolgenlehre im Strafprozess" *ders.*, JZ 1996, 944; *ders.*, FS Grünwald, 1999, 523 und FS Hanack, 1999, 293. Vgl. auch die systemat. Zusammen-

dert in einer Analyse der jeweils verschiedenen Interessenlagen gesucht werden. Das bildet auch den Ausgangspunkt der Rspr.,[13] jedoch unter Kombination mit einer **vierfachen Reduktionsstrategie,** indem sie die Beweiserhebungsverbote bei Delikten von „erheblicher Bedeutung" stark einschränkt **(Proportionalitätsmaxime),** deren Verletzung im Falle eines nicht rechtzeitigen Verteidigerprotests zumeist für geheilt erklärt **(Widerspruchslösung)** und i. Ü. darauf oft nicht mit einem Verwertungsverbot reagiert, sondern nur mit Konzessionen im Strafmaß **(Strafzumessungslösung)** oder durch strengere Anforderungen an die tatrichterliche Überzeugungsbildung **(Beweiswürdigungslösung).** Diese Entwicklung ist nach wie vor im Fluss und verläuft zwischen Gesetzgeber, BVerfG und den verschiedenen Strafsenaten des BGH alles andere als geradlinig, sondern in einer verwickelten Kasuistik, so dass nachfolgend anhand exemplarischer Fallgruppen nur eine Momentaufnahme gegeben werden kann.

Diese zeigt aufgrund der jüngsten Entscheidungen von BVerfG und BGH ein fast paradoxes Bild, weil die **30a**
Voraussetzungen für Beweiserhebung und -transfer tendenziell restriktiv, die Verwertungsmöglichkeiten nach rechtswidriger Erlangung dagegen äußerst extensiv bestimmt werden.[14] Ein Verwertungsverbot soll danach „eine begründungsbedürftige Ausnahmen darstellen, weil es die Beweismöglichkeiten der Strafverfolgungsbehörden zur Härtung oder Widerlegung des Verdachts strafbare Handlungen eingeschränkt und so die Findung einer materiell wichtigen und gerechten Entscheidung beeinträchtigt ... Aus verfassungsrechtlicher Sicht ist ein Beweisverwertungsverbot (nur) geboten, wenn die Auswirkungen des Rechtsverstoßes dazu führen, dass dem Angeklagten keine hinreichenden Möglichkeiten zur Einflussnahme auf Gang und Ergebnis des Verfahrens verbleiben, die Mindestanforderungen an eine zuverlässige Wahrheitserforschung nicht mehr gewahrt sind oder die Informationsverwertung zu einem unverhältnismäßigen Eingriff in das allgemeine Persönlichkeitsrecht (oder) ... zu einer Begünstigung rechtswidriger Beweiserhebungen führen würde, ... insb. nach schwerwiegenden, bewussten oder objektiv willkürlichen Rechtsverstößen, bei denen grundrechtliche Sicherungen planmäßig oder systematisch außer Acht gelassen worden sind" (BVerfGE 130, 1 Rn. 117; ebenso BGHSt 54, 69 Rn. 47; BGHSt 58, 84, 96, alle m.w.N. der st. Rspr.). Um den Riss zwischen den strengen Anforderungen an das Recht zur Beweiserhebung und den laxen an das Recht zur Verwertung zu kitten, hat die Rechtsprechung als neuestes Begründungspatent die Interpretation des § 261 als Verwendungsregel ersonnen, alle (sei es auch prozessordnungswidrig) in der Hauptverhandlung erhobenen Beweise der Urteilsfindung zugrunde zu legen.[15] Aber das ist aus drei Gründen dogmatisch nicht überzeugend, weil erstens § 261 als zentrale Norm des hauptverhandlungszentrierten reformierten Strafverfahrens neben der Abschaffung von Beweisregeln die umgekehrte Funktion hatte, Erkenntnisse außerhalb der Hauptverhandlung von der Berücksichtigung auszuschließen, und weil es sich zweitens um einen Zirkelschluss handelt, der überdies drittens gegen § 336 verstößt, wonach rechtswidrige Entscheidungen während der Hauptverhandlung (z. B. die Missachtung eines Beweiserhebungsverbots)

---

stellungen bei *Baumann/Brenner,* 1991, und *Eisenberg,* BewR, Rn. 362ff.; für eine Einzelfallabwägung mit Hilfe des Fair-trial-Grundsatzes ferner *Hauf,* 1993.

[13] BGHSt 19, 325, 329; 27, 355, 357; 31, 304, 307; 32, 34, 35; 30, 32, 37; 38, 214, 219f.; 44, 243; 47, 172; 51, 285; 46, 189, 195; 54, 69, 87; BGH NJW 2008, 307; 2008, 1090, 1092; verfassungsrechtlich nicht beanstandet von BVerfG StV 2002, 113; NJW 2000, 3357; 2007, 499, 501; StV 2008, 1, 4; bekräftigt zuletzt von BVerfG NJW 2009, 3225; 2011, 2417 (Steuer-CD); BVerfGE 130, 1, 29ff. (Al Qaida); BGHSt 58, 84, 96ff. (Beinahetreffer), jeweils m. z. w. N. Siehe ferner die eingehende kritische Darstellung bei *Wolter,* FS BGH-Wiss., 2000, 965ff. mit einer fortentwickelten, auch die anderen Ansätze einbeziehenden Abwägungslösung (1001ff.).

[14] Vgl. etwa die Rspr. zum Richtervorbehalt bei Venenpunktion zwecks Alkoholkontrolle (§ 33 Rn. 8), zum Beinahetreffer bei DNA-Massenscreening (§ 33 Rn. 34), die Verwertung von Ergebnissen großer Lauschangriffe aus der Zeit partiell verfassungswidrigen Polizeirechts in den Al Qaida-Urteilen BGHSt 54, 69 m. Anm. *Gusy,* HRRS 2009, 489; BVerfGE 130, 1 und die strengen Anforderungen an Verwendungsregeln im Vorratsdatenurteil BVerfGE 125, 260 Rn. 227.

[15] BVerfG NJW 2010, 1937 Rn. 10; BVerfGE 106, 28, 48f.; 130, 1 Rn. 120; BGHSt 56, 127, 134; 58, 84, 97; Stichwortgeber war offenbar *Rogall,* dessen Argumentation in JZ 08, 818, 822f. aber nur die gemeinrechtlichen Beweisregeln trifft.

die Revision begründen. Überdies wäre der Gesamtnutzen der Verwertbarkeit rechtswidrig erhobener Beweise für die Wahrheitsfindung im Strafverfahren denkbar gering, wenn man eine prinzipiell gesetzeskonform handelnde und deshalb die Beweise gar nicht erst erhebende Strafjustiz unterstellt – so dass die Würfel für die Wahrheitsfindung weitgehend schon bei der Interpretation der Erhebungsverbote fallen.

1. Verletzung von Beschuldigtenrechten

31 a) Ob ein Verstoß gegen die **Belehrungspflicht des § 136** zu einem Verwertungsverbot führt, war früher äußerst umstritten. BGHSt 22, 170 hatte dies zunächst generell mit der verfehlten Begründung abgelehnt, dass § 136 eine bloße Ordnungsvorschrift sei. BGHSt 25, 325, 331; BGHSt 31, 395, 401 hatten ein Verwertungsverbot für den Fall des Verstoßes gegen § 243 V 1 (also die unterlassene richterliche Belehrung in der Hauptverhandlung) bejaht und § 136 auch nicht mehr als Ordnungsvorschrift qualifiziert, ein Verwertungsverbot bei unterlassener polizeilicher Belehrung aber immer noch verneint. Die Kritik des gesamten Schrifttums hat schließlich BGHSt 38, 214 zu einer Abkehr von dieser Rspr. veranlasst.[16] Zutreffend betont der BGH jetzt, das Schweigerecht des Beschuldigten, also der Grundsatz, dass niemand gegen sich selbst auszusagen brauche, gehöre zu den tragenden Prinzipien des Strafprozesses, so dass seine Verletzung auch durch die Polizei zu einem Verwertungsverbot führen müsse. Außerdem sei der Beschuldigte bei der ersten Vernehmung durch die Polizei „verglichen mit den Verhältnissen in der Hauptverhandlung, nicht in geringerem, sondern eher in größerem Maße der Gefahr ausgesetzt, sich unbedacht selbst zu belasten" (BGHSt 38, 221). Freilich erfährt die grds. eintretende Unverwertbarkeit entsprechend den Schutzzwecken der Belehrungspflicht und der Aussagefreiheit gewisse Einschränkungen:

32 Wenn feststeht, dass der Beschuldigte sein Recht zu schweigen gekannt hat, so ist seine Aussage mangels Relevanz des Verfahrensfehlers ebenso verwertbar (BGHSt 47, 172f.) wie dann, wenn der verteidigte Angekl. in der Hauptverhandlung ausdrücklich der Verwertung zustimmt (Heilung des Fehlers gem. § 136a III 2e contrario). Nach BayObLG NStZ 1994, 250 soll das Beweisverwertungsverbot des § 136 auch nicht für das Verfahren gegen einen Dritten gelten, in dem der fehlerhaft nicht Belehrte ausschließlich Zeuge ist. Das Urteil ist aber nach der Rechtskreistheorie, auf die es sich selbst beruft, abzulehnen; vgl. o. Rn. 24. Denn auch der Dritte hat ein Recht darauf, dass nur justizförmig gewonnene Beweismittel gegen ihn verwendet werden.[17] Der BGH hat dieses Argument jedoch jedenfalls im Verhältnis von **Mitbeschuldigten** zueinander nicht gelten lassen und die Aussage eines Mitbeschuldigten auch dann zu Lasten eines anderen für verwertbar erklärt, wenn sie durch Verletzung des § 136 oder des § 168c V StPO zustande gekommen ist (BGHR StPO § 136 Belehrung 5; BGH wistra 2000, 311, 313; BGHSt 47, 233, 234; BGHSt 53, 191, 197ff. mit berechtigter Kritik von *Weßlau,* StV 2010, 41ff.).

33 Ist eine Belehrung bei einer früheren Vernehmung unterblieben und sagt der Beschuldigte später nach Belehrung im selben Sinne aus, wird man zudem die Verwertbarkeit der zweiten Aussage von der zusätzlichen Belehrung abhängig machen müssen, dass die erste Bekundung unverwertbar sei (sog. **qualifizierte Belehrung**),[18] denn wenn der Beschuldigte die frühere Aussage nur deshalb wiederholt, weil er glaubt, sie ohnehin nicht mehr aus der Welt schaffen zu können, kann der weiterwirkende Prozessverstoß nicht als geheilt angesehen werden. Wenn der Beschuldigte geistig behindert ist und deshalb den Hinweis nach § 136 nicht versteht, steht das einem Fehlen der vorgeschriebenen Belehrung gleich (BGHSt 39, 349); wann das der Fall ist, richtet sich nach den Regeln über die Verhandlungsfähigkeit, vgl. o. § 21 Rn. 12ff.

34 Über die vorstehenden, in der StPO angelegten Einschränkungen hinaus hat die neuere Rspr. den Umfang der revisiblen Verwertungsverbote jedoch dadurch ohne gesetz-

[16] Zu dieser Entsch. *Bohlander,* NStZ 1992, 564; *Fezer,* JR 1992, 385; *Roxin,* JZ 1992, 923; *Kiehl,* NJW 1993, 501; *Ransiek,* StV 1994, 343. Die vom BGH nunmehr eingenommene Position findet sich bereits bei *Schünemann,* MDR 1969, 101.

[17] Dass der BGH für Aussagen in der ehemaligen DDR, deren StPO keine polizeiliche Belehrungspflicht vorsah, im Regelfall eine Verwertung zulassen will (BGHSt 38, 263 m. zust. Anm. *Fezer,* JR 1993, 427), überzeugt wegen der Verankerung der Aussagefreiheit im Rechtsstaatsprinzip (u. § 25 Rn. 1) ebenfalls nicht.

[18] So *Grünwald,* JZ 1968, 752; *Schünemann,* MDR 1969, 102; *Geppert,* 1990, gegen BGHSt 22, 129; nunmehr auch BGHSt 52, 11, 24 m. Anm. *Kasiske,* ZIS 2009, 226 im Fall einer Täuschung; enger BGHSt 51, 367 m. abl. Anm. *Roxin,* JR 208, 16. Vgl. auch u. Rn. 61.

liche Basis radikal zurückgeschnitten, dass sie vermöge der sog. **Widerspruchslösung** die Verwertbarkeit bejaht und damit praktisch den Verfahrensfehler für geheilt erklärt, wenn der verteidigte Angeklagte der Verwertung in der Hauptverhandlung nicht bis zu dem in § 257 genannten Zeitpunkt[19] mit detaillierter Begr.[20] widersprochen hat.[21] Dasselbe soll gelten, wenn ein unverteidigter Angeklagter vom Vorsitzenden über die Möglichkeit des Widerspruchs unterrichtet worden ist. Aber diese mittlerweile auf immer mehr Verletzungen des Verfahrensrechts durch Strafverfolgungsorgane ausgedehnte Rspr. (die aber auch immer wieder Ausnahmen kennt, beispielhaft BGH StV 2012, 706, und dadurch schwer prognostizierbar ist) läuft selbst auf eine gravierende **Verletzung des Fair Trial** hinaus und ist eine wichtige Ursache dafür, dass die auf Verletzungen des Verfahrensrechts gestützten Revisionen zum BGH inzwischen nur noch eine Erfolgsquote von 1 % haben[22] und der BGH dadurch seine Stellung als „Hüter der Strafprozessordnung" selbst marginalisiert hat. Denn indem die Rspr. aus einem Versäumnis des Verteidigers schwere Rechtsnachteile für den Angekl. ableitet,[23] stellt sie die gesetzliche Aufgabe des Verteidigers als Beistand des Beschuldigten geradezu auf den Kopf und kollidiert mit der Judikatur des EGMR, die genau umgekehrt dem Staat eine subsidiäre Verantwortung für eine konkret wirksame Verteidigung auferlegt (eingehend *Gaede,* 271–274 m. w. N.). Das ist für die dem Angekl. womöglich aufgedrängte Pflichtverteidigung evident, muss aber für den sich in der Rechtsstellung nicht unterscheidenden Wahlverteidiger genau so gelten. Darüber hinaus widerspricht die Widerspruchslösung der gerichtlichen Fürsorgepflicht und dem selbstverständlichen rechtsstaatlichen Postulat, dass es Pflicht nicht des Verteidigers, sondern des an Recht und Gesetz gebundenen Gerichts und der Staatsanwaltschaft als „Hüter des Gesetzes" selbst ist, Verstöße gegen grundlegende rechtsstaatliche Bestimmungen aufzudecken. Der BGH kehrt also ein Recht des Angeklagten gegen diesen und bürdet damit letztlich ihm und nicht dem Gericht die Verantwortung für die Justizförmigkeit, d. h. für die prozessordnungsgemäße Führung der Hauptverhandlung auf. Abgesehen davon, dass eine solche Rechtsfortbildung außerhalb der Befugnisse der Gerichte liegt, kommt darin auch (ebenso wie bei der Zulassung der im Gesetz ursprünglich nicht vorgesehenen Urteilsabsprachen, o. § 17 Rn. 7 ff.) eine weitgehende Selbstaufgabe der Revisionsrechtsprechung als Hüterin der Rechtsstaatlichkeit des Strafverfahrens zum Ausdruck. Die Befürchtung, der Verteidiger könne sich die Rüge des Verfahrensverstoßes für die Revisionsinstanz aufsparen, lässt sich dadurch gegenstandslos machen, dass das Gericht den Verteidiger auf den Verfahrensverstoß hinweist und diesen befragt, ob er einer Verwertung widersprechen wolle oder sie gleichwohl wünsche – womit sich zugleich die Argumente des BGH erledigen, die Verwertung könne ja auch im Interesse des Beschuldigten liegen (BGHSt 39, 349, 352), dessen Bindung an den eingetre-

---

19 Nach OLG Stuttgart NStZ 1997, 405 kann der Widerspruch in der Berufungsinstanz ebenso wenig nachgeholt werden, wie nach BGHSt 50, 272 in der wiederholten Hauptverhandlung nach Urteilsaufhebung in der Revision.

20 BGH NStZ 2004, 389; BGHSt 39, 349, 352; 52, 38, 42 f.; BGH NJW 2008, 307; beifällig zitiert in BVerfG NJW 2007, 499, 504.

21 BGHSt 38, 214; 39, 349, 352; 50, 272; BGH NJW 1997, 2893; NStZ 1997, 502; Übersicht bei *Graf von Schlieffen,* DAV-FS, 2009, 801.

22 Vgl. *Barton,* StV 2004, 332.

23 Z. B. auch bei Verstößen gegen § 137: BGHSt 42, 15, 22 ff., oder gegen § 136 a: BGH NStZ 1996, 290 m. abl. Anm. *Fezer,* StV 1997, 57; oder gegen § 140: BGHSt 60, 38, 40; oder gegen Art. 36 I b WÜK: BGHSt 52, 38; erstmals Zweifel angemeldet in BGH NJW 2008, 1090, 1091.

tenen Rechtszustand notwendig sei (BGHSt 50, 272, 275). Nachdem sich diese verfehlte Rspr. freilich über Jahre hinaus gefestigt hat und sogar vom BVerfG gebilligt worden ist (NJW 2007, 499, 503f.; BVerfGE 130, 1 Tz. 124), ohne dass der darin liegende, die Befugnisse einer richterlichen Rechtsfortbildung deutlich überschreitende Eingriff in die Struktur des Strafverfahrens bemerkt worden wäre, wird eine Zurücknahme der Widerspruchslösung nur entweder durch die Judikatur des EGMR[24] oder durch eine gesetzliche Wiederherstellung der Verfahrensbalance im Rahmen der überfälligen Gesamtreform zu erwarten sein.[25]

35–36 b) Ein Verwertungsverbot wurde dagegen ursprünglich verneint bei einer Verletzung der Belehrungspflicht gemäß **Art. 36 lit. b des Wiener Konsularrechtsübereinkommens.**[26] Auch nachdem BGH NStZ 2002, 168 durch BVerfG NJW 2007, 499 aufgehoben worden war, blieb zwischen den Senaten des BGH umstritten, ob die Verletzung des WÜK dementsprechend prozessual überhaupt folgenlos sei oder ob sie nicht analog zur **Strafzumessungslösung** in Form der „Vollstreckungslösung" bei rechtsstaatswidriger Verfahrensverzögerung (o. § 16 Rn. 9ff.) durch den Ausspruch zu kompensieren sei, dass ein zahlenmäßig bestimmter Teil der verhängten Freiheitsstrafe als vollstreckt gelte (so BGHSt 52, 48, 55ff.; dagegen BGH NJW 2008, 1090, 1093 mit der durchschlagenden Erwägung, dass die StPO keine Möglichkeit schaffe, dem Angekl. durch einen Vollstreckungsrabatt Verfahrensverstöße „abzuhandeln"; krit. *Esser,* JR 2008, 271). Nunmehr hat das BVerfG unter Aufhebung von BGHSt 52, 48 (und Zurückverweisung an einen anderen BGH-Senat!) entschieden, dass ein Beweisverwertungsverbot nicht prinzipiell ausgeschlossen werden darf (StV 2011, 329 m. Rezension *Gleß/Peters,* StV 2011, 369). In der erneuten Entscheidung in derselben Sache hat der BGH die Verwertbarkeit unter Anwendung der Abwägungslehre (o. Rn. 30) bejaht und dabei u. a. darauf abgestellt, dass die ohne Belehrung erstattete Aussage später nach Hinzuziehung eines Verteidigers wiederholt worden war (BGH StV 2011, 603, 605f., Tz. 22). Richtigerweise hätten dann aber die Grundsätze über die Notwendigkeit einer qualifizierten Belehrung (o. Rn. 33) herangezogen werden müssen.

37 c) Wird ein Beschuldigter vor seiner Vernehmung über sein **Recht zur Konsultation eines Verteidigers nicht belehrt,** so zieht dies ein Verwertungsverbot nach sich (sofern er dieses Recht nicht bereits kennt, BGHSt 47, 172, 173). Denn „die Möglichkeit, sich des Beistands eines Verteidigers zu bedienen, gehört zu den wichtigsten Rechten des Beschuldigten (vgl. Art. 6 III c EMRK). Dadurch wird sichergestellt, dass der Beschuldigte nicht nur Objekt des Strafverfahrens ist, sondern zur Wahrung seiner Rechte auf den Gang und das Ergebnis des Strafverfahrens Einfluss nehmen kann" (BGHSt 38, 374).[27] Ebenso ist ein Verwertungsverbot anzunehmen, wenn der Beschuldigte zwar über das Konsultationsrecht belehrt, ihm die Beiziehung des Verteidigers dann aber verwehrt wird (BGHSt 38, 372); hier liegt ein Verstoß gegen § 137 I 1 vor.[28]

---

[24] Die sich freilich wegen der stets vom EGMR bemühten Gesamtabwägung nicht eindeutig vorhersagen lässt, s. zusammenfassend *Esser,* 445f.; *Gaede,* 778.

[25] Gegen die Widerspruchslösung auch *Dornach,* 1994, 190f.; *ders.,* NStZ 1995, 57; *Fezer,* JR 1992, 386; *ders.,* JZ 2007, 725; *Heinrich,* ZStW 112 (2000), 398 (ausf. und mit vielen Nachw.); *Kiehl,* NJW 1993, 501; *Roxin,* FS Hanack, 1999, 20ff.; für sie *Widmaier,* NStZ 1992, 519; *R. Hamm,* NJW 1993, 295; 1996, 2185; *Ignor,* FS Riess, 2002, 185; *Mosbacher,* FS Rissing van Saan, 2011, 357; abwägend *Maul/Eschelbach,* StraFo 1996, 71. Über den Fall der Widerspruchslösung hinaus wendet sich *Feigen,* Rudolphi-Symposium, 1995, 161, mit Recht gegen die auch sonst zunehmende Tendenz, Verteidigungsfehler dem Beschuldigten zuzurechnen; dazu diff. *Kudlich,* FS Beulke, 2015, 831. Zm systematischen Verhältnis zur Verwirkungsrechtsprechung u. § 44 Rdn. 18.

[26] Wiener Übereinkommen über konsularische Beziehungen vom 24.4.1963 – WÜK – BGBl. II 1969, 1585.

[27] Zust. *Strate/Ventzke,* StV 1986, 30f.; *Roxin,* JZ 1993, 426f.; SK/*Rogall,* § 136 Rn. 89ff.; AK/*Achenbach,* § 163a Rn. 28; *Ventzke,* StV 1996, 524; *Roxin,* JZ 1997, 343; *Herrmann,* NStZ 1997, 209.

[28] Zu diesem Urteil *Roxin,* JZ 1993, 426; *Reiß,* JR 1993, 334.

Zutr. hat BGHSt 42, 15[29] einen Verstoß gegen § 137 und ein Verwertungsverbot hinsichtlich der ohne Verteidiger zustande gekommenen Aussage auch dann bejaht, wenn die Polizei den ordnungsgemäß belehrten Beschuldigten bei der Suche nach einem Verteidiger nicht ausreichend unterstützt, indem sie ihm die Existenz eines anwaltlichen Notdienstes verschweigt. Einschränkend will zwar BGHSt 42, 170[30] Angaben verwerten, die ein Beschuldigter macht, der zunächst einen Verteidiger gewünscht, sich dann aber doch zur Aussage ohne Verteidiger bereitgefunden hatte, weil ein solcher zur nächtlichen Stunde der Vernehmung nicht erreichbar war. Es läuft aber auf eine Aushöhlung des Verteidigungsrechts hinaus, in der ohnehin prekären Nachtstunde (arg. §§ 104, 136a „Ermüdung") die fehlende Verfügbarkeit eines Verteidigers auszunutzen; wie hier im Ergebnis auch BGHSt 58, 301 m. Anm. *Wohlers*, JR 2014, 131. 38

d) Für die Konstellation der prozessordnungswidrig unterlassenen Pflichtverteidigerbestellung (o. § 19 Rn. 42) praktiziert der BGH nach der Widerspruchslösung (o. Rn. 34) und der Strafzumessungs- in Gestalt der Vollstreckungslösung (o. Rn. 36) als dritte Rechtsfigur, mit deren Hilfe einer Ja-Nein-Entscheidung ausgewichen werden kann, die **Beweiswürdigungslösung:** Nach BGHSt 46, 93 (m. eingeh. krit. Darstellung bei *B. Mehle*, 2006, 322ff.) soll eine ohne den gebotenen Pflichtverteidiger vor dem Ermittlungsrichter erstattete Aussage nur dann die Verurteilung stützen können, wenn sie durch andere gewichtige Gesichtspunkte bestätigt wird. Der nahe liegende dogmatische Einwand, dass man die normative Frage der Zulässigkeit eines Beweises nicht mit der empirischen Frage nach dessen Überzeugungskraft vermengen sollte, könnte noch mit dem Gegeneinwand eines Stufenverhältnisses pariert werden, demzufolge ein freiwillig abgelegtes Geständnis auch ohne vorherige Verteidigerkonsultation verwertbar bleibe, aber wegen der dann gesteigerten Gefahr einer schlicht aus Resignation abgegebenen Erklärung erfahrungsgemäß nur einen eingeschränkten Beweiswert besitze. Der Haupteinwand gegen die (empirische) Beweiswürdigungslösung liegt deshalb ebenfalls auf empirischer Ebene, nämlich der Voraus-Determinierung des Urteils durch das Ermittlungsverfahren vermöge des Perseveranz-Effekts (o. § 1 Rn. 16), deretwegen die geforderte Bestätigung des Geständnisses durch anderweitige Beweisergebnisse zu einer bloß verbalen Pflichtübung denaturiert zu werden droht.[31] 39

e) Besonders kontrovers und innerhalb der Rspr. widersprüchlich ist in den letzten Jahren die Frage behandelt worden, ob der Einsatz der sog. **Hörfalle** als Umgehung der §§ 136, 137 verboten ist und ein Beweisverwertungsverbot nach sich zieht. 40

aa) Das Kernproblem der einschlägigen Fälle bestand gleichermaßen darin, dass dem Beschuldigten oder einer in seinem Lager stehenden, zur Zeugnisverweigerung berechtigten Person dadurch eine Aussage entlockt wurde, dass eine im Einvernehmen mit der Polizei handelnde oder von dieser sogar gezielt beauftragte Privatperson vorgeschoben wurde; im Detail ging es jedoch um höchst unterschiedliche Fallgestaltungen. Außerhalb dieses Kernbereichs lag noch der Fall von BGHSt 33, 217, 223, in dem ein Polizist durch die wahrheitsgemäße Ankündigung einer bevorstehenden Verhaftung mehrere Telefonate zwischen Mittätern provoziert hatte, die gem. § 100a aufgezeichnet wurden; hier lag keine gezielte Bemäntelung polizeilicher Aufklärungstätigkeit vor, weshalb der BGH ein Verwertungsverbot mit Recht abgelehnt hat. Dagegen hat BGHSt 34, 362 unter analoger Anwendung von § 136a (unerlaubter Zwang) ein Verwertungsverbot für den Fall hergeleitet, dass ein Mitgefangener den Beschuldigten in der Untersuchungshaft im Auftrag der Polizei aushorcht, nachdem er sich in sein Vertrauen eingeschlichen hat;[32] lediglich eine

---

29 Dazu *Beulke*, NStZ 1996, 257; *Müller*, StV 1996, 358; *Roxin*, JZ 1997, 343; *Mehle*, NJW 2007, 973.

30 Dazu *Ventzke*, StV 1996, 524; *Roxin*, JZ 1997, 343.

31 So für den Fall der Beweiswürdigungslösung im Rahmen der V-Mann-Problematik *Weigend*, Gutachten C für den 62. DJT, 1998, 37, 40.

32 Anm. *Grünwald*, StV 1987, 470; *Fezer*, JZ 1987, 937; *Seebode*, JR 1988, 427; *Wagner*, NStZ 1989, 34; für unerlaubte Täuschung LG Hannover StV 1986, 521.

Fernwirkung dieses Verwertungsverbots ist unter Hinweis auf BGHSt 27, 355, 358; BGHSt 32, 68, 71 abgelehnt worden (BGHSt 34, 364, näher dazu u. Rn. 59 ff.). Anders hat dagegen BGHSt 39, 335 den Fall entschieden, dass ein Polizeibeamter den Anruf einer Zeugin beim Beschuldigten veranlasste und hierbei über einen Zweithörer dessen Selbstbelastung im Rahmen des Telefongesprächs mithörte,[33] ähnlich wie BGHSt 40, 211 belastende Äußerungen der Verlobten des Beschuldigten für verwertbar erklärte, die diese aufgrund einer Einflussnahme von im Auftrag der Polizei handelnden V-Leuten gemacht hatte. Auf Vorlage des 5. StS[34] hat sodann der GrS (BGHSt 42, 139) ein solches Verfahren für grds. zulässig erklärt. § 136 und der Grundsatz, dass niemand sich selbst zu belasten brauche, sollten lediglich „vor der irrigen Annahme eines möglicherweise aufgrund des amtlichen Charakters einer Befragung empfundenen Aussagezwangs … schützen"; die „Freiheit vor Irrtum" sei insoweit nicht geschützt (BGHSt 42, 153). Zwar leitet auch der GrS aus dem Grundsatz des fairen Verfahrens „Bedenken" dagegen ab, dass „die Ermittlungsbehörden den Beschuldigten in der zur Prüfung gestellten Weise verdeckt zu Äußerungen veranlassen", gegen die er aber nach der **Abwägungstheorie** die „Pflicht des Rechtsstaats zur effektiven Strafverfolgung" in die Waagschale wirft und (als vierte Reduktionsstrategie) zur **Proportionalitätsmaxime** konkretisiert. Danach dürfe die Hörfalle nur, aber immerhin dann eingesetzt werden, „wenn es um die Aufklärung einer Straftat von **erheblicher Bedeutung** geht und die Erforschung des Sachverhalts unter Einsatz anderer Ermittlungsmethoden **erheblich weniger erfolgversprechend oder wesentlich erschwert** worden wäre".[35]

41 bb) Aber diese Differenzierung nach dem Gewicht der Straftat ist dogmatisch nicht überzeugend, denn entweder wird durch den verfassungsrechtlich garantierten Grundsatz „nemo tenetur se ipsum prodere" (u. § 25 Rn. 1) ein Schutz vor jeder staatlich veranlassten, **irrtumsbedingten** Selbstbelastung garantiert – dann muss das auch beim Verdacht gravierender Straftaten gelten –, oder aber nur bei einem hinzukommenden, sei es auch nur indirekten staatlichen **Zwang** zur Selbstbelastung, und dann darf die Methode der Aushorchung durch vorgeschobene Privatpersonen auch in geringfügigen Fällen angewendet werden. Wie das BVerfG (freilich nur als obiter dictum in einer Kammerentscheidung) ausgesprochen hat, stellt sich das den Ermittlungsbehörden im Rahmen des erteilten Auftrags zuzurechnende Vorgehen der Vertrauensleute nicht nur als eine rein passive Informationserlangung ohne Eingriffscharakter, sondern spätestens mit der Nachfrage bei dem Beschuldigten oder der schweigeberechtigten Zeugin als eine heimliche Befragung und damit als eine Maßnahme dar, die jedenfalls ohne spezielle gesetzliche Ermächtigungsgrundlage (richtigerweise: wegen Verletzung des nemo-tenetur-Grundsatzes überhaupt) nicht zulässig ist.[36] Dem sind auch die neueren Entscheidungen BGHSt 44, 129; BGHSt 52, 11; BGHSt 55, 138[37] im Ergebnis gefolgt, ebenso

[33] Abl. Anm. *Welp,* NStZ 1994, 294; *Dencker,* StV 1994, 671; *Lisken,* NJW 1994, 2069; *Tietje,* MDR 1994, 1078.

[34] NStZ 1996, 200; vgl. auch den Anfragebeschluss in NStZ 1995, 410 m. Anm. *Roxin,* NStZ 1995, 465.

[35] BGHSt 42, 139, 157; noch großzügiger BGH StV 2012, 129 m. durchschlagender Kritik *Roxin* ibid. 131; *Wolter,* ZIS 2012, 238; die Rspr. abl. bereits *Roxin,* NStZ 1997, 18; *Bernsmann,* StV 1997, 116; *Renzikowski,* JZ 1997, 710; *Weßlau,* ZStW 110 (1998), 1, 32 ff.; LR/*Gleß,* § 136 Rn. 91 ff., 93; eher zust. *Verrel,* NStZ 1997, 363, 415; *M-G/S,* § 136a Rn. 4a; trotz Bedenken auch KK/*Bruns,* § 110c Rn. 21; *Lesch,* § 3 Rn. 115 ff. sogar ohne Begrenzung auf schwerwiegende Taten. Di ff. *Beulke,* Rn. 481 g; *Ranft,* Rn. 364 ff., die nur das „bewusste Umgehen" von Schutznormen für unzulässig halten; *Hilger,* FS Hanack, 1999, 215, will nur passives Verhalten zulassen; *Müssig,* GA 2004, 87, 102, hält – in Anlehnung an die Beteiligungslehre – solche Beiträge für unzulässig, die als Täterschaft oder Anstiftung zur Aussage zu werten wären. Allg. für analoge Anwendung des § 136a *Mahlstedt,* 2011 (s. Lit. vor § 25).

[36] BVerfG NStZ 2000, 489, 490 (ebenso im Fall *Allan EGMR* StV 2003, 257, 260: „funktionales Äquivalent"; 2004, 1) auf Verfassungsbeschwerde gegen BGHSt 40, 211, wobei allerdings durch überstrenge Anforderungen an deren Zulässigkeit einer Entscheidung in der Sache ausgewichen wurde. Dazu die krit. Anm. von *Rogall,* ibid. 490 ff.; dem BVerfG in der Sache zust. *Müssig,* GA 2004, 87, 101 f., der die informelle Ausforschung als „Ersatzvornahme" wertet; *Weßlau,* StV 2000, 468.

[37] In BGHSt 44, 129 arbeitete der aushorchende Mitgefangene mit den Ermittlungsbehörden langjährig zusammen; in BGHSt 52,11 m. Bespr. *Engländer,* ZIS 2008, 163 wurde das Geständnis dem Beschuldigten von einem Verdeckten Ermittler nach Aufbau eines Vertrauensverhältnisses während eines Hafturlaubs entlockt (ähnlich BGH StV 2009, 225), während dieses in BGH NStZ 1989, 32 aus eigenem Antrieb abgelegt wurde. In BGHSt 55, 138 horchte ein NOEP den Beschuldigten als Insassen einer Strafanstalt unter Zwangseinwirkung aus.

wie BGHSt 53, 294[38], die bei dem planmäßig auf Täuschung beruhenden Arrangement eines scheinbar unüberwachten Gesprächs des Beschuldigten mit seiner Ehefrau ein Verwertungsverbot bejaht hat. Der entscheidende Gesichtspunkt liegt, wie *Roxin* herausgearbeitet hat (FS Geppert, 2011, 549ff.) in dem den fair trial verletzenden Vertrauensmissbrauch, während die Rspr. zusätzlich eine Drucksituation verlangt (so im Fall *Bykov EGMR* NJW 2010, 213 m. Bespr. *Gaede,* JR 2009, 493; *Jung,* GA 2009, 651).

f) Wird das **Anwesenheitsrecht** des Beschuldigten (§§ 168c II, 168d I) oder des Verteidigers (§ 168c I, II) verletzt, so dürfen die Ergebnisse einer richterlichen Zeugenvernehmung oder eines Augenscheins nicht verwertet werden („prozessversehrtes Beweisergebnis", s. o. Rn. 27). Das ist auch der Fall, wenn versehentlich eine Benachrichtigung des Beschuldigten unterblieb. Denn hier ist sein Anspruch auf rechtliches Gehör (Art. 103 I GG, 6 EMRK) verletzt, da er die Chance verliert, auf das Beweisergebnis Einfluss zu nehmen (BGHSt 26, 332). Auch Vorhalte aus der unverwertbaren Niederschrift dürfen dem Zeugen in der Hauptverhandlung nicht gemacht werden (BGHSt 31, 140 = JZ 1983, 354 m. Anm. *Fezer;* abw. jedoch BGHSt 34, 231, 234f. m. abl. Anm. *Fezer,* StV 1987, 234). Bei einem Verstoß gegen § 168c V darf das Protokoll der fehlerhaften richterlichen Vernehmung auch unter den Voraussetzungen des § 251 II nicht als Niederschrift über eine „andere Vernehmung" verwertet werden.[39] Auch wenn der Verteidiger von einer richterlichen Vernehmung des Beschuldigten entgegen § 168c V nicht benachrichtigt wird, darf dessen Einlassung nicht verwertet werden (BGH NStZ 1989, 282 m. Anm. *Hilger*). 42

2. Verletzung von Zeugnis- und Auskunftsverweigerungsrechten

a) Ist die nach § 52 erforderliche **Belehrung der Angehörigen** über ihr Zeugnisverweigerungsrecht unterblieben, so ist die gleichwohl erwirkte Aussage nach einhelliger Meinung unverwertbar; das erfordert der „Schutz der Familie des Angeklagten", den das Beweiserhebungsverbot bezweckt (BGHSt 11, 216). Aus diesem Grunde hat der BGH seine sonst praktizierte Widerspruchslösung (o. Rn. 34) bei Verletzung des § 52 nicht angewendet (BGHSt 45, 203, 205). Andererseits soll § 52 nicht nur den Pflichtenwiderstreit des Zeugen verhindern, sondern auch dem Schutz des Angeklagten dienen, so dass man die Aussage entgegen BGHSt 22, 35 auch nach dem Tod des Zeugen für unverwertbar halten muss (ebenso *Peters,* JR 1968, 429; *Fezer,* JuS 1978, 330; *Michaelis,* NJW 1969, 730; SK/*Velten,* § 252 Rn. 25; *Beulke,* Rn. 461). Wenn der Angehörige in seiner ohne Belehrung erfolgten Aussage auch sich selbst belastet, dürfen die Angaben auch in einem Strafverfahren gegen ihn selbst nicht verwertet werden (AG Itzehoe StV 1996, 592). 43

Dagegen entfällt ein Verwertungsverbot mangels Kausalität des Verfahrensfehlers für das Beweisergebnis, wenn feststeht, dass der nicht belehrte Zeuge sein Weigerungsrecht gekannt hat und davon auch bei einer ordnungsgemäßen Belehrung keinen Gebrauch gemacht hätte (BGH NStZ 1990, 549, NStZ RR 2004, 212). Mit ähnlicher Begründung könnte man die Verwertbarkeit auch bejahen, wenn der Zeuge ein Verlöbnis absichtlich geleugnet und dadurch die Belehrung vereitelt hat (s. u. § 46 Rn. 32; i. E. ebenso BGHSt 48, 294, 300f.). Die bloße Unkenntnis des Vernehmenden von der Angehörigeneigenschaft ändert dagegen selbst dann nichts an der Unverwertbarkeit nach Verletzung des § 52 III, wenn sie auf einer unrichtigen Angabe des Zeugen beruht (BGH StV 2002, 3).

---

[38] Mit Bespr. *Brunhöber,* ZIS 2010, 761; *Engländer,* JZ 2009, 1179, *Kleszcewski,* StV 2010, 462; *Rogall,* HRRS 2010, 289; *Zuck,* JR 2010, 17.

[39] Sehr str.; anders BayObLG JR 1977, 475 m. abl. Anm. *Peters;* BGHSt 34, 231, 234; wie hier AK/*Achenbach,* § 168c Rn. 18 m.w.N. Auch BGH StV 1997, 512 will eine Verwertung nach § 251 II zulassen, verpflichtet aber immerhin das Gericht, den Angeklagten auf diese Umbewertung hinzuweisen.

44 Wenn ein zeugnisverweigerungsberechtigter Angehöriger von einem Sachverständigen angehört wird, so muss er zuvor durch den Richter über sein Zeugnisverweigerungsrecht belehrt werden. Eine Belehrung durch den Sachverständigen ist weder erforderlich noch genügend.

45 b) §§ 53, 53a, die das Zeugnisverweigerungsrecht für bestimmte *Berufsgruppen* regeln, schreiben im Gegensatz zu § 52 III keine Belehrungspflicht vor, so dass sich eine solche allenfalls aus der gerichtlichen Fürsorgepflicht ergeben kann, wenn dem Zeugen sein Weigerungsrecht offensichtlich ausnahmsweise unbekannt ist (vgl. *M-G/S,* § 53 Rn. 44). Kennt der Berufsgeheimnisträger sein Zeugnisverweigerungsrecht und sagt dennoch unter Verstoß gegen § 203 I StGB aus, so ist diese Aussage nach überwiegender Ansicht verwertbar, da die Entscheidung ausschließlich dem Verantwortungsbereich des Zeugen unterliege.[40] Dem wird man v. a. deshalb zustimmen müssen, weil der Richter häufig überhaupt nicht beurteilen kann, ob der Zeuge unbefugt im Sinne des § 203 StGB aussagt.

46 c) Im Zusammenhang mit den §§ 52, 53, 53a existieren drei flankierende Beweisverbote, nämlich das **Beschlagnahmeverbot** des § 97 I, das **Verlesungsverbot** des § 252 und das **allg. Beweisverbot** des § 160a. Ein Verstoß gegen § 97 I erzeugt in Ergänzung zu §§ 52, 53, 53a ein zusätzliches Verwertungsverbot, durch das die Umgehung der Zeugnisverweigerungsrechte im Wege der Beschlagnahme verhindert wird (BGHSt 18, 229; BGHSt 44, 46, 51; KK/*Greven,* § 97 Rn. 9). § 252 erweitert den Schutzbereich der §§ 52, 53, 53a für den Fall, dass ein Zeuge, der im Rahmen einer früheren Vernehmung bereits ausgesagt hatte, erst in der Hauptverhandlung von seinem Aussageverweigerungsrecht Gebrauch macht (ausführlich zu Inhalt und Umfang des § 252 u. § 46 Rn. 29ff.). § 160a I verbietet allg. Ermittlungen, die zu einer Umgehung des Zeugnisverweigerungsrechts von Geistlichen, Verteidigern, Rechtsanwälten und Abgeordneten führen könnten, während Abs. 2 für die übrigen in § 53 genannten Personengruppen die Proportionalitätsmaxime statuiert (dazu näher *Bertheau,* StV 2012, 303; SK/*Wolter/Greco,* StPO § 160a Rn. 32ff.). Sind die betr. Personen selbst (mit)beschuldigt, greift § 160a naturgemäß nicht ein (so ausdrückl. Abs. 4).

47 d) Dagegen macht ein Verstoß gegen das Beweisverbot des § 54 (ein Beamter hat **ohne Aussagegenehmigung** ausgesagt) die Aussage nicht unverwertbar.[41] Der BGH stützt diese Annahme auf die Erwägung, dass § 54 ausschließlich der Wahrung des Dienstgeheimnisses und nicht den Verteidigungsinteressen des Angeklagten diene. Das ist zumindest insoweit richtig, als das Geheimnis durch die Aussage bereits bekanntgeworden und damit der gesetzgeberische Grund für die Unverwertbarkeit endgültig entfallen ist (s. *Grünwald,* JZ 1966, 498); den präventiven Bedürfnissen ist durch die disziplinarrechtliche Verantwortlichkeit des Beamten Rechnung getragen. Sollte allerdings ein Gericht oder die StA einen Beamten über das Bestehen des Zeugnisverweigerungsrechtes täuschen, würde der Grundsatz des „fair trial" die Verwertung der Aussage verbieten.

48 e) Wenn die nach **§ 55 II erforderliche Belehrung** unterblieben ist, soll die Aussage des Zeugen nach Ansicht des BGH ebenfalls verwertbar bleiben, weil § 55 nur den Zeugen vor Nachteilen schützen solle, den Rechtskreis des Beschuldigten aber nicht berühre (BGHSt [GrS] 2011, 213; anlässlich dieses Falles ist die Rechtskreistheorie

[40] BGHSt 9, 59; 15, 200; 18, 146; LR/*Dahs,* 25. Aufl., 1997ff., § 53 Rn. 14; di ff. LR/*Ignor/Bertheau,* § 53 Rn. 12f.; KMR/*Neubeck,* § 53 Rn. 42; *Schlüchter,* 1983, 489.2; a. A. *Fezer,* 15/21; *Haffke,* GA 1973, 65; *Ranft,* FS Spendel, 1992, 733; *Freund,* GA 1993, 56ff.; *Beulke,* Rn. 194, 462; *Eisenberg,* BewR, Rn. 1236, 2348 zum entspr. Problem bei der Beschlagnahmefreiheit.

[41] BGH MDR 1951, 275; NJW 1952, 151. Ebenso *Rogall,* 1979, 31; sehr str., a. A. z. B.: *Eb. Schmidt* II, § 54, Nr. 10; *Peters,* Gutachten zum 46. DJT, 108f.; *Rudolphi,* 1970, 98; *Fezer,* JuS 1978, 474.

vornehmlich entwickelt worden). Dem lassen sich nicht nur die anfangs erörterten Einwände gegen die Rechtskreistheorie entgegenhalten; es ist v. a. darauf hinzuweisen, dass § 55 auch den Angekl. vor der Belastung durch Aussagen schützen soll, deren Wahrheitswert wegen der Selbstbegünstigungstendenz des Zeugen von vornherein sehr zweifelhaft ist (gegen einen solchen Schutzzweck aber *Grünwald,* 1993, 145). Hiergegen spricht auch nicht, dass die StPO kein generelles Verwertungsverbot der Aussagen von Mitbeschuldigten kennt (so aber *Ranft,* Rn. 512ff.). Es sprechen deshalb gute Gründe für ein Beweisverwertungsverbot,[42] aber noch bessere für die dieser Konstellation optimal gerecht werdende Beweiswürdigungslösung: Der Aussage eines selbst Verdächtigen, der nicht über sein Auskunftsverweigerungsrecht belehrt wurde und sich deshalb zur Lüge gezwungen fühlen mochte, kommt nur ein äußerst geringer Beweiswert zu.

Ist ein Angeklagter in einem früheren Verfahren als Zeuge vernommen worden und hat er dabei, ohne nach § 55 II belehrt worden zu sein, ihn belastende Aussagen gemacht, so dürfen diese Angaben in einem späteren Verfahren gegen ihn nicht verwendet werden (so wohl auch BayObLG NJW 1984, 1246).

3. Prozessordnungswidrige Zwangsmaßnahmen

a) Exemplarische Bedeutung hat hier der Fall, dass eine **Blutentnahme nach § 81 a** 49
oder ein sonstiges Untersuchungsergebnis in unzulässiger Weise erlangt wird, sei es, dass die Anordnung von einer unzuständigen Person (etwa einem einfachen Polizisten) getroffen oder der Eingriff von einem Nichtarzt (d. h. praktisch vor allem: von einem Medizinalassistenten) vorgenommen wird. Die ganz überwiegende Meinung hat im letzteren Fall das rechtswidrig erlangte Beweismittel bisher gleichwohl für verwertbar erklärt.[43] Der h. M. ist zuzustimmen, denn § 81a gibt (anders als die §§ 52, 55, 136) kein Recht, das Beweismittel aus dem Verfahren herauszuhalten, und soll auch nicht die Qualität des Beweismittels sichern. Sein Zweck erschöpft sich vielmehr darin, den Beschuldigten vor den Freiheitsbeschränkungen und gesundheitlichen Gefahren leichtfertiger oder unsachgemäßer Eingriffe zu bewahren. Dieser Schutz wird aber schon dadurch erreicht, dass die zum Eingriff unbefugte Person (z. B. der Nichtarzt) sich materiellrechtlich (wegen Freiheitsberaubung und Körperverletzung) strafbar macht;[44] andererseits ist dieser Schutzzweck des § 81a mit dessen Verletzung „erschöpft", so dass die spätere Verwertung des rechtswidrig erlangten Beweismittels ihn nicht mehr berührt.

Obsolet ist dagegen die Rspr., wonach Blutproben zum Zwecke der Operationsvorbereitung nach dem 50
Grundsatz des „hypothetischen Ersatzeingriffs" auch dann verwertbar seien, wenn sie unter Verstoß gegen das Beschlagnahmeverbot des § 97 I Nr. 3 in die Hände der Strafverfolgungsorgane gelangt sind (OLG *Celle* NStZ 1989, 385; OLG *Zweibrücken* NJW 1994, 810). Die daran geübte Kritik[45] kann sich heute

---

[42] Sehr str.; bejahend *Eb. Schmidt,* JZ 1958, 596; *Peters,* Gutachten 46. DJT., 128f.; *Rudolphi,* 1970, 98; wie der BGH u. a. *Grünwald,* 1966, 498; *Otto,* 1985, 301.

[43] Vgl. BGHSt 24, 125 m.w.N.; zust. *Schünemann,* JA 1972, 635, *Schöneborn,* GA 1975, 33, *Fezer,* JuS 1978, 613, jeweils m.w.N.; a.M. v.a. *Eb. Schmidt,* MDR 1970, 462; di ff. *Sv. Schröder,* 1992, 133f.

[44] Wobei ähnlich wie beim rechtswidrig handelnden agent provocateur an eine notwendige Verfahrensverbindung ex constitutione zu denken ist, näher u. § 37 Rn. 8.

[45] Zu diesen Entscheidungen *Mayer,* JZ 1989, 908; *Wendisch,* OLGSt, Nr. 3 zu § 81a StPO; *Wohlers,* NStZ 1990, 245; *Beulke,* ZStW 103 (1991), 675ff.; *Sv. Schröder,* 1992, 19, 136ff.; *Hauf,* NStZ 1993, 461; *Weiler,* MDR 1994, 1163; *ders.,* NStZ 1995, 98; sowie ausführl. *Heinrich,* 1996, 13ff., 23ff.

zusätzlich auf ein argumentum a fortiori zu § 81 a III berufen. Denn wenn danach sogar Blutproben, die in einem strafprozessualen Ermittlungsverfahren rechtmäßig erhoben worden sind, nur in einem gleichzeitig anhängigen anderen Strafverfahren verwertet werden dürfen, kommt die Verwertbarkeit eines aus einem völlig anderen Verfahren rechtswidrig transferierten Beweisergebnisses nicht ernsthaft in Betracht.

51 b) Erst wenn die Vorschrift des § 81 a von der anordnenden Person bewusst missachtet wird, soll der Grundsatz des **„fair trial“** (s. o. § 11 Rn. 4 ff.) wegen Verletzung eines (in der hier vorgeschlagenen Terminologie, o. Rn. 15) relativen Beweisverbotes auch ein Verwertungsverbot begründen. Die praktisch wichtigste Fallgruppe hierfür bildet wegen der neuerdings sehr strengen Rspr. des BVerfG zum **Richtervorbehalt** bei §§ 81 a, 105 die Anmaßung einer Eilkompetenz ohne Gefahr im Verzuge durch Polizei oder StA, wobei von der Rspr. nur und immerhin bei *„willkürlicher oder bewusster“* Missachtung der Zuständigkeitsgrenzen ein Verwertungsverbot angenommen wird (näher u. §§ 33 Rn. 8, 35 Rn. 8 f.). Wegen der prinzipiellen Dysfunktionalität dieser „Disziplinierungstheorie“ im deutschen Verfahrensmodell (o. Rn. 27 f.) erscheint aber de lege ferenda ein Ausbau der *„Fairnessgarantie durch Strafrecht“* vorzugswürdig (Bestrafung gem. § 223 StGB; vgl. auch u. § 37 Rn. 8).

52 c) Noch strenger sind Gesetzgebung und Rspr. zur **Telefonüberwachung** nach § 100 a und zum sog. **großen Lauschangriff** nach § 100 c (dazu i. e. u. § 36 Rn. 15 ff., 42 ff.).

53 d) Für die Verwertungsprobleme beim Einsatz **Verdeckter Ermittler**[46] nach §§ 110a–c *außerhalb* von möglichen Verletzungen des nemo-tenetur-Grundsatzes (dazu o. Rn. 41 f.) gilt im Prinzip dasselbe wie für den Lauschangriff und die Telekommunikationsüberwachung: Fehlt die erforderliche Zustimmung von StA oder Richter, so sind die gewonnenen Erkenntnisse nicht verwertbar (h. L., Nachw. bei *M-G/S,* § 110 b Rn. 11; offen gelassen von BGHSt 44, 243, 249; BGH StV 1995, 398). Bei der Erteilung dieser Zustimmung besteht ein Beurteilungsspielraum, ein Verwertungsverbot entsteht erst, wenn die Entscheidung über den Einsatz des Verdeckten Ermittlers willkürlich oder unvertretbar war (BGHSt 42, 103, 107; abl. *Bernsmann,* NStZ 1997, 249; *Weßlau,* StV 1996, 578; *Schlothauer,* StraFo 1998, 404). Bloße Formfehler schaden hierbei nicht, so dass also die Nichteinhaltung der Schriftform gem. § 110 b I 3 die Verwertbarkeit nicht hindert (BGH StV 1995, 398). Wird die nach drei Tagen unabdingbare richterliche Zustimmung gem. § 110 b II 4 nicht erteilt, so bleiben die zuvor erzielten Beweisergebnisse selbstverständlich verwertbar, weil sie ja durch rechtmäßige Verfahrensmaßnahmen gewonnen worden sind (BGHSt 41, 64). Der Transfer von Zufallsfunden in andere Verfahren bestimmt sich entsprechend der allgemeinen Regelung des § 477 II 2 nach der Maxime des hypothetischen Ersatzeingriffs.

4. Beteiligung der Ermittlungsbehörden an strafbaren Handlungen und anderen Manipulationen

54 Es ist eine selbstverständliche Konsequenz des Rechtsstaatsprinzips, dass die Strafverfolgungsbehörden nicht etwa selbst Straftaten zum Zwecke der Strafverfolgung begehen und dass folglich auf strafbarem Wege erlangte Beweise nicht verwertet werden dürfen. Ein Beispiel hierfür liefert der sog. Liechtensteiner Steuerskandal, der eigentlich ein Skandal des Rechtsstaats ist. Der BND hatte in Abstimmung mit der Nordrhein-Westfälischen Finanzverwaltung und Staatsanwaltschaft sowie dem Bundesfinanzministerium geheimnisgeschützte Kontodaten deutscher Staatsbürger aus dem Ausland angekauft, was für die beteiligten deutschen Stellen den Straftatbestand der Anstiftung zu § 17 II Nr. 2 UWG erfüllte, woraus sich für die daraufhin eingeleiteten Strafverfahren wegen Hinterziehung der Kapitalertragsteuer ein Verwertungs-

[46] Literatur dazu i. E. u. § 37.

verbot ergab[47] (zur Frage von dessen Reichweite näher u. Rn. 60f.). Zwar hat die 1. Kammer des Zweiten Senats des BVerfG trotz von ihr unterstellter Strafbarkeit der deutschen Ermittlungspersonen beim Erwerb der CD in deren Verwertung als Basis für eine Haussuchung keine Verletzung des Fair Trial erkennen wollen[48], aber dabei übersehen, dass es nicht um schlichte Verwendung nach dem Spurenansatz, sondern um eine Beweisverwertung auf der 2. Stufe geht (s. o. Rn. 21, u. Rn. 60). Und wieso die vom BVerfG in st. Rspr. anerkannten Verwertungsverbote „bei schwerwiegenden, bewussten oder willkürlichen Verfahrensverstößen“ (StV 2011, 66 Tz. 45 m. z. w. N.) durch die von ihm unterstellte Verwirklichung von Straftatbeständen nach innerstaatlichem Recht seitens der Amtsträger bei der Beschaffung der CD (StV 2011, 67, Tz. 54) nicht eingreifen sollen, muss das Geheimnis der 1. Kammer bleiben.

Neuartige rechtswidrige Ermittlungsstrategien sind der *Flankenschutzfahnder* (ein steuerstrafrechtliche Ermittlungen führender Steuerfahnder, der incognito gemeinsam mit dem Betriebsprüfer bei Außenprüfungen auftritt, s. M-G/S, StPO § 152 Rn. 3) und die *legendierten Kontrollen* (die unter dem Deckmantel einer Verkehrskontrolle o. Ä. „Zufallsfunde“ einer Durchsuchung produzieren sollen, s. M-G/S, StPO § 105 Rn. 1a f.). In beiden Fällen unterliegen die Ergebnisse einem Verwendungsverbot. 54a

5. Eingriffe in den absolut geschützten Kernbereich der Persönlichkeit

In jüngster Zeit ist für die Beweisverbote eine dogmatische Unterscheidung folgenreich geworden, die in der Rspr. des BVerfG zur Menschenwürde des Art. 1 GG und zum Schutz des Persönlichkeitsrechts gem. Art. 2 GG schon in den Anfangsjahren der BRD getroffen, in ihren Auswirkungen aber lange Zeit unklar geblieben ist: nämlich die Unterscheidung zwischen einem unantastbaren „Kernbereich“ privater Lebensgestaltung, der jedem fremden Zugriff absolut entzogen sei, und einem nur noch relativ geschützten Bereich („Abwägungsbereich“), in dem der einzelne Bürger in Kommunikation mit anderen tritt oder in anderer Weise einen Sozialbezug herstellt und in den der Staat im überwiegenden Interesse der Allgemeinheit unter strikter Wahrung des Verhältnismäßigkeitsgrundsatzes eingreifen dürfe.[49] Freilich bereitet die Abgrenzung des unantastbaren Kernbereichs der Persönlichkeit vom Abwägungsbereich erhebliche Probleme, mit denen sich bereits die ältere Rspr. anlässlich der Heranziehung heimlicher Tonbandaufnahmen und beschlagnahmter Tagebuchaufzeichnungen immer wieder und ohne klare Linie auseinandersetzen musste[50] und die keinesfalls geringer geworden sind, seitdem der Gesetzgeber auf Anforderung des BVerfG (BVerfGE 109, 279; BVerfGE 113, 348) die Unantastbarkeit des „Kernbereichs privater Lebensgestal- 55

[47] Näher *Schünemann,* GA 2008, 314, 324ff.; *ders.,* NStZ 2008, 305, 309; *Heine,* FS von Büren, 2009, 1ff.; *Stahl/Demuth,* DStR 2008, 600ff.; *Trüg,* StV 2011, 111; z. T. großzügiger *Sieber,* NJW 2008, 881ff.; *Kölbel,* NStZ 2008, 241ff.; zur Strafbarkeit ergänzend *Trüg/Habetha,* NJW 2008, 887ff.; *Kelnhofer/Krug,* StV 2008, 660ff.; zuletzt *Spatscheck,* FS Volk, 2009, 771; *Jahn,* FS Stöckel, 2010, 259; *Pawlik,* JZ 2010, 693; *Kühne,* FS Roxin II, 2011, 1269.

[48] StV 2011, 65, was lt. EGMR v. 6.10.2016 (nr. 33696/11) auch mit der EMRK vereinbar sei; ebenso *Coen,* NStZ 2011, 433.

[49] Grdl. BVerfGE 6, 32, 41; ferner 6, 389, 433; 27, 344, 350f.; 32, 373, 378f.; 34, 238, 245; 54, 142, 146; 80, 367, 373; 90, 255, 260ff.; 109, 279, 313. Vor allem im Schrifttum ist daraus die auf der Unterscheidung dreier Schutzbereiche aufbauende *Sphärentheorie* entwickelt worden, die zwischen der Intimsphäre, der Privatsphäre und der Sozial- oder Öffentlichkeitssphäre unterscheidet, vgl. *Scholz,* AöR 100 (1975), 80ff., 265ff.; *Peglau,* Der Schutz des allgemeinen Persönlichkeitsrechts durch das Strafrecht, 1997, 16ff.; *Stern,* Handbuch Staatsrecht IV/1, 2006, 264ff.; M/D/*Di Fabio,* GG, Art. 2 I Rn. 39ff., 159, *Chr. Hillgruber,* in: *Umbach/Clemens* (Hrsg.), GG, 2002, Art. 2, Rn. 81ff.; krit. Dreier/*Dreier,* GG, 3. Aufl., 2013, Art. 2 I, Rn. 93; *Degenhart,* JuS 1992, 361, 364; *P. Kunig,* Jura 1993, 595, 602. Für das Strafprozessrecht ist diese Doktrin umfassend von *Wolter* ausgearbeitet worden, in: SK/StPO, Loseblatt, vor § 151 Rn. 26ff.; *ders.,* NStZ 1993, 1ff.; *ders.,* FS Kühne, 2013, 379; krit. *Rogall,* 1992, 32ff., 38; *ders.,* FS Fezer, 2008, 61.

[50] Vgl. zur älteren Rechtsprechung *Küper,* 1990; *Roxin,* 1991, 78ff.; *Baumann/Brenner,* 1991, 156ff.

tung" bei der Überwachung der Telekommunikation in § 100a IV und für die Wohnraumüberwachung („großer Lauschangriff") in § 100c V ausdrücklich im Gesetz verankert hat;[51] zur Reichweite u. Rn. 63.

56 Bereits in der grundlegenden „Tonbandentscheidung" BVerfGE 34, 238 hat das BVerfG ausgesprochen, dass sich nur schwer abstrakt umschreiben lasse, wann eine heimliche Tonbandaufnahme den schlechthin unantastbaren Bereich privater Lebensgestaltung berühre, und hat im konkreten Fall geschäftliche Unterredungen in den „Abwägungsbereich" eingeordnet. In den abwägungsfesten Kernbereich sollten dagegen intime Tagebuchaufzeichnungen über eine sexuelle Beziehung, mit denen ein Meineid bewiesen werden soll (BGHSt 19, 325), intime Tagebücher der Ehefrau des Beschuldigten (LG Saarbrücken StV 1988, 480) sowie ein noch nicht abgesandter Brief des Beschuldigten an einen Arzt über seinen Gesundheitszustand (BayObLG NStZ 1992, 556) gehören. De facto preisgegeben wurde die Kernbereichstheorie dann aber anlässlich schriftlicher tagebuchartiger Aufzeichnungen, in denen sich ein Mordverdächtiger ohne konkreten Tatbezug mit seinen inneren Konflikten und seiner Neigung zur Begehung einer Gewalttat auseinandersetzte, wobei BGHSt 34, 397 zur Verwertbarkeit kam, indem er die „Belange der Strafrechtspflege" dem Persönlichkeitsrecht des Beschuldigten überordnete, während BVerfGE 80, 367 in einer 4:4-Entscheidung den Kernbereich der Persönlichkeit durch eine Verwertung für nicht berührt erklärte.[52] Nachdem das BVerfG in seiner Entscheidung zum großen Lauschangriff (BVerfGE 109, 279, dazu § 36 Rn. 16, 42) die Kernbereichstheorie umfassend restauriert hat, hat der BGH in zwei neueren Entscheidungen *Selbstgespräche* des einer Mordtat Beschuldigten, die einen Schluss auf seine Täterschaft zuließen, dem absolut geschützten Kernbereich der Persönlichkeit zugeschlagen und deshalb für unverwertbar erklärt[53]. Andererseits hat das BVerfG in einer Kammerentscheidung an der Verwertbarkeit von Tagebüchern sogar zum Nachweis eines Vergehens (§ 176 StGB) festgehalten (StraFo 2008, 421). Weil es fraglich ist, ob man die Zuordnung zum unantastbaren Kernbereich allein von dem äußeren Vorgang der „Verschriftlichung" abhängig machen kann (*Rogall* u. *Zimmermann* a. a. O. Fn. 52), sind die Kriterien des Kernbereichs und damit der dogmatische Wert der ganzen Doktrin bis heute nicht abschließend geklärt.

57 Wo eine Verwertung nicht in die innersten Bezirke der Persönlichkeit, sondern nur in die schlichte Privatsphäre und damit das allg. Persönlichkeitsrecht eingreift, muss man weiter differenzieren. In Fällen, in denen es um ein „selbstständiges Verwertungsverbot" geht, der Staat also nicht durch eine rechtswidrige Beweiserhebung in den Besitz des Beweismittels gekommen ist, wird mit Recht zwischen den Strafverfolgungsinteressen und dem Persönlichkeitsschutz des Beschuldigten abgewogen, so dass bei sehr schweren Delikten eine Verwertung zulässig ist. Buchhalterische Aufzeichnungen eines Schwerverbrechers

---

[51] Dazu *Dammann,* Der Kernbereich der privaten Lebensgestaltung, 2011; *Baldus,* JZ 08, 219; *Warntjen,* 2007; *Wolter,* FS Küper, 2007, 719; *Löffelmann,* ZStW 118 (2006), 358, 375ff.

[52] Dagegen das Votum der vier unterlegenen Richter a. a. O.; abl. auch *Wolter,* StV 1990, 175; *Störmer,* NStZ 1990, 397; *Geis,* 1991; *Berkemann,* JR 1990, 226; *Küpper,* 1990; *Rolf Schmidt,* Jura 1993, 591. Vgl. zu BGHSt 34, 397 auch Anm. *Plagemann,* NStZ 1987, 570 u. *Geppert,* JR 1988, 471. Für eine Einordnung in den Schutzbereich von Art. 4 GG *Amelung,* 1988; ähnl. *Lorenz,* GA 1992, 254.

[53] BGHSt 50, 206, 210; 57, 71, 74; zust. *Beulke* Rn. 472; *Volk/Engländer* § 28 Rn. 39; *Kolz,* NJW 2005, 3248; *Ellbogen,* NStZ 2006, 179; *Lindemann,* JR 2006, 191, 195; *ders./Reichling,* StV 2005, 650; *Jahn/Geck,* JZ 2012, 561; *Mosbacher,* JuS 2012, 705; *Ernst/Sturm,* HRRS 2012, 374; umfassend *Traub,* 2015; mit beachtl. Argumenten sehr krit. *Rogall,* FS Fezer, 2008, 61, 65ff.; di ff. *Zimmermann,* GA 2013, 162ff.

über seine Delikte dürfen also zu seiner Überführung verwendet werden. Auch wenn eine Privatperson ein Gespräch mit dem Beschuldigten über eine geplante Brandstiftung heimlich auf Videokassette aufgenommen hat, ist diese als Beweismittel verwertbar (BGHSt 36, 167; abl. *Joerden,* Jura 1990, 642), während anders zu entscheiden wäre, wenn es etwa um den Nachweis einer Beleidigung oder Sachbeschädigung ginge. Eine Verwertbarkeit ist auch in BGHSt 14, 358 abgelehnt worden, wo durch eine von Privathand hergestellte heimliche Tonbandaufnahme eine versuchte Anstiftung zum Meineid und ein Parteiverrat bewiesen werden sollten; ebenso ist die Verwertung zum Nachweis einer Verleumdung und Falschverdächtigung (BayObLG NStZ 1990, 101) oder einer nachrichtendienstlichen Agententätigkeit (BGH NStZ 1994, 350 m. Anm. *Lorenz,* JR 1994, 430) als unzulässig beurteilt worden. Vieles spricht dafür, mit *Frank,* 1996, 118, die Verwertbarkeit rechtswidrig von Privaten hergestellter Aufnahmen nach einer Analogie zu den §§ 100a, c StPO zu bestimmen (offen gelassen in BVerfGE 34, 238, 249f.; s. allg. u. Rn. 65).

Ganz unbedenklich ist eine Verwertung schließlich dort, wo noch nicht einmal die Privatsphäre betroffen 58
ist. Der erpresserische Anruf des Kindesentführers darf also in Notwehr (LK/*Schünemann,* § 201 Rn. 42 m.w.N.) ohne Verstoß gegen § 201 StGB auf Tonband festgehalten und später zu seiner Überführung benutzt werden. Verwertbar waren auch in einem Spielkasino heimlich hergestellte Fotoaufnahmen, mit denen bewiesen werden konnte, dass ein zur Überwachung entsandter Revisor des Finanzamts selbst heimlich Geldscheine entwendet hatte (OLG *Schleswig* NJW 1980, 352).

V. Die Reichweite der Beweisverwertungsverbote: Fernwirkung contra Spurenansatz

1. Wird ein Beweisverwertungsverbot bejaht, so stellt sich die weitere Frage, ob dies 59
nur für das unmittelbar auf verbotenem Wege gewonnene Beweismittel gilt oder ob auch die dadurch bloß mittelbar erlangten Beweismittel nicht verwertet werden dürfen (etwa, wenn der durch Drogen zum Plaudern gebrachte Beschuldigte das Versteck der Leiche preisgegeben hat, die Leiche daraufhin gefunden wird und seine Blutspuren an ihr festgestellt werden; reicht die **Fernwirkung** der Beweisverbote so weit, dass die Blutspuren nicht zu seiner Überführung herangezogen werden dürfen, oder ist dies umgekehrt nach dem **Spurenansatz** erlaubt?). Im **amerikanischen** Strafprozess ist zu diesem Problem die „fruit of the poisonous tree doctrine“ entwickelt worden, nach der sich ein Beweisverwertungsverbot auch auf die mittelbar erlangten Beweismittel erstreckt (vgl. *Mueller,* 1966, 38; *Erdmann,* 1969, 137f., 201ff; *Harris,* 1991). Für den deutschen Strafprozess ist die Frage überaus umstritten.[54] Der BGH hat bei einem Verstoß gegen das Gesetz zur Beschränkung des Brief-, Post- und Fernmeldegeheimnisses (G 10) wegen des damit verbundenen Verstoßes gegen Art. 10 GG eine Fernwirkung bejaht (BGHZ 29, 244 m. Anm. *Riegel,* JZ 1980, 757), dagegen für alle anderen Fälle mit dem prinzipiellen Argument abgelehnt, dass nicht ein einzelner Verfahrensfehler zur Lahmlegung des gesamten Verfahrens führen dürfe.[55] Der *EGMR* hat im Fall *Gäfgen* (u. § 25 Rdn. 30) bei Erzwingung einer Aussage durch eine seines Erachtens gegen Art. 3 EMRK verstoßende unmenschliche Behandlung eine Fernwirkung bejaht und die dadurch mittelbar erlangten Beweismittel nicht für den Schuldnachweis, sondern nur zur Überprüfung eines anderweitig geführten Schuldnachweises zugelassen (NJW 2010, 3145, 3149; internationaler Überblick bei *Ambos,*

[54] Für eine Fernwirkung: OLG Köln NJW 1979, 1216; OLG Oldenburg NStZ 1995, 413 (zu einem Fall des § 136); *Grünwald,* StV 1987, 470; *Fezer,* JZ 1987, 937; *Otto,* GA 1970, 293; *Spendel,* NJW 1966, 1105; di ff. *Ranft,* Rn. 1615ff.; *Koriath,* 1994, 103f. Gegen eine Fernwirkung: OLG Stuttgart NJW 1973, 1941, *Sarstedt,* 1966, 23; *Rogall,* 1979, 39; *Seiler,* 1996, 193ff.

[55] BGHSt 27, 355, 357; 29, 244, 249; 34, 362, 364 für die o. Rn. 40 geschilderte Variante der Horfalle; BGH NStZ 1996, 48 bei fehlerhaftem Einsatz eines verdeckten Ermittlers; dagegen *Grünwald,* 1993, 158f.; *Roxin,* 1991, 95ff.; *Seebode,* JR 1988, 427; *Reichert-Hammer,* JuS 1989, 446; *Neuhaus,* NJW 1990, 1221.

StV 2009, 151). Auch das BVerfG hat ein „absolutes Beweisverwertungsverbot nur in den Fällen anerkannt, in denen der absolute Kernbereich privater Lebensgestaltung berührt ist" (BVerfGE 34, 238, 245f.; BVerfGE 80, 367, 374f.; BVerfGE 109, 279, 320; BVerfG StV 2011, 65, 67).

60 Dem ist im Grundsatz zuzustimmen, weil die „fruit of the poisonous tree doctrine" eine Konsequenz des amerikanischen Parteiverfahrens ist, in dem verhindert werden soll, dass eine Partei sich durch einen Rechtsverstoß eine überlegene Position verschafft. In dem auf die materielle Wahrheit gegründeten deutschen Strafverfahren (o. §§ 15, 17) wäre eine solche Verwirkungsregel hingegen deplaziert, so dass sich ein Verwertungsverbot grds. auf das unmittelbar rechtswidrig gewonnene Beweismittel beschränkt, während die durch weitere Ermittlungshandlungen gewonnenen Ergebnisse nach dem „Spurenansatz" auch dann verwertbar bleiben, wenn dabei ein prozessordnungswidrig erlangtes Anknüpfungswissen benutzt wurde. Die rechtsstaatliche Disziplinierung der Verfolgungsorgane ist nicht durch eine den Rechtsgüterschutz preisgebende Hemmung der Strafverfolgung wegen einer begangenen Tat, sondern durch die (durch eine Verfahrensverbindung ex constitutione zu garantierende) Bestrafung grober Verfahrensrechtsverletzungen wie etwa im Fall rechtswidriger Lockspitzelhandlungen (u. § 37 Rn. 8) sicher zu stellen. Von dieser bloßen Verwendung als Anknüpfungswissen (1. Stufe) ist aber der Einsatz zur Begründung des für eine Zwangsmaßnahme im Ermittlungsverfahren notwendigen *substantiierten Tatverdachts* als 2. Stufe vor der 3. Stufe einer direkten Beweisverwertung in der Hauptverhandlung zu unterscheiden. Er bedeutet eine direkte Beweisverwertung zur Begründung eines Grundrechtseingriffs und folgt damit den allgemeinen Regeln der Verwertungsverbote (exemplarisch o. Rn. 21 und 54 sowie u. § 33 Rn. 36).

61 2. Von der also regelmäßig nur auf der 2. Stufe eintretenden Fernwirkung ist die **Fortwirkung** zu unterscheiden, wenn ein unverwertbares Beweismittel direkt in die Beweisaufnahme der Hauptverhandlung eingeführt und zur Produktion weiterer Beweismittel verwendet wird, etwa wenn ein rechtswidrig erlangtes und deshalb unverwertbares Abhörprotokoll oder sonstwie kriminell kontaminiertes Beweisergebnis[56] zum Vorhalt verwendet und durch die darin implizit liegende Täuschung über dessen Verwertbarkeit ein Geständnis hervorgerufen wird, das dann seinerseits gemäß § 136a unverwertbar ist.[57] Eine solche die Unverwertbarkeit perpetuierende Fortwirkung kann nur dadurch unterbrochen werden, dass dem Beschuldigten eine **qualifizierte Belehrung** erteilt wird, durch die er über die Unverwertbarkeit des früheren Beweisergebnisses informiert und dadurch zu einer nicht mehr durch den früheren Verfahrensfehler verkümmerten Wahrnehmung seiner Rechte in den Stand gesetzt wird.[58]

62 Nicht überzeugend ist es dagegen, mit einer verbreiteten Auffassung (*Beulke,* Rn. 483; *M-G,* Einl., Rn. 57c m.w.N.; mit Recht krit. *Jahn/Dallmeyer,* NStZ 2005, 297) darauf abzustellen, ob die Strafverfolgungsorgane die mittelbaren Beweismittel „sowieso auf legalem Wege gefunden hätten". Denn die Figur des hypothetischen Ersatzeingriffs macht nur bei dem Transfer rechtmäßig erlangter Beweismittel in ein anderes Verfahren Sinn (o. Rn. 18), während die Lösung der Fernwirkungsproblematik anhand der Struktur des deutschen Strafverfahrens und nicht durch hypothetische Kausalitätserwägungen zu lösen ist.

[56] Wie im sog. Liechtensteiner Steuerskandal, o. Rn. 54.

[57] So bereits BGHSt 32, 68; 35, 32; st. Rspr., zuletzt BGH NJW 2006, 1361.

[58] Grdl. bereits *Schünemann,* MDR 1969, 101 für den Fall einer Verletzung des § 136; ebenso *Beulke,* Rn. 119, 142, 483; allg. *Barthelme,* 2011. Für Heranziehung der „Abwägungslehre" zu Unrecht BGH NJW 2007, 3138, 3142; BGHSt 53, 112, 116f. mit unvertretbar großzügiger Zulassung der Verwertung; BGH NStZ 10, 158; 10, 464 mit falsch formulierter Fragestellung, ob der Besch. dachte, er könne von seinen früheren Angaben nicht mehr abrücken (entscheidend ist seine Kenntnis von der Unverwertbarkeit!); OLG Hamm StV 2010, 5; dagegen zutr. *Neuhaus,* StV 2010, 45, 51. S. auch LG Frankfurt a. M. StV 2003, 325 (Fall Gaefgen) u. *Rogall,* FS Geppert, 2011, 519ff. (allzu restriktiv).

3. Selbstverständlich steht es im Ermessen des Gesetzgebers, strengere Regeln in Gestalt umfassender **Verwendungsverbote** zu statuieren (dazu *M-G,* Einl., Rn. 57d; *Dencker,* FS-Meyer-Goßner, 237ff.; *Wohlers,* GS Weßlau, 2016, 427), die auch die Verwertung nach dem Spurenansatz ausschließen. Das hat der Gesetzgeber im Anschluss an die Rspr. des BVerfG (BVerfGE 109, 279) bei unzulässigen Eingriffen in den Kernbereich privater Lebensgestaltung angeordnet und im Gesetz in der Weise formuliert, dass „dennoch erlangte Erkenntnisse nicht verwendet werden dürfen" (vgl. §§ 160a I 2, 100d V; so ist auch das Wort „Verwertung" in § 100a IV 2 zu verstehen, s. BVerfGE 129, 208 Tz. 220; *M-G/S,* § 100a Rn. 25 und in § 100c V 3, s. BVerfGE 109, 279 u. *M-G/S,* § 100c Rn. 17). Der terminologische Unterschied wird durch einen Vergleich mit § 477 II 2 deutlich, wo das einschränkende Kriterium des hypothetischen Ersatzeingriffs nur bei der Verwendung „zu Beweiszwecken" (d. h. als unmittelbares Beweismittel) benutzt wird, so dass hier also eine Verwendung nach dem Spurenansatz uneingeschränkt gestattet ist.[59] 63

4. Zusammenfassend lässt sich damit festhalten, dass ein **Beweisverwertungsverbot** grds. nur die *direkte* Verwendung des Beweisergebnisses zu Beweiszwecken untersagt, dass davon jedoch auch eine **Fortwirkung** bei Benutzung des Beweismittels zu Vorhaltzwecken erfasst wird, nicht aber eine **Fernwirkung** nach dem Spurenansatz, welche nur dann anzunehmen ist, wenn das Gesetz ausdrücklich ein absolutes **Verwendungsverbot** statuiert, wie es das als Konsequenz rechtswidriger Eingriffe in den Kernbereich der Persönlichkeit tut. Freilich spricht auch hier vieles dafür, dass ein wirksamer Schutz besser durch eine garantierte Bestrafung der Verletzungshandlung (o. Rn. 27) zu garantieren wäre als durch die Statuierung eines absoluten Verwendungsverbots, das leicht über das Ziel hinaus schießt (z. B. wenn im Selbstgesprächsfall BGHSt 50, 206 der Beschuldigte in einem Mordprozess das Versteck der Leiche preisgeben würde und dann paradoxerweise gerade deshalb mangels Beweises freigesprochen werden müsste). 64

VI. Beweisermittlungen durch Privatleute

1. Beweise können nicht nur durch die Strafverfolgungsorgane, sondern auch durch Privatleute gewonnen werden (z. B. ein Verletzter stellt selbst Ermittlungen an, um den Täter zu überführen, ausführlich hierzu *Krey,* 1994; s. ferner u. § 25/14). Wenn diese Privatpersonen dabei rechtswidrig vorgehen (etwa Urkunden entwenden) und die so gewonnenen Beweise den Ermittlungsbehörden zur Verfügung stellen, fragt es sich, ob die erlangten Beweise im Strafverfahren verwertet werden dürfen. Da die Verfahrensvorschriften der StPO (und v. a. die Beweismethodenverbote!) sich nur an die Strafverfolgungsorgane richten, sind derartige Beweise grds. **verwertbar.**[60] Eine Aus- 65

[59] Jedoch ist die vom Gesetzgeber benutzte Terminologie nicht einheitlich und hat zu zahllosen Interpretationskontroversen geführt, s. SK/*Wolter/Greco,* § 160a Rn. 26f., 41f..

[60] A. A. *Rogall,* 1979, 40; *ders.,* Der Beschuldigte als Beweismittel gegen sich selbst, 1977, 210f.; di ff. *Grünwald* 1993, 163. Dagegen stellen *Hassemer/Matussek,* 1996, 74, nicht auf die Rechtswidrigkeit der privaten Ermittlungsmethoden nach den Maßstäben der für Ermittlungspersonen geltenden Erlaubnisse ab, weil Private sich auf diese Vorschriften nicht berufen dürfen. Vielmehr stehe grds. (mit der Ausnahme schwerster Tatvorwürfe) die Subjektstellung des Beschuldigten im Strafprozess der Zulassung heimlicher Ermittlungsmethoden Privater entgegen. Folge sei ein Beweisverwertungsverbot, auch wenn nicht eindeutig festgestellt werden könne, ob private Ermittlungen oder behördliche den Beschuldigten überführten (a. a. O., 84).

nahme muss nur für Fälle extremer Menschenrechtswidrigkeit gelten (vgl. *Kleinknecht,* NJW 1966, 1543), z. B. wenn ein Privater durch qualvolle Martern ein Geständnis erpresst (*Gössel,* § 23 B II c, will auf die Verwertung privat erlangter Beweise generell § 136a anwenden, vgl. u. § 25 Rn. 15ff.). Dagegen muss für den Einsatz von Privatleuten derselbe strenge Maßstab wie für die Strafverfolgungsbehörden gelten, wenn sie als deren **verlängerter Arm** agieren, sei es aufgrund eines speziellen Auftrages, sei es aufgrund längerer Übung wie im Fall BGHSt 44, 129 (dazu o. Rn. 41). Wie sich das mit dem polizeilichen Einsatz von V-Leuten vereinbaren lässt (dazu u. § 37), ist freilich eine offene Frage.

66 2. Ferner sind die **Beweismittelverbote** auch hier mit Beweisverwertungsverboten verknüpft, weil es bei ihnen nicht darauf ankommt, wer das Beweismittel erlangt hat. In der Tonbandentscheidung BGHSt 14, 358, wo es um die heimliche Tonbandaufnahme eines Privaten ging (dasselbe gilt entspr. auch für den Tagebuchfall!), kam der BGH dadurch zu demselben Ergebnis, dass er die Verwertung der Aufnahme durch die Strafverfolgungsorgane als eine neue, selbstständige Menschenrechtsverletzung ansah (zust. *Schmitt,* JuS 1967, 25; *Beulke,* Rn. 480).

67 3. Nach OLG *Hamburg* NJW 2005, 2327 (Fall Motassadeq) sollen diese Grundsätze auch bei Vernehmungen durch Angehörige ausländischer Staaten gelten (zust. *Beulke,* Rn. 479; and. aber mit Recht bei „realer Foltergefahr" der EGMR, s. u. § 25 Rn. 23). Auf europäischer Ebene wird nach dem politisch favorisierten Grundsatz der „gegenseitigen Anerkennung" (o. § 3 Rn. 20) ein grds. unbeschränkter grenzüberschreitender Transfer strafprozessualer Beweisergebnisse angestrebt, der mit der Richtlinie 2014/41/EU des Europäischen Parlaments und des Rates über die Europäische Ermittlungsanordnung v. 3.4.2014 (ABl. L 130/1) weitgehend realisiert wurde. Die komplizierte Frage kann hier nicht weiter verfolgt werden, weil es sich um ein Problem des internationalen Strafverfahrensrechts handelt (eingehend *Schuster,* 2006; *ders.,* ZIS 2016, 564; *Gleß,* 2006; s. ferner o. § 3 Rn. 23f.).

§ 25. Der Beschuldigte im Beweisrecht

Literatur: *Walder,* Die Vernehmung des Beschuld. usw., 1965; *Wessels,* Schweigen und Leugnen des Beschuld., JuS 1966, 169; *Eser,* Aussagefreiheit und Beistand des Verteidigers im Ermittlungsverf., ZStW 79 (1967), 565; *Schünemann,* Die Belehrungspflichten der §§ 243 IV, 136 n. F. StPO und der BGH, MDR 1969, 101; *Eser,* Der Schutz vor Selbstbezichtigung im dt. Strafprozessrecht, ZStW-Beiheft Teheran 86 (1974), 136; *Rogall,* Der Beschuld. als Beweismittel gegen sich selbst, 1977; *Bruns,* Der „Verdächtige" als schweigeberechtigte Auskunftsperson, FS Schmidt-Leichner, 1977, 1; *Montenbruck,* Versuch einer Fortentwicklung der materiellen Beschuld.theorie, ZStW 89 (1977), 878; *Puppe,* List im Verhör des Beschuld., GA 1978, 289; *Delvo,* Der Lügendetektor im Strafprozess der USA, 1981; *Wegner,* Täterschaftsermittlung durch Polygraphie, 1981; *Fincke,* Zum Begriff des Beschuld. und den Verdachtsgraden, ZStW 95 (1983), 919; *Prittwitz,* Der Mitbesch. im Strafprozeß, 1984; *Gundlach,* Die Vernehmung des Beschuld. im Ermittlungsverf., 1984; *Wulf,* Strafproz. und kriminalprakt. Fragen der polizeil. Beschuld.vernehmung usw., 1984; *Geppert,* Notwend. und rechtl. Grenzen der „informator. Befragung", FS Oehler, 1985, 323; *Hammerstein,* Sachaufklärung durch inquisitor. Vernehmung des Angekl., FS Middendorf, 1986, 111; *Nothelfer,* Die Freiheit vom Selbstbezichtigungszwang, 1989; *Dencker,* Zum Geständnis im Straf- und Strafprozessrecht, ZStW 102 (1990), 51; *Jerouschek,* Das Geständnis und seine Bedeutung im Strafrecht, ZStW 102 (1990), 753; *Ransiek,* Die Rechte des Beschuld. in der Polizeivernehmung, 1990; *Schünemann,* Der Lügendetektor auf dem Vormarsch?, Kriminalistik 1990, 131, 149; *Schneider,* Nonverbale Zeugnisse gegen sich selbst, 1991; *Berning,* „Lügendetektion" aus interdisziplinärer Sicht, 1992; *Degener,* § 136a StPO und die Aussagefreiheit des Beschuld., GA 1992, 443; *Fezer,* Hat der Beschuld. ein „Recht auf Lüge"?, FS Stree/Wessels, 1993, 663; *Dencker,* Über Heimlichkeit, Offenheit und Täuschung bei der Beweisgewinnung im Strafverf., StV 1994, 667; *Frister,* Der Lügendetektor – Zulässiger Sachbeweis oder unzulässige Vernehmungsmethode?, ZStW 106 (1994), 303; *Haas,* Der Beschuld. als Augenscheinsobjekt,

GA 1997, 368; *Perschke,* Die Zulässigkeit nicht spezialgesetzlich geregelter Ermittlungsmethoden im Strafverfahren, 1997; *H. A. Wolff,* Selbstbelastung und Verfahrenstrennung, 1997; *Weigend,* Der Schutz der Selbstbestimmung des Beschuld. pp., in: *Leipold u. a.* (Hrsg.), Selbstbestimmung in der modernen Gesellschaft aus dt. u. japan. Sicht, 1997, 149; *Bosch,* Aspekte des nemo-tenetur-Prinzips aus verfassungsrechtl. und strafproz. Sicht, 1998; *Frister,* Der Anspruch des Besch. auf Mitteilung der Beschuldigung aus Art. 6 III lit.a EMRK, StV 1998, 159; *Kahlo,* Verdachtsklärung durch Täuschungshandlungen, FS E. A. Wolff, 1998, 153; *Neumann,* Mitwirkungs- und Duldungspflichten des Beschuld. bei körperl. Eingriffen im Strafverf., ibid. 373; *Mitsch,* Mitbeschuld. und Zeugnisverweigerungsrecht, FS Lenckner, 1998, 721; *Pawlik,* Verdeckte Ermittlungen und das Schweigerecht des Beschuld., GA 1998, 378; *Gerlach,* Die Vernehmung des Beschuld. und der Schutz vor Selbstbeschuldigung pp., FS Hanack, 1999, 117; *Lesch,* Inquisition und rechtl. Gehör in der Beschuld.vernehmung, ZStW 111 (1999), 624; *ders.,* „Hörfalle" und kein Ende, GA 2000, 355; *Torka,* Nachtatverhalten und nemo-tenetur, 2000; *Verrel,* Die Selbstbelastungsfreiheit im Strafverfahren, 2001; *Böse,* Die verfassungsrechtl. Grundlagen des Satzes „Nemo tenetur", GA 2002, 98; *Schüssler,* Polygraphie im dt. Strafverf., 2002; *Joecks,* Der nemo-tenetur Grundsatz und das Steuerstrafrecht, FS Kohlmann, 2003, 451; *Schlauri,* Das Verbot des Selbstbelastungszwangs im Strafverf., 2003; *Bohnert,* Der beschuldigte Amtsträger zwischen Aussagefreiheit und Verschwiegenheitspflicht, NStZ 2004, 301; *Eisele,* Die Berücksicht. der Beschuld.rechte der EMRK im dt. Strafproz. pp., JR 2004, 12; *ders.,* Die einzelnen Beschuld.rechte der EMRK, JA 2005, 901; *Jahn,* Hauptprobleme und Streitfragen des § 136a StPO, JuS 2005, 1057; *Geppert,* Zum Beginn der „Besch."-Eigenschaft, FS Schroeder, 2006, 675; *Kölbel,* Der nemo-tenetur-Satz im materiellen Recht, 2006; *Rieß,* Gedanken über das Geständnis, FS Richter II, 2006, 433; *Wasserburg,* Bemerkungen zur audiovisuellen Vernehmung, FS Richter II, 2006, 547; *Koch,* Denunciatio, 2006; *Erb,* Verbotene Vernehmungsmethoden, FS Otto, 2007, 863; *Geppert,* Zur Belehrung eines Besch. über sein Recht zur Konsultation eines Vert., ibid., 913; *Hauer,* Geständnis und Absprache, 2007; *Seebode,* Folterverbot und Beweisverbot, FS Otto, 2007, 999; *Gruber,* Die Lüge des Beschuld. im Strafverf., 2008; *Hellmann,* Das Steuerstrafrecht als Testfall d. nemo-tenetur-Prinzips, FS Seebode, 2008, 143; *Jansen,* Und es (ver)lockt die Beschuldigung, FS Hamm, 2008, 227; *Keller,* Zur strafprozessualen Verwertbarkeit von im Ausland abgelegten Geständnissen, FS Fezer, 2008, 227; *Stübinger,* Lügendetektor ante portas, ZIS 2008, 538; *Gillmeister,* Die Verteidigererklärung als Einlassung des Angekl., FS Mehle, 2009, 233; *Greeve,* Strafrechtliche Beratung und Compliance, DAV-FS, 2009, 512; *Mehle,* Die schriftl. Stellungnahme, DAV-FS, 2009, 655; *Putzke/Scheinfeld/Klein/Undeutsch,* Polygraph. Unters. im Strafproz., ZStW 121 (2009), 607; *Roxin,* Zur Besch.eigenschaft im Strafproz., FS Schöch, 2010, 823; *Soiné,* Kriminal. List im Ermittlungsverf., NStZ 2010, 596; *Schneider,* Der Einsatz bildgebender Verf. im Strafproz., 2010; *Schumann,* Begründung der Besch.eigenschaft pp., GA 2010, 699; *Seiterle,* Hirnbild und „Lügendetektion", 2010; *Mahlstedt,* Die verdeckte Befragung des Besch. pp., 2011; *Sonderegger,* Die Rückkehr der Folter?, 2012; *Rogall,* Die Beschuldigtenstellung im Strafverf., FS Frisch, 2013, 1199; *Kasiske,* Die Selbstbelastungsfreiheit im Strafprozess, JuS 2014, 15; *Knierim u. a.,* Internal Investigations, 2013; *Sickor,* Das Geständnis, 2014; *Wang,* Einsatz verdeckter Ermittler pp., 2015; *Schumann,* Wert u. Notwendigkeit eines Rechtsbegriffs der Vernehmung im Strafverf. pp., GS Seebode, 2015; *Arslan,* Die Aussagefreiheit d. Beschuldigten in d. polizeil. Befragung, 2015; *C. Dannecker,* Der nemo tenetur-Grundsatz pp., ZStW 127 (2015), 370, 991; *Gerson,* Das Recht auf Beschuldigung, 2016; *Fischer/Hoven* (Hrsg.), Verdacht, 2017.

A. Der Beschuldigte als Beweismittel

Der Beschuldigte ist nicht nur Prozesssubjekt, d. h. Verfahrensbeteiligter mit selbstständigen Verfahrensrechten (dazu o. § 18), sondern auch Beweismittel. Dabei ist zu unterscheiden: 1

1. Die Aussagen des Beschuldigten und sein Auftreten in der Hauptverhandlung spielen ohne Zweifel für die Urteilsbildung des Gerichts eine große Rolle. Ja, es ist möglich, dass sich ein Urteil ausschließlich auf die Aussage des Beschuldigten, z. B. auf sein Geständnis, stützt. Trotzdem ist der Beschuldigte insoweit nicht Beweismittel im technischen Sinn, wie es der Zeuge ist; der Beschuldigte „darf nicht gezwungen werden, gegen sich selbst als Zeuge auszusagen oder sich schuldig zu bekennen" (Art. 14

III g IPbpR).[1] Die Aussagefreiheit (lat. *nemo tenetur se ipsum prodere bzw. accusare*) bildet den wichtigsten Gegenpol zu dem erst im 19. Jahrhundert überwundenen, auf die Institution der Folter gegründeten Inquisitionsprozess und lag selbstverständlich schon der RStPO von 1877 zugrunde, wenn auch nur in der sibyllinischen Formulierung, dass der Beschuldigte im Ermittlungsverfahren und im Hauptverfahren zu befragen war, „*ob* er etwas auf die Beschuldigung erwidern wolle" (§§ 136 I, 242 III RStPO). Nach st. Rspr. ist der nemo tenetur-Grundsatz in der Menschenwürde, dem Persönlichkeitsrecht und dem Rechtsstaatsprinzip (Art. 1 I, 2 I und 20 III GG) verankert und hat deshalb Verfassungsrang.[2] Zugleich ist er Bestandteil des von der EMRK garantierten fair trial (*EGMR* StV 2003, 257; StV 2004, 1).

2 2. Beweismittel im technischen Sinn (Gegenstand des Augenscheins) ist der Beschuldigte nur insoweit, als er auf seinen psychischen Zustand oder körperlich untersucht wird, wenn von ihm Lichtbilder bzw. Fingerabdrücke usw. aufgenommen werden (§§ 81, 81 a, 81 b) sowie wenn er einem Zeugen gegenübergestellt wird. Dabei verstößt auch eine zwangsweise Gegenüberstellung nicht gegen § 136 a, der lediglich die Vernehmung betrifft (vgl. KG NJW 1979, 1668).

B. Die Erscheinenspflicht des Beschuldigten

3 Der Beschuldigte war früher nur zum Erscheinen vor dem Richter verpflichtet. Das 1. StVRG hat, unter Inkaufnahme einer gewissen Spannung zum nemo-tenetur-Prinzip, im Interesse der Verfahrensbeschleunigung eine Pflicht auch zum Erscheinen vor dem StA angeordnet (§ 163 a III mit § 161 a und weiteren Verweisungen). Kommt der Beschuldigte nicht, so kann die StA ihn vorführen lassen (i. e. s. §§ 163 a III, 133 ff. und u. § 31 Rn. 22 ff.). Wenn der Beschuldigte freilich erklärt, nur vor dem Richter aussagen zu wollen, bleibt der StA, sofern sie auf die Aussage nicht verzichten will, nichts übrig, als nach Maßgabe des § 162 die ermittlungsrichterliche Vernehmung zu beantragen. Vor allem die erhöhte Beweiskraft richterlicher Geständnisprotokolle (§ 254!) bietet der StA oft Veranlassung zu Anträgen auf richterliche Vernehmungen im Vorverfahren, vor allem bei einem Geständnis.

C. Die Vernehmung des Beschuldigten

4 1. Die Vernehmung des Beschuldigten hat nach heute h. M. eine „Doppelfunktion", indem sie sowohl die Wahrheitsermittlung als auch das rechtliche Gehör für den Beschuldigten (Art. 103 I GG) bezweckt (für den ausschließl. Zweck der Gewährung rechtl. Gehörs u. gegen jede inquirierende Befragung dagegen *Degener,* 1992, 462 m. w. N.). Sie geht in allen Verfahrensstadien im Wesentlichen auf die gleiche Art vor sich (s. §§ 136, 163 a III–V für das Ermittlungsverfahren; 243 II, IV für die Hauptverhandlung):

[1] Zum Verbot einer Selbstbelastungspflicht i. e. *Rogall,* 1977, 104. Gegen jede Bezeichnung der Beschuldigtenaussage als Beweismittel *Prittwitz,* 1984, 197.

[2] BVerfGE 56, 37, 43, 49 f.; BVerfG StV 1995, 505; NJW 2002, 1411; HRRS 2008, 1007 (Kannibale von Rotenburg); BGHSt 34, 324, 326; 38, 314, 220; 45, 363, 364; 45, 367, 368; BGH NJW 2007, 3138. Zur entspr. Bedeutung der *Miranda*-Entscheidung des US Supreme Court s. *Wittmann,* JZ 2014, 105.

a) Zuerst ist ihm zu eröffnen, welche *Tat* ihm zur Last gelegt wird und welche Strafvorschriften in Betracht kommen (das letztere ist bei der Polizei entbehrlich). Dabei muss der vorgeworfene Sachverhalt in groben Zügen ohne Verschweigen zentraler Tatsachen (Tod des Opfers) eröffnet werden (BGH StV 2013, 485 m. Anm. *Neuhaus*).

b) Danach ist er über seine **„persönlichen Verhältnisse"** zu vernehmen. Diese Vernehmung dient grds. nur der **Feststellung der Identität,** d. h., sie darf sich allein auf die in § 111 OWiG genannten Umstände erstrecken. Alle Fragen persönlicher Natur, welche für die Schuld- oder Straffrage erheblich sind, gehören zur Vernehmung zur Sache. Die abw. ältere Lehre und Praxis verkennt, dass der Beschuldigte nur bezüglich seiner „Personalien" zur Aussage verpflichtet ist (Einschränkungen s. u. Rn. 6), während er zu allen die „Sache" (d. h. Schuld- und Straffrage) betreffenden Umständen schweigen darf und entspr. zu belehren ist (§§ 136 I 2, 163a III, IV, 243 V 1). Aussagen zur Sache, die anlässlich der Vernehmung zur Person gemacht werden, ohne dass der Angeklagte über sein Schweigerecht belehrt worden wäre, dürfen nicht verwertet werden, wenn er hernach die Einlassung zur Sache verweigert (OLG *Hamburg* MDR 1976, 601; BayObLG JZ 1984, 440; vgl. auch o. § 24 Rn. 31 ff.). Zulässig ist es freilich, im Rahmen der Vernehmung zur Person rein prozessual erhebliche persönliche Umstände wie die Verhandlungsfähigkeit (vgl. o. § 21 Rn. 11 ff.) oder die Fähigkeit zur selbstständigen Verteidigung (§§ 140 II, 141 II) zu klären, die ohnehin in jeder Lage des Verfahrens zu berücksichtigen sind (vgl. zum Ganzen *M-G,* § 243 Rn. 10–12). 5

Umstr. ist, ob der Beschuldigte zur Angabe seiner **Personalien** verpflichtet ist und im Falle der Weigerung nach § 111 OWiG mit Geldbuße belegt werden kann. Grds. dürfte eine solche Pflicht aus § 136 I 2, wo nur von der Aussage zur Sache die Rede ist, per argumentum e contrario zu schließen sein (zur Befugnis von Polizeibeamten, im Ermittlungsverfahren die Personalien aufzunehmen, vgl. BGHSt 25, 13). Wenn die Angabe der Personalien aber im Einzelfall einer Selbstbezichtigung gleichkäme, kann eine Ordnungswidrigkeit nach § 111 OWiG wegen Unzumutbarkeit normgemäßen Verhaltens entfallen.[3] 6

c) Sodann ist der Beschuldigte gem. § 136 I 2–4 darüber zu **belehren,** dass es ihm nach dem Gesetz freistehe, ob er zur Sache aussagen wolle oder nicht, dass er auch vorher einen von ihm gewählten Verteidiger befragen bzw. ggf. die Bestellung eines Verteidigers beanspruchen oder seine Äußerung ggf. schriftlich abgeben könne (zu den Folgen eines Verstoßes gegen diese Belehrungspflicht o. § 24 Rn. 31 ff.). Daran schließt sich die weitere Belehrung an, dass der Beschuldigte zu seiner Entlastung einzelne Beweiserhebungen beantragen könne, ggf. auch über die Möglichkeit des Täter-Opfer-Ausgleichs. 7

Fordert der Vorsitzende den Angeklagten in der Hauptverhandlung auf, nach Verlesung jedes einzelnen Anklagepunktes durch Kopfnicken oder Kopfschütteln zu bekunden, ob er die Tat zugebe oder nicht, so muss er ihn über sein Aussageverweigerungsrecht vorher belehren. Andernfalls ist die Revision wegen Verstoß gegen § 243 V begründet (BGH NStZ 1988, 85). Zu den Gefahren der nach h. M. zulässigen „Belehrung" des Beschuldigten über den (angeblichen) Vorteil einer Einlassung zur Sache instruktiv *Salditt,* FS Beulke, 2015, 999.

[3] Gegen jede Pflicht zur Personalienangabe *Seebode,* MDR 2070, 185; *Eser,* 1974, 152; für die Pflicht auch in Fällen der Selbstbezichtigung *Krey* I, Rn. 325.

8 d) Schließlich ist der Beschuldigte **zur Sache** zu vernehmen. Dazu gehören neben den Einzelheiten der Tat auch alle über die reinen Personalien hinausgehenden persönlichen Daten, namentlich Vorstrafen (vgl. § 243 V 3), aber auch Familien-, Arbeits- und Vermögensverhältnisse, Ausbildungs- und Entwicklungsgang, schwere Krankheiten, erbliche Belastungen, sein Verhältnis zu Mitangeklagten und Zeugen usw. Analog § 69 ist der Beschuldigte zu veranlassen, seine Aussage zunächst in Form eines **zusammenhängenden Berichts** zu machen, bevor man ihm bestimmte Einzelfragen **(„Verhör")** vorlegt. Dabei ist ihm Gelegenheit zu geben, die gegen ihn vorliegenden Verdachtsgründe zu beseitigen und die zu seinen Gunsten sprechenden Tatsachen geltend zu machen. Im Ermittlungsverfahren genügt in einfachen Sachen eine schriftliche Äußerung (§ 163a I 2), die der Besch. wegen seiner Aussagefreiheit immer erzwingen kann. In der Hauptverhandlung ist das wegen des Mündlichkeitsprinzips nicht zulässig (näher u. § 44 Rn. 4a).

9 Wird das Recht eines beschuldigten **Beamten** auf umfassende Verteidigung durch eine behördliche Verweigerung oder Beschränkung seiner Aussagegenehmigung gem. §§ 61f. BBG, 39 BRRG beeinträchtigt, so liegt darin ein Verstoß gegen Art. 1 I GG, wenn das Recht auf Verteidigung „in seinem Kern tangiert" wird (BGHSt 36, 44, 48 m. Anm. *Salditt,* NStZ 1989, 332; BGH NJW 2007, 3010); das Verfahren muss dann eingestellt werden. Wird das Verteidigungsrecht dagegen nur „in seinem Randbereich betroffen", soll es gegen die Wahrnehmung sehr gewichtiger verfassungsmäßiger Aufgaben, die zu ihrer Erfüllung der Geheimhaltung bedürfen, abgewogen und ggf. eingeschränkt werden dürfen (BGHSt 36, 48f.).

10 2. Uneinigkeit besteht darüber, ob den Beschuldigten bei seiner Aussage zur Sache eine **„Wahrheitspflicht"** trifft.[4] In der förmlichen Unterscheidung zwischen der Vernehmung des Angekl. und der Beweisaufnahme in § 244 I kommt die zutreffende Würdigung zum Ausdruck, dass die (in der Praxis „Einlassung" genannten) Angaben des Angekl. in erster Linie eine prozessuale Stellungnahme sind, die wegen des Grundsatzes „in dubio pro reo" (näher u. § 45 Rn. 56ff.) nicht wahr, sondern nur unwiderlegbar sein muss, um prozessual erfolgreich zu sein. Anders als für den Zeugen (arg. §§ 57, 64f. StPO, 153f. StGB), anders als für den vom Verteidiger zur Aussage aufgerufenen Angekl. im amerikanischen Strafprozess und übrigens auch anders als für die Partei im deutschen Zivilprozess (§§ 138, 452 II ZPO) lässt sich deshalb eine Wahrheitspflicht des Beschuldigten bzw. Angekl. weder prozessual noch materiell-rechtlich begründen. Unabhängig davon ist jedenfalls anerkannt, dass das – als solches sanktionslose – Leugnen des Beschuldigten ihm nicht bei der Strafzumessung zum Nachteil gereichen darf. Die Rspr. kommt aber praktisch doch zu diesem Ergebnis, wenn sie hartnäckiges Leugnen als Indiz für Verstocktheit und mangelnde Einsichtsfähigkeit wertet und die Strafe deswegen schärft (vgl. BGHSt 1, 104, 342).

11 3. Da auch die Polizei verpflichtet ist, dem Beschuldigten die ihm zur Last gelegte Tat zu eröffnen und ihn über seine Rechte zu belehren, taucht das Problem auf, von welchem **Zeitpunkt** an eine in den Kreis der Ermittlungen einbezogene Person als **Beschuldigter** anzusehen ist. Eine ausdrückliche Bezichtigung ist dafür nicht nötig (dann hätte es die Polizei in der Hand, den § 163a IV zu umgehen!), doch muss analog § 397 I AO ein Strafverfolgungsorgan eine Maßnahme getroffen haben, die erkennbar darauf abzielt, wegen einer möglichen Straftat gegen diese Person vorzugehen (BGHSt 51, 367, 370 m. Anm. *Roxin,* JR 2008, 16: „subjektiv-objektive Kombinationstheorie"; BGH NStZ 1997, 398 m. Anm. *Rogall; Rogall,* 1977, 24ff.; nur unwesentlich

[4] Dazu LR/*Gleß,* § 136 Rn. 63ff.; *Fezer,* FS Stree/Wessels, 1993, 663; für Österreich *Seiler,* 1996, 65ff.

anders der „verdachtsabhängig-faktische Beschuldigtenbegriff“ von *Gerson,* 814). Wenn die StA einen solchen Beschuldigten als Zeugen vernimmt, so steht ihm gleichwohl das Aussageverweigerungsrecht nach §§ 136, 163a zu, so dass die StA keine Zwangsmaßnahmen nach § 70 anordnen darf (BGH NStZ 1997, 398). Nach dieser „subjektiv-objektiven *Beschuldigtentheorie*“ muss also zum objektiven Tatverdacht ein wenigstens konkludenter Willensakt des Strafverfolgungsorgans hinzutreten, dass sie das Strafverfahren gegen den Verdächtigen als Beschuldigten betreiben will; hierbei hat das Organ zwar einen Beurteilungsspielraum, kann dem Verdächtigen den Rechtsstatus als Beschuldigter aber nicht willkürlich vorenthalten, um die daraus erwachsenden Rechte (vor allem das Schweigerecht) zu umgehen.[5] Eine zur Belehrung gem. § 163a IV verpflichtende „Vernehmung“ liegt danach noch nicht in einer informatorischen Anhörung einer Person, die gegenüber der Polizei unaufgefordert **spontane Äußerungen** macht (BGH NStZ 2010, 464; OLG *Stuttgart* MDR 1977, 70; SK/*Rogall,* vor § 133, Rn. 44; AK/*Achenbach,* § 163a Rn. 22), jedoch nicht bei Fortsetzung über eine „beträchtliche Zeitspanne“ (BGH NStZ 2010, 464). Auch ein Herumfragen von Polizeibeamten zur Aufklärung, wer überhaupt als Beschuldigter bzw. als tatbeteiligter oder tatunbeteiligter Zeuge in Betracht kommt, ist noch keine belehrungspflichtige Vernehmung (AK/*Achenbach,* § 163a Rn. 23, spricht hier von „Orientierungsfragen“). Befragt jedoch die Polizei eine Person, für deren Täterschaft konkrete, bei der Strafverfolgungsbehörde eine „Verdachtshypothese“ auslösende Hinweise vorliegen, so geht sie damit zur Vernehmung des Beschuldigten über, für die dann auch § 163a IV gelten muss; erst recht, wenn die Hypothese bereits nach außen dargestellt worden ist (BGH NStZ 2015, 291). Eine darüber hinausgehende belehrungsfreie „informatorische Befragung“ ist nicht zuzulassen.[6] Erst recht darf die Spontanäußerung eines Beschuldigten, der sich auf sein Schweigerecht berufen hat, nicht zum Anlass von Nachfragen genommen werden (BGH StV 2013, 737 m. Rezension *Eisenberg,* ibid. 779).

4. In analoger Anwendung der §§ 163a IV 2, 136 I 2, 163 III wird man auch dem Sachverständigen (a. A. BGH JZ 1969, 437; wie hier aber BGHSt 35, 32, 35 m. Anm. *Dörig,* NStZ 1988, 143; LG Oldenburg StV 1994, 646) und dem Gerichtshelfer für ihre ermittelnde Tätigkeit eine Belehrungspflicht auferlegen müssen.[7] 12
Denn was für Richter, StA und Polizei gilt, sollte für die Gehilfen von Richtern und StAen nicht weniger maßgebend sein (vgl. *Arzt,* JZ 1969, 438); zudem hat der BGH selbst die Anwendbarkeit des § 136a auf Sachverständige bejaht (s. u. Rn. 17; dazu *Fincke,* ZStW 86 [1974], 656). Ferner hat der BGH nicht im Wege einer analogen Anwendung des § 136, sondern im Hinblick auf den Grundsatz des fairen Verfahrens (Art. 6 I, 1 EMRK) erwogen, den Konsularbeamten bei konsularischer Betreuung inhaftierter deutscher Beschuldigter im Ausland zu verpflichten, diesen darüber zu unterrichten, dass der Inhalt des Gespräches regelmäßig innerhalb der Behörde und gege-

[5] BGHSt 38, 214, 228; 51, 367, 370ff. m. Rezension *Mikolajczyk,* ZIS 2007, 565; und *Deiters,* ZJS 2008, 93, 53, 112, 114; *Jahn,* JuS 2007, 962; *Mitsch,* NStZ 2008, 49; *Roxin,* JR 2008, 16.

[6] Großzügiger BGH NStZ 1983, 86 m. Besprechung *ter Veen,* StV 1983, 293; BGHSt 38, 214, 217f.; KG JR 1992, 437 und die h. M.; wie hier AK-*Achenbach,* § 163a, Rn. 22–24 m.w.N. BGHSt 51, 367, 372f. lässt entweder einen „konkreten und ernsthaften Tatverdacht“ oder „den Verfolgungswillen in der Wahrnehmung des Vernommenen“ für die Belehrungspflicht ausreichen. Vgl. zum Ganzen *Geppert,* 1985, und zur praktisch wichtigen Fallgruppe der Straßenverkehrsstraftaten *Soiné,* NZV 2016, 411; über die Bedeutung der Frage für § 252 u. § 46 Rn. 30ff.

[7] Vgl. für den Gerichtshelfer *Bottke,* MSchrKrim 1981, 62; *ders.,* ZentralBl. f. JugendR 1980, 12; AK/*Schöch,* § 160 Rn. 42.

benenfalls auch bei den Strafverfolgungsbehörden des Heimatlandes bekannt wird (BGHSt 55, 314, 319f. – letztlich offen gelassen, weil keine diesbezügliche formale Revisionsrüge erhoben worden war, dazu u. § 55 Rn. 60).

13 5. Ferner wird man § 136 insoweit analog anwenden müssen, als andere Gesetze eine Auskunftspflicht begründen, durch deren Erfüllung sich der Aussagende der Gefahr einer Strafverfolgung aussetzen würde. § 97 I 2, 3 InsO bestimmt nunmehr ausdrücklich, dass der Schuldner im Insolvenzverfahren auch Tatsachen offenbaren muss, die zu seiner Strafverfolgung führen können, und normiert damit den bereits von BVerfGE 56, 37 („Gemeinschuldnerentscheidung") aufgestellten Grundsatz, dass in solchen Fällen kein Aussageverweigerungsrecht besteht, sondern lediglich ein Verwertungsverbot (dazu *Püschel,* DAV-FS, 2009, 759). Im Gegensatz zu dem in § 136a III geregelten Verwertungsverbot dürfen hier allerdings die Auskünfte dann verwertet werden, wenn der Schuldner zustimmt; insofern liegt nur ein eingeschränktes Verwertungsverbot vor. Dasselbe gilt für die ärztliche Pflicht zur Fehleraufklärung nach § 630c II S. 2 u. 3 BGB (dazu *Jäger,* FS v. Heintschel-Heinegg, 2015, 211); zu weiteren Beispielen *Gleß* u. *Rogall,* FS Beulke, 2015, 723, 973.

Weiter geht das in § 393 II 1 AO geregelte Verwertungsverbot. Soweit dem StA oder dem Gericht aus den Akten Tatsachen bekannt werden, über die der Beschuldigte gegenüber der Finanzbehörde aufgrund einer Offenbarungspflicht Auskunft gegeben hat, dürfen diese danach nicht in einem außersteuerstrafrechtlichen Verfahren verwertet werden, und zwar auch nicht, wenn der Beschuldigte zustimmt.

Dagegen sollen in einem Strafverfahren nach dem AuslG wegen unerlaubter Einreise Angaben, die ein Asylbewerber bei seiner Anhörung über die Modalitäten seiner Einreise gemacht hat, zu seinen Lasten verwertet werden dürfen (BGHSt 36, 328); mit dem Grundsatz, dass niemand sich selbst zu belasten braucht, ist das kaum zu vereinbaren (abl. auch *Ventzke,* StV 1990, 279). OLG *Düsseldorf* NStZ 1992, 349 (m. Anm. *Kadelbach,* StV 1992, 506) hat entschieden, dass Angaben eines Asylbewerbers aus einem im Ausland gestellten Asylantrag, in denen er sich selbst schwerer Straftaten bezichtigt, gegen ihn verwertet werden dürfen; in der Tat werden derartige Angaben freiwillig und auf eigenes Risiko gemacht. Ebenso können nach KG NStZ 1995, 146 und BVerfG NStZ 1995, 599 die Grundsätze der „Gemeinschuldnerentscheidung" nicht auf die Verwertung selbstbelastender Angaben eines Versicherungsnehmers gegenüber seinem Kfz-Haftpflichtversicherer übertragen werden, da hier ein staatlicher Zwang zur Offenbarung fehle. Freilich wird dem Versicherungsnehmer auf diese Weise zugemutet, seine Ansprüche gegen die Versicherung preiszugeben, wenn er sich nicht selbst überführen will; es lässt sich darüber streiten, ob das noch tolerabel ist.

14 6. Für „private" Vernehmungen gilt § 136 allerdings nicht, auch nicht analog. Denn den Arbeitnehmer trifft grds. eine Pflicht zur Erteilung von auf seinen Arbeitsbereich bezogenen und für den Arbeitgeber wichtigen Auskünften, deren Erfüllung nach h. M. auch dann zumutbar bleibt, wenn er sich selbst einer strafbaren Handlung bezichtigen müsste (BGHZ 41, 318, 322; 109, 260, 268; and. *I. Roxin,* StV 2012, 116, 121). Doch führt das in eine ausweglose Zwickmühle bei den seit dem Siemens-Korruptionsskandal eingebürgerten **unternehmensinternen Ermittlungen** (Internal Investigations) durch eine Anwaltskanzlei (zur intensiven Diskussion s. *Wehnert,* FS Egon Müller, 2008, 729ff.; *Jahn,* StV 2009, 41ff.; *Pfordte,* DAV-FS, 2009, 740; *Theile,* StV 2011, 381; *Zerbes,* ZStW 125 (2013), 551; *Hart-Hönig,* FS Schiller, 2014, 281; *Greeve,* FS Feigen, 2014, 51ff.; *Theile/Gatter/Wiesenack, ZStW 126 [2014], 803; Pelz, Park, Basar, Kienast, Frings, Leipold u. Mayer,* FS-Wessing, 2015, 605–722; *Momsen,* FS Rössner, 2015, 871; w. N. o. vor § 24/13). Der von *Greco/Caracas* (NStZ 2015, 7) vorgeschlagene Ausweg, bei einer direkten oder (durch künstliches Zuwarten) indirekten Initiierung der internen Ermittlungen durch die StA ein Verwertungsverbot anzunehmen, hilft nicht für den Normalfall der sowieso langsam arbeitenden Mühlen der Strafverfolgung. Mit der anwachsenden Zahl unternehmensinterner Untersuchungen durch **Compliance-Abteilungen** oder beauftragte Rechtsanwälte wird deren Verhältnis zur staatlichen

Strafverfolgung immer prekärer, zumal im Hinblick auf das Problem einer *Beschlagnahme* der Befragungsprotokolle (auch bei Rechtsanwälten zugelassen von LG Hamburg StV 2011, 148 m. krit. Anm. *Jahn/Kirsch* u. Rezension *Rütters/Schneider,* GA 2014, 160; w.N.b. M-G/S, StPO § 97 Rn. 10b). Eine Lösung dürfte nur durch den Gesetzgeber möglich sein, indem die StA die Befugnis erhält, das Unternehmen mit der Durchführung der Ermittlungen als Beliehener zu betrauen, und widrigenfalls diese Ermittlungen durch Anordnung eines Verwertungsverbots vom Strafverfahren separieren muss (lt. *Schünemann,* wistra 2015, 161, 165f. als „4. Aufklärungsparadigma").

D. Verbotene Vernehmungsmethoden

1. Aus der Stellung des Beschuldigten als Prozesssubjekt folgt, dass seine freie Willens- 15
entschließung und -betätigung auch in seiner Rolle als Beweismittel nicht beeinträchtigt werden darf. Dem trägt die StPO Rechnung, indem sie in § 136a eine Reihe von **Vernehmungsmethoden** schlechthin *verbietet.*

Danach sind unzulässig:

a) alle Formen körperlich wirkender Beeinflussung (Misshandlung, Ermüdung, körperlicher Eingriff, Verabreichung von Mitteln),

b) alle Formen unmittelbar seelischer Einwirkung (Täuschung, Hypnose, Drohung, Versprechen eines gesetzlich nicht vorgesehenen Vorteils, Quälerei),

c) prozessordnungswidriger Zwang und

d) Maßnahmen, die das Erinnerungsvermögen und die Einsichtsfähigkeit beeinträchtigen.

Die Effektivität dieses Verbots wird dadurch garantiert, dass seine Verletzung die Aus- 16
sage **unverwertbar** macht (§ 136a III 2); sie scheidet als Beweismittel völlig aus (Beweisverwertungsverbot; dazu schon o. § 24 Rn. 31ff.). Dafür genügt nach BGHSt 13, 61 die bloße Möglichkeit, die (festgestellte) Verletzung des § 136a könne für die Aussage ursächlich gewesen sein. Das Verwertungsverbot gilt auch, wenn bei einer späteren ordnungsmäßigen Vernehmung die lähmende Wirkung eines vorher angewandten Druckmittels weiter fortwirkt (BGHSt 17, 364; *EGMR* NJW 2010, 3145, 3149 unter Einordnung in Art. 3, 6 EMRK; einschränkend BGHSt 22, 133; BGH NStZ 1988, 419).

§ 136a ist eine Ausformung des Art. 1 GG (BGHSt 5, 333). Deshalb erklärt das Ge- 17
setz eine etwaige **Einwilligung** des Beschuldigten in die Vernehmung wie auch in die Verwertung der verbotswidrig zustande gekommenen Aussage (und damit auch seinen ausdrücklichen Wunsch!) für schlechthin **unbeachtlich** (§ 136a III). Daher gilt § 136a auch für das ganze Verfahren, insb. die Vernehmung durch StA und Polizei (§ 163a III, IV), aber auch für die Untersuchung durch den Sachverständigen (BGHSt 11, 212; di ff. AK/*Gundlach,* § 136a Rn. 8).

2. Im Einzelnen wirft § 136a manche Zweifelsfrage auf (ausführlich *Eisenberg,* BewR, 18
Rn. 628ff.):

a) Die Aufzählung ist **nicht abschließend,** vielmehr soll jegliche Beeinträchtigung der Aussagefreiheit unzulässig sein. Deshalb hatte der BGH ursprünglich die Verwendung des Polygraphen **(Lügendetektors)** generell für verboten erklärt, weil die Erforschung unbewusster seelischer Regungen mit Hilfe der Messung von Körpervorgängen in den unantastbaren innersten Bezirk der Persönlichkeit eindringe (BGHSt 5, 332; krit. dazu *Undeutsch,* ZStW 87 [1975], 650 mit Antikritik von *Peters,* ebda., 663). Neuerdings wird v. a. diskutiert, ob nicht wenigstens der Einsatz des Polygraphen *zugunsten* des Beschuldigten zugelassen werden sollte.[8] *Schünemann,* Kriminalistik, 1990, 131, will den Einsatz des Polygraphen mit Zustimmung des Beschuldigten zulassen, wenn er auf das Ermittlungsverfahren beschränkt und zusätzlich die Verwertbarkeit der unmittelbaren Ergebnisse in der Hauptverhandlung untersagt wird. Der BGH hat nunmehr für den Fall einer freiwilligen Mitwirkung des Beschuldigten das Verdikt einer Verletzung der Menschenwürde nicht mehr aufrecht erhalten, den Lügendetektor aber für die Phase der Hauptverhandlung für ein völlig ungeeignetes Beweismittel erklärt (BGHSt 44, 308[9]). Eine auf das Vorverfahren beschränkte Verwendung ist deshalb zukünftig möglich und kann je nach Lage des Einzelfalles in Gestalt des sog. Tatwissentests nützlich sein (*Schünemann,* a. a. O., und *Schüssler,* 169 ff., 182 ff.; weitere Nachweise bei *M-G/S,* § 136a Rn. 24).[10]

19 Nach BGHSt 34, 39 verstößt auch die **Stimmfalle** gegen Art. 1, 2 GG und den Rechtsgedanken des § 136a, also wenn ein Gespräch des Angeklagten **heimlich auf Tonband** aufgenommen wird, um durch eine **Stimmprobe** die Identität des Beschuldigten mit einem Geiselnehmer zu erweisen, dessen erpresserischer Anruf auf Tonband festgehalten worden war. Das ist richtig; denn der Angeklagte würde durch das Gespräch gegen seinen Willen zu seiner Überführung beitragen. Gerade dies ist es, was § 136a verhindern will (näher *Wolfslast,* NStZ 1987, 103; *Meyer,* StV 1987, 215). Heute ist zu erwägen, ob ein solches Vorgehen unter den Voraussetzungen des kleinen oder großen Lauschangriffs (§ 100c) gestattet sein könnte. Das wird richtigerweise zu verneinen sein, weil nicht eine bloße Abhörung, sondern zusätzlich eine gegen den nemo-tenetur-Grundsatz verstoßende Täuschung vorliegt.

20 In dem in BGHSt 40, 66[11] behandelten Fall erhielt das Tatopfer im Polizeirevier Gelegenheit, die Unterhaltung des Verdächtigen mit einem Kriminalbeamten von einem Nebenzimmer aus heimlich anzuhören. Der bei der Tat maskierte Täter wurde von der Frau an seiner Stimme erkannt und aufgrund dieser Wiedererkennung verurteilt. Der BGH differenziert hier: Wenn das Gespräch mit dem Kriminalbeamten herbeigeführt wurde, um der Frau Gelegenheit zur Identifizierung seiner Stimme zu geben, soll das Beweismittel wegen Täuschung unverwertbar sein. Wenn dagegen das Gespräch aus einem anderen Grunde stattgefunden und die Frau nur Gelegenheit erhalten habe, es heimlich mit anzuhören, liege nur die noch zulässige Ausnutzung eines Irrtums vor. Die Unterscheidung wirkt gekünstelt, weil die Polizei so oder so eine willentliche Selbstüberführung des Beschuldigten veranlasst hat. Abgesehen davon ist aber eine „Wiedererkennung" unter solchen Umständen, wie auch der BGH betont, kein zur Verurteilung ausreichendes Beweismittel (vgl. u. § 33 Rn. 16).

21 b) Wann eine unzulässige **Ermüdung** vorliegt, kann zw. sein (dazu *E. Döhring,* Die Erforschung des Sachverhalts, 1964, 209 ff.). Die Vernehmung (BGHSt 1, 376; BGHSt 38, 291), ja selbst die Hauptverhandlung zur Nachtzeit (BGHSt 12, 332) sind nach Ansicht des BGH nicht grds. verboten. Es kommt allein darauf an, ob der Beschuldigte tatsächlich so ermüdet ist, dass eine Beeinträchtigung der Willensfreiheit zu besorgen ist (BGHSt 1, 379), wobei weder erforderlich ist, dass dieser Zustand absichtlich, noch auch nur, dass er überhaupt durch die Vernehmung herbeigeführt worden ist. Deshalb hat der BGH zu Recht § 136a angewendet, als ein Beschuldigter vor seinem Geständnis 30 Stunden nicht geschlafen hatte (BGHSt 13, 60; noch eklatanter der Fall BGHSt 60, 50). Hat der Beschuldigte trotz der wahrgenommenen Bettruhe keinen Schlaf gefunden, sondern nur „gedöst", so soll das keine Ermüdung begründen; „denn die geistige Leistungsfähigkeit kann auch durch Ruhe und Entspannung ohne Schlaf wiederhergestellt werden" (BGHSt 38, 291).

[8] *Amelung,* NStZ 1982, 38; *Delvo,* 1981, 213, 373; *Klimke,* NStZ 1981, 433; *Prittwitz,* MDR 1982, 886; *Schneider,* 1991, 131 ff.; *Schwabe,* NJW 1982, 367; *Wegner,* 1981, 184; *Putzke/Scheinfeld/Klein/Undeutsch,* ZStW 121 (2009), 607; weitergehend *Berning,* 1992; eingehend *Seiterle,* 2010; abl. BVerfG NStZ 1981, 446; *Eisenberg,* BewR, Rn. 696 ff.; *Frister,* 1994.

[9] Überzeugende Kritik daran bei *Schüssler,* 99 ff., weil der Polygraph kein eigenes Beweismittel ist, sondern nur ein methodisches Hilfsmittel für den psychologischen Glaubwürdigkeitsgutachter, dessen sonstige – von der Rspr. nicht beanstandete – Methoden keine größere Verlässlichkeit besitzen; *Seiterle,* 44 ff.; *ders.,* StraFo 2014, 58.

[10] Zur entspr. Problematik bei der sog. Phallographie *Eisenberg,* BewR, Rn. 702 ff.

[11] Anm. *Achenbach/Perschke,* StV 1994, 577; *Eisenberg,* NStZ 1994, 598; *Freund,* JuS 1995, 394.

c) Unter die **Verabreichung von Mitteln** fällt vor allem die sog. Narkoanalyse, d. h. die Injektion hemmungslösender Mittel (vgl. OLG Hamm DRZ 1950, 212; BGHSt 11, 211). Sogar schon die bloße Hingabe von Zigaretten kann bei starken Rauchern Einfluss auf die Willensentschließung nehmen (BGHSt 5, 291). Erst recht gilt das für die Verabreichung enthemmender Alkoholika. Wenn andererseits der Beschuldigte schon in angetrunkenem Zustand zur Vernehmung erscheint, so ist seine nach Belehrung gemachte Aussage so lange verwertbar, wie seine Zurechnungsfähigkeit nicht vermindert ist und seine Verhandlungsfähigkeit erhalten bleibt (vgl. *Eb. Schmidt,* NJW 1962, 664). Bei vollständiger Verhandlungsunfähigkeit durch hochgradige Alkoholisierung o. ä. ist die Aussage unverwertbar (OLG *Köln* StV 1989, 520). Dasselbe gilt bei einer seine Entscheidungsfähigkeit ausschließenden Medikamenteneinnahme (LG Marburg StV 1993, 238). 22

d) **Misshandlung** ist die Zufügung überwiegend körperlich wirkender, **Quälerei** die Zufügung länger dauernder, überwiegend seelischer Schmerzen. Instruktiv BGHSt 15, 187: Ein der Ermordung seines Sohnes verdächtiger Vater wurde nach mehrmaliger Androhung zur Leiche seines Kindes geführt, brach dort weinend zusammen und legte ein Geständnis ab; der BGH bejahte Quälerei. Das Verbot des § 136a ist damit weiter als das in Art. 15 UN-Antifolterkonvention[12] und Art. 3 EMRK statuierte absolute **Verbot der Folter** i. S. der vorbedachten und gewollten Auferlegung schwerer körperlicher Qualen, die ernste und grausame Leiden hervorruft (*EGMR* EuGRZ 1979, 153; BGHSt 46, 292, 303); das Verhältnis zum Verbot der **unmenschlichen Behandlung** in Art. 3 EMRK, die vorsätzlich schwere geistige oder körperliche Leiden verursacht und in der besonderen Situation nicht zu rechtfertigen ist (*EGMR* NJW 1978, 475), bedarf noch der Klärung (s. auch u. Rn. 30). 23
Wegen der im Zuge des „war on terrorism" von den USA in Guantanamo und von Helfershelferregimen weltweit praktizierten Folter hat der EGMR in der Entscheidung El Haski./. Belgien bei der Verwertung von Auslandsvernehmungen ein absolutes Verwertungsverbot bereits dann bejaht, wenn es ein „reales Risiko" gegeben hat, dass eine Aussage unter Folter oder unmenschlicher oder erniedrigender Behandlung gewonnen worden ist (ZIS 2013, 245 m. instr. Anm. *Schüller*). Mit dieser ebenso kühnen wie beifallswürdigen Entscheidung des EGMR sind die gegenteiligen Entscheidungen des OLG Hamburg und des BGH im Fall *Motassadeq* (s. o. § 24 Rn. 67) desavouiert worden.

e) Mit der h. M. ist anzunehmen, dass der Begriff der **Täuschung** einengend auszulegen ist (näher KK/*Diemer,* § 136a, Rn. 19ff.; noch weitergehend für die Zulässigkeit aktiver Täuschungen *Nowrousian,* NStZ 2015, 625). Die bloße **List** gilt allgemein als zulässig; dagegen ist die bewusste Lüge als unzulässig anzusehen.[13] Eine bewusste Lüge ist z. B. gegeben, wenn der Vernehmungsbeamte den Beschuldigten durch die wahrheitswidrige Behauptung, gegen ihn lägen erdrückende Beweise vor, zu einem Geständnis veranlasst (BGHSt 35, 328 m. Anm. *Fezer,* JZ 1989, 348; *Bloy,* JR 1990, 165). Eine Täuschung liegt auch vor, wenn dem Beschuldigten, obwohl die Leiche bereits aufgefunden worden ist und wegen eines Tötungsdelikts ermittelt wird, erklärt wird, er werde in einer Vermisstensache vernommen (BGH NStZ 1990, 446). Weitere Beispiele bei LG Darmstadt u. AG München StV 1990, 104. Im Übrigen kann nur entscheidend sein, ob die Aussagefreiheit des Beschuldigten im konkreten Fall erhalten geblieben ist (eingehend zum Ganzen LR/*Gleß,* § 136a Rn. 39ff.). Eine Verpflichtung, Irrtümer des Vernommenen über Tatsachen zu verhindern oder aufzuklären, wird durch § 136a nicht begründet (BGH StV 1988, 419 m. Anm. *H.-L. Günther*). Doch darf der Vernehmungsbeamte eine von ihm unvorsätzlich hervorgerufene Fehlvorstellung nicht bewusst ausnutzen. Wird der Beschuldigte durch die Täuschung, die Leiche des von ihm Ermordeten sei bereits gefunden worden, zu einem Geständnis bewegt, so ist diese Aussage nicht verwertbar. Wiederholt er das Geständnis einige Wochen später, so ist es jedenfalls dann verwertbar, wenn er bei der neuen Vernehmung darüber belehrt wird, dass die frühere Aussage nicht verwertbar ist (**qualifizierte Belehrung,** vgl. auch o. § 24 Rn. 33). Unterbleibt diese qualifizierte Belehrung, hängt die Unverwertbarkeit der zweiten Aussage allerdings davon ab, ob die unzulässige Vernehmung sich auf das zweite Geständnis noch ausgewirkt hat. Das ist Tatfrage (BGH NStZ 1996, 290). 24

f) Mittel der **Drohung** müssen **prozessordnungswidrige Maßnahmen** sein. Deshalb hat der BGH mit Recht die Androhung einer zulässigen vorläufigen Festnahme als erlaubt angesehen (GA 1955, 246; a. A. *Degener,* 1992, 464). Unerlaubt ist z. B. die Drohung mit einem in § 56f StGB nicht vorgesehenen Widerruf einer Strafaussetzung (LG Bielefeld StV 1993, 239). 25

[12] BGBl. 1990 II, 247.

[13] Dagegen verwirft *Degener,* 1992, 464, aufgrund seiner Deutung des § 136 II – dazu o. Rn. 4 – Suggestiv- und Fangfragen sowie alle listigen Vorgehensweisen gänzlich.

26 g) Das Verbot des **Versprechens** „gesetzlich nicht vorgesehener" **Vorteile** ist missverständlich formuliert (dazu LR/*Gleß,* § 136a Rn. 58ff., nach der ein Inaussichtstellen genügen soll; *Eb. Schmidt,* Nachtr. I, Rn. 11). Nach der Rspr. des BGH (BGHSt 1, 387; BGHSt 14, 191; BGHSt 20, 268) ist nur das ausdrückliche Versprechen (etwa die Zusage, den Angekl. bei einem Geständnis aus der U-Haft zu entlassen oder ihn bei Preisgabe seiner Komplizen nicht zu verfolgen, ähnlich OLG *Köln* StV 2014, 272) verboten; die bloße Belehrung, die dem Beschuldigten nur in Erinnerung ruft, was er sich auch selbst sagen könnte (z. B. der Hinweis, dass sich ein Geständnis für die Strafzumessung günstig auswirken könne), ist dagegen zulässig. Zulässig ist auch der Hinweis auf eine vom Geschädigten für die Aufklärung ausgesetzte Belohnung (BGH NStZ 1988, 420).

27 Das Verbot der Zusage eines nicht zu beanspruchenden Vorteils bildet schließlich den nicht ausräumbaren Stolperstein für die heutige Praxis der Urteilsabsprachen (dazu und zu ihrer Absegnung durch den Gesetzgeber eingehend o. § 17 Rn. 7ff.), weil es vor dem Ende der Hauptverhandlung keine verbindliche Zusage zum Strafmaß geben darf, auch nicht in Form der vom 4. StS des BGH proklamierten, in der Praxis aber meist nur zur Verbrämung einer präzisen Zusage verwendeten „Obergrenze".[14] Hierin liegt übrigens zugleich eine unzulässige Drohung gegenüber dem seine prozessualen Rechte (etwa das Schweigerecht) wahrnehmenden Angekl., weil die versprochene Strafmilderung im Falle eines Geständnisses ja die Inaussichtstellung einer wesentlich höheren Strafe gegenüber dem nicht geständigen Angeklagten (die sog. „Sanktionsschere") zur Kehrseite hat. Ein Ausweg aus dieser Aporie wäre nur zu finden, wenn jedem Geständnis (unabhängig von der Art seiner Aushandlung) ein fester, aber eng begrenzter Einfluss auf die Strafzumessung sicher und der nicht geständige Angeklagte gegen eine darüber hinausgehende Öffnung der Sanktionsschere geschützt wäre.[15] Aber genau diese Kautelen hält die gegenwärtige Absprachenpraxis nicht bereit, weil der Umfang des Rabatts stets von der ganz konkreten Aushandlung abhängt und deshalb mangels vorheriger Berechenbarkeit auch nicht „gesetzlich vorgesehen" ist.

28 h) Fahrlässig falsche Rechtsauskünfte, die den Beschuldigten zu einem Geständnis verleiten, fallen nach BGH StV 1989, 515 nicht unter § 136a, während *Achenbach* darin – anders als bei irrtümlichen Angaben über tatsächliche Umstände – eine Täuschung sieht (StV 1989, 515).

29 i) Wird jemand ohne das Vorliegen der gesetzlichen Voraussetzungen in U-Haft genommen und sagt er daraufhin aus, so ist dies noch kein Fall eines nach § 136a unzulässigen Zwanges. Denn dieser setzt voraus, dass der Zwang gezielt als Mittel zur Herbeiführung einer Aussage eingesetzt wird. § 136a ist also nur gegeben, wenn jemand durch eine unzulässige Inhaftierung zu einer Aussage gezwungen werden soll (BGH StV 1996, 73 m. Anm. *Fezer*). Zu vergleichbaren Fällen aus der Praxis krit. *Volk,* NJW 1996, 879. Zu sog. apokryphen Haftgründen und dem in einer vermeidbaren U-Haft liegenden strukturellen Aussagezwang vgl. auch u. § 30 Rn. 3.

30 3. Neuerdings wird der Rechtsgedanke des § 136a auch herangezogen, um ein Verwertungs- oder sogar ein absolutes Strafverfolgungsverbot in den Fällen zu begründen, in denen polizeiliche Lockspitzel den Beschuldigten in rechtsstaatswidriger Weise zu Straftaten gedrängt haben (vgl. u. § 37 Rn. 7). Die ebenfalls wieder aufgeflammte Diskussion um den Einsatz der Folter als staatliche Maßnahme in extremen Notsituationen (sog. **Rettungsfolter**)[16] betrifft nicht die Anwendung des § 136a, sondern aus-

[14] Dazu eingehend *Schünemann,* Absprachen, S. 98ff.; enger die Rspr., die § 136a erst anwendet, wenn eine „schuldunangemessen niedrige Strafe" (BGH StraFo 2003, 97) oder eine unzutr. rechtl. Bewertung der Tat (BGH NStZ 2007, 655) zugesagt wird.

[15] Dazu näher *Hauer,* Geständnis und Absprache, 2007, 319ff., 341f.; *Schünemann/Hauer,* AnwBl. 2006, 443f.

[16] Die heftige Auseinandersetzumg entzündete sich an dem auf der zivilrechtlichen Ebene immer noch anhängigen Fall *Gäfgen,* dem zur erhofften Rettung des von ihm entführten (bereits ermordeten) Kindes mit Folter (lediglich) gedroht wurde, worin der EGMR (Große Kammer) keine Folter, sondern nur eine nicht zu rechtfertigende unmenschliche Behandlung erblickte, NJW 2010, 3145 m. krit. Rezension *Grabenwarter,* NJW 2010, 3128; *Weigend,* StV 2011, 325. Ebenso LG Frankfurt a. M. NJW 2005, 692 (mit lebensfremder Verneinung der Erforderlichkeit) und die h. L., die aber das Lebensinteresse des unschuldigen Kindes zu Unrecht nicht zur Legitimation einer bloßen Drohung ausreichen

schließlich die präventive polizeiliche Gefahrenabwehr. Mit der zunehmenden Verschlingung repressiver Straftatenverfolgung und präventiver Straftatenverhinderung in der operativen polizeilichen Tätigkeit auf dem Feld organisierter Kriminalität (näher u. § 9 Rn. 22) wird eine präzise Abgrenzung des Anwendungsbereiches von § 136a aber immer schwieriger und auch in der Sache fragwürdig. Denn zwischen der nach überwiegender Meinung durch § 136a untersagten Hörfalle (dazu o. § 24 Rn. 40) und dem nach h. M. zulässigen Einsatz von V-Leuten (dazu u. § 37 Rn. 9) besteht bewertungsmäßig kein markanter Unterschied.

E. Das Schweigen des Beschuldigten

31 Mit der Garantie, dass der Beschuldige anders als im Inquisitionsprozess nicht zu einer Aussage gezwungen werden darf, ist noch nicht eo ipso ausgeschlossen, dass sein **Schweigen** wenigstens bei der Beweiswürdigung zu seinen Ungunsten als Indiz verwendet werden darf. Die früher h. M. hielt dies für unbeschränkt zulässig (vgl. BGHSt 1, 366). Einzelne Autoren stimmen dem noch heute mit dem Argument zu, die StPO kenne kein Beweisverwertungsverbot, das das (freilich wenig beweiskräftige) Schweigen des Angekl. dem Anwendungsbereich des § 261 entziehe. Allerdings komme dem Schweigen des Angeklagten wenig Beweiskraft zu (so *Günther,* JR 1978, 89). Aber das wird von der einhelligen Rspr. und überwältigenden Mehrheit des Schrifttums mit Recht verworfen, denn wenn und weil der den §§ 136 I 2, 163a III, 243 V zugrunde liegende nemo-tenetur-Grundsatz den Beschuldigen davor bewahren will, zu seiner eigenen Überführung beizutragen, darf nicht die Wahrnehmung des Schweigerechts in dysfunktionaler Weise gerade zu dieser Konsequenz führen. Im Einzelnen gilt:

32 1. Wenn der Beschuldigte **jede Aussage verweigert** oder sich auf die Bestreitung seiner Täterschaft beschränkt (BGHSt 34, 326), so ist sein Schweigen der Beweiswürdigung überhaupt entzogen. Dies gilt auch dann, wenn es als höchst lebensfremd erscheint, dass ein völlig Unschuldiger schweigen und z. B. die Entnahme einer Blutprobe widerstandslos dulden (OLG *Düsseldorf* MDR 1988, 796) oder sich wort- und widerspruchslos festnehmen lassen würde (BGH StV 1989, 383). Das gleiche gilt, wenn er in einem früheren Verfahrensabschnitt nicht ausgesagt, z. B. gegenüber der Polizei im Ermittlungsverfahren jede Einlassung verweigert,[17] oder wenn er nach anfänglichem Schweigen eine entlastende Einlassung erst nach einer entspr. Aussage eines Mitangeklagten (BGH StV 1988, 239), nach Rücksprache mit seinem Verteidiger (BGH StV 1994, 413) oder nach drei Monaten (BGH StV 1994, 238) vorgebracht hat. Auch aus einer verweigerten Personalienangabe dürfen keine nachteiligen Schlüsse gezogen werden (BayObLG NJW 1981, 1385). Bloße Rechtsausführungen

lässt und sich zur Begründung vorwiegend auf einen Zirkelschluss aus Art. 1 GG beruft (vgl. aus der kaum noch übersehbaren Diskussion *Brugger,* JZ 2000, 167; *Kinzig,* ZStW 115 (2003), 791; *Jerouschek/Kölbel,* JZ 2003, 613; *Lisken,* FS Tondorf, 2004, 211; *Lüderssen,* FS Rudolphi, 2004, 691; *Saliger,* ZStW 116 (2004), 35; *Roxin,* FS Eser, 2005, 461; FS Nehm, 2006, 205; *Trapp,* Folter oder selbstverschuldete Rettungsbefragung?, 2006; MüKoStPO/*Erb,* § 32 Rn. 173f.; *ders.,* NStZ 2005, 593; *ders.,* FS Nehm, 2006, 186; FS Seebode, 2008, 99; *Herzberg,* JZ 2005, 321; *Greco,* GA 2007, 628; *Schünemann,* GA 2007, 644; *Seebode,* FS Otto, 2007, 999; *Esser,* NStZ 2008, 657; *Lamprecht,* Darf der Staat foltern, um Leben zu retten?, 2009, *Sauer,* JZ 2011, 23; *Gómez Navajas* u. *Mitsch,* FS Roxin II, 2011, 627, 639).

[17] BGHSt 20, 281; 25, 368; 32, 144; 34, 325; 38, 305; BGH StV 1983, 321; im Sinne des BGH auch BVerfG NStZ 1995, 555.

des Beschuldigten, die die Richtigkeit des ihm vorgeworfenen Sachverhaltes dahingestellt sein lassen, sind noch keine Aussage zur Sache (BayObLG MDR 1988, 882). Auch wenn der Angeklagte gesagt hat, er sei sich bewusst, dass er zu den Tatvorwürfen etwas sagen müsse, ist dies noch keine Teileinlassung, solange er sich nicht wirklich geäußert hat (BGH NStZ 1997, 147). Wenn der Beschuldigte nach einem anfänglichen Spontangeständnis – das verwertet werden darf, vgl. o. Rn. 11 – fürderhin schweigt, darf auch dies nicht zu seinem Nachteil verwertet werden (OLG *Köln* NStZ 1991, 52). Äußerungen des Verteidigers zur Sache dürfen nur dann als Einlassungen eines schweigenden Angeklagten beurteilt werden, wenn klargestellt ist, dass der Angeklagte sie als eigene Einlassung verstanden wissen will (BGH NStZ 1990, 447; NStZ 1994, 352). Wenn der Beschuldigte schweigt, darf auch seine Mimik und Gestik nicht zu seinen Lasten herangezogen werden (BGH StV 1993, 458). Schweigt er, so darf auch aus seiner bloßen Haltereigenschaft nicht gefolgert werden, dass er das Fahrzeug geführt habe (BVerfG StV 1994, 3); vgl. o. § 45 Rn. 43ff.

33 2. Wenn der Beschuldigte dagegen aussagt und sich lediglich *zu* einzelnen Punkten nicht erklärt, so macht er sich „in freiem Entschluss selbst zu einem Beweismittel und unterstellt sich damit der freien Beweiswürdigung" (BGHSt 20, 300; abw. *Rogall,* 1977, 250ff.; *Kühl,* JuS 1986, 115; *Schneider,* Jura 1990, 578). Sein *partielles Schweigen* **(Teilschweigen)** darf daher gegen ihn verwertet werden.[18] Wenn allerdings ein Angeklagter sich zu einer Tat äußert, darf sein Schweigen hinsichtlich **einer anderen Tat** nicht zu seinem Nachteil gewürdigt werden (BGHSt 32, 140 m. Anm. *Volk,* NStZ 1984, 377 u. *Pelchen,* JR 1985, 71; ferner *Kühl,* 1986).

34 3. Wird der Beschuldigte in einem anderen Verfahren über den gegen ihn gerichteten Anklagevorwurf als Zeuge vernommen und verweigert er die Aussage nach § 55, so darf auch dieses Schweigen nicht gegen ihn verwertet werden (BGHSt 38, 302 m. Anm. *Rogall,* JR 1993, 380 u. *Dahs/Langkeit,* NStZ 1993, 213; OLG *Stuttgart* NStZ 1981, 272; vgl. u. § 26 Rn. 33ff.).

35 4. Dass ganz allgemein die Wahrnehmung prozessualer Rechte nicht bei der Beweiswürdigung als Indiz gegen den Angeklagten verwertet werden darf (weil sonst diese Rechte praktisch ausgehöhlt würden), hat der BGH anlässlich der Weigerung eines Angeklagten entschieden, einen Arzt (BGHSt 45, 363) oder seinen Verteidiger (BGHSt 45, 367; BGH StV 2011, 269) von der Schweigepflicht zu entbinden. Etwas anderes soll lediglich dann gelten, wenn der Angeklagte sich ausdrücklich zu seiner Verteidigung auf ein Beratungsgespräch berufen und dann gleichwohl die Entbindung von der Schweigepflicht verweigert hat (BGHSt 20, 298).

§ 26. Der Zeuge

Literatur: *Lenckner,* Mitbeschuldigter und Zeuge, FS Peters, 1974, 333; *Hauser,* Der Zeugenbeweis im Strafprozess etc., 1974; *Rengier,* Die Zeugnisverweig.rechte im geltenden und künftigen Strafverf.recht, 1979; *Prittwitz,* Der Mitbeschuldigte – ein unverzichtbarer Belastungszeuge?, NStZ 1981, 463; *Grünwald,* Die Verf.rolle des Mitbeschuldigten, FS Klug, 1983, 493; *Dahs,* Zum Persönlichkeitsschutz des „Verletzten" als Zeuge im Strafprozess, NJW 1984, 1921; *Eisenberg,* Vernehmung und Aussage aus empir. Sicht, JZ 1984, 912, 961; *Gomolla,* Der Schutz des Zeugen im Strafprozess, 1986; *Julius,* Die Unerreichbarkeit von Zeugen im Strafprozess, 1988; *Dahs,* Der Eid, FS Rebmann, 1989, 161; *Dippel,* Zur Behandlung von Aussagen kindl. und jugendl. Zeugen, FS Tröndle, 1989, 599; *Hoffmann,* Zum Zeugnisverweig. recht der Angehörigen eines Verstorbenen, MDR 1990, 111; *Köhnken/Sporer* (Hrsg.), Identifizierung von

[18] BGHSt 20, 298; OLG Braunschweig NJW 1966, 214; OLG Hamm NJW 1974, 1880, wo weitergehend zw. teilweisem und zeitweisem Schweigen unterschieden wird; einschr. BGH StV 2011, 269.

Tatverdächtigen durch Augenzeugen, 1990; *Krey,* Probleme des Zeugenschutzes im Strafverf.recht, GS Meyer, 1990, 239; *Skwirblies,* Nichtehel. Lebensgemeinschaft und Angehörigenbegriff usw., 1990; *Grünwald,* Zur Problematik des Zeugeneides, FS Schmitt, 1992, 311; *Heublein,* Das Zeugnisverweig.recht für Suchtberater, 1992; *Holtmeier,* Zeugnisverweig.recht, Beschlagnahme- und Durchsuchungsfreiheit bei selbstrecherchiertem Material?, 1992; *Michel,* Der Richter als Zeuge im Strafverf., MDR 1992, 1026 (dazu *Rissing-van Saan,* MDR 1993, 310); *Mitsch,* Protokollverlesung nach berechtigter Auskunftsverweig., JZ 1992, 174; *H. E. Müller,* Behördl. Geheimhaltung und Entlastungsvorbringen des Angekl., 1992; *Rehberg,* Aussagen von Mitbesch. als Beweismittel, FS-SKG, 1992, 186; *Eisenberg,* Persönl. Beweismittel in der StPO, 1993; *Kraheck-Brägelmann* (Hrsg.), Die Anhörung von Kindern als Opfer sexuellen Mißbrauchs, 1993; *Kreuzer,* Zeugnisverweig.recht für Drogenberater, FS Schüler-Springorum, 1993, 527; *Volbert/Pieters,* Zur Situation kindlicher Zeugen vor Gericht, 1993; *Gouron u. a.* (Hrsg.), Subjektivierung der justiziellen Beweisverf. – Beiträge zum Zeugenbeweis in Europa und den USA (18.–20. Jh.), 1994; *Soiné/Soukup,* „Identitätsänderung", Anfertigung und Verwendung von „Tarnpapieren", ZRP 1994, 466; *J. Meyer,* Zeugenschutz im Spannungsfeld von Wahrheitsermittlung und Beschuldigtenrechten, FG Eser, 1995, 95; *Barton* (Hrsg.), Redlich aber falsch, 1995; *Baier,* Strafproz. Zeugnisverweigerungsrechte außerhalb der StPO als Ergänzung der §§ 52 ff. StPO, 1996; *Bruns,* Die Schweigepflicht der sozialen Dienste der Justiz, 1996; *Groß,* Vert., Abgeordnete und Journalisten als verbotene unfreiwillige Medien zur strafproz. Aufklärung, StV 1996, 559; *Nehm,* Aussageverweigerung und Beugehaft, FS Odersky, 1996, 439; *Alternativ-Entwurf* Zeugnisverweigerungsrechte und Beschlagnahmefreiheit (AE-ZVR), 1996; *Zacharias,* Der gefährdete Zeuge im Strafverfahren, 1997; *Welp,* Zeugnisverweigerungsrechte und Beschlagnahmeverbote, FS Bemmann, 1997, 626; *Caesar,* Noch stärkerer Schutz für Zeugen und andere nicht besch. Personen im Strafproz.?, NJW 1998, 2313; *Dahs,* Der Zeuge – zu Tode geschützt?, NJW 1998, 2332; *Dunkhase,* Das Pressegeheimnis pp., 1998; *Fischer,* Empfehlen sich gesetzl. Änderungen, um Zeugen pp. besser vor Nachteilen zu bewahren?, JZ 1998, 816; *Jung,* Zeugenschutz, GA 1998, 315; *Krause,* Der „Gehilfe" der Vert. und sein Schweigerecht (§ 53 a StPO), StraFo 1998, 1; *Rieß,* Zeugenschutz bei Vernehmungen im Strafverf., NJW 1998, 3240; *Schünemann,* Der dt. Strafproz. im Spannungsfeld von Zeugenschutz und materieller Wahrheit, StV 1998, 391; *Ullrich,* Schutz des verletzten Zeugen pp., 1998; *Weigend,* Schutzbedürft. Zeugen im Strafverf., FS Kaiser, 1998, 1481; *ders.,* Empfehlen sich gesetzl. Änderungen, um Zeugen pp. besser vor Nachteilen zu bewahren?, Gutachten C zum 62. DJT, 1998; *Weiß,* Haben jur. Personen ein Aussageverweigerungsrecht?, JZ 1998, 289; *Zwiehoff,* Eidesstattl. Versicherung im Strafverf.?, FS Bemmann, 1998, 652; *Mehle,* Unmittelbarkeitsprinzip und Zeugenschutz, FS Grünwald, 1999, 351; *Schmoll,* Videovernehmung kindlicher Opfer im Strafprozeß, 1999; *Renzikowski,* Fair trial und anonymer Zeuge, JZ 1999, 605; *Wichmann,* Das Berufsgeheimnis als Grenze des Zeugenbeweises, 2000; *Wieder,* Die Videovernehmung von V-Leuten gem. § 247 a StPO, StV 2000, 48; *Buggisch,* Zeugenbedrohung u. Zeugenschutz in Dt. u. den USA, 2001; *Ling,* Zum Geistlichenprivileg im Strafrecht, GA 2001, 325; *Schöch,* Erfahrungen mit der Videovernehmung nach dem Zeugenschutzgesetz, FS Meyer-Goßner, 2001, 365; *Schünemann,* Zeugenbeweis auf dünnem Eis, ibid., 385; *Arzt,* Moderner Zeugenbeweis und Verhältnismäßigkeitsprinzip, FS Trechsel, 2002, 655; *Barton* (Hrsg.), Verfahrensgerechtigkeit u. Zeugenbeweis, 2002; *Kühne,* Der prozessual unbedenkliche Kronzeuge, ibid., 719; *Wohlers,* Art. 6 Abs. 3 lit. d) EMRK als Grenze der Einführung des Wissens anonym bleibender Zeugen, ibid., 813; *Freund,* Beweisverwertungsverbot analog § 252 StPO, GS Meurer, 2002, 369; *Hilger,* Zeugenschutz-Harmonisierungsgesetz und StPO, FS Gössel, 2002, 605; *Lammer,* Zeugenschutz versus Aufklärungspflicht, FS Riess, 2002, 289; *Paeffgen,* Zeugnisverweigerungsrechte und heimliche Informationserhebung, ibid., 413; *Roxin,* Steht die Verwertbarkeit der früheren Aussage zur Disposition des Zeugen?, ibid., 451; *Wolter,* Zeugnisverweigerungsrechte bei (verdeckten) Maßnahmen, ibid., 633; *Wolter/Schenke* (Hrsg.), Zeugnisverweigerungsrechte bei (verdeckten) Ermittlungsmaßnahmen, 2002; *Detter,* Der Zeuge vom Hörensagen, NStZ 2003, 1; *Hilger,* Über den flankierenden Schutz von Zeugnisverweigerungsrechten, GA 2003, 482; *Rieck,* Videofernvernehmung von Zeugen gemäß § 247 a StPO, 2003; *Rogall,* Das neue Zeugnisverweigerungsrecht der Presse, FS Lampe, 2003, 805; *Kett-Straub,* Die Pflichten minderjähr. Zeugen in der HV des Strafverf., 2003; *dies.,* Die Glaubwürdigkeitsbegutachtung minderjähr. Zeugen, ZStW 117 (2005), 354; *Neumann,* Zeugnisverweigerungsrechte u. strafproz. Ermittlungsmaßnahmen, 2005; *Schlothauer,* Darf, sollte, muss sich ein Zeuge auf seine Vernehmung vorbereiten?, FS Dahs, 2005, 457; *Widmaier,* Zum Zeugnisverweigerungsrecht der Berufsgeheimnisträger, ebda., 543; *ders.* Zum Befragungsrecht nach Art. 6 Abs. 3 Buchst. d EMRK, FS Nehm, 2006, 357; *Gaede,* Schranken des fairen Verfahrens bei der Sperrung verteidigungsrelevanter Informationen und Zeugen, StV 2006, 599; *Lohberger,* Zur Rechtsstellung des Zeugenbeistands, FS Strauda, 2006, 149; *Brause,* Zum Zeugenbeweis in der Rspr. des BGH, NStZ 2007, 505; *Deckers,* Die Erhebung von Zeugenaussagen im Strafprozess, 2007; *Rogall,* Das Beweisverbot des § 252 StPO, FS Otto, 2007, 973; *Scheumer,* Videovernehmung kindlicher Zeugen, 2007; *Soiné,* Erkenntnisverwertung von Informanten und V-Personen der Nachrichtendienste, NStZ 2007, 247; *Deckers,* Aussage gg. Aussage, FS Hamm, 2008, 53; *Nehm,* Der unerreichbare potentiell entlastende Tatzeuge, FS Widmaier, 2008, 371; *Eisenberg,* Zeugenschutzprogramme u. Wahrheitsermittlung, FS Fezer, 2008, 193; *Jansen,* Zur subjektiven Gewissheit des Zeugen, FS Egon Müller, 2008, 309; *Lohberger,* Zur Auslegung des § 55, ebda., 411; *Pfordte,* Der informierte Zeuge im Strafv., ebda., 551; *J. Schmidt,* Das Recht des Zeugenbeistands, ebda., 651; *Rinio,* Das Auskunftsverweigerungsrecht des tatbeteiligten Zeugen, JuS 2008, 600; *Schmenger,* Die verfremdete Videovernehmung, 2008; *Weyand,* Die Schutzinteressen des gefährdeten Zeugen pp., 2008; *Bott,* Die Medienprivilegien im Strafprozess, 2009; *Rogall,* Irrtümer und Missverständnisse beim strafpr. Recht der Zeugnisverweigerung, FS Eisenberg, 2009, 583; *Schiller,* Der „neue" Umgang mit dem Eid, FS Volk, 2009, 689; *Siegismund,* Der Schutz gefährdeter Zeugen in der BRD, Diss. Osnabrück, 2009; *Erb,* Krit. Bemerkungen zur geplanten Einführung einer ... Erscheinens- und Aussagepflicht des Zeugen vor der Polizei, StV 2010, 655; *Klengel/Müller,* Der anwaltliche Zeugenbeistand, NJW 2011, 23; *Jansen,* Zeuge und Aussagepsychologie, 2012; *Maaß,* Der Schutz besonders sensibler Zeugen durch den Einsatz von Videotechnik pp., 2012; *Salditt,* Das neue Zwischenverf. und die Unparteilichkeit des Richters, Imme FS Roxin, 2012, 687; *Städler,* Die Auswirkungen eines Personenwechsels bei Vertretungsorganen von GmbH und AG auf die Entbindungsberechtigung nach § 53 Abs. 2 S. 1 StPO, 2012; *Roggan,* Der polizeil. Zeugenschutz pp., GA 2012, 434; *Hofmann,* Personenidentifizierung durch Zeugen im Strafverf., 2013; *Schumann,* Praktisch undurchführbar, juristisch fragwürdig: Die Videoübertragung im Strafpr., DRiZ 2013, 254; *Wessing/Ahlbrecht,* Der Zeugenbeistand, 2013; *Schmitt,* Das Zeugnisverweigerungsrecht des Angehörigen im Verfahren gegen mehrere Beschuldigte, FS Kühne, 2013, 333; *Achenbach,* Zeugnisverweigerungsrecht, Beschlagnahme- und Durchsuchungsverbot pp., FS Beulke, 2015, 593; *Gleß,* Die Würde des Zeugen ist antastbar?, FS-Paeffgen, 2015, 703.

A. Begriff

1 **Zeuge** ist, wer, ohne durch eine andersartige Verfahrensrolle von dieser Position ausgeschlossen zu sein, „vor dem Richter seine Wahrnehmungen über Tatsachen durch Aussage kundgeben soll" (RGSt 52, 289).

Der Beweiswert der Zeugenaussage wird heute eher skeptisch beurteilt (*Barton,* 1995; *Schünemann,* FS Meyer-Goßner, 2001). Eine Zeugenaussage ist jedenfalls nicht zuverlässiger als ein Indizienbeweis. Über die bei ihrer Würdigung zu beachtenden Fehlerquellen vgl. näher AK/*Kühne,* vor § 48 Rn. 26ff. Zur Glaubwürdigkeitsbeurteilung von Zeugen im allg. *Eisenberg,* BewR, Rn. 1428ff.

I. Zeugnisfähigkeit

2 **Zeugnisfähig** ist **jedermann;** auch Geisteskranke und Kinder (zu ihrer Position vor Gericht *Volbert/Pieters,* 1993) können Zeugen sein, ebenso Verwandte oder Angehörige des Angeklagten (z. B. seine Frau), Personen, die mit ihm befreundet oder verfeindet oder wirtschaftlich von ihm abhängig sind (z. B. Angestellte), endlich auch Personen, die übel beleumundet oder gar wegen Meineids verurteilt sind.

II. Sachverständige Zeugen

3 Sie sagen aus, was sie aufgrund ihrer besonderen Sachkunde wahrgenommen haben; sie sind also Zeugen, nicht Sachverständige (§ 85; dazu u. § 27 Rn. 7). Wenn also z. B. ein Arzt aussagt: „Ich habe die X am 15. 1. 1992 untersucht und dabei festgestellt, dass sie im 4. Monat schwanger war", so ist er sachverständiger Zeuge.

III. Verhältnis zu anderen Verfahrensrollen

1. Der **Beschuldigte** kann nicht Zeuge sein.

a) Er kann also nicht, wie im angloamerikanischen Strafprozess, als Zeuge in eigener Sache auftreten. 4

b) Ebenso wenig kann ein **Mitbeschuldigter** als Zeuge über den Tatbeitrag eines anderen Beschuldigten vernommen werden. 5

Ob jemand **Mitbeschuldigter** ist, hängt nach der von der h. M. vertretenen formellen Theorie davon ab, ob die vermutlichen Komplizen **gleichzeitig** in **demselben** Verfahrensabschnitt Beschuldigte sind (vgl. BGHSt 10, 8; BGHSt 34, 44; NStZ 1984, 464 m. Anm. *Prittwitz* u. *Meyer-Goßner,* StV 1984, 361; StV 1985, 89; ferner *Montenbruck,* 1985). Sie lässt sogar die Trennung der Verfahren zu, die lediglich dazu dienen soll, eine Vernehmung des bisherigen Mitbeschuldigten als Zeugen zu ermöglichen (RGSt 69, 390). Eine solche vorsätzliche **Rollenvertauschung** stellt aber nur eine unwürdige Manipulation dar[1] und ist deshalb nach dem materiellen Beschuldigtenbegriff (*Prittwitz,* 1981 u. 1984) unwirksam. Nach diesem ist es sogar nicht nur unzulässig, bei getrennter Verhandlung einen materiell Mitbeschuldigten als Zeugen zu hören. Vielmehr soll auch bei gemeinsamer Verhandlung die Aussage eines Mitbeschuldigten nicht gegen den Angekl. verwertet werden dürfen, weil der Mitbeschuldigte dadurch der Sache nach zum Zeugen gemacht werde. Doch ist ein von der formalen Prozessrolle gelöster materieller Beschuldigtenbegriff mit dem geltenden Recht nicht leicht zu vereinbaren (näher *Grünwald,* 1983). Denn wenn § 60 Nr. 2 die Vereidigung eines teilnahmeverdächtigen Zeugen verbietet, geht das Gesetz davon aus, dass ein Beteiligter, wenn er nicht im selben Verfahren angeklagt wird, jedenfalls Zeuge ist. Im Vordringen ist deshalb eine „formell-materielle Auffassung" (*Lenckner,* FS Peters, 333, 336; *Schlüchter,* Rn. 478f.; *Beulke,* Rn. 185; *Eisenberg,* BewR, Rn. 931), wonach ab Ingangsetzung eines Ermittlungsverfahrens gegen ihn der Betroffene nicht mehr als Zeuge im Verfahren gegen den Beschuldigten gehört werden darf.

2. Die Zeugnispflicht geht der Stellung als amtierender **Richter** vor. Wird dieser als Zeuge vernommen, so ist er fortan nach § 22 Nr. 5 von der Ausübung des Richteramts ausgeschlossen und durch seinen regelmäßigen Vertreter (s. §§ 21 e/f/g, 70 GVG) zu ersetzen. Um zu verhindern, dass ein Beschuldigter einen ihm nicht genehmen Richter durch Zeugenbenennung willkürlich ausschaltet, lässt die Rspr. allerdings die Ablehnung des Antrags auf seine Vernehmung zu, wenn er dienstlich erklärt, zur Beweisfrage nichts zu wissen (BGHSt 7, 44, 330; näher u. § 45 Rn. 17). 6

3. Auch der **StA** ist gänzlich von der weiteren Anklagevertretung ausgeschlossen, wenn er über Fragen, die für die Beweisführung relevant sind, als Zeuge vernommen worden ist (BGHSt 14, 265; BGH NStZ 1983, 135), weil die „für den Schlussvortrag unentbehrliche Sachlichkeit und Objektivität" (BGHSt 21, 90) dann gefährdet erscheint (vgl. *Dose,* NJW 1978, 349). Das gilt auch, wenn die Aussage nur einen von mehreren Mitangeklagten betrifft (bedenkl. daher BGHSt 21, 85; s. *Fezer,* 13/34). 7

Seit einiger Zeit äußert der BGH freilich Zweifel, „ob diese Rspr. so aufrechtzuerhalten ist", da sie es dem Angeklagten erlaube, durch die Benennung des StA als Zeugen diesen „aus dem Verfahren zu entfernen".[2] Jedenfalls könne der StA dann weiter tätig sein, wenn sich seine Vernehmung auf Wahrnehmungen bezogen habe, die nicht in unlösbarem Zusammenhang mit dem i. Ü. zu erörternden Sachverhalt stehen und Gegenstand einer abgesonderten Würdigung sein können. Dieser Ansatz wird weitergeführt bei *Schneider,* 1994. Auch soll der StA weiter amtieren dürfen, wenn er nur in einer früheren Hauptverhandlung in gleicher Sache als Zeuge vernommen worden ist (BGH NStZ 1994, 194). Aber von diesen Ausnahmen abgesehen, ist an der bisherigen Rspr. festzuhalten, weil die vom BGH erwogene Figur eines StA, der seine eigene Glaubwürdigkeit würdigt, nichts anderes als die peinliche Manifestation einer durch und durch selbstherrlichen Justiz wäre. 8

[1] Instruktiv BGH JR 1969, 148 m. Anm. *v. Gerlach:* Abtrennung nur für die Dauer der Vernehmung; einschr. BGHSt 24, 257 (dazu u. § 44 Rn. 54).

[2] NStZ 1989, 583 (dazu krit. *Müller-Gabriel,* StV 1991, 235); 2008, 353.

9 4. a) Der **Privatkläger** kann wegen der Annäherung seiner Stellung an die Parteirolle weder in eigener Sache noch über einen anderen Privatkläger des gleichen Verfahrens (BayObLG NJW 1961, 2318) als Zeuge vernommen werden.

b) Dagegen ist der **Nebenkläger** durch § 397 I 1 ausdrücklich als Zeuge zugelassen, dessen Aussage freilich wegen der ihm zustehenden Akteneinsicht besonders kritischer Würdigung bedarf (näher u. § 64 Rn. 2).

5. Ein **Rechtsanwalt,** der im gleichen Verfahren als Zeuge benötigt wird, kann von der Verteidigung seines Mandanten nach der Neuregelung des Verteidigerausschlusses durch das Gesetz zur Ergänzung des 1. StVRG (vgl. o. § 19 Rn. 48ff., 55) nicht mehr ausgeschlossen werden (vgl. BT-Drs. 7/2989, 4f.).

B. Die Pflichten des Zeugen

10 Der Zeuge hat drei Pflichten: zum Erscheinen, Aussagen und Schwören.

I. Erscheinenspflicht

11 Grundsätzlich hat jedermann, der der deutschen Gerichtsbarkeit untersteht, also auch ein Ausländer, der sich im Inland aufhält, die Pflicht, vor dem Richter (dem Ermittlungsrichter, dem beauftragten oder ersuchten Richter, dem erkennenden Gericht, s. § 48 I) und seit dem 1. StVRG auch vor dem StA[3] auf ordnungsgemäße Ladung hin zu erscheinen, und zwar auch dann, wenn er ein Zeugnisverweigerungsrecht besitzt (anders als im Zivilprozess, vgl. § 386 III ZPO). Folgt er einer richterlichen Ladung nicht, so werden vom Richter Ordnungsmittel verhängt (Ordnungsgeld bis 1000 EUR, Ordnungshaft bis zu sechs Wochen, Art. 6 EGStGB); die Verhängung darf einmal wiederholt werden; auch ist zwangsweise Vorführung zulässig (§ 51). Bleibt der Zeuge auf eine staatsanwaltschaftliche Ladung hin unberechtigt aus, so gibt der neue § 161 a II auch dem StA die Ordnungsmittel des § 51 mit Ausnahme der Ordnungshaft, deren Festsetzung dem Richter vorbehalten bleibt. Auch kann gegen die Maßregeln, die von der StA nach § 51 ergriffen werden, das LG angerufen werden (§ 161 a III).

II. Aussagepflicht

12 Jeder Zeuge hat grds. auch die Pflicht zur wahrheitsgemäßen Aussage (§ 48 I 1). Weigert er sich auszusagen, so hat der Richter nach § 70 mit Ordnungsgeldverhängung oder Ordnungshaft gegen ihn vorzugehen, während die der StA beim Ausbleiben des Zeugen zu Gebote stehenden Ordnungsmittel nach § 161 a II, III wiederum auf Ordnungsgeld beschränkt sind und außerdem gerichtlicher Kontrolle unterliegen. Eine Falschaussage vor dem Richter ist nach § 153 StGB strafbar. Eine Falschaussage vor dem StA wird durch § 153 StGB nicht erfasst, kann aber ggf. unter dem Gesichtspunkt der Strafvereitelung (§ 258 StGB) oder falschen Anschuldigung oder Verleumdung (§§ 164, 187 StGB) strafrechtlich geahndet werden.

13 Die Aussagepflicht des Zeugen erleidet allerdings schon nach der StPO eine Reihe von Ausnahmen, denn bestimmte Personen sind befugt, das **Zeugnis** insgesamt oder die Antwort auf einzelne Fragen zu **verweigern** (§§ 52–56). Dabei kann man vier Fall-

[3] Zur geplanten Einführung einer Erscheinenspflicht auch vor der Polizei krit. *Erb,* StV 2010, 655; *E. Müller,* GA 2011, 630.

gruppen unterscheiden: das uneingeschränkte (1), das begrenzte Zeugnisverweigerungsrecht (2), die Notwendigkeit einer Aussagegenehmigung (3) und das Auskunftsverweigerungsrecht (4). Den beiden ersten Fallgruppen korrespondiert ein Beschlagnahmeverbot (s. u. § 34 Rn. 16ff.) sowie das Recht zur Verweigerung einer körperlichen Untersuchung (§ 81c III). Zur Frage, ob die ausdrücklich geregelten Zeugnisverweigerungsrechte durch einen Rückgriff auf das GG oder Analogiebildung erweitert werden können, vgl. u. Rn. 23 sowie *Baier,* 1996; *Bosbach,* Ungeschriebene strafprozessuale Zeignisverweigerungsrechte im Bereich der Rechtsberatung?, 2009.

1. a) Ein **uneingeschränktes Zeugnisverweigerungsrecht** haben der Verlobte des Beschuldigten, der Ehegatte/Lebenspartner (sogar noch nach der Scheidung!) und gewisse nahe Verwandte (i. e. s. § 52 I Nr. 1–3). Der Sinn dieser Regelung liegt darin, dass den nahen Angehörigen der Konflikt zwischen Wahrheitspflicht und Verwandtenliebe erspart bleiben soll. Außerdem wäre der Wert einer von ihnen erzwungenen Aussage so gering, dass er ein Eindringen in die familiäre Intimsphäre nicht rechtfertigen würde (*Rengier,* 1979, 8, 56ff.). Das Zeugnisverweigerungsrecht umfasst den gesamten historischen Vorgang; wenn also jemand z. B. als Zeuge einer seinem Vater vorgeworfenen Hehlerei vorgeladen ist, braucht er auch zu dem Diebstahl nicht auszusagen (BGH NStZ 1983, 564). 14

Die Rspr. bestimmt den Begriff des **Verlobten** nicht zivilrechtlich, sondern eigenständig nach dem „sittlichen Element" der zur Ehe hinführenden Entscheidung. Daher wird auch das ernstliche Eheversprechen Minderjähriger, das bei fehlender Einwilligung des gesetzlichen Vertreters zivilrechtlich schwebend unwirksam ist, im Strafrecht anerkannt, während andererseits das Eheversprechen des Heiratsschwindlers, das zivilrechtlich bis zur Anfechtung gültig ist, strafrechtlich von vornherein unbeachtet bleibt (BGHSt 3, 215; BGHSt 29, 55). Dasselbe gilt für die Lebenspartnerschaft. Dagegen ist eine analoge Anwendung des § 52 auf nichteheliche Lebensgemeinschaften nicht möglich. Denn hier fehlt gerade der auf die eheliche Bindung gerichtete Wille; enge persönliche Beziehungen als solche (wie z. B. die nahe Freundschaft) werden auch sonst nicht geschützt. Zum Ganzen *Pelchen,* 1988. 15

In einem Verfahren gegen **mehrere Beschuldigte** besteht das Zeugnisverweigerungsrecht nach § 52 auch dann, wenn der Zeuge nur mit einem von ihnen verwandt ist; denn wer hinsichtlich der anderen aussagen müsste, würde dadurch seinen Verwandten möglicherweise ebenfalls belasten, BGH NStZ 1982, 389. Ebenso besteht ein Zeugnisverweigerungsrecht für den Verwandten eines früheren Mitbeschuldigten (BGHSt 34, 29). Nach der früheren Rspr. galt dies ausnahmslos, also auch für den Fall, dass der Angehörige (also der frühere Mitbeschuldigte) zur Zeit der Zeugenvernehmung gestorben oder dass das gegen ihn gerichtete Strafverfahren rechtskräftig abgeschlossen war. Der Zeuge sollte auch dann nichts evtl. Nachteiliges über einen Angehörigen sagen müssen, wenn diesem das prozessual nicht mehr schaden konnte. Diese Rspr. hat BGHSt 38, 96 mit Recht für den Fall aufgegeben, dass das Verfahren gegen den früheren Mitbeschuldigten durch dessen Verurteilung rechtskräftig abgeschlossen ist (Anm. *Gollwitzer,* JR 1993, 215; abl. *Dahs/Langkeit,* StV 1992, 492; *Beulke,* Rn. 192). BGH NStZ 1992, 291 und NStZ 1993, 500 haben das folgerichtig auf die Fälle ausgedehnt, dass der frühere Mitbeschuldigte verstorben oder rechtskräftig freigesprochen ist (zu den beiden ersten Urteilen *Fischer,* JZ 1992, 570), BGHSt 54, 1 schließlich auf die Fälle des § 154 (zust. *Zöller,* ZIS 2009, 582; krit. *Bertheau,* StV 2010, 611). In der Tat verdienen bei derartigen Konstellationen die Wahrheitsermittlungsinteressen den Vorrang, da „der Schutz des familiären Verhältnisses nicht absolut ist" (BGHSt 38, 100). Zur Konstellation der Verfahrenstrennung *Satzger,* FS Schöch, 2010, 913; BGH StV 2012, 193; StV 2012, 194. 16

b) Die in § 52 genannten Personen sind vor jeder Vernehmung (nicht jedoch vor einer ergänzenden Befragung, BGH NStZ 1984, 418) über ihr Zeugnisverweigerungsrecht in einer ihnen verständlichen Form zu *belehren* und können, auch wenn sie früher schon ausgesagt haben, bei einer späteren Aussage (z. B. in der Hauptverhandlung) dennoch das Zeugnis verweigern; sie können ihren Verzicht auf das Zeugnisverweige- 17 rungsrecht sogar während einer Aussage widerrufen (§ 52 III 2) oder auch, wenn sie eine Aussage gemacht haben, die Beeidigung verweigern, da diese ein Teilstück der Aussage ist. Auch eine doppelte Belehrung (nach § 52 III 1 und nach § 55 II) ist zulässig (BGH NStZ 1988, 561). Erklärt ein zunächst aussagebereiter Zeugnisverweigerungsberechtigter während der Vernehmung, nicht weiter aussagen zu wollen, so darf das bisher Ausgesagte verwendet werden; eine Beeidigung ist aber nicht zulässig, weil diese sich gem. § 59 S. 1 nur auf vollständige Vernehmungen beziehen darf (BGH NStZ 1988, 35). Nach Beendigung der Aussage kann dagegen der Verzicht auf die Zeugnisverweigerung nicht mehr widerrufen werden (BGH StV 1984, 326). Umgekehrt ist auch ein Zeuge, der seine Aussage gem. § 52 verweigert hat, nicht an diese Erklärung gebunden (BGHSt 16, 84; BGH NStZ 1984, 176). Eine Belehrung über evtl. später mögliche Vernehmung der Verhörsperson als Zeuge vom Hörensagen soll nach BGH NStZ 1985, 36 nicht notwendig sein (vgl. u. § 46 Rn. 30ff.).

18 Bleibt bei der Belehrung zweifelhaft, ob der Zeuge die zum Verständnis des Zeugnisverweigerungsrechts erforderliche geistige Reife besitzt – was v. a. bei Kindern, aber auch bei Betreuten der Fall sein kann –, so ist neben der eigenen Aussagebereitschaft des Zeugen, über deren Notwendigkeit dieser in jedem Fall belehrt werden muss (näher BGH NStZ 1991, 295, 398), die Zustimmung des gesetzlichen Vertreters (bei Kindern i. d. R. die Eltern, § 1626 I BGB) einzuholen, wobei auch dieser über sein Recht zur Verweigerung der Zustimmung belehrt werden muss. Ist der gesetzliche Vertreter selbst Beschuldigter (z. B. bei Delikten des Vaters gegenüber dem Kind), so darf er über die Ausübung des Zeugnisverweigerungsrechtes nicht entscheiden; aber auch der andere Elternteil darf es nicht, weil er sich meist in einer schwierigen Konfliktslage befinden wird. Vielmehr ist in allen Fällen dieser Art vom Vormundschaftsrichter ein Pfleger zu bestellen (§ 52 II 2, § 1909 I 1 BGB). Dabei ist § 52 II 2 entgegen seinem – verfehlten – Wortlaut analog auch auf den allein vertretungsberechtigten Gatten des Beschuldigten anzuwenden (*Schimansky*, 1988).

19 Das Gericht darf den Zeugen in der Frage, ob er von seinem Zeugnisverweigerungsrecht Gebrauch machen soll, nicht beeinflussen und auch nicht die Motive seiner Entscheidung erforschen oder bewerten. Sonst kann das Urteil wegen Verstoßes gegen § 52 III 1 (Pflicht zur ordnungsgemäßen Belehrung) aufgehoben werden (BGH NStZ 1989, 440).

20 2. a) Ein **begrenztes Zeugnisverweigerungsrecht** besitzen gewisse **Vertrauenspersonen** (§ 53 I Nr. 1–3b):

- Geistliche über das, was ihnen in Ausübung der Seelsorge[4] anvertraut worden oder bekanntgeworden ist (§ 53 I Nr. 1);
- Verteidiger des Beschuldigten über das, was ihnen in dieser ihrer Eigenschaft (z. B. über ein Geständnis, eigene Ermittlungen) anvertraut worden oder bekanntgeworden ist (§ 53 I Nr. 2) sowie
- die Angehörigen bestimmter Berufsgruppen über das, was ihnen in der jeweiligen Eigenschaft anvertraut worden oder bekanntgeworden ist, so die Rechtsanwälte, Patentanwälte und Notare, die Wirtschaftsprüfer und die vereidigten Buchprüfer, die Steuerberater und Steuerbevollmächtigten, die Ärzte (nicht aber die Tierärzte, BVerfGE 38, 312), Zahnärzte, Psychotherapeuten, Apotheker und Hebammen (§ 53 I Nr. 3), die Berater nach §§ 3 und 8 des Schwangerschaftskonfliktgesetzes (§ 53 I Nr. 3a) und die staatlich anerkannten Drogenberater (§ 53 I Nr. 3b).

[4] D. h. einer religiös motivierten seelischen Fürsorge, BGHSt 51, 140, was BGHSt 37, 138 von der Gewissensenscheidung des Geistlichen abhängig machen will; also namentlich, aber nicht nur bei der Beichte.

Das Gleiche gilt für die Gehilfen dieser Personen sowie für die zur Vorbereitung auf die genannten Berufe Tätigen (§ 53a I 1). Allerdings entscheiden die Berufshelfer nicht selber über die Ausübung ihres abgeleiteten Zeugnisverweigerungsrechts, sondern der Hauptberufsträger (§ 53a I 2, näher BGHSt 50, 64, 78).

Syndikusanwälte, die als Angestellte außerhalb einer Anwaltskanzlei tätig sind (§ 46 II BRAO), haben kein Zeugnisverweigerungsrecht (§ 53 I 1 Nr. 3 Hs. 2). I. ü. erstreckt sich das Zeugnisverweigerungsrecht des Rechtsanwalts nach § 53 I Nr. 2 und 3 nicht auf strafbare Handlungen eines Verteidigers, die keinerlei Zusammenhang mit Verteidigungszielen haben (BGHSt 38, 7; dazu *Scheffler,* StV 1992, 299). Dagegen soll nach BGHSt 50, 64, 74f. (zust. *Widmaier,* FS Dahs, 2002, 543, 545) das Zeugnisverweigerungsrecht (anders als das korrespondierende Beschlagnahmeverbot gem. § 97 II 3!) auch solche Fälle abdecken, in denen die Dienstleistung in der Mitwirkung an einer Straftat besteht, was sich wegen der dann ohnehin eingreifenden Verweigerungsrechte gem. §§ 136, 55 praktisch nur für die Schweigepflicht gem. § 203 StGB und das Verweigerungsrecht der hinzugezogenen Hilfspersonen gem. § 53a I 1 auswirkt. Aber dass der Staat Schweigerechte und -pflichten unter Komplizen einer Straftat begründet, ist eine befremdliche Vorstellung (dagegen LK/*Schünemann,* § 203 Rn. 35 m. w. N.) und würde die in § 11 I 1, III GwG in Fällen der Geldwäsche sogar statuierte Anzeigepflicht der Notare als einen groben Wertungswiderspruch erscheinen lassen, so dass deren ausdrückliche Anerkennung in BGHSt 50, 64, 76 den Standpunkt des BGH zusätzlich desavouiert. 21

Das Zeugnisverweigerungsrecht der Ärzte und ihrer Helfer erstreckt sich auch auf die Anbahnung des Behandlungsverhältnisses (BGHSt 33, 148: Begleitumstände einer Krankenhauseinlieferung; i. E. zust. *Rogall,* NStZ 1985, 374; *Hanack,* JR 1986, 35; BGHSt 45, 363, 366) sowie auf Umstände, die der Arzt als Sachverständiger in einem Familienrechtsstreit erfahren hat (BGHSt 38, 369). Liefert ein Einbrecher einen Komplizen ein, so erstreckt sich das Zeugnisverweigerungsrecht auch auf Angaben über den Einlieferer (BGHSt 33, 148).

b) **Rechtsanwälte, Ärzte** und die übrigen in § 53 Nr. 2, 3, 3a, 3b genannten Personen dürfen (zum Wirtschaftsprüfer *Verjans,* DAV-FS, 2009, 869) das Zeugnis nicht verweigern, wenn sie von der Verpflichtung zur Verschwiegenheit entbunden sind (§ 53 II). Entbindet ein Patient seinen Arzt nicht von der Schweigepflicht oder widerruft er die frühere Entbindung, so ist nach heute einhelliger Meinung die in § 203 I Nr. 1 StGB unter Strafe gestellte Geheimnisoffenbarung nicht allein deshalb gestattet, weil sie in einer Aussage vor Gericht erfolgt; sie soll vielmehr nur unter den engen Voraussetzungen des rechtfertigenden Notstandes (§ 34 StGB) materiellrechtlich erlaubt sein (vgl. LK/*Schünemann,* § 203 Rn. 128 m. w. N.). Zur umstr. Verwertbarkeit einer unter Bruch der Schweigepflicht erstatteten Aussage s. o. § 24 Rn. 45, zur (Un-)Verwertbarkeit einer Entbindungsverweigerung o. § 25 Rn. 35. 22

c) Nach der Rspr. des BVerfG kommt ein Zeugnisverweigerungsrecht auch über den engen Katalog des § 53 I Nr. 3 hinaus in Betracht, wenn die durch Art. 1 I, 2 I GG geschützte Privatsphäre gegenüber den Belangen der Strafrechtspflege den Vorrang besitzt. Diese Ergänzung der StPO durch einen unmittelbaren Rückgriff auf die Verfassung soll jedoch nur im Einzelfall und nur unter besonders strengen Voraussetzungen zulässig sein; eine generelle Ausdehnung des § 53 I Nr. 3 auf **Sozialarbeiter** hat das BVerfG daher abgelehnt.[5] Ernsthaft diskutabel, aber kaum diskutiert ist ein umgekehrtes Zeugnisverweigerungsrecht des Geheimnisträgers über sein Verhältnis zu den in § 53 I erfassten Vertrauenspersonen (dazu *Schöch,* FS Beulke, 2015, 1039). 23

[5] BVerfGE 33, 367, 374ff. m. Anm. *Würtenberger,* JZ 1973, 784; BVerfGE 44, 353; s. ferner BayObLG JR 1980, 432 m. Anm. *Hanack;* LG Hamburg NStZ 1983, 182 m. Anm. *Dahs; Kühne,* JuS 1973, 685; *Blau,* NJW 1973, 2234; *Jung,* 1974; *Foth,* JR 1976, 7; *Schilling,* JZ 1976, 617.

24 d) Alle bei der Vorbereitung (Recherchen!), Herstellung und Verbreitung **periodischer Druckwerke** oder von **Rundfunksendungen** (darunter fällt auch das Fernsehen!) haupt- oder nebenberuflich Mitwirkenden (Verleger, Herausgeber, Intendanten, Sendeleiter und Redakteure ebenso wie das technische und kaufmännische Personal) genießen ein umfassendes Zeugnisverweigerungsrecht über die Person von Verfassern, Einsendern und Informanten und über die „ihnen im Hinblick auf ihre Tätigkeit gemachten Mitteilungen", soweit es sich um Beiträge, Unterlagen und Mitteilungen für den redaktionellen Teil handelt (§ 53 I Nr. 5); eingehend dazu *Achenbach,* in: *Löffler,* PresseR § 23 LPG, Rn. 27ff.; *Bott,* 2009.

25 Zum redaktionellen Teil gehört auch ein anonymer Leserbrief, so dass die der Redaktion bekannte Person des Briefschreibers nicht preisgegeben zu werden braucht (KG NJW 1984, 1133). Nicht erfasst von diesem Zeugnisverweigerungsrecht werden also die gesamte Buchpresse, der Inseratenteil bzw. der Werbefunk und alle nur gelegentlich Tätigen, namentlich der Gelegenheitsautor. Allerdings sieht das BVerfG § 53 I Nr. 5 nicht als abschließende Regelung der gesetzlichen Gründe einer Zeugnisverweigerung von Presseangehörigen an; das Gericht hält die Norm nur dann für vereinbar mit dem Grundgesetz, wenn sie in besonders gelagerten Fällen ergänzt wird durch eine weitergehende Begrenzung des Aussagezwangs (und der Beschlagnahme, § 97 V 1e contrario) kraft einer unmittelbar aus Art. 5 I 2 GG hergeleiteten Abwägung der widerstreitenden Interessen (BVerfGE 64, 108, 116; BVerfGE 77, 65, 81f.; näher dazu *Achenbach,* a. a. O., § 23 LPG, Rn. 72ff.). Wenn die Presse von sich aus ihre Informationsquellen aufdeckt, also die Identität eines Informanten preisgibt (so lag es bei den Interviews, die der Ex-Terrorist Klein dem „Spiegel" gegeben hatte, BGHSt 28, 240) oder den Inhalt von „Bekenneranrufen" einer terroristischen Organisation vollständig der StA mitteilt (BVerfG NStZ 1982, 253), so verliert sie entgegen dieser Rechtsprechung nicht das Recht zur Zeugnisverweigerung über weitere Einzelheiten (*Achenbach,* a. a. O., § 23 LPG, Rn. 47, 80, 83 m. w. N.). Vielmehr besteht das Zeugnisverweigerungsrecht (abgesehen von Missbrauchsfällen) hinsichtlich der ungenannt gebliebenen Einzelheiten weiter, denn seine Ausübung steht den Pressemitarbeitern prinzipiell frei und kann anerkanntermaßen auch auf einen Teil der Informationen beschränkt werden (*Achenbach* a. a. O., Rn. 80, 83). Der Schutz des § 53 I Nr. 5 erstreckt sich seit einer Novelle im Jahr 2002 auch auf Material, das die Presse selbst recherchiert hat (näher *Achenbach,* a. a. O., § 23 LPG Rn. 59ff. m. w. N.). Das gilt allerdings nach § 53 I S. 3 nur im Zusammenhang mit dem redaktionellen Teil oder „redaktionell aufbereiteten" Diensten. Vor der Gesetzesänderung durften etwa Fotos, die Pressereporter von Ausschreitungen bei Demonstrationen gemacht hatten, in der Redaktion beschlagnahmt werden (BVerfG NStZ 1981, 189; BVerfGE 77, 65; LG Hannover NStZ 1981, 154; dazu i. E. *Achenbach,* a. a. O., § 23 LPG, Rn. 59ff.).

26 e) Ein ähnlich ausgestaltetes Zeugnisverweigerungsrecht besitzen die **Abgeordneten** des Bundestages nach Art. 47 GG und die der Landtage nach § 53 I Nr. 4; dasselbe gilt auch für ihre Gehilfen (§ 53a). Sie dürfen die Aussage über Personen verweigern, die ihnen in ihrer Eigenschaft als Abgeordnete oder denen sie in dieser Eigenschaft Tatsachen anvertraut haben, sowie über diese Tatsachen selbst (*Rengier,* 1979, 29, 40).

27 f) Eine **Belehrung** ist bei den in § 53 genannten Personen nicht erforderlich, weil der Gesetzgeber davon ausgegangen ist, dass sie auch ohne Belehrung über ihre Rechte Bescheid wissen.

28 g) Begrenzt zeugnisverweigerungsberechtigt ist auch der **Bundespräsident,** der nach seinem unüberprüfbaren Ermessen die Aussage verweigern kann, wenn andernfalls dem Wohl des Bundes oder eines deutschen Landes Nachteile bereitet würden (§ 54 III).

29 h) Kein Zeugnisverweigerungsrecht haben die Inhaber von Banken und ihre Angestellten; ein **„Bankgeheimnis"** im eigentlichen Sinn besteht nach der StPO also *nicht* (anders im Zivilprozess, § 383 I Nr. 6 ZPO). Kein Zeugnisverweigerungsrecht haben ferner Betriebsräte (BVerfG NJW 1979, 1286 m. Anm. *Rengier,* BB 1980, 321).

3. a) Für Richter und Beamte gilt ein bedingtes **Aussageverbot** (also eine Zeugnisverweigerungs*pflicht*) hinsichtlich solcher Umstände, auf welche sich ihre Pflicht zur Amtsverschwiegenheit bezieht (§ 54): Sie dürfen über diese Tatsachen nur aussagen, wenn sie von ihrem Dienstvorgesetzten die Genehmigung dazu erhalten haben. 30

Diese Genehmigung darf nur versagt oder beschränkt werden, wenn die Aussage dem Wohl der Bundesrepublik oder eines Landes Nachteil bereiten oder die Erfüllung öffentlicher Aufgaben wesentlich gefährden oder erheblich erschweren würde (§§ 39 III BRRG, 62 BBG). Die dadurch begründete Gefahr administrativer Verfahrenssteuerung ist prozess- und verfassungsrechtlich bedenklich.[6] Zu Einzelheiten am Beispiel der sog. V-Leute s. u. § 46 Rn. 33f.

b) Die **Aussagegenehmigung** ist ein Verwaltungsakt. Da es sich dabei nach der Neufassung des § 39 BRRG nicht mehr um eine Ermessensentscheidung handelt, kann der Angekl. (und jede sonstige in ihren Rechten betroffene Person) gegen die Ablehnung der Genehmigung die *Verpflichtungsklage* vor dem Verwaltungsgericht erheben (*M. J. Schmid,* JR 1978, 8; BVerwG StV 1982, 463). Dagegen können Strafrichter und StA die Erteilung einer Aussagegenehmigung nicht mit förmlichen Rechtsbehelfen erzwingen. 31

c) Bei der Aussage ohne Genehmigung kann sich der betreffende Beamte nach § 353b StGB strafbar machen. Seine Aussage ist dann aber gleichwohl verwertbar (s. o. § 24 Rn. 47). 32

4. a) Jeder Zeuge kann die **Auskunft** über solche Fragen **verweigern,** deren (wahrheitsgemäße!) Beantwortung ihm selbst oder einem nahen Angehörigen die Gefahr zuziehen würde, wegen einer (früheren, s. BGHSt 50, 318) Straftat oder einer Ordnungswidrigkeit verfolgt zu werden, § 55. Auf den Fall, dass der Zeuge sich der Gefahr einer disziplinarrechtlichen Bestrafung aussetzen würde, sollte § 55 analog angewendet werden (*Baumann,* 1985; OLG *Köln* StV 1987, 537; str.). Über das Verweigerungsrecht ist der Zeuge zu belehren (§ 55 II). Ob eine unter Verstoß gegen die Belehrungspflicht erfolgte Aussage verwertbar ist, ist umstritten (s. o. § 24 Rn. 48). Wenn sich das Auskunftsverweigerungsrecht auf zahlreiche Punkte erstreckt, kann es praktisch einem Zeugnisverweigerungsrecht gleichkommen (BGHSt 10, 104; BGHSt 17, 245); ein solcher Zeuge ist dann ein ungeeignetes Beweismittel i. S. d. § 244 III (BGH NStZ 1986, 181), doch bleiben trotzdem erstattete Aussagen verwertbar (BGHSt 47, 220). 33

b) Ist jemand als Beschuldigter trotz seines Leugnens verurteilt worden, so soll er nach BVerfG NStZ 1985, 277 kein Auskunftsverweigerungsrecht haben, wenn er später als Zeuge über die Tatsachen vernommen wird, die Grundlage seiner Verurteilung waren. Es bringe ihm keinen Nachteil, meint das Gericht, wenn er jetzt die Wahrheit sage und seine frühere Aussage korrigiere. Das kann aber zumindest dann nicht gelten, wenn das eigene Verfahren noch in der Berufung schwebt. Auch ist es dem Zeugen, wenn er von der Richtigkeit seiner Beschuldigtenaussage überzeugt sein sollte, schwerlich zuzumuten, durch deren Wiederholung eine zweite Strafverfolgung wegen Falschaussage auf sich zu ziehen. Dagegen kann ein rechtskräftig verurteilter Zeuge auch nach Meinung der Rspr. (OLG Koblenz StV 1996, 474) ein Auskunftsverweigerungsrecht haben, wenn er sich durch seine Zeugenaussage in der HV der Gefahr anderweitiger Strafverfolgung aussetzen würde. Zur Frage der Verlesbarkeit früherer schriftlicher Erklärungen des Zeugen im Falle des § 55 vgl. u. §§ 45 Rn. 24f., 46 Rn. 12. 34

[6] Vgl. dazu sowie zur Notwendigkeit eines „Legitimationsausgleichs" durch Wahrunterstellung des Entlastungsvorbringens *H. E. Müller,* 1992, 24ff., 67ff. m.w.N.

35 c) Beruft sich ein Zeuge auf § 55, so hat er eine Pflicht zur Glaubhaftmachung des Aussageverweigerungsrechts (§ 56), doch geht diese nicht so weit, dass er sich schon dadurch der Gefahr eigener Verfolgung aussetzen muss (BGH StV 1986, 282). Andererseits genügen vage Vermutungen oder theoretische Möglichkeiten noch nicht, um die Gefahr einer Strafverfolgung zu begründen. Es muss im Falle einer Aussage ein Anfangsverdacht i. S. d. § 152 II vorliegen (BGH NStZ 1994, 499), wobei aber gleichermaßen die Möglichkeit einer Bejahung und Verneinung der Frage in Betracht gezogen werden muss, weil der Zeuge sonst durch den Gebrauch des Auskunftsverweigerungsrechts einen Verdachtsgrund gegen sich schaffen würde, was dem Schutzzweck von § 55 zuwiderliefe (BVerfG StV 1999, 71; BGHSt 45, 363, 366).

36 5. Macht ein Zeuge von seinem **Auskunftsverweigerungsrecht** Gebrauch, so dürfen daraus keine Schlüsse zu seinem Nachteil gezogen werden, wenn er wegen derselben Sache später als Beschuldigter vor Gericht steht; denn das würde dazu führen, dass sein Schweigerecht umgangen werden könnte (BGHSt 38, 302; OLG *Stuttgart* NStZ 1981, 272; vgl. o. § 25 Rn. 34). Auch in derselben Sache darf eine berechtigte **Zeugnisverweigerung** nicht zum Nachteil des Angekl. ausgelegt werden (h. M., str.; vgl. KG NJW 1966, 605), und zwar auch dann nicht, wenn der Zeuge sich zu unerheblichen Punkten geäußert hat (BGH JR 1981, 432 m. krit. Anm. *Hanack*) oder nach anfänglicher Zeugnisverweigerung später doch noch ausgesagt hat (BGH NStZ 1985, 87).

37 Die gegenteilige Ansicht verkennt, dass die Möglichkeit der Beweiswürdigung einen mittelbaren Zwang zur Aussage bedeuten würde und dass sie auf eine unzulässige (vgl. BGHSt 6, 279) Berücksichtigung der Motive der Zeugnisverweigerung hinausliefe; sie ist auch vom BGH aufgegeben worden (BGHSt 22, 113 gegen BGHSt 2, 351). Desgleichen darf eine berechtigte Zeugnisverweigerung nicht herangezogen werden, um die Unglaubwürdigkeit einer späteren Aussage des Zeugnisverweigerungsberechtigten darzutun (BGH NJW 1980, 794; NStZ 1987, 187; BayObLG NJW 1969, 200). Schweigt der zeugnisverweigerungsberechtigte Zeuge in der Hauptverhandlung, darf daraus auch nicht gefolgert werden, dass seine frühere belastende Aussage vor dem Ermittlungsrichter zutreffend war (BGH StV 1991, 450). Wenn dagegen ein aussagebereiter Zeuge nur auf einzelne Fragen schweigt, unterliegt dies der freien Beweiswürdigung; es gilt insoweit dasselbe wie beim Teilschweigen des Angeklagten (BGHSt 32, 140; abw. *Kühl,* 1986). Ebenso kann die Unglaubwürdigkeit einer Alibibestätigung der Ehefrau daraus hergeleitet werden, dass sie von vornherein ausgesagt und nur das angebliche Alibi erst in der Hauptverhandlung vorgebracht hat (BGHSt 34, 324); anders aber, wenn der zeugnisverweigerungsberechtigte, als Zeuge nicht in Anspruch genommene Angehörige zunächst schweigt und erst in der Hauptverhandlung mit einem Alibi für den Angeklagten hervortritt (BGH NStZ 1989, 281; StV 1992, 97; StV 2009, 679). Konsequenterweise ist es daher auch zulässig, bei Würdigung einer Aussage, die ein zeugnisverweigerungsberechtigter Zeuge macht, zu berücksichtigen, dass er die Überprüfung seiner Aussage durch Verweigerung einer Blutprobenentnahme (§ 81 c III 1) unmöglich gemacht hat (BGHSt 32, 140). Umgekehrt wird man eine Zeugnis- oder Untersuchungsverweigerung aber immer dann uneingeschränkt würdigen dürfen, wenn diese Würdigung zugunsten des Angeklagten ausfällt (*Kühl,* 1986).

38 6. Die rechtspolitische Bewertung der heutigen Regelung der Zeugnisverweigerungsrechte und ihrer Reformbedürftigkeit fällt nicht leicht. Einerseits beeinträchtigen sie in durchaus empfindlicher Weise das Verfahrensziel der materiellen Wahrheit (o. § 15 Rn. 3), weshalb viele andere europäische Rechtsordnungen ihren Kreis weitaus enger bestimmen. Andererseits tragen sie den Grundrechten und den Bedürfnissen des Datenschutzes Rechnung, weshalb der „Alternativ-Entwurf Zeugnisverweigerungsrechte und Beschlagnahmefreiheit" (1996 m. Bespr. *Welp,* 1997) und der „Arbeitskreis Strafprozessrecht u. Polizeirecht" (*Wolter/Schenke,* 2002) verschiedene Ausdehnungen vorgeschlagen haben, namentlich im Hinblick auf die Folgeprobleme bei Beschlagnahme und Überwachung der Telekommunikation.

III. Eidespflicht

Jeder Zeuge hat endlich nach Maßgabe der §§ 59–67 die Pflicht, seine Aussage zu beschwören (**Eidespflicht,** § 59). Allerdings sind eidliche Vernehmungen nach wie vor dem Richter vorbehalten, dürfen also von der StA nicht durchgeführt werden (§ 161a I 3), und kommen in der heutigen Rechtswirklichkeit nur noch selten vor. 39

1. Der staatliche Eideszwang und der in § 64 I vorgesehene und nach Art. 140 GG i.V. m. Art. 136, 137 WRV verfassungsrechtlich zulässige religiöse Eid sind schon seit langem Gegenstand lebhafter rechtspolitischer Kritik (näher AK/*Wassermann,* vor § 59 Rn. 1 ff.). In der Tat ist es problematisch, wenn ein säkularisierter Staat zur Durchsetzung seiner profanen Interessen auf religiösen Gewissenszwang zurückgreift. Aber auch der weltliche Eid (§ 64 II), der keinen transzendenten Bezug mehr haben soll (vgl. BVerfGE 33, 27; BGHSt 8, 309), begegnet Bedenken, weil sein Charakter als rein irdische Beteuerung durch die Verwendung der „geschichtlich belasteten" und irrationalen Worte „Ich schwöre es" zumindest in Frage gestellt wird (vgl. BVerfGE 33, 32; *Woesner,* NJW 1973, 170; *Schwarz,* ZRP 1970, 79). Das BVerfG (BVerfGE 33, 23) hatte deshalb aus Art. 4 I GG ein Eidesverweigerungsrecht abgeleitet. Der Gesetzgeber hat dem durch Einführung des § 65 Rechnung getragen, demzufolge der Eid aus Glaubens- oder Gewissensgründen auch durch eine eidesgleiche „Bekräftigung" ersetzt werden darf. 40

Aber auch gegenüber dieser verfassungskonformen Regelung war krit. zu bemerken, dass der Eid aller Wahrscheinlichkeit nach nicht geeignet ist, die Wahrheit einer Aussage entscheidend zu fördern (*Woesner,* NJW 1973, 170; *Zipf,* 1972, 421 f.; s. dag. aber auch *Lange,* 1973, und *Heimann-Trosien,* 1973); seine häufige Verwendung im Strafprozess nahm ihm jeden Abschreckungseffekt, und schließlich schaffte er unter Umständen (etwa bei erkennbar unglaubwürdigen Zeugen) unnötiges zusätzliches Leid (§ 154 StGB!). Die Forderungen, auf den Eid zu verzichten (so hier 25. Aufl., Rn. 34; *Dahs,* 1989; *Grünwald,* 1992; *Schünemann,* FS Meyer-Goßner, 2001, 385, 393 f.), mindestens aber eine Restriktion des „Eides"-zwanges auf prozessentscheidende Aussagen vorzunehmen (vgl. *Zipf,* 1972, 425 ff.; *Schellenberg,* NStZ 1993, 372; wegen der Unzulässigkeit antizipatorischer Beweiswürdigung dag. *Dahs,* NJW 1975, 1877), haben schließlich im 1. JuMoG einen Teilerfolg gehabt: 41

Zeugen sind nach § 59 I n. F. nur noch dann zu vereidigen, „wenn es das Gericht wegen der ausschlaggebenden Bedeutung der Aussage oder zur Herbeiführung einer wahren Aussage nach seinem Ermessen für notwendig hält." Weil hiernach die Nichtvereidigung eines Zeugen zur Regel geworden ist, braucht die diesbezügliche Entscheidung des Gerichts nur dann ausdrücklich getroffen und in das Protokoll aufgenommen zu werden, wenn ein Verfahrensbeteiligter einen Antrag auf Vereidigung gestellt hatte (so BGHSt 50, 282, aber and. BGH NStZ 2005, 340 u. h. L., s. *M-G/S,* § 59 Rn. 8 m.w.N.; die routinehafte Nichtvereidigung ist deshalb auch kein wesentlicher Teil der Hauptverhandlung, s. BGHSt 51, 81). 42

2. Die Eidespflicht ist in den **einzelnen Verfahrensstadien** verschieden ausgestaltet. 43

a) Im Vorverfahren ist eine Vereidigung nur in den zwei Fällen des § 62 zulässig (Gefahr im Verzug, Verhinderung des Zeugen am Erscheinen in der Hauptverhandlung), falls außerdem die allgemeinen Voraussetzungen des § 59 erfüllt sind.

b) Über die Vereidigung bei kommissarischer Vernehmung s. § 63.

c) In der Hauptverhandlung kommt es auf die o. a. Voraussetzungen des § 59 an, doch muss die Vereidigung selbst dann unterbleiben, wenn einer der in §§ 60, 61 geregelten Ausnahmefälle vorliegt.

3. Diese **Ausnahmen** bilden drei Gruppen: 44

a) Die **Vereidigungsverbote** des § 60.

aa) Sie sind auf drei Personengruppen anwendbar, nämlich auf Personen unter 18 Jahren, auf die Einsichtsunfähigen (Nr. 1) und auf die der Beteiligung an der Tat, der Begünstigung, Strafvereitelung oder Hehlerei Verdächtigen (Nr. 2).

§ 60 Nr. 2 trifft nur auf solche Zeugen zu, deren **Begünstigungs- oder Strafvereitelungsakte** vor der Hauptverhandlung liegen, ist dagegen auf eine erst in der Hauptverhandlung im Interesse des Angekl. begangene Falschaussage nicht anwendbar. Denn nur im ersten Fall befindet sich der Zeuge in einer Zwangslage, in der die Eidespflicht nicht mehr als taugliches Mittel zur Erzwingung einer wahrheitsgemäßen Aussage angesehen werden kann (BGHSt 1, 360). Allerdings soll§ 60 Nr. 2 nach BGHSt 34, 68 einer Vereidigung in solchen Fällen nur dann nicht entgegenstehen, wenn der Zeuge noch die Möglichkeit hat, seine Falschaussage straflos zu berichtigen. Ist dagegen in derselben Hauptverhandlung eine Falschaussage schon früher in strafbarer Weise erstattet worden, soll § 60 Nr. 2 eine Vereidigung ausschließen. Nach einem Teil der Rspr. (BGH NStZ 1981, 268, 309; OLG *Hamburg* JR 1981, 158 m. i. E. zust. Anm. *Rudolphi;* zw. BGH NStZ 1982, 430) soll § 60 Nr. 2 auch eingreifen, wenn die begünstigende Aussage zwar erst in der Hauptverhandlung gemacht wird, dem Angekl. aber schon vorher versprochen war. Dies ist jedoch abzulehnen, weil eine versuchte Strafvereitelung vor der Hauptverhandlung noch nicht vorliegt und der Versprechende sich von einer Strafbarkeit nach §§ 30 II, 154 StGB durch eine wahre Aussage befreien kann (§ 31 I Nr. 2 StGB).[7] Ist der Aussagende vom Versuch der Strafvereitelung (§ 258 StGB) strafbefreiend zurückgetreten, so besteht wegen Wegfalls der Zwangslage kein Vereidigungsverbot mehr (a. A. BGH NStZ 1982, 78). Nach BayObLG NStZ 1991, 203 soll das auch dann gelten, wenn ein strafbefreiender Rücktritt noch nicht erfolgt, aber möglich ist; zw. Zu den revisionsrechtlichen Folgen bei einem Verstoß gegen § 60 Nr. 2 s. u. § 55 Rn. 79.

45 bb) Unter **„Tat"** i. S. d. § 60 Nr. 2 wird nicht nur der gesetzliche Tatbestand des dem Beschuldigten zur Last gelegten Delikts verstanden, sondern der gesamte geschichtliche Vorgang, der den Gegenstand der Anklage bildet (BGHSt 1, 364; BGHSt 4, 255; BGHSt 6, 382). Die Beschränkung der Vereidigung auf einen Teil der Anklagevorwürfe (Teilvereidigung) ist nur zulässig, soweit es sich um verschiedene Taten handelt (BGH MDR/H 1983, 987).

46 cc) **Beteiligung** i. S. d. § 60 Nr. 2 ist nicht identisch mit den Teilnahmeformen der §§ 25 ff. StGB; Beteiligter ist vielmehr jeder, der bei der Tat in strafbarer Weise und in derselben Richtung wie der Beschuldigte mitgewirkt hat (BGHSt 4, 257; BGHSt 10, 65; BGH StV 1982, 342), sei es auch nur durch Unterlassen (BGH StV 1992, 547); nicht aber der polizeiliche V-Mann (BGH NStZ 1982, 127). Für die Frage, ob ein Beteiligungsverdacht besteht, ist auf den Zeitpunkt der Urteilsfällung abzustellen; liegt in diesem Zeitpunkt kein Verdacht mehr vor, so ist eine früher unterbliebene Vereidigung nachzuholen (BGH NStZ 1981, 110; NStZ 1995, 244). Der Begriff des Verdachtes ist weit auszulegen; es genügt ein entfernter Verdacht (BGH StV 1982, 342; NStZ 1983, 516). Die Verneinung des Verdachts bedarf nur dann einer Begründung, wenn seine Annahme nach den Gesamtumständen naheliegt (BGH NStZ 1985, 183).

47 b) Das **Eidesverweigerungsrecht** der zeugnisverweigerungsberechtigten Angehörigen nach § 61. Hierüber muss eine gesonderte Belehrung erfolgen, deren Unterlassung einen Revisionsgrund ergeben kann (BGH StV 1987, 513; NStZ 1989, 84). Nach Abbruch einer Aussage ist eine Vereidigung auf das bisher Ausgesagte schlechthin unzulässig (BGH NStZ 1988, 35; s. o. Rn. 17).

48 c) Das vom BVerfG aus Art. 4 I GG abgeleitete und im Wege der verfassungskonformen Auslegung in den § 70 I hineingelesene **Eidesverweigerungsrecht aus religiösen Gründen** (s. BVerfGE 33, 23). Doch tritt hier die Pflicht zur eidesgleichen Bekräftigung (§ 65) an die Stelle des Eides.

49 **IV.** Wird das Zeugnis oder die Eidesleistung ohne gesetzlichen Grund schuldhaft **verweigert,** so werden dem Zeugen die durch die Weigerung verursachten Kosten auferlegt, und es wird gegen ihn ein Ordnungsgeld sowie für den Fall der Nichtbeitreibbarkeit Ordnungshaft festgesetzt (§ 70 I). Die Höhe des Ordnungsgeldes beträgt mindestens fünf, höchstens 1000 EUR, die Dauer der Ordnungshaft zwischen einem

[7] KG NStZ 1981, 449; BGHSt 30, 332; 31, 10; NJW 1982, 1601; JR 1987, 37 m. Anm. *Krümpelmann.*

Tag und sechs Wochen (Art. 6 EGStGB). Falls diese Ordnungsmittel nicht ausreichen, kann zur Erzwingung des Zeugnisses nach § 70 II Beugehaft angeordnet werden, die bis zu sechs Monaten dauern kann, spätestens jedoch mit der Beendigung des Verfahrens in der jeweiligen Instanz und stets bei Erreichung ihres Zweckes aufzuheben ist. Hartnäckige Aussageverweigerung oder „Unbeugbarkeit" sind keine Gründe, von der Anordnung der Beugehaft im Rahmen der gesetzlichen Grenzen abzusehen.[8] Ordnungs- und Zwangsmittel sind nicht zulässig, wenn der Zeuge zwar aussagt, aber nach der Überzeugung des Gerichts die Unwahrheit spricht oder lückenhaft aussagt (BGHSt 9, 362). Auch die Beantwortung der persönlichen Fragen des § 68 darf nicht mit den Mitteln des § 70 erzwungen werden, da es sich insoweit nicht um ein „Zeugnis" i. S. d. § 70 II handelt (KG JR 1977, 295). Die Anordnung ist selbst dann mit der Beschwerde anfechtbar, wenn sie vom Ermittlungsrichter des BGH oder des OLG ausgeht, nicht aber deren Ablehnung (BGHSt 36, 192; BGHSt 43, 262).

C. Die Durchführung der Vernehmung und der Vereidigung

I. Die Vernehmung (§§ 57 ff., 68–69)

1. Vor ihrer Vernehmung sind die Zeugen zur Wahrheit zu ermahnen und über die 50
Möglichkeit der Vereidigung sowie über die strafrechtlichen Folgen einer falschen Aussage zu belehren (§ 57). Gegebenenfalls sind sie, auch von StA und Polizei (§§ 161 a I 2; 163 III), auf ihr Zeugnisverweigerungsrecht nach § 52 und ihr Aussageverweigerungsrecht nach § 55 hinzuweisen (§§ 52 III, 55 II).

2. Die Zeugen sind **einzeln** und in **Abwesenheit** der später zu hörenden Zeugen zu 51
vernehmen (§ 58 I; vgl. auch § 243 II 1). Diese Regelung soll eine Anpassung späterer Aussagen an die vorhergehenden verhindern. Eine Ausnahme von der Einzelvernehmung bildet die **Gegenüberstellung** mit anderen Zeugen oder mit dem Beschuldigten: Sie ist in der Hauptverhandlung immer zulässig, im Vorverfahren nur dann, wenn es für das spätere Verfahren geboten erscheint (§ 58 II). Dabei sind, je nach dem verfolgten Zweck, zwei Formen zu unterscheiden: die **Identifizierungs-** und die **Vernehmungsgegenüberstellung.**

Bei der **Identifizierungsgegenüberstellung** ist nur die Person, die die Identifizierung vornehmen soll, Zeuge, während die zu identifizierende Person lediglich in Augenschein genommen wird. Die Duldungspflicht des Betroffenen ergibt sich bezgl. des Beschuldigten aus § 81 b (s. u. § 33 Rn. 16, auch zur Durchführung i. e.), bezgl. anderer Personen aus § 58 II (*M-G/S,* § 58 Rn. 11). Bei der **Vernehmungsgegenüberstellung** geht es darum, bei zwei einander widersprechenden Aussagen (zweier Zeugen oder eines Zeugen und des Beschuldigten) durch direktes Aufeinandertreffen die größere Überzeugungskraft zu ermitteln.

3. Die Vernehmung kann auf **Video** aufgezeichnet werden (§ 58 a I 1). Nach S. 2 *soll* 52
dies (und zwar als richterliche Vernehmung!) erfolgen, wenn es unsicher erscheint, ob ein für die Tataufklärung wichtiger Zeuge in der späteren Hauptverhandlung vernommen werden kann (Nr. 2) oder wenn damit die schutzwürdigen Interessen von minderjährigen Zeugen oder von als Minderjährige durch Straftaten gegen die sexuelle Selbstbestimmung, das Leben, die persönliche Freiheit oder nach § 225 StGB Verletzten besser gewahrt werden können (Nr. 2 unter Bezugnahme auf § 255 a II). Diese Möglichkeit wurde eingeführt und durch das StORMG erweitert, um die „sekundäre Viktimisierung" bzw. Traumatisierung minderjähriger oder sonstwie besonders schutzbedürftiger sog. **Opferzeugen** tunlichst vermeiden zu können, und findet ihre Ergänzung deshalb in § 255 a II, wonach deren Vernehmung in der Hauptverhandlung durch die Vorführung der Videoaufzeichnung ihrer früheren richterlichen Ver-

[8] *Nehm,* 1996 (str.).

nehmung ersetzt werden kann (s. u. § 46 Rn. 23). Weil dadurch das in Art. 6 III d EMRK garantierte Recht der Verteidigung paralysiert wird, Fragen an den Belastungszeugen zu stellen (sog. Konfrontationsrecht), ist diese Substitution jedoch an die weitere Voraussetzung geknüpft, dass der Angekl. und sein Verteidiger Gelegenheit hatten, an der früheren richterlichen Vernehmung mitzuwirken. Aber das ist häufig eine unzulängliche Kompensation, etwa wenn damals noch keine vollständige Akteneinsicht gewährt war, nur ein gem. § 141 IV Hs. 1, 2. Alt. auf Antrag der StA ad hoc bestellter Pflichtverteidiger ineffizient mitgewirkt hat[9] oder erst aus den weiteren Ermittlungen Anknüpfungspunkte für weitere Fragen und Vorhaltungen an den Belastungszeugen erwachsen sind. Die Möglichkeit, den Zeugen dennoch in der Hauptverhandlung ergänzend zu vernehmen (§ 255a II 4), wird deshalb häufig von der richterlichen Aufklärungspflicht gem. § 244 II geboten sein (*Schünemann,* StV 1998, 400; enger, aber unter Anerkennung der Möglichkeit, bei neu eingetretenen Tatsachen einen entspr. Beweisantrag zu stellen, BGHSt 48, 268 m. krit. Anm. *Schlothauer,* StV 2003, 650; *Vogel/Norouzi,* JR 2004, 212).[10] Zu der damit verbundenen Beeinträchtigung der Verfahrensbalance s. u. Rn. 2 ff. vor § 63).

53 Die Vorschriften über die Videoaufzeichnung gelten auch für die staatsanwaltschaftliche Vernehmung (§ 161 a I 2 – dann aber ohne Anwendbarkeit des § 255 a II) und seit dem 2. OpferRRG auch für die polizeiliche Zeugenvernehmung (§ 163 III). De lege ferenda ist sogar im Interesse der materiellen Wahrheitsfindung und einer effektiven Verteidigung die lückenlose Videoaufzeichnung sämtlicher Zeugenvernehmungen zu fordern (näher u. § 39 Rn. 36, § 69 Rn. 6).

53a 4. Von der Videoaufzeichnung der Vernehmung gem. § 58 a ist die Vernehmung per **Videokonferenz** zu unterscheiden, d. h. die zeitgleiche Videoübertragung an die unterschiedlichen Aufenthaltsorte von Zeugen und Vernehmungspersonen. Die dieses Verfahren nach dem Ermessen der Vernehmungsperson ermöglichende Vorschrift des § 58 b geht auf einen Bundesratsantrag des Landes Hessen vom 19. 9. 2007 zurück (BR-Drs. 643/07) und ist schließlich als Gesetzesinitiative des Bundesrats (BT-Drs. 17/1224) mit der Maßgabe Gesetz geworden, das die Landesregierungen ihr Inkrafttreten durch Verordnung bis zum 31. 12. 2017 hinausschieben können[11]. Dahinter steht nur ein bescheidener, im Wesentlichen auf das Ermittlungsverfahren beschränkter Ehrgeiz der Verfahrenserleichterung und -beschleunigung. Denn die Videokonferenz hat weder einen Einfluss auf die Protokollierung noch muss sie überhaupt aufgezeichnet werden (im Zivilprozess ist das sogar gem. § 128 III 1 n. F. ausgeschlossen), so dass die darin steckende Möglichkeit für eine verbesserte Kontrolle der den Ablauf der Hauptverhandlung vielfältig determinierenden polizeilichen Vernehmungen vom Gesetzgeber leichtfertig oder womöglich gezielt verschenkt worden ist.

54 5. Die Vernehmung des Zeugen beginnt mit seiner **Vernehmung zur Person** nach Maßgabe der §§ 68, 68 a. Nach § 68 I 1 hat er außer seinem Namen, Alter, Beruf auch seinen Wohnort zu nennen.

---

9 Dass diese durch das StORMG eingefügte morsche Brücke zur Ersetzung der Zeugenvernehmung durch die Videovorführung in der HV gem. § 255 a II mit den Garantien der EMRK auf Konfrontation und auf effektive Verteidigung (Art. VI 3 c, dazu *Esser,* 457 ff.) zu vereinbaren ist, kann kaum angenommen werden.

10 Ein die sekundäre Viktimisierung des „Opferzeugen" erübrigendes Geständnis wird deshalb bei Urteilsabsprachen regelmäßig mit einer drastischen Strafmilderung honoriert, was freilich für den seine prozessualen Rechte wahrnehmenden Angekl. die Bedrohung mit einer unzumutbaren „Sanktionsschere" zur Kehrseite hat und dadurch den fair trial untergräbt.

11 Art. 9 des Gesetzes zur Intensivierung des Einsatzes von Videokonferenztechnik pp. vom 25. 4. 2013, BGBl. I 935.

a) Um einer Gefährdung eines sich in dieser Weise offenbarenden Zeugen entgegenzuwirken, hat das OrgKG v. 15. 7. 1992 ein abgestuftes System von **Zeugenschutzregelungen** geschaffen. So können Zeugen, die über in amtlicher Eigenschaft erlangte Wahrnehmungen zu hören sind (v. a. Polizisten, StAe und Ermittlungsrichter), statt des Wohnorts den Dienstort angeben (§ 68 I 2); einem jeden Zeugen kann bei Gefahr für ihn selbst oder einen Dritten oder einer unlauteren Beeinflussung („leichte Gefährdung") gestattet werden, statt des Wohnorts den Geschäfts- oder Dienstort oder eine andere ladungsfähige Anschrift anzugeben (§ 68 II 1), in der Hauptverhandlung sogar überhaupt keine diesbezüglichen Angaben zu machen (§ 68 II 2). Bei Gefahr für Leben, Leib oder Freiheit („erhebliche Gefährdung") kann ihm schließlich erlaubt werden, „Angaben zur Person nicht oder nur über eine frühere Identität zu machen" (§ 68 III 1), wobei er jedoch in der Hauptverhandlung auf Befragen anzugeben hat, in welcher Eigenschaft ihm die zu bekundenden Tatsachen bekanntgeworden sind (§ 68 III 2); Unterlagen zur Identitätsfeststellung werden bei der StA verwahrt und erst nach Entfallen der Gefährdung zu den Akten genommen (§ 68 IV 3, 4; vgl. hierzu *Hiebl*, 1994, 131 ff.). Als „letzte Stufe" des Zeugenschutzes hat die neuere Rspr. schließlich auf dem Wege einer Rechtsfortbildung auch die „verfremdete Videovernehmung" zugelassen (näher u. § 46 Rn. 13). In allen Fällen können – soweit dadurch die Schutzmaßnahmen der Absätze I–III nicht unterlaufen werden (*Hilger*, NStZ 1992, 459) – dem Zeugen Fragen zur Feststellung seiner Glaubwürdigkeit vorgelegt werden (§ 68 a II 1).[12] 55

b) § 68 a soll die Beachtung des Verhältnismäßigkeitsgrundsatzes sicherstellen, indem er Fragen über entehrende oder den persönlichen Lebensbereich betreffende Tatsachen und über Vorstrafen an besonders strenge Voraussetzungen knüpft. 56

6. Auf die Vernehmung zur Person folgt die **Vernehmung zur Sache** nach § 69. Wichtig ist, dass das Gesetz dem Richter vorschreibt, den Zeugen zunächst zu einem zusammenhängenden *Bericht* zu veranlassen (§ 69 I 1), und nur zur Aufklärung und Vervollständigung der Aussage Einzelfragen (ein *Verhör*) zulässt (§ 69 II), insb. zur Erforschung des Grundes, auf dem das Wissen des Zeugen beruht („Haben Sie das selber gesehen?" – „Von welchem Standpunkt aus?" – „Wie weit war das weg?"), sowie gem. S. 2 (eingefügt durch das StORMG) bei „Opferzeugen" auch nach den Auswirkungen der Tat.[13] Hierbei gilt das Verbot des § 136 a entsprechend (§§ 69 III, 163 III). Zu den empirischen Problemen von Vernehmung und Aussage *Eisenberg*, 1984. 57

7. Bei der Frage, ob ein Verstoß gegen die dargestellten Verfahrensvorschriften die **Revision** begründet, ist zu unterscheiden: 58

a) Die §§ 57, 58 und 68 a sind nach h. M. bloße Ordnungsvorschriften. Ihre Verletzung als solche führt daher nicht zur Aufhebung des Urteils; nur wenn darin zugleich ein Verstoß gegen die gerichtliche Aufklärungspflicht liegt, lässt der BGH die Revision nach § 244 II zu (BGH MDR/D 1955, 396; weitergehend mit beachtl. Gründen *Rudolphi*, MDR 1970, 99).

b) Werden die Personalien eines Zeugen, der in der Hauptverhandlung vernommen werden soll, vor dem Angeklagten und dem Verteidiger über die Möglichkeiten gem. § 68 II, III hinaus geheimgehalten, so beschränkt ein derartiger Gerichtsbeschluss die Verteidigung in einem für die Entscheidung wesentlichen Punkt und begründet daher die Revision (§ 338 Nr. 8; *M-G/S*, § 68 Rn. 23). 59

c) Der Vorrang des Berichts vor dem Verhör ist in § 69 I 1 nach allgemeiner Ansicht ebenfalls zwingend vorgeschrieben (BGH NJW 1953, 35); hat also der Zeuge keine Gelegenheit zu einer zusammenhängenden Darstellung erhalten, so ist die Revision nach § 337 begründet. Das ist auch vollauf berechtigt, weil in jedem Verhör die Gefahr einer suggestiven Beeinflussung steckt, weshalb sichergestellt sein muss, dass zu- 60

---

[12] Weitere Vorschläge zum Zeugenschutz bei *Soiné/Soukup*, 1994; *J. Meyer*, 1995 (vor allem rechtsvergleichend). S. ferner Rn. 67.

[13] Bei Vernehmungen im Ausland gilt § 69 I nicht; hier kann ein Fragenkatalog benutzt werden (BGH GA 1982, 40).

nächst einmal durch den Bericht das unbeeinflusste und deshalb unbezweifelbare eigene Wissen des Zeugen artikuliert wird.

61 d) Dass auch der Unterrichtungspflicht des § 69 I 2 zwingender Charakter zukommt, wird von der h. M. zu Unrecht bestritten. „Was logische Voraussetzung für eine dem zwingenden Satz 1 entsprechende prozessuale Verhaltensweise des Gerichts ist, kann unmöglich selbst nur instruktionelle Bedeutung haben" (*Eb. Schmidt* II, § 69, Rn. 7; ebenso *Peters,* 360).

II. Die Vereidigung (§§ 59, 64, 67)

62 1. Zur Abnahme von Eiden ist im Strafverfahren nur der **Richter** befugt; der StA (§ 161 a I 3) und dem Finanzamt (vgl. § 399 I AO) ist sie verwehrt.

63 2. Die Zeugen sind in den wenigen verbliebenen Fällen (s. o. Rn. 42 ff.) **einzeln** (anders § 392 S. 2 ZPO) und **nach** ihrer Vernehmung zu vereidigen (§ 59 II).

64 3. Die **Form** des Eides ist in §§ 64–66 geregelt. Dabei sind Eidesformel und Eidesnorm zu unterscheiden.

a) § 64 I geht von der religiösen **Eidesformel** aus: „Sie schwören bei Gott dem Allmächtigen und Allwissenden" … „Ich schwöre es, so wahr mir Gott helfe."

b) Die **Eidesnorm** geht dahin, dass der Schwörende „nach bestem Wissen die reine Wahrheit gesagt und nichts verschwiegen habe" (§ 64 I). Der Zeugeneid umfasst sonach auch die Angaben des Zeugen zur Person. Der Eid kann auch mit anderen Beteuerungsformeln bestimmter Religions- oder Bekenntnisgemeinschaften (§ 64 III) oder ganz ohne religiöse Beteuerungsformel (§ 64 II) geleistet werden. Wird der Eid aus Glaubens- oder Gewissensgründen überhaupt verweigert, so hat der Zeuge die Aussage „im Bewusstsein seiner Verantwortung vor Gericht" zu bekräftigen (§ 65). Über die Eidesleistung Hör- und Sprachbehinderter vgl. § 66.

65 4. Bei wiederholter Vernehmung in demselben Vorverfahren oder in demselben Hauptverfahren (dieses umfasst auch die Berufungsinstanz) kann der Richter statt nochmaliger Vereidigung den Zeugen die Richtigkeit seiner Aussage unter Berufung auf den früher geleisteten Eid versichern lassen (§ 67). Eine bloße Verweisung durch den Richter auf den früher geleisteten Eid genügt nicht.

D. Der Zeuge als Prozesssubjekt

66 Dem klassischen Verständnis der RStPO entsprach das Bild des Zeugen als eines nur sehr beschränkt mit eigenen Rechten ausgestatteten Beweismittels, bei dem also die Objektsqualität im Vordergrund steht. Dass es sich bei dem Zeugen auch um ein Prozesssubjekt mit eigenen Ansprüchen und Schutzbedürfnissen handelt, wurde früher nur in zweifacher Hinsicht relevant: einmal in Gestalt der Zeugnisverweigerungsrechte (o. Rn. 13 ff) und zum anderen in Gestalt der Entschädigung des Zeugen für Fahrtkosten und Verdienstausfall (u. Rn. 69). Die moderne Entwicklung ist dagegen durch einen fortschreitenden Ausbau der Subjektstellung des Zeugen gekennzeichnet, der einen Anspruch auf Schutz seiner physischen Integrität und seiner Persönlichkeit besitzt. Der Ausbau dieser Rechtsstellung darf freilich nicht so weit gehen, dass dadurch die Tauglichkeit des Zeugen als Beweismittel untergraben wird.

67 1. Der Anspruch des **gefährdeten Zeugen** auf physischen Schutz wird durch die o. Rn. 55 dargestellte Begrenzung seiner Aussagepflicht nur bruchstückhaft erfüllt. Weitere Schutzvorschriften finden sich für die Hauptverhandlung in Gestalt des Aus-

schlusses der Öffentlichkeit, der Vernehmung des Zeugen in Abwesenheit des Angeklagten sowie in Gestalt der Ersetzung der Vernehmung durch die Vorführung einer Videoaufzeichnung über die frühere Vernehmung (u. §§ 46, 47). In der Praxis werden V-Leute ohne spezielle gesetzliche Grundlage dadurch geschützt, dass ihre Vernehmung ausschließlich durch einen Polizeibeamten durchgeführt wird und dieser dann in der Hauptverhandlung als Zeuge vom Hörensagen berichtet, wobei ihm gem. § 54 StPO die Preisgabe der Person seines Informanten vom Innenminister verweigert wird (näher u. § 46 Rn. 33f.). Zum Schutz Verdeckter Ermittler, die unter einer veränderten Identität am Rechtsverkehr teilnehmen können (§ 110a II), s. u. § 37. Nach dem Zeugenschutz-Harmonisierungsgesetz[14] können gefährdeten Zeugen und ihren Angehörigen oder nahestehenden Personen (§ 1 II) eine vorübergehende Tarnidentität verschafft (§ 5) oder Zuwendungen gewährt werden (§ 8), beispielsweise zur Verlegung des Wohnsitzes.[15] Zum Schutz von *Whistleblowern* s. u. § 39/11a.

2. Aus dem allgemeinen Anspruch des Zeugen auf angemessene Behandlung und **Persönlichkeitsschutz**[16] hatte BVerfGE 38, 105 die Befugnis abgeleitet, einen **Rechtsbeistand** zur Vernehmung mitzubringen, der den Zeugen bei der Wahrnehmung seiner prozessualen Rechte (etwa eines Zeugnisverweigerungsrechts oder des Anspruchs auf sitzungspolizeilichen Schutz gegen ungebührliche Angriffe) berät und unterstützt (dazu *Dahs,* FS Puppe, 2011, 1545). Wichtig ist, dass der Zeugenbeistand keine weitergehenden Rechte haben darf als der Zeuge selbst, weil sonst der Zeuge zu einer Prozesspartei aufgewertet und zugleich seine Tauglichkeit als Beweismittel untergraben würde,[17] beispielsweise wenn der Zeugenbeistand in die Gerichtsakten Einsicht nehmen und den Zeugen bei einer strategischen Anpassung seiner Aussage an den Akteninhalt beraten könnte. Die Verhinderung des Zeugenbeistands gibt dem Zeugen deshalb auch kein Recht, einer Vernehmung fern zu bleiben, vielmehr muss er dann einen anderen Anwalt mitbringen (BGH NStZ 1989, 484, dagegen *Krehl,* NStZ 1990, 192; *Adler,* StraFo 2002, 156). Dass im Einzelfall eine „besondere rechtsstaatliche Legitimation", beispielsweise die mögliche Existenz eines Auskunftsverweigerungsrechts nach § 55, erforderlich ist (so BVerfGE 38, 105, 118), wird seit Einfügung des § 68b I 1, 2 durch das 2. OpferRRG nicht mehr verlangt, doch kann ein die geordnete Beweiserhebung beeinträchtigender Beistand von der Vernehmung ausgeschlossen werden (§ 68b I 3, 4; dazu krit. *Matt/Dierlamm/Schmidt,* StV 2009, 715). 68

3. Nach § 68b II ist selbst bei nichtrichterlichen (§§ 161a I 2, 163 III) Vernehmungen dem Zeugen sogar von Amts wegen und auf Kosten der Staatskasse ein Rechtsanwalt als Beistand **beizuordnen,** wenn sich aus besonderen Umständen ergibt, dass er seine Befugnisse bei der Vernehmung nicht selbst wahrnehmen und seinen schutzwürdigen 69

[14] Vom 11.12.2001, BGBl. I 3510.

[15] Näher *Hilger,* FS Gössel, 2002, 605; *Soiné,* Kriminalistik 1999, 602ff.; eingehend auf der Basis der früheren Gesetzeslage *Zacharias,* 1997, 157ff.

[16] *Jung,* GA 1998, 326; *Nelles,* NJW 1998, 449; *Salditt,* FS Kohlmann, 2003, 667; *Franke,* StraFo 2000, 298; eingehend SK/*Rogall,* vor § 48 Rn. 72ff.; *Zacharias,* 1997, 111ff.

[17] *Schünemann,* StV 1998, 393f.; *ders.,* FS Meyer-Goßner, 2001, 385, 396f.; *M-G/S,* vor § 48 Rn. 11 und jetzt § 68b Rn. 4; dagegen für ein Akteneinsichts- sowie ein Anwesenheitsrecht auch außerhalb der Zeugenvernehmung *Hammerstein,* NStZ 1981, 127; *Gommolla,* Der Schutz d. Zeugen i. Strafpr., 1986, 230, 237ff.; *Zacharias,* 1997, 359, 362; *Lohberger,* FS Strauda, 2006, 155ff.; und vor allem *Weigend,* DJT-Gutachten, 1998, C 121f., C 131 (davor bereits *Weigend,* 1989, 470f. für Anwesenheits- und Fragerechte); für Ausnahmefälle auch KK/*Senge,* vor § 48 Rn. 18a; für ein Rederecht *Thomas,* NStZ 1982, 489.

Interessen auf andere Weise nicht Rechnung getragen werden kann. Weil die diesbezügliche Entscheidung unanfechtbar ist (§ 68b III), kann sich der Angekl. dagegen auch nicht mit der Revision wehren (§ 336 S. 2). Noch stärker ist die Rechtsstellung des **Opferzeugen** ausgestaltet worden, der über seinen Beistand Akteneinsicht nehmen und danach seine Aussage anpassen kann (näher u. § 65 Rn. 12ff.), wodurch aber die Wahrheitsfindung massiv gefährdet und infolgedessen der Zeugenschutz überreizt worden ist (*Schünemann,* FS Meyer-Goßner, 2001, 396f.; bereits früher *ders.,* StV 1998, 396f.).

70 4. Jeder Zeuge hat ein Recht auf Entschädigung (§ 71) nach dem Gesetz über die Entschädigung von Zeugen und Sachverständigen (ZSEG) i. d. F. vom 1.10.1969 (Schönfelder 116).

§ 27. Der Sachverständige

Literatur: *Kube/Leineweber,* Polizeibeamte als Zeugen und Sachv., 2. Aufl., 1980; *Heinz,* Fehlerquellen forensisch-psychiatrischer Gutachten, 1982; *Schreiber,* Probleme des Beweisrechts, insb. des Sachv.beweises, in: *Jescheck/Kaiser* (Hrsg.), Erstes deutsch-sowj. Kolloquium über Strafrecht und Kriminologie, 1982, 153; *Leferenz,* Probleme des Sachv.beweises, ebda., 173; *Plewig,* Funktion und Rolle des Sachv. aus der Sicht des Strafrichters, 1983; *Venzlaff,* Die Mitwirkung des psychiatr. Sachv. bei der Beurteilung der Schuldfähigkeit, FS Richterakademie Trier, 1983, 277; *ders.,* Fehler und Irrtümer in psychiatrischen Gutachten, StV 1983, 199; *Foerster,* Der psychiatr. Sachv. zwischen Norm und Empirie, NJW 1983, 2049; *Michel,* Schriftvergleichung im Strafverf., StV 1983, 251; *Rauch,* Brauchen wir noch eine forens. Psychiatrie? FS Leferenz, 1983, 379; *Streng,* Richter und Sachv., ebda., 397; *Schreiber,* Zur Rolle des psychiatr.-psycholog. Sachv. im Strafverf., FS Wassermann, 1985, 1007; *Krauß,* Schweigepflicht und Schweigerecht des ärztl. Sachv. im Strafprozess, ZStW 97 (1985), 81; *Dippel,* Die Stellung des Sachv. im Strafprozess, 1986; *Hengesch,* Das Dilemma der Glaubwürdigkeitsbeurteilung, ZStW 101 (1989), 611; *Frank/Harrer* (Hrsg.), Der Sachv. im Strafrecht, 1990; *Rogall,* Der Augenscheinsgehilfe im Strafprozess, GS Meyer, 1990, 391; *Blau,* Der befangene Sachv. im Strafprozess, FS Schewe, 1991, 10; *Rasch,* Die Auswahl des richtigen Psycho-Sachv. im Strafverf., NStZ 1992, 257 (dazu *Täschner,* NStZ 1994, 221); *Rode/Legnaro,* Psychiatr. Sachv. im Strafverf., 1994; *Steinke,* Der Beweiswert forens. Gutachten, NStZ 1994, 16; *Streng,* Psychowissenschaftler und Strafjuristen pp., NStZ 1995, 12, 161; *Zwiehoff,* Das Recht auf den Sachverständigen, 2000; *Detter,* Der von der Verteidigung geladene psychiatrische Sachv., FS Meyer-Goßner, 2001, 431; *Otte,* Rechtsgrundlagen der Glaubwürdigkeitsbegutachtung, 2002; *Rogall,* Behördengutachten im Strafverfahren, FS Gössel, 2002, 511; *Toepel,* Grundstrukturen des Sachv.beweises, 2002; *Foerster,* Von der Verantwortung des psychiatrischen Sachv., FS Schreiber, 2003, 81; *Lüderssen,* Grenzen der „Sachkunde" des Gerichts, ebda., 289; *Nedopil,* Forensische Psychiatrie, 3. Aufl., 2007; *Boetticher/Nedopil/Boseinski/Saß,* Mindesanforderungen für Schuldfähigkeitsgutachten, NStZ 2005, 57 (dazu *Eisenberg,* NStZ 2005, 304); *Lehmann,* Der Anspruch auf Einsicht in die Unterlagen des Sachv., GA 2005, 639; *Sonnen,* Kriminologen als Sachv., FS Richter II, 2006, 495; *Ulrich,* Der gerichtl. Sachv., 12. Aufl., 2007; *Fischer,* Aussagewahrheit und Glaubhaftigkeitsbegutachtung, FS Widmaier, 2008, 191; *Dierlamm,* Das rechtliche Gehör vor der Auswahl eines Sachv. im Ermittlungsverf., FS Egon Müller, 2008, 117; *Dippel,* Ausgewählte Themen des Beweises durch Sachv., ebda., 125; *Deckers,* Vom Nutzen und zur Qualität aussagenpsych. Gutachten, DAV-FS, 2009, 411; *Erb,* Die Abhängigkeit des Richters vom Sachverst., ZStW 121 (2009), 882; *Nack,* Abhängigkeit des Richters vom Sachverst., GA 2009, 201; *Venzlaff/Foerster,* Psychiatrische Begutachtung, 5. Aufl., 2009; *Volbert/Dahle,* Forensisch-psychologische Diagnostik, 2010; *Foerster/Foerster,* Belehrung durch den psychiatr. Sachverst.?, FS Schöch, 2010, 1007; *Nedopil,* Neurobiologie, forensische Psych. und jurist. Urteilsfindung, FS Rissing van Saan, 2011, 379; *G. Zimmermann,* Zur Verbesserung der Qualität der Leichenschau, ibid., 807.

A. Begriff

I. Aufgaben des Sachverständigen

Der Sachverständige hilft kraft seiner Sachkunde dem Gericht bei der Beurteilung einer Beweisfrage. Dies kann auf dreierlei Weise geschehen: 1

1. Er teilt dem Gericht allgemeine Erfahrungssätze (die Ergebnisse seiner Wissenschaft) mit (z. B.: Magen und Darm eines Neugeborenen füllen sich nach etwa sechs Stunden mit Luft).

2. Er stellt Tatsachen fest, die nur aufgrund „besonderer Sachkunde wahrgenommen oder erschöpfend verstanden und beurteilt werden können" (BGHSt 9, 293; z. B.: der Darm des getöteten Säuglings X enthielt keine Luft).

3. Er zieht aus Tatsachen, die nur kraft seiner Sachkunde ermittelt werden können, nach wissenschaftlichen Regeln Schlussfolgerungen (Kombination von 1. und 2., z. B.: der Säugling X ist also in den ersten sechs Stunden nach der Geburt getötet worden).

II. Abgrenzung zu Aufgaben anderer Prozessbeteiligter

Aufgaben und Tätigkeiten des Sachverständigen sind zu unterscheiden von denen des Richters (u. 1) und denen des Zeugen (u. 2). 2

1. Der Sachverständige ist lediglich **„Gehilfe des Gerichts"** (BGHSt 9, 293). Daraus folgt zweierlei:

Erstens hat sich der Sachverständige selbst auf die o. bei Rn. 1 beschriebenen Aufgaben zu beschränken. Etwa eine „Feststellung" der Art, dass der Angeklagte schuldunfähig i. S. d. § 20 StGB sei, ist nicht mehr eine Mitteilung von Tatsachen, Erfahrungsregeln oder Schlussfolgerungen, sondern eine rechtliche Würdigung, die in die Kompetenz des Gerichts fällt.

Zweitens muss das Gericht das Gutachten des Sachverständigen auf seine Überzeugungskraft hin selbstständig überprüfen und darf nicht die Ergebnisse des Sachverständigen unkontrolliert in das Urteil übernehmen. Vielmehr müssen die Urteilsgründe erkennen lassen, dass das Gericht eine selbstständige Beweiswürdigung vorgenommen hat, so dass dem Revisionsgericht eine rechtliche Nachprüfung möglich ist (BGHSt 12, 311; BGH StV 1982, 210; besonders eingehend BGHSt 45, 164ff. am Beispiel eines psychol. Glaubwürdigkeitsgutachtens; BGHSt 49, 347, 352, 355ff.; zur Überprüfungsmethode *Toepel*, 2002, 393ff.). Andererseits muss das Gericht, wenn es vom Urteil des Sachverständigen abweichen will, seine Auffassung unter Auseinandersetzung mit dessen Gutachten in nachprüfbarer Weise begründen (BGH NStZ 1983, 377). Dabei darf es sich von den wissenschaftlichen Standards nicht lösen (BGH StV 1993, 234). Näher zur Würdigung des Gutachtens *Eisenberg*, BewR, Rn. 1607ff.

2. Sachverständiger ist nur, wer im **Auftrag** des Gerichts **sachkundig** (d. h. in einer der o. unter Rn. 1 beschriebenen Weisen) tätig wird. Infolgedessen sind keine Sachverständigen, sondern Zeugen: 3

a) Personen, die über vergangene Tatsachen, zu deren Wahrnehmung besondere Sachkunde erforderlich war, berichten (**sachverständige Zeugen,** vgl. u. Rn. 7); denn sie haben nicht im Auftrag des Gerichts gehandelt;

b) Personen, die im Auftrag des Gerichts während des Strafverfahrens bestimmte Feststellungen, die keine besondere Sachkunde erfordern, treffen sollen (z. B. ein Wachtmeister wird beauftragt, den Tatort genau abzumessen: sog. **Augenscheinsgehilfe**). Dabei ist die Besichtigung des Beweisgegenstandes eine mittelbare gerichtliche Augenscheinseinnahme, während die Vernehmung des Augenscheinsgehilfen den Regeln des Zeugenbeweises unterliegt (näher *Rogall,* 1990). Missverständlich zur Position des Augenscheinsgehilfen BGHSt 33, 217 m. abl. Anm. *Danckert,* NStZ 1985, 469.

4 c) Andere logisch exakte Abgrenzungsmöglichkeiten bestehen nicht. Nur für den Regelfall kann man sagen,

- dass der Zeuge Tatsachen feststelle, während der Sachverständige Schlüsse ziehe (Ausnahme: o. Rn. 1 Nr. 2);
- dass der Zeuge über vergangene, außerhalb des Prozesses gemachte Wahrnehmungen aussage, während der Sachverständige im **Verfahren** und für das Gericht seine Feststellungen mache (Ausnahme: Augenscheinsgehilfe);
- dass sich der Sachverständige von dem Zeugen durch seine Sachkunde unterscheide (Ausnahme: sachverständiger Zeuge);
- dass der Sachverständige austauschbar und ersetzbar sei, der Zeuge dagegen nicht (Ausnahme: Augenscheinsgehilfe).

5 d) Sind die genannten Gesichtspunkte als Abgrenzungsbegriff auch nicht verwertbar, so haben sie als inhaltsbestimmende Kriterien doch großen Erkenntniswert. So lässt sich sagen:

- Zeuge ist niemals, wer nur allg. Erfahrungssätze mitteilt oder Schlussfolgerungen im Sinne von o. Rn. 1 Nr. 3 zieht.
- Sachverständiger ist niemals, wer außerhalb des Verfahrens bestimmte, nur durch Sachkunde mögliche Beobachtungen über Tatsachen etc. macht.
- Ein Sachverständiger muss stets Sachkunde haben.
- Ein Sachverständiger ist (logisch) stets austauschbar und ersetzbar (im Gegensatz zur „praktischen" Unersetzbarkeit – z. B. die einzige lebende Kapazität auf einem wissenschaftlichen Gebiet).

6 3. Die Unterscheidung von Sachverständigen und Zeugen wird bei der Problematik der Anknüpfungs-, Befund- und Zusatztatsachen bedeutsam (vgl. dazu u. Rn. 21 ff.) sowie wegen der Ablehnbarkeit (nur) des Sachverständigen (u. Rn. 14 f.).

III. Sachverständiger Zeuge

7 Ein **sachverständiger Zeuge** ist ein Mensch, dessen Aussage sich auf vergangene Tatsachen oder Zustände bezieht, zu deren Wahrnehmung eine besondere Sachkunde erforderlich war (z. B. ein herbeigerufener Kriminalist liest eine rasch verwehende, für einen fachlich nicht ausgebildeten Beobachter unerkennbare Spur). Nach § 85 wird der sachverständige Zeuge sachgerecht den für den Zeugenbeweis geltenden Regeln unterstellt, da eine solche Wahrnehmungsperson im Gegensatz zum Sachverständigen unersetzbar ist.

IV. Abgrenzungsbeispiel

8 Die Prozessrollen als Zeuge, sachverständiger Zeuge und Sachverständiger macht folgendes Beispiel deutlich: Ein Arzt bekundet in der Hauptverhandlung: „Am 31. 12., nachts 22 Uhr, wurde mir der inzwischen verstorbene N von zwei Leuten blutüberströmt ins Haus gebracht; er sagte noch aus, er sei von A überfallen und mit einem Prügel über den Kopf geschlagen worden; er habe den A noch bestimmt erkannt, namentlich an seiner Stimme. Dann ist N ohnmächtig geworden. Die Untersuchung hat ergeben, dass die Schädeldecke an der linken Seite durch einen Schlag gesprungen war; diese Verletzung ist unbedingt tödlich gewesen." Hier ist der Arzt Zeuge, soweit er über eigene Wahrnehmungen berichtet; soweit er angibt, dass die Schädeldecke gesprungen gewesen sei, ist er sachverständiger Zeuge – denn diese Wahrnehmung

hat er aufgrund seiner besonderen Sachkunde gemacht; seine Angabe, die Verletzung sei tödlich gewesen, ist ein Sachverständigengutachten.

V. Bedeutung im Strafprozess

Der Sachverständige hat im modernen Strafverfahren, in dem die wissenschaftliche Klärung empirischer Fragen eine immer größere Rolle spielt, eine praktisch vielfach beherrschende Stellung erlangt (*Arth. Kaufmann,* 1985; *Eisenberg,* BewR, Rn. 1508), die sich namentlich im Bereich der diagnostischen und therapeutischen Täterbeurteilung mit der Konzeption des Gesetzes kaum in Einklang bringen lässt (näher mit weiterführender Diskussion AK/*Schreiber,* vor § 72 Rn. 8ff.). Denn Tat- und Täterfeststellung stehen unter den Anforderungen formaler Prozessregeln und rechtsstaatlicher Freiheitsmaximen, denen sich eine wissenschaftliche Persönlichkeitsanalyse und eine auf ihr aufbauende, an therapeutischen Prinzipien orientierte Rechtsfolgenbestimmung der Natur der Sache nach kaum unterwerfen kann (vgl. dazu grundlegend *Krauß,* 1973; zu den daran anknüpfenden Vorschlägen für eine Reform der Sachverständigenrolle *Schreiber,* 1985). Ein neuartiges Feld des Sachverständigenbeweises ist die *operative Fallanalyse* (dazu *Wippler,* Die Operative Fallanalyse als Beweismittel im Strafprozess, 2008; *BKA* (Hrsg.), Die Operative Fallanalyse in der HV, 2009). 9

B. Die Zuziehung des Sachverständigen und ihre Grenzen

I. Kriterien für die Zuziehung

Dem Richter (und gegebenenfalls dem StA) ist die Zuziehung von Sachverständigen im allg. nicht vorgeschrieben. 10

1. Er kann, wenn er genügend Sachverstand besitzt, **auch ohne Sachverständigen** entscheiden (§ 244 IV). Überschätzt das Gericht allerdings die eigene Sachkunde, so kann die Nichthinzuziehung des Sachverständigen als Verstoß gegen die richterliche Aufklärungspflicht (§ 244 II) die Revision begründen (st. Rspr., vgl. BGHSt 2, 164; BGHSt 3, 169). Hierfür kommt bei Verdacht auf eine geistige Erkrankung des Angekl. nur ein Psychiater in Frage (BGH StV 2005, 419), sonst auch ein Psychologe (BGH NStZ 1990, 400). Ist z. B. der Angekl. hirngeschädigt, so bedarf es zur Beurteilung seiner Schuldfähigkeit i. d. R. eines Sachverständigen (BGH StV 1988, 52); dasselbe gilt bei einer ungewöhnlichen Tatausführung, bei Anzeichen für Triebanomalien (BGH NStZ 1989, 190) oder eine affektbedingte Beeinträchtigung der Schuldfähigkeit (BGH NStZ 1997, 296). Zur Frage, wann zur Beurteilung der Glaubwürdigkeit von Zeugen ein Sachverständiger herangezogen werden muss, u. § 45 Rn. 35.

2. Das Gesetz stellt eine **Verpflichtung zur Hinzuziehung** eines Sachverständigen nur in folgenden Fällen auf: 11

a) bei der Einweisung in ein psychiatrisches Krankenhaus zur Beobachtung auf den psychischen Zustand. Jedoch ist hier nur die Anhörung des Sachverständigen nötig (§ 81);

b) wenn damit zu rechnen ist, dass Unterbringung in einem psychiatrischen Krankenhaus, einer Entziehungsanstalt oder in der Sicherungsverwahrung angeordnet wird (§§ 80a, 246a I, s. auch die Sollvorschrift des Abs. 2 bei zu erwartender Therapieweisung wegen einer Sexualstraftat zum Nachteil eines Minderjährigen). Das gilt natürlich besonders für das Sicherungsverfahren (§ 414). Für die Beurteilung der Schuldfähigkeit ist regelmäßig ein psychiatrischer (v. a. bei Psychosen), evtl. auch ein psychologischer Sachverständiger heranzuziehen (str.; näher *Müller-Dietz,* NStZ 1983, 203f.; *Wolff,* NStZ 1983, 537; *Maisch/Schorsch,* 1983);

c) bei Leichenschau und Leichenöffnung (§§ 87ff.). Bei der Leichenöffnung sind zwei Ärzte zuzuziehen; bei der Leichenschau kann die Zuziehung eines Arztes unterbleiben, wenn dies zur Aufklärung des Sachverhalts offensichtlich entbehrlich ist. Die Anordnung einer Obduktion verstößt weder gegen die Menschenwürde des Verstorbenen noch gegen das aus Art. 2 I GG abgeleitete Totenfürsorgerecht der Angehörigen (BVerfG NJW 1994, 783); allerdings sind die Angehörigen als Totensorgeberechtigte nach § 33 III zu hören, und sie können gegen die nach § 34 zu begründende Entscheidung Beschwerde einlegen (BVerfG NStZ 1994, 246);

d) beim Verdacht einer Vergiftung (§ 91);

e) bei Geld- oder Wertzeichenfälschung (§ 92) sowie

f) bei molekulargenetischen Untersuchungen (§§ 81f III; 81g III, 4; 81h III, 1).

II. Auswahl von Sachverständigen

12 Die **Zahl** und die **Person** der Gutachter bestimmt grds. der **Richter** bzw. der **StA,** der mit den ausgewählten Sachverständigen dabei eine Frist für die Gutachtenerstattung absprechen soll (§§ 73, 161a I 2). An einen Vorschlag der anderen Verfahrensbeteiligten ist er dabei nicht gebunden. Dieses Auswahlrecht des Richters (bzw. im Ermittlungsverfahren des StA) besitzt vor allem bei den mit „weichen" Erkenntnismethoden arbeitenden sog. Psychowissenschaftlern eine große Bedeutung, weil beispielsweise zur Glaubwürdigkeit oder zum Schuldausschluss wegen schwerer anderer seelischer Abartigkeit keine empirisch exakten Erkenntnisse möglich sind, so dass durch die Auswahl des Sachverständigen (etwa eines Psychologen oder eines Psychiaters) häufig schon gewisse Weichen für das Ergebnis der Begutachtung gestellt werden. Auch wenn das Gericht an die Auswahl des Sachverständigen durch die StA im Vorverfahren nicht gebunden ist, erlangt die StA wegen der Kostspieligkeit und Langwierigkeit einer erneuten Begutachtung durch ihr Auswahlrecht doch eine faktisch überlegene Position gegenüber der Verteidigung (näher *Toepel,* 2002, 297ff.). Allerdings kann der Beschuldigte, wenn der Richter den von ihm benannten Sachverständigen ablehnt, diesen selbst laden lassen und seine Vernehmung durch einen Beweisantrag gem. § 245 II erzwingen (dazu u. § 45 Rn. 36 und näher *Widmaier,* 1985). Erscheint das Gutachten nicht ausreichend, so kann der Richter eine **neue Begutachtung** durch denselben oder durch einen anderen Sachverständigen oder durch eine Fachbehörde (z. B. ein Medizinalkollegium) anordnen (§ 83).

III. Sachverständigenpflicht

13 Es besteht **keine** der allgemeinen Zeugenpflicht entsprechende **allgemeine Sachverständigenpflicht.** Einer Ernennung durch Richter oder StA (§ 161a I) muss jedoch in den vier Fällen des § 75 (lesen!) Folge geleistet werden. Eine Heranziehung durch die Hilfsbeamten der StA (wichtig im Fall des § 81a!) begründet hingegen keine prozessuale Gehorsamspflicht; sie ist daher nur sinnvoll, wenn der betreffende Sachkundige sich zur Begutachtung allgemein oder für die konkrete Sache bereit erklärt hat oder wenn er Amtsträger einer öffentlich-rechtlichen Körperschaft ist und infolgedessen der Justiz Amtshilfe (Art. 35 GG) leisten muss (vgl. *Ulrich,* 2007, Rn. 178f.).

IV. Ausschluss und Ablehnung

14 Als Sachverständiger gesetzlich **ausgeschlossen** ist (aus naheliegenden Gründen) allein der Arzt, der einen Verstorbenen unmittelbar vor dem Tode behandelt hatte (§ 87 II 3). I. Ü. sieht das Gesetz nur die *Ablehnung* des Sachverständigen in entsprechender Anwendung der für den Richter geltenden Regelung der §§ 22 Nr. 1–4 (dag. nicht Nr. 5!) und 24 vor (§ 74); die gesetzlichen Ausschlussgründe des § 22 sind also hier nur Ablehnungstatbestände. Wird als Gutachter in Staatsschutzsachen ein Beamter des BKA berufen, hält BGHSt 18, 214 die Besorgnis der Befangenheit für unbegründet (zust. *Krause,* FS Maurach, 1972, 549, 555; di ff. *Dästner,* MDR 1979, 45); ebenso soll ein Wirtschaftsreferent der StA als Sachverständiger auftreten können, wenn dem ermittelnden StA ihm gegenüber kein Weisungsrecht zusteht (BGH StV 1986, 465; zw.). Ein Ablehnungsgrund ist dagegen gegeben, wenn der Sachverständige bereits als Privatgutachter des Geschädigten tätig war (BGHSt 20, 245; krit. *Brammsen,* ZStW 119 [2007], 93) oder provokativ fragt, ob der Angeklagte auf einen „bestimmten Paragrafen reisen" wolle (BGH MDR/H 1977, 983). Anders als beim Richter (§ 25) ist die Ablehnung nicht befristet, also auch noch nach Erstattung des Gutachtens möglich (so ausdrückl. § 83 II).

15 Wird ein Sachverständiger erfolgreich als befangen abgelehnt, so darf er trotzdem als Zeuge oder sachverständiger Zeuge über Tatsachen vernommen werden, die ihm bei Durchführung seines Auftrages bekanntgeworden sind. Nur seine sachverständigen Schlussfolgerungen dürfen nicht als Zeugenaussage eingeführt werden (BGHSt 20, 222; näher *Fezer,* 1990; str.).

C. Die Rechtsstellung des Sachverständigen

I. Bei Vorbereitung des Gutachtens

16 Der Sachverständige untersteht als bloßer „Richtergehilfe" bei seiner Tätigkeit der Leitung des Richters bzw. des StA (§§ 78, 161 a I 2), die allerdings keine fachlichen Weisungen erlaubt (BGH NStZ 2003, 101) und ihm die von ihm für erforderlich gehaltenen Erkenntnisquellen nicht vorenthalten darf (BGHSt 59, 1). In diesem Rahmen hat er bei der Vorbereitung seines Gutachtens **besondere Rechte:** Ihm kann gestattet werden, die Akten einzusehen, der Vernehmung des Beschuldigten und der Zeugen beizuwohnen und unmittelbar an sie Fragen zu richten, also auch während der ganzen Hauptverhandlung anwesend zu sein (§ 80). Wegen der möglichen Beeinflussung des Sachverständigen ist die Akteneinsicht allerdings auf das Notwendigste zu beschränken (vgl. *Peters,* 372). Andererseits wird man den Sachverständigen, obwohl das Gesetz schweigt, auch den aus §§ 136, 136a folgenden Pflichten unterstellen müssen (s. o. § 25 Rn. 12). Eine Pflicht zur Zeugenbelehrung ergibt sich aus §§ 81c III 2 Hs. 2, 52 III (BGH StV 1988, 419), doch soll nach der Rspr. die Erfüllung dem StA bzw. Richter obliegen (BGH NJW 1996, 206; StV 1997, 231).

II. Bei Erstattung des Gutachtens

17 Im Übrigen ist seine Rechtsstellung ähnlich der des Zeugen ausgestaltet, vor allem hat der Sachverständige ebenfalls die Pflicht, vor der StA zu erscheinen und ein Gutachten zu erstatten (§ 161 a I 1). Grundsätzlich gelten für den Sachverständigen nach § 72 die

§§ 48–71 entspr.; jedoch enthalten die §§ 73ff. wesentliche **Abweichungen,** die darauf beruhen, dass der Sachverständige im Gegensatz zum Zeugen vertretbar ist.

1. Der Sachverständige hat ebenso wie der Zeuge die drei **Pflichten** zum Erscheinen, zur Aussage (d. h. zur Erstattung des Gutachtens, dem nicht notwendig ein schriftl. Vorgutachten vorgeschaltet werden muss, BGHSt 54, 177) und zum Schwören. Dass er sein Gutachten in der Hauptverhandlung vortragen muss, folgt aus dem Grundsatz der Mündlichkeit.

2. Entsprechend der Regelung beim Zeugen (§§ 52–54) hat auch der Sachverständige ein **Gutachtenverweigerungsrecht** (§ 76 I 1). Darüber hinaus kann er aber auch aus anderen Gründen von der Pflicht zur Erstattung des Gutachtens entbunden werden (§ 76 I 2).

18 3. Abweichend von § 51 ist nur der zur Erstattung des Gutachtens verpflichtete Sachverständige auch zum Erscheinen verpflichtet. Bleibt er aus, verweigert er die Gutachtenerstattung oder die Fristabsprache oder versäumt er die verabredete Frist, so wird er in den ersten beiden Fällen obligatorisch, in den letzten beiden fakultativ (unter vorangehender Androhung und Nachfristsetzung) zur Zahlung von Ordnungsgeld verurteilt (§ 77, wobei in den beiden ersten Fällen auch Kostenersatz zu leisten ist). Die Zwangsmaßnahmen der StA gegenüber dem Sachverständigen unterliegen wie gegenüber Zeugen richterl. Kontrolle (§ 161a III).

19 4. Anders als früher wie beim Zeugen war die Nichtvereidigung des Sachverständigen immer schon die gesetzliche Regel (BGHSt 21, 227). Das Gericht kann die **Vereidigung** unabhängig von den Anträgen der Verfahrensbeteiligten nach seinem Ermessen anordnen (§ 79). Der Eid des Sachverständigen lautet anders als der Zeugeneid. Er geht dahin, dass der Sachverständige das Gutachten unparteiisch und nach bestem Wissen und Gewissen erstattet habe (§ 79 II); er deckt also die Angaben zur Person nicht (bestr.).

20 5. Ebenso wie der Zeuge hat auch der Sachverständige gem. §§ 3ff. des Gesetzes über die Entschädigung von Zeugen und Sachverständigen (ZSEG; Schönfelder 116) Anspruch auf **Gebühren** (§ 84).

D. Der Beweiswert des Gutachtens

21 Bei der Würdigung der von dem Sachverständigen mitgeteilten Tatsachen, auf denen sein Gutachten beruht, der sog. **Anknüpfungstatsachen,** sind zwei Gruppen zu unterscheiden:

1. die **Befundtatsachen,** d. h. „solche, die der Sachverständige nur aufgrund seiner Sachkunde erkennen kann", und

22 2. die sog. **Zusatztatsachen,** d. h. „solche, die auch das Gericht mit den ihm zur Verfügung stehenden Erkenntnis- und Beweismitteln feststellen könnte", also die Umstände des eigentlichen Tathergangs, die der Sachverständige von ihrerseits nicht sachkundigen Auskunftspersonen außerhalb der Hauptverhandlung erfahren hat.[1]

[1] BGHSt 18, 107 im Anschluß an BGHSt 9, 292; 13, 1, 250; zur Abgrenzung: BGH NStZ 1985, 182; krit. zur Abgrenzbarkeit von Befund- und Zusatztatsachen *v. Hippel,* 1974, und *Fincke,* 1974.

Nur die Befundtatsachen darf das Gericht nach dieser Rspr. ohne weitere Beweisaufnahme seiner Urteilsbildung zugrunde legen. Zu den Befundtatsachen gehören auch Wahrnehmungen, die der Sachverständige schon bei einer früheren gutachterlichen Tätigkeit gemacht hat (BGH NStZ 1995, 44). Dagegen dürfen die Zusatztatsachen nur durch Vernehmung der Auskunftsperson des Gutachters oder durch seine eigene Vernehmung *als Zeuge* in die Hauptverhandlung eingeführt werden (BGH NStZ 1982, 256; NStZ 1993, 245); ggf. muss dann auch eine selbstständige Zeugenvereidigung erfolgen (BGH NStZ 1986, 323; StV 1993, 169). In der Rolle als Sachverständiger und damit als bloßes Wahrnehmungsorgan des Gerichts (BGHSt 9, 292) ist der Gutachter insoweit kein zulässiges Beweismittel. Auch seine zeugenschaftliche Vernehmung ist freilich ausgeschlossen, wenn die Auskunftsperson von einem Zeugnisverweigerungsrecht Gebrauch macht und das Gericht von der zu beweisenden Tatsache nicht bereits anderweitig überzeugt ist (BGHSt 18, 109; BGHSt 46, 189). 23

§ 28. Die sachlichen Beweismittel

Die sachlichen Beweismittel sind Augenscheinsobjekte und Urkunden.

A. Augenschein

Literatur: *Robert,* Der Augenschein im Strafprozess, 1974; *Wenskat,* Der richterl. Augenschein im deutschen Strafprozess, 1988; *Rogall,* Der Augenscheinsgehilfe im Strafprozess, GS Meyer, 1990, 391.

1. Dem Augenscheinsbeweis unterliegen alle Sachen, aber auch der lebende Mensch 1 und der Leichnam, soweit sie durch ihre **Existenz, Lage** oder **Beschaffenheit** auf die richterliche Überzeugung einwirken können; darüber hinaus aber auch **Vorgänge** wie etwa das Verkehrsgewimmel an einer bestimmten Kreuzung. Die Augenscheinseinnahme kann durch **jeden Sinn** erfolgen: durch Sehen (Besichtigung des Tatortes, der Lage der Leiche, der Wunden und Blutflecken, Fingerabdrücke, Fußspuren), durch Hören (ruhestörender Lärm durch Musikautomaten), durch Riechen (verdorbene Lebensmittel, unverdeckte Dunggrube), durch Befühlen (der Schärfe des Messers) und durch Schmecken (der Ungenießbarkeit des Lebensmittels).

2. Der Augenschein kann in **allen Stadien** des Verfahrens eingenommen werden. Eine 2 Augenscheinseinnahme durch das erkennende Gericht erübrigt sich jedoch dann, wenn ein Protokoll über die Einnahme eines richterlichen – nicht nur polizeilichen! – Augenscheins existiert. Dieses kann dann anstelle einer Augenscheinseinnahme durch das Gericht selbst verlesen werden (§ 249 I 2). Die darin liegende weitgehende Durchbrechung des in der Hauptverhandlung geltenden Unmittelbarkeitsprinzips (dazu u. § 46) erklärt sich daraus, dass bei Augenscheinsbeweisen einmal die Gefahr des Beweisverlustes sehr groß ist und sodann die Aufsuchung eines entfernt liegenden Tatortes in der Hauptverhandlung häufig für die Prozessbeteiligten zu umständlich und zu kostspielig wäre. Der Gesetzgeber hat diese Durchbrechung des Unmittelbarkeitsgrundsatzes durch eine großzügige Ausgestaltung des Anwesenheitsrechts bei Augenscheinseinnahmen außerhalb der Hauptverhandlung (§§ 168d, 225) auszugleichen versucht.

3 Die Protokolle über richterliche Augenscheinseinnahmen außerhalb der Hauptverhandlung müssen den Erfordernissen des § 86 entsprechen, während sich die Protokollierung einer Augenscheinseinnahme während der Hauptverhandlung nach § 273 richtet. In das Hauptverhandlungsprotokoll braucht danach im Gegensatz zum Augenscheinsprotokoll außerhalb der Hauptverhandlung nicht notwendig das Ergebnis der Augenscheinseinnahme (der „vorgefundene Sachbestand") aufgenommen zu werden. Zum **Augenscheinsgehilfen** s. o. § 27 Rn. 3.

B. Urkunden

Literatur: *Krause,* Zum Urkundenbeweis im Strafprozess, 1966; *Paulus,* Bemerkungen zum Urkundenbeweis in der Hauptverhandlung des Strafverf., JuS 1988, 873; *J. Meyer,* Der Urkundenbeweis in der HV, 1999.

4 1. Urkunden sind **Schriftstücke** irgendwelcher Art, die einen **Gedankeninhalt** haben, m. a. W. durch Schriftzeichen verkörperte Erklärungen, gleichviel auf welcher stofflichen Unterlage. Der strafprozessuale Urkundenbegriff ist demnach teils enger, teils weiter als der materiellrechtliche des § 267 StGB. Er ist insofern enger, als die Beweiszeichen (d. h. nicht durch Schriftzeichen verkörperte Gedankenerklärungen), deren Fälschung von der h. L. unter § 267 StGB subsumiert wird, keine Urkunden im strafprozessualen Sinne sind. Er ist aber weiter insofern, als die Erkennbarkeit des Ausstellers nicht wie im materiellen Recht Voraussetzung der Urkundenqualität ist; auch ein anonymer Brief kann als Urkunde verlesen werden. Da jedes als Beweismittel dienende Schriftstück sich als prozessuale „Urkunde" darstellt, ist die Formulierung des § 249 I („Urkunden und andere als Beweismittel dienende Schriftstücke") tautologisch; präziser spricht § 273 I nur von „verlesenen Schriftstücken" (= Urkunden).

5 Es werden verschiedene Arten von Urkunden unterschieden, ohne dass dieser Unterscheidung besondere praktische Bedeutung zukäme.

Absichtsurkunden enthalten Erklärungen, die von vornherein zum Beweis bestimmt sind (z. B. ein Schuldschein);

Zufallsurkunden werden erst im Laufe eines Prozesses von Bedeutung (z. B. ein Eifersuchtsbrief für einen Mordversuch);

Konstitutivurkunden sind Urkunden, die durch ihren gedanklichen Inhalt selbst unmittelbar einen Straftatbestand erfüllen (z. B. der verleumderische Brief), während in

Berichtsurkunden Beweiserhebliches über eine Straftat mitgeteilt wird (z. B. ein Geständnis in einem Brief).

6 2. Urkunden- und Augenscheinsbeweis sind zu unterscheiden. Die Urkunde wirkt durch ihren **Gedankeninhalt** auf die richterliche Überzeugungsbildung ein. Geht es dagegen z. B. um die Feststellung, ob an einer Urkunde radiert worden ist, so handelt es sich um einen Augenscheins- und keinen Urkundenbeweis.

7 3. Urkunden werden in die Hauptverhandlung durch **Verlesung** eingeführt (§ 249 I). Diese kann jedoch (außer in den Fällen der §§ 253, 254) unterbleiben, wenn die Richter und Schöffen vom Wortlaut Kenntnis genommen haben und die übrigen Beteiligten hierzu Gelegenheit hatten (§ 249 II, sog. *Selbstleseverfahren,* dazu krit. *Ventzke* u. *Meyer-Lohkamp,* StV 2014, 114, 121). Diese Durchbrechung des Mündlichkeits- und des Unmittelbarkeitsprinzips (dazu u. § 46 Rn. 6ff.) soll zur Beschleunigung des

Verfahrens beitragen. StA, Angekl. und Verteidiger haben kein Vetorecht, können allerdings gegen die Anordnung des Vorsitzenden, von der Verlesung abzusehen, (unverzüglich) Widerspruch einlegen und so die Entscheidung des Gerichts herbeiführen (§ 249 II 2). Zur Revisibilität, wenn dieser Beschluss vergessen wurde, instruktiv BGHSt 57, 306. Irrig BGH StV 2012, 585, wonach die Schöffen auch schon vorher Kenntnis nehmen dürften, denn erst der Beschluss gibt ihnen insoweit ein Akteneinsichtsrecht (s. u. § 46 Rn. 6).

4. Der Urkundenbeweis ist nicht unbeschränkt zulässig; Einschränkungen finden sich 8
in den §§ 250 ff. (dazu u. § 46 Rn. 8 ff.).

C. Die Beweismittelqualität von Tonband- und Videoaufnahmen

Literatur: *Roggemann,* Das Tonb. im Verf.recht, 1962; zu Videoaufnahmen *Schmoll,* 1999; *Wieder,* 2000; *Schöch,* 2001; *Rieck,* 2003; *Scheumer,* 2007; *Schmenge,* 2008; ferner *Volbert* u. *Kaiser* in Barton, 2002, 149, 165, sämtl. Lit. zu § 26.

Besondere Schwierigkeiten macht die Frage, ob **Tonbandaufnahmen** den Regeln des 9
Augenscheinsbeweises oder denen des Urkundenbeweises (§§ 249 ff.) unterliegen.

Unmittelbar als Urkunde wird das Tonband mangels Schriftlichkeit und Verlesbarkeit (vgl. § 249) freilich nirgends angesehen. Einige Autoren (*Kohlhaas, Siegert, Rud. Schmitt,* JuS 1967, 19) wollten zwar die §§ 249 ff immer schon im Wege der Analogie heranziehen, aber bis vor kurzem herrschte in Rspr. (BGHSt 14, 341; BGHSt 27, 135) und Lehre (Nachw. bei *Krause,* 1966, Lit. vor Rn. 4, 124 Fn. 93) die auf *Eb. Schmidt* zurückgehende Gegenmeinung, die die Tonbandaufnahme als Augenscheinsobjekt betrachtet. Denn es mangele an der für die Analogie mit dem Urkundenbeweis erforderlichen Gleichwertigkeit des Regelungsgegenstandes: Das rasch gesprochene Wort sei etwas qualitativ anderes als die abgewogene schriftliche Erklärung; vor allem sei seine Fixierung auf einem Tonband wegen dessen beliebiger Überspielbarkeit gegen Fälschungen weit weniger gesichert als ein Schriftstück. Sieht man Tonbänder als bloße Augenscheinsobjekte an, so scheiden sie vor allem als Beweismittel für prozessuale, dem Gericht gegenüber abzugebende Erklärungen (d. h. vor allem: als Vernehmungsprotokoll) ganz aus; denn für die Vermittlung von Gedankeninhalten solcher Art sieht die StPO ausschließlich die mündliche Erklärung vor Gericht (sei es durch Zeugen, Sachverständige oder andere Verfahrensbeteiligte) und die Urkundenverlesung nach §§ 251 ff vor. Das Abspielen von Tonbändern zur Einnahme eines „Augenscheins" kann dann nur noch in Frage kommen, wenn außerprozessuale Bekundungen (etwa der erpresserische Anruf des Kindesentführers) in zulässiger Weise (vgl. o. § 24 Rn. 58) zu Beweiszwecken auf Tonband aufgenommen worden sind oder wenn nicht Gedankeninhalte, sondern andere Umstände (etwa die Tatsache, dass jemand der deutschen Sprache mächtig war, vgl. BGHSt 14, 340) bewiesen werden sollen. Gegen diese früher h. M. sprach aber schon immer, dass es bei einer sprachlichen Äußerung selten um die dem Augenscheinsbeweis unterliegende Akustik, sondern um den Sinn geht, der bei Erlass der RStPO nur durch Urkunden reproduzierbar gemacht werden konnte, weil die technischen Möglichkeiten einer Tonaufnahme noch nicht existierten (*M-G,* § 251 Rn. 2). Nachdem der Gesetzgeber nunmehr das Video-Protokoll einer Zeugenvernehmung in § 58 a ausdrücklich für zulässig erklärt und in § 255 a I für dessen Vorführung die Vorschriften über Urkundenverlesung für entsprechend anwendbar erklärt hat, muss dies auch für Tonbandprotokolle analog gelten. Diese Annäherung der Ton- oder Video-Aufzeichnungen an die Niederschrift ist auch schon in der früheren Rspr. teilweise vollzogen worden, indem BGHSt 14, 341 den Inhalt einer Tonaufnahme durch Bestätigung zum Bestandteil einer Zeugenaussage werden ließ und BGHSt 27, 135 dadurch die Grenze zwischen Augenschein und Urkundenbeweis eingeebnet hat, dass er Niederschriften der Strafverfolgungsbehörden aus Tonbandaufzeichnungen bei der Telefonüberwachung (§ 100 a; vgl. u. § 36 Rn. 14) dem Urkundenbeweis unterstellt hat, alternativ zum Augenscheinsbeweis durch Abhören der Tonaufnahme

Vgl. i. Ü. zur Verwertungsproblematik o. § 24 Rn. 55 ff., § 25 Rn. 19 (zur Verwertung heimlicher Aufnahmen) und u. § 51 Rn. 13 (zur Zulässigkeit von Tonbandprotokollen).

6. Kapitel. Zwangsmaßnahmen und Grundrechtseingriffe

§ 29. Grundlagen

Literatur: *Schroeder,* Eine funktionelle Analyse der strafproz. Zwangsmittel, JZ 1985, 1028; *Amelung,* Probleme der Einwilligung in strafproz. Grundrechtsbeeinträchtigungen, StV 1985, 257; *Degener,* Grundsatz der Verhältnismäßigkeit und strafproz. Zwangsmaßnahmen, 1985; *Amelung,* Zur dogmatischen Einordnung strafproz. Grundrechtseingriffe, JZ 1987, 737; *Köhler,* Prozeßverhältnis und Ermittlungseingriffe, ZStW 107 (1995), 10; *Velten,* Befugnisse der Ermittlungsbehörden zu Information und Geheimhaltung, 1995; *Wolter,* Datenschutz und Straßprozeß, ZStW 107 (1995), 793; *Mertens,* Strafproz. Grundrechtseingriffe, 1996; *Vossler,* Strafprozessuale Zwangsmittel als Instrumente des beschleunigten Rechtsschutzes, 1998; *Lützner,* Strafprozessuale Zwangs- u. Überwachungsmaßnahmen im Recht der USA u. der BRD, 1999; *Schlehofer,* Die Menschenwürdegarantie des Grundgesetzes, GA 1999, 357; *Stein,* Die Ungleichbelastung von Beschuld. und Nichtbeschuld. durch strafproz. Eingriffsermächtigungen, FS Grünwald, 1999, 685; *Meurer,* Informelle Ausforschung, FS Roxin, 2001, 1281; *Paeffgen,* Überlegungen zu einer Reform des Rechts der Überwachung der TK, ebda., 1301; *Hefendehl,* Die neue Ermittlungsgeneralklausel der §§ 161, 163 StPO, StV 2002, 700; *Rabe v. Kühlewein,* Normative Grundlagen der Richtervorbehalte, GA 2002, 637; *Wolter,* Zur Verbindung von Strafprozessrecht und Polizeirecht, FS Rolinski, 2002, 273; *Gärditz,* Strafprozess u. Prävention, 2003; *Helmken,* Reform des Richtervorbehalts, StV 2003, 193; *Paeffgen,* Vernachrichtendienstlichung des Strafprozesses, GA 2003, 647; *Backes/Gusy/Begemann/v. Lang,* Wer kontrolliert die Telefonüberwachung?, 2003; *Wolter,* Potenzial für eine Totalüberwachung im Strafprozess- und Polizeirecht, FS Rudolphi, 2004, 733; *Brüning,* Der Richtervorbehalt im strafrechtl. Ermittlungsverf., 2005; *Kolz,* Einwilligung u. Richervorbehalt, 2006; *Putzhammer,* Die Einwilligung in strafproz. Grundrechtsbeeinträchtigungen, 2007; *Rieß,* Über Verbrechensprävention im Strafrecht und im Strafverfahren, FS Otto, 2007, 955; *Sandkuhl,* Die Befugnisse v. Nachrichtendiensten u. Polizei, FS Hamm, 2008, 615; *Huster/Rudolph* (Hrsg.), Vom Rechtsstaat zum Präventionsstaat, 2008; *Mittag,* Außerprozessuale Wirkungen strafproz. Grundrechtseingriffe, 2009; *Benfer/Bialon,* Rechtseingriffe von Polizei u. StA, 4. Aufl., 2010; *Greco,* Feindstrafrecht, 2010; *Heghmanns,* Heimlichkeit von Ermittlungshandlungen, FS Eisenberg, 2009, 511; *Beulke/Ruhmannseder,* Strafproz. Maßnahmen in der Verteidigungssphäre, StV 2011, 180, 252; *Eckstein,* Ermittlungen zu Lasten Dritter; *Pau,* Der Zugriff den Strafverf.behörden auf das Private pp., 2013.

A. Zwecke

1 Zur Durchführung des Strafprozesses sind **Eingriffe in die Individualsphäre** unerlässlich, und zwar sowohl zur Sicherung des Erkenntnisverfahrens wie zur Sicherung der Vollstreckung. Der Sicherung des **Erkenntnisverfahrens** dienen z. B. die Erzwingung der Anwesenheit des Angeklagten in der Hauptverhandlung durch vorläufige Festnahme oder durch zwangsweise Vollstreckung eines Haftbefehls und die etwa notwendige Vorführung eines widerspenstigen Zeugen zu seiner Vernehmung oder die Beschlagnahme von sachlichen Beweismitteln, z. B. von Geschäftsbüchern eines Kaufmanns. Zur Sicherung der **Vollstreckung** dienen z. B. die Verhaftung eines auf freiem Fuß befindlichen Verurteilten, der der Ladung zum Strafantritt nicht gefolgt ist (§ 457 II, III), der Waffengebrauch bei dem Fluchtversuch eines Strafgefangenen oder die Beschlagnahme von Gegenständen, die der Einziehung unterliegen, z. B. eines Wilderergewehrs.

2 Bei einer differenzierten Aufgliederung der Zwangsmittel nach ihrer prozessualen Funktion (wobei ein Zwangsmittel häufig verschiedene Funktionen hat) lassen sich **sechs verschiedene Zwecke** unterscheiden (*Schroeder,* 1985): Ermittlung, Sicherung der Beweise, Feststellung der Verfahrensvoraussetzungen, Sicherung der Durchführbarkeit des Verfahrens, Sicherung der Urteilsvollstreckung, Verhütung von Straftaten.

B. Zwangsmaßnahmen als Grundrechtseingriffe

I. Die strafprozessualen Zwangsmaßnahmen sind durchweg mit dem Eingriff in ein Grundrecht verbunden. Im Einzelnen finden sich: 3

1. Eingriffe in die persönliche **Freiheit,** insb. Vorführungsbefehl, Festnahme, Untersuchungshaft, Hauptverhandlungshaft, Einweisung in ein psychiatrisches Krankenhaus zur Untersuchung auf den psychischen Zustand, Durchsuchung der Person, Lichtbildaufnahme, aber auch die vorläufige Entziehung der Fahrerlaubnis;
2. Eingriffe in die **körperliche Unversehrtheit** (Entnahme von Blutproben, Enzephalogramm);
3. Eingriffe in das **Eigentum:** die amtliche Sicherstellung von Gegenständen, namentlich die Beschlagnahme;
4. Eingriffe in die **Unverletzlichkeit der Wohnung:** Durchsuchung von Räumen (Haussuchung); akustische Überwachung (großer Lauschangriff);
5. Eingriffe in das **Post-, Brief- und Fernmeldegeheimnis;**
6. Eingriffe in das Grundrecht der **Berufsfreiheit** (vorläufiges Berufsverbot);
7. sonstige Eingriffe in das **Recht auf informationelle Selbstbestimmung** (Schleppnetzfahndung, Rasterfahndung, Datenabgleich, Einsatz technischer Mittel, Einsatz Verdeckter Ermittler, Datenübermittlung).

In der StPO finden sich daneben eigene Vorschriften über die Übermittlung personenbezogener Daten von den Strafverfolgungs- an andere Behörden; ferner soll der Informationseingriff als solcher (d. h. soweit er nicht auf dem Wege spezieller Eingriffe in Grundrechte erfolgt) durch die Generalklausel des § 161 gedeckt sein, dazu näher u. § 39 Rn 21f.

II. Im Zuge der Bekämpfung der organisierten Kriminalität, eines verstärkten strafrechtlichen Sicherheitsdenkens und immer stärker in die Grundrechte eingreifender Ermittlungsmethoden (großer Lauschangriff, Online-Durchsuchung von Computern!) droht der Persönlichkeitsschutz des Beschuldigten im neueren Strafprozessrecht zu kurz zu kommen. Dadurch würde das Konzept, dass der Staat ein Recht habe, den seine Ordnung prinzipiell leugnenden Menschen ihren Personenstatus abzuerkennen und sie wie rechtlose Feinde zu behandeln (das sog. **Feindstrafrecht,** ersonnen von *Jakobs,* HRRS 2004, 88ff; *ders.,* ZStW 117 [2005], 839; *ders.,* HRRS 2006, 289ff), im Strafverfahren Fuß fassen. Diese Lehre widerstreitet aber frontal den Grundsätzen eines freiheitlichen Rechtsstaates, vor allem dem Gedanken, dass die Würde und der Personenstatus eines Menschen unantastbar und unverlierbar sind, und ist deshalb entschieden abzulehnen (aus der nahezu einhelligen Kritik vgl. nur *Schünemann,* FS Nehm, 2006, 219ff. *Roxin,* AT I, § 2/127; *Hörnle,* GA 2006, 80ff.; *B. Heinrich,* ZStW 121 (2009), 94ff.; *Greco,* 2010, 31ff., 49ff., alle m. z. w. N.). *Wolter,* 1995, entwickelt demgegenüber das Konzept eines von den Persönlichkeitsrechten ausgehenden freiheitlichen Strafprozessrechts unter Berücksichtigung der Interessen von Sicherheit und Informationsvorsorge; gleichzeitig skizziert er eine Dogmatik und Systematik des verfassungsrechtlichen Datenschutzes – als Gegenmodell gegen den durch die „Verpolizeilichung" und „Vergeheimdienstlichung" des Ermittlungsverfahrens (u. § 9 Rn. 22) drohenden „Überwachungsstaat" (dazu *Huster/Rudolph,* 2008). 4

III. Zum Schutz der Freiheit des Bürgers und zur Wahrung der Verhältnismäßigkeit sind für die Anordnung, Vollstreckung und Aufrechterhaltung der Zwangsmittel von der StPO zahlreiche **Kautelen** vorgesehen, die vor allem auf drei Ebenen angesiedelt sind: der **Stärke des Tatverdachts** (näher § 39 Rn. 15ff.), der **Dignität** der anordnenden Stelle (nachf. C.) und dem **Gewicht des Vorwurfs** (z. B. ist die Überwachung der Telekommunikation nur bei Verfolgung der in § 100a II i. e. aufgezählten schweren Straftaten gestattet). Dieses „Kautelniveau" spielt auch für die Zulässigkeit eines **Beweistransfers** eine wichtige Rolle (o. § 24 Rn. 18). 5

C. Die Zuständigkeit zu Eingriffen

6 Zuständig zu Eingriffen in die Rechtssphäre des einzelnen sind nach der StPO – in der Reihenfolge ihrer Bedeutung – der Richter, der StA, die Ermittlungsperson der StA, jeder Polizeibeamte, jeder Staatsbürger.

7 1. Dabei ist die Befugnis zu Eingriffen grds. in die Hand des unabhängigen **Richters** gelegt (vgl. etwa §§ 98, 98b I, 100, 100b I, 100d I, 100f IV, 100g II, 105, 111, 111a, 111e, 111n, 114, 163d), und zwar weit über die Anforderungen des GG hinaus, das nur für Freiheitsentziehungen (z. B. U-Haft) gem. Art. 104 II 2 GG und für Wohnungsdurchsuchungen und -überwachungen gem. Art. 13 GG einen expliziten Richtervorbehalt statuiert.

8 2. Die **StA** bzw. ihre Ermittlungspersonen sind grds. nur bei **Gefahr im Verzuge**[1] zu Eingriffen in die Rechtssphäre des Staatsbürgers befugt (vgl. etwa §§ 81a, 81c, 98, 100, 105, 111, 111e, 127 II, 163d; i. E. s. u. § 39 Rn. 26f.). Dabei räumt das Gesetz teilweise bestimmte Rechte wiederum nur der StA, nicht aber ihren Ermittlungspersonen ein (z. B. §§ 100, 111n). Einen Sonderfall stellt § 127b I dar, wo eine Gefahr im Verzuge nicht erforderlich ist.

Nachdem diese Voraussetzung lange Zeit recht großzügig gehandhabt wurde, hat das BVerfG zunächst für den Fall einer Durchsuchung nach § 105 und in neuerer Zeit auch einer körperlichen Untersuchung gem. § 81a strenge Anforderungen gestellt und ggf. sogar die Einrichtung eines nächtlichen Ermitlungsrichter-Bereitschaftsdienstes für erforderlich erklärt.[2] Ferner endet die Eilzuständigkeit, sobald der Ermittlungsrichter durch einen Antrag mit der Sache befasst ist (BVerfG NStZ 2015, 529 m. Anm. *Putzke,* ZJS 2015, 623).

9 3. **Polizeibeamte,** die nicht Ermittlungspersonen der StA sind, dürfen nach der StPO unter den Voraussetzungen der §§ 127 II, 127b I, 81b, 163b in die Freiheitssphäre des Bürgers eingreifen.

4. **Jedermann** schließlich hat das Recht zur vorläufigen Festnahme nach § 127 I.

10 5. Die Frage, ob prozessuale Grundrechtsbeeinträchtigungen (z. B. eine Haussuchung ohne Haussuchungsbefehl oder eine Einweisung nach § 81 ohne gerichtliche Anordnung) durch eine **Einwilligung des Betroffenen** gerechtfertigt werden können, ist differenzierend danach zu beurteilen, ob die Vorschrift, in deren Verletzung eingewilligt wird, nur dem Interesse des Betroffenen oder auch den Belangen der Allgemeinheit bzw. Dritter dient. Näher hierzu und zur Freiwilligkeit solcher Einwilligungen *Amelung,* 1985; *Kolz,* 2006; *Putzhammer,* 2007.

D. Rechtsschutz gegen strafprozessuale Grundrechtseingriffe

Literatur: *Amelung,* Rechtsschutz gegen strafproz. Grundr.eingr., *Benfer,* Grundr.eingr. im Ermittlungsverf., 2. Aufl., 1990; *Feiter,* Die Bedeutung des Rechtsschutzes nach §§ 23ff. EGGVG pp., 1992; *Güniker,* Proz. Überholung und materielle Beschwer, 1995; *Rieß,* Gerichtl. Kontrolle des Ermittlungsverfahrens?, FS Geerds, 1995, 501; *Roxin,* Zur richterl. Kontrolle von Durchsuchungen und Beschlagnahmen, StV

[1] D. h. „wenn der Erfolg zufolge der Verzögerung, die durch die Erwirkung der richterlichen Anordnung eintreten würde, eine Gefährdung erlitte" RGSt 23, 334. In § 81a II ist nunmehr die Gefahr im Verzuge durch die „Gefährdung des Untersuchunsgzwecks durch Verzögerung" ersetzt, d. h. eigentlich definiert worden.

[2] BVerfGE 103, 142; BVerfG NJW 2007, 1345; NJW 2010, 2864.

1997, 654; *Lin,* Richtervorbehalt und Rechtsschutz gegen strafproz. Grundrechtseingriffe, 1998; *Schroth,* Der Rechtsschutz gegen strafproz. Grundrechtseingriffe, StV 1999, 117; *Amelung,* Entwicklung usw. der Rspr. zum Rechtsschutz gegen strafproz. Grundrechtseingriffe, FS 50 Jahre BGH-Wiss., Bd. IV, 2000, 911; *Hölscher,* Der Rechtschutz und die Mitteilungspflichten bei heimlichen strafproz. Zwangsmaßnahmen, 2001; *Ostendorf/Brüning,* Die gerichtl. Überprüfbarkeit der Voraussetzungen von „Gefahr im Verzug“, JuS 2001, 1063; *Schäfer,* Die StA im Rechtsschutzsystem, NJW 2001, 1396; *Schoch,* Rechtsschutz gegen polizeil. Maßnahmen, Jura 2001, 628; *Fezer,* Effektiver Rechtsschutz bei Verletzung der Anordnungsvoraussetzung „Gefahr im Verzug“, FS Rieß, 2002, 93; *Schäfer,* Die Überprüfung der Rechtmäßigkeit von Zwangsmaßnahmen, FS Gollwitzer, 2004, 229; *Kamann,* Der Richtervorbehalt in Art. 13 Abs. 2 GG pp., FS Tondorf, 2004, 183; *Kölbel,* (Vorbeugender) Rechtsschutz gegen Ermittlungsverf.?, JR 2006, 322; *Glaser,* Der Rechtsschutz nach § 98 Abs. 2 Satz 2 StPO, 2008; *Meyer,* Die Fortsetzungsfeststellungsklage im Strafprozessrecht, HRRS-FG -Fezer, 2008, 131; *Wohlers,* Die Nichtbeachtung des Richtervorbehalts, StV 2008, 434; *Löffelmann,* Der Rechtsschutz gegen Ermittlungsmaßnahmen, StV 2009, 379; *Meyer/Rettenmaier,* Die Praxis des nachträgl. Rechtsschutzes gegen strafproz. Zwangsmaßnahmen, NJW 2009, 1238; *Singelnstein,* Rechtsschutz gegen heimliche Ermittlungen pp., NStZ 2009, 481;*Glaser,* Der Rechtsschutz gegen „verdeckte“ strafproz. Grundrechtseingriffe, JR 2010, 423; *Schenke,* Rechtsschutz gegen doppelfunktionale Maßnahmen der Polizei, NJW 2011, 2838.

Der Rechtsschutz gegen strafprozessuale Grundrechtseingriffe während des Ermitt- 11
lungsverfahrens ist im Gesetz nur unzureichend und überdies unübersichtlich geregelt, weil Rechtsbehelfe nach der StPO, nach dem EGGVG und nach der VwGO konkurrieren. Das Gebot eines effektiven Rechtsschutzes aus Art. 19 IV GG erfordert indes auch hier eine möglichst wirksame richterliche Kontrolle der Eingriffsmaßnahmen. Deshalb hat sich die strafgerichtliche Rspr. in Reaktion auf die Entscheidung BVerfGE 96, 44, in der das BVerfG die Lückenhaftigkeit des bisherigen Rechtsschutzes kritisierte und Abhilfe anmahnte, um eine Vervollkommnung des Rechtsschutzsystems im Ermittlungsverfahren bemüht, sowohl für Fälle bevorstehender und noch andauernder Maßnahmen als auch für solche, bei denen bereits Erledigung eingetreten ist. Unterschiede ergeben sich danach, ob die Maßnahme von einem Richter oder von der StA bzw. der Polizei angeordnet wurde und ob gegen die Anordnung der Maßnahme als solche oder die Art und Weise ihrer Durchführung vorgegangen werden soll. Besonderheiten gibt es zudem beim Rechtsschutz gegen heimliche Ermittlungsmaßnahmen (u. Rn. 24).

I. Das Ermittlungsverfahren als solches

Gegen die Einleitung und Fortführung eines Ermittlungsverfahrens sollen nach h. M. 12
unterhalb des Bereichs objektiver Willkür Rechtsmittel überhaupt ausgeschlossen sein, weil der Beschuldigte dadurch nicht in seinen Rechten verletzt werde (BVerfG NStZ 2004, 447; Karlsruhe NStZ 1982, 434 m. Anm. *Rieß;* OLG *Jena* NStZ 2005, 343); insb. kann niemand die Einstellung eines Ermittlungsverfahrens mit der Begründung verlangen, dass andere wegen entspr. Taten nicht verfolgt würden (OLG *Hamburg* NStZ 1988, 467; vgl. BVerfGE 21, 245, 261). Auch die verzögerliche Bearbeitung eines Ermittlungsverfahrens soll keiner gerichtlichen Überprüfung unterliegen (OLG Hamm NStZ 1983, 38). Ebenso kann ein Zeuge ihn betreffende Tatsachenbehauptungen in einer Anklageschrift, die er für unzutreffend hält, nicht nach § 23 EGGVG angreifen (OLG *Karlsruhe* NStZ 1994, 142). Die Bekanntgabe der den Ermittlungen zugrundeliegenden Verdachtsmomente lässt sich nicht nach §§ 23 ff. EGGVG erzwingen, weil die Ablehnung kein Justizverwaltungsakt, sondern eine Prozesshandlung im Ermittlungsverfahren ist (vgl. BVerfG NStZ 1984, 228, wo verfassungsrechtliche Bedenken dagegen zurückgewiesen werden). Ferner unterliegt auch die Verweigerung der staatsanwaltschaftlichen Zustimmung zu einer Einstellung nach

§§ 153ff keiner Anfechtung (OLG Hamm NStZ 1986, 472; dagegen *Rieß,* FS Roxin, 2001, 1319, der für die Möglichkeit eines Einstellungserzwingungsverfahrens eintritt). Das Überprüfungs- und Kontrollsystem der StPO enthält nach dieser Auffassung eine abschließende Regelung, die der Rechtsschutzgarantie des Art. 19 IV GG genügt und bei der es gemäß § 23 III EGGVG sein Bewenden hat (*Rieß,* 1995). Die Ansicht der h. M. begegnet jedoch im Hinblick auf das Gebot effektiven Rechtsschutzes erheblichen Bedenken, weil dem bereits mit der Einleitung eines Ermittlungsverfahrens verbundenen Eingriff in das allg. Persönlichkeitsrecht weder durch eine Ablehnung der Eröffnung des Hauptverfahrens noch durch einen Freispruch im Anschluss an dessen Durchführung wirksam begegnet werden kann (*Eisenberg/Conen,* NJW 1998, 2246f.; *Nagel,* StV 2001, 191f.; *Jahn,* FS Strauda, 2006, 335ff.; *Kölbel,* JR 2006, 323f.). Daher muss jedenfalls die Frage, ob überhaupt ein Anfangsverdacht gegeben ist, gerichtlicher Überprüfung analog § 98 II 2 zugänglich sein (SK/*Wohlers,* § 160 Rn. 100).

13 Gegen Presseverlautbarungen der StA etwa über das Ergebnis eines Ermittlungsverfahrens ist (z. B. bei einem Widerrufsbegehren) der ordentliche Rechtsweg nach § 23 EGGVG gegeben (OLG *Stuttgart* StV 2002, 188; OLG Hamm NStZ 1995, 412; *Wasmuth,* NStZ 1990, 138f.; *Beulke,* Rn. 328; für die Eröffnung des Verwaltungsrechtsweges hingegen noch BVerwG NStZ 1988, 513; 25. Aufl., § 29 Rn. 9). Gegen eine behördliche Sperrerklärung für amtliche Schriftstücke gem. § 96 StPO ist hingegen der Verwaltungsrechtsweg nach §§ 40ff. VwGO eröffnet, weil es sich dabei nicht um einen spezifischen Akt der Strafrechtspflege handelt (BGHSt 44, 107, 116; BVerwGE 69, 192, 196f.).

II. Bevorstehende oder andauernde Zwangsmaßnahmen

14 1. Gegen vom **Richter** angeordnete Grundrechtseingriffe ist grds. die Beschwerde (§§ 304ff.; s. u. § 56) gegeben (BGHSt 44, 265, 267 m. Anm. *Eisele,* StV 1999, 298). Sie ist ausgeschlossen in den Fällen der §§ 161a III 3, 163a III 3 und 305 (dazu u. § 56 Rn. 3ff.), ferner bei gleichzeitigem Antrag auf Haftprüfung in § 117 II 1 (vgl. u. § 30 Rn. 64). Soweit nicht gegen die Anordnung als solche, sondern gegen die Art und Weise ihrer Durchführung durch StA und Polizei vorgegangen werden soll, sieht die StPO in §§ 98 II 2, 110 III 2, 111e II 3, 128, 161a III, 163a III ausdrücklich die Möglichkeit einer gerichtlichen Überprüfung durch das Amtsgericht oder das mit der Sache befasste Gericht vor. In sonstigen Fällen kommt nach nunmehr ganz h. M. § 98 II 2 analog zur Anwendung (BGHSt 45, 183, 186ff. m. Anm. *Amelung,* JR 2000, 479; prinzipielle Kritik bei *Glaser,* 2008). Die früher vertretene Auffassung, die hier den Rechtsweg zum OLG nach §§ 23ff EGGVG eröffnet sah (OLG *Celle* StV 1982, 513), führte zu einer nicht sachgerechten Spaltung des Rechtswegs (BGHSt 44, 265, 272f.; SK/*Wohlers,* § 160 Rn. 73; *Beulke,* Rn. 324). Enthält die richterliche Anordnung aber bereits genaue Anweisungen für die Art und Weise des Vollzugs, etwa bei einer Durchsuchungsanordnung im Hinblick auf die Zuziehung bestimmter Personen oder die Durchsuchung bestimmter Räume, so ist sofort die Möglichkeit der Beschwerde gegeben, da anderenfalls der Ermittlungsrichter über die Rechtmäßigkeit des von ihm selbst vorgegebenen Vollzugsprogramms zu befinden hätte.[3] Die Entscheidung nach § 98 II 2 kann vom Betroffenen ebenso wie von der StA wiederum mit der Beschwerde angegriffen werden.

[3] LR/*Tsambikakis,* § 105 Rn. 104; *Bachmann,* NJW 1999, 2415; *Eisele,* StV 1999, 298, 300; *Fezer,* NStZ 1999, 152; *Amelung,* JR 2000, 480f.; offen gelassen in BGHSt 45, 183, 186.

2. Darüber hinaus findet, sofern das Gesetz nicht auf den beschwerdeähnliche Rechtsbehelf des § 161a III verweist, § 98 II 2 überall dort analog Anwendung, wo die **StA** ermächtigt ist, den Eingriff selbst anzuordnen, entweder bei Gefahr im Verzug anstelle des an sich zuständigen Richters (wie etwa in §§ 81a, 81c, 100, 100b, 105) oder kraft originärer Kompetenz (z. B. bei § 81b 1. Alt., 131, 163b, 164, 457).[4] 15

3. Der Rechtsschutz gegen **strafprozessuale** Verfolgungsmaßnahmen der **Polizei** soll nach der verwaltungsgerichtlichen Spruchpraxis und der verwaltungsrechtlichen Lit. nicht über §§ 40ff. VwGO, sondern über §§ 23ff. EGGVG erfolgen.[5] Wegen § 23 III EGGVG ist dabei jedoch zu beachten, dass dies nur in den Fällen gelten kann, in denen keiner der o. unter Rn. 14f. erörterten strafprozessualen Sonderrechtswege, die zum großen Teil auch für die Polizei gelten, einschlägig ist. Nur auf diese Weise ist für den Bürger, der nicht wissen kann, ob die Polizei selbstständig oder auf Weisung der StA handelte, die Einheitlichkeit des Rechtswegs gegen StA und Polizei zu erreichen (BGHSt 45, 183, 186f.; *M-G/S,* § 23 EGGVG Rn. 10). Handelt die Polizei zum Zwecke der **Gefahrenabwehr,** so richtet sich der Rechtsschutz dagegen nach den §§ 40ff. VwGO (BVerwGE 11, 181; BVerwGE 26, 169; BVerwGE 47, 264). 16

Zum Rechtsschutz gegen Maßnahmen nach § 81b s. u. § 33 Rn. 18.

III. Erledigte Zwangsmaßnahmen

Zweifelhaft und umstr. war lange Zeit die Frage des Rechtsschutzes gegen erledigte strafprozessuale Zwangsmaßnahmen (s. zum Ganzen *Feiter,* 1992, 118ff. sowie zur erled. Beschlagnahmeanordnung *Fezer,* 7/89–97). Das Problem ist praktisch von erheblicher Bedeutung, denn viele Zwangsmaßnahmen, etwa Durchsuchungen, sind im Regelfall bereits abgeschlossen, bevor der Betroffene gerichtlichen Rechtsschutz erlangen kann. Für den Betroffenen kann es aber auch danach noch von Interesse sein, nachträglich die Rechtswidrigkeit der getroffenen Maßnahme feststellen zu lassen. 17

1. Da die StPO ihrem Wortlaut nach mit ihren Sonderrechtsbehelfen lediglich präventiven Rechtsschutz gewährt, hatte die Rspr. ursprünglich die Zulässigkeit einer Beschwerde gegen bereits vollzogene Zwangsmaßnahmen aufgrund **richterlicher** Anordnung verneint (BGHSt 28, 57, 160; BVerfGE 49, 329). Mit dieser Rspr. hat BVerfGE 96, 27 dann aber für den Fall der Durchsuchung gebrochen.[6] 18

Der Kerngedanke des Beschlusses liegt darin, dass das Beschwerderecht weitgehend leerlaufen würde, wenn es nicht auch gegenüber vollzogenen Durchsuchungsbeschlüssen geltend gemacht werden könnte. Denn im Zeitpunkt der möglichen Beschwerdeeinlegung und erst recht der Entscheidung über die Beschwerde ist die Durchsuchung im Regelfall längst abgeschlossen. Die frühere Rspr. glaubte dennoch das in Art. 19 IV GG niedergelegte Prinzip des richterlichen Rechtsschutzes durch die Präventivkontrolle nach § 105 I StPO hinreichend gewahrt. Hier hakt nun das BVerfG ein: Art. 19 IV GG fordere „zwar keinen Instanzenzug … Eröffnet das Prozessrecht aber eine weitere Instanz, so gewährleistet Art. 19 IV GG dem Bürger in diesem Rahmen die Effektivität des Rechtsschutzes im Sinne eines Anspruchs auf eine wirksame gerichtliche Kontrolle … Das Rechtsmittelgericht darf ein von der jeweiligen Rechtsordnung gewähltes 19

[4] BGHSt 44, 171, 174; 44, 265, 268; *M-G/S,* § 98 Rn. 23; SK/*Wohlers,* § 160 Rn. 78f.; *Laser,* NStZ 2001, 121. Die früher vertretene Auffassung, wonach § 98 II 2 im Falle staatsanwaltschaftlicher Originärkompetenz nicht anzuwenden sei (AK/*Achenbach,* § 163 Rn. 36), wird den verfassungsrechtlichen Anforderungen an ein in sich geschlossenes und wirksames Rechtsschutzsystem nicht gerecht.

[5] Vgl. zur dort h. M. BVerwGE 47, 255 m. Anm. *Amelung,* JZ 1975, 526 u. *Schenke,* NJW 1975, 1529; abw. *Markworth,* DVBl. 75, 575.

[6] BVerfGE 96, 27, 38ff. m. Anm. *Amelung,* JR 1997, 384; *Eskandari,* StraFo 1997, 289; *Roxin,* StV 1997, 654; vgl. auch BVerfG StV 1997, 505; NJW 1998, 2131 m. Rezension *Achenbach,* JuS 2000, 27; NJW 1999, 273.

Rechtsmittel daher nicht ineffektiv machen …". Wenn diese Begründung auch nicht zwingend scheint (vgl. *Roxin,* StV 1997, 655; *Amelung,* JR 1997, 385), ist es im Ergebnis richtig, wenn das BVerfG den Rechtsschutz gegen erledigte Zwangsmaßnahmen verstärkt. Denn die richterliche Präventivkontrolle nach § 105 I StPO stellt allein noch keine dem Art. 19 IV GG gerecht werdende Prüfung des Handelns der öffentlichen Gewalt dar. Weil der Ermittlungsrichter durchweg aufgrund der ihm nur durch die Strafverfolgungsbehörden vermittelten, insoweit einseitigen Kenntnis ohne Anhörung des Beschuldigten (§ 33 IV StPO) entschieden hat, bietet das keinen vollgültigen richterlichen Rechtsschutz, und deshalb muss die Präventivkontrolle auch nach Vollzug der Durchsuchung durch eine beschwerdegerichtliche Entscheidung ergänzt und komplettiert werden können.

20 2. Im Anschluss an die Entscheidungen des BVerfGE wurde der Rechtsschutz gegen Zwangsmaßnahmen nach deren Erledigung sodann durch die Rspr. weiter fortentwickelt,[7] wobei der Rechtsschutz nach Erledigung praktisch analog zum Rechtsschutz gegen noch nicht erledigte Maßnahmen aufgebaut wurde. Danach ist gegen Anordnungen der StA und der Polizei stets Rechtsschutz nach § 98 II 2 im Wege der Überprüfung der Anordnung durch den Ermittlungsrichter zu gewähren (BGHSt 44, 171, 174f.; *M-G/S,* § 98 Rn. 23; SK/*Wohlers,* § 160 Rn. 82; *Laser,* NStZ 2001, 120). Gegen richterliche Anordnungen ist nach Erledigung der Maßnahme das Rechtsmittel der Beschwerde nach § 304 statthaft (BVerfG NJW 1998, 2131). Die Durchführung der Maßnahme durch die StA bzw. Polizei kann im Wege von § 98 II 2 analog überprüft werden (BGHSt 45, 183, 187; *Beulke,* Rn. 325a). Wurde die Art und Weise der Durchführung jedoch bereits im richterlichen Durchsuchungsbeschluss detailliert vorgegeben, so ist auch insoweit die Beschwerde einschlägig (s. o. Rn. 14).

21 3. Zusätzliche Voraussetzung für die richterliche Überprüfung einer bereits erledigten Zwangsmaßnahme ist jedoch ein **Rechtsschutzinteresse** des Betroffenen an der nachträglichen Feststellung der Rechtswidrigkeit der Maßnahme (Rechtsgedanke des § 28 I 4 EGGVG). Ein solches Rechtsschutzinteresse wird von der Rspr. i. d. R. nur bei **tiefgreifenden Grundrechtseingriffen** bejaht, wenn es sich um eine Maßnahme handelt, deren Erledigung typischerweise vor Erlangung präventiven Rechtsschutzes eintritt. Ein „tiefgreifender Grundrechtseingriff" soll dabei vor allem dann in Betracht kommen, wenn die Anordnung der Maßnahme schon von Verfassungs wegen grds. dem Richter vorbehalten bleiben soll, also insb. bei Durchsuchungen (BVerfGE 96, 27, 40; für Geschäftsräume bei Medienunternehmen BVerfGE 117, 244, 269), aber auch bei Eingriffen in das Fernmeldegeheimnis (BVerfGE 107, 299, 337f.). Gleiches müsste wg. Art. 104 II, III GG auch für Freiheitsentziehungen gelten. Für Beschlagnahmen wird ein tiefgreifender Grundrechtseingriff dagegen z. T. verneint (OLG Frankfurt a. M. NStZ-RR 2003, 175; LG Neuruppin StV 1997, 506 m. Anm. *Fezer,* JZ 1997, 1062 und *Roxin,* StV 1997, 654; AG München NStZ 1999, 528, 529).

22 In der Literatur wird die Differenzierung zwischen „tiefgreifenden" und „normalen" Grundrechtseingriffen zu Recht als zu unbestimmt und wenig sachgerecht abgelehnt (vgl. SK/*Wohlers,* § 160 Rn. 89; *Beulke,* Rn. 327; *Fezer* JZ 1997, 1062, 1063). Um dem Gebot effektiven Rechtschutzes aus Art. 19 IV GG Rechnung zu tragen, sollte daher die nachträgliche Überprüfung erledigter Zwangsmaßnahmen grds. immer zulässig und ein Rechtsschutzinteresse nur für rein bagatellarische Eingriffe zu verneinen sein (*Roxin,* StV 1997, 654, 656; *Kühne,* Rn. 559).

23 Daneben kann auch eine substantiiert dargelegte **Wiederholungsgefahr** ein Rechtsschutzinteresse begründen (BGHSt 28, 57, 58; BGHSt 36, 30, 32; BGHSt 37, 79,

[7] BGHSt 44, 171, 174f.; 44, 265, 270; 45, 183, 185ff.; BGH NJW 2000, 84, 85.

82), nicht jedoch das Rehabilitierungsinteresse des Betroffenen, weil diesem auch im weiteren Verlauf des Verfahrens noch genüge getan werden kann (BGHSt 37, 79, 83; krit. dazu *Fezer,* JZ 1997, 1062, 1064), ebenso wenig ein beabsichtigtes Verfahren wegen Amtshaftung (KG NStZ 1997, 563).

4. Eine Sonderregelung für den Rechtsschutz gegen die in § 101 I genannten heimlichen Ermittlungsmaß- 24
nahmen enthält § 101 VII 2–4.[8] Danach ist bei diesen Maßnahmen die Möglichkeit einer nachträglichen richterlichen Überprüfung durch das für die Anordnung zuständige Gericht eröffnet, ohne dass ein konkretes Rechtsschutzbedürfnis dargelegt werden müsste (SK/*Wolter,* § 101 Rn. 39). Die Vorschrift des § 101 VII soll den Rechtschutz gegen heimliche Maßnahmen verbessern und ist deshalb entgegen der neueren Rspr. (BGHSt 53, 1, 2ff.; NStZ 2009, 104; ebenso *M-G/S,* § 101 Rn. 26a) als Auffangtatbestand anzusehen, der neben den sonstigen Rechtsschutzmitteln der Beschwerde und des Antrags gem. § 98 II 2 analog zur Anwendung kommt.[9]

5. Über die **Entschädigung** für unberechtigte strafprozessuale Zwangsmaßnahmen vgl. u. § 60.

E. Reformbedarf

Während der Katalog der strafprozessualen Zwangsmittel in den letzten Jahrzehnten 25
laufend an den rapiden Fortschritt der Ermittlungs- und Überwachungstechniken angepasst und dadurch permanent *ausgedehnt* worden ist, treten die rechtsstaatlichen Kontrollmechanismen auf der Stelle.

Gesetzgeber und BVerfG erblicken (entspr. dem dem GG zugrunde liegenden Gewaltenteilungskonzept) nach wie vor das zentrale Scharnier zum Schutz der bürgerlichen Freiheit allein im **Richtervorbehalt** (o. Rn. 7), den das BVerfG für die Anordnung von Durchsuchungen und Blutentnahmen in den letzten Jahren mit Entschiedenheit durchgesetzt (u. § 35 Rn. 8, 33 Rn. 8) und auch für die modernen geheimdienstlichen Ermittlungstechniken eingefordert hat (u. § 35 Rn. 2). Aber die freiheitsschützende Funktion der Richtervorbehalte darf nicht nur wegen der fast überall auch vorhandenen Eilkompetenz der StA (§§ 100 I, 100b I, 100f IV, 100g II, 100i III, 111e I, 111n I 2) oder sogar der Polizei (§§ 98 I, 98b I, 105 I, 111 II),[10] sondern auch wegen der geringen Effizienz der ermittlungsrichterlichen Kontrolle nicht zu hoch veranschlagt werden. So lehnen Richter den Antrag der StA auf Anordnung der Telekommunikationsüberwachung so gut wie niemals ab,[11] und bei der Untersuchungshaft ist es vielfach üblich, dass der StA dem zuständigen Richter bereits ausgefertigte und nur noch einer Unterschrift bedürfende Haftbefehle vorlegt,[12] was in Verbindung mit dem empirisch bestätigten „Schulterschlusseffekt" (o. § 9 Rn. 1) und der vom Ermittlungsrichter zu bewältigenden Verfahrensflut dazu führt, dass der Ermittlungsrichter – zugespitzt formuliert – vielfach nur als „Urkundsbeamter der StA" fungiert (*Schünemann,* ZStW 114 [2002], 20) bzw. „funktionell Teil der Exekutive" (*Paeffgen,* FS Roxin, 2001, 1299, 1308) ist.

De lege ferenda muss deshalb nach neuen Wegen prozessualer „checks and balances" 26
gesucht werden, namentlich durch eine **Stärkung der Verteidigungsfunktion,** die in einem mit Urteilsabsprachen arbeitenden Verfahren (o. § 17 Rn. 7ff.) ohnehin überfallig ist. Nach besonders schwerwiegenden Eingriffen wie der U-Haft oder der Arrestierung größerer Vermögenswerte (u. §§ 30, 67) muss dem Verteidiger als Kompensa-

[8] Näher *Löffelmann,* StV 2009, 380ff.; *Meyer/Rettenmaier,* NJW 2009, 1238; *Singelstein,* NStZ 2009, 481.

[9] Ebenso *Löffelmann,* StV 2009, 384; *F. Meyer,* HRRS-FG Fezer, 2008, 148; *Röwer/Ladiges,* in: *Radtke/Hoffmann* (Hrsg.), StPO, § 101 Rn. 16; *Singelnstein,* NStZ 2009, 483; *SK/Wolter,* § 101 Rn. 39.

[10] Beispielhaft erfolgten 95% aller in Bremen 1996 angeordneten Durchsuchungen in Anwendung der Eilkompetenzen (*Asbrock,* ZRP 1998, 18 m.w.N.).

[11] *Meyer-Goßner,* ZRP 2000, 348; *Welp,* FS Mangakis, 1999, 814; *Neuhaus,* FS Rieß, 2002, 394; eingehend *Backes/Gusy,* u. a., 2003.

[12] Dazu unten § 30 Rn. 18; s. auch *Meyer-Goßner,* ZRP 2000, 348.

tion umfassende Akteneinsicht gewährt werden (dazu o. § 19 Rn. 67), so dass er in die Lage versetzt wird, die untersuchungsleitenden Hypothesen schon früh zu konterkarieren. Und zur präventiven Kontrolle ist an die Schaffung einer neuen Institution zu denken, wie sie vom „Alternativ-Entwurf Europäische Strafverfolgung" für Europa vorgeschlagen wurde, aber auch im nationalen Strafverfahren am Platz wäre: nämlich an eine sog. **Not-** oder **Proto-Verteidigung,**[13] der die Wahrung der Rechte des Beschuldigten zu einem Zeitpunkt obläge, zu dem ein eigentlicher Verteidiger noch nicht eingeschaltet werden kann, weil der Beschuldigte von den gegen ihn vorgenommenen Ermittlungen nicht einmal Kenntnis hat.

[13] Für Europa als „Eurodefensor" bezeichnet, dazu näher *Schünemann,* Gesamtkonzept, 49 ff., 166 ff.

F. Tabellarische Übersicht der wichtigsten Zwangsmittel

	Zweck			Betroffener				Rechtsgut							Zuständigkeit					
	Verfahrenssicherung	Beweisgewinnung	präventivpolizeilich	Zeuge / Unbeteiligter	Beschuldigter bei einfachem Tatverdacht	Beschuldigter bei hinr. Tatverdacht	Beschuldigter bei dringend. Tatverdacht	Freiheit, Art. 2 I GG	körperl. Unversehrtheit, Art. 2 II GG	Vermögen, Art. 14 GG	Hausrecht, Art. 13 GG	Post- u. Fernmeldegeheimnis, Art. 10 GG	Berufsfreiheit, Art. 12 GG	Allg. Persönlichkeitsrecht und Inform. Selbst-best immung, Art. 2 I, 1 I GG	Ermittlungsrichter/ Gericht	StA und Ermittlungspersonen	bei Gefahr im Verzug	jeder Polizeibeamte	Polizei mit Zustimmung von Gericht/StA	jeder Bürger
Anstaltsbeobachtung, § 81		X					X	X							X					
Körp. Untersuchung, §§ 81 a, c, d		X		X	X			X	X						X		X			
Erkennungsdienstl. Maßnahme, § 81 b		X	X		X			X										X		
DNA-Analyse, §§ 81 e - h	X	X	X	X	X				X					X	X					
Beschlagnahme und anderw. Sicherstellung von Gegenständen, §§ 94 ff. als Beweismittel	X	X		X	X					X	X			X	X		X			
Beschlagn./Sichers. für Verfall, Einziehung u. Gewinnabschöpfung, §§ 111 b ff.			X	X	X					X	X				X		X			
Rasterfahndung, §§ 98 a, 98 b		X		X	X									X	X		X			
Überwachung der Telekommunikation, § 100 a und b		X		X	X							X		X	X		X			
Videoüberwachung und Lauschangriff, §§ 100 c - f		X		X	X						X			X	X		X			
Verkehrs- und Vorratsdaten, § 100 g		X		X	X							X			X		X			
Technische Observation, § 100 h	X	X		X	X									X		X		X		
Imsi-Catcher; § 100 i	X	X		X	X									X	X		X			
Durchsuchung, §§ 102, 103		X		X	X			X							X		X			
Haussuchung, §§ 102, 104		X		X	X						X				X		X			
Verdeckte Ermittler, §§ 110 a ff.		X	X		X						X			X					X	
Kontrollstellen, § 111		X		X	X			X							X					
Vorl. Entziehung der Fahrerlaubnis, § 111a			X		X			X							X					
U-Haft bei Flucht- od. Verdunkelungsgefahr §§ 112 II Nr. 1, 2, 3	X						X	X							X					
U-Haft bei Wiederholungsgefahr, § 112 a			X				X	X							X					
Einstweilige Unterbringung, § 126 a	X		X				X	X							X					
Vorläufige Festnahme, § 127 I, II	X						X	X										X		X
Hauptverhandlungshaft, § 127 b	X						X	X							X					
Steckbrief, §§ 131 a-c	X						X							X	X	(X)	X			
Maßnahmen zur Sicherstellung der Strafverfolgung u. -vollstreckung, § 132	X						X			X					X		X			
Vorl. Berufsverbot, § 132 a			X			X							X		X					
Vorführung, §§ 133 ff.; 230 II	X	X			X			X							X					
Identitätsfeststellung, §§ 163 b, c	X	X		X	X			X								X		X		
Schleppnetzfahndung, § 163 d		X			X									X	X		X			
Beobachtung u. Observation, §§ 163 e f	X	X			X									X	X		X			
Festhalten von Störern, § 164	X			X				X							X		X			

§ 30. Die Untersuchungshaft

Literatur: *Jescheck/Krümpelmann* (Hrsg.), Die U-Haft im dt., ausl. und internat. Recht, 1971; *Gnam,* Die Wiederholungsgefahr als Grund für die Anordnung von U-Haft, 1972; *Wolter,* U-Haft, Vorbeugehaft und vorläufige Sanktionen, ZStW 93 (1981), 452; *Anagnostopoulos,* Haftgründe der Tatschwere und der Wiederholungsgefahr, 1984; *Paeffgen,* Vorüberlegungen zu einer Dogmatik des U-Haft-Rechts, 1986; *Gebauer,* Die Rechtswirklichkeit der U-Haft in der BRD, 1987; *Schöch,* Wird in der BRD zu viel verhaftet?, FS Lackner, 1987, 991; *Bohlander,* Elektron. Überwachung von Straftätern als Alternative zu U-Haft und Strafvollzug?, ZfStrVo 1991, 293; *Müller-Dietz,* U-Haft und Festnahme im Lichte der Menschenrechtsstandards, in: Eser/Kaiser/Weigend (Hrsg.), 4. deutsch-polnisches Kolloquium über Strafrecht und Kriminologie, 1991, 219; *Paeffgen,* Haftgründe, Haftdauer und Haftprüfung, ebda., 113; *Hermes,* Der Haftgrund der Verdunklungsgefahr im deutschen Strafverf., 1992; *Jehle,* U-Haft und Haftalternativen, in: *Jehle* (Hrsg.), Individualprävention und Strafzumessung, 1992, 349; *Schaefer,* Die U-Haft als Instrument strafrechtl. Kontrolle, 1992; *Schöch,* Der Einfluß der Strafverteidigung auf den Verlauf der U-Haft, 1997; *Rieß,* Die besondere Haftkontrolle der Oberlandesgerichte nach den §§ 121, 122 StPO, StraFo 1999, 397; *Albrecht,* Die U-Haft – eine Strafe ohne Schuldspruch?, FS Trechsel, 2002, 355; *Hilger,* Der Begriff „derselben Tat" in § 121 Abs. 1 StPO pp., FS Gollwitzer, 2004, 65; *Unfried,* 2006 (Lit. § 3 F); *Welp,* Haft und Haftprüfung, FS Richter II, 2006, 573; *Knauer,* Untersuchungshaft und Beschleunigungsgrundsatz, StraFo 2007, 309; *Paeffgen,* Zwischenhaft, Organisationshaft, FS Fezer, 2008, 35; *Park/Schlothauer,* Rechtswidrige U-Haft, FS Widmaier, 2008, 387; *Weigend,* Der Zweck der U-Haft, FS Egon Müller, 2008, 739; *Münchhalffen/Gatzweiler,* Das Recht der U-Haft, 3. Aufl., 2009; *Freund,* Die Anordnung von Untersuchungshaft wegen Flucht und Fluchtgefahr gegen EU-Ausländer, 2010; *Jehle,* Entwicklungen der Untersuchungshaft, FS Schöch, 2010, 839; *König* (Hrsg.), Anwaltskommentar Untersuchungshaft, 2010; *Prill,* Präventivhaft zur Terrorismusbekämpfung, 2010; *Schlothauer/Weider/Nobis,* U-Haft, 5. Aufl., 2016; *Weider,* Das Gesetz zur Änderung des Untersuchungshaftrechts, StV 2010, 102; *Winzer,* Der Vollzug d. U-Haft nach dem NJVollzG, 2010; *Wohlers,* Die „unverzügliche" Beiordnung eines Pflichtverteidigers pp., StV 2010, 151; *Markwordt Skehan,* Die Einleitung der U-Haft: eine rechtsvergleichende Studie zur Inhaftierung des Verdächtigen im Vorverf. in Deutschland und den USA, 2011; *Pohlreich,* Die Rspr. des EGMR zum Vollzug von Straf- und U-Haft, NStZ 2011, 560; *Neumann,* Der „Haftausschließungsgrund" der Unverhältnismäßigkeit der U-Haft, Imme FS Roxin, 2012, 659; *Schöch,* U-Haft und Strafvert., ebda., 697; *Grube,* Gerichtlicher Rechtschutz gegen Maßnahmen im U-Haftvollz., StV 2013, 534; *Nordhues,* U-Haft im Spannungsverhältnis von Recht u. Praxis, 2013; *Weiß,* Haft ohne Urteil, 2015; *Seebode,* Freiheit gegen Geständnis, GS Seebode, 2015; *Zabel,* Der Haftgrund der Wiederholungsgefahr pp., GS Seebode, 2015; *Wankel,* Zum Beschleunigungsgrundsatz im Recht der Untersuchungshaft, FS v. Heintschel-Heinegg, 2015.

Zur sog. Hauptverhandlungshaft vgl. u. § 61 Rn. 9ff.

Speziell zur Reform: *Amelung u. a.* (Arbeitskreis Strafprozeßreform), Die U-Haft – Gesetzesentwurf mit Begründung, 1983; *Seebode,* Der Vollzug der U-Haft, 1985; *Gatzweiler,* Unerträgliche Realität – Zwang zur Totalreform der Untersuchungshaft in der BRD, StraFo 1999, 325; *v. Briel, Broß, Neuhaus, Schlothauer,* DAV-FS, 2009, 949, 962, 1010, 1039.

A. Zweck und Bedeutung der Untersuchungshaft

1 **I.** U-Haft im Strafprozess ist die Entziehung der Freiheit des Beschuldigten zum Zwecke der Sicherung des Erkenntnisverfahrens oder der Vollstreckung.

Sie dient drei Zielen:

1. Sie will die **Anwesenheit** des Beschuldigten im Strafverfahren sichern (§ 112 II Nr. 1, 2).
2. Sie will eine ordnungsgemäße **Tatsachenermittlung** durch die Strafverfolgungsorgane gewährleisten (§ 112 II Nr. 3).
3. Sie will nach h. M. die **Strafvollstreckung** sicherstellen (§ 457; umstr., dazu m. w. N. LR/*Hilger,* vor § 112 Rn. 3ff.).

Andere Ziele verfolgt die strafverfahrensrechtliche U-Haft nicht (zur Systemwidrigkeit der Haftgründe der §§ 112 III, 112a u. Rn. 10, 12).

II. Unter den verfahrenssichernden Maßnahmen ist die U-Haft der einschneidendste Eingriff in die persönliche Freiheit; auf der anderen Seite ist sie für eine wirksame Strafrechtspflege in manchen Fällen unentbehrlich. Deshalb gebieten die verfassungsrechtlichen Grundsätze der Unschuldsvermutung (o. § 11 Rn. 1 ff.) und der Verhältnismäßigkeit (dazu *Paeffgen,* 1986, 165), Maß und Grenzen der U-Haft auf das Allernotwendigste zu beschränken. Ein Niederschlag findet sich allgemein in § 112 I 2 und (freilich in bescheidenster Form) in § 113 (lesen!) für die Bagatellkriminalität. Wenn die U-Haft demgemäß nicht in Frage kommt, weil nur eine Geldstrafe zu erwarten ist, der Beschuldigte aber, weil er im Bundesgebiet keinen Wohnsitz hat, sich der Strafverfolgung durch Verlassen des Landes zu entziehen droht (etwa: ein Ausländer begeht auf der Durchreise im Bundesgebiet ein Verkehrsdelikt), sieht deshalb § 132 eine „**sonstige Maßnahme** zur Sicherstellung der Strafverfolgung und -vollstreckung" vor. Hiernach kann der Richter (bei Gefahr im Verzuge auch die StA und ihre Ermittlungspersonen) dem dringend verdächtigen Beschuldigten auferlegen, für die zu erwartende Geldstrafe und die Verfahrenskosten Sicherheit zu leisten und eine im Gerichtsbezirk wohnhafte Person zum Zustellungsbevollmächtigten zu bestellen (zur Verfassungsmäßigkeit der Sicherheitsleistung *Amendt,* 1986). Wird diese Anordnung nicht befolgt, können das Auto des Beschuldigten oder seine sonstigen mitgeführten Sachen beschlagnahmt werden (§ 132 III; dazu *Dünnebier,* NJW 1968, 1752). 2

Trotzdem ist die Zahl der U-Gefangenen bis fast zur Jahrtausendwende extrem überhöht gewesen und auch heute, nach einem Rückgang seit 1990 um ca. 40 % auf 11.271,[1] immer noch viel zu hoch. Inakzeptabel war v. a., dass nach der im Auftrag des BMJ von *Schreiber* u. *Schöch* durchgeführten Erhebung 18 % der Haftbefehle in Bagatellsachen (z. B. AuslG, § 265a StGB) ergingen und dass nur in wenig mehr als der Hälfte aller Verfahren mit U-Haft am Ende eine Freiheitsstrafe ohne Bewährung herauskam, ferner, dass sich mehr als 80 % aller Haftbefehle auf Fluchtgefahr beriefen, obwohl – wie die Erfahrung mit der Aussetzung des Vollzuges gem. § 116 zeigt – nur wenige Beschuldigte zu fliehen versuchen (*Gebauer,* 1987; *Schöch,* FS Lackner, 1987, 991, 1007 f.). Eine weitere Reduzierung wäre ohne weiteres durch den (in vielen Ländern seit langem zur Routine gehörenden) Einsatz der sog. *elektronischen Fußfessel* möglich, die jederzeit die Standortbestimmung des Beschuldigten sichert und dadurch die U-Haft wegen Fluchtgefahr weitgehend erübrigen würde. Dass die Einführung einer solchen Maßnahme, die grundrechtsfreundlicher, weniger kostspielig und kaum weniger effizient und im Rahmen der Führungsaufsicht im Eiltempo eingeführt worden ist (*Brauneisen,* StV 2011, 311), dann, wenn es um die Verhinderung von Flucht geht, erkennbar verzögert wird, bestärkt den Verdacht, dass in der Praxis „apokryphe" und deshalb illegitime Haftgründe dominieren (Erlangung eines Geständnisses, einer Belastungsaussage gegen Mittäter, einer Urteilsabsprache, zur Erleichterung der Ermittlungen, zur Krisenintervention, auf Druck der öffentlichen Meinung, als Konzession an die Ermittlungsbehörden),[2] und markiert deshalb ein rechtsstaatliches Skan- 3

[1] *Statist. Bundesamt,* Bestand d. Gefangenen u. Verwahren pp., Stichtag 30.11.2013; s. auch *Göppinger,* Kriminologie, 6. Aufl., 2008, § 31 Rn. 35 ff.; *Busse,* 2008, 29 ff. Inwieweit dieser Rückgang auf eine frühere Verteidigerbestellung (dazu *Gebauer,* StV 1994, 622; *Schöch,* 1997; *Busse,* 2008) und/oder die Absprachenpraxis mit dem Mechanismus „erst kurze Inhaftierung, dann Geständnis mit Absprache, dann Freilassung" zurückgeht, bleibt zu untersuchen.

[2] *Dünkel,* StV 1994, 610; *Weider,* StraFo 1995, 11; *Gatzweiler* u. *Münchhalffen,* StraFo 1999, 325, 332; *Münchhalffen/Gatzweiler,* 2009, 3 f; *Schlothauer/Weider,* Rn. 661 ff.; *Nordhues,* 2013; zur Fußfessel (genau: elektronisch überwachter Hausarrest) *Roxin* b. Julius, ZStW 111 (1999), 849; *Schünemann,* ZStW 114 (2002), 1, 16 f; *Haverkamp,* Bewh 03, 164; *Bergmann,* ZfStrVo 2007, 262, *Kunze,* FS 2008, 33; *Werner,* der kriminalist 2008, 54. Die mit zw. Argumenten genährte offizielle Skepsis gegenüber der Fußfessel als Alternative zur Freiheitsstrafe (*Ostendorf,* ZRP 1987, 473; *Krahl,* NStZ 1997, 457) verliert in Bezug auf die Ersetzung der U-Haft jede Seriosität.

dalon nicht anders als die immer noch ohne zwingenden Grund angeordnete Fesselung des Angekl. in der Hauptverhandlung (*Esser*, GS Weßlau, 2016, 97).

B. Die Verhängung der U-Haft

I. Zeitlicher Anwendungsbereich

4 Sie ist in **jedem Abschnitt** des Verfahrens zulässig, auch schon im Ermittlungsverfahren. Mit der **Rechtskraft** eines Urteils geht die U-Haft noch nicht automatisch in Strafhaft über, sondern erst mit der Einlieferung in die Vollzugsanstalt.

II. Sachliche Voraussetzungen (§§ 112–113)

5 1. **Dringender Tatverdacht;** d. h., es muss ein hoher Grad von Wahrscheinlichkeit (ausführlich *Paeffgen*, 1986, 183) dafür gegeben sein, dass der Beschuldigte die Tat begangen hat und dass alle Voraussetzungen der Strafbarkeit und Verfolgbarkeit – nicht aber der Strafantrag bei Antragsdelikten (§ 130) – vorliegen. Wenn die Schuld wegen Zurechnungsunfähigkeit erkennbar fehlt, so kommt ein Unterbringungsbefehl (§ 126a) in Frage.

6 2. Außerdem muss ein besonderer **Haftgrund** gegeben sein.

Die StPO hat in ihrer ursprünglichen Fassung nur zwei Haftgründe gekannt: Fluchtverdacht und Verdunkelungsgefahr. Die nationalsozialistische Strafprozessnovelle von 1935 hatte zwei weitere hinzugefügt, die durch den Zweck der U-Haft nicht gedeckt waren: fortdauernde Gefährlichkeit und Erregung in der Öffentlichkeit, d. h. wenn es mit Rücksicht auf die Schwere der Tat und auf die durch sie hervorgerufene Erregung nicht erträglich schien, den Angeschuldigten in Freiheit zu lassen. Nach 1945 sind diese Haftgründe zunächst wieder beseitigt worden. Sodann hat aber das StPÄG 1964 – ganz gegen die ursprüngliche, auf Einschränkung der U-Haft abzielende Zwecksetzung der Novelle – die Haftgründe der Gefährlichkeit, allerdings unter (später aufgehobener!) Beschränkung auf Sexualverbrechen, und der (ursprünglich auf Mordverdacht u. ä. beschränkten, später ebenfalls ausgedehnten) „Schwere der Tat" wieder eingeführt, so dass die heutigen Haftgründe cum grano salis abermals denen von 1935 entsprechen.

7 Im einzelnen sind die Haftgründe folgende:

a) **Flucht** oder **Fluchtgefahr** (§ 112 II Nr. 1, 2). Ein Haftgrund besteht, wenn aufgrund bestimmter Tatsachen

aa) festgestellt wird, dass der Beschuldigte flüchtig ist – z. B. sich ins Ausland abgesetzt hat und einer Ladung vor ein deutsches Gericht nicht Folge leistet – oder sich verborgen hält,

bb) bei Würdigung der Umstände des Einzelfalles die Gefahr besteht, dass der Beschuldigte sich dem Strafverfahren und der Vollstreckung entziehen werde. Ein „Entziehen" bejaht die h. M. auch dann, wenn der Beschuldigte voraussichtlich weder flüchten noch sich verbergen wird, aber die Annahme naheliegt, er werde sich – z. B. durch Drogen (KG JR 1974, 165 m. abl. Anm. *Kohlhaas*) – verhandlungsunfähig machen (LR/*Hilger*, § 112 Rn. 38).

8 Die Fluchtgefahr darf nicht schematisch nach abstrakten Kriterien, sondern nach dem eindeutigen Wortlaut des Gesetzes nur aufgrund der Umstände des Einzelfalles beurteilt werden. So darf aus der Schwere der Beschuldigung und der Höhe der ggf. zu erwartenden Strafe nicht ohne weiteres der Fluchtverdacht gefolgert werden, sondern es sind auch das Gewicht der dem Beschuldigten bekannten Belastungsbeweise sowie seine Persönlichkeit und seine privaten Verhältnisse zu berücksichtigen (OLG Frankfurt a. M. StV 1985,

463). Andererseits genügt ein fester Wohnsitz des Beschuldigten keineswegs allein zur Verneinung der Fluchtgefahr. In der Praxis stellt die Fluchtgefahr den bedeutsamsten Haftgrund dar, wobei zur Begründung überwiegend formelhaft die hohe Straferwartung herangezogen wird (krit. dazu *E. Volk*, 1995, 73ff., 126ff. m.w.N.; *Schlothauer/Weider*, Rn. 565ff.; für bes. sorgfältige Prüfung auch – spez. wenn der Angekl. bis zum Berufungsurteil auf freiem Fuß war – OLG *Karlsruhe* wistra 2009, 486f.).[3]

b) **Verdunkelungsgefahr** (§ 112 II Nr. 3). Sie erfordert, dass das Verhalten des Beschuldigten den dringenden Verdacht begründet, er werde 9

aa) Beweismittel vernichten, verändern, beiseiteschaffen, unterdrücken oder fälschen,

bb) auf Mitbeschuldigte, Zeugen oder Sachverständige in unlauterer Weise einwirken (nicht genügend also, wenn der Beschuldigte einen zeugnisverweigerungsberechtigten Zeugen bittet, nicht auszusagen) oder

cc) andere zu solchem Verhalten veranlassen,

und wenn deshalb die Gefahr droht, dass er die Ermittlung der Wahrheit erschweren werde.

Es ist unzulässig, aus einer nach Lage des Falles gegebenen Verdunkelungsmöglichkeit automatisch auf eine Verdunkelungsgefahr zu schließen; vielmehr müssen bestimmte Tatsachen diese Gefahr begründen (OLG *München* NStZ 1996, 403). Das Schweigen oder Bestreiten des Beschuldigten kann zur Begründung einer Verdunkelungsgefahr nicht herangezogen werden (OLG *Köln* StV 1992, 383).

c) Der Haftgrund der **„Schwere der Tat“** war ursprünglich auf die Verbrechen des Mordes, Totschlags, Völkermordes und vorsätzlichen, lebens- bzw. leibesgefährdenden Sprengstoffdeliktes beschränkt; 1976 ist noch das Vergehen der Bildung, Unterstützung etc. einer terroristischen Vereinigung nach § 129a StGB dazugekommen, 1994 die schwere Körperverletzung (§ 226 StGB) und die schwere Brandstiftung (§§ 306a, b StGB). § 112 III wäre rechtsstaatswidrig, wenn man ihn dahin auslegte, dass bei dringendem Verdacht eines der genannten Verbrechen die U-Haft ohne Prüfung weiterer Voraussetzungen verhängt werden dürfe (BVerfGE 19, 342, 350); denn die U-Haft könnte dann angeordnet werden, ohne dass sie zur Sicherung des Erkenntnis- oder Vollstreckungsverfahrens erforderlich wäre. (Ungenannter) Haftgrund wäre bei dieser Auslegung wieder wie im Dritten Reich die Erregung der Bevölkerung. Das BVerfG (a.a.O.) hat deshalb § 112 III in folgender Weise verfassungskonform auszulegen versucht: Bei dringendem Verdacht der schweren Straftaten des Abs. 3 könne U-Haft nur verhängt werden, wenn die Haftgründe der Flucht- oder Verdunkelungsgefahr bestünden (nach der Rspr. – auch BVerfG a.a.O. – soll Wiederholungsgefahr genügen, s.a. OLG *Köln* NStZ 1996, 403; OLG *Rostock* BeckRS 2003, 18141; einschr. OLG *Karlsruhe* StV 2010, 30, das jedenfalls einen unbenannten Haftgrund der „drohenden Vollendung“ einer versuchten Tat ablehnt); an die Feststellung des Bestehens dieser Haftgründe seien jedoch keine so strengen Anforderungen zu stellen wie in Abs. 2, sondern es genüge schon eine geringere Intensität von Flucht oder Verdunkelungsgefahr. In Wirklichkeit handelt es sich dabei weniger um eine Auslegung als um eine Umdeutung des Gesetzes, das nach der erheblichen Erweiterung des Kreises der „schweren“ Taten vollends fragwürdig geworden ist (*Wolter*, 1981, 483). 10

[3] Fluchtgefahr besteht nicht bereits deshalb, weil ein Beschuldigter seinen Wohnsitz im (europäischen) Ausland hat (OLG Dresden StV 2005, 224; OLG Köln StV 2005, 393; StV 2006, 25; einschr. OLG Oldenburg StV 2010, 255 m. abl. Anm. *Kirsch* in BtM-Sachen; näher *Schlothauer/Weider*, Rn. 549ff., 561ff.).

Es ist außerdem geboten, § 112 III restriktiv auszulegen (dazu AK/*Deckers*, § 112 Rn. 30); bei einem Fall des § 213 StGB ist er daher nicht anzuwenden, wie ein Vergleich mit dem ebenfalls in Bezug genommenen § 308 II, III StGB zeigt (a. A. OLG Hamm NJW 1982, 2786).

11 d) **Wiederholungsgefahr.** Nachdem schon 1964 für bestimmte Sexualdelikte der Haftgrund der Wiederholungsgefahr eingeführt worden war, wurde der Katalog nach und nach auf zahlreiche Delikte ausgedehnt, die nach den Erfahrungen der Praxis vielfach als Serienstraftaten begangen werden und denen man durch frühzeitige Inhaftierung der Beschuldigten wirksamer als bisher vorbeugen zu können glaubt (§ 112a).

12 In seiner heutigen Ausdehnung ist dieser Haftgrund rechtsstaatlich unerträglich: Er stellt im System der Haftvoraussetzungen einen Fremdkörper dar, weil es sich nicht um einen Fall der Verfahrenssicherung, sondern um eine vorbeugende Maßnahme, also um eine Art Sicherungshaft wie in § 126a, handelt. Er ist ferner rechtsstaatlich problematisch, weil hier eine Freiheitsentziehung aufgrund eines im Hinblick auf die begangene wie die zu erwartende Straftat unbewiesenen Verdachtes verhängt wird. Er ist schließlich kriminalpolitisch schädlich, weil er – unter notorisch sehr ungünstigen Vollzugsbedingungen – die resozialisierungsfeindlichen kurzen Freiheitsstrafen, die das 1. StrRG glücklich zurückgedrängt hat, durch die Hintertür wieder einführt (vgl. *Roxin,* ZStW 82 [1970], 1125). Das BVerfG hatte schon aus Anlass der in § 112 III a. F. genannten Sexualdelikte den Haftgrund der Wiederholungsgefahr nur in streng begrenzten Ausnahmefällen zugelassen und nur deshalb für noch verfassungsmäßig erklärt, weil er einen besonders schutzwürdigen Kreis der Bevölkerung vor mit hoher Wahrscheinlichkeit drohenden schweren Straftaten schützen solle (BVerfGE 19, 342, 350). Obwohl diese Voraussetzungen bei § 112a I Nr. 2 nicht vorliegen (hier handelt es sich um massenhaft auftretende Delikte mit beliebigem Opferkreis), hat das BVerfG (BVerfGE 35, 185) schließlich auch § 112a I Nr. 2 wegen der vom Gesetzgeber eingebauten Sicherungen (erhebl. Kriminalität, konkreter Verdacht einer fortgesetzten und schwerwiegenden Beeinträchtigung des Rechtsfriedens, Wahrung des Verhältnismäßigkeitsgrundsatzes: §§ 116 III, 122a; zur restriktiven Auslegung s. a. OLG Frankfurt a. M. StV 2010, 31; 583) für verfassungsgemäß erklärt (wie hier krit. *Rüping,* Rn. 214; *Wolter,* 1981, 484).

13 Im Einzelnen gilt folgendes:

aa) Bei Beschuldigten, die bestimmter schwerer Sexualstraftaten (§§ 174, 174a, 176–179 StGB; nicht aber z. B. des Exhibitionismus, § 183 StGB, der Erregung öffentl. Ärgernisses, § 183a StGB) oder Straftaten nach § 238 II u. III StGB dringend verdächtig (also nicht notwendig wegen solcher Delikte vorbestraft) sind, darf nach § 112a I 1 Nr. 1 U-Haft auch angeordnet werden, wenn bestimmte Tatsachen die Gefahr begründen, dass sie vor rechtskräftiger Aburteilung eine weitere Straftat der bezeichneten Art begehen werden – unter der weiteren Voraussetzung, dass die Haft zur Abwendung der drohenden Gefahr erforderlich ist.

14 bb) Bei Beschuldigten, die dringend verdächtig sind, wiederholt oder fortgesetzt eine die Rechtsordnung schwerwiegend beeinträchtigende Straftat nach den §§ 125a, 224–227, 243, 244, 249–255, 260, 263, 306–306c, 316a StGB oder bestimmte Rauschgiftdelikte begangen zu haben, kann ebenfalls U-Haft verhängt werden, wenn die weiteren o. unter Rn. 13 genannten Voraussetzungen erfüllt sind und eine Freiheitsstrafe von mehr als einem Jahr zu erwarten ist (§ 112a I 1 Nr. 2). § 112a I 2 stellt klar, dass bei der Tatverdachtsbeurteilung auch andere Verfahren gegen denselben Beschuldigten zu berücksichtigen sind; zum zw. Indizcharakter älterer Vorstrafen KG StV 2010, 585.

15 cc) Der Haftgrund der Wiederholungsgefahr ist **subsidiär:** Liegen die Voraussetzungen für den Erlass eines Haftbefehls nach § 112 (vgl. o. Rn. 7–10) vor und sind auch

nicht die Voraussetzungen für die Aussetzung des Vollzugs dieses Haftbefehls nach § 116 I, II (dazu u. Rn. 45 ff.) gegeben, so ist eine Anordnung nach § 112 a unzulässig (§ 112 a II).

3. In **Privatklagesachen** ist die U-Haft nach überwiegender und richtiger Lehre nicht zulässig: Wo ein öffentliches Interesse an der Strafverfolgung nicht besteht und die Zurücknahme der Klage von dem Belieben des Klägers abhängt, kann es niemals gerechtfertigt sein, die Freiheit des Angeklagten während des schwebenden Verfahrens zu beschränken. 16

Bei **Antragsdelikten** sollen die Antragsberechtigten sofort von dem Erlass des Haftbefehls in Kenntnis gesetzt werden. Der Haftbefehl ist aufzuheben, wenn innerhalb einer kurzen Frist (maximal einer Woche) Strafantrag nicht gestellt wird. I. e. s. § 130; ausführl. *Geerds,* 1982.

4. Gegen ein und dieselbe Person ist bei Verdacht mehrerer strafbarer Handlungen ein **mehrfacher Haftbefehl,** namentlich auch durch einen anderen Richter, möglich **(Überhaft).** Das wird dann praktisch, wenn ein Haftbefehl, z. B. wegen Freispruchs oder wegen Wegfalls des Haftgrundes (z. B. der Verdunkelungsgefahr infolge Geständnisses), aufgehoben wird. Auch gegen einen Strafgefangenen ist (wegen einer anderen Tat als der, für die er z. Zt. Strafe verbüßt) ein Haftbefehl möglich. Dagegen dürfen wegen *einer* Tat im prozessualen Sinne gegen denselben Beschuldigten nicht zwei Haftbefehle ergehen (BGHSt 38, 54; s. u. § 52 Rn. 6). 17

III. Formelle Voraussetzungen

1. Es muss ein **schriftlicher Haftbefehl des Richters** vorliegen (§ 114 I). Darin sind genau anzuführen: (a) der Beschuldigte, (b) die Tat in ihrer tatsächlichen und rechtlichen Beschaffenheit, (c) der Haftgrund und (d) die Tatsachen, aus denen sich der dringende Tatverdacht und der Haftgrund ergeben (§ 114 II lesen!). Die Notwendigkeit genauer Angabe der Tatsachen, die den Haftbefehl rechtfertigen, soll dazu dienen, ungerechtfertigte und übereilte Haftbefehle zu verhindern; zur Frage, wieweit auch die Beweismittel angegeben werden müssen, vgl. OLG *Düsseldorf* JZ 1984, 540. Von der Angabe dieser Tatsachen darf nur abgesehen werden, wenn durch sie die Staatssicherheit gefährdet werden könnte (§ 114 II Nr. 4; für Streichung dieser Klausel *Vogt,* NStZ 1982, 21). Blankohaftbefehle sind unzulässig. Unter dem Gesichtspunkt der Einzelfallprüfung ist es auch bedenklich, wenn dem Ermittlungsrichter von der StA vorformulierte Haftbefehle zur bloßen Unterschrift vorgelegt werden (gegen eine Verfassungswidrigkeit in Fällen einer Massenverhaftung aber BVerfG NStZ 1982, 37).[4] Damit wird die sichernde Rolle des Richtervorbehalts ausgehöhlt und der Richter zum bloßen Urkundsbeamten der StA herabgewürdigt (*Schünemann,* ZStW 114 [2002], 20; siehe auch oben § 29 Rn. 25). Liegt die Anwendung des § 112 I 2 nahe oder hat sich der Beschuldigte auf diese Vorschrift berufen, so muss der Haftrichter die Gründe angeben, warum er sie nicht angewandt hat (§ 114 III). 18

[4] Zur Kritik an den Massenverhaftungen im sog. Nürnberger KOMM-Prozeß vgl. *Erich, Kempf* u. *Maeffert,* StV 1982, 130, 136, 486; *Benfer,* 1983.

19 Ein Haftbefehl könnte z. B. so lauten:

„Amtsgericht Lörrach, den 18.12.2013

Haftbefehl

Der am 7.6.1961 zu Offenburg geborene, zuletzt in Lörrach, Karlsstraße 5, wohnhafte ledige Kellner Jakob Huber ist zur Untersuchungshaft zu bringen.

Er wird beschuldigt,

am 17. Dezember 2013 in Lörrach

eine fremde bewegliche Sache einem anderen in der Absicht weggenommen zu haben, sich dieselbe rechtswidrig zuzueignen,

nämlich einen dem Bankdirektor Eugen Müller aus Lörrach gehörenden Pelzmantel im Wert von 5 000 EUR mitsamt darin befindlichen 20 000 EUR Bargeld von einem Kleiderhaken im Café Hebeleck weggenommen zu haben, um beides für sich zu behalten

– strafbar nach § 242 StGB –.

Er ist dieser Tat dringend verdächtig, weil er von dem Zeugen Müller bei der Wegnahme beobachtet wurde und, obwohl er bis dahin keinen Pelzmantel gehabt hat, am Tag nach der Tat von der Zeugin Elfriede Maier in einem Pelzmantel gesehen worden ist.

Es besteht gegen ihn der Haftgrund des § 112 II Nr. 2 StPO, weil er einschlägig bestraft ist und weil er seit der Tat nicht in seine bisherige Wohnung und an seine Arbeitsstelle zurückgekommen ist. Die Untersuchungshaft steht zu der zu erwartenden Strafe nicht außer Verhältnis.

Dr. Kluge

Richter am Amtsgericht."

20 2. Der Richter muss für den Erlass des Haftbefehls **zuständig** sein. Haftrichter ist der in dem jeweiligen Verfahrensabschnitt funktionell zuständige Richter; also im Ermittlungsverfahren der Ermittlungsrichter beim AG (ggf. am Sitz der StA, § 162 I 2), im Zwischenverfahren das beschließende Gericht, in der Hauptverhandlung das erkennende Gericht (i. e. s. §§ 125f.; nach BGH StV 2011, 295 stets ohne Beteiligung der Laienrichter, a. A. OLG Koblenz m. Anm. *Sowada,* StV 2010, 36ff. sowie *M-G/S,* § 126 Rn. 8 m. w. N.; gegen den Standpunkt des BGH sprechen auch die §§ 268b StPO, 30 GVG sowie BGHSt 43, 91 zum analogen Problem beim OLG). Wenn Revision eingelegt ist, entscheidet nicht das Revisionsgericht, sondern das Gericht, dessen Urteil angefochten ist (§ 125 II 1).

Nach Rechtskraft des Urteils sind die erkennenden Gerichte noch bis zur Anordnung der Strafvollstreckung für die Entscheidung über den Haftbefehl zuständig, von da an die StA als Vollstreckungsbehörde (§§ 457, 451; vgl. aber § 457 III 3).

C. Durchführung und Folgen der Verhaftung

I. Die Durchführung

21 Der Haftbefehl wird vollstreckt durch **Verhaftung.** Sie ist nach § 36 II 1 Aufgabe der StA, die sich dazu ihrer Ermittlungspersonen (§ 152 GVG) oder der Polizei (§ 161) bedienen wird (vgl. o. § 9 Rn. 16ff.). Wenn der Beschuldigte durch den Vollzug der U-Haft in Lebensgefahr geraten würde, darf der Haftbefehl nicht vollstreckt werden (OLG *Düsseldorf* JZ 1984, 248).

Die Verhaftung erfolgt durch **Ergreifung.** Dabei ist dem Beschuldigten, soweit möglich, der Haftbefehl bekanntzugeben und eine Belehrung über seine Rechte zu erteilen (i. e. s. § 114a und b; die dortige Regelung in Abs. 2 S. 3 hat die Regelung aus Art. 36 WÜK [u. § 24 Rn. 35] wiederholt). Soweit der Untersuchungszweck nicht gefährdet wird, ist ihm ferner Gelegenheit zur persönlichen Unterrichtung einer Vertrauensperson zu geben (§ 114c I).

Die U-Haftnovelle 2009 hat hierfür eine bis ins letzte Detail gehende, vor allem auch ausländische und sprachunkundige Beschuldigte berücksichtigende Regelung gebracht, die auch für das weitere Verfahren zahlreiche Einzelheiten ins Gesetz schreibt wie beispielsweise den Verkehr des Inhaftierten mit der Europäischen Kommission gegen Rassismus und Intoleranz (§ 119 IV Nr. 14). Wirkliches Gewicht besitzt nur die oben § 19 Rn. 18 dargestellte Ausdehnung der notwendigen Verteidigung, so dass die Novelle i. Ü. ein typisches Produkt der aktuellen Gesetzgebung ist, die an den ungelösten rechtsstaatlichen Problemen (bei der U-Haft etwa die Zurückdrängung von Missbräuchen durch die längst überfällige Einführung der elektronischen Fußfessel) vorbeigeht und sich auf die betuliche Regelung von Quisquilien kapriziert. 22

II. Das weitere Verfahren

1. Der Verhaftete ist nach § 115 I unverzüglich, spätestens am Tage nach der Ergreifung (arg. § 115a I), dem zuständigen *Gericht* (d. h. dem, das den Haftbefehl erlassen hat) **vorzuführen** (ebenso Art. 5 III 1 EMRK; vgl. auch Art. 104 II GG). Die Rechtsfolgen einer Verletzung dieser Pflicht (Verwertungsverbot für die anstelle der Vorführung durchgeführte Vernehmung?) hat BGHSt 60, 38, 42f. offen gelassen. 23

2. Das Gericht hat nun drei Aufgaben: 24

a) Es hat die **Benachrichtigung** eines Angehörigen oder einer Vertrauensperson anzuordnen (§ 114c II als Ausprägung von Art. 104 IV GG). Die Benachrichtigungspflicht des Abs. II, die *neben* die Gelegenheit zur persönlichen Unterrichtung (§ 114c I) tritt, ist **zwingend und unbedingt.** Wie sich aus den Materialien zu Art. 104 IV GG (dazu *Dünnebier,* JZ 1963, 694) ergibt, soll sie vor allem die Rechtsstaatlichkeit des Strafverfahrens sichern, indem sie verhindert, dass jemand „bei Nacht und Nebel" spurlos verschwindet. Deshalb ist die Benachrichtigung auch bei Verzicht, ja selbst gegen den ausdrücklichen Widerspruch des Verhafteten vorzunehmen (die Frage ist str.; erschöpfende Literaturnachweis bei LR/*Hilger,* § 114b Rn. 12, Fn. 18). Auch eine mögliche Gefährdung des Untersuchungszwecks (arg. § 114c I) oder der Staatssicherheit kann die Benachrichtigung nicht verhindern (a. A. *Wagner,* JZ 1963, 686).

b) Es hat den Beschuldigten unverzüglich nach Maßgabe von § 115 III (und bei der ersten Vernehmung nach § 136 I) zu **vernehmen** (§ 115 II).

c) Schließlich hat es zu **entscheiden,** ob die **Haft aufrechterhalten** werden kann (dann vgl. § 115 IV) oder ob der Haftbefehl nach § 120 aufgehoben oder sein Vollzug nach § 116 ausgesetzt werden muss (dazu u. Rn. 45ff., 51ff.).

3. Wenn es nicht möglich ist, den Verhafteten spätestens am Tage nach der Ergreifung dem zuständigen Richter vorzuführen, so ist er unverzüglich – und wiederum spätestens am Tage nach der Ergreifung – dem nächsten AG vorzuführen (§ 115a I, vgl. auch Nr. 54 II RiStBV); die gesetzliche Frist darf auch nicht durch polizeiliche Vernehmungen überschritten werden (BGH StV 1995, 283). Im Vordergrund steht dabei der Fall, dass der Beschuldigte in einiger Entfernung vom Sitz des zuständigen Gerichts verhaftet worden ist. Denn abgesehen von Erschwernissen wie schlechten Witterungs- 25

verhältnissen oder einer Erkrankung des Festgenommenen scheitert ein rechtzeitiges Erreichen des zuständigen Richters hier häufig von vornherein an der gängigen Praxis, den Verhafteten nicht mittels Einzeltransportes zum zuständigen Richter zu befördern, sondern im Zuge von Gefangenensammeltransporten, die nach festen Fahrplänen zwischen den oftmals mehreren Zwischenstationen verkehren; eine solche „Verschubung" kann u. U. mehr als zwei Wochen dauern, was angesichts des damit verbundenen Eingriffs in das Freiheitsgrundrecht des Art. 2 II GG bedenklich ist.[5]

26 a) Das „nächste Amtsgericht" des § 115a muss wie das zuständige Gericht des § 115 den Ergriffenen unverzüglich vernehmen (§ 115a II 1, 2); auch hat es ihm, sofern noch nicht geschehen, den Haftbefehl bekanntzugeben (§ 114a S. 3) und die Benachrichtigung nach § 114c II zu veranlassen.

27 b) Dagegen soll er nach gängiger Auffassung bis auf einige wenige, eng umgrenzte Fälle nicht die Freilassung des Verhafteten anordnen dürfen, und keinesfalls sei er gar zur Aufhebung des Haftbefehls befugt; dies alles ist jedoch nicht unbestritten. Im Einzelnen gilt folgendes:

28 aa) Wenn der Haftbefehl mittlerweile wieder aufgehoben ist, die StA dies nach § 120 III beantragt hat, oder der Ergriffene einer Personenverwechslung zum Opfer gefallen ist, so ist das Gericht nach § 115a II 3 zur Freilassung des Ergriffenen verpflichtet. Dies gilt nach allgemeiner Überzeugung über den Wortlaut des Gesetzes hinaus auch dann, wenn schon überhaupt kein richterlicher Haftbefehl ergangen, der Haftbefehl etwa von einem Staatsanwalt ausgestellt worden ist. Seit LG Frankfurt a. M. StV 1985, 464 ist eine Freilassungsbefugnis schließlich auch für den Fall krankheitsbedingter Haftunfähigkeit anerkannt.

Eine darüber hinausgehende Freilassungsbefugnis wird dem „nächsten Amtsgericht" vom Gesetz aber nicht zugestanden, da der Richter des § 115a mangels Kenntnis der Akten nicht hinreichend mit dem Sachverhalt vertraut ist. Die früher von Teilen der Literatur vertretene Gegenmeinung[6] ist seit der U-Haft-Novelle 2009 mit dem Wortlaut von § 115a II, 4 Hs. 2 nicht mehr zu vereinbaren.

29 bb) Kommt eine Freilassung aus eigener Entscheidung heraus nicht in Betracht, so hat das „nächste Amtsgericht" nicht offensichtlich unbegründete Einwendungen des Ergriffenen gegen den Haftbefehl oder dessen Vollzug sowie eigene Bedenken gegen die Aufrechterhaltung der Haft dem nach § 115 zuständigen Gericht unverzüglich und auf schnellstem Wege (etwa telefonisch) zur unverzüglichen Prüfung mitzuteilen (§ 115a II 4). Auch hat er auf Verlangen des Beschuldigten dessen Vorführung vor den zuständigen Richter anzuordnen, worauf er ihn neben der allgemeinen Rechtsbehelfsbelehrung gesondert hinweisen muss (§ 115a III).

D. Der Vollzug der U-Haft

I. Grundlagen

30 Der Vollzug der U-Haft ist gesetzlich nur bruchstückhaft in § 119, i. Ü. und im Einzelnen dagegen in Gesetzen der Bundesländer geregelt,[7] die seit der Föderalismusreform die alleinige Gesetzgebungskompetenz für den U-Haftvollzug besitzen, während der Bund weiterhin das gerichtliche Verfahren regelt (Art. 74 I Nr. 1 GG). Für die

[5] Näher zu dieser „Verschubungs"-Praxis etwa *Fischer,* NStZ 1994, 321 und *Koch,* NStZ 1995, 71; kritisch auch *Schmitz,* NStZ 1998, 165, 167; *Kropp,* ZRP 2005, 96ff.

[6] *Fischer,* NStZ 1994, 322; *Ziegert,* StV 1997, 439 sowie AK/*Deckers,* § 115a Rn. 3; weitergehend *Heinrich,* StV 1995, 660ff. Von BGHSt 42, 343, 346ff. wurde die Frage einer erweiterten Freilassungsbefugnis offengelassen.

[7] Erläuterungen bei *Schlothauer/Weider/Nobis,* 2016. Die meisten Länder haben einen gemeinsam erarbeiteten Entwurf übernommen.

§§ 119, 119a bleiben vor allem noch die Zuständigkeitsverteilung zwischen Haftrichter (zur Vermeidung des maskulinen Genus zukünftig „Gericht" genannt), StA und Anstalt (§ 119 I 3–5, II), die grundsätzliche Zulässigkeit von Beschränkungen zur Erreichung des Haftzwecks (§ 119 I 1 und 2, s. *Schultheis,* NStZ 2011, 621, 624; a. A. OLG *Celle* StV 2010, 194; StV 2012, 417, wonach § 119 insoweit nicht gelte, als ein Land eine eigene Regelung getroffen hat) und die Anfechtung behördlicher Maßnahmen durch Antrag auf gerichtliche Entscheidung (§§ 119 V, 119a) übrig.

Diese Abspaltung der Länderkompetenz ergibt wenig Sinn (*Seebode,* HRRS 2008, 236ff.; *Weider,* StV 31
2010, 106). In den neuen Gesetzen hätte wenigstens Vorsorge gegen die heute weit verbreitete *Vollzugspraxis* getroffen werden können, die auf eine Einkapselung der Gefangenen in den unzulänglichsten Räumen der jeweiligen Anstalt hinausläuft und dadurch die U-Haft zu einem größeren Übel als die Freiheitsstrafe macht; dass eine derartige Ausgestaltung mit der Unschuldsvermutung (Art. 6 II EMRK) keinesfalls vereinbar ist, braucht nicht besonders betont zu werden (vgl. dazu o. Lit.verz. zur Reform). Aber diese Hoffnung ist enttäuscht worden, trotz einer akribischen Normierung in ca. 100 Paragraphen (exemplarisch für Nordrhein-Westfalen *Piel/Püschel/Tsambibakis/Wallau,* ZRP 2009, 33ff.; allg. *Köhne,* JR 2011, 198).

II. Beschränkungen durch Haftzweck und Anstaltsordnung

Die in § 119 I niedergelegte **Generalklausel** besagt, dass Grundrechtseinschränkun- 32
gen in der U-Haft nur nach Maßgabe des Haftzwecks, nach den Ländergesetzen auch nach den Bedürfnissen der Anstaltsordnung (s. etwa § 4 II UVollzG Bln; erforderlich ist eine reale Gefährdung, BVerfG StV 2009, 253) zulässig sind. Diese unbestimmten Rechtsbegriffe bedürfen im Hinblick auf den grundgesetzlich geschützten Freiheitsbereich des Einzelnen näherer Konkretisierung. Für Beispiele s. i. E. 25. Aufl., Rn. 35–37. Für den Haftzweck relevant ist:

1. Der Empfang von **Besuchen** sowie die **Telekommunikation** (Art. 2 u. 10 GG) können erlaubnispflich- 33
tig gemacht sowie (ebenso wie der Postverkehr) überwacht werden[8] (§ 119 I 2 Nr. 1 und 2). Ausgenommen ist die Korrespondenz mit dem Verteidiger (§ 148 I, der allerdings nach BVerfG NJW 2010, 1740 = StV 2010, 144 m. abl. Anm. *Weider* auf Schriftstücke beschränkt werden kann, die unmittelbar das Strafverfahren betreffen) und den weiteren in § 119 IV genannten Stellen. Für Mitteilungen des U-Häftlings an seinen Ehepartner hat BVerfGE 35, 35; BVerfGE 42, 237 im Hinblick auf Art. 6 GG entschieden, dass beleidigende Briefe nicht angehalten werden dürfen; für Briefe an die Eltern (BVerfG NStZ 1981, 315), an sonstige Familienangehörige oder eine Person besonderen Vertrauens (BVerfG NStZ 1996, 509; StV 2010, 142) folgt dasselbe aus Art. 2 GG. **Telefongespräche** müssen bei berechtigtem Interesse gestattet und dürfen überwacht werden (OLG Frankfurt a. M. StV 1986, 398; StV 1992, 281; s. jetzt etwa § 40 UVollzG Bln).

Zur weiter gehenden **Kontaktsperre** im Bereich des Terrorismus s. o. § 19 Rn. 78.

2. Auch die **Besuchsregelung** (§ 119 I Nr. 1, 2 u. etwa §§ 33ff. UVollzG Bln) muss verfassungsrechtlich 34
besonders geschützten Interessen Raum geben. So folgt z. B. aus Art. 6 I GG ein Recht des Inhaftierten, seinen Ehepartner außerhalb der Besuchszeiten zu empfangen, wenn diesem ihre Einhaltung nicht möglich oder unzumutbar ist (BVerfGE 42, 95, 101 f.). Ehegatten und Kindern muss, soweit dies ohne Beeinträchtigung der Ordnung in der Anstalt möglich ist, häufigerer Besuch gestattet werden (BVerfG NStZ 1994, 604 m. Anm. *Rotthaus*); eine gegen Art. 3 GG verstoßende Ungleichbehandlung im Verhältnis zu anderen Häftlingen liegt darin nicht (BVerfG NJW 1993, 3059). Eine Flucht- oder Verdunkelungsgefahr gestattet die Ablehnung von Ehegattenbesuchen nur dann, wenn ihnen nicht durch Überwachung ausreichend begegnet werden kann (KG NStZ 1992, 558). Die Mutter darf ihren Sohn besuchen, auch wenn sie die einzige Tatzeugin ist (LG Berlin StV 1992, 282). Eine akustische Besuchsüberwachung ist – v. a. beim Besuch von Familienangehörigen – nur zulässig, wenn im Einzelfall konkrete Anhaltspunkte für eine Gefährdung des U-Haft-Zweckes oder der Anstaltsordnung vorliegen (BVerfG NStZ 1994, 52; OLG

[8] Näher *Berndt,* NStZ 1996, 115, 157; *Schlothauer/Weider,* Rn. 1185ff.

Hamm StV 2010, 368; zum Beweisverwertungsverbot bei heimlicher akustischer Überwachung BGHSt 53, 294 u. o. § 24 Rn. 41). Innerhalb der Besuchszeit sind auch Besuche anderer U-Häftlinge zulässig (OLG Koblenz MDR 1991, 368).

35 3. Die in § 119 I 2 Nr. 4 und 5 vorgesehene relative oder absolute **Isolationshaft** kommt praktisch nur bei Fällen von Verdunkelungsgefahr in Betracht und muss mit Rücksicht auf das Verbot der unmenschlichen Behandlung gem. Art. 3 EMRK sehr restriktiv gehandhabt werden (*Pohlreich,* NStZ 2011, 560, 563f.).

III. Zuständigkeiten und Rechtsbehelfe

36 1. Die im Laufe der U-Haft nach § 119 I der Vollzugsanstalt zur Sicherung des Haftzwecks[9] erforderlichen **Verfügungen** hat der nach § 126 zuständige **Richter** zu treffen. In dringenden Fällen können von der StA oder der Vollzugsanstalt nur vorläufige Maßnahmen ergriffen werden, die zusätzlich binnen drei Werktagen nachträglicher richterlicher Genehmigung bedürfen (§ 119 I 3–5). Die Ausführung der Maßnahmen kann nach § 119 II 2 durch (nicht anfechtbaren, S. 3) Beschluss auf die StA übertragen werden (krit. *Weider,* StV 2010, 107).

Für die Maßnahmen zur Aufrechterhaltung der Sicherheit und Ordnung in der Anstalt, die nunmehr in Landesgesetzen geregelt sind, ist i. d. R. die Vollzugsanstalt als Sonderordnungsbehörde zuständig, SK/*Paeffgen,* § 119a Rn. 2ff.

37–44 2. Gegen die richterlichen Entscheidungen hat derjenige, dessen Rechte dadurch berührt werden, nach § 304 die einfache Beschwerde, nicht aber die weitere Beschwerde nach § 310, der nur für die Anordnung, nicht aber für den Vollzug der U-Haft gilt (str., aber h. M.). Ein solches Beschwerderecht hat auch derjenige, dem die Erlaubnis zum Besuch eines U-Häftlings vom Haftrichter versagt wird (BGHSt 27, 175 m. abl. Anm. *Peters,* JR 1978, 84). Gegen die nicht der Beschwerde unterliegenden erstinstanzlichen Entscheidungen des OLG (vgl. § 304 IV 2 u. BGHSt 25, 120; BGHSt 26, 270) und solche des Ermittlungsrichters des BGH und des OLG (vgl. § 304 V), kann ebenfalls nach § 119 V gerichtliche Entscheidung beantragt werden (SK/*Paeffgen,* § 119 Rn. 66; *Schlothauer/Weider,* Rn. 1013).

E. Aussetzung der U-Haft (Haftverschonung)

45 **I.** Soweit der Zweck der U-Haft es zulässt, muss oder kann der Vollzug des Haftbefehls durch weniger einschneidende Maßnahmen ersetzt werden (§ 116).

1. Bei **Fluchtgefahr muss** der Vollzug ausgesetzt werden, wenn mildere Mittel ausreichen. Solche im Gesetz beispielhaft („namentlich") aufgezählten Mittel sind: Meldepflicht, Aufenthaltsbeschränkung, Hausarrest und Sicherheitsleistung (§ 116 I), sowie von Verfassungs wegen ungeachtet der Blockadepolitk der Justiz die **elektronische Fußfessel** (o. Rn. 3).

46 2. Bei **Verdunkelungsgefahr kann** der Vollzug ausgesetzt werden, wenn ein milderes Mittel – vor allem die Anweisung, mit bestimmten Personen (Mitbeschuldigten, Zeugen, Sachverständigen) keine Verbindung aufzunehmen – in Betracht kommt. Da die Wirkung dieser Mittel zweifelhaft ist, ist die Aussetzung hier nur fakultativ („kann", § 116 II). Die Sicherheitsleistung kommt i. d. R. nicht als anderes Mittel in Betracht (OLG Frankfurt a. M. NJW 1978, 838; KG JR 1990, 34; a. A. *Jungfer,* GS Meyer, 1990, 227; str.).

[9] Wobei nach h. M. auch auf im Haftbefehl nicht genannte Haftgründe zurückgegriffen werden kann, s. *M-G/S,* § 119 Rn. 5 m.w.N.; dagg. SK/*Paeffgen,* § 119 Rn. 9ff.

3. Lässt sich die **Wiederholungsgefahr** durch bestimmte Weisungen wesentlich herabmindern und wird dadurch der Zweck der Haft voraussichtlich erreicht, so **kann** auch in diesem Falle der Vollzug des Haftbefehls ausgesetzt werden (§ 116 III).

4. Ob auch in den Fällen des § 112 III ausgesetzt werden kann, war nach Einführung 47
des neuen § 116 umstritten. Denn wenn § 112 III keinen verfahrenssichernden oder vorbeugenden Zweck verfolgt, haben „weniger einschneidende Maßnahmen" an sich keinen Sinn. Darauf scheint auch hinzudeuten, dass zwar § 112 II und § 112a in § 116 erwähnt sind, nicht aber § 112 III. Seit das BVerfG (BVerfGE 19, 342; s. o. Rn. 10) den § 112 III ausschließlich zu verfahrenssicherndem Zweck für anwendbar erklärt hat, ergibt sich jedoch aus dem Grundsatz der Verhältnismäßigkeit, dass auch bei den in § 112 III genannten Delikten der Vollzug der U-Haft ausgesetzt werden kann, wenn mit milderen Mitteln auszukommen ist.

II. Der praktisch wichtigste Fall der Aussetzung des U-Haft-Vollzuges ist die Freilas- 48
sung gegen **Sicherheitsleistung.** Durch die Sicherheitsleistung **(„Kaution")** kann aber nur der Vollzug des Haftbefehls ausgesetzt werden, nicht der Erlass oder die Aufrechterhaltung des Haftbefehls. Zur Art und Weise, zum Freiwerden und zum Verfall der Sicherheitsleistung vgl. §§ 116a, 123, 124; der Verfall der Sicherheit verstößt nicht gegen das GG (BVerfG NStZ 1991, 142).

III. Die Aussetzung des Vollzuges der U-Haft kann bei Erlass des Haftbefehls und auch 49
erst nach der Verhaftung angeordnet werden. Sie muss widerrufen werden, wenn die Voraussetzungen des § 116 IV (gröbliches Zuwiderhandeln, Wegfall der Vertrauensgrundlage, Auftauchen neuer, die Verhaftung erfordernder Tatsachen) vorliegen. Eine (nicht rechtskräftige) Verurteilung oder ein hoher Strafantrag der StA können den Widerruf rechtfertigen, jedoch nur wenn sie von der ursprünglichen Prognose erheblich zum Nachteil des Angeklagten abweichen und damit die Fluchtgefahr wesentlich erhöhen (BVerfG StV 2006, 139, 141 m.w.N. – Fall Motassadeq). Auch der Neuerlass eines einmal unangefochten außer Vollzug gesetzten und dann aufgehobenen Haftbefehls ist nur unter den Voraussetzungen des § 116 IV zulässig (BVerfG StV 2006, 26).

IV. Der Grundsatz der Verhältnismäßigkeit verbietet es i. d. R. auch, einen außer Voll- 50
zug gesetzten Haftbefehl jahrelang (im konkreten Fall mehr als 12 Jahre) aufrechtzuerhalten (BVerfGE 53, 152).

F. Die Aufhebung des Haftbefehls

I. Aufhebungsgründe

1. Der Haftbefehl ist von Amts wegen aufzuheben (§ 120 I), 51

a) sobald die **Voraussetzungen** der U-Haft **nicht mehr** vorliegen, also entweder der dringende Tatverdacht oder die Haftgründe wegfallen;

b) wenn sich ergibt, dass die weitere U-Haft zu der Bedeutung der Sache und der zu erwartenden Strafe oder Maßregel **außer Verhältnis** stehen würde (z. B. wenn der Angekl. zwar verurteilt wird, die Dauer der U-Haft aber schon nahe an der Zweidrittelgrenze des § 57 StGB liegt);

c) wenn der Angeklagte freigesprochen, die Eröffnung des Hauptverfahrens abgelehnt oder das Verfahren nicht nur vorläufig eingestellt wird; rechtskräftige Freisprechung ist nicht nötig. Durch die Einlegung eines

Rechtsmittels darf die Freilassung eines Beschuldigten nicht aufgehalten werden. Wenn z. B. wegen Mordes freigesprochen ist und der StA sofort wegen eines klar zutage liegenden Fehlers Revision einlegt, ist gleichwohl der Haftbefehl aufzuheben. Er kann aber wieder erlassen werden, wenn der BGH den Freispruch kassiert (OLG Frankfurt a. M. MDR 1985, 603; str.);

d) wenn der Angeklagte eine Freiheitsstrafe, zu der er rechtskräftig verurteilt worden ist, antritt (s. § 116b S. 2). Gegen die Rechtmäßigkeit der zwischen Rechtskraft und Strafantritt bzw. Maßregelvollzug liegenden **„Zwischenhaft"** (Vollstreckungshaft) *Seebode,* StV 1988, 119; *Ostermann,* StV 1993, 52; näher *Paeffgen,* FS Fezer, 2008, 35; *Lammer,* DAV-FS, 2009, 1003.

52 2. Der vor Erhebung der öffentlichen Klage erlassene Haftbefehl ist außerdem aufzuheben, wenn der **StA es beantragt:** Er ist ja der Herr des Vorverfahrens (hier ist ausnahmsweise der Richter an eine Entschließung des StA gebunden!). Die StA kann gleichzeitig mit ihrem Antrag (also noch vor der Aufhebung des Haftbefehls durch den Richter) anordnen, dass der Beschuldigte freigelassen wird (§ 120 III); selber aufheben darf sie den vom Richter erlassenen Haftbefehl nicht.

53 3. Der Haftbefehl ist ferner aufzuheben, wenn keine Verurteilung zu Freiheitsstrafe oder freiheitsentziehender Maßregel ergangen ist, die U-Haft wegen **derselben Tat sechs Monate gedauert** hat und nicht entweder der Vollzug des Haftbefehls durch weniger einschneidende Maßnahmen ersetzt wird oder das OLG (bzw. der BGH in den Sachen der erstinstanzl. Zuständigkeit des OLG s. § 122 IV, 2) die Fortdauer der U-Haft anordnet (§ 121 I, IV). Der zuständige Haftrichter – z. B. der Ermittlungsrichter – legt zu diesem Zweck die Akten durch Vermittlung der StA dem OLG zur Entscheidung vor, wenn er die Fortdauer der U-Haft für erforderlich hält oder die StA es beantragt.

54 a) Unter „derselben Tat" ist die Tat im prozessualen Sinne (vgl. o. § 20 Rn. 5ff.) zu verstehen; wird also innerhalb der 6-Monats-Frist eine neue Tat entdeckt, so beginnt eine neue Frist zu laufen. Um zu verhindern, dass der zweite Haftbefehl bis zum Ende der ersten Frist „aufgespart" wird, ist aber davon auszugehen, dass die zweite Frist in dem Zeitpunkt beginnt, in welchem der zweite Haftbefehl erstmals hätte erlassen werden können.[10]

55 b) Über sechs Monate hinaus ist der Vollzug der U-Haft nur zulässig, wenn die besondere Schwierigkeit oder der besondere Umfang der Ermittlungen oder ein anderer wichtiger Grund das Urteil noch nicht zulassen und die Fortdauer der Haft rechtfertigen (§ 121 I). Diese Vorschrift muss streng gehandhabt werden, da andernfalls die vom EGMR überwachte Garantie des Art. 5 III 2 EMRK (größtmögliche Einschränkung der Haftdauer) verletzt wäre (vgl. *Guradze,* NJW 1968, 2161; *Mahler,* NJW 1969, 353; OLG *Düsseldorf* StV 1982, 531). Außerdem muss stets eine Abwägung mit dem Freiheitsgrundrecht aus Art. 2 II 2 GG stattfinden (BVerfG NStZ 1991, 397), wobei sich das Gewicht des Freiheitsanspruchs mit zunehmender Dauer der U-Haft vergrößert (BVerfGE 53, 152, 158; BVerfG StV 2008, 198). Der Vollzug von mehr als 1 Jahr U-Haft bis zum Beginn der HV oder Erlass eines Urteils findet nur in ganz besonderen Ausnahmefällen seine Rechtfertigung (BVerfG NStZ 2000, 153; NJW 2006, 672, 674; StV 2006, 703, 704; StV 2008, 198, 421). Nachdem sich in der Praxis hierbei eine gewisse Laxheit eingebürgert hatte, hat das BVerfG in den letz-

[10] *Eb. Schmidt,* NJW 1968, 2209; *Rosenthal,* 1975, 127ff.; *Schlüchter,* Rn. 244.4; i. E. übereinst. die h. M., die einen ad hoc „erweiterten Tatbegriff" für § 121 vertritt, s. nur OLG Düsseldorf StV 1986, 345; 2004, 496 m.w.N.; weitergehend OLG Jena, Urteil v. 16.11.2010 – 1 Ws 446/10, wonach die Frist ab dem Zeitpunkt läuft, wo eine weitere Tat hätte entdeckt werden *können;* OLG Karlsruhe StV 2003, 517; 2011, 293, wonach auch die Erweiterung des Haftbefehls um weitere Taten keine erneute Frist in Gang setzt.

ten Jahren in einer ganzen Serie von Kammerentscheidungen dagegen klare Worte gefunden (StV 2006, 73; StV 2008, 198; StV 2008, 421; BVerfG BeckRS 2011, 50361).[11]

Da nicht die Gegebenheiten des Strafverfolgungsapparates, sondern eine EMRK-konforme Auslegung des § 121 die Angemessenheit der Dauer einer U-Haft bestimmen, sind unzureichende Besetzung oder eine sonstige Überlastung der StA bzw. des Gerichts oder eines Sachverständigen (OLG *Düsseldorf* StV 1992, 384) grds. kein wichtiger Grund, der die Fortdauer der Haft rechtfertigen könnte (st. Rspr.; BVerfG NStZ 1994, 553; BGHSt 38, 43). Auch ein Berichterstatterwechsel und der Urlaub von Kammermitgliedern ergeben keinen wichtigen Grund i. S. d. § 121 (BVerfG NStZ 1994, 93). Dem Personalmangel ist durch geeignete organisatorische Maßnahmen zu begegnen; u. U. müssen zugunsten von Haftsachen sogar Zivilprozesssachen zurückgestellt werden (OLG *Köln* NJW 1973, 912; OLG Frankfurt a. M. StV 1982, 584; OLG *Schleswig* StV 1985, 115; KG StV 1985, 116). Solange diese Möglichkeiten nicht ausgeschöpft sind, ist der Haftbefehl aufzuheben, da ein „wichtiger Grund" nicht vorliegt; das gilt selbst im Falle eines Mordverdachts (OLG Koblenz NJW 1990, 1375). Diese Grundsätze gelten auch im Rechtsmittelverfahren und auch für den Neuerlass eines Haftbefehls (BVerfG StV 2009, 479; StV 2011, 31). Bei absehbar umfangreichen Verfahren muss die HV vorausschauend geplant werden mit mehr als nur 1 Verhandlungstag pro Woche (BVerfG StV 2008, 198). In der Regel muss innerhalb von 3 Monaten nach Eröffnungsbeschluss mit der HV begonnen werden (BVerfG NStZ-RR 2007, 311; StV 2008, 421; die Frist beginnt nach OLG *Nürnberg* StV 2009, 367; StV 2011, 39 nicht erst mit dem förmlichen Beschluss, sondern bereits mit Eröffnungsreife zu laufen). 56

Ob der Ausnahmefall des § 121 I vorliegt, entscheidet das OLG (bzw. der BGH) nach Anhörung der Beteiligten (§ 122 II) in fakultativer mündlicher Verhandlung. Es hat dabei die Voraussetzungen des Haftbefehls umfassend zu prüfen und kann einen fehlerhaften nicht ergänzen oder ersetzen (*M-G/S*, § 122 Rn. 13 f.). **Ordnet** das OLG die Fortdauer der U-Haft **an** (was nicht in formelhafter Weise geschehen darf, sondern eine alle relevanten Gesichtspunkte berücksichtigende **Begründungstiefe** erfordert, BVerfG StV 2008, 198), so bleibt es auch für die weitere Nachprüfung zuständig, die jeweils spätestens (dazu OLG *Nürnberg* StV 2011, 294) nach drei Monaten wiederholt werden muss (§ 122 IV). In den Fällen der Wiederholungsgefahr (§ 112a) darf allerdings der Vollzug der Haft unter keinen Umständen länger als ein Jahr aufrechterhalten werden (§ 122a). **Hebt** das OLG dagegen den Haftbefehl mangels Verlängerungsgrundes **auf,** so darf auch bei nachträglicher Veränderung der Tatsachengrundlage kein neuer Haftbefehl wegen derselben Tat erlassen und vollzogen werden.[12] 57

Werden dem OLG die Akten erst nach Ablauf der in § 121 vorgeschriebenen 6-Monats-Frist vorgelegt, so führt dies nicht ohne weiteres zur Aufhebung des Haftbefehls. § 121 II wendet sich nur an den Haftrichter, nicht aber an das OLG, das sich allein an den inhaltlichen Voraussetzungen des § 121 I zu orientieren hat (OLG *Bamberg* NStZ 1981, 403; *Eb. Schmidt,* NJW 1968, 2215). 58

II. Zuständigkeit

Zur Aufhebung des Haftbefehls ist immer nur das **Gericht** (nie der Staatsanwalt) zuständig, aber nicht unbedingt das Gericht, das den Haftbefehl erlassen hat, sondern das je nach dem Verfahrensabschnitt (funktionell) zuständige Gericht (s. o. Rn. 20). In dringenden Fällen kann auch der Vorsitzende den Haftbefehl aufheben (vgl. § 126 II). 59

[11] Wobei die mit Begr. publizierten Kammerentscheidungen des BVerfG allerdings deshalb nur ein unvollkommenes Bild seiner realen Spruchpraxis zeichnen, weil in weit zahlreicheren Entscheidungen die Annahme von Verfassungsbeschwerden gem. § 93d I 2 BVerfGG begründungslos abgelehnt wird.

[12] Zutr. LR/*Hilger,* § 122 Rn. 38 ff.; OLG Stuttgart NJW 1975, 1573; a. A. OLG Frankfurt a. M. NStZ 1985, 282 m. abl. Anm. *Wendisch,* StV 1985, 197.

III. Unterbrechung der U-Haft

60 Eine Unterbrechung der U-Haft – z. B. wegen Beerdigung eines Angehörigen – ist mit dem Zweck der U-Haft nicht vereinbar. Dem Gefangenen kann aber gestattet werden, unter Bewachung an der Beerdigung teilzunehmen.

Dagegen kann (und muss i. d. R., § 116b S. 2) die U-Haft zum Vollzug einer in einem anderen Verfahren rechtskräftig verhängten Freiheitsstrafe unterbrochen werden.

G. Haftprüfung

I. Rechtsbehelfe

61 Will der Beschuldigte nach der Verhaftung die Aufhebung des Haftbefehls oder Haftverschonung erreichen, so stellt ihm die StPO zwei verschiedene Rechtsbehelfe zur Verfügung: die Haftbeschwerde (§§ 304ff.) und den Antrag auf Haftprüfung (§§ 117ff.).[13]

62 1. a) Die **Beschwerde** geht, sofern ihr der Haftrichter nicht abhilft (§ 306), an die Strafkammer des LG als Beschwerdegericht (§ 73 GVG), gegen dessen Entscheidung die weitere Beschwerde an das OLG zulässig ist (§ 310).

Wenn der Haftbefehl vom Ermittlungsrichter des OLG (§ 169 I 1) erlassen wurde, ist das OLG zuständig (§ 120 III 2 GVG), gegen dessen Entscheidung die weitere Beschwerde an den BGH gegeben ist (§ 310 I). Wenn der Ermittlungsrichter des BGH (§ 169 I 2) den Haftbefehl erlassen hat, entscheidet über die Beschwerde von vornherein der BGH (§ 135 II GVG).

b) Über die Haftbeschwerde, die gegen denselben Haftbefehl **nur einmal** eingelegt werden kann, wird nach **fakultativer** mündlicher Verhandlung entschieden (§ 118 II als lex specialis zu § 309 I).

63 2. Der **Haftprüfungsantrag** hat keinen Devolutiveffekt, d. h., es entscheidet der Haftrichter (§ 126), ggf. nach mündlicher Verhandlung, die der Beschuldigte hier aber durch seinen Antrag **erzwingen** kann (§ 118 I). Der erfolglos gebliebene Haftprüfungsantrag kann, solange die U-Haft dauert, beliebig oft wiederholt werden, auch nach Verwerfung der Haftbeschwerde (§ 117 I!); eine mündliche Verhandlung kann aber nur alle zwei Monate erzwungen werden (§ 118 III).

64 3. Die mündliche Verhandlung ist im Haftprüfungsverfahren unverzüglich, spätestens zwei Wochen nach Eingang des Antrags, anzuberaumen (§ 118 V); die Verletzung dieser Frist soll aber nach verbreiteter Meinung keine Aufhebung des Haftbefehls bedingen (OLG Hamm NStZ-RR 2006, 17 u. OLG *Köln* StV 2009, 653 m. abl. Anm. *Kühne*). Der Beschuldigte hat dabei grds. ein Recht auf Anwesenheit, was vor allem bei einer etwaigen Beweisaufnahme wichtig ist; notfalls sind seine Rechte durch eine Zuschaltung qua Videokonferenz oder einen Pflichtverteidiger (§ 118a II 2, 3) wahrzunehmen. Am Ende der Verhandlung, spätestens binnen einer Woche, wird die Entsch. in Beschlussform verkündet (zur Verhandlung i. E. § 118a).

[13] Zum Akteneinsichtsrecht des Verteidigers (§ 147 I, II 2) s. o. § 19 Rn. 66f. u. *Beulke/Witzigmann*, NStZ 2011, 254.

4. Das **Beschwerdeverfahren** ist im Verhältnis zum Haftprüfungsverfahren **subsidiär** 65
(§ 117 II 1); sogar eine bereits eingelegte Haftbeschwerde wird unzulässig, wenn der Beschuldigte vor ihrer Erledigung noch einen Haftprüfungsantrag stellt (h. M., s. *M-G/S,* § 117 Rn. 14). Da auch gegen die im Haftprüfungsverfahren ergangene Entscheidung die einfache und die weitere Beschwerde gegeben sind (§§ 117 II 2, 304, 310), erscheint die durch die Beibehaltung der Haftbeschwerde herbeigeführte Doppelung der Rechtsbehelfe als verwirrend und überflüssig (a. A. *Matt,* 1991, 91).

II. Verfahren von Amts wegen

Nach sechsmonatiger Dauer erfolgt die Haftprüfung von Amts wegen durch das OLG 66
bzw. den BGH (§ 121; s. o. Rn. 53ff.). Endlich ist auch bei Erlass des Eröffnungsbeschlusses und bei der Urteilsfällung von Amts wegen über die Haftfortdauer zu entscheiden (§§ 207 IV, 268b).

§ 31. Vorläufige Festnahme, Identitätsfeststellung und Vorführung

Literatur: *Koschwitz,* Die kurzfristige polizeil. Freiheitsentziehung, 1969; *Fincke,* Darf sich eine Privatperson bei der Festnahme nach § 127 StPO irren?, GA 1971, 41; *Geerds,* Über die Festnahme von Störern nach § 164 StPO, FS Maurach, 1972, 517; *Buchert,* Zum polizeil. Schußwaffengebrauch, 1975; *Seebode,* Das Recht zur Festnahme entwichener Strafgefangener, FS Bruns, 1978, 487; *Geerds,* Festnahme und U-Haft bei Antrags- und Privatklagedelikten, GA 1982, 237; *Arzt,* Zum privaten Festnahmerecht, FS Kleinknecht, 1985, 1; *Geerds/Amendt,* Die Verfassungsmäßigkeit der strafproz. Sicherheitsleistungsvorschriften, 1986; *Kramer,* „Jedermann" nach § 127 I StPO: StAe und Polizeibeamte?, MDR 1993, 111 (dazu *Benfer,* MDR 1993, 828); *Marxen,* Zum Begriff der frischen Tat in § 127 I StPO, FS Stree/Wessels, 1993, 705; *Schmidt/Schöne,* Zwangsmitteleinsatz im Rahmen des § 127 II StPO, NStZ 1994, 218; *Krause,* Vorläufige Festnahme von Strafunmündigen nach § 127 I StPO?, FS Geerds, 1995, 489; *Kargl,* Inhalt und Begründung der Festnahmebefugnis nach § 127 I StPO, NStZ 2000, 8; *Giring,* Haft und Festnahme gem. § 127b StPO pp., 2005; *Bülte,* § 127 Abs. 1 Satz 1 StPO als Eingriffsbefugnis für den Bürger und als Rechtfertigungsgrund, ZStW 121 (2009), 377.

A. Vorläufige Festnahme und unmittelbarer Zwang

I. Voraussetzungen

1. In Eilfällen kann eine sofortige Freiheitsentziehung durch die StA, Polizeibeamte 1
oder durch Privatleute notwendig sein, ohne dass es möglich ist, vorher den schriftlichen Haftbefehl des Richters zu erwirken. Eine solche nicht durch den Richter angeordnete **Festnahme** ist nur als **vorläufige** Maßnahme zulässig (§§ 127ff., 163 b/c als Ausführungsvorschriften zu Art. 104 III GG). Die StPO kennt vier Typen der vorläufigen Festnahme (vgl. *Achenbach,* JA 1981, 660f.):

- die anwesenheitssichernde und die identifizierungssichernde Flagranzfestnahme (Festnahme auf frischer Tat), § 127 I 1;
- die identifizierungssichernde amtliche Festnahme durch StA und Polizei, § 127 I 2 i. V. m. §§ 163b, c;
- die haftsichernde amtliche Festnahme, § 127 II;
- die Festnahme zur Sicherung der Durchführung des beschleunigten Verfahrens, § 127b.

2 2. Zur **Flagranzfestnahme** gem. § 127 I 1 ist **jedermann** befugt,[1] wenn

a) der Täter auf frischer Tat betroffen oder verfolgt wird (die Tat kann noch im strafbaren Versuchsstadium stecken oder auch schon vollendet sein; es reicht aus, wenn die Nacheile in unmittelbarem Anschluss an die strafbare Handlung einsetzt) und wenn

b) die Person des Täters nicht sofort feststellbar ist (identifizierungssichernde Flagranzfestnahme) oder

c) Fluchtverdacht besteht (anwesenheitssichernde Flagranzfestnahme). Die Befugnis zur anwesenheitssichernden Flagranzfestnahme steht auch der **StA und der Polizei** zu. Das Recht zur identifizierungssichernden Flagranzfestnahme haben dagegen nur Privatleute (aber keineswegs nur der Verletzte), während für StA und Polizei gem. § 127 I 2 die allg. Vorschrift des § 163b I zur Identitätsfeststellung gilt.

3 aa) Die **Person** des Täters ist **feststellbar,** wenn er amtliche Ausweise (v. a. solche mit Personenbeschreibung und Lichtbild) bei sich führt und vorzeigt. Nach dem Grundsatz der Verhältnismäßigkeit ist daher statt der Festnahme als milderes Mittel auch die Wegnahme eines Ausweises gestattet (str.; dafür LR/*Hilger,* § 127 Rn. 30; dagegen *Eb. Schmidt,* Nachtrag I, § 127 Rn. 26 mit der Begründung, dass darin eine Privatleuten verbotene Beschlagnahme liege); der Ausweis muss aber nach der Identifizierung zurückgegeben werden.

bb) **„Fluchtverdacht“** ist nach h. M. im Unterschied zu der objektiv bestimmten „Fluchtgefahr“ in § 112 auf das begrenzte augenblickliche Beurteilungsvermögen des Festnehmenden abgestellt und bei schweren oder typischerweise heimlichen Verbrechen (z. B. Brandstiftung) i. d. R. gegeben (LR/*Hilger,* § 127 Rn. 21).

4 d) Da das Festnahmerecht nicht (wie Notwehr und Selbsthilfe) dem Eigeninteresse des Privaten, sondern dem öffentlichen Interesse an wirksamer Strafverfolgung dient und der Private somit bei der Festnahme eine öffentliche Aufgabe erfüllt, soll es nach einer im Vordringen begriffenen Auffassung unbillig sein, ihm das Risiko eines schuldlosen Irrtums (z. B. über die Tätereigenschaft des am Tatort angetroffenen Verdächtigen) aufzuerlegen, und ein Festnahmerecht nach § 127 I schon dann bestehen, wenn der Private die in dieser Vorschrift genannten Voraussetzungen ohne Fahrlässigkeit annimmt. Aber das überzeugt nicht, denn es geht hier nicht um Billigkeit, sondern um die Abwägung gegen das Interesse des Festzunehmenden, das den Vorrang verdient, wenn er unschuldig ist – genau so, wie es dem Wortlaut des § 127 I entspricht (sehr str.[2]).

5 3. Zur **haftsichernden amtlichen Festnahme** sind gem. § 127 II die StA und alle Polizeibeamten (nicht nur die Ermittlungspersonen der StA) befugt, wenn die Voraussetzungen eines Haftbefehls erfüllt sind (m. a. W. dringender Tatverdacht und ein Haftgrund bestehen) und Gefahr im Verzuge ist (d. h. die in der Erwirkung eines Haftbefehls liegende Verzögerung den Untersuchungszweck gefährden würde).

[1] Zu den Grundlagen *Bülte,* ZStW 121 (2009), 371 ff.

[2] *Wiedenbrüg,* JuS 1973, 418; *Schlüchter,* JR 1987, 309; *Krey* I, Rn. 532 ff.; *Ranft,* Rn. 759 ff.; *Beulke,* Rn. 235. *Marxen,* 1993, will auf die „Evidenz eines strafbaren Verhaltens“ abstellen mit der Wirkung, dass im wesentlichen nur noch vorsätzliche Gewalt- und Beschädigungsdelikte sowie Freiheitsberaubung und Diebstahl zur Festnahme berechtigen; *Bülte,* ZStW 121 (2009), 400 f. verlangt einen über vernünftige Zweifel erhabenen Tatverdacht bzw. eine Verurteilungsreife aus ex ante Sicht; zur Gegenmeinung *Roxin,* Strafrecht AT I, § 17, Rn. 24 f. m. w. N.; *Fincke,* GA 1971, 41; *ders.,* JuS 1973, 87 gegen OLG Hamm NJW 1972, 1826; *Borchert,* JA 1982, 338; KK/*Wankel,* § 127 Rn. 2; BGH (Zivilsenat) NJW 1981, 745; BayObLG MDR 1986, 956.

4. Einen Sonderfall stellt das in § 127b I geregelte Festnahmerecht dar. Da es in erster Linie zur Sicherung der Durchführung der Hauptverhandlung im beschleunigten Verfahren (§§ 417ff.) und des in § 127b II geregelten Haftgrundes (sog. „Hauptverhandlungshaft") dient, wird es i. E. dort behandelt (vgl. u. § 61 Rn. 9ff.). 6

5. a) Straflose **Vorbereitungshandlungen** rechtfertigen eine Festnahme nach § 127 nicht; allenfalls kann, sofern ein Landesgesetz das gestattet, eine Freiheitsentziehung aus präventivpolizeilichen Gründen erfolgen, aber auch dann nur in den engen zeitlichen Grenzen des Art. 104 GG. 7

b) Umstritten ist, ob ein Festnahmerecht bei **Taten strafunmündiger Personen** (§ 19 StGB) entsteht. Dies wird z. T. damit befürwortet, die Festnahme des Kindes ermögliche Ermittlungen gegen strafbar an dessen Taten Beteiligte oder bewahre durch die Feststellung der Täterschaft des Kindes unschuldig Verdächtigte vor weiterer Strafverfolgung (*Krause,* 1995). Doch ist das Festnahmerecht eine strafprozessuale Zwangsmaßnahme, die nur gegen denjenigen angewendet werden darf, der selbst strafrechtlichen Sanktionen unterliegt, also nicht gegen den Strafunmündigen (so die h. M., vgl. m. w. N. LR/*Hilger,* § 127 Rn. 8, Fn. 27; *Roxin,* Strafrecht AT I, 4. Aufl., § 17 Rn. 26, Fn. 35). Daher ist auch die Ermöglichung von erzieherischen Maßnahmen gegen den Strafunmündigen kein Grund für eine Flagranzfestnahme (so aber *Jakobs,* AT, 2. Aufl., 16/17).

c) Das Festnahmerecht wird allgemein durch den **Verhältnismäßigkeitsgrundsatz** eingeschränkt. Positivrechtliche Ausprägungen finden sich davon in § 127 II (wo auf die Voraussetzungen des Haftbefehls und damit auf §§ 112 I 2, 113 verwiesen wird), in § 127a, wonach bei leichteren Delikten von einer Festnahme sogar dann abgesehen werden kann, wenn der Beschuldigte zwar keinen festen Wohnsitz hat, aber für die zu erwartende Geldstrafe und die Verfahrenskosten Sicherheit leistet (entspr. § 132, s. dazu o. § 30 Rn. 2), sowie in §§ 163b, 163c (vgl. u. Rn. 19ff.). Weitere Beschränkungen des Festnahmerechts ergeben sich durch einen unmittelbaren Rückgriff auf den Verhältnismäßigkeitsgrundsatz (vgl. *Naucke,* SchlHA 1966, 97).

d) Die vorläufige Festnahme kommt auch bei Antragsdelikten in Frage (§ 127 III) sowie bei Privatklagedelikten, weil sonst der Verletzte in den Fällen, in denen ihm kein Selbsthilferecht nach § 229 BGB zur Seite steht, nicht einmal zur Feststellung des Täters in der Lage wäre (zu den Antrags- und Privatklagedelikten ausführl. *Geerds,* 1982).

e) Ein Abgeordneter kann aufgrund des § 127 nur nach Maßgabe des Art. 46 II GG festgenommen werden.

f) Sind die Voraussetzungen des § 127 nicht erfüllt (z. B. ein Privatmann erkennt den steckbrieflich gesuchten Bankräuber eine Woche nach der Tat auf der Straße), ist eine vorläufige Festnahme auch nicht unter Berufung auf § 34 StGB zulässig; sonst würde die Beschränkung des § 127 I auf die „frische Tat" unterlaufen (*Borchert,* 1982, 345).

7. Außerhalb der StPO ist eine vorläufige Festnahme in folgenden **Spezialgesetzen** vorgesehen: 8

a) Jedes erkennende Gericht kann (nach § 183 S. 2 GVG, auf den die anderen Verfahrensordnungen verweisen, z. B. § 55 VwGO) eine vorläufige Festnahme anordnen, wenn in der Sitzung eine strafbare Handlung (etwa ein Meineid) begangen wird. Den endgültigen Haftbefehl kann aber nur der nach § 125 zuständige Richter erlassen!

b) Im Strafverfahren wegen Steuervergehen ergibt sich das Festnahmerecht der mit der Zoll- und Steuerfahndung betrauten Beamten aus § 404 AO.

c) Präventivpolizeilichen Charakter besitzt das Festnahmerecht des Kapitäns nach § 106 III, IV SeemannsG (v. 26.7.1957, BGBl. II, 713).

II. Die Durchführung der Festnahme

9 1. a) Irgendwelche **Förmlichkeiten** (etwa die Worte „Im Namen des Gesetzes, Sie sind verhaftet!") sind zur Durchführung der vorläufigen Festnahme ebenso wenig vorgeschrieben wie bei der Vollstreckung eines Haftbefehls; erforderlich ist allein die **effektive Entziehung** der **Fortbewegungsfreiheit.**

b) Das Festnahmerecht enthält nicht die Befugnis, den Festgenommenen zu **durchsuchen,** sofern dies zu anderen Zwecken als zur sofortigen Feststellung seiner Personalien geschieht (arg. § 127 I; s. o. Rn. 3).

c) § 127 erlaubt für sich allein weder eine Gefährdung noch gar eine Verletzung des Täters (dazu s. u. Rn. 10), sondern nur seine **Sicherstellung.** Auch die bloß sichernden Maßnahmen müssen aber, gleich ob sie von Beamten oder Privaten vorgenommen werden, in einem **angemessenen Verhältnis** zu ihrem Anlass und Zweck stehen (so schon RGSt 65, 392ff., 394).

10 2. Für die Festnahme seitens einer **Privatperson** gelten folgende Grundsätze:

a) Die Anwendung angemessener **körperlicher Gewalt** ist *bei* der Festnahme (nicht auch danach, Art. 104 I 2 GG!) erlaubt, auch wenn sie zu körperlichen Misshandlungen führt (festes Zupacken, ggf. Fesseln); Gesundheitsbeschädigungen und unmittelbare Lebensgefährdungen wie Würgen für mehrere Minuten sind dagegen durch § 127 nicht gedeckt (evtl. aber durch § 32 StGB).[3] Der Gebrauch von **Schusswaffen** ist Privaten schlechthin verboten, selbst in den schwersten Fällen;[4] § 32 StGB bleibt aber auch hier vorbehalten. Fährt ein Polizeistreifenwagen einen Motorradfahrer zum Zwecke der Festnahme um, so verstößt das gegen den Grundsatz der Verhältnismäßigkeit (BayObLG NStZ 1988, 518 m. Anm. *Molketin,* NStZ 1989, 488).

b) Benutzt der Täter ein **Kraftfahrzeug,** so darf er verfolgt, aber nur dann (etwa durch Schneiden der Fahrbahn) zum Anhalten gezwungen werden, wenn weder andere Verkehrsteilnehmer noch er selbst dadurch ernstlich gefährdet werden (näher LR/*Hilger,* § 127, Rn. 32f.).

c) Dagegen lässt sich eine Befugnis, in **fremde Wohnungen einzudringen,** nicht aus § 127 herleiten. Darin läge eine Haussuchung, die nur auf Anordnung der StA oder ihrer Ermittlungspersonen (§ 105 I) unter den besonderen Sicherungen des § 105 II vorgenommen werden darf. Wollte die StPO darüber hinaus auch Privatleuten einen solchen Eingriff in das Grundrecht des Art. 13 GG gestatten, so müsste sie dies ausdrücklich bestimmen (Art. 19 I, 13 II GG).

III. Die Anwendung unmittelbaren Zwanges durch die Polizei insb.

11 1. Über die zulässigen Zwangsmittel der **Polizei** bei der Festnahme enthält die StPO keine Regelung. Die h. M. lässt es zu, auf die Vorschriften des Landes- und ggf. Bundesrechts über die Anwendung unmittelbaren Zwanges zurückzugreifen.[5] Praktisch bedeutsam sind dafür vor allem die Vorschriften des landesrechtlichen Polizeirechts.[6] Für die **Bundesbeamten** gilt das Gesetz über den unmittelbaren Zwang bei Ausübung öffentlicher Gewalt durch Vollzugsbeamte des Bundes v. 10.3.1961 (UZwG, Sartorius 115), für Soldaten und zivile Wachpersonen der Bundeswehr das entspr. Gesetz

[3] BGHSt 45, 378, 381; dazu *Mitsch,* JuS 2000, 848.

[4] Str., dafür etwa RGSt 65, 392; *Eb. Schmidt,* Nachtrag I, § 127 Nr. 25; *Borchert,* 1982, 344; nur in „extremen Ausnahmefällen" KMR/*Wankel,* § 127 Rn. 11; dagegen LR/*Hilger,* § 127 Rn. 29.

[5] Zum Meinungsstand instruktiv SK/*Paeffgen,* § 127 Rn. 29ff. mit ausführlichen Nachweisen; in diesem Sinne auch BGH JR 2000, 297 m. Anm. *Ingelfinger.*

[6] Vgl. die Zusammenstellungen bei *Schenke,* in: Steiner (Hrsg.), Besonderes Verwaltungsrecht, 8. Aufl., 2006, Rn. 298ff.; *Gusy,* Polizeirecht, 6. Aufl., 2006, Rn. 441ff.

v. 12.8.1965 (UZwGBw, Sartorius 117); die Vorschriften für die **Landesbeamten** sind meist in den Polizeigesetzen enthalten.

12 Diese Ergänzung des Strafprozessrechts durch Normen aus einem anderen kompetenziellen und funktionellen Zusammenhang wird in der jüngsten Zeit zunehmend kritisiert.[7] Sie sei nicht vereinbar mit der Kodifikationsklausel in § 6 EGStPO, der zufolge dem Strafverfahrensrecht des Bundes eine Sperrwirkung gegenüber dem Landesrecht zukommt; sie ignoriere den Unterschied zwischen der präventiven Zielsetzung der herangezogenen Vorschriften und der Sicherung der Tataufklärung als Funktion der vorläufigen Festnahme. Außerdem stehe eine solche Ergänzung im Widerspruch zu dem rechtsstaatlichen Vorbehalt des Gesetzes, der eine analoge Anwendung von Ermächtigungen zu Grundrechtseingriffen verbietet und eine spezifisch einschlägige eigene Entscheidung des Gesetzgebers verlangt. Auch die Polizei sei daher auf die Anwendung derjenigen Mittel beschränkt, die sich aus dem Begriff der Festnahme ableiten lassen (o. Rn. 10 unter a und b), während alle weitergehenden Formen unmittelbaren Zwanges einer ausdrücklichen Zulassung in der StPO bedürften. Aber das überzeugt nicht, weil der Schöpfer der RStPO bewusst keine eigene Regelung des Zwangsmitteleinsatzes getroffen und damit stillschweigend auf das Polizeirecht verwiesen hat.

13 2. a) Die nach der h. M. maßgeblichen Vorschriften über den **unmittelbaren Zwang** sind einander weitgehend ähnlich. Es werden im allg. einfache körperliche Gewalt, Hilfsmittel der körperlichen Gewalt (z. B. Fesselung) und Waffengebrauch unterschieden, für deren Anwendung der Verhältnismäßigkeitsgrundsatz in seiner doppelten Ausprägung gilt: Es ist stets das mildeste ausreichende Zwangsmittel anzuwenden, das niemals außer Verhältnis zu seinem Anlass stehen darf (z. B. wäre es rechtswidrig, einen Polizeihund auf einen wegen eines Bagatelldiebstahls Fliehenden zu hetzen).

14 b) Dies gilt v. a. für das schärfste Mittel, den **Schusswaffengebrauch.** Er ist in den meisten Bundesländern bei der ersten Festnahme nur zulässig, wenn es sich um ein Verbrechen handelt, wenn mildere Mittel unanwendbar sind und wenn ein Anruf vorhergegangen ist („Halt, oder ich schieße!"). Auch dann darf aber nur auf Unschädlichmachung (Angriffs- oder Fluchtunfähigkeit), nicht auf Tötung des Flüchtigen abgezielt werden. Aus der Unschuldsvermutung, dem unersetzbaren Wert des menschlichen Lebens und dem Verhältnismäßigkeitsgrundsatz sowie der grundlegenden Wertentscheidung in Art. 102 GG ergibt sich ferner, dass bei der naheliegenden Gefahr eines tödlichen Ablaufs der Gebrauch einer Schusswaffe zum Zweck der Strafverfolgung zu unterbleiben hat (str.; a. M. *Blei,* JZ 1955, 631). Bei Vergehen ist der Schusswaffengebrauch z. T. nur gestattet, wenn ein bereits Festgenommener zu entfliehen versucht, nach dem UZwG und den mit ihm übereinstimmenden Landesgesetzen auch dann, wenn der Täter selber mit einer Schusswaffe ausgerüstet ist.

15 c) Umstr. ist, ob sich die Polizei über die in Spezialgesetzen geregelten hoheitlichen Eingriffsbefugnisse hinaus bei ihrem Vorgehen auch auf die allg. Rechtfertigungsgründe des Strafrechts (insb. §§ 32, 34 StGB) berufen kann. Die h. M. bejaht das,[8] während die Gegenmeinung (abgesehen vom reinen Selbstschutzrecht) die Anwendbarkeit der strafrechtlichen Rechtfertigungsgründe auf hoheitliches Handeln schlechthin bestreitet (vgl. *Amelung,* NJW 1977, 833; *Seelmann,* ZStW 89 [1977], 36), was v. a. auf eine praktisch kaum erträgliche Ausschaltung des Nothilferechts hinausläuft. Recht einleuchtend schlägt *Schaffstein* vor, auf hoheitliches Handeln zwar die strafrechtlichen Rechtfertigungsgründe anzuwenden, diese Anwendung aber durch den öffentlich-rechtlichen Grundsatz der Verhältnismäßigkeit einzuschränken (GS Schröder, 1978, 97).

[7] 25. Aufl., 1998, § 31 Rn. 12; AK/*Achenbach,* EGStPO, § 6 Rn. 1, 6; SK/*Paeffgen,* § 127 Rn. 30, 31; *Schmidt/Schöne,* NStZ 1994, 218 ff.

[8] Umfassend mit vielen Nachw. zum aktuellsten Diskussionstand *Jahn,* Das Strafrecht des Staatsnotstands, 2004, 273 ff.; LK/*Rönnau,* vor § 32 Rn. 233 ff., i. Erg. ähnlich für eine ungeschriebene Verweisung der landesrechtlichen Normen auf die strafrechtlichen Notrechte *Lerche,* FS v. d. Heydte, 1977, 1033; für eine Beschränkung auf das Zivil- und Strafrecht unter Ausschluss des Disziplinarrechts *Schwabe,* NJW 1977, 1902 m. w. N.

IV. Das Verfahren nach der Festnahme

16 1. Der von einem Privaten Festgenommene wird gewöhnlich zur nächsten Polizeiwache gebracht (was keinen Verstoß gegen § 128 darstellt, RGSt 29, 137) und dann dort erst einmal (unter Beachtung von § 163a IV!) vernommen. Wenn sich dabei seine Unschuld ergibt, wird er wieder freigelassen. Dasselbe gilt, wenn er nur zur Ermittlung seiner Personalien festgenommen wurde und diese auf der Polizeiwache möglich ist.

17 2. Wird er nicht wieder in Freiheit gesetzt, so ist er entsprechend §§ 114a–c zu belehren (§§ 127 IV, 127b I 2) und unverzüglich, spätestens aber am nächsten Tag dem Richter beim AG des Festnahmebezirks vorzuführen (Art. 104 III GG; § 128 I). Dabei darf die Frist des § 128 I 1 zwar nicht nach Belieben, aber doch für Ermittlungen ausgenutzt werden, die dem Richter eine umfassende Grundlage für seine Entscheidung bieten (BGH NStZ 1990, 195; abl. *Nelles,* StV 1992, 385; zust. *Fezer,* JR 1991, 85). In die Frist des § 128 ist eine unmittelbar vorangehende Festnahme wegen Selbstmordgefahr einzurechnen, da auch diese nach Art. 104 II GG richterlicher Bestätigung bedarf (BGHSt 34, 365). Der Richter vernimmt den Festgenommenen gem. §§ 128 I 2 u. 115 III und ordnet entweder seine Freilassung an oder erlässt einen Haftbefehl (§ 128 II), wodurch das Festnahmeverfahren in das Haftverfahren übergeleitet wird.

3. Eine besondere Zuständigkeitsregelung ist für den Fall getroffen, dass gegen den Festgenommenen bereits die öffentliche Klage erhoben ist; i. E. s. § 129.

V. Die Festnahme bei Störungen der Amtstätigkeit

18 Ein von § 127 nach Voraussetzungen und Zweckrichtung verschiedener Fall der kurzfristigen Festnahme ist in § 164 geregelt (dazu *Eb. Schmidt,* NJW 1969, 393; *Geerds,* 1986). Danach darf jeder Beamte, der außerhalb des Amtsgebäudes eine Amtshandlung strafprozessualer Art vornimmt (z. B. eine Haussuchung, entspr. § 177 GVG für Gerichtsverhandlungen), solche Personen festnehmen und notfalls bis zum Ende des nächsten Tages festhalten, die seine amtliche Tätigkeit vorsätzlich stören oder sich seinen rechtmäßigen Anordnungen widersetzen.

B. Die Identitätsfeststellung

19 Das StPÄG 1978 (AntiterrorismusG) hat in den §§ 163b, 163c eine neue **allg. Ermächtigungsgrundlage** für die **Identifizierung** von Personen im **Strafverfahren** geschaffen (eingehend dazu *Kurth,* 1979; *Achenbach,* 1981; *Geerds,* 1986). Diese Regelung ist zugleich maßgebend für die identifizierungssichernde amtliche vorläufige Festnahme durch die StA und alle Beamten des Polizeidienstes (§ 127 I 2).

20 Danach dürfen – ganz unabhängig vom Betreffen auf frischer Tat und den Voraussetzungen eines Haftbefehls (!) – bei jedem einer Straftat **Verdächtigen** alle zur Feststellung seiner Identität erforderlichen Maßnahmen getroffen werden; dem Verdächtigen ist dabei zu eröffnen, welche Tat ihm zur Last gelegt wird (§ 163b I 1; dazu OLG *Köln* StV 1982, 359). Kann der Beschuldigte sonst nicht oder nur unter erheblichen Schwierigkeiten identifiziert werden, darf er vorläufig festgehalten, erkennungsdienstlichen Maßnahmen (vgl. u. § 33 Rn. 13ff.) unterzogen sowie mitsamt seinen Sachen durchsucht werden (§ 163b I 2, 3). Auch eine Verbringung zur Polizei und die dortige Überprüfung der Personalien ist nur zulässig, wenn konkreter Anlass besteht, an der Echtheit vorgelegter Ausweispapiere zu zweifeln (BVerfG StV 1992, 210). Selbst **Unverdächtige** dürfen gemäß § 163b II 1 identifiziert werden, wenn dies zur Aufklärung einer

Straftat geboten ist; dabei sind ihnen der Gegenstand der Untersuchung sowie richtigerweise auch die Person des etwaigen Beschuldigten zu bezeichnen (a. A. *M-G/S,* § 163b Rn. 4). Sie dürfen festgehalten werden, wenn dies der Bedeutung der Sache entspricht; die Durchsuchung ihrer Person und der von ihnen mitgeführten Sachen sowie erkennungsdienstliche Maßnahmen sind allerdings nur mit ihrem Einverständnis zulässig (§ 163b II 2), woraus die h. M. schließt, dass ihre positive Einwilligung einzuholen und nicht nur auf den ausdrücklich erklärten oder erkennbaren Gegenwillen abzustellen ist (SK/*Wolter,* § 163b, Rn. 53 m. w. N. zum Streitstand).

Verdächtige und Unverdächtige dürfen zu Identifizierungszwecken nur so lange festgehalten werden, wie dies unerlässlich ist (§ 163c I 1; dazu di ff. AK/*Achenbach,* § 163c Rn. 2–5); in jedem Falle ist ihre Festnahme nach spätestens 12 Stunden zu beenden (§ 163c III). Festgehaltene sind unverzüglich dem Richter vorzuführen, es sei denn, dass die Herbeiführung der richterlichen Entscheidung voraussichtlich längere Zeit in Anspruch nehmen würde, als zur Identifizierung notwendig ist (§ 163c I 2). Sie haben ein Recht darauf, dass ein Angehöriger oder eine Vertrauensperson unverzüglich benachrichtigt wird; sie selber dürfen zu ihnen Kontakt aufnehmen, es sei denn, dass sie einer Straftat verdächtig sind und der Untersuchungszweck durch die Benachrichtigung gefährdet würde (§ 163c I 3). Sind Unverdächtige identifiziert, sind alle Unterlagen zu vernichten, die zu Identifizierungszwecken angefertigt wurden (§ 163c IV). 21

C. Die Vorführung

I. Begriff

Als Vorführung i. w. S. wird jede zwangsweise Zuführung einer Person an eine Behörde bezeichnet (vgl. §§ 115 I, 128 I); i. e. S. ist eine Vorführung die im Zwangswege erfolgende **Durchsetzung** einer **Vorladung** (das ist die Aufforderung, vor einer Behörde zu erscheinen). Eine solche (eigentliche) Vorführung kann sich im Strafverfahren sowohl gegen den Beschuldigten (II) als auch gegen Zeugen richten (III). 22

II. Vorführung des Beschuldigten

1. Ein Recht der **Polizei,** den **Beschuldigten** vorzuführen („mit zur Wache zu nehmen"), besteht in anderen als den in §§ 127 I u. II, 163b, 163c aufgeführten Fällen **nicht.** 23

a) Eine Vorführung zur Vernehmung kann auf die Polizeigesetze der Länder, die eine solche Maßnahme teilweise vorsehen (etwa § 4 PVG von Rheinland-Pfalz), nicht gestützt werden, weil die Regelung der StPO in diesem Bereich der Strafverfolgung erschöpfend ist und der Landesgesetzgebung keinen Raum lässt.[9] Polizeirechtlich ist die Vorführung lediglich zur präventiven Gefahrenabwehr zulässig, nicht aber zum Zweck der repressiven Strafverfolgung.

b) Zur zwangsweisen Mitnahme zur Wache, um die Personalien festzustellen (sog. ***Sistierung***), s. o. Rn. 20f.

2. a) Der **Richter** (§ 134) und auch der **StA** (§ 163a III 2) können den Beschuldigten zur Vernehmung vorführen lassen.[10] Bei Zweifeln über die Rechtmäßigkeit der vom StA angeordneten Vorführung entscheidet auf Antrag des Beschuldigten das Gericht, d. h. i. d. R. der Ermittlungsrichter (§§ 163a III 3 i. V. m. 162). 24

Die Bedeutung dieser gerichtlichen Überprüfung ist dunkel (wie hier *Kühne,* Rn. 461). Einen Sinn kann sie nur haben, wenn sie vor dem Vollzug der Vorführung vorgenommen wird (so auch *M-G/S,* § 163a Rn. 22, der eine Antragsbefugnis bereits gegen die Androhung der Vorführung annimmt). Der damit ver-

9 BGH NJW 1962, 1020; *Koschwitz,* 1969, 88 ff., *Schenke,* JR 1970, 48; a. M. *Peters,* 182.

10 Zum staatsanwaltschaftl. Vorführungsrecht und seiner Überprüfung vgl. BGHSt 39, 96 m. Anm. *Welp,* JR 1994, 37; krit. zu dessen Vereinbarkeit mit Art. 104 II GG AK/*Achenbach,* § 163a Rn. 35 i. V. m. § 161a Rn. 15f. m. w. N.

bundene erhebliche Zeitverlust lässt es aber sinnvoller erscheinen, sogleich eine richterliche Vorführung nach §§ 133, 134 herbeizuführen. Unklar ist ferner, nach welchen Kriterien das Gericht die angefochtene Maßnahme überprüfen soll. Eine klarstellende Gesetzesänderung erscheint daher wünschenswert.[11]

25 Die Einzelheiten der Vorführung regeln die §§ 133–135. Danach ist im Allgemeinen zunächst schriftliche Ladung und Vorführungsandrohung erforderlich und eine sofortige Vorführung nur zulässig, wenn stattdessen auch ein Haftbefehl erlassen werden könnte.

Umstr. ist, ob nicht im Fernbleiben des Beschuldigten seine stillschweigende Aussageverweigerung zu sehen und dann eine Vorführung nach dem Verhältnismäßigkeitsgrundsatz (Verbot untauglicher Mittel) unzulässig ist (so LG Köln NJW 1967, 1873). Ein Verbot der Vorführung kann daraus aber nicht hergeleitet werden, weil ihre Aufgabe gerade darin besteht, dem Beschuldigten seine Situation klarzumachen, wodurch er in zahlreichen Fällen doch noch zur Aussage veranlasst wird (LG Nürnberg-Fürth NJW 1967, 2126). Andernfalls würde § 133 auch nicht ausgelegt, sondern praktisch außer Kraft gesetzt werden, wozu kein hinreichender Grund vorliegt, da für die Verfassungswidrigkeit dieser Vorschrift nichts ersichtlich ist (wie hier *Eb. Schmidt,* JZ 1968, 354).

26 b) Gem. § 230 II kann der Richter gegen einen in der **Hauptverhandlung** ohne genügende Entschuldigung ausgebliebenen Angekl. für die neue Verhandlung die Vorführung schriftlich (*Lemke,* NJW 1980, 1494) anordnen oder einen Haftbefehl erlassen, wobei die Vorführung, sofern sie ausreichend erscheint, als mildere Maßnahme vor dem Haftbefehl Vorrang hat (vgl. BVerfGE 32, 87, 93). Ob der Haftbefehl den Anforderungen des § 114 entsprechen, also eine Bezeichnung der Tat und der Strafvorschrift enthalten muss, ist str.[12] Außerdem kann gem. § 231 I bei einer Unterbrechung der Hauptverhandlung die Entfernung des Angekl. notfalls auch dadurch verhindert werden, dass er für diese Zeit in Gewahrsam genommen wird. § 329 IV lässt auch für die Berufungsverhandlung erforderlichenfalls die Vorführung oder Verhaftung des Angekl. zu.

Ob ein verhandlungsunfähig erschienener Angeklagter als nicht erschienen behandelt und den Zwangmaßnahmen des § 230 II (Haftbefehl!) unterworfen werden darf, ist zw. (dafür OLG *Düsseldorf* JR 1991, 294; krit. *Welp,* 1991).

27 c) Nach Durchführung der Vernehmung oder der Hauptverhandlung ist die Vorführungsanordnung erschöpft (im Gegensatz zum Haftbefehl, der besonders aufgehoben werden muss), so dass der Beschuldigte dann wieder frei ist.

III. Vorführung von Zeugen

28 Zu der Vorführung von **Zeugen** ist die Polizei im Rahmen eines Strafverfahrens ebenso wenig befugt wie zur Vorführung des Beschuldigten, wie oben (II 1) näher ausgeführt ist. Ihre Sistierung ist nach Maßgabe des § 163b II möglich. Richter und StA können dagegen einen ordnungsgemäß geladenen, ohne genügende Entschuldigung ausbleibenden Zeugen vorführen lassen (§§ 51 I 3; 161a II);[13] stattdessen können sie

[11] Näher zum Ganzen, insb. zur Anfechtbarkeit der Ladung, *Enzian,* JR 1975, 277; *Amelung,* Rechtsschutz gegen strafproz. Grundrechtseingriffe, 1976, 31; *Gössel,* GA 1976, 62; *Welp,* Zwangsbefugnisse für die StA, 1976, 17ff., 23ff.

[12] Dafür OLG Frankfurt a. M. StV 1995, 237, dagegen LG Chemnitz StV 1996, 255 m. Anm. *Gollwitzer.*

[13] Für Verfassungswidrigkeit des staatsanwaltschaftl. Rechts zur Vorführungsanordnung auch hier AK/*Achenbach,* § 161a Rn. 15f. m.w.N.

aber auch die Ordnungsmittel des § 51 (Kostenersatz, Ordnungsgeld) verhängen, nur die Festsetzung von Ordnungshaft bleibt dem Richter vorbehalten (§ 161 a II 2).

§ 32. Fahndung

Literatur: *Göhring,* Polizeil. Kontrollstellen u. Datenverarbeitung, 1992; *Rogall,* Informationseingriff und Gesetzesvorbehalt im Strafprozeßrecht, 1992; *Soiné,* Öffentlichkeitsfahndung, 1992; *ders.,* Zur Neuregelung der strafproz. Öffentlichkeitsfahndung, ZRP 1994, 392; *ders.,* Fahndung via Internet, NStZ 1997, 166, 321; *Siebrecht,* Rasterfahndung, 1997; *Wittig,* Schleppnetzfahndung, Rasterfahndung und Datenabgleich, JuS 1997, 961; *Jofer,* Strafverfolgung im Internet, 1999; *Tuffner,* Das Schengener Informationssystem, Kriminalistik 2000, 39; *Soiné,* StrVÄG 1999, Kriminalistik 2001, 245; *Ranft,* Fahndung nach Beschuldigten und Zeugen gemäß dem StVÄG 1999, StV 2002, 38; *Zöller,* Verdachtslose Recherchen und Ermittlungen im Internet, GA 2000, 563; *Rogall,* Rasterfahndung in Zeiten des Terrorismus, GS Schlüchter, 2002, 611; *Pehl,* Die Implementation der Rasterfahndung, 2008; *Meyer/Hüttemann,* Intern. Fahndung nach Personen pp., ZStW 128 (2016), 394.

A. Allgemeines

Fahndungsmaßnahmen dienen der Feststellung der Identität und des Aufenthaltsortes 1 von Beschuldigten und Zeugen, um Straftaten aufzuklären und die Festnahme von Beschuldigten zu ermöglichen. Sofern sie mit der Weitergabe und Veröffentlichung personenbezogener Daten verbunden sind, enthalten sie einen Eingriff in das allgemeine Persönlichkeitsrecht des Betroffenen in Form seines Rechts auf informationelle Selbstbestimmung, d. h. in das Recht des Bürgers, „grds. selbst über die Preisgabe und die Verwendung seiner persönlichen Daten zu bestimmen" (BVerfG 65, 1, 43). Die Vorschriften der §§ 131 ff. wurden durch das Strafverfahrensänderungsgesetz 1999 umfassend neu geregelt. Hintergrund der Änderungen waren das Volkszählungsurteil des BVerfG (BVerfGE 65, 1 ff.) und die zunehmende Nutzung massenmedialer Fahndungen (dazu SK/*Paeffgen,* § 131 Rn. 1), denen die alte Regelung des Steckbriefs in § 131 a. F. nicht mehr gerecht wurde.

Keine Fahndungsmaßnahme in diesem Sinn liegt vor, wenn die Ermittlungsbehörden ohne konkreten An- 2 fangsverdacht routinemäßig im Internet nach Webseiten suchen, durch die strafbare Inhalte (etwa nach §§ 130, 131, 184 ff. StGB) verbreitet werden (dazu *Zöller,* GA 2000, 563 ff.). Da mit derartigen Maßnahmen regelmäßig noch keine Grundrechtseingriffe verbunden sind, können sie auf die Ermittlungsgeneralklauseln der §§ 161 I, 163 I gestützt werden. Dies gilt auch für die sog. **Sachfahndung,** bei der nach Sachen (etwa Tatwaffen, Beutestücken o. ä.) gesucht wird, die im Zusammenhang mit einer Straftat stehen, weil dies nur der Vorbereitung späterer Zwangsmaßnahmen wie Durchsuchung und Beschlagnahme dient. Allerdings ist dann, wenn die Sachfahndung dazu dient, persönlichkeitsbezogene Rückschlüsse auf eine Person zu ermöglichen, auf die §§ 131 ff. zurückzugreifen, deren Eingriffsvoraussetzungen am Schutzweck des allg. Persönlichkeitsrechts ausgerichtet sind (LR/*Hilger,* vor § 131 Rn. 15).

B. Ausschreibung zur Festnahme

Die Ausschreibung zur Festnahme nach § 131 I ist die Aufforderung eines StA oder 3 eines Richters zur Ergreifung und Einlieferung eines flüchtigen oder sich verborgen haltenden Beschuldigten (im Gegensatz zur Ausschreibung zur Aufenthaltsermittlung nach § 131 a, die auch zur Ermittlung des Aufenthalts eines Zeugen angeordnet werden darf, dazu *Ranft,* StV 2002, 41 ff., und der Ausschreibung zwecks Aufklärung einer Straftat und Identitätsfeststellung nach § 131 b). Erfolgt die Maßnahme auf der

Grundlage von § 131 I, so handelt es sich zunächst um eine behördeninterne Maßnahme, d. h. die Ausschreibung ergeht an Staatsanwaltschaften und Polizeidienststellen. Die Strafverfolgungsbehörden nutzen bei der Fahndung insb. Daten, die in öffentlichen Registern wie dem Bundes-, dem Verkehrs-, dem Ausländerzentralregister, den Strafverfahrensdateien gem. §§ 483ff., dem **zentralen staatsanwaltschaftlichen Verfahrensregister** gem. §§ 492ff. oder der neuen gemeinsamen standardisierten zentralen **Antiterrordatei**[1] gespeichert sind (vgl. zu den **Fahndungshilfsmitteln** auch Nr. 40 RiStBV). Seit den 70er Jahren existiert **INPOL,** ein EDV-Fahndungssystem der Polizeien des Bundes oder der Länder, in dem polizeilich relevante Angaben zu Straftätern, Verdächtigen, aber auch zu Zeugen, Tatopfern und potentiellen Hinweisgebern gespeichert sind. Eine internationale Fahndung kann über **Interpol** oder das **Schengener Informationssystem (SIS)** erfolgen, dazu *Tuffner,* Kriminalistik 2000, 39 u. Anh. F zu den RiStBV.

4 § 131 III sieht bei der Verfolgung von Straftaten von erheblicher Bedeutung zudem die Möglichkeit der **Öffentlichkeitsfahndung** vor, bei der sich die Ausschreibung dann über die Behörden hinaus an weitere Personenkreise bis hin zur gesamten Bevölkerung richten kann, wenn andere Formen der Aufenthaltsermittlung erheblich weniger Erfolg versprechen (dazu *Soiné,* Kriminalistik 2001, 175). Die Ausschreibung kann dabei etwa über Presse, Rundfunk oder auch das Internet (dazu *Soiné,* NStZ 1997, 166, 321; *Jofer,* 1992) erfolgen, wobei aber bei der Beurteilung der Verhältnismäßigkeit besonders zu beachten ist, dass durch derartige Maßnahmen eine der Unschuldsvermutung nach Art. 6 II EMRK widerstreitende öffentliche Vorverurteilung bewirkt werden kann (vgl. dazu oben § 18 Rn. 20ff.). Die öffentliche Ausschreibung gibt Privatpersonen kein über § 127 hinausgehendes Recht zur vorläufigen Festnahme des Beschuldigten, sondern fordert sie nur dazu auf, Mitteilungen an die Polizei zu machen (LR/*Hilger,* § 131 Rn. 8).

5 **Voraussetzung** für die Ausschreibung ist normalerweise das Vorliegen eines **Haftbefehls.** Ausnahmsweise kann die Ausschreibung aber zum Zweck der vorläufigen Festnahme trotzdem erfolgen, wenn die Voraussetzungen eines Haftbefehls gegeben sind, sein Erlass aber nicht abgewartet werden kann, ohne den Fahndungserfolg zu gefährden (§ 131 II). Inhaltlich ist für die Ausschreibung eine möglichst genaue Beschreibung des Beschuldigten erforderlich, um Verwechslungen auszuschließen. Die Beifügung einer Abbildung des Beschuldigten ist zulässig.

6 Die Maßnahmen dürfen nach § 131 sowohl von der Strafverfolgungsbehörde als auch von der Strafvollstreckungsbehörde angeordnet werden (etwa dann, wenn ein Straftäter aus der Haft entkommen ist, vgl. § 457 III 1). Dabei dürfen Maßnahmen nach § 131 I vom Richter oder dem Staatsanwalt, bei Gefahr im Verzug auch von den Ermittlungspersonen veranlasst werden. Die eingriffsintensivere Anordnung von **Öffentlichkeitsfahndungen** nach § 131a III und nach § 131b sind im Regelfall dem Richter vorbehalten, nur bei Gefahr im Verzug besteht eine Anordnungskompetenz der Staatsanwaltschaft oder ihrer Ermittlungspersonen (§ 131c I).

[1] Für das BKA, die Bundespolizeibehörde, die Landeskriminalämter, die Verfassungsschutzbehörden des Bundes und der Länder, den MAD, den BND und das Zollkriminalamt als beteiligte Behörden eingerichtet beim BKA durch das Antiterrordateigesetz v. 22.12.2006 BGBl. I 3409, dazu *Ruhmannseder,* StraFo 2007, 184; zur Verfassungsmäßigkeit und Nachbesserungspflicht BVerfGE 133, 277 m. Bespr. *Bülte/Krell,* StV 2013, 713; *Brandt* (Lit. § 39), 218, 342.

Die Mitarbeit der Strafverfolgungsbehörden an Fernsehsendungen wie „Aktenzeichen XY – ungelöst", in denen u. a. die Personalien gesuchter Beschuldigter und Verurteilter bekanntgegeben werden, ist nur im Rahmen des §§ 131 ff. zulässig (vgl. LR/*Hilger*, § 131 Rn. 17 ff.). Die hierüber hinausgehenden „Richtlinien über die Inanspruchnahme von Publikationsorganen und die Nutzung des Internets sowie anderer elektronischer Kommunikationsmittel zur Öffentlichkeitsfahndung nach Personen im Rahmen von Strafverfahren" (Anh. B zu den RiStBV, abgedr. bei *M-G*, Anh. 12) können als bloße Verwaltungsanordnungen die in §§ 131 ff. enthaltenen Grenzen nicht erweitern (i. e. s. *Bottke*, ZStW 93 [1981], 441). 7

Der aufgrund einer Ausschreibung **Ergriffene ist dem Richter vorzuführen,** und zwar grds. dem zuständigen oder, wenn das nicht am nächsten Tag nach der Ergreifung möglich ist, dem Richter des nächsten AG. Dieser hat aber nur zu prüfen, ob nicht die Ausschreibungsanordnung inzwischen aufgehoben ist und ob der Ergriffene auch wirklich der Gesuchte ist (vgl. §§ 115 u. 115 a, auf die § 131 V verweist). 8

Die **Beendigung der Ausschreibung** hat zu erfolgen, wenn der Haftbefehl, der ihr zugrunde liegt, aufgehoben wird, außerdem aber, wenn der Gesuchte ergriffen ist, die Ausschreibung also ihren Zweck erreicht hat. Soweit die Ausschreibung nach §§ 131 a III oder 131 b im Wege einer andauernden Veröffentlichung in den Massenmedien erfolgt und von der Staatsanwaltschaft oder ihren Ermittlungspersonen angeordnet wurde, muss sie binnen einer Woche durch den Richter bestätigt werden, anderenfalls tritt die Anordnung außer Kraft (§ 131 c II 1). 9

C. Netzfahndung

Bereits durch das StPÄG 1986 ist für die sog. **Netzfahndung** (oft auch als **Schleppnetz-** oder Kontrollfahndung bezeichnet, sachlich treffender wäre wahrscheinlich die Bezeichnung „Reusenfahndung") in § 163 d eine gesetzliche Grundlage geschaffen worden. Diese Fahndungsmethode ermöglicht es, bei Personenkontrollen an der Grenze oder an Kontrollstellen nach § 111 anfallende Daten von Personen, die bestimmte Suchkriterien aufweisen, vorübergehend zu speichern und nach § 483 auszuwerten (wobei ein Datenabgleich mit anderen behördlichen Daten nur nach Maßgabe der §§ 98 a, b zulässig ist, LR/*Erb*, § 163 d Rn. 39; a. A. *Wittig*, JuS 1997, 966). Dadurch können Daten, die sonst – insb. bei Massenkontrollen – i. d. R. sofort wieder verlorengehen würden, im Computer verarbeitet und auf ihre Relevanz für die Strafverfolgung überprüft werden. Dabei handelt es sich um einen Eingriff in das Recht auf informationelle Selbstbestimmung bei den betroffenen Personen. Da der Kreis der Betroffenen bei dieser Maßnahme typischerweise relativ groß ist und vor allem unbescholtene Bürger erfasst, gegen die kein Verdachtsgrund besteht, ist die Vorschrift rechtspolitisch nach wie vor umstritten. Ob sie den datenschutzrechtlichen Bedürfnissen in allen Einzelheiten entspricht, mag zw. sein; die prinzipielle Vereinbarkeit der Vorschrift mit rechtsstaatlichen Grundsätzen ist jedoch zu bejahen (a. A. AK/*Achenbach*, § 163 d Rn. 2 m. w. N.; wie hier aber *Rogall*, 1992, 97 f.). Zu unterscheiden ist die **repressiven Strafverfolgungszwecken** dienende Netzfahndung von der sog. **Schleierfahndung** (etwa nach Art. 13 I Nr. 5 BayPAG), die verdachtsunabhängige Personenkontrollen im Grenzgebiet erlaubt und ausschließlich **präventivpolizeilichen Charakter** hat. 10

Die Maßnahme setzt den Verdacht einer erheblichen Straftat voraus, wobei auf die Katalogtaten nach §§ 111 und § 100 a verwiesen wird. Sie darf nur durch den Richter, bei Gefahr im Verzug auch durch die StA oder ihre Ermittlungspersonen angeordnet werden (§ 163 d II 1). Die Anordnung ist räumlich zu begrenzen und auf höchstens drei 11

Monate zu befristen, wobei eine einmalige Verlängerung um weitere drei Monate zulässig ist (§ 163d III 4). Zufallsfunde, d. h. Erkenntnisse über andere Straftaten, durften früher unbegrenzt zu Beweiszwecken in anderen Strafverfahren verwendet werden (§ 163d IV 5 a. F.). Seit dem 1.1.2008 richtet sich die Verwendung in anderen Verfahren zu Beweiszwecken aber auch hier nach den einschränkenden Voraussetzungen des § 477 II 2, also nach dem Prinzip des „hypothetischen Ersatzeingriffs".

D. Rasterfahndung

12 Die bereits seit den 70er Jahren praktizierte sog. **Rasterfahndung** wurde durch das OrgKG von 1992 in den §§ 98a, 98b der dringend erforderlichen gesetzlichen Regelung zugeführt. Bei dieser Ermittlungsmethode werden bestimmte Datensammlungen, die für andere Zwecke als die Strafverfolgung angelegt wurden, nach vorher festgelegten kriminalistischen Merkmalen (Rastern) überprüft. Man hat z. B. festgestellt, dass Terroristen ihre Stromrechnung meist nicht direkt, sondern über ihre Vermieter bezahlen, so dass es sich empfiehlt, die Kundenkartei der Elektrizitätswerke zu prüfen und mit dem Melderegister zu vergleichen, um auf diese Weise an verdächtige Personen heranzukommen. Auch hier wird durch die Maßnahme typischerweise bei einer Vielzahl von unbescholtenen Betroffenen in das Recht auf informationelle Selbstbestimmung eingegriffen.

13 Die StPO gestattet, dass bei Vorliegen eines Anfangsverdachts (§ 152 II) hinsichtlich der Begehung bestimmter Katalogtaten insb. im Bereich der organisierten Kriminalität und des Staatsschutzes „personenbezogene Daten von Personen, die bestimmte, auf den Täter vermutlich zutreffende Prüfungsmerkmale erfüllen, mit anderen Daten maschinell abgeglichen werden, um Nichtverdächtige auszuschließen oder Personen festzustellen, die weitere für die Ermittlung bedeutsame Prüfungsmerkmale erfüllen" (§ 98a I 1, zum technischen Ablauf im Einzelnen vgl. *Rogall,* GS Schlüchter, 2002, 615ff.) – allerdings nur, wenn bei einer Beschränkung auf andere Ermittlungsmaßnahmen die Strafverfolgung „erheblich weniger erfolgversprechend oder wesentlich erschwert wäre" (§ 98a I 2) – was freilich bei Verfahren dieser Art so gut wie immer zutrifft. Um den Abgleich zu ermöglichen, besteht eine – ggf. mit den Zwangsmitteln des § 95 II durchsetzbare (§ 98a V) – Aussonderungs-, Übermittlungs- und Unterstützungspflicht der die Daten speichernden Stellen (i. E. s. § 98a II–IV). Da öffentliche Stellen ohnehin bereits nach § 161 I 1 auskunftspflichtig sind, kommen als speichernde Stellen i. S. v. § 98a II insb. nichtöffentliche Stellen in Betracht (*Rogall,* GS Schlüchter, 2002, 629). Keine Rasterfahndung i. S. v. § 98a sondern ein einfacher Ermittlungsvorgang nach §§ 161, 163 liegt aber bei einem Auskunftsersuchen vor, bei dem die ersuchte Stelle selbst den Datenabgleich vornimmt, z. B. wenn ein Kreditkartenunternehmen ersucht wird, alle Inhaber von Kreditkarten zu benennen, die in einem bestimmten Zeitraum einen bestimmten Betrag auf ein bestimmtes Konto überwiesen haben (BVerfG NJW 2009, 1405). Für die zu übermittelnden Daten ist zu beachten, dass gemäß § 98b I 7 die Vorschriften über die Einschränkungen der Beschlagnahme nach §§ 96, 97, 98 I 2 entsprechend anzuwenden sind, so dass also insb. beschlagnahmefreie Daten nicht übermittelt werden dürfen.

14 Abgleich und Übermittlung der Daten sowie die Verhängung von Zwangsmitteln dürfen nur durch den Richter angeordnet werden, allerdings – mit Ausnahme der Festsetzung von Haft – bei Gefahr im Verzug auch durch die StA (i. e. s. § 98b I, II). Zur

späteren Rückgabe von Datenträgern bzw. der Löschung von Daten vgl. § 98b III, zu erforderlichen Benachrichtigungen § 98b IV und § 101 IV Nr. 1. Die Verwendung der durch Rasterfahndung erlangten Daten in anderen Strafverfahren bestimmt sich nach dem Prinzip des hypothetischen Ersatzeingriffs (§ 477 II 2).

E. Datenabgleich

Nicht um einen Fall der Rasterfahndung handelt es sich bei dem in § 98c geregelten **Datenabgleich.** Die Vorschrift gestattet es, im Zuge strafprozessualer Ermittlungen („zur Aufklärung einer Straftat oder zur Ermittlung des Aufenthaltsortes einer Person, nach der für Zwecke eines Strafverfahrens gefahndet wird") personenbezogene Daten aus einem Strafverfahren maschinell abzugleichen mit anderen Daten, die zum Zwecke der Strafverfolgung, der Strafvollstreckung oder der Gefahrenabwehr gespeichert wurden. Weil dabei nur bereits erlangte Erkenntnisse genutzt werden, ist der Datenabgleich nicht an das Vorliegen der besonderen Voraussetzungen der Rasterfahndung (Katalogtat, Subsidiarität, richterliche Anordnung; vgl. §§ 98a, b sowie o. Rn. 13) gebunden. Zur verfassungsrechtlichen Problematik des § 98c (im Hinblick auf die Vermischung präventiver und repressiver Zwecke) *Siebrecht,* StV 1996, 566; großzügiger *Rogall,* GS Schlüchter, 2002, 632 Fn. 154. 15

§ 33. Anstaltsbeobachtung, körperliche Untersuchung, erkennungsdienstliche Maßnahmen und DNA-Analyse

Literatur: *Grünwald,* Probleme der Gegenüberstellung pp., JZ 1981, 423; *Odenthal,* Die Gegenüberstellung pp., NStZ 1985, 433; *Burgdorf/Ehrentraut/Lesch,* Die Identifizierungsgegenüberstellung gegen den Willen des Beschuldigten usw., GA 1987, 107; *Meurer/Sporer* (Hrsg.), Zum Beweiswert von Personenidentifizierungen, 1990; *Geppert,* Zur Einführung verdachtsfreier Atemalkoholkontrollen aus rechtl. Sicht, FS Spendel, 1992, 655; *Kramer,* Grundfragen der erkennungsdienstl. Behandlung nach § 81b StPO, JR 1994, 224; *Odenthal,* Zulässigkeit und Beweiswert einer heimlichen Stimmidentifizierung, NStZ 1995, 579; *Perschke,* Die Zulässigkeit nicht spezialgesetzl. geregelter Ermittlungsmethoden im Strafverf., 1997; *Schneider,* Überlegungen zur strafproz. Zulässigkeit heimlich durchgeführter Stimmenvergleiche, GA 1997, 371; *Odenthal,* Die Gegenüberstellung im Strafverf., 3. Aufl., 1999; *Markwardt/Brodersen,* Zur Prognoseklausel in § 81g, NJW 2000, 692; *Eisenberg,* Informationelle Selbstbestimmung und gesetzgeberische Unbestimmtheiten in § 81g Abs. 1 StPO, FS Meyer-Goßner, 2001, 293; *Benfer,* Sinn und Zweck erkennungsdienstlicher Maßnahmen gemäß § 81b StPO, NJ 2002, 125; *Schenk,* Gegenüberstellung im Strafverfahren, 2002; *Hombert,* Der freiwillige genetische Massentest, 2003; *Sauter,* DNA-Massentests im Strafverfahren, 2003; *Vath,* Der genetische Fingerabdruck zur Identitätsfeststellung pp., 2003; *Graalmann-Scheerer,* DNA-Massentest de lege lata und de lege ferenda, NStZ 2004, 297; *Kerner/Trüg,* DNA-Massentests zwischen Verbrechensbekämpfung und Rechtsstaatlichkeit, FS Weber, 2004, 457; *Krehl,* Genetischer Fingerabdruck und Verfassung, StV 2004, 447; *Anslinger/Rolf/Eisenmenger,* Möglichkeiten und Grenzen der DNA-Analyse, DRiZ 2005, 165; *Hackethal,* Der Einsatz von Vomitivmitteln usw., 2005; *Kuhn,* Die Wahllichtbildvorlage, JA 2005, 141; *Senge,* Die Neuregelung der forensischen DNA-Analyse, NJW 2005, 3028; *Eisenberg/Singelnstein,* Speicherung von DNA-Identifizierungsmustern als erkennungsdienstl. Maßnahme zur „Strafverfolgungsvorsorge" trotz Nichtverurteilung?, GA 2006, 168; *Latotzky,* Der Bedeutungswandel der Bew.mittel im Strafverf. am Beispiel des „genetischen Fingerabdrucks", 2006; *Neuser,* Rechtsfragen der DNA Analyse, 2006; *Schenke,* Die Rechtsnatur einer erkennungsdienstl. Maßnahme nach § 81b Alt. 2 StPO, JZ 2006, 707; *Senge,* Die DNA-Analyse im Strafverf., FS Schroeder, 2006, 691; *Stadler-Brehm,* Verfassungsrechtl., strafproz. und polizeirechtl. Probleme einer DNA-Analyse, 2006; *Bausch,* Brechmitteleinsatz zur Exkorporation von BtM, 2007; *Eisenhardt,* Das nemo-tenetur-Prinzip: Grenze körperlicher Untersuchungen pp., 2007; *Th. Ufer,* Die zwangsweise Verabreichung von Brechmitteln, 2007; *Saliger/Ademi,* Der Massengentest nach § 81h StPO, JuS 2008, 193; *Giesen,* Die Erhebung u. Verarbeitung körperbezogener Daten pp., FS Hamm, 2008, 107; *Prittwitz,* Richtervorbehalt, Beweisverwertungsverbot und Widerspruchslösung bei Blutentnahmen gem. § 81a II StPO, StV 2008, 486; *Theismann,* Die rechtl. Zulässigkeit einer zwangsweisen Verabreichung von Emetika, 2008; *Hasselbach,* Die Novellierung der forens. DNA-Analyse, 2009; *Köhnken,* Identifizierung von Tatverdächtigen durch Augenzeugen, DAV-FS, 2009, 605; *Meier,* Richtervorbehalt bei der Blutprobe, ZRP 2010, 223; *Wickert,* Der DNA-Massentest nach § 81h StPO, 2010; *Ademi,* Der Massengentest und § 81h StPO, 2011; *Krüger/Krohe,* Brechmitteleinsatz in den Fängen von Straf-, Strafprozess- und Medizinrecht, Jura 2011, 289; *Swoboda,* Grenzen der Informationsgewinnung aus DNA-Identifikationsmustern pp., StV 2013, 461; *Kudlich,* Die körperl. Unters. des Besch., Jura 2014, 50.

1 Das Gesetz unterscheidet zwischen Anstaltsuntersuchung (§ 81), körperlicher Untersuchung (§§ 81a, 81c) und Aufnahme von Lichtbildern und Fingerabdrücken (§ 81b). Die DNA-Analyse regeln die §§ 81e ff.

Diese Maßnahmen richten sich teils gegen den Beschuldigten (§§ 81, 81a, 81b), teils gegen Dritte (§ 81c). Zum Teil dienen sie nicht der Strafverfolgung, sondern haben präventiv-polizeilichen Charakter (§§ 81b 2. Alt., 81g). Eingriffe in die persönliche Freiheit (Art. 2 II 2, 104 GG) oder die körperl. Unversehrtheit (Art. 2 II 1 GG), die sich gegen andere als die in den §§ 81ff. genannten Personen richten oder über das dort genannte Maß hinausgehen, sind nicht gestattet.

A. Maßnahmen gegen den Beschuldigten

I. Anstaltsbeobachtung

2 1. a) Die Untersuchung in einem öffentlichen psychiatrischen Krankenhaus dient zur Vorbereitung eines Gutachtens über den psychischen Zustand des Beschuldigten (§ 81), bei Jugendlichen und Heranwachsenden auch zur Ermittlung ihres Entwicklungsstandes (§§ 73, 104 I Nr. 12, 109 JGG). Wie der Wortlaut des § 81 ergibt, ist danach nur eine beobachtende Untersuchung gestattet, d. h., es wird nur das Grundrecht der persönlichen Freiheit, nicht aber das der körperlichen Unversehrtheit eingeschränkt. Sollen im Rahmen der Unterbringung körperliche Eingriffe gegen den Willen des Beschuldigten vorgenommen werden, muss daher zusätzlich eine Anordnung nach § 81a ergehen (BGHSt 8, 144).

3 b) Das Gutachten soll dem Gericht lediglich darüber Aufschluss verschaffen, ob der Beschuldigte zur Zeit der Tat schuldfähig war (davon hängt die Sachentscheidung ab) und ob er gegenwärtig verhandlungsfähig ist (andernfalls läge ein Verfahrenshindernis vor). § 81 gewährt dagegen kein Recht, die Glaubwürdigkeit des Beschuldigten feststellen zu lassen (BGH JR 1955, 472; *Celle* StV 1987, 518).

4 2. Die Anstaltsuntersuchung ist zum Schutz des Beschuldigten an **fünf** besondere, einschränkende **Voraussetzungen** geknüpft:

a) Die Untersuchung kann zwar auch schon im Vorverfahren angeordnet werden, selbst dann entscheidet darüber aber nicht die StA oder der Ermittlungsrichter, sondern das Gericht, das für die Eröffnung des Hauptverfahrens zuständig wäre (§ 81 III).

b) Wenn der Beschuldigte noch keinen Verteidiger hat, so muss ihm vor Anordnung der Unterbringung ein Pflichtverteidiger bestellt werden (§ 140 I Nr. 6, der über die Kann-Vorschrift des § 141 III 1 hinausgeht).

c) Das Gericht darf die Unterbringung erst nach Anhörung eines Sachverständigen anordnen (§ 81 I 1), der sein Urteil nicht allein aufgrund eines Aktenstudiums treffen darf, sondern den Beschuldigten i. d. R.

persönlich untersuchen muss (str.; vgl. im hier vertretenen Sinn OLG *Stuttgart* StV 2004, 582 m.w.N.); die Unhaltbarkeit einer „Ferndiagnose“ zeigt die verhängnisvolle Expertise *Guddens* über *König Ludwig II.* Nur wenn der Beschuldigte zur Vorstellung bei dem Sachverständigen nicht bereit ist, kann bei sonst hinreichenden Anhaltspunkten auf die persönliche Anhörung verzichtet werden; aber auch eine gerichtliche Vorladung und Vorführung (§ 133) kommen in Betracht (OLG *Celle* NStZ 1989, 242; OLG *Düsseldorf* StV 1993, 571).

d) Der Unterbringungsbeschluss ist mit der sofortigen Beschwerde nach § 311 anfechtbar, die im Gegensatz zu der allgemeinen Regelung des § 307 aufschiebende Wirkung hat (§ 81 IV).

e) Die Unterbringung in der Anstalt darf insgesamt sechs Wochen nicht überschreiten (§ 81 V – sie darf also innerhalb dieser Zeitgrenze u. U. in demselben Verfahren auch mehrfach angeordnet werden).

3. Weitere Einschränkungen ergeben sich aus dem Verhältnismäßigkeitsgrundsatz. 5
Wenn etwa nur eine geringfügige Strafe zu erwarten ist, kommt deswegen eine Unterbringung nicht in Frage (§ 81 II 2). Der Verhältnismäßigkeitsgrundsatz gilt aber auch über den Wortlaut des Gesetzes hinaus, so dass eine Unterbringung unzulässig ist, wenn eine ambulante Untersuchung ausreicht (OLG *Düsseldorf* StV 1993, 571). Die Unterbringung muss immer in dem Sinne unerlässlich sein, dass ohne sie die Verhandlungsfähigkeit nicht beurteilt werden kann (BVerfG StV 1995, 617).

II. Körperliche Untersuchung

1. Die körperliche **Untersuchung** des Beschuldigten (§ 81 a) darf zur Feststellung von 6
Tatsachen angeordnet werden, die für das Verfahren von Bedeutung sind (z. B. Blutalkoholgehalt). Sie besteht im Untersuchen des Körpers selbst. Dadurch unterscheidet sie sich von der **Durchsuchung** des Körpers, bei der nach Gegenständen an der Köroberfläche oder in natürlichen Körperhöhlen oder -öffnungen geforscht wird. Unter den Begriff der körperlichen Untersuchung fallen auch die körperlichen Eingriffe wie Entnahme einer **Blutprobe** zur Feststellung des Blutalkoholgehalts, Lumbalpunktion u. a. (vgl. § 81 a I 2). Wegen des Grundsatzes der Selbstbelastungsfreiheit (nemo tenetur se ipsum prodere, dazu § 25 Rn. 1) verpflichtet § 81 a den Beschuldigten freilich nur zum passiven Dulden (auch das bestreitet *Eisenhardt,* 2007), nicht auch zum aktiven Mitwirken bei der körperlichen Untersuchung. Die Polizei kann also z. B. niemanden zwingen, in ein Prüfröhrchen zu blasen, um ihn auf diese Weise einem Alkoholtest zu unterziehen (zur Verwendbarkeit elektronischer Atemalkoholtestgeräte *Geppert,* 1992).

Auch das zwangsweise Verabreichen von **Brechmitteln** (Vomitivmitteln), durch das verschluckte Betäu- 7
bungsmittel entdeckt werden sollen, soll nach OLG Frankfurt a. M. StV 1996, 651 sowie *EGMR* NJW 2006, 3117[1] gegen die Selbstbelastungsfreiheit verstoßen. Aber das ist nicht richtig, weil man das Erbrechen nicht als aktive Handlung ansehen darf (KG JR 2001, 163 m. abl. Anm. *Hackethal; Weßlau,* StV 1997, 341; *Rogall,* NStZ 1998, 66). Nach früher h. M. sollte der Einsatz von Brechmitteln deshalb prinzipiell zulässig und zur Aufklärung schwerer Straftaten auch verhältnismäßig sein (*M-G/S,* § 81 a Rn. 22; *Weßlau,* StV 1997, 343; *Zaczyk,* StV 2002, 125; OLG *Bremen* NStZ-RR 2000, 270; *Bausch,* 2007, 207). Wenn die zwangsweise Verabreichung des Brechmittels, wie häufig, mittels einer Magensonde unter erheblicher Gewaltanwendung und mit einem relevanten gesundheitlichen Risiko[2] erfolgt, so liegt darin aber nach Auffassung des EGMR ein Verstoß sowohl gegen das Verbot erniedrigender Behandlung des

[1] Dazu *Dörr,* JuS 2007, 264; *Gaede* HRRS 2006, 241; *Pollähne/Kemper,* KrimJ 2007, 185; *Safferling,* Jura 2008, 100, *Schumann,* StV 2006, 661; *Schuhr,* NJW 2006, 3538.

[2] Zur strafrechtlichen Verantwortlichkeit bei einem tödlich verlaufenden Brechmitteleinsatz s. BGHSt 55, 121 (mit breiter Tatsachenschilderung); *Krüger/Krohe,* Jura 2011, 289; *Schlothauer,* Strafbarkeit ärztlicher Brechmittelvergabe, 2010.

Art. 3 als auch gegen den fair trial-Grundsatz des Art. 6 EMRK.[3] Eine zwangsweise Verabreichung von Brechmitteln findet deshalb nicht mehr statt (*Bausch*, 222f.), doch kann der Beschuldigte durch deren freiwillige Einnahme eine anderenfalls zulässige U-Haft bis zum „natürlichen Abgang" der mutmaßlich verschluckten Betäubungsmittel abwehren.

8 2. Die körperliche Untersuchung wird i. d. R. vom Richter, bei Gefahr im Verzuge auch von der StA und ihren Ermittlungspersonen angeordnet (§ 81a II). Im letzteren Fall muss aber regelmäßig zumindest versucht worden sein, eine richterliche Anordnung einzuholen, was auch für die **Routinefälle der Blutentnahme** bei Verdacht auf eine Straftat nach den §§ 315c, 316 StGB gilt (BVerfG NJW 2007, 1345; NJW 2010, 2864). Wie bei der Wohnungsdurchsuchung (u. § 35 Rn. 8) müssen einzelfallbezogene Tatsachen benannt und dokumentiert werden, die die Annahme von Gefahr im Verzuge rechtfertigen (BVerfG JR 2007, 516). Bei schweren Eingriffen ist immer eine Anordnung durch den Richter erforderlich (BVerfGE 16, 194). Ein **Beweisverwertungsverbot** ist nur bei einem willkürlichen oder bewussten Verstoß gegen den Richtervorbehalt gegeben, s. BVerfG NJW 2008, 3053; EuGRZ 2011, 183; OLG *Celle* VRS 117, 294; OLG *Nürnberg* StV 2010, 624 m. Anm. *Dallmeyer;* extensiv *SchlH*OLG StV 2010, 13, 618; OLG *Celle* StV 2011, 82; *Brocke/Herb,* NStZ 2009, 671 sowie allg. § 24 Rn. 49ff., § 35 Rn. 9.

9 3. Das Recht zu einer körperlichen Untersuchung enthält zugleich die Befugnis, den Beschuldigten zum Zwecke einer ärztlichen Untersuchung auf die Wache mitzunehmen oder in ein Krankenhaus einzuliefern (OLG *Dresden* NJW 2001, 3643; dies folgt bereits aus einem Vergleich des § 81a mit § 81c VI 2).

10 4. a) Körperliche Eingriffe sind ohne Einwilligung des Beschuldigten nur zulässig, wenn kein Nachteil für seine Gesundheit zu befürchten ist (§ 81a I 2). Darüber hinaus muss jeder Eingriff in die körperliche Unversehrtheit in einem angemessenen Verhältnis zur Schwere der Tat und der Stärke des Tatverdachtes stehen (Verhältnismäßigkeitsgrundsatz!), so dass selbst gefahrlose Hirnuntersuchungen nur bei schweren Beschuldigungen zu rechtfertigen sind (vgl. BVerfGE 16, 194; BVerfGE 17, 108; *Kuhlmann,* NJW 1976, 350). Aber auch bloße körperliche Untersuchungen können gegen das Verhältnismäßigkeitsprinzip verstoßen, oder die Menschenwürde verletzen (vgl. § 136a). Für die Untersuchung an Frauen s. § 81d.

11 b) Ein nach diesen Grundsätzen zulässiger körperlicher Eingriff darf nur durch einen Arzt vorgenommen werden (§ 81a I 2), was praktisch vor allem für die Entnahme von Blutproben wichtig ist (zur Verwertbarkeit eines in unzulässiger Weise erlangten Untersuchungsergebnisses s. o. § 24 Rn. 49ff.). Der Arzt wird hierbei als Sachverständiger tätig; für seine Pflichten und Rechte gelten daher die allg. Regeln der §§ 75ff. (vgl. o. § 27, s. a. Rn. 13).

12 5. Falls die körperliche Untersuchung von der StA oder einer Ermittlungsperson angeordnet wird, kann der Betroffene dagegen analog § 98 II 2 richterl. Entscheidung beantragen (s. o. § 29 Rn. 15f.), womit freilich eilbedürftige Maßnahmen (z. B. Blutproben) nicht blockiert werden können. Gegen eine Untersuchungsanordnung des Ermittlungsrichters ist die (einfache) Beschwerde gegeben (§ 304). Hat dagegen das erkennende Gericht selbst die Untersuchung beschlossen, so besteht wegen § 305 S. 1 eine Beschwerdemöglichkeit nur, wenn die Maßnahme einen nicht unerheblichen Eingriff in Freiheit oder körperliche Unversehrtheit enthält, der in seiner Schwere mit einem der in § 305 S. 2 genannten Eingriffe vergleichbar ist (OLG *Jena* StV 2007, 24; OLG *Celle* NJW 1971, 256); bei einer bloßen Untersuchung der Verhandlungsfähigkeit sind die Voraussetzungen der Beschwerde i. d. R. nicht gegeben.

III. Erkennungsdienstliche Maßnahmen

13 Um die Identität von Beschuldigten festzustellen, ist es mitunter notwendig, erkennungsdienstliche Maßnahmen (z. B. Aufnahme von Lichtbildern oder Fingerabdrü-

[3] *EGMR* NJW 2006, 3117; entspr. OLG Frankfurt a. M. StV 1996, 651 auch gegen Art. 1 u. 2 GG, zust. *Ufer,* 2007, 221ff.

cken) durchzuführen (näher *Geerds,* 1986). Diese müssen jedoch verhältnismäßig sein und sind nicht zulässig, wenn sich die Identität leicht auf andere Weise ermitteln lässt (AG Hamburg StV 1985, 364).

1. Erkennungsdienstliche Maßnahmen sind, wenn sie nach § 81 b 1. Alt. (wenigstens auch) für die Zwecke eines anhängigen Strafverfahrens durchgeführt werden, der repressiven **Strafverfolgung** zuzuordnen und haben daher den Charakter von Prozesshandlungen (i.w.S.). Maßnahmen allein „für Zwecke des Erkennungsdienstes" (§ 81 b 2. Alt.), die gegenüber dem Beschuldigten nur bei Gelegenheit des Strafverfahrens vorgenommen werden, werden von der herrschenden Ansicht der **präventivpolizeilichen** Tätigkeit zugerechnet (*M-G/S,* § 81 b Rn. 3). Andere sehen in ihnen Maßnahmen der Strafverfolgungsvorsorge an der Schnittstelle von Polizei- und Strafverfahrensrecht (SK/*Rogall,* § 81 b Rn. 4). Der Streit ist vor allem für die Frage des Rechtsschutzes relevant (dazu unten Rn. 18). 14

Aus **strafprozessualen** Gründen sind die in § 81 b angegebenen Maßnahmen etwa dann erforderlich, wenn der Täter anhand der Fingerabdrücke überführt werden soll. Eine Notwendigkeit für den präventivpolizeilichen **Erkennungsdienst** ist gegeben, wenn nach der Persönlichkeit des Beschuldigten und der Art der ihm zur Last gelegten Tat damit zu rechnen ist, dass er jetzt oder später auch wegen anderer strafbarer Handlungen gesucht werden muss. Bei der Untersuchung zum Zwecke des Strafverfahrens gewonnene Unterlagen werden zusammen mit den Strafakten aufbewahrt (vgl. §§ 483, 489). 15

2. Wie bei § 81 a (vgl. o. Rn. 6 ff.) ist auch bei § 81 b unmittelbarer Zwang zur Durchführung erkennungsdienstlicher Maßnahmen gestattet. 16

Zulässig ist daher auch eine (außerdem noch durch § 58 II legitimierte) zwangsweise **Gegenüberstellung**[4] zum Zwecke der Wiedererkennung (dagegen *Grünwald,* JZ 1981, 423; dafür *Geppert,* Jura 1989, 276) und eine Videoaufzeichnung der Gegenüberstellung (BVerfG NStZ 1983, 84) sowie die zwangsweise Veränderung der Haar- und Barttracht eines Beschuldigten zum Zwecke der Identitätsfeststellung (vgl. BVerfGE 47, 239; strikt dagegen *Grünwald,* 1985, u. *Fezer,* 6/19). Für die Durchführung einer Gegenüberstellung hat der BGH Regeln herausgearbeitet, weil das vermeintliche Wiedererkennen bei einer Konfrontation mit einer einzigen Person nur geringen Beweiswert hat, erst recht das „wiederholte Wiedererkennen" unter den suggestiven Bedingungen einer HV mit der Präsentation des Beschuldigten auf der Anklagebank.[5] Eine Wiedererkennung ist ebenso wenig beweiskräftig, wenn dem Zeugen vorher ein Lichtbild des Beschuldigten vorgelegt worden ist (OLG *Celle* StV 1987, 429) oder er diesen bei anderen Gelegenheiten nach der Tat wiederholt gesehen hat (BGH StV 1987, 50). Geboten ist vielmehr eine **Wahlgegenüberstellung,** bei der der Verdächtige unter mehreren Personen herauszusuchen ist (dazu OLG *Karlsruhe* NStZ 1983, 377 m. Anm. *Odenthal,* NStZ 1984, 137); wobei der höchste Beweiswert einer **sequentiellen** Gegenüberstellung zukommt, bei der dem Zeugen nacheinander mehrere Personen gezeigt werden, er aber immer nur eine davon gleichzeitig sieht (BGH NStZ-RR 2001, 133; *Odenthal,* NStZ 2001, 580, zur Wahlbildvorlage OLG Hamm StV 2010, 124, BGH JR 2011, 119 m. Anm. *Eisenberg;* StV 2012, 325 u. StV 2012, 326 m. Rezension *Odenthal,* ibid., 683; StV 2013, 546).

3. Für die Identifizierung eines Tatverdächtigen aufgrund eines *Stimmvergleichs,* für den eine mit Zustimmung des Angeklagten vorgenommene Tonbandaufzeichnung seiner Aussage verwertet werden darf (BGH 17

[4] Als Rechtsgrundlage für die Gegenüberstellung wird von manchen nicht § 81 b, sondern § 81 a angesehen (vgl. v. a. *Odenthal,* 1985, u. 1999, 57 ff.); was wegen der unterschiedlichen Anordnungskompetenz von praktischer Bedeutung, in der Sache aber nicht überzeugend ist, weil es nicht um einen Eingriff in die körperliche Unversehrtheit geht; gänzl. abl. *Burgdorf* u. a., 1987.

[5] BGHSt 16, 204; BGH NStZ 1997, 355; 1998, 266; OLG Braunschweig StV 2010, 126.

StV 1985, 297), sollen die für die Wahlgegenüberstellung entwickelten Grundsätze entspr. gelten,[6] aber im Grunde überwiegen die Unterschiede: Das bloße (vermeintliche) Wiedererkennen einer Stimme hat (und zwar erst recht bei heimlicher Belauschung) nur einen sehr geringen Beweiswert. Ein für die Verurteilung ausreichender Gewissheitsgrad lässt sich nur erzielen, wenn der Zeuge aus mehreren anderen klangähnlichen Stimmen die betreffende heraushören kann (BGHSt 40, 66, vgl. dazu o. § 25 Rn. 20). In keinem Fall verwertbar ist eine zum Zwecke des Stimmvergleichs heimlich aufgenommene Stimmprobe des Angekl. (BGHSt 34, 39, s. schon o. § 25 Rn. 19), erst recht keine erzwungene. Denn § 81b verpflichtet nur zur Duldung von Zwangsmaßnahmen, nicht aber zu aktiven selbstüberführenden Handlungen, die nicht etwa zu den „ähnlichen Maßnahmen" i. S. d. § 81b zählen.

18 4. Für den **Rechtsschutz** gegen Maßnahmen nach § 81b ist entsprechend dem o. § 29 Rn. 16 Ausgeführten zu differenzieren: Erfolgen sie zur Durchführung eines konkreten Strafverfahrens, so kann entspr. § 98 II 2 der Ermittlungsrichter angerufen werden, wenn die Maßnahme durch Polizei oder StA angeordnet wurde, bei richterlicher Anordnung ist die Beschwerde nach § 304 einschlägig. Dienen sie dagegen dem polizeilichen Erkennungsdienst als Maßnahme der sog. Strafverfolgungvorsorge, so ist nach BVerwGE 47, 255, 264; BVerwG StV 2012, 7 der Verwaltungsrechtsweg gem. §§ 40ff. VwGO gegeben.[7]

19 5. Nach Abschluß des Strafverfahrens hatte der Betroffene früher einen von der Rspr. entwickelten Anspruch auf **Vernichtung** der Unterlagen, sofern entweder das Strafverfahren seine Unschuld ergeben hat oder aus anderen Gründen ausgeschlossen werden kann, dass er in Zukunft Straftaten begehen wird, für deren Aufklärung die Unterlagen nützlich sein können (BVerwGE 11, 182; BVerwGE 26, 169; BVerwG DÖV 1973, 752). Nunmehr ist § 483 einschlägig, der seinerseits auf die Speicherungs- und Löschungs-(Vernichtungs-)Vorschriften des Polizeirechts weiterverweist, die grosso modo der Regel des § 484 II 1 entsprechen (SK/*Rogall,* § 81b Rn 58–63; *Hilger,* NStZ 2001, 17).

IV. DNA-Untersuchung

20 1. Die aufgrund einer Entnahme von Körperzellen nach § 81a erfolgende molekulargenetische Untersuchung (DNA-Analyse) beim Beschuldigten ist seit 1997 in den §§ 81e–g geregelt, zuvor war sie als durch § 81a gedeckt angesehen worden (BGHSt 37, 157). §§ 81 e–f betreffen dabei die Analyse für Zwecke der Durchführung eines bereits anhängigen Strafverfahrens, § 81g enthält eine Regelung für künftige Verfahren.

21 2. Das Verfahren der DNA-Analyse beruht auf dem Umstand, dass die gesamte Erbinformation eines Menschen in einem Molekül jeder Zelle festgeschrieben ist. Man kann daher durch einen Vergleich von Blut- oder Samenspuren mit der formalen Molekularstruktur des Verdächtigten (dem „genetischen Fingerabdruck") ggf. Schlüsse auf seine Täterschaft ziehen. Ein Verstoß gegen Art. 1, 2 GG ist darin nicht zu sehen, sofern die Untersuchung nur die formalen Muster des Moleküls zum Gegenstand hat, also nicht die inhaltliche Entschlüsselung der in den Genen gespeicherten Informationen über die erblichen Eigenschaften des Beschuldigten betrifft (BVerfG NStZ 1996, 45; z. T. abw. *Keller,* NJW 1989, 2289). Im Gegenteil führt die Nichtvornahme einer ggf. zur Überführung des Täters geeigneten DNA-Analyse wegen Verstoßes gegen die gerichtliche Aufklärungspflicht des § 244 II zur Aufhebung des Urteils (BGH NStZ 1991, 399). Doch enthält die DNA-Analyse lediglich eine statistische Aussage, die eine Würdigung aller Beweisumstände nicht überflüssig macht; sie hat also nur eine (freilich sehr hohe) indizielle Bedeutung (BGHSt 37, 156; BGHSt 38, 320 m. Anm. *Vogt,* StV 1993, 175 und *v. Hippel,* JR 1993, 124; BGH

[6] BGHSt 40, 66 m. Anm. *Achenbach/Perschke,* StV 1994, 577; BGH NStZ 1994, 597 m. Anm. *Eisenberg;* di ff. *Odenthal,* NStZ 1995, 579.

[7] A. A. SK/*Rogall,* § 81b Rn. 69; *Schenke,* JZ 2006, 711ff., die eine Zuständigkeit des OLG nach § 23 EGGVG annehmen wollen, ebenso *Kramer,* JR 1994, 225; *Bock,* ZIS 2007, 132. Nach *Krach,* JR 2003, 140 und *Eisenberg/Puschke,* JZ 2006, 729 soll hingegen § 98 II 2 StPO analog anwendbar sein.

NStZ 1994, 554); das gilt besonders für die vom klassischen „Fingerprint-Verfahren" zu unterscheidende weniger zuverlässige PCR-Analyse (dazu *Keller,* JZ 1993, 103).

3. Nach § 81 e i. V.m § 81 f I dürfen an dem durch Maßnahmen nach §§ 81 a I, 81 c erlangten Material molekulargenetische Untersuchungen ohne **schriftliche** Einwilligung des Betroffenen nur nach schriftlicher richterlicher Anordnung durchgeführt werden, bei Gefahr im Verzug sind auch die StA und ihre Ermittlungspersonen anordnungsbefugt. Der Einwilligung muss eine Belehrung über den Zweck der Datenerhebung vorangehen (§ 81 f I 2). Die Untersuchungen an den Körperzellen und dabei gemachte Feststellungen dürfen sich nur auf Fragen der Abstammung oder auf die Tatsache beziehen, ob Spurenmaterial von dem Beschuldigten oder dem Verletzten stammt. Damit ist eine weitere Ausforschung von Erbinformationen ausgeschlossen. 22

4. Die DNA-Analyse darf nicht nur für ein bereits anhängiges, sondern kann nach § 81 g auch im Hinblick auf **künftige Strafverfahren** durch den Richter angeordnet werden. Anders als § 81 b 2. Alt. soll es sich dabei aber um keine präventive Maßnahme zur Gefahrenabwehr handeln, sondern um eine prophylaktische Strafverfolgungsmaßnahme im weiteren Sinne, die dem Strafprozessrecht zuzuordnen ist (BVerfGE 103, 21, 30 ff.), weshalb gegen die Anordnung die Beschwerde nach § 304 zulässig ist. Nach § 81 g darf eine DNA-Analyse an einem Beschuldigten, der einer erheblichen Straftat oder einer Straftat gegen die sexuelle Selbstbestimmung verdächtig ist oder ihretwegen verurteilt wurde, auch zum Zwecke der Identifizierung in künftigen Strafverfahren durchgeführt werden, wenn Grund zu der Annahme einer Wiederholungsgefahr besteht, also dass gegen ihn künftig Strafverfahren wegen einer Straftat von erheblicher Bedeutung zu führen sein werden (sog. „Negativprognose", dazu BVerfG NJW 2008, 281; SK/*Rogall,* § 81 g Rn. 29 ff.; *Markwardt/Brodersen,* NJW 2000, 692). Nach § 81 g I 2 genügt für die Negativprognose bereits der Verdacht, dass der Betroffene künftig wiederholt leichtere Straftaten begehen wird, deren Unrechtsgehalt zusammen genommen dem einer Straftat von erheblicher Bedeutung entspricht (zu den – von den Strafgerichten oft zu leicht genommenen – Anforderungen an eine fundierte Prognose BVerfG StV 2009, 1). Die Negativprognose des § 81 g ist nicht zu verwechseln mit der „positiven Sozialprognose" in § 56 StGB, weshalb die Maßnahme z. B. auch dann angeordnet werden darf, wenn die Strafe zur Bewährung ausgesetzt wurde (OLG *Celle* NJW 2006, 3155), doch besteht dann ein erhöhter Begründungbedarf (BVerfG StV 2009, 1, 2). Das Verhältnismäßigkeitsprinzip ist zu beachten. Deshalb dürfen Maßnahmen nach § 81 g nicht angeordnet werden, wenn bei den zu erwartenden Taten nach allgemeiner Erfahrung keine analysierbaren Zellen abgesondert werden, so dass eine Überführung anhand DNA-Analyse nicht zu erwarten ist (OLG *Jena* NJW 1999, 3571). Die durch Maßnahmen nach § 81 g gewonnenen DNA-Identifizierungsmuster dürfen beim BKA in einer dort eingerichteten DNA-Analyse-Datei (DAD) gespeichert werden (§ 81 g V i. V. m. § 2 IV BKAG, dazu *Eisenberg,* FS Meyer-Goßner, 2001, 293). Zur Gen-Analyse bei Nichtbeschuldigten im Wege der Reihenuntersuchung vgl. u. Rn. 33 ff. 23

B. Maßnahmen gegen Dritte

I. Untersuchung anderer Personen nach § 81 c

In die Rechtssphäre anderer Personen als des Beschuldigten darf nur eingegriffen werden, wenn die Voraussetzungen des § 81 c erfüllt sind. 24

Im Einzelnen gilt Folgendes:

1. a) Nach dem **Zeugengrundsatz** dürfen Personen, die nicht beschuldigt sind, gegen ihren Willen nur untersucht werden, wenn sie als Zeugen in Betracht kommen. Es muss aber genügen, dass jemand, wenn er vernehmungsfähig wäre, als Zeuge in Betracht käme (LR/*Krause,* § 81 c Rn. 12). Danach können auch schwer Geisteskranke oder Säuglinge nach Spuren eines Verbrechens untersucht werden. 25

26 b) Nach dem **Spurengrundsatz** dürfen die potentiellen Zeugen nur daraufhin untersucht werden, „ob sich an ihrem Körper eine bestimmte Spur oder Folge einer strafbaren Handlung“ befindet (z. B. eine Wunde). Danach sind Untersuchungen von Zeugen auf ihre Glaubwürdigkeit oder ihren allgemeinen Geisteszustand gegen ihren Willen nicht gestattet (vgl. BGHSt 13, 398; BGHSt 14, 23). Das Gericht kann ihre Glaubwürdigkeit lediglich dadurch überprüfen, dass es zu ihrer Vernehmung in der Hauptverhandlung einen Sachverständigen hinzuzieht (BGHSt 23, 1; BGH NStZ 1982, 432). Soll versucht werden, die freiwillige Beteiligung an einer Glaubwürdigkeitsuntersuchung zu erreichen, so muss ein das Zeugnis verweigernder Angehöriger darüber belehrt werden, dass er auch die Mitwirkung an einer solchen Begutachtung verweigern darf (BGHSt 36, 217 m. Anm. *Weigend,* JZ 1990, 48; BGH StV 1995, 563). Darüber hinaus ist zu verlangen, dass ggf. *jeder* Zeuge darüber zu belehren ist, eine Glaubwürdigkeitsuntersuchung sei nur mit seiner Einwilligung zulässig (von BGHSt 36, 220 offen gelassen). Zum doppelten Zustimmungs- und Belehrungserfordrnis bei der Glaubwürdigkeitsuntersuchung von minderjährigen Zeugen vgl. BGHSt 40, 336 u. die entspr. Grundsätze bei der Untersuchung Zeugnisverweigerungsberechtigter u. Rn. 30.

27 2. § 81c lässt, damit unbeteiligte Dritte nicht über Gebühr belastet werden, im Gegensatz zu § 81a keine körperlichen Eingriffe zu. Denn es dürfen nur Spuren *am* Körper, *nicht im* Körper festgestellt werden. Magenauspumpung etc. ist daher nicht zulässig.

28 3. Der Grundsatz der **Verhältnismäßigkeit** ist auch bei § 81c zu beachten. Nach § 81c IV sind körperliche Untersuchungen unabhängig von ihrer sonstigen Erlaubtheit unzulässig, „wenn sie dem Betroffenen bei Würdigung aller Umstände nicht zugemutet werden können“. Unzumutbar ist die Maßnahme aber nicht schon allein deshalb, weil der Betroffene durch sie womöglich in Gefahr geriete, selbst wegen einer Straftat verfolgt zu werden. Der Rechtsgedanke des § 55 ist nach h. M. nicht anwendbar, weil der Betroffene durch die Berufung auf diese Bestimmung selbst zum Tatverdächtigen würde, so dass die Untersuchung dann nach § 81a gestattet wäre (*M-G/S,* § 81c Rn. 21, a. A. SK/*Rogall,* § 81c Rn. 43ff.).

29 4. Eine *Ausnahme* vom Zeugen- und Spurengrundsatz findet sich in § 81c II, der v. a. im Strafverfahren gegen die Mutter, die wegen einer Falschaussage im Unterhaltsprozess angeklagt ist, bedeutsam wird. In einem solchen Verfahren können bei dem Kind Blutproben entnommen und Abstammungsuntersuchungen angestellt werden, obwohl es weder Zeuge der Falschaussage war noch deren Spuren an seinem Körper trägt.

30 5. *Zeugnisverweigerungsberechtigte* Personen haben das Recht, die Untersuchung zu verweigern, und müssen über dieses Recht belehrt werden (§ 81c III 1, 2). Die Nichtbelehrung führt zu einem Beweisverwertungsverbot (BGH StV 1993, 563). Für Minderjährige und Betreute entscheidet wie bei der Zeugnisverweigerung (s. o. § 26 Rn. 18) der gesetzl. Vertreter, der ebenfalls belehrt werden muss (andernfalls darf das auf der Untersuchung beruhende Gutachten nicht verwertet werden, es sei denn, dass der Vertreter in Kenntnis seines Untersuchungsverweigerungsrechtes zugestimmt hat, BGHSt 40, 336). Anders als bei § 52 II 1 muss sich der Untersuchte zu der Maßnahme nicht ausdrücklich bereit erklären (§ 81c III 2 Hs. 2), wozu er oft auch nicht in der Lage sein wird (z. B. der Säugling). Auch solche Personen haben aber ein eigenes Weigerungsrecht, über das sie, soweit möglich, belehrt werden müssen (§ 81c III 2 Hs. 2 i. V. m. § 52 III). Entfällt das Zustimmungsrecht des gesetzlichen Vertreters, weil er selbst Beschuldigter oder dessen Ehegatte ist (sehr bedeutsam bei Fällen der Kindesmisshandlung!), oder ist der gesetzliche Vertreter an einer rechtzeitigen Entscheidung gehindert, so kann in eiligen Fällen der Richter oder StA durch unanfechtbaren Beschluss die Untersuchung oder Blutprobenentnahme anordnen (§ 81c III 3, 4). Die aufgrund der richterlichen Anordnung erhobenen Beweise dürfen später aber nur verwendet werden, wenn der gesetzliche Vertreter (ggf. also ein Pfleger gem. § 1909 BGB) nachträglich einwilligt (§ 81c III 5).

6. Die **Anordnung** der Untersuchung und der Blutprobenentnahme erfolgt durch den Richter, bei Gefahr im Verzug auch durch die StA oder (außer im Fall des § 81c III 3) durch ihre Ermittlungspersonen (§ 81c V). Weigert sich der Betroffene, die körperliche Untersuchung zuzulassen, so kann der Richter (nicht dagegen der StA, s. *Achenbach,* NJW 1977, 1271) gegen ihn die Ordnungs- und Zwangsmittel des § 70 festsetzen (§§ 81c VI, 70 III). Die Anwendung unmittelbaren Zwanges setzt eine besondere Anordnung des Richters voraus und ist nur zulässig, wenn der Beschuldigte trotz Festsetzung eines Ordnungsgeldes bei seiner Weigerung bleibt oder Gefahr im Verzug ist (§ 81c VI 2, 3). 31

7. § 81d ist auch hier zu beachten. 32

8. Da ein Toter nicht Zeuge sein kann, ist die Entnahme einer **Blutprobe** von einem **Verstorbenen** (z. B. einem Unfallopfer) zur Klärung der Schuldfrage nicht nach § 81c zu beurteilen; vielmehr lässt die h. M. hier eine Beschlagnahme des Blutes und den dazu erforderlichen Eingriff nach § 94 zu (vgl. SK/*Rogall,* § 81c Rn. 13).

II. Molekulargenetische Reihenuntersuchung, § 81 h

1. Für besonders schwere Straftaten (**Verbrechen** gegen das Leben, die körperliche Unversehrtheit, die persönliche Freiheit oder die sexuelle Selbstbestimmung) sieht § 81h die Möglichkeit der Durchführung eines Reihengentests (sog. DNA-Massenscreening) vor, durch den bei einer Vielzahl von Personen, die Merkmale aufweisen, die nach Ansicht der Ermittlungsbehörden auch auf den Täter zutreffen, Körperzellen entnommen, molekulargenetisch untersucht und mit den DNA-Identifizierungsmustern von Spurenmaterial abgeglichen werden. Im Unterschied zu § 81c gilt also bei § 81h zwar der **Spuren-, nicht** aber der **Zeugengrundsatz.** Die Zulässigkeit derartiger Massengentests war früher sehr umstritten, bis es mit Einführung des § 81h im Jahr 2005 eine gesetzliche Grundlage gegeben hat. 33

2. Da sich die Maßnahme gegen Betroffene richtet, die zunächst weder als Beschuldigte noch als Zeugen in Betracht kommen, ist sie an strenge Voraussetzungen geknüpft: So ist sie nur mit schriftlicher Einwilligung der Betroffenen zulässig (§ 81h I). Über dieses Einwilligungserfordernis müssen die Betroffenen auch ausdrücklich schriftlich belehrt werden (§ 81h IV 1). In der Praxis führt freilich schon die behördliche Aufforderung zur Teilnahme an einem freiwilligen Gentest bei vielen Betroffenen dazu, dass sie sich zu einer Teilnahme verpflichtet fühlen (*Kerner/Trüg,* FS Weber, 2004, 470ff.). Einwilligungsmängel führen zur Unverwertbarkeit des gewonnenen Untersuchungsergebnisses (SK/*Rogall,* § 81h Rn. 35). Der Reihengentest darf nur vom Gericht angeordnet werden (§ 81h II 1), die Anordnung muss schriftlich ergehen (§ 81h II 2). Weiterhin muss die Maßnahme erforderlich und verhältnismäßig sein, insb. im Hinblick auf die Anzahl der von ihr betroffenen Personen und die Schwere der Tat (§ 81h I a. E.). Ein Reihengentest kommt daher grds. nur als ultima ratio in Betracht, wenn zuvor alle anderen Ermittlungsmaßnahmen erfolglos geblieben sind. Dann jedoch können ggf. auch Tests an mehreren tausend Personen durchgeführt werden (z. B. an allen männlichen Einwohnern einer Kleinstadt im zeugungsfähigen Alter). Ein Test an mehr als 10 000 Personen dürfte aber regelmäßig nicht mehr verhältnismäßig sein (*M-G/S,* § 81h Rn. 5). Nach der Untersuchung sind die Testdaten aller Betroffenen, die nicht als Spurenverursacher in Betracht kommen, unverzüglich zu löschen (§ 81h III 2). Sie dürfen also weder in der DNA-Datenbank des BKA ge- 34

speichert noch mit bereits gespeicherten anderen Daten abgeglichen werden, um festzustellen, ob der Betroffene möglicherweise als Täter anderer Straftaten in Betracht kommt (*Senge,* NJW 2005, 3032).

35 3. Verweigert der Betroffene die Einwilligung, so darf dies wegen des Grundsatzes der Selbstbelastungsfreiheit nicht als ein Indiz für seine Täterschaft gewertet werden (BGHSt 49, 56, 57). Die Verweigerung begründet deshalb auch keinen Anfangsverdacht, durch den der Betroffene nunmehr als Beschuldigter zu gelten und die zwangsweise Entnahme und Untersuchung von Körperzellen nach §§ 81a, e zu dulden hätte (BVerfG NJW 1996, 1587 u. NJW 1996, 3071). Allerdings wird z. T. vertreten, dass bei Hinzutreten weiterer Verdachtsmomente in der Verweigerung der Einwilligung ein verdachtsverstärkender Umstand gesehen werden könne (*Senge,* NJW 2005, 3032). Dies ist aber so nicht richtig. Nicht die Verweigerung der Einwilligung, sondern allenfalls der Umstand, dass sich der Kreis der möglichen Täter nach Durchführung des DNA-Massentests auf wenige Personen verengt hat, bei denen zusätzliche selbstständige Verdachtsmomente vorliegen, kann für diese Personen einen für eine Beschuldigtenstellung ausreichenden Anfangsverdacht begründen (BGHSt 49, 56, 60).

36 Bei seltenen Erbmerkmalen kann es zu der vom Gesetzgeber nicht bedachten Konstellation des **„Beinahetreffers"** kommen, wenn die Merkmale eines Teilnehmers des Reihengentests mit denjenigen der DNA-Spur so weitgehend übereinstimmen, dass der Täter höchstwahrscheinlich ein enger Verwandter des Teilnehmers ist. Die in einem solchen Fall anschließend gem. § 81a erwirkte Entnahme von Körperzellen beim Sohn des Teilnehmers wurde von BGHSt 58, 84, 93ff.[8] vermöge einer reinen Wortlautauslegung von § 81h I und III 2 (gegen *Brocke,* StraFo 2011, 298) als eine datenschutzrechtlich unerlaubte (und auch nicht vom „Spurenansatz", o. § 24 Rn. 59, gedeckte) Zweckänderung qualifiziert, aber dennoch ein Verwertungsverbot für die Hauptverhandlung nach der Abwägungslehre verneint. Weil hierbei darauf abgehoben wurde, die falsche Einschätzung der Rechtslage durch die Ermittlungsbeamten sei „nicht völlig unvertretbar" gewesen (Rn. 39), dies aber natürlich für die Zukunft nicht mehr gilt, ist eine Änderung des § 81h durch den Gesetzgeber geboten (*Busch,* NJW 2013, 1771; and. *Swoboda,* StV 2013, 461, 469).

§ 34. Sicherstellung und Beschlagnahme

Literatur: *Achenbach,* Verf.sichernde und vollstreckungssichernde Beschlagnahme im Strafprozeß, NJW 1976, 1068; *ders.,* Vermögensrechtl. Opferschutz im strafproz. Vorverf., FS Blau, 1985, 7; *Meier,* Die strafproz. Verwertbarkeit von Zufallsfunden über Unbeteiligte usw., 1988; *R. Schmidt,* Die Ausnahme vom Beschlagnahmeverbot gem. § 97 II 3, 1. Hs. StPO, 1989; *Dahs,* Die Beschlagnahme von Verteidigungsmaterial und die Ausforschung der Verteidigung, GS Meyer, 1990, 61; *Weyand,* Arzt- und Steuergeheimnis als Hindernis für die Strafverfolgung?, wistra 1990, 4; *P. Schmitt,* Die Berücksichtigung der Zeugnisverweig. rechte nach §§ 52, 53 StPO bei den auf Beweisgewinnung gerichteten Zwangsmaßnahmen, 1993; *dies.,* Probleme des Zeugnisverweigerungsrechts bei Beratern juristischer Personen pp., wistra 1993, 9; *Schreiber,* Die Beschlagnahme von Unterlagen beim Steuerberater, 1993; *Roxin,* Das Beschlagnahmeprivileg des Syndikusanwalts pp., NJW 1995, 17; *Starke,* Beschlagnahme von im Auftrag des Beschuld. erstellten SV-Gutachten, Rudolphi-Symposium, 1995, 81; *Görtz-Leible,* Die Beschlagnahmeverbote des § 97 Abs. 1 StPO im Lichte der Zeugnisverweigerungsrechte, 2000; *Hoffmann/Knierim,* Rückgabe von im Strafverfahren sichergestellten oder beschlagnahmten Gegenständen, NStZ 2000, 561; *Konrad,* Die Beschlagnahme von Verteidigungsunterlagen, 2000; *Wasmuth,* Beschlagnahme von Krankenunterlagen im Strafverfahren gegen den Arzt, MedStR 2000, 351; *Beulke,* Beschlagnahmefreiheit von Verteidigungsunterlagen, FS Lüderssen, 2002, 693; *Ransiek,* Durchsuchung, Beschlagnahme und Verwertungsverbot, StV 2002, 565; *Bott,* s. Lit. zu § 26; *Korge,* Die Beschlagnahme elektronisch gespeicherter Daten bei privaten Trägern von Berufsgeheimnissen, 2009; *Park,* Durchsuchung und Beschlagnahme, 2009; *Baumann,* Die Systematik der Regelungen über die beweissichernde Sicherstellung im Strafverfahren, 2010; *Goeckenjan,* Neues aus dem Irrgarten von Zeugnisverweigerungsrecht und Beschlagnahmefreiheit, FS Samson, 2010, 641; *Jahn,*

[8] Zu der eigenartigen Zick-zack-Begründung mit Recht krit. *Rogall,* JZ 2013, 874, u. *Löffelmann,* JR 2013, 277; eingehend *Magnus,* ZStW 126 (2014), 695ff.

Die Grenzen der Editionspflicht des § 95 StPO, FS Roxin II, 2011, 1257; *ders.*, Die verfassungskonforme Auslegung des § 97 I Nr. 3 StPO, ZIS 2011, 453; *Mehle/Mehle*, Beschlagnahmefreiheit von Verteidigungsunterlagen, NJW 2011, 1639.

A. Übersicht

Die StPO unterscheidet grundlegend die **beweissichernde** Beschlagnahme, d. h. die Sicherstellung von Gegenständen, die als Beweismittel in Frage kommen (§§ 94ff.), und die **vollstreckungssichernde** Beschlagnahme gem. §§ 111 b–111 l, die der Sicherung der Vollstreckung von Verfall und Einziehung (§§ 73ff., 74ff.), daneben aber, soweit der Verfall nach § 73 I 2 StGB ausgeschlossen ist, auch der Schadloshaltung des Verletzten, der sog. „(Zu-)Rückgewinnungshilfe", dienen soll (näher u. § 65 Rn. 20ff.). 1

Eine gesonderte Behandlung erfährt schließlich die Sicherstellung deutscher **Führerscheine.** Obwohl sie der Einziehung unterliegen (§ 69 III 2 StGB), werden sie in § 94 III nicht den Regeln der §§ 111b ff., sondern denen der §§ 94ff. unterstellt, da es bei ihnen allein auf die tatsächliche Sicherstellung der Urkunde und nicht wie in §§ 111b ff. auf die Verhinderung rechtsgeschäftlicher Verfügungen ankommt (so die Begr. im RegE des EGStGB, BT-Drs. 7/550, 290). 2

B. Die Sicherstellung von Beweismitteln u. Führerscheinen im Allgemeinen

I. 1. Die Sicherstellung nach §§ 94ff. erfasst also 3

a) Gegenstände, die als Beweismittel von Bedeutung sein können (u. U. also auch die Leiche des Ermordeten; zur Blutprobenentnahme bei einer Leiche vgl. o. § 33 Rn. 32).

b) der Einziehung unterliegende, d. h. von einer deutschen Behörde erteilte, Führerscheine (vgl. § 69 III 2 StGB).

2. Elektronische Daten sind keine Gegenstände und unterliegen daher als solche nicht der Beschlagnahme. Beschlagnahmt werden können jedoch die physischen **Datenträger** (CDs, Festplatten), auf denen die Daten (z. B. E-Mails) gespeichert sind (BVerfGE 115, 166, 191; BVerfG NJW 2005, 1917, 1920; SK/*Wohlers/Greco,* § 94 Rn. 24ff.; *Kemper,* NStZ 2005, 538; a. A. *M-G/S,* § 94 Rn. 4, 16a: Beschlagnahme der Daten durch Übermittlung). Als weniger einschneidende Maßnahme ist außerdem bei Vorliegen der sonstigen Voraussetzungen der §§ 94ff. das Kopieren von Daten des Beschuldigten auf Datenträger der Strafverfolgungsbehörden zulässig (SK/*Wohlers,* § 94 Rn. 26; wegen des Verhältnismäßigkeitsgrundsatzes kann ein solches Vorgehen sogar geboten sein, dazu u. Rn. 26). Probleme wirft im Zusammenhang mit dem Zugriff auf elektronische Daten oftmals das Verhältnis der §§ 94ff. zu den in ihren Voraussetzungen wesentlich strengeren §§ 100a ff. auf (dazu u. § 36 Rn. 6ff.). 4

3. Im Unterschied zu § 111b ist die Anordnung der Sicherstellung nach § 94 obligatorisch und setzt (vorbehaltlich der Verhältnismäßigkeit von Eingriffsintensität und Verdachtsstärke) nur den einfachen Anfangsverdacht gem. § 152 voraus; i. E. s. LR/*Menges,* § 94 Rn. 7. 5

II. Durch die amtl. Sicherstellung wird die staatliche Gewalt über die genannten Gegenstände hergestellt. Die Art der Sicherstellung ist der Praxis überlassen. § 94 I hebt 6 als Unterfall der Sicherstellung die **amtliche Inverwahrnahme** hervor, lässt aber gleichzeitig erkennen („oder in **anderer Weise** sicherzustellen"), dass die Sicherstellung auf verschiedenste Weise erfolgen kann, z. B. auch durch das an den Besitzer der Sache adressierte Verbot, sie zu verändern oder über sie zu verfügen (s. auch u. Rn. 13). Die StPO kennt drei Formen, in denen die auf diese Weise sicherzustellenden Gegenstände erfasst werden:

7 1. Die Sicherstellung von Gegenständen (insb. die amtliche Inverwahrnahme von beweglichen Sachen), die **freiwillig** herausgegeben werden (vgl. § 94 II) oder gewahrsamslos sind (vgl. *M-G/S,* § 94 Rn. 12). Sie ist die einfachste Form der Sicherstellung; zu ihr sind alle mit der Strafverfolgung befassten Beamten befugt.

8 2. Die **Beschlagnahme i. e. S.,** d. h. die amtliche Verwahrung oder sonstige Sicherstellung eines Gegenstandes aufgrund ausdrücklicher Anordnung. Sie ist bei Gegenständen angezeigt, die **nicht freiwillig** herausgegeben werden (§ 94 II), aber für die Strafverfolgungsorgane (notfalls mittels Durchsuchung) auffindbar sind.

9 3. Schließlich die **Erzwingung der Herausgabe** von (beweglichen) Sachen, die von dem Herausgabepflichtigen (§ 95 I) nicht vorgelegt und ausgeliefert werden, durch Verhängung der in § 70 vorgesehenen Ordnungs- und Zwangsmittel (§ 95 II). Für das Herausgabeverlangen wie für die Verhängung der in § 70 vorgesehenen Sanktionen ist der Richter zuständig, obwohl § 98 I das nicht ausdrücklich sagt.[1]

10 a) Ein solches Vorgehen ist angebracht, wenn die Behörden zwar wissen, dass der Betroffene die Gegenstände im Gewahrsam hat, sie aber selbst mittels Durchsuchung nicht finden können. Nach der erzwungenen Herausgabe wird der Gegenstand dann beschlagnahmt.

11 b) Die Erzwingung der Herausgabe ist gegenüber zeugnisverweigerungsberechtigten Personen (§ 95 II 2; vgl. hierzu *P. Schmitt,* 1993, 68ff., 141ff., 195, 214) und dem Beschuldigten selbst (Nemo-tenetur-Grundsatz) sowie im Fall des § 96 (dazu u. Rn. 21) ausnahmslos unzulässig (*Jahn,* FS Roxin II, 2011, 1357). Zu den schwierigen Fragen einer Erzwingung der Herausgabe von Akten bei Behörden oder anderen Gerichten *Rieß,* StV 1988, 31.

C. Die Beschlagnahme nach §§ 94ff. insb.

I. Anordnung; Durchführung; Wirkung

12 1. Die *Anordnung* der Beschlagnahme muss erkennen lassen, wieso die zu beschlagnahmenden Gegenstände beweiserheblich sein können (OLG *Düsseldorf* StV 1983, 407, a. A. *M-G/S,* § 98 Rn. 9) und welchen Umfang die Beschlagnahme haben soll (LG Stuttgart StV 1986, 471); die pauschale Anordnung der Beschlagnahme „aller gefundenen Gegenstände" verstößt gegen Art. 2 I GG i. V. m. dem Rechtsstaatsprinzip (BVerfG NStZ 1992, 91). Die Anordnung steht nur dem Richter zu, bei Gefahr im Verzug auch der StA und ihren Ermittlungspersonen (§ 98 I), in welchem Fall die Anordnung der Beschlagnahme und ihre Durchführung (s. u. Rn. 13) meist zusammenfallen werden.

Erfolgt eine solche Eilbeschlagnahme in Abwesenheit des Betroffenen oder eines erwachsenen Angehörigen oder unter Widerspruch des Betroffenen bzw. im Falle seiner Abwesenheit eines erwachsenen Angehö-

[1] KG NStZ 1989, 192; LR/*Menges,* § 95 Rn. 20; *Braczyk,* wistra 1993, 58; a. A. LG Gera NStZ 2001, 276; *M-G/S,* § 95 Rn. 2: Zuständigkeit von StA und Ermittlungspersonen auch ohne Gefahr im Verzug.

rigen,[2] so soll der Beamte binnen dreier Tage die richterliche Bestätigung beantragen (§ 98 II 1); wenn er dies unterlässt, kann auch der Betroffene die (beschwerdefähige, s. § 305 S. 2) richterliche Entscheidung herbeiführen (§ 98 II 2; zur Zuständigkeit s. § 98 II 4 und 5). Auch die Ablehnung einer Beschlagnahme unterliegt der Beschwerde, und zwar sogar im Falle eines vom Angekl. in der HV gestellten Antrages, § 305 S. 2 (zutr. *M-G/S,* § 98 Rn. 31 gegen OLG *Hamburg* JR 1985, 300 m. abl. Anm. *K. Meyer*).

2. Die **Ausführung** der Beschlagnahme besteht in der (notfalls zwangsweisen) Wegnahme oder der Anordnung einer Verfügungsbeschränkung, was auch bei Räumen und Grundstücken möglich ist (durch Versiegelung und Betretungsverbot; vgl. o. Rn. 6). Die Befugnis dazu besitzen auch die einfachen Polizeibeamten, die zur Anordnung selbst nicht in der Lage sind (s. o. Rn. 12). 13

3. Die Beschlagnahme entfaltet folgende **Wirkungen:** 14

a) Sie begründet auch dann, wenn die Gegenstände nicht in den Gewahrsam der Behörde überführt werden, die durch § 136 StGB geschützte öffentlich-rechtliche **Verstrickung.**

b) Zwischen dem Staat und dem Betroffenen entsteht durch die Inbesitznahme ein öffentlich-rechtliches Verwahrungsverhältnis, aus dem der Staat zu sorgfältiger Verwahrung verpflichtet ist (RGZ 105, 340; RGZ 108, 251).

c) Die in Verwahrung genommenen Gegenstände verbleiben im Ermittlungsverfahren bei der Polizei oder StA, nach Erhebung der öffentlichen Klage sind sie dem Richter zur Verfügung zu stellen (vgl. § 98 III).

4. Die Beschlagnahme **endet** spätestens mit Rechtskraft des das Verfahren abschließenden Urteils, vorher bedarf es dazu ihrer Aufhebung als contrarius actus (zur Zuständigkeit SK/*Wohlers/Greco,* § 98 Rn. 54ff.); bei der Postbeschlagnahme (dazu u. Rn. 31f.) tritt die Beschlagnahme u. U. auch von selbst außer Kraft. Die Aufhebung muss erfolgen, sobald die beschlagnahmten Sachen für Zwecke des Strafverfahrens nicht mehr benötigt werden. Bewegliche Sachen sollen dem Verletzten herausgegeben werden, sofern nicht entgegenstehende Ansprüche Dritter bekannt sind (§ 111k). 15

II. Einschränkungen der Beschlagnahme

1. Eine Reihe von Gegenständen sind, auch wenn sie grds. dem § 94 I unterfallen, von der Beschlagnahme **ausgenommen,** gewissermaßen als Verlängerung der Zeugnisverweigerungsrechte (§ 97, der gegenüber § 160a eine speziellere Regelung darstellt, *M-G/S,* § 160a Rn. 17): 16

a) Schriftliche Mitteilungen zwischen dem **Beschuldigten** und den nach §§ 52, 53 I Nr. 1–3b, 53a zeugnisverweigerungsberechtigten Personen (§ 97 I Nr. 1, IV; zur Problematik des Gewahrsams in diesen Fällen *Ranft,* Rn. 941ff.; *P. Schmitt,* 1993, 73ff., 154ff.; zur unzulässigen Umgehung des Beschlagnahmeverbots durch Abtrennung des Verfahrens bei mehreren Beschuldigten vgl. BGHSt 43, 300, 304 m. Anm. *Rudolphi,* NStZ 1998, 472), ferner 17

b) Aufzeichnungen (z. B. ärztliche Krankenblätter) der in §§ 53 I Nr. 1–3b, 53a Genannten oder andere Gegenstände, auf die sich ihr **Zeugnisverweigerungsrecht** erstreckt (§ 97 I Nr. 2, 3, IV), wie etwa Dokumente oder Blutproben. Zur Frage der Anwendbarkeit auf private Ermittlungen von Rechtsanwälten im Auftrag von Wirtschaftsunternehmen o. § 25 Rn. 14. 18

[2] Das Gesetz lässt den Angehörigenbegriff undefiniert. Die Literatur greift teils auf § 11 I Nr. 1 StGB zurück, teils wird ein „weiter" Angehörigenbegriff vertreten, der auch persönlich oder beruflich nahestehende Personen umfasst, soweit diese als Interessenvertreter des Betroffenen angesehen werden können (so *Kamp,* Rudolphi-Symposium, 1995, 95ff. m.w.N.).

19 c) Durch die Beschlagnahmefreiheit werden die Angehörigen und Vertrauenspersonen des Beschuldigten davor bewahrt, trotz ihres Zeugnisverweigerungsrechts mittelbar doch zu seiner Überführung beizutragen. Das Beschlagnahmeprivileg ist allerdings beschränkt: Es besteht nur, solange sich die im Gesetz genannten Gegenstände im Gewahrsam dieser Personen bzw. ihrer Praxisnachfolger (BVerfGE 32, 373, 383) oder in dem einer Krankenanstalt bzw. einer Beratungsstelle nach § 218b StGB befinden (§ 97 II 1, 2). Die Beschlagnahme ist ferner stets zulässig, wenn der Zeugnisverweigerungsberechtigte einer strafbaren Beteiligung an der Tat (einschl. Begünstigung etc.) verdächtig ist oder wenn es sich um Deliktsgegenstände handelt (§ 97 II 3) oder wenn nicht der Patient, sondern der Arzt selbst der Beschuldigte ist (LG Hildesheim NStZ 1982, 394; LG Koblenz NJW 1983, 2100); nach BGH NStZ 1983, 85 sollen die Gegenstände auch dann verwertbar bleiben, wenn der Verdacht später entfällt (zw.). Schließlich ist die Beschlagnahme ärztlicher Krankenblätter auch dann gestattet, wenn der Patient den Arzt von der Schweigepflicht entbindet und dadurch dessen Zeugnisverweigerungsrecht entfällt (BGHSt 38, 144, 145; LR/*Menges*, § 97 Rn. 47). Das kann als untunlich erscheinen, weil es sich oft um Aufzeichnungen handelt, die nicht für die Kenntnis des Patienten bestimmt sind. Es wird sich aber, weil die Beschlagnahmefreiheit an das Zeugnisverweigerungsrecht anknüpft, de lege lata kaum ändern lassen (vgl. auch o. § 25 Rn. 14).

20 d) Besondere Probleme werfen die der Verteidigung dienenden bzw. (umgekehrt) die beim **Verteidiger** hinterlegten Überführungsstücke auf. Trotz des anders lautenden Gesetzestextes in § 97 II 1 muss eine Beschlagnahme von Verteidigungskorrespondenz und sonstigem Verteidigungsmaterial auch dann unzulässig sein, wenn sich diese Gegenstände im Besitz des Beschuldigten befinden (BGH NJW 1973, 2035; StV 1989, 421 m. Anm. *Schmidt*). Dies ergibt sich aus § 148, der dem Beschuldigten umfassenden und unkontrollierten schriftlichen und mündlichen Verkehr mit seinem Verteidiger gestattet, und gilt entgegen BGHSt 53, 257[3] auch für eingestreute Beleidigungen („unfähiger und fauler Richter"), deren Bezugsgegenstand für die Verteidigungsstrategie durchaus eine Rolle spielen kann. Auch sind Unterlagen, die vom Beschuldigten selbst ersichtlich zum Zweck seiner Verteidigung angefertigt worden sind, analog § 97 beschlagnahmefrei, weil nach Art. 6 III EMRK sowie Art. 2 I i. V. m. Art. 20 III GG jedem Beschuldigten das Recht zusteht, sich selbst zu verteidigen und sich hierfür ausreichend vorzubereiten (BGHSt 44, 46; OLG *München* NStZ 2006, 300 m. Anm. *Satzger*, JR 2007, 336). Heftig umstr. ist dagegen die Behandlung von Gegenständen, die dem Verteidiger (oder Steuerberater) unter Missbrauch seiner Stellung übergeben werden, um sie dem Zugriff der Strafverfolgung zu entziehen (z. B. Buchhaltungsunterlagen). Die h. M. verneint die Beschlagnahmefreiheit (LG Fulda NJW 2000, 1508; *M-G/S*, § 97 Rn. 39 m. w. N.), während die Gegenmeinung darin eine unzulässige Ausdehnung des Beschlagnahmerechtes über den Gesetzeswortlaut hinaus erblickt (OLG Frankfurt a. M. StV 1982, 64; 26. Aufl., § 34 Rn. 12). Die Lösung dürfte im gesetzlichen Ausschluss des Privilegs der Beschlagnahmefreiheit im Fall der Strafvereitelung liegen, deretwegen nicht erst bei der absichtlichen Entgegennahme von Überführungsstücken, sondern schon bei der wissentlichen Entgegennahme tatbezogener Gegenstände unbekannten Inhalts ohne geprüfte Verteidigungsfunktion ein Tatverdacht zu bejahen ist.[4]

21 e) Behördliche **Akten u. ä.,** wenn die oberste Dienstbehörde die Herausgabe wegen andernfalls zu erwartender Nachteile für das Staatswohl verweigert (§ 96); darin liegt eine Parallele zu der in § 54 normierten Aussagebeschränkung. Gegen die Verweigerung ist der Verwaltungsrechtsweg (§ 40 VwGO) gegeben (BGHSt 44, 107; BVerwGE 47, 255). Die Sperrerklärung ist für das Gericht infolge der Gewaltenteilung grds. bindend, es sei denn, die Erklärung ist offensichtlich willkürlich oder missbräuchlich, denn dann ist sie als Verwaltungsakt nichtig (vgl. § 44 VwVfG). Die Beschlagnahme ist dann trotz Sperrerklärung möglich (KG NStZ 1989, 541). Hält das Gericht die Sperrerklärung zwar nicht für nichtig, aber für rechtswidrig, so ist es aufgrund seiner Aufklärungspflicht gehalten, im Wege der Gegenvorstellung auf eine Überprüfung der Sperrerklärung durch die Behörde hinzuwirken (BGHSt 32, 115, 126; BGH NJW 2007, 3010, 3012). Dagegen ist es nicht möglich, eine Akte außerhalb der Sperrung nach § 96 durch eine Vertraulichkeitsbitte der aktenführenden Stelle (sog. *in camera-Verfahren*) vor der Einsicht durch den Strafverteidiger zu sichern. Denn Akten anderer Behörden werden zum Bestandteil der Verfahrensakten und unterliegen dem Akteneinsichtsrecht (BGHSt 42, 71; BGH NJW 2000, 1661).

[3] Gebilligt von BVerfG StV 2010, 666, das aber die Bedeutung des § 148 für die Wahrung des Fair Trial irrig bei Zufallsfunden dispensiert glaubt; krit. *Norouzi*, StV 2010, 670.

[4] Zur umstr. und richtigerweise zu verneinenden Frage, ob bzgl. der Beschlagnahme beim teilnahmeverdächtigen Verteidiger Besonderheiten gelten, s. BGH NJW 1973, 2035; BGHSt 33, 347; BGH NStZ 1983, 85; 2009, 517; *Beulke*, FS Lüderssen, 2002, 708; *M-G/S*, § 97 Rn. 38 m. w. N.

f) Schriftstücke in der Hand von zeugnisverweigerungsberechtigten Abgeordneten (§ 97 III i. V. m. Art. 47 S. 2 GG) und Gegenstände in Parlamentsräumen, sofern keine Genehmigung des Präsidenten vorliegt (Art. 40 II GG). 22

g) Schriftstücke, Ton-, Bild- und Datenträger sowie Darstellungen aller Art im Gewahrsam von **Presse** und **Rundfunk** oder ihrer Mitarbeiter sind beschlagnahmefrei, soweit ihr Inhalt von dem Zeugnisverweigerungsrecht nach § 53 I 1 Nr. 5 umfasst wird (§ 97 V 1). Dazu zählen wegen § 53 I 2 auch selbst recherchierte Materialien, insb. auch Unterlagen, die Aufschluss über mögliche Informanten geben können (BVerfGE 117, 244). Das Beschlagnahmeprivileg geht über das Zeugnisverweigerungsrecht insoweit sogar noch hinaus, als nicht nur der Gewahrsam des Zeugnisverweigerungsberechtigten, sondern auch derjenige der Redaktion, des Verlages, der Druckerei oder der Rundfunkanstalt geschützt ist. Eine bedeutsame Einschränkung liegt jedoch darin, dass die Beschlagnahmefreiheit, anders als das Zeugnisverweigerungsrecht, entfällt, wenn der Zeugnisverweigerungsberechtigte einer strafbaren Beteiligung an der Tat dringend verdächtig (§ 97 V 2 i. V. m. II 3) oder wenn er sogar selbst Beschuldigter ist (*Kunert,* MDR 1975, 887, 889). Jedoch ist die Verhältnismäßigkeits- und Subsidiaritätsklausel des § 97 V 2 2. Hs. zu beachten, wonach wegen des besonderen Ranges der Freiheit der Berichterstattung nach Art. 5 GG eine Beschlagnahme in Presseunternehmungen und Rundfunkanstalten nur zulässig ist, wenn sie nicht außer Verhältnis zur Bedeutung der Sache steht und die Ermittlungen ohne sie aussichtslos oder wesentlich erschwert wären.[5] Über die nach § 97 V 2 ausnahmsweise zulässige Beschlagnahme entscheidet allein der Richter (§ 98 I 2). 23

An die Presse gerichtete terroristische Rechtfertigungsschreiben unterliegen als instrumenta et producta sceleris der Beschlagnahme gem. § 97 II 3; denn sie rühren aus der Straftat der Beteiligung an einer terroristischen Vereinigung (§ 129 a StGB) her und sind auch zur Begehung der ebenfalls tatbestandsmäßigen Unterstützung einer solchen Vereinigung gebraucht worden (ebenso *Achenbach,* in: *Löffler,* PresseR, 5. Aufl., 2006, § 23 LPG, Rn. 132; *Rebmann,* 1988; in BGHSt 41, 363 wird dies nur für einen Einzelfall anerkannt, jedoch generell offen gelassen). 24

h) Außerhalb der ausdrücklichen Regelung des § 97 unterliegen der Beschlagnahme nicht solche Gegenstände, deren Verwertung zu Beweiszwecken den Art. 1, 2 GG widersprechen würde, z. B. die Intimsphäre berührende Tagebücher und Briefe, vgl. BGHSt 19, 325, oder die Klientenakten einer Drogenberatungsstelle, vgl. BVerfGE 44, 353 m. Anm. *Knapp,* NJW 1977, 2119; *Knauth,* JuS 1979, 339, wenn das Geheimhaltungsinteresse das Strafverfolgungsinteresse überwiegt (vgl. o. § 24 Rn. 55 ff.). 25

2. Auch i. Ü. ist der Verhältnismäßigkeitsgrundsatz zu beachten (BGH StV 1988, 90); so darf nicht der gesamte Bestand einer Buchhandlung mit schwer geschäftsschädigender Wirkung beschlagnahmt werden, weil der vage Verdacht besteht, man könne darin eine verbotene Schrift finden. Bei der Beschlagnahme von Datenträgern zum Zwecke der Erlangung der darauf gespeicherten Daten gebietet es der Verhältnismäßigkeitsgrundsatz wegen des damit verbundenen Eingriffs in das Recht auf informationelle Selbstbestimmung, als mildere Maßnahme nach Möglichkeit lediglich eine **Kopie** der gesuchten Daten nach § 110 III 2 anzufertigen; der Zugriff auf für das Verfahren bedeutungslose Daten muss möglichst vermieden werden (BVerfGE 113, 29, 55; BVerfG NJW 2007, 193; *Kemper,* NStZ 2005, 540). 26

3. Ein Verstoß gegen die dargestellten Beweisgewinnungsverbote (ausgenommen § 96, da die Vorschrift nicht dem Schutz der Rechte des Beschuldigten dient, LR/*Menges,* § 96 Rn. 114) zieht grds. ein *Beweisverwertungsverbot* nach sich, das jedenfalls auch bei einem schwerwiegenden Verstoß gegen das „relative Beweisverbot“ des § 98 eingreift (BGH NJW 2001, 3793, 3794; LR/*Menges,* § 98 Rn. 75 ff.). 27

[5] Vgl. zu den besonderen Anforderungen an die Verhältnismäßigkeit bei Pressebeschlagnahmen auch BVerfG EuGRZ 2011, 83, das „Spiegel-Urteil“, BVerfGE 20, 16, sowie die „Cicero“-Entscheidung BVerfGE 113, 244, 262 ff.; außerdem *Kunert,* NStZ 2002, 169, 173; *Jutzi,* NJ 2007, 218.

III. Beschlagnahme des Führerscheins

28 Den Regeln der §§ 94ff. unterwirft das Gesetz auch die Beschlagnahme **deutscher Führerscheine** (§ 94 III). Die Vorschrift greift aber nur ein, wenn damit die Einziehung nach § 69 III 2 StGB gesichert werden soll; sollen Führerscheine hingegen zu Beweiszwecken beschlagnahmt werden, ist § 94 I, II einschlägig.

1. Allerdings führt der sachliche Zusammenhang dieser Maßnahme mit der vorläufigen Entziehung der Fahrerlaubnis nach § 111a (s. u. § 38 Rn. 7) zu einer **Einschränkung** des Anwendungsbereichs: Da das Beschlagnahmerecht im Hinblick auf das Dokument nicht weiter gehen kann als die richterliche Entziehungsbefugnis bzgl. der behördlichen Erlaubnis, setzt auch die Beschlagnahme des Führerscheins dringende Gründe für die Annahme voraus, dass die Fahrerlaubnis endgültig entzogen werde. Zum Verhältnis zwischen der Beschlagnahme nach § 94 III und der vorläufigen Entziehung nach § 111a vgl. i. ü. u. § 38 Rn. 8.

29 2. Da der Richter also stets auch einen Beschluss nach § 111a erlassen könnte, hat § 94 III praktische Bedeutung nur für die StA und ihre Ermittlungspersonen, die nicht zur vorläufigen Entziehung der Fahrerlaubnis nach § 111a befugt sind. Sie dürfen freilich nach § 98 I nur bei **Gefahr im Verzug** tätig werden; doch ist damit nach Ansicht des BGH nicht nur die selten gegebene Gefahr des Beweismittelverlusts oder der Vereitelung späterer Einziehung, sondern vor allem die Gefahr gemeint, dass der Täter „ohne die Abnahme des Führerscheins weitere Trunkenheitsfahrten unternehmen oder sonst Verkehrsvorschriften in schwerwiegender Weise verletzen werde" (BGHSt 22, 385). Damit dient die Beschlagnahmemöglichkeit nach § 94 III in erster Linie präventivpolizeilichen Gründen. Neben der strafprozessualen Sicherstellung nach §§ 94 III, 98 ist nach h. M. auch noch eine Sicherstellung des Führerscheins **nach Polizeirecht** möglich, soweit dadurch eine von dem Fahrer ausgehende akute Gefahr tatsächlich abgewendet werden kann (vgl. LR/*Hauck,* § 111a Rn. 72; *Fezer,* 7/2–5).

30 3. Da **ausländische Fahrausweise** (Ausnahme: Führerscheine, die von Mitgliedstaaten der EU oder des Europäischen Wirtschaftsraums ausgestellt wurden, sofern der Inhaber einen deutschen Wohnsitz hat, § 111a III 2)[6] von den deutschen Strafverfolgungsorganen nicht eingezogen werden können, die vorläufige wie die endgültige Entziehung der Fahrerlaubnis in ihnen vielmehr nur vermerkt wird (§§ 69 III 2, 69b II StGB; 111a VI), schließt das Gesetz auch ihre Beschlagnahme grds. aus. Sie ist nur zulässig, um den Entziehungsvermerk in ihnen anzubringen (§ 111a VI).

IV. Postbeschlagnahme

31 1. Für die Beschlagnahme von **Postsendungen,** die sich im Postbetrieb befinden, ist in §§ 99f., 101 eine Sonderregelung getroffen (während für außerhalb des Postbetriebes angetroffene Briefe die allg. Regelung der §§ 94ff. gilt). Die Voraussetzungen einer Beschlagnahme sind darin gegenüber § 94 teils erweitert, weil bei einem verschlossenen Brief meist „auf gut Glück" vorgegangen werden muss, teils eingeschränkt, weil damit in den Schutzbereich des Art. 10 GG eingegriffen wird (zur Unzulässigkeit der Beschlagnahme von Verteidigerkorrespondenz o. § 19 Rn. 75ff.). Der EGMR hat in dieser Regelung keinen Verstoß gegen Art. 6 oder 8 EMRK gesehen (*EGMR* NJW 1979, 1755 m. zust. Anm. *Arndt*).

32 2. Die an den Beschuldigten adressierten Briefe dürfen schlechthin, die mutmaßlich von ihm stammenden oder für ihn bestimmten Briefe dürfen nur dann in Beschlag genommen werden, wenn sie aufgrund bestimmter Tatsachen für die Untersuchung von Bedeutung erscheinen (§ 99). Bei Gefahr im Verzuge ist außer dem Richter auch die StA (nicht aber ihre Ermittlungspersonen, § 100 I) zur Anordnung befugt. Die Öff-

[6] Zu den europarechtl. Problemen s. *Schünemann/S. Schünemann,* DAR 2007, 382ff.; 2008, 109; EuGH NJW 2008, 2403.

nung steht dem Richter zu, dem die StA die Postsendungen ungeöffnet vorzulegen hat; doch kann in Eilfällen der Richter die Öffnungsbefugnis der StA übertragen (§ 100 III). Ein Verstoß gegen § 99 führt zu einem Verwertungsverbot (offen gelassen von BGHSt 23, 329, 331; SK/*Wohlers/Greco,* § 99 Rn. 22 m.w.N.).

D. Die Sicherstellung nach §§ 111 b ff.

In §§ 111b bis 111n geht es inhaltlich im Wesentlichen um die Sicherung der Vollstreckung von Verfall und Einziehung sowie der Schadloshaltung des Verletzten durch Beschlagnahme oder durch dinglichen Arrest. Für die Vorschriften der §§ 111 o und 111 p besteht kein Anwendungsbereich mehr, seit BVerfGE 105, 135 die Vermögensstrafe nach § 43a StGB für verfassungswidrig erklärt hat. 33

I. Beschlagnahme

1. Der **Beschlagnahme i. e. S.** sind generell unterworfen (s. § 111b): 34

a) Gegenstände, die gem. §§ 73–73d StGB dem Verfall unterliegen;

b) Gegenstände, deren Einziehung oder Unbrauchbarmachung in Frage kommt (s. §§ 74ff., 92b, 101a, 150, 295 StGB, 375 AO, 21 III StVG);

c) Gegenstände, deren Verfall nur deshalb nicht angeordnet werden kann, weil dem Verletzten aus der Tat ein Anspruch erwachsen ist, dessen Erfüllung dem Täter oder Teilnehmer den Wert des aus der Tat Erlangten entziehen würde (§ 111b V i.V. m. § 73 I 2 StGB – *Rückgewinnungshilfe,* dazu näher u. § 65 Rn 20).

2. **Schriften,** Ton- und Bildträger, Darstellungen und die zu ihrer Herstellung gebrauchten oder bestimmten Vorrichtungen (§§ 74d I, 11 III StGB) dürfen nur bei striktester Beachtung des Verhältnismäßigkeitsgrundsatzes zur Gewährleistung der Einziehung und Unbrauchbarmachung nach § 111b I sichergestellt werden (i. E. s. § 111m). Dabei nennt das Gesetz als wichtigsten Gegengrund „die Gefährdung des öffentlichen Interesses an unverzögerter (!) Verbreitung“. Vorschriften der Landespressegesetze, die eine Beschlagnahme von Druckwerken regeln, sind nach h. M. ungültig, weil es sich dabei um Verfahrensrecht handelt, für das nach Art. 74 Nr. 1 GG keine Gesetzgebungskompetenz der Länder besteht (dazu *Achenbach,* NStZ 2000, 124). 35

3. Anders als nach § 94 (s. o. Rn. 6ff.) ist zur vollstreckungssichernden Sicherstellung von Gegenständen die förmliche Beschlagnahme vorgeschrieben, deren Anordnung im Hinblick auf das Veräußerungsverbot nach § 111 c V stets ausdrücklich erklärt werden muss. 36

II. Dinglicher Arrest

Die Anordnung des **dinglichen Arrests** ist zulässig: 37

a) zur Sicherung des Verfalls und der Einziehung von Wertersatz gem. §§ 73a, 74c StGB (§ 111 b II), und der Schadloshaltung des Verletzten (§ 111 b V);

b) zur Sicherung der Vollstreckung einer Geldstrafe oder des Ersatzes von Verfahrenskosten aus einem noch nicht rechtskräftigen Urteil (§ 111 d I).

In diesen Fällen unterliegt das pfändbare Vermögen des Beschuldigten dem staatlichen Zugriff, jedoch nur im Wege der Einzelzwangsvollstreckung (§§ 111 d II, 111 o II 1, jeweils mit Weiterverweisung auf die ZPO).

III. Anordnung

38 1. **Zuständig** für die Anordnung der Beschlagnahme und des Arrestes ist der Richter, bei Gefahr im Verzuge im allg. auch die StA sowie, wenn es sich um bewegliche Sachen handelt, ihre Ermittlungspersonen; bei der Beschlagnahme von Immobilien oder Rechten hat die StA binnen einer Woche um richterliche Bestätigung der Anordnung nachzusuchen (§ 111 e I, II). Die Anordnung ist dem durch die Tat Verletzten zum frühestmöglichen Zeitpunkt mitzuteilen (§ 111 e III, s. auch IV zur Mitteilung im elektronischen Bundesanzeiger bei zahlreichen oder noch unbekannten Verletzten). Über die Zuständigkeit bei der Durchführung der Sicherstellung s. §§ 111 f, 111 g II.

39 2. Die Beschlagnahme eines periodischen **Druckwerkes** (d. h. einer in ständiger Folge und im Abstand von höchstens sechs Monaten erscheinenden Publikation, vgl. z. B. Art. 6 II BayPresseG) und seiner Herstellungsmittel darf nur vom Richter, die anderer Druckwerke kann bei Gefahr im Verzug auch von der StA (nicht von ihren Ermittlungspersonen!) angeordnet werden, tritt jedoch außer Kraft, wenn sie nicht binnen dreier Tage vom Richter bestätigt worden ist (§ 111 n I). In der Beschlagnahmeanordnung sind die Textstellen, die zur Beschlagnahme Anlass geben, genau zu bezeichnen (§ 111 m III). Die Beschlagnahme ist aufzuheben, wenn nicht binnen zweier Monate Anklage erhoben oder das objektive Einziehungsverfahren (vgl. u. § 67) beantragt ist; diese Frist kann u. U. zweimal um weitere zwei Monate verlängert werden (§ 111 n II, vgl. auch III).

IV. Wirkungen

40 Sie sind im Interesse der Schadloshaltung des Verletzten abweichend von §§ 94 ff. geregelt, dazu i. E. u. § 65 Rn. 20 ff.

§ 35. Durchsuchung, Kontrollstelle und Razzia

Literatur: *Geerds,* Durchs. von Personen, Räumen und Sachen, FS Dünnebier, 1982, 171; *Krekeler,* Zufallsfunde bei Berufsgeheimnisträgern und ihre Verwertbarkeit, NStZ 1987, 199; *ders.,* Durchs. und Beschlagnahme in Anwaltsbüros, FG Koch, 1989, 165; *Janoscheck,* Strafproz. Durchs. und Beschlagnahme bei jurist. Personen des öffentl. Rechts, 1990; *Labe,* Zufallsfund und Restitutionsprinzip im Strafverf., 1990; *Amelung,* Grundfragen der Verwertungsverbote bei beweissichernden Haussuchungen im Strafverf., NJW 1991, 2533; *Krekeler,* Verwertungsverbot bei der Durchs., AnwBl. 1992, 356; *Ronsdorf,* Die Beschlagnahme von Zufallsfunden bei Durchs., 1993; *Sommermeyer,* Die materiellen und formellen Voraussetzungen der strafproz. Hausdurchs., Jura 1992, 449; *Krekeler,* Beweisverwertungsverbote bei fehlerhaften Durchs., NStZ 1993, 263; *Ronsdorf,* Geplante Zufallsfunde, Archiv f. Kriminologie 1993, 42; *Cassardt,* Zur Gültigkeitsdauer ermittlungsrichterl. Durchsuchungsanordnungen, NJW 1996, 554; *Roxin,* Zur richterl. Kontrolle von Durchsuchungen und Beschlagnahmen, StV 1997, 654.; *Eisenberg,* Aspekte der Durchsuchung pp., FS Rolinski, 2002, 165; *Fickert,* Die Behandlung von Zufallserkenntnissen im Ermittl.verf., 2002; *Müller,* Rechtsgrundlagen und Grenzen zulässiger Maßnahmen bei der Durchsuchung pp., 2002; *Ransiek,* Durchsuchung, Beschlagnahme und Verwertungsverbot, StV 2002, 565; *Weiler,* Beweissichernde Durchs. und die Folgen von Verfahrensfehlern, GS Meurer, 2002, 395; *Krehl,* Richtervorbehalt und Durchsuchungen außerhalb gewöhnlicher Dienstzeiten, NStZ 2003, 461; *Harms,* Kann ein richterl. Durchsuchungsbeschluss auch mündl. erlassen werden?, DRiZ 2004, 25; *Höfling,* Fernmündl.

Durchsuchungsanordnungen durch den Richter, JR 2003, 408; *Kassing,* Die Verwertbarkeit von Beweisen bei Verstoß gegen § 105 I 1 StPO, JuS 2004, 675; *Schroeder,* Die Durchs. im Strafproz., JuS 2004, 858; *Amelung/Mittag,* Beweislastumkehr bei Hausdurchs. ohne richterl. Anordnung, NStZ 2005, 614; *Brüning,* Beihilfe zum „Geheimnisverrat" durch Journalisten und die strafproz. Folgen: der Fall „Cicero", NStZ 2006, 253; *Roxin,* Zum Beweisverwertungsverbot bei bewusster Missachtung des Richtervorbehalts, NStZ 2007, 616; *Grawe,* Die strafproz. Zufallsverwendung, 2008; *Pelzer,* Die Vorschriften zur Form der Durchsuchung pp., 2008; *Schwabenbauer,* Verwertung von Zufallsfunden einer verfassungswidrigen Durchsuchung, NJW 2009, 3207; *Park,* Durchs. und Beschlagnahme, 2. Aufl., 2009; *Herrmann/Soiné,* Durchs. persönl. Datenspeicher u. Grundrechtsschutz, NJW 2011, 2922; *Kohlmann,* Online-Durchs. und andere Maßnahmen mit Technikeinsatz, 2012; *Schneider,* Online-Durchs. als Mittel zur Terrorismusbekämpfung in Deutschland und den USA, 2012; *Birkenstock,* Zur Online-Durchs., 2013; *Hoffmann-Holland/Koranyi,* Das Offenheitsgebot bei Wohnungsdurchsuchungen, BStW 125 (2013), 837; *Süptitz/Utz/Eymann,* State-of-the-Art: Ermittlungen in der Cloud, DuD 2013, 307.

A. Durchsuchung

I. Begriff

Die **Durchsuchung** ist ein Suchen 1

1. nach versteckten Gegenständen, die als Einziehungs- bzw. Verfallsobjekte oder Beweismittel in Frage kommen, und

2. nach dem Verdächtigen.

II. Objekte

Durchsuchungsgegenstände können sein: 2

1. Wohnungen und andere Räume (sog. **Haussuchung**),

2. die Person des Verdächtigen, des Unverdächtigen und der ihnen gehörigen Sachen (Durchsuchung von Personen im Unterschied zur körperlichen Untersuchung; s. o. § 33 Rn. 6ff.),

3. die sog. **Online-Durchsuchung,** d. h. die heimliche Ausforschung der Daten auf EDV-Systemen des Verdächtigen, kann hingegen nicht auf die §§ 102ff. gestützt werden, sondern bedarf einer eigenständigen Regelung, die bislang in der StPO noch nicht existiert.[1] Eine zukünftige Regelung wird sich dabei an den strengen Vorgaben des BVerfG zum Schutz des (neu entwickelten) **Grundrechts auf Gewährleistung der Vertraulichkeit und Integrität informationstechnischer Systeme** und zum Schutz des Kernbereichs privater Lebensgestaltung zu orientieren haben.[2] Zur Durchsicht von Daten auf dem PC des Beschuldigten nach § 110 III s. u. Rn. 14.

---

[1] BGHSt 51, 211 m. Anm. *Cornelius,* JZ 2007, 796; *Kudlich,* JA 2007, 391; *Valerius,* JR 2007, 275. Für die Gefahrenabwehr im Bereich der Terrorismusbekämpfung ist nunmehr eine Ermächtigung zur Online-Durchsuchung in dem neuen § 20k BKAG (G. v. 25.12.2008, BGBl. I 3083) enthalten. Die an sich gem. § 20v V Nr. 3 BKAG mögliche Übermittelung der dabei erlangten Daten zur Beweisverwertung im Strafverfahren scheitert, solange die StPO keinen entspr. Eingriff kennt, an § 161 II, doch ist nach dem Spurenansatz die mittelbare Ausnutzung zulässig (*M-G/S,* § 161 Rn. 18e; allg. o. § 24 Rn. 21). Vgl. zur Problematik der Online-Durchsuchung auch *Beukelmann,* StraFo 2008, 1; *Hansen/Pfitzmann,* DRiZ 2007, 225; *Rux,* JZ 2007, 285; *Schünemann,* GA 2008, 322ff.; *Warntjen,* Jura 2007, 581; *Holzner,* Die Online-Durchsuchung, 2009.

[2] BVerfGE 120, 274 zur Nichtigkeit der Online-Durchsuchungs-Ermächtigung im Verfassungsschutzgesetz von NRW m. Anm. *Kutscha,* NJW 2008, 1042; zu dieser Entscheidung auch *Böckenförde,* JZ 2008, 925; *Sachs/Krings,* JuS 2008, 481; *Hornick/Michalke,* StraFo 2008, 281, 287.

III. Voraussetzungen

3 Die **Voraussetzungen** für die Durchsuchung sind bei Verdächtigen (Personen, die als Täter, Teilnehmer, Strafvereiteler, Hehler oder Begünstiger in Frage kommen) und bei Unverdächtigen verschieden.

IV. Die Haussuchung

4 1. Beim **Verdächtigen:**

a) Die Durchsuchung der Räume des Verdächtigen ist sowohl zum Zweck seiner Ergreifung als auch dann zulässig, wenn zu vermuten ist, dass die Durchsuchung zur Auffindung von Beweismitteln führen werde (§ 102).

5 b) Auch die Durchsuchung zur Auffindung von Gegenständen des Verfalls oder der Einziehung ist gestattet (§§ 111b I, III i.V. m. 102).

c) Zulässigkeitsvoraussetzung für die Haussuchung ist die schlichte *Vermutung*, dass die Durchsuchung zur Auffindung von Beweismitteln führen werde. Diese Vermutung braucht nicht notwendig durch konkrete Tatsachen gestützt zu werden, muss aber immerhin in gesicherter kriminalistischer Erfahrung begründet sein; eine rein „gefühlsmäßige", „vage" Vermutung genügt nicht (BVerfG NJW 2003, 2669, 2670; NJW 2004, 3171, 3172). Auch der Begriff des „Verdächtigen" ist in dieser Weise zu begrenzen; ein pauschaler, nicht konkretisierter Verdacht gegen eine Person reicht nicht aus (BVerfG StV 2010, 665; 2013, 609).

6 d) Der Grundsatz der **Verhältnismäßigkeit** spielt wegen des Eingriffs in das sensible Grundrecht des Art. 13 GG eine herausragende Rolle (BVerfGE 94, 44, 51; BVerfG StV 2009, 452 am Beispiel der Wohnung des Betreibers einer Internetplattform bei Tatverdacht nach §§ 106, 109 UrhG; StV 2009, 505 am Beispiel der Kanzlei eines nicht verdächtigen Rechtsanwalts) und ist auch bei dem Umfang der Durchsuchung zu beachten (BVerfGE 59, 95; BVerfG StV 1997, 394). Wie aus § 108 hervorgeht, darf sich die Durchsuchung nur auf die Gegenstände erstrecken, die mit der den Gegenstand des Verfahrens bildenden Tat in Beziehung stehen (vgl. aber u. Rn. 11f.).

7 e) Schließlich darf sich die Durchsuchung nicht auf Gegenstände richten, für die eine Beschlagnahmefreiheit (§ 97) besteht (o. § 34 Rn. 16ff.). Für Durchsuchungen bei Presseunternehmen ergibt sich eine weitere Einschränkung aus der Notwendigkeit, die Strafverfolgungsbelange gegen die grundgesetzlich geschützte Pressefreiheit abzuwägen (dazu BVerfGE 20, 162, 186 – Spiegel-Urteil; BVerfG NJW 2005, 965; EuGRZ 2011, 83).

f) Zur Nachtzeit ist die Durchsuchung beschränkt, außer in jedermann zugänglichen Lokalen oder in verrufenen Häusern (i. E. s. § 104).

8 g) Zuständig zur Anordnung ist der **Richter,** bei Gefahr im Verzug auch der StA oder eine Ermittlungsperson (§ 105). Weil der Richtervorbehalt im Falle der Wohnungsdurchsuchung sogar Verfassungsrang genießt (Art. 13 II GG), sind an die Annahme von Gefahr im Verzug dabei nach der jüngsten Rechtsprechung des BVerfG strenge Anforderungen zu stellen (BVerfGE 103, 142, 153 m. Anm. *Amelung,* NStZ 2001, 337). So muss die Gefahr im Verzug mit Tatsachen begründet werden, die auf den konkreten Einzelfall bezogen sind. Bloße auf die kriminalistische Alltagserfahrung gestützte, fallunabhängige Vermutungen genügen nicht. Die Strafverfolgungsbehörden müssen grds. versuchen, zunächst einen zuständigen Richter zu erreichen, bevor sie von ihrer Eilkompetenz Gebrauch machen (BVerfGE 103, 142, 155). Die

Gerichte sind verpflichtet, die Erreichbarkeit eines Ermittlungsrichters durch Eil- und Notdienste sicherzustellen, im Bedarfsfall auch bei Nacht (BVerfGE 103, 142, 156; BVerfGE 105, 239, 248; BVerfG NJW 2004, 1442). Ist der Richter zwar erreichbar, aber wegen fehlender Aktenkenntnis nicht willig, zu entscheiden, so soll nach BGH NStZ 2006, 114 Gefahr im Verzug zu bejahen sein (dazu auch *Schulz,* NStZ 2003, 635). Der Richtervorbehalt darf aber nicht dadurch unterlaufen werden, dass die Behörden mit der Antragstellung an den Ermittlungsrichter so lange warten, bis die Gefahr eines Beweismittelverlustes tatsächlich eingetreten ist, sondern sie müssen die Anordnung beantragen, sobald sie die Durchsuchung für erforderlich halten (BVerfGE 103, 142, 155). Die Durchsuchung von Räumen einer Redaktion, eines Verlages, einer Druckerei oder einer Rundfunkanstalt darf analog § 98 I 2 allein der Richter anordnen (BGH NJW 1999, 2051). Alle richterlichen Durchsuchungsbefehle müssen, soweit dies möglich ist und es die Strafverfolgung nicht behindert, die Art des Tatverdachts und die gesuchten Beweismittel bezeichnen.[3] In der Praxis wird das oft nicht genügend beachtet, insb. der weit verbreitete Gebrauch von Formularvordrucken ist verfassungsrechtlich bedenklich, weil sich aus diesen oft nicht ersehen lässt, dass eine eigenverantwortliche Überprüfung der Anordnungsvoraussetzungen, wie sie der Richtervorbehalt gebietet, wirklich stattgefunden hat (BVerfG NJW 2005, 275; NJW-Spezial 2016, 600). Außerdem müssen stets Zweck und Ziel sowie der Umfang der Durchsuchung angegeben werden, insb. die zu durchsuchenden Räumlichkeiten und die Art der gesuchten Beweismittel.[4] Auch StA und Polizei sind in diesen Fällen und bei Durchsuchungen nach § 103 I (§ 106 II) stets zur Mitteilung der Durchsuchungsgründe verpflichtet (LR/*Tsambikakis,* § 106 Rn. 14; vgl. auch BVerfGE 42, 212, 220). Es genügt rechtsstaatlichen Mindestanforderungen nicht, wenn der Durchsuchungsbefehl keinerlei tatsächliche Angaben über den Inhalt des Tatvorwurfs enthält, sondern sich mit der rechtlichen Qualifizierung des Vorwurfs („versuchter Betrug") begnügt (BVerfG NJW 1994, 3281; StV 2003, 203). Die Anordnung bedarf keiner bestimmten Form und soll daher insb. in Eilfällen auch mündlich ergehen können (so BGHSt 51, 285, krit. *Höfling,* JR 2003, 408; *Harms,* DRiZ 2004, 25; *ders.,* StV 2006, 215), sie muss aber in jedem Fall in den Ermittlungsakten schriftlich dokumentiert werden, um die spätere Überprüfbarkeit sicherzustellen. Einer eigenen Durchsuchungsanordnung bedarf es nicht, wenn bei Vollstreckung eines rechtskräftigen Strafurteils sowie bei Haft- und Vorführungsbefehlen nach dem Beschuldigten gesucht wird (*M-G/S,* § 105 Rn. 6, a. A. *Rabe von Kühlewein,* GA 2002, 637, 651).

Zur Frage eines **Beweisverwertungsverbotes** bei Umgehung des Richtervorbehalts 9
gilt folgendes: Wenn die StA oder ihre Ermittlungspersonen in der irrtümlichen Annahme, es liege eine richterliche Anordnung vor, eine Durchsuchung vornehmen, so sind die dabei aufgefundenen Beweismittel trotz des Verstoßes verwertbar, wenn ein richterlicher Untersuchungsbefehl mit Sicherheit zu erlangen gewesen wäre (BGH NStZ 1989, 375 m. Anm. *Roxin*). Zwar führt eine den Anforderungen des BVerfG nicht genügende Dokumentation der Anordnung noch nicht für sich allein zu einem Verwertungsverbot (BGH NStZ 2005, 392; NStZ-RR 2007, 242). Erst eine *„bewusste oder willkürliche Missachtung des Richtervorbehalts"* (z. B. wenn willkürlich Gefahr im Verzug angenommen wird) macht das Ergebnis nach der Rspr. unverwertbar, also auch bei hypothetischer Erreichbarkeit des zuständigen Richters, der tatsächlich nicht angerufen wurde.[5] Die fehlende Einrichtung eines nächtlichen richterlichen Bereitschaftsdienstes führt deshalb nicht zu einem Beweisverwertungsverbot (BVerfG EuGRZ 2011, 183 für den analogen Fall des § 81 a; OLG *Köln* StV 2010, 622; and. OLG Hamm NJW 2009, 3109 m. abl. Anm. *Rabe von Kühlewein,* NStZ 2010, 167). Verstöße gegen §§ 104 I, 105 II, 106 I 1 u. 2, 107 S. 1, 110 I u. II sollen nach der Rspr. keinesfalls Verwertungsverbot nach sich ziehen (a. A. *Krekeler,* NStZ 1993, 268).

[3] BVerfG NStZ 2002, 212; 2000, 601 m. Anm. *Park;* BVerfGE 96, 44, 51; 42, 212.

[4] BVerfGE 20, 162, 226; BVerfG NStZ 2000, 601 m. Anm. *Park;* NJW 2003, 2669; WM 2009, 914.

[5] BVerfGE 113, 29, BVerfG NJW 2009, 3225 m. Anm. *Schwabenbauer,* NJW 2009, 3207; 2006, 2684; BGHSt 51, 285, 297 m. Anm. *Roxin,* NStZ 2007, 616; BGH StV 2012, 1; 2012, 3; noch großzügiger unter Vermischung der Abwägungstheorie mit dem Kriterium der hypothetischen Erlangbarkeit BGH NStZ 2016, 551 m. abl. Anm. *Schneider;* streng OLG Köln StV 2010, 14; *M-G/S,* § 98 Rn. 7 mwN.

10 h) Zur **Durchführung** der Durchsuchung vgl. § 105 II. Die Durchsuchung kann erforderlichenfalls unter Anwendung unmittelbaren Zwanges durchgeführt werden. Die Zuziehung der vorgesehenen Zeugen darf unterbleiben, wenn die Polizei und der Inhaber der zu durchsuchenden Räume übereinstimmend darauf verzichten (*Born,* JR 1983, 52).

11 i) Finden sich bei der Haussuchung Sachen, die auf die Verübung einer *anderen* strafbaren Handlung *(„Sekundärdelikt")* hinweisen (sog. **„Zufallsfunde"**, z. B. beim Wilderer gestohlene Sachen oder geschmuggelte Zigaretten), so sind sie einstweilen in Beschlag zu nehmen; der StA ist Kenntnis zu geben (§ 108), und die in Beschlag genommenen Gegenstände sind zu verzeichnen und kenntlich zu machen (§ 109). Selbst wenn die Durchsuchung selbst rechtswidrig war (z. B. ohne Tatverdacht wegen des *„Primärdelikts"* angeordnet wurde), sollen die Zufallsfunde zum Nachweis des Sekundärdelikts **verwertbar** sein, solange den Behörden kein schwerwiegender, bewusster oder willkürlicher Verstoß zur Last fällt (BVerfG NJW 2009, 3225); zur „legendierten Durchsuchung" s. o. § 24/54a.

12 § 108 bedeutet eine Erweiterung der Befugnis zur Anordnung der Beschlagnahme auf jeden Beamten, der die Durchsuchung ausführt. Auf Gegenstände, die einem Beschlagnahmeverbot nach § 97 unterliegen, erstreckt sich die Norm aber nicht. Eine gezielte Suche nach „Zufallsfunden" ist unzulässig (LG Berlin StV 1987, 97; LG Bremen StV 2006, 571, 572f.; SK/*Wohlers/Jäger,* § 108 Rn. 4). Einschränkungen der Verwertbarkeit von auf der Grundlage von § 108 gewonnenen Beweismitteln enthalten die Absätze I 3 (u. Rn. 16), II und III. § 108 II schützt das Vertrauensverhältnis zwischen Arzt und Patient. Nach dieser sog. „Lex Theissen" (nach dem Arzt in dem berühmten Memminger Abtreibungsfall, BGHSt 38, 144) dürfen Beweismittel im Hinblick auf eine Straftat nach § 218, die bei der Durchsuchung bei einem Arzt nach § 108 I gewonnen wurden, im Strafverfahren gegen die Patientin nicht verwendet werden. § 108 III gestattet die Verwertung von Zufallsfunden, die bei einem nach § 53 I 1 Nr. 5 zeugnisverweigerungsberechtigten Medienmitarbeiter gemacht wurden, als Beweise nur in Strafverfahren wegen schwerwiegender Straftaten, die eine Höchststrafe von mindestens 5 Jahren Freiheitsstrafe vorsehen. Durch die Norm sollen der Informantenschutz und dadurch die Pressefreiheit gestärkt werden (BT-Drs. 16/6979, 65).

13 j) Der Inhaber der zu durchsuchenden Räume darf der Durchsuchung beiwohnen; ist er abwesend, so ist möglichst ein Vertreter (Angehöriger, Hausgenosse, Nachbar) zuzuziehen (§ 106).

k) Nach der Durchsuchung ist dem Betroffenen auf Verlangen eine Bescheinigung über den Zweck und das Ergebnis der Durchsuchung auszustellen (§ 107).

14 l) Werden im Rahmen der Durchsuchung Papiere aufgefunden, so dürfen die Staatsanwaltschaft und auf deren Anordnung auch ihre Ermittlungspersonen sie durchsehen (§ 110 I). Dazu dürfen die Papiere auch vorläufig sichergestellt und mitgenommen werden. Darin liegt dann noch keine Beschlagnahme, sondern das Sichtungsverfahren dient lediglich dazu, mögliche Beschlagnahmegegenstände aus dem bei der Durchsuchung vorgefundenen Material auszusondern (BVerfG NJW 2005, 1917, 1921; BGH NStZ 2003, 670). Die Durchsicht elektronischer Speichermedien regelt § 110 III, danach darf auch auf Speichermedien außerhalb des eigentlichen Durchsuchungsobjekts (z. B. Speicherplatz auf Servern im Internet) zugegriffen werden, wenn anderenfalls der Verlust der gesuchten Daten zu besorgen ist und der Zugriff von dem durchsuchten Zugangsgerät (zumeist der PC des Beschuldigten) aus möglich ist (dazu *Schlegel,* HRRS 2008, 23; zur Beschlagnahme solcher Daten o. § 34 Rn. 4). Diese Zugriffsmöglichkeit erlangt mit der Ausbreitung des **Cloud Computing** (Speicherung der

eigenen Daten nicht auf der Festplatte, sondern im Internet) zunehmende Bedeutung (*Obenhaus,* NJW 2010, 651). Solange die Durchsicht andauert, ist die Durchsuchung noch nicht abgeschlossen, so dass dagegen analog § 98 II der Richter angerufen werden kann (BVerfG NStZ-RR 2002, 144).

2. Beim **Unverdächtigen:**

Die Voraussetzungen der **Haussuchung** bei Unverdächtigen sind strenger. Es müssen Tatsachen vorliegen, aus denen zu schließen ist, dass die gesuchte Person etc. sich in den zu durchsuchenden **Räumen** befindet (§ 103). Die Beweismittel müssen also – stärker als in § 102 – immer schon **konkretisiert** sein (Ausnahme: § 103 II). Dem Inhaber der Räume ist der Zweck der Durchsuchung vor dem Beginn bekanntzumachen (§ 106 II). I. ü. gilt grds. dasselbe wie beim Verdächtigen. Hat der Betroffene ein Zeugnisverweigerungsrecht aus beruflichen Gründen nach § 53 StPO, so ist § 160a StPO zu beachten, was bei nicht selbst verdächtigen Verteidigern und Rechtsanwälten eine Durchsuchung gem. Abs. 1 S. 1 im Regelfall unzulässig macht (wofür BVerfG StV 2009, 505 noch auf das Verhältnismäßigkeitsprinzip zurückgreifen musste). 15

Eine Erweiterung der Durchsuchungsmöglichkeiten bringt der durch das AntiterrorismusG v. 14.4.1978 (BGBl. I 497) eingeführte § 103 I 2. Danach dürfen in Fällen des § 129a, ggf. i.V. m. § 129b StGB oder beim Vorliegen eines der dort genannten Tatbestände, ganze *Gebäude* durchsucht werden, wenn Anhaltspunkte dafür vorliegen, dass sich der Beschuldigte darin aufhält. Zur Anordnung von Gebäudedurchsuchungen sind allerdings Polizisten niemals befugt (§ 105 I 1); auch dürfen bei Gebäudedurchsuchungen Zufallsfunde nicht verwertet werden (§ 108 I 3). 16

V. Durchsuchung von Personen

1. Sowohl der **Verdächtige** als auch der Unverdächtige können durchsucht werden. Für den **Unverdächtigen** ist dies umstritten, weil § 103 im Gegensatz zu § 102 nur von zu durchsuchenden Räumen handelt. Da aber nach § 81c die körperliche Untersuchung Unbeteiligter gestattet ist, muss auch die weniger einschneidende Maßnahme der körperlichen Durchsuchung erlaubt sein (zutr. bereits *Henkel,* 1. Aufl., 1953, 332, Anm. 6). 17

2. Die körperliche Durchsuchung erstreckt sich auch auf die dem Betroffenen „gehörenden Sachen" (§ 102). Trotz der ungenauen Formulierung „gehörend" soll nicht auf die Eigentumsverhältnisse, sondern auf die Gewahrsamsinnehabung abgestellt werden. 18

3. Die körperliche Durchsuchung gestattet **keine** körperlichen **Eingriffe.** Muss also der Magen eines Verdächtigen ausgepumpt werden, um festzustellen, ob Sachen verschluckt worden sind, so ist eine Anordnung nach § 81a nötig.

B. Kontrollstelle und Razzia

Die Polizei sieht sich – teils zum Zwecke der Strafverfolgung, teils aus präventivpolizeilichen Gründen – häufig vor die Notwendigkeit gestellt, auf öffentlichen Straßen und anderen öffentlich zugänglichen Orten sog. Kontrollstellen einzurichten oder bestimmte verrufene Gegenden oder Lokale und die dort angetroffenen Personen auf ihre Identität zu überprüfen (sog. Razzia). 19

20 **I.** Die Errichtung von **Kontrollstellen** zum Zwecke der Strafverfolgung kann vom Richter und bei Gefahr im Verzug von der StA oder ihren Ermittlungspersonen unter zwei Voraussetzungen angeordnet werden (§ 111 I 1):

1. Es müssen bestimmte Tatsachen den Verdacht begründen, dass eine Straftat nach § 129a StGB, einem anderen dort genannten Tatbestand oder nach § 250 I Nr. 1 StGB begangen worden ist.[6]

2. Diese Tatsachen müssen die voraussichtliche Erfolgseignung der konkreten Kontrollstellenanordnung begründen, d. h. die Annahme rechtfertigen, dass die Errichtung der jeweiligen Kontrollstelle an einem konkreten Ort zur Ergreifung des Täters oder zur Sicherstellung von Beweismitteln führen kann, die der Aufklärung der Straftat dienen.

21 An einer solchen Kontrollstelle sind Verdächtige und Unverdächtige im Prinzip gleichermaßen verpflichtet, ihre Identität nach Maßgabe von §§ 163b, c feststellen und sich sowie mitgeführte Sachen (z. B. den PKW) durchsuchen zu lassen (§ 111 I 2). Für Unverdächtige gilt allerdings nach §§ 111 III i. V. m. 163b II 2 die Einschränkung, dass die Durchsuchung zum Zwecke der Identifizierung – im Gegensatz zur Beweismittelsuche – und die erkennungsdienstliche Behandlung nur mit ihrer Einwilligung zulässig sind (str.; vgl. LR/*Hauck,* § 111 Rn. 28f. m. w. N.). Zur Speicherung bei der Kontrolle anfallender Daten gem. § 163d („Schleppnetzfahndung") vgl. oben § 32 Rn. 10f. sowie zur „Ausschreibung zur Beobachtung anlässlich von polizeilichen Kontrollen" nach § 163e vgl. den Gesetzestext (lesen!).

22 Entgegen einer weit verbreiteten Auffassung ist § 111 als abschließende Regelung im Strafverfahren zulässiger Kontrollstellen anzusehen; die Errichtung sonstiger „einfacher Kontrollstellen" zum Zwecke der Strafverfolgung findet in §§ 127 und 163b keine zureichende Grundlage.

23 Die Anordnung einer Kontrollstelle als solche kann mangels Beschwer nicht angegriffen werden, weil sie noch nicht in Rechte des Einzelnen eingreift (BGHSt 35, 363 m. Anm. *Achenbach,* NStZ 1989, 82; BGH NStZ 1989, 189). Wer jedoch von einer auf § 111 gestützten Untersuchung betroffen ist, kann dagegen den für die Anordnung der Kontrollstelle zuständigen Richter anrufen (§ 98 II 2 analog; BGHSt 35, 363). Da die Durchsuchung auf offener Straße einen tiefgreifenden Grundrechtseingriff darstellt, ist aufgrundlage der neueren Rspr. des BVerfG (BVerfGE 96, 27) auch noch nach Aufhebung der Kontrollstelle ein Rechtsschutzbedürfnis des Betroffenen zu bejahen (LR/*Hauck,* § 111 Rn. 35).

24 **II.** Für **Razzien im allg.** kennt die StPO keine spezielle Ermächtigungsgrundlage. Es kommen daher nur die allg. Vorschriften der Durchsuchung (§§ 102ff.), der amtlichen Sicherstellung (§§ 94ff., 111b ff.), der Verhaftung (§§ 112ff.) und der vorläufigen Festnahme (§ 127) in Betracht. Seit §§ 163b, c für die Feststellung der Identität von Verdächtigen und Unverdächtigen eine neue rechtliche Grundlage geschaffen haben, reichen diese Eingriffsnormen jedoch im allg. für die Durchführung von Razzien aus, ohne dass auf die polizeirechtlichen Notstands- oder Sistierungsvorschriften (Bsp. Art. 12, 13 BayPAG) zurückgegriffen werden müsste.

[6] Die analoge Anwendbarkeit auf die schwere räuberische Erpressung gem. §§ 255 i. V. m. 250 I Nr. 1 ist nach h. M. zulässig, LR/*Hauck,* § 111 Rn. 8; a. A. SK/*Wolter/Jäger,* § 111 Rn. 4; AK/*Achenbach,* § 111 Rn. 8, die von einem Analogieverbot im Hinblick auf gesetzliche Eingriffsermächtigungen ausgehen.

§ 36. Überwachung der Telekommunikation, Erhebung von Verkehrsdaten, IMSI-Catcher, Observation, Lauschangriff, Einsatz technischer Mittel

Literatur: *Welp,* Die Entwicklung der Fernmeldeüberwachung in der BRD, FS Mangakis, 1999, 809; *Hefendehl,* Observation im Spannungsfeld von Prävention und Repression, StV 2000, 270; *Vassilaki,* Die Überwachung des Fernmeldeverkehrs nach der Neufassung der §§ 100a, 100b StPO, JR 2000, 448; *Paeffgen,* Überlegungen zu einer Reform des Rechts der Überwachung der Telekommunikation, FS Roxin, 2001, 1299; *Radtke,* Aktive Mitwirkungspflichten usw. bei dem Zugriff auf elektronisch gespeicherte Daten im Strafproz., FS Meyer-Goßner, 2001, 321; *Deckers,* Geheime Aufklärung durch Einsatz technischer Mittel, StraFo 2002, 109; *Gercke,* Bewegungsprofile anhand von Mobilfunkdaten im Strafverfahren, 2002; *Neuhaus,* Die strafprozessuale Überwachung der Telekommunikation, FS Rieß, 2002, 375; *Schenke,* Verfassungsfragen einer Nutzung repressiver Daten zu Zwecken der Gefahrenabwehr, FS Hilger, 2003, 211; *Zöller,* Die Jagd nach den Verbindungsdaten, ebda., 291; *Götz,* Polizeiliche Videoüberwachung des öffentlichen Raumes, FS Schreiber, 2003, 103; *Demko,* Die Erstellung von Bewegungsbildern mittels Mobiltelefon, NStZ 2004, 57; *Ruthig,* Verfassungsrechtliche Grenzen der heimlichen Datenerhebung aus Wohnungen, GA 2004, 587; *Wolter,* Potenzial für eine Totalüberwachung im Strafprozess- und Polizeirecht, FS Rudolphi, 2004, 733; *Kemper,* Die Beschlagnahmefähigkeit von Daten und E-Mails, NStZ 2005, 538; *Lepsius,* Der große Lauschangriff vor dem Bundesverfassungsgericht, Jura 2005, 433, 586; *Meyer-Wieck,* Der große Lauschangriff – Anmerkungen aus empirischer Sicht, NJW 2005, 2037; *Weyand,* Die Beschlagnahme von Mobiltelefonen, StV 2005, 520; *Allgayer,* Die Verwendung von Zufallserkenntnissen aus Überwachung der Telekommunikation, NStZ 2006, 603; *Essig,* Großer Lauschangriff, JA 2006, 283; *Löffelmann,* Die Neuregelung der akustischen Wohnraumüberwachung, NJW 2006, 2033; *Lindemann,* Der Schutz des Kernbereichs privater Lebensgestaltung im Strafverfahren, JR 2006, 191; *Löffelmann,* Die Übertragbarkeit der Judikatur des BVerfG zur akust. Wohnraumüberwachung auf die Telekommunikationsüberwachung pp., ZStW 118 (2006), 358; *Nack,* Akustische Wohnraumüberwachung und Verwertungsverbot, FS Nehm, 2006, 310; *Puschke,* Die kumulative Anordnung von Informationsbeschaffungsmaßnahmen im Rahmen der Strafverfolgung, 2006; *Sankol,* Strafprozessuale Zwangsmaßnahmen und Telekommunikation, JuS 2006, 698; *Kutscha,* Verdeckte Online-Durchsuchung und Unverletzlichkeit der Wohnung, NJW 2007, 1169; *Meininghaus,* Der Zugriff auf E-Mails im strafrechtl. Ermittlungsverf., 2007; *Roxin,* Großer Lauschangriff und Kernbereich privater Lebensgestaltung, FS Böttcher, 2007, 159; *Ruhmannseder,* Strafproz. Zulässigkeit von Standortermittlungen im Mobilfunkverkehr, JA 2007, 47; *Schlegel,* Beschlagnahme von E-Mail-Verkehr beim Provider, HRRS 2007, 44; *Vogel,* Vorratsspeicherung von Telekommunikationsverbindungsdaten, FS Nehm, 2007, 81; *Warntjen,* Heiml. Zwangsmaßnahmen u. der Kernbereich privater Leb.gestaltung, 2007; *Bär,* Telekommunikationsüberwachung und andere verdeckte Ermittlungsmaßnahmen, MMR 2008, 215; *Beulke/Meininghaus,* Heimliche Online-Durchsuchung, Fernzugriff und Mailbox-Überwachung, FS Widmaier, 2008, 63; *C. Keller,* Telekommunikationsüberwachung und andere verdeckte Ermittlungsmaßnahmen, 2008; *C. M. Keller,* Die Ermittlung der Kennungen und des Standorts von Mobilfunkgeräten pp., 2008; *Kleszczewski,* Kritik der Vorratsdatenspeicherung, FS Fezer, 2008, 19; *Rogall,* Kernbereichsmystik im Strafverfahren, ebda., 61; *Velten,* Verkehrsdaten in der Strafverfolgung, ebda., 87; *Michalke,* Staatlicher Zugriff auf elektronische Medien, StraFo 2008, 287; *Puschke/Singelnstein,* Telekommunikationsüberwachung, Vorratsdatenspeicherung und (sonstige) heimliche Ermittlungsmaßnahmen, NJW 2008, 113; *Sankol,* Überwachung von Internet-Telefonie, CR 2008, 13; *Schlegel,* Die Änderung des § 110 StPO durch das Gesetz zur Neuregelung der Telekommunikationsüberwachung, HRRS 2008, 23; *Singelnstein,* Strafproz. Verwendungsregelungen zwischen Zweckbindungsgrundsatz und Verwertungsverboten, ZStW 120 (2008), 854; *Sokol,* Das Beispiel d. Online-Durchsuchung, FS Hamm, 2008, 719; *Tölpe,* Die strafprozessuale Ermittlungsmaßnahme „stille SMS", 2008; *Zöller,* Heimlichkeit als System, StraFo 2008, 15; *Badura,* Der Schutz des Brief-, Post- und Fernmeldegeheimnisses durch Verfassung und Gesetz, FS Amelung, 2009, 529; *Klein,* Offen und (deshalb) einfach: zur Sicherstellung und Beschlagnahme von E-Mails beim Provider, NJW 2009, 2996; *Kupka,* Verfassungs- und verfahrensrechtliche Probleme moderner Fahndungsmethoden am Beispiel der „stillen SMS", 2009, *Brodowski,* Strafproz. Zugriff auf E-Mail-Kommunikation, JR 2009, 402; *Beulke/Meininghaus,* Der Staatsanwalt als Datenreisender, FS Widmaier, 2008, 63; *Buermeyer/Backer,* Zur Rechtswidrigkeit der Quellen-TKÜ auf Grundlage des § 100a StPO, HRRS 2009, 433; *Gaede,* Der grundrechtliche Schutz gespeicherter E-mails beim Provider, StV 2009, 96; *O. Klein,* Zur Sicherstellung und Beschlagnahme von E-mails beim Provider, NJW 2009, 2296; *Korn,* Der prozessuale Zugriff auf Verkehrsdaten nach § 100g StPO,

HRRS 2009, 112; *S. Kress,* Der „Große Lauschangriff" (s. § 3 Rn. 12); *Ruhmannseder,* Die Neuregelung der strafprozessualen verdeckten Ermittlungsmaßnahmen, JA 2009, 57; *Prittwitz,* Zur Verwertbarkeit zufällig aufgezeichneter Raum- und Hintergrundgeräusche, StV 2009, 437; *Bär,* TK-Überwachung: §§ 100a–101 StPO, 2010; *Gudermann,* Online-Durchsuchung im Lichte des Verfassungsrechts, 2010; *Kasiske,* Neues zur Beschlagnahme von E-Mails beim Provider, StraFo 2010, 228; *Kleih,* Die strafprozessuale Überwachung der Telekommunikation, 2010; *Becker/Meinicke,* Die sog. Quellen-TKÜ und die StPO, StV 2011, 50; *Engelhardt,* Verwendung präventivpolizeilich erhobener Daten im Strafpr. Eine Untersuchung am Beispiel der TKÜ, 2011; *Kudlich,* Strafverfolgung im Internet, GA 2011, 193; *Kulwicki,* Verfassungswandel. Die Wechselwirkung zwischen Grundrechten und informationstechnischen Ermittlungen, 2011; *Ritter,* Vorratsdatenspeicherung, TKÜ und (sonstige) heimliche Ermittlungsmaßnahmen der StPO, 2011; *Roggan,* Der Schutz des Kernbereichs privater Lebensgestaltung bei strafpr. TKÜ – zur verfassungsrechtlichen Unzulänglichkeit des § 100a Abs. 4 StPO, StV 2011, 762;; *Martini,* Verf.rechtl. Anforderungen an Vorratsdatenspeicherungen, in: Linien der Rspr. des BVerfG – erörtert v. d. wissensch. Mitarbeitern, II, 2011, 301; *Bratke,* Die Quellen-TKÜ im Strafverf., 2013.**Speziell zur Diskussion um den großen Lauschangriff bis zur Entsch. d. BVerfG:** s. Nachw. in der 25. Aufl.

1 In diesem Kapitel wird eine konzentrierte Übersicht über die zahllosen technischen Ausspähungsmethoden gegeben, die zusammen mit den in § 37 darzustellenden Spionagetechniken die **„Vergeheimdienstlichung"** des modernen Ermittlungsverfahrens begründen[1] und die der Gesetzgeber regelmäßig mit großer Pünktlichkeit nach ihrer faktischen Verfügbarkeit auch rechtlich zugelassen hat. Zwar muss der Modernisierung der Kriminalitätsstrukturen selbstverständlich durch eine Modernisierung der Strafverfolgung Rechnung getragen werden. Die das **Rechtsstaatsprinzip verletzende Einseitigkeit in der Nutzung der modernen Technik** ergibt sich aber daraus, dass die technischen Möglichkeiten, soweit sie sich zugunsten des Beschuldigten auswirken (elektronische Fußfessel [dazu o. § 30 Rn. 3], Videoaufzeichnung polizeilicher Vernehmungen [dazu u. § 69 Rn. 6]), von der Justizpolitik geflissentlich blockiert oder ignoriert werden.

2 Besondere, bisher noch kaum diskutierte Probleme werden von der **Kumulation von Erforschungsmaßnahmen** gestellt. Eine **lückenlose Rundumüberwachung** bestimmter Personen ist bereits verfassungsrechtlich unzulässig (BVerfGE 109, 279, 323; BGHSt 54, 69, 102 ff.). Nach der Rechtsprechung sind Verfahrensvorkehrungen ein ausreichendes Mittel, um solchen Gefahren zu begegnen (BVerfGE 112, 304, 319 f.; BGHSt 54, 69, 105 f.). Der Vorschlag, in der Kumulation von Maßnahmen einen Eingriff von neuer Qualität zu sehen, für den es deshalb einer eigenständigen Rechtsgrundlage bedürfe (*Puschke,* S. 79 ff.; ähnlich *Hebrok,* Strukturermittlungen im Spannungsfeld von Effizienz der Strafverfolgung zum Rechtsschutz des Einzelnen, 2007), ist zumindest diskussionswürdig.

A. Überwachung der Telekommunikation (§§ 100a, 100b)

I. Die Vorschriften über die Erhebung

3 1. Die StPO regelt die Überwachung und Aufnahme der Telekommunikation (TKÜ). Unter **Telekommunikation** versteht man nach der Begriffsbestimmung von § 3 Nr. 22 des Telekommunikationsgesetzes (TKG) den „technischen Vorgang des Aussendens, Übermittelns und Empfangens von Signalen mittels Telekommunikationsanlagen". Letztere werden auch vom TKG definiert, nämlich als „technische Einrichtungen oder Systeme, die als Nachrichten identifizierbare elektromagnetische oder optische Signale senden, übertragen, vermitteln, empfangen, steuern oder kontrollieren können" (§ 3 Nr. 23 TKG).

[1] Dazu grdl. *Paeffgen,* GA 2003, 647; wNb *Schünemann,* ZStW 119 (2007), 945, 949 ff.; instruktive Übersicht bei KK/*Bruns,* § 100a Rn. 4 ff.

Das Gesetz spricht nicht mehr vom „Fernmeldeverkehr", sondern benutzt den weiteren Begriff der „Telekommunikation", die also nicht nur den Fernsprech- oder Fernschreibverkehr umfasst, sondern jede Art der Nachrichtenübermittlung über Telekommunikationsanlagen, also auch Paging- und SMS-Dienste, E-Mails, Internet-Chats und -Telefonie. Weil Internet-Telefonie regelmäßig verschlüsselt erfolgt, kann sie technisch nur dadurch überwacht werden, dass ein Entschlüsselungsprogramm in den Computer des Überwachten heimlich aufgespielt wird, sog. **Quellen-Telekommunikationsüberwachung.** Solange sich das Programm tatsächlich nur auf eine solche Entschlüsselung beschränkt, geht es noch um eine Telekommunikationsüberwachung, so dass die Maßnahme nach § 100a ergehen darf. Weil es aber unklar ist, ob diese Begrenzung nach heutigem Stand der Technik überhaupt möglich ist, lässt sich nicht ausschließen, dass die Maßnahme als eigenständiger Eingriff in das neu entdeckte Grundrecht auf Integrität informationstechnischer Systeme anzusehen ist, der deshalb einer eigenen Rechtsgrundlage bedürfte. Insofern dürfte die Rechtmäßigkeit dieser Vorgehensweise de lege lata äußerst als fragwürdig sein.[2]

2. Telekommunikation setzt das **Vorhandensein eines menschlichen Kommunikationspartners** voraus. Werden Informationen von Anlage zu Anlage automatisch übermittelt, geht es noch nicht um Kommunikation (anders *Klesczewski,* Rn. 278). So kann die Information über die Lage eines Handy-Geräts, die vom Gerät der Zentrale mitteilt wird, nicht über §§ 100a, 100b erlangt werden; diese Ermittlungsmaßnahme (sog. IMSI-Catcher) ist erst seit der Einführung von § 100i zulässig (dazu näher u. Rn. 34ff.). 4

a) Streitig ist, ob das **Vorhandensein eines einzigen Menschen** ausreichend ist, etwa wenn jemand sich selbst eine E-Mail schickt (bejahend *Vassilaki,* JR 2000, 447). Der natürliche Wortsinn erscheint aber erstens überstrapaziert, wenn man auch dann von Kommunikation spricht, wenn nichts mitgeteilt wird, weil es keinen Zweiten gibt, mit dem man communis, also Gemeinsames macht. Ferner legt die Nähe zum Selbstgespräch und sogar zum Denken selbst eher nahe, dass man auf „solipsistische" Inhalte keinen Zugriff erlaubt. 5

b) Fraglich ist, ob der Zugriff auf Daten, die nicht mehr gerade übertragen werden, sondern in einer Zwischenstelle gespeichert sind (etwa in einer Mailbox auf dem Server eines Internet-Providers), ebenfalls nur nach den strengen Voraussetzungen der Vorschriften zur Überwachung der Telekommunikation erfolgen darf. Darüber, dass sowohl das Absenden als auch das Empfangen dieser Daten unter §§ 100a und 100b fallen, gibt es keinen Zweifel. Der BGH will aber für die Zwischenphase die Vorschriften über die Sicherstellung (§ 94) in Verbindung mit denen über die Postbeschlagnahme (§ 99) heranziehen, mit dem Argument, die Situation entspreche der eines im Briefverteilungszentrum lagernden Briefs (sog. „Drei-Phasen-Modell": BGH NJW 2009, 1828 mit zust. Anm. *Bär;* KK/*Bruns,* § 100a Rn. 16; *M-G/S,* § 100a Rn. 6; and. früher BGH NJW 1997, 1934). Diese Ansicht wurde auch vom Bundesverfassungsgericht teilweise bestätigt (BVerfGE 124, 43). Das Verfassungsgericht bejaht zwar einen Eingriff in den Schutzbereich von Art. 10 I GG (BVerfGE 124, 54ff.), meint aber, dieser Eingriff, solange er **offen** durchgeführt werde, sei hinreichend gerechtfertigt durch die gesetzliche Grundlage der §§ 94ff. (BVerfGE 124, 58ff.), durch die Einhaltung strenger Erfordernisse der Verhältnismäßigkeit (BVerfGE 124, 61ff., 66ff.) und des Respekts vor dem Kernbereich privater Lebensgestaltung (BVerfGE 124, 69ff.). Nach den Maßgaben dieser Ent- 6

[2] Ebenso LG Hamburg MMR 2008, 423; AG Hamburg StV 2009, 636; *Beulke,* Rn. 253c; *Buermeyer/Bäcker,* HRRS 2009, 440f.; *Vogel/Brodowski,* StV 2009, 634; SK/*Wolter/Greco,* § 100a Rn. 29; *Becker/Meinicke,* StV 2011, 50ff.; *Buermeyer,* StV 2013, 470; and. LG Landshut NStZ 2011, 479 (hierzu *Brodowski,* JR 2011, 533); *Bär,* MMR 2008, 218f.; 2008, 425; *M-G/S,* § 100a Rn. 7a. Umso weniger kommt die Wohnraumüberwachung, §§ 100b, c als Rechtsgrundlage in Betracht, OLG Hamburg StV 2009, 630. Zum ganzen eingehend *Bratke,* 2013.

scheidung kommt es also bei dem für die Praxis wohl relevanteren Fall des **heimlichen** Zugriffs auf zwischengespeicherte E-mails weiterhin § 100a als Rechtsgrundlage in Betracht (*Klein,* NJW 2009, 2998f.; *Kasiske,* StraFo 2010, 234; unrichtig *H. Krüger,* MMR 2009, 681). Praktisch führt diese Lösung dazu, dass der offene Zugriff auf E-Mails, die beim Provider ruhen, auch dann gestattet ist, wenn es nicht um eine Katalogtat geht (*Kasiske,* StraFo 2010, 232). Überzeugend ist sie aber nicht: Denn auch hier geht es um den Inhalt einer Information und nicht um ihre Körperlichkeit bzw. Gegenständlichkeit, die bei der Beschlagnahme und der Durchsuchung im Vordergrund stehen. Es leuchtet auch nicht ein, dass für einen einheitlichen Kommunikationsvorgang unterschiedliche Eingriffsvoraussetzungen gelten sollen, je nachdem, in welcher Phase des Vorgangs der Eingriff erfolgt. Richtigerweise müssten immer §§ 100a, 100b einschlägig sein, unabhängig davon, ob der Zugriff offen oder verdeckt erfolgt.[3]

7 Der genannte Streit hat mit Einführung des neuen § 110 III 2 teilweise an Bedeutung verloren, denn der Gesetzgeber hat damit nun eine Ermächtigungsgrundlage geschaffen, um auch solche Daten des Beschuldigten für Verfahrenszwecke zu sichern, die sich im Herrschaftsbereich von Dritten, etwa auf den Servern von Internetprovidern befinden, wenn auf diese Daten von einem Speichermedium des Beschuldigten aus zugegriffen werden kann (dazu o. § 35 Rn. 14).

8 Befinden sich die Daten nicht gerade im Netzbereich, sondern ruhen sie beim Absender oder Empfänger (etwa auf der Festplatte des Computers gespeichert), dann besteht die Möglichkeit der Beschlagnahme oder der Durchsuchung nach den §§ 94ff., 102ff. (dazu o. § 34 Rn. 4). Denn dann hat der Kommunikationsvorgang entweder noch nicht begonnen oder ist bereits abgeschlossen. Zudem fehlt es an der für Telekommunikationsüberwachungssituationen typischen Heimlichkeit, so dass der Betroffene hier weniger schutzbedürftig ist (BVerfGE 115, 166, 191ff.; BVerfGE 120, 274, 307f.; BVerfGE 124, 43, 54)[4]. Der Zugriff auf alle auf einem Server gespeicherte E-Mails ist in der Regel unzulässig (BGH StV 2011, 73).

9 3. Die Maßnahme kann unter folgenden Voraussetzungen angeordnet werden (§§ 100a, b):

a) Es müssen **bestimmte Tatsachen** den Verdacht begründen, dass jemand als Täter oder Teilnehmer eine sog. schwere Straftat gem. der Enumeration in Abs. 2 begangen hat (§ 100a II lesen!); bloße Vermutungen oder Schlussfolgerungen reichen daher nicht aus. Vielmehr muss der Verdacht für eine der aufgeführten Straftaten durch schlüssiges Tatsachenmaterial aus der äußeren und inneren Geschehenswelt bereits ein gewisses Maß an Konkretisierung erreicht haben (vgl. BR-Drs. 163/67, 11; BGH NStZ 2010, 711).

10 b) Der gesetzliche Katalog, der ursprünglich nur Staatsschutzdelikte und Schwerstdelikte enthielt, ist seit der Einführung der Norm in rechtsstaatlich bedenklicher Weise ständig erweitert worden (krit. etwa auch *Welp,* 1999, 813f.: „Die von der Telefonüberwachung ausgenommenen Delikte schmelzen wie Schnee an der Sonne"). Das BVerfG erkannte die Begründetheit dieser Kritik (BVerfGE 109, 279), was den Gesetzgeber dazu veranlasste, die Katalogtat unter den Vorbehalt zu stellen, dass sie „auch im Einzelfall schwer wiegt" (§ 110a I Nr. 3).[5] Grundsätzlich gelten nur solche Taten als schwer, deren angedrohte Höchststrafe mindestens 5 Jahre erreicht. Das führte auch dazu, einige der früher im Katalog aufgelisteten Straftaten zu streichen (etwa § 95 I 8 AufenthaltG), aber gleichzeitig – und für den skeptischen Beobachter nicht wirk-

[3] So i. Erg. LG Hamburg StV 2009, 70 und die h. L., s. SK/*Wohlers/Greco,* § 94 Rn. 27; *Kudlich,* JA 2000, 232f.; *Vassilaki,* JR 2000, 47; *Sankol,* JuS 2006, 700; *Schlegel,* HRRS 2007, 44, 47f.; *Valerius,* JR 2007, 275, 279; *Beulke/Meininghaus,* FS Widmaier, 2008, 77f.; *Gaede,* StV 2009, 99ff.; *Gercke,* StV 2009, 625f.; *Jahn,* JuS 2009, 1048; *Beulke,* Rn. 253b; *Kasiske,* StraFo 2010, 232f.; *Kudlich,* GA 2011, 202f. Teilw. and. mit beachtlichen Gründen SK/*Wolter/Greco,* § 100a Rn. 32ff., 35, 40: Es fehle an der Rechtsgrundlage, § 100a sei nur für eine Übergangszeit anwendbar.

[4] Ebenso *VGH Kassel* MMR 2009, 714; *Beulke,* Rn. 253b; *Jahn,* JuS 2009, 1048.

[5] Durch das am 1.1.2008 in Kraft getretene Gesetz zur Neuregelung der Telekommunikationsüberwachung und anderer verdeckter Ermittlungsmaßnahmen sowie zur Umsetzung der Richtlinie 2006/24/EG (BGBl. I 2007, 3198; dazu instruktiv *Puschke/Singelnstein,* NJW 2008, 113).

lich überraschend – wurde die Gelegenheit genutzt, um den Katalog um viele Taten zu erweitern, zuletzt Bandendoping gem. § 110a II Nr. 3.

c) Die Überwachung des Fernmeldeverkehrs ist in Konkretisierung des rechtsstaatlichen Verhältnismäßig- 11
keitsprinzips grds. **subsidiär,** d. h., sie kann nur dann erfolgen, wenn die Erforschung des Sachverhaltes oder die Ermittlung des Aufenthaltsortes des Beschuldigten auf andere Weise aussichtslos oder wesentlich erschwert wäre (näher *Rieß,* 1990) – was in der Praxis regelmäßig der Fall ist.

4. Die Anordnung wird sich in erster Linie gegen den Beschuldigten richten, ist nach 12
§ 100a III aber nicht auf diesen beschränkt. sondern schließt als sog. **Zielpersonen** auch **Nichtverdächtige** ein, nämlich (1) mutmaßliche sog. **Nachrichtenmittler,** bei denen aufgrund bestimmter Tatsachen anzunehmen ist, dass sie für den Beschuldigten bestimmte oder von ihm herrührende Mitteilungen entgegennehmen oder weitergeben (BVerfG NJW 2007, 2752), oder wenn der Beschuldigte ihren Telefonanschluss benutzt, sofern hinreichend begründete Erfolgsaussichten vorhanden sind (BVerfGE 113, 348). Obwohl hiervon auch die gem. § 52 zeugnisverweigerungsberechtigten Angehörigen betroffen sein können, hat das BVerfG die Verfasssungsmäßigkeit bejaht (BVerfGE 30, 1, 22). Bei den **Berufsgeheimnisträgern** des § 53 hat § 160a (in Anbetracht des von BVerfG NJW 2007, 2252 akzentuierten Verhältnismäßigkeitsgrundsatzes) dagegen ein abgestuftes Erhebungsverbot statuiert (näher o. § 24 Rn. 46), dessen Angemessenheit umstr. ist (krit. etwa *Ignor,* NJW 2007, 3404). Eine Überwachung des Fernmeldeverkehrs zwischen dem Beschuldigten und seinem **Verteidiger** ist darüber hinaus durch § 148 (der auch den freien fernmündlichen Verkehr garantiert) kategorisch **ausgeschlossen,** und zwar selbst dann, wenn gegen diesen der Verdacht der Strafvereitelung (§ 258 StGB) besteht, während sein Mandant einer Katalogtat nach § 100a verdächtig ist; § 148 geht insoweit der Regelung in § 160a I u. IV vor. Dagegen dürfen Gespräche des Verteidigers mit anderen Personen bei Beteiligungsverdacht unter strenger Beachtung des Verhältnismäßigkeitsgrundsatzes überwacht werden.[6]

5. Die Anordnung trifft der Richter (dazu *Löffelmann,* ZStW 118 [2006], 363f.), bei 13
Gefahr im Verzug die StA (§ 100b I). Einer richterlichen Anordnung bedarf es auch dann, wenn ein Gesprächspartner mit der Abhörung einverstanden ist, nicht aber, wenn ein Polizeibeamter lediglich am Empfangshörer mithört.[7] Sie muss schriftlich erfolgen, Namen und Anschrift des Betroffenen, die Rufnummer oder eine andere Kennung seines Telekommunikationsanschlusses enthalten sowie Art, Umfang und Dauer der Maßnahmen bestimmen (§ 100b II 1, 2, 3). Die Höchstdauer der Maßnahme ist auf drei Monate befristet; eine Verlängerung der Frist ist jedoch u. U. möglich (§ 100b I 4, 5). Die Überwachungsmaßnahmen werden durch die StA durchgeführt (*M-G/S,* § 100b Rn 7; KK/*Bruns,* § 100b Rn 10); der Anbieter von Telekommunikationsdiensten ist verpflichtet, die Überwachung und Aufzeichnung der Telekommunikation nach den Voraussetzungen, die in § 110 TKG festgelegt sind, zu ermöglichen. (§ 100b III). Diese Mitwirkungspflicht ist mit Hinblick auf Art. 12 GG nicht unumstritten (näher *Vassilaki,* JR 2000, 448ff.; *Welp,* 1999, 817ff.).

[6] BGHSt 33, 347; BVerfG NJW 2007, 2749, 2750f.; 2007, 2752; enger *M-G/S,* § 100a Rn. 21, und *Beulke/Ruhmannseder,* StV 2011, 186 m.w.N., die eine Überwachung erst nach einer Ausschließung gem. § 138a für zulässig halten.

[7] BGHSt 39, 335; KK/*Bruns,* § 100a Rn. 3; OLG Hamm NStZ 1988, 515 m. krit. Anm. *Amelung* sowie *Krehl,* StV 1988, 376. S. auch o. § 24 Rn. 40f.

14 6. Das Gesetz äußert sich nicht darüber, wie die nach § 100a gewonnenen Informationen in den Prozess eingeführt werden dürfen. Nach BGHSt 27, 135; BGH NStZ 2008, 230; NStZ 2009, 280 kann entweder das Tonband im Wege des Beweises durch Augenschein abgespielt oder die Niederschrift über den Inhalt der Tonbandaufzeichnung im Wege des Urkundenbeweises verwertet werden (zust. *Gollwitzer,* JR 1978, 119). Unzulässig ist freilich das Abspielen oder Verlesen bloßer Auszüge oder Zusammenfassungen (LG Frankfurt a. M. StV 1987, 144).

II. Verwertungsprobleme

Die Fülle und Kompliziertheit der bei der TKÜ auftretenden Verwertungsprobleme bildet geradezu einen Mikrokosmos der gesamten Beweisverbotsproblematik und kann hier nur in den Grundzügen dargelegt werden.

15 1. Nach der strengen Rspr. zum „relativen Beweisverbot" des § 100b I ist die Verwertbarkeit zu verneinen, wenn die erforderliche richterliche oder staatsanwaltschaftliche Anordnung fehlt (BGHSt 31, 308f.; BGHSt 35, 32). Erst recht sind die Ergebnisse einer TKÜ nach h. M. unverwertbar, wenn die materiellen Voraussetzungen für die Überwachung, insb. der Verdacht einer Katalogtat nach § 100a, fehlten. Einschränkend ist dabei allerdings zu berücksichtigen, dass die Rspr. dem Anordnenden bei der Beurteilung der materiellen Voraussetzungen einen weiten Spielraum zugesteht, so dass ein Verwertungsverbot nur bei „Willkür oder grober Fehlbeurteilung" eingreife (BGHSt 41, 30; BGHSt 47, 362, 365; BGHSt 48, 240, 248).

Diese Auflockerung der richterlichen „Kontrolldichte" wird kritisiert (*Bernsmann,* NStZ 1995, 512; *Störmer,* StV 1995, 653; *ders.,* ZStW 108 [1996], 494; *Neuhaus,* FS Rieß, 2002, 399ff.), weil sie geeignet sei, den Richtervorbehalt auszuhöhlen, und zur verfassungsrechtlichen Rspr., die eine Intensivierung der richterlichen Kontrolle erstrebt, in Widerspruch stehe.

16–17 2. Nachdem BVerfGE 109, 279 das aus Art. 1 GG fließende Gebot der **Achtung des unantastbaren Kernbereichs privater Lebensgestaltung** bei allen Überwachungsmaßnahmen erneut bekräftigte,[8] sah sich der Gesetzgeber veranlasst, hierfür in § 100a IV ein kombiniertes Beweisthema- und -verwertungsverbot vorzusehen. Demnach soll beim Vorliegen tatsächlicher Anhaltspunkte für die Annahme, dass allein Erkenntnisse aus dem Kernbereich privater Lebensgestaltung erlangt würden, keine TKÜ mehr zulässig sein (krit. *Puschke/Singelnstein,* NJW 2008, 114: de facto eine Nullmenge und deshalb nur scheinbare Hürde). Werden trotzdem derartige Tatsachen aufgezeichnet (was bei der automatisierten TKÜ häufig der Fall ist), sind sie unverwertbar (S. 2) und unverzüglich zu löschen (S. 3), wobei die Erlangung und Löschung dieser Informationen aktenkundig gemacht werden sollen (S. 4). Zur Verfassungsmäßigkeit BVerfGE 129, 208ff., zur Interpretation dieses gesetzlichen Verwertungs- als strenges Verwendungsverbot s. o. § 24 Rn. 63.

18 3. Für **Zufallsfunde** gilt i. d. R. das Prinzip des hypothetischen Ersatzeingriffs (§ 477 II 2): Werden bei der rechtmäßigen Überwachung strafbare Handlungen bekannt, derentwegen eine Anordnung gem. §§ 100a, 100b nicht hätte ergehen dürfen (z. B. Urkundenfälschungen), so ist das solchermaßen erlangte Beweismaterial strafprozessual unverwertbar; wird dagegen eine andere Katalogtat bekannt, so dürfen die Überwa-

[8] Weiterführend *Roxin,* FS Böttcher, 2007, 161ff.; s. ferner BVerfGE 6, 32, 41; 34, 238, 245; 80, 367, 373f.; 109, 279, 313ff., 113, 348, 391f.; BVerfG NJW 2008, 822, 834ff.

chungsergebnisse zu deren Nachweis verwendet werden.[9] Im Einzelnen ist dieser strenge Grundsatz aber in der Rspr. stark ausgehöhlt worden.

a) Das Ergebnis der TKÜ darf auch zum Nachweis solcher Nichtkatalogtaten verwendet werden, die zu der Katalogtat in einem engen Zusammenhang stehen (BGHSt 26, 298, 302; BGHSt 28, 122, 125ff.; BGHSt 29, 23, 24; BGHSt 30, 317, 320; BGHSt 54, 69, 79f.). Wird der Katalog nach Durchführung der Maßnahme um weitere Taten erweitert, so dürfen die über diese Taten erlangten Informationen verwertet werden (BGHSt 53, 64). Diese Regel ist von BGHSt 58, 32 m. krit. Rezension *Schuster*, ZIS 2016, 564, 571f. auch auf im Wege der Rechtshilfe erlangte Ergebnisse einer früheren ausländischen TKÜ angewendet worden. 19

b) Nach der Rspr. handelt sich nur um ein Verwertungs-, nicht um ein Verwendungsverbot, so dass die Zufallsfunde zum Anlass genommen werden dürfen, nunmehr strafrechtliche Ermittlungen über diese Delikte anzustellen (BGHSt 27, 355; krit. SK/*Wolter/Greco*, § 100a Rn. 59; *Singelnstein*, ZStW 120 [2008], 885ff.). 20

c) Noch extensiver werden die Abhörerlaubnisse bei Taten nach §§ 129ff. StGB ausgelegt. In diesem Fall sollen auch Ermittlungen verwertet werden dürfen, die sich auf andere, im Rahmen der kriminellen Vereinigung begangene Straftaten beziehen (BGHSt 28, 122; BGHSt 54, 69, 79f.). Dem ist zuzustimmen. Zu weit geht es aber, dass diese Ermittlungen auch dann verwertbar sein sollen, wenn sich die kriminelle Vereinigung als gar nicht existent herausstellt und nicht einmal Anklage nach §§ 129ff. StGB erhoben wird (so aber BGHSt 28, 122 m. zust. Anm. *Rieß*, JR 1979, 168; BVerfG NStZ 1988, 32). Denn diese Praxis ermöglicht es, Beschuldigungen nach §§ 129ff. StGB zu konstruieren, um dadurch Delikte erforschen zu können, wegen derer eine Überwachung nach §§ 100a, 100b nicht angeordnet werden darf. Aus ähnlichen Gründen ist es auch nicht unbedenklich, die Ergebnisse einer nach § 100a angeordneten Telefonüberwachung in Verfahren gegen Dritte auch dann verwerten zu lassen, wenn die Dritten nicht wegen Katalogtaten angeklagt werden (wie hier BayObLG JR 1983, 124 m. Anm. *Rieß*; a. A. BGH NJW 1979, 1370; differenzierend *Welp*, Jura 1981, 472). 21

d) Nach BGHSt 48, 240, 249 soll es sogar genügen, wenn statt der vom Ermittlungsrichter tatsächlich angegebenen, für § 100a jedoch nicht ausreichenden Grundlage bereits nach der damaligen Beweislage der Verdacht einer Katalogtat bestand und die Anordnung gerechtfertigt hätte. Aber das überzeugt nicht, denn eine vom Ermittlungsrichter tatsächlich nicht benutzte Verdachtsgrundlage kann – allein schon wegen des ihm zustehenden Beurteilungsspielraumes – nicht durch eine fiktive Prüfung späterer Instanzen substituiert werden.[10] Auch hier führt es in die Irre, die bei Zufallsfunden einer rechtmäßigen Ermittlungsmaßnahme vom Gesetzgeber in § 477 II 2 praktizierte Maxime des „hypothetischen Ersatzeingriffs" auf einen rechtswidrigen Eingriff anzuwenden. 22

4. Wenn während der zulässigen Überwachung der Kommunikation von den Gesprächspartnern vergessen wird, den Hörer aufzulegen, so dass auch die Unterhaltungen in der Wohnung *(Raumgespräche)* aufgezeichnet werden, so dürfen diese nicht verwertet werden.[11] Zur Verwertung von Auskünften der Post über Fernmeldegespräche mit einem Autotelefon vgl. BGH NStZ 1993, 192 m. abl. Anm. *Klesczewski*, NStZ 1993, 446. Das Mithören von Telefongesprächen über einen *Zweithörer* ist zwar kein Verstoß gegen §§ 100a, b, deren Wortlaut nur Fälle erfasst, die beim Abhören eine Mitwirkung des Netzbetreibers verlangen (BGHSt 39, 335; BGHSt 42, 139, 154; vgl. o. § 24 Rn. 40f.). Bedenkt man aber, dass es bei der Telekommunikationsüberwachung um einen Eingriff in ein Grundrecht beider Kommunikationsteilnehmer geht, dann leuchtet nicht ein, wieso einer von ihnen über ein fremdes Grundrecht verfügen darf (s. 23

[9] So bereits BGHSt 32, 10 m. zust. Anm. *Schlüchter*, NStZ 1984, 372 und die letztlich zur Einführung des § 477 II 2 führenden Erwägungen in BGHSt 26, 298; 27, 355; *Welp*, JZ 1973, 288; *Weber*, NJW 1973, 1056; *Schroeder*, JR 1973, 252; *Maiwald*, JuS 1978, 379; *Knauth*, NJW 1977, 1510; 1978, 741.

[10] So früher zutr. BGH StV 1998, 247, ferner *Amelung*, NStZ 2003, 609, *Bernsmann/Sotelsek*, StV 2004, 113; *Roßmüller/Scheinfeld*, wistra 2004, 52; *Franke*, GA 2003, 890; *Kudlich*, JR 2003, 457.

[11] BGHSt 31, 396 m. zust. Anm. *Geerds*, NStZ 1983, 518 u. *Amelung*, JR 1984, 256; anders nunmehr BGH NStZ 2003, 669 (dazu zu Recht krit. *Fezer*, NStZ 2003, 625; *Weßlau*, StV 2003, 483; *Braum*, JZ 2004, 128); StV 2009, 398 (zust. *Beulke*, Rn. 253; zu Recht abl. *Prittwitz*, StV 2009, 437; *Duttge*, FS Karras, 2010, 435; SK/*Wolter*, § 100a Rn. 26).

Neuhaus, 2002, 390 m.w.N.). Das bedeutet, dass die einzelnen Eingriffsvoraussetzungen von §§ 100a, 100b auch für Fälle des Mithörens durch Strafverfolgungsinstanzen erfüllt sein müssen, und vor allem, dass auf das Erfordernis einer Katalogtat nicht verzichtet werden darf. Dies wurde auch vom *EGMR* bestätigt, StV 2004, 1; dazu *Gaede,* StV 2004, 46.

24 5. Wird ein Gespräch des Verteidigers mit seinem Mandanten unter Verletzung des § 148 (o. Rn. 8) abgehört und bestätigt sich dadurch ein gegen ihn bestehender Strafvereitelungsverdacht, so darf das Erlauschte nicht gegen ihn verwendet werden; eine analoge Anwendung des § 97 II 3, der in entspr. Fällen eine Beschlagnahme beim Verteidiger erlaubt, ist nicht zulässig (BGHSt 33, 347; lehrreich dazu *Welp,* 1986; *Beulke,* 1986; *Werle,* 1991). Führt der Verteidiger dagegen ein zulässigerweise überwachtes Telefongespräch mit einem Dritten, so steht § 148 einer Verwertung nicht entgegen (BGH NStZ 1988, 562 m. krit. Anm. *Taschke,* StV 1990, 436; s. o. Rn. 8).

25 6. Da sich bei der Überwachung der Kommunikation häufig nicht vermeiden lässt, dass Unterlagen erlangt werden, die als Beweismittel von vornherein ausscheiden (z. B. Mitteilungen Unbeteiligter; oder wenn beim Beschuldigten eine Telefonüberwachung angeordnet wird und sich zeigt, dass er ein Gespräch mit seinem Verteidiger führt), oder deren Ungeeignetheit als Beweismittel sich im Laufe des Verfahrens herausstellt, bestimmt § 101 VIII, dass die so gewonnenen Unterlagen unter Aufsicht der StA unverzüglich zu vernichten sind, sobald sie für die Strafverfolgung nicht mehr benötigt werden; auch bei einer Einstellung oder rechtskräftigen Verurteilung sind sie zu vernichten.[12]

26 7. Die Verwertung des durch eine strafprozessuale TKÜ erlangten Materials durch die Polizei für Zwecke der Gefahrenabwehr ist nunmehr in § 477 II 3 (einschränkend) geregelt.

27 8. Unverwertbares Material darf daher weder in der Hauptverhandlung als Beweismittel benutzt (BGHSt 26, 298) noch dem Fernsprechteilnehmer vorgehalten werden (BGHSt 27, 355; vgl. aber BGHSt 30, 317 m. abl. Anm. *Odenthal,* NStZ 1982, 390). Sagt der Abgehörte nach Vorhalt solchen Beweismaterials aus, so ist seine Aussage selbst dann unverwertbar, wenn er an sich ordnungsgemäß belehrt wurde;[13] ein Geständnis ist dagegen verwertbar, wenn sich die unzulässige Telefonüberwachung darauf nicht (mehr) ausgewirkt hat (BGHSt 35, 32 m. Anm. *Dörig,* NStZ 1988, 143).

III. Eingriffsbefugnisse der Polizei und Geheimdienste

28 Das G. 10 (Gesetz zu Art. 10 GG v. 13. 8. 68, Sartorius Nr. 7, 1. ÄndG v. 31.7.2009, BGBl. I 2499) statuiert daneben noch wesentlich weiterreichende Befugnisse zur Überwachung des Brief-, Post- und Fernmeldeverkehrs durch die Verfassungsschutzbehörden des Bundes und der Länder, das Amt für den militärischen Abschirmdienst und insb. den Bundesnachrichtendienst (für Einzelheiten s. 25. Aufl., § 34 Rn. 36ff.). Ähnliches sehen die Polizeigesetze und §§ 20l – 20n BKAG vor. Die Frage, ob bzw.

[12] Str., näher *Schnarr,* MDR 1987, 1; LG Münster StV 1994, 248. Allgemein über „Vernichtungsregelungen in der StPO", zu denen auch noch §§ 163c IV, 98b III 2, 81a III, 81c V, 494 II gehören, *Hilger,* NStZ 1997, 371.

[13] BGHSt 27, 355 m. Anm. *Rieß,* JA 1979, 167; zur Fernwirkung des Beweisverwertungsverbotes in solchen Fällen BGHSt 32, 68 sowie o. § 24 Rn. 61.

unter welchen Voraussetzungen ein Beweistransfer aus derartigen TKÜ in ein Strafverfahren zulässig ist, ist weitgehend ungeklärt. Die schlichte Anwendung des in § 161 II enthaltenen Prinzips des hypothetischen Ersatzeingriffs auf **verdachtsunabhängig** durchgeführte Eingriffe ist wegen der darin liegenden Aushöhlung der Schutzfunktion der „Verdachtsschwelle" nicht unbedenklich und jedenfalls bei geheimdienstlichen Erkenntnissen wegen der Einebnung des in der Rechtsstaatsidee verankerten sog. **Trennungsprinzips** abzulehnen (s. u. § 39 Rn. 24). In der BKA-Entscheidung BVerfG NJW 2016, 1781 hat das BVerfG festgestellt, dass die Vorschrift des § 20v S. 1 Nr. 3 BKAG betreffend die Übermittlung von Daten zur Strafverfolgung mit dem GG nicht vereinbar ist und zwar bis zu einer Neuregelung (längstens bis 30.6.2018) fortgilt, jedoch weder die Übermittlung von Daten aus Wohnraumüberwachungen noch aus Online-Durchsuchungen gestattet (Rn. 314ff.).

B. Erhebung von Verkehrs- und Bestandsdaten (§§ 100g, j)

1. Neben dem unter A. behandelten Eingriff in den *Inhalt* der Telekommunikation durch einen *kleinen Lauschangriff* gibt es den vergleichsweise geringfügigen Eingriff in die *äußeren* Daten der Telekommunikation, der gleichwohl nach dem Abflauen der rechtspolitischen Kämpfe um den Großen Lauschangriff (u. Rn. 42ff.) zum neuen Schlachtfeld avanciert ist, das die Aufmerksamkeit von den wirklich fundamentalen Fragen eines rechtsstaatlichen Strafverfahrens weitgehend abgezogen hat. Hierbei ist zwischen den sog. **Bestandsdaten,** die für das Vertragsverhaltnis des Teilnehmers zum Diensteanbieter erhoben werden (§ 3 Nr. 3 TKG), und den sog. **Verkehrs-** oder **Verbindungsdaten** zu unterscheiden, die bei der Erbringung des Dienstes erhoben, verarbeitet oder genutzt werden (§ 3 Nr. 30 TKG). Zu den Bestandsdaten zählt auch die bei Internetnutzung jeweils zugeteilte (sog. dynamische, weil immer wieder neue) *IP-Adresse* (§ 100j II i. V. m. § 113 I 3 TKG, zur Verfassungsmäßigkeit BVerfGE 125, 160 Tz. 260). Die Verkehrs- (oder Verbindungs-) daten betreffen, grob gesagt, den technischen Rahmen einer konkreten Kommunikation, vor allem den Adressaten eines Gesprächs und dessen Dauer. Beide Formen fallen in den Schutzbereich des Grundrechts des Telekommunikationsgeheimnisses (Art. 10 I GG), so dass deren Erhebung eine gesetzliche Grundlage voraussetzt. Diese ist in § 100g für Verkehrs- und in § 100j für Bestandsdaten zu finden, die den Strafverfolgungsbehörden die Befugnis verleihen, diese Daten beim Telekommunikationsdiensteanbieter zu erheben. Dabei ist die eine relativ niedrige Eingriffsschwelle voraussetzende, aber außer bei Gefahr im Verzug eine richterliche Anordnung verlangende Vorschrift des § 100j (lesen!) auf Grund der Vorgaben von BVerfGE 130, 151 erst 2013 in die StPO aufgenommen worden (zuvor war die StA für originär zuständig erklärt worden, s. 27. Aufl., § 36 Rn. 34). Höher ist die Schwelle für Verkehrsdaten gem. § 96 TKG, die erst beim Vorliegen bestimmter Tatsachen erhoben werden dürfen, die den Verdacht einer Straftat von auch im Einzelfall erheblicher Bedeutung oder den Verdacht, dass eine Straftat mittels Telekommunikation begangen wurde, begründen, insofern das erforderlich ist, um den Sachverhalt zu klären oder den Aufenthaltsort des Beschuldigten zu ermitteln. Das verfassungsrechtliche Problem verursachen hierbei nicht Erhebungen für die Zukunft oder in *Echtzeit,* die § 100g I 3 ausdrücklich sogar für *Standortdaten* (etwa zur Aufenthaltsbestimmung bei einem Handybesitzer) mit geringfügiger Einschränkung (lesen!) zulässt, sondern der Zugriff auf für die Vergangenheit verdachtsunabhängig (d. h. anlasslos in Bezug 29–30

auf jeden Staatsbürger) gespeicherte sog. **Vorratsdaten.** Soweit der Diensteanbieter die Daten aus privatrechtlichen Gründen (z. B. für die Abrechnung) gem. § 96 TKG gespeichert hat, kann die Strafverfolgung hierauf zugreifen, was aber eine im Grunde zufällige und wegen der heute verbreiteten Flatrates schrumpfende Erkenntnisquelle betrifft. Deshalb hatte § 113a TKG in Transformation einer später vom EuGH für ungültig erklärten EU-Richtlinie[14] den Diensteanbietern eine 6-monatige Speicherung zur Pflicht gemacht, doch hat BVerfGE 129, 26014a[15] diese Vorschrift für nichtig und einen hierüber gem. § 100g stattfindenden Zugriff für verfassungswidrig erklärt, weil der Gesetzgeber gehalten sei, in einem abschließenden Katalog festzulegen, auf welche Straftaten sich § 100g beziehen kann (BVerfGE 125, 260, 328f., 352). Dies ist nunmehr durch das Gesetz zur Einführung einer Speicherpflicht und einer Höchstspeicherfrist für Verkehrsdaten v. 10.12.2015 (BGBl. I 2218) geschehen, wobei der Katalog im Vergleich mit § 100a eingeschränkt worden ist (§ 100g II lesen!). Gleichzeitig sind die Telekommunikationsdienste zur Speicherung auf 10 Wochen für Verkehrsdaten und auf 4 Wochen für Standortdaten verpflichtet worden (§§ 113a, 113b I TKG; dazu instruktiv die Ablehnung einer Aussetzung der Neuregelung durch BVerfG NVwZ 2016, 1240). Nachdem aber der EuGH (Große Kammer) in einem Urteil vom 21.12.2016 (C-203 und 698/15, BeckRS 2016, 109826) ähnliche schwedische und britische Regelungen für mit Unionsrecht unvereinbar befunden hat, dürfte eine weitere Einschränkung des § 100g unabweisbar sein.

31 2. Für die **übrigen Voraussetzungen** wird weitgehend auf die Regelung der Telekommunikationsüberwachung verwiesen (§ 101a, s. o. Rn. 9–13 und zum Erhebungsverbot bei zeugnisverweigerungsberechtigten Personen § 100g IV). § 101b statuiert weitgehende **Berichtspflichten** im Interesse der Rechtsstaatlichkeit und Transparenz, deren Bedeutung aber nach der Schrumpfung des Anwendungsbereiches stark abgenommen hat.

32 3. Wenn **Verbindungsdaten** durch **Zugriff auf das Endgerät** erlangt werden können, wie etwa die letzten angerufenen Nummern in einem Handy, gelten hierfür nach Abschluss des Kommunikationsvorgangs die extensiveren allgemeinen Vorschriften über Beschlagnahme und Durchsuchung (ebenso bereits BVerfGE 115, 166, 190ff.; zu dieser Frage bereits o. Rn. 6).

33–34 4. Die sog. *Funkzellenabfrage,* bei denen sämtliche Verbindungsdaten von Handys, die an einem bestimmten Standort zu einer bestimmten Zeit über einen Mobilfunknetzanschluss kommuniziert haben, erhoben werden, wird von § 100g III gedeckt (etwa *Beulke,* Rn. 254a; *M-G/S,* § 100g Rn. 36 m. w. N.). Im Rahmen der Erforderlichkeitsprüfung muss dabei dem Umstand besondere Beachtung geschenkt werden, dass von einer solchen Maßnahme möglicherweise auch zahlreiche Unbeteiligte betroffen sein können.

[14] 2006/24/EG v. 15.3.2006, ABl. EU L 105, 54; EuGH NJW 2014, 2169.

[15] 14aHierzu insb. *Kleczewski,* JZ 2010, 629; *Albers/Reinhardt,* ZJS 2010, 767; *Schramm/Wegener,* MMR 2011, 9; *Hefendehl,* JZ 2009, 165; w. N. b. *M-G/S,* § 100g Rn. 3. Ob die davor aufgrundlage der einstweiligen Anordnung des BVerfG vom 11.3.2008 erhobenen Daten verwertbar sind, ist noch ungeklärt: für Verwertbarkeit BGHSt 56, 127; 56, 138; dagegen LG Verden StV 2011, 13; *Volkmer,* NStZ 2010, 318.

C. Längerfristige Observation (§ 163f.)

Die Ermittlungsgeneralklausel der §§ 161 I, 163 I, die die Staatsanwaltschaft dazu ermächtigt, zur Erforschung des Sachverhalts „Ermittlungen jeder Art entweder selbst vorzunehmen oder durch die Behörden und Beamten des Polizeidienstes vorzunehmen zu lassen“, deckt nur kurzfristige Überwachungen des Beschuldigten (dazu u. § 39 Rn. 23). Ist es erforderlich, ihn durchgehend länger als 24 Stunden oder an mehr als zwei Tagen zu beobachten, dann ist die sog. längerfristige Observation (§ 163f) einschlägig. Voraussetzungen der Anordnung dieses Eingriffs sind der Verdacht einer Straftat von erheblicher Bedeutung und das Nicht-Vorhandensein von milderen, den Erfolg der Ermittlungen nicht erschwerenden Alternativen. 35

Die Maßnahme kann nicht nur gegen den Beschuldigten angeordnet werden, sondern auch gegen Dritte, von denen man aufgrund bestimmter Tatsachen annehmen kann, dass sie mit dem Beschuldigten in Verbindung stehen (§ 163f I 3). Das Gesetz macht auch klar, dass ein eventuelles Betroffensein von Dritten in Kauf genommen werden soll und an der Zulässigkeit der Maßnahme nichts ändert (§ 163f II). 36

Zuständig für die Anordnung der längerfristigen Observation ist das Gericht, bei Gefahr im Verzug auch die StA und ihre Ermittlungspersonen (§ 163f III 1). Im letzten Fall muss die Anordnung binnen drei Tagen vom Gericht bestätigt werden, sonst tritt sie außer Kraft (§ 163f III 2).Die Maßnahme ist auf höchstens drei Monate zu befristen und kann um jeweils drei Monate verlängert werden, wenn ihre Voraussetzungen fortbestehen (§ 163 III 3 i. V. m. § 100b). 37

D. IMSI-Catcher (§ 100i)

Auch die Gerätenummer eines Mobiltelefons, die Kartennummer der darin verwendeten Karte und vor allem dessen Standort können bei durch Tatsachen begründetem Verdacht einer Straftat von erheblicher Bedeutung zum Zwecke der Ermittlung des Sachverhalts oder des Aufenthaltsortes eines Beschuldigten erhoben werden. Einschlägig ist dann § 100i, der die Ermittlungsmaßnahme des sog. I (International) M (Mobile) S (Subscriber) I (Identity)-Catchers vorsieht, also eines Geräts, das in der Lage ist, Standort und Identifikationsnummern zu ermitteln (zur Technik *Gercke,* StraFo 2003, 78 m. N. Fn. 55). Der Eingriff betrifft nur das Recht auf informationelle Selbstbestimmung und die allgemeine Handlungsfreiheit, nicht das Fernmeldegeheimnis, da letzteres den Inhalt einer Kommunikation zum Gegenstand hat und es hier weder um Inhalte noch – angesichts der völligen Automatisierung des Vorgangs (s. o. Rn. 2) – um Kommunikation geht (BVerfG NJW 2007, 351). 38

Die Voraussetzung der **Straftat von erheblicher Bedeutung** unterscheidet sich nicht von der, die für eine Auskunft über Verkehrsdaten nach § 100g erforderlich ist, s. o. Rn. 26; darauf sei hier verwiesen. 39

Im Übrigen verweist das Gesetz weitgehend auf die Regelung der TKÜ (§ 100i III 1). Das bedeutet vor allem einen Richtervorbehalt, wenn auch abgemildert durch die Zuerkennung einer Eilkompetenz der StA bei Gefahr im Verzug. Die Anordnung ergeht mit einer Höchstfrist von 6 Monaten, ist aber verlängerbar, wenn die Voraussetzungen der Maßnahme noch bestehen (§ 100i III 2, 3). 40

Die Streichung der **Subsidiaritätsklausel** durch die letzte Gesetzesnovellierung (s. *Puschke/Singelnstein,* NJW 2008, 115) ändert nichts daran, dass auch dieser Eingriff nur zulässig ist, wenn mildere erfolgversprechende Mittel nicht ersichtlich sind. Rechtspolitisch erweckt die Maßnahme deshalb Bedenken, weil die Ermittlungen fast ausschließlich nichtverdächtige Personen betreffen, gegen die nicht der geringste Ermittlungsanlass besteht (*Wolter,* FS Rudolphi, 2004, 740). 41

E. Akustische Wohnraumüberwachung (sog. großer Lauschangriff)

42 1. Nach einer in dieser Intensität in der BRD beispiellosen rechtspolitischen Auseinandersetzung[16] wurde am 1.4.1998 zur Einführung des „Großen Lauschangriffs", also der heimlichen akustischen Überwachung von Wohnräumen, Art. 13 GG durch Einfügung von Abs. 3 bis 6 geändert (BGBl. I 610), was eine weitgehende Umgestaltung der §§ 100c, 100d durch das am 4.5.1998 erlassene OrgK-Verbesserungsgesetz ermöglichte (BGBl. I 845). Die getroffene Regelung wurde aber vom BVerfG in mehreren Hinsichten für verfassungswidrig erklärt (BVerfGE 109, 279; dazu instruktiv *Lepsius,* Jura 2005, 433ff., 586ff.), so dass der Gesetzgeber die Materie weitgehend neu regeln musste.[17]

43 2. a) Der jetzt geltende § 100c erlaubt beim **Verdacht bestimmter schwerer Katalogstraftaten,** die auch im Einzelfall schwer wiegen, die (auf einen Monat zu befristende, aber verlängerbare) akustische Überwachung der Wohnung des Beschuldigten oder anderer Wohnungen, in denen sich der Beschuldigte vermutlich aufhält, wenn tatsächliche Anhaltspunkte den Schluss zulassen, dass dadurch Äußerungen des Beschuldigten erfasst werden, die für die Erforschung des Sachverhalts oder die Ermittlung des Aufenthaltsortes eines Mitbeschuldigten von Bedeutung sind, und die Tataufklärung sonst unverhältnismäßig erschwert oder aussichtslos wäre (OLG *Celle* StV 2011, 215: „qualifizierter Verdacht").

44 b) In Umsetzung der o. Rn. 12 bereits angesprochenen Entscheidung BVerfGE 109, 279 bemühte sich der Gesetzgeber um eine Verstärkung des Schutzes des **Kernbereichs privater Lebensgestaltung** (§ 100c IV, V). So darf die Maßnahme erst dann überhaupt angeordnet werden, wenn aufgrund tatsächlicher Anhaltspunkte – das Gesetz erwähnt hier als Beispiele die Art der zu überwachenden Räumlichkeiten und das Verhältnis der zu überwachenden Personen zueinander – angenommen werden darf, dass die abzuhörenden Äußerungen nicht Informationen beinhalten werden, die den Kernbereich privater Lebensgestaltung betreffen (§ 100c IV 1). Man beachte, dass – anders als bei der Telefonüberwachung (oben Rn. 12f.) – hier *nicht* verlangt wird, dass die Information *allein* diesem Kernbereich zuzurechnen ist. Auch das bloße Miterfassen von Privatem wird hier also vom Gesetz untersagt. Findet das Gespräch in einem Betriebs- oder Geschäftsraum statt, geht das Gesetz regelmäßig davon aus, dass der Kernbereich nicht betroffen ist (§ 100c IV 2).

45 Aber nicht nur der Teufel, auch der Rechtsstaat und seine Negierung stecken im Detail. Die Liberalität der Regelung wird dadurch weitgehend ausgeschaltet, dass Gespräche über begangene Straftaten und Äußerungen, mittels derer Straftaten begangen werden, nicht mehr zum Kernbereich privater Lebensgestaltung gerechnet werden (§ 100c IV 3; krit. *Roxin,* FS Böttcher, 2007, 164ff.; *Lepsius,* Jura 2005, 439f.; SK/*Wolter,* § 100c Rn. 54ff., 59f.). Man muss ja schon abgehört haben, um zu wissen, ob das Gespräch Straftaten zum Inhalt hat![18] Es ist zudem sehr zweifelhaft, ob, wenn die Beichte, die der Mörder im Ehebett vor seiner Frau ablegt, zur Kenntnis genommen werden und später zur Begründung einer Verurteilung herangezogen werden darf, dadurch dem Einzelnen tatsächlich ein „Raum zuerkannt wird, in dem er unbeobachtet sich

[16] Nachweise in der 25. Aufl.

[17] G. v. 24.6.2005, BGBl. 2005 I 1841, dazu *Löffelmann,* NJW 2005, 2033ff., u. (die Verf.-mäßigkeit bejahend) BVerfG NJW 2007, 2753; erneut novelliert durch G, zur Neuregelung der TKÜ etc. v. 21.12.2007, BGBl. 2007 I 3198.

[18] Der Fehler wurde diesmal nicht erst vom Gesetzgeber, sondern schon vom BVerfG begangen (BVerfGE 109, 279, 319).

selbst überlassen ist oder mit Personen seines besonderen Vertrauens ohne Rücksicht auf gesellschaftliche Verhaltenserwartungen und ohne Furcht vor staatlichen Sanktionen verkehren kann“ (so die Umschreibung des Kernbereichs privater Lebensgestaltung in BVerfGE 90, 255, 260).

c) Das Abhören und das Aufzeichnen sind ferner sofort zu unterbrechen, wenn sich Anhaltspunkte dafür ergeben, dass Äußerungen, die zu diesem Kernbereich gehören, mitbetroffen werden (§ 100c V 1). Werden solche Aufzeichnungen tatsächlich vorgenommen, so müssen sie umgehend gelöscht werden, wobei Aufzeichnung und Löschung dokumentiert werden müssen (§ 100c V 2, 4). Informationen, die den Kernbereich betreffen, stehen nach dem Gesetz unter einem ausdrücklichen Verwertungsverbot (§ 100c V 3). Wurde die Aufzeichnung unterbrochen, darf sie erst dann wieder fortgesetzt werden, wenn Anhaltspunkte dafür sprechen, dass der Kernbereich nicht noch einmal betroffen wird (§ 100c V 5). Im Zweifel soll eine nochmalige gerichtliche Entscheidung eingeholt werden (§ 100c V 6). 46

d) Es fragt sich deshalb, ob die vom BVerfG und vom Gesetzgeber gestellten Anforderungen einer Unterbrechung der Abhörmaßnahme bei Gefährdung des Kernbereichs privater Lebensgestaltung für ein **automatisiertes Mithören** überhaupt noch Raum lässt. Entgegen der Verbreitung dieser Praxis ist mit *Lepsius,* Jura 2005, 591 festzuhalten, dass nur in Echtzeit von Menschen gesteuerte Abhöraktionen den verfassungsgerichtlichen und gesetzlichen Anforderungen gerecht werden. Die dadurch entstehenden erheblichen Personalkosten wirken sich letztendlich rechtstaatlich positiv aus, nämlich im Sinne einer ökonomisch aufgedrängten Beachtung des Subsidiaritätsgrundsatzes. 47

3. **Selbstgespräche,** die in der Einsamkeit der eigenen Wohnung oder im Krankenzimmer geführt werden, sind nicht einmal zur Mitteilung bestimmt. Sie sind deshalb Gedanken gleichzustellen: Man darf sie ebenso wenig abhören, wie man Gedanken abhören dürfte, gäbe es schon dazu fähige Maschinen. Dies gilt nach der neuestens Rspr. unabhängig davon, ob das Selbstgespräch Straftaten zum Inhalt hat.[19] 48

4. Bei **Zeugnisverweigerungsberechtigten** sieht das Gesetz gewisse Einschränkungen vor (§ 100c VI). So ist die akustische Überwachung der Wohnungen von Berufsgeheimnisträgern i. S. d. § 53 unzulässig. Die Erkenntnisse aus Abhörmaßnahmen gegen Wohnungen der nach § 52 oder § 53a Zeugnisverweigerungsberechtigten dürfen nur verwertet werden, wenn der damit verbundene Eingriff in das besondere Vertrauensverhältnis nicht außer Verhältnis zum Aufklärungsinteresse steht. Diese Einschränkungen gelten allerdings nur, solange der zur Verweigerung des Zeugnisses Berechtigte nicht einer Beteiligung, Begünstigung, Strafvereitelung oder Hehlerei verdächtig ist. 49

5. Das **Verfahren** der Anordnung der Wohnraumüberwachung wird vom Gesetz mit großer Ausführlichkeit geregelt. Zur Anordnung ist nur die Sonderstrafkammer für Staatsschutzsachen (§ 74a GVG) befugt, bei Gefahr im Verzug auch deren Vorsitzender (§ 100d I 1, 2). Im letzten Fall muss die Anordnung binnen drei Werktagen von der Strafkammer bestätigt werden, sonst tritt sie außer Kraft (§ 100d I 3). Die Anordnung, die mit einer Frist von bis zu einem Monat ergeht, ist wiederholt um jeweils einen Monat verlängerbar, bis sechs Monate erreicht werden. Ab diesem Zeitpunkt muss das Oberlandesgericht über weitere Verlängerungen entscheiden (§ 100d I 4, 5, 6). Die einzelnen Anforderungen, denen die Anordnung und ihre Begründung genügen müssen, werden in § 100d II, III festgelegt. 50

6. Das Gesetz bestimmt auch über die **anderweitige Verwendung** der erlangten Informationen. So darf sie auch in anderen Strafverfahren verwendet werden, solange sie Ka- 51

[19] Vgl. BGHSt 50, 206: Kernbereich privater Lebensgestaltung, dazu die Anm. *Ellbogen,* NStZ 2006, 179; *Lindemann,* JR 2006, 191; zust. SK/*Wolter,* § 100c Rn. 63; o. § 24 Rn. 56.

talogtaten, die eine Anordnung der Wohnraumüberwachung rechtfertigen würden, zum Gegenstand haben (§ 100d V Nr. 1). Zum Zwecke der Gefahrenabwehr dürfen sie auch unter bestimmten, etwas überspitzt ausdifferenzierten Voraussetzungen (dazu krit. *Löffelmann,* NJW 2006, 2036) verwendet werden (§ 100d V Nr. 2). Wurden die Informationen zum Zwecke der Gefahrenabwehr erhoben, dürfen sie in Strafverfahren verwertet werden, wenn es um schwer wiegende Katalogtaten geht (§ 100d V Nr. 3). Es muss sich auch um „verwertbare Daten" handeln, was bedeutet, dass es um Daten gehen soll, die nicht unter die dem Kernbereichsschutz dienenden Verwertungsverbote der § 100c V 3, VI 1, 2 fallen (BGHSt 54, 69, 81 f.); blosse polizeirechtliche Verwertbarkeit reicht für die Einführung der Daten in ein Strafverfahren nicht aus. Die polizeirechtliche Erhebung muss ferner selbst rechtmäßig gewesen sein (SK/*Wolter* § 100d Rn. 69a; and. BGHSt 54, 69, 83ff.). Der Verstoß gegen diese Verwendungsregeln muss die Daten selbstverständlich unverwertbar machen (ebenso *Singelstein,* 885ff.). Demgegenüber will die Rechtsprechung über die Verwertbarkeit aufgrundlage einer umfassenden Abwägung entscheiden (BGHSt 54, 69, 87ff.), was letztlich dazu führt, dass die Regeln bei schweren Straftaten – und eigentlich nur um solche darf es bei einer Wohnraumüberwachung gehen, vgl. § 100c I Nr. 1, 2, II – unverbindlich werden.

52 7. Um die Kontrollierbarkeit und Transparenz der Maßnahme sicherzustellen statuiert das Gesetz eine **Berichts- und eine Veröffentlichungspflicht** (§ 100e, 100b V). **Rechtspolitisch** bleibt die Maßnahme auch nach der Entscheidung des BVerfG und den Gesetzesnovellierungen problematisch, weil sie für die davon Betroffenen die Privat- und Intimsphäre in der Wohnung – und damit in einem besonders sensiblen und bisher grundrechtsgeschützten Bereich – praktisch aufhebt. Die Ermittlungserfolge, die man sich davon verspricht, sind bislang kaum eingetreten. Vor allem wird die Maßnahme nicht so sehr zu dem vom Gesetzgeber intendierten Zweck der Bekämpfung der organisierten Kriminalität eingesetzt als zur Aufklärung konventioneller Mord- und Totschlagsfälle (*Meyer-Wieck,* NJW 2005, 2037 m.w.N.).

F. Einsatz technischer Mittel

53 Die moderne Technik stellt dem Staat weitere besonders eingriffsintensive Mittel zur Verfügung, deren Einsatz deshalb im Gesetz detailliert geregelt wird. Zum einen dürfen Bildaufnahmen hergestellt werden, wenn ein Ermitteln auf andere Weise „weniger erfolgversprechend oder erschwert" wäre (§ 100h I Nr. 1). Unter der gleichen Voraussetzung können im Rahmen der Untersuchung einer Straftat von erheblicher Bedeutung auch „sonstige besondere für Observationszwecke bestimmte technische Mittel" verwendet werden (§ 100h I Nr. 2); hierunter fallen etwa Peilsender, Alarmkoffer, Bewegungsmelder und Nachtsichtgeräte, nicht aber z. B. Ferngläser, die eine bloße Sehhilfe darstellen. Auch sog. Global-Positioning-System(GPS)-Geräte dürfen eingesetzt werden (BGHSt 46, 266 m. krit. Anm. *Bernsmann,* StV 2001, 382; distanziert auch *Kühne,* JZ 2001, 1148). Bei Verdacht auf Begehung einer der in § 100a II aufgeführten Katalogtaten schließlich ist es außerdem gestattet, das *außerhalb* von Wohnungen nichtöffentlich gesprochene Wort mit technischen Mitteln abzuhören und aufzuzeichnen; Voraussetzung dafür ist allerdings, dass ein Ermitteln auf andere Weise „aussichtslos oder wesentlich erschwert" wäre (§ 100f, sog. **kleiner Lauschangriff**).

54 Eine wesentliche Einschränkung der in § 100h I Nr. 1, 2 gewährten Befugnisse ist hinsichtlich aller erwähnten Maßnahmen dahingehend zu machen, dass der Schutzbereich des Art. 13 GG durch sie nicht verletzt, das Grundrecht auf Unverletzlichkeit der Wohnung nicht beeinträchtigt werden darf (zum Lauschangriff in Wohnungen vgl. o. Rn. 39ff.). So ist beispielsweise die Anfertigung eines Videofilms un-

zulässig, soweit der Blick in das Wohnungsinnere festgehalten wird. Nach BGH NStZ 1997, 195[20] ist dabei der verfassungsrechtliche Begriff der Wohnung im Anschluss an eine lange Tradition nicht im engen Sinne der Umgangssprache zu verstehen. Vielmehr ist eine Wohnung jeder nicht allgemein zugängliche Raum, der zur Stätte des Aufenthaltes und Wirkens von Menschen gemacht wird. Auch Geschäfts- und Büroräume, Vereinshäuser, Bordelle und übel beleumundete Hotels sind Wohnungen im Sinne des Art. 13 GG, ebenso nach BGH StV 1997, 400 auch ein Vorgarten, und zwar selbst dann, wenn das Richtmikrophon außerhalb des Gartens aufgestellt wird. Dagegen soll eine Abhörwanze im Pkw zulässig sein, weil das Auto der Fortbewegung und nicht der Behausung des Menschen diene (zw.). Allerdings darf der Pkw dem Eigentümer nicht zum Zwecke der Anbringung der technischen Mittel entzogen werden (LG Freiburg NStZ 1996, 508; dazu *Janker,* NJW 1998, 269).

Sämtliche Maßnahmen dürfen sich regelmäßig nur gegen den Beschuldigten richten, nur unter bestimmten Voraussetzungen auch gegen andere Personen (i. E. s. §§ 100h II, 100f II); werden Dritte unvermeidbar betroffen – man denke etwa an den Gesprächspartner des abgehörten Telefonates –, so ist dies aber kein Hinderungsgrund (§§ 100h III, 100f III). Dies soll nach einer neueren Verfassungsgerichtsentscheidung auch dann gelten, wenn es um Zeugnisverweigerungsberechtigte nach § 52 geht (BVerfG StV 2011, 261 m. Anm. *Jäger*). Maßnahmen nach § 100h I Nr. 1 können auch selbstständig durch die Polizei vorgenommen werden, während die Anordnung eines Abhörens oder Aufzeichnens des nichtöffentlich gesprochenen Wortes grds. dem Richter vorbehalten ist, bei Gefahr im Verzug allerdings auch durch die StA und ihre Ermittlungspersonen getroffen werden kann (i. E. s. § 100f IV i. V. m. 100b I). Zur Benachrichtigung der Betroffenen s. § 101 IV und zur Verwahrung von Unterlagen § 101 II (gegen dessen Verfassungsmäßigkeit *Hiebl,* 1994, 138ff.). 55

§ 37. Einsatz von verdeckten Ermittlern, Vertrauenspersonen und Lockspitzeln

Literatur: *Lüderssen,* Verbrechensprophylaxe durch Verbrechensprovokation?, FS Peters, 1974, 349; *Dencker,* Zur Zulässigkeit staatlich gesteuerter Deliktsbeteiligung, FS Dünnebier, 1982, 447; *Seelmann,* Zur materiell-rechtlichen Problematik des V-Mannes, ZStW 95 (1983), 797 (830f.); *Mache,* Die Zulässigkeit des Einsatzes von agents provocateurs und die Verwertbarkeit der Ergebnisse im Strafprozeß, 1984; *Lüderssen* (Hrsg.), V-Leute. Die Falle im Rechtsstaat, 1985; *Ostendorf/Meyer-Seitz,* Die strafrechtl. Grenzen d. polizeil. Lockspitzeleinsatzes, StV 1985, 73; *Rebmann,* Der Einsatz verdeckt ermittelnder Polizeibeamter im Bereich der Strafverfolgung, NJW 1985, 1; *Schlegel,* Der verführte Dritte, 1985; *Schünemann,* Der polizeiliche Lockspitzel, StV 1985, 424; *H. Schumann,* Verfahrenshindernis bei Einsatz von V-Leuten als agents provocateurs?, JZ 1986, 66; *Beck,* Bekämpfung der Organisierten Kriminalität usw., 1990; *Deutsch,* Die heiml. Erhebung von Informationen und deren Aufbewahrung durch die Polizei, 1992; *Fischer/Maul,* Tatprovozierendes Verhalten als polizeiliche Ermittlungsmaßnahme, NStZ 1992, 7; *Lammer,* Verdeckte Ermittlungen im Strafprozess, 1992; *Rogall,* Informationseingriff und Gesetzesvorbehalt im Strafprozessrecht, 1992; *Scherp,* Die polizeil. Zusammenarbeit mit V-Personen, 1992; *Gropp* (Hrsg.), Besondere Ermittlungsmaßnahmen zur Bekämpfung der Organisierten Kriminalität, 1993; *Himmelreich,* Die Schranken der Wahrheitsermittlung bei der Strafverfolgung und neue Ermittlungsmethoden der Polizei, 1993; *Krey,* Rechtsprobleme des strafproz. Einsatzes verdeckter Ermittler einschl. des „Lauschangriffs" usw., 1993; *Krey,* Rechtsprobleme des Einsatzes qualifizierter Scheinaufkäufer im Strafverf.recht, 1994; *Groth,* Verdeckte Ermittlung im Strafverfahren und Gewinnabschöpfung, 1995; *Duttge,* Strafprozessualer Einsatz von V-Personen und Vorbehalt des Gesetzes, JZ 1996, 556; *Jähnke,* Verwertungsverbote und Richtervorbehalt beim Einsatz VE, FS Odersky, 1996, 427; *Lagodny,* VE und V-Leute im Spiegel von § 136a StPO als „angewandtem Verfassungsrecht", StV 1996, 167; *Lilie,* VE und Vertrauenspersonen, in: *Hirsch, Hofmanski u. a.* (Hrsg.), Deutsch-Poln. Strafrechtskolloquium 1995, 1996, 499; *Schmitz,* Rechtliche Probleme des Einsatzes VE, 1996; *Erfurth,* VE: Problemlösung durch das OrgKG?, 1997; *Perschke,* Die Zulässigkeit nicht spezialgesetzlich geregelter Ermittlungsmethoden im Strafverfahren, 1997; *Roxin,* Zum Einschleichen pol. Scheinaufkäufer in Privatwohnungen, StV 1998, 43; *Bernsmann,* Heimliche Ermittlungsmethoden und ihre Kontrolle, StV 1998, 217; *Kaiafa-Gbandi,* Verschiedene Systeme des Einsatzes „VE", FS Bemmann, 1998, 560; *Rogall,* Der VE, FS Schlüchter, 1998, 71; *Hilger,* VE, V-Leute, FS Ha-

[20] M. Anm. *Scholz* und *Wollweber,* NStZ 1997, 351; ebenso OLG Stuttgart StV 1996, 655.

nack, 1999, 207; *K. Krauß,* V-Leute im Strafprozeß und die EMRK, 1999; *Eschelbach,* Rechtsfragen zum Einsatz von V-Leuten, StV 2000, 390; *Makrutzki,* Verdeckte Ermittl. im Strafprozess, 2000; *Maul,* Die Probleme des BGH mit der Tatprovokation im Bereich der Betäubungsmittelkriminalität, FS 50 Jahre BGH-Praxis, 2000, 569; *Wolter,* Beweisverbote und Umgehungsverbote zwischen Wahrheitsforschung und Ausforschung, FS-BGH-Wiss., 2000, 963; *Lüderssen,* Verdeckte Ermittlungen im Strafprozeß, ibid., 883; *Geisler* (Hrsg.), VE u. V-Personen im Strafverf., 2001; *Schünemann,* Zeugenbeweis auf dünnem Eis, FS Meyer-Goßner, 2001, 385; *Nack,* VE u. Revisionsrecht, FS Hilger, 2003, 349; *Krey,* Zur kontinuierlichen Ausweitung des Bereichs verdeckter Ermittlungen, FS Kohlmann, 2003, 627; *Soiné,* VE als Instrument zur Bekämpfung d. Kinderpornographie etc., NStZ 2003, 225; *Müssig,* Grenzen der Beweisverwertung beim Einsatz „VE", GA 2004, 87; *Kreuzer,* Die Lockspitzelfalle, FS Schreiber, 2003, 225; *Renzikowski,* Faires Verfahren bei rechtswidriger Tatprovokation?, GS Keller, 2003, 197; *Gaede,* Das Verbot der Umgehung der EMRK durch den Einsatz von Privatpersonen bei der Strafverfolgung, StV 2004, 46; *I. Roxin,* Die Rechtsfolgen schwerwiegender Rechtsstaatsverstöße in der Strafrechtspflege, 4. Aufl., 2004; *H. Schneider,* Ausgewählte Rechtsprobleme des Einsatzes VE, NStZ 2004, 359; *Korn,* 2005 (Lit. § 3 F); *Valerius,* Verdeckte Vernehmungen verdeckter Ermittler?, GA 2005, 459; *von Danwitz,* Staatl. Straftatbeteiligung, 2005; *Glaser/Gedeon,* Zu einem zukünftigen „System" strafproz. verdeckter Erm.maßnahmen, GA 2007, 415; *Röwer,* Erscheinungsformen und Zulässigkeit heimlicher Erm., 2007; *Doka,* Die Kontrolle von Vertrauenspersonen im Strafpr., 2008; *Ott,* VE im Strafverf., 2008; *Engländer,* Das nemotenetur-Prinzip als Schranke verdeckter Erm., ZIS 2008, 163; *Gaede/Buermeyer,* Beweisverwertungsverbote und „Beweislastumkehr" bei unzulässigen Tatprovokationen, HRRS 2008, 279; *Roxin,* Die Lockspitzelfalle, FS Kreuzer, 2009, 613; *Greco,* Menschenrechtskonformes Täterstrafrecht? Überlegungen … zur Lockspitzelproblematik, StraFo 2010, 52; *Esser,* Lockspitzel und V-Leute in der Rspr. des EGMR, in: 35. Strafvert.tag Berlin, 2011, 337; *Ostendorf,* Die Beschuldigtenrechte beim Einsatz eines VE, FS Roxin II, 2011, 1329; *Roxin,* Aushorchungen in der Untersuchungshaft als Überführungsmittel, FS Geppert, 2011, 549; *Bode,* Verdeckte strafpr. Erm.maßn., 2012; *Tyszkiewicz,* Tatprovokation als Ermittlungsmaßnahme, 2014; *Hauck,* Heiml. Strafverfolgung u. Schutz der Privatheit, 2014; *Wang,* Einsatz Verdeckter Ermittler pp., 2015; *Hohnerlein,* Verdeckte Ermittler – verdeckter Rechtsstaat?, NVwZ 2016, 511.

A. Überblick

1 Aus der Annahme heraus, dass zur Aufklärung der modernen Kriminalitätsformen einerseits auf den Einsatz verdeckt ermittelnder Polizeibeamter – insb. im Milieu der Rauschgiftszene und der organisierten Kriminalität – nicht verzichtet werden könne (*Rebmann,* NJW 1985, 1), andererseits aber den dabei auftretenden Missbräuchen und Übergriffen wirksamer begegnet werden müsse (*Ostendorf/Meyer-Seitz,* StV 1985, 73; *Lüderssen,* Jura 1985, 113), wurde durch das OrgKG in den §§ 110a–110e eine gesetzliche Regelung des Einsatzes **Verdeckter Ermittler (VE)** geschaffen (eine Zusammenfassung der Rspr. dazu liefert *Maul,* StraFo 1997, 38). Damit wurde aber nur ein (quantitativ sogar nur sehr geringer) Teil der Anwendung von **Spionagemethoden** als Mittel der Verbrechensverfolgung gesetzlich geregelt, während der weitaus größere Teil der **nichtöffentlich ermittelnden Polizeibeamten,** der **Vertrauensleute** und der **Lockspitzel** nach wie vor in einer rechtlichen Grauzone verbleibt (u. Rn. 6ff.).

B. Verdeckte Ermittler (VE) und V-Leute

2 1. Der VE ist ein Beamter des Polizeidienstes, der unter einer „Legende" ermittelt, d. h. nicht unter seiner eigenen, sondern unter einer ihm verliehenen, auf Dauer angelegten, veränderten Identität (§ 110a II 1). Sein Einsatz ist zulässig zur Aufklärung von „Straftaten von erheblicher Bedeutung" aus dem Kreis bestimmter Katalogtaten, insb. aus dem Bereich der Rauschgift- und Staatsschutzdelikte bzw. der Organisierten Kriminalität (§ 110a I 1; Anfangsverdacht i. S. d. § 152 II nötig!) sowie zur Aufklärung von Verbrechen, bei denen Wiederholungsgefahr besteht (§ 110a I 2). Dabei ist je-

weils erforderlich, dass „die Aufklärung auf andere Weise aussichtslos oder wesentlich erschwert wäre" (§ 110a I 3).

Außerdem kommt ein Einsatz in Betracht bei Verbrechen von besonderer Bedeutung, wenn „andere Maßnahmen aussichtslos wären" (§ 110a I 4). Er darf im Grundsatz nur nach Zustimmung der StA[1] bzw. – bei Einsätzen gegen einen bestimmten Beschuldigten oder bei Betreten einer nicht allg. zugänglichen Wohnung – des Richters erfolgen; bei Gefahr im Verzug genügt jeweils die nachträgliche Zustimmung, die allerdings binnen dreier Tage vorliegen muss (i. E. s. § 110b I, II).

Wird die nachträgliche Zustimmung des Richters nicht eingeholt oder nicht erteilt, so bleibt nach BGHSt 41, 64 (m. Anm. *Krey/Jaeger,* NStZ 1995, 517) die Zustimmung der StA für die ersten drei Tage wirksam, so dass insoweit kein Verwertungsverbot eintritt. Das ist bedenklich, weil der grundrechtssichernde Richtervorbehalt dadurch teilweise aus den Angeln gehoben wird. Vorzuziehen ist eine Lösung, wonach der Richter noch nachträglich überprüfen kann, ob der Einsatz des VE materiell rechtmäßig und durch die Eilkompetenz der StA gedeckt war. Die Entscheidung des Richters, mit der er dem Einsatz eines VE nach § 110b II zustimmt, muss begründet werden (§ 34) und erkennen lassen, dass der Richter eine Abwägung auf der Grundlage sämtlicher relevanten Erkenntnisse vorgenommen hat (BGHSt 42, 103). Eine selbstständige Prüfung des Richters ist notwendig, „um eine Außensteuerung der Justiz oder Selbstermächtigung des VE zu verhindern" (BGHSt 41, 105). Trotz dieser verhältnismäßig strengen Anforderungen soll aber ein Verwertungsverbot nur eingreifen, wenn die Zustimmung des Richters willkürlich oder unvertretbar ist. Darin liegt ein Widerspruch, den *Bernsmann* (NStZ 1997, 250) und *Weßlau* (StV 1996, 578) mit Recht kritisieren. Vgl. i. ü. zu den Verwertungsproblemen o. § 24 Rn. 53.

2. Der VE darf unter der Legende, für deren Aufbau bzw. Aufrechterhaltung auch die Herstellung und Veränderung sowie der Gebrauch von Urkunden (z. B. Ausweispapieren) zulässig ist (§ 110a III), am Rechtsverkehr teilnehmen (§ 110a II 2) und – mit Einverständnis des Berechtigten – fremde Wohnungen betreten (§ 110c – zu dessen Verfassungsmäßigkeit sogleich u.; zur nachträglichen Benachrichtigung des Wohnungsinhabers § 110d I). Zur Geheimhaltung der wahren Identität des VE auch nach Beendigung des Einsatzes, insb. im Prozess, vgl. § 110b III.[2] 3

a) Mit der grundsätzlichen Zulässigkeit von VE ist noch nichts darüber gesagt, zu welchen Handlungen sie im Rahmen ihrer Ermittlungstätigkeit befugt sind. Sehr umstr. ist neuerdings die Frage nach der Verfassungsmäßigkeit des § 110c S. 1, wonach den VE das Betreten einer Wohnung „unter Verwendung einer Legende" mit dem „Einverständnis des Beschuldigten" gestattet sein soll.[3] Richtigerweise wird man sagen müssen, dass § 110c S. 1 verfassungswidrig ist (*Roxin,* StV 1998, 43). Denn im Betreten der Wohnung durch den Polizeibeamten liegt ein Eingriff in den Schutzbereich des Art. 13 GG. Dieser Eingriffscharakter wird dem polizeilichen Vorgehen auch nicht durch eine „Einwilligung" des Hausrechtsinhabers genommen. Denn es liegt ein rechtsgutsbezogener Irrtum des Wohnrechtsinhabers vor, wenn diesem verschleiert wird, warum er den Gast in seine grundrechtlich geschützte Sphäre einlässt (nämlich um eine staatliche Ausforschung zu ermöglichen). Da aber auch eine Durchsuchung i. S. d. Art. 13 II GG (entgegen *Rogall,* JZ 1987, 853, u. *Wollweber,* StV 1997, 507) oder ein präventives Vorgehen i. S. d. Art. 13 III GG nicht vorliegen, ist das Erschleichen des Zutrittes zu Privatwohnungen durch VE (wie durch andere Polizeibeamte) unzulässig. Es bedürfte dafür einer GG Änderung, wie sie in entsprechender Weise beim „großen Lauschangriff" nötig war. 4

[1] Die nach BGH NStZ 1996, 48 auch mündlich erteilt werden kann. Das Schriftlichkeitserfordernis von § 110b I 3 soll nur eine Formschrift sein, deren Verletzung kein Verwertungsverbot begründet (zw.!).

[2] Die Verfassungsmäßigkeit des § 110a I wird (wegen fehlender Bestimmtheit) von *Schmitz,* 1996, 61 ff. bestr.

[3] Letztlich offengelassen in BGH NStZ 1997, 448; für Verfassungswidrigkeit: *Weil,* ZRP 1992, 243; *Frister,* StV 1993, 151; *Roxin,* StV 1998, 43; dagegen: *Kühne,* Rn. 535; *Jähnke,* FS Odersky, 1996, 437; *Krey,* 1993, 131, alle m. w. N.

5 b) Auch die Frage, inwieweit §§ 136, 136a für VE gelten, ist nicht abschließend geklärt. Aus dem Sinn und Zweck der Regelungen wird man jedoch entnehmen müssen, dass §§ 110a ff. eine Ausnahme vom Täuschungsverbot des § 136a und von der Belehrungspflicht nach § 136 II 2 schaffen, so dass „legendenbedingte Täuschungen" erlaubt sind. Doch bedürfen diese Ausnahmen, weil es sich um Eingriffe in grundrechtsgeschützte Positionen handelt, einer restriktiven Auslegung (*Lagodny*, StV 1996, 172). Insbesondere darf der verdeckte Ermittler nicht deshalb eingeschaltet werden, um einen Beschuldigten, der sich auf sein Schweigerecht berufen hat, zu einer Aussage zu drängen (BGH NStZ 2009, 343). Näher dazu o. § 24 Rn. 41.

6 3. Gesetzlich nach wie vor nicht geregelt ist die Tätigkeit eines **nichtöffentlich operierenden Polizeibeamten** (NOEP), der nur bei einzelnen Einsätzen (z. B. in der Drogenszene als Scheinaufkäufer) auftritt. Dieser ist kein VE und unterliegt nicht den Voraussetzungen der §§ 110a ff. Diese sind freilich erfüllt, wenn er unter seiner Legende über einen längeren Zeitraum mit einer oder mehreren Personen über den Erwerb von Betäubungsmitteln verhandelt, auch wenn der Kontakt zu einzelnen Verhandlungspartnern nur kurz ist (BGHSt 41, 64; BGH NStZ 1996, 450[4]). Dem stimmt auch BGH NStZ 1997, 448 (m. Anm. *Hilger*, NStZ 1997, 449; *Wollweber*, StV 1997, 507) zu, lässt aber die Frage, ob das Einschleichen eines Scheinaufkäufers (der nicht VE ist) in eine Privatwohnung zulässig ist, offen. Die besseren Gründe sprechen dafür, dies für unzulässig zu erachten (*Roxin*, StV 98, 43). Es ist oben (Rn. 4) gezeigt worden, dass die Regelung des § 110c S. 1 gegen Art. 13 GG verstößt; wenn aber das Betreten einer Wohnung durch einen Polizisten, der sich für einen Privatmann ausgibt, ohne Verfassungsänderung unzulässig ist, gilt das für alle Hoheitsträger, ob sie nun VE sind oder nicht. Selbst wenn man aber von der Verfassungsmäßigkeit des § 110c ausgeht, muss man sagen, dass die Regelungen der §§ 110a ff. (und vor allem der Richtervorbehalt) nicht dadurch umgangen werden dürfen, dass Polizeibeamte, die keine VE sind, sich ohne gesetzliche Eingriffsermächtigung in fremde Wohnungen einschleichen. Erkenntnisse, die unter Verstoß gegen die eben dargelegten Grundsätze gewonnen wurden, dürfen nicht verwertet werden (näher *Roxin*, StV 1998, 44f.). Ferner ist ein NOEP daran gehalten, die Entscheidung eines Beschuldigten, von seinem Schweigerecht Gebrauch zu machen, zu respektieren, und darf ihm nicht in eine vernehmungsähnliche Befragung einbeziehen (BGHSt 52, 11; 55, 138 bei einem in Strafhaft einsitzenden Beschuldigten; i. E. zust. *Duttge*, JZ 2008, 261; *Engländer*, ZIS 2008, 163; *Roxin*, FS Geppert, 2011, 554ff.). Ein **verdecktes Verhör** ist einem NOEP also nicht gestattet (BGHSt 55, 138, 143f.). Zur Figur des *Flankenschutzfahnders* in Steuerstrafsachen s. o. § 24/54a.

7 4. Eine besonders str. und bis heute ungeklärte Frage ist auch der Einsatz von VE oder NOEP als **Lockspitzel** *(agent provocateur)*, die – v. a. in der Rauschgiftszene – Personen zu Straftaten verleiten, um sie hernach verhaften zu können.[5]

a) Von 1985 bis 2014 hatte sich in der Rspr. nach vorangegangenem Schwanken eine *Strafmilderungslösung* in Form einer **Dreistufentheorie** durchgesetzt: Eine rechtsstaatswidrige Tatprovokation liege regelmäßig erst dann vor, wenn auf jemanden von Staatsorganen oder in deren Auftrag über das bloße Mitmachen hinaus in Richtung auf eine Weckung der Tatbereitschaft oder eine Intensivierung der Tatplanung mit einiger Erheblichkeit stimulierend eingewirkt werde, ohne dass gegen diesen ein Verdacht i. S. v. § 152 II bestehe, an einer bereits begangenen Tat beteiligt gewesen oder zu einer zukünftigen Straftat bereit zu sein. Ferner auch dann, wenn die Einwirkung auf die Zielperson im Verhältnis zum Anfangsverdacht „unvertretbar übergewichtig" sei, wofür insb. Grundlage und Ausmaß des gegen den Betroffenen bestehenden Verdachts, Art, Intensität und Zweck der Einflussnahme sowie die eigenen, nicht fremdgesteuerten Aktivitäten des Betroffenen in den Blick zu nehmen seien (BGHSt 60, 276, 284f. m.w.N.). Eine nach diesen Regeln unzulässige Tatprovokation sei im Rahmen der Strafzumessung strafmildernd[6] zu berücksichtigen (grdl. BGHSt 32, 345; 45, 321; 47, 44).[7] Im Schrifttum wurde stattdessen entweder die auch vom BGH

[4] Anm. von *Krey/Jaeger*, NStZ 1995, 517; *Weßlau*, StV 1995, 506; *Rogall*, JZ 1996, 260; *ders.*, NStZ 1996, 451.

[5] Grdl. *Lüderssen*, 1974, 349; *ders.*, 1985; *ders.*, 2000.

[6] Und zwar i. S. einer echten Strafmilderung, nicht der jetzt für den Fall der rechtsstaatswidrigen Verfahrensverzögerung vom GrS dekretierten Vollstreckungslösung (o. § 16 Rn. 11f. u. BGH NJW 2007, 3294, 3298 Rn. 37; *I. Roxin*, FS Beulke, 2015, 987).

[7] Zur Entwicklung der Rspr. m. z. w. N. Voraufl. § 37 Rn. 7.

vor 1985 erwogene Annahme eines auf dem Gedanken der Verwirkung oder des § 136a beruhenden Verfahrenshindernisses[8], ein Beweisthemaverbot[9] oder ein materiellrechtlicher Strafausschließungsgrund[10] favorisiert.

b) Ob die Rechtsprechung des BGH zum Lockspitzeleinsatz mit derjenigen des EGMR zu vereinbaren ist[11], **7a**
ist unklar und umstritten. Beginnend mit der Entscheidung Teixeira de Castro./. Portugal (EuGRZ 1999, 660), hat dieser eine Verletzung von Art. 6 I EMRK (Fair trial) angenommen, wenn sich die Ermittlungspersonen nicht auf eine „weitgehend passive Strafermittlung" beschränken, wofür es (ähnlich wie nach der deutschen Rechtsprechung) eine Rolle spielen soll, ob der Betroffene bereits im Vorfeld in strafbare Handlungen involviert oder geneigt war, eine strafbare Handlung zu begehen. Widrigenfalls dürften alle Beweismittel, die durch die polizeiliche Tatprovokation erlangt wurden, nicht verwendet werden, oder es müsse ein Verfahren mit einem vergleichbaren Ergebnis angewendet werden (so die jüngste einschlägige Entscheidung Furcht./. Deutschland, JR 2015, 81). Im Anschluss daran hat das BVerfG in einer Kammerentscheidung die Strafzumessungslösung mit den Grundsätzen eines fairen Verfahrens jedenfalls dann für vereinbar erklärt, wenn die Bekundungen der verdeckten Ermittler nicht zulasten des Angeklagten verwertet würden, wobei zukünftig die Annahme eines ausdrücklichen Verwertungsverbots zu erwägen sei; eine Verfahrenseinstellung komme nur in seltenen Ausnahmefällen in Betracht, weil das Rechtsstaatsprinzip auch die Berücksichtigung der Belange einer funktionstüchtigen Strafrechtspflege verlange (NJW 2015, 1083). Während sich der 1. StS des BGH dem angeschlossen hat (BGHSt 60, 238), hält der 2. StS die Annahme eines Verfahrenshindernisses für geboten, weil ein Beweisverwertungsverbot mit grundlegenden Wertungen des deutschen Strafrechtssystems nicht ohne weiteres in Einklang stünde und zu unlösbaren Abgrenzungsschwierigkeiten führte (BGHSt 60, 276; zust. *Jahn/Kudlich* JR 2016, 54; s. ferner *Meyer/Wohlers* JZ 2015, 761).

c) Im Grunde bleibt aber nicht nur die Strafzumessungslösung, sondern auch die daran geäußerte Kritik **8**
am Vordergründigen haften. Denn an sich ist nicht erst die Provokation eines Unbescholtenen, sondern schon die Provokation überhaupt, sei es auch eines früherer Taten Verdächtigen, in einem Tatstrafrecht, in dem es um die Klärung eines auf eine konkrete Tat bezogenen Verdachts geht, weder erklärbar noch legitimierbar: Denn die Tat, die den Gegenstand des Verdachts bildet, und die Tat, die Gegenstand der Provokation ist, sind eben nicht die gleiche Tat, und der „Verdächtige" soll gerade nicht wegen der ersten Verdachtstat, sondern umgekehrt wegen der provozierten Tat zur Verantwortung gezogen werden (*Schünemann,* StV 1985, 424; ausf. *Greco,* StraFo 2010, 54f.). Da aber, wie *Foth,* NJW 1984, 221f., und ihm folgend BGHSt 32, 345 zu Recht darlegten, das Staatsorgan nicht befugt ist, durch sein rechtswidriges Verhalten strafrechtlich schutzwürdige Rechtsgüter schutzlos zu stellen, ist die richtige Lösung in der konsequenten, wenn auch den Strafverfolgungsorganen sicherlich nicht entgegenkommenden Gleichbehandlung von Provoziertem und Provocateur zu sehen. Nach dieser **Gleichbehandlungslösung** steht man vor der Alternative, entweder das Gesamtgeschehen unter dem Aspekt eines rechtsgutsindifferenten und deshalb für alle Beteiligten straflosen „polizeilichen Experiments" zu betrachten (vor allem bei abstrakten Gefährdungsdelikten wie insb. § 29 BtMG; *Schünemann,* aaO., sowie radikal in diesem Sinn *von Danwitz,* 2005), oder aber die Rechtsgutsbeeinträchtigung zu bejahen (was bei konkreten Gefährdungsdelikten und bei Verletzungsdelikten besonders nahe liegt), so dass Provozierter und Provocateur als Täter und Anstifter zur Rechenschaft zu ziehen sind, und zwar aus zwingenden rechtsstaatlichen Gründen in einem verbundenen Verfahren. Wenn es, wie es sich im Rechtsstaat gehört, nur um die Tat geht und nicht um eine feindstrafrechtliche „Kaltstellung" gewisser Täterpersönlichkeiten, dann kann man den Provozierten und den Provocateur nicht verschieden behandeln, und das kann für die Praxis nur durch eine **Verfahrens-**

---

[8] BGH NJW 1980, 1761, 1981, 1626; StV 1981; 276; NStZ 1981, 70; 1982, 126; 1984, 519; StV 1984, 4; BVerfG NStZ 1985, 131 m. Anm. *K Meyer,* ferner OLG Düsseldorf StV 1983, 450; 1985, 274; LG Stuttgart StV 1984, 197; LG Frankfurt a. M. StV 1984, 415; LG Berlin StV 1984, 457; etwa *Wolfslast,* 1995, 216ff., 266, die ein „Verfahrensverbot besonderer Art", d. h. ein im Verfassungsrecht fußendes Verfahrenshindernis entwickelt, wonach der staatliche Strafanspruch bei rechtsmissbräuchlichem (strafbarem?) Verhalten seitens des Staates verwirkt werden könne.

[9] Vor allem *Lüderssen,* FS Peters, 1974, 349ff., was de facto eine ähnliche Wirkung wie ein Verfahrenshindernis haben kann, s. *Korn,* 2005, 151.

[10] So vor allem *I. Roxin,* 4. Aufl., 2004; *C. Roxin* im vorl. Lehrbuch, 25. Aufl., 1998, § 10 Rn. 28f.; *ders.,* JZ 2000, 269. Krit. zur Rspr. ferner *Kreuzer,* FS Schreiber, 2003, 281f., *Renzikowski,* GS Keller, 197.

[11] Im Sinne der „konventionskonformen Auslegung des deutschen Strafprozessrecht im Rahmen methodisch vertretbarer Gesetzesauslegung", s. o. § 3 Rn. 16.

verbindung ex constitutione garantiert werden (eingehend *Schünemann,* StV 1985, 424, 427ff.; *ders.,* FS Meyer-Goßner, 2001, 403f.; LK/*Schünemann,* 12. Aufl., § 26 Rn. 62ff.; *Greco,* StraFo 2010, 57). Dagegen würde das vom 2. StS des BGH neuerdings proklamierte Verfahrenshindernis zu der perversen Konsequenz zwingen, dass sogar die durch kriminell mutierte Staatsorgane veranlasste Ermordung des eigenen Präsidenten wie mutmaßlich im Falle *John F. Kennedys* straflos wäre.

9 5. Neben den VE und den NOEP arbeiten im Rahmen der Spionagemethoden auch nichtbeamtete „freie Mitarbeiter" als sog. Vertrauenspersonen **(V-Leute).** Es handelt sich hier um Leute, die etwa in der Gastronomie tätig sind, um Taxifahrer, aber auch um Angehörige des kriminellen Milieus. Die Tätigkeit dieser V-Leute wird – ohne gesetzliche Grundlage und damit auch ohne die in §§ 110a ff. vorgesehenen Beschränkungen (BGHSt 41, 42 m. Anm. *Lilie/Rudolph,* NStZ 1995, 514) – von der Rspr. und auch von der Bundesregierung nach wie vor als zulässig angesehen (vgl. zuletzt BGH NStZ 2011, 596 m. Anm. *Eisenberg,* JR 2011, 409). In der Begründung zum OrgKG heißt es ausdrücklich (BT-Drs. 12/989, 41): „Daraus, dass sich der Entwurf lediglich zu einer Regelung des Organs ‚Verdeckter Ermittler' entscheidet, kann und darf nicht geschlossen werden, dass die Heranziehung von Zeugen (Informanten, V-Personen) in Zukunft unzulässig sei." Das ist bedenklich, weil die V-Leute ähnliche Eingriffe vornehmen wie VE. Es ist dringend zu fordern, dass auch für den Einsatz von V-Personen eine gesetzliche Grundlage geschaffen wird; denn anderenfalls lassen sich die einschränkenden Voraussetzungen der §§ 110a ff. mühelos dadurch unterlaufen, dass die Polizei anstelle VE die ohnehin viel zahlreicheren V-Personen einsetzt. Auch lässt sich schwerlich bestreiten, dass die Tätigkeit der V-Personen den Charakter eines Eingriffs besitzt; und dieser bedarf einer gesetzlichen Grundlage (wie hier im Ergebnis auch *Schmitz,* 1996, 152ff.; *Kreuzer,* FS Schreiber, 2003, 236; vgl. auch *Lilie,* 1996; *Duttge,* JZ 1996, 556). Durch die (inhaltlich selbst mageren) präventiv-polizeilichen Regelungen (z. B. §§ 20g II Nr. 4, 23 II Nr. 3 BKAG) mit späterem Datentransfer wird das Problem nicht gelöst, sondern nur verschoben (s. o. § 36/28). Dasselbe gilt für im Inland operierende ausländische Polizeibeamte, deren zwischenstaatl. Zulässigkeit in der EU gem. Art. 14 EURhÜbk keine innerstaatlichen Eingriffsrechte schafft (*Barczak,* StV 2012, 182).

10 Die Rspr. hat sich mit den V-Leuten insb. näher befasst, als es um die Techniken ging, mit denen ihre (behaupteten) Wahrnehmungen ohne ihre eigene Zeugenvernehmung indirekt in die HV eingeführt werden sollen. Pointiert gesprochen soll eine rechtlich dubiose Erkenntnisquelle in einer die rechtliche Struktur der Beweisaufnahme unterminierenden Weise zum Sprudeln gebracht werden. Dazu näher u. § 46 Rn. 33f. Auch ein **verdecktes Verhör** ist der V-Person nicht gestattet (BGHSt 55, 138, 143f.).

§ 38. Vorläufige Maßregelverhängung

Literatur: *Starke,* Die einstweilige Unterbringung in einem psychiatr. Krankenhaus nach der StPO, 1991; *Kropp,* Die Entziehung der Fahrerlaubnis, JA 1999, 802; *Bohnert,* Untersuchungshaft und einstweilige Unterbringung, JR 2001, 402; *Gütschow,* Die einstw. Unterbringung im Strafpr. (§ 126a StPO) und das Unterbringungsprüfungsverf. gem. §§ 121, 122, StPO, 2013.

A. Überblick

1 **I.** Neben den vorstehend geschilderten eigentlichen Zwangsmaßnahmen sieht die StPO die Möglichkeit vor, Maßregeln der Besserung und Sicherung (§ 61 StGB)

schon vor Urteilsfällung zu verhängen, wenn dringende Gründe ihre Anordnung im Urteil erwarten lassen. Die Fälle einer solchen *vorläufigen Maßregelverhängung* sind: 1. die einstweilige Unterbringung gem. § 126a (Vorläufer einer Unterbringung nach §§ 63f. StGB);

2. die vorläufige Entziehung der Fahrerlaubnis gem. § 111a (Vorläufer einer Maßregel nach § 69 StGB);

3. das vorläufige Berufsverbot gem. § 132a (Vorläufer einer Maßregel nach § 70 StGB).

Diese vorläufigen Maßregeln dienen nicht, wie die echten strafprozessualen Zwangs- 2
mittel, ausschließlich verfahrenssichernden Zwecken, sie haben vielmehr, zumindest überwiegend, **präventivpolizeiliche** Funktion. Das Gesetz geht bei Vorliegen der übrigen Voraussetzungen davon aus (§§ 111a, 132a) oder erhebt es zum zusätzlichen Erfordernis (§ 126a), dass die Gefährlichkeit des Täters schon vor dem Urteil eine Sicherung der Öffentlichkeit notwendig mache, und stellt daher ein sofort wirksames Sicherungsinstrument bereit.

II. Nicht als vorläufige Maßregelverhängung wird vom Gesetz eine Maßnahme gewer- 3
tet, die sachlich in den hier zu erörternden Kreis gehört: die **Untersuchungshaft** wegen **Wiederholungsgefahr** nach § 112a (dazu o. § 30 Rn. 11ff.). Sie stellt in ihren Auswirkungen eine Art vorläufige Sicherungsverwahrung dar, ist aber in ihren Voraussetzungen von § 66 StGB völlig unabhängig ausgestaltet. Der gegenüber der Sicherungsverwahrung erheblich weiter gezogene Kreis der Anwendungsfälle dieser „Sicherungshaft" verdeutlicht ihre schon oben betonte rechtsstaatliche Bedenklichkeit. Ähnliches gilt für die **Rückgewinnungshilfe** (u. § 66 Rn. 20ff.).

III. Auch von der Sache her nicht in den hier dargelegten Zusammenhang gehört dagegen die vorläufige 4
Festnahme gem. § 127 (s. o. § 31 Rn. 1ff.). Sie knüpft an keine künftige Maßregel der Besserung und Sicherung an, sondern steht allenfalls im Zusammenhang mit der Untersuchungshaft wegen Fluchtverdachts (§ 112 II Nr. 2). V. a. aber dient sie allein der Identifizierung des Täters und der Verhinderung seiner Flucht, also der Verfahrenssicherung, und hat keinerlei präventivpolizeilichen Einschlag.

B. Die einstweilige Unterbringung

I. Die einstweilige Unterbringung in einem psychiatrischen Krankenhaus oder einer 5
Entziehungsanstalt ist in § 126a an drei **Voraussetzungen** geknüpft:

1. Dringende Gründe müssen dafür sprechen, dass jemand eine rechtswidrige Tat im Zustand der Schuldunfähigkeit oder verminderten Schuldfähigkeit (§§ 20, 21 StGB) begangen hat;
2. dringende Gründe müssen seine endgültige Unterbringung in einer der genannten Anstalten erwarten lassen;
3. außerdem muss die öffentliche Sicherheit die Unterbringung schon vor der endgültigen Entscheidung erfordern

II. Die einstweilige Unterbringung wird durch gerichtlichen **Unterbringungsbefehl** 6
angeordnet. Für die Zuständigkeit und das Verfahren erklärt § 126a II die meisten Vorschriften über den Haftbefehl für entsprechend anwendbar. Seit 2007 ist auch eine Haftprüfung durch das OLG entsprechend den § 121ff. vorgesehen und somit

die bisherige Schlechterstellung des Untergebrachten ggü. dem Untersuchungsgefangenen beseitigt worden.[1]

Über die Aufhebung des Unterbringungsbefehls s. § 126a III.

Liegen die Voraussetzungen sowohl für einen Haft- wie einen Unterbringungsbefehl vor, ist i. d. R. die Unterbringung vorzuziehen, weil sie eine bessere ärztliche Betreuung des Beschuldigten ermöglicht (KG JR 1989, 476; a. A. *Bohnert,* JR 2001, 403).

C. Die vorläufige Entziehung der Fahrerlaubnis

7 **I.** Sind dringende Gründe für die Annahme vorhanden, dass die Fahrerlaubnis entzogen wird (§ 69 StGB), so kann der Richter (nur er!) dem Beschuldigten durch Beschluss die **Fahrerlaubnis,** d. h. die in dem Führerschein verkörperte materielle Berechtigung zum Führen von Fahrzeugen, **vorläufig entziehen** (§ 111a). Weil der Entzug der Fahrerlaubnis zwar als Maßregel ausgestaltet ist, aber von den Betroffenen als (sogar empfindlichste) Strafe erlebt wird, und weil der vorläufige Entzug nicht vollständig auf die Sperrfrist angerechnet wird und deshalb als **Rechtsmittelerdrosselung** wirkt, bestehen gegen das ganze Institut durchgreifende **rechtsstaatliche Bedenken** (*Schünemann,* DAR 1998, 424, 429ff.).

Die Gründe für die vorläufige Entziehung der Fahrerlaubnis müssen dringend sein; d. h., es genügt nicht ein hinreichender Verdacht, vielmehr muss – wie bei § 112 – ein hoher, zum betr. Zeitpunkt fast an Gewissheit grenzender Verdacht bestehen. Entsprechend § 69a II StGB können u. U. bestimmte Fahrzeuge von der vorläufigen Entziehung ausgenommen werden (§ 111a I 2).

8 **II.** Neben der allein dem Richter möglichen vorläufigen Entziehung der Fahrerlaubnis gibt die StPO den Strafverfolgungsorganen auch die Möglichkeit, den *Führerschein zu beschlagnahmen* (§ 94 III; vgl. o. § 34 Rn. 28f.). Das Verhältnis beider Maßnahmen zueinander ist wie folgt geregelt:

1. Ist der Führerschein nicht schon von der StA oder einem ihrer Hilfsbeamten nach §§ 94, 98 sichergestellt, so wirkt der Beschluss nach § 111a als Anordnung der Beschlagnahme; ist dies bereits geschehen, wirkt er als ihre Bestätigung (§ 111a III).

2. Ist nach § 98 II eine richterliche Entscheidung über die Beschlagnahme erforderlich, so tritt bei Beschlagnahme des Führerscheins als Einziehungsobjekt an ihre Stelle die Entscheidung über die vorläufige Entziehung der Fahrerlaubnis (§ 111a IV).

III. Über die Aufhebung der vorläufigen Entziehung und die Rückgabe des Führerscheins s. § 111a II, V. Die Behandlung ausländischer Fahrausweise regelt § 111a VI.

D. Das vorläufige Berufsverbot

9 **I.** Das EGStGB v. 2.3.1974 hat in die StPO die Möglichkeit zur Anordnung eines **vorläufigen Berufsverbots** eingefügt (§ 132a). Es kann vom Richter verhängt werden, wenn dringende Gründe für die Annahme vorliegen, dass dem Beschuldigten die Ausübung seines Berufs oder Gewerbes gem. § 70 StGB in der endgültigen Entscheidung verboten werden wird. Das vorläufige Berufsverbot knüpft also an sämtliche in § 70 StGB genannten Voraussetzungen an; es fordert allerdings nicht die sichere

[1] Zu dem wg. des anderen Regelungszwecks ggü. § 121 abweichenden Prüfungsmaßstab siehe OLG Celle StraFo 2007, 372; OLG Hamm NJW 2007, 3220; OLG Köln NJW 2007, 3590; *Schneider,* NStZ 2008, 72.

Überzeugung von ihrem Vorliegen, aber doch einen Verdacht von annähernd großer Stärke (OLG Frankfurt a. M. NStZ-RR 2003, 113). Außerdem ist über § 70 StGB hinaus zu fordern, dass eine konkrete Gefahr schon vor Eintritt der Rechtskraft droht (OLG *Karlsruhe* StV 1985, 49; ähnlich auch LR/*Gleß,* § 132a Rn. 8).

II. Die Verhängung des vorläufigen Berufsverbots ist in das gerichtliche *Ermessen* gestellt („kann"). Der Richter hat dabei die mutmaßliche Gefährlichkeit des Beschuldigten und die Folgen eines sofort wirksam werdenden Berufsverbots für ihn im Lichte des Grundrechts der Berufsfreiheit (Art. 12 GG) gegeneinander abzuwägen. Insb. wird er stets prüfen müssen, ob die in § 456c genannten Umstände (erhebliche und vermeidbare zweckfremde Härte) es nicht geboten erscheinen lassen, von der Verhängung des vorläufigen Berufsverbots abzusehen. 10

III. Um Überschneidungen mit der neben einem vorläufigen Berufsverbot nach § 132a möglichen verwaltungsrechtlichen *Untersagung der Gewerbeausübung* auszuschließen, ordnet § 35 III GewO den Vorrang der strafgerichtlichen Feststellungen an.

7. Kapitel. Das Vorverfahren und das Zwischenverfahren

§ 39. Das Ermittlungsverfahren

Literatur: *v. Hindte,* Die Verdachtsgrade im Strafverf., 1973; *Richter II,* Zum Bedeutungswandel des Erm. verf., StV 1985, 382; *Bruns,* Tatverdacht und Schlüssigkeitsprüfung im strafproz. Erm.verf., GS H. Kaufmann, 1986, 863; *DAV* (Hrsg.), Der Bürger im Erm.verf. (Aufsätze), 1988; *E. Müller,* Einige Bemerkungen zur Bedeutung der MRK für das Erm.verf. in der BRD, FG Koch, 1989, 191; *Weßlau,* Vorfeldermittlungen, 1989; *Hilger,* Über den „Richtervorbehalt" im Erm.verf., GS Meyer, 1990, 209, fortgeführt in JR 1990, 485; *Roxin,* Über die Reform des dt. Strafprozeßrechts, FS Jauch, 1990, 183; *Weichert,* Informationelle Selbstbestimmung und strafrechtl. Ermittlung, 1990; *Krekeler,* Der Beweiserhebungsanspruch des Beschuld. im Erm.verf., 1990; *Winter,* Die Reform der Informationsrechte des Strafverteidigers im Erm.verf., 1991; *Bohlander,* Die Gegenüberstellung im Erm.verf., StV 1992, 441; *Kniesel,* Vorbeugende Bekämpfung von Straftaten pp., ZRP 1992, 164; *Lorenz,* Vorgriffe auf das Urteil durch Entscheidungen des Richters im Vorverf., in: *Bemmann/Manoledakis* (Hrsg.), Der Richter in Strafsachen, 1992, 79; *Nelles,* Ansätze für eine Strukturreform des Erm.verf., in: 16. Strafverteidigertag, 1992, 147; *Schöch,* Problemschwerpunkte des strafproz. Vorverf., in: 5. deutsch-sowjet. Kolloquium über Strafrecht und Kriminologie, 1992, 97; *Schreiber,* Zum Beweisantragsrecht im Erm.verf., FS Baumann, 1992, 383; *v. Dellingshausen,* Zum Anwesenheitsrecht eines Mitbeschuldigten bei der richterl. Vernehmung des anderen Mitbeschuldigten, FS Stree/Wessels, 1993, 685; *König,* Die Entwicklung der strafproz. Zwangsmaßnahmen im Erm.verf. seit 1877, 1993; *Krey,* Zur Problematik privater Erm. des durch eine Straftat Verletzten, 1994; *Lisken,* Vorfeldeingriffe im Bereich der Org. Kriminalität pp., ZRP 1994, 264; *Lohner,* Der Tatverdacht im Erm.verf., 1994; *Nierwetberg,* Strafanzeige durch das Gericht, NJW 1996, 432; *Frister,* Der (bayer.) Verfassungsschutz als Strafverfolgungsbehörde, FS Bemmann, 1997, 542; *Prittwitz,* Waffengleichheit im Erm.verf.?, ebda., 1997, 596; *Wagner,* Rechtliches Gehör im Erm.verf., ZStW 109 (1997), 545; *Lindner,* Der Begleitfund, 1998; *Riepl,* Informat. Selbstbestimmung im Strafverf., 1998; *Schnarr,* Die Verwendung präventiv erhobener Daten zu repressiven Zwecken, StraFo 1998, 217; *Weßlau,* Zwang, Täuschung und Heimlichkeit im Strafverf., ZStW 110 (1998), 1; *Lange,* Vorermittlungen, 1999; *Wolter,* Formen des Vorerm.verf. und Reform des Erm.verf., FS Brauneck, 1999, 501; *Böttcher/Landau,* Plädoyer für eine Stärkung des Richters im Erm.verf., FS 50 Jahre BGH-Praxis, 2000, 555; *Morré/Bruns,* Einfluß verdeckter Ermittlungen auf die Struktur des strafrechtlichen Erm.verf., ebda., 581; *M. Arzt,* Die verfahrensrechtliche Bedeutung polizeilicher Vorfeldermittlungen, 2000; *Böttcher,* Rechtsschutz gegen befangene Ermittler, FS Roxin, 2001, 1333; *L. Schulz,* Normiertes Misstrauen – Der Verdacht im Strafverfahren, 2001; *Nehm,* Umfang der Bindung des Ermittlungsrichters an Anträge der StA, FS Meyer-Goßner, 2001, 277; *Wölfl,* Vorermittlungen der StA, JuS 2001, 478; *Beulke,* Konfrontation und Strafprozessreform, FS Rieß, 2002, 3; *Dedy,* Ansätze einer Reform des Erm.verf., 2002; *Endriss,* Vom Fragerecht des Beschuldigten im Vorverf., FS Rieß, 2002, 65; *Hamm,* Die (notwendige) Verteidigung während des Vorverf., FS Lüderssen, 2002, 717; *Krehl,* Neuregelung des Erm.verf., 2002; *N. Lange,* Staatsanwaltschaftliche Vorermittlungen – ohne rechtliche Grundlage?, DRiZ 2002, 264; *Rieß,* Grundfragen zur Reform des Erm.verf., GS Schlüchter, 2002, 15; *Schöch,* Die Reform des Erm.verf., ebda., 29; Schaefer, Verpolizeilichung des Erm.verf. – Entmachtung der StA, StraFo 2002, 118; *Schünemann,* Wohin treibt der deutsche Strafprozeß?, ZStW 114 (2002), 1; *Streng,* Kindliche Delinquenten im Erm.verf., FS Gössel, 2002, 501; *K. Degenhart,* Europol und Strafprozeß, 2003; *Gärditz,* Strafprozess und Prävention, 2003; *Haas,* Vorermittlungen und Anfangsverdacht, 2003; *Hilger,* Vor(feld)ermittlungen/Datenübermittlungen, FG Hilger, 2003, 11; *Stuckenberg,* Speicherung personenbezogener Daten zur „vorbeugenden Straftatenbekämpfung" trotz Freispruchs?, ibid., 25; *Weßlau,* Vor(feld)ermittlungen, Datentransfer und Beweisrecht, ibid., 57; *Gusy,* Polizeiliche Datenerhebung und -verwendung nach der EMRK, ibid., 153; *Paeffgen,* Kompetenzen zur (präventiven und repressiven) Datenübermittlung, ibid., 117; *Rieß,* Datenübermittlungen im neuen Strafprozessrecht, ibid., 171; *Jahn,* Das partizipatorische Erm.verf. im deutschen Strafprozess, ZStW 115 (2003), 815; *R.-S. Park,* Die Wahrheitsfindung im Erm.verf., 2003; *Schünemann,* Warnung vor Holzwegen der Strafprozeßreform, in: 26. Strafverteidigertag, 2003, 267; *ders.,* Die Rechte des Beschuldigten im internationalisierten Erm. verf., StraFo 2003, 344; *Wolter u. a.* (Hrsg.), Datenübermittlungen und Vorermittlungen (FG Hilger), 2003; *Satzger,* Chancen und Risiken einer Reform des strafrechtl. Erm.verf., Gutachten C zum 65. DJT, Bd. I, 2004; (hierzu die Referate von *Pflieger, Salditt, Belker* und das Ergänzungsgutachten von *Satzger,* ebda., Bd. II/1, Abt. O; für den Sitzungsbericht Bd. II/2, Abt. O; für den Beschluß Bd. II/1 Abt. O 89);

Schünemann, Ein Linsengericht zum Tausch für den Strafprozeß von 1877?, StraFo 2004, 293; *ders.,* Zur Reform des strafproz. Erm.verf. in Europa, GS Vogler, 2004, 81; *B.-D. Meier,* Die Reform des Erm.verf., GA 2004, 441; *Böse,* Wirtschaftsaufsicht u. Strafverfolgung, 2005; *Wohlers,* Das partizipatorische Erm. verf., GA 2005, 11; *Böttcher,* Reform des Erm.verf. – Vorbild Österreich?, FS Dahs, 2005, 229; *Groß,* Zur Notwendigkeit des strafrechtl. Anfangsverdachts, ibid., 249; *Rudolph,* Antizipierte Strafverfolgung, 2005; *Spaniol,* Grundrechtsschutz im Erm.verf. durch qualifiz. Richtervorbehalt und wirksame richterl. Kontrolle, FS Eser, 2005, 473; *Jahn,* Die Ermittlungsverfahrensanfechtungs-„Klage", FS Strauda, 2006, 335; *Krause,* Allgemeine Rechtsfragen von „Vorermittlungen", Vorprüfungen und „AR"-Verfahren, ebda., 351; *Steinberg,* Verdacht als quantifizierbare Prognose?, JZ 2006, 1045; *Böse,* Aufsichtsrechtl. Vorermittlungen, ZStW 119 (2007), 848; *Jahn,* Der Verdachtsbegriff im präventiv orientierten Strafprozess, in: *Institut für Kriminalwissenschaften Frankfurt a. M. a. M.* (Hrsg.), Jenseits des rechtsstaatlichen Strafrechts, 2007, 545; *Matheis,* Strafverfahrensänderungsgesetz 1999, 2007; *Rieß,* Verbrechensprävention in Strafrecht und Strafverf., FS Otto, 2007, 955; *Schünemann,* Die Zukunft des Strafverfahrens – Abschied vom Rechtsstaat?, ZStW 119 (2007), 945; *Kempf,* Verfall v. Taterlösen vs. Verfall v. Grundrechten im Erm.verf., FS Egon Müller, 2008, 329; *Schaefer,* Staatsanwaltschaftl. Erm.verf. u. Vorverurteilung – eine zwingende Folge?, ebda., 623; *Lindner,* Der Schutz des Persönlichkeitsrechts des Beschuldigten im Erm.verf., StV 2008, 210; *Schünemann,* Prolegomena zu einem geheimdienstähnl. Strafverf., GA 2008, 314; *Senge,* Zur Zulässigkeit staatsanwaltschaftl. Vorermittlungen, FS Hamm, 2008, 701; *Singelnstein,* Strafproz. Verwendungsregelungen zwischen Zweckbindungsgrds. u. Verwertungsverboten, ZStW 120 (2008), 854; *Richter,* Anfangsverdacht für Geldwäsche, 2009; *Brunhöber,* Privatisierung des Ermittlungsverf. im Strafprozess, GA 2010, 571; *Jansen,* Zulässigkeit und Grenzen des schriftlichen staatsanwaltlichen Erkenntnisgewinns pp., 2010; *Engelhardt,* Verwendung präventivpolizeilich erhobener Daten im Strafpr. Eine Untersuchung am Beispiel der TKÜ, 2011; *Forkert-Hosser,* Vorermittlungen im Strafprozessrecht, 2011; *Hefendehl,* Die Entfesselung des Strafverfahrens über Methoden der Nachrichtendienste, GA 2011, 209; *Rehbein,* Die Verwertbarkeit nachrichtendienstl. Erkenntnisse pp., 2011; *Kral,* Die polizeil. Vorfeldbefugnisse pp., 2012; *Samel,* Historische Entwicklung des Ermittlungsverf. als Vorverf. innerhalb des Strafpr., 2012; *Burhoff,* Handbuch für das strafr. Erm.verf., 6. Aufl., 2013; *Eckstein,* Ermittlungen zu Lasten Dritter, 2013; *Hellmann,* Anfangsverdacht und Begründung der Beschuldigteneigenschaft, FS Kühne, 2013, 235; *Lang,* Geheimdienstinformationen im dt. u. amerikan. Strafprozess, 2014; *Brandt,* Das BAmt f. Verf.-schutz u. das strafproz. Ermi.-verfahren, 2015; *Brodowski,* Verdeckte techn. Überwachungsmaßnahmen pp., 2016; *Ihwas,* Strafverfolgung in sozialen Netzwerken, 2014; Barton/Kölbel/Lindemann (Hrsg.), Wider die wildwüchsige Entwicklung des Ermittlungsverfahrens, 2015, darin u. a.: *Schünemann,* Die gemeineurop. Prozessrechtswiss. – Anstöße und Relevanz 77; *Gerson,* Das Recht auf Beschuldigung, 2016.

Den ersten Abschnitt eines Strafverfahrens bildet das *Vorverfahren;* nach Abschaffung der gerichtlichen Voruntersuchung (vgl. dazu 12. Aufl., 192 ff.) durch das 1. StVRG besteht es nur noch in dem staatsanwaltschaftlichen Ermittlungsverfahren. 1

Das **Ermittlungsverfahren** soll die Entschließung der StA darüber, ob die öffentliche Klage zu erheben ist, vorbereiten (§ 160 I). Es dient dem Zweck, einmal bei unbegründetem Verdacht eine Hauptverhandlung zu vermeiden (es führt also zu einer ersten Aussiebung; die zweite bildet die Entscheidung über die Eröffnung des Hauptverfahrens, die dritte das Urteil), zum anderen dazu, das Beweismaterial zu sammeln und zu sichten. Herrin des Verfahrens ist die StA (vgl. §§ 163, 167).

Das Ermittlungsverfahren, das nach dem ursprünglichen gesetzgeberischen Programm das in der Hauptverhandlung gipfelnde Verfahren nur einleiten sollte, ist inzwischen vielfach zum Kernstück des Strafprozesses geworden. Denn die §§ 153, 153 a ff. geben dem StA in den meisten Fällen die Macht, über das weitere Schicksal des Verfahrens zu entscheiden. Auch ist, wenn es zu einer Hauptverhandlung kommt, deren Ausgang oft durch die Ermittlungsergebnisse des Vorverfahrens vorgezeichnet. Erst recht hat die Zulassung der Urteilsabsprachen (u. § 44 Rn. 61) für die meisten Fälle die Phase echter Wahrheitssuche auf das Vorverfahren reduziert. Zur Wiederherstellung der hierdurch schwer angeschlagenen rechtsstaatlichen Struktur des Strafverfahrens ist es deshalb dringend nötig, dem Beschuldigten und dem Verteidiger größere Möglichkeiten zur Einwirkung auf das Ermittlungsverfahren oder zumindest zu einer zuverlässigen Überprüfung seiner Ergebnisse zu geben (vgl. u. Rn. 35f.).

A. Die Anlässe für die Einleitung eines Ermittlungsverfahrens

I. Amtliche Wahrnehmung einer Straftat

2 Grundsätzlich verpflichtet jede eigene Beobachtung eines Verfolgungsbeamten (eines StA oder eines Polizeibeamten, §§ 160, 163) zur Eröffnung eines Ermittlungsverfahrens.

1. Es ist also gleichgültig, ob der Beamte die Tat selbst miterlebt hat oder ob er von ihr aus Gerichtsakten, Zeitungsnotizen oder gar aufgrund nicht gänzlich unglaubwürdiger Gerüchte (RGSt 70, 252) Kenntnis erhalten hat.

Der StA wird z. B. bei einem Blick aus dem Fenster seines Dienstraumes zufällig Zeuge eines Verkehrsunfalls; oder er liest in der Zeitung, dass eine von ihrem Mann verlassene Frau versucht habe, sich und ihre beiden kleinen Kinder durch Öffnen des Gashahns zu töten; oder er hat durchs Fernsehen erfahren, dass Bankmanager einer anderen Bank am Tage von deren Insolvenzeröffnung noch 100 Mio. EUR überwiesen haben.

3 2. Umstr. ist die Frage, ob der StA verpflichtet ist, eine Straftat aufgrund **außerdienstlich** erworbenen Wissens zu verfolgen, etwa wenn er über einen Lehrer im Kegelklub unter dem Siegel der Verschwiegenheit erfährt, dass dieser Lehrer ein Schulkind unzüchtig berührt habe.[1] Der BGH nimmt eine durch die §§ 152 II, 160, 163 begründete und durch die Strafdrohung des § 258a StGB sanktionierte Pflicht zum Einschreiten nur bei solchen Straftaten an, die nach Art und Umfang die Belange der Öffentlichkeit und der Volksgesamtheit in besonderem Maße berühren.[2] Zur Konkretisierung dieser Richtlinie kann man auf den Katalog der anzeigepflichtigen Delikte nach § 138 StGB zurückgreifen (*Schlüchter,* Rn. 69). *Krey* I, 416ff., will bei allen **Verbrechen** eine Verfolgungspflicht annehmen.

4 3. Die Pflicht, eine Straftat zu verfolgen, entfällt samt der Strafdrohung des § 258a StGB, wenn ein untätiger Verfolgungsbeamter dadurch zugleich vereiteln will, dass er selbst bestraft oder einer Maßnahme unterworfen wird oder dass eine gegen ihn verhängte Strafe oder Maßnahme vollstreckt wird (§§ 258a i.V.m. 258 V, 11 I Nr. 8 StGB). Dabei ist es gleichgültig, ob der Beamte als Komplize des Verdächtigen an der Vortat selbst mitwirkte oder ob ihm diese Nachteile wegen anderer Straftaten drohen (BT-Drs. 7/550, 252; *Sch/Sch/Stree,* § 258a Rn. 18 m.w.N.; str.). Die Gefahr bloßer disziplinarrechtlicher Konsequenzen dagegen genügt nicht (RGSt 70, 251; OLG Hamm HESt 2, 355).

II. Strafanzeige

5 Die meisten Ermittlungsverfahren werden aufgrund von *Anzeigen* eingeleitet.

[1] Dazu *Krause,* GA 1964, 110; *Eb. Schmidt* I, Rn. 398; *Anterist,* Anzeigepflicht und Privatsphäre des StA, 1968, 63ff.

[2] BGHSt 5, 225, 229; 12, 277, 281; 38, 388; BVerfG JZ 2004, 303 m. abl. Anm. *Seebode;* abw. *Anterist,* wie Fn. 1, der in allen Fällen privaten Wissens nur eine beamtenrechtl. Verfolgungspflicht des StA annimmt, deren Verletzung allein disziplinarrechtl. Folgen habe.

1. Diese können von Privatpersonen wie von Beamten oder Behörden ausgehen.

a) **Privatpersonen,** die Kenntnis von einer **begangenen** Straftat erhalten, haben *keine* Rechtspflicht zur Anzeige, auch nicht in den schwersten Fällen.

Anders steht es mit der Verpflichtung zur Anzeige von dem Vorhaben einer strafbaren Handlung, also bei der Kenntnis einer **geplanten** Straftat; hier besteht im Rahmen der §§ 138, 139 StGB eine Rechtspflicht zur Anzeige an den Bedrohten oder die Behörde.

Eine gutgläubige und nicht leichtfertige Strafanzeige, deren Vorwurf unbeweisbar bleibt, führt nicht zu einem Schadensersatzanspruch nach § 823 I, II BGB (BVerfGE 74, 257); denn die darin liegende üble Nachrede wird durch § 193 StGB gerechtfertigt (näher *Müller-Dietz,* 1989).

6 b) Die Frage, ob und inwieweit eine allgemeine Anzeigepflicht für solche **Behörden** besteht, die mit der Strafverfolgung nichts zu tun haben, ob insb. die Behördenleiter Straftaten ihrer Untergebenen anzeigen müssen, ist umstr. (vgl. *Eb. Schmidt* I, Rn. 400; BGHSt 43, 82 bzgl. des Leiters einer JVA; *Fischer,* StGB, § 258 Rn. 13 m. z. w. N.), richtigerweise aber zu verneinen; nur besondere Rechtsvorschriften (auch beamtenrechtliche Dienstvorschriften) können eine solche Pflicht statuieren.

7 c) Eine **amtliche Anzeigepflicht** stellt die StPO in zwei Fällen auf:

aa) für die Gemeindebehörden, wenn Anhaltspunkte für einen unnatürlichen Tod vorliegen oder der Leichnam eines Unbekannten gefunden wird (§ 159; vgl. die eingehende Regelung der Nr. 33–38 RiStBV sowie *Maiwald,* NJW 1978, 561);

bb) für den Richter bei strafbaren Handlungen in der Sitzung (§ 183 GVG).

8 d) Außerhalb der StPO begründete Pflichten, den Verdacht einer Straftat bei den Strafverfolgungsbehörden zur Anzeige zu bringen, werden neuerdings nicht nur im Behördenbereich (§§ 6 SubventionsG, 116 AO, 4 V 1 WpHG und dazu *Feigen,* DAV-FS, 2009, 466), sondern auch für Privatpersonen statuiert (§ 11 GeldwäscheG – ein Ausdruck maßloser Punitivität in Ausführung europäischer Richtliniensetzung, deren demokratische und rechtsstaatliche Defizite bereits o. § 3 Rn. 18 konstatiert worden sind; s. auch die Kritik bei *Böse,* ZStW 119 [2007], 848, 870 ff., auch zur Anzeigepflicht nach § 10 WpHG).

9 e) Dagegen kann man bei StA und Polizei nicht von einer „Anzeigepflicht" sprechen, denn diese geben nicht lediglich den Anstoß zur Einleitung eines Ermittlungsverfahrens, sondern sind selbst unmittelbar zur Aufnahme von Untersuchungen verpflichtet.

10 2. Die **Form** der Anzeige des Privaten ist nach dem Gesetz so einfach wie möglich; sie kann schriftlich oder mündlich bei der StA, bei der Polizei (auch bei einem einzelnen Polizeibeamten auf der Straße; man muss gar nicht zur Polizeiwache gehen) oder beim AG angebracht werden (§ 158).

11 3. Die Strafverfolgungsbehörden müssen grds. jeder Anzeige nachgehen (§ 160 I). Insbesondere sind auch **anonyme** Anzeigen zu beachten, wenngleich hier besondere Vorsicht geboten ist (vgl. Nr. 8 RiStBV; BVerfG NJW-Spezial 2016, 600). Die Zusicherung **vertraulicher** Behandlung einer Anzeige ist i. d. R. ebenfalls zulässig; zuständig ist dafür die StA.[3] Im Anschluss an amerikanische Vorbilder hat neuerdings die Figur des Whistleblowers (dt. Hinweisgebers) große Bedeutung erlangt.

[3] Näher *Geißer,* GA 1985, 247; *Wetterich,* FS Middendorf, 1986, 273; *Geerds,* FS Krause, 1990, 451.

11a Es geht dabei um die Anzeige der innerhalb eines formell legalen Machtapparates (Regierungen, Militär, Geheimdienste bis hin zu Wirtschaftsunternehmen) begangenen kriminellen Handlungen, die durch ein Mitglied des Apparats im Ausgangspunkt anonym erstattet wird und auf die der Apparat gewöhnlich mit ruinösen förmlichen Sanktionen (z. B. Anklage wegen Spionage o. Ä. wie im Fall des US-Soldaten *Bradley Manning;* bei Wirtschaftsunternehmen Kündigung) oder weiteren Verbrechen reagiert (z. B. kriminelle Enttarnung der CIA-Agentin *Valerie Plame* als Reaktion auf die ihrem Ehemann *Joseph C. Wilson* zu verdankende Aufdeckung der Lügen der US-Regierung vor dem völkerrechtswidrigen 2. Irakkrieg; Mordserien an befürchteten weiteren Whistleblowern vor ihrer förmlichen Vernehmung). Dass die Aufdeckung der innerhalb der Staatsorganisation begangenen kriminellen Handlungen legitim ist und deshalb vor dem Versuch staatlicher Unterdrückung geschützt werden muss, ist schon vor 40 Jahren unbestritten gewesen (s. § 93 Abs. 2 StGB sowie die Entscheidung des Supreme Court der USA zu den *Ellsberg*-Papieren, 403 U.S. 713 [1971]) und im Zeitalter von *WikiLeaks* und *Snowden* eigentlich noch wichtiger geworden. Ob es, vor allem auf der Ebene des „gewöhnlichen" Whistleblowers in Wirtschaftsunternehmen, über die bisherigen punktuellen Regelungen hinaus (etwa § 4d FinDAG) eine Verbesserung des Schutzes durch spezielle Hinweisgebersysteme und arbeitsrechtliche Garantien geben sollte, ist gegenwärtig umstritten.[4]

III. Antrag auf Strafverfolgung

12 Schließlich kann das Ermittlungsverfahren auch durch einen **Antrag auf Strafverfolgung** in Gang gesetzt werden.

1. Wie § 171 zeigt, versteht die StPO unter einem „Antrag auf Erhebung der öffentlichen Klage" nicht nur den Strafantrag i. S. d. §§ 77–77d StGB, der ausschließlich vom Verletzten gestellt werden kann, sondern jede Anzeige, die – über die bloße Wissensmitteilung hinaus – erkennbar das **Begehren nach Strafverfolgung** enthält. Einen solchen Antrag kann jedermann stellen.

13 2. Der Strafantrag bei Antragsdelikten (vgl. o. § 12 Rn. 8ff.) ist schriftlich zu stellen oder – nur bei Gericht oder StA – zu Protokoll zu geben (§ 158 II). Der Strafantrag kann auch in einer Strafanzeige enthalten sein. Für den schriftlichen Strafantrag bei der Polizei genügt es, wenn der Antragsteller ihn auf Tonträger spricht und der Polizist ihn in ein schriftliches Protokoll umsetzt (BayObLG NStZ 1997, 453). Es ist nicht erforderlich, dass der Verletzte dabei das Wort „Strafantrag" benutzt; vielmehr genügt es, dass in der Strafanzeige das Strafverfolgungsbegehren des Geschädigten zweifelsfrei zum Ausdruck kommt (BGH NStZ 1995, 353; OLG *Düsseldorf* MDR 1986, 165).

14 3. Die Einleitung eines Ermittlungsverfahrens bei Antragsdelikten ist schon *vor* Stellung des Strafantrages zulässig; sogar ein Haftbefehl kann schon vorher erlassen werden (§ 130; vgl. auch § 127 III). Nach Nr. 6 RiStBV ist jedoch i. d. R. der Eingang des Strafantrages abzuwarten (i. E. s. Nr. 6, 7 RiStBV).

B. Ermittlungstätigkeit und Tatverdacht

15 **I.** Wie bereits oben (§ 14) erörtert, ist die StA, sofern nicht einer der in §§ 153–154e geregelten Fälle gegeben ist, bei Vorliegen aller Verfahrensvoraussetzungen (o. § 21) zur Aufnahme der **Ermittlungen** und ggf. zur Anklage verpflichtet, wenn ein entspr.

[4] Dazu EGMR NJW 2011, 3501; *Hefendehl,* NK 2015, 359; *Schiemann,* FS Wessing, 2015, 569.

Tatverdacht besteht. Dabei unterscheidet das Gesetz: Für die Einleitung der Strafverfolgung ist ein sog. **Anfangsverdacht** erforderlich und ausreichend („zureichende tatsächliche Anhaltspunkte", § 152 II), d. h. ein durch konkrete Tatsachen belegter (arg. § 100a), in kriminalistischer Erfahrung begründeter Anhalt dafür, dass eine verfolgbare *Straftat* vorliegt; bloße Vermutungen reichen dafür nicht aus.[5] Dass sich der Verdacht schon gegen eine bestimmte Person als *Straftäter* richtet (was diesen zum *Beschuldigten* macht, s. o. § 25/11), ist für die Einleitung eines Ermittlungsverfahrens (ggf. „gegen Unbekannt") also nicht erforderlich.

16 Im Bereich der grundrechtsbeschränkenden **Zwangsmaßnahmen,** die teils fakultativ, teils obligatorisch sind, verlangt das Gesetz z. T. nur den einfachen Verdacht (etwa §§ 81a, 81b, 99, 100a, 102), z. T. aber einen **dringenden Tatverdacht** (v. a. für die Verhängung der U-Haft, § 112, s. ferner §§ 127 II, 134), d. h. die nach dem gegenwärtigen Ermittlungsstand begründete hohe Wahrscheinlichkeit einer späteren Verurteilung des Beschuldigten (vgl. *Eb. Schmidt* I, Rn. 8–10 zu § 112); einen solchen dringenden Tatverdacht erfordern auch die Sicherungsmaßnahmen nach §§ 111a, 111b ff., 126a, 132a, die zudem von weiteren Voraussetzungen abhängen (s. o. § 34 Rn. 34ff., § 38). Diese in der StPO schematisch vorgenommene Abstufung ist jedoch durch die Rspr. des BVerfG mehr in eine gleitende Skala verwandelt worden, weil danach jeweils das Gewicht des Grundrechtseingriffs gegen die Stärke des Tatverdachts im Rahmen einer Verhältnismäßigkeitsprüfung abgewogen werden muss.[6] Hierdurch könnte auch das am Fall *Edathy* kontrovers diskutierte Problem entschärft werden, ob legales Verhalten (konkret: der Bezug nicht pornographischer Nacktfotos) einen Tatverdacht begründen und damit die Einleitung eines Ermittlungsverfahrens legitimieren kann (verneinend *Hoven,* NStZ 2014, 361; *Satzger,* FS Beulke, 2015, 1009; auf im konkreten Fall hinzukommende „weitere Anhaltspunkte" abstellend BVerfG NJW 2014, 3085; ebenso NJW 2015, 851).

17 Bei der Beurteilung des Anfangsverdachts ist den Ermittlungsbehörden zwar kein Ermessen, aber ein gewisser Beurteilungsspielraum zu konzedieren.[7] In der Praxis hat sich in den Fällen eines besonders schwachen Anfangsverdachts die Sonderform der sog. **Vorermittlungen** herausgebildet, die sich von einem normalen Ermittlungsverfahren dadurch unterscheiden, dass weder ein Js-[8] noch ein UJs-,[9] sondern AR-Aktenzeichen vergeben wird und (abgesehen vom Eingriff in das informationelle Selbstbestimmungsrecht) noch keine Zwangsmittel ergriffen werden.[10]

Problematisch können hier die Fragen einer Belehrungspflicht und ggf. eines Verwertungsverbots sein, etwa bei der **informatorischen Befragung** einer Person, die in einem Ermittlungsverfahren Beschuldigter wäre; z. B., wenn ein Polizist dem bloßen Gerücht nachgeht, die Frau des A sei verschwunden, und diesen (der sie tatsächlich ermordet und die Leiche beseitigt hat) nach ihrem Verbleib befragt. Die h. M. verneint hier beides (BGHSt 38, 214, 228; SK/*Rogall,* vor § 133 Rn. 46f.; krit. *Beulke,* Rn. 118).

18 Derartige Vorermittlungen, etwa nach einer skeptisch beurteilten, aber nicht gänzlich haltlosen Anzeige, enden entweder in der Eröffnung des normalen Ermittlungsverfah-

---

[5] Ausführlich zum Tatverdacht im Ermittlungsverfahren *Lohner,* 1994; *L. Schulz,* 2001; *Jahn,* 2007; BVerfGE 44, 353, 371; 115, 166, 197. Vgl. zu den einzelnen Verdachtsstufen auch *Schroeder,* StPR Rn. 64. i. E. s. *M-G/S,* § 152 Rn. 4; KMR/*Plöd,* § 152 Rn. 18; LR/*Beulke,* § 152 Rn. 21 ff.

[6] Hierzu ausf. und mit zahlreichen weiteren Nachweisen *L. Schulz,* 2001, 567 ff.; sprachphilosophische Problematisierung bei *Reez,* Beobachtungen zum anzeichenlosen Verdacht, 2016.

[7] BGH NJW 1970, 1543; NStZ 1988, 510; BGHSt 38, 214, 228; *Eisenberg/Conen,* NJW 1998, 2241; a. M. *Störmer,* ZStW 108 (1996), 516.

[8] Wenn es schon einen namentlich bekannten Beschuldigten gibt.

[9] Bei Ermittlungen gegen Unbekannt.

[10] Dazu näher *Lange,* 1999; *Haas,* 2003; *Krause,* FS Strauda, 2006, 357 ff.; *Senge,* 2008; *Forkert-Hosser,* 2011; krit. *Beulke,* Rn. 311.

rens oder damit, dass der Strafanzeige keine Folge gegeben wird. Sie sind zu unterscheiden von den nach der StPO nicht gestatteten **Vorfeldermittlungen,** bei denen in dubiosen Milieus ohne den Verdacht einer Straftat nach nützlichen Informationen gesucht wird[11] und die in den Zuständigkeitsbereich der Geheimdienste gehören, nach anderer Auffassung auch von den Polizeibehörden im Rahmen der Gefahrenabwehr betrieben werden dürfen.[12]

19 Zu beachten ist, dass zum Tatverdacht neben den jeweils geforderten tatsächlichen Anhaltspunkten auch eine rechtliche Schlüssigkeitsprüfung gehört; die Vermutung, ein Verhalten könne strafbar sein **(„Schlüssigkeitsverdacht"),** genügt nicht (*Bruns,* 1986).

20 **II.** Einleitung und Durchführung des Ermittlungsverfahrens sind als solche gerichtlich nicht angreifbar (näher o. § 29 Rn. 12). Dagegen kann sein Abschluss ggf. erzwungen werden (vgl. u. § 38 Rn. 1).

C. Die Durchführung des Ermittlungsverfahrens

I. Die Ermittlungstätigkeit, insb. die Generalklausel zur Datenerhebung und -weitergabe

21 1. Die StA hat den **Sachverhalt zu erforschen** (§ 160); dabei hat sie das Belastungs- wie das Entlastungsmaterial mit dem gleichen Eifer zu sammeln und namentlich für die Erhebung derjenigen Beweise Sorge zu tragen, deren Verlust zu befürchten ist (§ 160 II), also z. B. für die Vernehmung des Zeugen, der schwer verletzt ist und möglicherweise bald stirbt, oder für die Sicherung von Spuren, die vergehen, z. B. von den Spuren eines Autounfalls oder von Urkunden, die sonst vernichtet werden könnten. Die Ermittlungen sollen sich auch auf die Umstände erstrecken, die für die Bestimmung der Rechtsfolgen der Tat von Bedeutung sind (§ 160 III). Daneben hat das VerständG ausdrücklich die Befugnis der StA anerkannt, den Stand des Verfahrens mit den Beteiligten zu erörtern (§ 160b), womit vor allem die Auslotung einer verfahrensbeendenden Absprache gemeint ist.

22 Zur Sachverhaltserforschung kann die StA **Ermittlungen jeder Art** vornehmen oder vornehmen lassen (§ 161). Bei einem Einbruchsdiebstahl z. B. könnte der StA den Bestohlenen durch die Polizei (wenn sie dies nicht schon gem. § 163 getan hat) über Art, Menge, Herkunft, Wert, äußere Kennzeichnung und namentlich auch über den Verschluss der gestohlenen Sachen vernehmen, auch darüber, wer von den Sachen und ihrem Aufbewahrungsort Kenntnis hatte, über etwaige Wahrnehmungen (Geräusche, Licht), über den Zeitpunkt der Wegnahme; durch die Polizei nach Spuren, insb. nach Fingerabdrücken, suchen lassen, Angestellte und andere Hausbewohner über ihre Wahrnehmungen hören, bei Altwarenhändlern und in Leihhäusern nachforschen, die gestohlenen Gegenstände im Fahndungsblatt ausschreiben, einen „Profiler" mit einer Fallanalyse beauftragen (dazu *Neuhaus,* FS Beulke, 2015, 911) usw. Wegen der Überlastung des Strafverfolgungsapparates wird von diesen möglichen Ermittlungshandlungen im Einzelfall freilich nur ein Bruchteil ergriffen werden.

---

[11] Hierzu näher *Weßlau,* 1989; *M. Arzt,* 2000; *Weßlau,* 2003, 72; *Gärditz,* 2003; *Rudolph,* 2005; *Böse,* 2007.

[12] Dazu *Hund* u. *Merten/Merten,* ZRP 1991, 463, 213; *Kniesel,* ZRP 1992, 164; *Lisken,* ZRP 1994, 264; *Gleß,* GS Weßlau, 2016, 165 zum „predictive policing"; sehr krit. *O. Müller,* 1995; *Frister,* FS Bemmann, 1997, 542.

Während § 160 das Ziel der staatsanwaltschaftlichen Ermittlungen angibt, enthält § 161 I (entsprechend für die Polizei § 163 I, s. o. § 9 Rn. 19) als **„Ermittlungsgeneralklausel"** die gesetzliche Ermächtigungsgrundlage für alle mit den Ermittlungen verbundenen, wenig intensiven Grundrechtseingriffe, vor allem also in das seit BVerfGE 67, 1 anerkannte Grundrecht auf informationelle Selbstbestimmung. Hieraus folgt der Grundsatz der **freien Gestaltung des Ermittlungsverfahrens.**[13] Dazu gehören beispielsweise kurzfristige Observationen oder Erkundigungen in der Nachbarschaft, Surfen im Internet (näher M-G/S, § 163 Rn. 28a), nach traditioneller, aber sehr zw. Auffassung auch der Einsatz von V-Leuten (dazu näher o. § 37 Rn. 9f.). Besonders ausgesprochen ist das Recht, eine behördliche Auskunft zu verlangen, dem also eine Auskunftspflicht der Behörde im Rahmen ihres eigenen Zugriffs korrespondiert, sofern keine speziellen Geheimhaltungspflichten wie beim Steuergeheimnis (§ 30 AO) und beim Sozialgeheimnis (§ 35 SGB I) existieren.[14] So kann etwa von der BaFin vermöge einer **Kontenabfrage** die Übermittlung der sog. Konten-Stammdaten (Kontonummer und Name des Inhabers) verlangt, hierdurch aber nicht auf den eigentlichen Inhalt der Konten zugegriffen werden (BVerfGE 118, 168 und zu § 24c KWG *Reichling,* Der staatliche Zugriff auf Bankkundendaten im Strafverfahren, 2010), oder von Kreditkartendaten in einem Verfahren wegen Kinderpornographie (BVerfG StV 2009, 449). 23

Die StPO selbst stellt für solche Beweise (in der Terminologie des Datenschutzes „personenbezogene Daten"), die im Strafverfahren nur bei Verdacht bestimmter Straftaten erhoben werden dürfen, für den Beweistransfer die Bedingung des „hypothetischen Ersatzeingriffs" auf (§ 161 II 1, ebenso für die Weitergabe innerhalb der Strafjustiz in § 477 II 2), aber nur bei der Verwertung zu Beweiszwecken, während ihre Benutzung für weitere Ermittlungshandlungen **(„Spurenansatz")** nicht eingeschränkt sein soll (im Einklang mit BVerfG NJW 2005, 2766; dazu *Puschke/Singelnstein,* NJW 2008, 117; *M-G/S,* § 477 Rn. 5a ff.; de lege ferenda *Wolter,* FS Schenke, 2011, 541). Noch enger wird die Verwertung von solchen Daten begrenzt, die im Rahmen polizeilicher Gefahrenabwehr aus einer **Wohnung** erlangt sind (§ 161 III). § 160a dehnt schließlich den Schutz der **Berufsgeheimnisträger,** denen ein Zeugnisverweigerungsrecht nach § 53 zusteht, auch auf die im Rahmen der Generalklausel durchgeführten Ermittlungshandlungen aus, mit deren Hilfe sonst das Zeugnisverweigerungsrecht leicht umgangen werden könnte. Weitere Voraussetzungen stellt die StPO nicht auf, vielmehr ist es Sache der die ursprüngliche Datenerhebung regelnden, hier nicht i. E. darstellbaren Verwaltungsgesetze, die Übermittlung für Zwecke der Strafverfolgung zu regeln und ggf. zu begrenzen (z. B. § 19 I BVerfSchG, s. ferner o. § 36/28). Umgekehrt regelt die StPO seit dem StVÄG 1999 die **Übermittlung** der im Strafverfahren erhobenen **Daten** zu anderen Zwecken in den §§ 474ff. (umfassend dazu *Matheis,* 2007; FG Hilger, 2003; zu dem in der StPO nicht geregelten Spezialproblem der Datenweitergabe durch Bewährungshelfer *Anders,* GA 2011, 19). 23a

Diese vordergründig elegante Lösung der Probleme des Datentransfers außerhalb spezieller Grundrechtseingriffe droht jedoch in einen doppelten Konflikt hineinzuführen. Zahlreiche von anderen Behörden erhobene Daten sind vom später Beschuldigten pflichtgemäß selbst übermittelt worden, so dass ein Konflikt mit dem **nemo-tenetur-** 24

[13] BVerfG NStZ 1996, 45; BVerfGE 103, 142; *Wollweber,* NJW 2000, 3623; *Hilger,* FS Rieß, 2002, 181; *ders.,* NStZ 2000, 564; *Soiné,* Kriminalistik 2001, 246.

[14] Zu deren Grenzen näher *M-G/S,* § 161 Rn. 5f.

Grundsatz entsteht.[15] Die Übermittlung an Polizeibehörden ist in den §§ 481, 482 speziell geregelt. Besondere Probleme wirft ferner der **Beweistransfer** von den **Geheimdiensten** zu den Strafverfolgungsbehörden auf. Während § 9 I BND-Gesetz (ähnlich die Verfassungsschutzgesetze der Länder) hierin ein Problem der Amtshilfe sieht und die Weitergabe der vom BND recherchierten Daten für Zwecke der öffentlichen Sicherheit (was nach der gängigen polizeirechtlichen Terminologie das Strafrecht einschließt) allgemein zulässt, wird man kraft des bei der Wiedereinrichtung deutscher Polizeibehörden nach 1945 von den Alliierten vorgeschriebenen und dadurch zur impliziten Basis des Rechtsstaatsprinzips gewordenen **Trennungsgebots** strengere Anforderungen stellen müssen und eine unterschiedslose Weitergabe der Erkenntnisse des Auslandsgeheimdienstes BND zum Zwecke der Strafverfolgung nicht zulassen dürfen.[16] Ebenfalls nicht von der Ermittlungsgeneralklausel gedeckt ist die Beteiligung der Staatsanwaltschaft an strafbaren Ermittlungshandlungen, beispielsweise durch den selbst strafbaren Ankauf von kriminell kontaminiertem Belastungsmaterial (vgl. dazu o. § 24 Rn. 54). Damit bildet die unscheinbare Generalklausel des § 161 I den systematischen Knotenpunkt für sämtliche **strafprozessualen Verwendungsregeln,** für das die sattsam diskutierten Beweisverwertungsverbote (o. § 24 Rn. 30 ff.) nur einen Unterfall darstellen (zutr. *Singelnstein,* 2008).

25 2. Die Organe, welche die StA zur Unterstützung ihrer Tätigkeit heranziehen kann (Polizei, Ermittlungsrichter, Gerichtshilfe), sind eingehend o. § 9 Rn. 16–31 behandelt worden.

26 3. **Zwangsgewalt** hat in vollem Umfang allein der Richter, die StA dagegen nur in eingeschränktem Maße.

a) **Gänzlich versagt** ist der StA die Verhängung von Untersuchungs- und Ordnungshaft (§§ 98 b II Hs. 2, 114 I, 161 a II 2) sowie die Abnahme von Eiden (§ 161 a I 3). Nicht befugt ist sie auch zur vorläufigen Entziehung der Fahrerlaubnis (§ 111 a I 1) und zur Anordnung der einstweiligen Unterbringung (§ 126 a I, II 1 i. V. m. § 114 I) sowie zur Anordnung der akustischen Wohnungsüberwachung (§ 100 d I Nr. 1, 2).

27 b) Nur **in dringenden Fällen** (d. h. bei Gefahr im Verzug) ist ihr gestattet
- die vorläufige Festnahme im Fall des § 127 II,
- die Anordnung einer Durchsuchung (§ 105 I 1, 2) sowie der Untersuchung des Beschuldigten (§ 81 a II) bzw. anderer Personen (§ 81 c V mit Ausnahme für III 3, lesen!),
- die Anordnung einer Beschlagnahme bzw. Sicherstellung (§§ 98 I, 100 I, 111 e I 1, 111 n I 1, 2, 443 II 2) sowie der Überwachung und Aufzeichnung der Telekommunikation (§ 100 b I 2),
- die Anordnung der Einrichtung einer Kontrollstelle (§ 111 II),
- die Anordnung einer Schleppnetzfahndung (§ 163 d II 1) oder – im Regelfall (vgl. § 98 b I 7 i. V. m. § 98 I 2 sowie § 98 b II Hs. 2) – einer Rasterfahndung (§ 98 b I 1, II),

[15] Dazu exemplarisch und zugl. eingehend *Böse,* 2005 u. 2007.

[16] Dazu umfassend und instruktiv *Brandt,* 2015. In der Antiterrordatei-Entscheidung BVerfGE 133, 277 hat das BVerfG ein „informationelles Trennungsprinzip" postuliert (Rn. 123, 329); nach Meinung von *Beulke,* Rn. 105, soll das Kriterium des „hypothetischen Ersatzeingriffs" als Schutz ausreichen (zw.). Vgl. ferner zu den Problemen eines Datentransfers vom BND in das Strafverfahren *Paeffgen,* StV 1999, 668 ff., bes. 677;. *Rehbein,* 2011.

- die Anordnung der Ausschreibung zur polizeilichen Beobachtung (§ 163e IV 2) sowie des Einsatzes technischer Mittel in den Fällen des § 100f I, IV i.V.m. 100b I, 1, 2 und
- die Zustimmung zum Einsatz eines Verdeckten Ermittlers in den Fällen des § 110b II 1 (§ 110b II 2).

Zu beachten ist dabei freilich, dass derartige Eilkompetenzen nach der neueren Rspr. des BVerfG eng auszulegen sind (o. § 33 Rn. 8; § 35 Rn. 8) und ihre Ausübung vielfach an die Einholung einer nachträglichen richterlichen Bestätigung oder Zustimmung geknüpft ist (dazu bereits o. § 9 Rn. 28).

II. Vernehmungen und Beteiligungsrechte

1. In jedem Ermittlungsverfahren, das zur Klageerhebung führt, ist die *Vernehmung des Beschuldigten* grds. vorgeschrieben (§ 163a).[17] Dabei ist er, auch von der Polizei, über sein Schweigerecht zu belehren (§ 163a III, IV i.V.m. § 136; zu den Rechtsfolgen eines Verstoßes vgl. o. § 24 Rn. 31ff.). Zum Begriff des Beschuldigten i.S. dieser Vorschrift vgl. o. § 25 Rn. 11. §§ 168, 168a enthalten über die Protokollierung richterlicher Vernehmungen ins Einzelne gehende Vorschriften, während § 168b die Protokollierung von Untersuchungshandlungen der Ermittlungsbehörden wenigstens durch eine Soll-Vorschrift regelt. Bei derartigen Protokollen außerhalb der Hauptverhandlung ist neben der Verwendung von Kurzschrift auch die vorläufige Aufzeichnung durch Tonaufnahmegeräte zulässig (i.E. s. § 168a). Zu der Reformanforderung nach lückenloser Video-Aufzeichnung s. u. § 69 Rn. 6. 28

2. Das Ermittlungsverfahren ist grds. **geheim.** Jedoch gewährt die StPO auch dem Beschuldigten und seinem Verteidiger gewisse **Beteiligungsrechte** und wird in diesem Umfang **„parteiöffentlich"**. Damit trägt das Gesetz nicht nur der Tatsache Rechnung, dass schon die Anklageerhebung eine erhebliche soziale Beeinträchtigung bedeutet, deren Abwehr dem zu Unrecht Beschuldigten möglich sein muss, sondern auch der weitgehenden Voraus-Determinierung der späteren HV durch die Ergebnisse des Ermittlungsverfahrens (näher u. Rn. 35). 29

a) Soweit die StA Ermittlungen vornimmt, steht dem Beschuldigten und seinem Verteidiger ein Recht auf Anwesenheit nach wie vor nicht zu. Anders ist es dagegen bei der richterlichen Vernehmung eines Zeugen oder Sachverständigen und bei der Einnahme eines richterlichen Augenscheins gem. §§ 168c II, 168d I. Zum Verwertungsverbot bei Verletzung dieses Rechts s. o. § 24 Rn. 42. Das Recht zur unmittelbaren Anwesenheit erfährt allerdings eine Einschränkung in Fällen des § 168e, in denen der Richter bei drohender Gefährdung des Wohls des Zeugen dessen Vernehmung getrennt von den Anwesenheitsberechtigten (auch dem StA!) vornimmt; diesen wird die Befragung dann aber per Videoübertragung zugänglich gemacht. Daneben kann der Beschuldigte bei Gefährdung des Untersuchungszwecks gem. §§ 168c III, 168d I ausgeschlossen werden (vgl. auch § 168c IV, V). Bei der richterlichen und der staatsanwaltschaftlichen Vernehmung des Beschuldigten hat der Verteidiger, im ersteren Fall außerdem die StA, ebenfalls ein Anwesenheitsrecht (§§ 168c I, 163a III 2). Allerdings wird der Verteidiger vom Termin nicht benachrichtigt, wenn dadurch der Untersuchungserfolg gefährdet würde (§ 168c V 2). 30

[17] Zum rechtlichen Gehör im Ermittlungsverfahren näher *Wagner*, ZStW 109 (1997), 545.

31 In analoger Anwendung des § 168c II–V wird man auch einem Mitbeschuldigten die Anwesenheit bei der Vernehmung des Beschuldigten gestatten müssen.[18] Für diese Analogie spricht § 251 I, II, wo der Mitbeschuldigte dem Zeugen hinsichtlich der Verlesbarkeit richterlicher Protokolle gleichgestellt wird: Wenn der Mitbeschuldigte die Aussage in der Hauptverhandlung nicht miterleben kann, sollte er wenigstens bei der ermittlungsrichterlichen Vernehmung dabei sein dürfen.

32 Eine Nichtbenachrichtigung des Beschuldigten und seines Verteidigers wegen einer Gefährdung des Untersuchungserfolges kann nur darauf gestützt werden, dass die mit der Benachrichtigung verbundene zeitliche Verzögerung die Beweisgewinnung zu vereiteln droht (*Welp,* JZ 1980, 134). Dagegen will BGHSt 29, 1 (m. zust. Anm. *Meyer-Goßner,* JR 1980, 254) eine Nichtbenachrichtigung auch aus anderen Gründen zulassen, z. B. wenn der Angeklagte oder sein Verteidiger die Benachrichtigung aufgrund konkreter Anhaltspunkte zur Vornahme von Verdunkelungshandlungen ausnützen könnten. Gegen diese Auslegung spricht, dass § 168c V nicht das Anwesenheitsrecht, sondern lediglich die Benachrichtigungspflicht einschränkt. Das hat nur Sinn, wenn allein die zeitliche Verzögerung eine Rolle spielen soll (wie hier *Zaczyk,* 1987; AK/*Achenbach,* § 168c Rn. 11; w. N. bei *M-G/S,* § 168c Rn. 5). BGHSt (GrS) 32, 115, 129 hat zwar BGHSt 29, 1 bestätigt, aber betont, dass jedenfalls in der bloßen Anwesenheit des Verteidigers bei der Vernehmung eine Gefährdung des Untersuchungserfolges nicht gesehen werden kann; großzügiger EGMR JR 2015, 95, 100 m. Rezension *Lohse,* ibid. 60.

33 b) Große Bedeutung kommt auch dem Akteneinsichtsrecht zu, das dem Verteidiger (nicht auch dem Beschuldigten!) grds. schon im Ermittlungsverfahren zusteht; die Versagung der Einsicht ist nur als Ausnahme bei Gefährdung des Untersuchungszwecks zulässig (i. E. s. § 147 und Nr. 182–189 RiStBV sowie o. § 19 Rn. 66ff.).

III. Der Abschlussvermerk

34 Wenn die StA ihre Ermittlungen soweit abgeschlossen hat, dass sie nunmehr erwägt, die Klage zu erheben, so vermerkt sie den Abschluss der Ermittlungen in den Akten (§ 169a). Dieser **Abschlussvermerk** trennt also den Ermittlungsteil von dem Entschließungsteil des Vorverfahrens (*M-G/S,* § 169a Rn. 1). Er ist von Bedeutung für folgende Vorschriften:

a) § 147 II: Der Verteidiger hat nunmehr ein unbeschränktes Akteneinsichtsrecht;

b) § 141 III 2, 3: In den Fällen notwendiger Verteidigung muss nunmehr spätestens die Bestellung eines Verteidigers auf Antrag der StA erfolgen.

D. Zur Reform des Ermittlungsverfahrens

35 Wenn es zu Fehlurteilen kommt, beruht das meistens darauf, dass die „Weichen" schon im Ermittlungsverfahren falsch gestellt worden sind und dadurch auch die Hauptverhandlung auf ein falsches Gleis gerät (Auslösung des Perseveranz-Effekts, s. o. § 1 Rn. 16). Dies wiederum liegt häufig daran, dass die Rechte des Beschuldigten im Ermittlungsverfahren noch relativ gering sind (vgl. o. § 18 Rn. 3ff.), so dass er seine Position nicht nachdrücklich genug zur Geltung bringen kann. Reformforderungen zielen daher seit langem auf eine Verstärkung seiner Rechte, die vollends unabweisbar geworden ist, seitdem die Hauptverhandlung in der Praxis der Urteilsabsprachen mehr und mehr zu einer äußeren Förmlichkeit denaturiert worden ist. Denn der Richter als

[18] SK/*Wohlers,* § 168c Rn. 10ff.; *von Dellingshausen,* FS Stree/Wessels, 1993, 685; *Endriss,* FS Rieß, 2002, 69; and. BGHSt 42, 391 m. abl. Anm. *Rieß,* NStZ 1997, 351, u. *Fezer,* JZ 1997, 1016; zust. *Theisen,* JZ 1997, 1016; verfassungsgemäß laut BVerfG NJW 2007, 204. Die vom BGH als Argument gegen das Anwesenheitsrecht angeführte Gefahr einer Beeinflussung der Aussage kann unschwer innerhalb der Vernehmung, notfalls gem. § 168c III gebannt werden.

die die Absprachendiskussion (engl. „plea negotiation") beherrschende Figur stützt sich hierbei ausschließlich auf den Inhalt der Ermittlungsakten, die dadurch häufig an Stelle einer gehaltvollen Beweisaufnahme zum beherrschenden Parameter des ausgehandelten Urteils werden. Wenn auch die in der Hauptverhandlung verwirklichte Waffengleichheit im Ermittlungsverfahren nicht vollständig hergestellt werden kann, so bedarf es doch jedenfalls der Etablierung einer **Verfahrensbalance,** die der Verteidigung eine faire Chance bietet, unrichtige Ermittlungsergebnisse zu verhindern oder wenigstens zu korrigieren. Das setzt als erstes eine wesentliche Zurückdrängung der **Untersuchungshaft** und Ersetzung durch ambulante Überwachungsmaßnahmen (vor allem die sog. elektronische Fußfessel) voraus, die in den meisten Fällen der U-Haft wegen Fluchtgefahr auf keine größeren Praktikabilitätsprobleme trifft (o. § 30 Rn. 3) und damit das rechtsstaatlich zweifelhafteste Druckmittel der Justiz bei den Urteilsabsprachen beseitigen würde. Die **Pflichtverteidigung** muss wesentlich ausgebaut werden, weil ein mit Urteilsabsprachen arbeitender Strafprozess gegenüber einem unverteidigten Beschuldigten rechtsstaatlich unerträglich ist.

Im Übrigen wetteifern zwei verschiedene Modelle miteinander. Nach dem Konzept des **partizipatorischen Ermittlungsverfahrens** sollte der Beschuldigte möglichst von Anfang an von den Ermittlungen und den gegen ihn bestehenden Verdachtsgründen informiert werden und zusammen mit seinem Verteidiger bei allen Vernehmungen im Ermittlungsverfahren ein Anwesenheitsrecht besitzen, das durch ein Recht auf frühe Akteneinsicht zu verstärken wäre; sein Beweisantragsrecht, das nach der heutigen Regelung des § 163a II in der Praxis nicht durchsetzbar ist,[19] sollte verstärkt werden, indem der StA einen Beweisantrag nur noch aus bestimmten Gründen zurückweisen dürfte, die ermittlungsrichterlich überprüft werden könnten.[20] Aber dieses Modell schießt über das Ziel hinaus, weil die Partizipation im fragilen Frühstadium der Ermittlungen allzu leicht zu deren Paralysierung ausgenutzt werden kann. Den Vorzug verdient deshalb das Modell eines kontradiktorischen i. S. v. **kompensatorischen Ermittlungsverfahrens,** in dem Polizei und StA weiterhin ungestört ermitteln können, die Verteidigung aber zu einer wirksamen nachträglichen Kontrolle in den Stand gesetzt wird. Notwendig ist dafür die obligatorische **Video-Protokollierung** jeder polizeilichen Vernehmung, um an Stelle der wesentlich auf den Einfluss des Vernehmungsbeamten zurückgehenden Niederschrift (o. § 1 Rn. 16) das wirkliche Wissen des Zeugen zuverlässig festzuhalten; sowie ein **durchsetzbares** Recht des Verteidigers auf eigene Beweiserhebungen, v. a. (zur Kontrolle ebenfalls per Video zu protokollierende) Zeugenvernehmungen.[21] 36

§ 40. Abschluss des Ermittlungsverfahrens, Einstellung und Klageerhebung

Literatur: *Bloy,* Zur Systematik der Einstellungsgründe im Strafverf., GA 1980, 161; *Puppe,* Die Individualisierung der Tat in Anklageschrift und Bußgeldbescheid und ihre nachträgliche Korrigierbarkeit, NStZ 1982, 230; *Meyer-Goßner,* Der Aufbau der Anklageschrift, Jura 1989, 482; *Rohnert,* Die Abschlussentsch. des StA, 1992; *Walk,* Die Beendigung des Erm.verf. im Strafprozess, 1996; *Kuckein,* Revisionsrechtl. Kontrolle der Mangelhaftigkeit von Anklage und Eröffnungsbeschlüssen, StraFo 1997, 33; *Pfeiffer,* Die Anklage, FS Bemmann, 1997, 582; *Miebe,* Anklage und Eröffnung, FS Grünwald, 1999, 379; *Meyer-Goßner,* Prozesshindernisse und Einstellung des Verfahrens, FS Eser, 2005, 373; *Bock,* Verfahrenseinstel-

[19] Zwar ist das gesetzliche Merkmal, ob die beantragten Beweise „von Bedeutung sind", nach einer im Schrifttum verbreiteten Auffassung ein die StA bindender unbestimmter Rechtsbegriff (AK/*Achenbach,* § 163a Rn. 8; LR/*Erb,* § 163a Rn. 107, 112; a. M. *M-G/S,* § 163a Rn. 15 m.w.N.), aber ohne eine Überprüfungsbefugnis des Ermittlungsrichters sitzt die StA in jedem Fall am längeren Hebel.

[20] Früher bereits *Roxin,* 1990, 190ff.; *Schreiber,* 1992; in jüngster Zeit zahlreiche Autoren, vgl. *Wohlers,* GA 2005, 11, 31ff.; *Wolter,* Aspekte, 89f.; *Satzger,* 2004.

[21] Dazu eingehend *Schünemann,* 2002, 2004, 2007, 2015; zust. *Velten,* GS Weßlau, 2016, 391.

lung bei Auslandsberührung, GA 2010, 589; *Ziegert,* Der Anklagesatz: Novellierung durch Rechtsprechung?, FS Schöch, 2010, 879.

A. Überblick

1 Das Ermittlungsverfahren wird abgeschlossen, wenn die Sache so weit geklärt ist, dass der StA sich entscheiden kann, ob die Klage zu erheben ist oder nicht. Der Entschluss der StA kann entweder auf Einstellung des Verfahrens oder auf Erhebung der Klage lauten.

Die StA ist dabei dem Beschuldigten gegenüber verpflichtet, nach Abschluss der Ermittlungen entweder Klage zu erheben oder das Verfahren einzustellen, jedenfalls dann, wenn der Beschuldigte unter Hinweis auf ihm drohenden Schaden ausdrücklich um eine Entschließung bittet (BGHZ 20, 178). Bei Einstellungsreife darf die Einstellung nicht hinausgezögert werden (*Hilger,* 1985). Wird die nach § 170 II gebotene Einstellung eines Ermittlungsverfahrens entgegen dem Verhältnismäßigkeitsgrundsatz verzögert, so begründet das einen Amtshaftungsanspruch (BGH NStZ 1988, 510).

B. Einstellung des Verfahrens

2 **I.** In der Mehrzahl der Fälle endet das Ermittlungsverfahren nicht mit einer Klageerhebung, sondern der Einstellung. Das Verfahren wird eingestellt:

1. aus **prozessualen** Gründen: z. B. wenn sich ein Verfahrenshindernis (etwa Verjährung) herausstellt oder wenn der Durchführung des Hauptverfahrens für längere Zeit ein in der Person des Beschuldigten liegendes Hindernis (z. B. Unauffindbarkeit) entgegensteht (dann vorläufige Einstellung gem. § 154f);

2. aus **materiell-rechtlichen** Gründen: z. B. wenn sich ergibt, dass die Tat als solche nicht strafbar ist (beispielsweise Ersatzhehlerei);

3. aus **tatsächlichen** Gründen: sei es, dass sich die Nichtschuld des Beschuldigten ergibt, sei es, dass ihm die Tat nicht nachgewiesen werden kann;

4. ggf. in den Fällen des **Opportunitätsprinzips.**

Die Einstellung erfolgt in den Fällen 1–3 nach § 170 II 1, im Fall 4 nach §§ 153ff. (vgl. dazu bereits o. § 14 Rn. 5ff.).

3 **II.** Der Einstellungsbescheid der StA hat (in den Fällen 1–3) **keine Rechtskraft,** d. h., die StA kann das Verfahren jederzeit wiederaufnehmen (teilweise abw. bei Einstellung aufgrund des Opportunitätsprinzips: vgl. o. § 14 Rn. 26f.). Dass irgendwelche neuen belastenden Tatsachen aufgetreten sind, ist dazu nicht nötig.

4 **III.** 1. Von der Einstellung ist der **Beschuldigte zu benachrichtigen** (ohne dass ihm die Gründe angegeben werden müssen), wenn er als Beschuldigter vernommen oder ein Haftbefehl gegen ihn erlassen worden war; dazu genügt bereits eine Vernehmung „als Beschuldigter" durch die Polizei. Ein Einstellungsbescheid muss ferner erteilt werden, wenn der Beschuldigte darum gebeten hat oder wenn sonst ein besonderes Interesse daran ersichtlich ist (§ 170 II). Darüber hinaus ist eine Bekanntgabe der Entschließung und der Gründe nicht vorgeschrieben, aber stets zulässig.

5 2. Der **Antragsteller** ist in jedem Fall zu bescheiden (§ 171), nicht aber der Anzeigeerstatter, wenn er kein persönliches Interesse an der Strafverfolgung hat (zu dieser Un-

terscheidung o. § 39 Rn. 12). Dieser Bescheid muss im Gegensatz zu 1. begründet werden, damit der Antragsteller prüfen kann, ob er das Klageerzwingungsverfahren (s. u. § 41) betreiben soll oder nicht.

C. Klageerhebung

I. Endet das Ermittlungsverfahren nicht durch Einstellung, so ist der StA, soweit nicht 6
ein Privatklagedelikt vorliegt (§§ 374 I, 376; s. dazu u. § 63), zur **Erhebung der öffentlichen Anklage** verpflichtet, wenn „die Ermittlungen genügenden Anlass zur Erhebung der öffentlichen Klage" bieten, also ein hinreichender Tatverdacht vorliegt (§ 170 I).

Die h. M. interpretiert dies so, dass eine Anklagepflicht besteht, wenn das Gericht wahrscheinlich zu einer 7
Verurteilung kommen wird. Richtigerweise wird man aber die eigene Prognose des StA für ausschlaggebend erachten müssen, so dass es maßgeblich darauf ankommt, ob er wahrscheinlich am Ende der Hauptverhandlung zu einem Antrag auf Verurteilung kommen wird. Dies ergibt sich nicht nur aus der Funktion der StA als selbstständiger Gesetzeswächterin (näher o. § 9 Rn. 10 ff.), sondern auch daraus, dass die StA nach allgemeiner Ansicht im umgekehrten Fall ein von ihr für strafbar erachtetes Verhalten auch dann anklagen darf, wenn die Gerichte es bisher für straflos halten (ausführlich *Roxin,* DRiZ 1997, 114; wie hier auch *M-G/S,* § 170 Rn. 2 und AK/*Achenbach,* § 170 Rn. 9).

II. Die **Klage** ist das Begehren an das Gericht, in einer Strafsache selbstständig tätig zu 8
werden. Ihre Bedeutung ergibt sich aus dem Akkusationsprinzip (vgl. o. § 13). Danach darf das Gericht überhaupt nur tätig werden, wenn Klage erhoben worden ist (§ 151).

III. Als normativen Regelfall der Klageerhebung sieht § 170 I die Einreichung einer 9
Anklageschrift bei dem zuständigen Gericht vor (s. dazu §§ 199 II, 200, 414 II 2, 440 II 2). Daneben kommen aber auch der Antrag auf Aburteilung im beschleunigten Verfahren (§§ 417, 418 III; s. u. § 61), die Einreichung eines Strafbefehlsantrages (§§ 407 I, 409; s. u. § 68) sowie schließlich auch die Nachtragsanklage gem. § 266 II (s. u. § 48 Rn. 4 ff.) in Betracht.

D. Wirkungen der Klageerhebung

Die Klageerhebung hat folgende fünf Wirkungen: 10

I. Die Klage begründet die **Rechtshängigkeit** bei einem bestimmten Gericht (bestr., weil die StA die Klage bis zum Eröffnungsbeschluss des Gerichts nach § 156 noch zurücknehmen kann; nach OLG *Karlsruhe* NStZ 1991, 602 [m. Anm. *M. Mayer,* NStZ 1992, 605] begründet im Hinblick auf § 411 III auch der Erlass eines Strafbefehls noch keine Rechtshängigkeit).

Nach dem sog. **Prioritätsprinzip** ist eine Sache, in der schon Klage erhoben ist, von dem zweiten Gericht, bei dem die Strafsache anhängig gemacht worden ist, einzustellen (Einrede der Rechtshängigkeit). Hat allerdings das zweite Gericht, ohne von der früheren Klageerhebung zu wissen, das Verfahren eröffnet, so gebührt ihm der Vorrang, sofern nicht das erste Gericht das Verfahren seinerseits bereits früher eröffnet hat (Grundsatz der Eröffnungspriorität: § 12, s. o. § 7 Rn. 4).

II. Die **Verfahrensherrschaft** geht auf das Gericht über. Sie kann dem Richter freilich 11
bis zur Eröffnung der Hauptverhandlung wieder entzogen werden (§ 156).

Verfahrensherrschaft bedeutet, dass das Gericht für den weiteren Verfahrensablauf die Verantwortung trägt und bei seinen Entscheidungen in Anwendung des Strafgesetzes nicht an die gestellten Anträge gebunden ist (§ 155 II). Der Übergang der Verfahrensherrschaft auf das Gericht bedeutet nicht, dass die StA für den weiteren Verlauf des Verfahrens an ihre ursprünglichen Auffassungen und Anträge gebunden ist. So kann der Vertreter der StA, der in der Hauptverhandlung von der Unschuld des Angeklagten überzeugt wird, auf Freispruch plädieren – er muss es sogar –, obwohl in der Anklageschrift ein anderer Standpunkt vertreten wird.

12 **III.** Der **Prozessgegenstand** wird festgelegt; d. h., die gerichtliche „Untersuchung und Entscheidung erstreckt sich nur auf die in der Klage bezeichnete Tat und auf die durch die Klage beschuldigten Personen" (§ 155 I; sog. **Umgrenzungsfunktion,** dazu instruktiv BGHSt 56, 183; BGHSt 57, 88).

Diese Wirkung der Klageerhebung ist sehr bedeutsam:

a) Die thematische Bindung des Gerichtes ist eine Konsequenz des Akkusationsprinzips: Der Richter darf sich prinzipiell nur mit Taten und Personen befassen, die bei ihm zuvor angeklagt sind.

b) Der Beschuldigte soll davor geschützt werden, dass das Gericht die Untersuchung willkürlich ausdehnt. Durch die Festlegung des Prozessgegenstandes soll Missständen, wie sie aus den früheren Inquisitionsprozessen bekannt sind, vorgebeugt werden.

c) Folge des Akkusationsprinzips ist auch, dass der von der StA dem Gericht unterbreitete Lebensvorgang möglichst genau umrissen werden muss. Eine mangelhafte Bezeichnung der Tat stellt ein Verfahrenshindernis dar.[1] Darüber hinaus hat die Anklageschrift eine **„Informationsfunktion".** Lässt sie also den Anklagevorwurf nicht so deutlich erkennen, dass der Beschuldigte sich dagegen sachgerecht verteidigen kann, ist die Eröffnung des Verfahrens abzulehnen (LG Dresden StV 1996, 203). Doch kann dieser Mangel – anders als die zu einem Verfahrenshindernis führende Nichterfüllung der Umgrenzungsfunktion – noch in der Hauptverhandlung gem. § 265 geheilt werden (BGHSt 56, 183, 189ff.). Besonders str. sind in den letzten Jahren die Bestimmtheitsanforderungen geworden, die bei einer Vielzahl sexueller Übergriffe gegen Kinder zu stellen sind. Der BGH hält es für ausreichend, wenn das Tatopfer, die Grundzüge der Art und Weise der Tatbegehung, ein bestimmter Tatzeitraum und die Höchstzahl der vorgeworfenen Straftaten mitgeteilt werden.[2]

13 **IV.** Der **Gerichtsstand des Wohnsitzes** wird durch den Wohnsitz des Beschuldigten zur Zeit der Klageerhebung festgelegt (§ 8).

V. Durch die Erhebung der Klage wird der „Beschuldigte" zum „Angeschuldigten" (§ 157).

---

[1] Vgl. BGHSt 5, 225; 10, 137; BGH GA 1973, 111; NStZ 1986, 275; 1991, 448; StraFo 2007, 290; OLG Frankfurt a. M. JR 1990, 39; OLG Karlsruhe NStZ 1993, 147; näher *Puppe,* NStZ 1982, 230; *Krause-Thon,* 1985; zur entsprechenden Problematik beim Eröffnungsbeschluss vgl. u. § 42 Rn. 12f.

[2] BGH NStZ 1995, 245; vgl. auch BGHSt 40, 44; 44, 153; 46, 130; BGH NStZ 1995, 200, 203 m. Anm. *Bohnert,* NStZ 1995, 460; BGH NStZ 1996, 294; 1997, 145. Zum Mißbrauch von Kindern über 14 Jahren vgl. BGH NStZ 1996, 349. Werden in der Hauptverhandlung weitere, den Tatzeitraum überschreitende Delikte ermittelt, so muß eine Nachtragsanklage erhoben werden, BGH StV 1996, 361.

E. Die Anklage im Einzelnen

I. Die Anklage ist ihrem **Inhalt** nach das Begehren an das beschließende Gericht, dass eine Hauptverhandlung stattfinden solle (§ 199 II). 14

II. Die StA ist kraft des Legalitätsprinzips (o. § 14) zur Anklage **verpflichtet,** wenn die Ermittlungen „genügenden Anlass zur Erhebung der öffentlichen Klage" bieten (§ 170 I), d. h., wenn ein **hinreichender Tatverdacht** i. S. d. § 203 vorliegt (s. o. Rn. 6f.).

III. Bei welchem Gericht die Klage zu erheben ist, bestimmt sich nach den Normen über die sachliche u. örtliche Zuständigkeit (dazu o. §§ 6, 7). 15

IV. Für die Anklage gilt in der Regel die Schriftform.

Ausnahmen bestehen im beschleunigten Verfahren (§§ 417, 418) und im Klageerweiterungsverfahren (§ 266).

V. Der **Inhalt** der Anklageschrift ist durch § 200 vorgeschrieben. Hiernach hat die Anklageschrift zu enthalten (i. E. s. Nr. 110 RiStBV): 16

a) den Namen des Angeschuldigten;

b) die ihm zur Last gelegte Tat, d. h. die Angabe der Tatsachen (der Handlungen und Unterlassungen), aus denen ihm ein Vorwurf gemacht wird (dieser geschichtliche Vorgang = dieser Tatsachenkomplex bestimmt den Prozessgegenstand!);

c) die gesetzlichen Merkmale der Straftat (etwa diejenigen des Diebstahls);

d) die anzuwendenden Strafvorschriften, z. B.: strafbar nach § 242 StGB; auch besondere Rechtsfolgen (z. B. besonders schwere Fälle oder die Sanktionen nach §§ 44, 69 StGB) sollten angeführt werden (*Kaiser,* NJW 1981, 1028).

Zu a) – d): Dieser Teil der Anklage ist der sog. *Anklagesatz,* den der StA in der Hauptverhandlung vorzutragen hat (§§ 200 I, 243 III); Beweiswürdigungen gehören nicht in den Anklagesatz, vgl. u. § 46 Rn. 6 m. Fn. 1. Ein Anklagesatz, der den Tatvorwurf nicht hinreichend konkretisiert, der also seiner „Umgrenzungsfunktion" nicht gerecht wird, begründet ein Verfahrenshindernis (s. o. Rn. 12). Zwar ist es zulässig, zur Verdeutlichung und ergänzenden Erläuterung des Anklagesatzes auf das wesentliche Ergebnis der Ermittlungen zurückzugreifen (BGHSt 5, 225, 227; BGHSt 46, 130, 134). Dagegen ist ein Rückgriff auf den sonstigen Akteninhalt ebenso wenig statthaft wie eine Änderung der in der Anklageschrift angegebenen Tatzeiten in der Hauptverhandlung, sofern dadurch eine anders individualisierte Tat zum Prozessgegenstand gemacht werden soll (BGHSt 46, 130, 133).

e) die Beweismittel, z. B.: Zeugnis des Bauern Jakob Hinterhuber in Moosbach (zur ggf. aus Gründen des Zeugenschutzes möglichen Nichtangabe des Wohnortes oder der Nichtoffenbarung der Identität eines Zeugen vgl. § 200 I 3, 4 i. V. m. § 68); 17

f) das Gericht, vor welchem die Hauptverhandlung stattfinden soll, also z. B.: „Ich beantrage, das Hauptverfahren vor dem Schöffengericht in Fürstenfeldbruck zu eröffnen";

g) den Namen des Verteidigers;

h) endlich ist in der Anklageschrift auch das wesentliche *Ergebnis der Ermittlungen* anzuführen (§ 200 II). Davon kann jedoch abgesehen werden, wenn die Anklage beim Strafrichter als Einzelrichter erhoben wird. Die Praxis macht von dieser Vereinfachungsmöglichkeit fast immer Gebrauch (*Krey* I, Rn. 348).

18 Im Übrigen führen Mängel in der Darstellung des Ermittlungsergebnisses (anders als beim Anklagesatz) nicht zur Unwirksamkeit der Anklage und des Eröffnungsbeschlusses (BGHSt 40, 390). Nur wenn das Ermittlungsergebnis ganz fehlt, ist die Anklage ebenfalls unwirksam; der Fehler kann auch durch die Erteilung von Hinweisen in der HV nicht geheilt werden. Nach OLG *Düsseldorf* StV 1997, 10 kann eine Ausnahme allenfalls bei ganz einfachen Sachverhalten und geständigen Angeschuldigten gelten (zw.).

19 **VI.** Beispiel einer Anklageschrift

Staatsanwaltschaft Göttingen, den 2.9.2003

bei dem Landgericht

Göttingen

– 9 Js 34/03 –

An das Amtsgericht

– Schöffengericht –

in Herzberg am Harz

Anklageschrift

Der Krankenpfleger K.-B. N., geb. am 25.3.1965 in Oyterdam, Kreis Verden, wohnhaft in Bremen-Osterholz, Wiesenstr. 5, Deutscher, verheiratet,

– Verteidiger: Rechtsanwalt Dr. K., Göttingen –

wird angeklagt,

am 3. Mai 2003 gegen 18.25 Uhr in Herzberg am Harz durch ein und dieselbe Handlung

a) grob verkehrswidrig und rücksichtslos die Vorfahrt nicht beachtet und dadurch fahrlässig Leib und Leben eines anderen gefährdet zu haben,

b) fahrlässig den Tod eines Menschen sowie

c) die Körperverletzung dreier anderer verursacht zu haben,

indem er

beim Einbiegen in die Göttinger Straße den vorfahrtsberechtigten Busfahrer I. zu einer scharfen Bremsung veranlasste, weswegen der dahinter fahrende L. mit seinem Lastwagen auf den vor ihm fahrenden Bus auffuhr und dabei einen Insassen tötete, drei Insassen in dem Bus des I. verletzte

– strafbar nach § 315c I Nr. 2a, III Nr. 2; §§ 222, 229, 52, 69 StGB –.

An der Verfolgung der fahrlässigen Körperverletzung (§ 229 StGB) besteht ein besonderes öffentliches Interesse (§ 230 I StGB).

Beweismittel:

I. Zeugen:

1) Otto I., wohnhaft …

2) Werner G., wohnhaft …

3) Gerda K., wohnhaft …

4) Horst-Helmut K., wohnhaft …

5) Ella St., wohnhaft …

6) Dr. med. Eckart S., wohnhaft …

7) Paul L., wohnhaft ...

II. Verkehrsunfallskizze, Bl. 3d. A.

Wesentliches Ergebnis der Ermittlungen

Der Angeschuldigte ist Krankenpfleger in der Städtischen Nervenklinik Bremen und verdient monatlich etwa 1 200 EUR netto. Er ist bisher nicht bestraft.

Zur Tatzeit befuhr er mit seinem Kfz Marke Opel, amtl. Kennzeichen HB-... in Herzberg die Heidestraße und bog dann links in die Göttinger Straße ein, die gegenüber der Heidestraße vorfahrtsberechtigt ist. Da sich an dieser Kreuzung ein Haus befindet, konnte er die Göttinger Straße nur sehr schwer einsehen. Trotzdem soll er, wie der Zeuge Otto I. angibt, mit einer Geschwindigkeit von über 40 km/h auf die Kreuzung zugefahren und dann unter Missachtung der Vorfahrt sofort in die Göttinger Straße eingebogen sein, ohne anzuhalten oder die Geschwindigkeit wesentlich herabzumindern. Der Zeuge I. bekundet weiter, er sei durch das Verhalten des Angeschuldigten gezwungen gewesen, den von ihm gesteuerten Bus sofort abzubremsen, um einen Zusammenstoß mit dem Wagen des Angeschuldigten zu verhindern. Durch die plötzliche Abbremsung des von I. gesteuerten Busses fuhr der dahinter fahrende Paul L. mit seinem Lastwagen auf den Bus auf. Während die Businsassen Werner G., Gerda K. und Horst-Helmut K. hierdurch hinstürzten und schmerzhafte Prellungen sowie Stauchungen erlitten, brach sich die Businsassin Frieda P. bei ihrem gleichfalls durch das Bremsmanöver verursachten Sturz den Oberschenkelhals. Trotz fachgerecht durchgeführter Operation starb die an Bluthochdruck und Diabetes leidende Verletzte 2 Tage später an einer Lungenembolie, die auf die Operation zurückging und trotz fachgerechter Behandlung nicht mehr beherrscht werden konnte, wie der sachverständige Zeuge Dr. Eckart S. angeben wird.

Diese Angaben werden von dem Angeschuldigten zwar bestritten, aber durch die Bekundungen der Zeugin Ella St. bestätigt. Diese Aussage der St., die von dem Fenster ihrer Wohnung aus den Vorfall als Unbeteiligte beobachten konnte, stimmt auch hinsichtlich der Geschwindigkeit des Angeschuldigten mit der des I. völlig überein.

Es wird beantragt,

das Hauptverfahren vor dem Amtsgericht – Schöffengericht – in Herzberg am Harz zu eröffnen.

(Müller)

Staatsanwalt

§ 41. Das Klageerzwingungsverfahren

Literatur: *Frisch,* Der Begriff des „Verletzten" im Kl.erzw.verf., JZ 1974, 7; *Werner,* Der Einfluß des Verletzten auf Verf.einstellungen der StA, 1986; *Bischoff,* Das Kl.erzw.verf., 1987; *Wehnert,* Rechtl. und rechtstatsächl. Aspekte des Kl.erzw.verf., 1988; *Langer,* Zur Kl.erzw. wegen Verfolgung Unschuldiger, JR 1989, 95; *Jans,* Die Aushöhlung des Kl.erzw.verf., 1990; *Zielinski,* Zur Verletzteneigenschaft usw. bei Straftaten zum Nachteil der AG, wistra 1993, 6; *Machalke,* Die Funktion des OLG im Klag.erzwing.verf., 1996; *Hefendehl,* Der Begriff des Verletzten im Kl.erzw.verf. bei mod. Rechtsguts- und Deliktsstrukturen, GA 1999, 584; *Rackow,* Die Darstellung der Verletzteneigenschaft usw. im Antrag auf gerichtl. Entscheidung, GA 2001, 482; *Schünemann,* Der Ausbau der Opferstellung im Strafprozeß, FS Hamm, 2008, 687; *Tiedemann,* Zur Klageerzwingungsbefugnis von Aktionären und GmbH-Gesellschaftern, FS Mehle, 2009, 625; *Preuß,* Das Klageerzwingungsverfahren, Jura 2016, 762.

A. Sinn und Zweck

I. Das Klageerzwingungsverfahren (§§ 172–177) ermöglicht dem Verletzten, die Einhaltung des Legalitätsprinzips durch die StA von einem unabhängigen Gericht überprüfen zu lassen. Obwohl die StA grds. nicht an die höchstrichterliche Rspr. gebunden (s. o. § 9 Rn. 14) und von den Gerichten in ihren amtlichen Verrichtungen unabhän- 1 gig ist (§ 150 GVG), kann sie auf diesem Wege ausnahmsweise doch zu einer gegen ihre Überzeugung verstoßenden Anklageerhebung gezwungen werden.

2 **II.** Nach seiner konkreten Ausgestaltung bezweckt das Klageerzwingungsverfahren nicht oder zumindest nicht unmittelbar die Gewährleistung des § 152 II als eines objektiven Rechtsprinzips, sondern stellt ein an Art. 19 IV GG ausgerichtetes Verfahren zum **Schutz** der sich aus dem Legalitätsprinzip und dem Anklagemonopol des Staates ergebenden subjektiven öffentlichen Rechte des durch die Straftat **Verletzten** dar (**and.** BVerfGE 51, 176, 187, dito zu § 153a BVerfG NJW 2002, 815). Dies wird v. a. an den Staatsschutzdelikten deutlich, bei denen keine Einzelperson verletzt und daher kein Klageerzwingungsverfahren möglich ist (OLG *Düsseldorf* JZ 1987, 836).

3 **III.** Weil nur weit weniger als 1% aller Einstellungen mit dem Klageerzwingungsverfahren angegriffen werden und die Erfolgsquote abermals weit unter 1% liegt (*Bischoff,* 1988; *Meyer-Krapp,* Das Kl.erzw. verf., Diss. Göttingen 2008, 101), kommt es in der Verfahrenswirklichkeit praktisch nicht vor. Mitverantwortlich hierfür sind die extrem hohen Zulässigkeitsanforderungen der Rspr. (s. u. Rn. 12). Gleichwohl ist es allein schon durch seine Existenz geeignet, die StA zu sorgfältigen Ermittlungen anzuhalten.

B. Die Ausgestaltung im Einzelnen

I. Voraussetzungen

4 1. Wenn die StA die Erhebung einer öffentlichen Klage ablehnt (sei es, dass sie einer Anzeige von vornherein keine Folge gibt oder aber das Verfahren später einstellt), so ist nach § 171 der Antragsteller (dazu o. § 39 Rn. 12) unter Angabe von Gründen zu **bescheiden.** § 171 ist eine Konkretisierung von Art. 17 GG, geht aber insoweit darüber hinaus, als eine Begründung des Bescheides nach Art. 17 GG nicht erforderlich ist (BVerfGE 2, 230); außerdem ist gem. § 171 S. 2 eine Rechtsmittelbelehrung vorgeschrieben, wenn der Antragsteller zugleich der Verletzte ist (näher *Solbach,* DRiZ 1984, 476).

5 2. Gegen den ablehnenden Bescheid kann nur derjenige Anzeigeerstatter das Klageerzwingungsverfahren betreiben, der zugleich der durch die Straftat **Verletzte** ist. Der Begriff des Verletzten in § 172 ist umstritten. Früher herrschte die Ansicht vor, dass nur der Träger des durch den Straftatbestand geschützten Rechtsguts dafür in Frage komme. Danach wäre etwa bei Tötungsdelikten kein Klageerzwingungsverfahren möglich. Nach der heute überwiegenden Meinung ist dagegen jeder als verletzt anzusehen, der „durch die behauptete strafbare Handlung in seinen berechtigten Interessen so beeinträchtigt ist, dass sein Verlangen nach Strafverfolgung einem als berechtigt anzuerkennenden Vergeltungsbedürfnis entspringt“.[1] Dieser Ansatz lässt sich präzisieren, indem man auf den Schutzbereich der verletzten Strafrechtsnorm abstellt und danach fragt, ob die Vorschrift zumindest auch den Schutz des Einzelnen oder eines bestimmten Personenkreises bezweckt.[2]

6 Bei Tötungsdelikten steht das Klageerzwingungsverfahren selbst den nicht unterhaltsberechtigten nahen Angehörigen zur Verfügung (arg. § 395 II Nr. 1; nicht bei § 323c StGB, OLG *Celle* NStZ 1988, 568;

[1] *Eb. Schmidt* II, § 171 Rn. 12; für eine weit. Ausdehnung *Gössel,* FS Dünnebier, 1982, 121.

[2] KG JR 2101, 480; OLG Karlsruhe NStZ-RR 2001, 112; OLG Celle NStZ 2007, 483; AK/*Moschüring,* § 172 Rn. 6 m. w. N.; SK/*Wohlers,* § 172 Rn. 25; *Frisch,* JZ 1974, 7, 11 f.; umfassend und di ff. *Hefendehl,* GA 1999, 584, 593 ff.

OLG *Düsseldorf* NJW 1992, 2370; zw.); bei Körperverletzungen dagegen nur dem an seiner eigenen Gesundheit Beschädigten. Beim Betrug ist im Allgemeinen nur der Geschädigte verletzt (nicht sein Erbe, OLG *Stuttgart* NJW 1986, 3153), der Getäuschte lediglich dann, wenn ihm Ersatzansprüche des Geschädigten drohen. Bei Schädigungen juristischer Personen sind „kraft Durchgriffs" auch deren Mitglieder zu dem Verletztenkreis zu rechnen.[3] Nicht verletzt ist dagegen der Insolvenzverwalter bei Straftaten gegen den Gemeinschuldner (OLG Koblenz NJW 1988, 3275). Eine auch nach der extensiven Auslegung zu fordernde fühlbare Interessenbeeinträchtigung liegt bei einer Falschaussage (§ 153 StGB) oder Rechtsbeugung (§ 339 StGB) nur bei den Beteiligten vor, deren Prozesslage dadurch verschlechtert wurde (OLG *Düsseldorf* JZ 1989, 404; NStZ 1995, 49; OLG *Karlsruhe* NStZ-RR 2001, 112). Bei Delikten gegen die Allgemeinheit gibt es keinen Verletzten, also ebenso nicht der einzelne Staatsbürger beim Staatsgefährdungsdelikt des § 86a StGB (OLG *Düsseldorf* NJW 1988, 2906), oder der Dienstherr eines bestochenen Amtsträgers (OLG *Nürnberg* NStZ 1997, 252).

3. a) Das gerichtliche Klageerzwingungsverfahren ist nur bei Straftaten zulässig, für die 7
das Legalitätsprinzip gilt (vgl. § 172 II 3; eine Ausnahme gilt für den darin nicht erwähnten § 154d, str.). Bei den privatklagefähigen Delikten ist das Klageerzwingungsverfahren nicht erforderlich, weil der Verletzte hier ja selbst die Klage erheben kann. Bedenklich ist aber im Hinblick auf den Verletztenschutz der völlige Ausschluss der Klageerzwingung bei Opportunitätseinstellungen. Da das Legalitätsprinzip immer weiter zurückgedrängt wird, sollte der Verletzte de lege ferenda auch bei Ermesseneinstellungen eine gewisse Kontrollmöglichkeit haben. Die Notwendigkeit gerichtlicher Zustimmung bei einem Teil der Einstellungen sichert den Verletzten nicht ausreichend, weil die Zustimmung kaum je verweigert wird. Besser wäre es daher, auf die vorherige gerichtliche Zustimmung ganz zu verzichten und auch bei Opportunitätseinstellungen allgemein ein Klageerzwingungsverfahren zuzulassen, das allerdings auf die Kontrolle eines Ermessensfehlgebrauchs durch die StA zu beschränken wäre.[4] Bedauerlicherweise hat BVerfG NJW 2002, 815 eine in diese Richtung zielende Interpretation des Art. 19 IV GG abgelehnt.

b) Unbenommen bleibt dem Verletzten auch nach geltendem Recht die Beschwerde 8
an den GenStA nach § 172 I (s. u. Rn. 9). Außerdem ergibt eine an Art. 19 IV GG orientierte verfassungskonforme Auslegung, dass das gerichtliche Klageerzwingungsverfahren auch dann zulässig ist, wenn die StA sich bei einem Delikt, für das das Legalitätsprinzip gilt, irrig auf das Opportunitätsprinzip beruft.[5]

c) Der ASt. kann nach § 172 grds. nur die Strafverfolgung an sich, nicht aber die Strafverfolgung unter einem bestimmten gesetzlichen Gesichtspunkt verlangen (so OLG *Karlsruhe* JR 1977, 215 m. Anm. *Meyer-Goßner;* a. A. OLG Hamm NJW 1974, 68).

II. Das „Vorverfahren"

1. Gegen den ablehnenden Bescheid nach § 171 muss der Verletzte binnen zwei Wo- 9
chen nach Bekanntgabe der mit Rechtsmittelbelehrung versehenen Einstellungsverfü-

---

[3] *Zielinski,* wistra 1993, 6; *Tiedemann,* FS Mehle, 2009, 625; LK/*Schünemann,* § 266 Rn. 227; and. die Rspr., s. OLG Braunschweig wistra 1993, 31; OLG Celle NJW 2007, 1223; OLG Stuttgart wistra 2001, 840. Als Konsequenz könnte bei Untreuehandlungen des Vorstands in der Praxis nicht von Aktionären, sondern nur vom Aufsichtsrat ein Klageerzwingungsverfahren betrieben werden, so dass kein Schutz gegen eine Kollusion von beiden bestünde.

[4] *Werner,* NStZ 1984, 401; *Weigend,* ZStW 96 (1984), 761, 787; *Schünemann,* 2008, 687, 698 f., noch weitergehend *Rieß,* Die Rechtsstellung des Verletzten im Strafverf., 1984, 77 ff.; krit. zur Ausdehnung der §§ 172 ff. auf die Fälle des Opportunitätsprinzips *Jans,* 1990.

[5] OLG Hamm MDR 1993, 460; 1997, 285; OLG Stuttgart NStZ 2006, 117.

gung bei dem vorgesetzten Beamten der StA **Beschwerde** einlegen (§ 172 I), d. h. bei dem GenStA, wenn der Einstellungsbeschluss von einem StA unterzeichnet ist (§ 147 Nr. 3 GVG!), dagegen bei dem OberStA, wenn ein Amtsanwalt einer selbstständigen Amtsanwaltschaft unterzeichnet hat.

10 2. Wenn die StA auf die Beschwerde hin die Ermittlungen zunächst wieder aufgenommen, dann aber das Verfahren erneut eingestellt hat, so braucht der Verletzte nicht noch einmal binnen zweier Wochen Beschwerde einzulegen, vielmehr kann er auf seine alte, von dem GenStA bisher nicht abschlägig beschiedene Beschwerde ohne Fristbeschränkung jederzeit zurückkommen (str.; vgl. *Niese*, JZ 1952, 647; *Eb. Schmidt* II, § 172, Nr. 10, 11).

3. Gegen die Versäumung der 2-Wochen-Frist ist in analoger Anwendung der §§ 44 ff., die ihrem Wortlaut nach nur für gerichtliche Fristen gelten, eine Wiedereinsetzung in den vorigen Stand möglich. Für den Antrag ist vor Abschluss des Beschwerdeverfahrens der GenStA, danach das OLG zuständig. Gewährt der GenStA die Wiedereinsetzung, ist das OLG daran gebunden (näher zum Ganzen *Bischoff*, 1986).

III. Das gerichtliche Klageerzwingungsverfahren

11 1. a) Gegen den ablehnenden Bescheid des GenStA kann binnen eines Monats **gerichtliche Entscheidung** beantragt werden (§ 172 II 1).

Dafür zuständig ist das OLG (§ 172 IV). Es ist deswegen gewählt, weil die für das etwaige Hauptverfahren in Frage kommenden Untergerichte nicht der Gefahr einer Vorbefangenheit ausgesetzt werden sollten.

12 b) Der **Antrag** muss die Gründe und Beweismittel (und infolgedessen auch hinreichende Anhaltspunkte für die Person des Beschuldigten, OLG *Oldenburg* MDR 1986, 692) für den hinreichenden Tatverdacht angeben und von einem Rechtsanwalt unterzeichnet sein (§ 72 III); damit soll haltlosen und querulatorischen Anträgen entgegengewirkt werden. Nach OLG *München* (NStZ 1984, 281) soll es auch noch nicht genügen, wenn der Anwalt einen Schriftsatz des Verletzten wörtlich übernimmt und hinzufügt, er übernehme die Verantwortung für den Inhalt. Das geht über den Wortlaut des Gesetzes hinaus. Zu Unrecht verlangt die Rspr. auch, dass der Antrag sich mit dem Einstellungsbeschluss der StA auseinandersetzt.[6] Ferner soll der Antrag so ausführlich sein müssen, dass das OLG in die Lage versetzt wird, ohne Rückgriff auf die Ermittlungsakten eine Schlüssigkeitsprüfung vorzunehmen (OLG Hamm GA 1993, 231); auch die Bezugnahme auf eingereichte Schriftstücke soll nicht ausreichen (OLG *Celle* NStZ 1997, 406). Ebenso soll der Antragsteller die Einhaltung der Fristen für die Beschwerde nach § 172 II i. e darlegen müssen (OLG Hamm NStZ 1992, 250 m. Anm. *Asper*, 555). In der Praxis sind diese übertriebenen Anforderungen der hauptsächliche Grund für den Misserfolg der meisten Verfahren (*Bischoff*, 1988).

13 Eine noch nicht endgültig geklärte Frage ist, ob einem Verletzten, der keinen zur Unterzeichnung seines Klageerzwingungsantrages bereiten Anwalt findet, ein *Notanwalt* analog § 78b ZPO beigeordnet werden

[6] So KG NJW 1969, 108; OLG Hamm MDR 1971, 680; OLG Koblenz NJW 1977, 1461; OLG Düsseldorf NJW 1988, 1337; OLG Schleswig NStZ 1989, 286 m. zust. Anm. *Wohlers*, NStZ 1990, 98; für die Verfassungsmäßigkeit eines solchen Verlangens BVerfG NJW 1979, 364; wie hier jedoch OLG Celle MDR 1987, 518; NStZ 1989, 43; *Schulz-Arenstorff*, NJW 1978, 1302; *Rieß*, NStZ 1989, 545. Vermittelnd OLG Bamberg NStZ 1989, 544, wonach die Anforderungen an den Klageerzwingungsantrag sich nach der Schwierigkeit der Rechts- und Beweislage richten und bei Einfachheit des Falles nicht überspannt werden dürfen. Dem nähert sich auch BVerfG NJW 1993, 382 (m. Anm. *Stoffers*, NStZ 1993, 497).

kann. Dies wird von der h. M. abgelehnt[7] mit der Begründung, eine entsprechende Regelung sei vom Gesetzgeber bei der letzten Reform der Prozesskostenhilfe bewusst ausgespart worden. Außerdem habe der Verletzte unter sämtlichen in der BRD zugelassenen Anwälten die Auswahl; finde er keinen zur Unterzeichnung bereiten Anwalt, dann sei dies ein Indiz für die Unsinnigkeit seines Vorbringens. Gerade solche unsinnigen Anträge sollten aber von den Gerichten ferngehalten werden. Die Argumente überzeugen jedoch nicht. Weder ist der letzten Reform der Prozesskostenhilfe eine bewusste Ablehnung der Notanwaltsbestellung zu entnehmen noch hat der Verletzte – aus zeitlichen (vgl. § 172 II 1) Gründen! – die Möglichkeit, sein Vorbringen sämtlichen Anwälten Deutschlands zu eröffnen. Richtiger wäre es daher, die Möglichkeit der Beiordnung eines Notanwaltes zu bejahen, solange sich aus den Darlegungen des Verletzten wenigstens in groben Zügen Zulässigkeit und mögliche Begründetheit des beabsichtigten Klageerzwingungsverfahrens ergeben (so auch: *Meyer-Goßner,* NStZ 1985, 234; *Rieß,* NStZ 1986, 433; OLG *Saarbrücken* NJW 1964, 1534; OLG Koblenz NJW 1982, 61).

2. a) Das OLG kann zur Aufklärung des Sachverhalts nach seinem pflichtgemäßen Ermessen die Akten der StA hinzuziehen oder auch selbst Ermittlungen anordnen und mit ihrer Vornahme einen beauftragten oder ersuchten Richter betrauen (§ 173 I, III). 14

b) Gem. § 173 II *kann* das OLG den Antrag dem Beschuldigten unter Bestimmung einer Erklärungsfrist mitteilen; nach §§ 33 III, 175 S. 1 *muss* dies geschehen, bevor dem Antrag stattgegeben werden darf. Anderenfalls ist dem Anspruch des Beschuldigten auf rechtliches Gehör (Art. 103 I GG) nicht genügt (BVerfGE 17, 356, 360ff.; BVerfGE 42, 172ff.). Soll der Antrag abgelehnt werden, so muss nur die StA gehört werden (§ 33 II).

c) Auch während des Klageerzwingungsverfahrens kann die StA eigene Ermittlungen wiederaufnehmen; doch erledigt es sich weder dadurch noch durch deren erneute Einstellung, sondern ggf. nur durch eine Klageerhebung der StA (OLG *Bamberg* NStZ 1989, 543; abw. OLG Koblenz NStZ 1990, 48).

3. Das OLG entscheidet über den Antrag in **Beschlussform.** Wenn kein hinreichender Tatverdacht vorliegt, verwirft es ihn kostenpflichtig (§§ 174 I, 177); wenn der Antrag begründet ist, beschließt es die Erhebung der öffentlichen Klage (§ 175 S. 1). Hat die StA eigene Ermittlungen (z. B. aus Rechtsgründen) von vornherein abgelehnt, so kann das OLG in sinngemäßer Anwendung der §§ 172ff. deren Aufnahme anordnen, um nicht selbst ein vollständiges Ermittlungsverfahren durchführen zu müssen.[8] 15

a) Den Klageerhebungsbeschluss hat die StA durchzuführen, indem sie eine Anklageschrift einreicht (§ 175 S. 2). Damit wird das Akkusationsprinzip zwar formell gewahrt, ist aber durch die Bindung der StA an die Entscheidung des OLG materiell doch erheblich eingeschränkt. 16

b) Weitere Pflichten der StA werden durch den Beschluss des OLG *nicht* begründet. Sie ist in der späteren Prozessführung unabhängig, kann etwa Freispruch beantragen und sogar der vom Gericht beschlossenen Einstellung nach § 153 II zustimmen (LR/*Beulke,* § 153 Rn. 64). Zum Ausgleich dafür steht dem Antragsteller gem. § 395 I Nr. 3 die Befugnis zu, sich nach Erhebung der öffentlichen Klage dem Verfahren als Nebenkläger anzuschließen.

[7] OLG Frankfurt a. M. NStZ 1981, 491; OLG Celle NStZ 1985, 234; OLG Düsseldorf NStZ 1985, 571; OLG Bremen NStZ 1986, 475 m. w. N.; OLG Hamm MDR 1988, 990.

[8] OLG Zweibrücken NStZ 1981, 193 mit abl. Anm. *Kuhlmann;* KG NStZ 1990, 355 m. zust. Anm. *Eisenberg,* JZ 1991, 47 und abl. Anm. *Wohlers,* NStZ 1991, 301; OLG Koblenz NStZ 1995, 50; sehr str.; für die Möglichkeit einer solchen „Ermittlungserzwingung" überzeugend *Rieß,* 1986.

c) Gegen den Klageerhebungsbeschluss des OLG steht dem Beschuldigten kein Rechtsmittel zur Verfügung (§ 304 IV); nur wenn ihm vorher das rechtliche Gehör versagt wurde, kann er sich des in § 33a bestimmten Rechtsbehelfs bedienen (s. o. § 23 Rn. 10).

17 4. Der Beschluss des OLG, durch den der Klageerzwingungsantrag verworfen wird, hat **beschränkte materielle Rechtskraft.** Gem. § 174 II kann danach die öffentliche Klage nur aufgrund neuer (d. h. dem OLG noch nicht bekannter) Tatsachen erhoben werden. Dasselbe muss auch für die umstrittene Frage gelten, ob ein erfolgloses Klageerzwingungsverfahren wiederholt werden kann (vgl. OLG *Braunschweig* NJW 1961, 934).

§ 42. Das Zwischenverfahren

Literatur: *Eb. Schmidt,* Anklageerhebung, Eröffnungsbeschluß, Hauptverf., Urteil, NJW 1963, 1081; *Nelles,* Zur Revisibilität „fehlerhafter" und „unwirksamer" Eröffnungsbeschlüsse, NStZ 1982, 96; *Rieß,* Eröffnungsentsch. auf unvollständiger Aktengrundlage, NStZ 1983, 274; *Krekeler,* Das Zwischenverf. in Wirtschaftsstrafsachen pp., wistra 1985, 54; *Gössel,* Überlegungen zur Überprüfung des Beweisgangs im Zwischenverf., FS Kleinknecht, 1985, 131; *Heghmanns,* Das Zwischenverf. im Strafprozeß, 1991; *Siewert/Mattheus,* Die Nachermittlungspflicht usw. vor Eröffnung des Hauptverf., DRiZ 1993, 353; *Loritz,* Krit. Betrachtungen zum Wert des strafprozessualen Zwischenverf., 1996; *Rieß,* Wider die Zurücknahme des Eröffnungsbeschlusses, FS Lüderssen, 2002, 749; *ders.* Einige Überlegungen zum strafprozessualen Zwischenverf., FS Rolinski, 2002, 239; *ders.,* Das Zwischen- oder Eröffnungsverfahren im Strafprozess, Jura 2002, 735; *Eschelbach,* Von der Eröffnung des Hauptverfahrens durch die Strafkammer, FS Richter II, 2006, 113; *Eisenberg,* Kriterien der Eröffnung des strafproz. Hauptverf., JZ 2011, 672; *Wohlers,* Vorbefassung durch Erlass des Eröffnungsbeschlusses, FS Roxin II, 2011, 1313; *Möllmann,* Der Anwendungsbereich der §§ 206a, 206b StPO, 2012; *Weidemann,* Der Eröffnungsbeschluss pp., FS v. Heintschel-Heinegg, 2015, 499.

A. Begriff und Bedeutung

1 **I.** Hat das Ermittlungsverfahren nicht zur Einstellung der Strafverfolgung geführt, so ist in aller Regel das sog. Zwischenverfahren vorgeschrieben, in dem die gerichtliche „Entscheidung über die Eröffnung des Hauptverfahrens" herbeigeführt wird (§§ 199–211). Lediglich im beschleunigten Verfahren der §§ 417–420 wird die Hauptverhandlung unmittelbar nach Abschluss der Ermittlungen durchgeführt.

2 **II.** 1. Die hauptsächliche **Bedeutung** des Zwischenverfahrens liegt in seiner **negativen Kontrollfunktion:** Indem Zulässigkeit und Notwendigkeit einer weiteren Strafverfolgung von einem unabhängigen Richter oder richterlichen Gremium in nichtöffentlicher Sitzung erörtert werden, soll eine weitere Möglichkeit geschaffen werden, die für den Betroffenen stets diskriminierende Hauptverhandlung abzuwenden. Deshalb erhält der Beschuldigte nach Mitteilung der Anklageschrift nochmals Gelegenheit, durch Beweisanträge und Einwendungen Einfluss auf die Eröffnung des Hauptverfahrens zu nehmen (§ 201).

3 2. Der **Wert** des Zwischenverfahrens ist freilich seit jeher **umstritten.** Hauptargument seiner Gegner ist, dass im Falle einer positiven Entscheidung das Gericht (zumindest nach außen) vorbelastet in die Hauptverhandlung geht, weil es den Angekl. schon mit dem Eröffnungsbeschluss (u. Rn. 8ff.) für hinreichend tatverdächtig erklärt hat (vgl. § 203). Diesem Einwand lässt sich die Berechtigung nicht absprechen. Denn das Gericht identifiziert sich in der Tat bis zu einem gewissen Grade mit der Anklage, wenn es die

Berechtigung ihres Vorwurfs schon vor der Hauptverhandlung für wahrscheinlich erklärt. Vor allem aber werden die über die Eröffnung entscheidenden Berufsrichter (u. Rn. 7) durch das hierfür notwendige Studium der Ermittlungsakten vermöge des Urteilsperseveranzeffekts in einer die Neutralität der Beweiswürdigung in der späteren Hauptverhandlung trübenden Weise beeinflusst (näher o. § 1 Rn. 16). Die Schöpfer der RStPO hatten das intuitiv erkannt und deshalb den Berichterstatter im Zwischenverfahren von der Mitwirkung in der Hauptverhandlung ausgeschlossen (§ 23 III RStPO), doch ist diese Garantie wie so viele andere in der Emmingerschen Notverordnung von 1924 gestrichen und seitdem nicht wieder erneuert worden (s. *Schünemann,* ZStW 114 [2002], 9ff.; dazu ausf. *Vormbaum,* Die Lex Emminger vom 4. Januar 1924, 1988). Dass das Gericht nicht den hinreichenden Tatverdacht selbst ausspricht, sondern nur noch die Anklage zulässt (§ 207 I), stellt nur eine verbale Verschleierung dieses Sachverhaltes dar; denn inhaltlich setzt die Zulassung der Anklage die Bejahung des hinreichenden Tatverdachts durch das Gericht voraus (§ 203 I). Die daraus gelegentlich gezogene Folgerung, dass der Eröffnungsbeschluss und mit ihm das Zwischenverfahren gänzlich abzuschaffen seien (so insb. *Eb. Schmidt* I, 161, Fn. 285; Nachtr. I 3), gibt andererseits vorschnell den Schutz preis, den die Möglichkeit der Eröffnungsablehnung für den Beschuldigten immerhin bedeutet (vgl. zum Ganzen LR/*Stuckenberg,* vor § 198 Rn. 15ff.). Mag auch in der Praxis in vielen Fällen das Hauptverfahren ohne viel Federlesen eröffnet werden, so ist doch zu bedenken, dass gerade in bedeutenden Verfahren (wie seinerzeit im Spiegel-Prozess) die Eröffnung nicht selten abgelehnt wird, die Kontrollfunktion des Zwischenverfahrens also voll zur Geltung kommt. Die richtige Lösung würde darin liegen, die Eröffnung nicht den Richtern des erkennenden Gerichts, sondern einem anderen Spruchkörper (dem „Eröffnungsgericht") oder einem eigenen „Eröffnungsrichter" zu überantworten; ähnlich der „Grand Jury" des amerikanischen Strafverfahrens.[1]

B. Einleitung und Durchführung

I. Das Zwischenverfahren wird dadurch eingeleitet, dass die StA die öffentliche Klage erhebt, indem sie eine Anklageschrift beim zuständigen Gericht einreicht und die Akten (bis auf ihre Handakten) dem Gericht vorlegt (§§ 170, 199 II). 4

II. Für das **Verfahren** nach Eingang der Anklageschrift gibt das Gesetz folgende Vorschriften: 5

1. Der Vorsitzende **muss** (s. § 201)

a) dem Angeschuldigten und ggf. dem Nebenkläger die Anklageschrift mitteilen,

b) ihn auffordern, Beweisanträge oder Einwendungen innerhalb einer bestimmten Frist vorzutragen und

c) ihm, soweit erforderlich, einen Pflichtverteidiger bestellen (§ 141 I).

Bringt der Angeschuldigte Anträge oder Einwendungen vor, so entscheidet nicht der Vorsitzende allein, sondern das Gericht durch unanfechtbaren Beschluss (§ 201 II). Über Beweisanträge wird nicht nach den für die Hauptverhandlung geltenden strengen Regeln des § 244 III, sondern nach pflichtgemäßem Ermessen entschieden (str.).

2. Das Gericht (s. u. Rn. 7) kann von Amts wegen oder auf Antrag nach § 201 ergän zende Ermittlungen anstellen und durch unanfechtbaren Beschluss einzelne Beweiserhebungen anordnen (§ 202); es kann aber auch die StA damit beauftragen (str.; verneinend KG JR 1966, 230f.; *Siewert/Mattheus* unter Hinweis auf § 150 GVG; wie hier OLG *Celle* GA 1959, 365; LG Münster JR 1979, 40 m. zust. Anm. *Peters*). Für 6

[1] Zur Grand Jury *Kamisar/LaFave/Israel/King/Kerr,* 774ff. Vgl. ferner *Wohlers,* 2011; funktional ähnl. der Vorschlag von *Loritz,* 1996, 133ff., anstelle des Zwischenverfahrens eine gesonderte Rechtsbehelfsmöglichkeit gegen die Anklage zur Überprüfung durch einen vom etwaigen Hauptverfahren ausgeschlossenen Richter zu schaffen.

Beweiserhebungen gilt das Freibeweisverfahren (s. o. § 24 Rn. 3). Ferner kann das Gericht den Stand des Verfahrens mit den Beteiligten erörtern (§ 212), vor allem (entspr. dem Ziel des VerständG, das die Vorschrift eingefügt hat) zur Einfädelung einer Urteilsabsprache.

C. Die Entscheidung des Gerichts

I. Zuständigkeiten

7 Über die Eröffnung des Hauptverfahrens entscheidet – als sog. „beschließendes Gericht" – das für die Hauptverhandlung zuständige Gericht (§ 199), jedoch ohne Laienrichter (§§ 30 II, 76 I 2 GVG): Beim AG (auch beim Schöffengericht) entscheidet der Strafrichter, bei der Großen Strafkammer des LG (und damit auch beim Schwurgericht) entscheiden die drei Berufsrichter (§ 76 I GVG, instruktiv BGHSt 60, 248) und beim OLG jeweils der ganze Senat (§ 122 II GVG). Ebenso paradox wie merkenswert ist, dass die reduzierte Hauptverhandlungs-Besetzung der Großen Straf- und Jugendkammern auf nur zwei Berufsrichter (§§ 76 II GVG, 33b II JGG, o. § 6 Rn. 19) *nicht* für den Eröffnungsbeschluss gilt (BGHSt 50, 267, 269).

II. Inhalt des Beschlusses

8 Der Beschluss des Gerichts kann positiv oder negativ ausfallen:

1. Zur **Eröffnung** des Hauptverfahrens (durch den **„Eröffnungsbeschluss"**) ist das Gericht verpflichtet, wenn nach dem Ergebnis des Vorverfahrens der Angeschuldigte einer strafbaren Handlung **„hinreichend verdächtig"** ist (§ 203), d. h., wenn seine Verurteilung mit überwiegender Wahrscheinlichkeit zu erwarten ist (BGHSt 53, 238, 242 f.). Ein öffentliches Interesse an der Durchführung einer Hauptverhandlung kann diesen Tatverdacht niemals ersetzen (dazu *Bockelmann,* NJW 1960, 217; *Güde,* NJW 1960, 519). Der „hinreichende" Verdacht genügt freilich nur für die Tatfrage. Vom Vorliegen der Verfahrensvoraussetzungen und von der Strafbarkeit der vorgeworfenen Handlung muss das Gericht überzeugt sein.[2]

9 a) In dem Eröffnungsbeschluss „lässt das Gericht die Anklage zur Hauptverhandlung zu" (§ 207 I). Es nimmt also nach außen nicht selbst Stellung; auch in der Hauptverhandlung verliest nicht der Vorsitzende den Eröffnungsbeschluss, sondern der StA den Anklagesatz (§ 243 III).

10 b) Der Eröffnungsbeschluss **bezeichnet** weiter das **Gericht,** vor dem die Hauptverhandlung stattfinden soll (§ 207 I i. V. m. § 209). In den Fällen der **beweglichen Zuständigkeit** (vgl. o. § 6 Rn. 10) hat das Gericht die Möglichkeit, die Zuständigkeitsentscheidung der StA zu korrigieren, wenn es deren Voraussetzungen anders beurteilt: Hält es ein Gericht niederer Ordnung für zuständig, so kann es von sich aus dort das Hauptverfahren eröffnen (§ 209 I); will es bei einem höheren Gericht eröffnen, so hat es diesem die Akten zur Entscheidung über die Zuständigkeit vorzulegen (§ 209 II).

[2] Vgl. *Krey* I, Rn. 367. Anders ist es dagegen bei doppelrelevanten Tatsachen, wenn also beispielsweise das Prozesshindernis der anderweitigen Rechtshängigkeit von Einzelheiten der angeklagten Tat abhängt. Damit dann nicht die Hauptverhandlung schon im Freibeweisverfahren antizipiert wird, muss hier für die Eröffnung die Wahrscheinlichkeit genügen, dass das Verfahrenshindernis nicht vorliegt (BGHSt 46, 349).

Im Verhältnis der allgemeinen Strafkammern zu den **Strafkammern mit besonderer Zuständigkeit** (s. o. § 6 Rn. 7) werden diese entspr. der Rangfolge des § 74e GVG wie Gerichte höherer Ordnung behandelt, können also mit bindender Wirkung eine Sache an die rangniedere Kammer abgeben, während die Kammer niedrigerer Ordnung die Akten der von ihr für zuständig gehaltenen Spezialkammer zur (bindenden) Entscheidung über die Eröffnung vorzulegen hat (§ 209a Nr. 1); der gleiche Vorrang kommt auch den mit Jugend- und Jugendschutzsachen befassten Kammern zu (§ 209a Nr. 2). Für die Hauptverhandlung hat dieser Beschluss aber keine Bindungswirkung, vielmehr kann dann das niedere Gericht gem. § 270 die Sache wieder erneut vor dem höheren anhängig machen (BGHSt 47, 311) – eine wenig zweckmäßige „Pingpong-Regelung".

c) Der Eröffnungsbeschluss kann in den vier Fällen des § 207 II (lesen!) auch *inhaltlich* von der **Anklage abweichen.** Soweit der Verfahrensgegenstand gegenüber der Anklage verändert wird (nämlich in den Fällen von § 207 II Nr. 1 und 2), hat die StA eine neue Anklageschrift einzureichen (§ 207 III). In den Fällen des § 207 II Nr. 3 und 4 ist das nicht erforderlich, weil nur die rechtliche Würdigung abweicht (vgl. aber § 243 III 3, 4); der Eröffnungsbeschluss muss dann aber (zumindest in Verbindung mit der Anklageschrift) erkennen lassen, welcher Tatsachenkomplex nach Auffassung des Gerichts die gesetzlichen Merkmale des neuen Tatbestandes erfüllt (BGHSt 23, 304; vgl. zum entspr. Erfordernis bei der Anklageschrift o. § 40 Rn. 16). 11

d) Das Fehlen eines Eröffnungsbeschlusses ist ein Prozesshindernis und führt zur Einstellung (BGH StV 2013, 132 m. Anm. *Steinberg*). Ein weiteres gerichtliches Verfahren setzt dann eine neue Anklage voraus; die Bezugnahme auf die alte Anklage genügt nicht (OLG Frankfurt a. M. MDR 1988, 78). Das ist eine klare und wegen der Schutzfunktion des Zwischenverfahrens auch einleuchtende Regelung. Weitaus weniger klar sind dagegen die Rechtsfolgen eines **mangelhaften** Eröffnungsbeschlusses. Hier ist zwischen der Feststellung, ob überhaupt ein Mangel vorliegt, und der Frage seiner Heilbarkeit zu unterscheiden. 12

aa) Zu den Mängeln des Eröffnungsbeschlusses gibt es eine reichhaltige Rspr., die aber alles andere als gradlinig verläuft. Unzureichend ist ein Eröffnungsbeschluss z. B., wenn die Unterschrift eines Richters fehlt (BGH StV 1983, 2, 318; StV 1986, 329; a. A. BayObLG NStZ 1989, 489 m. Anm. *Naucke*, StV 1990, 397), wenn das Gericht in fehlerhafter Besetzung entschieden hat (BGHSt 50, 267, 270f.) oder wenn Ort, Zeit, Opfer und Schaden nicht angegeben werden (BGH StV 1986, 329). Auch ein Beschluss, eine von einem anderen Gericht vorgelegte Sache zu übernehmen, ist kein Eröffnungsbeschluss (BGH StV 1984, 363; NStZ 1987, 239). Zu großzügig will dagegen OLG Hamm in der Entscheidung über die Fortdauer der U-Haft mit anschließender Terminsbestimmung zur Hauptverhandlung einen Eröffnungsbeschluss erblicken (NStZ 1990, 146 m. zust. Anm. *Rieß*, JR 1991, 34).

bb) Allerdings können solche Mängel noch in der Hauptverhandlung vor Vernehmung des Angeklagten zur Sache geheilt werden. Ist der Eröffnungsbeschluss vergessen worden, so soll er in der Hauptverhandlung noch nachgeholt werden können (BGHSt 29, 224; ähnl. OLG *Köln* JR 1981, 213 m. abl. Anm. *Meyer-Goßner*). Angeklagter und Verteidiger haben dann nach den §§ 217, 218 einen Anspruch auf Aussetzung des Verfahrens. Verzichten sie auf Einhaltung der Ladungsfrist, so soll die Verhandlung sogleich weitergeführt werden können (BGHSt 29, 224). Die Gewährung einer solchen Nachholungsmöglichkeit[3] ist schon deshalb nicht unbedenklich, weil das Gericht bei schon begonnener Hauptverhandlung leichter als sonst geneigt sein wird zu eröffnen (zust. *Krey* I, 377ff.; *Beulke*, Rn. 294). Rechtsstaatlich inakzeptabel sind aber jedenfalls die revisionsrechtlichen Folgerungen, die der BGH aus der (im Einzelnen selbst unsicheren) Abgrenzung zwischen unwirksamen und mangelhaften Eröffnungsbeschlüssen ziehen will. Wenn der Eröffnungsbeschluss in einer unrichtigen Besetzung gefasst worden ist, soll er unwirksam sein, so dass ein auch in der Revision zu beachtendes Verfahrenshindernis vorliege (BGHSt 50, 267, 270f.). Die Revision soll auch dann begründet sein, wenn der Eröffnungsbeschluss nicht erkennen lässt, welche Variante eines Tatbestandes erfüllt sein soll, weil dann eine sachgerechte Verteidigung nicht möglich gewesen sei (BGH NStZ 1984, 133). Wenn der Mangel dagegen „nur" darin besteht, dass ein gem. § 22 ausgeschlosse 13

[3] Eine Nachholungsmöglichkeit noch in der Berufungsverhandlung lehnt jedoch auch BGHSt 33, 167 ab (zust. Anm. *Naucke*, JR 1986, 120).

ner Richter mitgewirkt hat,[4] soll dieser Mangel nicht einmal mit der Revision gerügt werden können, weil § 336 S. 2 unanfechtbare Beschlüsse für irrevisibel erklärt und dies auch auf den Eröffnungsbeschluss anwendbar sei.[5] Die fundamentale Bedeutung des Eröffnungsbeschlusses für die Verfahrensstruktur wird in dieser schwankenden Rspr. verkannt.

Zum Problem der nachträgl. Rücknahme von Eröffnungsbeschlüssen u. § 43 Rn. 11.

14 2. Für die negative Entscheidung des Gerichts gibt es mehrere Möglichkeiten:

a) Das Gericht **lehnt die Eröffnung** des Hauptverfahrens **ab,** wenn aus tatsächlichen oder rechtlichen Gründen eine Freisprechung zu erwarten ist (§ 204 I), d. h., wenn kein hinreichender Tatverdacht besteht, wenn ein endgültiges Verfahrenshindernis gegeben ist oder wenn die vom Angeschuldigten begangene Tat nicht strafbar ist.[6]

b) Eine **endgültige Einstellung** aus Opportunitätsgründen kann das Gericht im Zwischenverfahren in den Fällen der §§ 153 II, 153a II und 153b II beschließen, aber nur mit Zustimmung der StA und des Angeschuldigten!

15 c) Eine **vorläufige Einstellung** des Verfahrens beschließt das Gericht bei Abwesenheit des Angeschuldigten (sofern nicht das Verfahren gegen Abwesende eingreift, §§ 285ff.) oder sonstigen vorübergehenden Hindernissen in der Person des Angeschuldigten (§ 205), z. B. wenn er nach der Tat in Geisteskrankheit verfallen ist (vgl. auch §§ 154 II, 154b IV). Darüber hinaus enthält § 205 nach zutreffender, wenn auch bestrittener Auffassung den allg. Rechtsgedanken, dass das Verfahren bei sämtlichen vorübergehenden Prozesshindernissen (z. B. wenn der erforderliche Strafantrag fehlt, aber noch nachzuholen ist) vorläufig eingestellt werden muss (a. A. *Schlüchter,* Rn. 88).

Dagegen kommt eine analoge Anwendung des § 205 nicht in Betracht, wenn ein Zeuge unauffindbar oder in absehbarer Zeit nicht vernehmungsfähig ist; denn der Angeklagte hat ein Recht darauf, dass sein Verfahren in angemessener Zeit zu Ende geführt wird (OLG *Düsseldorf* StV 1984, 412; OLG Frankfurt a. M. NStZ 1982, 218; OLG Koblenz StV 1993, 513). Anders aber, wenn das Hindernis bald beseitigt werden kann (*Meyer-Goßner,* JR 1984, 436).

16 3. Das Gericht hat gegebenenfalls auch über **U-Haft** oder **vorläufige Unterbringung** zu entscheiden.

a) Bei Eröffnung des Hauptverfahrens muss es über die Anordnung oder Fortdauer der U-Haft etc. beschließen (§ 207 IV).

b) Bei Ablehnung der Eröffnung oder endgültiger Einstellung des Verfahrens muss es den Haft- oder Unterbringungsbefehl sofort **aufheben** (§ 120 I 2).

---

[4] Nach BayObLG MDR 1991, 890 soll ein Eröffnungsbeschluss sogar dann noch wirksam sein, wenn vergessen worden ist, in dem Formular den Namen des Angeschuldigten und den Gegenstand des Verfahrens einzutragen.

[5] BGH NStZ 1981, 447 m. Anm. *Rieß;* 1985, 464; noch offen gelassen in BGHSt 29, 351, 358; zutr. gegen die Anwendung von § 336 S. 2 auf Eröffnungsbeschlüsse *Nelles,* NStZ 1982, 100.

[6] Ob und inwieweit eine „Doppelbegründung" (Ablehnung aus tatsächlichen wie rechtlichen Gründen, wegen eines Verfahrenshindernisses und aus sachlichen Gründen) zulässig ist, ist umstr. Näher dazu *Martin,* NStZ 1995, 528; *Krack,* FS Beulke, 2015, 819.

III. Rechtsmittel

1. Der **Eröffnungsbeschluss** kann grds. weder vom Angeklagten (so heißt er jetzt, § 157!) noch von der StA (Ausnahme § 210 II 2. Fall) angefochten werden (§ 210). Eine weitere Verzögerung wäre – nach dem langwierigen Vor- und Zwischenverfahren – nicht mehr angemessen; beide (Angekl. und StA) haben in der Hauptverhandlung hinreichend Gelegenheit, ihren Standpunkt zur Geltung zu bringen. Gegen den **ablehnenden Beschluss** steht der StA dagegen die sofortige Beschwerde zu (§ 210 II). 17

2. Hat diese **Erfolg,** so kann das Hauptverfahren vom Beschwerdegericht selbst (§ 309 II) vor dem angerufenen Gericht, auch einer anderen Kammer (§ 210 III 1) bzw. Abteilung (arg. § 354 II) oder einem anderen Senat (§ 210 III 2) oder vor einem benachbarten Gericht gleicher Ordnung eröffnet werden. Im Hinblick auf den Grundsatz des gesetzlichen Richters bedarf die Eröffnung vor einem anderen Spruchkörper besonderer Gründe (*Marcelli,* 1986). 18

3. Der Beschluss, durch den die Eröffnung des Hauptverfahrens abgelehnt worden ist, entfaltet, sofern er durch Ablauf der Beschwerdefrist oder Zurückweisung der Beschwerde unanfechtbar geworden ist, eine **eingeschränkte Rechtskraft:** Die Klage kann jetzt nur noch aufgrund neuer Tatsachen oder Beweismittel wiederaufgenommen werden (§ 211). Das gilt auch, wenn die Rechtsauffassung, die zur Verwerfung geführt hat, fehlerhaft war (vgl. BGHSt 18, 225). 19

8. Kapitel. Das Hauptverfahren in erster Instanz

§ 43. Die Vorbereitung der Hauptverhandlung

Literatur: *Bohnert,* Die Einstellungsbeschlüsse nach § 206a, § 206b StPO, GA 1982, 166; *Hecker,* Rücknahme des Eröffnungsbeschlusses bei Fehlen oder Wegfall des hinreichenden Tatverdachts, JR 1997, 4; *E. Müller,* Terminsanberaumung, Terminsverlegung und Strafverteidigung, FS Widmaier, 2008, 357.

1 Das Hauptverfahren zerfällt in jeder Instanz in zwei Abschnitte, die Vorbereitung der Hauptverhandlung und die Hauptverhandlung selbst. Die **Vorbereitung der Hauptverhandlung** ist in den §§ 212–225 geregelt.

Zur Vorbereitung der Hauptverhandlung dienen
1. die Terminsansetzung (§§ 213, 217; u. Rn. 2);
2. die Ladungen zur Hauptverhandlung (§§ 214, 216, 218–222; u. Rn. 3ff.);
3. die Herbeischaffung der Beweismittel (§§ 214, 219, 221);
4. bei erstinstanzlichen Verhandlungen vor LG oder OLG die Mitteilung der Gerichtsbesetzung (§ 222a) und die Namhaftmachung der Zeugen (§ 222), vgl. u. Rn. 7ff.;
5. u. U. vorweggenommene Teile der Beweisaufnahme (§§ 223–225; u. Rn. 10);
6. nach dem Ermessen des Gerichts eine Erörterung des Verfahrensstandes mit den Beteiligten (§ 212), regelmäßig zwecks Auslotung oder Einfädelung einer Urteilsabsprache.

A. Terminsansetzung

2 Die **Terminsansetzung** erfolgt durch den Vorsitzenden (§ 213). Dieser muss dabei beachten, dass zwischen der Zustellung der Ladung an den Angeklagten und dem Termin eine Frist von einer Woche liegen muss. Diese Frist bezeichnet man als **Einlassungsfrist** oder **Ladungsfrist.** Ist die Frist nicht eingehalten, so kann der Angeklagte verlangen, dass die Hauptverhandlung ausgesetzt wird (§ 217); der Angeklagte ist nicht ordnungsmäßig geladen. Wenn er nicht erscheint, muss vertagt werden; Vorführung oder Verhaftung gem. § 230 II sind nicht zulässig. Die Revision kann auf die Nichteinhaltung der Ladungsfrist als solche (d. h. ohne einen Antrag nach § 217) nicht gestützt werden (BGHSt 24, 143).

B. Die Ladungen

I. Adressaten

3 Geladen werden: der Angeklagte, der Verteidiger, die Zeugen und Sachverständigen.

1. Die Ladung des **Angeklagten** ist verschieden, je nachdem, ob er sich auf freiem Fuße befindet oder nicht. Ersterenfalls erfolgt sie schriftlich unter der Warnung, dass im Fall seines unentschuldigten Ausbleibens seine Verhaftung oder Vorführung erfolgen werde; letzterenfalls kann ihm der Termin formlos bekanntgegeben werden (§ 216).

4 2. Der bestellte **Verteidiger** ist stets zu laden, der gewählte nur dann, wenn die Wahl dem Gericht angezeigt ist (§ 218). Im zweiten Fall muss bei Gefahr der Urteilsaufhe-

bung die Ladung auch dann erfolgen, wenn bisher keine Vollmacht vorgelegt worden ist (BGHSt 36, 259). Auch der Verteidiger hat Anspruch auf die Wahrung der Einlassungsfrist. Ist sie nicht gewahrt, kann er eine Aussetzung verlangen (§ 218 S. 2); wird diese abgelehnt, so ist i. d. R. die Revision nach § 338 Nr. 8 begründet (BGH NStZ 1985, 229; BayObLG StV 1985, 140; zu beiden Entsch. Anm. *Sieg,* StV 1986, 3).

3. Ferner zu laden sind **Zeugen und Sachverständige,** und zwar 5

a) die von der StA in der Anklageschrift oder später benannten,

b) die vom Gericht von Amts wegen gewünschten (§ 221) und

c) die vom Angeklagten verlangten.

Die Entscheidung über dessen Anträge trifft der Vorsitzende (§ 219). Er kann sie nur aus denselben Gründen ablehnen, die auch das erkennende Gericht nach § 244 III–V zur Ablehnung berechtigen. Allerdings darf er einen Antrag nicht mit der Begründung ablehnen, dass die unter Beweis gestellte Tatsache als wahr unterstellt werde (vgl. u § 45 Rn. 19). Denn diese Entscheidung lässt sich nur aufgrund des Ergebnisses der Beweisaufnahme treffen und steht damit ausschließlich dem erkennenden Gericht zu (BGHSt 1, 51).

Die Ablehnung eines Antrages nach § 219 ist stets nur eine *vorläufige* Entscheidung, da endgültig ablehnungsbefugt nur das erkennende Gericht in der Hauptverhandlung (§ 244 VI) ist. Abgelehnte Anträge können daher in der Hauptverhandlung wiederholt werden; hierauf ist der Angeklagte hinzuweisen, wenn der Vorsitzende den Antrag fehlerhaft behandelt hat (SK/*Schlüchter,* Loseblatt, § 219 Rn. 18). Auf die Ablehnung von Anträgen, die nur im Stadium der Vorbereitung der Hauptverhandlung gestellt und in der Hauptverhandlung nicht wiederholt worden sind, kann die Revision folglich nicht gestützt werden, KK/*Gmel,* § 219 Rn. 12; näher SK/*Schlüchter,* Loseblatt, § 219 Rn. 21–24.

II. Zuständigkeit

Die Ladungen werden vom Gerichtsvorsitzenden angeordnet und von der Geschäftsstelle des Gerichts ausgeführt (§ 214 I). Doch kann die StA weitere Personen unmittelbar laden (§ 214 III); sie bewirkt auch in der Regel die Herbeischaffung der Beweisgegenstände (§ 214 IV). 6

Der **Angeklagte** hat das Recht, Zeugen und Sachverständige zur Hauptverhandlung **unmittelbar zu laden,** und zwar nicht bloß dann, wenn das Gericht den Antrag auf Ladung dieser Person abgelehnt hat (§ 220). Diese Bestimmung ist in Verbindung mit der Bestimmung des § 245 II 1, dass die vom Angeklagten nach § 220 vorgeladenen und auch erschienenen Zeugen und Sachverständigen auf einen Beweisantrag hin grds. zu vernehmen sind, von großer Bedeutung. Die Ladung erfolgt in diesem Fall durch den (vom Angeklagten zu beauftragenden) Gerichtsvollzieher (§ 38). Die unmittelbar Geladenen sind nur dann zum Erscheinen verpflichtet, wenn ihnen vom Angeklagten ihre Zeugengebühren (durch den Gerichtsvollzieher) bar angeboten oder hinterlegt sind (§ 220 II). Der Zeuge muss auch dann erscheinen, wenn die Ladung seiner Meinung nach ausschließlich seiner Diffamierung oder politischer Agitation dienen soll und daher rechtsmissbräuchlich ist (KK/*Gmel,* § 220 Rn. 7 m. w. N. gegen KG JR 1971, 338 m. zust. Anm. *Peters* u. abl. Rezension *Wagner,* JuS 1972, 315).

C. Die Mitteilung der Gerichtsbesetzung und die Namhaftmachung der Zeugen

7 1. Bei erstinstanzlichen Verhandlungen vor dem LG oder OLG ist für jede Hauptverhandlung möglichst gleichzeitig mit der Ladung bzw. eine Woche vor der Hauptverhandlung, spätestens aber zu deren Beginn, dem Angeklagten und der StA die Besetzung des Gerichts, einschließlich etwaiger Ergänzungsrichter oder Schöffen (vgl. dazu § 192 II, III GVG sowie u. § 44 Rn. 36), vom Vorsitzenden schriftlich mitzuteilen; ändert sich die Besetzung bis zur Hauptverhandlung, so ist auch die Änderung mitzuteilen (§ 222a). Zugleich ist zu veranlassen, dass die für die Besetzung erheblichen Unterlagen von der Geschäftsstelle zur Einsichtnahme bereitgehalten werden (vgl. § 222a III).

8 Diese Mitteilungspflicht gehört zu einem Bündel gesetzgeberischer Maßnahmen, durch die der Gesetzgeber die Zahl der Strafverfahren reduzieren will, die allein wegen fehlerhafter Gerichtsbesetzung (Mängel oder Nichteinhaltung des Geschäftsverteilungsplanes, Fehler bei der Auswahl der Schöffen) auf eine mit der Revision angebrachte Besetzungsrüge hin wiederholt werden müssten: § 222b legt den Beteiligten die prozessuale Last auf, ihrerseits die Besetzung auf ihre Korrektheit zu überprüfen und etwaige Einwände mitsamt den sie begründenden Tatsachen bis zum Beginn der Vernehmung des ersten Angeklagten zur Sache geltend zu machen (§ 222b I). Nur wenn die Beteiligten einen solchen Einwand form- und fristgerecht vorbringen und nur soweit sie ihn mit Tatsachen belegt haben, können sie eine spätere Revision auf die Rüge vorschriftswidriger Besetzung des Gerichts stützen (Rügepräklusion, § 338 Nr. 1; dazu u. § 55 Rn. 39). Hält das Gericht, das in der Besetzung als beschließendes Gericht (§§ 76 I 2, 122 I GVG) entscheidet, den Einwand für begründet, „so stellt es fest, dass es nicht vorschriftsmäßig besetzt ist“; es ist dann Sache der nach Gerichtsverfassungsrecht zuständigen Organe, eine Änderung herbeizuführen. Hält das Gericht den Einwand für unzulässig oder unbegründet, so verwirft es ihn durch unanfechtbaren (§ 305) Beschluss. Stellt sich im Laufe der Hauptverhandlung heraus, dass das Gericht dennoch unvorschriftsmäßig besetzt ist, so ist es an diesen Beschluss gebunden mit der Folge, dass das Verfahren fortzusetzen ist. Der Angeklagte hat dann aber das Recht, die fehlerhafte Besetzung mit der Revision zu rügen.[1] Über die Handhabung dieser Vorschriften, die nicht gegen den Grundsatz des gesetzlichen Richters verstoßen (BVerfG NStZ 1984, 370), vgl. *Rieß*, JR 1981, 89.

9 2. Nach § 222 hat das Gericht die geladenen Zeugen und Sachverständigen der StA und dem Angeklagten rechtzeitig namhaft zu machen und ihren Wohn- oder Aufenthaltsort anzugeben, soweit nicht nach § 222 I 3 i. V. m. §§ 200 I 3 u. 4, 68 eine Beschränkung auf Angabe der ladungsfähigen Anschrift erfolgt oder die Identität des Zeugen nicht preisgegeben zu werden braucht. Geschieht dies nicht rechtzeitig, kann u. U. eine Aussetzung in Betracht kommen (§ 246 II–IV; näher BGH StV 1990, 196f. m. krit. Anm. *Odenthal*). Wird der Wohnort vorschriftswidrig nicht bekanntgegeben, so kommt eine Aussetzung nur in Betracht, wenn gerade die Kenntnis des Wohnortes für die Ermittlungen erheblich ist (BGH NStZ 1990, 352; vgl. auch o. § 26 Rn. 54f.). Die fehlende Wohnanschrift rechtfertigt es auch nicht, auf die Ladung des Zeugen zu verzichten (OLG *Stuttgart* NStZ 1990, 356).

[1] Vgl. LR/*Jäger*, § 222b Rn. 43ff.; *Wagner*, JR 1980, 50; *Boergen*, 1980; a. A. KG MDR 1980, 688; SK/*Deiters/Albrecht*, § 222b Rn 2.

D. Kommissarische Beweisaufnahme

Außerdem erfolgt möglicherweise in diesem Zeitabschnitt als vorweggenommenes Stück der Hauptverhandlung (gegen diese Kennzeichnung *Ranft,* Rn. 1405) eine **Beweisaufnahme vor dem beauftragten oder ersuchten Richter** (vgl. über diese Begriffe die §§ 361, 362 ZPO), also die Vernehmung von Zeugen oder Sachverständigen, die z. B. wegen Erkrankung oder Auslandsaufenthalts zur Hauptverhandlung voraussichtlich nicht erscheinen können. Während die Zeugenvernehmung vor der Hauptverhandlung nur in den Ausnahmefällen des § 223 zulässig ist, steht die Vorwegnahme eines Augenscheins im Ermessen des Gerichts (arg. §§ 225, 224). Bei dieser **kommissarischen Beweisaufnahme** sind die Verfahrensbeteiligten zur Anwesenheit zwar berechtigt, aber nicht verpflichtet (i. E. s. § 224). Beobachtungen des beauftragten Richters zur Glaubwürdigkeit eines kommissarisch vernommenen Zeugen, die nicht im Protokoll vermerkt werden, dürfen nicht durch dessen dienstliche Äußerung in die Hauptverhandlung eingeführt werden. Denn das betrifft die Schuldfrage und kann deshalb nur per Strengbeweis, also durch eine Zeugenaussage des Richters in die Hauptverhandlung eingeführt werden (BGHSt 45, 354, 356ff. gegen *Foth,* MDR 1983, 716, näher u. § 45 Rn. 17). Zu Vernehmungen im Ausland instruktiv MüKoStPO/*Arnoldi,* § 223 Rn. 17ff., 28ff. 10

Anstatt eine kommissarische Beweisaufnahme anzuordnen, kann das Gericht aber auch die gesamte Hauptverhandlung oder Teile davon gem. § 166 GVG ohne Rücksicht auf die Grenzen seines Gerichtsbezirks, aber natürlich nur in Deutschland am Aufenthaltsort des Zeugen, Sachverständigen oder Angeklagten durchführen (BGHSt 22, 250, 253).

E. Einstellung vor der Hauptverhandlung

Der zur Hauptverhandlung führende Verfahrensablauf kann in diesem Stadium auch dann i. d. R. nicht mehr „angehalten" werden, wenn sich etwa nunmehr die Unschuld des Angeklagten herausstellt; der Angeklagte erlangt mit der Eröffnung des Hauptverfahrens ein Recht darauf, sich in öffentlicher Verhandlung zu rehabilitieren! Von diesem Grundsatz gelten allerdings mehrere Ausnahmen: Falls ein Verfahrenshindernis jetzt erst entsteht oder offenbar wird, kann das Gericht das Verfahren außerhalb der Hauptverhandlung durch Beschluss einstellen (§ 206a); tritt durch Gesetzesänderung jetzt Straflosigkeit ein, so ist es dazu sogar verpflichtet (§ 206b); sodann kann die Einstellung aus Opportunitätsgründen auch noch vor Beginn der Hauptverhandlung erfolgen (vgl. §§ 153 II, 153a II, 153b II). Nach LG Nürnberg-Fürth NStZ 1983, 136 soll ein Eröffnungsbeschluss auch zurückgenommen werden können, wenn er auf unvollständiger Aktengrundlage ergangen war und nach Vervollständigung der Akten kein hinreichender Tatverdacht mehr besteht. Dies ist jedoch abzulehnen, weil dadurch dem Angeklagten der rechtskräftige Freispruch vorenthalten wird, der ihn vor erneuter Verfolgung besser schützt als § 211 (*Rieß,* NStZ 1983, 247; *K. Meyer,* JR 1983, 257; LG Lüneburg NStZ 1985, 41). Höchstens könnte man erwägen, in analoger Anwendung des § 206a aus prozessökonomischen Gründen und zur Ersparung einer auch bei einem Freispruch für den Angeklagten lästigen Hauptverhandlung eine Rücknahme des Eröffnungsbeschlusses mit gleichzeitiger Nichteröffnung dann zuzulassen, wenn der Tatverdacht schon vor Beginn der Hauptverhandlung entfallen ist 11

(*Ulsenheimer,* NStZ 1984, 440; *Hecker,* JR 1997, 4) und wenn der Angeklagte dies selbst beantragt (*Hohendorf,* NStZ 1985, 399); hier erscheint ein Verzicht auf die Rechtskraftwirkung des Freispruchs als vertretbar (vgl. auch o. § 14 Rn. 28).

§ 44. Die Hauptverhandlung

Literatur: *Gröner,* Strafverteidiger und Sitzungspolizei, 1964; *W. Schmid,* Die „Verwirkung" von Verf.rügen, 1967; *Fezer,* Die Funktion der mündl. Verhandlung im Zivilprozeß und im Strafpr., 1970; *Plötz,* 1980, u. *Hübner,* 1983 (s. Lit. zu § 12); *Weißmann,* Die Stellung des Vorsitzenden in der HV, 1982; *Schild,* Der Strafrichter in der HV, 1983; *Bohnert,* Beschränkungen der strafproz. Revision durch Zwischenverf., 1983, 137; *Jung,* Der sog. Grundsatz der gerichtl. Fürsorgepflicht, Recht und Gesetz im Dialog II, Saarbrücker Vorträge, 1985, 107; *Stein,* Die Anwesenheitspflicht des Angekl. in der HV, ZStW 97 (1985), 302; *Erker,* Das Beanstandungsrecht gem. § 238 II StGB, 1988; *Meyer-Goßner,* Die Entwicklung der Rspr. zum Begriff der „Vernehmung" in § 247 StPO, FS Pfeiffer, 1988, 311; *Niemöller,* Die Hinweispflicht des Strafrichters, 1988; *Gollwitzer,* Die Verf.stellung des in der HV nicht anwesenden Angekl., FS Tröndle, 1989, 455; *Hammerstein,* Verteidigung mit dem letzten Wort, ebda., 485; *ders.,* Die Grenzen des Erklärungsrechts nach § 257 I StPO, FS Rebmann, 1989, 233; *Gollwitzer,* Das Fragerecht des Angekl., GS Meyer, 1990, 147; *Häger,* Zu den Folgen staatsanwaltl. in der HV begangener Verf.fehler, ebda., 171; *Schlüchter,* Wider die Verwirkung von Verf.rügen im Strafprozeß, ebda., 445; *Rupp,* Haftbefehl gem. § 230 II StPO im Rahmen von Großverf., NStZ 1990, 576; *Böttcher,* Die HV als pädagog. Veranstaltung?, FS Hanack, 1991, 21; *Hammerstein,* Beschränkung der Verteidigung durch Hinausschieben der Beratung und Urteilsverkündung, ebda., 71; *Maatz,* Die Fortsetzung der HV in Abwesenheit des Angekl., DRiZ 1991, 200; *Hammerstein,* Kann die Reihenfolge der Beweiserhebung das Urteil beeinflussen?, FS Schmitt, 1992, 323; *Julius,* Zur Disponibilität des strafproz. Anwesenheitsgebots, GA 1992, 295; *Maatz,* Mitwirkungspflicht des Verteidigers in der HV und Rügeverlust, NStZ 1992, 513; *Widmaier,* Mitwirkungspflicht des Verteidigers in der HV und Rügeverlust(?), NStZ 1992, 519; *Basdorf,* Reformbedürftigkeit der Rspr. des BGH zu § 247, FS Salger, 1995, 203; *Gillmeister,* Die Hinweispflicht des Tatrichters, StraFo 1997, 8; *König,* Ist das Gericht berechtigt, möglicherweise sogar verpflichtet, seine Sicht vom bisherigen Ergebnis der Beweisaufnahme in der HV offen zu legen?, FS Friebertshäuser, 1997, 211; *Grasberger,* Verfassungsrechtl. Probleme der Hauptverhandlungshaft, GA 1998, 530; *Hohmann,* Das Erklärungsrecht von Angekl. und Verteidiger nach § 257 StPO, StraFo 1999, 153; *Ahlf,* „Neue Unmittelbarkeit" pp., in: *Lagodny* (Hrsg.), Der Strafprozeß vor neuen Herausforderungen?, 2000, 113; *Beulke,* Empirische und normative Probleme der Verwendung neuer Medien in der HV, ZStW 113 (2001), 709; *Lilie,* Die Zehn-Tage-Frist als Widerspruch zur Konzentrationsmaxime, ebda., 483; *Schleiminger,* Konfrontation im Strafproz., 2001; *Swoboda,* Videotechnik im Strafverfahren, 2002; *Radtke,* Das Strafverfahren als Diskurs?, FS Schreiber, 2003, 375; *Fahl,* Rechtsmißbrauch im Strafprozeß, 2004; *Kamp,* Der Haftbefehl nach § 230 Abs. 2 StPO aus der Sicht der Praxis, FS Rudolphi, 2004, 661; *A. Pott,* Rechtsprobleme bei der Anwendung von Videotechnologie im Strafprozess, 2004; *Mandla,* Die Unterbrechung der strafrechtl. HV, 2005; *Olk,* Die Abgabe von Sacherklärungen des Angekl. durch den Verteidiger, 2006; *Volk,* Die Anwesenheitspflicht des Angeklagten, FS Böttcher, 2007, 213; *Dahs,* Volenti non fit iniuria – warum nicht auch bei § 247 StPO?, FS Widmaier, 2008, 95; *Dencker,* Die Form der Vernehmung des Angekl. zur Sache, FS Fezer, 2008, 115; *Meyer-Goßner,* Videoaufzeichnung der HV – notwendige Reform oder Irrweg?, ebda., 135; *E. Müller,* § 257 III – Eine überflüssige Norm, ebda., 153; *ders.,* Gedanken zum letzten Wort des Angeklagten, FS Hamm, 2008, 489; *Britz,* Die Verlesung des Anklagesatzes nach § 243 III 1?, FS Egon Müller, 2008, 107; *Schlothauer,* Eintritt d. Ergänzungsrichters in die HV oder Hemmung d. Unterbrechungsfrist, ebda., 641; *Cornelius,* Konfrontationsrecht u. Unmittelbarkeitsgrds., NStZ 2008, 244; *Rieß,* Zur Entwicklung der Vorschriften über die Anwesenheitspflicht des Angeklagten in der Hauptverhandlung, FS Mehle, 2009, 549; *Salecker,* Das Äußerungsrecht des Angekl. pp., 2009; *Bischoff,* Der Zwischenbehelf des § 238 II StPO pp., NStZ 2010, 77; *Gerdemann,* Die Verwertbarkeit belastender Zeugenaussagen bei Beeinträchtigung des Fragerechts des Beschuldigten, 2010; *Salditt,* Das Letzte Wort des schweigenden Angeklagten, FS Samson, 2010, 699; *Mahler,* Das Recht des Beschuldigten auf konfrontative Befragung der Belastungszeugen pp., 2011; *Detter,* Einlassung mit oder durch den Verteidiger, FS Rissing van Saan, 2011, 97; *Schmitt,* Zum Konfrontationsrecht nach Art. 6 III d EMRK, ibid, 617; *Schlothauer,* Die Rspr. zum Verständigungsgesetz, StraFo 2011, 487; *Widmaier,* Präklusion von Verfahrensrügen pp., NStZ 2011, 305;

Nahrwold, Die Verständigung im Strafverfahren, 2014; *Schmitt,* Die Verständigung in der Revision, StraFo 2012, 386; *Burhoff,* Handbuch für strafr. HV, 6. Aufl., 2013; *Beukelmann,* „i.V." – Plädoyer für die Einschränkung pp., FS v. Heintschel-Heinegg, 2015, 21; *Schmitt,* Die Verständigung im Strafprozess pp., FS Tolksdorf, 2014, 399; *Bockemühl,* Früher war alles besser pp., FS v. Heintschel-Heinegg, 2015, 51

A. Bedeutung

Die Hauptverhandlung gilt herkömmlicherweise als Höhepunkt des gesamten Strafprozesses. Ihre Einführung war das Kernstück der Ablösung des Inquisitionsverfahrens durch den reformierten Strafprozess in der 1. Hälfte des 19. Jahrhunderts. Diese Aussage muss heute relativiert werden, weil ein großer Teil der Strafverfahren ohne Hauptverhandlung erledigt wird (vgl. etwa o. § 14, u. § 68) und weil die Hauptverhandlung, auch wo sie stattfindet, durch Ermittlungsverfahren und Eröffnungsbeschluss in erheblichem Maße präjudiziert wird (vgl. etwa o. § 39 Rn. 1, 35, § 42 Rn. 1 ff.). Gleichwohl ergeht erst in der Hauptverhandlung der endgültige, Rechtskraft schaffende Ausspruch über Schuld oder Unschuld des Angeklagten. Alle Beweise müssen hier noch einmal nach den Prinzipien der Mündlichkeit und Unmittelbarkeit (dazu u. § 46), nach den Regeln des Strengbeweises (dazu o. § 24) und unter der Kontrolle der Öffentlichkeit (dazu u. § 47) erhoben werden. Das Urteil darf allein aus dem „Inbegriff der Hauptverhandlung" gewonnen werden (§ 261). Auch der Grundsatz des rechtlichen Gehörs (s. o. § 18 Rn. 4 ff.) ist nirgends so umfassend ausgestaltet wie in der Hauptverhandlung (Vernehmung zur Person und zur Sache, Recht auf Zeugenbefragung und Abgabe von Erklärungen, letztes Wort, §§ 243, 240 II, 257, 258). Nach wie vor bietet also die Hauptverhandlung dem Angeklagten (und auch einem engagierten Verteidiger) beim Kampf um einen Freispruch oder eine glimpfliche Sanktionsentscheidung große Chancen. Jedoch hat sie durch die wachsende Prägewirkung der Ergebnisse des Ermittlungsverfahrens über Jahrzehnte einen in der sinkenden Freispruchsquote auch statistisch fassbaren Funktionsverlust erlitten und durch die ursprünglich contra legem erfolgte Etablierung der Urteilsabsprachen (o. § 17 Rn. 7 ff., u. Rn. 59 ff.) für grob geschätzt die Hälfte der Verfahren den faktischen Todesstoß erhalten. 1

B. Wichtige Bestandteile

I. Bedeutung der gesetzlichen Reihenfolge

Der **Gang der Hauptverhandlung** sowie die Vernehmung des Angeklagten sind bereits geschildert worden (o. § 4 Rn. 6, § 25 Rn. 4 ff.). Eine für die Rechte des Angeklagten erhebliche Zäsur liegt vor dem Beginn der Vernehmung zur Sache (§ 243 V): Mit der sachlichen Einlassung auf die Anklage verliert er grds. die Befugnis, die örtliche Unzuständigkeit des Gerichts (§ 16) bzw. die Unzuständigkeit der Strafkammer gem. § 6a oder in den Fällen des § 222a (vgl. dazu o. § 43 Rn. 8) die vorschriftswidrige Besetzung des Gerichts zu rügen (§ 222b I, s. auch II). 2

Lässt das Gericht einen im § 243 vorgesehenen Verfahrensabschnitt fort, so liegt prinzipiell ein revisibler Prozessverstoß vor. Insb. gilt das für den häufigen Fall, dass die Verlesung des Anklagesatzes (§ 243 III 1) vergessen wird. Vielfach sind dann nämlich die Schöffen, die die Anklageschrift nicht kennen, zu Beginn der Vernehmungen nicht in der Lage, zu überschauen, worum es i. E. geht. Das behindert ihr Verständnis und 3 kann das Urteil beeinflussen (BGHSt 8, 283; BGH NStZ 1986, 39, 374). Erfolglos bleibt die Revision bei unterlassener Verlesung des Anklagesatzes nur in ganz einfach gelagerten Fällen (BGH NStZ 1995, 200 mit krit. Anm. *Krekeler,* NStZ 1995, 299) und vor dem Strafrichter; denn in diesen Fällen kann das Urteil nicht auf dem Verstoß beruhen, weil keine Desorientierung eines Richters zu befürchten ist (BGH NStZ 1982, 518). Zur Verlesung eines Anklagesatzes, der unzulässige Beweiswürdigungen enthält, vgl. u. § 46 Rn. 6 m. Fn. 1. Zur Billigung der nur zum Teil erfolgten Verlesung des Anklagesatzes bei einer Vielzahl gleichförmiger Taten durch den GrS s. BGHSt 56, 109 m. zutr. abl. Rezension v. *Börner,* NStZ 2011, 436.

4 Auch dann, wenn das Gericht von der vorgesehenen Reihenfolge des Verfahrensverlaufs abweicht (BGH StV 1982, 457; NStZ 1981, 111; NStZ 1982, 170, 431; NStZ 1984, 521), ist i. d. R. ein revisibler Prozessverstoß zu bejahen. Wenn z. B. das Gericht entgegen §§ 243 V, 244 I mit der Zeugenvernehmung beginnt, bevor es den Angeklagten zur Sache vernommen hat, kann das Urteil durch diesen Verfahrensverstoß beeinflusst werden, weil dem Angeklagten die Möglichkeit genommen wird, die Richter zunächst mit seiner Sicht des Geschehens bekanntzumachen (BGH StV 1990, 245). Nur in sog. *Punktesachen,* d. h. in Strafverfahren, die eine Mehrzahl von Einzeltaten zum Gegenstand haben, ist es u. U. gestattet, den gesamten Prozessstoff in einzelne, abschnittsweise zu erörternde Tatkomplexe aufzugliedern (BGH StV 1991, 148). Nach einer allgemein gehaltenen Einlassung des Angeklagten zur Sache wird hier die Vernehmung zunächst auf das jeweilige Teilgeschehen beschränkt; nach deren Abschluss findet dann sofort die Beweisaufnahme statt (vgl. BGHSt 10, 342). Freilich darf dieses bei umfangreichen Sachen durchaus zweckmäßige Vorgehen nicht zu einer Beeinträchtigung des Rechts des Angeklagten führen, „seine Verteidigung vorweg zusammenhängend zu führen und das Gericht zu veranlassen, dass bei der nachfolgenden Beweisaufnahme die von ihm geltend gemachten Gesichtspunkte berücksichtigt werden" (vgl. BGHSt 19, 93, 97). Deshalb ist bei Einzeltaten eine von § 243 abweichende Verfahrensgestaltung gegen den Willen des Angeklagten oder seines Verteidigers niemals zulässig. Demgegenüber ist die Reihenfolge der Beweiserhebung grds. Sache des Vorsitzenden, muss aber den Grundsätzen des *fair trial* entsprechen (*Hammerstein,* 1992).

II. Die Vernehmung des Angeklagten zur Sache

4a Infolge der bei Urteilsabsprachen verbreiteten, rechtlich zw. Praxis, dass der Angekl. ein vom Verteidiger vorformuliertes *schlankes Geständnis* ablegt, kommt es neuerdings häufiger vor, dass sogleich der Verteidiger für seinen Mandanten (im Vorverfahren schriftliche, in der Hauptverhandlung) mündliche **Sacherklärungen** abgibt (zu den Problemen grdl. *Olk,* 2006). Nach BGHSt 39, 305 (w. N. bei *M-G,* § 261 Rn. 16a) sind diese aber nur zu Beweiszwecken verwertbar, wenn der Angekl. sie ausdrücklich als seine Aussage bestätigt. Vgl. zu weiteren Problemen *Detter,* 2011, ferner u. § 46 Rn. 18 zum Problem der schriftlichen Einlassung.

III. Letztes Wort des Angeklagten

5 Das **letzte Wort** in der Hauptverhandlung gebührt stets dem Angeklagten. Ist er nicht verteidigt, so erhält er nach dem StA das Wort zum Plädoyer (§ 258 I); erwidert der StA darauf, so ist dem Angeklagten eine erneute Stellungnahme zu ermöglichen (§ 258 II). Ist der Angeklagte verteidigt, so spricht sein Verteidiger nach dem StA (vgl. auch BGH NJW 1976, 1951); bei schwierigen Fällen oder umfangreichen Beweisaufnahmen ist die Hauptverhandlung auf Antrag des Verteidigers für eine angemessene Zeit zur Vorbereitung seines Plädoyers zu unterbrechen (KG NStZ 1984, 523). Auch wenn ein Verteidiger plädiert hat (sei es auch derjenige eines Mitangekl., BGHSt 48, 181), ist der Angeklagte stets „zu befragen, ob er selbst noch etwas zu seiner Verteidigung anzuführen habe" (§ 258 II). Das „letzte Wort" konkretisiert einerseits den

Grundsatz des rechtlichen Gehörs (vgl. o. § 18 Rn. 4ff.), geht aber andererseits zugunsten des Angeklagten über diese verfassungsrechtliche Minimalgarantie hinaus. Denn Art. 103 I GG verlangt nur, dass der Angeklagte überhaupt gehört wird, nicht, dass er in jedem Fall das letzte Wort hat. Der weitergehende Zweck des § 258 II, III liegt darin, dass der Angeklagte sich zum gesamten Prozessstoff abschließend soll äußern dürfen und dass die Richter sich unter dem frischen, letzten Eindruck seiner Person und seiner Sicht des Geschehens ins Beratungszimmer begeben sollen. Auch ist dem Angeklagten weitestgehende Verteidigungsfreiheit zu ermöglichen. Das Gericht muss sich auch Ausführungen über solche Umstände anhören, auf die es die Beweisaufnahme nicht zu erstrecken braucht, wenn der Angeklagte sie zur Erklärung seiner Beweggründe für wichtig hält (BGH StV 1985, 355). Das Gericht kann – anders als bei sonstigen Anträgen und Anregungen zu Verfahrensfragen – nicht verlangen, dass die in § 258 bezeichneten Anträge schriftlich gestellt werden (§ 257a S. 2). Auch bei einer Verständigung muss dem Angeklagten das letzte Wort gewährt werden, doch wird vom BGH regelmäßig verneint, dass das Urteil dann noch auf der Nichtgewährung des letzten Wortes beruhe (BGH StV 2010, 227; StV 2011, 335).

Bei einem späteren Wiedereintritt in die Hauptverhandlung (BGH MDR/H 1984, 799) muss das letzte 6
Wort stets von neuem erteilt werden (BGHSt 20, 273; BGHSt 22, 278). Entfallen darf das letzte Wort nur bei ausdrückl. Verzicht des Angeklagten; wenn dieser die Nichterteilung des letzten Wortes unbeanstandet lässt, ist es also nicht zulässig, daraus einen Verzicht mit der Folge einer Verwirkung der Revisionsrüge herzuleiten, wie es die Rspr. sonst zu tun pflegt, wenn kein Gerichtsbeschluss nach § 238 II herbeigeführt wird (s. u. Rn. 18 und BGHSt 3, 268). War der Angeklagte wegen ordnungswidrigen Benehmens nach § 231b aus dem Gerichtssaal entfernt worden, so muss er, wenn das nicht von vornherein völlig aussichtslos ist, wenigstens versuchsweise zum letzten Wort wieder vorgelassen werden (BGHSt 9, 77). Bei einem Verstoß gegen § 258 II, III sollte die Revision nach § 337 stets zur Aufhebung führen, weil sich nie ausschließen lässt, dass ein letzter Auftritt des Angeklagten mindestens das Strafmaß hätte beeinflussen können; § 337 wirkt insoweit also wie ein absoluter Revisionsgrund (dazu BVerfGE 54, 140). Anders und bedenklich BGHSt 22, 278; NStZ 1984, 521 für „besondere Ausnahmefälle", in denen der Angeklagte nichts mehr zur Verbesserung seiner Lage hätte vorbringen können; eine solche Möglichkeit nachträglich als von vornherein nicht bestehend zu erklären, widerspricht dem Zweck des Gesetzes. Etwas anderes kann höchstens dann gelten, wenn der Angeklagte sein letztes Wort zur Stellung immer desselben unzulässigen Antrages missbraucht (BGH NStZ 1985, 464). Inakzeptabel ist deshalb auch die Strategie des BGH, die Anforderungen an die nach § 344 II 2 erforderliche Darlegung des Verfahrensfehlers der Nichtgewährung des letzten Wortes dadurch zu verschärfen, dass alle der Urteilsverkündung vorausgegangenen Verfahrenshandlungen geschildert werden müssen (BGH StV 1995, 176 m. krit. Anm. *Ventzke*).

C. Unterbrechung und Aussetzung

I. Die Konzentrationsmaxime als Grundlage

Die Hauptverhandlung soll möglichst in einem Zug, d. h. ohne Unterbrechung bis 7
zur Urteilsverkündung, durchgeführt werden (sog. **Konzentrationsmaxime,** s. o. § 16 Rn. 3ff.).

Dieses Erfordernis beruht auf den Prinzipien der Unmittelbarkeit und Mündlichkeit, denn wenn die mündliche Verhandlung zu lange zurückliegt oder zu oft unterbrochen wird, geraten die Richter in die Gefahr, ihr Wissen nicht mehr aus der Erinnerung, sondern aus ihren internen und unkontrollierbaren Notizen über die früheren Verhandlungen zu schöpfen. Deswegen schreibt § 268 III 2 vor, dass die Urteilsverkündung „spätestens am elften Tage" nach dem Schluss der Hauptverhandlung zu erfolgen habe, andernfalls mit der Hauptverhandlung von neuem zu beginnen sei. In länger dauernden Verfahren ist bei Krankheit des Angeklagten oder eines Richters der Lauf dieser Frist gehemmt (für maximal sechs Wochen;

§§ 268 III 3, 229 III). Der Begriff der „Verhandlung" schließt dabei die Beratung nicht ein; denn bei zu langer Dauer der Beratung würde die Frische der Erinnerung auch dann getrübt werden, wenn die Verkündung schließlich innerhalb von elf Tagen nach Schluss der Beratung erfolgte. Ein Verstoß gegen § 268 III 2 führt i. d. R. zur Aufhebung des Urteils nach § 337.[1]

II. Regelungen für Unterbrechung und Aussetzung

8 Erweist sich gleichwohl die Hauptverhandlung als nicht in einem Zuge durchführbar, so ist zwischen der begrenzten, im Regelfall (§ 229 I!) maximal drei Wochen dauernden Unterbrechung und der in ihrer Dauer über die zulässige Unterbrechungsfrist hinausgehenden Aussetzung zu unterscheiden. Dabei hat der Gesetzgeber die zulässige Dauer einer Unterbrechung permanent ausgedehnt: Nach § 228 RStPO betrug sie höchstens drei Tage, mittlerweile sogar schon für den Normalfall drei Wochen (§ 229 I). Dass der Gesetzgeber hierdurch auf die Praktikabilitätsbedürfnisse der Justiz maximale Rücksicht genommen hat, ohne wenigstens im Ausgleich für eine zuverlässige Dokumentation der Beweisergebnisse (durch Protokoll oder Videoaufzeichnung, näher u. § 53 Rn. 4) zu sorgen, ist ein weiterer Beleg dafür, dass ihm das Verständnis für die gebotene Verfahrensbalance abhanden gekommen ist.

9 1. Die „normale", beliebig wiederholbare Unterbrechung beträgt bis zu drei Wochen und kann im Wege der Verhandlungsleitung vom Vorsitzenden angeordnet werden (§ 228 I 2). Außerdem kann nach § 229 II eine Hauptverhandlung auch bis zu einem Monat unterbrochen werden, wenn davor jeweils an zehn Tagen verhandelt worden ist; zusätzliche Unterbrechungen nach weiteren zehn Verhandlungstagen sind also ohne weiteres zulässig. Dass außer der schon nach § 229 I möglichen dreiwöchigen Unterbrechung zusätzlich Pausen von einem Monat statthaft sind, wirkt wie eine groteske Konzession an exzessive Urlaubswünsche der Verfahrensbeteiligten, denn für den Fall einer Erkrankung eines Richters oder des Angeklagten hat ja ohnehin § 229 III zusätzlich die Möglichkeit einer Fristhemmung bis zu 6 Wochen vorgesehen. Dass die Unterbrechung für einen Monat nicht vom Vorsitzenden allein angeordnet werden kann (§ 228 I 1), macht keinen großen Unterschied, zumal eine auf die Kompetenzanmaßung des Vorsitzenden gestützte Revision selten erfolgreich sein wird, weil das Urteil darauf i. d. R. nicht beruhen werde (BGHSt 33, 217). In ihrer Gesamtheit steht die Unterbrechensregelung des § 229 deshalb angesichts der begrenzten Reproduktionsfähigkeit des menschlichen Gedächtnisses und der fehlenden Dokumentation der Beweisaufnahme in einem unauflösbaren Widerspruch zu § 261, der die Gründung des Urteils auf den Inbegriff der Verhandlung fordert, und verletzt damit das Rechtsstaatsprinzip der Art. 20, 28 GG sowohl in Gestalt des fair trial (o. § 11 Rn. 4 ff.) als auch in Gestalt des Gebots der Funktionstüchtigkeit der Strafrechtspflege (o. § 1 Rn. 7), weil durch innerlich widersprüchliche Regelungen keine einzige Rechtspflegefunktion erreicht werden kann (krit. auch *Sommer,* StraFo 2004, 297; *M-G,* § 229 Rn. 1).

10 Nach Ablauf der Unterbrechung wird die Verhandlung an der Stelle fortgesetzt, an der sie abgebrochen wurde. Dauert die Unterbrechung wider Erwarten länger als erlaubt,

[1] Zutr. BGH NJW 2007, 448, 3013 m. zust. Anm. von *v. Freier* u. *D. Wolf,* HRRS 2007, 139, 285 gegen das obiter dictum in BGH NJW 2007, 96. Während § 268 III 2 die Konzentrationsmaxime damit im Grundsatz gewahrt hat (die in § 267 I RStPO ursprünglich enthaltene Frist auf 6 + 1 Tagen ist lediglich auf 10 + 1 verlängert worden), ist davon für die vor der Urteilsverkündung stattfindende Hauptverhandlung wegen der permanenten Ausdehnung der Unterbrechungsmöglichkeiten praktisch nichts mehr übrig geblieben (s. i. f.).

so wirkt sie wie eine Aussetzung (s. u. Rn. 11), führt also zur Wiederholung des gesamten Verfahrens (§ 229 IV 1; bei Fristablauf am Samstag sowie an Sonn- und Feiertagen kann die Verhandlung gem. § 229 IV 2 am nächsten Werktag fortgesetzt werden).

Ein Hauptverhandlungstermin kann den Ablauf der 10-Tage-Frist nur dann unterbrechen, wenn die Sache in diesem Termin tatsächlich gefördert worden ist (BGH StV 1996, 528; StV 2014, 1; BGHSt 58, 59 zu Feststellungen im Selbstleseverfahren). Ein rein formeller Termin, in dem lediglich das Nichterscheinen einer Zeugin erörtert wird, genügt dafür nicht (OLG *Celle* StV 1992, 101).

2. Die **Aussetzung** ist von der kürzeren Unterbrechung nicht nach dem Ausspruch des Gerichts, sondern nur nach der tatsächlichen Dauer abzugrenzen (RGSt 58, 358; BGH NJW 1982, 248). Sie erfordert einen Gerichtsbeschluss (§ 228 I 1) und hat zur Folge, dass die Hauptverhandlung später von neuem begonnen werden muss (§§ 228, 229). Die Verletzung dieser Vorschriften stellt einen relativen Revisionsgrund nach § 337 dar (s. u. § 55 Rn. 33ff.). 11

3. Zu einer Unterbrechung oder Aussetzung der Hauptverhandlung ist das Gericht teils von Amts wegen verpflichtet oder berechtigt, teils besteht eine Verpflichtung nur auf Antrag. 12

a) Einen Anspruch darauf hat der Angeklagte z. B. bei der Nachtragsanklage (§ 266 III: Unterbrechung), bei Nichteinhaltung der Ladungsfrist (§ 217 II: Aussetzung) und beim Hervortreten neuer belastender Umstande (§ 265 III: Aussetzung, s. BGHSt 48, 183); vgl. ferner § 246 II–IV (dazu BGHSt 37, 1). Keinen Anspruch auf die Aussetzung des Verfahrens hat dagegen der Angeklagte, der die Aufhebung der behördlichen Sperrung eines Zeugen (etwa eines V-Mannes, vgl. u. § 46 Rn. 33) in einem anderen gerichtlichen Verfahren durchsetzen will (BGH NStZ 1985, 466).

b) Eine Unterbrechung oder Aussetzung ist von Amts wegen anzuordnen, wenn eine Mittagspause angezeigt erscheint oder die Fortsetzung am folgenden Tag notwendig wird (Unterbrechung), wenn erst in der Hauptverhandlung ein Pflichtverteidiger bestellt wird (§ 145; je nach Sachlage Unterbrechung oder Aussetzung, s. BGHSt 13, 337) oder sich die Herbeischaffung weiterer Beweismittel als erforderlich erweist, und schließlich allg. aufgrund der gerichtlichen Fürsorgepflicht, wenn die Unterbrechung oder die Aussetzung zur genügenden Vorbereitung der Verteidigung erforderlich erscheinen (vgl. § 265 IV, wo die Aussetzung im Ermessen des Gerichts steht). Weist das Gericht erst kurz vor Schluss der Verhandlung darauf hin, dass eine Verurteilung nach § 211 anstatt § 212 StGB in Betracht komme, ohne dass die Voraussetzungen des § 265 III vorliegen, so reicht eine Unterbrechung von zwei Stunden für eine Vorbereitung auf die Verteidigung gegen den geänderten Tatvorwurf nicht aus; das Urteil muss dann wegen Verstoßes gegen die gerichtliche Fürsorgepflicht nach § 338 Nr. 8 aufgehoben werden (BGH NStZ 1993, 400). Sind überhaupt noch keine „Erträge", d. h. fortwirkende Beweisergebnisse erzielt, so ist das Gericht in der Wahl zwischen Unterbrechung und Aussetzung frei (BGHSt 52, 24). 13

c) Eine Aussetzung kann auch nach dem Ermessen des Gerichts zur Klärung einer zivilrechtlichen Vorfrage erfolgen, § 262 II. Unzulässig ist dagegen eine Aussetzung, um das Ergebnis eines anderen Strafverfahrens (quasi als *Muster-* oder *Pilotverfahren*) abzuwarten (*F. Knauer,* ZStW 120 [2008], 826ff.).

D. Leitung

I. Sachleitung und formelle Verhandlungsleitung

1. Die **Leitung** der Hauptverhandlung und die Beweisaufnahme erfolgen **grds.** durch den **Vorsitzenden** des erkennenden Gerichts (§ 238 I; zur Bedeutung dieser Regelung für die Verfahrensstruktur vgl. schon o. § 17 Rn. 5f., zu ihrer Problematik u. Rn. 59ff.); ihm obliegt auch die Ausübung der **Sitzungspolizei** (§ 176 GVG), die Ge- 14

währleistung der Beteiligungsrechte der Verfahrensbeteiligten und deren rechtmäßige Ausübung sowie der Schutz der Zeugen vor rechtswidrigen Angriffen (BGHSt 48, 372). Nur einzelne, besonders wichtige Akte der Verhandlungsleitung sind von vornherein dem Kollegium vorbehalten; vgl. §§ 27 I, 228 I 1, 231a, 231b, 236, 237, 244 IV, 247, 251 IV, 266, 270 StPO; §§ 172, 178 II 2. Alt. GVG.

15 2. Bei den Maßnahmen des Vorsitzenden wurde früher zwischen der **Sachleitung** und der **formellen Verhandlungsleitung** unterschieden, indem man vom Wortlaut von § 238 I und II ausging und die gem. Abs. 2 durch Anrufung des (gesamten) erkennenden Gerichts angreifbaren Sachleitungsmaßnahmen des Vorsitzenden gegenüber dem allgemeinen Begriff der Verhandlungsleitung stark einschränkte.[2] Diese These einer bestimmten Kategorie von die äußere Verfahrensgestaltung betreffenden Leitungsmaßnahmen des Vorsitzenden, die der Anfechtung durch die Beteiligten (d. h. nicht nur die StA, den Verteidiger und den Angeklagten, sondern auch die Beisitzer!) in abstracto entzogen seien, ist jedoch heute allgemein aufgegeben und durch eine funktionale Abgrenzung ersetzt worden, die ihrerseits in drei verschiedenen Varianten auftritt: Teils werden alle nach rechtlichen Kategorien überprüfbaren Anordnungen zur Sachleitung gezählt, so dass für die formelle Verhandlungsleitung lediglich die allein unter Zweckmäßigkeitsgesichtspunkten beanstandbaren Maßnahmen übrig blieben (25. Aufl., Rn. 13). Teils wird darauf abgehoben, dass der eine Beanstandung nach § 238 II erhebende Beteiligte in substantiierter Weise behaupten müsse, durch die Maßnahme beschwert zu sein.[3]

16 Praktisch bedeutet das, dass **sämtliche** von Beteiligten gerügten Anordnungen des Vorsitzenden mit Ausnahme der sitzungspolizeilichen Maßnahmen gegen Unbeteiligte (s. §§ 177ff. GVG) vom Gericht auf ihre Rechtmäßigkeit hin überprüft werden können. Z. B. ist die Fortsetzung der Verhandlung in den späten Abendstunden an und für sich nur eine formelle Maßnahme; sobald der Angeklagte dies aber unter Berufung auf seine Übermüdung nach § 136a rügt, muss darüber als einer zur Sachleitung gehörigen Anordnung vom Gericht beschlossen werden. Ebenso kann u. U. auch die Entlassung von Zeugen und Sachverständigen durch den Vorsitzenden nach § 248, rechtliche Relevanz erlangen. Wird also ein Zeuge entlassen, bevor der Angeklagte weitere Fragen stellen kann, so kann dies gem. § 238 II angegriffen werden (OLG *Stuttgart* NStZ 1994, 600).

II. Beanstandung nach § 238 II und Rügeverlust

17 Sehr umstritten ist die Bedeutung des § 238 im Falle einer **Anfechtung** des späteren Urteils.

1. Gegen einen rechtswidrigen Beschluss nach § 238 II kann zwar keine Beschwerde eingelegt werden (§ 305!), dafür entsteht daraus aber u. U. ein absoluter Revisionsgrund (§ 338 Nr. 8). Deswegen muss ein solcher Gerichtsbeschluss auch im Verfahren vor dem Strafrichter (§ 25 GVG) herbeigeführt werden können.[4]

[2] Etwa RGSt 42, 157, wonach nicht einmal gegenüber prozessordnungswidrigen Fragen des Vorsitzenden bei der Zeugenvernehmung das Gericht angerufen werden könne; BGH NJW 1957, 271 für den Fall der Fesselung des Angeklagten.

[3] Heute h. L., s. *Beulke,* Rn. 373; *Krey* II, Rn. 695f.; KK/*Schneider,* § 238 Rn. 9; eingehend *Erker,* 1988, 17ff.; SK/*Frister,* § 238 Rn. 20; SSW/*Grube,* § 238 Rn. 18.

[4] H. M.: OLG Düsseldorf StV 1996, 252 m. Anm. *A. Ebert,* NStZ 1997, 565; a. A. OLG Köln MDR 1955, 311. Zum ganzen *A. Ebert,* StV 1997, 269, der zutreffend ein Beanstandungsrecht, nicht aber eine mit Rügeverlust sanktionierte Beanstandungspflicht annimmt.

2. Nach der st. Rspr. des BGH (BGHSt 1, 325; BGHSt 3, 368; BGHSt 51, 144 m. Anm. *Mosbacher,* JR 2007, 387, u. *Widmaier,* NStZ 2007, 234; BGHSt 55, 65; Verf.-mäßigkeit bejaht von BVerfG JR 2007, 390) geht das Recht zur Rüge einer fehlerhaften Sachleitungsanordnung im Rechtsmittelverfahren verloren, wenn kein Gerichtsbeschluss nach § 238 II herbeigeführt wird. Zum Beispiel soll die durch den Vorsitzenden angeordnete Nichtvereidigung eines Zeugen mit der Revision nur gerügt werden können, wenn der Angeklagte oder sein Verteidiger in der Hauptverhandlung dagegen das Gericht angerufen haben (BGH GA 1988, 426; seit der Neufassung des § 59 fordert BGHSt 50, 282 zusätzlich einen Vereidigungsantrag, aber str., s. o. § 26 Rn. 42); dasselbe soll gelten, wenn der Vorsitzende sich weigert, nach Schluss der Beweisaufnahme noch Beweisanträge entgegenzunehmen (BGH NStZ 1992, 346) oder die Entfernung eines Zuhörers anordnet und dadurch den Öffentlichkeitsgrundsatz verletzt (BGH StV 2009, 680). Im Gesetz findet dies keine Stütze. Eine **Verwirkung des Rügerechts** kann nur dann angenommen werden, wenn der Maßnahme des Vorsitzenden absichtlich nicht widersprochen wurde, um das Urteil revisionsanfällig zu machen; eine solche Arglist kommt aber allenfalls beim Verteidiger und kaum beim rechtsunkundigen Angeklagten vor. Wenn auch kein ausdrücklich oder konkludent erklärter **Rügeverzicht** ersichtlich ist, entfällt daher bei Nichtanrufung des Gerichts für die Revision zwar der absolute Grund des § 338 Nr. 8, sie kann aber gleichwohl auf § 337 gestützt werden.[5] Das wird auch vom BGH für den Fall anerkannt, dass „sich der Vorsitzende über eine Verfahrensvorschrift hinwegsetzt, die keinen Entscheidungsspielraum zulässt" (BGHSt 42, 73, 78; BGHSt 55, 65, 60; BGHSt 45, 203, 205 für den Fall des § 252, StV 2012, 202 zu § 250). 18

Die heftig kritisierte „Verwirkungsrechtsprechung" ist damit in ihrem praktischen Effekt vom BGH selbst minimalisiert worden, denn wenn der Tatrichter einen Entscheidungsspielraum hatte, wäre die vom BGH als unzulässig behandelte Rüge zumeist jedenfalls unbegründet. Auch in systematischer Hinsicht ist sie (als eine Beschränkung des Rügerechts) geradezu bescheiden im Vergleich mit der ohne Anhalt im Gesetz erfundenen „Widerspruchslösung", nach der die eigentlich zu einem Beweisverwertungsverbot führenden Verfahrensfehler sogar definitiv geheilt sein sollen, wenn der Angeklagte nicht in der Hauptverhandlung der Verwertung widerspricht (o. § 24 Rn. 34).

III. Fragerechte der Prozessbeteiligten

1. Die Vernehmung des Angeklagten und der Zeugen erfolgt zwar grds. durch den Vorsitzenden (§ 238 I), daneben haben aber die Beisitzer, die StA, der Angeklagte und sein Verteidiger ein ausgedehntes **Fragerecht** (§ 240); lediglich die gegenseitige Befragung von Mitangeklagten ist untersagt (§ 240 II 2 – zw., aber laut BVerfG NJW 1996, 3408 verfassungsmäßig). 19

Vor allem das Recht auf Befragung der Belastungszeugen ist als sog. **Konfrontationsrecht** in Art. 6 III d EMRK garantiert und in einer umfangreichen Rspr. des EGMR als eine *„Stufentheorie"* näher ausgeformt worden (zuletzt *EGMR* NJW 2006, 2753 Fall *Haas*), die in zwei Entscheidungen des 1. Strafsenats übernommen und fortgeführt (BGHSt 46, 93; BGHSt 51, 150; zust. der 2. StS in BGHSt 55, 70, 74 ff.) und mittlerweile vom BVerfG unter dem Aspekt des Rechtsstaatsprinzips gebilligt worden ist (BVerfG StV 2010, 337 m. Anm. *Safferling*). Danach hat die Befragung des Zeugen in der Regel, aber nicht zwingend in der Hauptverhandlung in Anwesenheit des 20

[5] OLG Koblenz StV 1992, 263; i. E. s. *Schmid,* 1967, 248 ff.; wie hier auch *Beulke,* Rn. 375; ausführl. u. teilw. abw. *Bohnert,* 1983, 166 ff.; *Erker,* 1988, 147 ff.; *Lindemann,* StV 2010, 379 ff.

Angekl. zu erfolgen, widrigenfalls der Angeklagte entweder bei Erstattung der Aussage oder zu einem späteren Zeitpunkt die Gelegenheit haben muss, den Zeugen selbst oder notfalls über seinen Verteidiger zu befragen; ist auch dies ausgeschlossen, so müssen anderweitige Vorkehrungen dafür getroffen werden, dass das Verfahren in seiner Gesamtheit fair ist (Nachw. in BGHSt 51, 154). Wenn die Justiz alle zumutbaren Schritte unternommen hat, um eine konfrontative Zeugenvernehmung zu ermöglichen, die aber fehlgeschlagen sind, so darf auf die Aussage des betreffenden Belastungszeugen das Urteil bei sorgfältiger Würdigung gestützt werden, sofern es nicht einzig und allein auf dessen Angaben beruht. Fallen dem Staat hierbei Verfahrensfehler zur Last, so darf die Verurteilung nicht in einem entscheidenden Ausmaß auf die Angaben des betreffenden Zeugen gestützt werden, was der BGH in die Formel übersetzt hat, dass in einem solchen Fall dessen Angaben „durch andere gewichtige Gesichtspunkte außerhalb der Aussage bestätigt werden“ müssen.[6] Ob diese *„Beweiswürdigungslösung“* in der Praxis ausreichende Kautelen verbürgt oder eher eine perfekte Rabulistik bedeutet, ist allerdings sehr umstritten[7] und nötigt vor allem die Revisionsgerichte zu einer Art Ersatz-Beweiswürdigung (exemplarisch BGHSt 51, 157f.), die allein anhand der Urteilsgründe vorgenommen werden muss und deshalb keine zuverlässigen Ergebnisse liefern kann.

21 a) Nach § 241 II kann der Vorsitzende einzelne ungeeignete oder nicht zur Sache gehörige Fragen zurückweisen; dagegen kann nach § 238 II ein Gerichtsbeschluss herbeigeführt werden. Gem. § 242 ist ein solcher Beschluss ferner auch dann erforderlich, wenn eine Frage des Vorsitzenden oder die nicht vom Vorsitzenden zurückweisbare Frage eines Beisitzers (arg. §§ 241 II, 240 I) von der StA oder der Verteidigung beanstandet wird (gegen die Beanstandbarkeit berufsrichterlicher Fragen *Dölp,* NStZ 1993, 419; entschieden gegen Dölp *Schünemann,* StV 1993, 607).

22 b) Eine Frage ist nur dann *sachfremd,* wenn damit verfahrensfremde Zwecke verfolgt werden und sie sich nicht einmal mittelbar auf den Prozessstoff bezieht; entscheidungserheblich i. S. d. § 244 III 2 braucht die Frage nicht zu sein (BGH NStZ 1984, 133; NStZ 1985, 183). Auch eine Frage, die auf die Klärung der Glaubwürdigkeit des Zeugen abzielt, ist deshalb niemals sachfremd (KK/*Schneider,* § 241 Rn. 7). Sie ist *ungeeignet,* wenn sie gegen Vorschriften der StPO verstößt, z. B. eine dem Zeugen zur Unehre gereichende Frage, die nicht unerlässlich (d. h. zur Wahrheitserforschung notwendig) ist, § 68a (dazu i. E. BGHSt 2, 284; BGHSt 13, 252; BGH NStZ 1982, 170; NStZ 1990, 40). Ungeeignet sind auch Suggestivfragen oder schon eindeutig beantwortete Fragen (BGHSt 2, 284), sowie solche Fragen, durch die ein Zeuge nicht zur Bekundung von Tatsachen, sondern zu Einschätzungen oder Werturteilen aufgefordert wird (KK/*Schneider,* § 241 Rn. 10).

23 2. Dem Fragerecht kommt für die Wahrheitsfindung in der Hauptverhandlung eine so zentrale Aufgabe zu, dass jeder Verfahrensbeteiligte ein Recht zu seiner unmittelbaren Ausübung besitzt und nur bei der Vernehmung von Zeugen unter 18 Jahren in der Weise eine „Mediatisierung“ stattfindet, dass die Vernehmung zunächst vom Vorsitzenden durchgeführt wird und die Frageberechtigten ihre Fragen nur über den Vorsitzenden stellen können, der hierzu (vorbehaltlich einer Ungeeignetheit oder Sach-

[6] BGHSt 46, 93, 106; BGH NStZ 2005, 224f.; BGHSt 51, 155f.; 55, 78; BGH StV 2010, 57; EGMR JR 2015, 95, 100.

[7] *Weigend,* Gutachten C für den 62. DJT, 1998, 40, spricht von „kaum mehr als rhetorischen Hürden“; wegen der Unkontrollierbarkeit der Selektionsmechanismen ebenfalls krit. *Schünemann,* FS Meyer-Goßner, 2001, 401ff.; *Gleß,* NJW 2010, 3606; *Renzikowski,* FS Achenbach, 2011, 373ff.; umfassende Kritik bei *Gerdemann,* 2010. S. ferner u. § 45 Rn. 25, § 46 Rn. 33f.

fremdheit der Frage) verpflichtet ist, aber in der Gestaltung der Formulierung u. Ä. auf den Zeugenschutz Rücksicht nehmen kann (§ 241 a; krit. *Undeutsch,* FS Lange, 1976, 720 sowie u. Rn. 4 vor § 63).

Ein Dilemma entsteht in dem Fall, dass Prozessbeteiligte ihr Fragerecht missbrauchen, indem sie fortwährend unzulässige Fragen stellen, sei es zur Prozessverschleppung, sei es zur Verfolgung demonstrativer Ziele (KK/*Schneider,* § 241 Rn. 15). Eine Entziehung des Fragerechts, wie sie in der Rspr. gelegentlich für statthaft erklärt worden ist und auch im Schrifttum auf Zustimmung stößt,[8] ist sowohl wegen der fundamentalen Bedeutung des Fragerechts für einen fairen Prozess als auch wegen der Gesetzessystematik ausgeschlossen, weil eine solche in § 241 I nur für das Kreuzverhör (s. u. Rn. 24) zugelassen ist. Außerdem kommt ein derartiger Missbrauch des Fragerechts auf Seiten der Verteidigung in der Praxis weitaus seltener vor als eine durch den Urteilsperseveranzeffekt verursachte Verhandlungsleitung des Vorsitzenden, die den Belastungszeugen gegen ein intensives Verhör durch die Verteidigung abzuschirmen versucht, etwa indem der fragende Verteidiger in einer für den Zeugen kritischen Situation unterbrochen oder der StA das Recht zu Zwischenfragen gegeben wird.[9] Als Lösung bietet sich deshalb nur eine Analogie zu § 241 a II 1 an, indem dem Prozessbeteiligten nach einer Serie unzulässiger Fragen[10] aufgegeben werden kann, etwa noch gewünschte weitere Fragen zuvor komplett beim Vorsitzenden einzureichen (so BGH NStZ 1982, 158 f.; zust. die h. L., s. KK/*Schneider,* Rn. 16 m. w. N.).

3. Das aus dem angloamerikanischen Rechtskreis übernommene **Kreuzverhör** *(cross examination),* in dem die gesamte Zeugenvernehmung von der StA und dem Verteidiger erledigt wird, passt, weil es den Vorsitzenden aus der Verhandlungsleitung verdrängt, nicht in die Struktur des deutschen Strafprozesses. Es war als eine für das 19. Jh. enorm fortschrittliche „Experimentierklausel" gedacht und muss deshalb zwar auf übereinstimmenden Antrag von StA und Verteidigung durchgeführt werden (§ 239 I; gewisse Einschränkungen in §§ 239 II, 241 II). In der Praxis hat es sich aber nicht durchgesetzt, hauptsächlich deshalb, weil der Sitzungsvertreter der StA meistens über keine Aktenkenntnis verfügt und der Vorsitzende ohnehin auf der Marschroute der Ermittlungsakten vorgeht (o. § 1 Rn. 16). Zum „Wechselverhör" in der Strafprozessreform vgl. u. Rn. 61. 24

IV. Erklärungen der Prozessbeteiligten

Dem Fragerecht des Angeklagten, der StA und des Verteidigers bei der Beweiserhebung korrespondiert das Recht dieser Personen, nach jeder Beweiserhebung **Erklärungen** dazu abzugeben, die freilich den Schlussvortrag nicht vorwegnehmen dürfen; zur Abgabe von Erklärungen berechtigt sind StA und Verteidiger außerdem nach der Vernehmung des Angeklagten, dieser ist es seinerseits nach der Vernehmung eines jeden Mitangeklagten (§ 257 I; dazu *Salecker,* 2009). Der Angeklagte soll jedes Mal eigens befragt werden, ob er etwas zu erklären habe. § 257 ist nach h. M. als bloße Soll-Vorschrift nicht revisibel; das erscheint bedenklich, wenn zugleich das rechtliche Gehör vorenthalten wurde (Art. 103 I GG!). 25

[8] BGH MDR 1973, 371 f.; StV 1983, 139; OLG Karlsruhe NJW 1978, 436; KK/*Schneider,* § 241 Rn. 15 ff.; *Fahl,* 2004, S. 439 ff.; *Kudlich,* 1998, S. 321 f.; krit. *ter Veen,* 1983; 25. Aufl., 1998, § 42 Rn. 18.

[9] Wenn das durch Gerichtsbeschluss bestätigt wird, ist zwar die Revision nach § 338 Nr. 8 begründet, s. OLG Hamm StV 1993, 462; aber wenn das Gericht die Intervention des Vorsitzenden aufhebt, entfällt der Revisionsgrund, während die „Abschirmung" des Belastungszeugen in einer für ihn kritischen Situation in ihrer psychologischen Wirkung durch den Zwischenstreit sogar noch verstärkt wird.

[10] Um Rechtssicherheit zu schaffen, müsste der BGH hier ein bestimmtes Quantum definieren, etwa ein Dutzend o. Ä.

V. Gerichtliche Fürsorge- und Hinweispflicht

26 1. Über die bisher besprochenen Fälle hinaus besteht eine umfassende **gerichtliche Fürsorgepflicht,**[11] die v. a. gegenüber dem rechtsunkundigen Angeklagten das wichtigste Regulativ für eine fair gehandhabte Inquisitionsmaxime ist. Sie ist die Quelle aller jener zahlreichen Hinweis-, Belehrungs-, Frage- und Schutzpflichten, die teils in der StPO ausdrücklich normiert sind (s. die Zusammenstellung bei LR/*Kühne,* Einl. I, Rn. 121 ff.), teils von Rspr. und Rechtslehre entwickelt wurden (s. u. § 53 Rn. 28). Die Fürsorgepflicht ist eine der wichtigsten Auswirkungen des Anspruchs auf ein faires Strafverfahren (fair trial); dazu o. § 2 Rn. 9, § 11 Rn. 4 ff.

27 2. Ihre wichtigste Auswirkung ist die in § 265 aufgestellte **Hinweispflicht** bei einer **Veränderung des rechtlichen Gesichtspunktes,** die zugleich eine Konkretisierung des Art. 103 I GG darstellt. Da das Gericht innerhalb desselben Prozessgegenstandes die Möglichkeit hat, die ihm unterbreitete Tat anders aufzufassen, als dies in der zugelassenen Anklage geschehen ist (vgl. §§ 155 II u. 264 II), soll der Angeklagte vor Überraschungen, auf die er seine Verteidigung nicht einrichten konnte, bewahrt bleiben. Im Interesse einer erschöpfenden Sachaufklärung soll ihm Gelegenheit gegeben werden, sich zu dem veränderten Vorwurf zu äußern. Ausführlich zu den Einzelproblemen *Schlothauer,* 1986. Die Hinweispflicht beschränkt sich auf die Rechtsfrage. Dagegen ist das Gericht auch unter dem Gesichtspunkt fairer Verfahrensgestaltung nicht verpflichtet, Erklärungen zu Inhalt und Ergebnis einzelner Beweiserhebungen abzugeben und sich darüber zu äußern, ob es etwa die Aussage einer Zeugin anders verstanden hat als die Verteidigung.[12]

28 a) **Voraussetzung** dieser Hinweispflicht ist nach der Gesetzesfassung allein eine Änderung der **Rechtsauffassung,** die auch auf einer Änderung der Tatsachengrundlagen beruhen kann. Aus Art. 103 I GG und der Fürsorgepflicht wird man aber über den Wortlaut des § 265 hinaus folgern müssen, dass auch bei bloßer Änderung der **Tatsachengrundlage** – ohne Veränderung des rechtlichen Vorwurfs – ein Hinweis zu erfolgen hat.[13] Allerdings gilt das nur für subsumtionserhebliche Tatsachen, nicht für solche, die außerhalb der tatbestandsmäßigen Handlung liegen (BGH StV 1988, 472). Wegen der gleichen Bedeutung für die Verteidigungsführung muss der Hinweis in allen Fällen förmlich erfolgen, d. h. protokolliert werden.[14] Besondere Anforderungen ergeben sich für diejenigen Verfahren, in denen die Rspr. aus kriminalpolitischen Gründen auf die Umgrenzungs- und Informationsfunktion von Anklage und Eröffnungsbeschluss so gut wie vollständig verzichtet und sich mit der Angabe des „zeitlichen Rahmens der Tatserie" begnügt hat (o. § 40 Rn. 12). Hier ist das Gericht zur Gewährung rechtlichen Gehörs und eines fairen Verfahrens verpflichtet, den Angekl., sobald dies nach dem Verlauf der Hauptverhandlung möglich ist, durch ausdrücklichen Hinweis konkret und eindeutig darüber zu unterrichten, welchen genaueren Tatablauf es dem weiteren Verfahren zugrunde legen will, und zwar unter förmlicher Protokollierung (zutr. BGHSt 44, 153 ff.).

---

[11] Vgl. *Maiwald,* FS Lange, 1976, 745; *Plötz,* 1980, *Hübner,* 1983; zurückhaltend *Kühne,* Rn. 286 ff.; *Jung,* 1985; abl. *v. Löbbecke,* GA 1973, 200.

[12] BGHSt 43, 212. In der Tat kann man den von *Schünemann,* GA 1978, 161, 179 de lege ferenda unterbreiteten Vorschlag eines „Beweiswürdigungs-Statements" (wiederholt von *König,* 1997; *Ahlf,* 2000) nicht schon dem geltenden Recht subintellegieren; dasselbe gilt für die Forderung von *Gillmeister,* StraFo 1997, 12, dass das Gericht die Rechtsfragen bereits in der Hauptverhandlung erörtern und die notwendigen Hinweise erteilen müsse. Weitergehende Ansätze bei *Wachsmuth,* Das Recht des Angekl. auf Orientierung, 2008.

[13] Z. B. bei veränderten Feststellungen zur Tatzeit, BGH NStZ 1984, 422; 1994, 502; StV 1991, 149; allg. BGH NStZ 1991, 550; StV 1997, 237; OLG Bremen StV 1996, 301.

[14] Zutr. BGHSt 19, 88; 44, 153 (aber aufgegeben in NJW 1999, 802); a. A. BGHSt 19, 144; 28, 196, wo allerdings betont wird, es sei auf jeden Fall unerlässlich, dass der Angekl. von Gerichtsseite zu dem neuen tatsächlichen Gesichtspunkt befragt wird; BGH NStZ 1981, 190; BGHSt 48, 221, 226.

Der gegenteilige Standpunkt von BGHSt 48, 221, 226ff. verfehlt nicht nur diese in Art. 103 I, 20 GG und Art. 6 EMRK enthaltenen Garantien, sondern ist auch methodisch unhaltbar, weil der Wortlaut des § 265 und die Konzeption der Väter der RStPO (zur Stützung der eigenen Auffassung in BGHSt 48, 226f. herangezogen) die seinerzeit unvorstellbare Zulassung einer Anklage ohne präzise Individualisierung des Tatvorwurfes noch gar nicht einbezogen haben konnten. Es gerät aber die Verfahrensbalance aus den Fugen, wenn zunächst aus kriminalpolitischen Gründen bei Anklage und Eröffnungsbeschluss auf die Abgrenzungs- und Informationsfunktion weitestgehend verzichtet, die als Kompensation unerlässliche Intensivierung der gerichtlichen Hinweispflicht aber verweigert wird.

b) Für die Hinweispflicht ist es gleichgültig, ob das Gericht im Vergleich zur Anklage ein schwereres oder 29
ein leichteres Delikt annimmt, denn auch ein leichteres Delikt wird idR eine veränderte Verteidigung erfordern (z. B. beim Übergang von § 221 III zu § 222 StGB, BGH NStZ 1983, 424, oder von der Vollendung zum Versuch, BGH StV 1991, 8). Nur in seltenen Fällen wird es anders sein; so beim Wegfall eines in Idealkonkurrenz angewendeten Gesetzes (RGSt 37, 102) oder bisweilen auch dann, wenn ein qualifizierendes Tatbestandsmerkmal ausscheidet (so RGSt 53, 100, vgl. aber auch RGSt 51, 125) oder gegen ein anderes, wesensgleiches Tatbestandsmerkmal ausgetauscht wird (hierzu RGSt 30, 176 auf der einen und BGHSt 23, 95; BGHSt 25, 287; BGH NStZ 1984, 328 auf der anderen Seite). Soll ein als Mittäter Angekl. als Alleintäter verurteilt (BGH NStZ 1983, 569; NStZ 1990, 449; StV 1997, 64) oder von der Annahme der Alleintäterschaft zur Mittäterschaft übergegangen werden (BGH NJW 1985, 2488), so ist ein Hinweis erforderlich. Dasselbe gilt beim Übergang vom Mord zum Totschlag (BGH NStZ-RR 1996, 10) oder von einem Mordmerkmal zum anderen, wenn dadurch eine andere Verteidigung erforderlich werden kann (BGH StV 1984, 367; StV 2012, 70); oder beim Austausch der Bezugstat im Fall eines Verdeckungsmordes (BGHSt 56, 121);[15] ebenso beim Wechsel von Ideal- zu Realkonkurrenz (BGH StV 1991, 101). Enthält eine Vorschrift mehrere Tatbestandsalternativen, muss der Hinweis ergeben, welche von ihnen gemeint ist, sofern deren Begehungsweisen ihrem Wesen nach verschieden sind (BGH StV 1997, 237). Wenn das Gericht entgegen der Anklageschrift die Voraussetzungen des § 21 StGB (verminderte Schuldfähigkeit) annehmen oder ablehnen will, so erfordert das nach BGH (StV 1987, 427; NStZ 1988, 191 m. Anm. *Hilgendorf-Schmidt*) keinen Hinweis, weil der Angeklagte mit einer Überprüfung seiner Schuldfähigkeit ohnehin immer rechnen müsse.

c) Vor Anordnung einer in der Anklage und im Eröffnungsbeschluss nicht angeführten **Maßregel** der Bes- 30
serung und Sicherung ist der Hinweis nach § 265 II in demselben Umfang erforderlich wie nach § 265 I (BGH StV 1988, 329; BayObLG GA 1982, 325). Dasselbe gilt nach § 265 II für benannte Strafschärfungsgründe und auch dann, wenn die Verurteilung wegen eines besonders schweren Falles aufgrund eines Regelbeispieles in Betracht kommt (BGH NJW 1980, 714 gegen BGH NJW 1977, 1830).

d) Der Hinweis darf nicht zu allg. gehalten, sondern muss stets so *substantiiert* sein, dass dem Angeklagten 31
und seinem Anwalt eine sachgemäße Verteidigung gegen den veränderten Vorwurf möglich ist (s. BGHSt 13, 320; BGHSt 18, 56; BGH NStZ 1985, 563); wenn z. B. das Gericht von § 212 StGB auf § 211 StGB übergehen will, darf es sich nicht mit dem allg. Hinweis auf eine mögliche Mordverurteilung begnügen, sondern muss das in Betracht kommende Mordmerkmal ausdrücklich nennen (BGH NStZ 1983, 34) und auch die Umstände angeben, durch die es begründet werden soll (BGH NStZ 1993, 200). Ferner ist der Hinweis auch dann nicht entbehrlich, wenn es zu einer Verständigung gem. § 257c kommt (BGHSt 56, 235), wenn die Verfahrensbeteiligten diese Änderung schon selbst angesprochen haben (BGH JZ 1976, 790) oder das Gericht in einem Beschluss über die Haftfortdauer (BGHSt 22, 29) auf den neuen rechtlichen Gesichtspunkt eingegangen ist. In der gerichtlichen Anordnung, ein Gutachten über eine eventuelle Unterbringung in einem psychiatrischen Krankenhaus einzuholen, soll dagegen der erforderliche Hinweis auf diese mögliche Maßregel liegen (BGH NStZ 1992, 249). Der Hinweis auf eine mögliche Sicherungsverwahrung bedarf wegen der Schwere des Eingriffs einer besonderen Formenstrenge (BGH StV 1994, 232). Auch wenn das Gericht seiner Verurteilung neue Tatsachen zugrundelegen will, muss es den Angeklagten eindeutig und unmissverständlich darauf hinweisen; oft empfiehlt es sich, die veränderte Sachlage schriftlich zu fixieren (BGH StV 1996, 584).

[15] Dagegen bedarf es bei einer Mordanklage keines Hinweises auf die Möglichkeit einer Feststellung der „besonderen Schwere der Schuld" (§ 57a I 1 Nr. 2 StGB). Denn hier handelt es sich nicht um einen anderen rechtlichen Gesichtspunkt und auch nicht um neue Tatsachen; außerdem ergibt sich schon aus dem Mordvorwurf, daß diese Frage geprüft werden muss (BGH StV 1996, 650).

32 e) Zur Aussetzung nach § 265 III, IV s. o. Rn. 12f.

f) Bei Verhandlung in Abwesenheit des Angeklagten genügt es, wenn der Hinweis dem Verteidiger gegeben wird (§ 234a); hat der Angeklagte keinen Verteidiger, muss ihm der Hinweis nach seiner Rückkehr mitgeteilt werden.

g) In der Berufungsinstanz muss ein in der ersten Instanz erfolgter Hinweis wiederholt werden, wenn die Verurteilung nicht auf den anderen rechtlichen Gesichtspunkt gestützt worden war, so dass der Angeklagte mit einer Verurteilung daraus nicht mehr zu rechnen brauchte (BayObLG StV 1994, 643).

h) Der Verstoß gegen § 265 ergibt einen relativen **Revisionsgrund** nach § 337; dass das Urteil auf dem unterlassenen Hinweis beruhen kann, wird sich nur in seltenen Fällen ausschließen lassen (vgl. aber BGH NStZ 1995, 247 in einem Fall, in dem beim Wechsel vom Vorwurf der Alleintäterschaft zur Mittäterschaft ein Hinweis unterblieben war).

33 3. Wenn Auflagen oder Weisungen nach den §§ 56b, 56c, 59a II, III StGB in Betracht kommen, so ist der Angeklagte in geeigneten Fällen zu befragen, wozu er sich freiwillig erbietet (i. E. s. § 265a).

VI. Heilung von Verfahrensfehlern

34 1. Wenn während der Hauptverhandlung ein Verfahrensfehler unterläuft, so kann der Instanzrichter einer dadurch i. d. R. begründeten Revisibilität vorbeugen, indem er den Mangel noch vor der Urteilsverkündung heilt. Das kann auf verschiedene Weise geschehen: durch Rücknahme einer fehlerhaften Entscheidung (etwa der zu Unrecht erfolgten Ablehnung eines Beweisantrages), durch die Nachholung einer pflichtwidrig unterlassenen Verfahrenshandlung (etwa einer Vereidigung), durch die „hinweispflichtige" (!) Behandlung einer unzulässig vereidigten Aussage als uneidlich (BGH StV 1986, 89 m. Anm. Schlothauer), durch die Wiederholung einer fehlerhaften Verfahrenshandlung (z. B. einer Vernehmung ohne vorherige Belehrung) oder gar die nochmalige Durchführung ganzer Verfahrensteile (etwa bei unberechtigtem Ausschluss der Öffentlichkeit oder bei unzulässiger Abwesenheit des Angeklagten, BGHSt 30, 74; BGH StV 1991, 97). Zu den dabei entstehenden Fragen i. E. *W. Schmid,* 1967; *ders.,* FS Maurach, 1972, 535.

2. Zu einer Heilung von Verfahrensfehlern führt auch die vom BGH ohne Anhaltspunkt im Gesetz etablierte *Widerspruchslösung* (näher o. § 24 Rn. 34).

E. Anwesenheitspflichten

35 **I.** 1. Die zur **Urteilsfindung berufenen Personen,** d. h. die Berufs- und Laienrichter, müssen – als Folge aus dem Unmittelbarkeitsprinzip – während der gesamten Hauptverhandlung (d. h. auch noch bei der Urteilsverkündung) **ununterbrochen anwesend** sein (§ 226). Wenn ein Richter während einer länger dauernden Verhandlung infolge Krankheit oder Tod ausfällt, kann sie daher nicht einfach nach Zuziehung eines anderen Richters fortgesetzt werden, sie muss vielmehr von Anfang an wiederholt werden.

36 2. Daher ist es zulässig und empfehlenswert, dass der Vorsitzende bei umfangreichen Prozessen einen oder mehrere **Ergänzungsrichter** hinzuzieht (§ 192 II GVG, auch Laienrichter, § 192 III GVG!). Ein solcher Ergänzungsrichter wohnt der Hauptverhandlung mit dem gleichen Fragerecht wie die anderen Beisitzer von Anfang an bei, darf sich aber an Beratungen und Abstimmungen erst dann beteiligen, wenn er für

einen zur Entscheidung berufenen Richter wegen dessen Verhinderung eingetreten ist (arg. § 193 GVG).

3. Wenn ein **Richter** während der Verhandlung den Sitzungssaal auch nur für ein paar Minuten verlässt, so liegt der absolute Revisionsgrund des § 338 Nr. 1 Hs. 1 vor (h. M., da § 338 Nr. 5 nicht das Gericht betrifft). Da dem Unmittelbarkeitsprinzip durch bloß körperliche Anwesenheit nicht genügt wird, ist auch der regelrecht schlafende oder längere Zeit abgelenkte Richter als nicht anwesend anzusehen (s. u. § 46 Rn. 38). 37

II. Die Anwesenheitspflicht eines **Urkundsbeamten** (§ 226) ist keine Folge des Unmittelbarkeitsgrundsatzes, sondern ergibt sich aus dem Protokollierungszwang (§ 271). Die Ablösung des einzelnen Beamten ist daher zulässig, nur beim völligen Fehlen eines Protokollführers ist der Revisionsgrund des § 338 Nr. 5 gegeben. 38

III. Die **StA** als Behörde muss während der gesamten Verhandlung (auch z. B. bei einer Ortsbesichtigung: OLG *Köln* StV 1987, 379) anwesend sein; fehlt sie auch nur kurzzeitig, so ist der absolute Revisionsgrund des § 338 Nr. 5 gegeben. Zulässig ist es dagegen, dass verschiedene StAe einander ablösen (§ 226); es ist sogar möglich, dass in der Hauptverhandlung mehrere StAe auftreten und sich ihre Verrichtungen teilen (§ 227). Weil auch hier die bloße körperliche Anwesenheit naturgemäß nicht ausreicht, muss der anwesende StA in der Lage und bereit sein, als „Wächter des Gesetzes" (o. § 9 Rn. 10 ff.) das Verfahrensgeschehen kontrollierend zu begleiten und zu Anträgen der Prozessbeteiligten sachlich Stellung zu nehmen. 39

IV. Während der **Verteidiger** immer ein Anwesenheitsrecht besitzt (zum Ausschluss o. § 19 Rn. 48 ff.), besteht für ihn im Fall der **notwendigen** Verteidigung eine **Anwesenheitspflicht** (§§ 145, 228 II, zur einzigen Ausnahme des § 231 c vgl. BGH NStZ 1983, 34) mit der Folge, dass sein Fehlen einen absoluten Revisionsgrund nach § 338 Nr. 5 ergibt (vgl. BGHSt 15, 306!). Ist der Pflichtverteidiger anwesend, erklärt er jedoch die Niederlegung seines Mandats und wird er nicht mehr tätig, so liegt ein Fall der Nichtverteidigung vor; wird nicht sofort ein neuer Verteidiger bestellt oder das Verfahren ausgesetzt, so muss das Urteil aufgehoben werden (BGH NStZ 1992, 503). Ist ein Verteidiger wegen Interessenkollision ausgeschlossen, gilt der Angeklagte als unverteidigt (z. B. wenn er einen Ehemann in einem Verfahren wegen Unterhaltspflichtentziehung verteidigt und gleichzeitig die Ehefrau im Scheidungsverfahren vertritt). Auch dann ist das Urteil nach § 338 Nr. 5 aufzuheben (OLG Koblenz NJW 1980, 1058). Allerdings ist auch bei der notwendigen Verteidigung ein Wechsel der Verteidiger möglich. Während bei der nachträglichen erstmaligen Bestellung nach § 145 eine Wiederholung aller wesentlichen Teile der bisherigen Hauptverhandlung auch dann nötig ist, wenn kein Aussetzungsbeschluss ergeht (BGHSt 9, 243), folgert der BGH aus den §§ 226, 227, dass das Gesetz bei nachträglichem Wechsel der Verteidiger nur eine Vertagung nach § 145 III (s. o. Rn. 13) und damit bei einer bloßen Unterbrechung keine Wiederholung vorschreibt (BGHSt 13, 337; dazu krit. *Eb. Schmidt* II, § 145 Nr. 11). 40

V. Die Anwesenheit von **Zeugen** ist i. S. d. § 338 Nr. 5 niemals vorgeschrieben, und auch beim Fehlen des nach § 246a für den Fall einer zu erwartenden Anstaltsunterbringung notwendigen Sachverständigen kann die Revision nur auf § 337 und nicht auf § 338 Nr. 5 gestutzt werden (BGHSt 9, 1). 41

F. Die Anwesenheit des Angeklagten insb.

I. Grundsatz der Anwesenheitspflicht

1. Die **Anwesenheit** des Angeklagten in der Hauptverhandlung ist **grds. notwendig** (§ 230 I); ein Abwesenheitsverfahren gibt es im Strafverfahren nur in seltenen Fällen (vgl. §§ 329, 412). Damit wird ebenso sehr der Wahrheitserforschung wie den Interes- 42

sen des Angeklagten gedient, denn das Gericht kann ohne seine persönliche Vernehmung kaum gerecht urteilen, und ein abwesender Angeklagter wird niemals alle Verteidigungsmöglichkeiten ausschöpfen können.[16] Der Ausschluss eines derartigen Ungehorsams- („Kontumazial-") Verfahrens ist aus den genannten Gründen bereits in § 229 RStPO statuiert (*Löwe-Hellwig,* StPO, 12. Aufl., 1907, § 229 Anm. 1) und in ihrer rechtsstaatlichen Dringlichkeit durch die Erfahrungen der nationalsozialistischen Zeit unterstrichen worden. Zu dem nur unter äußerst engen Voraussetzungen zulässigen Abwesenheitsverfahren einerseits, aber auch der Preisgabe dieser rechtsstaatlichen Errungenschaft auf europäischer Ebene s. u. § 62.

43 2. Wenn der Angeklagte ausbleibt, muss das Gericht daher die Verhandlung normalerweise vertagen. Ist er nicht genügend entschuldigt, kann es für die neue Verhandlung seine Vorführung anordnen oder einen auf die Dauer der Hauptverhandlung beschränkten Haftbefehl erlassen (§ 230 II; dazu *Triltsch,* Das Zwangsmittel des § 230 Abs. 2 StPO pp., 2009). Auf diese Möglichkeit muss er aber nach § 216 I bei der Ladung hingewiesen worden sein (OLG *Zweibrücken* StV 1992, 101). Ein Haftbefehl nach § 230 darf in solchen Fällen nur ergehen, wenn die minderschwere Maßnahme des Vorführungsbefehles nicht ausreicht. Der Grundsatz der Verhältnismäßigkeit gebietet eine alsbaldige Durchführung der neuen Hauptverhandlung (OLG *Hamburg* MDR 1987, 78).

3. Die Verhandlung in Abwesenheit des Angeklagten ist, sofern sie nicht ausnahmsweise vom Gesetz zugelassen wird, ein *absoluter Revisionsgrund* (§ 338 Nr. 5), und zwar auch dann, wenn der Angeklagte nur von einem Teil der Verhandlung unberechtigt ausgeschlossen worden ist (vgl. BGHSt 21, 332; BGH NStZ 1981, 449; StV 1995, 623). Eine umstr. Ausnahme wird von der Rspr. für sog. „unwesentliche Teile" der Hauptverhandlung gemacht, bei denen das (von § 338 Nr. 5 notabene nicht geforderte) Beruhen des Urteils auf dem Mangel *denkgesetzlich ausgeschlossen* sei (zuletzt BGH StV 2011, 211 m. w. N. und Anm. *Kudlich*).

II. Ausnahmen von der Anwesenheitspflicht

44 Dabei unterscheidet die StPO grundlegend Maßnahmen gegen Beschuldigte, die für die deutsche Gerichtsbarkeit nicht erreichbar sind („Abwesende", u. 1), von solchen gegen erreichbare Beschuldigte, und hier wiederum die Verhandlung in gänzlicher Abwesenheit des ausgebliebenen Angeklagten (u. 2) von der Verhandlung in zeitweiliger Abwesenheit des (wenigstens anfangs) erschienenen Angeklagten (u. 3).

1. Gegen **Abwesende** im technischen Sinne, d. h. Beschuldigte, deren das Gericht nicht habhaft werden kann (s. § 276), kann nur ein Beweissicherungsverfahren durchgeführt werden (§§ 285 ff.), das unter den besonderen Verfahrensformen zu behandeln ist (vgl. u. § 62 Rn. 5–7).

45 2. Die Hauptverhandlung findet in **gänzlicher Abwesenheit** des **ausgebliebenen** Angeklagten statt:

a) wenn er bei Bagatelldelikten nicht erscheint, nachdem er in der Ladung darauf hingewiesen worden ist, dass auch in seiner Abwesenheit verhandelt werden könne (i. E. s. § 232). War er durch einen unabwendbaren Zufall am Erscheinen verhindert, so kann er Wiedereinsetzung in den vorigen Stand verlangen (§ 235 i. V. m. §§ 44 ff.), wodurch das in seiner Abwesenheit ergangene Urteil hinfällig wird;

[16] In diesem Punkt and. *Stein,* 1985; *Julius,* 1992.

b) wenn er bei leichten Straftaten auf seinen Antrag hin von der Erscheinenspflicht entbunden worden ist (i. E. s. § 233), wobei die Entscheidung darüber im unanfechtbaren (§ 305 I!) Ermessen des Gerichts steht. Im Unterschied zum Fall des § 232 ist hier die richterliche Vernehmung des Angeklagten (ggf. qua Videokonferenz) zwingend vorgeschrieben (vgl. §§ 233 II, 232 III);

c) in der Berufungs- oder Revisionsinstanz (§§ 329, 350);

d) im Privatklageverfahren (§ 387);

e) beim Einspruch gegen einen Strafbefehl (§ 412).

3. Daneben kann die Hauptverhandlung schließlich auch in **zeitweiliger Abwesenheit** des Angeklagten durchgeführt werden (was im Fall des § 231 a sogar geboten ist), nämlich: 46

a) wenn er sich **nach** seiner **Vernehmung zur Anklage** eigenmächtig entfernt und das Gericht seine weitere Anwesenheit nicht für erforderlich hält (§ 231 II und dazu BGHSt 3, 190; BGHSt 46, 81: eine Belehrung über diese Möglichkeit ist nicht geboten; 59, 187). Als Vernehmung über die Anklage ist dabei lediglich die Ermöglichung der Äußerung zum Anklagesatz zu verstehen; dazu gehört nicht die Erörterung der Vorstrafen, die zumeist erst am Ende der Beweisaufnahme (§ 243 V) erfolgt (BGHSt 27, 216, unter Aufgabe von BGHSt 25, 4). Als **eigenmächtige Entfernung** ist es auch anzusehen, wenn der Angeklagte seine Verhandlungsunfähigkeit vorsätzlich herbeiführt (s. BGHSt 2, 300; BGH NJW 1991, 2917 und nunmehr § 231 a), nicht aber, wenn sie nur als Folge eines ernstgemeinten Selbstmordversuches eintritt, weil der Täter in solch einem Fall das Verfahren nicht verschleppen, sondern durch seinen Tod abschließen wollte (*Franzheim,* GA 1961, 108; *Schneidewin,* JR 1962, 308; a. M. BGHSt 16, 178; BGHSt 56, 298 mit formalistischer, inhumaner Begr.). Keine eigenmächtige Entfernung ist es auch, wenn der Angeklagte der Hauptverhandlung fernbleibt, weil er sonst seinen Arbeitsplatz verlieren würde (BGH NJW 1980, 950; StV 1984, 325), weil er sich in der Zeit verrechnet (OLG *Bremen* StV 1985, 50), den Termin verschlafen (BGH StV 1988, 185; StV 1991, 147, 244), weil der Vorsitzende ihm erklärt hat, seine Anwesenheit sei nicht mehr erforderlich (KG StV 1985, 52) oder weil dem Verhalten des Gerichts ein Einverständnis mit der Entfernung zu entnehmen ist (BGH NStZ 1989, 283). Lässt sich den Äußerungen des Vorsitzenden nur entnehmen, dass im Falle des Ausbleibens keine Zwangsmaßnahmen ergriffen, sondern ohne den Angeklagten verhandelt würde, so ist dies kein Einverständnis mit der Entfernung; ein eigenmächtiges Ausbleiben setzt also zwar i. d. R., aber nicht notwendig die Absicht voraus, die Fortsetzung der Verhandlung zu vereiteln (BGHSt 37, 249).

Beruht die Abwesenheit auf einer Anordnung des Vorsitzenden (so bei BGHSt 3, 187), einer zur Verhandlungsunfähigkeit führenden Übermüdung oder einem plötzlichen Krankheitsfall, so ist § 231 II mangels Eigenmächtigkeit nicht anwendbar, vielmehr muss die Verhandlung unterbrochen werden; andernfalls liegt der absolute Revisionsgrund des § 338 Nr. 5 vor (s. BGHSt 10, 304), und zwar entgegen BGHSt 15, 263 auch dann, wenn der Angeklagte nur die mündliche Urteilsbegründung versäumt (vgl. auch *Poppe,* NJW 1954, 1914; die vom BGH getroffene Unterscheidung zwischen wesentlichen und unwesentlichen Teilen der Hauptverhandlung ist im Rahmen des § 338 Nr. 5 bedenklich und allenfalls bei rein formellen Vorgängen wie etwa dem Zeugenaufruf vertretbar). Erst recht liegt keine Eigenmächtigkeit vor, wenn der Angeklagte sich in Strafhaft (BGHSt 25, 317 m. krit. Anm. *Küper,* NJW 1978, 251) oder U-Haft (BGH NJW 1977, 1928; NStZ 1993, 446; NStZ 1997, 295) befindet; denn in solchen Fällen muss der Vorsitzende, wenn der Angeklagte sein Erscheinen verweigert, seine Vorführung veranlassen. Wird die Hauptverhandlung an einem Sitzungstage nach § 231 II ohne den Angeklagten fortgeführt, so darf trotzdem an späteren Tagen nicht ohne ihn verhandelt werden, wenn sein Versuch, zur Hauptverhandlung zu erscheinen, z. B. aufgrund einer Autopanne, misslingt (BGH NStZ 1986, 422). Einer Ladung zu nachfolgenden Terminen bedarf es wenigstens dann nicht, wenn der ausgebliebene Angeklagte durch einen Verteidiger vertreten war (BGH StV 1987, 474). 47

b) wenn sich der *Angeklagte* schon vor seiner Vernehmung zur Anklage vorsätzlich (dolus directus; so BT-Drs. 7/2989, 6; a. A. BGHSt 26, 228, 240: dolus eventualis) und schuldhaft *verhandlungsunfähig gemacht* hat (etwa durch Hungerstreik) und hierdurch wissentlich (dolus directus) die ordnungsmäßige Durchführung der Hauptverhandlung verhindert (§ 231 a). Die Hauptverhandlung muss dadurch so langfristig verzögert werden, dass die Grenzen des mit dem allgemeinen Beschleunigungsgebot noch zu vereinbarenden 48

Abwartens überschritten sind (BT-Drs. 7/2989, 5; *Rieß,* JZ 1975, 269). Aus dem Wort „ordnungsmäßig" ergibt sich dagegen kein Recht, bei nur beschränkter Verhandlungsfähigkeit des Angeklagten die Hauptverhandlung teilweise oder ganz ohne ihn durchzuführen.[17] Denn § 231 a greift einschneidend in das Anwesenheitsrecht des Angeklagten ein und ist daher (wie auch § 231 a II zeigt) eng auszulegen (BT-Drs. 7/2989, 36). Insb. umfasst die Befugnis, in den Fällen des § 231 a ohne den Angeklagten zu verhandeln, nicht das Recht, ihn gegen seinen Willen von der Verhandlung fernzuhalten (BGHSt 26, 228, 234; krit. *Warda,* 1978). In jedem Falle muss der Angeklagte wenigstens Gelegenheit gehabt haben, sich vor dem Gericht oder einem beauftragten Richter bei klarem Verstande verteidigend zur Anklage zu äußern (§ 231 a I 2). Beruht die Verhandlungsunfähigkeit nicht auf dem Verschulden des Angeklagten (z. B. bei einer Herzerkrankung), so kann die Weigerung, sich einer Behandlung zur Wiederherstellung seiner Verhandlungsfähigkeit zu unterziehen, nur dann in entspr. Anwendung des § 231 a als schuldhaft angesehen werden, wenn damit kein gesundheitliches Risiko verbunden ist (BVerfG NStZ 1993, 598 m. Anm. *Meurer*). Gegen den Beschluss, ohne den Angeklagten zu verhandeln, ist nach § 231 a III 3 sofortige Beschwerde zulässig. Nach Abschluss der Hauptverhandlung ist sie aber auch dann nicht mehr statthaft, wenn das Gericht den Beschluss nach § 231 a erst nachträglich bekanntgegeben hatte, doch kann dann eine Revision nach § 338 Nr. 8 begründet sein (BGHSt 39, 110 m. Anm. *Gollwitzer,* JR 1994, 342).

49 c) wenn der Angeklagte den Ablauf der Hauptverhandlung durch ordnungswidriges Benehmen gestört hat und voraussichtlich auch weiterhin in schwerwiegender Weise beeinträchtigen würde (§§ 231 b StPO, 177 GVG). Neben dem Beschluss nach § 177 GVG ist für die Fortsetzung der Hauptverhandlung ein weiterer Beschluss nach § 231 b nicht erforderlich (BGHSt 39, 72).

50 d) wenn zu befürchten ist, dass ein **Mitangeklagter** oder **Zeuge** in Gegenwart des Angeklagten **nicht** die **Wahrheit** sagen werde (§ 247 S. 1), wozu es auch zählt, wenn die Person infolge seiner Gegenwart überhaupt keine Aussage abgeben (RGSt 73, 355) oder sich auf ein Zeugnisverweigerungsrecht berufen würde (BGHSt 22, 18). Erweist sich die Befürchtung nachträglich als unbegründet, so braucht nicht die ganze Vernehmung wiederholt zu werden (*Fischer,* NJW 1975, 2034 gegen OLG *Hamburg* NJW 1975, 1573; s. auch SK/*Frister,* § 247 Rn. 63 m. w. N.). Die Verhandlung über die Entfernung des Angeklagten selbst darf aber nicht in seiner Abwesenheit erfolgen (BGH StV 1987, 377). Während der Abwesenheit dürfen Urkunden, Augenscheinsobjekte und Anträge nicht zum Gegenstand der Verhandlung gemacht werden (BGHSt 21, 332; BGH NStZ 1997, 402). Geschieht dies dennoch, so wird der Fehler nur geheilt, wenn das Augenscheinsobjekt dem Angeklagten nach seiner Rückkehr bei seiner Unterrichtung gem. § 247 S. 4 gezeigt wird und die anderen Beteiligten die Möglichkeit einer erneuten Augenscheinseinnahme haben; widrigenfalls liegt der absolute Revisionsgrund des § 338 Nr. 5 vor (BGHSt 54, 184, 187 in kurioser Korrektur des früheren Vorlageschlusses StV 2009, 226 m. abl. Anm. *Schlothauer;* BGH NStZ 2011, 51).

51 Der Gerichtsbeschluss über die vorübergehende Entfernung ist förmlich zu begründen (s. BGHSt 15, 194), andernfalls liegt der absolute Revisionsgrund des § 338 Nr. 5 vor. Dies soll aber ausnahmsweise dann nicht gelten, wenn auch ohne ausdrückliche Begründung mit Sicherheit festgestellt werden kann, welcher Fall des § 247 angenommen worden ist (BGH NStZ 1983, 36; NStZ 1987, 84; mit Recht zw. BGH NStZ 1991, 296). Nach BGHSt 32, 32 m. Anm. *Geerds,* JZ 1984, 46, soll in analoger Anwendung des § 247 S. 1 ein Angeklagter auch ausgeschlossen werden dürfen, wenn anderenfalls ein beamteter Zeuge keine Aussagegenehmigung bekäme; die Entfernung soll sich auch auf die Vereidigung erstrecken (BGH NStZ 1985, 136). Damit entwickelt sich § 247 S. 1 allmählich „zum Königsweg bei der Einführung getarnter oder gefährdeter Zeugen in die Hauptverhandlung" (*Hassemer,* 1986, 26). Eine so einschneidende Einschränkung des Anwesenheitsgrundsatzes und der damit verbundenen Verteidigungsmöglichkeiten geht zu weit (*Hassemer,* 1986); mit Recht hat BGHSt 46, 142 deshalb auch den (rechtlich unbeachtlichen) Widerspruch eines Betreuers gegen eine Vernehmung in Anwesenheit des Angeklagten für irrelevant erklärt.

52 e) wenn durch Erörterungen über den Zustand des Angeklagten und die Behandlungsaussichten ein erheblicher Nachteil für seine Gesundheit zu befürchten ist (§ 247 S. 3) sowie

f) wenn Zeugen unter 18 Jahren vernommen werden und die Gegenwart des Angeklagten einen erheblichen Nachteil für das Wohl des Zeugen befürchten lässt oder wenn bei einer anderen Zeugenvernehmung in Gegenwart des Angeklagten die dringende Gefahr eines schwerwiegenden Gesundheitsnachteils

[17] *Rieß,* JZ 1975, 269; *Fezer,* 1995, 11/128 f.; a. A. BGHSt 26, 228; BVerfGE 41, 246; *M-G,* § 231 a Rn. 5; LR/*Becker,* § 231 a Rn. 3; *Warda,* 1978.

für den Zeugen besteht (§ 247 S. 2). Grundsätzlich hat in diesen Fällen allerdings die Anordnung einer audiovisuellen Zeugenvernehmung gem. § 247a Vorrang (näher u. Rn. 53b, § 46 Rn. 13).

g) In allen Fällen (o. Rn. 46–52) ist der Angeklagte, wenn er in die Verhandlung zurückkehrt, durch den Vorsitzenden **sogleich** von dem wesentlichen Inhalt des in der Zwischenzeit Geschehenen zu unterrichten (§§ 247 S. 4; 231a II; 231b II; vgl. dazu BGHSt 1, 346; BGHSt 15, 194; sowie BGHSt 51, 180: die Unterrichtung kann auch durch eine zeitgleiche Video-Übertragung erfolgen). Die Unterrichtung ist eine wesentliche Förmlichkeit nach § 274 (BGH StV 1992, 359). Selbst bei Unterbrechung einer Zeugenvernehmung muss die Unterrichtung über das bisher Ausgesagte stattfinden (BGHSt 38, 260 m. zust. Anm. *Paulus,* JZ 1993, 271; BGH NStZ 1992, 346). 53

h) Dagegen muss der Angekl. nach der früheren Rspr. bei der Entscheidung über Vereidigung oder Nichtvereidigung des Zeugen (BGHSt 48, 221, 230ff.; seit der Neufassung des § 59 nicht mehr, s. BGHSt 51, 81) und jedenfalls bei der Vereidigung selbst (BGHSt 26, 218 m. Anm. *Gollwitzer,* JZ 1976, 341; BGH NStZ 1983, 181; NStZ 1986, 133) wieder anwesend sein; denn diese Vorgänge gehören nicht mehr zur „Vernehmung", auf die sich das Entfernungsrecht beschränkt (näher *Meyer-Goßner,* 1988). Liegt die Gesundheitsgefährdung nach § 247 S. 2 auch bei einer Anwesenheit des Angeklagten bei der Vereidigung vor, kann dieser jedoch auch insoweit entfernt werden (BGHSt 37, 48). Zur Ausnahme, die der BGH bei V-Männern machen will, s. o. Rn. 51. Auch bei der Verhandlung über die Entlassung des Zeugen (§ 248) muss der Angeklagte wieder anwesend sein, damit er Gelegenheit hat, das Fehlen notwendiger Fragen zu monieren (BGH NStZ 1987, 335). Das gilt auch bei jugendlichen Zeugen (BGH StV 1996, 472). Unterbleibt die rechtzeitige Wiederzuziehung, so ist regelmäßig der absolute Revisionsgrund des § 338 Nr. 5 gegeben (BGHSt [GrS] 55, 87 gegen den Anfragebeschluss des 5. StS BGH StV 2009, 346 m. abl. Anm. v. *Eisenberg* und den Vorlageschluss StV 2010, 60; BGH StV 2012, 519; krit. *Basdorf,* 1994). 53a

4. Eine den Zeugenschutz verstärkende Ergänzung des § 247 hat das ZeugenschutzG v. 30. 4. 98 mit § 247a gebracht: Ist weder eine Entfernung des Angeklagten noch der Ausschluss der Öffentlichkeit dazu geeignet, die dringende Gefahr eines schwerwiegenden Nachteils für das Wohl eines Zeugen abzuwenden, die diesem aus einer Vernehmung in Gegenwart der in der Hauptverhandlung Anwesenden droht, so kann der Zeuge getrennt[18] außerhalb des Sitzungszimmers vernommen werden; das gleiche ist unter den Voraussetzungen des § 251 II zulässig (und sollte vorsorglich in einem Beweisantrag der Verteidigung beantragt werden, s. BGH StV 2009, 454 m. Anm. *Sättele*). Die Aussage wird zugleich per Video ins Sitzungszimmer übertragen und kann für spätere Hauptverhandlungen aufgezeichnet werden; die Vorführung einer solchen Aufzeichnung richtet sich nach § 255a (dazu vgl. u. § 46 Rn. 21ff.). Seit der Streichung der ursprünglichen Subsidiaritätsklausel durch das OpferRRefG 2004 besteht die Möglichkeit, die getrennte Vernehmung des Zeugen und die Videoübertragung seiner Aussage **vor** einer Entfernung des Angekl. als des schwerer wiegenden Eingriffs in dessen Anwesenheits- und Konfrontationsrecht in Betracht zu ziehen. Die h. M. verneint allerdings einen solchen Vorrang der Videovernehmung, sondern überlässt die Wahl dem Gericht im Rahmen einer umfassenden Abwägung von Verteidigungsinteressen, Zeugenschutz und Aufklärungspflicht (*M-G,* § 247a Rn. 7). Wie aus § 247a I 4 („weiteren") hervorgeht und wegen der Unanfechtbarkeit (§ 247a I 2) wohlbegründet ist, kann nur das erkennende Gericht (d. h. einschließlich der Schöffen) diese Maßnahme beschließen (and. irrig BGH StV 2012, 65). Für alle Arten von Prozessen relevant ist schließlich die in § 247a I, 1 2. Halbs., II geschaffene Möglichkeit, abwesende Zeugen unter den Voraussetzungen des § 251 II sowie Sachverständige[19] per Videokonferenz zuzuschalten (dazu BGHSt 45, 188 sowie u. § 46 Rn. 13). 53b

[18] D. h. die Prozessbeteiligten verbleiben im Sitzungszimmer – während sich nach dem vom Gesetzgeber abgelehnten „Mainzer Modell" der Vorsitzende zum Zeugen begeben würde (KK/*Diemer,* § 247a Rn. 1).

[19] Außer in den Fällen des § 246a und unter dem Vorbehalt eines (bis max. zum 31. 12. 2017) durch Landesverordnung möglichen Aufschubs (Art. 10 G. zur Intensivierung des Einsatzes von Videokonferenztechnik pp. v. 25. 04. 2013, BGBl. I 935ff.).

54 5. Weitere Ausnahmen von der Anwesenheitspflicht bestehen *nicht,* weder im Interesse des Angeklagten noch zum Zwecke der Wahrheitsermittlung. Der Angeklagte darf also nicht etwa mit allseitiger Zustimmung vorübergehend aus dem Gerichtssaal entlassen werden (BGH NJW 1973, 522). Ein freiwilliger Verzicht des Angeklagten auf seine Anwesenheit kann einen Gerichtsbeschluss nach § 247 auch dann nicht ersetzen, wenn dessen Voraussetzungen vorliegen (BGH NStZ 1991, 296). Ferner darf das Gericht den Angeklagten weder bei dem schockierenden Vortrag von Obduktionsergebnissen (BGH StV 1993, 285) oder bei einem peinlichen Ortstermin von seiner Anwesenheitspflicht entbinden (BGHSt 3, 187) noch eine Wohnung nur deshalb ohne den Angekl. besichtigen, weil der Zeuge diesem den Zutritt verbietet (OLG *Hamburg* NStZ 1986, 569). Das Gericht darf ihn auch nicht zwangsweise entfernen, um die Anpassung seiner Aussage an die eines Mitangeklagten zu verhindern (BGHSt 15, 194). Auch im Fall einer „Wiedererkennungsprobe", bei der das Gericht vorübergehend eine Versuchsperson auf der Anklagebank Platz nehmen lässt, um die Erinnerungsfähigkeit eines Zeugen zu prüfen, darf der Angeklagte daher nicht aus dem Sitzungssaal entfernt, sondern allenfalls in den Zuhörerraum geschickt werden (bedenklich darum RGSt 60, 179). Ebenso ist es unzulässig, den § 230 zu umgehen, indem durch eine an sich zulässige zeitweilige Abtrennung des Verfahrens Vernehmungen in Abwesenheit des davon betroffenen Mitangeklagten durchgeführt werden (BGHSt 24, 257; BGH MDR/H 1979, 80; BGHSt 30, 74 m. Anm. *Maiwald,* JR 1982, 34; BGHSt 33, 119; s. o. § 26 Rn. 5). Vielmehr muss die Vernehmung dann in Anwesenheit des Angeklagten wiederholt werden. Dagegen ist eine Abtrennung gestattet, wenn sich die in Abwesenheit eines Mitangeklagten weitergeführte Verhandlung auf einen Punkt beschränkt, der den abwesenden Angekl. nicht berührt (BGHSt 32, 100; zw., ob dies in concreto der Fall war).

54a Der Anwesenheitspflicht entspricht auch ein **Mitwirkungsrecht** des Angekl., welches vom Gericht verletzt wird, wenn es „während laufender Hauptverhandlung wesentliche, ihrer Natur nach nicht geheimhaltungsbedürftige[20], ergänzende polizeiliche Ermittlungen, deren Ergebnis dann in der Hauptverhandlung möglicherweise maßgeblich verwertet werden soll, in Auftrag gibt, ohne die Verteidigung hierüber zuvor ausreichend zu informieren und ohne den Versuch zu unternehmen, eine effektive Teilhabe der Verteidigung an den vorgesehenen Ermittlungen zu gewährleisten." (BGH JR 2011, 119 m. Anm. *Eisenberg*).

III. Herbeiführung der Anwesenheit der Angeklagten

55 Das Gericht braucht freilich nicht ohne den Angeklagten zu verhandeln. Auch wenn z. B. die Voraussetzungen der §§ 232, 233 vorliegen, kann es jederzeit sein **persönliches Erscheinen anordnen** und durch Vorführung oder Haftbefehl erzwingen (§ 236, vgl. auch § 216 I 2). Ist der Angeklagte zwar erschienen, droht er sich aber entgegen dem Verbot des § 231 I 1 zu **entfernen,** so kann der Vorsitzende die geeigneten sitzungspolizeilichen Maßnahmen (vgl. § 176 GVG) treffen und ihn etwa bei Unterbrechungen in Gewahrsam nehmen lassen (§ 231 I 2); derartige Anordnungen wurden früher zur formellen Verhandlungsleitung gerechnet, so dass sie weder nach § 238 II noch mit der Revision angreifbar sein sollten (BGH NJW 1957, 271, zum Problem s. o. Rn. 15).

[20] Diese Einschränkung erscheint nicht gerechtfertigt, denn die Hauptverhandlung ist ausnahmslos parteiöffentlich.

IV. Vertretung des Angeklagten

Während der Verteidiger sonst nur Beistand des Angeklagten ist (vgl. § 137), kann er in einer ohne dessen Anwesenheit stattfindenden Hauptverhandlung als sein **Vertreter** auftreten (§ 234), wozu er zwar einer schriftlichen Vollmacht bedarf, in der der Fall der Abwesenheit aber nicht besonders genannt zu sein braucht (BGHSt 9, 356; str.). 56

V. Hinweise und Erklärungen bei Abwesenheit

Bei Abwesenheit des Angeklagten genügt es, wenn die nach § 265 I, II erforderlichen Hinweise dem Verteidiger gegeben werden; sein Einverständnis nach § 245 I 2 und nach § 251 I Nr. 4, II ist nur erforderlich, wenn kein Verteidiger an der Hauptverhandlung teilnimmt (§ 234a). 57

VI. Abwesenheit einzelner Angeklagter

Bei Hauptverhandlungen gegen **mehrere Angeklagte** wird die Anwesenheitspflicht in § 231c gelockert: Sind einzelne Angeklagte von bestimmten Teilen der Verhandlung nicht betroffen, so kann ihnen sowie ihren notwendigen Verteidigern durch widerruflichen Gerichtsbeschluss gestattet werden, sich während dieser Verhandlungsteile zu entfernen. Doch liegt ein Fall des § 338 Nr. 5 vor, wenn das Gericht die Verhandlung auf einen Verfahrensteil erstreckt, der in dem Beschluss nach § 231c nicht bezeichnet ist (BGH NStZ 1985, 375 m. zust. Anm. *Rogall,* StV 1985, 354), wenn der für die Vernehmung eines Zeugen beurlaubte Angeklagte bei der Vereidigung und Entlassung des Zeugen nicht wieder anwesend ist (BGH StV 1988, 370) oder wenn es gegen mehrere Angekl. um den Vorwurf einer bandenmäßigen Tat geht (BGH StV 2009, 628); näher zum Ganzen *Schlothauer,* FG Koch, 1989, 215. 58

G. Die Verständigung als Urteilsgrundlage

Literatur zum VerständG: *Niemöller/Schlothauer/Weider,* Gesetz zur Verständ. im Strafverf., 2010; *Backes,* Dealen ohne Ende, FS Hassemer, 2010, 985; *Weigend,* Verständigung in der Strafprozessordnung, FS Maiwald, 2010, 829; *Rosenau* u. *Kato,* in: *Rosenau/Kim* (Hrsg.), Straftheorie und Strafgerechtigkeit, 2010, 31, 45; *Hildebrandt,* Gesetzl. Regelung der Verständ. im Strafverf., 2010; *Weimar/Mann* u. *Kirsch,* Die gesetzliche Regulierung der Verständigung pp., StraFo 2010, 12, 96; *Hauer,* Das neue Gesetz zur Regelung der Verständigung pp., NJ 2010, 10; *Fezer,* Inquisitionsprozess ohne Ende?, NStZ 2010, 177; *Altenhain/Haimerl,* Die gesetzliche Regelung der Verständigung – eine verweigerte Reform, JZ 2010, 327; *Schünemann,* Konsens im Strafverfahren? in: Posch/Schleifer/Ferz (Hrsg.), Konfliktlösung im Konsens, Graz 2010, 51; *Dießner,* Der „Deal" nach „alter Schule" im Lichte des VerständG, StV 2011, 43; *Rosenau,* Plea Bargaining in deutschen Strafgerichtssälen, FS Puppe, 2011, 1597; *Murmann,* Probleme der gesetzl. Regelung der Absprachen pp., FS Roxin II, 2011, 1385; *Altvater,* Kann nach der gesetzl. Regelung der Verständ. auf die bisherige Rspr. zurückgegriffen werden?, FS Rissing van Saan, 2011, 1; *Weider,* Das Verbot der Verständ. über Maßregeln der Besserung und Sicherung, ibid., 731; *Ceffinato,* Die Regelung d. Verständ. im Lichte der Rspr. des BGH, Jura 2013, 873; *Krause,* Verständ. im Strafver., 2013; *Sauer/Münkel,* Absprachen im Strafprozess, 2. Aufl., 2014; *Eschelbach,* Informelle Urteilsabsprachen, FS Paeffgen, 2015, 637.

S. ferner die Lit. zu § 17 D.

I. Die Legalisierung der Urteilsabsprachen

1. Nachdem die Urteilsabsprachen ohne gesetzliche Basis bereits zum Zeitpunkt ihrer 59
ersten offiziellen Tolerierung im Urteil des 4. Strafsenats vom 28.8.1997 (BGHSt 43, 195) ungefähr zwanzig Jahre lang praktiziert worden waren (*Schünemann,* FS Heldrich, 2005, 1177; Erfahrungsbericht bei *Köhler,* HeMi 2010, 13) und bis zum

offenen Eingeständnis ihrer (durch die Annahme eines sonst drohenden Justiznotstandes für gerechtfertigt gehaltenen) Illegalität mitsamt einer dringenden Aufforderung zum Tätigwerden an den Gesetzgeber seitens des Großen Strafsenats (BGHSt 50, 40) weitere acht Jahre ins Land gingen, hat der Gesetzgeber schließlich durch das VerständG vom 3.8.2009 eine formelle Legalisierung geschaffen.

60 Kern der Regelung ist § 257c, wonach sich das Gericht mit den Verfahrensbeteiligten „über den weiteren Fortgang und das Ergebnis des Verfahrens verständigen" kann (Abs. 1), und zwar über die vom Gericht zu verhängenden Rechtsfolgen, sonstige verfahrensbezogene Maßnahmen und das Prozessverhalten der Verfahrensbeteiligten, wobei Bestandteil jeder Verständigung ein Geständnis sein soll (Abs. 2). Das Gericht kann hierzu einen Vorschlag unterbreiten, in dem eine Ober- und Untergrenze der Strafe angegeben werden dürfen (Abs. 3 S. 1); die Verständigung kommt zustande, wenn „Angeklagter und StA dem Vorschlag des Gerichts zustimmen" (Abs. 3 S. 3). Wenn das Gericht rechtlich oder tatsächlich bedeutsame Umstände übersehen hat (oder diese sich neu ergeben) und deswegen den von ihm genannten Rahmen nicht mehr für angemessen hält, entfällt seine Bindung an die Verständigung, ebenso wie wenn das Prozessverhalten des Angeklagten nicht der Prognose des Gerichts entspricht; in diesem Fall ist das abgelegte Geständnis des Angeklagten nicht verwertbar (Abs. 4). Über diese Konsequenzen der entfallenden Bindung ist der Angeklagte zu belehren (Abs. 5).

61 Das hat jedoch nicht die vom GrS angemahnte Gesamtreform und Ausbalancierung gebracht, sondern im Wesentlichen nur die bereits vom BGH formulierten Kautelen[21] ins Gesetz aufgenommen – mit einem besonderen Augenmerk auf die Transparenz der Absprachen –, ist dabei jedoch in drei Punkten von der vorherigen Rechtsprechung abgewichen:

a) **zugunsten des Angeklagten** bezüglich der Unverwertbarkeit des Geständnisses im Falle einer notleidenden Absprache (§ 257c IV 3)

Damit wird indirekt eingeräumt, dass Strafmaßzusage und Geständnis in einem synallagmatischen Verhältnis stehen und es also nicht um eine Verständigung, d. h. Konsensfindung aus innerlicher Überzeugung, sondern um einen Leistungsaustausch geht. Dass sich das nach der gescheiterten Absprache weiterhin zuständig bleibende Gericht von dem Geschehen freimachen und eine von dem durch das (sei es auch unverwertbare) Geständnis potenzierten Urteilsperseveranzeffekt (o. § 1 Rn. 16) innerlich unbeeinflusste Beweiswürdigung vornehmen kann, erscheint so gut wie ausgeschlossen.

b) sowie beim kategorischen Ausschluss eines Rechtsmittelverzichts (§ 302 I 2),

62 c) **zugunsten der Staatsanwaltschaft** durch Einräumung der ihr zuvor nicht zukommenden Veto-Position (§ 257c III 4). Die Zustimmungserklärung ist als Prozesshandlung unanfechtbar und unwiderruflich (BGHSt 57, 273, 278).

Damit ist nicht nur die Stellung des Angekl. schwächer ausgestaltet als nach den Maximen des 4. StS und des GrS (o. § 17 Rn. 9ff.), vielmehr stellt sich auch die ernsthafte Frage einer Verletzung von Art. 92 GG, weil die dem unabhängigen Gericht obliegende Urteilsfindung damit von der Zustimmung der der Exekutive zugehörigen StA abhängig gemacht worden ist (*Schünemann,* ZRP 2009, 108 – ein von BVerfGE 133, 168 [220f.] durch die Akzentuierung der Kontrollaufgabe der StA geradezu auf den Kopf gestellter Aspekt).

[21] Dazu o. § 17 Rn. 9ff., zu deren Mängeln Rn. 19ff.

2. Die der Justiz nach der ursprünglichen Regelung der StPO bereits auf der systematischen Ebene der prozessualen Handlungslehre (grdl. *Schünemann,* Absprachen, 66ff.) verwehrte Möglichkeit, mit dem Beschuldigten in Austauschverhandlungen (amerikanisch „plea negotiations") nach dem Muster „Geständnis gegen Strafmilderung" einzutreten, ist vom Gesetzgeber nunmehr ausdrücklich geschaffen worden: Für die Staatsanwaltschaft im Ermittlungsverfahren in § 160b, für das Gericht im Zwischenverfahren in § 202a, nach der Eröffnung des Hauptverfahrens in § 212 und in der Hauptverhandlung in § 257b, durchweg unter Benützung des Euphemismus, „den Stand des Verfahrens (zu) erörtern". Um einen Kritikpunkt an der ursprünglich in größter Heimlichkeit entwickelten Absprachepraxis auszuräumen, ist nunmehr das **Transparenzprinzip** etabliert und kraft dessen verlangt worden, den „wesentlichen Inhalt dieser Erörterung aktenkundig zu machen" (§§ 160b S. 2, 202a S. 2, 212) und diese Vorgänge in der Hauptverhandlung offen zu legen (§ 243 IV).[22] Im Hauptverhandlungsprotokoll müssen sowohl der wesentliche Ablauf und Inhalt einer Verständigung als auch dessen Fehlen aufgenommen bzw. vermerkt werden (§ 273 I 2, Ia, zur Detaillierung und zur Revisibilität streng BGHSt 58, 310; BGH StV 2014, 67), und wenn dem Urteil eine Verständigung vorausgegangen ist, muss dies auch in den Urteilsgründen angegeben werden (§ 267 III 5 und zum Umfang BGH StV 2013, 194 m. Anm. *Schlothauer*). 63

3. Die vom Gesetz als „**Verständigung** über den weiteren Fortgang und das Ergebnis des Verfahrens" bezeichnete Absprache (§ 257c I 1) soll gemäß § 257c I 2 die in § 244 II geregelte richterliche Aufklärungspflicht unberührt lassen, worin die Kritiker der Absprachen ein heuchlerisches Lippenbekenntnis sehen („unaufhebbarer Gegensatz" nach *Gössel,* FS Beulke, 2015, 737), während die Anhänger das zumindest für eine Inkonsequenz, vielfach auch für eine unerfüllbare Forderung halten. In einigen Entscheidungen ist deshalb ein in den Urteilsgründen nur wiedergegebenes, sog. **„schlankes Geständnis"**, aus dem eine sorgsame Überprüfung des vom Angeklagten eingeräumten Vorganges gar nicht möglich war, für nicht ausreichend erklärt worden (BGH StV 2009, 232, 233 – vor dem VerständG; StV 2010, 470; StV 2012, 133 in einem bes. krassen Fall; StV 2012, 653; OLG *Celle* StV 2011, 341). Das BVerfG hat nunmehr in BVerfGE 133, 168 den Vorrang der Aufklärungspflicht bekräftigt und nicht nur das „schlanke Geständnis" (239f.), sondern auch die bisher in der Praxis vorherrschende, von BGHSt 50, 40, 49[23] gebilligte bloße „Überprüfung des Geständnisses nach Aktenlage" mit Recht verworfen und stattdessen eine „Beweiserhebung in der Hauptverhandlung" verlangt, die allerdings nicht strenger sein müsse als bei einem nicht auf einer Absprache beruhenden Geständnis (209f.) – was einerseits die besondere Unzuverlässigkeit eines „erkauften" Geständnisses ignoriert, andererseits aber den 64

[22] Nach BGH StV 2011, 202 gilt das aber nur für Erörterungen, die das Gericht in voller Besetzung außerhalb der Hauptverhandlung gem. § 76 I 2 GVG ohne die Schöffen – oder ein Mitglied in dessen ausdrücklichem Auftrag über die Möglichkeit einer Verständigung (BGH StV 2013, 678 m. Anm. *Schlothauer*) durchgeführt hat; ähnlich BGHSt 58, 310, 315. Zum notwendigen Inhalt und zur Revisibilität einer Missachtung des § 243 IV BGH NStZ 2013, 722 m. Anm. *Mosbacher;* 2013, 724.

[23] Mit unklarer Formulierung fortgesetzt von BGH StV 2013, 684. Ebenso im Ergebnis auch *Kudlich,* 2010, 63ff.; *Niemöller* in N/Sch/W, § 257c Rn. 72ff.; beide mit Recht abl. zur „konsenstheoretischen", in Wahrheit hinweginterpretierenden Deutung der Aufklärungspflicht durch *Jahn,* ZStW 118 (2006), 427, 437ff.; *ders.,* GA 2004, 272ff. (mit zutr. Kritik *Lien,* GA 2006, 129ff.); *ders./Müller,* NJW 2009, 2625ff.

verfahrensabkürzenden Effekt von Absprachen gerade in Wirtschaftsstrafsachen enorm reduziert.

65 4. Gegenstand der Verständigung dürfen nach § 257c II 1 sowohl die Rechtsfolgen (also die Strafzumessung einschl. der Höhe der Kompensation für überlange Verfahrensdauer, BGHSt 61, 43) als auch das Prozessgeschehen im laufenden Verfahren, nicht aber der Schuldspruch oder Maßregeln der Besserung und Sicherung sein (§ 257c II 3). Dahinter stehen viele offene Fragen.

a) Entsprechend dem Standardmodell der Praxis „Geständnis gegen milde Strafe" soll ein **Geständnis** „Bestandteil jeder Verständigung sein" (§ 257c II 2), worauf wie bei allen Soll-Vorschriften im Ausnahmefall verzichtet werden kann. Analog den Regeln eines zivilrechtlichen Vertragsabschlusses kann das Gericht sodann „unter freier Würdigung" sein Angebot unterbreiten, in dem es als Gegenleistung für den Fall eines Geständnisses „eine Ober- und Untergrenze der Strafe" angibt (§ 257c III 1). Dieses vom Gesetz als „Vorschlag" bezeichnete Angebot kann nur von dem Angeklagten und der Staatsanwaltschaft gemeinsam angenommen werden (§ 257c III 4), wodurch ein in der Konstruktion ungewöhnlicher, allein das Gericht verpflichtender *öffentlich-rechtlicher Vertrag* zustande kommt (str., s. *Niemöller* in N/Sch/W, § 257c Rn. 8). Der Angeklagte ist dagegen an die „Verständigung" in keiner Weise gebunden (beispielsweise könnte man ihn nicht zur Ablegung eines Geständnisses in Erzwingungshaft nehmen), steht aber dadurch unter einem indirekten Zwang, dass das Gericht seinerseits nicht (mehr) an die Verständigung gebunden ist, wenn das Prozessverhalten des Angeklagten (vor allem also die Ablegung des Geständnisses) nicht der „Prognose des Gerichts entspricht" (§ 257c IV 2)[24]. Darüber hinaus entfällt die Bindungswirkung auch dann, „wenn rechtlich oder tatsächlich bedeutsame Umstände vom Gericht übersehen worden sind (!) oder sich neu ergeben" und der vom Gericht angegebene Strafrahmen deshalb nicht mehr tat- oder schuldangemessen ist (§ 257c IV 1). Das übt auf den Angeklagten einen starken Druck bei der Ablegung des Geständnisses aus (ob die Details auch in die Prognose des Gerichts passen) und stürzt ihn in Unsicherheit, die auch nicht dadurch vollständig beseitigt wird, dass das Gericht eine „Abweichung" (d. h. die Aufkündigung der Verständigung) unverzüglich mitzuteilen hat (§ 257c IV 4) und in diesem Fall das Geständnis **nicht mehr verwertet** werden darf (§ 257c IV 3, aus den o. in Rn. 61 genannten Gründen ein schwacher Trost). Zwar muss der Angeklagte über diese enormen Risiken ausdrücklich **vor** der Verständigung belehrt werden (§ 257c V, dessen Verletzung nach BVerfGE 133, 168, 238f.; BVerfG StV 2013, 674; 2015, 73; BGH StV 2016, 98 regelmäßig die Revision begründet. Aber auch in dieser Kautel kommt ein Unverständnis gegenüber den Interaktionsstrukturen des Verfahrens zum Ausdruck, denn die Würfel fallen in den ungeregelt gebliebenen „Vorgesprächen" in Abwesenheit des Angeklagten, der in der Hauptverhandlung nur noch am Gängelband des Verteidigers zu reagieren und die formellen Schritte zu erledigen hat.

66 b) Unklar ist, was mit „Maßnahmen" und „Prozessverhalten" als Gegenstand einer Absprache außer Rechtsfolgen und Geständnis sonst noch gemeint ist (dazu *M-G*, § 257c Rn. 13ff.). Unproblematisch

[24] Diese für einen Vertrag bizarre Formulierung dürfte dadurch ins Gesetz hinein gekommen sein, dass die Zulässigkeit der Absprachen in der Frühphase des „Deals" über die (vom Gesetzgeber gerade nicht übernommene!) Konstruktion einer unverbindlichen hypothetischen Prognose zu begründen versucht wurde, dazu *Schünemann,* Absprachen, 74ff. („Labile Absichtserklärung").

sind gerichtliche Einstellungsbeschlüsse nach §§ 154, 154a StPO im Rahmen des Prozessgegenstandes und die Zurücknahme von Beweisanträgen, doch dürfen Beschränkungen der Beweisaufnahme keinesfalls die vom BVerfG im Rechtsstaatsprinzip verankerte Aufklärungspflicht (§ 257c I 2 i.V. m. § 244 II) verletzen (BVerfG NStZ 2016, 409), von der Unzulässigkeit der Koppelung einer Strafmilderungszusage des Gerichts mit einem „Wohlverhalten" der Verteidigung ganz abgesehen (erst recht mit außerprozessualem Verhalten, s. BGHSt 49, 84).

5. Um die (nach der Verständigung freilich weitgehend entleerte) Entscheidungsfreiheit des Angeklagten zu schützen, hat das VerständG den Rechtsmittelverzicht nach einer vorausgegangenen Verständigung ausgeschlossen (§ 302 I 2), was entspr. auch für unzulässige informelle Absprachen gelten soll (BVerfGE 133, 168, 213; ebenso BGH JZ 2014, 468 m. Anm. *Kudlich* u. Kritik *Niemöller,* JR 2014, 216) und worüber der Angeklagte ebenfalls ausdrücklich zu belehren ist (§ 35a S. 3). Nach dem Zweck der Norm darf die Verständigung auch nicht zum Anlass einer Verwirkung von Revisionsrügen genommen werden (BGHSt 57, 3 gegen BGH NJW 2009, 690). 67

Die Auslegung des § 302 I 2 hat eine innerhalb des BGH folgenreiche Kontroverse ausgelöst. Nachdem der 1. StS in BGHSt 55, 82 die vom Verteidiger bei der Absprache angekündigte Zurücknahme einer 54 Minuten vorher gegen das abgesprochene Urteil eingelegten Revision für mit dem Verzichtsverbot vereinbar erklärt (dazu auch u. § 53 Rn. 24) und ein Mitglied des 2. StS als Rezensent in solchen Praktiken eine „wortklauberische Bauernschläue" erblickt hatte (*Fischer,* StraFo 2010, 329, 331), was zunächst auf Grund von Verstimmungen eine längere Vakanz im Vorsitz eines Strafsenats und hierdurch Unklarheiten über die korrekte Senatsbesetzung auslöste (dazu *Schünemann,* ZIS 2012, 1; BGH StV 2012, 204, 273 m. Anm. *Bernsmann* einer-, StV 2012, 209, 272 andererseits), ist es nach einer sibyllinischen Kammerentscheidung des BVerfG zu den Anforderungen der Aktenkenntnis jedes einzelnen Revisionsrichters (NStZ 2012, 458 Rn. 23–25 m. zust. Anm. *Gärditz,* DVBl. 2012, 966, sog. Zehnaugenprinzip) darüber zu einer heftigen literarischen Fehde zwischen Mitgliedern des 5. und des 2. Strafsenats gekommen (zuletzt *Basdorf u. a.,* NStZ 2013, 563 gegen *Fischer u. a.,* NStZ 2013, 564; Fischer, FS Paeffgen, 737). 67a

6. Die in der kurzen Zeit seit Inkrafttreten des VerständG ergangene höchstrichterliche Rechtsprechung hatte die gesetzliche Regelung teilweise an die Erfordernisse der materiellen Wahrheitsfindung herangeführt, teilweise aber auch die schwachen gesetzlichen Kautelen weiter ausgehöhlt (dazu *Sauer,* wistra 2009, 141). Seit der Senatsentscheidung des BVerfG haben dessen Kammerentscheidungen und der ihnen widerwillig folgende BGH entsprechend den in BVerfGE 133, 168 gemachten Vorgaben vor allem die „Transparenzregeln" strikt exekutiert und dadurch v. a. eine mit dem Verbot der reformatio in peius (u. § 53 Rn. 31) im Rücken hinterhältig agierende Verteidigung prämiiert. 68

a) Die Mitteilungspflicht für verständnisbezogene „Erörterungen" (§ 243 IV) soll nicht allein die autonome Ausgestaltung des Einlassungsverhaltens des Angeklagten garantieren, sondern auch durch Einbindung der Öffentlichkeit seinem Schutz vor einem im Geheimen sich vollziehenden „Schulterschluss" zwischen Gericht, StA und Verteidigung dienen (BVerfG NStZ 2015, 170; 2015 172; zur einschlägigen Rspr. *Allgayer,* NStZ 2015, 185 ff.). Sie gilt auch für ein allein vom (sei es auch früheren) Vorsitzenden oder Berichterstatter mit dem Verteidiger über eine mögliche Verständigung geführtes Gespräch (BGH StV 2014, 653; NJW 2016, 513). Ihre Verletzung begründet (unabhängig von einer evtl. Information durch den Verteidiger und ohne Notwendigkeit einer vorherigen Anrufung des Gerichts gem. § 238 II) regelmäßig die Revision (BGH StV 2014, 653; BGHSt 59, 252; 60, 150, 155). Entscheidend für das Vorliegen einer Absprache ist die synallagmatische Verknüpfung der jeweiligen Handlungsbeiträge, die auch bei konkludent abgestimmtem Verhalten eine (informell und deshalb rechtswidrige) Absprache begründet (BGHSt 59, 21; BVerfG NStZ 2016, 422). Ausgerechnet für die dubioseste Absprachenstrategie, nämlich für Gespräche mit nur einem Mitangeklagten, soll das Transparenzgebot aber nach der kritikwürdigen Rspr. (BVerfG NStZ 2014, 528) keine „Drittwirkung" zugunsten des/der anderen entfalten. Der mitzuteilende „wesentliche Inhalt" umfasst die von den Gesprächsteilnehmern vertretenen Standpunkte (BVerfG 133, 168, 217 68a

Rn. 86), wozu aber lt. BGH NStZ 2015, 416 weder die einzelnen Argumente noch (insoweit zw., and. BGHSt 60, 150, 152) die Person desjenigen gehören sollen, der die Initiative entfaltet hat.

68b b) Wenn die Verständigung eine Bewährungsstrafe zum Gegenstand hat, muss der Angekl. auch auf die konkret in Betracht kommenden Bewährungsauflagen hingewiesen werden (BGHSt 59, 172). Ob § 243 IV auch eine „Negativmitteilung" fordert, dass keine „dem Regelungskonzept des VerständG unterfallenden Gespräche" stattgefunden hätten, ist von BGHSt 58, 315 und BGH NStZ 2014, 32 verneint, in der dieses Urteil aufhebenden Kammerentscheidung BVerfG NJW 2014, 3504 sowie BVerfG NStZ 2014, 592 aber bejaht worden. Nach den weiteren Kammerentscheidungen BVerfG NStZ 2015, 170; 2015, 172 soll darüber hinaus in der Revisionsinstanz die die mögliche Kausalität des Verfahrensfehlers für das Urteil voraussetzende „Beruhensprüfung" (u. § 55/34) bei Verletzungen der Transparenzvorschriften „um normative Aspekte angereichert" bzw. statt auf die Kausalität „auf Art und Schwere des Verstoßes" abgehoben werden. Doch ist es zw., ob diese partielle Umdeutung des vom Gesetzgeber durch das VerständG nicht veränderten § 337 die Grenzen verfassungskonformer Auslegung und der Jurisdiktionskompetenz des Kammerverfahrens (§ 93c BVerfGG) einhält (krit. BGH NJW 2016, 513 Rn. 27ff. m. scharf abl. Bespr. *Strate,* NStZ 2016, 450; abwägend *Frisch,* GS Weßlau, 2016, 127.

c) Noch im Fluss ist die Behandlung eines **Geständniswiderrufes** durch den Angeklagten, der sich etwa im Revisionsverfahren oder in einem späteren Wiederaufnahmeverfahren auf die Abnötigung seines Geständnisses vermöge der **Sanktionsschere** beruft. Während BGH StV 2010, 225 (w. N. o. § 8 Rn. 11, § 17 Fn. 11) strenge Anforderungen an eine Erfüllung des § 136a gestellt hat (ähnlich LG Landau StV 2009, 237), hat BGH StV 2009, 629 die Glaubwürdigkeit des nach einer Absprache abgelegten und dann widerrufenen Geständnisses bei einer „nicht ohne weiteres erklärlichen" großen Schere für zweifelhaft erklärt. Eine „Schere" zwischen 4 Jahren Freiheitsstrafe und 2 Jahren mit Bewährung ist von BGH StV 2012, 5 nicht beanstandet worden, während das BVerfG in der Aufhebungsentscheidung BVerfGE 133, 168 dies als einen „Handel mit der Gerechtigkeit" und eine „vor dem Gebot schuldangemessenen Strafens nicht zu rechtfertigende Spannweite" qualifiziert hat (Rn. 130). Der durch den Einsatz einer maßvollen „Sanktionsschere" ausgeübte Druck durch Angabe der bei einem „streitigen Verfahren" (sic!) zu erwartenden Strafe wurde dagegen von BGH StV 2010, 203, 204 (obiter dictum) m. abl. Anm. *Schlothauer* für ebenso unbedenklich wie unverbindlich gehalten, während darin im Schrifttum mittlerweile ein Fall des § 136a gesehen wird.[25] Das klingt zunächst beschuldigtenfreundlich, löst aber nicht das Problem, dass der „Zählwert" des Geständnisses damit völlig unklar bleibt und der Beschuldigte für den Fall seiner „Renitenz" (d. h. Ablehnung einer Verständigung) mit einer ungewissen und deshalb als strukturelle Drohkulisse umso beängstigenderen Strafschärfung rechnen muss.

69 d) Der BGH entnimmt dem Wortlaut und der Entstehungsgeschichte des § 257c, dass das Gericht nicht nur eine Obergrenze, sondern auch eine **Untergrenze** der Strafe angeben **muss,**[26] widrigenfalls die Revision der Staatsanwaltschaft begründet sei; bezüglich des Angekl. könne ein Urteil auf diesem Rechtsfehler allerdings nicht beruhen (BGH StV 2011, 75) – ebenso wie bei der Missachtung der Vorschrift des § 267 III 5 über die Erwähnung in den Urteilsgründen (BGH StV 2011, 76).

70 e) Außer der Vereinbarung des **Schuldspruchs**[27] ist auch die Vereinbarung einer **Punktstrafe unzulässig** (BGH StV 2011, 78; zuvor schon StV 2009, 233) mit der Folge, dass dann regelmäßig der Strafausspruch aufzuheben ist (BGH StV 2011, 338). Ohne eine solche Vereinbarung darf aber die in der Absprache angegebene Obergrenze der Strafe durchaus im Urteil ausgeschöpft werden (BGH StV 2010, 673).

71 f) Eine unzulässige Vereinbarung über den Schuldspruch führt nach der Rechtsprechung des BGH nicht per se zur Unverwertbarkeit des daraufhin abgelegten Geständnisses (BGH StV 2011, 337; StV 2012, 134 m. krit. Rezension *Velten,* ibid. 172), was eine mit den Grundsätzen der Verhandlungsgerechtigkeit nicht zu vereinbarende **Asymmetrie** bedeutet und die Aporien des VerständG manifestiert, das ein Austauschgeschäft regelt, aber nicht gelten lassen will – was man auch nicht mit dem BGH dadurch hinweg

[25] *Schlothauer* a. a. O.; SK/*Velten,* § 257c Rn. 21, 26; KMR/*v. Heintschel-Heinegg,* § 257c Rn. 39; *Niemöller,* in: N/Sch/W, § 257c Rn. 47. Offen gelassen von BGH StV 2013, 741 (jedenfalls keine Pflicht des Gerichts).

[26] Dagegen für ein Wahlrecht *Niemöller,* in: N/Sch/W, § 257c Rn. 46.

[27] Zu der nach *Jahn/Kett-Straub,* StV 2010, 271 die Schuldschwereklausel des § 57a StGB nicht gehören soll.

eskamotieren kann, dass man das Wort „Vertragsgrundlage" durchweg in Anführungszeichen setzt (BGH StV 2010, 470 Rn. 10; StV 2011, 337 Rn. 5 u. ö.). Eine für den Angekl. besonders gefährliche strukturelle Asymmetrie liegt darin, dass die Bindungswirkung nach h. M. nur das sich verständigende Gericht trifft, aber (nach einem Rechtsmittel der StA oder des Nebenkl.) weder die Berufungs- oder Revisionsinstanz noch (im Fall einer Zurückverweisung gem. § 354 II, III) den neu entscheidenden Tatrichter (BGH StV 2010, 470, wo auf das jedoch nicht bei Rechtsmitteln der StA eingreifende Verbot der reformatio in peius verwiesen wird; StV 2011, 337; NStZ-RR 2013, 373; OLG *Nürnberg* StV 2012, 590; zust. *M-G,* § 257c Rn. 25a; *El-Ghazi,* JR 2012, 406; krit. SK/*Velten,* § 257c Rn. 29; *Kuhn,* StV 2012, 10; OLG *Düsseldorf* StV 2011, 80, das aus Fairnessgründen bei einem Rechtsmittel der StA § 257c IV 3 analog anwenden will).

g) Die in der Praxis nach wie vor anzutreffenden, von BVerfGE 133, 168 (Ls. 4) als unzulässig gebrandmarkten **informellen Absprachen,** die also die strengen Publizitätsvorschriften des VerständG nicht einhalten, äußern nach der Rechtsprechung keinerlei Bindungswirkung und schaffen auch kein Vertrauen (BGH StV 2010, 673; StV 2011, 74; and. teilweise *Kudlich,* 2010, 44f. und auch BGH NJW 2011, 3463, wo bei beabsichtigter Enttäuschung eines berechtigten Vertrauens ein vorheriger Hinweis verlangt wird; s. ferner für das Rechtsmittelrecht o. Rn. 67). Zu derartigen Umgehungsversuchen mit Recht streng BGH JZ 2014, 468. Zur möglichen Strafbarkeit des Richters *Erb,* StV 2014, 103; *Verjans,* FS Feigen, 2014, 238. 72

II. Die notleidende Absprache

Dass die Urteilsabsprachen das gesamte System der StPO über den Haufen werfen und es deshalb mit der Schaffung einzelner (meist äußerlicher) Kautelen nicht getan ist, zeigt die Konstellation der notleidenden Absprache, die in Folge eines Dissenses zwischen den Beteiligten, wegen eines ganz oder teilweise unzulässigen Inhalts oder wegen „Nichterfüllung" durch eine Partei nicht wie geplant realisiert werden kann. 73

1. Die Bindung des Gerichts ist in § 257c IV ziemlich schwach ausgestaltet: Schon wenn es bedeutsame Umstände übersehen hat, kann es sich davon lösen. Noch problematischer ist die Voraussetzung, dass das Prozessverhalten des Angekl. nicht „der Prognose des Gerichts entspricht", wofür es ausreichen soll, dass das Geständnis des Angekl. „nicht so vollständig ist, wie das Gericht es erklärtermaßen vorausgesetzt hatte" (*Niemöller* in N/Sch/W, § 257c Rn. 129). Indem § 257c IV 3 zum Ausgleich ein Verwertungsverbot für das Geständnis des Angekl. anordnet, wäre das für eine Verfügungserklärung nach Art des guilty plea systematisch konsequent, kann in der Konstruktion des Gesetzes (Geständnis als die richterliche Aufklärungspflicht erfüllendes Beweismittel) aber in Wahrheit nicht untergebracht werden. Wegen der für die Euphemismen des VerständG typischen Verschwommenheit des § 257c IV ist das systematische Verhältnis von S. 1 zu S. 4 ebenso unklar wie der Verweis in S. 2 sowie Umfang und Intensität der Revisionskontrolle. Der BGH hat nunmehr klargestellt, dass es sich bei der „Mitteilung" der Sache nach um einen (konstitutiven) Widerruf der Strafrahmenzusage handelt, der sowohl nach S. 1 wie im Fall des S. 2 voraussetzt, dass der zugesagte Strafrahmen angesichts der neuen Situation nicht mehr mit den Vorgaben des materiellen Rechts in Einklang zu bringen ist, wobei dem Gericht ein weiter Beurteilungsspielraum zukommt (BGHSt 57, 273, 278ff.; BGH StV 2013, 193). 74

2. Dass der BGH eine notleidende Absprache ähnlich wie einen zivilrechtlichen Vertrag bei fehlender oder fortgefallener Geschäftsgrundlage durch Anpassung der Rechtsfolge zu behandeln versucht, zeigt die vor dem VerständG ergangene Entscheidung NStZ 2005, 115, in der es um die Absprache einer aus (von allen Beteiligten zunächst übersehenen) Rechtsgründen unzulässigen Gesamtstrafen Obergrenze ging. Hier hat der BGH kurzerhand selbst auf die für den Angekl. günstigste, rechtlich mögliche Strafe erkannt. 75

3. Wenn die StA am Rande der Absprache die Einstellung eines anderen Verfahrens gem. § 154 (die entspr. BVerfGE 133, 168, 214 nicht bindend zugesagt werden kann) in Aussicht gestellt hat, sich daran aber nicht hält, so wird verschiedentlich nach Realisierung der Absprache durch das Gericht und den Angekl. richtigerweise für das von der StA abredewidrig betriebene Verfahren ein Verfahrenshindernis angenommen (*Beulke,* Rn. 396a; näher *Beulke/Swoboda,* JZ 2005, 67; *M-G,* § 160b Rn. 11). Dagegen will BGHSt 52, 165, 173ff. ein Verfahrenshindernis nur subsidiär in Betracht ziehen und vorrangig dem Gericht die Pflicht auferlegen, durch Unterschreitung der von ihm zugesagten Obergrenze möglichst im Endeffekt zum gleichen Ergebnis zu kommen, was ebenfalls auf eine Art „Anpassung nach Geschäftsgrundlagegrund- 76

sätzen“ hinausläuft. Dabei verwickelt sich der BGH aber in Widersprüche, wenn er zunächst die Verwertbarkeit des Geständnisses dahinstehen lassen will (168 Rn. 4), dann aber die Verurteilung aufgrund dieses Geständnisses für eine „rechtsfehlerfreie Beweiswürdigung“ erklärt (169 Rn. 5), um schließlich wegen der von der StA offensichtlich rechtswidrig gegebenen (später nicht eingehaltenen) Zusage der Einstellung zahlreicher anderer, noch gar nicht durchermittelter Verfahren nach § 154 im Revisionsverfahren selbst auf die ursprünglich vom Tatrichter für einen bloßen Teil der Taten zugesagte Obergrenze als endgültige Strafe zu erkennen (174f.). Deutlicher kann nicht manifestiert werden, dass die Urteilsabsprachen zu einer reinen Billigkeitsrechtsprechung geführt haben, in der es primär auf Vereinbarungen und nur sekundär auf die Zumessungsvorschriften des materiellen Rechts und die Kompetenzverteilungen des Prozessrechts ankommt.

77 4. Zu den moralisch fragwürdigsten Erscheinungsformen der Absprachen zählt der „Vertrag zulasten Dritter“, bei dem die Justiz einem Mitbeschuldigten einen drastischen Strafnachlass für ein Geständnis in Aussicht stellt, durch das er die anderen Mitbeschuldigten überführt (was nicht selten zu einem „Wettlauf“ der Verteidiger führt, als Erster den nur für diesen erreichbaren Super-Discount einzuheimsen). Diese Praxis wird vom BGH nicht beanstandet, sofern im tatrichterlichen Urteil bei der Beweiswürdigung die Drittabsprache mitgeteilt und als Grund für eine Falschbelastung plausibel ausgeschlossen wird. Wird sie im Urteil verschwiegen, so muss die Revision eine Verfahrensrüge wegen Verletzung des § 261 StPO (sog. *Inbegriffsrüge*) erheben (BGHSt 48, 161; BGHSt 52, 78; BGHSt 58, 184; StV 2012, 649, 642; StV 2013, 376), wobei eine Lektüre dieser Entscheidungen im Volltext erkennen lässt, dass die Verfahrenswirklichkeit der Absprachen oft dem Wrestling ähnlicher ist als der Strafprozessordnung (so auch im Befangenheitsfall BGH StV 2012, 390).

78 5. Wenn nur ein Teil der Absprache unwirksam ist, z. B. die Vereinbarung eines Rechtsmittelverzichts, so soll die Absprache i. Ü. grds. weiterhin wirksam bleiben (BGHSt 52, 165, 170f.).

H. Die Reform der Hauptverhandlung

Literatur: *Dahs,* Reform der HV, FS Schorn, 1966, 14; *Blau* u. *Fischinger,* Die Teilung des Strafverf. in zwei Abschnitte, ZStW 81 (1969), 31 u. 49; *Heinitz,* Zweiteilung der HV? FG U. v. Lübtow, 1970, 835; *Herrmann,* Die Reform der deutschen HV nach dem Vorbild des anglo-amerik. Strafverf., 1971; *Kleinknecht,* „Informelles Schuldinterlokut“ im Strafprozeß nach geltendem Recht, FS Heinitz, 1972, 651; *Knittel,* Zweiteilung der HV nach engl. Vorbild?, FS Schwinge, 1973, 215; *Horn,* Tatschuld-Interlokut und Strafzumessung, ZStW 85 (1973), 7; *Achenbach,* Zweiteilung des Strafverf. – Plädoyer für eine „kleine Lösung“, JR 1974, 401; *Roxin,* Die Reform der HV im deutschen Strafprozeß, in: Probleme der Strafprozeßreform, 1975, 52; *Roxin,* Fragen der HV-Reform im Strafprozeß, FS Schmidt-Leichner, 1977, 145; *Schöch,* Strafzumessung und Persönlichkeitsschutz in der HV, FS Bruns, 1978, 457; *Schünemann,* Zur Reform der HV im Strafprozeß, GA 1978, 161; *Dölling,* Die Zweiteilung der HV, 1978; *Schöch,* Die Reform der HV, in: *Schreiber* (Hrsg.), Strafprozeß und Reform, 1979, 52; *Sessar,* Wege zu einer Neugestaltung der HV, ZStW 92 (1980), 698; *Wolter,* Schuldinterlokut und Strafzumessung, GA 1980, 81; *Haddenbrock,* Das Sachverständ.dilemma im dt. Strafprozeß ohne Tat- oder Schuldinterlokut, NJW 81, 1302; *Schild,* Der Richter in der HV, ZStW 94 (1982), 37; *Dencker,* Informelles Kreuzverhör, FS Kleinknecht, 1985, 79; *Alternativ-Entwurf* Novelle zur StPO, Reform der HV, 1985; *Dedes,* Schuldinterlokut, GS Arm. Kaufmann, 1989, 749; *Schünemann/Bandilla,* 1989 (Lit. § 1 E); *Roxin,* Über die Reform des dt. Strafprozeßrechts, FS Jauch, 1990, 183; *Schünemann,* 1995 u. 2000 (Lit. § 1 E); *ders.,* Wohin treibt der deutsche Strafprozeß?, ZStW 114 (2002), 1; *ders.,* Zur Kritik des amerikanischen Strafprozessmodells, FS Fezer, 2008, 555; *ders.,* Reformaspekte des strafrechtlichen Haupt- und Rechtsmittelverf., in: *Öst. Bundesministerium für Justiz* (Hrsg.), Die Reform des Haupt- und Rechtsmittelverfahrens, Graz 2011, 9; *Haas,* 2008 (s. Lit. zu § 1). S. ferner die Literaturnachweise zu § 17; *Schünemann,* Information über das Vorverfahren und die Befugnisse des Richters in der HV aus dt. Sicht, in: Schroeder/Kudratov (Hrsg.), Die strafproz. HV zwischen inquisitor. und adversator. Modell, 2014, 91.

I. Verschiedene Prototypen

79 Reformerwägungen kreisen seit Jahrzehnten um die Frage, ob es empfehlenswert sei, den deutschen Strafprozess de lege ferenda in Anlehnung an das **angloamerikanische**

Modell zu einem **Parteiverfahren** umzugestalten. In der Tat wirft in unserer Hauptverhandlung die Stellung des Vorsitzenden, der allein die Verhandlung leitet, den Angeklagten vernimmt und die Beweisaufnahme durchführt, manche Probleme auf. Da er sein Vernehmungskonzept im Wesentlichen anhand der Ermittlungsakten, also des Anklagematerials, aufbauen muss, wird er kraft des inertia-Effekts (o. § 1 Rn. 16) unbewusst in die Sichtweise der Anklagebehörde hineingedrängt und verliert meist die für die Urteilstätigkeit erforderliche kritische Distanz zu den Ermittlungen der StA. Auch ist es nicht glücklich, dass der inquirierende Richter durch die Pflicht, sich um die Überführung des schuldigen Angeklagten zu bemühen, mit psychologischer Notwendigkeit zum Widerpart des Angeklagten wird. Der Vorsitzende muss ihm unbequeme Fragen stellen, Widersprüche aufzudecken versuchen und sich einer möglichst erfolgreichen Vernehmungstaktik bedienen. Beim Angeklagten entsteht dadurch leicht der wegen des Urteilsperseveranzeffekts nicht grundlose Anschein, er habe es mit einem Gegner zu tun, und die Hauptverhandlung droht zu einem bloßen Aktennachvollzug zu degenerieren. Indem ein und derselbe Richter (bzw. Richterkollegium) alle Machtpositionen auf sich vereinigt, die in anderen Modellen auf verschiedene Rollen verteilt sind (Leitung der Verhandlung, Beweisaufnahme, Schuldspruch, Strafzumessung), entsteht eine an die Figur eines absoluten Herrschers erinnernde **Gewaltenhäufung,** die vollends dadurch zur **rechtsstaatlichen Achillesferse des deutschen Strafprozessmodells** gesteigert wird, dass der Inhalt der Beweisaufnahme weder (wie in den USA) durch Stenographen noch (wie in vielen anderen Ländern) durch Videoaufzeichnung festgehalten, sondern der allein maßgeblichen Schilderung in dem erst viel später abgesetzten schriftlichen Urteil des Richters selbst überantwortet wird. Dass hierbei keinerlei Garantie gegen Vergesslichkeit oder Missverständnisse besteht, würde die gegenwärtige Rechtslage selbst dann zum Missstand stempeln, wenn nicht das aus den Bedingungen der Justizorganisation resultierende Bedürfnis, ein revisionssicheres Urteil zu verfassen, unbewussten oder auch gezielten Beschönigungen Vorschub leistet und dadurch das eigentlich als Organon der Revisionskontrolle gedachte schriftliche Urteil in eine Art „Immunisierungszirkel" zu verwandeln droht.

Andererseits hätte ein reines Anklageverfahren, in dem ein aktenunkundiger Richter 80
sich an der Sachverhaltsaufklärung nicht zu beteiligen und nur am Ende über das von StA und Verteidigung beigebrachte Be- und Entlastungsmaterial zu urteilen hätte, noch gewichtigere Nachteile. Zunächst lässt sich ein halbwegs komplizierter Prozess ohne Kenntnis des gesamten Aktenmaterials heute nicht mehr mit der erforderlichen Genauigkeit übersehen, so dass die Gefahr eines Justizirrtums bei einem aktenunkundigen und in die Verhandlung nicht eingreifenden Richter wohl größer wäre als bisher. Sodann würde die Position des Angeklagten bedeutend verschlechtert werden, wenn die StA als „Partei" nicht mehr wie heute verpflichtet wäre, auch zugunsten des Beschuldigten tätig zu werden. Denn die StA ist dem Verteidiger normalerweise erheblich überlegen, weil ihr ein großer Ermittlungsapparat und Zwangsmittel zu Gebote stehen, mit denen die Verteidigung nicht konkurrieren kann. Es wäre kaum tragbar, wenn dieses Ermittlungspotential künftig nicht mehr auch zugunsten des Beschuldigten eingesetzt werden würde. Hinzu kommt, dass auch das Gericht bei einem solchen Modell nicht entlastend tätig werden könnte. Wenn die StA alles Belastungsmaterial sorgfältig zusammenträgt und der Verteidiger versagt – was bei einem vielbeschäftigten und kärglich entlohnten Pflichtverteidiger nicht selten der Fall sein wird –, könnte das Gericht anders als heute nicht ausgleichend eingreifen, weil es selbst das Ermittlungs-

material nicht kennt und auch nicht von sich aus ermittelnd tätig werden darf. Diese Folge der an sich erwünschten richterlichen Zurückhaltung könnte kaum hingenommen werden. Deshalb erscheint auch die auf einen die unbedingte Neutralität verlangenden Rspr.-Begriff des Art. 92 GG i.V. m. Art. 19 IV GG gestützte Forderung von *Haas* (2008, 408, 423 f.) nach Einführung eines reinen Anklageverfahrens überspitzt.

81 So wird sich de lege ferenda am ehesten eine **„Typenmischung"** empfehlen, für die u. a. die Autoren dieses Lehrbuches unterschiedliche Modelle entwickelt haben. Es könnte einerseits die richterliche Aktenkenntnis und Aufklärungspflicht (§ 244 II) sowie die absolut objektive Stellung der StA erhalten bleiben, wenn andererseits die Vernehmung zur Sache und die Beweisaufnahme in der Hauptverhandlung zunächst dem *Wechselverhör* von StA und Verteidigung überantwortet würde und das Gericht nur Zusatzfragen zu stellen und erforderlichenfalls anschließend ergänzende Vernehmungen durchzuführen hätte. Dies geschähe dann nicht mehr anhand des Anklagekonzepts, sondern aufgrund des Bildes, das sich bisher in der Hauptverhandlung entwickelt hat („Passivrichtermodell"), näher dazu *Roxin,* 1975, 1977 u. *AE,* 1985. Nach dem ursprünglichen Modell von *Schünemann,* GA 1978, 161 (ähnl. *Schlüchter,* Rn. 459; ausgebaut von *Schünemann,* 1989, 1995 und 2002) wäre die gegenwärtige Hauptverhandlungsstruktur im Wesentlichen beizubehalten, da die richterliche Aktenkenntnis und inquirierende Tätigkeit den Erkenntnisvorgang des Richters zwar gefährde, aber auch erst ermögliche, während der „Passivrichter" kraft seiner Aktenkenntnis ebenfalls dem Urteilsperseveranzeffekt unterliege, ohne dass dies aber für die Prozessbeteiligten erkennbar und dadurch u. U. korrigierbar würde. Die Abhilfe müsse deshalb darin liegen, dass die Zeugenaussagen durch ein Inhaltsprotokoll noch in der Hauptverhandlung fixiert und deren Verarbeitung durch das Gericht in „Beweiswürdigungs-Statements" erkennbar und damit einer kommunikativen Gegenkontrolle innerhalb der Hauptverhandlung zugänglich gemacht würde. Seitdem aber das Ermittlungsverfahren durch die Verpolizeilichung sowie die Etablierung der Urteilsabsprachen einen überragenden Einfluss gewonnen und die rechtsstaatliche Architektur der RStPO de facto zerstört hat, muss die Wiederherstellung der rechtsstaatlichen Balance schon hier gesucht werden, weshalb die Reform der Hauptverhandlung nicht mehr das dringlichste Problem des Strafverfahrens bildet (zur Gesamtreform u. § 69 Rn. 3 ff.). Die geringfügigen Verbesserungen, die der „AE-Beweisaufnahme" (GA 2014, 1 ff.) vorschlägt, können die heutigen Strukturprobleme erst recht nicht lösen.

II. Zweiteilung der Hauptverhandlung durch Schuldinterlokut?

82 Nach geltendem Recht wird über die Tatbegehung und die für die Rechtsfolgenbestimmung erheblichen Umstände in einer einheitlichen Hauptverhandlung Beweis erhoben (vgl. freilich über die Vernehmung zur Person o. § 25 Rn. 5). De lege ferenda wird demgegenüber häufig nach dem Vorbild namentlich des angelsächsischen Rechts (vgl. dazu *Herrmann,* 1971, 448 ff.) eine **Zweiteilung** der Hauptverhandlung in gesonderte Erhebungen zur Schuldfrage und (nach deren Bejahung durch ein **Schuldinterlokut**) zur Straffrage gefordert.

83 In der darüber vor allem in den 70er Jahren des vorigen Jahrhunderts intensiv geführten Diskussion ist das Modell immer mehr verfeinert worden, indem auch die Schuldfrage in den zweiten Verfahrensabschnitt verwiesen (sog. **Tatinterlokut**) und als „kleine Lösung" ein **informelles Schuldinterlokut** diskutiert sowie empirische Erprobungen vorgenommen wurden.[28] In dem 1985 publizierten Alternativ-Entwurf „Reform der Hauptverhandlung" findet sich hierzu sogar ein ausgearbeiteter Gesetzesvorschlag.[29] Seitdem die hochfliegenden Erwartungen eines wirksam spezialpräventiven Strafvollzuges und einer darauf im Detail abgestimmten Strafzumessung jedoch der realistischen Einschätzung gewichen sind, dass unter den realen Bedingungen von Strafzumessung und Strafvollzug nach wie vor die Tatproportionalität und die etwaige Rückfallverschärfung die zentralen Parameter der Strafzumessung bilden (*Schünemann,* ZStW 114 [2002], 51), und vollends, seitdem in zahlreichen Verfahren das Strafmaß im Rahmen der Aushandlung

[28] Eingehend *Roxin,* 1975, 66 ff.; *Kleinknecht,* 1972; *Achenbach,* JR 1974, 401; *ders.,* MschrKrim 1977, 242; *Dölling,* 1978; 25. Aufl., § 42 Rn. 60 f.

[29] Dazu näher *Rolinski,* FS Maihofer, 1988, 371; *Riess,* FS Lackner, 1987, 965; *Hermann,* ZStW 100 (1988), 41; *Weigend,* ibid., 733; *Moos,* ZStW 103 (1991), 553.

einer Urteilsabsprache festgelegt wird, spielt das Schuldinterlokut in der Reformdiskussion keine besondere Rolle mehr.

§ 45. Die Beweisaufnahme

Literatur: *Stein,* Das private Wissen des Richters, 1893; *Sarstedt,* Bew.regeln im Strafprozess, FS E. Hirsch, 1968, 171; *Wessels,* Die Aufklärungsrüge im Strafprozeß, JuS 1969, 1; *Grünwald,* Die Wahrunterstellung im Strafverf., FS Honig, 1970, 53; *Rödig,* Die Theorie des gerichtl. Erkenntnisverf., 1973; *Fincke,* Die Gewißheit als hochgradige Wahrscheinlichkeit, GA 1973, 266; *Käßer,* Wahrheitserforschung im Strafprozess, 1974; *Arzt,* Zum Verhältnis von Strengbew. und freier Bew.würd., FS Peters, 1974, 223; *Krause,* Grenzen richterl. Bew.würd. im Strafprozess, ebda., 323; *Kasper,* Freie Bew.würd. und moderne Kriminaltechnik, 1975; *Rogall,* Der Beschuldigte als Bew.mittel gegen sich selbst, 1977; *Greger,* Bew. und Wahrscheinlichkeit, 1978; *Walter,* Freie Bew.würd., 1979; *Köhler,* Inquisitionsprinzip und autonome Bew. führung, 1979; *Tenckhoff,* Die Wahrunterstellung im Strafprozeß, 1980; *Lüderssen,* Zur „Unerreichbarkeit" des V-Mannes, FS Klug, 1983, 527; *Herdegen,* Bemerkungen zum Bew.antragsrecht, NStZ 1984, 97, 200, 337; *Maul,* Die gerichtl. Aufklärungspflicht in der Sicht der Rspr. des BGH, FG Peters II, 1984, 47; *Quedenfeld,* Bew.antrag und Verteidigung usw., ebda., 215; *Niemöller,* Die strafrichterl. Bew.würd. in der neueren Rspr. des BGH, StV 1984, 431; *Meurer,* Bew. und Bew.regel im deutschen Strafprozess, FS Oehler, 1985, 357; *Schmidt-Hieber,* Der Bew.antrag im Strafprozeß, JuS 1985, 291, 458; *Fezer,* Zur Problematik des gerichtl. Rechtsschutzes bei Sperrerklärungen gem. § 96 StPO, FS Kleinknecht, 1985, 113; *Meurer,* Bew.erhebung und Bew.würd., GS H. Kaufmann, 1986, 947; *Freund,* Normative Probleme der Tatsachenfeststellung, 1987; *J. Kühl,* Prozeßgegenstand und Bew.thema im Strafverf., 1987; *Julius,* Die Unerreichbarkeit von Zeugen im Strafprozeß, 1988; *Lampe,* Richterl. Überzeugung, FS Pfeiffer, 1988, 353; *Schlothauer,* Hilfsbeweisantrag – Eventualbeweisantrag – bedingter Beweisantrag, StV 1988, 542; *Meurer,* Bew.würd., Überzeugung und Wahrscheinlichkeit, FS Tröndle, 1989, 551; *Taschke,* Die behördl. Zurückhaltung von Bew.mitteln im Strafprozeß, 1989; *Herdegen,* Aufklärungspflicht – Bew.antragsrecht pp., GS Meyer, 1990, 187; *Hoffmann,* Der unerreichbare Zeuge im Strafverf., 1991; *Dedes,* Bew.verf. und Bew.recht, 1992; *Jerouschek,* Wie frei ist die freie Bew.würd.?, GA 1992, 493; *B. Schmitt,* Die richterl. Bew. würd. im Strafprozess, 1992; *ders.,* Über das Verhältnis der Kriminalistik zur strafrichterl. Bew.würd., Archiv f. Kriminologie 1992, 129; *J. H. E. Müller,* Behördliche Geheimhaltung und Entlastungsvorbringen des Angeklagten, 1992; *Niemöller,* Bedingte Bew.anträge im Strafverf., JZ 1992, 884; *Schlüchter,* Wahrunterstellung und Aufklärungspflicht bei Glaubwürdigkeitsfeststellungen, 1992; *Schulz,* Die Stellung des Richters in der Bew.aufnahme, in: *Bemmann/Manodeddis* (Hrsg.), Der Richter in Strafsachen, 1992, 91; *ders.,* Sachverhaltsfeststellung und Bew.theorie, 1992; *Thole,* Der Scheinbew.antrag im Strafprozeß, 1992; *Frister,* Das Verhältnis von Bew.antragsrecht und gerichtl. Aufklärungspflicht im Strafprozeß, ZStW 105 (1993), 340; *Grasnick,* Wahres über die Wahrheit – auch im Strafprozess, FG Pötz, 1993, 55; *Grünwald,* Das Bew.recht der StPO, 1993; *Puppe,* „Naturgesetze" vor Gericht, JZ 1994, 1147; *Rabe,* Die Wahrunterstellung im Strafprozeß, 1994; *A. Schmidt,* Grundsätze der freien richterl. Bew.würd. im Strafprozess, 1994; *Schneider,* Bew. und Bew.würdigung, 1994; *Detter,* Der von der Verteidigung geladene Sachverständige, FS Salger, 1995, 231; *Widmaier,* Der Hilfsbew.antrag mit „Bescheidungsklausel", ibid., 421; *Fezer,* Tatrichterlicher Erkenntnisprozess – „Freiheit" der Beweiswürdigung, StV 1995, 95; *ders.,* Reduktion von Beweiserfordernissen pp., StV 1995, 263; *Herdegen,* Beweisantragsrecht, Beweiswürdigung, strafprozessuale Revision, 1995; *Perron,* Das Beweisantragsrecht des Beschuldigten im deutschen Strafprozeß, 1995; *ders.* (Hrsg.), Die Beweisaufnahme im Strafverfahrensrecht des Auslands, 1995; *Stein,* „Gewißheit" und „Wahrscheinlichkeit" im Strafverfahren, Rudolphi-Symposium, 1995, 233; *ter Veen,* Beweisumfang und Verfahrensokonomie im Strafprozeß, 1995; *Wißgott,* Das Beweisantragsrecht im Strafverfahren als Kompensation der richterlichen Inquisitionsmaxime, 1998; *Hirsch,* Der zum Zwecke der Prozessverschleppung gestellte Beweisantrag pp., 1996; *Perron,* Das Beweisantragsrecht des Beschuldigten pp., ZStW 108 (1996), 128; *Buschhorn,* Rechtsprobleme der Offenkundigkeit von Tatsachen im Strafverfahren, 1997; *Brüssow,* Mehrere Beschuldigte als Beweismittel, FG Friebertshäuser, 1997, 171; *Denicke,* Kausalitätsfeststellung im Strafprozess, 1997; *Anders,* Beweiserhebungskontrollen des Tatgerichts und Autonomie der Verteidigung pp., 1998; *Gössel,* Über Beweis, Amtsaufklärung und die Pflicht der Beweiserhebung, FS Nishihara, 1998, 215; *C. M. Müller,* Anscheinsbeweis im Strafprozeß, 1998; *Rose,* Die Ladung von Auslandszeugen im Strafprozess, wistra 1998, 11; *Frister,* Die persönliche Gewißheit als Verurteilungsvoraussetzung, FS Grünwald, 1999, 169; *Tolksdorf,* Zur Bindung des Strafrichters an Feststellungen rechtskräftiger

Strafurteile, ibid., 731; *Herdegen,* Die strafprozessualen Beweiswürdigungstheorien des BGH, FS Hanack, 1999, 311; *Keller,* Verwissenschaftlichung versus Rationalität der strafprozessualen Beweiswürdigung?, GA 1999, 255; *Rose,* Der Auslandszeuge im Bew.recht des dt. Strafproz., 1999; *Schatz,* Das Beweisantragsrecht in der Hauptverhandlung, 1999; *Fezer,* Amtsaufklärungsgrundsatz und Bew.antragsrecht, FS BGH-Wiss., 2000, 847; *Spiekermann,* Der Mißbrauch des Bew.antragsrechts, 2001; *Freund,* Die Tatfrage als Rechtsfrage, FS Meyer-Goßner, 2001, 409; *Gössel,* Über die Pflicht zur Ermittlung der materiell-objektiven Wahrheit pp., ibid., 187; *ders.,* Über Beweisverwertung, Beweiswürdigung und Beweisregeln, GS Meurer, 2002, 381; *Deckers,* Der strafprozessuale Beweisantrag, 2002; *Herdegen,* Judikatorische Gründe für die Ablehnung von Beweisanträgen im Strafverfahren, FS Gössel, 2002, 529; *Johnigk,* Der Beweisantrag auf Vernehmung eines Auslandszeugen, FS Rieß, 2002, 197; *Sommer,* Lebenserfahrung, ibid., 585; *Strate,* Freie Beweiswürdigung und gebundene Beweiserhebung, ibid., 611; *H. E. Müller,* Mathematik in der strafprozessualen Beweiswürdigung, FS Rolinski, 2002, 219; *Schulenburg,* Das Verbot der vorweggenommenen Beweiswürdigung im Strafprozeß, 2002; *Schulz,* Missbrauch des Beweisantragsrechts, GS Meurer, 2002, 355; *Senge,* Missbräuchl. Inanspruchnahme verfahrensrechtl. Gestaltungsmöglichkeiten, NStZ 2002, 225; *Vest,* Das Beweisantragsrecht des Beschuldigten pp., FS Trechsel, 2002, 781; *Becker,* Die Rspr. des BGH zum Beweisantragsrecht, NStZ 2003, 415; *S. Walther,* Zur Frage eines Rechts des Beschuldigten auf „Konfrontation von Belastungszeugen", GA 2003, 204; *Burkhardt,* Erklärungsrecht des Verteidigers, StV 2004, 390; *Gössel,* Zum Verhältnis von Beweisantragsrecht und Amtsermittlung, FS Gollwitzer, 2004, 47; *H.-E. Müller,* Fairer Prozess und in dubio pro reo bei Zurückhaltung von Beweismaterial, JZ 2004, 926; *Tenorth-Sperschneider,* Zur strukturellen Korrespondenz zwischen den gesetzl. Ablehnungsgründen usw. und den Anforderungen an einen zulässigen Beweisantrag, 2004; *Beulke,* Der Beweisantrag, JuS 2006, 597; *Maeffert,* Freie Beweiswürdigung, FS Richter II, 2006, 379; *Schuster,* Verwertbarkeit im Ausland gewonnener Bew. im dt. Strafproz., 2006; *Tsambikakis,* Strafprozessuale Beweisprinzipien im Wechselspiel, Kunert-Symposium, 2006, 87; *Brause,* Zum Zeugenbeweis in der Rspr. des BGH, NStZ 2007, 505; *Becker,* Die Rspr. des BGH zum Beweisantragsrecht, NStZ 2007, 513; *Hamm/Hassemer/Pauly,* Beweisantragsrecht 2007; *F. Meyer,* Zurück zur gesetzlichen Beweistheorie?, ZStW 119 (2007), 633; *Trüg/Kerner,* Formalisierung der Wahrheitsfindung im (reformiert-) inquisitorischen Strafverfahren?, FS Böttcher, 2007, 191; *Basdorf,* Elemente des Beweisantrags – Konnexität und anderes, FS Widmaier, 2008, 51; *Eschelbach,* Feststellungen, ibid., 127; *Fischer,* Aussagewahrheit und Glaubhaftigkeitsbegutachtung, ibid., 191; *Foth,* Die Entwicklung des Beweisantragsrechts, ibid., 223; *Keller,* Zur strafproz. Verwertbarkeit von im Ausland abgelegten Geständnissen, FS Fezer, 2008, 227; *Paulus,* Strafproz. Beweisstrukturen, ebda., 243; *Schlothauer,* Strafproz. Verwertung selbstbelastender Angaben im Verwaltungsverfahren, ebda., 267; *Weßlau,* Der blinde Fleck, ebda., 267; *Dallmeyer,* Beweisführung im Strengbeweisverfahren, 2008; *Weigend,* Strafverteidigung im Zeitalter abgesprochenener Urteile, in: *Weigend u. a.* (Hrsg.), Strafverteidigung vor neuen Herausforderungen, 2008, 365; *Niemöller,* Der Kontinuitätsgrundsatz – ein unentdecktes Prinzip des Beweisantragsrechts, FS Hamm, 2008, 537; *Geipel,* Die Notwendigkeit der Objektivierung der Beweiswürdigung pp., 2008; *Mosbacher,* Der Spielraum d. Tatrichters bei Wertungs- u. Wahrscheinlichkeitsurteilen, FS Seebode, 2008, 227; *Welp,* Strafurteile als Beweismittel im Strafprozess, FS Egon Müller, 2008, 765; *Schmenger,* Die verfremdete Videovernehmung, 2008; *Gleß,* Sachverhaltsaufklärung durch Auslandszeugen, FS Eisenberg 2009, 499; *Witting,* Die Fristsetzung bei ‚missbräuchlicher' Beweisantragsstellung, FS Volk, 2009, 885; *Herdegen,* Die Revisibilität der Beweiswürdigung, DAV-FS, 2009, 553; *ders.,* Was ist unter ‚Beweiswürdigung' im Sinne von § 261 StPO zu verstehen?, FS Eisenberg, 2009, 527; *Ha. Schneider,* Zum Kriterium der Konnexität im strafprozessualen Beweisantragsrecht, ebda., 609; *Jahn,* Verfassungsrechtliche Grundlagen des Beweisantragsrechts, FS Hassemer, 2010, 1029; *Kempf,* Missbrauch im Strafprozess, ebda., 1041; *Deckers,* Zur Zurückweisung eines Beweisantrags auf Einholung eines Sachv. Gutachtens, FS Rissing van Saan, 2011, 87; *Eschelbach,* Regina Probationum, ibid., 115; *Weigend,* Rechtsvergl. Bemerkungen zur Wahrheitssuche, ibid., 749; *Hebbecker,* Der Beweisantrag als Mittel der Konfliktvert, 2011; *Kraatz,* Der Einfluss der Erfahrung auf die tatrichterliche Sachverhaltsfeststellung. Zum „strafpr." Anscheinsbeweis, 2011; *Malek,* Abschied von der Wahrheitssuche, StV 2011, 559; *Eisenberg,* Beweisrecht der StPO, 9. Aufl., 2015; *Schwabenbauer,* Der Zweifelsatz im Strafpr.recht, 2012; *Alsberg,* Der Beweisantrag im Strafpr. (bearb. v. Dallmeyer/Güntge/Tsambikakis), 6. Aufl., 2013 – das Standardwerk seit 1930; *Drews,* Die Königin unter den Beweismitteln? Eine interdisziplinäre Untersuchung des (falschen) Geständnisses, 2013; *Nicklas,* Die höchstrichterl. Rspr. zur Fristsetzung beim str. pr. Bew.antragsrecht, 2013; *Schünemann,* Die Allmacht des Tatrichters und die Einseitigkeit der Wahrheitsfindung, FS Kühne, 2013; *Menges,* Freiheit versus Forensik bei Aussage gegen Aussage?, FS Tolksdorf, 2014, 313; *Trüg,* Rechtmissbrauch des Beweisantrags, FS v. Heintschel-Heinegg, 2015, 447; vgl. auch die Angaben vor § 15, § 24 u. § 24 Rn. 13.

Die Beweisaufnahme in der Hauptverhandlung hat den Zweck, die **materielle Wahrheit** zu finden. Hierzu ist das Gericht bereits von Amts wegen vermöge der Aufklärungspflicht gehalten (u. Rn. 2 ff.). Auch die Prozessbeteiligten (vor allem der Angekl. in Anerkennung seiner Stellung als Prozesssubjekt) können aber den Umfang der Beweisaufnahme mitbestimmen (u. Rn. 5 ff.). Ziel ist die **Vollständigkeit** der Beweisaufnahme; denn nach § 261 hat sich das Gericht seine Überzeugung ausschließlich aus dem Inbegriff der Hauptverhandlung – nicht aus den Akten – zu bilden (vgl. u. § 46). Am Ende der Beweisaufnahme entscheidet das Gericht über deren Ergebnis grds. frei, d. h. ohne Bindung an gesetzliche Beweisregeln (u. Rn. 42 ff.); verbleiben ihm Zweifel, schlagen diese zugunsten des Angekl. aus (u. Rn. 56 ff.). 1

A. Der Grundsatz der richterlichen Aufklärungspflicht

Prinzipiell hat das Gericht „zur Erforschung der Wahrheit die Beweisaufnahme von Amts wegen auf alle Tatsachen und Beweismittel zu erstrecken, die für die Entscheidung von Bedeutung sind" (§ 244 II). Dieser Grundsatz der **richterlichen Aufklärungspflicht,** der aus der **Instruktionsmaxime** (o. § 15) folgt, bedeutet i. E.: 2

1. Das Gericht erforscht den Sachverhalt **von Amts wegen,** ist also nicht an Anträge anderer Prozessbeteiligter gebunden. Auch rechtfertigende, entschuldigende oder sonst strafausschließende Ausnahmesituationen erforscht es grds. von sich aus, jedoch müssen irgendwelche Anhaltspunkte diese Prüfung nahelegen. Ist ein solcher Umstand der StA (§ 160 II!) und dem Gericht verborgen geblieben, so ist es Sache des Beschuldigten, eine entsprechende Beweiserhebung anzuregen (BGHSt 16, 389).

2. Das Gericht erhebt grds. Beweis über **alle entscheidungserheblichen Tatsachen;** die einzige Ausnahme davon bilden die **offenkundigen** (allgemeinkundigen und gerichtskundigen) Tatsachen, die keines Beweises bedürfen (vgl. o. § 24 Rn. 8 ff.). 3

3. Das Gericht muss **alle** ihm zur Verfügung stehenden **Beweismittel ausschöpfen,** insb. auch solche, deren Benutzung der bisher bekannte Sachverhalt **nahelegt** (vgl. BGHSt 3, 173; BGHSt 13, 326), und zwar ohne Rücksicht darauf, ob ein Prozessbeteiligter einen entsprechenden Antrag gestellt hat. Erst nach Ausnutzung aller Beweismittel greift der Grundsatz „in dubio pro reo" ein.

4. Die gerichtliche Aufklärungspflicht findet ebenso wie die Pflicht, einem Beweisantrag (s. u. Rn. 5 ff.) stattzugeben, ihre Grenze grds. in § 244 III, IV (vgl. *Wessels,* 1969). Unter Umständen kann mit dieser Generalklausel aber auch die starre Regelung des § 244 III, IV gemildert werden. So hat der BGH im Bartsch-Prozess ausgesprochen, dass wegen der in ihrer Art einmaligen Triebverirrung des Angeklagten die Herbeiziehung des Sexualwissenschaftlers Giese als „Obergutachter" von der Aufklärungspflicht geboten gewesen sei, obwohl das LG einen dahin gehenden Beweisantrag nach dem Wortlaut des § 244 IV 2 zu Recht abgelehnt hatte (BGHSt 23, 176, 187; vgl. auch schon BGHSt 10, 116; dazu *Fezer,* 12/100). Kommt ein Gericht auf einer abw. Tatsachengrundlage zu einem anderen Ergebnis als der Sachverständige, gebietet es die Aufklärungspflicht, dass diesem Gelegenheit gegeben wird, sich zu dem vom Gericht zugrunde gelegten Sachverhalt zu äußern (BGH NStZ 1985, 421). Andererseits wird § 244 II durch § 244 III, IV inhaltlich konkretisiert; denn Beweiserhebungen, die durch einen Antrag erzwungen werden können, sind i. d. R. durch die Aufklärungspflicht geboten. Eine völlige Übereinstimmung von Beweisantragsrecht und Aufklärungspflicht besteht allerdings nicht (*Schmidt-Hieber,* 1985, 292 ff.; *Julius,* NStZ 1986, 61); bei Tausenden von Zeugen gebietet die Aufklärungspflicht nicht die Vernehmung jedes einzelnen, obwohl diese durch einen Beweisantrag (theoretisch) erzwungen werden könnte. Ebenso braucht das Gericht nicht alle zum Zeitpunkt des Banküberfalls in der Bank anwesenden Personen von Amts wegen als Zeugen zum Tathergang zu vernehmen, wenn es nach den bisherigen Vernehmungen davon ausgehen darf, dass 4

die weiteren Anwesenden den ermittelten Tathergang nur bestätigen würden. Bestehen allerdings Anhaltspunkte (auch nur die „entfernte Möglichkeit") dafür, dass eine anwesende Person eine abw. Darstellung geben könnte, muss das Gericht sie von Amts wegen vernehmen (BGHSt 23, 176, 188; BGHSt 30, 131, 143), und zwar auch dann, wenn es eine solche Aussage als schon widerlegt ansieht (**Verbot der Beweisantizipation,** vgl. u. Rn. 31); in diesem Sinne instruktiv *Frister,* 1993. Werden etwa widersprüchliche Angaben von Beweispersonen vom Gericht nicht aufgedeckt, so liegt darin ein Verstoß gegen § 244 II (für Zeugen BGH StV 1989, 423; für Sachverständige BGH NStZ 1990, 243; NStZ 1991, 448). Diese enorme Strenge der Aufklärungspflicht besteht allerdings nur theoretisch, weil ein revisibler Verfahrensfehler in st. Rspr. nur dann bejaht wird, wenn sich die unterlassene Beweiserhebung dem Tatrichter **aufdrängen musste,** wobei diese Voraussetzung in der neuesten Judikatur des BGH so radikal eingeschränkt worden ist, dass man nahezu von einer Nullmenge sprechen muss (s. u. § 55 Rn. 37).

5. Zur Frage einer Ersetzung der Beweisaufnahme durch „Einvernehmen" zwischen Gericht und Verteidigung über den relevanten Sachverhalt vgl. o. § 17 Rn. 10; § 44 Rn. 64f.

B. Beweisantrag und Beweisermittlungsantrag

5 1. Die grds. richterliche Sachverhaltsaufklärung soll jedoch die übrigen Prozessbeteiligten, insb. den Beschuldigten (er ist Prozesssubjekt!), nicht von der Mitwirkung ausschließen. Das scheint auf den ersten Blick in einer von der Instruktionsmaxime beherrschten Hauptverhandlung einen Fremdkörper zu bilden, weshalb im Schrifttum wiederholt versucht worden ist, das Beweisantragsrecht als bloßes Instrument zur Intensivierung der richterlichen Aufklärungspflicht (also als eine Art „Wissensvermittlung") zu deuten und beide Institute auf das gemeinsame Prinzip des Verbots der Beweisantizipation zurückzuführen.[1]

6 Wie jedoch *Weßlau* nachgewiesen hat[2], soll das Beweisantragsrecht nicht nur die richterliche Aufklärungspflicht durch Hinweis auf bisher unbekannte Erkenntnisquellen aktualisieren, sondern begründet eine eigene Kompetenz der Verfahrensbeteiligten, die Beweisaufnahme auch außerhalb der Einschätzungsprärogative des Gerichts zu erweitern. In der Tat hat die RStPO mit einer genialen Intuition für die Notwendigkeit, die übermächtige Stellung des Gerichts in der Hauptverhandlung auszubalancieren, die richterliche Aufklärungspflicht[3] mit einem Beweisantragsrecht kombiniert, das in dieser Form im Parteiprozess, in dem die Parteien ihre Beweise ja selbst vorzuführen haben, gar nicht existiert. In Verbindung mit dem Anspruch der Verteidigung auf Vernehmung der von ihr geladenen und präsenten Zeugen (näher u. Rn. 14) hatte damit die RStPO ungeachtet der alleinigen Entscheidungsbefugnis des Gerichts für die Hauptverhandlung eine Verfahrensbalance geschaffen, die durchaus mit dem staatsrechtlichen Gewaltenteilungsgrundsatz verglichen werden kann und damit das entscheidende Fundament für die Rechtsstaatlichkeit des im 19. Jahrhundert entwickelten, hauptverhandlungszentrierten Strafverfahrens bildete. Es ist deshalb zu begrüßen, dass die wiederholten Vorstöße der Landesjustizminister

[1] *Köhler,* 1979; *Julius,* 1986; *Perron,* 1995; *ter Veen,* 1995; *Anders,* 1998; *Fezer,* 2000; *Schulenburg,* 2002.

[2] FS Fezer, 2008, 289ff.; in dieselbe Richtung bereits *J. Schulz,* NStZ 1991, 449; *Frister,* 1993; *Wißgott,* 1998; *Schatz,* 1999.

[3] Zwar sprach § 243 III RStPO ursprünglich nur davon, dass das Gericht die Ladung von Zeugen etc. von Amts wegen „anordnen kann", aber dies wurde von Anfang an als eine Pflicht gesehen, alle zur Aufklärung der Sache erforderlichen Beweiserhebungen anzuordnen – wenn auch nach freiem Ermessen, s. RGSt 6, 135; 13, 158.

zwecks Abschaffung des Beweisantragsrechts (z. B. StV 1982, 325 ff.) bis jetzt erfolglos geblieben sind.

7 2. Die Möglichkeiten von Anklage und Verteidigung, den Umfang der Beweisaufnahme zu beeinflussen, weisen drei unterschiedliche Intensitätsstufen auf: Am stärksten ist der **Beweisantrag** *auf Benutzung der vom Antragsteller herbeigeschafften Beweismittel;* in der Mitte steht der *Beweisantrag auf Benutzung eines nicht präsenten Beweismittels;* und am schwächsten ist der **Beweisermittlungsantrag,** der nur auf eine Aktualisierung der gerichtlichen Aufklärungspflicht zielt.

8 3. Während ein **Beweisantrag das** Begehren bedeutet, „über eine bestimmte Tatsache ein nach der Prozessordnung zulässiges bestimmtes Beweismittel zu verwerten" (BGHSt 6, 129), ist ein **Beweisermittlungsantrag** eine bloße, den Erfordernissen eines Beweisantrages nicht entsprechende Anregung an das Gericht auf Vornahme weiterer Beweishandlungen zur Aufklärung der Schuld- oder Straffrage (für andere Fragen gilt Freibeweis; s. o. § 24 Rn. 3); ihr fehlt entweder eine bestimmte Tatsachenbehauptung (zu den Anforderungen an die Bestimmtheit BGHSt 37, 162) oder die Benennung eines bestimmten Beweismittels (z. B. wenn erst Tausende von Akten auf bestimmte Tatsachen hin untersucht werden sollen, BGH NStZ 1982, 296; zur Individualisierung eines Zeugen BGH StV 2010, 556; vgl. i. Ü. KK/*Krehl,* § 244 Rn. 100 ff.). Die Unterscheidung ist von großer **praktischer Bedeutung:** Während der Beweisantrag nur unter engen Voraussetzungen und auch nur durch einen förmlichen Gerichtsbeschluss abgelehnt werden kann (i. E. u. Rn. 12 ff.), braucht das Gericht einem Beweisermittlungsantrag nur zu folgen, wenn dies im Rahmen der Aufklärungspflicht geboten ist; und die Ablehnung kann auch durch (gem. § 238 II überprüfbare) Verfügung des Vorsitzenden erfolgen, die freilich in der Regel begründet werden muss, damit der Antragsteller sein weiteres Vorgehen daran ausrichten kann.[4] Die Abgrenzung von Beweisantrag und Beweisermittlungsantrag ist nicht immer einfach:[5]

9 a) Die „Unglaubwürdigkeit" eines Zeugen lässt der BGH nicht als bestimmte Tatsachenbehauptung gelten (BGHSt 37, 162 m. krit. Anm. *Schulz,* NStZ 1991, 449 u. Anm. *Gollwitzer,* JR 1991, 472). Stellt aber der Antragsteller eine bestimmte Tatsachenbehauptung auf, so darf das Gericht sie nicht mit der Begründung als Beweisermittlungsantrag beurteilen, dass es sich um eine bloße Vermutung handle; denn der Verteidiger darf auch solche Tatsachen zum Gegenstand eines Beweisantrages machen, die er lediglich für möglich hält. Das gleiche gilt, wenn feststeht, dass ein Zeuge bestimmte Wahrnehmungen gemacht hat, aber zw. ist, ob er sich daran erinnern kann (BGH NStZ 1988, 324). In der neueren Rechtsprechung ist dieser Grundsatz jedoch durch die Formel ausgehöhlt worden, dass eine „aus der Luft gegriffene Behauptung **ins Blaue hinein**" („aufs Geratewohl") keine zulässige Beweisbehauptung, ein entsprechender Antrag deshalb kein Beweisantrag sei.[6] Gegen diese Rspr. spricht, dass ein allenfalls für die Zurückweisung eines Beweisantrages wegen Verschleppungsabsicht gem. § 244 III 2 verwertbares Argument bereits zur Verneinung der begrifflichen Voraussetzungen eines Beweisantrages verwendet wird. Allermindestens müsste der Tatrichter verpflichtet sein, den Antragsteller vor Bescheidung „unter hohem argumentativen Aufwand"

[4] BGHSt 6, 128, 129; 17, 245, 248; 30, 131, 143; 37, 162, 167; BGH NStZ 2008, 109, 110; abw. *Schulz,* GA 1981, 301: stets Gerichtsbeschluss nötig.

[5] Vgl. BGHSt 39, 251 m. Anm. *Widmaier,* NStZ 1993, 602; BGH NStZ 1981, 309; StV 1982, 55; BayObLG StV 1982, 414 sowie *Schmidt-Hieber,* 292 f. und *Schulz,* StV 1985, 312.

[6] Grdl. *Herdegen,* StV 1990, 518 f.; *ders.,* 1990, 199 ff.; BGH NStZ 1992, 397 m. Anm. *R. Peters,* NStZ 1993, 293; 1993, 143, 247; 2002, 383; 2003, 497; 2008, 52 f.; zust. *Beulke,* Rn. 436; krit. KK/*Krehl,* § 244 Rn. 73; Bedenken bei BGH StV 2008, 9 f.

(BGH StV 2003, 150) auf den Verdacht einer aufs Geratewohl aufgestellten und deshalb nicht ernst gemeinten Beweisbehauptung hinzuweisen.

10 b) Daneben hat BGH zwei weitere Wege beschritten, durch die die Anforderungen an die Substantiierung eines Beweisantrages erhöht wurden: durch die Übersteigerung der Unterscheidung von Beweistatsache und Beweisziel sowie durch die Forderung einer sog. Konnexität (näher *Ha. Schneider,* FS Eisenberg, 2009, 609). Unter einem **Beweisziel** ist die bloße Schlussfolgerung zu verstehen, die nach Meinung des Antragstellers aus dem Ergebnis der Beweiserhebung zu ziehen sei und deren Beschreibung die notwendige Angabe einer bestimmten (indiziellen) Beweistatsache natürlich nicht ersetzen kann. Zwar kann auch eine sog. **negative Beweistatsache,** etwa dass ein bestimmter Vorgang nicht stattgefunden habe, Beweisthema sein. Neuerdings sieht der BGH darin aber häufig nur ein (als Beweisthema unzureichendes) Beweisziel, wenn keine Lückenlosigkeit der Wahrnehmungen des Zeugen evident ist oder substantiiert behauptet wird[7]. Hier liegt aber bei sinngemäßer, notfalls durch Rückfragen zu klärender Auslegung des Beweisantrages die Behauptung der Beweistatsache nahe, dass das Beobachtungsfeld des Zeugen den Ausschluss der Negativtatsache umfasst habe.[8] Sachlich geht es in diesen Fällen häufig um eine unzulässige Beweisantizipation, deren Vorverlagerung in den Begriff des Beweisantrages bedenklich ist. Dies gilt schließlich auch für die Forderung nach **Konnexität** zwischen Beweistatsache und -mittel, ohne die das Gericht die Ablehnungsgründe der Bedeutungslosigkeit oder völligen Ungeeignetheit (§ 244 III 2) nicht sinnvoll prüfen könne.[9] Auch hiermit werden letztlich Probleme der Ablehnbarkeit des Beweisantrages in dessen Begriff hinein projiziert, wofür neben der Nichtanerkennung der ins Blaue hinein aufgestellten Beweisbehauptungen weder Raum noch Bedürfnis besteht.[10] Die Konnexität soll eine Beschreibung der „konkreten Wahrnehmungssituation des Zeugen unter Einbeziehung der Ergebnisse der bisherigen einschlägigen Beweisaufnahme" erfordern, durch die eine „Plausibilität für das Gelingen der Beweiserhebung" erzeugt wird (BGH StV 2009, 57, 58), was aber in § 244 eindeutig nicht gefordert wird und deshalb die Stellung der Verteidigung in der Hauptverhandlung ein weiteres Mal contra legem einschränkt. Ob die neuerdings wieder großzügigere Rspr. (BGH StV 2014, 257–264) eine Tendenzwende bedeutet, bleibt abzuwarten.

11 4. Zeugen müssen nach BGHSt 40, 3 (m. ausführl. Rspr.-Referat; krit. Anm. *Widmaier,* NStZ 1994, 248; Anm. *Wohlers,* JR 1994, 288) grds. durch Angabe des vollständigen Namens und der Anschrift individualisiert werden. Wenn dies nicht möglich ist, liegt ein Beweisantrag auch dann noch vor, wenn der Zeuge durch andere Hinweise so weit individualisiert wird, dass er mit hinreichender Bestimmtheit vom Gericht ermittelt werden kann.

C. Die Ablehnung von Beweisanträgen

12 Die Ablehnung von Beweisanträgen ist in §§ 244, 245 sehr differenziert geregelt; dabei findet sich eine Abstufung von den präsenten (Rn. 13ff.) zu den nichtpräsenten Beweismitteln (Rn. 16ff.), und dort wieder vom Urkunden- und Zeugenbeweis (Rn. 16–33) über den Sachverständigenbeweis (Rn. 34–36) bis hin zur Augenscheinseinnahme (Rn. 37).

I. Präsente Beweismittel

13 Bei den sog. **präsenten Beweismitteln** nach § 245 ist seit dem StVÄG 1979 weiter zu unterscheiden:

[7] BGH NJW 2003, 2761f. – insoweit in BGHSt 48, 268 nicht abgedr.; ferner BGHSt 39, 251, 253 m. Anm. *Widmaier,* NStZ 1993, 602; BGHSt 43, 321, 329; weitere Nachweise bei KK/*Krehl,* § 244 Rn. 57; zust. *Senge,* NStZ 2002, 225ff., 230.

[8] Ähnl. Kritik bei KK/*Krehl,* § 244 Rn. 76; zutr. BGH StV 2009, 454, 455.

[9] BGHSt 40, 3, 6; 43, 321, 329f.; 52, 284; BGH NStZ 1998, 97; 1999, 522; 2000, 437f.; 2001, 604f.; BGH StV 2009, 57 m. zutr. krit. Anm. *Beulke/Witzigmann;* StV 2011, 207 m. Kritik *Habetha,* StV 2011, 238; offen gelassen in BGH StV 2009, 62, 63; instruktiv BGH StV 2013, 374; *Rose,* NStZ 2014, 128.

[10] Sehr krit. KK/*Herdegen,* § 244 Rn. 48a; *ders.,* 2002, 529, 540; *Jahn,* StV 2009, 663; i. Erg. ähnlich KK/*Krehl,* § 244 Rn. 83f.; and. *Senge,* NStZ 2002, 231.

1. Die Beweisaufnahme ist von Amts wegen auf alle gerichtlich (!) vorgeladenen und erschienenen Zeugen und Sachverständigen sowie auf die vom Gericht oder der StA gem. § 214 IV herbeigeschafften sachlichen Beweismittel zu erstrecken, sofern nicht die Beweiserhebung unzulässig ist. Der Verzicht auf derartige Beweismittel ist nur im Einverständnis von StA, Angeklagtem und Verteidiger zulässig (§ 245 I; näher *Rieß*, NJW 1977, 881). Das körperliche Vorhandensein eines Beweisgegenstandes genügt also nicht; vielmehr muss das Gericht zu erkennen gegeben haben, dass von ihm in der Beweisaufnahme Gebrauch gemacht werden soll (BGHSt 37, 168 m. Anm. *Köhler*, StV 1992, 4; *Fezer*, JR 1992, 36).

2. Eine Pflicht des Gerichts zur Ausdehnung der Beweisaufnahme auf die vom Ange- 14
klagten (§ 220) oder der StA **vorgeladenen und erschienenen** Zeugen und Sachverständigen sowie auf die sonstigen sachlichen Beweismittel besteht nur noch, wenn ein förmlicher Beweisantrag gestellt wird. Die Ablehnung eines solchen Beweisantrages ist obligatorisch bei Unzulässigkeit und fakultativ, „wenn die Tatsache, die bewiesen werden soll, schon erwiesen oder offenkundig ist, wenn zwischen ihr und dem Gegenstand der Urteilsfindung kein Zusammenhang besteht, wenn das Beweismittel völlig ungeeignet ist oder wenn der Antrag zum Zwecke der Prozessverschleppung gestellt ist" (§ 245 II). Die Ablehnbarkeit mangels Zusammenhanges[11] ist wesentlich enger als diejenige wegen Bedeutungslosigkeit gem. § 244 III (BGH StV 1993, 287; NStZ 1997, 610; *Marx*, NJW 1981, 1420), so dass die Selbstladung und Präsentierung eines Zeugen unter diesem Aspekt für den Antragsteller günstiger ist als die bloße Stellung eines Beweisantrages. Dasselbe gilt für die Ladung und Präsentierung eines weiteren Sachverständigen, weil die extensiven, sogar eine Beweisantizipation zulassenden Ablehnungsgründe des § 244 IV im Rahmen des § 245 nicht eingreifen (*Engels*, GA 1981, 36; *Langheit*, FS Feigen, 2014, 129 ff.). Von diesen beiden Ausnahmen abgesehen, ist aber das ursprünglich in den §§ 219, 244 RStPO unbeschränkt zugebilligte Selbstladungsrecht vom Gesetzgeber nunmehr denselben Einschränkungen unterworfen wie das Beweisantragsrecht.

§ 245 setzt voraus, dass die Zeugen und Sachverständigen „vorgeladen und erschienen" sind; er gilt daher 15
nicht für die vom Angeklagten ohne förmliche Ladung (§§ 220, 38) in die Sitzung mitgebrachten *(„gestellten")* Zeugen oder Sachverständigen (BGH MDR/H 1981, 982). Der Antrag auf ihre Vernehmung ist als einfacher Beweisantrag nach § 244 anzusehen u. nach § 244 III, IV ablehnbar.

II. Nicht präsente Beweismittel

Ist ein Beweismittel **nicht präsent,** sondern zielt der Beweisantrag erst auf seine Her- 16
beischaffung ab, so ist seine Ablehnung in weiterem Umfange zugelassen (§ 244).

1. Zeugen- und Urkundenbeweis

Nach § 244 III, V 2 dürfen Beweisanträge unter folgenden fünf Voraussetzungen (das Gesetz zählt neun auf, sie lassen sich aber in fünf Gruppen zusammenfassen) abgelehnt werden:[12]

[11] Der Zusammenhang fehlt z. B., wenn ein wegen antisemitischer Äußerungen Angeklagter zum Beweis seiner Behauptungen die Verlesung von Teilen der Bibel beantragt (so die Sachlage in BGHSt 17, 28).

[12] Näher zu sämtlichen Ablehnungsgründen und dem damit zusammenhängenden Problem vorweggenommener Beweiswürdigung *ter Veen*, 1995, 84–196; eine besonders anschauliche Übersicht liefert auch *Eisenberg*, BewR, Rn. 206–251. Darstellungen vor allem aus Verteidigersicht bieten *Alsberg*,

17 a) wegen **Unzulässigkeit:** z. B. wenn die Vernehmung eines Beamten als Zeugen beantragt ist, dem die vorgesetzte Dienstbehörde die Genehmigung zur Aussage verweigert hat (vgl. § 54), oder wenn die Verlesung eines polizeilichen Vernehmungsprotokolls über das Geständnis des Angeklagten beantragt wird (vgl. § 254); im Unterschied zu den Fällen b–e ist das Gericht bei Unzulässigkeit zu einer Ablehnung des Antrages nicht nur befugt, sondern auch verpflichtet (§ 244 III 1). Gegen den Versuch des 5. StS, eine Vernehmung des Verteidigers über Mitteilungen des Angekl. für unzulässig zu erklären (BGH NStZ 2008, 115), zutr. der 1. StS in BGH StV 2010, 287, dazu näher *Bosbach,* StraFo 2011, 172.

Dienstliche Wahrnehmungen des erkennenden Richters, die das laufende Strafverfahren betreffen, können durch dienstliche Äußerungen des Vorsitzenden in die Hauptverhandlung eingeführt werden. Ein Beweisantrag auf Zeugenvernehmung des Richters, der diesen vom weiteren Verfahren ausschließen würde (§ 22 Nr. 5), ist dann unzulässig (BGHSt 39, 239; dazu *Pauly,* DAV-FS, 2009, 731). Die darin liegende Abgrenzung der Richter- von der Zeugenrolle (dazu allg. o. § 26 Rn. 6) ist deshalb von großer Bedeutung, weil der Richter im Falle der Vernehmung als Zeuge von der weiteren Teilnahme an der Hauptverhandlung gem. § 22 Nr. 5 ausgeschlossen ist, so dass, falls die von ihm abgegebene dienstliche Äußerung als Zeugenaussage zu werten wäre, ein absoluter Revisionsgrund gem. § 338 Nr. 2 vorliegen würde (and., aber zu eng BGHSt 45, 354, 355f., wonach in deren Verwertung lediglich eine Verletzung des § 261 liegen soll). Während der 3. StS die Einführung von Bekundungen des Richters über Wahrnehmungen zur Schuld- und Straffrage, die er „außerhalb des anhängigen Prozesses" gemacht hat, allg. im Wege der dienstlichen Äußerung für zulässig hält (BGHSt 39, 239; BGHSt 44, 4, 7ff.), sieht der 5. StS hierin eine prozessordnungswidrige Umgehung der Vorschriften über den Strengbeweis (BGHSt 45, 354ff. am Beispiel von Beobachtungen des beauftragten Richters bei einer kommissarischen Beweisaufnahme über die Glaubwürdigkeit des vernommenen Zeugen betreffende Details; ebenso BGH StV 2013, 548 bei „privater Beweisaufnahme" der Berufsrichter). Beifall verdient der Standpunkt des 5. StS, weil mit der Einführung als dienstliche Äußerung das Fragerecht der Prozessbeteiligten unterlaufen wird.

18 b) bei **Überflüssigkeit,** sei es,
- dass die Beweistatsache *offenkundig* (dazu o. § 24 Rn. 8ff.) oder
- *bedeutungslos* (aus rechtlichen oder tatsächlichen Gründen) oder
- schon *bewiesen* ist oder
- dass eine erhebliche Behauptung, die zur Entlastung des Angeklagten bewiesen werden soll, so behandelt werden kann, als wäre sie wahr (sog. *Wahrunterstellung*).

aa) Eine Beweistatsache ist nicht nur dann für die Entscheidung **von Bedeutung,** wenn sie unmittelbar erheblich ist, sondern auch als Indiz oder als Hilfstatsache des Beweises (zu diesen Unterscheidungen o. § 24 Rn. 6f.), also etwa, wenn sie die Glaubwürdigkeit eines Belastungszeugen erschüttern soll. Bezüglich der nur mittelbar erheblichen Tatsachen lässt die st. Rspr. aber eine Antizipation des Beweisergebnisses in der Weise zu, dass das Gericht sie für bedeutungslos erklären darf, wenn sie keine zwingenden, sondern nur mögliche Schlüsse auf die Haupttatsache zulassen und das Gericht nach dem derzeitigen Verfahrensstand einen solchen Schluss nicht ziehen würde (BGH NJW 2004, 3051, 3056; NJW 2005, 2242f.; NStZ-RR 2007, 52). Hierbei ist dem für die Beweistatsache benannten Beweismittel der volle Beweiswert zuzuerkennen, so dass das Gericht nicht etwa einen Antrag auf Zeugenbeweis mit der Begründung ablehnen darf, es würde dem Zeugen ohnehin nicht glauben (BGH NStZ 1997, 503f.; KK/*Krehl,* § 244 Rn. 144). Bei der Ablehnung wegen Bedeutungslosigkeit darf sich das Gericht auch nicht auf die Wiederholung des Gesetzes oder formel-

2013; *Deckers,* 2002, sowie *Hamm/Hassemer/Pauly,* 2007, die umfassendste Monographie *Perron,* 1995. Zur Geschichte und Reform *Schatz,* 1999.

hafte Wendungen beschränkten, sondern muss für den Antragsteller und das Revisionsgericht erkennbar machen, warum es die nur mögliche Schlussfolgerung auf eine Haupttatsache nicht ziehen würde (BGHSt 2, 284, 286; BGH StV 1987, 45; StV 1990, 246; NStZ 2000, 267 f.; StV 2010, 557). In den Urteilsgründen darf es sich zu dem Ablehnungsbeschluss nicht in Widerspruch setzen, etwa indem es das Gegenteil der für bedeutungslos erklärten Tatsache zugrunde legt (BGH StV 1992, 147 m. Anm. *Deckers;* StV 1996, 648) oder nunmehr der Beweistatsache Bedeutung beimisst, sie aber für widerlegt erklärt (BGH GA 1964, 77).

bb) Das Gegenstück zur Ablehnung wegen Bedeutungslosigkeit ist diejenige wegen 19
Wahrunterstellung, die nur bei erheblichen Tatsachen zulässig ist.[13]

Die Wahrunterstellung ist nach h. L. eine vorweggenommene Anwendung des Grundsatzes „in dubio pro reo",[14] ist aber nach zutr. Auffassung (*Hamm/Hassemer/Pauly,* 177 f.) in dem Prinzip der Verfahrensökonomie verankert und wird durch „in dubio pro reo" lediglich begrenzt. Sie kommt daher erst in Frage, wenn eine Sachaufklärung zuungunsten des Angeklagten nicht mehr möglich ist (BGHSt 1, 137; BGH StV 1996, 647, 648; NStZ-RR 1997, 8), und das Gericht darf deshalb aus ihr keinesfalls belastende Folgerungen ziehen (BGH StV 1994, 115; StV 1994, 633). Hält sich das Gericht nicht an eine Wahrunterstellung, so liegt darin ein Verstoß gegen § 244 III und gegen das Gebot des fair trial (BGHSt 32, 44 m. abl. Anm. *K. Meyer,* JR 1984, 173; BGH StV 1995, 172). Die Wahrunterstellung muss deshalb auch die Beweisbehauptung ohne Einengung, Umdeutung oder inhaltliche Änderung erfassen (sog. *Kongruenzgebot,* Nachw. zur st. Rspr. bei KK/*Krehl,* § 244 Rn. 188). Andererseits soll das nicht bedeuten, dass das Urteil sich mit der als wahr unterstellten Tatsache ausdrücklich auseinandersetzen müsse; vielmehr sei das nur geboten, wenn die Beweiswürdigung ohne diese Erörterung lückenhaft bliebe (BGHSt 28, 310, ebenfalls st. Rspr.). Umstr., aber wohl zu verneinen ist die Frage, ob das Gericht an seine ursprüngliche Ansicht, eine (als wahr unterstellte) Behauptung sei erheblich, gebunden ist.[15] Jedoch ist als Folge der gerichtlichen Fürsorgepflicht (vgl. o. § 44 Rn. 26 ff.) unter analoger Anwendung von § 265 zu verlangen, dass das Gericht auf die nachträgliche Feststellung der Unerheblichkeit hinweist.[16] Auch ist das Gericht verpflichtet, die nachträglich festgestellte Unerheblichkeit im Urteil zu begründen (*Tenckhoff,* 135 f.; vgl. auch BGHSt 28, 310).

cc) Durch die o. Rn. § 18 nachgewiesene Rspr., wonach ein zur Entlastung gestellter, eine Hilfstatsache betreffender Beweisantrag (typisch: Erschütterung der Glaubwürdigkeit des Belastungszeugen durch Nachweis seiner Falschaussage außerhalb des von ihm bekundeten unmittelbar erheblichen Geschehens) auch dann wegen Bedeutungslosigkeit abgelehnt werden dürfe, wenn der Tatrichter die aufgrund der Hilfstatsache mögliche Schlussfolgerung (konkret: die Unglaubwürdigkeit des Belastungszeugen auch im Kerngeschehen) nach seiner Würdigung der bisherigen Beweisaufnahme nicht ziehen will, ist eine begrifflich scharfe Abgrenzung zur Wahrunterstellung, die nach der Rspr. ja auch bei potentieller Erheblichkeit = potentieller Unerheblichkeit zulässig sein soll (Fn. 13), unmöglich gemacht worden. Vorzuziehen wäre deshalb die klare Abgrenzung, eine Bedeutungslosigkeit nur bei solchen Tatsachen anzunehmen, die mit dem Gegenstand der Beweiswürdigung in keinem Zusammenhang stehen (vgl. den Wortlaut von § 245 II 3), dagegen die Fälle der bei der Beweiswürdigung zu berücksichtigenden, aber zur vollständigen Entlastung des Angeklagten vielleicht nicht ausreichenden Hilfstatsachen für den Ablehnungsgrund der Wahrunterstellung zu reservieren. Ohne diese klare Abgrenzung vermag der Antragsteller die momentane Würdigung der Beweissituation durch das Gericht schwer einzuschätzen (wodurch der Zweck des § 244 VI 20

[13] Wobei allerdings nach Auffassung des BGH die potentielle Erheblichkeit genügt (so bereits RGSt 65, 322; BGH GA 1972, 272), was jedoch mit dem Gesetzeswortlaut schwerlich vereinbar ist (*Niemöller,* FS Hamm, 2008, 552 m. w. N.).

[14] Eingehend dazu *Tenckhoff,* 115 ff.; *Herdegen,* NStZ 1984, 340; a. A. *Bringewat,* MDR 1986, 353.

[15] Wie hier RGSt 65, 322; BGH GA 1972, 72; MDR/H 1979, 281; *Tenckhoff,* 133; a. A. *Schröder,* NJW 1972, 2105; *Willms,* 275.

[16] And. die Rspr., s. BGH NJW 1961, 2069; dagegen mit Recht die h. L., s. *Tenckhoff,* 133 ff.; instruktiv *Niemöller,* 2008, 549 ff. der einen „Kontinuitätsgrundsatz" entwickelt, kraft dessen das Gericht den alten Beschluss aufheben und durch einen der gewandelten Entscheidung entsprechenden ersetzen müsse; KK/*Krehl,* § 244 Rn. 185 f. m. z. w. N.; vermittelnd BGH StV 2012, 580.

vereitelt wird, dem Antragsteller für die weitere Ausübung seiner Mitwirkungsrechte eine klare Orientierung an die Hand zu geben).

21 dd) Aber nicht nur die Abgrenzung der beiden Ablehnungsgründe voneinander, sondern auch die Konturen der inhaltlichen Kriterien sind in der Rechtsprechung dadurch in Richtung auf eine Abwägung des Einzelfalles hin aufgeweicht worden, dass von Fall zu Fall ein Vorrang der Sachaufklärung (§ 244 II) vor der Wahrunterstellung reklamiert wurde (etwa BGH NJW 1959, 396; NJW 1961, 2069f.; StV 1996, 647 sowie 648) oder auch manchmal Beweistatsachen, aus denen sich nur mögliche, aber keine zwingenden Schlüsse in Richtung auf eine Entlastung des Angeklagten ziehen ließen, für erheblich erklärt worden sind (z. B. BGH NStZ 1984, 42); dies wurde namentlich bei Beweisanträgen ausgesprochen, die auf den Nachweis von Falschaussagen des Hauptbelastungszeugen in Nebenpunkten zielten. In Wahrheit geht es in solchen Fällen entgegen der Rspr. aber nicht um eine Frage der Aufklärungspflicht, deren Erfüllung ja niemals mehr ergeben könnte als den Nachweis der im Beweisantrag behaupteten Hilfstatsache, sondern um eine im Einzelfall stattfindende Beanstandung der tatrichterlichen Beweiswürdigung im Ganzen und damit um eine Fallgruppe des Eingriffs der Revisionsinstanz in die „Tatfrage" wegen Lückenhaftigkeit oder fehlender Plausibilität der Urteilsbegründung (näher u. § 55 Rn. 27). Exemplarisch zeigt dies die Entscheidung BGH StV 1996, 647, in der es um den Nachweis einer Falschaussage des Belastungszeugen in einem Nebenpunkt (wer die Tatwaffe wann und wo gekauft hatte) ging. Der Tatrichter hatte hier als wahr unterstellt, dass der Belastungszeuge in diesem Punkt die Unwahrheit gesagt hatte, ihm aber für das Kerngeschehen geglaubt, wofür der BGH eine ausreichende, d. h. halbwegs plausible Begründung vermisste. Die theoretisch behauptete Alternativität der Ablehnung wegen Bedeutungslosigkeit oder durch Wahrunterstellung ist deshalb in der Praxis einer weitgehenden *Austauschbarkeit* gewichen, und über den Erfolg einer entsprechenden Verfahrensrüge im Revisionsverfahren entscheidet letztlich die vorhandene oder fehlende Widerspruchsfreiheit und Plausibilität der diese Punkte betreffenden Urteilsbegründung. Der einzige Fixpunkt für den Antragsteller besteht darin, dass er in beiden Alternativen denselben „Pferdefuß" erkennen kann, nämlich dass das Urteil genau entgegengesetzt zu seinem Antragsziel ausfallen wird. Dies gilt gerade auch bei der Ablehnung wegen Wahrunterstellung, die ja nur bei einem auf Freispruch abzielenden Beweisantrag möglich ist: Was hier auf der Oberflächenstruktur zugunsten des Angeklagten unterstellt wird, kann gerade nicht zu seinem Freispruch führen, denn dann wäre die Aufklärungspflicht verletzt und eine Revision der Staatsanwaltschaft begründet (BGH NStZ 2004, 614; NStZ 2005, 155).

22 c) bei **Zwecklosigkeit,** d. h., wenn das *Beweismittel* aa) völlig ungeeignet oder bb) unerreichbar ist.

aa) Da die Feststellung **mangelnder Eignung** eine Vorwegnahme der Beweiswürdigung bedeutet, ist sie auf seltene Ausnahmefälle objektiver Evidenz zu beschränken.[17] Ein bereits rechtskräftig abgeurteilter früherer Mitbeschuldigter ist ebenso wenig von vornherein als Beweismittel ungeeignet wie die Ehefrau des Angeklagten oder ein mehrfach wegen Meineids Verurteilter. Überhaupt darf geringer oder zweifelhafter Beweiswert nicht mit völliger Ungeeignetheit des Beweismittels gleichgesetzt werden (BGH StV 1993, 508; StV 1997, 338; KG StV 1993, 120). Selbst wenn ein Zeuge über einen lange zurückliegenden Vorgang aussagen soll, an den er sich nach allg. Lebenserfahrung nicht mehr erinnern kann (worauf BGH NStZ 1993, 295 abhebt), kann die völlige Ungeeignetheit ausgeschlossen sein, wenn der Vorgang für den Zeugen bedeutsam war oder er sich auf Erinnerungshilfen stützen kann (BGH NJW 1989, 1045f.; NStZ-RR 2005, 78; StV 2009, 117). Wenn BGH NStZ 2004, 347 die audiovisuelle Vernehmung eines in der Hauptverhandlung unerreichbaren Zeugen wegen des unerlässlichen persönlichen Eindrucks für völlig ungeeignet erklärt, so ist das angesichts der in weitem Umfang in § 251 sogar zugelassenen Protokollverlesung ein offensichtlich unzutr. Argument (krit. auch KK/*Krehl,* § 244 Rn. 149; di ff. BGHSt 55, 11, 21f.). Völlig ungeeignet ist dagegen ein Sachverständiger, dem für sein Gutachten keinerlei verwertbare Anknüpfungstatsachen zur Verfügung stehen werden (BGHSt 14, 339, 342; BGH StV 1982, 102; StV 1990, 7; zum von der Rspr. zu Unrecht in diese Kategorie eingereihten Lügendetektor s. § 25 Rn. 18). Erst recht gilt dies deshalb für zur Wahrheitsfindung generell ungeeignete magische Methoden, so dass ein Hellseher ebenso wie ein parapsychologisches Gutachten als Beweismittel völlig ungeeignet ist (BGH NJW 1978, 1207). Bedenklich ist es, ein Beweismittel deshalb als völlig ungeeignet anzusehen, weil das Gericht sich vor der Hauptverhandlung die Ansicht verschafft hat, dass ein Zeuge zu sachdienlichen Anga-

[17] Zust. *Herdegen,* NStZ 1997, 505 gegen die ausführlichen, aber mit unsicheren Kriterien arbeitenden Darlegungen in BGH NStZ 97, 503; krit. auch *Wohlers,* StV 1997, 570.

ben nicht bereit sein würde (so zwar BGH MDR/H 1982, 104 und KK/*Krehl,* § 244 Rn. 152, aber außerhalb von Zeugnisverweigerungsrechten muss zumindest der Versuch einer Vernehmung gemacht werden).

bb) **Unerreichbar** ist ein Zeuge, wenn er nicht vernommen werden kann. Das kann sich aus **tatsächlichen** oder aus **Rechtsgründen** ergeben. 23

Ist ein Zeuge individualisiert, aber nicht namentlich bekannt oder unbekannten Aufenthaltsorts, so muss das Gericht hinreichende Bemühungen entfalten, um seinen Namen oder seinen Aufenthaltsort zu ermitteln (BGHSt 22, 118, 120), wobei das Ausmaß der erforderlichen Bemühungen unter Abwägung der Bedeutung der Sache, der Relevanz der Zeugenaussage, des Interesses an der zügigen Durchführung des Verfahrens und der Erfolgschancen weiterer Bemühungen vorzunehmen ist (BGH NJW 1990, 1124; NJW 2000, 443, 447; NStZ 2003, 562). Kann der Zeuge nicht einmal individualisiert werden, so liegt nur ein Beweisermittlungsantrag vor, der zwar die richterliche Aufklärungspflicht anspricht, an deren Erfüllung aber „weniger strenge" Anforderungen zu stellen sind (BGHSt 32, 68, 73). Wenn der Zeuge und sein Aufenthaltsort bekannt sind, kann dagegen nur ausnahmsweise von einer faktischen Unerreichbarkeit ausgegangen werden. Eine mehrmonatige Vernehmungsunfähigkeit des einzigen Belastungszeugen macht diesen nicht unerreichbar (BayObLG StV 1982, 412). Dass ein Zeuge bei anderer Gelegenheit von seinem Zeugnis- oder Auskunftsverweigerungsrecht Gebrauch gemacht hat, macht ihn (anders als bei einer Verweigerung der Aussagegenehmigung nach § 54 oder einem Beweiserhebungsverbot) nicht unerreichbar (BGH NStZ 1981, 32). Kann ein Zeuge zwar nicht in der Hauptverhandlung, aber doch von einem beauftragten oder ersuchten Richter gem. § 223 vernommen werden, so darf er nicht deswegen als unerreichbar angesehen werden, weil das Gericht sich von einer kommissarischen Vernehmung nichts verspricht (BGH JR 1984, 129 m. krit. Anm. *K. Meyer*).

Daneben steht die Unerreichbarkeit des Zeugen aus **Rechtsgründen,** namentlich wenn er schon im Vorhinein erklärt hat, dass er von einem Zeugnisverweigerungsrecht Gebrauch machen wird. Nach der Gegenmeinung (KK/*Krehl,* § 244 Rn. 110, 171 zum Zeugnisverweigerungsrecht; BGHSt 51, 325 zu der ausnahmsweise möglichen Totalverweigerung einer Aussage gem. § 55) soll zwar keine Unerreichbarkeit des Zeugen, sondern eine Unzulässigkeit der Beweiserhebung vorliegen. Das überzeugt aber schon deshalb nicht, weil die Entgegennahme einer Aussage in diesen Fällen keinen Verfahrensfehler darstellen würde. 24

Außerdem wäre es widersinnig, im Falle von bloßen Verweigerungsrechten von einer Unlässigkeit der Beweisaufnahme auszugehen, während die durchaus analoge Konstellation der sog. Sperrerklärung gem. § 96 als (praktisch sogar wichtigster) Fall einer Unerreichbarkeit aus Rechtsgründen anerkannt ist: Beruht die Unmöglichkeit der Vernehmung des Zeugen in der Hauptverhandlung (bzw. der richterlichen Vernehmung des Zeugen überhaupt) darauf, dass der Zeuge ein verdeckter Ermittler oder ein V-Mann („Vertrauensmann") der Geheimdienste oder der Polizei (dazu näher u. § 46 Rn. 33f.) ist, dessen Aussage nicht von der zuständigen Behörde genehmigt bzw. dessen Name und ladungsfähige Anschrift nicht von der obersten Dienstbehörde mitgeteilt wird,[18] so ist das Gericht aufgrund seiner Pflicht zur Sachaufklärung (§ 244 II) gehalten, die Gründe für die Verweigerung der Aussagegenehmigung bzw. der Preisgabe der Personalien zu überprüfen (BVerfGE 57, 250, 288; BGHSt 32, 115, 125f.; BGH NStZ 1989, 282), auf die Vernehmung des V-Mannes in öffentlicher Hauptverhandlung hinzuwirken (BGHSt 32, 115, 125f.; BGH NStZ 1993, 248) und ggf. von der Behörde die Revidierung ihrer Entscheidung zu verlangen (BGHSt 32, 115, 126; weitergehend *Lüderssen,* FS Klug, 1983, 527). Erst wenn das Gericht trotz aller Bemühungen die Aufhebung der Sperrerklärung nicht zu erwirken vermag, ist der Zeuge unerreichbar (BGHSt 36, 159). Bei einer Vorenthaltung von Namen und ladungsfähiger Anschrift des Zeugen kommen nur Nachteile für das Wohl des Bundes oder eines deutschen Landes (§ 96 analog) als zulässige Be- 25

[18] Dasselbe gilt für von der Polizei oder StA gegebene Zusicherungen der Vertraulichkeit gegenüber Zeugen: Sie haben für das gerichtliche Verfahren als solche keine Bedeutung, so dass der zuständige Beamte auf gerichtliche Anforderung die Identität des Zeugen preisgeben muss, sofern nicht eine entsprechende ministerielle Verweigerung der Aussagegenehmigung gem. § 96 vorliegt (BGHSt 35, 83, 85; BGH NStZ 1987, 518; 2001, 333; StV 2012, 5).

gründung in Betracht; dabei muss die Behörde dem Gericht darlegen, warum solche Nachteile mit der Vernehmung des V-Mannes verbunden wären (BGHSt 30, 34; BGHSt 32, 115; OLG *Celle* NStZ 1983, 570). Über die Abgabe der Sperrerklärung hat in letzter Instanz der Innenminister, nicht auch der Justizminister zu entscheiden (BGHSt 41, 36 m. Anm. *Gössel,* NStZ 1996, 287). Das Interesse an der Nichtenttarnung eines verdeckten Ermittlers oder V-Mannes ist ein ausreichender Grund für eine Sperrerklärung (§ 110b III direkt oder analog; OLG *Celle* NStZ 1991, 145). Auch die StA darf das Ersuchen des Gerichts um Vorlage einer vollständigen Zeugenvernehmung nur unter den Voraussetzungen des § 96 ablehnen, BGH StV 1988, 45; OLG Frankfurt a. M. NJW 1982, 1408. § 96 ist auf nichtbeamtete polizeiliche V-Männer entsprechend anwendbar (BVerfGE 57, 250, 272). Die Verwaltungsbehörde soll davon ausgehen, dass ein Zeuge grds. in öffentlicher Hauptverhandlung auszusagen hat; sie muss außer den ihr obliegenden Aufgaben die Bedeutung der gerichtlichen Wahrheitsfindung und das Gewicht des Freiheitsanspruches berücksichtigen (BGHSt 32, 115, 124; vgl. auch BVerfGE 57, 250, 283). Auch müssen die konkreten Nachteile für das Wohl des Bundes oder eines deutschen Landes dargelegt werden; abstrakte Kriterien derart, dass die gesperrten Akten ihrem Wesen nach geheim seien, genügen für die Begründung der Sperrentscheidung nicht (BVerwG StV 1986, 523). Die Versagung der Aussagegenehmigung kann ebenso wie die Verweigerung der Personalien des Zeugen nicht von der Justiz, sondern nur vom Angekl. angefochten werden. Der Rechtsweg ist hierfür ausschließlich zu den Verwaltungsgerichten eröffnet, während die früher vielfach bejahte Anrufbarkeit der Oberlandesgerichte nach § 23 EGGVG von BGHSt 44, 107ff. unter erschöpfender Auswertung von Rspr. und Schrifttum mit Recht abgelehnt worden ist. Freilich bot dieser Rechtsweg lange Zeit keine nennenswerten Erfolgsaussichten, nachdem sogar das BVerfG an die Begründungstiefe der ministeriellen Entscheidung nur die Anforderung gestellt hatte, sie müsse „verständlich" sein,[19] und BGHSt (GrS) 32, 115ff. jeden Kompromiss bei der Vernehmung des V-Mannes durch optische Abschirmung o. Ä. abgelehnt und dadurch eine (regelmäßig negative!) Alles-oder-nichts-Entscheidung erzwungen hatte. Diese starren Fronten sind nun aber infolge der Änderung des § 68 durch das OrgKG 1992, der Einführung der audiovisuellen Vernehmung gem. § 247a durch das ZSchG 1998 und den Wegfall ihrer Subsidiarität durch das OpferRReformG 2004 in Bewegung geraten, so dass mittlerweile auch die audiovisuelle Vernehmung eines V-Mannes oder diejenige eines anonym bleibenden, in der Hauptverhandlung verdeckten oder vermummten Zeugen zugelassen wird.[20] Es ist deshalb abzuwarten, ob auf diesem Wege das „Konfrontationsrecht" aus Art. 6 III d EMRK auch bei V-Leuten u. Ä. zukünftig mehr Effektivität erlangen wird.

26 Ist die Sperrung des Zeugen durch die Behörde missbräuchlich, so darf ein nichtrichterliches Protokoll oder eine schriftliche Äußerung des V-Mannes – jedenfalls gegen den Willen des Angeklagten – nicht gem. § 251 II verlesen werden; auch die Vernehmung eines „Zeugen vom Hörensagen" (dazu u. § 46 Rn. 33f.) ist in einem solchen Fall unzulässig, wenn sie dem Willen des Angeklagten widerspricht (BGHSt 31, 154ff.; BGHSt 33, 92; in BGHSt 36, 162f. eingeschränkt auf willkürl. und offensichtl. rechtsfehlerhafte Sperrerklärungen). Dies ergibt sich aus dem Anspruch des Angeklagten auf ein faires Verfahren.[21] In allen anderen Fällen muss das Gericht zur Erfüllung der Aufklärungspflicht unter bestimmten Kautelen, deren Wirksamkeit allerdings umstritten ist, auf Beweissurrogate zurückgreifen, dazu i. E. u. § 46 Rn. 33f.

27 d) bei **Verschleppungsabsicht.** Die Ablehnung wegen Verschleppungsabsicht setzt nach st. Rspr., die erst neuerdings angezweifelt wird, dreierlei voraus: erstens dass die beantragte Beweiserhebung nach der Überzeugung des Gerichts nichts Sachdienliches erbringen kann (BGH NJW 1982, 2201; NStZ 1984, 230; NStZ 1990, 350 m. Anm. *Wendisch*); und zweitens den zweifelsfreien Nachweis, dass der Antragsteller sich der Unmöglichkeit bewusst ist, durch die Beweiserhebung eine günstige Wendung des Verfahrens herbeizuführen. Da auch hierin eine vorweggenommene Beweiswürdigung liegt, stellt die Rspr. (näher *Schwenckendieck,* NStZ 1991, 109) an den Nachweis der

[19] BVerfGE 57, 250, 288 – eine in einem Rechtsstaat schwer nachvollziehbare Niveauabsenkung, mit der offenbar unterstellt wird, es gebe auch unverständliche Begründungen eines Ministers.

[20] BGH NJW 2003, 74; NStZ 2004, 345; 2005, 43; 2006, 648; BGHSt 51, 232; KK/*Krehl,* § 244 Rn. 173; instruktiv *Hess. VGH* StV 2013, 685 u. *Diemer,* FS Nehm, 2006, 257ff., der aber verkennt, dass die audiovisuelle Vernehmung gar nicht das Unmittelbarkeitsprinzip verletzt, sondern nur eine andere technische Realisierung dafür darstellt; de lege lata krit. *Schmenger,* 2008.

[21] BGH StV 1983, 49; *Backes,* FS Klug, 1983, 447; s. auch u. § 46 Rn. 34.

Motive sehr strenge Anforderungen (vgl. BGH NStZ 1982, 391; StV 2009, 5); insb. darf ein Antrag nicht ohne inhaltliche Prüfung abgelehnt werden (BGHSt 21, 118; BGHSt 29, 149; zust. *ter Veen,* 1995, 290, 294). Drittens kommt objektiv eine Prozessverschleppung nur dann in Betracht, wenn eine wesentliche Verzögerung des Verfahrens zu erwarten ist.[22]

Vor kurzem haben es jedoch der 1. und der 3. Strafsenat in obiter dicta für angezeigt erklärt, das Kriterium der wesentl. Verzögerung deutlich restriktiver auszulegen, wenn nicht gar aufzugeben (BGHSt 51, 333, 342 ff.; BGH StV 2008, 9, 10). In der Tat ist es überzeugender, darin nur ein regelmäßig notwendiges, in extremen Fällen aber auch überflüssiges Indiz für die Verschleppungsabsicht des Antragstellers zu sehen (eingehend *Niemöller,* StV 2008, 9 ff.), wodurch zugleich die wünschenswerte Harmonisierung mit § 245 II 3 a. E. hergestellt wird: Weil bei einem Antrag auf Verwendung eines präsenten Beweismittels normalerweise keine wesentliche Verzögerung drohen wird, kommt hier eben nur in Ausnahmefällen eine Verschleppungsabsicht in Betracht, während im Fall des § 244 III 2 das erkennbare Ziel, den Prozess zum „Platzen" zu bringen, bei der Prüfung der Absicht des Antragstellers ein wichtiges Indiz bilden kann. Der BGH will es deshalb auch zulassen, dass der Vorsitzende die Verfahrensbeteiligten unter **Fristsetzung** zur Stellung etwaiger Beweisanträge auffordern kann und dass bei einer Versäumung dieser Frist die Gründe hierfür substantiiert dargelegt werden müssten, widrigenfalls das Gericht von Verschleppungsabsicht ausgehen könne (BGHSt 51, 344). Aber eine „martialische" Fristsetzung, die die förmlichen Anforderungen an einen Beweisantrag über § 244 hinaus verschärfte, würde gegen § 246 I verstoßen (and. BGHSt 52, 355 m. abl. Anm. *König,* StV 2009, 171, mit Billigung durch die Kammerentscheidung BVerfG StV 2010, 113 ff.; zur scharfen Kritik der h. L. *M-G,* § 244 Rn. 69 b m. z. w. N.; *Jahn,* StV 2009, 663; vgl. auch *Witting,* FS Volk, 2009, 885; *Hamm,* FS Hassemer, 2010, 1017; *Nicklas,* 2013; *Börner,* StV 2016, 681). In Wahrheit ist die Fristsetzung eine protestatio facto contraria, denn auch nach der Rspr. bleibt ein nach Fristablauf gestellter Beweisantrag zulässig, und im Falle seiner Zurückweisung wegen Verschleppungsabsicht muss das Gericht substantiiert darzulegen, dass die o. a. objektiven und subjektiven Voraussetzungen erfüllt sind, und zwar sowohl im Hinblick auf die Prüfungsmöglichkeit des Revisionsgerichts als auch im Hinblick auf die Notwendigkeit, dass sich der Angekl. hierauf einstellen können muss (BGH NStZ 2010, 161). Aus diesem Grunde muss selbst bei einem Hilfsbeweisantrag eine Zurückweisung wegen Verschleppungsabsicht noch in der Hauptverhandlung und nicht erst im Urteil verkündet werden (BGHSt 22, 124; BGH NStZ 1986, 372; NStZ 1998, 207; and. allerdings für den Fall einer vorherigen Fristsetzung BGHSt 52, 355, 361 mit Billigung durch die Kammerentscheidung BVerfG StV 2010, 113). 28

e) Ein Beweisantrag auf Vernehmung eines Zeugen kann nach § 244 V 2 auch dann abgelehnt werden, wenn die Ladung des Zeugen im **Ausland** zu bewirken wäre und seine Vernehmung nach dem pflichtgemäßen Ermessen des Gerichts zur Erforschung der Wahrheit nicht erforderlich ist. Die dafür maßgeblichen Erwägungen sind in ihrem tatsächlichen Kern darzulegen, unterliegen also revisionsgerichtlicher Überprüfung (BGHSt 40, 60 m. Anm. *Kintzi,* NStZ 1994, 448; BGH StV 2014, 266). I. Ü. gelten hinsichtlich der vorweggenommenen Beweiswürdigung dieselben Regeln wie für den Augenschein, vgl. u. Rn. 37 (BGH NStZ 1994, 554; a. A. BGH StV 1994, 283). Die neue Regelung verstößt nach BVerfG StV 1997, 1 m. krit. Anm. *Kinzig* nicht gegen den Grundsatz des fair trial, weil das Gericht an die Aufklärungspflicht gebunden bleibt. 29

f) **Unzulässige Ablehnungsgründe.** Durch Umkehrschluss aus § 244 III 2 folgt, dass die **Ablehnung** eines Beweisantrages auf Zeugenvernehmung oder Urkundenbeiziehung **unzulässig** ist mit der Begründung: 30

[22] OLG Köln NStZ 1983, 90 m. Anm. *Dünnebier;* BGH NStZ 1982, 391; StV 1986, 418; w. N. b. KK/*Krehl,* § 244 Rn. 177. Zu den Voraussetzungen der Prozessverschleppung unter Einbeziehung empirischer Studien *Römbke,* Der Ablehnungsgrund wegen Prozessverschleppung pp., Diss. Münster 1995.

aa) das Beweismittel sei zu spät vorgebracht (so ausdrücklich § 246; BGH NStZ 1982, 41). Nach BVerfG StV 1992, 307 verstößt die Zurückweisung eines Beweisantrags wegen Verspätung sogar gegen das Willkürverbot (Art. 3 I GG) und den Grundsatz des rechtlichen Gehörs (Art. 103 I GG). Auch im Urteilsverkündungstermin muss ein Antrag noch bis zum Beginn der Urteilsverkündung entgegengenommen werden (BGH NStZ 1981, 311; NStZ 2005, 395; NStZ 2007, 112). Ist er allerdings in Verschleppungsabsicht zu spät gestellt, so kann der Antrag nach § 244 III 2 abgelehnt werden; dann muss aber jedes andere Motiv für die späte Anbringung des Beweisantrags ausgeschlossen sein (OLG *Karlsruhe* StV 1993, 405).

31 bb) das Gericht sei schon vom Gegenteil überzeugt (die Sache sei schon aufgeklärt), und man würde daher dem Zeugen oder der Urkunde doch keinen Glauben schenken – sog. **Verbot der Antizipation** (Vorwegnahme) des Beweisergebnisses (BGH StV 1986, 418; StV 1993, 621). Die Würdigung eines Beweismittels, das man noch gar nicht gesehen hat, ist ausgeschlossen, weil man über den Wert eines Beweismittels i. d. R. erst nach Erhebung des Beweises entscheiden kann.

32 cc) ein anderes Beweismittel sei ebenso zuverlässig wie das beantragte (a. A. BGHSt 22, 347: Landkartenbesichtigung statt beantragter Zeugenvernehmung; das Urteil ist nur deshalb i. E. richtig, weil die zu beweisende Tatsache offenkundig war, s. o. Rn. 18). Insb. darf nicht die Vernehmung eines Zeugen X durch die Vernehmung des Y ersetzt werden mit der Begründung, dieser sei ebenso zuverlässig; eine Ausnahme hiervon soll nach BGH NStZ 1983, 86 für den Fall gelten, dass nur über den Inhalt einer X und Y gleichermaßen zugänglichen Urkunde berichtet werden soll (hierzu und zur Gesamtproblematik *Schulz,* StV 1983, 341);

33 dd) der Antrag auf Beweiserhebung sei rechtsmissbräuchlich gestellt (BGH JZ 1980, 150). Allerdings lässt der BGH die Zurückweisung eines Beweisantrages auf Vernehmung eines erkennenden Richters zu, wenn er aufrechterhalten wird, obwohl der Richter erklärt, zu der behaupteten Beweistatsache nichts bekunden zu können; in diesem Fall wird der Antrag als unzulässig i. S. d. § 244 III 1 angesehen (BGH StV 1991, 99; richtigerweise geht es auch hier um ein Problem der Verschleppungsabsicht). Wenn der Angekl. zwecks Verhinderung eines ordnungsgemäßen Prozessabschlusses in exzessiver Weise Hunderte von Beweisanträgen stellt, kann das Gericht zudem anordnen, dass er in Zukunft Beweisanträge nur noch über seinen Verteidiger anbringen darf (BGHSt 38, 111 m. Anm. *Scheffler,* JR 1993, 170). Zur Frage des Missbrauchs prozessualer Rechte vgl. allg. o. § 19 Rn. 12f.

2. Sachverständigenbeweis

34 Der Antrag auf Vernehmung eines **Sachverständigen** kann darüber hinaus auch mit der Begründung abgelehnt werden (§ 244 IV):

a) dass das Gericht selbst die erforderliche Sachkunde besitze; diese muss dann aber im Ablehnungsbeschluss oder im Urteil dargelegt werden.[23] Dabei ist nicht erforderlich, dass alle Mitglieder eines Kollegialgerichts in gleicher Weise sachkundig sind (BGHSt 12, 18; BGH NStZ 1983, 325). Der Richter kann die erforderliche Sachkunde auch durch ein Gutachten erwerben, dem er sich nicht anschließt,[24] nicht aber dadurch, dass er sich doch auf das beanstandete Gutachten bezieht (BGHSt 55, 5) oder außerhalb der Hauptverhandlung von einem Sachverständigen beraten lässt; denn dadurch

[23] OLG Düsseldorf StV 1991, 553. Dies soll nach BGHSt 12, 18; BGH NStZ 1983, 325; StV 1984, 232; 2001, 665, allerdings nur bei solchem Fachwissen gelten, das nicht regelmäßiges Allgemeingut aller Richter ist.

[24] BGH NStZ 1984, 467 m. Anm. *Brunner* u. Anm. *Eisenberg,* NStZ 1985, 84.

werden die gesetzlichen Vorschriften über den Sachverständigenbeweis umgangen (BGH StV1995, 339; a. A. irrig OLG Hamm NJW 1978, 1210).

Zur Beurteilung der *Glaubwürdigkeit* eines Zeugen bedarf es nur in Ausnahmefällen (auch bei der Vernehmung von Kindern oder bei sexualbezogenen Aussagen von Jugendlichen in der Pubertät nur bei besonderen Umständen, ferner bei psychisch gestörten Zeugen) der Beiziehung eines Sachverständigen.[25] Ob er einen Psychologen oder Psychiater zu Rate zieht, ist grds. dem Richter zu überlassen. Leidet ein Zeuge an einer geistigen Erkrankung, die sich auf seine Aussagetätigkeit auswirken kann, bedarf es freilich eines Psychiaters (BGH NStZ 1997, 199; NJW 2005, 1519; instruktiv zur fehlenden eigenen Sachkunde des Gerichts in solchen Fällen BGH StV2012, 582). Diese Zurückhaltung der Revisionsrspr. bei der Verpflichtung des Tatrichters, psychologische Gutachter zur Beurteilung der Glaubwürdigkeit hinzuzuziehen, erscheint wohlbegründet angesichts des massenhaften, wissenschaftlich verbrämten Dilettantismus, der in regelmäßig die Anklage stützenden psychologischen Gutachten zu beobachten ist und nicht nur in den sog. Wormser Prozessen exemplarisch hervorgetreten ist,[26] sondern auch den BGH zu einer ungewöhnlich eingehend begründeten Entscheidung über die wissenschaftlichen Anforderungen an aussagepsychologische Begutachtungen veranlasst hat (BGHSt 45, 164ff.; instruktiv *Fischer,* 2008; ferner *Deckers,* DAV-FS, 2009, 411; *Erb,* FS Stöckel, 2009, 181). 35

b) dass die Sache schon durch ein anderes Gutachten geklärt sei (m. a. W., dass schon durch ein anderes Gutachten das Gegenteil der behaupteten Tatsache erwiesen sei – also anders als bei Zeugen!); dabei dürfen zum Beweis des Gegenteils aber keine zusätzlichen anderen Umstände herangezogen werden (BGHSt 39, 49; BGH NStZ 2005, 159). 36

Dass das Gesetz dem Richter diese Möglichkeit gibt, sich bereits nach Anhörung eines einzigen Sachverständigen sein endgültiges Urteil zu einer bestimmten Frage zu bilden, beruht auf der Fungibilität des einzelnen Sachverständigen, der sonst (anders als ein Tatzeuge) in einer letztlich endlosen Kette „vervielfältigt" werden könnte. Weil das Ergebnis einer Begutachtung bei den mit weichen Methoden arbeitenden „Psychosachverständigen" aber häufig durch die Auswahl der Person bereits präjudiziert wird und diese Auswahl wiederum in der Praxis bereits von der StA wahrgenommen wird (o. § 27 Rn. 12), wird die notwendige Verfahrensbalance erst durch die Möglichkeit der Verteidigung gem. § 245 II zur Präsentation eines eigenen Sachverständigen sowie vor allem durch die vier Gegenausnahmen des § 244 IV 2. Halbs. (lesen) hergestellt: Wenn der Antrag auf Anhörung eines weiteren Sachverständigen in substantiierter Form (s. BGHSt 45, 182!) objektiv feststellbare Mängel der Sachkunde des Gutachters (die sich auch aus groben Fehlern seines Gutachtens ergeben können) oder des Gutachtens selbst oder überlegene Forschungsmittel eines anderen Gutachters belegt, so kann er eine weitere Begutachtung durchsetzen. Entgegen BGHSt 44, 26 (m. abl. Anm. *Zieschang* StV 1999, 463) ist dabei auch eine dem neuen Gutachter mögliche, vom Be-

[25] BGHSt 23, 1; BGH NStZ 1981, 400; 1982, 42, 170, 432; 1985, 420; StV 1990, 8; 1993, 567; 1994, 173; 1994, 634; 1997, 60 (Übersicht über die Rspr. mit Urteilsauszügen bei *Nack,* StV 1994, 555). Für kindliche Zeugen unter 5 Jahren bei Sexualdelikten OLG Zweibrücken StV 1995, 293.

[26] Es geht um drei von 1993 bis 1997 andauernde Strafprozesse vor dem LG Mainz, in denen 25 Personen aus Worms und Umgebung des massenhaften Missbrauchs ihrer eigenen Kinder oder Kindeskinder angeklagt wurden aufgrund von angeblichen Missbrauchshandlungen, die von Kinderschützerinnen und vorgeblichen Sachverständigen in die Kinder suggestiv hineingefragt worden waren. Obwohl alle Prozesse mit Freisprüchen endeten, waren das Leben und die Familien der Angekl. nach mehrjähriger Untersuchungshaft zerstört (eine Großmutter starb während der Untersuchungshaft den Herztod). Die katastrophalen Irrtümer der „Sachverständigen" sind bei *Steller,* R&P 16 (1998), 11 ff. beschrieben. Die nicht weniger katastrophalen Fehler der lange Zeit rücksichtslos agierenden Strafjustiz selbst sind nur von dem zuletzt entscheidenden Vorsitzenden eingeräumt worden (*Lorenz,* DRiZ 1999, 253), ohne dass sich aber auf breiter Front die notwendige Erkenntnis Bahn gebrochen hätte, dass es sich hier nicht um einen einmaligen „Betriebsunfall", sondern um strukturtypische Fehler des strafrichterlichen Handelns aufgrund des Urteilsperseveranz-Effekts (oben § 1 Rn. 16) gehandelt hat. Auch bezüglich der Untersuchungshaft sind hieraus keinerlei ernsthafte Konsequenzen gezogen worden (o. § 30 Rn. 3). Vgl. auch zum „Fall Pascal" *Friedrichsen,* Im Zweifel gegen den Angekl., 2008.

schuldigten gegenüber dem alten Gutachter verweigerte Untersuchung ein überlegenes Forschungsmittel, denn das Argument des BGH, dieser hätte es sonst in der Hand, nur den „Sachverständigen seines Vertrauens" bestellen zu lassen und die richterliche Bestellungsmöglichkeit zu unterlaufen (BGHSt 44, 31), ist angesichts der vorrangigen Entscheidung des § 244 IV 2, dem Angeklagten einen Anspruch auf den Gutachter mit den besten Forschungsmitteln zu geben, ein Zirkelschluss. Trotz einer Ablehnungsmöglichkeit nach § 244 IV kann schließlich ausnahmsweise die Herbeiziehung eines weiteren Sachverständigen durch die gerichtliche Aufklärungspflicht (§ 244 II) geboten sein, vgl. o. Rn. 4.

3. Augenscheinsbeweis

37 Einen Beweisantrag auf Einnahme eines **Augenscheins** kann das Gericht nach pflichtmäßigem Ermessen ablehnen (§ 244 V 1). Dieses Ermessen ist überschritten, wenn das Gericht den Antrag auf eine Augenscheinseinnahme, durch die bewiesen werden soll, dass sich der Vorgang so, wie in der Anklage behauptet, nicht abgespielt haben kann, nur deshalb zurückweist, weil es eine belastende Zeugenaussage für glaubhaft hält (BGHSt 8, 177; BGH NStZ 1984, 565; StV 1994, 411); anders, wenn die Örtlichkeit aufgrund von Lichtbildern bereits hinreichend beurteilt werden kann (BGH NStZ 1988, 88).

III. Ablehnungsbeschluss; Eventualanträge

38 1. Die **Ablehnung** eines Beweisantrages bedarf eines ausdrücklichen **Gerichtsbeschlusses** (§ 244 VI); ignoriert das Gericht einen Beweisantrag, so führt dieser Verstoß gegen § 244 VI i. d. R. zur Aufhebung (BGH NStZ 1983, 422 u. 568). Der Ablehnungsbeschluss ist zu begründen (BGH NStZ 1981, 309, 401) und vor Schluss der Beweisaufnahme zu verkünden, damit die Beteiligten vor Erlass des Urteils nochmals Gelegenheit zur Äußerung und zur Stellung etwaiger weiterer Beweisanträge haben. Bei Ablehnung wegen Bedeutungslosigkeit muss die Begründung ergeben, ob die Beweisbehauptung aus tatsächlichen oder rechtlichen Gründen für bedeutungslos gehalten wird (BGH NStZ 1982, 213); eine bloße Wiedergabe des Gesetzeswortlauts genügt also nicht (BGH StV 1993, 172).

39 2. Hilfsweise gestellte Anträge, sog. **Eventualanträge** (z. B.: In erster Linie beantrage ich Freisprechung, hilfsweise Vernehmung des Alibizeugen X. oder Begutachtung nach § 81, s. o. § 33 Rn. 2),[27] brauchen nach der Rspr. (RGSt 62, 76) erst in den Urteilsgründen beschieden zu werden (anders bei Ablehnung wegen Prozessverschleppung: BGHSt 22, 124; zur vorherigen Fristsetzung s. BGHSt 52, 355, 361 u. o. Rn. 28), es sei denn, der Antragsteller verlange ausdrücklich die Bekanntgabe der Entscheidung vor dem Urteil (BGH StV 1989, 141; dazu auch *Scheffler*, NStZ 1989, 158 und *Niemöller*, 1992, 889). Sie bringen also praktisch dem Antragsteller lediglich einen Nachteil, und zwar den, dass er erst in den Gründen erfährt, dass und warum sein (hilfsweise gestellter) Beweisantrag abgelehnt worden ist, also zu einem Zeitpunkt, in dem er keine anderen Beweisanträge mehr stellen kann. Sie wurden früher oft als Surrogat für die von der RStPO nicht zugelassene Strafmaßabsprache praktiziert, indem für den Fall, dass das Gericht über eine bestimmte Strafgrenze hinausgehen oder keine Strafaussetzung gewähren würde, eine ergänzende Beweiserhebung

[27] Vielfach unterscheidet man zwischen bedingten Beweisanträgen, Hilfsbeweisanträgen und Eventualbeweisanträgen (näher *Schlothauer*, StV 1988, 546ff.; *Hamm*, FG Peters II, 1984, 173; *Michalke*, StV 1990, 185; *Widmaier*, FS Salger, 1995, 422; *M-G*, § 244 Rn. 22–22b). Sachlich geht es dabei um die Frage, von welchen Bedingungen die Pflicht des Gerichts zur Verbescheidung abhängig gemacht wird.

zum Nachweis der Unschuld des Angekl. beantragt wurde. Derartige Anträge sind von BGHSt 40, 287, 289f. mit der Begründung für unzulässig erklärt worden, dass sie nur den Sinn haben könnten, dem Gericht eine Absprache „anzubieten", die jedoch unzulässig wäre, weil mit ihr eine sachwidrige Verknüpfung hergestellt und dementsprechend ein Missbrauch prozessualer Rechte begangen würde. Diese Argumentation war aber schon nach der Rechtslage der RStPO unrichtig, weil es ja dem Angekl. unbenommen ist, ein sei es auch in seinen Augen falsches Urteil hinzunehmen, wenn es nicht von den Rechtsfolgen her schlechthin unerträglich ist. Erst recht ist dieser Judikatur seit der contra legem als „Rechtsfortbildung" erfolgten Anerkennung direkter Urteilsabsprachen in BGHSt 50, 40 jede Grundlage entzogen.

IV. Revisibilität

Die unzulässige Ablehnung eines Beweisantrags begründet die **Revision** (§ 338 Nr. 8). 40
Da dieser absolute Revisionsgrund nur eingreift, wenn die Vert. in einem für die Entscheidung wesentlichen Punkt beschränkt worden ist, kommt es z. B. bei der Nichtvernehmung eines Zeugen i. Erg. aber doch darauf an, ob das Urteil darauf beruht. § 338 Nr. 8 gleicht insoweit einem relativen Revisionsgrund, vgl. u. § 55 Rn. 42. Eine allgemeine Rechtsregel, dass das Beruhen bei der Nichtvernehmung eines Zeugen kaum je auszuschließen sei, gibt es nach BGH StV 1997, 170 nicht; vielmehr kommt es auf die Umstände des Einzelfalls an.

V. Das Beweisantragsrecht als Eckstein der Verfahrensbalance

Gegen das deutsche Beweisantragsrecht werden in den letzten Jahren aus Justizkreisen und den ihnen na- 41
hestehenden Landesjustizverwaltungen heftige Attacken geritten. Es wird für die lange Dauer von Prozessen verantwortlich gemacht mit der Begründung, der Vert. könne durch die Stellung immer neuer, nicht ablehnbarer Beweisanträge das Verfahren beliebig in die Länge ziehen (vgl. etwa *Basdorf*, StV 1995, 312). Der Bundesrat hat sogar wiederholt eine vollständige Abschaffung des Beweisantragsrechts gefordert (exemplarisch BR-Drs. 660/6, 2, 6), weil angeblich Missbräuche zu verhindern und die Angekl. durch die gerichtliche Aufklärungspflicht genügend geschützt seien. Aber dieses anhand einiger weniger spektakulärer Prozesse aufgestellte und vom BGH sogar schon als Argument für die Einschränkung von Verteidigerrechten benutzte (BGHSt (GrS) 52, 298, 312f.) Argument, dass wegen einer Änderung des anwaltlichen Ethos ein intensiver Missbrauch der Verteidigerrechte zu befürchten sei, geht an den eigentlichen Gefahren für die Wahrheitsfindung im Strafprozess vorbei. Eine empirische Untersuchung von *Barton* hat gezeigt, dass die durchschnittliche Tätigkeit des Verteidigers nicht durch ein Übermaß, sondern durch ein Untermaß bei der Wahrnehmung seiner prozessualen Rechte geprägt ist (*Barton*, StV 1984, 394ff.; MSchrKrim 1988, 93ff.). In den verbleibenden Fällen ist eine extensive Ausübung des Beweisantragsrechts zumeist die Reaktion auf eine auf dem Urteilsperseveranz-Effekt beruhende, einseitige Wahrnehmung der Aufklärungspflicht durch den Tatrichter. Die danach übrig bleibenden, seltenen Fälle einer insgeheim zur Prozessverschleppung ausgeübten Antragstellung können zum einen durch das Ablehnungsrecht des § 244 III und IV aufgefangen werden und sind zum anderen weitaus seltener als die Gefahren, die der Wahrheitsfindung vom Urteilsperseveranz-Effekt und damit von einer einseitigen Prozessführung des Gerichts her drohen (*Schünemann*, 2013). Empirische Untersuchungen haben überdies gezeigt, dass die Verfahrensrüge in der neueren BGH-Rspr. keine nennenswerten Erfolgsaussichten mehr besitzt (nämlich nur 1,3%, s. *Barton*, FS Fezer, 2008, 333, 339), so dass die vom Gesetzgeber gerade nicht gewollte Freistellung des tatrichterlichen Verfahrens von ernsthafter Kontrolle in der Praxis bereits Realität geworden ist. Würde man jetzt nur noch die richterliche Aufklärungspflicht und damit die in der Revision so gut wie irrelevant gewordene Aufklärungsrüge als Kontrollinstrument vorhalten, wäre die Stellung des Tatrichters, der ja schon die Befugnis zu Urteilsabsprachen usurpiert und nunmehr legalisiert erhalten hat, endgültig mit derjenigen eines Hauptverhandlungsdespoten zu vergleichen. Alle Bestrebungen zur Abschaffung oder weiteren Einschränkung des Beweisantragsrechts, das in der Menschenwürde mit den beiden Aspekten „Schutz vor Fehlurteilen" und „Selbstbehauptung in der prozessualen Interaktion" verankert ist,[28] bedeuten deshalb

[28] Umfassend *Perron*, 1995.

einen Anschlag auf die Idee der Verfahrensbalance und damit des rechtsstaatlichen Strafverfahrens überhaupt.

D. Freie Beweiswürdigung

I. Zur Geschichte

42 Der Inquisitionsprozess, der in Deutschland seit dem Hochmittelalter nach und nach das bis in die germanische Zeit zurückreichende Gerichtsverfahren ablöste und durch die Rezeption des italienischen Rechts in der Constitutio Criminalis Carolina[29] zu dem bis 1800 dominierenden Gemeinen deutschen Strafprozess entwickelt wurde, hat mit **gesetzlichen Beweisregeln** gearbeitet; er hat also ein „formales Beweisrecht" gehabt. Diese Regeln wiesen den Richter an, unter bestimmten Voraussetzungen eine Tatsache als erwiesen anzusehen. So wurde z. B. nach gemeinem Recht ein voller Beweis durch das **Geständnis** des Angeklagten oder durch **zwei** einwandfreie („klassische") Zeugen erbracht. Durch **einen** klassischen Zeugen wurde nur ein halber Beweis erbracht, der aber zur peinlichen Befragung, d. h. zur Anwendung der Folter, berechtigte. Durch solche Regeln hoffte der Gesetzgeber die richterliche Willkür auszuschließen. Das Mittel war aber zur Erreichung dieses Zweckes ungeeignet. Die gesetzlichen Beweisregeln, nicht nur die peinliche Frage, beruhten auf den schwersten psychologischen Irrtümern. Anfänge der freien Beweiswürdigung finden sich in Preußen aufgrund der Kabinettsordres von 1740 und 1754, die die Folter abschafften. Aber abgesehen hiervon hat sich die freie Beweiswürdigung in Deutschland erst im 19. Jh. durch die Einführung des Reformierten Strafprozesses mitsamt der Schwurgerichte Bahn gebrochen (näher *Küper,* FG Peters II, 1984, 23; *Jerouschek,* 1992).

II. Das geltende Recht

43 1. a) Der **Grundsatz** des geltenden Rechts lautet: „Über das Ergebnis der Beweisaufnahme" – also über Tatsachen – „entscheidet das Gericht nach seiner freien, aus dem Inbegriff der Verhandlung geschöpften Überzeugung" (§ 261). Dies bedeutet, dass der Richter einen bestimmten Sachverhalt ohne Zweifel für wahr halten muss (vgl. *Henkel,* 351). Die so gewonnene persönliche Gewissheit war nach der älteren Rspr. (paradigmatisch BGHSt 10, 209) für die Verurteilung notwendig, aber auch genügend. Das hieß auf der einen Seite, dass die richterliche Überzeugung auch nicht durch die objektive Feststellung einer an Sicherheit grenzenden Wahrscheinlichkeit ersetzt werden kann. Denn „ebenso wenig wie der Tatrichter gehindert werden kann, an sich mögliche, wenn auch nicht zwingende Folgerungen aus bestimmten Tatsachen zu ziehen, ebenso wenig kann ihm vorgeschrieben werden, unter welchen Voraussetzungen er zu einer bestimmten Schlussfolgerung und einer bestimmten Überzeugung kommen muss" (BGHSt 10, 210; BGHSt 29, 18 m. Anm. *Peters,* JR 1980, 169; BGH NStZ 1984, 180). In der Tat geht es im Regelfall nicht an, dem Richter eine bestimmte Überzeugung aufzunötigen. Denn von seltenen Ausnahmefällen abgesehen (dazu u. Rn. 50), kann die dem Richter obliegende Rekonstruktion eines in der Vergangenheit liegenden Sachverhalts nicht mit naturwissenschaftlicher Exaktheit geleistet werden, sondern ist auf „weiche" Beweismittel wie vor allem den Zeugenbeweis und auf ungenaue Wahrscheinlichkeitsabschätzungen angewiesen. Die Totalität der Hauptverhandlung wird deshalb von jedem Beteiligten in Abhängigkeit von seinen Einstellungen

[29] Dazu i. E. 25. Aufl., § 69.

unterschiedlich verarbeitet (dazu umfassend *Schünemann,* Kognition) und entzieht sich hierdurch wie auch durch ihre enorme Komplexität einer vollständigen sprachlichen Darstellung, mithin auch einer lückenlosen Kontrolle durch eine andere Instanz (dazu in der Gedankenwelt postmoderner Philosophie *Kronenberger,* Der Parasit der Überzeugungsbildung, 2010). Umso wichtiger ist es auf der anderen Seite, den Angekl. vor Fehleinschätzungen des Richters bei dessen Überzeugungsbildung zu schützen, die durch die Struktur des deutschen Strafverfahrens vermöge des Urteilsperseveranz-Effekts (o. § 1 Rn. 16) nicht etwa nach dem Zufallsprinzip, sondern in einer tendenziell den Angeklagten benachteiligenden Weise einzukalkulieren sind. In der neueren Rspr. hat es deshalb an Versuchen nicht gefehlt, die bloße subjektive Gewissheit des Richters dort nicht ausreichen zu lassen, wo das objektive Ergebnis der Beweisaufnahme einen rational einleuchtenden Schluss auf die Täterschaft des Angeklagten nicht zulässt (BGH NStZ 1988, 236), und deshalb zu verlangen, dass der Urteilsbildungsprozess von anderen Richtern nachvollzogen werden kann[30] und nicht auf bloßen Vermutungen beruht.[31]

Aber wie soll auf einem nicht das Exaktheitsniveau der empirischen Wissenschaften erreichenden Feld Vermutung von Gewissheit abgegrenzt werden? Der Versuch, doch wieder nach einem System von Entscheidungsnormen zu suchen (*Freund,* 1987; *Stein,* 1995), führt vom Ziel der materiellen Wahrheit in ein System von Zurechnungsregeln zurück und damit zugleich vom Prozessziel der materiellen Wahrheitsfindung weg. Die heute in Rspr. und Schrifttum bevorzugte Lösung besteht darin, dass mindestens eine hohe objektive Wahrscheinlichkeit der Sachverhaltsannahmen des Tatgerichts mit der subjektiven Überzeugung der Richter einhergehen muss.[32] Freilich darf die Leistungsfähigkeit dieser Formel nicht überschätzt werden, weil die „hohe objektive Wahrscheinlichkeit", die zu einem erheblichen Teil auf der Plausibilität der Alltagserfahrung aufbaut, in Ermangelung einer neutralen Dokumentation der Beweisergebnisse der Hauptverhandlung als Kontrollinstrument nur die schriftlichen Urteilsgründe vorweisen kann, so dass nur deren innere Schlüssigkeit, nicht aber ihre eigentliche Übereinstimmung mit dem Inhalt der Beweisaufnahme überprüft werden kann. 44

b) Immerhin hat der BGH typischerweise fehleranfällige Beweiskonstellationen herauszuarbeiten versucht, in denen er an die Intensität der Beweiswürdigung des Tatrichters besonders strenge Anforderungen stellt. Freilich darf auch die Bedeutung der nachstehend zit. Entscheidungen in der Praxis nicht überschätzt werden, weil in der unveröffentlichten Rspr. leicht Dutzende von Gegenbeispielen zu finden sind, in denen der BGH trotz gleicher Sachlage die Revision ohne Weiteres verworfen hat. 45

Wenn Aussage gegen Aussage steht, muss sich der Tatrichter mit dem Sachverhalt erschöpfend auseinandersetzen.[33] Es darf nicht etwa die belastende Zeugenaussage allein deshalb für glaubwürdig erklärt werden, weil der Zeuge unter der Strafdrohung der §§ 153ff. StGB steht. Vielmehr muss ein etwaiges Motiv

---

[30] Ähnlich *Peters,* 266; wie hier *Stree,* In dubio pro reo, 1962, 40; ähnlich auch BGH NStZ 1981, 33; StV 1982, 256; NStZ 1986, 373.

[31] BGH NStZ 1987, 473; 1990, 501. Der Beweis des ersten Anscheins (sog. *prima-facie-Beweis*), bei dem an die Stelle der Gewissheit die durch einen typischen Geschehensablauf verbürgte Wahrscheinlichkeit tritt, ist deshalb nur im Zivilprozess zulässig, im Strafprozess aber ausgeschlossen (s. *Louven,* MDR 1970, 295). So darf aus der Eigenschaft als Kfz Halter nicht ohne weiteres gefolgert werden, dass der Halter das Kfz beim Unfall geführt hat (BGHSt 25, 365 m. Anm. *Gollwitzer,* JR 1975, 381; vgl. dag. beim Flugzeughalter OLG Frankfurt a. M. MDR 1974, 688).

[32] Grdl. *Herdegen,* 1987 und 1992; BGH NStZ 1990, 402, 603; StV 1995, 435; NStZ-RR 1996, 202; BVerfG NJW 2003, 2444 m. Anm. *Herdegen,* 3513, und *Bose,* JR 2004, 40; *Herdegen, Fezer* und *Jähnke,* FS Hanack, 1999, 311ff., 331ff., 355ff.; *Fezer,* StV 1995, 95ff.; *Schäfer,* ibid., 147ff.

[33] BGH NStZ 1992, 347; StV 1994, 349; 1995, 5, 6, 63, 115, 340; 1996, 249; 1998, 116; 2009, 347; NStZ-RR 1998, 15; 2002, 146, 174; 2003, 333.

für eine Falschbezichtigung sorgfältig geprüft werden (BGH StV 1994, 526; StV 2013, 5, 7). Das gilt insb., wenn sich sogar die Unwahrheit eines Aussageteils herausstellt; dann muss der Tatrichter außerhalb der Zeugenaussage liegende gewichtige Gründe nennen, die es ihm ermöglichen, der Zeugenaussage dennoch zu glauben.[34] Auch wenn der Angekl. überwiegend durch die Angaben selbst tatbeteiligter Zeugen überführt werden soll, muss der Tatrichter ausweislich der Urteilsgründe alle Umstände, die die Entscheidung zu beeinflussen geeignet sind, erkannt und in seine Überlegungen einbezogen haben (BGH NStZ-RR 1996, 300; StV 2008, 451; StV 2011, 4), wobei es erforderlich sein kann, die Umstände der Entstehung der den Angekl. belastenden Aussagen sowie deren Entwicklung darzustellen und zu bewerten (BGH StV 2008, 451; StV 2009, 174, 176). Insbesondere muss der regelmäßig wichtige Gesichtspunkt geprüft werden, ob sich der Zeuge durch seine Aussage in einem gegen ihn selbst gerichteten Verfahren entlasten wollte, namentlich wenn ein „Aufklärungsgehilfe" sich durch seine Aussage Vorteile verspricht und deshalb womöglich den nicht Geständigen zu Unrecht belastet (BGH NStZ-RR 2003, 245; StV 2008, 451 f; StV 2009, 346). Dies gilt besonders streng, wenn ein Angekl. durch das Geständnis eines Mitangekl. belastet wird, welches Gegenstand einer Urteilsabsprache war (BGHSt 48, 161; BGHSt 52, 78). Neben diesen Konstellationen, in denen an die Beweiswürdigung qualifizierte Anforderungen gestellt werden, stehen die verschiedenen „Beweiswürdigungslösungen", bei denen die Rspr. eine verfahrensmäßige Benachteiligung des Angekl. wie etwa bei der Ersetzung der Aussage des V-Mannes durch die Vernehmung eines Zeugen vom Hörensagen dadurch kompensiert, dass sie die Bestätigung derartig „kompromittierter" Beweismittel durch unanfechtbare andere Indizien verlangt.[35] In der Rspr. der Revisionsgerichte findet sich dementspr. eine reiche Kasuistik weiterer Beanstandungen der Beweiswürdigung des Tatrichters (für weitere zahlreiche Nachweise s. *Niemöller,* 1984; *Brause,* 2007). Daneben stehen aber weitaus zahlreichere, zumeist unveröffentlichte Revisionsentscheidungen, in denen die Angriffe des Beschwerdeführers gegen die tatrichterliche Beweiswürdigung mit der Standardformel für unzulässig erklärt wurden, dass die Schlussfolgerungen des Tatrichters nicht zwingend zu sein bräuchten und dass es genüge, wenn sie möglich seien und der Tatrichter von ihrer Richtigkeit überzeugt sei (etwa BGH BGHR StPO § 263 Beweiswürdigung 2 m. w. N.). In letzter Instanz kommt es also doch nicht auf die (quantitativ nicht exakt bestimmbare) hohe objektive Wahrscheinlichkeit an, sondern darauf, ob der Tatrichter in der Urteilsbegründung nach Meinung des BGH plausibel darzulegen vermag, dass er alle relevanten Gesichtspunkte bei seiner Überzeugungsbildung berücksichtigt hat.

46 2. Im Einzelnen bedeutet der Grundsatz der freien Beweiswürdigung (wobei freilich hinsichtlich der a)–c) gegebenen Beispiele stets die vorstehend unter 1. genannten Einschränkungen zu beachten sind):

a) Bei der Bewertung von **Zeugenaussagen** ist das Gericht frei, d. h. nicht an gesetzliche Beweisregeln gebunden. Auch einer beschworenen Zeugenaussage steht das Gericht frei gegenüber. Das Gericht ist auch nicht an **Sachverständigengutachten** gebunden, selbst wenn es sich um technische oder chemische oder psychiatrische Fragen handelt. Es kann z. B. den Angeklagten entgegen dem Gutachten des psychiatrischen Sachverständigen, das ihn für schuldunfähig erklärt, verurteilen oder umgekehrt. Allerdings muss das Gericht dann die Darlegungen des Gutachtens im Urteil wiedergeben und seine Gegenansicht plausibel begründen (BGH StV 1994, 359).

47 b) Der Richter kann den **Aussagen des Angeklagten** gegenüber einer Mehrzahl beeidigter Belastungszeugen glauben. Auch **Urkunden** binden ihn nicht; wenn z. B. in einem Meineidsprozess ein Protokoll besagt: „Der Zeuge wurde beeidigt", so kann der Richter trotzdem die Beeidigung als nicht erwiesen ansehen. Während früher das **Geständnis** jeden anderen Beweis überflüssig, ja unzulässig machte, unterliegt heute in Deutschland auch das Geständnis der freien Beweiswürdigung. Normalerweise

[34] BGHSt 44, 153, 158; 44, 256 f.; BGH BGHR StPO Beweiswürdigung 23, 29; BGH StV 2011, 5.

[35] Etwa auch, wenn eine Wiedererkennungsprobe prozessordungswidrig durchgeführt worden ist, s. o. § 33 Rn. 17; oder wenn Aussage gegen Aussage steht und der Belastungszeuge z. T. falsche Angaben gemacht hat (BGHSt 44, 153, 158; 44, 256, 257).

wird es starke Beweiskraft haben, u. U. so große, dass auf andere Beweismittel ganz verzichtet werden kann; daher ist auch eine Hauptverhandlung ohne Zeugen möglich und gar nicht selten. Aber das Geständnis erbringt keinen absolut sicheren Beweis; es kann aus den verschiedensten Gründen falsch sein, z. B. weil der Beschuldigte nicht normal oder weil er apathisch ist, weil er ins Gefängnis will oder sich ein Alibi für eine andere schwere Tat schaffen oder weil er sich an Stelle des wirklichen Täters bestrafen lassen will (näher *Lawaczeck,* Das Phänomen des falschen Geständnisses im Strafverfahren, 2010). Besonders unzuverlässig ist das bei einer Urteilsabsprache „erkaufte" Geständnis, erst recht wenn es als „schlankes Geständnis" in der schlichten Anerkennung der Anklage besteht (näher *Hauer,* Geständnis und Absprache, 2007, 192f.). Dem – nicht selten vorkommenden – **Widerruf eines Geständnisses** steht der Richter ebenfalls vollkommen frei gegenüber. Auch das widerrufene Geständnis kann ein Indiz für die Täterschaft des Angeklagten sein (BGH StV 1995, 341).

c) Die Überzeugung des Gerichts kann (und wird sogar in der Regel) durch einen **Indizienbeweis** begründet werden, d. h. aufgrund von Tatsachen, die einen **Schluss** auf die unmittelbar erhebliche Tatsache zulassen. Ein Indizienbeweis mit sachlichen Beweismitteln kann häufig einen sichereren Beweis liefern als Aussagen von Tatzeugen. Das Scheitern eines Alibibeweises (BGH StV 1982, 158) oder die Widerlegung einer Entlastungsbehauptung (BGH NStZ 1986, 325) dürfen für sich allein aber noch nicht als Indiz für eine Täterschaft des Angeklagten verwertet werden (zusammenfassend BGHSt 41, 153). Dagegen ist es möglich, dass zahlreiche Indizien, von denen jedes einzelne zum Beweis der Täterschaft nicht ausreicht, in ihrer Gesamtheit dem Richter die Überzeugung von der Schuld des Angeklagten vermitteln können (BGH NStZ 1983, 133). 48

3. Der Grundsatz der freien Beweiswürdigung gilt von vornherein nur in dem Rahmen, der dem richterlichen Beweisverfahren durch die strengen Regeln des strafprozessualen Beweisrechts (vgl. o. § 24) gezogen ist (zutr. *Krause,* 1974; a.M. *Arzt,* 1974). Darüber hinaus erfährt er in dreifacher Hinsicht **Einschränkungen und Ausnahmen,** nämlich durch bestimmte naturwissenschaftliche Erkenntnisse (a), durch positive gesetzliche Normierungen (b) und durch Beweisverwertungsverbote (c). 49

a) Auch bei der freien Beweiswürdigung ist der Richter unter die Gesetze des Denkens und der Erfahrung gestellt. Daher ist für „eine richterliche Überzeugungsbildung dort kein Raum mehr, wo eine Tatsache aufgrund **wissenschaftlicher** Erkenntnis feststeht" (BGHSt 10, 211). Der Richter muss vielmehr eine Tatsache, die auf einem von der Fachwissenschaft allgemein anerkannten Weg eindeutig ermittelt wurde, auch dann seiner Beurteilung zugrunde legen, wenn sie ihm persönlich unüberprüfbar oder zweifelhaft erscheint. Dies gilt z. B. bei der Ausschließung der Vaterschaft durch Blutgruppengutachten (BGHSt 6, 72, s. aber auch OLG *Celle* NJW 1960, 2258), bei der Feststellung der Fahruntüchtigkeit aufgrund eines bestimmten Blutalkoholgehalts (BGHSt 21, 159; dazu krit. *Haffke,* JuS 1972, 448) und bei der Geschwindigkeitsmessung durch ein Radargerät (sofern alle denkbaren Fehlerquellen ausgeschaltet sind, vgl. *OLGe Hamburg, Hamm* u. *Braunschweig* NJW 1963, 505, 602 u. 1120). Einzelheiten des Messverfahrens brauchen im Urteil nicht niedergelegt zu werden (BGHSt 39, 291). Auch wissenschaftlich gesicherte statistische Wahrscheinlichkeitsurteile (z. B. verminderte Schuldfähigkeit bei 2,0 ‰) sind vom Richter zugunsten des Angeklagten zugrunde zu legen, sofern sie nicht im Einzelfall durch ähnlich gesicherte Gegenindi- 50 zien widerlegt sind (BGHSt 37, 231). DNA-Analysen (vgl. o. § 33 Rn. 20ff.) können mit absoluter Beweiskraft eine Täterschaft ausschließen und erbringen für deren positiven Nachweis zumindest eine hohe Wahrscheinlichkeit (BGHSt 38, 320; BGH NStZ 1994, 554; BGHSt 54, 15 zur mitochondrialen Analyse), ggf. sogar einen vollen Beweis für die Herkunft einer bestimmten Spur (BGH StV 2010, 175, weiterführend BGH StV 2012, 520, 521, 522 m. Anm. *Neuhaus*, StV 2013, 137; BGHSt 58, 212).

51 Nach verbreiteter Auffassung sollen umgekehrt naturwissenschaftlich *nicht* gesicherte Kausalzusammenhänge dem Urteil nicht zugrunde gelegt werden dürfen; es sei nicht zulässig, den objektiv fehlenden naturwissenschaftlichen Nachweis durch die subjektive Überzeugung des Richters zu ersetzen.[36] Demgegenüber vertritt BGHSt 41, 206 (Holzschutzmittel-Fall) die Auffassung, der Richter dürfe nach Anhörung von Sachverständigen seine Überzeugung auch auf wissenschaftlich umstrittene Annahmen stützen. Nach der Gegenmeinung wird dadurch der Grundsatz in dubio pro reo in bedenklicher Weise ausgehöhlt. In wissenschaftlichen Streitfragen sei eine Festlegung auf Mehrheitsmeinungen, wenn sie die Grundlage einer Verurteilung bilden sollten, schon deshalb problematisch, weil bei noch wenig geklärten Ursachenzusammenhängen sich derartige Auffassungen rasch ändern könnten. Ein Kausalgesetz sollte deshalb nur dann angenommen werden, wenn kein wissenschaftlich ernst zu nehmender Zweifel bestehe.[37] Aber das ist in dieser Allgemeinheit unrichtig, denn es läuft auf die nicht erfüllbare Forderung hinaus, dass jeder Kausalverlauf lückenlos naturwissenschaftlich erklärbar sein soll, und fordert damit für den Kausalnachweis ein Exaktheitsniveau, das beispielsweise bei der Glaubwürdigkeitsbeurteilung von Zeugen nicht einmal diskutiert wird. Die wissenschaftliche Feststellung eines durch bloßen Zufall nicht erklärbaren Häufigkeitszusammenhanges kann deshalb durchaus in eine Kausalitätsfeststellung münden, wenn alle anderen Erklärungen, die die Naturwissenschaft für den einzelnen Vorfall anbieten könnte, für den konkreten Fall mit an Sicherheit grenzender Wahrscheinlichkeit ausgeschlossen werden können.

52 b) Der Grundsatz der freien Beweiswürdigung ist im Strafverfahren nur durch zwei positive **gesetzliche Bestimmungen** durchbrochen:

aa) durch § 190 StGB, der Regeln für den Wahrheitsbeweis in bestimmten Fällen der Beleidigung aufstellt;

53 bb) durch § 274 StPO. Danach gilt für die Frage, ob die wesentlichen Förmlichkeiten der Hauptverhandlung beachtet worden sind, der Inhalt des Sitzungsprotokolls als richtig, solange nicht seine Fälschung nachgewiesen ist; der Nachweis einer bloß objektiven Unrichtigkeit kann die Beweiskraft des Protokolls nicht erschüttern, solange es nicht vom Vorsitzenden und dem Urkundsbeamten gemeinsam berichtigt worden ist (dazu u. § 51 Rn. 10ff.).

Diese gesetzliche Beweisregel gilt jedoch nicht, wenn eine Tatsache **materiellrechtlich** erheblich ist; so könnte z. B. das Gericht einen Angeklagten von der Anklage des Meineids mit der Begründung freisprechen, es sehe nicht als erwiesen an, dass der Angeklagte als Zeuge vereidigt worden sei, auch wenn das im Sitzungsprotokoll gesagt ist (s. o. Rn. 47);

54 c) Im weiteren Sinn wird die freie Beweiswürdigung auch durch die **Beweisverbote** eingeschränkt (dazu eingehend o. § 24 Rn. 13ff.). Zwar liegt darin eine rechtsstaatlich unbedenkliche Generalisierung von „in dubio pro reo", soweit es nur darum geht, negative Schlüsse aus ambivalenten Sachverhalten zu verbieten (etwa von § 51 I BZRG, der die strafschärfende Verwertung einer getilgten oder tilgungsreifen früheren Verur-

[36] So *Armin Kaufmann*, JZ 1971, 572 gegen LG Aachen JZ 1971, 516 in der Frage, ob Thaladomid zu Missbildungen beim Embryo führen kann.

[37] Etwa 25. Aufl. § 15 Rn. 23; *Roxin*, AT I § 11 Rn. 18; *Volk*, NStZ 1996, 105; *Hamm*, StV 1997, 159; *Hassemer*, Produktverantwortung im modernen Strafrecht, 1994, 40ff. („black-box"-Modell); a. A. *Puppe*, JZ 1994, 1147.

teilung des Beschuldigten in einem neuen Strafverfahren untersagt, s. o. § 24 Rn. 16); aber umgekehrt bleibt es ein Problem, wenn ein möglicher Entlastungsbeweis einem Verbot unterfällt (s. o. § 24 Rn. 13, 28).

4. Der Grundsatz der freien Beweiswürdigung gilt gem. § 262 I auch für **Vorfragen** 55
aus anderen Rechtsgebieten (etwa bezüglich des Eigentums an einer Sache), wobei sich aus § 154d ergibt, dass § 262 sinngemäß auch für öffentlich-rechtliche Vorfragen (z. B. bezüglich der Staatsangehörigkeit) gilt. Das Gericht ist hiernach zwar nicht verpflichtet, wohl aber berechtigt, die Untersuchung auszusetzen und einem der Beteiligten (dem Privatkläger oder dem Beschuldigten) eine Frist zur Erhebung einer Klage vor dem ordentlichen oder dem Verwaltungsgericht zu setzen bzw. die Entscheidung eines dort bereits anhängigen Verfahrens abzuwarten.[38] Aber auch in diesem Fall ist der Strafrichter an die Entscheidung der anderen Gerichte grds. *nicht* gebunden (BGHSt 5, 106). Etwas anderes gilt lediglich dann, wenn die Strafbarkeit nach dem Gesetz von einem bestimmten **rechtsgestaltenden** Urteil abhängt (**Tatbestandswirkung** der verfassungsgerichtlichen Entscheidung: z. B. bei § 84 StGB die Entscheidung des BVerfG über die Verfassungswidrigkeit einer Partei) oder wenn durch entsprechende gesetzliche Normierung außerhalb des StGB (vgl. etwa §§ 1593, 1600a BGB; dazu BGHSt 26, 111) dem Zivilgericht eine abschließende Entscheidungskompetenz zugewiesen ist.

E. Der Grundsatz in dubio pro reo

Literatur: *Stree,* In dubio pro reo, 1962; *Holtappels,* Die Entwicklungsgeschichte des Grundsatzes „in dubio pro reo", 1965; *Sax,* Zur Anwendbarkeit des Satzes „in dubio pro reo" im strafproz. Bereich, FS Stock, 1966, 143; *Frisch,* Zum Wesen des Grundsatzes „in dubio pro reo", FS Henkel, 1974, 273; *Sulanke,* Die Entscheidung bei Zweifeln über das Vorhandensein von Prozessvoraussetzungen und Prozesshindernissen, 1974; *Wolter,* Contra „in dubio pro reo", MDR 1981, 441; *Michael,* Der Grundsatz in dubio pro reo, 1981; *Lehmann,* Die Behandlung des zweifelhaften Verf.verstoßes im Strafprozess, 1983; *Montenbruck,* In dubio pro reo aus normtheoretischer und strafverf.rechtl. Sicht, 1985; *Hruschka,* Über Schwierigkeiten mit dem Beweis des Vorsatzes, FS Kleinknecht, 1985, 191; *Alwart,* Darf ein Angekl. aus Mangel an Beweisen verurteilt werden?, GA 1992, 545; *Hoyer,* Der Konflikt zwischen richterl. Bew.würd.freiheit und dem Prinzip „in dubio pro reo", ZStW 105 (1993), 523; *Heine,* Beweislastumkehr im Strafverfahren?, JZ 1995, 651; *Foth,* Bemerkungen zum Zweifelssatz, NStZ 1996, 423; *Stuckenberg,* Untersuchungen zur Unschuldsvermutung, 1998; *ders.,* Die normative Aussage der Unschuldvermutung, ZStW 111 (1999), 422; *Zopfs,* Der Grundsatz „in dubio pro reo", 1999; *Meyer-Goßner,* Zweifelssatz und Verschlechterungsverbot bei Verfahrenshindernissen, FS Jung, 2007, 543.

I. Bedeutung

Ein letzter, nicht minder wichtiger Beweisgrundsatz des Strafprozesses i. w. S. ist der, 56
dass im Zweifel zugunsten des Angeklagten zu entscheiden ist **(in dubio pro reo).** Dabei ist der in-dubio-Grundsatz keine Regelung zur Würdigung der Beweise, sondern kommt erst nach Abschluss der Beweiswürdigung zur Anwendung (*Eisenberg,* BewR, Rn. 118), ist also keine Beweis-, sondern **Entscheidungsregel.**[39] Er ist im Gesetz nicht ausdrücklich formuliert, lässt sich jedoch mittelbar aus dem Schuldgrundsatz in Ver-

[38] Zur Möglichkeit einer Aussetzungsverpflichtung *Jörgensen,* Die Aussetzung des Strafverf. zur Klärung außerstrafrechtl. Rechtsverhältnisse, 1991, 110ff. Zu § 262 im Verhältnis zum öffentlichen Recht vgl. *Steinhorst,* Die Bedeutung der Rechtswidrigkeit vollstreckbarer Verwaltungsakte pp., 2008.

[39] Und zwar als Beweislastregel, näher *Stuckenberg,* 1998, 469ff.; KMR/*ders.,* § 261 Rn. 72ff.; BGH NStZ 1999, 205; 2001, 609; 2002, 656.

bindung mit § 261 ableiten; denn wenn danach eine Verurteilung erfordert, dass das Gericht von der Schuld des Angeklagten überzeugt ist, muss jeder Zweifel an dieser Voraussetzung den Strafausspruch verhindern. Auch die **Unschuldsvermutung** des Art. 6 II EMRK (o. § 11 Rn. 1 ff.) schließt insofern den In-dubio-Satz ein, dem darüber hinaus Verfassungsrang zukommt (KMR/*Stuckenberg,* § 261 Rn. 74; von BVerfG NJW 1988, 477 offen gelassen). Er ist freilich nicht schon dann verletzt, wenn der Richter nach Meinung des Verurteilten hätte zweifeln müssen, sondern nur dann, wenn er trotz wirklich vorhandener Zweifel verurteilt hat (BVerfG a. a. O.).

II. Geschichte und Rechtsvergleichung

57 Wie weit die **historische Geltung** des Satzes „in dubio pro reo" zurückreicht, ist nicht geklärt. Seine früher angenommene Geltung im römischen Strafrecht und im Strafprozess der Rezeption ist in Frage gestellt worden (vgl. *Holtappels,* 1965, und *Sax,* 1966). Das gemeine Recht entwickelte für den Fall der Beweisunsicherheit sogar die (gemilderte) **Verdachtsstrafe** und die absolutio ab instantia (eine Art vorläufige Einstellung), um den eigentlich gebotenen Freispruch zu verhindern. Der Kampf der Aufklärung gegen diese Institutionen bereitete den Boden für die Anerkennung des In-dubio-Satzes. Erst seit Einführung des Prinzips der freien Beweiswürdigung im 19. Jh. ist er unstreitig gesichertes Gewohnheitsrecht.[40] **Schuldvermutungen,** die den Satz „in dubio pro reo" durchbrechen, kennt das materielle Strafrecht deshalb heute *nicht mehr.* Bei den dafür genannten Fällen handelt es sich in Wirklichkeit nur um scheinbare Ausnahmen. So enthält § 186 StGB, obwohl die Nichterbringung des Wahrheitsbeweises zu Lasten des Angeklagten geht, keine Schuldvermutung; vielmehr folgt die Beweisregelung aus der Struktur des Tatbestandes als eines Risikodelikts.

58 Im angloamerikanischen Strafverfahren kennt man dagegen auch heute noch für die sog. affirmative defenses eine Beweislast des Angeklagten (*Dubber,* Einführung in das US-amerikanische Strafrecht, 2005, 140 f.). Nach der Rspr. des EGMR wie des EuGH sollen auch auf europäischer Ebene widerlegbare Schuldvermutungen (also eine Umkehr der Beweislast) zulässig sein.[41] Weil dies mit dem im GG enthaltenen Grundsatz „in dubio pro reo" nicht zu vereinbaren wäre, hat der deutsche Gesetzgeber zur Behebung der Beweisprobleme teilweise eine Bestrafung der Leichtfertigkeit eingeführt (etwa §§ 261 V, 264 IV StGB), womit aber die rechtsstaatlichen Bedenken nicht etwa beseitigt, sondern verstärkt werden (zur Kritik *Fischer,* § 264 StGB Rn. 3 f. m. w. N.).

III. Geltungsbereich

59 1. Er gilt zunächst für die **Schuld- und Straffrage.** Beispielsweise braucht nicht der Beschuldigte sein Alibi (lat.: anderswo) nachzuweisen oder glaubhaft zu machen, sondern umgekehrt muss ihm nachgewiesen werden, er sei zur Zeit der Tat am Tatort gewesen oder in anderer Form an der Tat beteiligt.[42] Auch wenn das Vorliegen von Strafausschließungsgründen (wie Notwehr oder Geisteskrankheit) oder von Strafauf-

[40] In Frage gestellt von *Montenbruck,* 1985; *Arzt,* 1993.

[41] *EGMR,* Urteil vom 7.10.1988 – „Salabiaku v. Frankreich"; EuGRZ 1992, 472 – „Pham Hoang"; Art. 1 Nr. 2a EG-Richtlinie vom 28.1.2003 über Insider-Geschäfte und Marktmanipulation; dazu *Tiedemann,* Wirtschaftsstrafrecht AT, 3. Aufl., 2010, Rn. 67; LK/*Tiedemann,* § 264 Rn. 18; LK/*Vogel,* vor § 15 Rn. 94.

[42] Irreführend und missverständl. BGHSt 25, 285 und BGH JR 1978, 348 m. abl. Anm. *Tenckhoff,* wonach der Grundsatz „Im Zweifel für den Angeklagten" für den Alibibeweis angeblich nicht gelten soll; abl. auch *Stree,* JZ 1974, 299; *Foth,* NJW 1974, 1572 und *Volk,* JuS 1975, 25; klarstellend BGH NStZ 1983, 422 m. Anm. *Volk;* BGHSt 36, 286 für die Feststellung der Blutalkoholkonzentration.

hebungsgründen (wie nach h. M. der freiwillige Rücktritt vom Versuch; s. auch BGH StV 1995, 509) zweifelhaft bleibt, muss sich das in der Entscheidung zugunsten des Beschuldigten auswirken (vgl. zur Putativnotwehr BGH StV 1986, 6). Bei mehreren Beschuldigten kann der Grundsatz dazu führen, dass zugunsten jedes von ihnen davon auszugehen ist, dass der jeweils andere die Tat begangen hat, so dass gegebenenfalls alle freigesprochen werden müssen, obwohl feststeht, dass einer von ihnen der Täter ist (BGH StV 1996, 81). Oder wenn z. B. nicht widerlegt ist, dass ein Totschläger zu seiner Tat gereizt worden ist, so sind nach § 213 StGB mildernde Umstände anzunehmen. Und wenn auch nur die Möglichkeit besteht, dass der wegen Beleidigung Angeklagte vorher beleidigt worden ist, so kann das Gericht ihn gemäß § 199 StGB für straffrei erklären (BGHSt 10, 373 = JZ 1958, 373 m. Anm. *Kern*). Kann nicht festgestellt werden, ob der Heranwachsende zur Zeit der Tat noch einem Jugendlichen gleichstand oder nicht, so ist das Jugendstrafrecht anzuwenden (BGHSt 12, 116).

Freilich zwingt der Grundsatz in dubio pro reo nicht dazu, jede entlastende Angabe des Angeklagten, für deren Richtigkeit oder Unrichtigkeit kein spezifischer Beweis vorhanden ist, als unwiderlegt zu betrachten. Die richterliche Überzeugung von der Richtigkeit oder Unrichtigkeit der Behauptung des Angeklagten kann sich aus dem gesamten Ergebnis der Beweisaufnahme unter Anwendung des Grundsatzes der freien Beweiswürdigung herausbilden (s. o. Rn. 42 ff.). 60

2. Ob oder inwieweit der Satz auch für **Prozessvoraussetzungen** gilt, ist kontrovers. 61
In der Praxis sind die Hauptfälle die, dass nicht eindeutig festgestellt werden kann, ob eine Tat verjährt oder amnestiert, ob über sie schon einmal rechtskräftig entschieden worden oder ob ein Strafantrag wirksam gestellt ist. Fasst man im Anschluss an die historische Entwicklung den In-dubio-Satz ausschließlich als Kehrseite des Schuldprinzips auf, so muss man in diesen Fällen verurteilen; denn zweifelhaft ist nicht die Schuld des Angeklagten, sondern nur seine Verfolgbarkeit (so *Fezer*, 9/165). Anders ist es, wenn man aus dem Rechtsstaatsprinzip den weitergehenden Satz herleitet, dass niemand bestraft werden darf, wenn nicht sicher ist, dass seine Tat der staatlichen Strafgewalt (noch) unterliegt. Es ist dann bei Zweifeln das Verfahren einzustellen (dazu o. § 21 Rn. 24).

Dieser zweiten billigenswerten Auffassung hat sich der BGH für den Fall der Verjäh- 62
rung unter Abkehr von der früheren Rspr. angeschlossen.[43] Auch bei Zweifeln über die Verhandlungsfähigkeit des Angeklagten darf die Hauptverhandlung nicht durchgeführt werden (BGH NStZ 1984, 520 mit unklaren Ausführungen über die Geltung des In-dubio-Satzes). Der BGH betont jedoch ausdrücklich, dass die Geltung des Satzes „in dubio pro reo“ nicht für alle Verfahrensvoraussetzungen einheitlich angenommen, sondern dass über sie nur von Fall zu Fall entschieden werden könne (ebenso *Krey* I, Rn. 11 ff.; BGHSt 46, 349, 352 – obiter dictum). Eine solche Differenzierung, die der BGH an weiteren Beispielen noch nicht durchgeführt hat, überzeugt jedoch wenig; denn der oben dargelegte rechtsstaatliche Gesichtspunkt lässt eine unterschiedliche Behandlung der Prozessvoraussetzungen kaum zu.[44]

[43] BGHSt 18, 274; ebenso bei Zweifeln über den Verbrauch der Strafklage BayObLG JZ 1969, 153; OLG Schleswig StV 1988, 56 und bei Zweifeln über die Rechtzeitigkeit der von der StA eingelegten Berufung OLG Hamburg NJW 1975, 1750 m. Anm. *Foth*, JR 1976, 254.

[44] Wie hier *Eb. Schmidt* I, Rn. 198 m. Fn. 350; *Schlüchter*, Rn. 389; eingehend zum Ganzen *Sulanke*, 1974; *Michael*, 1981, 149.

63 3. Anders als bei den Prozessvoraussetzungen soll der Grundsatz „in dubio pro reo“ für den Nachweis von **Verfahrensfehlern** nach ganz h. M. *nicht* gelten. Stützt also ein Angeklagter seine Revision darauf, dass ihm eine Aussage durch Misshandlungen (§ 136a) abgezwungen worden sei, so entscheidet die Rspr., wenn der Verstoß nicht nachgewiesen werden kann, contra reum (BGHSt 16, 164). Ob das allemal richtig ist (vgl. auch *Eb. Schmidt,* JR 1962, 109), erscheint bei Anlegung rechtsstaatlicher Maßstäbe zweifelhaft; angesichts der Bedeutung, die die freie Willensentschließung des aussagenden Beschuldigten de lege lata hat (vgl. Art. 1 I GG), ist die Anwendung des in-dubio-pro-reo-Grundsatzes für Verstöße gegen § 136a zu befürworten (vgl. *Michael,* 1981, 154). Auch in anderen Fällen spricht viel dafür, bei ernstlichen Zweifeln zugunsten des Angekl. vom Vorliegen eines Verfahrensverstoßes auszugehen.[45] Wenn z. B. unklar bleibt, ob eine nach § 136 erforderliche Belehrung erfolgt ist (das Vernehmungsprotokoll weist nichts über eine Belehrung aus, der Beamte behauptet jedoch – möglicherweise irrig –, korrekt belehrt zu haben), sollte zugunsten des Angekl. von einem Verfahrensverstoß mit der Folge eines Verwertungsverbots ausgegangen werden (a. A. BGH NStZ 1997, 609; wie hier *Beulke,* Rn. 143; LR/*Gleß,* § 136a Rn. 78). Denn wenn gute Gründe für die Unverwertbarkeit sprechen, ist es nicht fair, die Verurteilung auf ein so zweifelhaftes Beweismittel zu stützen. Dies hat das BVerfG jedenfalls dann anerkannt, wenn ein Verstoß gegen eine gesetzliche Dokumentationspflicht vorliegt (StV 2012, 385). Zur Abschwächung der Beweislast bei möglicherweise im Ausland erfolterten Aussagen s. o. § 25 Rn. 23.

64 4. Für die Klärung **rechtlicher Zweifelsfragen** gilt der Satz „in dubio pro reo“ natürlich nicht. „Er bezieht sich nur auf die Feststellung von Tatsachen und ist im Bereich der Gesetzesauslegung … nicht anwendbar“ (BGHSt 14, 73). Das Gericht muss sich also bei umstr. Rechtsfragen der dem Angekl. ungünstigeren Auffassung anschließen, wenn sie nach allg. Auslegungsgrundsätzen als die richtige erscheint. Für den Fall schließlich, dass eine Verurteilung auf wahldeutiger Grundlage rechtlich zulässig ist, gehen die komplizierten Regeln der **Wahlfeststellung**[46] der schlichten Anwendung des Grundsatzes „in dubio pro reo“ vor.

§ 46. Mündlichkeit und Unmittelbarkeit der Hauptverhandlung

Literatur: *Maas,* Der Grundsatz der Unmittelbark. in der Reichsstrafprozeßordnung, 1907; *Löhr,* Der Grundsatz der Unmittelbark. im dt. Strafprozeßrecht, 1972; *Schreiber,* Akteneinsicht für Laienrichter?, FS Welzel, 1974, 941; *Mehner,* Die Vernehmung von Verhörspersonen im dt. Strafprozeß, 1975; *Kuckuck,* Zur Zulässigkeit von Vorhalten aus Schriftstücken in der Hauptverhandlung des Strafverf., 1977; *Fezer,* Grundfälle zum Verlesungs- und Verwertungsverbot im Strafprozeß, JuS 1977, 234, 669, 813; 1978, 104; *Hanack,* Protokollverlesungen und Vorhalte als Vernehmungsbehelf, FS Schmidt-Leichner, 1977, 83; *Geppert,* Der Grundsatz der Unmittelbark. im dt. Strafverf., 1979; *J. Meyer,* „Die Gerichtssprache ist deutsch“ – auch für Ausländer?, ZStW 93 (1981), 507; *Bruns,* Neue Wege zur Lösung des strafproz. „V-Mann-Problems“, 1982; *Grünwald,* Der Niedergang des Prinzips der unmittelbaren Zeugenvernehmung, FS Dünnebier, 1982, 347; *Rebmann,* Der Zeuge vom Hörensagen usw., NStZ 1982, 315; *Backes,* Abschied vom Zeugen vom Hörensagen, FS Klug, 1983, 447; *J. Meyer,* Zur prozeßrechtl. Problematik des V-Mannes, ZStW 95 (1983), 834; *Krüger,* Rechtsfragen bei verdeckten Ermittlungen aus verfassungs-

[45] Vgl. *Lehmann,* 1983; *Kühne,* Rn. 966; *Hauf,* MDR 1993, 195; *Bauer,* wistra 1993, 99, der eine „überwiegende Wahrscheinlichkeit“ für das Vorliegen eines Verfahrensverstoßes verlangt.

[46] Dazu im Einzelnen KMR/*Stuckenberg,* § 261 Rn. 89 ff.; Schönke/Schröder/*Eser/Hecker,* § 1 Rn. 58 ff.; LK/*Dannecker,* Anh. § 1.

rechtl. Sicht, JR 1984, 490; *Tiedemann/Sieber,* Die Verwertung des Wissens von V-Leuten im Strafverf., NJW 1984, 753; *J. Meyer,* Zur V-Mann-Problematik aus rechtsvergl. Sicht, FS Jescheck, 1985, 1311; *Krainz,* Über den Zeugen vom Hörensagen, GA 1985, 402; *Geerds,* Über Vorhalt und Urkundenbeweis mit Vernehmungsprotokollen, FS Blau, 1985, 67; *Lüderssen* (Hrsg.), V-Leute – Die Falle im Rechtsstaat, 1985; *Kemmer,* Befangenheit von Schöffen durch Aktenkenntnis?, 1989; *Joachim,* Der Hörensagenbeweis im Strafverf., 1991; *Rose,* Der Auslandszeuge im Beweisrecht des deutschen Strafprozesses, 1993; *Krahl,* Missachtung rechtsstaatl. Verfahrensgrundsätze durch die schriftl. und selbstlesende HV, GA 1998, 329; *Mehle,* Unmittelbarkeitsprinzip und Zeugenschutz, FS Grünwald, 1999, 351; *Roxin,* Steht im Falle des § 252 StPO die Unverwertbarkeit der früheren Aussage zur Disposition des Zeugen?, FS Meyer-Goßner, 2001, 451; *Beulke,* Der Grundsatz der Unmittelbarkeit der HV, FS Gollwitzer, 2004, 1; *Kett-Straub,* Die Glaubwürdigkeit minderjähriger Zeugen, ZStW 117 (2005), 354; *Stüber,* Die Entwicklung des Prinzips der Unmittelbarkeit im dt. Strafverf., 2005; *Diemer,* Zeugenschutz und Unmittelbarkeitsprinzip usw. im Bereich der OrgK, FS Nehm, 2006, 257; *Großkopf,* Beweissurrogate und Unmittelbarkeit der HV, 2007; *Kneule,* Transfer von Beweisen aus dem Ermittlungsverf. in die HV, 2007; *Rogall,* Das Beweisverbot des § 252 StPO, FS Otto, 2007, 973; *Dieckerhoff,* Audiovisuelle Vernehmung kindlicher Opferzeugen pp., 2008; *Frister,* Plädoyer für die Streichung der Vorschriften über die Unmittelbarkeit der Beweisaufnahme, FS Fezer, 2008, 211; *Pauly,* Mündlichkeit d. HV u. Revisionsrecht – Zu den Grenzen d. Rekonstruktionsverbots, FS Hamm, 2008, 557; *Beukelmann/Sacher,* Der Einsatz von Medien im Gerichtssaal, FS Volk, 2009, 33; *Renzikowski,* Das Konfrontationsrecht pp., FS Mehle, 2009, 529; *Weigend,* Unmittelbare Beweisaufnahme – ein Konzept für das Strafverf. des 21. Jahrhunderts?, FS Eisenberg, 2009, 657; *Wollmann,* Mehr Opferschutz ohne Abbau liberaler Strukturen pp., 2009; *Norouzi,* Die audiovisuelle Vernehmung von Auslandszeugen pp., 2010; *Rieß,* Zur Entwicklung der Vorschriften über die Unmittelbarkeit, FS Maiwald, 2010, 661; *Orend,* Die rechtliche Unmöglichkeit im Rahmen des § 251 I Nr. 2 StPO, 2010; *Rose,* Beweisanträge auf Vernehmung von Auslandszeugen, NStZ 2012, 18; *Rolinski,* Der Grundsatz der Unmittelbarkeit: Garant der Wahrheitsfindung?, FS Kühne, 2013, 297; *Krüger,* Zum Akteneinsichtsrecht von Laienrichtern, FS Schünemann, 2014, 915; *Eschelbach,* Richterrecht zu § 252 StPO, FS v. Heintschel-Heinegg, 2015, 147; *Bürger,* Unmittelbarkeitsgrds. u. kontradiktor. Bew.aufnahme, ZStW 128 (2016), 518.

A. Begriff und Bedeutung

I. Der Grundsatz der **Mündlichkeit** besagt, dass nur der mündlich – in der Regel auf deutsch (§ 184 GVG, beachte aber Art. 6 III a EMRK) – vorgetragene und erörterte Prozess-Stoff dem Urteil zugrunde gelegt werden darf. Er findet seinen Ausdruck in §§ 261 und 264; denn wenn diese Vorschriften das Gericht bei der Beweiswürdigung und der Urteilsfindung auf das Ergebnis „der Verhandlung" beschränken, meinen sie damit die mit einigen Einschränkungen mündlich ausgestaltete Hauptverhandlung (vgl. §§ 226, 231, 243, 249, 257, 258). 1

Eine nach dem Gesetzeswortlaut im Ermessen des Gerichts stehende, tiefgreifende Einschränkung hat der durch das VerbrechensbekämpfungsG 1994 eingeführte § 257a für „Anträge und Anregungen zu Verfahrensfragen" gebracht, deren schriftliche Stellung das Gericht aufgeben kann. Das ist schon im Ansatz verfehlt (die schriftliche Abfassung dauert länger als der mündliche Vortrag) und nur bei teleologischer Reduktion auf Fälle vorherigen Missbrauchs mit dem fair trial-Grundsatz zu vereinbaren (*M-G,* § 257a Rn. 2 m.w.N.). 2

II. Der Grundsatz der **Unmittelbarkeit** bedeutet zweierlei: 3

1. Das **Gericht,** das das Urteil fällt, muss **selbst wahrnehmen** (formelle Unmittelbarkeit); es darf grds. die Beweisaufnahme nicht anderen Personen, etwa einem beauftragten oder ersuchten Richter, überlassen (Ausnahme: die kommissarische Beweisaufnahme nach §§ 223–225; vgl. o. § 43 Rn. 10).

2. Das Gericht muss die Tatsachen aus der Quelle selbst schöpfen, d. h., es darf **keine Beweissurrogate** benutzen (materielle Unmittelbarkeit); vgl. allerdings die unter 4

Rn. 6ff. angeführten Einschränkungen und Ausnahmen. Es muss namentlich den Angekl. und die Zeugen persönlich vernehmen. Die Vernehmung von Zeugen „darf" nach § 250 S. 2 prinzipiell „**nicht** durch Verlesung des über eine frühere Vernehmung aufgenommenen Protokolls oder einer schriftlichen Erklärung **ersetzt** werden". Zulässig ist dagegen die Verlesung schriftlicher Äußerungen eines Angekl. oder Zeugen als bloße **Ergänzung** seiner Vernehmung (näher u. Fn. 5).

5 **III.** Die Grundsätze der Mündlichkeit und Unmittelbarkeit stammen aus der Reformgesetzgebung des 19. Jh. (näher 25. Aufl., § 70 Rn. 7f.). Mit ihrer Einführung sollten die schweren Mängel beseitigt werden, die die Trennung von inquirierendem und urteilendem Richter in dem schriftlichen Inquisitionsprozess (Aktenversendung!) mit sich gebracht hatte (eindringl. dazu *Eb. Schmidt* I, Rn. 426–428). Indem das Gericht in eigener Wahrnehmung ein Bild von dem Angeklagten und sämtlichen Beweispersonen und -gegenständen gewinnt, soll es in den Stand gesetzt werden, aus seinem lebendigen, unmittelbaren Eindruck über die Tat, „wie sie sich nach dem Ergebnis der Verhandlung darstellt" (§ 264), zu urteilen. Diesem Ziel dient auch die Pflicht der Verfahrensbeteiligten zu ununterbrochener Anwesenheit (§§ 226, 231) ebenso wie die Konzentrationsmaxime (vgl. § 229; o. § 16 Rn. 5ff.).

B. Auswirkungen

Im Einzelnen wirken sich die Grundsätze der Mündlichkeit und der Unmittelbarkeit folgendermaßen aus:

I. Grundsätzlicher Ausschluss schriftlicher Erklärungen als Urteilsgrundlage

6 1. Der **Inhalt der Akten** ist als Urteilsgrundlage prinzipiell **ausgeschlossen.** Die bloße **Kenntnisnahme** von den Akten ist allerdings den Berufsrichtern gestattet (unumgänglich für den Vorsitzenden bei der Planung und Leitung der Hauptverhandlung), den Laienrichtern wegen der größeren Gefahr unbewusster Beeinflussung dagegen herkömmlicherweise verwehrt.[1] Und das ist auch nach wie vor überzeugend. Dass nur der Anklagesatz, nicht aber das wesentliche Ermittlungsergebnis mitsamt der darin häufig enthaltenen Beweiswürdigung verlesen wird, hat in Verbindung mit dem Recht des Angekl. auf Erstattung seiner Aussage vor der förmlichen Beweisaufnahme (§§ 243 IV 2, 244 I) die wichtige Funktion, dass der Angekl. gegenüber den nicht mit Aktenkenntnis ausgestatteten Gerichtsmitgliedern und damit insb. vor den Schöffen zunächst einmal seine Darstellung des Geschehens im Einzelnen präsentieren kann und diese nicht etwa zuvor durch Verlesung von Aktenteilen negativ voreingenommen werden können. In der neueren Rspr. droht die Wichtigkeit dieser Kautel dadurch in den Hintergrund zu treten, dass nach der „modernen" Auffassung (so BGHSt 43, 365 s. u.) den Schöffen zwecks völliger Gleichstellung mit den Berufsrichtern sogar die ihnen bisher nach st. Rspr. versagte Aktenkenntnis eingeräumt werden soll.[2] Der 3. StS hat des-

[1] RGSt 69, 120, 124; BGHSt 5, 261f.; 13, 73f.; BGH GA 1960, 314; MDR 1973, 19; 1987, 389. Gänzlich unzulässig war insb. die über eine bloße Erläuterung des Anklagesatzes hinausgehende Mitteilung von Beweisergebnissen des Vorverfahrens (vgl. RGSt 32, 318). Allerdings hatte der BGH in einem Fall, in dem der verlesene Anklagesatz unzulässige Beweiswürdigungen enthielt, das Beruhen des Urteils auf diesem Rechtsfehler ausgeschlossen (NStZ 1987, 181 m. Anm. *Rieß,* JR 1987, 389).

[2] *Dehn,* NStZ 1997, 607f.; *Schreiber,* FS Welzel, 1974, 941, 953; *Volk,* FS Dünnebier, 1982, 373, 382f.; weitere Nachweise bei BGHSt 43, 39. Dagegen zutr. krit. wie hier *Börner,* ZStW 122 (2010), 157ff.; w. N. o. § 6 Rn. 17.

halb die Überlassung von Tonbandabschriften, die mit erläuternden Zusätzen verbunden waren, an die Schöffen als „Begleittext" für mit den Grundsätzen der Mündlichkeit, Unmittelbarkeit und des § 261 ebenso vereinbar erklärt[3] wie die Verlesung eines früheren gerichtlichen Beschlusses, in dem eine umfangreiche Bewertung der Ermittlungsergebnisse enthalten war, direkt nach Verlesung des Anklagesatzes und vor Erstattung der Aussage des Angeklagten (BGHSt 43, 360). Diese Judikatur verkennt jedoch ebenso wie die angeblich „moderne" Auffassung, dass der prägende Einfluss der Ermittlungsakten auf die Hauptverhandlung schon heute die Wahrheitsfindung erheblich beeinträchtigt (o. § 1 Rn. 16) und deshalb nicht auch noch auf die Schöffen ausgedehnt werden darf. Wenn sie „an einer Vielzahl von Entscheidungen in der Hauptverhandlung mitzuwirken haben, die Aktenkenntnis voraussetzen, wie [...] über die Berechtigung einer Auskunftsverweigerung nach § 55 StPO" (BGHSt 43, 40, 365), sollte man besser die umgekehrte Folgerung ziehen, dass dann eben die hierfür relevanten Tatsachen in der Hauptverhandlung selbst geklärt werden müssen.

Bei formaler Betrachtung liegt auch dann eine Ausnahme von den Grundsätzen der Mündlichkeit und Unmittelbarkeit vor, wenn nach § 249 II von der Verlesung eines Schriftstücks abgesehen wird (hierzu näher o. § 28 Rn. 7). Aber weil die Richter und Schöffen in diesem Fall vom Wortlaut Kenntnis genommen haben müssen, wird der Zweck der Mündlichkeit (bestmögliche Kenntniserlangung) sogar noch besser als durch das weniger leicht verständliche Vorlesen erfüllt, so dass hier materiell lediglich eine Einschränkung der Öffentlichkeit vorliegt. 7

2. **Personen,** die als Beweismittel dienen, müssen **selbst vernommen** werden (§ 250), 8
wobei das Gesetz hiermit nach h. M. (u. Rn. 13) nur die Vernehmung unter den Augen des erkennenden Gerichts meint. Zwar könnte man aus dem Wortlaut von § 250 S. 2, der an das Vernehmungsgebot direkt ein Verlesungsverbot anschließt, per arg. e contrario schließen, dass auch eine audiovisuelle Vernehmungsübertragung gem. § 247a als eine „Vernehmung in der Hauptverhandlung" zu qualifizieren wäre. Dagegen spricht aber die Gesetzessystematik des § 247a S. 1 Halbs. 2, der die Anordnung einer audiovisuellen Zeugenvernehmung „unter den Voraussetzungen des § 251 Abs. 2" für zulässig erklärt und also das in Nr. 1 und Nr. 2 fehlende „Erscheinen in der Hauptverhandlung" als Präsenz im Sitzungssaal unter den Augen des Gerichts versteht.[4]

Nur in einigen **Ausnahmefällen** ist die Ersetzung[5] durch eine audiovisuelle Verneh- 9
mung oder Verlesung (Mündlichkeit!) von **Protokollen** über ihre Vernehmung und anderen **schriftlichen Äußerungen** zulässig; dabei muss der Grund der Verlesung bekanntgegeben werden, § 251 IV 2 (zu den Anforderungen an die Begründung BGH NStZ 1993, 144). Hierbei unterscheidet das Gesetz zwischen den gem. § 251 II in weiterem Umfang verlesbaren **richterlichen** Vernehmungsprotokollen und den gem. Abs. 1 nur unter engeren Voraussetzungen verlesbaren sonstigen Verkörperungen einer von der Beweisperson stammenden Erklärung, also einer **polizeil. oder staatsanwaltschaftl. Vernehmungsniederschrift** oder einer eigenen **schriftlichen Erklä-**

[3] BGHSt 43, 36 m. Anm. *Katholnigg,* NStZ 1997, 506, u. *Lunnebach,* StV 1997, 452.

[4] BGHSt 46, 73, 75 ff.; KK/*Diemer,* § 251 Rn. 25.

[5] Dagegen ist eine *Ergänzung* der durchgeführten Vernehmung durch Protokollverlesung grds. ebenso zulässig (BGHSt 1, 4, 5; 20, 160; weitere Nachweise bei KK/*Diemer,* § 250 Rn. 2; nach BGH StV 1987, 140 auch für den Fall einer einzelne Fragen betreffenden Berufung des Zeugen auf § 55; näher *Wömpner,* 1983) wie die ergänzende Vorführung einer Videoaufzeichnung (BGHSt 48, 268; 49, 68).

rung. Dabei werden von der Rechtsprechung ausländische Vernehmungsprotokolle den inländischen gleichgestellt, gleichgültig, ob sie im Wege der Rechtshilfe oder im Rahmen eines eigenständigen ausländischen Strafverfahrens zustande gekommen sind (BGH NJW 1994, 3364; MüKoStPO/*Kreicker*, § 251 Rn. 28; zw.). Zur Wahrheitsfindung gänzlich unbrauchbar sind jedenfalls bloße (im Fall *Motassadeq* allein verfügbare) „Zusammenfassungen" durch der Folter dringend verdächtige ausländische Behörden (s. o. § 24 Rn. 67, § 25 Rn. 23).

10 a) Eine Verlesung ist zunächst für alle Kategorien unbeschränkt zulässig, wenn die Verfahrensbeteiligten **zustimmen.** Hier geht es also um die einverständliche Abkürzung der Hauptverhandlung, namentlich bei nebensächlichen oder bereits eindeutig geklärten Punkten. Dabei besteht allerdings zwischen den „qualifizierten" Urkunden nach Abs. 2 und den „einfachen" nach Abs. 1 insoweit ein Unterschied, als in Abs. 1 Nr. 1 ein Verteidiger anwesend sein und zustimmen muss, während die Zustimmung des Verteidigers gem. Abs. 2 Nr. 3 nur für den Fall erforderlich ist, dass ein solcher überhaupt mitwirkt.

11 b) Außerordentlich komplizierte Fragen entstehen, wenn eine Vernehmung des Zeugen (als pars pro toto für die in § 251 erfassten Beweispersonen) im Gerichtssaal nicht durchgeführt werden kann, was in ganz unterschiedlichen Konstellationen der Fall sein kann: Der Zeuge kann verstorben sein und deshalb oder aus anderen zwingenden tatsächlichen Gründen überhaupt oder auf unabsehbare Zeit nicht mehr vernommen werden; das Gericht könnte ihn audiovisuell an seinem Aufenthaltsort, aber nicht im Sitzungssaal vernehmen; die Vernehmung des Zeugen könnte mangels Aussagegenehmigung gem. § 54 unzulässig sein oder wegen eines Zeugnis- oder Auskunftsverweigerungsrechts erfolglos bleiben; und der Zeuge könnte schließlich verfügbar, ein Erscheinen ihm aber unter Berücksichtigung der (geringen) Bedeutung seiner Aussage nicht zuzumuten sein. Wenn man diese verschiedenen Kategorien in der Perspektive der unterschiedlichen Verlesbarkeitsstufen von § 251 I und II ordnet, so ergibt sich folgendes:

12 aa) Wenn der Zeuge überhaupt nicht (also auch nicht audiovisuell) vernommen werden kann, so sind gem. § 251 I Nr. 2 sogar alle einfachen Urkunden verlesbar, schlicht nach dem überzeugenden Grundsatz: Wenn es kein besseres Beweismittel mehr gibt, muss das Gericht eben mit den verfügbaren Beweismitteln weiterzukommen versuchen. Eine Ausnahme gilt bei der nachträglichen Ausübung eines Zeugnisverweigerungsrechts, weil der Zeuge hier bis zuletzt die freie Entscheidung über seine Aussage behalten soll (so ausdrücklich § 252 und dazu näher u. Rn. 29ff.). Eigenartigerweise hat der BGH dieses Prinzip auch auf das Vernehmungsprotokoll eines Zeugen angewendet, der sich in der HV auf ein (ausnahmsweise vorhandenes, s. o. § 26 Rn. 33) umfassendes Recht zur Auskunftsverweigerung gem. § 55 beruft (BGHSt 51, 325ff.). Zur Begründung wird im Schrifttum die Unterscheidung zwischen tatsächlichen („verlesbar") und rechtlichen Hindernissen („nicht verlesbar") angeführt (*M-G*, § 251 Rn. 9, 11). Aber diese Unterscheidung ist in § 251 nicht angelegt und macht auch keinen Sinn. Nicht überzeugend ist auch das Argument des BGH, wenn man § 251 I Nr. 2 auch auf Fälle der vollständigen Auskunftsverweigerung anwende, ergebe sich ein Widerspruch zu Abs. 2 Nr. 1, der wegen des Erscheinens des Zeugen im Gerichtssaal nicht anwendbar sei – was zu der widersinnigen Konsequenz führe, die weniger zuverlässigen nichtrichterlichen Protokolle von Abs. 1 eher als die richterlichen nach Abs. 2 verlesen zu lassen (BGHSt 51, 332). Denn weil nach Abs. 1 Nr. 3 einfache Urkunden ja auch dann verlesbar sind, wenn sie das Vorliegen oder die Höhe eines Vermögensschadens betreffen, diese Fallgruppe in Abs. 2 aber nicht erwähnt wird, muss das vom BGH missverstandene Verhältnis von Abs. 1 zu Abs. 2 zwingend dahin bestimmt werden, dass alle nach Abs. 1 verlesbaren Urkunden dies im Falle des Abs. 2 erst recht sind. Gänzlich fehl geht schließlich der Hinweis in BGHSt 51, 332f., das Gericht müsse eben statt der Verlesung eine Vernehmung des Adressaten der vom Zeugen stammenden schriftlichen Erklärung durchführen, um deren Inhalt festzustellen, was den Zeugen mit einem Vorlesegehilfen verwechselt.

bb) Noch umstrittener ist das Verhältnis einer **Verlesung** gem. § 251 zur (ggf. möglichen) **audiovisuellen** Vernehmung nach § 247a I 1 Halbs. 2. Klar dürfte zunächst sein, dass eine Protokollverlesung nach § 251 Abs. 1 bei Möglichkeit einer audiovisuellen Vernehmung nicht zulässig ist, denn der Zeuge kann in diesem Fall eben doch „gerichtlich vernommen werden", so dass § 251 I Nr. 2 nicht anwendbar ist. Schwieriger verhält es sich bei den richterlichen Protokollen von Abs. 2, weil deren Verlesbarkeit bereits bei Unmöglichkeit des „Erscheinens des Zeugen" gestattet ist und hierunter nach der Rspr. des BGH, der die Praktikerkommentare folgen, nur die Anwesenheit im Gerichtssaal unter den Augen des Gerichts zu verstehen sein soll.[6] Die Unerreichbarkeit soll sich hierbei dadurch ergeben, dass das Gericht nach seinem Ermessen die Vernehmung eines Auslandszeugen als nicht erforderlich angesehen und deshalb gem. § 244 V 2 abgelehnt hat (*M-G,* § 251 Rn. 21; ähnlich KK/*Diemer,* § 247a Rn. 10). Aber dieser Versuch, die Brücke zu einer Verlesung nach § 251 II zu schlagen, deckt einen immanenten Widerspruch im systematischen Verhältnis zwischen den Ablehnungsgründen von § 244 III 2 und V II, der ausdrücklichen Regelung in § 247a und den Verlesungsmöglichkeiten in § 251 II auf: Wenn ein Auslandszeuge einer audiovisuellen Vernehmung unterzogen werden kann, ist er kein unerreichbarer Zeuge im Sinne von § 244 III 2 (BGHSt 45, 188ff.). Falls der Zeuge zu einem erheblichen Beweisthema benannt ist, kommt eine Ablehnung seiner Vernehmung gem. § 244 V 2 deshalb nur in Betracht, wenn das Gericht für die Wahrheitsfindung schon die Verlesung eines in den Akten vorliegenden, qualifizierten Vernehmungsprotokolls für ausreichend hält. In diesem Fall wären dann aber sowohl die Voraussetzungen von § 251 II als auch von § 247a S. 1 Halbs. 2 erfüllt, so dass die zunächst vom Gericht abgelehnte audiovisuelle Vernehmung, wie in der Fabel vom Hasen und Igel, wieder erneut als vom Gesetz genannte Alternative zur Entscheidung stünde (ausdrücklich i. S. einer „Gleichordnung" von Verlesung und audiovisueller Vernehmung BGHSt 46, 73, 78). Diese Paradoxie löst man am besten mit der im neueren Schrifttum zunehmenden Auffassung[7] eines faktischen **Vorrangs der audiovisuellen Vernehmung** auf, weil die hierbei mögliche Stellung von Fragen so gut wie immer bessere Aufklärungsmöglichkeiten bietet als die bloße Protokollverlesung, die überdies ja ergänzend erfolgen kann. In der Regel wird deshalb die Aufklärungspflicht die Durchführung der audiovisuellen Vernehmung gebieten, so dass der Tatrichter, wenn er sich im Ausnahmefall mit einer Protokollverlesung begnügen will, dies in einer für den Antragsteller und das Revisionsgericht nachvollziehbaren Weise im Urteil begründen muss (and., aber nicht überzeugend BGHSt 46, 73, 78f.; weitere Nachweise bei *M-G,* § 247a Rn. 4). Die audiovisuelle Vernehmung bietet auch deshalb viele Vorteile, weil die Rspr. sie nunmehr auch in *„verfremdeter"* Form, d. h. in optischer und/oder akustischer Unkenntlichmachung eines gefährdeten Zeugen (einschl. verdeckter Ermittler) zulässt.[8] 13

c) Voraussetzung einer Protokollverlesung ist immer, dass ein derart Vernommener bei seiner früheren Vernehmung prozessordnungsgemäß über sein Zeugnis- oder Aussageverweigerungsrecht belehrt worden ist (vgl. BGHSt 10, 186, 190) und dass bei ermittlungsrichterlichen Vernehmungen die Mitwirkungsrechte der Beteiligten gewahrt wurden (BGHSt 26, 332; BGHSt 29, 1). Fehlt es daran, scheidet eine Verwertung seiner Aussagen nach § 251 StPO aus (für einen Sonderfall vgl. BGHSt 27, 139 m. Anm. *Hanack,* JR 1977, 433). 14

Nach der Rspr. kann allerdings u. U. das als solches nicht verlesbare richterliche Protokoll als eine einfache Urkunde nach § 251 I verlesen und verwertet werden, sofern sich der Tatrichter des minderen Beweiswerts eines solchen Beweismittels ausweislich der Urteilsgründe bewusst sei und den Angeklagten auf diese Umbewertung der Rechtsgrundlage hingewiesen habe (BGH StV 1993, 232; StV 1997, 512). Darin liegt aber eine inakzeptable Aushöhlung der Beteiligungsrechte und eine die EMRK verletzende Umgehung des Konfrontationsrechts von Art. 6 III d EMRK. 15

---

6 BGHSt 46, 73, 75ff.; zust. KK/*Diemer,* § 247a Rn. 12f.; *M-G,* § 247a Rn. 6.

7 *Gleß,* JR 2002, 97f.; *Schlothauer* u. *Weider/Staechelin,* StV 1999, 47ff., 51ff.; *Sinn,* JZ 2001, 49ff.; *Rose,* Auslandszeuge, 312.

8 BGH NJW 2003, 74; StV 2004, 241; 2005, 43; 2006, 248; *M-G/S,* § 68 Rn. 17 m. w. N.; die strenge Entscheidung BGHSt (GrS) 32, 115 ist durch die Einführung der §§ 68 III, 247a obsolet, s. *Diemer,* NStZ 2001, 393ff.

16 d) Zu beachten ist, dass die Verlesung nur dann statthaft ist, wenn die Abwesenheit des Zeugen, Sachverständigen oder Mitbeschuldigten tatsächlich **unvermeidbar** ist. § 251 I Nr. 2 darf nicht zu großzügig ausgelegt werden. Danach kann zwar eine Unmöglichkeit des Erscheinens angenommen werden, wenn dem Zeugen oder seiner Familie bei wahrheitsgemäßer Aussage Gefahr für Leib und Leben droht. Jedoch muss sorgfältig überprüft werden, ob die entspr. Behauptung des Zeugen zutrifft (BGH NStZ 1993, 350). Dasselbe gilt für § 251 II Nr. 2; in wichtigeren Sachen ist auch das Erscheinen eines Zeugen aus den USA oder aus Indien zumutbar (BGH NStZ 1981, 271; StV 1989, 468). Ist die Aussage des Zeugen das einzige Beweismittel zur Überführung des Angeklagten, darf seine persönliche Vernehmung grds. nicht durch Verlesung einer Vernehmungsniederschrift ersetzt werden (OLG *Düsseldorf* NJW 1991, 2781).

17 e) Das Protokoll der Vernehmung eines V-Mannes darf gem. § 251 verlesen werden, wenn eine ministerielle Sperrerklärung vorliegt, die weder willkürlich noch offensichtlich rechtsfehlerhaft und deshalb von der Strafjustiz zu beachten ist.[9] In der Praxis wird allerdings zumeist der vernehmende Beamte als Zeuge vom Hörensagen vernommen (dazu näher u. Rn. 33f., auch zur „Beweiswürdigungslösung" der Rspr.) oder eine verfremdete Videovernehmung durchgeführt (o. Rn. 13).

18 3. Schriftliche **Erklärungen,** die der **Angeklagte** im Verfahren abgibt, dürfen verlesen werden, wenn er später Angaben verweigert. Denn das Gesetz lässt den Urkundenbeweis zu, wo es ihn nicht ausdrücklich untersagt (BGHSt 39, 305); dass diesbezügl. kein Beweisantrag gestellt werden könne, macht entgegen BGHSt 52, 175; BGH StV 2013, 373 keinerlei Sinn (krit. auch *Mehle,* DAV-FS, 2009, 655). Gibt dagegen der Verteidiger in einem Schriftsatz Äußerungen wieder, die der Angekl. ihm gegenüber gemacht hat, so ist deren Verlesung unzulässig; vielmehr muss der Verteidiger gem. § 250 als Zeuge vernommen werden (BGH a. a. O.). Etwas anderes gilt, wenn der Angekl. schriftlich erklärt, dass sein Verteidiger diese Äußerung in seinem Namen und entsprechend seiner Vorgabe abgegeben habe. Nicht nachvollziehbar ist, dass hierin eine mündliche Äußerung des Angekl. liegen soll, für deren Inhalt allein die darüber in den Urteilsgründen zu findenden Ausführungen maßgeblich seien (BGH StV 2009, 454). Der Angeklagte muss das Recht haben, seine Einlassung in einer eindeutig dokumentierten, gegen mögliche Missdeutungen aufgrund des inertia-Effekts (o. § 1 Rn. 16) gefeiten Weise abzugeben. Die Verweigerung seitens des BGH bedeutet nicht etwa die Verteidigung des (durch Verlesung ja gewahrten) Mündlichkeitsprinzip, sondern die Petrifizierung der rechtsstaatlichen Achillesferse der deutschen Hauptverhandlung (o. § 44 Rn. 78).

19 4. Bei **Anwesenheit** von Zeugen oder Sachverständigen ist die **Protokollverlesung** zur Gedächtnisunterstützung und zur Feststellung oder Behebung von Widersprüchen allgemein zulässig (§ 253). Zur Beweisaufnahme über ein **Geständnis des Angeklagten** (zum Begriff vgl. BGH MDR/H 1977, 984) und zur Feststellung oder Behebung von **Widersprüchen** zwischen seiner neuen und einer früheren Aussage dürfen dagegen (ausschließlich) richterliche Protokolle über seine früheren Angaben verlesen werden (§ 254; vgl. BGH NStZ 1995, 47). Auch Protokolle ausländischer Richter fallen unter § 254, wenn sie einer deutschen Vernehmungsniederschrift vergleichbar sind (BGH NStZ 1994, 595 m. Anm. *Wohlers* sowie *Britz,* NStZ 1995, 45 und 607). Die Verlesbarkeit nach § 254 gilt aber entgegen BGHSt 22, 372ff. nicht für Geständnisse

[9] Näher o. § 45 Rn. 25.

eines Mitangeklagten; dieser muss persönlich vernommen werden, damit ihm Fragen und Einwendungen entgegengehalten werden können.

Die Bedeutung der §§ 253, 254 ist umstritten. In Übereinstimmung mit der Rechtsprechung ist anzuerkennen, daß es sich hier um Fälle des *Urkundenbeweises* handelt, die das Unmittelbarkeitsprinzip durchbrechen.[10] Natürlich wird durch eine nach diesen Bestimmungen zulässige Verlesung nicht die Wahrheit des Verlesenen bewiesen; es wird nur die frühere Aussage des Zeugen (so dass § 253 nicht etwa bei der Vernehmung der Verhörsperson anwendbar ist, BGH StV 2013, 545) in den Prozess eingeführt und zum Gegenstand der freien Beweiswürdigung gemacht. 20

5. Die Verlesungsvorschriften der §§ 251–253, 255 finden **entsprechende** Anwendung auf die Vorführung einer auf Video aufgezeichneten Zeugenaussage; bei Sexual- und Tötungsdelikten sowie bei Kindsmisshandlung kann die Vernehmung jugendlicher Zeugen in der Hauptverhandlung unter bestimmten Voraussetzungen durch die Verwertung einer solchen **Videovorführung** sogar ersetzt werden (vgl. § 255 a). 21

a) Hierbei ergibt sich die Regelung des § 255 a I schlicht aus der Gleichstellung der gem. § 58 a hergestellten Videoaufnahme von der Zeugenvernehmung mit einem schriftlichen Vernehmungsprotokoll, die unter dem Aspekt der Wahrheitsfindung schon deshalb keinen Bedenken begegnet, weil die Videoaufzeichnung das weitaus zuverlässigere Beweismittel darstellt (näher o. § 44 Rn. 53 a; so auch BGHSt 49, 72, 78). Wegen dieser Gleichstellung verbietet sich die Vorführung einer Videoaufnahme gem. § 255 a I in dem gleichen Umfange wie eine Protokollverlesung, insb. also auch dann, wenn der Zeuge zur Verweigerung des Zeugnisses berechtigt war, hiervon aber erst in der Hauptverhandlung Gebrauch macht (BGHSt 49, 72 ff u. dazu näher u. Rn. 29 ff.). 22

b) Einen weitaus tieferen Eingriff in das Unmittelbarkeitsprinzip enthält die Regelung von § 255 a II, die für die darin i. E. aufgeführten Straftaten ganz allgemein die *Ersetzung* der Zeugenvernehmung durch die Vorführung der Videoaufzeichnung einer früheren richterlichen Vernehmung (regelmäßig durch den Ermittlungsrichter im Vorverfahren) zulässt. Das ist aber gem. § 255 a II 1 a. E. nur zulässig, wenn sowohl der Angekl. als auch sein Verteidiger Gelegenheit hatten, an der Vernehmung mitzuwirken, so dass eine nach Ausschluss des Beschuldigten entspr. § 168 e erfolgte Zeugenvernehmung nicht vorgeführt werden darf (BGHSt 49, 72, 80 ff.). Der Gesetzgeber hat hier die Garantie des Konfrontationsrechts nach Art. 6 III d EMRK über den Zeugenschutz vor sekundärer Viktimisierung gestellt. Allerdings soll die Vorführbarkeit nur von der schlichten Mitwirkungs*möglichkeit* abhängen, gleichgültig, ob die Verteidigung zuvor Akteneinsicht erhalten hatte (BGHSt 48, 268 ff.). Das ist zwar mit dem Wortlaut der Vorschriften zu vereinbaren, höhlt aber das Konfrontationsrecht der Sache nach aus und wird durch den Appell in BGHSt 48, 272, es sei sinnvoll, dem Verteidiger die bis dahin angefallenen Ermittlungsergebnisse offenzulegen, ebenso wie durch die bloße Möglichkeit einer ergänzenden Vernehmung des Zeugen (§ 255 a II 2) nicht ausreichend kompensiert.[11] Nach einem obiter dictum von BGHSt 49, 72, 82 ff. soll allerdings die Vorschrift des § 252 im Rahmen von § 255 a II (anders als bei Abs. 1) nicht anwendbar sein, weil es sich um einen vorverlagerten Teil der HV handele und der Zeuge deshalb die Aufzeichnung seiner Aussage anders als bei einer im Ermittlungsverfahren erstatteten nicht mehr unverwertbar machen könne. Diese formal mögliche Unterscheidung ist jedoch im Hinblick auf den vorrangigen Zeugenschutz nicht überzeugend (ebenso *Degener,* StV 2006, 509 ff.; KK/*Diemer,* § 255 a Rn. 9 a). 23

6. Während die §§ 250–255 a sachlich begründete und insgesamt maßvolle Ausnahmen vom Unmittelbarkeitsgrundsatz enthalten, hat die RStPO von Anfang an dane- 24

[10] BGHSt 1, 337; 3, 199, 201; 3, 281, 283; 11, 338, 341; 14, 310, 313; 20, 160, 162; and. *Eb. Schmidt* II, § 253 Rn. 5 ff., § 254 Rn. 10; *Krause,* 1966, 188 ff.

[11] Näher dazu und zu den Möglichkeiten eines Beweisantrages auf erneute Vernehmung *Schünemann,* StV 1998, 400; BGH StV 1995, 566; *M-G,* § 255 a Rn. 10; zur Kritik an BGHSt 48, 268 s. *Schlothauer,* StV 2003, 650; *Vogel/Norouzi,* JR 2004, 212; SK/*Velten,* § 255 a Rn. 24; *Eisenberg/Zötsch,* NJW 2003, 3677; *Mehle,* FS Grünwald, 1999, 365; ferner *Schlothauer,* StV 1999, 49; *Rieß,* StraFo 1999, 4; *Walther,* JZ 2004, 1110; *Beulke,* Gollwitzer-Kolloquium, 2004, 16 u. oben § 26 Rn. 52.

ben eine von obrigkeitlichem Denken bestimmte Generalausnahme für die **Erklärungen öffentlicher Behörden** (und ärztlicher Atteste zu leichten Körperverletzungen) enthalten, deren Verlesung allgemein gestattet wurde. In der Novellengesetzgebung ist diese Ausnahme zunächst auf die Gutachten allgemein vereidigter (privater) Sachverständiger und weitere ärztliche und technische Berichte und Gutachten erweitert worden (§ 256 I Nr. 1–4 lesen!). Anstellungsurkunden, Steuerbescheide, Strafregisterauszüge, Prüfungszeugnisse, Fahrtenschreiberauswertungen, Blutgruppen- und Blutalkoholbestimmungen können demnach durch Verlesung an Stelle einer Zeugen- oder Sachverständigenvernehmung in die Hauptverhandlung eingeführt werden, wenn nicht ausnahmsweise die gerichtliche Aufklärungspflicht eine Vernehmung gebietet (BGH NStZ 1993, 397; zur u. U. durch § 244 II beschränkten Verlesbarkeit ärztlicher Atteste über Körperverletzungen bei der Verfolgung anderer, schwererer Straftaten s. BGHSt 4, 155; BGH NJW 1980, 651; StV 1982, 59; StV 1986, 94; NStZ 1997, 199; StV 2010, 289; BGHSt 57, 24). Neuestens ist diese ohnehin schon weitreichende Durchbrechung des Unmittelbarkeitsprinzips durch das 1. JuMoG dadurch um einen „Quantensprung" erweitert worden, dass gem. § 256 I Nr. 5 nunmehr auch Protokolle und schriftliche Erklärungen der Strafverfolgungsbehörden über Ermittlungshandlungen (mit Ausnahme von Vernehmungen[12]) verlesen werden dürfen. Während das Reichsgericht derartige „Wahrnehmungen einer der bei dem Verfahren beteiligten Parteien" in einer seiner frühesten Entscheidungen für unverlesbar erklärt hatte (RGSt 2, 301), hat der Gesetzgeber des 1. JuMoG weder das Konfrontationsrecht des Angeklagten aus Art. 6 III d EMRK respektiert noch die Gefahr der suggestiven Beeinflussung der Schöffen durch die Verlesung der Ermittlungsberichte der Strafverfolgungsbehörden berücksichtigt. Die Regelung ist deshalb mit Recht auf scharfe Kritik gestoßen[13] und dürfte mit der für Deutschland völkerrechtlich verbindlichen Gewährleistung des Konfrontationsrechts in Art. 6 III d EMRK nur zu vereinbaren sein, wenn ein Beweisantrag des Angekl. auf Vernehmung des Berichtsverfassers zum Nachweis der Unrichtigkeit oder Unvollständigkeit des Berichts nicht wie ein Antrag auf wiederholte Vernehmung behandelt, sondern ihm ohne Weiteres stattgegeben werden muss.

25 7. Über die in den §§ 251–254 geregelten Fälle hinaus hält die Rspr. zudem **Protokollverlesungen** für beliebig zulässig, wenn sie nur zum Zwecke des **Vorhaltes** erfolgen (näher *Fezer,* 13/43–46; krit. *Eisenberg,* BewR, Rn. 871 ff.; *Erb,* FS v. Heintschel-Heienegg, 2015, 135). Urteilsgrundlage werde dann „nicht der Inhalt der vorgehaltenen Urkunde, sondern allein die durch den Vorhalt herbeigeführte Erklärung des Befragten" (so z. B. BGHSt 3, 281; BGHSt 5, 278; BGHSt 11, 151; BGHSt 14, 312; BGHSt 21, 286). V. a. den Laienrichtern wird es aber kaum möglich sein, Protokollverlesungen zu Beweis- und solche zu Vorhaltzwecken in ihrer Bedeutung auseinanderzuhalten; daher lässt sich auch die Möglichkeit nicht ausschließen, dass zu Vorhaltzwecken verlesene Protokollinhalte die Überzeugungsbildung der Laienrichter in unzulässiger Weise beeinflussen. Wörtliche Protokollverlesungen sind deshalb überhaupt nur gestattet, soweit §§ 251 ff. sie zulassen.[14] Will der Richter weitergehende

[12] Was weit auszulegen ist und auch Aktennotizen eines Polizeibeamten etwa im Rahmen einer informatorischen Befragung von der Verlesbarkeit ausnimmt, KK/*Diemer,* § 256 Rn. 9 a.

[13] *Neuhaus,* StV 2005, 52; *Sommer,* StraFo 2004, 298; *Kerner/Trüg,* FS Weber, 2004, 472; *M-G,* § 256 Rn. 1.

[14] Vgl. *Niese,* JZ 1953, 518; *Eb. Schmidt* I, Rn. 442 mit Fn. 230; *Krause,* 1966, 190 ff., die freilich abw. von der hier vertretenen Auffassung in den Fällen der §§ 253, 254 Verlesungen zu Vorhaltzwecken von solchen zu Beweiszwecken unterscheiden wollen; dazu o. Rn. 20.

Vorhalte machen, um die Glaubwürdigkeit des Angekl. oder von Zeugen zu prüfen, so darf er sich nicht der Verlesung bedienen, sondern muss formlose Mitteilungen aus dem ihm ja bekannten Aktenmaterial entgegenhalten.[15]

Außerdem kann die Person, die das frühere Verhör geführt hat, als Zeuge vernommen werden (a. M. *Grünwald,* JZ 1968, 754; *Kuckuck,* 1977, 196ff.). Das gilt auch dann, wenn über das Gespräch mit dem Beschuld., der freilich nach § 136 belehrt worden sein muss, entgegen der analog anzuwendenden Vorschrift des § 168b II kein Protokoll angefertigt worden ist (BGH NStZ 1995, 353). Dann ist sichergestellt, dass nicht der Inhalt des Vorhalts, sondern nur die daraufhin vom Zeugen oder Angekl. abgegebene Erklärung Gegenstand der Beweiswürdigung wird. Wenn der als Zeuge vernommene Polizist in einem solchen Fall aussagt, dass er sich an den ihm vorgehaltenen Vorfall zwar nicht mehr erinnere, dass er aber alle Strafanzeigen nur der Wahrheit gemäß zu erstatten pflege, so ist der Tatrichter nach Auffassung des BGH nicht gehindert, seine Überzeugung von der Schuld des Angekl. in freier Beweiswürdigung auf die schriftliche Anzeige und die „Blankoversicherung" des Polizisten zu gründen (BGHSt 23, 213; BGH NJW 1970, 1558; einschr. OLG *Köln* NStZ 1981, 76), während bei der Vernehmung eines Vernehmungsbeamten über den Inhalt der früheren Zeugenaussage etwas anderes gilt: Der Protokollinhalt darf in diesem Fall nicht verwertet werden, wenn die Verhörsperson sich trotz des Vorhalts nicht an die Einzelheiten der Vernehmung erinnert, sondern nur erklärt, sie habe richtig protokolliert (BGH NJW 1952, 556; BGHSt 14, 310, 312; BGH StV 1994, 413; StV 2010, 613). Der Unterschied liegt darin, dass die Anzeige gem. § 256 I Nr. 5 durch Verlesung in die Hauptverhandlung eingeführt werden kann, nicht aber ein nach den §§ 250ff. unverlesbares Vernehmungsprotokoll. 26

II. Ausschluss sonstiger Erkenntnisquellen außerhalb der Hauptverhandlung

1. **Privates Wissen** von der Tat kann der **Richter** nur durch seine Vernehmung als Zeuge in den Prozess einführen (mit der Folge, daß er fortan als Richter ausgeschlossen ist, § 22 Nr. 5; vgl. o. § 26 Rn. 6), er darf es aber nicht einfach bei der Urteilsfindung verwerten. Auch Beweisergebnisse aus einer anderen Hauptverhandlung dürfen nicht ohne Weiteres verwertet werden (BGH NJW 1984, 2172 m. Anm. *Gollwitzer,* JR 1985, 126; StV 1984, 186). Ebenso dürfen Erkenntnisse, die das Gericht aus der Beobachtung von Zuhörern im Gerichtssaal gewonnen hat, bei der Urteilsfindung nicht stillschweigend verwendet werden; sie müssen in die HV eingeführt und dort erörtert werden (BGH NStZ 1995, 609). Zum Problem dienstlicher Wahrnehmungen des Richters außerhalb der Hauptverhandlung näher o. § 45 Rn. 17. 27

2. Ebenso wenig darf sich das Gericht noch **während der Beratungen** neue Erkenntnisse verschaffen, etwa, indem es einen Sachverständigen um Erläuterung seines Gutachtens bittet (RGSt 17, 287), sich von einem beauftragten Richter über persönliche Eindrücke während einer Zeugenvernehmung unterrichten lässt (BGH NStZ 1983, 182) oder telefonisch einige ergänzende Auskünfte von einem Zeugen einholt (RGSt 71, 326). Selbst die Verlegung der Beratungen an den Tatort, die nur den Eindruck einer früheren Augenscheinseinnahme lebendig erhalten soll, ist unzulässig (RGSt 66, 28); erst recht darf der Richter nicht das Ergebnis privater Tatortbesichtigung in das Urteil einbringen (OLG *Celle* StV 1983, 192). 28

III. Verlesungsverbot nach Zeugnisverweigerung

1. Nicht abschließend geklärt ist die Frage, welche Bedeutung der Vorschrift des § 252 zukommt, derzufolge die Aussage eines im Vorverfahren vernommenen Zeugen, der erst in der Hauptverhandlung von seinem **Zeugnisverweigerungsrecht** Gebrauch macht, **nicht verlesen** werden darf. Das RG hat sie unter Missachtung des kla- 29

[15] A. A. *Hanack,* 1977, 83; *Kuckuck,* 1977, 224ff., 241ff., der auch im formlosen Vorhalt einen faktischen Urkundenbeweis sieht. Zur Unzulässigkeit des Vorhalts bei längeren und komplexen Urkunden BGH StV 2012, 584, 706.

ren Willens des Gesetzgebers[16] als bloßes Verlesungsverbot gedeutet und deshalb die Vernehmung der früheren Verhörsperson über den Inhalt der Aussage unbeschränkt zugelassen. Die Rspr. entnimmt seit BGHSt 2, 99 (dazu *Fezer,* 15/44–55) dem § 252 zwar, wie es auch dem Zweck der Vorschrift allein entspricht, ein grds. Verwertungsverbot (zur Reichweite näher unten Rn. 30), lässt dieses jedoch nur für die Vernehmung nichtrichterlicher Verhörspersonen (StA, Polizeibeamter) sowie für Sachverständige (BGHSt 18, 107; BGH StV 1987, 328) gelten; dagegen soll die Vernehmung des Richters (auch des Zivil- bzw. Laienrichters, nicht aber des Urkundsbeamten oder eines Referendars) über die früher vor ihm gemachte Aussage zulässig sein, wenn der Zeuge seinerzeit über sein Zeugnisverweigerungsrecht belehrt worden war (st. Rspr.; vgl. BGHSt 7, 195; BGHSt 11, 338; BGHSt 13, 394; BGHSt 17, 324; BGHSt 18, 146). Dass diese Belehrung durch den Hinweis auf die in der späteren Hauptverhandlung mögliche Vernehmung des Vernehmungsrichters als Zeugen *qualifiziert* sein müsse, wurde zwar vom 2. StS des BGH in einem dem Schutzzweck des § 252 (dazu näher i. f.) wenigstens näherkommenden Vorlagebeschluss gefordert (BGH NStZ 2014, 596 mit Neufassung am 24.2.2016, zust. MüKoStPO/*Ellbogen,* § 252 Rn. 54; *Bosch,* FS v. Heintschel-Heinegg, 2015, 65), vom GrS aber verneint (NJW 2017, 94).

29a Während diese Rspr. früher damit gerechtfertigt wurde, dass StA und Polizei (anders als der Richter) den Zeugen nicht über sein Verweigerungsrecht zu belehren brauchten, diese Differenzierung aber seit 1965 fortgefallen ist (s. § 163 III), wurde sie später auf die Annahme einer besonderen Qualität richterlicher Vernehmungen gestützt, die sich empirisch allerdings nicht belegen lässt.[17] Vor allem aber gehen diese ganzen Differenzierungen am Telos des § 252 vorbei, das ja nicht in der Unzuverlässigkeit eines Vernehmungsprotokolls, sondern in der Rücksichtnahme auf den Zeugnisverweigerungsberechtigten besteht, erst in der Hauptverhandlung endgültig über seine Mitwirkung entscheiden zu müssen. Der vom BGH reklamierte Abwägungsspielraum zwischen dem Schutz des Zeugen und den Interessen der Wahrheitsfindung sollte deshalb nach dem Willen des Gesetzgebers durch § 252 gerade abgeschnitten sein. Gleichwohl hält der BGH an seiner Ansicht fest[18] und will (in doppelt verfehlter Fixierung auf die Richterperson) den Protokollführer nicht einmal dann als Zeugen vernehmen lassen, wenn dieser die Unrichtigkeit der vom Ermittlungsrichter gemachten Aussage bekunden soll (BGH BGHR § 252 Verhörsperson 1).

30 2. Im Übrigen findet sich zum Schutzbereich des § 252 eine vielfach schwankende Kasuistik. Er erfasst nach der zutr. st. Rspr. nur die Fälle des Zeugnisverweigerungsrechts nach den §§ 52, 53 (dazu BGH StV 2012, 195), 53a, nicht aber den Fall des Auskunftsverweigerungsrechts nach § 55 (BGHSt 6, 209; BGHSt 17, 245; abw. *Eb. Schmidt* II, § 252 Nr. 3; *Hanack,* JZ 1972, 238). Er erstreckt sich auch auf Schriftstücke, die ein Zeuge bei seiner polizeilichen Vernehmung überreicht und zum Gegenstand seiner Aussage macht (BGH StV 1996, 196; StV 2013, 135), sowie auf Aufgaben bei der Exploration durch den Glaubwürdig-

[16] Dazu näher *Schünemann,* ZStW 114 (2002), 1, 6f.

[17] *Eisenberg,* NStZ 1988, 488; die „Fließbandtätigkeit" eines überlasteten Ermittlungsrichters denaturiert die Zeugenvernehmung in zahlreichen Fällen zu einer bloßen Wiederholung der zuvor vor Polizei oder StA erstatteten Aussage, so dass die vom BGH beschworene größere Verlässlichkeit ein Phantom ist. Dies gilt erst recht für die Erinnerungsfähigkeit des Ermittlungsrichters, s. *Schünemann,* FS Meyer-Goßner, 2001, 400f.

[18] BGHSt 21, 218; BGH NJW 1979, 1722; 1984, 621; BGHSt 45, 342, 345; 46, 189, 195; 49, 72, 79; abl. die überwiegende Lehre, zuletzt *El-Ghazi/Merold,* StV 2012, 250.

keitsgutachter (zutr. BGHSt 46, 189, and. früher BGHSt 11, 97; BGH StV 1995, 564), und zwar auch in einem anderen (Sorgerechts-)Verfahren (BGHSt 36, 384 m. Anm. *Fezer,* JZ 1990, 875). Sein Schutz greift nach h. M. aber nicht ein, wenn der Zeuge sich vor einer Vernehmung aus eigenem Antrieb gegenüber Strafverfolgungsbeamten äußert (BGH NStZ 1986, 232 m. Anm. *Kiehl,* StV 1988, 48; *Fezer,* JuS 1977, 815; di ff. OLG Frankfurt a. M. StV 1994, 117); richtiger wäre es, in diesen Fällen § 252 analog anzuwenden, weil die Interessenlage dieselbe ist. Auch die Rspr. entscheidet wieder anders, wenn der Polizeibeamte auf Initiative des Zeugen eine ganze Aussage in amtlicher Eigenschaft entgegennimmt (BayObLG NJW 1983, 1132) oder wenn diesen die Polizei bloß formlos (informatorisch) oder vertraulich über den Ermittlungsgegenstand befragt hat (BGHSt 29, 230; LG Lüneburg NJW 1969, 442; a. A. OLG *Düsseldorf* NJW 1968, 1840). Wieder anders sollen Angaben, die ein Angehöriger des Beschuldigten gegenüber einem V-Mann macht, auch dann verwertbar sein, wenn der Angehörige in der Hauptverhandlung von seinem Zeugnisverweigerungsrecht Gebrauch macht.[19] Der Fall zeigt, wie sehr die Zulassung der V-Leute geeignet ist, die allg. Regeln des Strafprozessrechts zu unterlaufen: Was bei einer polizeilichen Vernehmung unzulässig wäre, wird erlaubt, wenn ein V-Mann den Angehörigen ausfragt! Der Rechtsgedanke des § 252 verbietet die Verlesung und Verwertung einer früheren Zeugenaussage ferner auch dann, wenn der Zeuge in anderer Weise (z. B. dadurch, dass er sich versteckt hält) zu erkennen gibt, dass er in der Hauptverhandlung nicht aussagen will (a. A. BGHSt 25, 176 und SK/*Schlüchter,* Loseblatt, 6. Lfg. 1992, § 252 Rn. 31 m. w. N.). Eine nach § 252 unzulässige Verlesung wird schließlich durch das Einverständnis aller Verfahrensbeteiligten nicht zulässig. Denn das Beweisverbot unterliegt nicht ihrer Verfügung (BGH NStZ 1997, 95; BGHSt 57, 254, 257).

3. Auch wenn ein Angehörigenverhältnis erst später entstanden ist (z. B. Verlobung), darf die Aussage nicht 31
gem. § 252 verwertet werden (BGHSt 22, 219; BGHSt 27, 231; *Fezer,* JuS 1977, 814); und zwar im Unterschied zu den aus dem Beruf folgenden Verweigerungsrechten des § 53, bei denen ein Verwertungsverbot für vor Entstehung der Schweigepflicht getätigte Aussagen verneint wird (BGHSt 18, 146; BGH StV 1997, 233). Dieser Angehörigenschutz soll aber dann nicht gewährt werden, wenn das Familienverhältnis erst nachträglich zum Zwecke der Anwendbarkeit des § 252 hergestellt wird (BGHSt 45, 342, 347 ff.). Auch bei einer Doppelrolle als Zeuge und Mitangeklagter soll § 252 nicht zum Zuge kommen (BGHSt 3, 149; BGHSt 45, 342, 350 ff. sogar für den Fall einer erst nachträglich zur Stellung als Mitangeklagter führenden Verfahrensverbindung).

In dem in diesen Entscheidungen deutlich erkennbaren Bestreben, einem verfahrens- 32
taktischen Missbrauch des § 252 einen Riegel vorzuschieben, hat sich in den letzten Jahren allerdings eine die Rechtsstellung des Angeklagten einseitig benachteiligende und damit unter dem Aspekt des fair trial unerträgliche Tendenz durchgesetzt (vgl. auch o. § 24 Rn. 43). In BGHSt 48, 294 ist die im Ermittlungsverfahren erstattete, aber (wie der BGH unterstellt) mangels vorgeschriebener Belehrung prozessordnungswidrig erlangte Aussage allein deshalb für verwertbar erklärt worden, weil die Zeugin in der HV von ihrem Verweigerungsrecht keinen Gebrauch gemacht hatte, was aber keine Heilung des früheren Verfahrensfehlers begründen kann. Mit dem umgekehrten Fall eines Missbrauchs des Zeugnisverweigerungsrechts zu Lasten des Angekl. hatten es BGHSt 45, 203 ff.; BGH StV 2012, 705 zu tun. Die Zeugin verweigerte in der Hauptverhandlung die Aussage, erlaubte aber die Verwertung ihrer im Ermittlungsverfahren erstatteten Angaben bei dem psychologischen Gutachter (auf welche Möglichkeit sie vom Gericht durch eine „qualifizierte Belehrung" eigens aufmerksam gemacht werden müsse, BGH StV 2012, 705; NStZ 2015, 232) und vereitelte dadurch das Konfrontationsrecht aus Art. 6 III d EMRK. Nach dem klaren Wortlaut des § 252 hatte sie aber keinesfalls das Recht, trotz Aussageverweigerung die mittelbare Verwertung ihrer früheren Aussagen zu gestatten, so dass die Auffassung des BGH, es dürften sogar die Angaben der Zeugin gegenüber dem Glaubwürdigkeitsgutachter in die

[19] BGHSt 40, 211 m. Anm. *Schlüchter/Radbruch,* NStZ 1995, 354; *Gusy,* StV 1995, 449; *Sternberg-Lieben,* JZ 1995, 844; zu diesem Urteil vgl. auch *Weiler,* GA 1996, 101.

Hauptverhandlung eingeführt werden, im Schrifttum mit Recht scharf kritisiert worden ist.[20]

Dass anstelle der Vernehmung der Verhörspersonen die weitaus zuverlässigere Videoaufzeichnung der früheren Vernehmung nicht zu Beweiszwecken[21] vorgespielt werden darf, und zwar auch nicht bei Einverständnis des Zeugen, weil § 255a I das durch die Gleichsetzung von Videoaufzeichnung und Vernehmungsprotokoll verbietet (BGHSt 49, 72ff.) und der Zeuge nicht über das Unmittelbarkeitsprinzip verfügen kann (BGHSt 52, 14), ist nach der eigenen Auffassung von BGHSt 49, 72, 76, 78 „wenig verständlich, fügt sich nicht stimmig in die bestehende Rechtslage ein" und enthält deshalb einen „Wertungswiderspruch" aber ja nur, wenn man mit der Rspr. entgegen dem Willen des Gesetzgebers die Vernehmung des Vernehmungsrichters zulässt, liefert deshalb in Wahrheit ein arg. a fortiori gegen eben diese Rspr. Nahezu in den Bereich einer Verletzung des fair trial ist diese Rspr. aber durch die Entscheidung BGHSt 46, 1 geraten, in der die von der Zeugin im Ermittlungsverfahren gegenüber dem Verteidiger und dessen Ehefrau gemachten, entlastenden Angaben für unverwertbar erklärt wurden, nachdem die Zeugin sich in der Hauptverhandlung auf ihr Verweigerungsrecht berief, ohne damit (wie der BGH unterstellt) einer Verwertung der früheren Angaben widersprechen zu wollen. Dass die Angaben nicht in einem amtlichen Protokoll festgehalten worden sind, kann angesichts des unstrittigen eigenen Ermittlungsrechts des Verteidigers (o. § 19 Rn. 3ff.) die Unverwertbarkeit selbstverständlich nicht begründen, so dass selbst nach dem eigenen Standpunkt des BGH nicht etwa ein argumentum e contrario, sondern a fortiori zu der vom gleichen Senat getroffenen Entscheidung BGHSt 45, 203 geboten gewesen wäre. Die vom BGH in BGHSt 46, 1, 4f. unverhohlen geäußerten, angesichts der Stellung des Verteidigers als Organ der Rechtspflege aber gerade beim Vergleich mit den Bekundungen eines privaten Psychologen in BGHSt 45, 203, 207ff. deplatzierten Zweifel an der Glaubhaftigkeit des ganzen Herganges hätten ohne Weiteres im Rahmen einer von der Rspr. sonst ständig benutzten „Beweiswürdigungslösung" untergebracht werden können.

IV. Zeugen vom Hörensagen

33 Lebhaft umstr. ist die Frage, ob die Vernehmung mittelbarer Zeugen, der sog. **„Zeugen vom Hörensagen"**, zulässig ist. Von praktischer Bedeutung ist sie namentlich im Fall der Verdeckten Ermittler und V-Leute („Vertrauensleute") der Geheimdienste oder der Polizei, d. h. der Personen (seien es verdeckte Beamte oder nichtbeamtete Personen, unbescholtene Bürger oder Randfiguren des kriminellen Milieus), die v. a. in Staatsschutzsachen sowie im Bereich der Drogenstraftaten und der Bandenkriminalität mit den Diensten oder der Polizei bei der Vorbeugung und Aufdeckung von strafbaren Handlungen nicht nur im Einzelfall zusammenarbeiten. Häufig steht dem Gericht der Verdeckte Ermittler oder V-Mann nicht selbst zur Verfügung, wenn deren Sperrung durch eine Entscheidung des Innenministers nicht willkürlich und deshalb von der Strafjustiz zu respektieren ist (o. § 45 Rn. 25). Als Zeuge verfügbar ist deshalb nur ein Beamter, der seinerseits den anonym bleibenden Mitarbeiter vernommen hat und den Inhalt dieser Vernehmung bekundet. Aus § 250 lässt sich die Unzulässigkeit des Hörensagenbeweises nach der Rspr. deshalb nicht herleiten, weil diese Norm nur verbiete, den mündlich zu artikulierenden Personalbeweis durch einen Sachbeweis zu ersetzen. Höchstens komme eine Verletzung der **Aufklärungspflicht** (§ 244 II) in Frage, wenn statt des mittelbaren Zeugen der unmittelbare erreichbar gewesen wäre (BGHSt 6, 209; BGHSt 17, 382).

[20] *Keiser,* NStZ 2000, 458; *Kett-Straub,* ZStW 117 (2005), 375ff.; *Roxin,* FS Meyer-Goßner, 2001, 453ff.; *Wollweber,* NJW 2000, 1702; *ders.,* NJW 2001, 3760 (gegen *Ranft,* NJW 2001, 1305, 3761 und Jura 2000, 628); zahlreiche weitere Nachweise bei *M-G/S,* § 252 Rn. 16a.

[21] Sondern nur zu Vorhaltzwecken, s. BGHSt 52, 148, 150 u. allg. o. Rn. 25f.

Freilich betonen der BGH und das BVerfG, dass eine solche Aussage wegen ihres geringen Beweiswerts regelmäßig der Bestätigung durch andere wichtige Gesichtspunkte bedarf, wenn das Urteil auf sie gestützt werden soll.[22] Die Berufung auf die Aussagen anderer Personen, die ebenfalls nicht in der Hauptverhandlung auftreten, genügt dafür nicht (BGH StV 1996, 583). Diese **„Beweiswürdigungslösung"** wird im Schrifttum seit Jahrzehnten heftig kritisiert, indem aus der Garantie des rechtlichen Gehörs (Art. 103 I GG), dem Konfrontationsrecht (Art. 6 III d EMRK) und dem Grundsatz des fair trial (o. § 11 Rn. 4ff.), teilweise auch aus § 261 die gänzliche Unzulässigkeit der Beweiserhebung mit Hilfe der Vernehmungsbeamten als Zeugen vom Hörensagen herzuleiten versucht wird.[23] Mittlerweile ist aber auch der EGMR nach einer ursprünglich strengeren Tendenz (StV 1997, 617 – Fall van Mechelen) im Wesentlichen auf die Linie des BGH eingeschwenkt (NJW 2006, 2753 – Fall Monika Haas). Mit einer Änderung der deutschen Rspr. ist deshalb realistischer Weise nicht mehr zu rechnen – um so weniger, als mittlerweile durch den Ausbau der audiovisuellen Vernehmung eines V-Mannes unter dessen gleichzeitiger Abschirmung gegen Enttarnung (o. § 45 Rn. 25) eine erhebliche Besserstellung der Verteidigung erzielt worden ist. Freilich demonstriert gerade der Fall Motassadeq, in dem der 3. StS zunächst eine Verurteilung aufhob, weil die Sperrung eines potentiellen Entlastungszeugen durch die USA nicht hinlänglich berücksichtigt worden war, um später die erneute Verurteilung nach Verwertung einer bloßen „Zusammenfassung" von dessen Aussage durch die amerikanischen Behörden nicht nur zu billigen, sondern sogar im Schuldausspruch zu verschärfen,[24] dass die Beweiswürdigungslösung zur Herstellung einer völligen Verfahrensbalance nicht ausreicht. Eine wirklich befriedigende Lösung kann deshalb nur de lege ferenda gefunden werden, indem für die mit geheimdienstlichen Methoden arbeitenden Strafverfahren eine zusätzliche, auf die Aufgaben der Verteidigung festgelegte interne Kontrollinstanz als „Notverteidigung" analog dem für die europäische Strafverfolgung vorgeschlagenen „Eurodefensor" geschaffen wird.[25] 34

V. Kopien von Urkunden

Ähnlich wie die Vernehmung des Zeugen vom Hörensagen hat der BGH (NStZ 1986, 519) es auch zugelassen, dass die Fotokopie einer Urkunde an Stelle des Originals zum Gegenstand der Beweisaufnahme gemacht wird; freilich müsse das Gericht sich des geringeren Beweiswertes einer solchen Fotokopie bewusst sein, so dass u. U. eine Verletzung der gerichtlichen Aufklärungspflicht in Betracht komme. 35

VI. Beeinträchtigungen der Wahrnehmungsfähigkeit der Richter

Der Richter muss schließlich stets in der Lage sein, dem Prozessgeschehen zu folgen, da er sonst seine Überzeugung nicht aus dem Inbegriff der Verhandlung bildet. Deshalb verstoßen konstitutionelle wie vorübergehende **Beeinträchtigungen der vollen Apperzeptionsfähigkeit eines Richters** in aller Regel gegen die Grundsätze der Unmittelbarkeit und Mündlichkeit. 36

1. Das ist unstreitig für den **tauben Richter;** das Fehlen des Gehörsinnes macht ihn für die mündliche Hauptverhandlung schlechthin ungeeignet. Auch die Beteiligung eines **geisteskranken Richters** ist unzulässig, da diesem eine ordnungsgemäße Überzeugungsbildung nicht möglich ist. In beiden Fällen ist die Revision nach § 338 Nr. 1 Hs. 1 begründet.

---

22 BGHSt 17, 382; 33, 178, 181f.; 34, 15, 17f.; 36, 159, 166; 45, 321, 340; 46, 93, 105f.; 49, 112, 119f.; BVerfGE 57, 250; BVerfG NStZ 1991, 445; 1995, 600.

23 Nachw. 25. Aufl. § 44 Rn. 27f.; ferner *Wattenberg/Violet*, StV 1997, 620; *Renzikowski*, JZ 1999, 605; *Sufferling*, NStZ 2006, 75; *Fezer*, JZ 2007, 725.

24 BGHSt 49, 112, 121ff.; 51, 144ff., speziell die in der amtl. Veröffentl. nicht abgedruckte Passage, die sich in NJW 2007, 387 findet. Zum Problem s. auch o. § 24 Rn. 67, § 25 Rn. 23.

25 Dazu im Einzelnen *Schünemann* (Hrsg.), Gesamtkonzept, 49ff., insb. 53f.

37 2. Dasselbe muss für die Mitwirkung eines **blinden Richters** in den Tatsacheninstanzen gelten. Die frühere Rspr.[26] hatte sie in Kollegialgerichten grds. zugelassen, weil das fehlende Sehvermögen im allg. durch eine Schärfung der übrigen Sinne ausgeglichen werde; das sollte nur dann nicht gelten, wenn das Gericht optische Wahrnehmungen (Augenschein, Tatortskizze) selbst aufsucht. Aber das wird den komplexen Leistungsanforderungen in einer mündlichen Hauptverhandlung auch nicht ansatzweise gerecht, weshalb die neuere Rspr. mit Argumenten, die Allgemeingültigkeit besitzen, die Mitwirkung blinder Richter jedenfalls bei Augenscheinseinnahmen oder im Falle des Vorsitzenden ausgeschlossen hat.[27]

38 3. Auch **zeitweilige Beeinträchtigungen** der Aufmerksamkeit können gegen die Grundsätze der Unmittelbarkeit und Mündlichkeit verstoßen.

a) Ein **schlafender Richter** schöpft seine Überzeugung nicht aus dem Inbegriff, sondern nur aus einem Teil der Hauptverhandlung; sein Schlafen begründet daher die Revision nach §§ 337, 261 (so *Beulke,* Rn. 408) und sogar nach § 338 Nr. 1, weil er im Rechtssinne nicht anwesend ist (RGSt 60, 63; BGH NStZ 1982, 41). Das soll allerdings nach Ansicht der Rspr. (RGSt 60, 63; BGHSt 2, 14) nur dann gelten, wenn der Richter „einen nicht unerheblichen Zeitraum fest geschlafen hat, so dass er wesentlichen Vorgängen ... nicht folgen konnte" (BGHSt 2, 15).

39 b) Schreibt ein Richter die Urteilsformel schon während der Schlussvorträge nieder, so lässt sich nicht ausschließen, dass er diese bei seiner Überzeugungsbildung nicht mehr berücksichtigt; die Revision nach §§ 261, 337 ist daher begründet (a. A. die pro domo entscheidende Rspr., s. BGHSt 11, 74, wonach es sich dabei nur um Urteilsentwürfe handeln soll).

§ 47. Die Öffentlichkeit der Hauptverhandlung

Literatur: *Wettstein,* Der Öffentlichk.grundsatz im Strafprozess, 1966; *Eb. Schmidt,* Justiz und Publizistik, 1968; *Roxin,* Aktuelle Probleme der Öffentlichk. im Strafverf., FS Peters, 1974, 393; *Alber,* Die Geschichte der Öffentlichk. im dt. Strafverf., 1974; *Kleinknecht,* Schutz der Persönlichkeit des Angekl. durch Ausschluss der Öffentlichk. in der HV, FS Schmidt-Leichner, 1977, 111; *Schmidthals,* Wert und Grenzen der Verf.öffentlichk. im Strafprozess, 1977; *Franke,* Die Bildberichterstattung über den Angekl. und der Öffentlichk.grundsatz im Strafverf., 1978; *Scherer,* Gerichtsöffentlichk. als Medienöffentlichk., 1979; *Beulke,* Neugestaltung der Vorschriften über die Öffentlichk. des Strafverf.?, JR 1982, 309; *Rüping,* Strafverf. als Sensation, FS Dünnebier, 1982, 391; Gutachten von *Zipf* und Referate von *Dahs* u. *Volk* zum 54. DJT, 1982, Bd. I, II; *Jung,* Öffentlichk. – Niedergang eines Verf.grundsatzes?, GS H. Kaufmann, 1986, 891; *J. Wagner,* Strafprozessführung über Medien, 1987; *Odersky,* Die Öffentlichk. der HV nach dem Opferschutzgesetz, FS Pfeiffer, 1988, 325; *Mösl,* Der Beschluss über die Ausschließung der Öffentlichk. im Strafverf., ebda., 339; *Stutz,* Zurückdrängung des Öffentlichk.prinzips zugunsten der Privatsphäre im Strafverf., 1992; *Witzler,* Die personale Öffentlichk. im Strafverf., 1993; *Roxin,* Strafprozeß und Medien, FS Münchener Jurist. Gesellschaft, 1996, 97; *Bommer,* Öffentlichk. der HV usw., FS Trechsel, 2002, 671; *Hübner-Raddatz,* Fernsehöffentlichk. im Gerichtssaal, 2002; *Spaniol,* Rechtsschutz gegen sitzungspolizeil. Maßnahmen, GS Heine, 2016, 333; *Heger,* Der Grundsatz der Öffentlichkeit im dt. Strafverfahren, FS

[26] BGHSt 4, 191; 5, 354; 18, 51; zuletzt noch BGH StV 1989, 143 für Beisitzer, OLG Zweibrücken NStZ 1992, 50; MDR 1991, 1083 für Vorsitzende; vgl. auch BVerfGE 20, 55; BVerfG NStZ 1992, 246.

[27] BGHSt 34, 236 m. Anm. *Fezer,* NStZ 1987, 335; BGHSt 35, 164; die Ausschließung blinder Richter würde natürlich auch nicht Art. 3 GG verletzen, BVerfG NJW 2004, 2150.

Beulke, 2015, 759; *Gärditz,* Verfahrensöffentlichkeit im Strafprozess, FS Paeffgen, 2015, 439. S. auch die Nachw. o. § 18 C.

A. Bedeutung

1. Der Öffentlichkeitsgrundsatz stammt aus dem reformierten Verfahren des 19. Jh. 1
und „zählt zu den Grundlagen des Strafverfahrens", ja zu „den grundlegenden Einrichtungen des Rechtsstaates" überhaupt (BGHSt 1, 335; BGHSt 2, 57; BGHSt 9, 281). Seine wesentliche Bedeutung liegt darin, das öffentliche Vertrauen in die Rspr. zu festigen (vgl. BGHSt 3, 387; RGSt 70, 109), die Verantwortung der Rechtspflegeorgane zu heben und der Möglichkeit vorzubeugen, dass sachfremde Umstände auf das Gericht und damit auf das Urteil Einfluss gewinnen (BGHSt 9, 282; i. E. s. *Henkel,* 324f.). Dieser „Unberührtheit des Richterspruchs von sachfremden Einflüssen" drohen nicht nur durch gesetzwidrige Einschränkungen, sondern auch durch unzulässige Erweiterungen der Öffentlichkeit Gefahren. Denn die Massenöffentlichkeit des Fernseh- oder Rundfunkpublikums kann nicht nur das Verhalten des Angeklagten und der Zeugen in unberechenbarer Weise verändern, sondern auch das Gericht sehr viel eher zum Opfer verbreiteter Vorurteile und Erwartungen machen. Aber auch hiervon abgesehen, ist die Öffentlichkeit in einem Rechts- und Sozialstaat ein zweischneidiges Institut, weil sie bis zur Rechtskraft des Urteils die soziale Stellung des Beschuldigten in einer mit der Unschuldsvermutung schwer zu vereinbarenden Weise gefährdet und danach die Resozialisierungschancen beeinträchtigt.

2. Der Grundsatz der Öffentlichkeit ist deshalb in § 169 GVG differenziert ausgestal- 2
tet worden. Öffentlich ist danach nur die Hauptverhandlung, nicht das Ermittlungsverfahren und das Zwischenverfahren. Durch § 169 S. 1 GVG ist auch die **mittelbare Öffentlichkeit** garantiert, soweit es sich um die Verbreitung mündlicher oder schriftlicher Verhandlungsberichte handelt. Dagegen sind durch § 169 S. 2 GVG Ton-, Fernseh- und Rundfunkaufnahmen sowie Ton- und Filmaufnahmen zum Zwecke der öffentlichen Vorführung oder Veröffentlichung ihres Inhalts untersagt. Das gilt allerdings nur für die Verhandlung einschließlich der Urteilsverkündung, nicht auch für Aufnahmen während einer Verhandlungspause (BGHSt 23, 123).

Filmaufnahmen im Sitzungssaal vor Beginn und nach Ende der Verhandlung sind durch Art. 5 I 2 GG ge- 3
deckt (BVerfG NStZ 1993, 89: Honecker-Verfahren; NStZ 1995, 40 m. zust. Anm. *Scholz;* eingehend BVerfGE 119, 309; BVerfG NJW 2009, 350; a. A. *Ranft,* Jura 1995, 580f.). Chaotischen Zuständen kann durch sitzungspolizeiliche Maßnahmen des Vorsitzenden gem. § 176 GVG, z. B. durch Anordnung einer „Pool-Lösung" vorgebeugt werden, wonach jeweils nur ein Kamerateam Zugang zum Sitzungssaal hat und sich verpflichtet, das Filmmaterial allen interessierten Rundfunk- und Fernsehanstalten kostenlos zur Verfügung zu stellen (BVerfGE 91, 125, 138; BVerfG NJW 2008, 977). Umgekehrt versuchten die Medien unter Berufung auf Art. 5 I 2 GG ein vorrangiges Interesse an Direktberichten auch aus der Verhandlung durchzusetzen.[1] Dem ist entschieden zu widersprechen, weil z. B. Fernsehaufnahmen den Angeklagten vor einem Millionenpublikum an den Pranger stellen und seine Resozialisierung wesentlich erschweren würden; außerdem wird auch die Wahrheitsfindung beeinträchtigt, weil nicht auszuschließen ist, dass die Aussagen der Zeugen und selbst der Spruch des Gerichts durch die Erwartungen einer Massenöffentlichkeit beeinträchtigt werden.[2] Das BVerfG hat deshalb die Regelung des § 169 GVG in einer eingehend begründeten Entscheidung mit Recht für verfassungsmäßig erklärt (BVerfGE 103, 44).

---

[1] Vgl. *Gerhardt,* ZRP 1993, 377; *Eberle,* NJW 1994, 1637; *Wolf,* ZRP 1994, 187; *Schwarz,* AfP 1995, 353; *Hamm,* NJW 1995, 760; *Zuck,* NJW 1995, 2082.

[2] Näher *Roxin,* 1996.

4 Aus diesen Gründen wird man den Rechtsgedanken des § 169 S. 2 GVG auf andere Fälle der Öffentlichkeitserweiterung übertragen und es als unzulässig ansehen müssen, wenn Strafverhandlungen wegen des Publikumsandranges in außergerichtliche Massensäle verlegt, durch Lautsprecher auf die Straße oder durch eine Abhöranlage in das Dienstzimmer des Gerichtspräsidenten übertragen werden (zust. *Kissel/Mayer,* § 169 Rn. 26f.). Erst recht darf der heute fast übermächtigen Versuchung, durch eine Pervertierung der Öffentlichkeit zur öffentlichen Unterhaltung das unersättliche Sensations- und Unterhaltungsinteresse zu befriedigen, zum Schutz des rechtsstaatlichen Strafverfahrens vor Vorverurteilung und des Angeklagten vor einem Schauprozess nicht nachgegeben werden (s. o. § 18 Rn. 25). Die Medienvertreter müssen deshalb mit den räumlich beschränkten Gerichtssälen im Rahmen einer interessengerechten Zuteilung (dazu die einstweilige Anordnung des BVerfG im NSU-Verfahren, NJW 2013, 1293) vorlieb nehmen, solange nicht eine rechtsstaatlich abgesicherte Videoübertragung in einen reinen Medienraum vom Gesetzgeber eingeführt worden ist.

5 3. Weitergehend hatte der AE einer „Novelle zur StPO“ (1980) sogar zum Schutz eines geständigen Beschuldigten die Einrichtung einer nichtöffentlichen Hauptverhandlung vor dem Strafrichter vorgeschlagen. Die Reform der Öffentlichkeitsvorschriften war auch das Thema des DJT 1982, der sich jedoch zu keinen wesentlichen Änderungsvorschlägen durchringen konnte (Nachw. 25. Aufl., § 45 Rn. 3). Die seither erfolgte Etablierung der Urteilsabsprachen ist über diese skrupulöse Reformdiskussion hinweggegangen und hat auch das an der Wiege des Rechtsstaats stehende Kontrollinstrument der Öffentlichkeit paralysiert. Denn indem der Inhalt der nichtöffentlichen Ermittlungsakten in ebenfalls nichtöffentlichen Absprachen-Verhandlungen zwischen den Prozessbeteiligten zur Grundlage einer Urteilsabsprache genommen wird (§§ 212, 257b), besitzt die Öffentlichkeit keinerlei Möglichkeit, deren Übereinstimmung mit der wahren Sach- und Rechtslage zu kontrollieren. Dass die endgültige Absprache nach der Rspr. „in öffentlicher Hauptverhandlung stattfinden“ muss und „im Protokoll über die Hauptverhandlung festzuhalten ist“,[3] ändert daran nichts, weil es gerade die sog. „Vorgespräche“ sind, die die öffentliche Beweisaufnahme heimlich substituieren und damit jede Kontrolle der Öffentlichkeit ausschalten.[4] Zwar hat BGHSt 49, 255ff. selbst für den Fall, dass nicht einmal das Ergebnis einer Urteilsabsprache in der Hauptverhandlung mitgeteilt wurde, den absoluten Revisionsgrund des § 338 Nr. 6 mit der Begründung verneint, dass die Vorgespräche „von den Beteiligten bewusst außerhalb der Hauptverhandlung geführt wurden und somit nicht (deren) Teil waren“ (S. 256), ähnlich wie auch sonst prozessordnungswidrig nicht in die Hauptverhandlung eingeführte Vorgänge nicht den absoluten Revisionsgrund der Verletzung der Öffentlichkeit ergäben (S. 257). Aber wenn ein Richter dem Grundsatz der Öffentlichkeit ausweichen könnte, indem er diese nicht förmlich ausschließt, sondern die wesentlichen Teile der Hauptverhandlung einfach ohne sie durchführt, wäre dieser Grundsatz eine bloße Farce; und es ist auch ein Unterschied, ob das Gericht die Entscheidungsfindung an sich in der Hauptverhandlung und durch sie sucht und hierbei nur eine einzelne Prozesshandlung vergisst oder ob es die Entscheidungsfindung planmäßig aus der Hauptverhandlung heraus verlagert. Wenn der Öffentlichkeitsgrundsatz so wehrlos gegenüber jeder Umgehung wäre, wie BGHSt 49, 255 meint, hätte die liberale Reformbewegung des 19. Jahrhunderts dafür nicht zu kämpfen brauchen – ganz abgesehen davon, dass es geradezu absurd anmutet, dass die fehlerhafte Ausschließung eines einzelnen Zuhörers (u. Rn. 16ff.), nicht aber die Zerstörung des Grundkonzepts der StPO einen absoluten Revisionsgrund abgeben soll. Freilich hat nunmehr das VerständG die Praxis der „Erörterungen“ außerhalb der HV legalisiert, so dass sich auch die Bedeutung des positivrechtlichen Öffentlichkeitsgrundsatzes verändert hat und § 338 Nr. 6 nicht mehr eingreift.

[3] So bereits leicht euphemistisch BGHSt 43, 195, 206; realistisch 50, 40, 51f. – GrS –, dass das „Ergebnis der in Vorgesprächen erzielten (sic!) Verständigung in die Hauptverhandlung eingeführt und protokolliert“ werden muss. Nunmehr fordert § 273 I 2, Ablauf und Inhalt einer „Erörterung nach § 257 b“, sowie § 273 I a, Ablauf, Inhalt und Ergebnis einer „Verständigung nach § 257 c“ ins HV-Protokoll aufzunehmen.

[4] Bereits *Schünemann,* Absprachen, 87ff.; *ders.,* FS Rieß, 2002, 525, 543f.; *ders.,* Wetterzeichen, 17f.

B. Einschränkungen

Der Grundsatz der Öffentlichkeit gilt nicht uneingeschränkt. Zunächst kann eine öffentliche Hauptverhandlung nur im Rahmen der vorhandenen räumlichen Möglichkeiten abgehalten werden (nachf. Rn. 7ff.); daneben kann in einzelnen Fällen die gesamte Öffentlichkeit ausgeschlossen werden (nachf. Rn. 10ff.), und schließlich ist weitergehend der Ausschluss einzelner Personen von der Verhandlung zulässig (nachf. Rn. 16ff.). 6

I. Faktische Beschränkungen

1. Aus der Natur der Sache folgt die **Begrenzung** der Öffentlichkeit auf die **räumlichen Möglichkeiten,** die dem Gericht zur Verfügung stehen; ein Dienstzimmer, das nur einen (!) Zuhörer aufnehmen kann, genügt aber nicht (BayObLG NJW 1982, 395; OLG *Köln* NStZ 1984, 282). Die Rspr. lässt bei übergroßem Publikumsandrang eine unparteiische (!) Auswahl der Zuhörer zu (RGSt 54, 226). Der Öffentlichkeitsgrundsatz ist ferner auch dann noch nicht verletzt, wenn eine Augenscheinseinnahme wegen der Enge der zu besichtigenden Örtlichkeit überhaupt nur ohne Behinderung durch Zuschauer ordnungsgemäß durchgeführt werden kann (BGHSt 5, 75, 82). Allerdings darf dann die Verhandlung nicht einfach an Ort und Stelle fortgesetzt werden (BGH a. a. O.); soll sie im Gerichtsgebäude des Ortes zu Ende geführt werden, wo die Augenscheinseinnahme stattgefunden hat, so muss dies vorher beim Gericht der ursprünglichen Verhandlung angekündigt werden (a. A. BGH GA 1982, 126). 7

2. Dagegen ist es eine unzulässige Beschränkung der Öffentlichkeit, wenn das Gericht, um befürchteten Störungen der Verhandlung vorzubeugen, den Zuhörerraum durch Herausrücken von Stühlen nach Belieben verkleinert; solche Störungen sind abzuwarten und erst nach ihrem Auftreten mit den in §§ 176ff., 172 GVG vorgesehenen Maßnahmen zu beseitigen (zust. *Kissel/Mayer,* § 169 Rn. 28). Ebenso unzulässig ist es, wenn die Tür des Sitzungssaals während eines Verfahrensabschnitts geschlossen bleibt, um die mit einem Wechsel der Zuhörer notwendig verbundenen Störungen zu vermeiden; denn solche aus dem Öffentlichkeitsgrundsatz zwangsläufig folgenden Beeinträchtigungen der Ruhe und Ordnung in der Hauptverhandlung hat der Gesetzgeber in Kauf genommen (vgl. *Roxin,* 1974; a. M. BGHSt 24, 72, 73f.). Muss eine Zeugenvernehmung wegen Transportunfähigkeit des Zeugen in einer Strafanstalt stattfinden, so ist auch hier die Öffentlichkeit zuzulassen (BGH JR 1979, 261 m. zust. Anm. *Foth,* JR 1979, 262; *Bottke,* JA 1979, 587). Dagegen findet die Öffentlichkeit des Verfahrens im Hinblick auf Art. 13 GG eine Grenze am privaten Hausrecht; bei einer Augenscheinseinnahme in einer Wohnung oder einem Betrieb kann also der Eigentümer den Zuhörern den Zutritt verbieten (BGHSt 40, 191; *Ranft,* Jura 1995, 575f.; a. A. *Lilie,* NStZ 1993, 121). Verhandlungen außerhalb des Gerichtsgebäudes sind i. d. R. durch Aushang anzukündigen; bei kurzfristiger Abwesenheit genügt die Bekanntgabe in öffentlicher Verhandlung.[5] 8

Auch die Kontrolle, Einziehung oder gar das Fotokopieren von *Ausweisen* stellt wegen der damit verbundenen Einschüchterung der Zuhörer eine unzulässige Öffentlichkeitsbeschränkung dar.[6] Dasselbe gilt 9

---

[5] Vgl. BGH NStZ 1981, 311; BayObLG NJW 1980, 2321; OLG Celle StV 1987, 287; OLG Köln StV 1992, 222; *Thym,* NStZ 1981, 293 m. w. N.; *Fezer,* StV 1984, 277. Nach BGH NStZ 1984, 134 soll das Vertrauen in Terminankündigungen vom Öffentlichkeitsgrundsatz nicht erfasst sein; das ist bedenklich, weil das Gericht dann die Möglichkeit hat, durch falsche Terminankündigungen die Öffentlichkeit fernzuhalten. Mit Recht nimmt OLG Zweibrücken StV 1996, 138 einen Verstoß gegen § 338 Nr. 6 an, wenn eine HV am Freitagnachmittag stattfindet, obwohl am Gerichtseingang das Schild hängt: „Das AG ist ab 13 Uhr geschlossen."

[6] Anders die h. M.; z. B. *Kissel/Mayer,* § 169 Rn. 40f.; BGHSt 27, 13; OLG Karlsruhe NJW 1975, 2080 m. krit. Anm. *Roxin,* JR 1976, 385; i. E. *Roxin* zust. *Bäumler,* 1978.

(entgegen BGH NJW 1980, 249) für das Fotografieren der Zuhörer durch die Kriminalpolizei. Die Durchsuchung nach *Waffen und Sprengstoffen* ist dagegen durch § 176 GVG gedeckt (BVerfG NJW 1978, 1048; OLG Koblenz NJW 1975, 1333). Bei zulässigen Kontrollmaßnahmen darf mit der Verhandlung erst begonnen werden, wenn alle rechtzeitig erschienenen Zuhörer Einlass gefunden haben; bei später erscheinenden Zuhörern und nach Unterbrechung der Verhandlung braucht dagegen auf Kontrollmaßnahmen keine Rücksicht genommen zu werden (vgl. BGHSt 28, 341; BGHSt 29, 258; BGH StV 1995, 116).

II. Der allgemeine Ausschluss der Öffentlichkeit

10 1. Er ist **zulässig** in folgenden Fällen:

a) wenn den Gegenstand des Verfahrens die Anstaltsunterbringung des Beschuldigten bildet (§ 171 a GVG);

b) wenn und soweit bestimmte Umstände aus dem persönlichen Lebensbereich eines Prozessbeteiligten, Zeugen oder des durch eine rechtswidrige Tat Verletzten zur Sprache kommen (§ 171 b GVG, der auch für die Verlesung des Anklagesatzes gilt, BGHSt 57, 273). Freilich ist das schutzwürdige Interesse an der Privatsphäre gegen das Öffentlichkeitsinteresse abzuwägen (dazu *Odersky*, 1988). Bei der Vernehmung von Zeugen unter 18 Jahren im Verfahren wegen Sexualstraftaten u. a. *soll* gem. Abs. 2 die Öffentlichkeit ausgeschlossen werden. Liegen die Voraussetzungen des § 171 b I und II GVG vor, ist die Ausschließung in diesen Fällen sogar obligatorisch, wenn der Betroffene sie beantragt (§ 171 b III); diese Regelung geht über Art. 6 I 2 EMRK hinaus, der die Ausschließung stets in das Ermessen des Gerichts stellt; umgekehrt darf sie nicht ausgeschlossen werden, wenn der Betroffene widerspricht (§ 171 b IV). Auch eine im Zusammenhang mit der Zeugenvernehmung stehende Augenscheinseinnahme soll unter Ausschluss der Öffentlichkeit erfolgen dürfen (BGH NStZ 1988, 190 im Gegensatz zur Rspr. zu § 247; vgl. o. § 44 Rn. 50; zw.). Die gerichtliche Entscheidung ist gem. Abs. 5 unanfechtbar, was gem. § 336 S. 2 an sich die Revision ausschließt, doch gilt das nur für die konkrete Begründung, nicht für die Frage der generellen Befugnis (BGHSt 57, 273, 275).

11 c) wenn eine Gefährdung der Staatssicherheit, der öffentlichen Ordnung oder der Sittlichkeit zu besorgen ist (§ 172 Nr. 1 GVG).

Von besonderer Bedeutung ist der Ausschluss der Öffentlichkeit wegen **„Gefährdung der öffentlichen Ordnung"**. Eine solche Gefährdung hat der BGH angenommen, wenn dem Angeklagten oder den Zeugen bei wahrheitsgemäßer Aussage für sich oder einen nahen Angehörigen Gefahren für Leib und Leben drohen (BGHSt 3, 344; BGHSt 9, 284: zu erwartende Verfolgungsmaßnahmen in der DDR). Diese Rspr. ist mittlerweile in § 172 Nr. 1a GVG kodifiziert worden. Auch die Gefahr, dass ein V-Mann enttarnt wird, kann einen Ausschlussgrund abgeben (BGHSt 32, 115, 125), allerdings nur, wenn sich die Enttarnung nicht auf andere Weise vermeiden lässt (BGH NStZ 1984, 522). Dagegen reicht die bloße Erwartung, der Angeklagte werde nur bei Ausschluss der Öffentlichkeit die Wahrheit sagen (BGHSt 9, 280), zur Annahme einer Gefährdung der öffentlichen Ordnung ebenso wenig aus wie die Ankündigung eines Zeugen, bei Anwesenheit der Öffentlichkeit von seinem Zeugnisverweigerungsrecht Gebrauch machen zu wollen (BGHSt 30, 193). Auch eine mögliche gesundheitliche Beeinträchtigung des Zeugen infolge seiner hochgradigen Erregtheit ist keine Störung der öffentlichen Ordnung (BGH NStZ 1987, 86).

12 Eine **„Gefährdung der Sittlichkeit"** kommt angesichts der Liberalisierung der allg. Anschauungen nur noch in seltenen Fällen in Betracht. Jedoch ist sie nach wie vor nicht ausgeschlossen (z. B. bei massiven homosexuellen Handlungen an Kindern), BGHSt 38, 248. Dem Richter steht bei der Heranziehung des § 172 Nr. 1 GVG ein Beurteilungsspielraum zu (BGH NStZ 1986, 179 m. Anm. *Gössel* u. *Böttcher*, JR

1986, 216); dabei kann auch § 172 Nr. 1 GVG an Stelle des ebenso möglichen § 171 b GVG herangezogen werden (BGHSt 38, 248 m. Anm. *Katholnigg,* JR 1993, 297).

d) wenn ein wichtiges berufliches Geheimnis zur Sprache kommt, durch dessen öffentliche Erörterung überwiegende schutzwürdige Interessen verletzt würden, oder wenn ein privates Geheimnis erörtert wird, dessen Offenbarung nach § 203 StGB strafbar wäre (§ 172 Nr. 2, 3 GVG); 13

e) schließlich, wenn eine Person unter 18 Jahren vernommen wird (§ 172 Nr. 4 GVG).

2. Er ist **zwingend vorgeschrieben** für das gesamte Jugendstrafverfahren einschließlich der Verkündung der Entscheidungen (§ 48 I JGG). 14

3. Bei Ausschluss der Öffentlichkeit wegen Gefährdung der Staatssicherheit besteht für Presse, Rundfunk und Fernsehen ein absolutes **Verbot für Berichte** über den Gegenstand der Verhandlung. Wird die Öffentlichkeit wegen Gefährdung der Staatssicherheit oder gem. §§ 171 b, 172 Nr. 2, 3 GVG ausgeschlossen, so steht es im Ermessen des Gerichts, inwieweit es den Beteiligten ein Schweigegebot auferlegen will (§ 174 II, III GVG). Der Verstoß gegen ein solches Publikationsverbot oder Schweigegebot ist in § 353 d StGB unter Strafe gestellt. 15

III. Der Ausschluss einzelner Personen

1. **Einzelne Personen** können wegen Ungebühr von der Verhandlung ausgeschlossen werden: 16

a) von vornherein in den Fällen des § 175 I GVG (Verletzung der Würde des Gerichts);

b) in der Sitzung bei Ungehorsam (§ 177 GVG) und Ungebühr (§ 178 GVG: möglich ist sofortige Inhaftierung) sowie bei Begehung strafbarer Handlungen (§ 183 GVG: möglich ist vorläufige Festnahme). Der Begriff der **Ungebühr** ist wenig geklärt. Man wird das Tragen von Berufskleidung, das Zeitung lesen während der Verhandlung (dazu OLG *Karlsruhe* JR 1977, 392) oder das Sitzenbleiben beim Eintreten des Gerichts (a. A. OLG Koblenz NStZ 1984, 234), bei der Urteilsverkündung oder der Vereidigung eines Zeugen (a. A. OLG Koblenz GA 1985, 328) nicht ohne Weiteres als ungebührlich ansehen können, wohl aber störendes Zwischenrufen, Beleidigungen und Tätlichkeiten.[7]

2. Während die Möglichkeiten eines Ausschlusses der gesamten Öffentlichkeit im Gesetz abschließend geregelt sind, lässt die Rspr. den Ausschluss einzelner Personen über die im Gesetz ausdrücklich genannten Fälle hinaus auch aufgrund allg. übergeordneter Verfahrensgesichtspunkte zu. So hat BGHSt 3, 386 die Entfernung einer Person, gegen die ein Ermittlungsverfahren wegen Hehlerei schwebte, aus der Hauptverhandlung gegen den Dieb der Sache zugelassen, weil der Grundsatz der Heimlichkeit des Vorverfahrens den Vorrang vor dem der Öffentlichkeit des Hauptverfahrens verdiene; ebenso dürfen potentielle Zeugen als Zuhörer ausgeschlossen werden (arg. § 58 I, BGH MDR/H 1983, 92). 17

[7] Vgl. hierzu OLG Stuttgart NJW 1969, 627; OLG Hamm NJW 1969, 1919; NJW 1975, 942; ausführliche Verarbeitung des Fallmaterials bei *Schwind,* JR 1973, 133; *Greiser,* JA 1983, 429.

18 Nicht erlaubt ist es freilich, „störungsverdächtigen" Personen von vornherein den Zutritt zum Gerichtssaal zu versagen (so aber RGSt 54, 226). Hier gelten allein die sitzungspolizeilichen Befugnisse der §§ 176ff. GVG, die nicht durch eine vorweggenommene Öffentlichkeitsbeschränkung erweitert werden dürfen (vgl. auch o. Rn. 8). Auch liegt ein Verstoß gegen den Grundsatz der Öffentlichkeit vor, wenn der Vorsitzende unter Überschreitung seiner sitzungspolizeilichen Befugnisse einzelne Personen ausschließt (BGHSt 17, 204: Rat gebender Kriminalbeamter; BGHSt 18, 179: stenographierende Anwaltsgehilfin; BVerfGE 50, 234: missliebiger Reporter; BGH NStZ 1982, 389: mitschreibende Zuhörerin in auffälliger Kleidung, m. Anm. *Deckers,* StV 1982, 458). Eine „Bitte" an zwei Zeugen, den Sitzungssaal zu verlassen, soll dagegen zulässig sein (BGH NStZ 1988, 467 m. abl. Anm. *Sieg,* MDR 1990, 69; eher zust. *Schneiders,* StV 1990, 91). Demgegenüber ist es aber jedenfalls ein Verstoß gegen § 169 GVG, wenn *alle* Zuhörer auf Wunsch des Vorsitzenden „freiwillig" den Gerichtssaal verlassen. Darin liegt eine Umgehung des Öffentlichkeitsgrundsatzes (BGH NStZ 1993, 450).

19 Als Rechtsschutz gegen solche richterlichen Anordnungen sieht § 181 GVG die Beschwerde zum OLG nur für den Fall vor, dass ein unteres Gericht Ordnungsmittel i. S. d. § 178 GVG verhängt hat. Gegen Anordnungen nach den §§ 176, 177 GVG, die vielfach Grundrechtseingriffe enthalten können, ist die Beschwerdemöglichkeit nach dem reinen Wortlaut nicht gegeben, doch lässt sich § 181 GVG auf diese Fälle analog anwenden (*Amelung,* NJW 1979, 1687; a. A. OLG *Zweibrücken* NStZ 1987, 477; OLG *Hamburg* NStZ 1992, 509).

IV. Zuständigkeit zum Ausschluss

20 1. Über den Ausschluss der **gesamten Öffentlichkeit** entscheidet das *Gericht* durch Beschluss (§ 174 I GVG). Auf Antrag eines Beteiligten (ggf. auch des zu vernehmenden Zeugen, BGHSt 60, 58) oder wenn das Gericht es für angemessen erachtet, ist darüber in nichtöffentlicher Sitzung zu verhandeln. Der Beschluss ist in aller Regel, außer bei zu erwartenden erheblichen Störungen, öffentlich zu verkünden (§ 174 I 2 GVG). Wird die Öffentlichkeit zunächst nur für die Dauer der Vernehmung des Angeklagten zur Sache ausgeschlossen, so liegt ein Verstoß gegen § 174 I vor, wenn ohne ergänzenden Beschluss während der nichtöffentlichen Verhandlung auch Zeugen vernommen werden (BGH StV 1991, 199). Stets ist unmissverständlich anzugeben, welcher Ausschließungsgrund gemeint ist (§ 174 I 3 GVG; BGHSt 27, 117, 187; BGH StV 1996, 134). Hat eine Norm mehrere Alternativen (wie § 172 GVG), so muss deutlich gesagt werden, welche von ihnen herangezogen wird (BGH NStZ 1983, 324). Dabei kann auf einen vorhergehenden Ausschließungsbeschluss (BGHSt 30, 298) oder auf einen hinreichend begründeten Antrag auf Ausschließung nach § 171b GVG (BGH NStZ 1994, 591) durch einen ausdrücklichen Hinweis Bezug genommen werden; stillschweigend darf dies nicht geschehen (BGH GA 1982, 275). Bei einer Ausschließung nach § 172 Nr. 1a GVG soll nach BGHSt 41, 145 die Angabe dieser Gesetzesbestimmung genügen; offenbar werden die hier aufgezählten Gefährdungen nur als Exemplifizierungen des Kriteriums der Personengefährdung verstanden. Wird die zum Ausschluss führende Bestimmung nicht ausdrücklich genannt, muss der Beschluss den Ausschließungsgrund „aus sich heraus hinreichend deutlich" erkennen lassen (BGH NStZ 1989, 442), widrigenfalls nach jahrzehntelang st. Rspr. die Revision nach § 338 Nr. 6 begründet sein sollte.[8] Im Zuge der erkennbaren Restriktion der absoluten Revisionsgründe in der neueren Rspr. des BGH hat BGHSt 45, 117, 122f. diese Rspr. für den Fall aufgegeben, dass „die Richtigkeit der Entscheidung über den Ausschluss der Öffentlichkeit nicht in Frage steht, sondern es um die

[8] BGHSt 1, 334; 2, 56; 30, 212; 38, 248; 41, 145; BGH NJW 1979, 276; NStZ 1996, 202.

Verletzung einer Verfahrensvorschrift auf dem Weg zu der Entscheidung über den Ausschluss geht".

2. Beim Ausschluss **einzelner Personen** wegen Ungebühr und bei der Verhängung von Ordnungshaft oder Ordnungsgeld gegen sie **differenziert** das Gesetz (§§ 177, 178 GVG): Gegenüber Personen, die bei der Verhandlung nicht beteiligt sind (Zuhörer!), entscheidet der Vorsitzende, in den übrigen Fällen (also v. a. beim Angeklagten und bei Zeugen) das Gericht (dazu BGH NStZ 1988, 85). 21

3. Der **Befugnis** zum Ausschluss von Störern korrespondiert eine revisible Ausschließungs*pflicht,* wenn die fortdauernde Störung den Angeklagten in seiner Verteidigung beeinträchtigt oder sonst die Wahrheitsfindung gefährdet (vgl. *Roxin,* 1974). 22

V. Öffentliche Urteilsverkündung

Die **Verkündung** des Urteilstenors erfolgt in jedem Falle öffentlich (§ 173 I GVG). Für die Verkündung der Urteilsgründe kann die Öffentlichkeit aber wieder ausgeschlossen werden. Dieser Ausschluss der Öffentlichkeit erfordert aber einen „besonderen" Beschluss (§ 173 II GVG). 23

C. Revisibilität

1. Dem Gesetzgeber erschien der Öffentlichkeitsgrundsatz so bedeutsam, dass er seine Verletzung in § 338 Nr. 6 als **absoluten Revisionsgrund** ausgestaltet hat. Bei einem Verstoß gegen die Öffentlichkeitsvorschriften muss also das Urteil ohne weitere Prüfung aufgehoben werden. Entgegen der Meinung des BGH kann es dabei auch nicht darauf ankommen, ob die Beschränkung der Öffentlichkeit auf einem Verschulden des Gerichts beruht (so aber BGHSt 21, 72; BGHSt 22, 297; h. M.; z. B. *Kissel/Mayer,* § 169 Rn. 57; wie hier *Beulke,* Rn. 380, 400; s. u. § 55 Rn. 33). Weil die Verfahrensbeteiligten auf die Öffentlichkeit nicht verzichten können, kann es nicht zu einer Verwirkung der Revisionsrüge führen, wenn sie erklären, aus einem Verstoß gegen § 169 GVG keine Revision herleiten zu wollen (OLG Frankfurt a. M. JR 1987, 81 m. Anm. *Schlüchter*). Allerdings entzieht § 171b III GVG die Entscheidungen nach Abs. 1, 2 jeder Anfechtung, so dass der Richter bei einer Ausschließung der Öffentlichkeit aus diesen Gründen keine Aufhebung nach § 338 Nr. 6 befürchten muss. 24

2. Zur „mündlichen Verhandlung" i. S. von § 338 Nr. 6 gehört auch die **Urteilsverkündung** (vgl. § 169 S. 1 GVG); andernfalls könnte eine Verletzung von § 173 I GVG, obwohl das Gesetz dieser Vorschrift ersichtlich einen besonderen Rang zumisst (vgl. o. Rn. 23), mit der Revision überhaupt nicht angegriffen werden, da das Urteil auf der fehlenden Öffentlichkeit seiner Verkündung niemals i. S. d. § 337 beruhen kann (so zutr. BGHSt 4, 279 gegen RGSt 69, 175; RGSt 71, 377). 25

3. Umstr. ist, ob § 338 Nr. 6 nur die unzulässige **Einschränkung** der Öffentlichkeit erfasst (so die h. M.) oder ob auch ihre gesetzwidrige **Erweiterung** unter die Vorschrift fällt. Ihr Wortlaut würde eine solche Interpretation gestatten, ihr Zweck und ihre Entstehungsgeschichte sprechen dafür, denn eine Massenöffentlichkeit (Schauprozess!) gefährdet die Unbeeinflusstheit des Richterspruchs nicht weniger als die Heimlichkeit des Verfahrens.[9] Der BGH hatte im Falle einer Verletzung des § 169 S. 2 GVG die Frage zunächst offengelassen und entschieden, dass i. d. R. schon § 337 eine Aufhebung gebiete, weil sich ein Einfluss der unbefugten Aufnahmen auf das Urteil (z. B. wegen einer möglichen Irritierung der Verfahrensbe- 26

[9] Vgl. *Eb. Schmidt,* Justiz und Publizistik, 1968, 38; *Roxin,* JZ 1968, 803; *ders.,* NStZ 1989, 376; *Meurer,* JR 1990, 389; *Gössel,* § 20 B V; *Kissel/Mayer,* § 169 Rn. 59f.; *Fezer,* 14/81; *Beulke,* Rn. 576; *Schlüchter,* StPR, 112; LR/*Franke,* § 338 Rn. 106; *Ranft,* Jura 1995, 579.

teiligten) nicht ausschließen lasse (BGHSt 22, 83). In seinen späteren Entsch.[10] hat der BGH in Fällen unzulässiger Öffentlichkeitserweiterung (z. B. Anwesenheit der Öffentlichkeit trotz § 48 JGG) sowohl eine Revision nach § 338 Nr. 6 als auch nach § 337 in Übereinstimmung mit der älteren Rspr. wieder abgelehnt. Damit beraubt sich das Gericht jeder Möglichkeit, gesetzwidrigen Erweiterungen der Öffentlichkeit entgegenzutreten (zum Ganzen *Roxin,* 1974, 400).

[10] BGHSt 23, 82 m. Anm. *Eb. Schmidt,* JZ 1970, 35 und Rezension *Zipf,* JuS 1973, 350; BGHSt 23, 176; 36, 119.

9. Kapitel. Urteil, Sitzungsprotokoll und Rechtskraft

§ 48. Begriff und Arten, Gegenstand und Zustandekommen des Urteils

Literatur: *Mellinghoff,* Fragestellung, Abstimmungsverf. und Abstimmungsgeheimnis im Strafverf., 1988; *Niebler,* Beratungsgeheimnis und abw. Meinung, FS Tröndle, 1989, 585; *Michel,* Beratung, Abstimmung und Beratungsgeheimnis, DRiZ 1992, 263; *Sternberg-Lieben,* Einstellungsurteil oder Freispruch, ZStW 108 (1996), 721; *Erb,* Zur „Legitimation" von Fehlverurteilungsrisiken, FS Rieß, 2002, 77; *Meyer-Goßner,* Verurteilung und Freispruch versus Einstellung, ebda., 331.

A. Begriff und Arten

Urteil ist die instanzerledigende Entscheidung, die das erkennende Gericht aufgrund einer Hauptverhandlung erlässt (vgl. dazu o. § 23 Rn. 1, 5). 1

Die freisprechende Entscheidung nach § 371 ist ein Beschluss (s. u. § 57 Rn. 18); sie widerspricht daher unserer Definition nicht.

Man unterscheidet – wie im Zivilprozess – Prozessurteil und Sachurteil. Durch **Prozessurteil** wird das Verfahren für unzulässig erklärt („Das Verfahren wird eingestellt"). Durch **Sachurteil** wird darüber entschieden, ob ein Sanktionsanspruch des Staates besteht oder nicht; diese Urteile lauten daher auf Verurteilung, Freisprechung oder Anordnung einer Maßregel der Besserung und Sicherung.

B. Gegenstand

Gegenstand der Urteilsfindung ist der **Prozessgegenstand,** also die in dem Eröffnungsbeschluss bezeichnete Tat als historischer Vorgang, wie sie sich nach dem Ergebnis der Hauptverhandlung darstellt (§ 264 I); zum Begriff der Tat vgl. bereits o. § 20. I. E. liegt darin Folgendes: 2

I. Beschränkung des Urteils auf die angeklagte Tat

Die **Identität des Prozessgegenstandes** muss gewahrt sein, und zwar die sachliche wie die persönliche (vgl. dazu o. § 20). Dies bedeutet, dass das Gericht auch im Urteil nur über die im Eröffnungsbeschluss umschriebene „Tat" befinden darf. Gesteht der Angeklagte z. B. während der Hauptverhandlung, dass er weitere, im Eröffnungsbeschluss nicht genannte Taten begangen habe, so ist das Gericht nicht befugt, auch diese Taten sogleich abzuurteilen. Vielmehr bedarf es hierzu einer erneuten Anklage der StA. 3

II. Nachtragsanklage zur Erweiterung des Prozessstoffs

§ 266 sieht in diesem Fall jedoch eine vereinfachte Form der Klageerhebung vor (sog. **Nachtragsanklage**). Danach kann der StA bereits während der Hauptverhandlung die Anklage mündlich auf weitere Taten des Angeklagten erstrecken (trotz der irreführenden Verwendung des Begriffes „Straftaten" ist auch in § 266 die Tat im prozessualen Sinne gemeint, vgl. *Achenbach,* MDR 1975, 20). § 266 stellt daher keine Durchbrechung, sondern eine Bestätigung des Anklagegrundsatzes dar. Eine solche **„Klageerweiterung"** liegt häufig im Interesse des Angeklagten, der bei klar liegendem Sach- 4 verhalt mehrere Prozesse vermeiden will und stattdessen bestrebt sein wird, auf einmal die gesamte Schuld feststellen zu lassen.

5 Die Nachtragsanklage hat folgende vier **Besonderheiten:**

1. Sie kann mündlich erhoben werden (§ 266 II 1) im Gegensatz zur üblichen Schriftform der Anklage (§ 200) (s. o. § 40 Rn. 15).

2. Der **Angeklagte** muss **zustimmen** (§ 266 I). Dieses Erfordernis soll den Angeklagten vor Überraschung sichern. Die Zustimmung muss eindeutig und ausdrücklich sein; stillschweigende Hinnahme genügt nicht.[1] Die Zustimmung ist als wesentliche Förmlichkeit (§ 273 I) zu protokollieren. Dieses Erfordernis kann nicht dadurch umgangen werden, dass eine weitere Anklage außerhalb der Hauptverhandlung erhoben und nach Eröffnung des Hauptverfahrens das neue Verfahren der laufenden Hauptverhandlung hinzuverbunden wird; vielmehr muss dann mit der HV komplett neu begonnen werden (BGHSt 53, 108).

6 3. Die Erstreckung des Verfahrens erfordert einen dem freien Ermessen des Gerichts unterliegenden **Einbeziehungsbeschluss** (§ 266 I), der dem Eröffnungsbeschluss weitgehend entspricht. Er muss also in der HV verkündet und in das Protokoll aufgenommen werden (BGH StV 1996, 5); andernfalls liegt wie bei einem fehlenden Eröffnungsbeschluss ein Verfahrenshindernis vor, das zur Einstellung führt. Nach BGH NStZ 1990, 137 soll allerdings das Fehlen eines ausdrücklich verkündeten Einbeziehungsbeschlusses kein Verfahrenshindernis bilden, wenn der Einbeziehungswille deutlich zum Ausdruck gebracht wird und der Angeklagte sich mit der Aburteilung einverstanden erklärt hat. Wenn die Nachtragsanklage mangels hinreichenden Tatverdachtes abgelehnt wird, tritt (wegen der summarischen Natur der hierbei durchgeführten Prüfung) die beschränkte Sperrwirkung des § 211 nicht ein (h. M., s. OLG *Karlsruhe* StV 2002, 184, 186; SK/*Velten,* § 266 Rn. 7; KMR/*Stuckenberg,* § 266 Rn. 26).

4. Der Angeklagte kann Unterbrechung der Verhandlung verlangen, worüber er belehrt werden muss (§ 266 III 2); der Vorsitzende kann sie auch von sich aus anordnen (§ 266 III 1).

5. Zur Unzulässigkeit einer Nachtragsklage in der Berufungsinstanz OLG *Stuttgart* NStZ 1995, 51; HK/*Julius,* § 266 Rn. 5.

III. Freie rechtliche Beurteilung der angeklagten Tat

7 Während das Gericht an die tatsächliche Reichweite der im Eröffnungsbeschluss umschriebenen Tat bei seiner Urteilsfindung gebunden ist und allenfalls durch Nachtragsanklage neue Tatkomplexe in die Verhandlung mit einbezogen werden können, ist das Gericht in **rechtlicher Beziehung** völlig **frei.** Das Gericht ist an die rechtliche Beurteilung des Eröffnungsbeschlusses nicht gebunden (§ 264 II). Es hat vielmehr das Recht und die Pflicht, die Tat von sich aus nach allen rechtlichen Gesichtspunkten zu prüfen. Entfällt z. B. der Vorsatz, muss ggf. die Möglichkeit einer fahrlässigen Tatbegehung untersucht werden. Infolgedessen kann es die Tat anders würdigen, als es der Eröffnungsbeschluss getan hat. Näher zur Einheit der Tat o. § 20 Rn. 5 ff.

[1] BGH NJW 1984, 2172 m. Anm. *Gollwitzer,* JR 1985, 126; OLG Hamm StV 1996, 532.

Der Angeklagte ist aber auf die Veränderung des rechtlichen Gesichtspunktes hinzuweisen, damit er genügend Gelegenheit zur Verteidigung erhält (§ 265; i. E. dazu o. § 44 Rn. 27 ff.). 8

C. Zustandekommen durch Beratung und Abstimmung

I. Schluss der Hauptverhandlung

Die Hauptverhandlung schließt mit der Verkündung des Urteils (§ 260 I). Der Verkündung gehen im Kollegialgericht die **Beratung** und **Abstimmung** voraus. Um die gerichtliche Entscheidung von fremden Einflüssen freizuhalten, gestattet § 192 GVG grds. nur die Anwesenheit der hierbei beteiligten Richter; eine Ausnahme gilt nach § 193 GVG für die bei demselben Gericht zu ihrer juristischen Ausbildung beschäftigten Personen, soweit der Vorsitzende deren Anwesenheit gestattet. Solche Personen sind nicht nur Referendare, sondern auch Studenten, die ihre Ferienpraxis ableisten.[2] Die (angeblich zu kurze) Dauer der Urteilsberatung kann nicht Gegenstand revisionsrechtlicher Überprüfung sein (BGHSt 37, 141 m. krit. Anm. *Rüping,* NStZ 1991, 193). 9

Tritt das Gericht, nachdem es sich schon zur Beratung zurückgezogen hatte, erneut in die Verhandlung ein (z. B. um einen Hinweis nach § 265 nachzuholen, einen Antrag zu bescheiden oder noch eine Frage zu stellen), so darf anschließend das Urteil nicht sofort verkündet, sondern es muss ein zweites Mal beraten werden (vgl. § 260 I 1, wonach die Verkündung „auf die Beratung" folgt). In ganz einfachen Fällen genügt es dabei, wenn die Gerichtsmitglieder sich ohne Verlassen des Sitzungssaales in äußerlich erkennbarer Weise darüber verständigen, ob es bei dem bisherigen Beratungsergebnis verbleiben kann (BGHSt 19, 156; BGHSt 24, 170; BGH NStZ 1992, 552 u. 601, dazu *Hamm,* NJW 1992, 3147); doch ist es zweckmäßig, diese Verständigung im Protokoll niederzulegen (BGH NStZ 1987, 472). Meist wird allerdings eine erneute förmliche Beratung im Beratungszimmer nötig sein (BGH NStZ 1991, 595). Ein Verstoß gegen diese Grundsätze führt i. d. R. zur Aufhebung, weil sich eine Beeinflussung des Urteils durch die Unterlassung nochmaliger Beratung nicht ausschließen lassen wird. 10

II. Durchführung von Beratung und Abstimmung

Beratung und Abstimmung leitet der Vorsitzende; Meinungsverschiedenheiten über die Durchführung entscheidet das Gericht (i. E. s. § 194 GVG). Der Berichterstatter gibt seine Stimme zuerst ab; dann stimmen die Schöffen ab (und zwar jeweils der jüngere vor dem älteren); es folgt der zweite beisitzende Berufsrichter, und zum Schluss stimmt der Vorsitzende (§ 197 GVG). Soweit noch mehr Berufsrichter mitwirken (OLG, BGH), wird nach dem Dienstalter, bei gleichem Dienstalter unter Vorantritt des jeweils jüngeren, abgestimmt. Der Vorsitzende stimmt jedoch immer zuletzt. Der Zweck dieser eingehenden Regelung liegt darin, die Selbständigkeit der Entscheidung des jeweils Jüngeren, Rangniederen oder Unerfahreneren zu wahren – angesichts der Einflussmöglichkeiten in der vorangegangenen Beratung ein recht weltfremder Gedanke. 11

[2] Für Beschränkung auf Referendare: BGHSt 41, 119; OLG Karlsruhe NJW 1969, 628; *Schlüchter,* Rn. 581 und die h. M.; wie hier *Kreft,* NJW 1969, 1784; *Kissel/Mayer,* § 193 Rn. 22; *Rüping,* Rn. 528, Fn. 5. Die Ablehnung der Studenten ist wenig einleuchtend, nachdem auch die bei Gericht beschäftigten wissenschaftlichen Hilfskräfte und sogar ausländische Hospitanten zur Urteilsberatung zugelassen werden können (§ 193 I, II GVG). Auch ist nicht einzusehen, warum das Urteil auf der Anwesenheit eines einzelnen Studenten bei der Beratung i. S. d. § 337 beruhen soll. Durchschlagend gegen das genannte Urteil *Speiermann,* NStZ 1996, 397.

III. Gegenstand der Abstimmung

12 § 197 GVG regelt nur die Reihenfolge der Stimmabgabe. Über die **Methode** der Abstimmung schweigt das Gesetz.

1. Es lassen sich aber folgende allg. Grundsätze aufstellen: Das, was logischerweise zuerst festzustellen ist, muss auch zuerst Gegenstand der Abstimmung sein, so also in der Regel das Vorliegen der Prozessvoraussetzungen vor der Schuldfrage, die Schuldfrage vor der Straffrage. Soweit ferner verschiedene Mehrheiten vorgeschrieben sind (einfache Mehrheit oder Zweidrittelmehrheit), ist auch eine getrennte Erörterung nötig. Daraus ergibt sich folgendes:

13 a) Zuerst ist über die **Prozessvoraussetzungen** abzustimmen, und zwar mit einfacher Mehrheit (z. B. über das Unterfallen des Angeklagten unter die deutsche Gerichtsbarkeit oder über die Zuständigkeit; § 196 I GVG). Zu den Prozessvoraussetzungen zählt auch das Nichtvorliegen der Verjährung (vgl. § 263 III).

b) Dann – bei für den Angeklagten nachteiliger Entscheidung mit **Zweidrittelmehrheit** – über die **Schuldfrage** (§ 263 I). Die Schuldfrage greift viel weiter als die Frage nach der Schuld im Sinne des materiellen Rechts. Sie umfasst auch das Vorliegen der objektiven Strafbarkeitsbedingungen (bestr.) und die Gründe, die die Strafbarkeit ausschließen, mindern oder erhöhen (§ 263 II; also z. B. die Frage nach Notwehr, Geisteskrankheit, Rücktritt vom Versuch), ferner die Konkurrenzfragen.

c) Dann, ebenfalls mit Zweidrittelmehrheit, über die **Straffrage,** d. h. die Rechtsfolgen der Tat (§ 263 I). Zur Straffrage gehört auch die Frage einer Versagung der Strafaussetzung zur Bewährung.

d) Schließlich mit einfacher Mehrheit über die **Kosten.**

14 2. Über die verschiedenen Rechtsfolgen ist nicht nach Gründen, sondern nach dem Ergebnis abzustimmen (sog. **Ergebnis-, Total-** oder **Tenorabstimmung**). Innerhalb der Schuldfrage ist also nicht nach Gründen zu fragen (z. B.: Ist der Angeklagte der Täter? Hat er in Notwehr gehandelt? Ist er geisteskrank gewesen? Hat er vorsätzlich gehandelt?), sondern nach dem Ergebnis (soll A wegen Raubes, wegen Diebstahls, wegen unbefugten Fahrzeuggebrauches verurteilt werden?).

Nur die Totalabstimmung gewährleistet, „dass eine Abstimmung zustande kommt, hinter der richterlicher Entscheidungswille mit der gesetzlich geforderten Majorität steht" (vgl. *Eb. Schmidt* III, § 194 Rn. 12).

Denn sonst würde man zu einer Verurteilung kommen, obwohl z. B. einer der drei Richter die Täterschaft verneint, ein anderer die Notwehr bejaht, während der Dritte den Angeklagten für schuldunfähig hält.

15 Die Richtigkeit der Ergebnisabstimmung bei der Schuldfrage ist heute allgemein anerkannt; bei der Abstimmung über Prozessvoraussetzungen ist sie dagegen umstr. (vgl. *Eb. Schmidt* III, § 194 Rn. 10ff.).

Besonderheiten gelten bei der Abstimmung über Rechtsfragen im Revisionsverfahren (vgl. dazu u. § 53 Rn. 77).

§ 49. Die Verkündung des Urteils und der Nebenentscheidungen

Literatur: *Willms,* Zur Fassung der Urteilsformel in Strafsachen, DRiZ 1976, 82; *Römer,* Anspruch auf Urteilsübersetzung im Strafverf., NStZ 1981, 474; *Meyer-Goßner/Appl,* Die Urteile in Strafsachen, 28. Aufl., 2008; *Appl,* Über die „Kunst des Urteilsschreibens", FS Rissing van Saan, 2011, 35; *Riess,* Die schriftlichen Urteilsgründe des Tatrichters, ibid., 491.

A. Die Verkündung

I. Verkündungsgegenstand

1 Das Urteil wird am Schluss der Hauptverhandlung (zur Frist s. o. § 44 Rn. 7) im Namen des Volkes verkündet (§ 268 I), und zwar von dem Vorsitzenden durch Verlesung der Urteilsformel (des sog. **Tenors,** der das Entscheidungsergebnis enthält; s. u. Rn. 6ff.) und Bekanntgabe der **Urteilsgründe** (§ 268 II 1). Die Verlesung des vorher schriftlich zu fixierenden Tenors muss wegen seiner Bedeutung und aus Rücksicht auf den Angeklagten vor der Mitteilung der Urteilsgründe geschehen (§ 268 II 3). Die Verkündung ist aber erst mit der vollständigen Eröffnung der Urteilsgründe abgeschlossen, so dass das Urteil bis dahin von dem erkennenden Gericht noch berichtigt oder ergänzt werden kann; z. B. kann der Vorsitzende nach seinem Ermessen auch während der Urteilsverkündung noch neue Beweisanträge entgegennehmen und in die Verhandlung wieder eintreten (nicht mehr danach, s. BGH StV 2013, 370). Darum stellt die Mitteilung der Gründe zwar keinen existenznotwendigen Teil des Urteils dar (arg. § 338 Nr. 7; vgl. die i. E. aber zw. Entsch. BGHSt 8, 41 u. o. § 44 Rn. 47), wohl aber entgegen BGHSt 15, 264 einen wesentlichen Teil der Hauptverhandlung. Die Verkündung eines Beschlusses nach §§ 268a, b gehört nicht mehr zur Urteilsverkündung (BGHSt 25, 333).

II. Urteilsgründe

2 Die **Eröffnung der Urteilsgründe** ist im Strafprozess im Gegensatz zum Zivilprozess (§ 311 III ZPO) **zwingend** vorgeschrieben. Sie erfolgt ausnahmsweise durch Verlesung (vgl. § 268 II 2 u. IV), üblicherweise in mündlicher, geraffter Darstellung, wobei auf die schutzwürdigen Interessen der Beteiligten Rücksicht genommen werden soll (§ 268 II 3). In ihrer unvollständigen Bekanntgabe liegt ein Verstoß gegen § 268 II 1, der aber weder nach § 338 Nr. 7 (weil dort völliges Fehlen vorausgesetzt ist) noch nach § 337 (weil das Urteil auf dieser nachträglichen Gesetzesverletzung nicht beruhen kann, BGHSt 8, 42) einen Revisionsgrund ergibt.

III. Rechtsmittelbelehrung und Nebenentscheidungen

3 1. Nach der Verkündung des Urteils ist der Angeklagte über die zulässigen **Rechtsmittel zu belehren** (§ 35a). Dabei gebietet es die gerichtliche Fürsorgepflicht, ihn nicht in seiner durch die Urteilsverkündung verursachten Erregung zu einer Erklärung über Rechtsmitteleinlegung oder -verzicht zu drängen und etwaige Äußerungen darüber unter Erforschung seines wahren Willens zu würdigen (s. u. § 53 Rn. 28). Beruht das Urteil auf einer „Verständigung" gem. § 257c, so muss der Verurteilte ausdrücklich darüber belehrt werden, dass er in seiner Entscheidung über die Einlegung eines Rechtsmittels völlig frei ist (§ 35a Satz 3). Die Belehrung kann in geeigneten Fällen auch

schriftlich durch Aushändigung eines Merkblattes an den Angeklagten erfolgen (OLG *Stuttgart* MDR 1990, 74).

4 2. Wird im Urteil eine freiheitsentziehende Strafe oder Maßregel zur Bewährung ausgesetzt, Führungsaufsicht angeordnet oder der Angeklagte mit Strafvorbehalt verwarnt, so trifft das Gericht die nach §§ 56 a–56d, 59a, 68 a–68c StGB erforderlichen Entscheidungen durch einen zugleich mit dem Urteil zu verkündenden Beschluss (§ 268a I, II). Zur Belehrung des Angeklagten durch den Vorsitzenden in solchen Fällen s. § 268a III.

5 3. Befand sich der Angeklagte in **U-Haft** oder war er einstweilig untergebracht, so muss von Amts wegen bei der Urteilsfällung über deren Fortdauer entschieden werden, und zwar durch mit dem Urteil zu verkündenden Beschluss (§ 268b). Ebenfalls möglich ist, dass ein Haftbefehl überhaupt erst bei der Urteilsverkündung erlassen wird (vgl. § 125 II), z. B. wenn wegen einer hohen Strafe Fluchtgefahr besteht.

4. Wird gegen den Verurteilten ein **Fahrverbot** verhängt, so ist er über den Beginn der Verbotsfrist zu belehren (§ 268c). Entsprechend muss bei einer im Urteil gem. § 66a StGb vorbehaltenen **Sicherungsverwahrung** über deren rechtliche Bewandtnisse belehrt werden (§ 268d).

B. Die Urteilsformel (Tenor)

6 Die Urteilsformel (auch Urteilsspruch genannt) ist der wichtigste Teil des Urteils, da sie die Grundlage der Rechtskraft und der etwaigen Strafvollstreckung ist. Der Urteilsspruch kann entweder eine **Formalentscheidung** (Prozessentscheidung) darstellen, wenn wegen eines Verfahrenshindernisses ein Einstellungsurteil erlassen wird (§ 260 I, III; vgl. nachf. Rn. 16), oder eine **Sachentscheidung,** wofür wiederum die drei Möglichkeiten der Verurteilung (nachf. Rn. 7ff.), der Freisprechung (nachf. Rn. 12ff.) und der Anordnungen einer Maßregel der Besserung und Sicherung (u. Rn. 15) bestehen.

I. Verurteilung

7 Bei einer **Verurteilung** muss der Tenor den Rechtsgrund (als Grundlage der Rechtskraft) und die Rechtsfolgen (als Grundlage der Vollstreckung) angeben.

1. a) Die festgestellte Tat muss im Tenor nach ihrer **rechtlichen Bezeichnung** angegeben werden, für welche, soweit möglich, die amtliche Überschrift des Straftatbestandes verwendet werden soll (§ 260 IV 1, 2; etwa: „Der Angeklagte ist einer fahrlässigen Gefährdung des Straßenverkehrs schuldig"). Die angewandten Strafvorschriften sind nicht Bestandteil des Tenors, sondern bilden die Paragrafenliste (u. Rn. 17). I. Ü. steht die Fassung des Tenors zwar weitgehend im Ermessen des Gerichts (§ 260 IV 5). Das Gericht muss jedoch durch den Tenor in „knapper verständlicher Sprache" das begangene Unrecht kennzeichnen sowie die im Urteil getroffenen Anordnungen verlautbaren (BGHSt 27, 287). Daher dürfen keine gesetzlichen Strafzumessungsregeln als selbstständige Tatbestände behandelt werden, so dass § 243 StGB nicht als „besonders schwerer Diebstahl" bezeichnet werden darf;[1] eine Ausnahme besteht bei § 177 II StGB.[2] Ob § 248a StGB ein in den Tenor aufzunehmender eigenständiger Tatbestand ist, ist str. (dag. OLG *Düsseldorf* NJW 1987, 1958; dafür *Naucke,* NStZ 1988, 220). Auch die Klassifizierung als Verbrechen oder Vergehen und sonstige Umständlichkeiten sind überflüssig (BGH NStZ 1986, 40).

[1] Zu den Tenorproblemen bei den §§ 242ff. StGB i. E. BGHSt 23, 254; BGH NJW 1970, 2120; *Börtzler,* NJW 1971, 682; allg. bei Erschwerungsgründen *Granderath,* MDR 1984, 988.

[2] KK/*Ott,* § 260 Rn. 31; BGH NStZ 2007, 478: weil das Gesetz hier selbst von „Vergewaltigung" spricht.

b) Schwierigkeiten bereitet die Tenorierung bei der **Wahlfeststellung.** Nach BGHSt 1, 302 kann dabei das 8
schwerere Strafgesetz (z. B. bei Diebstahl und Hehlerei) i. d R. (einschr. BGH MDR/*Herlan* 1954, 531) unerwähnt bleiben, weil sich § 260 IV 1 nur auf Schuldsprüche beziehe, die auf eindeutigen Feststellungen beruhten. Gem. § 260 IV 5 ist aber eine Tenorierung „wegen Diebstahls oder Hehlerei" auf jeden Fall zulässig und auch in der Praxis üblich (BGHSt 25, 182, 186; grds. dagegen aber Anfragebeschluss des 2. StS v. 4.1.2014, 2 StR 495/12).

c) Bei einer Verurteilung aus mehreren Tatbeständen sind diese unter Angabe ihres Konkurrenzverhältnis- 9
ses einzeln aufzuführen, z. B. bei Tatmehrheit: „Der Angeklagte wird wegen Einbruchsdiebstahls und (oder: sowie) Widerstandes gegen Vollstreckungsbeamte bestraft" (BGH NJW 1986, 1116), oder bei Tateinheit: „Der Angeklagte ist einer Urkundenfälschung in Tateinheit mit Betrug schuldig." In Bayern sind stattdessen die missverständlichen Formeln „sachlich zusammentreffend" (für Tatmehrheit) bzw. „rechtlich zusammentreffend" (für Tateinheit) gebräuchlich.

2. a) Außer der festgestellten Tat muss der Tenor die **erkannten Rechtsfolgen** angeben, d. h. die Haupt- 10
und Nebenstrafen, Nebenfolgen und ggf. Maßregeln der Besserung und Sicherung, nach Art und Maß, z. B.: „Der Angeklagte wird zu einer Geldstrafe von 90 Tagessätzen zu je 80,– EUR verurteilt" (abw. *Naucke,* NJW 1978, 407). „Er darf das Gewerbe eines Altwarenhändlers für die Dauer von drei Jahren, gerechnet vom Eintritt der Rechtskraft dieses Urteils, nicht ausüben." Auch die Aussetzung der Rechtsfolge zur Bewährung oder die Verwarnung mit Strafvorbehalt sind im Tenor zum Ausdruck zu bringen (§ 260 IV 4), nicht jedoch deren Einzelheiten (§ 268a). Wenn die Schwere der Schuld die spätere Aussetzung einer lebenslangen Strafe nach § 57a I 1 Nr. 2 oder § 57b StGB ausschließen soll, so muss dies bereits vom Schwurgericht in den Tenor seines Urteils aufgenommen werden (BVerfGE 86, 288; BGHSt 39, 121 m. zust. Anm. *Meurer,* JR 1993, 251). Die Verneinung der besonderen Schuldschwere kann den Urteilsgründen vorbehalten bleiben (BGH NStZ 1993, 448). Äußert sich das Urteil überhaupt nicht, steht bei einer Revision des Angeklagten einer Zurückverweisung an den Tatrichter zur Nachholung der Entscheidung über die Schuldschwere das Verbot der Schlechterstellung entgegen (BGH NStZ 1993, 449).

b) Bei Tatmehrheit wird regelmäßig nur die Gesamtstrafe im Tenor aufgeführt, während sich die Einzel- 11
strafen erst aus den Gründen ergeben. Ihre Aufnahme in den Tenor wäre aber gleichfalls zulässig (§ 260 IV 5).

c) Zu den im Tenor anzuordnenden Rechtsfolgen gehört auch die Kostentragungspflicht des Verurteilten (§§ 464, 465).

d) Der Tenor enthält (außer der Kostenregelung, s. § 465 I 2) überhaupt keine Rechtsfolge, wenn von Strafe abgesehen (vgl. §§ 60, 157f.; 174 IV) oder der Angeklagte für straffrei erklärt wird (vgl. § 199 StGB), also z. B.: „Der Angeklagte ist einer vorsätzlichen Körperverletzung schuldig. Von Strafe wird abgesehen" (dazu eingehend *Wagner,* GA 1972, 33). Es handelt sich auch in diesen Fällen um keinen Freispruch, sondern um eine Verurteilung (a. M. *Peters,* 471; s. aber §§ 260 IV 4, 465 I 2).

II. Freispruch

Bei einem freisprechenden Urteil lautet der Tenor nur auf **Freispruch;** Zusätze wie 12
„mangels Beweises" oder „wegen erwiesener Unschuld" gehören nicht hierher, sondern sind nur in den Gründen auszuführen (§ 267 V). Ebenso wenig gehört die Angabe des in der Anklage vorgeworfenen Delikts in die Urteilsformel, da der Freispruch die Tat unter jedem rechtlichen Gesichtspunkt ergreift. Der Tenor lautet daher: „Der Angeklagte wird freigesprochen. Die Kosten des Verfahrens und die notwendigen Auslagen des Angeklagten fallen der Staatskasse zur Last" (s. § 467).

III. Teilfreispruch

Für die Tenorierung tauchen Schwierigkeiten auf, wenn der Angeklagte nicht völlig 13
unschuldig ist, die im Urteil getroffenen Feststellungen aber nicht mit dem Eröffnungsbeschluss übereinstimmen. Hier gilt der Grundsatz, dass bei einem einheitlichen historischen Vorgang (d. h. innerhalb desselben Prozessgegenstandes) nur entweder

auf Verurteilung oder auf Freispruch erkannt werden kann, während ein teils verurteilendes, teils freisprechendes Erkenntnis („unter Freisprechung im Übrigen") nur bei verschiedenen Taten im prozessualen Sinne möglich ist.[3]

14 1. Nahm die Anklage statt eines Diebstahls irrig einen Raub an, erfolgt daher nur eine Verurteilung wegen Diebstahls, während sich über die Nichterweislichkeit der Raubmerkmale nur die Gründe aussprechen (§ 267 III). Das Ausbleiben einer Freisprechung kann allerdings leicht zu einem falschen Eindruck führen (s. *Henkel,* 413), z. B. bei einer Anklage wegen Mordes und einer Verurteilung wegen Führens einer Waffe ohne Waffenschein (§§ 53 III, 35 WaffG).

2. Eine teilweise Freisprechung erfolgt auch dann nicht, wenn die Folgetaten bei einer Rauschtat ausgewechselt werden (BGHSt 13, 223), denn die Identität des Prozessgegenstandes wird dadurch nicht berührt. Etwas anderes gilt erst dann, wenn sich die Beurteilung der prozessualen Selbstständigkeit zweier Taten zwischen Eröffnungsbeschluss und Urteil ändert und eine dieser Taten nicht nachzuweisen ist (vgl. BGH NJW 1952, 433). Da hier die ausgeschiedenen Teile von dem Verurteilungstenor nicht mehr erfasst werden, muss insoweit ein (Teil-) Freispruch erfolgen.

IV. Maßregelanordnung

15 Eine **Maßregel der Besserung und Sicherung** kann nicht nur neben der Verurteilung (s. o. Rn. 10), sondern auch gem. § 268a neben einem Freispruch verhängt werden, wenn sich in der Hauptverhandlung herausstellt, dass der Angeklagte schuldunfähig ist. Ein nur auf Anordnung einer solchen Maßregel lautender Tenor ist im Sicherungsverfahren möglich (s. u. § 66).

V. Einstellungsentscheidung

16 Während die **Einstellung** bei geringer Schuld immer durch Beschluss erfolgt (§§ 153 II 3, 153a II 3), wird die wegen eines **Verfahrenshindernisses** (z. B. bei fehlendem Strafantrag, Verjährung oder Amnestierung der Tat sowie in außergewöhnlichen Einzelfällen auch bei rechtsstaatswidriger Verfahrensverzögerung, BGHSt 46, 159) erforderliche Einstellung nur außerhalb der Hauptverhandlung durch Beschluss ausgesprochen (vgl. § 206a), in der Hauptverhandlung dagegen durch **Urteil** (§ 260 III). Der Tenor lautet dann: „Das Verfahren wird eingestellt." Ist gleichzeitig die Täterschaft des Angeklagten nicht erwiesen, muss (entgegen RGSt 20, 46; RGSt 42, 399) auch bei Vorliegen eines Verfahrenshindernisses Freispruch erfolgen.[4] Ist eine vorsätzliche Tat nicht erwiesen und die fahrlässige verjährt, muss also freigesprochen werden (BGHSt 36, 340). Auch das Einstellungsurteil muss in einer für das Revisionsgericht nachprüfbaren Weise begründet werden (BGHSt 56, 6).

VI. Paragrafenliste

17 Die angewandten Vorschriften sind nach dem Tenor in einer selbstständigen **Paragrafenliste** „nach Paragraf, Absatz, Nummer, Buchstabe und mit der Bezeichnung des Gesetzes" aufzuführen (§ 260 V 1, also z. B. „§ 315c Abs. 1 Nr. 1a, 2a, Abs. 3 Nr. 2 StGB"). Die Liste, die als Grundlage für die computergerechte Mitteilung an das Bundeszentralregister dient (§§ 20, 5 I Nr. 6 BZRG), wird nicht verlesen (§ 268 II 1).

[3] Ebenso SK/*Velten,* § 260 Rn. 10; a. A. für den Fall real konkurrierender Delikte die h. M., vgl. BGHSt 44, 196, 202, mit dem Argument, man müsse den Eröffnungsbeschluss *erschöpfend erledigen* und stelle sonst den Angeklagten mindestens bezüglich der Kostenfolge schlechter; weitere Nachweise bei SK/*Velten,* § 260 Rn. 10–12; KMR/*Stuckenberg,* § 260 Rn. 32f.; *M-G,* § 260 Rn. 12f.).

[4] RGSt 66, 51; 70, 193; BGHSt 7, 256; ggf. kann dieser Freispruch im Wege der Revision erstrebt werden, BGH GA 1959, 17; OLG Oldenburg NJW 1985, 1177.

§ 50. Die Urteilsurkunde

Literatur: *Rieß,* Die Urteilsabsetzungsfrist (§ 275 I StPO), NStZ 1982, 441; *Michalke-Detmering,* Die Mindestanforderungen an die rechtl. Begründung des erstinstanzl. Strafurteils, 1987; *Löffler/Rieß,* Die Berechnung der Urteilsabsetzungsfrist nach § 275 StPO, NStZ 1987, 318; *Huber,* Grundfragen des Strafurteils, JuS 1989, 728, 983; JuS 1990, 38, 112, 204, 555, 732; *Meyer-Goßner,* Der Aufbau des Strafurteils, Jura 1990, 253; *Wagner,* Die Beweiswürdigungspflicht im tatrichterl. Urteil im Falle der Verurteilung, ZStW 106 (1994), 259; *M. Huber,* Das Strafurteil, 2004; *Janke,* Die Verwendung von Abbildungen bei der Begründung des Strafurteils, 2009; *Noster,* Die abgekürzte Urteilsbegründung im Strafprozess, 2010; *Riess,* Die schriftlichen Urteilsgründe des Tatrichters. Materialien zur Reform des § 267 StPO, FS Rissing van Saan, 2011, 491; s. ferner die Lit. zu § 49.

Das Urteil wird **schriftlich niedergelegt,** um die Entscheidung des Gerichts und die 1
für sie maßgebenden Gründe eindeutig festzuhalten. Der Tenor muss bereits bei Verkündung vorliegen (o. § 49 Rn. 1), die Gründe werden i. d. R. erst später schriftlich „abgesetzt", im Schöffengericht durch den Vorsitzenden, in der Strafkammer und anderen Kollegialgerichten zunächst durch den Berichterstatter. Allerdings müssen alle Richter, die das Urteil unterzeichnen (§ 275 II 1), mit dem Inhalt einverstanden sein, weil sie dadurch die Übereinstimmung der Urteilsgründe mit dem Beratungsergebnis bestätigen (BGHSt 26, 92f.; BGHSt 26, 247f.; BGHSt 31, 212). In einem demokratischen Rechtsstaat sind die Gerichte verpflichtet, ihre Entscheidungen in angemessener Weise der Öffentlichkeit zugänglich zu machen. Daher hat ein Antragsteller, der die Entscheidung in einer Fachzeitschrift veröffentlichen und unter rechtswissenschaftlichem Aspekt besprechen will, i. d. R. einen Anspruch auf Aushändigung einer anonymisierten Urteilsabschrift (OLG *Celle* NStZ 1990, 553).

A. Die Absetzung des Urteils

Das Urteil wird meist erst nach der Verkündung abgesetzt; das muss unverzüglich, im 2
Regelfall aber spätestens fünf Wochen nach der Urteilsverkündung geschehen (§ 275 I 1, 2). Für umfangreiche Verfahren sind Verlängerungen vorgesehen, die sich nach der Zahl der Verhandlungstage richten. Für jeden begonnenen Abschnitt von zehn Hauptverhandlungstagen verlängert sich die Absetzungsfrist um zwei Wochen, wenn die Hauptverhandlung an mehr als drei Tagen stattgefunden hat. Bei einer 4–10-tägigen Hauptverhandlung beträgt die Absetzungsfrist also schon sieben Wochen, bei 11–20-tägiger Verhandlung neun Wochen.[1] Auch diese Fristen dürfen u. U. noch überschritten werden, „wenn und solange das Gericht durch einen im Einzelfall nicht voraussehbaren Umstand an ihrer Einhaltung gehindert worden ist" (§ 275 I 4); eine Fristüberschreitung würde also etwa bei einer unvorhersehbaren Krankheit des Richters (BGH NStZ 1982, 80; NStZ 1986, 564), nicht aber bei bloßer Arbeitsüberlastung (BGH NStZ 1992, 398) oder Urlaub, gerechtfertigt sein. Aber auch eine zeitweilige Dienstunfähigkeit des Berichterstatters legitimiert keine Fristverlängerung, wenn die Abfassung des Urteils durch einen anderen Richter des Spruchkörpers möglich und zumutbar ist (BGHSt 26, 249; BGH NStZ 1988, 513). Wird das Urteil nicht innerhalb des sich aus § 275 I 2–4 ergebenden Zeitraums zu den Akten, d. h. in vollständiger, von allen Richtern unterschriebener Form auf den Weg zur Geschäftsstelle

[1] BGHSt 35, 259 gegen *Löffler,* NStZ 1987, 318; 1989, 284, der aus der Wendung „für *jeden* begonnenen Abschnitt von zehn Hauptverhandlungstagen" elf Wochen herausrechnet, was dem Wortlaut nach möglich, aber sinnwidrig ist, vgl. *Rieß,* NStZ 1987, 318f.

gebracht, so ist nach § 338 Nr. 7 ein absoluter Revisionsgrund gegeben; das Urteil wird also bei entsprechendem Antrag, den auch die StA stellen kann (BGH NStZ 1985, 184), ausnahmslos aufgehoben (BGHSt 26, 247; eine nachträgliche Unterschrift ändert daran nichts, BGH StV 1984, 275; StV 1992, 98). Auch ein Irrtum über die Dauer der HV kann die Fristüberschreitung nicht rechtfertigen (BGH StV 1997, 402). Wird innerhalb der Frist ein Entwurf zu den Akten gebracht, der nach deren Ablauf noch überarbeitet werden soll, so ist die Frist des § 275 auch dann nicht eingehalten, wenn sachliche Veränderungen nicht mehr vorgenommen werden (BGH NStZ 1993, 200); um eine Urteilsberichtigung (vgl. u. § 53 Rn. 2) handelt es sich dann nicht. Die Revisionsgerichte haben bei der Überprüfung bisher recht strenge Maßstäbe angelegt (*Rieß*, NStZ 1982, 441). Um dem Revisionsgericht die Überprüfung zu ermöglichen, ob die Frist zur Urteilsabsetzung eingehalten worden ist, muss die Geschäftsstelle nach § 275 I 5 den Zeitpunkt des Eingangs der Gründe und einer etwaigen nachträglichen Änderung, die gem. § 275 I 3 nur innerhalb der Frist erfolgen darf, schriftlich vermerken. Die Rüge einer Verletzung der in § 275 vorgesehenen Frist muss nach BGHSt 29, 203 (abl. Anm. *Peters*, JR 1980, 520) die Angabe enthalten, wann das Urteil verkündet und wann es zu den Akten gebracht wurde.

Eine schriftliche Abfassung des ganzen Urteils mit Gründen vor der Verkündung ist immer zulässig und besonders dann erwünscht, wenn die Verkündung des Urteils ausgesetzt war (§ 268 IV).

B. Aufbau des Strafurteils

3 Das Strafurteil ist folgendermaßen aufgebaut:

1. **Eingang** – das früher mit roter Tinte geschriebene **Rubrum** (§ 275 III). Dazu zählen die Bezeichnung des Angeklagten, die Angabe der Straftat, die Bezeichnung des erkennenden Gerichts sowie die Angabe des Tages der Sitzung.

2. Urteilsformel (Tenor, Urteilsspruch; vgl. dazu o. § 49 Rn. 6ff.)

3. Paragrafenliste (o. § 49 Rn. 17)

4. Gründe

5. Unterschrift.

C. Urteilsbegründung

4 1. Die Urteilsbegründung hat mehrfache Bedeutung:

a) Sie soll den Beteiligten zeigen, dass Recht gesprochen worden ist.

b) Sie setzt den Anfechtungsberechtigten in die Lage, eine sachgerechte Entscheidung über die Einlegung von Rechtsmitteln zu fällen.

c) Sie soll der höheren Instanz ermöglichen, das Urteil nachzuprüfen. In dem für den Angeklagten in der Regel entscheidenden Punkt, nämlich dem Inhalt der Beweisaufnahme, ist diese Nachprüfung aber mangels einer zuverlässigen Dokumentation der Beweisergebnisse weitgehend wirkungslos (näher o. § § 44 Rn. 59).

d) Sie gewährleistet durch klare Beschreibung der Tat das „ne bis in idem" (Art. 103 III GG; s. u. § 52 Rn. 6ff.).

e) Sie gibt der Vollzugsbehörde Anhaltspunkte für die Behandlung des Verurteilten.

2. Das Strafurteil enthält nur einen Abschnitt *„Gründe"* und zerfällt nicht – wie das Zivilurteil – in Tatbestand (d. h. eine gedrängte Darstellung des Sach- und Streitstandes aufgrund der Vorträge der Parteien unter Hervorhebung der gestellten Anträge – § 313 ZPO) und Entscheidungsgründe. Der Tatbestand i. S. d. ZPO ist eine Folge der Verhandlungsmaxime. Da diese im Strafprozess nicht gilt, entfällt er hier. 5

3. Stimmen die mündlich verkündeten Urteilsgründe mit den schriftlichen nicht überein, so sind allein die schriftlichen Urteilsgründe maßgebend. Die Nichtübereinstimmung ist daher auch kein Revisionsgrund (BGHSt 2, 63; BGHSt 7, 363). 6

4. Die **Gründe des verurteilenden Erkenntnisses** *müssen* enthalten (vgl. § 267; zum Aufbau und zur Gliederung vgl. BGH NStZ 1994, 400): 7

a) die erwiesenen Tatsachen;

b) den Ausspruch über die „besonderen Umstände" des § 267 II (z. B. Notwehr);

c) das angewandte Strafgesetz;

d) die Gründe für die Entscheidung über die mildernden Umstände, falls entweder deren Voraussetzungen angenommen oder ein dahin gehender Antrag abgelehnt worden ist;

e) die Strafzumessungsgründe (s. dazu § 267 III 1–3);

f) die Begründung der Entscheidung über die Strafaussetzung zur Bewährung, falls entweder eine Strafe ausgesetzt wird oder einem Antrag auf Strafaussetzung nicht entsprochen wird; entsprechendes gilt für die Verwarnung mit Strafvorbehalt und das Absehen von Strafe (§ 267 III 4);

g) ggf. die Mitteilung, dass dem Urteil eine „Verständigung" gem. § 257c vorausgegangen ist (§ 267 III 5);

h) die Begründung für die Verhängung einer kurzfristigen Freiheitsstrafe (§ 47 StGB).

Das Gesetz verlangt im Allgemeinen nur die Angabe der erwiesenen Tatsachen (zu den Anforderungen bei Serienstraftaten BGH NStZ 1992, 602 m. Anm. *Molketin;* BGH NStZ 1994, 352). Es brauchen also nicht die Beweismittel und die für die richterliche Überzeugung maßgebenden Gründe angeführt zu werden. Auf Fotos, die sich bei den Akten befinden, kann verwiesen werden (§ 267 I 3, näher dazu BGHSt 41, 376, aber nicht auf elektronische Speichermedien, BGHSt 57, 53). Lediglich beim Indizienbeweis sollen die Gründe wenigstens auch die Beweistatsachen angeben (§ 267 I 2). 8

Diese Regelung ist verfehlt. In der Praxis enthält – soweit nötig – jedoch jedes Urteil eine Beweiswürdigung; sonst würde nämlich das Revisionsgericht das Urteil auf die Aufklärungsrüge oder auf die behauptete Fehlerhaftigkeit der Beweiswürdigung hin aufheben, da es sich keine Sicherheit darüber verschaffen könnte, ob die Beweiswürdigung rechtsfehlerfrei erfolgt ist oder nicht (dazu *Jerouschek,* GA 1992, 507f.). Dadurch wird ein Druck auf die Untergerichte ausgeübt, in ihren Urteilen eine genaue Beweiswürdigung vorzunehmen (vgl. u. § 55 Rn. 27). So verlangt der BGH in st. Rspr., dass der Tatrichter eine von den Urteilsfeststellungen abweichende Einlassung des Angekl. im Urteil ebenso wiedergibt wie die wesentlichen

Ergebnisse der Beweisaufnahme, durch die die Einlassung in der im Urteil anzustellenden Gesamtwürdigung widerlegt wird (SK/*Velten*, § 267 Rn. 37; KK/*Kuckein*, § 267 Rn. 13f.). Diese strengen Anforderungen verschlingen zwar eine beträchtliche Arbeitskapazität der Justiz, sind aber jedenfalls bei nur noch mit der Revision anfechtbaren Urteilen legitim, weil die tatsächlichen Feststellungen in der Regel den Hauptstreitpunkt bilden, vom Rechtsmittelgericht aber nicht als solche, sondern nur anhand der Urteilsbegründung auf Plausibilität überprüft werden können (u. § 55 Rn. 32).

9 5. Ein **verkürztes verurteilendes Erkenntnis** sieht § 267 IV vor: Verzichten alle zur Anfechtung Berechtigten auf Rechtsmittel oder lassen sie die Rechtsmittelfrist verstreichen so genügt die Angabe der für erwiesen erachteten Tatsachen, in denen die gesetzlichen Merkmale der strafbaren Handlung gefunden werden, und des angewendeten Strafgesetzes; bei bestimmten Urteilen kann dazu auf den Anklagesatz, die Anklage nach § 418 III 2 oder den Strafbefehl sowie den Strafbefehlsantrag Bezug genommen werden. Den weiteren Inhalt der Urteilsgründe kann das Gericht unter Berücksichtigung der Umstände des Einzelfalles (z. B. nach den Bedürfnissen des Straf- oder Maßregelvollzuges) ermessensgemäß bestimmen. Ist die Einlegungsfrist unverschuldet versäumt worden und wird dem Anfechtungsberechtigten demgemäß Wiedereinsetzung gewährt, so dürfen die Urteilsgründe nachträglich innerhalb der Frist des § 275 ergänzt werden.

10 6. Bei einer **Freisprechung** müssen die Gründe ergeben, ob der Angeklagte aus tatsächlichen Gründen (z. B. weil seine Täterschaft nicht hinlänglich bewiesen sei) oder aus rechtlichen Gründen (z. B. weil eine erbetene Sterilisation nach geltendem Recht straflos sei) freigesprochen wird (§ 267 V 1). Hierbei muss die Begründung denselben Anforderungen genügen wie bei einer Verurteilung, näher BGH NJW 1980, 2423; NStZ 1990, 448. In den Fällen des § 267 IV kann es nach § 267 V 2 bei der Kurzbegründung verbleiben, ob die angeklagte Straftat aus tatsächlichen oder rechtlichen Gründen nicht festgestellt worden ist.

11 7. Über die Begründung eines **Einstellungsurteils** sagt das Gesetz nichts. Die Gründe müssen aber doch so viel enthalten, dass dem Revisionsgericht die Nachprüfung möglich ist, ob die Einstellung zu Recht erfolgt ist (vgl. RGSt 69, 157).

12 8. Ein **verurteilendes Erkenntnis** wird in den Gründen demnach regelmäßig wie folgt **aufgebaut:**

a) Erörterungen zur Person: Stets wird in den Urteilsgründen ein Eingehen auf die Persönlichkeit des Angeklagten notwendig sein, einmal weil das für die Begründung des Strafmaßes von Bedeutung ist, außerdem aber, weil das Bild der Persönlichkeit für die Vollzugsbediensteten wesentlich und bei etwaigen späteren Straftaten desselben Angeklagten für die Beurteilung der Gesamtpersönlichkeit unerlässlich ist.

b) Feststellung des Sachverhaltes

c) Vorbringen des Angekl. zu den Feststellungen („Einlassung"), Beweisergebnisse u. Beweiswürdigung

d) Rechtsausführungen

e) Strafzumessung

f) Begründung der Nebenentscheidungen.

D. Unterschrift

Das Urteil ist von den Berufsrichtern, die bei der Entscheidung mitgewirkt haben, zu unterschreiben (§ 275 II 1). Mängel sind mit der Verfahrensrüge geltend zu machen (BGHSt 46, 204). Ist ein Richter an der Unterschrift verhindert, so muss dies von einem der mitwirkenden Richter unter Angabe des Grundes vermerkt werden (§ 275 II 2); der Verhinderungsvermerk durch einen am Urteil nicht beteiligten Richter genügt nicht und begründet die Revision nach § 338 Nr. 7 (BGH NStZ 1993, 448). Die Unterschrift muss in voller Kenntnis des Urteilsinhalts erfolgen. Im Voraus gegebene Blankounterschriften sind unwirksam (BGHSt 27, 334). Ebenso muss das Urteil auch dann aufgehoben werden, wenn ein Richter, der das Urteil nicht unterschrieben hat, nach Ablauf der Frist des § 275 I seine Billigung des Urteils erklärt (BGH StV 1995, 454). Dagegen beeinträchtigen Zusätze zur Unterschrift, die eine bloß inhaltlich abweichende Meinung zum Ausdruck bringen, deren Gültigkeit nicht (BGHSt 26, 92). Bei der Entscheidung, ob ein Beisitzer aus tatsächlichen Gründen verhindert ist, steht dem Vorsitzenden ein pflichtgemäßes Ermessen zu (BGH NStZ 1993, 96). Die ehrenamtlichen Richter unterschreiben das Urteil nicht (§ 275 II 3), da sie zur Zeit der schriftlichen Urteilsabfassung ja nicht mehr anwesend sind. Zum Zeitpunkt des Erlasses eines Urteils vgl. o. § 23 Rn. 4. 13

E. Beispiel

Geschäftsnummer 7a Ls 136/03 14

Im Namen des Volkes!

In der Strafsache gegen den Krankenpfleger K.-B. N. aus Bremen-Osterholz, Wiesenstr. 5, geb. am 25.3.1965 in Oyterdam, Kreis Verden, Deutscher, verheiratet,

wegen fahrlässiger Tötung, Körperverletzung und Straßenverkehrsgefährdung

hat das Schöffengericht in Herzberg am Harz in der Sitzung vom 18.11.2003, an der teilgenommen haben

Richter am Amtsgericht R. als Vorsitzender,

Hausfrau L. G. aus Herzberg,

Hausmeister B. H. aus Herzberg als Schöffen,

Staatsanwalt Dr. E. als Beamter der Staatsanwaltschaft,

Rechtsanwalt Dr. K. als Verteidiger,

Referendar S. als Urkundsbeamter der Geschäftsstelle,

für Recht erkannt:

Der Angeklagte ist der fahrlässigen Tötung in Tateinheit mit drei fahrlässigen Körperverletzungen und einer fahrlässigen Straßenverkehrsgefährdung schuldig.

Es wird gegen ihn auf eine Geldstrafe in Höhe von 180 Tagessätzen zu je 40 EUR erkannt.

Der Angeklagte trägt die Verfahrenskosten.

Angewendete Vorschriften: §§ 222, 229, 315c Abs. 1 Nr. 2a, Abs. 3 Nr. 2, 52 I u. II StGB.

Gründe:

Der bisher nicht bestrafte Angeklagte ist seit drei Jahren kinderlos verheiratet und hat nach Abzug seiner Unterhaltsverpflichtung ein monatliches Nettoeinkommen von 1200 EUR. Seit sechs Jahren besitzt er den Führerschein der Klasse III, seit vier Jahren einen eigenen Kraftwagen.

In der Hauptverhandlung wurde aufgrund der Angaben des Angeklagten, soweit ihnen gefolgt werden konnte, sowie der unbeeideten Aussage des sachverständigen Zeugen Dr. S. und der unbeeideten Aussagen der Zeugen I., K., St., G. und G. K. und der zum Gegenstand der mündlichen Verhandlung gemachten polizeilichen Unfallskizze (Bl. 3 d. A.) folgender Sachverhalt als erwiesen festgestellt:

Der Angeklagte befuhr mit seinem Opel-Kraftwagen, amtliches Kennzeichen HB – …, am 3. Mai 2003 gegen 18.25 Uhr in Herzberg die Heidestraße in westlicher Richtung. Als er die vorfahrtberechtigte Göttinger Straße erreichte, bog er, ohne vorher anzuhalten oder seine Geschwindigkeit von ca. 40 km/h wesentlich zu vermindern, nach links in sie ein, obwohl der auf der Göttinger Straße in südlicher Richtung fahrende, für den Angeklagten somit von rechts kommende Zeuge I. mit seinem Omnibus bei einer Geschwindigkeit von etwa 45 km/h nur noch etwa 10 –15 m von der Einmündung der Heidestraße entfernt war. Um nicht auf den Kraftwagen des Angeklagten aufzufahren, musste der Zeuge I. plötzlich und heftig bremsen. Dadurch fuhr der hinter dem Omnibus fahrende Lastwagen des L., der nicht mehr rechtzeitig abgebremst werden konnte, auf die Hinterwand des Busses. Durch diesen Zusammenstoß wurden die auf den hinteren Bänken des Busses sitzenden Zeugen K., G. K. und G. verletzt, und zwar erlitt die Zeugin G. K. Lippenplatzwunden, Schienbeinprellungen und Schulterverletzungen, der Zeuge G. und der Zeuge K. wurden am Schienbein verletzt. Die Verletzungen mussten ambulant behandelt werden; Arbeitsunfähigkeit hatten sie nicht zur Folge. Gravierendere Folgen hatte der Unfall für die Businsassin Frieda P., die durch das Bremsmanöver hinstürzte und den Oberschenkelhals brach. Es musste deshalb trotz des schlechten Allgemeinzustandes der Verletzten, die an Diabetes und Bluthochdruck litt, eine Operation durchgeführt werden, die in der Folge trotz fachgerechter Behandlung zu einer tödlichen Lungenembolie führte. Der an dem Omnibus entstandene Sachschaden betrug etwa 6500 EUR, während die Reparaturkosten für den gleichfalls beschädigten Lastwagen 8780,32 EUR betrugen.

Der Angeklagte hat sich dahin eingelassen, dass der Omnibus des Zeugen I. noch weit von der Kreuzung entfernt gewesen sei, als er – der Angeklagte – in die Göttinger Straße eingebogen sei; keinesfalls habe der Zeuge I. seinetwegen so scharf abbremsen müssen. Diese Einlassung wird durch die voneinander unabhängigen, sachlich übereinstimmenden Aussagen der Zeugen I. und St. widerlegt, wobei das Gericht vor allem die Aussage der unbeteiligten Augenzeugin St. in vollem Umfang für glaubwürdig hält. Beide Zeugen haben angegeben, dass der Angeklagte erst unmittelbar vor dem mit erheblicher Geschwindigkeit herannahenden Bus in die Göttinger Straße eingebogen sei und der Omnibus deswegen den Kraftwagen des Angeklagten auf jeden Fall gerammt hätte, wenn der Zeuge I. nicht auf der Stelle scharf gebremst hätte. Da die Kreuzung, wie gerichtsbekannt ist und auch alle Zeugen übereinstimmend bekundet haben, derart unübersichtlich ist, dass man den vorfahrtberechtigten Verkehr nur bei schrittweisem Hineinfahren in die Göttinger Straße rechtzeitig überblicken kann, handelte der Angeklagte grob verkehrswidrig, als er, wie er selbst einräumt, ohne wesentliche Herabsetzung der Geschwindigkeit in die Göttinger Straße einbog. Da er infolge der Unübersichtlichkeit der Kreuzung zu diesem Zeitpunkt noch gar nicht wissen konnte, ob und in welcher Entfernung sich ein vorfahrtberechtigtes Fahrzeug näherte, handelte er auch rücksichtslos, denn er ließ – sei es aus eigensüchtigen Gründen oder aus Gleichgültigkeit – gegen sein Verhalten von vornherein keine Bedenken aufkommen, obwohl es auf der Hand lag, dass die Sichtlinie nur ganz langsam überfahren werden durfte. Als versierter Kraftfahrer konnte der Angeklagte über die grobe Verkehrswidrigkeit seines Verhaltens nicht im Unklaren sein, und auch mit dem Herannahen eines vorfahrtberechtigten Fahrzeuges hätte er rechnen müssen und können, ebenso mit der dadurch verursachten Gefährdung des vorfahrtberechtigten Fahrzeugs und Verletzung seiner Insassen. Die Tatbestandsmerkmale des § 315c III Nr. 2 i. V. m. I Abs. 1 Nr. 2a StGB sind damit zur Überzeugung des Gerichts festgestellt; hingegen konnte weder der volle Vorsatz nach § 315c Abs. 1 noch der beschränkte nach Abs. 3 Nr. 1 mit der für eine Verurteilung erforderlichen Sicherheit erwiesen werden. Die Einlassung des Angeklagten, er habe vor der Einfahrt in die Göttinger Straße aufgrund einer plötzlichen Fehlleistung darauf vertraut, es werde schon kein vorfahrtberechtigtes Fahrzeug da sein, erscheint glaubwürdig; mindestens kann sie ihm nicht widerlegt werden.

Neben der Straßenverkehrsgefährdung hat sich der Angeklagte durch dieselbe Handlung auch einer fahrlässigen Tötung der Insassin Frieda P. sowie dreier fahrlässiger Körperverletzungen zum Nachteil der Zeugen K., G. und G. K. schuldig gemacht (§§ 229, 230 StGB), für die sämtlich Strafantrag gestellt ist. Es lag innerhalb der Lebenserfahrung, dass die von dem Angeklagten verursachte scharfe Abbremsung des Omnibusses zu einem Auffahrunfall durch ein nachfolgendes Fahrzeug führte und dass dadurch Menschen zu Schaden kamen. Ein etwaiges Verschulden des Lastwagenfahrers L. spielt keine Rolle, da die Vorhersehbarkeit des Unfalls dadurch nicht ausgeschlossen wird. Dies gilt insb. auch für die durch den Unfall veranlasste und in Folge einer späteren Lungenembolie zum Tode führende Operation der Geschädigten Frieda P. Es liegt ohne weiteres innerhalb der Lebenserfahrung, dass sich in einem Bus ältere und gesundheitlich beinträchtigte Menschen aufhalten, für die ein zum Oberschenkelhalsbruch führender Verkehrsunfall häufig trotz fachgerechter Behandlung tödlich endet.

Die Abfolge der Ereignisse war auch für den Angeklagten als einen versierten Kraftfahrer voraussehbar und (durch rechtzeitiges Anhalten) vermeidbar, so dass ihm auch in bezug auf die Tötung und die Körperverletzungen der Schuldvorwurf der Fahrlässigkeit zu machen ist.

Er hat die Tötung der Frieda K., Verletzungen der drei Zeugen durch dieselbe Handlung herbeigeführt (§ 52 StGB) und dadurch zugleich gegen § 315c III Nr. 2 i. V. m. I Nr. 2a StGB verstoßen.

Bei der Strafzumessung war zu berücksichtigen, dass der Angeklagte bisher nicht bestraft ist und auf das Gericht einen rechtschaffenen und gewissenhaften Eindruck gemacht hat, so dass die vorliegende Tat wohl als eine bei jedem Kraftfahrer einmal vorkommende Entgleisung anzusehen ist. Da auch dem sorgfältigsten Kraftfahrer einmal ein solcher grober Schnitzer unterläuft, konnte sein erhebliches Verschulden bei der Tat für die Strafzumessung nicht allein entscheidend sein; die Strafe war vielmehr aufgrund seines einwandfreien Vorlebens und der daraus folgenden günstigen Prognose relativ milde zu bemessen. Trotz der erheblichen Schäden, die der Angeklagte angerichtet hat, war daher mit einer Geldstrafe von 180 Tagessätzen auszukommen, deren Höhe gemäß § 40 II StGB mit dem täglichen Nettoeinkommen des Angeklagten, also mit 40 EUR, anzusetzen war. Von einem Fahrverbot konnte abgesehen werden, da bereits die Geldstrafe für den Angeklagten als empfindlicher Denkzettel ausreichen dürfte. Eine Entziehung der Fahrerlaubnis kam nicht in Frage, da der Angeklagte nach der Überzeugung des Gerichts trotz seiner einmaligen Entgleisung die zum Führen von Kraftfahrzeugen erforderliche Eignung weiterhin besitzt. Die Kostenentscheidung folgt aus § 465 StPO.

R., RiAG

§ 51. Das Sitzungsprotokoll

Literatur: *v. Stenglein,* Das Prot. der Hauptverh., GS 45 (1891), 81; DJT 1956, Bd. II, Sitzungsberichte, Teil G, Referate von *Dünnebier, Glanzmann, v. Stackelberg,* Diskussion, 65 ff.; *W. Schmid,* Haben die Verf. beteiligten in der Hauptverh. Anspruch auf Protokollierung von Verf.fehlern?, GA 1962, 353; *A. Schröder,* Die Verantwortung des Strafrichters für das Urteil und der Anspruch auf wörtl. Protokollierung pp., FS Schlüchter, 1998, 97; *Mertens,* Die Protokollierung von Beweisergebnissen in der Hauptverh., FS Grünwald, 1999, 367; *Schäfer,* Gedanken zur Beweiskraft des tatrichterl. Verhandlungsprotokolls, FS-BGH-Prax., 2000, 707; *Kahlo,* Über den Begriff der wesentl. Förmlichkeit im Strafverfahrensrecht (§ 273 Abs. 1 StPO), FS Meyer-Goßner, 2001, 447; *Salditt,* Der Gesetzgeber und die Beurkundung der Hauptverh., ebda., 469; *Gollwitzer,* Überlegungen zur Dokumentation von Hauptverh. und Urteil im Strafverf., FS Gössel, 2002, 543; *Nestler,* Der richterzentrierte Strafprozess und die Richtigkeit des Urteils – zur Notwendigkeit eines Wortprotokolls der HV, FS Lüderssen, 2002, 727; *Hartwig,* Die vollständige Protokollierung in der HV pp., 2003; *Beulke,* Berücksichtigungsfähigkeit von Protokollberichtigungen nach Eingang der Revisionsbegründung, FS Böttcher, 2007, 17; *Kudlich,* Missbrauch durch bewusste Berufung auf ein unrichtiges HV-protokoll?, HRRS 2007, 9; *K.-H. Schumann,* Protokollberichtigung, freie Beweiswürdigung und formelle Wahrheit im Strafverf., JZ 2007, 927; *Krawczyk,* Die Relativierung der absoluten Beweiskraft des HV-protokolls pp., 2008; *Leitner,* Das Protokoll im Strafv., FS Hamm, 2008, 405; *Wagner,* Die Beachtlichkeit von Protokollberichtigungen für das Revisionsverf., GA 2008, 442; *Valerius,* Zur Berufung der Revisionsverteidigung auf ein unwahres Protokoll, FS Paulus, 2009, 175; *Dehne-Niemann,* Verfassungsrechtl. u. Einfachgesetzl. zur nachträgl. rügevernicht. Änd. des HV-Prot., ZStW 121 (2009), 321; *Gemählich,* Das Verbot der Rügeverkümmerung, FS Stöckel, 2010, 225; *Schünemann,* Die Etablierung der Rügeverkümmerung durch den BGH und deren Tolerierung durch das BVerfG, StV 2010, 538; *Niemöller,* Das Negativattest im Protokoll, FS Rissing van Saan, 2011, 393; *Pauly,* Zur Auslegung der Vorschriften über das HV-Protokoll, ibid., 425; *Danckert,* Die materielle Beweiskraft des HV-Protokolls im Strafpr., 2012.

In der Hauptverhandlung ist ein Protokoll aufzunehmen (das sog. *Sitzungsprotokoll*). 1
Darüber treffen die §§ 271–274 Bestimmungen.

A. Inhalt des Protokolls

1. § 272 bestimmt, welche Daten über den **äußeren Rahmen** des Verfahrens aufzunehmen sind: Ort und Tag der Hauptverhandlung, die angeklagte strafbare Handlung, die Namen aller Verfahrensbeteiligten und Öffentlichkeit oder Nichtöffentlichkeit der Hauptverhandlung.

2 2. § 273 regelt dagegen die Protokollierung des **Verhandlungsablaufes.**

a) Nach § 273 I muss das Protokoll alle für die Justizförmigkeit des Verfahrens bedeutsamen Vorgänge enthalten, also „den Gang und die Ergebnisse der Hauptverhandlung im Wesentlichen wiedergeben und die Beobachtung aller wesentlichen Förmlichkeiten ersichtlich machen". Dazu gehört auch die Angabe aller gestellten Anträge, aller verlesenen oder nach § 249 II inhaltlich mitgeteilten Schriftstücke, der ergangenen Entscheidungen und der Urteilsformel. Das VerständG hat in § 273 I 2, Ia für die *Verständigung* und sogar für deren Fehlen (sog. Negativattest) wie auch für die vorgeschriebenen Mittelungen und Belehrungen eine strenge Protokollierungspflicht statuiert (näher *Momsen,* FS Roxin II, 2011, 1403); auch der Inhalt der Verständigung ergibt sich verbindlich allein aus dem Sitzungsprotokoll (BGH StV 2010, 227). Zu den zwischen den BGH-Senaten umstr. Rechtsfolgen fehlerhafter Protokollierung s. BGHSt 56, 3; 58, 310; 59, 130.

Der Vermerk „Es wurde das anliegende Urteil verkündet" genügt also nicht. Wohl aber kann das ganze Urteil mit den verkündeten Gründen in das Sitzungsprotokoll aufgenommen werden (§ 275 I). Da der Kopf der Urteilsurkunde z. T. die gleichen Angaben enthält wie das Sitzungsprotokoll, erspart dieses Verfahren mancherlei Schreibarbeit; es ist bei einfachen Urteilen zu empfehlen. Bei Widersprüchen zwischen Urteilsurkunde und Sitzungsprotokoll geht das Urteil vor (RGSt 49, 315).

3 Werden Verfahrensmängel durch Wiederholung der fehlerhaften Verfahrensteile geheilt, so ist dies ebenfalls eine wesentliche Förmlichkeit, die nur durch das Protokoll bewiesen werden kann (OLG *Köln* NStZ 1987, 244). Auch die Wiederherstellung der Öffentlichkeit nach deren rechtmäßigem Ausschluss ist eine wesentliche Förmlichkeit; steht darüber nichts im Protokoll, ist also bewiesen, dass die Öffentlichkeit nicht wiederhergestellt worden ist (BGH StV 1994, 471). Eine wesentliche Förmlichkeit liegt ferner vor, wenn ein zunächst schweigender Angekl. im Laufe der Hauptverhandlung doch noch Angaben zur Sache macht (BGH NStZ 1995, 560). Die Erörterung gerichtskundiger Tatsachen in der Hauptverhandlung ist nach BGHSt 36, 354 (m. krit. Anm. *Kahlo,* StV 1991, 52) keine „wesentliche Förmlichkeit", so dass insoweit § 274 (vgl. u. Rn. 7 ff.) nicht zum Zuge kommt (a. A. OLG Frankfurt a. M. StV 1989, 97; *Meyer-Goßner,* FS Tröndle, 1989, 560 ff.).

4 b) Nach § 273 II müssen außerdem die **wesentlichen Ergebnisse** der Vernehmungen vor dem Strafrichter und dem Schöffengericht (also die Aussagen des Beschuldigten und der Zeugen) in das Protokoll aufgenommen werden, wenn nicht von allen Anfechtungsberechtigten auf Rechtsmittel verzichtet oder innerhalb der Frist keines eingelegt wurde. Vor dem LG und dem OLG besteht diese Protokollierungspflicht überhaupt nicht, weil § 273 II nur den Zweck hat, im Berufungsverfahren die erneute Zeugenvernehmung im Falle des Einverständnisses aller Verfahrensbeteiligten durch eine Protokollverlesung gem. § 325 ersetzen zu können. Anders als durch eine Videoaufzeichnung oder die stenografischen Protokolle in der amerikanischen Hauptver-

handlung (Federal Rules of Criminal Procedure, Rule 6e 1) werden also die Beweisergebnisse de lege lata inhaltlich gerade nicht dokumentiert (zu den sich daran knüpfenden Reformfragen o. § 44 Rn. 61).

c) Nach § 273 III ist die Protokollierung eines Vorganges oder des Wortlautes einer Äußerung zwingend vorgeschrieben, wenn es darauf für die Entscheidung ankommt. Dabei besteht ein Anspruch auf die wörtliche Protokollierung einer Äußerung nur dann, wenn der Wortlaut selbst (und nicht nur der Inhalt!) für das Urteil wesentlich ist (so *Schmid,* NJW 1981, 1353; *Sieß,* NJW 1982, 1625 gegen *Ulsenheimer,* NJW 1980, 2273). Soweit ein solcher Anspruch besteht, kann auf seine Versagung auch die Revision gestützt werden (*Ulsenheimer,* a. a. O.; vgl. auch OLG *Bremen* NJW 1981, 2827 mit krit. Anm. *Foth,* JR 1982, 253). Hat die Protokollierung einer entlastenden Aussage nach § 273 III 1 stattgefunden, muss sich das Gericht damit im Urteil auseinandersetzen, anderenfalls führt die Verfahrensrüge wegen Verletzung des § 261 zur Aufhebung (BGHSt 38, 14 m. Anm. *Fezer,* JZ 1992, 107). 5

B. Protokollführung, Unterschrift und Fertigstellung

Das Protokoll wird von dem Urkundsbeamten der Geschäftsstelle oder einem Referendar geführt. Es ist von dem Vorsitzenden und dem Protokollführer zu unterschreiben (vgl. § 271). Beide sind dabei gleichberechtigt, der Vorsitzende ist also nicht befugt, dem Protokollführer (Urkundsbeamten) sachliche Weisungen über die inhaltliche Gestaltung des Protokolls zu erteilen. Die ununterbrochene Anwesenheit desselben Urkundsbeamten ist nicht nötig (s. o. § 44 Rn. 38); es können sich also mehrere Urkundsbeamte ablösen, wobei sie den jeweils von ihnen gefertigten Protokoll*teil* unterzeichnen müssen. Um der Verteidigung die insb. für die Revisionsbegründung notwendige Einsicht in das Protokoll zu sichern, ordnet § 273 IV zwingend (BGHSt 27, 80) an, dass das Urteil nicht vor der Fertigstellung des Protokolls zugestellt werden darf. 6

C. Beweiskraft des Protokolls

1. § 274 legt fest, dass die Beobachtung der für die Hauptverhandlung vorgeschriebenen Förmlichkeiten nur durch das Protokoll bewiesen werden kann. Darin liegt eine positive (alles im Protokoll Vermerkte gilt als geschehen) wie negative, unwiderlegliche Beweisvermutung (als nicht geschehen gilt, was im Protokoll nicht behandelt ist, beispielsweise die richterliche Feststellung nach § 249 II 3 (BGHSt 54, 37; BGHSt 55, 31). Auch der in § 273 Ia 3 vorgeschriebene Vermerk, dass eine Verständigung nicht stattgefunden hat, nimmt an der Beweiskraft teil (BGH StV 2010, 346; *Brand/Petermann,* NJW 2010, 268). Gegen den diese Förmlichkeiten betreffenden Inhalt des Protokolls ist lediglich der Nachweis der (scil. gezielten) Fälschung zulässig (§ 274 S. 2), der so gut wie niemals gelingt. 7

2. Die weitgehende Beweiskraft des Protokolls bezieht sich nur auf die §§ 272, 273 I (die wesentlichen Förmlichkeiten), nicht auf das nach § 273 II, III Protokollierte. Sie kann nicht auf Protokolle des Ermittlungsrichters nach § 168a analog angewendet werden, sondern gilt nur für das Hauptverhandlungsprotokoll (BGHSt 26, 281 gegen RGSt 5, 266, 268; RGSt 55, 1, 5). Denn die formelle Beweiskraft soll nur feste Gren- 8

zen für die Revision setzen. Die Beweisvermutung besteht auch nur für das Verfahren, auf das sich das Protokoll bezieht.

9 3. Nach den Grundsätzen des Freibeweises ist immer dann zu verfahren, wenn es sich nicht um den Protokollinhalt nach §§ 272, 273 I handelt; aber auch (in Ausnahme von § 274), wenn das Protokoll (bezüglich der wesentlichen Förmlichkeiten) offensichtliche Widersprüche, Unklarheiten oder Lücken aufweist (vgl. BGHSt 16, 306; BGHSt 17, 220) oder nicht unterschrieben ist (BGH NStZ 1984, 181). Auch das Schweigen des Protokolls entgegen § 273 Ia äußert keinerlei Beweiskraft und lässt deshalb Raum für den Freibeweis über den wirklichen Hergang (BGH StV 2010, 346; BGHSt 56, 3; OLG *Düsseldorf* StV 2011, 80, 82; *Brand/Petermann*, NJW 2010, 268). Gleiches gilt, wenn sich ausweislich des Protokolls Vorsitzender und Urkundsbeamter über die Abfassung bestimmter Punkte des Protokollinhaltes nicht einig geworden sind. Nach BGHSt 4, 364 (noch weitergehend BayObLG MDR 1974, 331) soll die Beweisregel des § 274 sogar dann durchbrochen sein, wenn nur eine der Urkundspersonen nachträglich erklärt, dass das Protokoll unrichtig ist.

D. Protokollberichtigung und Revision

10 1. Eine nachträgliche Berichtigung des Protokolls ist dann möglich, wenn beide Urkundspersonen (Richter und Urkundsbeamter) übereinstimmend bekunden, dass die bisherige Niederschrift unvollständig oder unrichtig gewesen oder ein verloren gegangenes Sitzungsprotokoll wiederherzustellen (KG NStZ 1990, 405) ist. Doch ist eine solche von der Rspr. entwickelte Berichtigung nach der in einer über 140 Jahre konstanten und wohlbegründeten Rspr. anerkannten Entscheidung des Gesetzgebers dann unzulässig, wenn sie erst nach Eingang der Revisionsbegründung vorgenommen wird und damit dieser die Grundlage entzieht (sog. Verbot der **Rügeverkümmerung**).[1]

11 Diese Rechtsprechung ist nunmehr aber vom GrS des BGH mit der Begründung aufgegeben worden, auch Revisionsgerichte seien der Wahrheit verpflichtet, zumal das Beschleunigungsgebot und der Opferschutz es verböten, ein Urteil allein wegen eines unwahren Sachverhalts aufzuheben, und in Folge einer „veränderten Einstellung der Strafverteidiger" und „Änderung des anwaltlichen Ethos" im größeren Umfang „mit bewusst unwahren Verfahrensrügen" gerechnet werden müsse (BGHSt 51, 298, 308ff.)[2]. Dagegen spricht aber, dass der Gesetzgeber die volle Beweiskraft des Protokolls vorbehaltlich des Nachweises der Fälschung gerade für die Revision und damit für dasjenige Protokoll angeordnet hat, welches zur Zeit der Anfechtung vorhanden ist und dieser die Grundlage bietet (zutr. bereits RGSt 2, 76), was sich in den meisten Fällen sogar gegen den Revisionsführer auswirkt und ähnlich wie die (vom BGH in den letzten Jahren immer rigider praktizierten!) förmlichen Anforderungen an die Verfahrensrüge gem. § 344 II (u. § 55 Rn. 47) oder die Ausgestaltung der absoluten Revisionsgründe gem. § 338 (u. § 55 Rn. 38ff.) ein normativ ausgewogenes System des fair trial im Revisionsverfahren bildet, das man nicht unter Berufung auf die materielle Wahrheit aus der Balance bringen darf. Aus dem selben Grunde ist auch die dogma-

[1] BGHSt 2, 125; 7, 218f.; 10, 145, 147; 12, 270f.; 22, 278, 280; 34, 11f.; grundlegend schon RGSt 2, 76; 43, 1 (Vereinigte Strafsenate); allerdings gilt das nur dann, wenn die Berichtigung einer *zulässigen* Revisionsrüge die Grundlage entzieht, BGHSt 34, 11.

[2] Zu den zahlreichen Folgeproblemen exemplarisch BGH StV 2011, 267; OLG Hamm StV 2011, 272.

tisch anders ansetzende, aber praktisch weitgehend zum selben Ergebnis führende Lösung des 3. StS nicht akzeptabel, eine „bewusst wahrheitswidrig“ erhobene und sich zum Beweis „auf ein als unrichtig erkanntes Protokoll berufende Verfahrensrüge“ wegen Rechtsmissbrauchs auch dann für unzulässig zu erklären, wenn der Beschwerdeführer das sichere Wissen von der Unwahrheit „erst nachträglich erlangt“ (BGHSt 51, 88). In beiden Entscheidungen wird verkannt, dass § 274 bereits die Fragestellung als solche ausschließt, weil die darin angeordnete Beweiskraft des Protokolls das Thema einer etwa davon abweichenden „Wahrheit“ und damit auch die Möglichkeit einer „Protokollberichtigung“ abschneidet, die als Rechtsinstitut von der StPO gerade nicht geregelt wird und deshalb nur dort praeter legem einen Platz finden kann, wo sie nicht gegen § 274 verstößt. Die gleichwohl einen Verfassungsverstoß mit 5:3 Stimmen verneinende Senatsentscheidung BVerfGE 122, 248 hat verkannt, dass die RStPO eine klare Regelung getroffen hatte und eine durch Richterrecht ausfüllbare Lücke also überhaupt nicht vorliegt, so dass der BGH abermals eine die richterliche Gesetzesbindung missachtende Rechtsfortbildung contra legem betrieben hat[3].

2. Unabhängig von dieser Kontroverse war schon immer zu beachten, dass „zu einer Verfahrensrüge die bestimmte Behauptung gehört, der geltend gemachte Fehler sei geschehen“. Der Hinweis auf einen bloßen, durch das Protokoll hervorgerufenen Anschein genügt dagegen nicht (vgl. BGHSt 7, 162). Liegt ein Protokoll überhaupt nicht vor (z. B. weil es verlorengegangen ist), so ist dies allein kein Revisionsgrund. Denn die Revision kann nur darauf gestützt werden, dass ein wesentlicher Verfahrensvorgang nicht stattgefunden habe oder dass eine Förmlichkeit unbeachtet geblieben sei, nicht aber darauf, dass nur die Beurkundung unterlassen worden sei[4]. Auch kann das Urteil auf dem Fehlen des Protokolls nicht beruhen (BGH NStZ 1991, 502). Deshalb kann auch die bloße **Protokollrüge,** d. h. der Hinweis auf Protokollierungsfehler, einer Revision nicht zum Siege verhelfen (zur Ausnahme bei der Veständigung o. § 44 Rn. 63). 12

E. Tonbandprotokolle

Die §§ 271 ff. sehen nur ein schriftliches Hauptverhandlungsprotokoll vor. Tonbandprotokolle sind, anders als außerhalb der Hauptverhandlung (§ 168 a) sowie im Zivilprozess (§§ 159 S. 1, 160 a ZPO), nicht vorgesehen. 13

Jedoch ist es zulässig, die ganze Hauptverhandlung auf Tonband aufzunehmen, soweit dies ausschließlich zur Gedächtnisstütze der Richter während der Beratung dienen soll. Der jeweils Sprechende (also insb. der Angeklagte) muss aber diesem Verfahren zustimmen. Dabei muss ihm zugesichert werden, dass ein anderer Zweck der Tonbandbenutzung nicht in Frage kommt (vgl. BGHSt 19, 193; OLG *Schleswig* NStZ 1992, 399 m. Anm. *Molketin,* NStZ 1993, 145; *Schmitt,* JuS 1967, 19). Eine vom Verteidiger gewünschte Aufzeichnung der Hauptverhandlung auf Tonträger ist nicht erlaubt, wenn die Richter ihr widersprechen (OLG *Düsseldorf* NStZ 1990, 554 m. Anm. *Kühne,* StV 1991, 103). Dagegen ist eine vom Gericht angefertigte Tonbandaufzeichnung der mündlichen Urteilsbegründung ohne Genehmigung der übrigen Verfahrensbeteiligten zulässig und braucht der Verteidigung nicht zugänglich gemacht zu werden (OLG Koblenz NStZ 1988, 42).

---

[3] Durchschlagend bereits das Sondervotum von 3 Richtern, BVerfGE 122, 287; eingehend *Schünemann* 2010; *Dehne-Niemann* 2009; vgl. ferner zu BGHSt 51,88 krit. *Gaede,* StraFo 2007, 29; *Hollaender,* JR 2007, 6; *Krawczyk,* HRRS 2007, 101; *Lindenmann/Reichling,* StV 2007, 152; *Mikolajczyk,* ZIS 2006, 541; *Wagner,* StraFo 2007, 496; zust. dagegen *Fahl,* JR 2007, 34; *Kudlich,* HRRS 2007, 9; *Satzger/Hanft,* NStZ 2007, 185; zu BGHSt 51, 289 krit. *Hamm,* NJW 2007, 3166; *Kury,* StraFo 2008, 185; *Schünemann,* GA 2008, 314, 318 ff.; *Schumann,* JZ 2007, 927; *Wagner,* GA 2008, 442.

[4] Dabei ist allerdings zu beachten, dass die von § 274 gemeinte wesentliche Förmlichkeit im Falle des Selbstleseverfahrens gem. § 249 nicht dessen Durchführung, sondern dessen richterliche Feststellung in der Hauptverhandlung ist, BGH StV 2010, 118; 2010, 171, 225; 2011, 266.

§ 52. Die Rechtskraft

Literatur: *Binding,* Das rechtskräft. Strafurteil pp., Abh. II, 1915, 301; *Vogler,* Die Rechtskr. des Strafbefehls, 1959; *Bruns,* Teilrechtskr. und innerproz. Bindungswirkung des Strafurteils, 1961; *ders.,* Zur Feststellungswirkung des rechtskräft. Strafurteils, FS Eb. Schmidt, 1961, 602; *Grünwald,* Die Teilrechtskr. im Strafverf., 1964; *Jescheck,* Die internationalen Wirkungen der Strafurteile, ZStW 76 (1964), 68; *Eb. Schmidt,* Materielle Rechtskr. – materielle Gerechtigkeit, JZ 1968, 681; *Grunsky,* Zur Bindungswirkung der materiellen Rechtskr. im Strafverf., FS Kern, 1968, 223; *Tiedemann,* Entwicklungstendenzen der strafproz. Rechtskr.lehre, 1969; *Bertel,* Die Identität der Tat, 1970; *Grünwald,* Die materielle Rechtskr. im Strafverf. der BRD, ZStW-Beiheft Teheran, 1974, 94; *Schöneborn,* Alternativität der Handlungsvorgänge als Kriterium des strafproz. Tatbegriffs, MDR 1974, 529; *Achenbach,* Strafproz. Ergänzungsklage und materielle Rechtskr., ZStW 87 (1975), 74; *Loos,* Probleme der beschränkten Sperrwirkung strafproz. Entsch., JZ 1978, 592; *Radtke,* Zur Systematik des Strafklageverbrauchs verf.erledigender Entsch. im Strafprozeß, 1994; *Trepper,* Zur Rechtskraft strafprozessualer Beschlüsse, 1996; *Schlehofer,* Der Verbrauch der Strafklage für die abgeurteilte Tat, GA 1997, 101; *Radtke,* Materielle Rechtskr. bei der Anordnung freiheitsentziehender Maßregeln, ZStW 110 (1998), 297; *Gössel,* Über die mit der horizontalen Teilrechtskr. verbundene Bindungswirkung pp., FS Rieß, 2002, 113; *Appl,* Ein neues „ne bis in idem" aus Luxemburg?, GS Vogler, 2004, 109; *Popp,* Verfahrenstheoret. Grundlagen der Fehlerkorrektur im Strafverf., 2005; *Schomburg,* Konkurrierende nationale und internationale Gerichtsbarkeit und der Grundsatz „ne bis in idem", FS Eser, 2005, 829; *Greco,* Strafprozesstheorie und materielle Rechtskraft, 2015. S. ferner die Literaturnachweise zu § 20.

1 Mit den Begriffen der formellen und der materiellen Rechtskraft werden verschiedene Wirkungen des Urteils beschrieben. Die *formelle* **Rechtskraft** bedeutet Unanfechtbarkeit einer Entscheidung im Rahmen desselben Prozesses **(Beendigungswirkung);** daneben zieht sie die Vollstreckbarkeit des Urteils nach sich **(Vollstreckungswirkung).** Die *materielle Rechtskraft* bewirkt, dass die rechtskräftig abgeurteilte Sache nicht noch einmal zum Gegenstand eines anderen Verfahrens gemacht werden darf; das Strafklagerecht ist verbraucht **(Sperrwirkung).**

A. Die formelle Rechtskraft

2 **I.** Die formelle Rechtskraft tritt ein:

1. sofort mit Abschluss der Verkündung des Urteils bei Urteilen des Revisionsgerichts (§§ 121, 135 GVG),

2. nach ungenutztem Ablauf der Rechtsmittelfrist (§§ 319 I, 322 I, 346 I, 349 I),

3. bei Rechtsmittelverzicht und bei Zurücknahme des Rechtsmittels (vgl. §§ 316, 343),

4. bei unanfechtbaren Beschlüssen (§ 81c III 4; Entsch. über eine Beschwerde nach §§ 322 II, 346 II oder Revisionsverwerfung gem. § 349 II) mit Ablauf des Tages der Beschlussfassung (§ 34a).

3 **II.** Hinsichtlich des **Umfangs** der Rechtskraft wird zwischen absoluter und relativer Rechtskraft unterschieden:

1. **Absolute Rechtskraft** ist gegeben, wenn eine Entscheidung in keinem Teil und von keiner Seite mehr angefochten werden kann.

2. Die **relative Rechtskraft** *ist*

a) eine **objektiv relative,** wenn nur ein Teil der Entscheidung rechtskräftig geworden ist, z. B. bei Tatmehrheit, wenn das Urteil nicht hinsichtlich aller Handlungen angefochten ist, oder wenn nur das Strafmaß oder nur eine Maßregel angefochten ist („**Teilrechtskraft**“, s. u. § 53 Rn. 18f.);

b) eine **subjektiv relative** Rechtskraft, wenn eine Entscheidung nur noch von einem Betroffenen angegriffen werden kann, wenn z. B. der Angekl. nach der Hauptverhandlung erklärt hat, dass er auf die Revision verzichte, während die StA sich noch nicht erklärt hat: Hier ist das Urteil für den Angekl. rechtskräftig, für die StA dagegen noch nicht. Trotzdem ist das Urteil noch nicht vollstreckbar, weil jedes von der StA eingelegte Rechtsmittel die Wirkung haben kann, dass die angefochtene Entsch. auch zugunsten des Beschuldigten abgeändert wird (§ 301). 4

III. Die Rechtskraft tritt für jeden Täter getrennt ein (eine Ausnahme gilt bei der Revision, § 357, vgl. u. § 55 Rn. 78ff.). 5

IV. Die formelle Rechtskraft hat im Einzelnen folgende **Bedeutung:**

1. Sie ist Voraussetzung der Vollstreckung (§ 449). Im Strafverfahren gibt es im Gegensatz zum Zivilprozess keine „vorläufige“ Vollstreckung, also keine Vollstreckung vor Eintritt der Rechtskraft.

2. Sie ist ferner Voraussetzung für die Eintragung strafgerichtlicher Entscheidungen in das Zentralregister (§ 4 Nr. 1 BZRG) und in das Verkehrszentralregister (§ 28 StVG); vgl. dazu u. § 58 Rn. 11ff.

3. Schließlich ist sie Voraussetzung für den Eintritt der materiellen Rechtskraft.

B. Die materielle Rechtskraft

I. Bedeutung

1. Der mit der materiellen Rechtskraft eintretende Verbrauch des Strafklagerechts wirkt sich als umfassendes Verfahrenshindernis aus (st. Rspr. seit RGSt 2, 347; vgl. BGHSt 5, 328; BVerfGE 3, 251); ein neues Verfahren ist unzulässig, ein neues Sachurteil ist ausgeschlossen: *ne bis in idem* (= bis de eadem re ne sit actio). Ergeht dennoch ein zweites Sachurteil, so ist es nach h. M. nichtig (vgl. aber u. Rn. 29). Dabei ist es gleichgültig, ob das rechtskräftige Erkenntnis verurteilt oder freigesprochen hat. Art. 103 III GG verbietet auch, wegen derselben Tat zwei Strafverfahren nebeneinander zu führen; dementsprechend ist auch ein zweifacher Haftbefehl wegen ein und derselben Tat gegen denselben Beschuldigten unzulässig (BGHSt 38, 54). 6

In diesem vollen Umfang ist der Grundsatz ‚ne bis in idem‘ durch Art. 103 III GG zum Rang eines Verfassungsrechtssatzes erhoben worden. Diese Vorschrift nimmt auf das „vorverfassungsrechtliche Gesamtbild“ (BVerfGE 9, 96) des Prozessrechts Bezug; sie garantiert über ihren zu engen, nur die Doppelbestrafung verbietenden Wortlaut hinaus „dem schon bestraften oder rechtskräftig freigesprochenen Täter Schutz gegen erneute Verfolgung und Bestrafung wegen derselben Tat“ (so BVerfGE 12, 66; grundlegend zum Ganzen BVerfGE 3, 248; BGHSt [GrS] 5, 323). Der Grundsatz des ‚ne bis in idem‘ gilt allerdings nur für die Kriminal-, *nicht* auch im Verhältnis zur **Disziplinarstrafe** (BVerfGE 21, 378, 391; a. A. *Frister,* StV 1987, 520); nach Ansicht des BVerfG ergibt sich jedoch aus dem Rechtsstaatsprinzip, dass auf die im Strafverfahren verhängte Freiheitsstrafe eine vorher im militärischen Disziplinarverfahren angeordnete Arreststrafe **angerechnet** werden muss. 7

2. Die materielle Rechtskraft dient, wie namentlich ihre Absicherung durch ein Grundrecht (vgl. Art. 103 III, 93 I Nr. 4a GG) zeigt, dem **Schutz des Angeklagten;** 8

sein Interesse, nach Ergehen einer mit Rechtsmitteln nicht mehr anfechtbaren Sachentscheidung in Ruhe gelassen zu werden, wird damit rechtlich grds. anerkannt (zu den Rechtskraftdurchbrechungen s. u. Rn. 22). Zugleich kommt der Rechtskraft aber auch eine **Sanktionsfunktion** zu: Das Risiko, bei unzulänglicher Sachaufklärung später mit ergänzenden Ermittlungen ausgeschlossen zu sein, soll die Strafverfolgungsorgane zu sorgfältiger tatsächlicher Erforschung und rechtlicher Würdigung der Tat anhalten (vgl. *Achenbach,* 1975, 87ff.; krit. *Loos,* 1978, 592f. m. Fn. 9).

9 3. Um das **Wesen** der materiellen Rechtskraft streiten sich mehrere Theorien. Die früher vielfach vertretene **materiellrechtliche Rechtskrafttheorie,** nach der die Rechtskraft unabhängig von der sachlichen Richtigkeit des Urteils einen neuen Strafanspruch selbst schaffen soll, wird heute allgemein abgelehnt. Nach der **prozessualen Gestaltungstheorie** schafft das Urteil zwar keine materielle Strafbarkeit, versetzt aber den Beschuldigten „in die rechtliche Stellung eines Schuldiggesprochenen und Verurteilten“, so dass also die Vollstreckung eines unrichtigen Urteils rechtmäßig ist (grdl. *Goldschmidt,* Der Prozess als Rechtslage, 1925, 211ff.; LR/*Schäfer,* 24. Aufl., Einl., Kap. 12, Rn. 54; tendenziell auch LR/*Kühne,* Einl. K, Rn. 82; ähnl. *Peters,* 503 m.w.N.). Schließlich will die **prozessrechtliche Rechtskrafttheorie** (*Niese,* 1951, 121ff.; *Eb. Schmidt* I, Rn. 275ff.) der Rechtskraft ausschließlich prozessuale Wirkung zugestehen, so dass die Vollstreckung eines Fehlurteils an sich rechtswidrig sei. Zwar ist die **praktische Bedeutung** des Theorienstreits **gering;** denn auch die prozessrechtliche Rechtskrafttheorie gewährt dem unschuldig Verurteilten kein Notwehrrecht gegen die Vollstreckung, sondern verweist ihn auf die außerordentlichen und ordentlichen Rechtsbehelfe (vgl. *Eb. Schmidt* I, Rn. 286). Aber dennoch muss der (in der heutigen Standardliteratur kaum noch erörterte) Theorienstreit entschieden werden, weil es Aufgabe der Rechtswissenschaft ist, alle Rechtsfolgen in einem widerspruchsfreien System zusammenzufassen. Unter diesem Aspekt verdient die prozessuale Gestaltungstheorie den Vorzug, weil sie die überflüssige Kategorie einer folgenlosen Rechtswidrigkeit vermeidet.

II. Der Umfang der materiellen Rechtskraft

10 1. In Rechtskraft erwächst nur der **Tenor,** nicht auch die Begründung des Urteils; eine „Feststellungswirkung“ hinsichtlich der ermittelten Tatsachen kommt dem rechtskräftigen Urteil daher nicht zu (dazu *Bruns,* FS Eb. Schmidt, 1961, 602ff.; *Grünwald,* 1974, 117ff.). Auch rechtskräftige Strafurteile binden den Strafrichter, der in einem anderen Verfahren über eine andere Person zu urteilen hat, insoweit also nicht. Wenn etwa A von der Anklage des Diebstahls rechtskräftig freigesprochen wird, kann gleichwohl B, der ihn versteckt hatte, wegen Strafvereitelung verurteilt werden (RGSt 58, 290; ganz h. M.; a. A. *Zaczyk,* 1988, der das Strafurteil als „rechtsgestaltendes Statusurteil“ ansieht und daraus eine Bindung ableitet). Wenn umgekehrt A rechtskräftig verurteilt wird, kann B gleichwohl mit der Begründung freigesprochen werden, dass A den Diebstahl nicht begangen habe (so in diesem Fall auch *Zaczyk* unter Berufung auf die Unschuldsvermutung). Ebenso besteht, abgesehen von Gestaltungsurteilen, keine Bindung an die Urteile von Zivil- und Verwaltungsgerichten (s. o. § 45 Rn. 55).

11 2. Die Rechtskraft geht so weit wie der Prozessgegenstand (str., s. o. § 20 Rn. 2). Der Begriff **derselben Tat** in Art. 103 III GG bezeichnet also wie in §§ 155 und 264 „den geschichtlichen Vorgang, den das Gericht im Rahmen des Eröffnungsbeschlusses abzuurteilen rechtlich in der Lage war“ (BGHSt 6, 95; st. Rspr.); zum Tatbegriff i. E. o. § 20 Rn. 3ff.).

12 3. Die Rechtskraft **ergreift den Prozessgegenstand ungeteilt.** Sie ergreift auch die **Nebenstrafen und Nebenfolgen.** Wenn z. B. vergessen worden ist, auf Verlust der Amtsfähigkeit (vgl. etwa §§ 45, 92a StGB) zu erkennen, so kann das nach Rechtskraft nicht nachgeholt werden, auch soweit das Strafgesetz diese Folgen zwingend vorsieht.

4. Die Rechtskraft ergreift die Tat unter **jedem rechtl. Gesichtspunkt.** 13

a) Wird etwa jemand wegen Jagdwilderei (§ 292 StGB) zu Geldstrafe verurteilt, weil er mit einem erfolglosen Schuss im Walde dem Wild nachgestellt habe, während er tatsächlich den Ehemann seiner Geliebten erschossen hatte, so steht die Sperrwirkung des rechtskräftigen Wilderei-Urteils einer Ahndung des Mordes entgegen. Wird jemand wegen Fahrens ohne Erlaubnis rechtskräftig verurteilt, so ist ein weiteres Verfahren wegen der während dieser Fahrt im Auto begangenen Raub- oder Sexualdelikte nicht mehr möglich (BGH NStZ 1984, 135). Da derartige Konsequenzen vielfach als anstößig empfunden werden, hat man sich seit langem bemüht, den Umfang der materiellen Rechtskraft anders zu bestimmen. Zu den neueren abweichenden Tendenzen der Rspr. bei Organisations- und Dauerdelikten vgl. o. § 20 Rn. 9.

So stellt *Henkel* (387, 389f.) nicht auf die abstrakt-hypothetische, sondern die konkrete Möglichkeit der Sachverhaltsfeststellung ab und sieht die Grenzen der Rechtskraft überschritten, wenn sich dem Gericht der wesentliche Unrechtsgehalt des Tuns auch bei sorgfältiger Erfüllung seiner Kognitionspflicht nicht erschließen konnte (i. E. ähnlich *Vogler,* 1959, 91 ff.). *Peters* (508f.) will die Identität der Tat „von der Richtung des Tätigkeitsakts her" verstehen. Verschiedene Autoren wollen die Teilidentität der Ausführungsakte oder die *Handlungseinheit* i. S. d. materiellrechtlichen Konkurrenzlehre entscheiden lassen,[1] und wieder andere machen die Rechtskraft von der Übereinstimmung des *Unwertgehalts* (*Schwinge,* ZStW 52 (1932), 228 ff., 236; *Hruschka,* JZ 1966, 703; *Baumann,* Grundbegriffe, 178) bzw. der verletzten Rechtsgüter (*Bertel,* 1970) abhängig. 14

Einige Autoren befürworten in diesem Zusammenhang eine sog. **„Ergänzungsklage":** entweder in Form der Berichtigungsklage (dazu *Achenbach,* 1975, 77 m. ausführl. Nachweisen), d. h. eines Verfahrens, in dem die erste Verurteilung nicht umgestoßen, sondern unter Anrechnung der ersten Strafe berichtigt werden soll; oder der Vervollständigungsklage, wenn eine erst nach der letzten Tatsachenverhandlung eintretende schwerere Tatfolge (z. B. Tod des bei Urteilsfällung nur verletzten Opfers) zu einer anderen juristischen Qualifizierung der Tat (§ 227 statt § 224 StGB, vollendeter statt versuchter Totschlag) führt.[2] 15

b) Nach den meisten dieser Theorien wäre im Ausgangsfall ein erneutes Verfahren wegen des Verdachts des Mordes zulässig. Dieses Ergebnis mag dem Rechtsgefühl stärker entgegenkommen als die von der h. M. vertretene Lösung; es ist jedoch mit dem Gesetz nicht vereinbar. Aus §§ 155 II, 207 II Nr. 3 und 264 II ergibt sich zweifelsfrei, dass die Tat unabhängig von ihrer juristischen Qualifizierung in ihrer Identität feststeht und von dem Gericht in jeder Hinsicht rechtlich frei gewürdigt werden kann. Vor allem aber hat die StPO selbst in dem Institut der Wiederaufnahme des Verfahrens (§§ 359ff.) festgelegt, in welchen Grenzen ein strafgerichtlich abgeschlossener Vorgang zum Gegenstand erneuter Verfolgung gemacht werden darf, und dabei die Wiederaufnahme zuungunsten des Angeklagten aufgrund neuer Tatsachen oder Beweismittel grds. ausgeschlossen (mit den Ausnahmen nach §§ 362 Nr. 4, 373a). Diese eindeutige Wertentscheidung darf nicht auf dem Wege über einen verengten Tatbegriff in der Sache umgangen werden.[3] 16

5. Nach der Rspr. (BVerfGE 23, 191; LG Duisburg StV 1985, 53; StV 1986, 99) soll im Falle der Zivildienstverweigerung aus Gewissensgründen auch bei mehreren, u. U. zeitlich weit voneinander getrennten Verweigerungshandlungen aufgrund der gleichbleibend ablehnenden Haltung des Täters nur *eine* Tat 17

[1] So *Oehler,* FS Rosenfeld, 1949, 154; *Herzberg,* 1972; z. T. auch *Schwinge,* ZStW 52 (1932), 221 ff., 236; *Tiedemann,* 1969, 46f.

[2] *Achenbach,* 1975, 76; 25. Aufl., § 50 Rn. 17; *Rüping,* Rn. 568; *Greco,* 2015, S. 572 ff.; abl. BVerfGE 65, 377 m. Anm. *Schnarr,* NStZ 1984, 325; LR/*Kühne,* Einl. K, Rn. 86.

[3] Vgl. LR/*Schäfer,* 24. Aufl., Einl., Kap. 12, Rn. 40; LR/*Kühne,* Einl. Abschn. K, Rn. 86; *Grünwald,* 1974, 112 ff.

i. S. d. Art. 103 III GG vorliegen. Damit wird jedoch der Tatbegriff konstruktiv überdehnt. Prozessual ist vielmehr jeder neue Verweigerungsakt auch eine neue Tat. Gleichwohl erlaubt das verfassungsrechtliche Übermaßverbot nur die einmalige Bestrafung der Dienstverweigerung, da die nachfolgenden Verweigerungsakte nur Konkretisierungen einer grundlegenden existentiellen Lebensentscheidung darstellen (ebenso *Grünwald,* 1974, 117). Die Versuche, entgegen der Rspr. des BVerfG bei „Totalverweigerern", deren Gewissensgründe angeblich weniger dringlich sind als die von Sektenangehörigen, dennoch eine Mehrfachbestrafung zu ermöglichen (OLG *Celle* JZ 1985, 954 m. Anm. *Struensee,* u. OLG *Düsseldorf* StV 1986, 8), sind abzulehnen (vgl. *Friedeck,* StV 1986, 9).

III. Materielle Rechtskraftfähigkeit

18 1. Hinsichtlich der **Arten** der Entscheidungen ist folgendermaßen zu differenzieren:

a) In **volle Rechtskraft** können erwachsen:

aa) Alle Sachurteile sowie Einstellungsurteile nach § 260 III, wenn sie ein endgültiges Verfahrenshindernis, wie etwa Verjährung, aussprechen (str.; wie hier LR/*Kühne,* Einl. K, Rn. 86); and. im Falle eines behebbaren Verfahrenshindernisses, s. BGH NJW 2007, 3010, 3011 u. *M-G,* Einl. Rn. 172);

bb) alle Beschlüsse, die nur mit der sofortigen Beschwerde angegriffen werden können. Sie gleichen insoweit den Urteilen, wie ja überhaupt manche von ihnen materiell „Urteile ohne Hauptverhandlung" darstellen (etwa die Gesamtstrafenbeschlüsse nach § 460, die zu einer Abänderung rechtskräftiger Urteile führen und die alleinige Grundlage der Strafvollstreckung bilden);[4]

cc) die prozessabschließenden Beschlüsse nach § 349 II (eingehend dazu *Geppert,* GA 1972, 165).

19 b) Nur **beschränkt rechtskraftfähig** sind die Einstellungsbeschlüsse des Gerichts im Klageerzwingungsverfahren (§ 174 II) und im Zwischenverfahren (§ 211): In beiden Fällen ist ein neues Verfahren nur aufgrund neuer Tatsachen und Beweismittel zulässig. Dasselbe muss, obwohl das Gesetz insoweit schweigt, für gerichtliche Einstellungsbeschlüsse nach § 153 II gelten; bisweilen wird dagegen angenommen, dass in diesem Fall nur die nachträgliche Entdeckung einer schwereren Gesetzesverletzung ein erneutes Aufrollen des Falles rechtfertigt (RGSt 67, 315; BayObLG NJW 1965, 828). Dagegen spricht jedoch neben der Analogie zu §§ 47 III i. V. m. 47 I Nr. 2; 45 II Nr. 2 JGG die Überlegung, dass der Einstellungsbeschluss nach § 153 II anders als der Strafbefehl (§ 410) nicht einem Urteil gleichsteht (wie hier *Kleinknecht,* JR 1965, 350; s. auch o. § 14 Rn. 26). Hat ein Gericht seine örtliche Zuständigkeit rechtskräftig verneint, so kann jedenfalls bei ihm eine neue Anklage wegen dieser Tat nicht erhoben werden (BGH NStZ 1988, 371). Ist ein Verfahren nach § 154 II vorläufig eingestellt, so bildet das, solange die Sache nicht durch einen Gerichtsbeschluss nach § 154 V wiederaufgenommen worden ist, bei anderweitiger Anklage der Tat ein Verfahrenshindernis (BGHSt 36, 361).

20 c) **Generell rechtskraftunfähig** sind:

aa) gerichtliche Beschlüsse, gegen die nur die einfache (unbefristete) Beschwerde gegeben ist; sie können vom Gericht jederzeit auch von Amts wegen geändert werden (arg. § 306 II);

[4] Im Ergebnis zust. *Trepper,* 1996, 57, der als Kriterium für die Rechtskraftfähigkeit von Beschlüssen aber darauf abstellt, ob sie eine Sachentscheidung enthalten (a. a. O., 174).

bb) die Einstellungsverfügungen der StA; diese kann also die Verfolgung von ihr eingestellter Verfahren nach Belieben wiederaufnehmen (LG Gießen StV 1984, 327; zw. *Loos,* 1978).

2. Grds. können nur Entscheidungen *inländischer Gerichte* das Strafklagerecht verbrauchen (vgl. §§ 51 III StGB, 153c I Nr. 3 StPO). Urteile ausländischer Gerichte entfalten aber dann eine Sperrwirkung für die deutsche Gerichtsbarkeit, wenn ein völkerrechtlicher Vertrag dies ausdrücklich anordnet (dazu *Grützner,* NJW 1969, 345).[5] Obwohl der EuGH im Rahmen seiner Zuständigkeit zur Verhängung von Bußgeldern bei Kartellordnungswidrigkeiten gem. Art. 103 AEUV i. V. m. den einschlägigen Anwendungsverordnungen nicht als ausländisches Gericht gilt, hat der BGH zwischen einem europäischen und einem deutschen Bußgeldverfahren wegen derselben verbotenen Wettbewerbsbeschränkung nicht den Grundsatz „ne bis in idem" angewendet, sondern nur eine Anrechnungspflicht entsprechend § 53 III StGB statuiert (BGHSt 24, 54, 58 ff.; ebenso umgekehrt der EuGH in Rs. 14/68 „Walt Wilhelm/Bundeskartellamt", EuGHE 1969, 1). Seitdem aber die Kommission und die nationalen Kartellbehörden im European Competition Network (ECN) verbunden sind,[6] muss insoweit der „ne bis in idem-Grundsatz" direkte Anwendung finden. Zwischen den Strafgerichten der EU-Mitgliedstaaten im Schengen-Raum hat ferner Art. 54 SDÜ ganz allgemein das Verbot der Doppelbestrafung statuiert (näher o. § 3 Rn. 22). 21

IV. Durchbrechungen der Rechtskraft

Eine starre, ohne Ausnahme geltende Unabänderlichkeit von Urteilen würde der Sicherung des Rechtsfriedens ebenso wenig dienlich sein wie die schrankenlose Verwirklichung des materiellen Rechts. Deshalb muss die Rechtsordnung Durchbrechungen der Rechtskraft zulassen. 22

1. Das geltende Recht sieht folgende **Rechtskraftdurchbrechungen** vor:

a) das Wiederaufnahmeverfahren (§§ 359 ff.; vgl. u. § 57);

b) die Wiedereinsetzung in den vorigen Stand (§§ 44 ff.; s. o. § 22 Rn. 17 ff.);

c) die Revisionserstreckung auf Mitverurteilte (§ 357; vgl. u. § 55 Rn. 78 ff.);

d) die Aufhebung des Urteils durch das BVerfG bei einer erfolgreichen Verfassungsbeschwerde (§ 95 II BVerfGG).

2. Eine **Nichtigkeitsbeschwerde,** mit der schwere Rechtsfehler von Urteilen noch nach Eintritt der Rechtskraft geltend gemacht werden können, ist dem geltenden Recht fremd (eine Ausnahme bildet die Rehabilitierung nach dem **Strafrechtlichen Rehabilitierungsgesetz** – StrRehaG – v. 29. 10. 92, BGBl. I 1814, für in der DDR ergangene Strafurteile; näher dazu *M-G,* 51. Aufl., Rn. 9 vor § 359 m. w. N.). Bisweilen wird hier die Verfassungsbeschwerde wegen Verletzung von Art. 2, 3 oder 23

---

[5] Ausländische Gerichte waren auch die *Gerichte der Besatzungsmächte,* z. B. der Nürnberger Gerichtshof; daher hatten ihre Urteile das deutsche Strafklagerecht nicht verbraucht (BGHSt 6, 176). Seit Inkrafttreten des Überleitungsvertrages v. 26. 5. 1952 (BGBl. 1955 II, 405) sind jedoch die deutschen Gerichte verpflichtet, die Urteile der westlichen Besatzungsmächte als rechtskräftig zu behandeln (Art. 7 I), sofern sie nicht wegen Verbrechen gegen die Menschlichkeit oder Kriegsverbrechen ergangen sind (Art. 6 XI; vgl. dazu BGHSt 12, 36).

[6] Durch die VO der EG 1/2003, ABl. EG 2003 L 1/1, s. dazu *Soltész/Marquier,* EuZW 2006, 102 ff.; *T. Streinz,* Jura 2009, 412.

Art. 101, 103 GG helfen (dazu *Lampe,* GA 1968, 41; GA 1969, 287 mit weitergehenden Vorschlägen de lege ferenda, dagegen *Eb. Schmidt,* JZ 1968, 681). Ob außerhalb dieser gesetzlichen Regelungen eine Abhilfe durch die dogmatische Figur der *unbeachtlichen Entscheidung* möglich ist (nachf. Rn. 24ff.), ist umstritten.

C. Weder formelle noch materielle Rechtskraft unbeachtlicher Entscheidungen

24 **I.** Unbeachtlich sind unstreitig die sog. **Nicht-Urteile,** z. B. Entscheidungen, die nicht von einem Gericht (sondern etwa von der politischen Polizei) gefällt sind, oder Entscheidungen, die nicht ergangen, also noch nicht verkündet worden, aber sonstwie in Erscheinung getreten sind.

25 **II.** Unbeachtlich sind ferner die **nichtigen Urteile,** d. h. Entscheidungen eines Gerichts, die als Urteile verkündet worden sind, aber so fundamentale Mängel aufweisen, dass sie keinerlei Rechtswirkung entfalten.

1. Ob und in welchem Umfang eine Nichtigkeit von Urteilen überhaupt anzuerkennen ist, ist sehr str., da das Gesetz schweigt. Bedenklich an dieser Konstruktion ist namentlich, dass sie die Beseitigung gerichtlicher Entscheidungen ohne jegliches Verfahren erlaubt, obwohl § 338 zeigt, dass selbst grobe Verfahrensmängel das Urteil nicht nichtig, sondern nur mit der Revision angreifbar machen. Eine neuerdings im Vordringen begriffene Auffassung plädiert deshalb dafür, die Theorie des nichtigen Urteils überhaupt aufzugeben,[7] weil Urteile mit einem vom Standpunkt der Gerechtigkeit aus schlechthin unerträglichen Mangel in einem Rechtsstaat nicht vorstellbar seien. Aber das ist ein logisch fehlerhafter Schluss, „dass nicht sein kann, was nicht sein darf“. Zwar ist die Rechtssicherheit ein hohes Gut; andererseits verbietet aber die Forderung nach Gerechtigkeit bei schwersten Rechtsverstößen eine Wirksamkeit (Vollstreckung) von Urteilen. Dieser Konflikt ist durch eine Begrenzung der Nichtigkeitsfälle auf den allerengsten Rahmen[8] und nur bei offen zu Tage liegenden Mängeln[9] zu lösen. Auch BGH NStZ 1984, 279 will eine Nichtigkeit nur in den seltenen Ausnahmefällen anerkennen, dass die Bejahung eines Urteils „geradezu unerträglich wäre, weil die Entscheidung dem Geist der StPO und wesentlichen Prinzipien unserer rechtsstaatlichen Ordnung widerspricht“. Nur anfechtbar, nicht aber nichtig ist ein Urteil, an dem ausgeloste (anstatt richtigerweise gewählte) Schöffen mitgewirkt haben (BVerfG NJW 1985, 125; BGHSt 33, 126 m. Anm. *Katholnigg,* JR 1985, 346). Dasselbe gilt entgegen OLG *München* StV 2013, 496 m. abl. Anm. *Meyer-Goßner,* ibid., 613, für ein die gesetzlichen Regeln der Verständigung grob missachtendes „Dealurteil“.

26 2. Danach sind als **nichtig** anzusehen:

a) Entscheidungen eines Ausnahmegerichts (vgl. Art. 101 I 1 GG; § 16 GVG) oder eines „Revolutionstribunals“;

b) Entscheidungen mit einem offensichtlich unzulässigen Inhalt (z. B. Verurteilung eines 11-jährigen, Verurteilung zu Prügelstrafe oder zu einwöchiger Freiheitsstrafe);

c) Umstr. ist die Behandlung von Entscheidungen, die gegen eine andere als die tatsächlich vor Gericht erschienene Person ergangen sind.

27 Ist also an Stelle des angeklagten A dessen Freund B vor Gericht erschienen, so ist nach traditioneller Auffassung (RGSt 54, 12) das Urteil weder gegen A noch gegen B wirksam, und zwar unabhängig von der

---

[7] *M-G,* Einl. Rn. 105a m.w.N.; LR/*Kühne,* Einl. K 116ff.; *Radtke,* JR 2003, 130.

[8] Vgl. zum Ganzen *Eb. Schmidt* I, Rn. 253ff.; *Grünwald,* ZStW 76 (1964), 250; *ders.,* 1974, 123; *Roeder,* ZStW 79 (1967), 250; LR/*Kühne,* Einl. K, Rn. 105ff.

[9] Sog. Evidenztheorie, s. BVerfGE 29, 45, 49; BGHSt 10, 278, 281; 29, 351, 353; 33, 126f; BGH NStZ 1984, 279; weitere Nachweise bei *M-G,* Einl. Rn. 105.

ebenfalls umstr. Vorfrage, gegen wen das Urteil überhaupt ergangen ist: Bezieht es sich nämlich auf den Erschienenen, so betreffe es gar nicht den durch die Anklage (§ 155 I) bestimmten Verfahrensgegenstand und sei unbeachtlich, weil Anklage und Eröffnungsbeschluss gegen den „falschen" Angeklagten fehlten (so *Henkel,* 386; *Eb. Schmidt* I, Rn. 293; dagegen KMR/*Eschelbach,* § 230 Rn. 22: nur mit Rechtsbehelfen angreifbar); betreffe es dagegen den tatsächlich Angeklagten, so fehle es, weil dieser nicht erschienen ist, an jeder personalen Beziehung zwischen dem Gericht und dem Angeklagten, und die Entscheidung sei aus diesem Grunde nichtig (so *Peters,* 523). Die neuere Auffassung hält dagegen das Urteil, sei es gegen den wirklich Gemeinten (so LG Lüneburg MDR 1949, 768 mit Anm. *Grobler;* LR/*Kühne,* Einl. K, Rn. 122), sei es gegen den Erschienenen für wirksam, so dass nach Rechtskraft nur mit der Wiederaufnahme zu helfen sei. Nimmt dagegen der richtige Angekl. nur unter falschem Namen an der Hauptverhandlung teil, so ist das Urteil nach allg. Meinung gegen ihn wirksam, und der falsche Name kann nachträglich berichtigt werden (BGH NStZ-RR 1996, 9; KG NStZ-RR 2004, 240).

d) Entscheidungen gegen eine verstorbene Person (OLG *Schleswig* NJW 1978, 1016; vgl. o. § 21 Rn. 11). 28

3. Nach traditioneller Auffassung sind schließlich auch Entscheidungen in einer schon rechtskräftig entschiedenen Sache nichtig (dahingestellt von BGH NStZ 1984, 279; dagegen OLG *Düsseldorf* NStZ 1989, 44; *M-G,* Einl. Rn. 107 m.w.N.). Da es sich hier jedoch in der Praxis selten um eindeutige Konstellationen handeln dürfte, vielmehr zumeist recht komplizierte Fragen entstehen (Einbeziehung einer Tat in eine Serie selbstständiger Delikte, Unterfallen eines Verhaltens unter den in der Anklage bezeichneten Geschehensausschnitt), dürfte es angemessener sein, diese Fragen mit Hilfe der allgemeinen Rechtsmittel im Wege gerichtlicher Verhandlung zu klären. 29

4. Rechtskraftsfähige Beschlüsse (vgl. o. Rn. 18) können, wenn sie unanfechtbar geworden sind, nach der herkömmlichen Rspr. geändert werden, wenn nur so schweres prozessuales Unrecht behoben werden kann.[10] Davon sind nur Fälle offenkundiger Missachtung prozessualer Normen (RGSt 37, 112), wie z. B. ein Verstoß gegen den Grundsatz des gesetzlichen Richters (OLG *Düsseldorf* NStZ 1982, 395), und grobe Irrtümer über die tatsächliche Entscheidungsgrundlage erfasst, wie z. B. die Verwerfung eines Rechtsmittels aufgrund eines irrtümlich angenommenen Verzichts (OLG *Hamburg* MDR 1976, 511; RGSt 59, 419; BGH NJW 1951, 771). Eine bloße Fehlanwendung von Gesetzen genügt dagegen nicht (BGHSt 17, 94; BGH MDR 1956, 52; JR 2003, 125, 126). Dasselbe gilt für die nachträgliche Auffindung eines Eröffnungsbeschlusses, wegen dessen Fehlens eingestellt worden war (OLG *Köln* NJW 1981, 2208), sowie allg. für Verweisungsentscheidungen nach § 270 (BGHSt 45, 58, 60ff. m. z. w. N). 30

III. Die Unbeachtlichkeit eines Urteils kann in beliebiger Weise **geltend gemacht** werden. Es braucht nicht angefochten zu werden; jedoch ist um der Rechtsklarheit willen seine Anfechtung durch die allgemeinen Rechtsmittel zulässig. Als Mittel der Geltendmachung kann nach h. M. auch die in § 458 I vorgesehene Einwendung gegen die Zulässigkeit der Strafvollstreckung dienen. 31

[10] BayObLG JR 1970, 391 m. Anm. *Peters;* einschr. LR/*Matt,* vor § 304 Rn. 58f.: nur in bonam partem; grds. abl. *M-G,* Einl. Rn. 108f.; *Radtke,* JR 2003, 127ff.

10. Kapitel. Die Rechtsbehelfe (Die Anfechtbarkeit der gerichtlichen Entscheidungen)

§ 53. Allgemeine Fragen der Rechtsmittellehre

Literatur: *v. Kries,* Die Rechtsm. des Zivilprozesses und des Strafprozesses, 1880; *Bruns,* Teilrechtskraft und innerproz. Bindungswirkung des Strafurteils, 1961; *Grünwald,* Die Teilrechtskraft im Strafverf., 1964; *Sieveking,* Neue Aspekte und Wege zur Lösung der mit der Teilanfechtung von Strafurteilen verbund. Probleme, 1965; *Dencker,* Willensfehler bei Rechtsm.verzicht und Rechtsm.zurücknahme im Strafprozeß, 1972; *Frisch,* Drei Grundprobleme des Verschlechterungsverbots usw., MDR 1973, 715; *Dahs,* Zur Rechtswirksamkeit des nach Urteilsverkündung „herausgefragten" Rechtsm.verzichts, FS Schmidt-Leichner, 1977, 17; *Wiedemann,* Die Korrektur strafproz. Entscheidungen außerhalb des Rechtsm.verf., 1981; *Wittschier,* Das Verbot der reformatio in peius im strafproz. Beschlußverf., 1984; *Hohmann,* Die Gegenvorstellung – „Stiefkind" des Strafverf., JR 1991, 10; *Werner,* Strafprozessuale Gegenvorstellung und Rechtsm.system, NJW 1991, 19; *Matt,* Die Gegenvorstellung im Strafverf., MDR 1992, 820; *G. Kaiser,* Die Beschwer als Voraussetzung strafproz. Rechtsmittel, 1993; *Kemper,* Horizontale Teilrechtskraft des Schuldspruchs und Bindungswirkung im tatrichterl. Verf. nach der Zurückverweisung, 1993; *Leonhardt,* Rechtsmittelermessen der StA, 1994; *Rieß,* Über den Zugang zu oberen Gerichten, FS Salger, 1995, 373; *Kretschmer,* Das strafprozessuale Verbot der reformatio in peius und die Maßregeln, 1999; *J. Maier,* Anfechtung der Verurteilung: Garantie für den Angekl. oder Entscheidungskontrolle?, FS Hirsch, 1999, 941; *Erb,* Überlegungen zum Rechtsmittelverzicht des Angekl. unmittelbar nach der Urteilsverkündung, GA 2000, 511; *Becker/Kinzig* (Hrsg.), Rechtsmittel im Strafrecht, 2000; *dies.,* Rechtsmittel im Strafrecht, ZStW 112 (2000), 614; *Lilie,* Ist für die Strafjustiz … eine Reform des Rechtsmittelsystems … zu empfehlen?, Gutachten zum 63. DJT, 2000; *Rieß,* Dreigliedriger Aufbau der Strafjustiz und Rechtsmittelreform pp., JZ 2000, 813; *Riess,* Der vereinbarte Rechtsmittelverzicht, FS Meyer-Goßner, 2001, 645; *Böttcher,* Die Rechtsmittelreform in Strafsachen als Thema Deutscher Juristentage, FS Rieß, 2002, 31; *Kintzi,* Rechtsmittelreform in Strafsachen – eine unendliche Geschichte?, ibid., 225; *Meyer-Goßner,* Über das Zusammentreffen verschiedener Rechtsmittel, FS Gössel, 2002, 643; *Kuckein,* Zur Beschwer des Angeklagten bei einem Freispruch wegen Schuldunfähigkeit, GS Keller, 2003, 137; *Rieß,* Über den Rechtsmittelverzicht im Strafverfahren, Gollwitzer-Koll., 2004, 191; *Fahl,* Der abgesprochene Rechtsmittelverzicht, ZStW 117 (2005), 605; *Kleinbauer,* Rechtsmittelverzicht und Rechtsmittelzurücknahme des Beschuldigten im Strafprozess, 2006; *Radtke,* Die Bedeutung der Beschwer im Rechtsmittelsystem der StPO, FS Roxin II, 2011, 1419; *Stephan,* Der abgesprochene Rechtsmittelverzicht im Strafprozess, 2011.

A. Die Rechtsbehelfe

I. Rechtsbehelfe und Urteilsberichtigung

1 1. Falsche Urteile (auch Strafbefehle, s. *Vent,* JR 1980, 400) können durch das erkennende Gericht nach Abschluss ihrer Verkündung (s. o. § 49 Rn. 1) grds. nicht mehr berichtigt werden. Ist z. B. vergessen worden, eine Sperre für die Erteilung einer neuen Fahrerlaubnis anzuordnen, kann das nicht durch Verkündung eines geänderten Urteils nachgeholt werden (BGH JZ 1988, 1088); auch eine vergessene Kostenentscheidung kann nicht nachgeholt werden (BGH NStZ-RR 1996, 352). Wenn die StA oder der Angeklagte eine Änderung der Entscheidung erreichen wollen, müssen sie sich vielmehr dazu der verschiedenen in der StPO geregelten **Rechtsbehelfe** bedienen.

2 2. Ausnahmsweise, nämlich bei offensichtlichen **Schreib- und Fassungsfehlern,** kann die Urteilsberichtigung durch Beschluss des erkennenden Gerichts erfolgen, z. B. wenn zwischen dem Tenor und den mündlich mitgeteilten Gründen ein offenkundiger unlösbarer Widerspruch besteht (BGHSt 5, 5). Der BGH ist von seiner anfänglich strengen Begrenzung dieser Fälle (vgl. BGHSt 3, 245) immer mehr abgewichen und lässt die Berichtigung nunmehr auch dann zu, wenn sich die offenkundige Unrichtigkeit nicht aus dem Urteil

selbst, sondern erst aus anderen Umständen ergibt (BGHSt 12, 374); jedoch muss die Möglichkeit ausgeschlossen sein, dass sich hinter der Berichtigung eine sachliche Änderung des Urteils verbirgt (BGH NStZ 1991, 195). Ist z. B. die Einbeziehung einer Strafe im verkündeten Urteil vergessen worden, so kann dies nicht mehr nachgeholt werden (BGH NStZ 1984, 279). Zulässig ist es aber, einen falschen Namen, den sich der Angeklagte beigelegt hat, nachträglich durch den richtigen zu ersetzen (OLG *Düsseldorf* NStZ 1994, 355).

II. Einteilung der Rechtsbehelfe

Die Rechtsbehelfe werden in ordentliche und außerordentliche eingeteilt. Zu den **ordentlichen** gehören die Beschwerde (u. § 56), die Berufung (u. § 54), die Revision (u. § 55) und der Einspruch gegen Strafbefehle (u. § 68 Rn. 10ff.). **Außerordentliche** Rechtsbehelfe, d. h. solche, die die Rechtskraft durchbrechen, sind die Wiederaufnahme des Verfahrens (u. § 57), die Wiedereinsetzung in den vorigen Stand (o. § 22 Rn. 17ff.), die Anhörungsrüge (o. § 23 Rn. 10) und die Verfassungsbeschwerde (Art. 93 I Nr. 4a GG, §§ 90ff., insb. § 95 III 3 i. V. m. § 79 I BVerfGG). Keinen Rechtsbehelf im eigentlichen Sinne bildet die Menschenrechtsbeschwerde gemäß Art. 34 EMRK (dazu o. § 3 Rn. 15 und näher AK/*Achenbach,* vor § 296 Rn. 38ff.). Beschwerde, Berufung und Revision bilden die Gruppe der *Rechtsmittel* (§§ 296ff.). 3

B. Die Rechtsmittel

I. Arten

1. Von den übrigen Rechtsbehelfen unterscheiden sich die Rechtsmittel dadurch, dass nur sie den Devolutiv- und (ausgenommen die Beschwerde) auch den Suspensiveffekt besitzen. 4

a) Der **Devolutiveffekt** bedeutet, dass die Sache durch das Rechtsmittel vor die höhere Instanz gebracht wird, d. h. vom AG an das LG oder OLG, vom LG an das OLG oder den BGH. Er ist bei den verschiedenen Rechtsmitteln verschieden ausgestaltet (s. u. Rn. 5).

b) Der **Suspensiveffekt** bedeutet, dass die Wirksamkeit der angefochtenen Entscheidung (bei einem Urteil also Rechtskraft und Vollstreckbarkeit) durch die rechtzeitige Einlegung des Rechtsmittels gehemmt, d. h. aufgeschoben wird. Er ist mit der Berufung (§ 316 I) und der Revision (§ 343 I), nicht aber mit der Beschwerde verbunden (§ 307 I).

2. Untereinander weisen die drei Rechtsmittel folgende Unterschiede auf: 5

a) Die **Beschwerde** richtet sich **gegen Beschlüsse** und **Verfügungen** (§ 304) und führt zur Überprüfung sowohl der Tat- wie der Rechtsfrage (s. § 308 II). Der Devolutiveffekt ist bei ihr teilweise eingeschränkt (§ 306 II, aber auch § 311 III; s. u. § 56 Rn. 8, 10, 12).

b) die **Berufung** richtet sich **gegen Urteile** und führt ebenfalls zur Überprüfung sowohl der Tat- wie der Rechtsfrage (s. § 323). Devolutiv- und Suspensiveffekt sind nur bei einer fristgemäßen Einlegung in vollem Umfang gewährleistet (i. E. s. § 319).

c) Die **Revision** richtet sich ebenfalls **gegen Urteile,** führt aber im Gegensatz zur Berufung *nur* zu einer Nachprüfung der **Rechtsfrage** (§ 337). Bei einer verspäteten oder formwidrigen Einlegung sind Devolutiv- und Suspensiveffekt ebenso eingeschränkt wie bei der Berufung (i. E. s. § 346).

6 3. Zweifelhaft ist, welches Rechtsmittel gegen eine Entscheidung gegeben ist, die irrig in Beschluss- (oder Urteils)form anstatt in der richtigen Urteils- (oder Beschluss)form ergangen ist. Nach herrschender Ansicht (BGHSt 8, 384; BGHSt 25, 242) ist hier die der StPO entsprechende „Soll-Entscheidung" und nicht die tatsächlich ergangene „Ist-Entscheidung" maßgeblich. Wenn also das Gericht eine Entscheidung als „Urteil" bezeichnet, die richtigerweise als „Beschluss" zu qualifizieren wäre, ist das zulässige Rechtsmittel die Beschwerde (BGH StV 1982, 61). Eine durch das gerichtliche Versehen verursachte falsche Bezeichnung des Rechtsmittels (und gem. BGHSt 2, 67 – a fortiori – auch eine Unklarheit in der Bezeichnung) wäre dann, wenn nur überhaupt der Wille zur Rechtsmitteleinlegung außer Frage steht, nach § 300 ebenso unschädlich wie eine dadurch etwa herbeigeführte Fristversäumung, gegen die nach § 44 ein Anspruch auf Wiedereinsetzung bestünde.

7 4. Wird jemand von der Anklage einer Straftat freigesprochen und nur wegen einer Ordnungswidrigkeit verurteilt, so kann dieses Urteil nur mit strafprozessualen Rechtsmitteln, nicht etwa mit der Rechtsbeschwerde des OWiG angegriffen werden. Denn „die im Strafverfahren ergehenden Urteile sind mit der Berufung oder der Revision anfechtbar" (BGHSt 35, 290, 292). Der BGH stellt also auf die Verfahrensart und nicht den Urteilsgegenstand ab.

II. Zulässigkeit

1. Aktivlegitimation

8 a) Zur Einlegung von Rechtsmitteln ist zunächst (und zwar ohne Rücksicht auf seine Geschäftsfähigkeit) der **Beschuldigte** legitimiert (§ 296), neben ihm, aber nicht gegen seinen ausdrücklichen Willen (§ 297), sein Verteidiger wie auch andere Vertreter (OLG Hamm NJW 1952, 1150) und (auch gegen seinen Willen!) sein gesetzlicher Vertreter (§ 298). Wird der Beschuldigte volljährig, so bleibt das von seinem gesetzlichen Vertreter vorher eingelegte Rechtsmittel in Geltung. Die Verfügungsbefugnis darüber geht aber auf den Beschuldigten selbst über, der es zurücknehmen, aber auch dann weiterbetreiben kann, wenn er auf sein eigenes Rechtsmittel vorher verzichtet hatte (BGHSt 10, 174); denn dieser Verzicht kann gerade im Vertrauen auf das vom gesetzlichen Vertreter eingelegte Rechtsmittel erfolgt sein.

Abgesehen von den genannten Ausnahmen kann das Rechtsmittelverfahren von anderen Personen nicht für den Beschuldigten betrieben werden. Insbesondere kann es, wenn der Beschuldigte vor Eintritt der Rechtskraft stirbt, nicht von den Angehörigen mit dem Ziele der Rehabilitierung fortgesetzt werden (BGH NStZ 1983, 179 m. Anm. *Schätzler*). Denn in einem solchen Fall ist der Angeklagte als nicht verurteilt und somit als unschuldig anzusehen (Art. 6 EMRK).

9 b) In demselben Umfang wie der Beschuldigte ist auch die **Staatsanwaltschaft** zur Einlegung von Rechtsmitteln befugt (§ 296 I), und zwar, wie aus ihrer unparteiischen Stellung folgt, auch zugunsten des Beschuldigten (§ 296 II). An Stelle bzw. neben der StA dürfen auch der **Privat-** (§ 390, s. u. § 63) und der **Nebenkläger** (§§ 400, 401, s. u. § 64) Rechtsmittel einlegen, doch nicht zugunsten des Beschuldigten (vgl. u. § 63 Rn. 2, § 64 Rn. 3). Der eine Entschädigung begehrende Verletzte (§ 406a, s. u. § 65 Rn. 1 ff.) ist in keinem Fall zur Einlegung von Rechtsmitteln befugt.

c) Rechtsmittel können schließlich auch von weiteren durch die Entscheidung unmittelbar Betroffenen (den sog. **Nebenbeteiligten**) eingelegt werden, z. B. 10

aa) bei dem eine Einziehung aussprechenden Urteil von den an dem eingezogenen Gegenstand qualifiziert Berechtigten (den sog. **Einziehungsbeteiligten,** s. i. E. § 431); während diese nach dem früheren Recht im subjektiven Verfahren nur auf dem Gebiet des Nebenstrafrechts zur Rechtsmitteleinlegung aktivlegitimiert waren (so die rechtsschöpferische Rspr. des BGH, s. BGHSt [GrS] 19, 7), sind ihre Rechte durch das EGOWiG weit ausgedehnt worden (vgl. §§ 433, 437 und dazu u. § 67 Rn. 2);

bb) entsprechend beim Verfall (§ 442) und bei der Festsetzung von Geldbußen gegen juristische Personen im Strafverfahren (§ 444);

cc) von den durch einen Gerichtsbeschluss betroffenen Zeugen u. Ä. (vgl. §§ 304 II; 305 S. 2).

2. Beschwer

a) Wer durch die Entscheidung nicht zu seinem Nachteil betroffen ist, hat an ihrer Korrektur kein rechtlich geschütztes Interesse, um dessentwillen ihm ein Rechtsmittel zur Verfügung stehen müsste. Das Vorliegen einer **Beschwer** ist daher allgemeine sachliche Zulässigkeitsvoraussetzung einer Rechtsmitteleinlegung (h. M.; a. A. *Ranft,* Rn. 1918, der die Beschwer für eine Frage des materiellen Rechts hält). 11

b) Ob eine Beschwer vorliegt, ist für die StA einerseits und für den Beschuldigten (und andere Rechtsmittelführer) andererseits verschieden zu beantworten. Die **StA** ist als unparteiische, zur Wahrung des Rechts verpflichtete Behörde immer dann beschwert, wenn – sei es zugunsten oder zuungunsten des Beschuldigten – unrichtig entschieden ist. Aus diesem Grunde kann sie sogar dann ein Rechtsmittel einlegen, wenn das Gericht dem Antrag ihres Sitzungsvertreters entsprochen hatte; auch kann sie ein Urteil zuungunsten des Angeklagten mit der Revision in vollem Umfange anfechten, obwohl sie sich in der Vorinstanz mit einer Strafmaßberufung begnügt hatte (OLG Koblenz NJW 1982, 1770). Der **Beschuldigte** ist nur beschwert, wenn er zu Unrecht oder zu hart verurteilt worden ist (er kann also kein Rechtsmittel einlegen, um statt einer Geldstrafe die härtere Freiheitsstrafe zu erreichen). Dazu zählt es auch, wenn er für straffrei erklärt oder wenn von Strafe abgesehen wurde, weil dann immerhin ein Schuldspruch vorliegt. Eine Beschwer liegt (entgegen RGSt 20, 46; 42, 399) auch vor, wenn die Täterschaft nicht erwiesen ist und an Stelle eines Freispruchs eine Einstellung nach § 260 III erfolgt (RGSt 66, 51; RGSt 70, 193; BGHSt 7, 256; BGH GA 1959, 17; OLG *Oldenburg* NJW 1985, 1177); vgl. o. § 49 Rn. 16. Nach BGH NStZ-RR 1996, 299 liegt jedoch keine Beschwer vor bei einer Einstellung wegen Verjährung, wenn der Angekl. auch durch Nebenentscheidungen (über Kosten und notwendige Auslagen) nicht belastet wird. 12

c) Nach h. M. kann sich die Beschwer nur aus dem **Tenor,** niemals aber allein aus den Urteilsgründen ergeben. Ein Freispruch kann daher nicht deswegen angegriffen werden, weil er, wie die schriftlichen Gründe ergeben, nur mangels Beweises (s. BGHSt 7, 153), wegen Schuldunfähigkeit (BGHSt 16, 374; BGH NJW 2016, 728 – Fall *Mollath;* vgl. auch BVerfGE 6, 7) oder wegen Schuldausschlusses nach § 35 StGB (BGH NJW 1979, 2053 m. abl. Anm. *Hirsch,* JR 1980, 115) erfolgte. Nach Ansicht von BGHSt 16, 374 darf das Gericht sogar offen lassen, ob überhaupt eine tatbe- 13 standsmäßige und rechtswidrige Handlung vorlag, und braucht den Angeklagten (bloß) wegen Schuldunfähigkeit freizusprechen.

14 Der BGH begründet dies überzeugend damit, dass das Ziel des Strafverfahrens die Prüfung der Schuld, nicht aber die Rehabilitierung des Angeklagten sei, und dass andernfalls die Gerichte überlastet und die Freisprechung mangels Beweises entwertet würde. Demgegenüber wird im Schrifttum geltend gemacht, dass jegliche Belastung in den Gründen die Menschenwürde (Art. 1 GG) antaste und darum eine Beschwer darstelle (so *Henrichs,* MDR 1956, 196). Zumindest müsse aber ein Freispruch wegen Schuldunfähigkeit anfechtbar sein, sei es, weil er nach § 12 BZRG dem Zentralregister mitzuteilen sei (so *Henkel,* 366; *Peters,* 614) oder weil die Beschwer in der Feststellung einer rechtswidrigen Tat liege. Der BGH hat sich durch diese Kritik aber bisher nicht zu einer Änderung seines rigorosen Standpunktes bewegen lassen. Das BVerfG hat allerdings die Verfassungsbeschwerde gegen einen Freispruch für zulässig erklärt, weil schon die Urteilsgründe, sofern sie die Interessen des Betroffenen unzumutbar beeinträchtigen, in seltenen Fällen dessen Grundrechte verletzen könnten (BVerfGE 28, 151; vorher schon BVerfGE 6, 7, 9). Noch weiter geht die Rspr. des EGMR, die in der Begründung eines Freispruchs eine Verletzung der Unschuldsvermutung (Art. 6 II EMRK) zu erblicken vermeint, wenn die „von der entscheidenden Person verwendete Sprache nicht nur eine Verdachtslage beschreibt, (sondern) Anhaltspunkte dafür enthält, dass das Gericht den Angeklagten für schuldig hält" (Urteil i. S. Cleve ./. Deutschland, StV 2016, 1 Rn. 53f.) – was im konkreten Fall vom EGMR offensichtlich zu Unrecht bejaht wurde (a. M. die Anm. v. *Stuckenberg,* StV 2016, 5 mit i. Ü. durchschlagender Kritik an dem Urteil).

III. Teilanfechtung

15 1. Aus den §§ 316, 318, 327, 343, 344, 352 lässt sich entnehmen, dass es **grds. zulässig** ist, ein Urteil nur **teilweise anzufechten;** Entspr. gilt für Beschlüsse (OLG Frankfurt a. M. NJW 1980, 2535). Voraussetzung dafür ist nach st. Rspr. (vgl. RGSt 33, 17; BGHSt 10, 100), dass sich der angefochtene Entscheidungsteil von dem nicht angefochtenen trennen lässt und damit einer selbstständigen Beurteilung und Entscheidung zugänglich ist (zur Teilanfechtung durch den Verteidiger vgl. u. Rn. 26).

a) Eine solche **Selbstständigkeit** ist unstreitig dann gegeben, wenn das Urteil über mehrere Prozessgegenstände (sei es über eine Tat mehrerer Angeklagter oder über mehrere Taten eines Angeklagten) entscheidet. Innerhalb desselben Prozessgegenstandes wird sie v. a. im Verhältnis von Schuld- und Straffrage angenommen; Berufung und Revision können danach „auf das Strafmaß" beschränkt werden (dag. *Grünwald,* 1964, 155f.).

16 b) **Innerhalb der Schuldfrage** ist auch vom Standpunkt der Rspr. aus eine Trennung nach den einzelnen Verbrechensbestandteilen (z. B. hinsichtlich Notwehr, Schuldfähigkeit oder eines mehrerer tateinheitlich zusammentreffender Delikte, dazu RGSt 65, 297) nicht möglich. Bei materiellrechtlicher Tatmehrheit im Rahmen ein und desselben Prozessgegenstandes (z. B. bei Straßenverkehrsgefährdung mit nachfolgender Unfallflucht, s. o. § 20 Rn. 12) wird eine Beschränkung des Rechtsmittels auf einen Deliktstatbestand dagegen grds. zugelassen (BGHSt 24, 185; s. aber auch BGHSt 25, 72). Dasselbe gilt in Fällen der Tateinheit, wenn ein Dauer- oder Organisationsdelikt mit anderen Straftaten verknüpft ist; steht z. B. die Zuhälterei in Tateinheit mit einer Vergewaltigung, so kann die Revision auf § 177 StGB beschränkt werden (BGHSt 39, 390).

17 c) **Innerhalb der Sanktionenfrage** ist eine Trennung nach den einzelnen Strafen oder nach Strafen und Maßregeln nur möglich, wenn die Entscheidung in dem angefochtenen Punkt keinen Einfluss auf die übrige Sanktionenfrage gehabt haben kann (RGSt 65, 296; BGHSt 10, 331), so i. d. R. bezüglich des Tagessatzes bei der Geldstrafe nach

§ 40 StGB (BGHSt 27, 70), der Bemessung der Gesamtstrafe (OLG *Hamburg* MDR 1976, 419), der Strafaussetzung zur Bewährung (OLG *Hamburg* JR 1979, 258 m. zust. Anm. *Zipf,* JR 1979, 259) oder der Nichtanrechnung der U-Haft nach § 51 I 2 StGB (vgl. zu den zahlr. Zweifelsfragen i. E. LR/*Gössel,* § 318 Rn. 89 ff., LR/*Franke,* § 344 Rn. 31 ff.). Man kann auch den Rechtsfolgenausspruch angreifen, die Nichtanwendung des § 64 StGB (Einweisung in eine Entziehungsanstalt) von diesem Angriff aber ausnehmen (BGHSt 38, 362 m. abl. Anm. *Hanack,* JR 1993, 430). Die Anfechtung kann auch auf den Ausspruch über die besondere Schwere der Schuld (§§ 57 a I 1 Nr. 2, 57 b StGB) beschränkt werden (BGHSt 39, 208 m. Anm. *Stree,* JR 1994, 166; BGHSt 41, 57; vgl. auch o. § 49 Rn. 10).

d) Wird die Anfechtung unzulässigerweise auf bestimmte Punkte beschränkt, so gilt analog § 318 S. 2 der ganze Inhalt des Urteils als angefochten. Dasselbe gilt nach dem Grundsatz des fair trial, wenn der Angeklagte infolge falscher Beratung durch das Gericht die Anfechtung auf das Strafmaß beschränkt hat (OLG *Zweibrücken* StV 1982, 13).

2. a) Der von der Anfechtung zulässigerweise ausgenommene Teil des Urteils erwächst 18 in Rechtskraft (sog. **Teilrechtskraft**). Das Rechtsmittelgericht ist daher in seiner Entscheidung insoweit gebunden und grds. zu keiner Korrektur befugt. Das ist bei der sog. **vertikalen** Teilrechtskraft, bei der die Trennungslinie zwischen verschiedenen Prozessgegenständen verläuft (s. o. Rn. 15), einhellig anerkannt; ob und inwieweit es dagegen für die **horizontale** Teilrechtskraft (d. h. innerhalb ein und desselben Prozessgegenstandes) gilt, ist lebhaft umstr.

b) Die Bindung an den Schuldspruch bei einer Strafmaßberufung wird nämlich bei den sog. **doppelrelevanten** (d. h. für Schuld und Strafausspruch gleichermaßen bedeutsamen) **Tatsachen** zweifelhaft, z. B. wenn sich in der Berufungsverhandlung die Schuldunfähigkeit des Täters herausstellt. Der BGH hat in einem solchen Fall (BGHSt 7, 283) keine Durchbrechung der Teilrechtskraft, sondern nur eine Milderung der Strafe auf das sich bei Anwendung des § 21 StGB ergebende geringste Maß zugelassen. Auch die als unrichtig erkannte Feststellung von Regelbeispielen nach § 243 StGB soll bestehen bleiben, wenn nur der Strafausspruch angefochten wird (BGHSt 29, 359; OLG *Düsseldorf* JZ 1984, 684; *Fezer,* 19/54). Im Anschluss an *Spendel,* 1955 (ebenso *Peters,* 499 f.; dag. *Hettinger,* 1987) erscheint es dagegen, soweit man überhaupt eine Teilanfechtung zulässt, richtiger, dass das Gericht an die Anfechtungsbeschränkung dann nicht mehr gebunden ist, wenn es andernfalls seiner eigenen Entscheidung eine als unrichtig erkannte verurteilende Entscheidung des Untergerichts zuungunsten des Angeklagten zugrunde legen müsste, zumal das Institut der Rechtskraftdurchbrechung der StPO geläufig ist (o. § 52 Rn. 22). M. a. W.: Die Teilrechtskraft verbietet es dem Rechtsmittelgericht, die rechtskräftig entschiedenen Punkte auf ihre Richtigkeit zu überprüfen (BGHSt 44, 119), nicht aber, die im Rahmen anderweitiger Prüfungen erkannten Unrichtigkeiten im Rahmen der ihm verbliebenen Entscheidung zu korrigieren (vgl. auch BGH GA 1959, 305). BGHSt 46, 257, 259 ff. ist hierüber sogar noch hinausgegangen und hat die Beschränkung des Rechtsmittels auf den Strafausspruch für unwirksam erklärt, wenn die Ausführungen des Tatrichters zur Beeinträchtigung der Schuldfähigkeit lückenhaft sind und deshalb Schuldunfähigkeit nicht auszuschließen ist. 19

IV. Adressat, Frist und Form der Rechtsmitteleinlegung

1. **Adressat:** Im Strafverfahren sind die Rechtsmittel (im Gegensatz zum Zivilprozess) 20 gem. §§ 314, 341 grds. bei dem Gericht einzulegen, dessen Entscheidung angefochten wird **(iudex a quo),** und nicht bei dem, das über das Rechtsmittel entscheiden soll (iudex ad quem).

21 2. **Frist:** Berufung, Revision und sofortige Beschwerde können nur binnen einer Woche seit Verkündung bzw. – bei Abwesenheit des Beschuldigten[1] – seit Zustellung der Entscheidung an den Beschuldigten oder seinen Verteidiger (§ 145a I) eingelegt werden (§§ 311 II, 314, 341). Wird sie nur einem der beiden zugestellt, so muss der andere aber davon unterrichtet werden (§ 145a III). Diese Fürsorgepflicht wird von der Rspr. zur bloßen Ordnungsvorschrift degradiert, deren Verletzung weder den Fristablauf hemme noch zur Wiedereinsetzung führen könne (BGH NJW 1977, 640; vgl. auch OLG *Hamburg* NJW 1965, 1614; für Wiedereinsetzung zu Recht *M-G/S,* § 145a Rn. 14). Die einfache Beschwerde dagegen ist unbefristet möglich (i. E. s. u. § 56 Rn. 8).

Bleibt unklar, ob eine Rechtsmittelschrift überhaupt bei Gericht eingegangen ist, so ist das Rechtsmittel als nicht eingelegt anzusehen (OLG Hamm NStZ 1982, 43); es kann dann ggf. eine Wiedereinsetzung beantragt werden. Bleibt die Rechtzeitigkeit des Einganges zw., wird überwiegend angenommen, dass keine Verwerfung wegen Verspätung erfolgen darf (BGH NJW 1960, 2202).

22 3. **Form:** Die Rechtsmittel können schriftlich oder zu Protokoll der Geschäftsstelle oder auch zum Sitzungsprotokoll eingelegt werden (§§ 306 I, 314 I, 341 I); zu den Erfordernissen der Schriftlichkeit i. E. vgl. o. § 22 Rn. 10f.

V. Rechtsmittelverzicht und -zurücknahme; Unwirksamkeit und Anfechtung von Rechtsmittelerklärungen; Wiedereinsetzung bei Fristversäumung

1. Rechtsmittelverzicht

23 a) Gem. § 302 I 1 kann ein Rechtsmittelverzicht, für den als prozessuale Willenserklärung keine Geschäfts-, sondern nur Verhandlungsfähigkeit erforderlich ist, bereits vor Ablauf der Rechtsmittelfrist erklärt werden. Nach BGHSt 25, 234 ist bei Urteilen, die in Abwesenheit des Angeklagten verkündet werden, ein Verzicht sogar schon vor Beginn der erst mit der Zustellung beginnenden Einlegungsfrist möglich, sofern der Angeklagte Gelegenheit hatte, sich über die Urteilsgründe zuverlässig zu unterrichten (a. A. *Peters,* JR 1974, 249; AK/*Achenbach,* § 302 Rn. 17 m.w.N.). Für den Rechtsmittelverzicht ist analog §§ 306, 314, 341 dieselbe Form zu fordern wie für die Rechtsmitteleinlegung; dabei genügt für die Schriftlichkeit nach BGH NJW 1984, 1974 ein außerhalb des Protokolls aufgenommener, vom Angeklagten genehmigter Vermerk. Ein telefonischer Verzicht ist unwirksam, s. o. § 22 Rn. 11. Ein Verzicht ist auch dann wirksam, wenn eine Rechtsmittelbelehrung unterblieben ist; denn auch auf die Belehrung kann verzichtet werden (BGH NStZ 1984, 329; NStZ 2006, 351).

24 b) Einen eigenständigen Unwirksamkeitsgrund hatte der GrS in seiner Entscheidung zu den **Urteilsabsprachen** eingeführt, indem er die Wirksamkeit eines Rechtsmittelverzichts nach einer Urteilsabsprache davon abhängig gemacht hatte, dass der Angekl. über seine trotz Absprache fortbestehende Freiheit zur Einlegung von Rechtsmitteln eine sog. „qualifizierte Belehrung" erfahren hatte.[2] Auf diese Belehrung konnte seitens des Angeklagten auch nicht wirksam verzichtet werden (BGHSt 51, 275); zur Frage einer Wiedereinsetzung nach versäumter Rechtsmittelfrist in diesen Fällen u. Rn. 30.

[1] Eine Verkündung in Abwesenheit des Verurteilten liegt auch dann vor, wenn dieser den Sitzungssaal während der Bekanntgabe der Urteilsgründe verlässt (KG JR 1992, 304).

[2] BGHSt 50, 40, 56ff., bes. 61: auch darüber, dass selbst eine etwa früher abgegebene Verzichtsankündigung nicht bindet; BGH NStZ 2007, 419; krit. *Altenhain/Haimerl,* GA 2005, 298; *Dahs,* NStZ 2005, 581; *Duttge/Schoop,* StV 2005, 422; *M-G,* vor § 213 Rn. 21a, b m.w.N.

Das VerständG ist hierüber noch hinaus gegangen und hat die Möglichkeit eines Rechtsmittelverzichts nach einem auf einer Absprache („Verständigung") beruhenden Urteil ausnahmslos **ausgeschlossen** (§ 302 I 2)[3]. Weil nach dem Gesetzeswortlaut nur der Rechtsmittel*verzicht* ausgeschlossen ist, hat der BGH eine bereits vorher mit der Staatsanwaltschaft vereinbarte (!) *Rücknahme* des zunächst eingelegten Rechtsmittels vor Fristablauf für wirksam erklärt (BGHSt 55, 82; dazu scharf abl. *Niemöller,* StV 2010, 474 und 597ff. mit Antikritik *Meyer-Goßner,* StV 2011, 35 sowie Duplik *Niemöller,* StV 2011, 54, s. ferner o. § 44 Rn. 67).

2. Zurücknahme

Die Zurücknahme eines Rechtsmittels ist in demselben Umfang möglich wie der Verzicht und bedarf der gleichen Form (§ 302 I 1); nach Beginn der Hauptverhandlung im Rechtsmittelverfahren ist ferner die Zustimmung des Gegners erforderlich (§ 303),[4] und zwar auch dann, wenn die Hauptverhandlung ausgesetzt wurde und vollständig von neuem durchgeführt werden muss.[5] Eine Ausnahme gilt nach § 303 S. 2 nur für den Nebenkläger, dessen Zustimmung bei einer Zurücknahme des Rechtsmittels durch den Angeklagten nicht erforderlich ist; der Nebenkläger kann also nur auf die StA mit dem Ziel einwirken, dass diese ihre Zustimmung verweigert. Ein von der StA zugunsten des Beschuldigten eingelegtes Rechtsmittel darf von vornherein nur mit dessen Zustimmung zurückgenommen werden (§ 302 I 2), da er ja möglicherweise im Vertrauen darauf von einer eigenen Rechtsmitteleinlegung Abstand genommen hat. Für die Zurücknahme eines durch den gesetzlichen Vertreter des Beschuldigten eingelegten Rechtsmittels gilt diese Regelung analog. 25

3. Ermächtigung zu Zurücknahme und Verzicht

Der Verteidiger bedarf gem. § 302 II für die Zurücknahmeerklärung einer ausdrücklichen Ermächtigung, die nach richtiger Ansicht (vgl. KMR/*Plöd,* § 302 Rn. 11, 32ff.; str.) nicht zugleich mit der Verteidigervollmacht, sondern erst nach der Verurteilung wirksam erteilt werden kann. Die Ermächtigung bedarf keiner bestimmten Form; sie kann mündlich, schriftlich oder telefonisch erteilt werden (BGH NStZ 1995, 356 m. Anm. *Ehrlicher*). Nach BGHSt 3, 46 enthält die Ermächtigung zur Zurücknahme nicht die Befugnis zum Verzicht, wofür vielmehr analog § 302 II eine zweite ausdrückliche Ermächtigung erforderlich sein soll. Trotz Vorliegens einer solchen Ermächtigung ist aber ein Rechtsmittelverzicht durch den Verteidiger dann unwirksam, wenn er den anwesenden Angeklagten nicht vorher befragt (OLG *Zweibrücken* NStZ 1987, 573; str.). Dagegen ist der Verteidiger auch ohne ausdrückliche Ermächtigung nach § 302 II zur bloßen Teilanfechtung (o. Rn. 15) befugt. Denn die Teilanfechtung bedeutet keinen Teilverzicht, sondern nur eine Konkretisierung der Anfechtung, mit der Folge, dass eine beschränkt eingelegte Revision auch noch bis zum Ablauf der Revisionseinlegungsfrist des § 341 I erweitert werden kann (BGHSt 38, 4; BGH NStZ 1993, 96). 26

[3] Das Verbot eines Rechtsmittelverzichts soll auch für die Staatsanwaltschaft gelten (OLG Düsseldorf StV 2011, 80) – zw., weil § 302 I 2 allein zum Schutz des Angekl. geschaffen worden ist.

[4] Stellt der StA den Antrag, die von seiner Behörde eingelegte Berufung zu verwerfen, so liegt darin keine Rücknahme der Berufung (OLG Koblenz NStZ 1994, 354).

[5] BGHSt 23, 277; vgl. auch BayObLG NJW 1973, 2308 m. Anm. *Peters,* JR 1974, 252; zum Ganzen *Rieß,* JR 1986, 441.

4. Anfechtung, Widerruf und Unwirksamkeit

27 a) Die Rechtsmittelerklärungen sind – als Prozesshandlungen – nach h. M. grds. bedingungsfeindlich (vgl. BGHSt 5, 183), unwiderruflich (nur die Rechtsmitteleinlegung ist zurücknehmbar, s. o. Rn. 25) und unanfechtbar (s. BGHSt 5, 341; BGHSt 45, 51, 53; dag. allg. *Peters,* 249f.). Solange der Verurteilte verhandlungsfähig ist, kann also die Unwirksamkeit seines Rechtsmittelverzichts nicht mit einer „ersten Schockwirkung des Urteils" oder mit einer Erregung über die Höhe der Strafe begründet werden (BGH NStZ 1997, 148).

28 b) Von dem **Grundsatz der Unanfechtbarkeit** sind allerdings in Rspr. und Lehre für den Fall des Rechtsmittelverzichts eine Reihe von **Ausnahmen** entwickelt worden, deren Abgrenzung i. E. sehr str. ist. Der BGH behandelt einen Rechtsmittelverzicht dann nicht nur als anfechtbar, sondern sogar als **unwirksam,** wenn das Gericht dem Angeklagten keine ausreichende Gelegenheit zur Überlegung und Beratung mit dem Verteidiger gegeben und dadurch seine Fürsorgepflicht verletzt hat.[6] Ein dem Angekl. weder abverlangter noch nahegelegter Rechtsmittelverzicht ist aber nicht schon deshalb unwirksam, weil er übereilt und ohne Rücksprache mit dem Vert. abgegeben worden ist (BGH NStZ-RR 1997, 305). Unwirksam ist dagegen ein Rechtsmittelverzicht, wenn er vom Angekl. erklärt wird, ohne dass diesem ein nach § 140 erforderlicher notwendiger Verteidiger bestellt (OLG Frankfurt a. M. StV 1991, 296; NStZ 1993, 507; OLG *Düsseldorf* StV 1993, 237; NStZ 1995, 147; a. A. OLG *Hamburg* NStZ 1997, 53; zahlreiche weitere Nachweise bei *M-G,* § 302 Rn. 25) oder die Beratung mit diesem abgewartet worden war (BGHSt 45, 51, 57). Dasselbe gilt, wenn nur ein (keine Anwaltszulassung besitzender) Scheinverteidiger vorhanden war (BGHSt 47, 238) oder wenn ein der dt. Sprache nur unzureichend mächtiger Angekl. in Abwesenheit seines Verteidigers auf Rechtsmittel verzichtet (OLG Hamm NJW 1983, 530; OLG *Zweibrücken* StV 1994, 362). Darüber hinaus wird in der Rechtslehre, wenn ein Rechtsmittelverzicht durch Täuschung oder Drohung herbeigeführt wird, überwiegend die analoge Anwendung des § 136a (so *Eb. Schmidt* I, Rn. 208f.; *ders.,* JR 1962, 290; LR/*Gleß,* § 136a Rn. 17) oder des § 123 BGB (früher LR/*Hanack,* § 136a Rn. 14) befürwortet. Der BGH hat dies zwar in einem Fall, als der StA den Rechtsmittelverzicht durch einen unbegründeten Haftbefehlsantrag erzwang, abgelehnt (BGHSt 17, 14), aber in neueren Entscheidungen bei Drohungen mit ungerechtfertigter Inhaftierung die Unwirksamkeit bejaht (BGH NJW 2004, 1885; StV 2004, 636). Die Rspr. der OLGe tendiert dahin, einen Rechtsmittelverzicht schon dann für unwirksam zu erklären, wenn er auf einem von einem Rechtspflegeorgan verursachten Irrtum des Angekl. beruht (vgl. OLG Frankfurt a. M. NJW 1971, 949 m. w. N.). Demgegenüber beharrt zwar BGH StV 1994, 64 darauf, dass ein Irrtum der StA den darauf beruhenden Rechtsmittelverzicht keinesfalls unwirksam mache; BGHSt 46, 257 hat aber bei einem vom Gericht veranlassten Irrtum anders entschieden. Darüber hinausgehend wird in der neueren Lit. die Ansicht vertreten, dass Willensmängel einen Rechtsmittelverzicht grds. unwirksam machten (vgl. nur *Dencker,* 1972, 57). Dem ist nur zuzustimmen, soweit der Willensmangel innerhalb der Einlegungsfrist für das Rechtsmittel geltend gemacht wird; denn insoweit ist das Rechtssicherheitsinteresse durch die Befristung in hinreichendem Maße gewahrt.

29 c) Der Widerruf eines Rechtsmittelverzichtes oder einer Rechtsmittelrücknahme ist unzulässig (arg. § 302 I „wirksam").

5. Wiedereinsetzung in den vorigen Stand bei Fristversäumung

30 Wenn die Frist zur Einlegung eines Rechtsmittels ohne Verschulden versäumt wurde, so muss gem. § 44 auf Antrag Wiedereinsetzung in den vorigen Stand gewährt werden (dazu allg. o. § 22 Rn. 17ff.). Wenn die vorgeschriebene Rechtsmittelbelehrung unterblieben ist, so wird das fehlende Verschulden unwiderleglich vermutet (§ 44 S. 2). Zwar kann prinzipiell auch auf die Belehrung verzichtet werden, aber nach der Rspr. nicht im Falle einer vorangegangenen Urteilsabsprache (BGHSt 51, 275). Hierbei sollte aber die Vermutungswirkung des § 44 S. 2 nur für die einfache Belehrung gelten, nicht auch für die vom GrS geforderte qualifizierte Belehrung (o. Rn. 24), so dass das Fehlen der qualifizierten Belehrung zwar einen Rechtsmittelverzicht unwirksam machte, aber als solche keinen Wiedereinsetzungsgrund nach Fristablauf

[6] BGHSt 18, 257; 19, 101; vgl. auch OLG Köln u. Hamm, StV 2010, 67; eingehend SK/*Frisch,* § 302 Rn. 26, 28ff.; *Grunst,* 2002 (Lit. § 22), 324ff.

ergab (BGHSt [GrS] 50, 40, 62; krit. *Rieß*, JR 2005, 438; *Theile*, StraFo 2005, 414; zu einem begründeten Wiedereinsetzungsantrag nach unwirksamem Rechtsmittelverzicht BGHSt 47, 238, 241 f.). Als Wiedereinsetzungsgrund ist es insb. anerkannt worden, wenn die Absprache unzulässigerweise einen Rechtsmittelverzicht einschloss und der Angeklagte daraufhin einen (notabene unwirksamen) Rechtsmittelverzicht erklärt hatte (BGHSt 45, 227, 233 f.). Das dürfte auch seit der Regelung des VerständG noch richtig sein, das die bloße Nichterteilung der „qualifizierten Belehrung" gem. § 35 a S. 3 bewusst in § 44 nicht als Wiedereinsetzungsgrund anerkannt hat (BT-Drs. 16/12310, Begr. zu § 44).

VI. Verbot der reformatio in peius

1. Das Verbot der *reformatio in peius* **(Verschlechterungsverbot),** das für die Beru- 31
fung, Revision und Wiederaufnahme gilt (§§ 331 I, 358 II, 373 II), bedeutet, dass das Urteil in Art und Höhe der Rechtsfolgen nicht zum Nachteil des Angeklagten abgeändert werden darf, wenn lediglich er selbst, sein gesetzlicher Vertreter oder die StA zu seinen Gunsten Rechtsbehelfe ergriffen haben (anders, wenn der Angekl. selbst auf den Schutz des Verschlechterungsverbotes verzichtet: vgl. BGHSt 5, 316; *Seibert*, MDR 1954, 341). Damit soll erreicht werden, dass sich niemand von der Einlegung eines Rechtsmittels durch die Befürchtung abhalten lässt, in der nächsten Instanz noch härter bestraft zu werden. Wenn die StA eine höhere Strafe erreichen will, muss sie daher immer selbst ein Rechtsmittel zuungunsten des Beschuldigten einlegen (vgl. BGH JZ 1978, 245).[7] Ein „Verbesserungsverbot" gilt dann aber nicht, vielmehr kann auch die nur von der StA zuungunsten des Beschuldigten angefochtene Entscheidung zu dessen Gunsten abgeändert werden (§ 301); dies gilt auch dann, wenn die vom Angeklagten eingelegte Berufung unzulässig ist (BayObLG NStZ 1994, 48).

2. Nach der ausdrücklichen Gesetzesformulierung bezieht sich das Verschlechterungs- 32
verbot nur auf die Strafe, nicht aber auf den Schuldspruch (a. A. *Wittschier*, 1986).

a) Die zweite Instanz kann daher selbst dann, wenn nur der Angeklagte ein Rechtsmittel eingelegt hat, ein z. B. wegen Diebstahls zu 60 Tagessätzen von je 50,– EUR Geldstrafe verurteilendes Erkenntnis der ersten Instanz im **Schuldspruch** dahin **berichtigen,** dass der Angeklagte wegen Raubes zu derselben Geldstrafe verurteilt (und seine Berufung i. Ü. verworfen) wird. Dagegen ist eine nachträgliche Erhöhung der Tagessätze unzulässig (wie hier auch *D. Meyer*, NJW 1979, 148; a. A. *Schröter*, NJW 1978, 1302).

b) Die Änderung einer **Freiheitsstrafe** in eine **Geldstrafe** stellt immer – ohne Rücksicht auf die Höhe – 33
eine mildere Bestrafung dar, sofern die Ersatzfreiheitsstrafe das erstinstanzliche Strafmaß nicht überschreitet (vgl. § 43 StGB). Dagegen ist die Umwandlung einer Geldstrafe in eine Freiheitsstrafe immer eine Verschlechterung; dies soll allerdings nicht gelten, wenn eine Geldstrafe und eine Freiheitsstrafe zu einer Gesamtfreiheitsstrafe zusammengefasst werden sollen (BGHSt 35, 208).

c) Eine reformatio in peius liegt auch dann vor, wenn bloß die in einer *Gesamtstrafe* aufgehende Einzel- 34
strafe verschärft wird (BGHSt 1, 252), weil sie bei späterem Wegfall der Gesamtstrafe wieder Bedeutung erlangen kann, nicht aber, wenn trotz Wegfalls einer real konkurrierenden Straftat in der zweiten Instanz dieselbe Gesamtstrafe ausgesprochen wird (BGHSt 7, 86).

d) Ob das Verschlechterungsverbot auch dann verletzt ist, wenn die ursprünglich gewährte **Strafausset-** 35
zung gestrichen wird, ist str., weil Entscheidungen nach §§ 56a ff. StGB nicht im Urteil, sondern durch Beschluss nach § 268a getroffen werden und deshalb nicht dem Wortlaut des § 331 unterfallen, der nur auf Urteile abstellt. Nach h. M. soll das Verschlechterungsverbot auf solche Fälle auch nicht analog anzuwenden sein (KK/*Paul*, § 331 Rn. 5; KG NStZ-RR 2006, 137 m. z. N.; ebenso jedenfalls für nachträgliche Auflagen und Weisungen, die nach § 56b StGB ohnehin zulässig sind, BGH JZ 1982, 514; dagegen über-

[7] In der Praxis häufig als sog. „Mitzieh-Berufung", um das Kalkül des Angekl. zu durchkreuzen, ohne eigenes Risiko auf eine Strafmilderung zu spekulieren und sich ggf. eine aufwändige Hauptverhandlung hierdurch „abkaufen" zu lassen.

zeugend mit weiteren zahlreichen Nachweisen SK/*Frisch,* § 331 Rn. 16). Jedenfalls ist das Verschlechterungsverbot verletzt, wenn eine kürzere Freiheitsstrafe ohne Strafaussetzung durch eine längere mit Strafaussetzung ersetzt wird (OLG *Oldenburg* MDR 1955, 436; vgl. auch BGH NJW 1955, 1847), denn bei der Prüfung, ob eine Verschlechterung vorliegt, ist auch die Möglichkeit ins Auge zu fassen, dass die Strafaussetzung widerrufen wird.

36 e) Das Verbot der reformatio in peius gilt auch für die **Maßregeln** der Besserung und Sicherung mit Ausnahme der Unterbringung in einem psychiatrischen Krankenhaus oder einer Entziehungsanstalt, die nach Auffassung des Gesetzgebers dem Angeklagten nur nützlich und niemals schädlich sein kann (§§ 331 II, 358 II 3, was nach Meinung *Kretschmers,* 1999, 117, verfassungswidrig sein soll, dagegen *Wohlers,* GA 2001, 196, 197); umgekehrt kann nach Aufhebung eines auf Krankenhausunterbringung lautenden Urteils eine Strafe verhängt werden (§ 358 II 2, dazu krit. *Kretschmer,* StV 2010, 161). Da diese ratio legis für die *Sicherungsverwahrung* nicht zutrifft, unterliegt auch sie dem Verschlechterungsverbot (BGHSt 25, 38 m. zust. Anm. *Maurach,* JR 1973, 162), und zwar auch nach Einführung der nachträgl. Sicherungsverwahrung gem. § 66b StGB (*Peglau,* NJW 2004, 3599), die nur auf neue Tatsachen gestützt werden kann.

§ 54. Die Berufung

Literatur: *Hettenbach,* Die Annahmeberufung nach § 313 StPO, 1997; *Drews,* Die historische Entwicklung der Berufung im Strafverfahren, 1998; *Fornoff,* Die Annahmeberufung nach § 313 StPO, 2009; *Nobis,* Der Streit um die Einschränkung der Berufung, DAV-FS, 2009, 699; *Schünemann,* Gedanken zur zweiten Instanz in Strafsachen, FS Geppert, 2011, 649; *Böse,* Art. 6 Abs. 3 lit. c EMRK und die Verteidigung des abwesenden Angeklagten in der Berufung, FS Paeffgen, 2015, 567; *Frisch,* Zum Recht des abwesenden Angeklagten auf Verteidigung, ibid., 589; *Wohlers,* Der Strafverteidiger: Rechtsbeistand oder (auch) Vertreter des Beschuldigten?, ibid., 621.

A. Begriff und Zulässigkeit

1 Die Berufung ist ein umfassendes Rechtsmittel, das zur **Nachprüfung in tatsächlicher und rechtlicher Hinsicht** führt.

Der Berufung unterliegen die Urteile der AGe, also des Strafrichters (Einzelrichters) und des Schöffengerichts (§ 312). Erstinstanzliche Urteile der Großen Strafkammer und des Schwurgerichts sowie des OLG sind niemals berufungsfähig. Nach § 313 ist in Fällen geringer Beschwer (wichtigster Fall: Verurteilung zu einer Geldstrafe von nicht mehr als fünfzehn Tagessätzen oder zu einer Geldbuße, § 313 I 1) die Berufung nur zulässig, wenn sie angenommen wird; dabei muss die Annahme stets erfolgen, wenn die Berufung nicht offensichtlich unbegründet ist (§ 313 II). Pläne zur Erweiterung der Annahmeberufung[1] sind bislang nicht umgesetzt worden. I. E. vgl. u. Rn. 12.

2 **Statt des Berufungsgerichts** ist seit dem RechtspflegeentlastungsG 1993 stets die **kleine Strafkammer** – sowohl wenn der Strafrichter allein als auch wenn das Schöffengericht geurteilt hat (vgl. §§ 74 III, 76 I 1 GVG), was im letzteren Fall wegen der gleichstarken Besetzung wenig überzeugt – zuständig.

[1] Vgl. v. a. Art. 2 Nr. 30 des vom Bundesrat eingebrachten „Entwurfs eines 2. Gesetzes zur Entlastung der Rechtspflege (strafrechtlicher Bereich)" (BT-Drs. 13/4541 vom 07.05.1996); Einzelheiten dazu bei *Feuerhelm,* StV 1997, 105f. Für eine de lege ferenda vorzusehende alleinige Anwendbarkeit der Annahmeberufung auf Fälle, in denen das gerichtliche Verfahren durch einen Strafbefehl (§ 407) eingeleitet wurde, *Hettenbach,* 1997, 191ff., 200.

B. Rechtspolitische Gesichtspunkte

Die gesetzliche Regelung der Berufung ist in ihrem Wert umstritten. Es erscheint auf den ersten Blick überraschend, dass gerade bei den schweren und bedeutenden Straftaten, die in erster Instanz vor die Große Strafkammer, das Schwurgericht oder das OLG gehören, dem Angeklagten eine zweite Tatsacheninstanz versagt wird. Der gesetzlichen Normierung liegt folgende Erwägung zugrunde: 3

Die zahlenmäßig stärkere Besetzung der oberen Gerichte ermöglicht eine sorgfältigere Urteilsfindung und macht damit eine zweite Hauptverhandlung überflüssig. Auch ist aufgrund der Ermittlungen im vorbereitenden Verfahren in aller Regel der Prozessstoff schon gründlich aufgeklärt worden. Demgegenüber ist das Verfahren bei der leichteren und mittleren Kriminalität des Alltags, die in die Zuständigkeit der Amtsgerichte fällt, notwendig summarisch. 4

Trotzdem wird gerade bei Kapitalverbrechen wegen ihrer besonders einschneidenden Folgen eine zweite Tatsacheninstanz gefordert. Demgegenüber wird von anderen der Berufung überhaupt jeder Wert abgesprochen, weil sich die Beweismöglichkeiten im Laufe der Zeit immer mehr verschlechterten und damit keine Gewähr für eine bessere Rspr. durch die zweite Tatsacheninstanz geboten sei. Auch wird geltend gemacht, dass gerade wegen der Möglichkeit der Berufung der Richter erster Instanz weniger sorgfältig arbeite, weil er ja wisse, dass es noch eine weitere Tatsacheninstanz gebe. Durch die Existenz der Berufung werde der Schwerpunkt des Strafverfahrens in die zweite Instanz verlegt. Da die Revisionsgerichte entgegen der ursprünglichen gesetzlichen Konzeption mehr und mehr die Tatsachenfeststellungen der Vorinstanz nachprüfen (u. § 55 Rn. 25 ff.), wird auch aus diesem Grunde die Notwendigkeit der Berufungsinstanz bezweifelt (*Jerouschek,* GA 1992, 514; *Kühne,* Rn. 1059 ff. m. w. N.; weniger krit. *Hellmann,* Rn. 875). Empirische Untersuchungen zeigen jedoch, dass Berufungen weitaus seltener als Revisionen eingelegt werden, dafür aber eine weitaus höhere Erfolgsquote aufweisen (*Becker/Kinzig,* 2000 [Lit. § 53], Bd. 2, 206 ff.). An der Berufung in der bisherigen Form ist deshalb unbedingt festzuhalten, weil sie als notwendiges Korrektiv das vielfach summarische Verfahren auf der Amtsgerichtsstufe ermöglicht und dadurch in einer genialen Intuition des Schöpfers der RStPO Legitimation und Verfahrensökonomie miteinander verbindet. 5

C. Einlegung der Berufung

I. Adressat, Frist, Begründung

1. Die Berufung ist bei dem Gericht erster Instanz (dem **iudex a quo**) binnen einer Woche einzulegen (§ 314). 6

Ist der Angeklagte im Falle seines Ausbleibens in der Hauptverhandlung in erster Instanz (§ 232) verurteilt worden, so hat er ggf. zwei Rechtsbehelfe: einmal die Wiedereinsetzung in den vorigen Stand (§ 235), zum anderen die Berufung (§ 314). Nach § 315 I wird der Beginn der Frist zur Einlegung der Berufung nicht dadurch hinausgeschoben, dass der Angeklagte um Wiedereinsetzung in den vorigen Stand nachsuchen kann. Der Angeklagte muss daher seinen Antrag auf Wiedereinsetzung mit der Berufung (für den Fall, dass dem Wiedereinsetzungsgesuch nicht stattgegeben wird) verbinden (§ 315 II).

Eine **Begründung** der Berufung ist (im Gegensatz zur Revision – § 344 – und zur Berufung im Zivilprozess – § 519 ZPO) nicht zwingend vorgeschrieben (§ 317). Eine Beschränkung der Berufung auf bestimmte Beschwerdepunkte ist zulässig (§ 318; dazu o. § 53 Rn. 15 ff.). Die Berufung lässt sich freilich nicht auf die Rechtsfrage beschränken, weil nur der Schuldspruch als solcher in Teilrechtskraft (§ 316) erwachsen kann, nicht aber die Tatsachenfeststellungen als solche. Doch ist eine einvernehmliche Beschränkung des Verhandlungsstoffes in der Berufung möglich (*Milzer,* NStZ 1993, 69). 7

8 2. Ist die Berufung **verspätet** eingelegt, so wird sie schon vom Gericht erster Instanz durch Beschluss als unzulässig verworfen (§ 319 I). Gegen diesen Beschluss kann der Beschwerdeführer binnen einer Woche nach Zustellung auf die Entsch. des Berufungsgerichts antragen (§ 319 II).

Ist die Berufung rechtzeitig eingelegt, so legt das Gericht erster Instanz die Akten der StA vor. Diese übersendet die Akten an die StA bei dem Berufungsgericht, die die Akten binnen einer Woche dem Vorsitzenden des Gerichtes übergibt (vgl. §§ 320, 321).

II. Nachträgliche Rechtsmittelbezeichnung

9 Der Angeklagte wird sich innerhalb der Einlegungsfrist i. d. R. noch nicht festlegen können und wollen, ob er die tatsächlichen und rechtlichen Grundlagen des Urteils oder nur die rechtlichen Erörterungen angreifen soll. Denn meistens werden ihm die schriftlichen Urteilsgründe erst nach Ablauf der Einlegungsfrist vorliegen. Aus diesen Gründen und aus prozessökonomischen Erwägungen hält es der BGH im Gegensatz zur Rspr. des RG, das eine zweifelsfreie Eindeutigkeit aller Prozesshandlungen verlangte, für zulässig, dass ein Urteil zunächst generell angefochten, die genaue Bezeichnung des Rechtsmittels aber erst später *nachgeholt* wird (BGHSt 2, 63), oder dass von einem ursprünglich (BGHSt 5, 338) bzw. nach anfänglichem Offenlassen (OLG *Celle* JR 1982, 38 m. abl. Anm. *Meyer*) als Berufung bezeichneten Rechtsmittel noch innerhalb der Revisionsbegründungsfrist zur Revision übergegangen wird (BGHSt 5, 338). Wird vor Ablauf der Revisionsbegründungsfrist die Berufung durchgeführt, so wird dem Angeklagten sein Wahlrecht genommen; das führt in der Revision zur Aufhebung und Wiederherstellung des Wahlrechts (OLG Frankfurt a. M. NStZ 1991, 506).

10 Etwas anders liegt es, wenn der Beschwerdeführer ein ursprünglich als Revision bezeichnetes Rechtsmittel später als Berufung verstanden wissen will. Denn hier wird eine weitere Instanz nicht eingespart, sondern nachträglich erst hinzugefügt. Trotzdem lässt der BGH im Interesse des Verurteilten auch die Umwandlung in eine Berufung zu, wenn die Revision „vorschnell" gewählt und noch keine endgültige Festlegung erfolgt war (BGHSt 13, 388); dies ist in aller Regel anzunehmen.[2] Erfolgt bei zunächst unbestimmter Urteilsanfechtung innerhalb der Revisionsbegründungsfrist (§ 345) keine Wahl des Rechtsmittels, so ist die Berufung durchzuführen (LR/*Franke*, § 335 Rn. 10; *M-G*, § 335 Rn. 4; OLG *Köln* MDR 1980, 690). Dasselbe gilt wegen Verletzung der prozessualen Fürsorgepflicht, wenn das Gericht den Angeklagten veranlasst, sein Rechtsmittel als Revision zu präzisieren, ohne ihm die Unterschiede zwischen Berufung und Revision noch einmal genau zu erklären (OLG *Köln* NStZ 1992, 204).

D. Vorprüfung durch das Berufungsgericht

I. Verwerfung als unzulässig

11 Das Berufungsgericht kann die Berufung durch Beschluss außerhalb des Berufungsverfahrens als **unzulässig verwerfen,** wenn es die Vorschriften über die Einlegung der Berufung nicht für beachtet hält (§ 322 I), diese z. B. verspätet eingelegt ist. Bei Zweifeln über die Verspätung bleibt das Rechtsmittel zulässig (BGH NJW 60, 2202; OLG *Karlsruhe* NJW 1981, 138; str.). Der Verwerfungsbeschluss ist mit der sofortigen Beschwerde anfechtbar (§ 322 II). Im Gegensatz zum Amtsrichter (vgl. o. Rn. 8) kann die Strafkammer den Unzulässigkeitsbeschluss nicht nur wegen verspäteter Einlegung

[2] BGHSt 17, 44; OLG Düsseldorf JZ 1984, 756; OLG Zweibrücken GA 1985, 280; a. A. OLG Düsseldorf MDR 1985, 518. Einen Fall zweifelsfreier Festlegung bringt OLG Düsseldorf StV 1996, 370.

erlassen, sondern auch aus allen sonstigen Unzulässigkeitsgründen (z. B. wegen Nichteinhaltung der Form des § 314).

II. Annahmeberufung

In den Fällen des § 313 I hat das Berufungsgericht zunächst über die Annahme der Berufung zu entscheiden. Betroffen sind von dieser Regelung Verurteilungen zu Geldstrafen von nicht mehr als 15 Tagessätzen oder zu einer Geldbuße, aber auch Verwarnungen, bei denen die vorbehaltene Strafe nicht mehr als 15 Tagessätze beträgt (S. 1), sowie Freisprüche und Einstellungen, bei denen die StA eine Geldstrafe von nicht mehr als 30 Tagessätzen beantragt hatte (S. 2).[3] Dabei betrifft S. 1 nur die Berufung des Angeklagten und das zu seinen Gunsten von der StA eingelegte Rechtsmittel. Die zuungunsten des Angeklagten eingelegte Berufung der StA ist abschließend in S. 2 geregelt; die 15-Tages-Grenze ist dafür also ohne Bedeutung (*Tolksdorf,* 1995). Bei offensichtlicher Unbegründetheit, deren Annahme sehr zurückhaltend erfolgen muss (BVerfG NJW 1996, 2785; NStZ 2002, 43; *Tolksdorf,* 1995; näher zum Prüfungsumfang *Feuerhelm,* StV 1997, 102ff.), ist die Berufung als unzulässig zu verwerfen, ansonsten anzunehmen (§ 313 II). Will das Gericht auf Antrag der StA die Annahme ablehnen, ist der Berufungsführer gem. Art. 103 I GG vorher zu hören (OLG *München* StV 1994, 237; a. A. OLG Koblenz NStZ 1995, 251), widrigenfalls die Anhörungsrüge statthaft ist (OLG *Karlsruhe* NStZ-RR 2005, 178). Die Entscheidung, die unanfechtbar ist und im Falle der Annahme keiner Begründung bedarf (§ 322a S. 2, 3), ergeht stets in Form eines Beschlusses (§ 322a S. 1; s. a. § 322 I 2 Hs. 2). Lag allerdings ein Fall des § 313 I gar nicht vor, ist gegen die Ablehnung der Berufungsannahme sofortige Beschwerde zulässig.[4] Besonderheiten im Rahmen des Ordnungswidrigkeitenrechts behandelt § 313 III. 12

E. Hauptverfahren

I. Vorbereitung der Hauptverhandlung

Die Maßnahmen zur Vorbereitung der Berufungshauptverhandlung decken sich im Wesentlichen mit denen zur Vorbereitung in erster Instanz (§ 323 I). Folgende **Besonderheiten** sind zu beachten: 13

1. Die Ladung der im ersten Rechtszug vernommenen Zeugen und Sachverständigen kann unterbleiben, wenn ihre wiederholte Vernehmung zur Aufklärung der Sache nicht erforderlich scheint. Dabei muss auf die von dem Angeklagten zur Rechtfertigung seiner Berufung benannten Personen Rücksicht genommen werden (§ 323 II, IV).

2. Neue Beweismittel sind unbeschränkt zulässig (§ 323 III).

II. Gang der Hauptverhandlung

Die Hauptverhandlung verläuft im allg. wie in der **ersten Instanz** (§ 332), jedoch mit folgenden **Abweichungen:** 14

1. Es erfolgt keine Verlesung des Anklagesatzes, sondern ein Vortrag des Berichterstatters über die Ergebnisse des bisherigen Verfahrens. Dabei ist das angefochtene Urteil zu verlesen, soweit es für die Berufung von Bedeutung ist; von der Verlesung der Urteilsgründe kann abgesehen werden, soweit die StA, der Verteidiger und der Angeklagte darauf verzichten (§ 324 I).

---

[3] Ob dies auch dann gilt, wenn schon die StA einen Freispruch beantragt hatte, ist str., s. *M-G,* § 313 Rn. 4 a/b m. w. N.

[4] OLG Koblenz und OLG Zweibrücken NStZ 1994, 601; OLG Köln NStZ 1996, 150; OLG Hamm NStZ 1996, 455; OLG Hamburg JR 1999, 479 m. zust. Anm. *Gössel* sowie *Feuerhelm,* StV 1997, 104.

Werden Bericht und Urteilsverlesung vergessen, so führt dieser Verstoß gegen § 324 I i. d. R. (d. h. mindestens bei komplizierteren Fällen) zur Aufhebung, weil sich eine verfahrensbeeinflussende Desorientiertheit der Schöffen nicht ausschließen lässt (OLG *Hamburg* NStZ 1985, 379). Vgl. zur entspr. Problematik bei vergessener Verlesung des Anklagesatzes in der 1. Instanz o. § 44 Rn. 3.

15 2. Der Grundsatz der Unmittelbarkeit (§ 250) ist insofern eingeschränkt, als Protokolle über die Aussagen der in erster Instanz vernommenen Zeugen verlesen werden dürfen (deshalb ist die Aufnahme des wesentlichen Inhalts der Zeugenaussagen in das Sitzungsprotokoll vorgeschrieben; vgl. o. § 51 Rn. 4). Diese Verlesung ist ohne Zustimmung der Prozessbeteiligten dann nicht zulässig, wenn die wiederholte Vorladung des Zeugen erfolgt ist oder vom Angeklagten beantragt war (§ 325). War sie nicht beantragt oder hat sich der Angeklagte sogar mit der Verlesung ausdrücklich einverstanden erklärt, muss das Gericht gleichwohl aufgrund seiner Aufklärungspflicht (§ 244 II) Zeugen persönlich vernehmen, wenn es auf ihre Aussage entscheidend ankommt (OLG *Zweibrücken* NJW 1982, 117; OLG Koblenz StV 1982, 65; OLG Frankfurt a. M. StV 1987, 524). I. Ü. ist auch im Berufungsverfahren ein Verzicht auf die Verlesung von Schriftstücken möglich (§§ 332, 249 II; vgl. dazu o. § 46 Rn. 8).

16 3. Bei den Schlussvorträgen hat der Beschwerdeführer das erste Wort (wenn StA und Angeklagter Berufung eingelegt haben, der Vertreter der StA, § 326). Das letzte Wort hat immer der Angeklagte.

III. Gegenstand der Hauptverhandlung

17 Entsprechend dem Charakter der Berufung erfolgt in der Berufungshauptverhandlung – bei Vorliegen der prozessualen Voraussetzungen – stets eine neue Beurteilung der Sache. Es wird also nicht nur geprüft, ob die Entscheidung der ersten Instanz bei Zugrundelegung des damals vorliegenden Tatsachenstoffs richtig war oder nicht. Vielmehr sind neue Beweismittel zulässig (z. B. neue Zeugen), und es können auch neu eingetretene Tatsachen Berücksichtigung finden, so z. B. der nach dem Urteil erster Instanz eingetretene Tod des durch Fahrlässigkeit Verletzten. Die Berufungsinstanz ist also gewissermaßen eine zweite Erstinstanz.

F. Die Entscheidung des Berufungsgerichts

I. Prozessurteil

18 Das Berufungsgericht **prüft** zuerst die **prozessualen Voraussetzungen.** Fehlen sie, so verwirft es die Berufung als **unzulässig** durch Urteil (Prozessurteil). Dies ist auch im Falle des § 322 möglich, da das Berufungsgericht von dieser Verwerfungsmöglichkeit keinen Gebrauch machen muss (Kann-Vorschrift); die Entscheidung über die Annahme der Berufung (§ 313) kann aber nur durch Beschluss erfolgen (§§ 322 I 2 Hs. 2, 322a S. 1).

II. Sachurteil

19 Sonst erfolgt eine **neue Beurteilung** (vgl. o. Rn. 17).

1. Hält das Berufungsgericht dabei das erstinstanzliche Urteil für richtig, so muss es die Berufung **als unbegründet verwerfen.**

2. Hält das Berufungsgericht die Berufung dagegen für begründet, so hat es i. d. R. unter Aufhebung des Urteils in der **Sache** selbst zu **erkennen** (§ 328 I).

Hat das AG seine Zuständigkeit zu Unrecht angenommen (namentlich seine Strafgewalt – vgl. § 24 II GVG u. o. § 6 Rn. 6 – überschritten), so muss das Berufungsgericht durch Urteil (BGHSt 26, 108) unter Aufhebung des Urteils erster Instanz die Sache an das zuständige Gericht verweisen, im vorgenannten Fall also an die Große Strafkammer (BayObLG StraFo 2000, 230). Denn seine eigene sachliche Zuständigkeit geht nicht weiter als die des Vorderrichters (BGHSt 31, 63, 66; BGHSt 34, 159f.). 20

3. Legen gegen eine Verurteilung in der ersten Instanz sowohl die StA (mit dem Ziel höherer Bestrafung) als auch der Angeklagte (mit dem Ziel des Freispruchs) Berufung ein, so muss das Berufungsgericht über jede Berufung selbstständig entscheiden. Es muss also, falls es der Berufung des Angeklagten entsprechen will, folgendermaßen tenorieren: „Die Berufung der StA wird verworfen. Auf die Berufung des Angeklagten hin wird das Urteil des Amtsgerichts – Schöffengerichts – Goslar vom 29. 1. 1998 aufgehoben und der Angeklagte auf Kosten der Staatskasse freigesprochen." 21

4. a) Ein dem zivilrechtlichen **Versäumnisurteil** ähnelndes strafprozessuales Urteil fand sich ursprünglich in § 329 allgemein für den Fall, dassder **Angeklagte** Berufung eingelegt hatte, aber bei Beginn einer Hauptverhandlung unter Verletzung seiner Anwesenheitspflicht (o. § 44 Rn. 42f.) nicht erschienen war. Dann war die Berufung **sofort,** d. h. ohne Beweisaufnahme, **zu verwerfen.** Zwar sollte diese Regelung nach Meinung des *EGMR* gegen Art. 6 III c EMRK verstoßen (StraFo 2012, 490), aber das bedeutete ein Missverständnis sowohl der EMRK (die ein Recht auf Verteidigung, aber kein Abwesenheitsverfahren und kein Berufungsverfahren garantiert, s. o. § 3 Rn. 14) als auch der deutschen Prozessstruktur, die eine Verhandlung gegen einen abwesenden Angeklagten gerade aus Gründen der Wahrheitsfindung nur unter engen Voraussetzungen zulässt(BVerfG StraFo 2007, 190; OLGe Düsseldorf u. München StV 2013, 299, 301, OLG Bremen StV 2014, 211; krit. *Esser,* StV 2013, 331 m. Antikritik *Weigend,* FS Kühl, 2014, 945; *Hüls/Reichling,* StV 2014, 242). 22

b) Gleichwohl sah sich der Gesetzgeber gezwungen, auf die Entscheidung des EGMR zu reagieren und § 329 neu zu fassen, doch hat er dabei schwere innere Widersprüche und womöglich sogar eine erneute Verurteilung durch den EGMR in Kauf genommen. Denn das Auftreten eines „Verteidigers mit schriftlicher Vertretungsvollmacht" ohne den Angeklagten genügt weiterhin nur dann zur Durchführung der Berufungshauptverhandlung, wenn „die Anwesenheit des Angeklagten nicht erforderlich ist" (§ 329 II), worüber das Berufungsgericht nunmehr explizit zu entscheiden hat und was es eigentlich nach den Grundsätzen des deutschen Strafverfahrensrechts (§§ 232–234, 411 II) nur in Bagatellfällen bejahen dürfte (großzügiger *M-G,* § 329 Rn. 15a). Widrigenfalls muss die Hauptverhandlung unterbrochen und der Angeklagte unter Anordnung seines persönlichen Erscheinens zum Fortsetzungstermin erneut geladen werden. Wenn er dann erneut nicht erscheint, hat das Berufungsgericht die Berufung weiterhin wie nach der alten Regelung zu verwerfen (§ 329 IV, *„Stotterverwerfung"*). Das ist eine zumal wegen weiterer Verwerfungsmöglichkeiten gem. § 329 I 2 Nr. 1–3 – komplizierte Regelung, die mit Recht teils im Grundsatz, teils im Detail viel Kritik erfahren hat (*Frisch,* NStZ 2015, 69; *ders.* u. *Böse,* FS Paeffgen, 2015, 580, 589; *Sommer,* StV 2016, 55). 23

Dem Fall des unentschuldigten Fehlens steht der Fall gleich, dass der Angeklagte in einem von ihm verschuldeten **verhandlungsunfähigen Zustand** (namentlich volltrunken) zur Hauptverhandlung erscheint. Denn er entzieht sich auch hierdurch der Verhandlung (s. o. § 21 Rn. 12f.), und es bestehen auch vom Wortlaut des § 329 IV her keine Bedenken, einen verhandlungsunfähigen Prozessbeteiligten als im Rechtssinne nicht erschienen anzusehen (so für den Fall des nachträglichen Eintritts ausdrücklich § 329 I 2 Nr. 3). Dagegen ist ein ernstgemeinter Selbstmordversuch kein Fall des § 329 I 1, da eine Verzweiflungstat nicht als schuldhafte Prozessverschleppung gedeutet werden kann (OLG Koblenz NJW 1975, 322; zur 24 proz. Auswirkung von Selbstmordversuchen vgl. auch o. § 44 Rn. 46). Die Berufung darf auch nicht verworfen werden, wenn der Angeklagte mit reichlicher Verspätung gerade in dem Moment erscheint, als das Gericht seine Berufung verwerfen will (OLG *Oldenburg* MDR 1985, 430; s. auch § 329 V).

25 c) Hat die *StA* Berufung eingelegt und fehlen der Angeklagte bzw. sein Vertreter unentschuldigt, so kann nach § 329 II ohne den Angekl. verhandelt werden (über die Zurücknahme einer Berufung durch die StA in solchen Fällen vgl. § 329 V 2).

26 d) Kann ohne den Angeklagten nicht sinnvoll verhandelt, die Berufung aber, weil von der StA eingelegt, oder im Fall des I 4 nicht verworfen werden, so gestattet § 329 III erforderlichenfalls die Vorführung oder Verhaftung des Angeklagten.

27 d) Die Anwendbarkeit des § 329 setzt immer voraus, dass der Angeklagte in der Ladung auf die Folgen seines Ausbleibens ausdrücklich (nicht durch bloße Bezugnahme auf eine frühere Ladung, OLG Koblenz NJW 1981, 2074) hingewiesen worden ist (§ 323 I 2). Gegen die unverschuldete Versäumung der Berufungsverhandlung kann der Angekl. in beiden oben erörterten Fällen binnen einer Woche Wiedereinsetzung in den vorigen Stand beanspruchen (§ 329 VII).

Das gilt in analoger Anwendung des § 44 erst recht, wenn er gar nicht oder nicht wirksam geladen wurde.[5]

28 Daneben kann er auch nach den allgemeinen Vorschriften Revision einlegen, mit der er aber nur geltend machen kann, dass dem Berufungsgericht bei Anwendung des § 329 ein Rechtsfehler unterlaufen sei, etwa wenn es eine rechtzeitig beigebrachte Entschuldigung irrig als ungenügend angesehen (vgl. BGHSt 17, 391, 397; BGHSt 23, 331, 336) oder ein Verfahrenshindernis nicht beachtet hat (BGHSt 46, 230).

§ 55. Die Revision

Literatur: *Beling,* Rev. wegen Verletzung einer Rechtsnorm über das Verf. im Strafprozess, FS Binding, 1911, II, 87; *Mannheim,* Beiträge zur Lehre von der Rev. wegen materiellrechtl. Verstöße im Strafverf., 1925; *Pohle,* Rev. und neues Strafrecht, 1930; *Schwinge,* Grundlagen des Rev.rechts, 2. Aufl., 1960; *Warda,* Dogmatische Grundlagen des richterl. Ermessens im Strafrecht, 1962; *Hanack,* Der Ausgleich divergierender Entsch. in der oberen Gerichtsbarkeit, 1962; *Sarstedt,* Konkurrenz von Rev.rügen, FS H. Mayer, 1966, 529; *ders.,* Zum Rev.grund der ungerecht bemessenen Strafe, FS Engisch, 1969, 708; *Zipf,* Die Strafmaßrevision, 1969; *Rudolphi,* Die Revisibilität von Verf.mängeln im Strafprozeß, MDR 1970, 1993; *Batereau,* Die Schuldspruchberichtigung, 1971; *Haddenhorst,* Die Einwirkung der Verf.rüge auf die tatsächl. Feststellungen im Strafverf., 1971; *Frisch,* Rev.rechtl. Probleme der Strafzumessung, 1971; *Cramer,* Zur Berechtigung absoluter Rev.gründe, FS Peters, 1974, 239; *Geerds,* Rev. beim Verstoß gegen Denkgesetze oder Erfahrungssätze, ebda., 267; *Fezer,* Die erweiterte Rev. – Legitimierung der Rechtswirklichkeit?, 1974; *Otto,* Möglichkeit und Grenzen der Rev. in Strafsachen, NJW 1978, 1; *Rieß,* Zur Revisibilität der freien tatrichterl. Überzeugung, GA 1978, 257; *Peters,* Der Wandel im Rev.recht, FS Schäfer, 1980, 137; *Hanack,* Die Verteidigung vor dem Rev.gericht, FS Dünnebier, 1982, 301; *Schmidhäuser,* Die „Gesetzesverletzung", ebda., 407; *Schünemann,* Grundfragen der Rev. im Strafprozeß, JA 1982, 71, 123; *Bohnert,* Beschränkungen der strafproz. Rev. durch Zwischenverf., 1983; *Herdegen,* Tatgericht und Rev.gericht, FS Kleinknecht, 1985, 173; *Deutscher Anwaltverein* (Hrsg.), Die rev.gerichtl. Rspr. der Strafsenate des BGH, 1986; *Rieß,* Statist. Erhebungen zur Rev.rechtspr. des BGH, StV 1987, 269; *Schoreit,* Die Beschlußverwerfung der Rev. gem. § 349 II StPO und die StA, FS Pfeiffer, 1988, 397; *Maul,* Die Überprüfung der tatsächl. Feststellungen durch das Rev.gericht, ebda., 409; *Küper,* Rev.gerichtl. Nachprüfung ohne Sachrüge,

[5] *Wendisch,* JR 1976, 426; LR/*Gössel,* § 329 Rn. 117; OLG Celle JA 1979, 121; OLG Hamm NStZ 1982, 521, beide mit abl. Anm. *K. Meyer;* nach OLG Karlsruhe JR 1981, 129 m. abl. Anm. *Wendisch* soll das Gericht sein Urteil für gegenstandslos erklären dürfen; andererseits will das KG JR 1976, 425 in einem solchen Fall nur die Revision zulassen.

ebda., 425; *Neumann,* Die Abgrenzung von Tatfrage und Rechtsfrage, GA 1988, 387; *Pfitzner,* Bindung der Rev.gerichte an vorinstanzl. Feststellungen im Strafverf., 1988; *Schmidt-Hieber,* Grundlagen der strafrechtl. Rev., JuS 1988, 710, 794; JuS 1989, 41; *Hanack,* Zum Verf.ausgang nach erfolgreicher Rev., FS Tröndle, 1989, 495; *Krauth,* Erwägungen zur Vereinfachung des Strafverf. nach der Rev., ebda., 513; *Kodde,* Zur Praxis der Beschlußverwerfung von Rev. (§ 349 II StPO), 1989; *Schulte,* Die Gewährung rechtl. Gehörs in der Praxis des Rev.verf. in Strafsachen, FS Rebmann, 1989, 465; *Alberts,* Die Feststellung doppelt relevanter Tatsachen in der strafproz. Rev.instanz, 1990; *Burgmüller,* Das Beruhen des Urteils auf der Gesetzesverletzung pp., 1990; *Herdegen,* Die Beruhensfrage im strafproz. Rev.recht, NStZ 1990, 513; *Schlüchter,* Zum normativen Zusammenhang zwischen Rechtsfehler und Urteil, FS Krause, 1990, 485; *Schroth,* Der Ausgleich divergierender obergerichtl. Entsch., JR 1990, 93; *Blaese,* Die Förmlichkeiten der Rev. in Strafsachen, 1991; *Deutscher Anwaltverein* (Hrsg.), Grundprobleme des Rev.verf., 1991; *ders.,* Rechtssicherheit versus Einzelfallgerechtigkeit (Aufsätze zur Rev.), 1991; *Fezer,* Grenzen der Beweisaufnahme durch das Rev.gericht, FS Hanack, 1991, 89; *Rieß,* Hinweise an den Tatrichter bei der Zurückverweisung durch das Rev.gericht, ebda., 353; *Widmaier,* Wohin entwickeln sich die absoluten Rev.gründe?, ebda., 77; *Wollweber,* Die innerproz. Bindungswirkung vom Rev.gericht aufrechterhaltener tatrichterl. Feststellungen, 1991; *Herdegen,* Die Überprüfung der tatsächl. Feststellungen durch das Rev.gericht aufgrund der Sachrüge, StV 1992, 527, […] einer Verf.rüge, StV 1992, 590; *Naucke,* Die Einstellung gem. § 153 Abs. 2 StPO in der Rev., FS StA-Schleswig-Holstein, 1992, 459; *ders.,* Der Rev.richter in Strafsachen, in: Der Richter in Strafsachen, 1992, 107; *Zwiehoff,* Zur Begründungspflicht des Richters bei offensichtl. unbegründeter Rev., ebda., 119; *Oberrath,* Die Probleme des § 357 StPO, 1992; *Paulus,* Proz. Wahrheit und Rev., FS Spendel, 1992, 687; *Deutscher Anwaltverein* (Hrsg.), Rechtsgestaltende Wirkung des Rev.rechts (Aufsätze zur Rev.), 1993; *Lilie,* Obiter dictum und Divergenzausgleich in Strafsachen, 1993; *Schünemann,* Zum Verhältnis von Rechts- und Tatfrage im Prozessrecht pp., FS Arthur Kaufmann, 1993, 299; *Wagner,* Die Beweiswürdigungspflicht im tatrichterl. Urteil im Falle der Verurteilung, ZStW 106 (1994), 259; *Basdorf,* Änderungen des Beweisantragsrechtes und Revision, StV 1995, 312; *Dahs,* Die Revisionsbegründung – Puzzle oder Glücksspiel?, StraFo 1995, 41; *ders.,* Neue Aspekte zu § 344 II, FS Salger, 1995, 217; *Herdegen,* Die Rüge der Nichtausschöpfung eines Beweismittels, ebda., 301; *ders.,* Beweisantragsrecht, Beweiswürdigung, strafprozessuale Revision, 1995; *Frisch,* Zur Bedeutung des Beweisrechts usw. für die Revisibilität von Verfahrensmängeln, Rudolphi-Symposium, 1995, 173; *G. Schäfer,* Freie Beweiswürdigung und revisionsrechtliche Kontrolle, StV 1995, 147; *Braum,* Geschichte der Revision im Strafverfahren von 1877 bis zur Gegenwart, 1996; *Momsen,* Verfahrensfehler und Rügeberechtigung im Strafprozeß, 1997; *Nack,* Aufhebungspraxis der Strafsenate des BGH – 1992 bis 1995 –, NStZ 1997, 153; *Momsen,* Zur Zulässigkeit der strafprozessualen Sachrüge bei Angriffen gegen die Beweiswürdigung, GA 1998, 488; *Barton,* Die Revisionsrspr. des BGH in Strafsachen, 1999; *Fezer,* Pragmatismus und Formalismus in der revisionsgerichtl. Rspr., FS Hanack, 1999, 331; *H. Geissler,* Unters. z. Revisibilität von Widersprüchen zw. Strafurt. u. Wortprotokoll, 1999; *Hamm,* Zu Problemen mit den §§ 331 Abs. 2, 358 Abs. 2 Satz 2 und 357 StPO, ebda., 369; *Jähnke,* Über die Befugnis des Rev.gerichts zur Nachprüfung der tatrichterl. Beweiswürdigung, ebda., 355; *Rieß,* Gedanken zum gegenwärt. Zustand und zur Zukunft der Rev., ebda., 397; *Widmaier,* Überholende Kausalität bei Verfahrensrügen, ebda., 387; *Becker/Kinzig* (Hrsg.), Rechtsmittel im Strafrecht, Bd. I u. II, 2000; *Detter,* Ausbau der Rechtskontrolle tatrichterl. Beweiswürd. und Strafzumessung, FS 50 Jahre BGH-Prax., 2000, 679; *Meyer-Goßner/Cierniak,* Grenzen des Rev.rechts, StV 2000, 696; *Wittig,* Die Überprüfbarkeit der Auslegung von Äußerungen durch die Rev.gerichte in Strafsachen, GA 2000, 267; *Basdorf,* Eingeschränkte Anwendung des § 357 StPO, FS Meyer-Goßner, 2001, 665; *Berz,* § 338 Nr. 8 StPO im Gefüge der absoluten Rev., ebda., 611; *Ernemann,* Bindung der Urteilsfeststellungen bei Teilrechtskraft des Schuldspruchs, ebda., 619; *Fezer,* Die „Herabstufung" eines Beweisantrags in der Rev. Zugl. eine Kritik am sog. Konnexitätsprinzip, ebda., 629; *Goydke,* Strafmaßrevision, Strafberufung und Strafrüge, ebda., 541; *Jähnke,* Zur Abgrenzung von Verf.- u. Sachrüge, ebda., 559; *Langer,* Zu den Zielen der Rev. in Strafsachen, ebda., 497; *Tepperwien,* Die unwahre Verfahrensrüge – unzeitgemäßer Sieg der Form, ebda., 595; *Tolksdorf,* Rev. und tatrichterl. Beurteilungsspielraum bei der Gesetzesanwendung, ebda., 523; *Weiler,* Substantiierungsanforderungen an die Verf.rüge gem. § 344 Abs. 2 Satz 2 StPO, ebda., 571; *Krause,* Die Rev. im Strafverf., 5. Aufl., 2001; *Meyer-Goßner,* Abschaffung des § 357 StPO, FS Roxin, 2001, 1345; *Benninghoven,* Rev.erstreckung auf Mitverurteilte, 2002, *Graalmann-Scheerer,* Molekulargenet. Untersuchung und Rev., FS Rieß, 2002, 153; *Nack,* Gewährleistung der Rechtskultur durch das Revis.recht, ebda., 361; *Widmaier,* Die Verzichtsfiktion des § 342 III StPO pp., ebda., 621; *Schäfer,* Die Abgrenzung der Verf.rüge von der Sachrüge, ebda., 477; *Junker,* Die Ausdehnung der eigenen Sachentscheidung in der strafrechtl. Rspr. des BGH, 2002; *Meyer-Goßner,* Zu den „besonderen" Entscheidungsmöglichkeiten des Rev.gerichts, GS Schlüchter, 2002, 515; *Paulus,* Die begründete „Verfahrensrüge" in der strafproz. Rev., ebda., 587; *Spendel,* Zur Stimmenmehrheit des Rev.gerichts im Strafproz., ebda., 647; *Weidemann,* Verf.- u. Sachrüge gegen Prozeßurteile, ebda., 653; *Schünemann,* Wohin treibt der deutsche Strafprozess?, ZStW 114 (2002), 1, 54f.; *Loddenkemper,* Revisibilität tatrichterl. Zeugenbeurteilung, 2003; *Nack,* Verdeckte Ermittlungen und Rev.recht, FS Hilger, 2003, 349; *H. Schneider,* Die Bedeutung des Zwischenrechtsbehelfs gem. § 238 II StPO für die Rev., JuS 2003, 176; *Frisch,* Inhalt und Hintergrund des „Beruhens" im Rev.recht, FS Rudolphi, 2004, 609; *Ignor,* Eigene Sachentscheidung des Rev. gerichts, FS Dahs, 2005, 281; *Mehle,* Die Relativierung der absoluten Rev.gründe, ebda., 381; *Senge,* Die Entscheidung des Rev.gerichts nach § 354 Abs. 1a und Abs. 1b StPO, ebda., 475; *Frisch,* Die erweiterte Rev., FS Eser, 2005, 257; *Wilhelm,* „Versteckte Gesetzesverstöße" in der Rev., ZStW 117 (2005), 143; *Dahs,* Das Schweigen des Verteidigers und die Rev., FS Nehm, 2006, 243; *Schnarr,* Rechtsschutzgarantie und formelle Voraussetzungen für den Zugang zum Revisionsgericht (§ 344 Abs. 2 Satz 2 StPO), ebda., 327; *Franke,* Die erweiterte Sachentscheidungsbefugnis des Rev.gerichts nach § 354 I a und b StPO n. F., GA 2006, 261; *Frisch,* Die Erweiterung des Sachentscheidungsrechts der Revisionsgerichte, StV 2006, 431; *Martiensen,* Die unzuläss. Beschränkung der Vert. als Rev.grund, 2007; *Müller-Jacobsen,* Die Zulässigkeit von Verfahrensrügen im Lichte neuerer Entscheidungen des BVerfG, FS Strauda, 2006, 411; *Senge,* Sachentscheidungen durch das Rev.gericht nach § 354 Abs. 1a StPO und ihre Grenzen, StraFo 2006, 309; *Barton,* Die Abgrenzung der Sach- von der Verfahrensrüge bei der … Rev. in Strafsachen, JuS 2007, 978; *Mutzbauer,* Strafproz. Rev., 6. Aufl., 2007; *Ritter,* Die Begründ.anforderungen bei der Erhebung der Verf. rüge, 2007; *Widmaier,* Die Anhörungsrüge nach § 33a StPO und § 356a StPO, FS Böttcher, 2007, 223; *Altvater,* Die Erweiterung der Sachentscheidungsbefugnis der Revisionsgerichte pp., FS Widmaier, 2008, 35; *Hebenstreit,* Gedanken zur Alternativrüge, ebda., 267; *Hilger,* Über die neuere Rspr. des BGH zu den absoluten Rev.gründen, ebda., 277; *Franke,* Die Zukunft der Rev. pp., ebda., 239; *Mosbacher,* Rügepräklusion mangels Rechtsschutzbedürfnis, ebda., 339; *Rosenau,* Die Rev. – Qualitätskontrolle u. Qualitätssicherung, ebda., 521; *Weider,* Lücken in der rev.gerichtl. Beweiswürd.kontrolle, ebda., 599; *Neuhaus,* Zur Revisibilität strafprozessualer Soll-Vorschriften, FS Herzberg, 2008, 871; *Barton,* Die erweiterte Rev. in der Rspr. d. BGH, FS Fezer, 2008, 333; *Frisch,* Wandel der Rev. als Ausdruck geistigen u. gesellschaftl. Wandels, ebda., 353; *Hamm,* Beweis als Rechtsbegriff u. seine rev.rechtl. Kontrolle, ebda., 393; *Jahn,* Der befangene Rev.richter, ebda., 413; *Kudlich,* Wie absolut sind die absoluten Rev.gründe, ebda., 435; *Rieß,* Zum Verhältnis v. Tatrichter u. Rev.richter, ebda., 455; *Ventzke,* Verteidigung am rev.gerichtl. Pranger?, ebda., 477; *Berenbrink,* Tatrichter oder Rev.gericht – Wer bestimmt die Strafe?, GA 2008, 625; *Dahs/Müssig,* Die Rev. im Strafproz., 8. Aufl., 2012; *Dahs,* Die „Plausibilitätsrüge", FS Hamm, 2008, 41; *Körberer,* Zur Rechtsfolgenfestsetzungskompetenz d. Rev.ger., ebda., 303; *Neumann,* Die Abgrenzung v. Tatfrage u. Rechtsfrage im strafproz. Rev.recht, ebda., 525; *Pauly,* Mündlichkeit d. HV u. Rev.recht – Zu den Grenzen d. Rekonstruktionsverbots, ebda., 557; *Schlothauer,* Zur Immunisierung tatrichterlicher Urteile gg. verfahrensrechtl. begründete Revisionen, ebda., 655; *Momsen,* Zur sog. „Rügeverkümmerung" vor dem Hintergrund konsensualer Verf.beendigung, FS Egon Müller, 2008, 457; *Nack,* Die Abfassung der Rev.begründung, ebda., 519; *Balbier,* Der Pflichtverteidiger in der Rev.instanz, ebda., 15; *Barton,* Absolute Revisionsgründe, Rechtspraxis und Verfahrensgerechtigkeit, FS Mehle, 2009, 17; *Fischer,* Zum Verhältnis zw. tatrichterl. Beweiswürd. und revisionsrichterl. Kontrolle, FS Paulus, 2009, 53; *Herdegen,* Die Revisibilität der Beweiswürdigung, DAV-FS, 2009, 553; *Meyer-Goßner,* Zur Revision der Revision mit Blick auf die Verteidigung, ebda., 668; *Ziegler,* Waffengleichheit im Revisionsverfahren?, ebda., 930; *Radtke,* Eigene Strafzumessung durch Revisionsgerichte, FS Maiwald, 2010, 643; *Hamm,* Die (Verfahrens-)Rüge in der (Sach-)Rüge, FS Rissing van Saan, 2011, 195; *Pérez-Barberá,* Die Ausweitung der Revision – Ein neues Verständnis der sog. Leistungsmethode, FS Roxin II, 2011, 1435; *Ventzke,* Beobachtungen zum Verhältnis von Revisionsgerichtsbarkeit und Strafverteidigung, NStZ 2011, 481; *Rosenau,* Die offensichtliche Ungesetzlichkeit der „ou"-Verwerfung nach § 349 Abs. 2 StPO in der Spruchpraxis des BGH, Imme FS Roxin, 2012, 669; *Schlothauer/Weider,* Verteidigung im Rev.verf., 2013; *Weßlau,* Was bedeutet die „ressourcenökonomische Logik" für die Rspr. der Rev.gerichte? Die Marginalisierung der Verf.rüge, FS Frisch, 2013, 1289; *El-Ghazi,* Die Zuordnung von Gesetzesverletzungen zu Sach- und Verfahrensrüge pp., 2014; *Gericke,* Die erweiterte Revision pp., FS Tolksdorf, 2014, 243; *Meyer-Goßner,* Zur Aktenkenntnis der Senatsmitglieder pp., ibid., 323; *Momsen,* „Digitale Beweismittel" in der Revisionsinstanz, FS v. Heintschel-Heinegg, 2015, 313; *Rieß,* Einheitsrechtsmittel und Revisionserweiterung, FS Paeffgen, 2015, 757.

A. Begriff und Zulässigkeit der Revision

I. Die Revision war in der RStPO als ein streng **beschränktes Rechtsmittel** konzipiert worden: Sie sollte nur zur **Nachprüfung in iure** dienen, d. h.: Der dem Urteil zugrundeliegende Sachverhalt wird als feststehend behandelt, und es wird nur noch untersucht, ob das untere Gericht sich einer Verletzung des Verfahrensrechts („Verfahrensfehler") oder des materiellen Rechts durch falsche Subsumtion schuldig gemacht hat. Die Revision sollte also im Gegensatz zur Berufung, die man als „zweites Erstinstanzverfahren" bezeichnet hat, ein allein die Rechtsanwendung des Tatrichters kontrollierendes, die Tatsachenfestellung aussparendes „kupiertes Zweitinstanzverfahren" bilden. Diese Konzeption, die in der Rspr. des RG im Wesentlichen respektiert wurde, ist in der Judikatur des BGH in doppelter Weise verändert worden. Zum einen ist eine **Plausibilitätskontrolle** der tatsächlichen Feststellungen anhand der schriftlichen Urteilsgründe eingeführt worden (näher u. Rn. 25 ff.); umgekehrt ist die Revision wegen Verletzung des Verfahrensrechts durch Etablierung oder Intensivierung formeller Hürden drastisch **eingeschränkt** und in jüngster Zeit nahezu marginalisiert worden (näher u. Rn. 35 ff., 47). 1

II. 1. **Revisibel** sind alle Urteile, die nicht schon selbst Revisionsurteile sind, d. h. (vgl. 2
§§ 333, 335)

a) die erstinstanzlichen Urteile des OLG;

b) die Schwurgerichtsurteile;

c) die erstinstanzlichen Urteile der (großen) Strafkammer;

d) die Berufungsurteile der kleinen Strafkammer;

e) die Urteile der AGs (des Strafrichters und des Schöffengerichts).

2. Bei der Einlegung von Rechtsmitteln gegen Urteile des **Amtsgerichts** bestehen zwei 3
Möglichkeiten:

a) Der Beschwerdeführer kann gegen das amtsgerichtliche Urteil Berufung einlegen und sich gegen das in der Berufungsinstanz ergangene Urteil mit der Revision wenden.

b) Der Beschwerdeführer kann aber das amtsgerichtliche Urteil auch sofort mit der Revision anfechten. Da in diesem Fall das LG als Berufungsgericht übersprungen wird, spricht man von **Sprungrevision** (§ 335). Welche der beiden dargestellten Möglichkeiten – a) oder b) – der Beschwerdeführer wählt, hängt von seiner Entscheidung ab (daher auch **Wahlrevision**). Will er sich bereits gegen die tatsächlichen Grundlagen des amtsgerichtlichen Urteils wenden, so wird er Berufung einlegen. Bemängelt er dagegen nur die Anwendung materiellen und formellen Rechts, so wird er Sprungrevision einlegen.

Nach Einführung der Annahmeberufung (vgl. o. § 54 Rn. 1, 12) stellt sich nunmehr die Frage, ob bei Ur- 4
teilen, die unter § 313 I 1 fallen, Sprungrevision auch dann erhoben werden kann, wenn über die Annahme der Berufung nicht entschieden oder sie gar abgelehnt wurde; denn nach § 335 I 1 ist die Sprungrevision nur vorgesehen für „ein Urteil, gegen das Berufung zulässig ist". Gem. § 313 I 1 aber ist in den dort genannten Fällen der kleineren Kriminalität „die Berufung nur zulässig, wenn sie angenommen wird". Während *M-G,* § 335 Rn. 21 mit weiteren zahlreichen Nachweisen hier Einlegung und Annahme der Berufung als unverzichtbare Voraussetzungen der (dann durch Übergang zur Revision bis zum Ablauf

der Revisionsbegründungsfrist noch möglichen) Sprungrevision ansieht, ist entgegen dieser allein am Wortlaut orientierten Auffassung mit der h. M. davon auszugehen, dass die Sprungrevision auch dann erhoben werden kann, wenn zuvor keine Berufung eingelegt oder eine solche zwar eingelegt, über ihre Annahme aber noch nicht entschieden worden ist.[1] Das Wort „zulässig" in § 335 I ist im Sinne von „statthaft" zu verstehen und hat damit nur die Voraussetzungen des § 312, nicht aber auch die zusätzlichen Anforderungen des § 313 im Auge; dies ergibt sich nicht nur bereits aus der Entstehungsgeschichte des § 313, durch dessen Einführung das Revisionsrecht nachweislich nicht geändert werden sollte (vgl. hierzu OLG *Zweibrücken* u. OLG *Karlsruhe,* Fn. 1), sondern auch aus dem Umstand, dass der mit Einfügung des § 313 in die StPO beabsichtigten Entlastung der Rechtspflege wohl kaum gedient wäre, wenn gerade im Bagatellbereich einer jeden Revision zwangsweise eine Berufungsentscheidung vorangehen müsste oder aber das Revisionsgericht selbst, ehe es in die eigentliche Revisionsprüfung eintreten könnte, erst noch über das Vorliegen der Voraussetzungen einer Berufungsannahme eine Entscheidung zu treffen hätte. Die noch weiterführende Frage, ob eine Sprungrevision auch dann noch statthaft ist, wenn die Annahme der Berufung nach § 313 II 2 abgelehnt wurde, ist bislang weitgehend ungeklärt,[2] aber richtigerweise zu bejahen; denn die Annahmefähigkeit der Berufung ist keine Voraussetzung der Revision.

5 c) Legt gegen ein Urteil ein Beteiligter (z. B. die StA oder der Mitangekl.) Revision und ein anderer Beteiligter (z. B. der Angekl.) Berufung ein, so wird die ordnungsgemäß eingelegte Revision als Berufung behandelt (§ 335 III 1). Weil die Berufung des anderen aber noch zurückgenommen, als unzulässig oder nach § 329 I sofort verworfen werden kann (vgl. dazu *Schroeder,* NJW 1973, 308), empfiehlt es sich, vorsichtshalber die Revisionsbegründung in der vorgeschriebenen Form anzubringen (§ 335 III 2); denn nur dann kann der Antragsteller bei Fortfall des anderen Rechtsmittels noch auf die ursprüngliche Revision zurückkommen. Gegen das Berufungsurteil ist die Revision natürlich von neuem zulässig (§ 335 III 3).

6 **III.** *Revisionsgerichte* sind:

1. die **Oberlandesgerichte**

a) bei den Berufungsurteilen des LG (§ 121 I Nr. 1 b GVG);

b) bei den mit der Berufung anfechtbaren Urteilen des AG in den Fällen der Sprungrevision (§ 335 II; vgl. BGHSt 2, 64);

c) bei den Urteilen der Großen Strafkammer und des Schwurgerichts, wenn die Revision auf die Verletzung einer in den Landesgesetzen enthaltenen Rechtsnorm gestützt wird (§ 121 I Nr. 1 c GVG).

7 2. der **Bundesgerichtshof**

a) bei den erstinstanzlichen Urteilen des OLG und des LG (Große Strafkammer und Schwurgericht), wenn die Revision auf die Verletzung von Bundesrecht gestützt wird (§§ 135, 121 I Nr. 1 c GVG);

b) bei Vorlage nach § 121 II GVG; hierbei ist umstr., ob der BGH nur die abstrakte Rechtsfrage zu entscheiden hat oder auch in der Sache selbst judizieren darf (laut

[1] So etwa OLG Hamm NJW 2003, 1369; BayObLG StV 1993, 572; OLG Zweibrücken NStZ 1994, 203; OLG Karlsruhe StV 1994, 292; SK/*Frisch,* § 335 Rn. 27; *Siegismund/Wickern,* wistra 1993, 89; *Tolksdorf,* FS Salger, 1995, 402 ff.

[2] Dag. *Böttcher/Maier,* NStZ 1993, 155; *Tolksdorf,* FS Salger, 1995, 405; BayObLG StV 1994, 364; dafür BGHSt 40, 395, 397; OLG Frankfurt a. M. NStZ-RR 2003, 53; *Feuerhelm,* StV 1997, 102; weitere Nachweise bei *M-G,* § 335 Rn. 22.

BGHSt 39, 291, 294 nur, wenn es aus bes. Gründen zweckmäßig erscheint). Zu weiteren Problemen des Divergenzausgleichs nach § 121 II GVG vgl. *Lilie,* 1993, 40ff.

B. Zweck der Revision

I. Seit langem ist streitig, worin der für die Bestimmung des Revisibilitätsbereiches wichtige Zweck der Revision erblickt werden soll: in der Sicherung der **Rechtseinheit** (so *Schwinge,* 1960, 26ff.), in der Verwirklichung der **Einzelfallgerechtigkeit** oder schließlich in **beiden Momenten** (so die h. M. vgl. *Sarstedt/Hamm,* 6. Aufl., 1998, 2ff., mit der Begründung, dass das Bemühen um eine einheitliche Anwendung des Rechtes und die Verwirklichung der Einzelfallgerechtigkeit sich begrifflich gar nicht trennen ließen). 8

Alle drei Revisionsthesen sind jedoch unzutreffend: Die Vereinigungstheorie der h. M. verkennt, dass zwar eine materiell gerechte Entscheidung niemals die Rechtseinheit stören, dass umgekehrt aber eine die Rechtseinheit wahrende Entscheidung wegen Verfehlung des tatsächlichen Sachverhalts materiell grob ungerecht sein kann. Die Rechtseinheitstheorie wird durch die Entstehungsgeschichte der StPO widerlegt, und die Einzelfallgerechtigkeit kann schon deswegen nicht alleiniger Revisionszweck sein, weil sie wegen der beschränkten Mittel des Revisionsverfahrens (s. § 351: keine erneute Beweisaufnahme!) in diesem höchstens bruchstückhaft verwirklicht werden kann. 9

II. Der Zweck der Revision besteht vielmehr nach dem Willen des Gesetzgebers in der Gewährung eines **realistischen Rechtsschutzes,** indem (nur) diejenigen Teile der tatrichterlichen Entscheidung, die vom Zeitablauf unabhängig und daher nicht die natürliche Domäne des tatnäheren Instanzrichters sind, zur Überprüfung des Revisionsgerichts gestellt werden können. Deswegen hat der Gesetzgeber die **Tatfrage** (d. h. die tatsächlichen Feststellungen, die mit zunehmendem Zeitablauf v. a. wegen des den Zeugenbeweis entwertenden Nachlassens des Gedächtnisses immer schwieriger werden) der ausschließlichen Beurteilung durch den Instanzrichter als den „Tatrichter" überantwortet und das Revisionsgericht gem. § 337 auf die Feststellung von **Gesetzesverletzungen** und damit auf die Überprüfung der **Rechtsfrage** beschränkt (vgl. *Schünemann,* JA 1982, 73ff.; zur genaueren Abgrenzung des Begriffs der Gesetzesverletzung u. Rn. 17ff.). Indem der BGH in seiner neueren Rspr. die Beweiswürdigung des Tatrichters anhand der schriftlichen Urteilsbegründung auf ihre Plausibilität hin überprüft (u. Rn. 25ff.), versucht er den „realistischen Rechtsschutz" über die ursprüngliche Konzeption der RStPO hinaus so weit auszudehnen, wie ihm dies anhand des ihm als Kontrollbereich nur zur Verfügung stehenden schriftlichen Urteils möglich ist. 10

C. Sach- und Verfahrensrügen

Diese Einschränkung des Kontrollbereichs gilt allerdings nur für die Verletzung des **materiellen Rechts** durch das angefochtene Urteil, das vom Revisionsgericht auf die sog. **Sachrüge** hin (vgl. § 344 II 1, 2. Alt.) darauf überprüft wird, ob das sachliche Recht auf den vom Instanzgericht festgestellten Sachverhalt richtig angewendet worden ist. Daneben können aber auch **prozessuale Fehler** des Untergerichts mit der sog. **Verfahrensrüge** angegriffen werden (vgl. § 344 II 1, 1. Alt.). Hier prüft das Revisionsgericht nicht nur, ob das Prozessrecht richtig ausgelegt worden ist, sondern auch, ob das Untergericht den unter eine prozessuale Norm zu subsumierenden Sachverhalt richtig festgestellt hat (s. § 352 I; z. B. ob der vereidigte Jugendliche tatsächlich schon 11 sechzehn Jahre alt gewesen ist). Mit der Verfahrensrüge können daher i. E. auch die tatsächlichen Feststellungen des Instanzgerichts zur Sache selbst angegriffen werden, sofern sie in einem prozessordnungswidrigen Verfahren zustande gekommen sind.

12 Diese Regelung dient dem Schutz des Angeklagten gegen richterliche Willkür. Denn im heutigen Strafprozess soll der Angeklagte nicht ohne jede Rücksicht und unter allen Umständen seiner Strafe zugeführt werden, sondern nur in einem seine Persönlichkeitsrechte wahrenden justizförmigen (rechtsstaatlichen) Verfahren (dazu o. § 1 Rn. 2ff.). Über die Einhaltung dieser Verfahrensrechte wachen die Revisionsgerichte, die auch unter dem Gesichtspunkt des realistischen Rechtsschutzes für Verfahrensfehler die „tatnächste" Kontrollinstanz darstellen. Diese Form der Kontrolle ist auch durch Art. 19 IV GG verfassungsrechtlich garantiert. Zwar wird dadurch nach einer gängigen Formel nur Schutz durch, nicht gegen die Gerichte gewährleistet und also eine verfassungsrechtliche Pflicht zur Einführung einer Rechtsmittelkontrolle gegenüber Gerichtsurteilen verneint.[3] Aber das kann nur für solche richterlichen Verfahren gelten, die ihrer Natur nach Rechtsschutzverfahren sind, nicht aber für ein vom Richter durchgeführtes Eingriffsverfahren – und die von der Instruktionsmaxime beherrschte strafprozessuale Hauptverhandlung des deutschen Prozessmodells stellt im Kern ein mit vielen Kautelen ausgestattetes Eingriffs-, nicht aber ein Rechtsschutzverfahren dar. Das BVerfG hat dadurch ein ähnliches Ergebnis erreicht, dass es für den Fall der (angeblich freiwilligen!) Einführung eines Rechtsmittels durch den Gesetzgeber für dessen Einzelausgestaltung aus Art. 19 IV GG eine „Effektivitätsgarantie" entnimmt (BVerfGE 104, 220, 232; BVerfGE 112, 185, 207), was zwar wenig logisch ist, aber weitgehend zum selben Ergebnis führt.

13 Im Normalfall lässt sich die Sachrüge wegen Verletzung des materiellen Rechts von der Verfahrensrüge wegen Verletzung des Verfahrensrechts entsprechend der Zuordnung der verletzten Norm einfach und klar abgrenzen. In der neueren Rspr. ist diese Abgrenzung aber dadurch unsicher geworden, dass Verfahrensmängel, die sich aus dem schriftlichen Urteil selbst ergeben, unter Umständen auf die bloße Sachrüge hin zum Anlass einer Urteilsaufhebung genommen werden (BGHSt 49, 342 am Beispiel der rechtsstaatswidrigen Verfahrensverzögerung; zum Ganzen *Barton,* JuS 2007, 978ff.).

D. Begriff der Gesetzesverletzung

14 Voraussetzung einer erfolgreichen Revision ist stets, dass dem Untergericht eine **Verletzung des Gesetzes** vorgeworfen werden kann (s. § 337 I).

I. Nachprüfbare Gesetze

1. **Gesetz** ist jede Rechtsnorm (vgl. §§ 337 II StPO, 7 EGStPO). Dazu gehören das geschriebene wie das ungeschriebene Recht, also neben förmlichen Gesetzen und Verordnungen auch das Gewohnheitsrecht sowie allgemeine Regeln des Völkerrechts (Art. 25 GG) und völkerrechtliche Verträge, die in innerstaatliches Recht transformiert sind.

15 2. Keine Rechtsnormen sind bloße innerdienstliche Anordnungen (z. B. die RiStBV), polizeiliche Verfügungen etc. Auch der Geschäftsverteilungsplan ist keine Rechtsnorm. Seine Nichteinhaltung kann daher nur dann nach Maßgabe von § 338 Nr. 1 i. V. m. §§ 222a, b die Revision begründen, wenn sie zugleich zu einer unvorschriftsmäßigen Besetzung des Gerichts führt (s. § 338 Nr. 1 und dazu u. Rn. 39). Auch die Denkgesetze, die Sätze der wissenschaftlichen Erkenntnis und der allg. Lebenserfahrung sowie offenkundige Tatsachen sind entgegen BGHSt 6, 72 keine Rechtsnormen, weil sie keinerlei rechtlich-normativen Gehalt aufweisen; zu ihrer wahren dogmat. Stellung s. u. Rn. 26.

[3] BVerfGE 11, 263, 265; 49, 329, 340; 96, 27, 39. Dagegen *Voßkuhle,* Rechtsschutz gegen den Richter, 1993, aber ohne Herausarbeitung der spezif. Konstellation des Strafverfahrens.

II. Formen des Gesetzesverstoßes

Ein Gesetz kann **verletzt** sein (s. § 337 II): 16

1. durch **Nichtanwendung:** z. B. wenn das Gericht eine Vorschrift des Nebenstrafrechts oder ein Straffreiheitsgesetz übersehen hat;

2. durch **nicht richtige Anwendung,** d. h. durch falsche Auslegung des Gesetzes: z. B. wenn das Gericht das Tatbestandsmerkmal „Wegnehmen" i. S. d. § 242 StGB falsch auslegt oder einen Beweisantrag unter Verkennung der in § 244 III–V dafür genannten Voraussetzungen ablehnt.

III. Die Abgrenzung von Tat- und Rechtsfrage; ihre Nivellierung in der durch die Darstellungsrüge erweiterten Revision

Besondere Probleme tauchen bei der Sachrüge auf: Hier muss der Fehler nach dem 17
Konzept der RStPO gerade in der Handhabung des **Gesetzes** liegen, während die unrichtige Feststellung der darunter zu subsumierenden Tatsachen mit der Sachrüge prinzipiell nicht angreifbar ist. Die hiernach notwendige **Abgrenzung zwischen Tat- und Rechtsfrage** ist bis heute äußerst umstr. geblieben:

1. Die h. M. hält eine **logische** Trennung von Tatsachenfeststellung und rechtlicher 18
Wertung für undurchführbar. Wie sich v. a. bei der Frage der Revisibilität unbestimmter Rechtsbegriffe (z. B. „erhebliche Entstellung" in § 226 StGB) oder bei der Strafzumessung zeige, gingen beide Operationen häufig ununterscheidbar ineinander über (so im Prinzip auch *Engisch,* Logische Studien zur Gesetzesanwendung, 1963, 92 ff.). Die Abgrenzung lasse sich mindestens in solchen Fällen nur nach teleologischen Gesichtspunkten vornehmen. Der maßgebende Gesichtspunkt sei dabei, dass das Revisionsgericht zu erneuter Sachprüfung nicht berufen sei. Infolgedessen seien alle Fehler **irrevisibel,** bei denen das Revisionsgericht **die Sache erneut aufklären** müsste. Umgekehrt seien alle diejenigen Fehler *revisibel,* die der Revisionsrichter auch **ohne Beweiserhebung** erkennen kann (vgl. *Henkel,* 375; *Warda,* 1962, 60 ff., 174 ff.).

Also: Muss der Revisionsrichter den Verletzten persönlich gesehen haben, um beurteilen zu können, ob er „erheblich entstellt" ist, so wäre eine Revisionsrüge zwecklos. Lässt sich dagegen den Urteilsgründen entnehmen, dass der Tatrichter eine leichte Schramme als Entstellung i. S. d. § 226 StGB angesehen hat, so wäre die Revision erfolgreich.

2. Entgegen der h. M. ist eine rechtslogische Abgrenzung zwischen Tat- und Rechts- 19
frage und eine entspr. Beschränkung der Revision nicht nur vom Gesetzgeber gewollt, sondern auch (von einer genau angebbaren Ausnahme abgesehen) exakt durchführbar. Eine rechtliche Würdigung liegt nämlich immer dann vor, wenn unter **Rechtsbegriffe** (d. h. unter im Rahmen der Rechtssprache verwendete Ausdrücke), eine tatsächliche Feststellung hingegen, wenn unter **Alltagsbegriffe** (d. h. unter im Rahmen der Umgangssprache verwendete Ausdrücke) subsumiert wird.[4]

a) Die Subsumtion des festgestellten Sachverhalts unter das Gesetz erfolgt dabei durch die Identifizierung 20
der umgangssprachlichen Tatbeschreibung mit dem Bedeutungskern der gleichlautenden, durch Auslegung gewonnenen Gesetzesumschreibung. Beispielsweise kann der nächtliche Abtransport eines Pfluges vom Felde des Bauern B durch den Täter T (Tatbeschreibung) direkt als Fall der Wegnahme (Gesetzesausdruck) durch Aufhebung der für landwirtschaftliches Gerät auf der Flur bestehenden generellen Sachherr-

[4] Näher *Schünemann,* JA 1982, 74; *ders.,* FS Arthur Kaufmann, 1993, 299, 314 ff.

schaft des Landwirts (Gesetzesumschreibung) eingeordnet werden, ohne dass die Abgrenzung von Tatfrage (Stand der Pflug noch auf dem Flurstück 47/2, das von der Hofstelle des B zwei Kilometer entfernt ist?) und Rechtsfrage (Erstreckt sich die generelle Herrschaft auch noch auf ein von der Hofstelle um zwei Kilometer entferntes Feld?) irgendwie zweifelhaft werden kann.

21 b) Eine Ausnahme gilt lediglich für jene vom Tatrichter nicht durch sprachliche Vermittlung, sondern durch direkte Anschauung (d. h. durch *Augenscheinseinnahme*) wahrgenommenen *Gesamtsituationen,* die sich ob ihrer Komplexität einer erschöpfenden sprachlichen Fixierung entziehen (z. B. wenn der pornographische Charakter eines Fotos so subtil ist, dass es keine adäquate sprachliche Beschreibung gibt). Hier ist das Revisionsgericht von der Natur der Sache her auf eine Kontrolle innerhalb des sprachlich mitteilbaren Bereiches beschränkt (zu § 267 I 3 s. u. Rn. 28). Weil aber nach dem Grundsatz „nullum crimen sine lege stricta" eine allein wegen eines irrationalen, sprachlich nicht mitteilbaren Eindrucks erfolgende Verurteilung materiellrechtlich ausgeschlossen ist, kommt diese Revisionsbeschränkung im Ergebnis nur bei einer Revision der StA gegen ein wegen eines irrationalen Gesamteindruckes freisprechendes Urteil zum Tragen und ist daher unter dem Gesichtspunkt des „realistischen Rechtsschutzes" unproblematisch.

22 c) Auch die **Strafzumessung** gehört nach heute einhelliger Auffassung nicht – wie ursprünglich bei Schaffung der RStPO angenommen – zur Tatfrage, sondern ist eine (wenn auch besondere) Form der Rechtsanwendung, die freilich nach h. M. wegen der hierfür relevanten „Gesamtsituation" der sprachlich niemals vollständig fassbaren Persönlichkeit des Angeklagten nicht uneingeschränkt revisibel ist.[5]

23 3. Eine weitergehende Auffassung vertritt *Peters* (565 f.): Weil eine unrichtige Anwendung des Gesetzes auch dann vorliege, wenn eine Rechtsnorm auf einen falsch festgestellten Sachverhalt angewendet werde, müsse, wenn sich die Fehlerhaftigkeit der Tatsachenfeststellung allein aus den **Akten** herleiten lasse, auch solch ein Urteil revisibel sein.

Dazu folgendes Beispiel: A ist wegen sexueller Handlungen mit einem Kind unter 14 Jahren verurteilt worden. Einem den Akten beigefügten Geburtsregisterauszug kann das Revisionsgericht entnehmen, dass das Opfer zur Tatzeit bereits 15 Jahre alt war. Ist eine darauf gestützte Revision erfolgreich?

24 In der neueren Rspr. des BGH ist die Aktenwidrigkeit zwar als solche nicht als revisibler Rechtsfehler anerkannt (NStZ 1992, 506). Damit ist aber noch nicht endgültig über die Erfolgschancen eines darauf zielenden Revisionsangriffs mit Hilfe einer **„alternativen Verfahrensrüge"** entschieden worden, nämlich wenn gerügt wird, dass entweder durch Nichteinführung des Akteninhalts die richterliche Aufklärungspflicht (§ 244 II) verletzt oder durch Nichtberücksichtigung der eingeführten Urkunde § 261 missachtet worden sei. Die wechselhafte und außerordentlich umstr. Rspr. läuft ungefähr auf das Kriterium hinaus, ob der Akteninhalt ohne Weiteres die Unrichtigkeit der Urteilsfeststellungen beweist (dann revisibel), während dessen Nichtberücksichtigung im Rahmen eines Abwägungsspielraumes nicht revisibel sein soll, weil dem das **„Verbot der Rekonstruktion der Hauptverhandlung im Revisionsverfahren"** entgegenstehen soll (BGH StV 2012, 587; z. w. N. bei KK/*Gericke,* § 337 Rn. 26a, der selbst für eine Rekonstruktion im Freibeweisverfahren eintritt; *Gercke/Wollschläger,* StV 2013, 106). Auch nach der Rspr. greift das Rekonstruktionsverbot nicht durch, wenn der Tatrichter eine in der Hauptverhandlung verlesene Urkunde im Urteil nur unzulänglich oder fehlerhaft würdigt[6] oder protokollarisch belegte Vorgänge (Beispiel o. § 44 Rn. 77) ignoriert (sog. *Inbegriffsrüge*).

[5] S. etwa *Bruns,* Strafzumessungsrecht, 2. Aufl., 1974, 645 ff.; *ders.,* FS Henkel, 1974, 287; *Frisch,* 1971, 7, 209; *Zipf,* 1969, 171; BGH JR 1977, 159, 162, 164 jeweils m. Anm. *Bruns.*

[6] BGH StV 2012, 67 m. w. N.; 2013, 548; OLG Hamburg StV 2012, 74 m. Anm. *Wilhelm.*

4. Die **Revisionsrechtsprechung** zur Abgrenzung von Sach- und Verfahrensrüge beschränkt sich zwar überwiegend auf eine Kontrolle der rechtlichen Erwägungen des Tatrichters, überprüft aber einerseits in wechselnder Intensität auch dessen tatsächliche Feststellungen (näher *Dahs,* 2008; *Brause,* 2007 [Lit. zu § 45]; Zahlenmaterial bei *Rieß,* NStZ 1982, 49) und räumt ihm doch andererseits bisweilen sogar bei der Gesetzesauslegung einen Beurteilungsspielraum ein; folgende Fallgruppen sind merkenswert: 25

a) Seit vielen Jahrzehnten wird die Beweiswürdigung des Tatrichters daraufhin überprüft, ob die **Denkgesetze** oder die Sätze der **wissenschaftlichen Erkenntnis** oder schließlich **offenkundige Tatsachen** missachtet worden sind. Wenn der Tatrichter z. B. nicht das Ergebnis einer wissenschaftlich gesicherten Radarmessung berücksichtigt, so verstößt sein Urteil gegen Sätze der wissenschaftlichen Erkenntnis und wird daher aufgehoben (vgl. BGHSt 6, 72; eingehend *Sarstedt/Hamm,* 414 ff. Entsprechendes gilt für gravierende Fehlbewertungen der Beweiskraft von statistisch belegten Häufigkeitswerten (BGH StV 1996, 583). Wenn die Urteilsgründe z. B. ausführen, die darin wiedergegebenen Aussagen der Zeugen X und Y ließen sich zwanglos miteinander vereinbaren, obwohl sie sich in Wirklichkeit widersprechen, so widerspricht das Urteil den Denkgesetzen und wird daher auf die Sachrüge aufgehoben[7]. 26

b) Über diese „klassische" Gruppe hinaus kontrollieren die Revisionsgerichte nach ihrem Ermessen auch die **Vollständigkeit** der tatrichterlichen Beweiswürdigung, indem sie ein Urteil, das **naheliegende Möglichkeiten** der tatsächlichen oder rechtlichen Würdigung unerörtert lässt oder die in der Urteilsurkunde selbst mitgeteilten Indizien nicht **lückenlos zusammensetzt,** auf die Sachrüge hin aufheben (vgl. etwa BGH NJW 53, 1440; BGHSt 12, 312; zahlreiche weitere Nachweise bei *Fezer,* 1991). In der jüngsten Rspr. sind diese allgemeinen Formeln zunehmend in konkrete Fallgruppen aufgelöst worden, beispielsweise indem für typischerweise komplizierte Beweiswürdigungskonstellationen wie bei **„Aussage gegen Aussage"** (näher o. § 45 Rn. 45) oder bei der Belastung durch ein **partiell kompromittiertes Beweismittel** (teilweise lügender Belastungszeuge; Belastung durch einen selbst mit einer Urteilsabsprache glimpflich davon gekommenen Mitbeschuldigten; nur mittelbare Einführung der Aussage eines V-Mannes, näher o. § 46 Rn. 17, 33 f.) gesteigerte Anforderungen an die Überzeugungskraft der im tatrichterlichen Urteil dargelegten Beweiswürdigung gestellt worden sind. Diese unter Umständen intensivierte Plausibilitätskontrolle der tatrichterlichen Beweiswürdigung wird relativ häufiger nicht nur zu Gunsten (neueres Beispiel: BGHSt 60, 227), sondern auch zu Ungunsten des Angeklagten praktiziert[8] und hat nicht selten zur Aufhebung spektakulärer Freisprüche geführt.[9] 27

---

[7] Vgl. BGHSt 3, 213, wo der Sachverhalt in dieser Hinsicht unklar war; weitere Beispiele bei *Klug,* Juristische Logik, 1982, 155 ff.

[8] Unter Benutzung der Formel, dass eine Beweiswürdigung etwa dann rechtsfehlerhaft sei, wenn sie von einem rechtlich unzutreffenden Ansatz ausgeht, z. B. hinsichtlich des Umfangs und der Bedeutung des Zweifelssatzes, wenn sie lückenhaft ist, namentlich wesentliche Feststellungen nicht erörtert, wenn sie widersprüchlich oder unklar ist, gegen Gesetze der Logik oder gesicherte Erfahrungssätze verstößt, wenn an die zur Verurteilung erforderliche Gewissheit überspannte Anforderungen gestellt werden oder wenn es an der „Heranziehung fundierten Erfahrungswissens" fehlt (BGH NJW 2005, 1727; NStZ-RR 2003, 371; BGHR StPO § 261 Überzeugungsbildung 33, jew. m. w. N.; StV 2011, 3).

[9] BGH ZIS 2008, 101 m. Anm. *Dietmeier* („Bäcker von Sigelsbach"); HRRS 2008 Nr. 754 („Hammermörder von Krumbach").

28 c) Weitergehend wird vielfach auch der revisionsgerichtliche **Augenscheinsbeweis** bezüglich politischer oder pornographischer Bilder und Schriften, die bei den Akten als instrumenta sceleris vorhanden sind, mit der Begründung propagiert, es könne sonst nicht geprüft werden, ob die rechtliche Beurteilung durch den Tatrichter zutreffend sei (vgl. die Nachw. bei *W. Schmid,* 1973, 893ff., aber auch BGHSt 29, 18 sowie OLG *Karlsruhe* u. OLG Frankfurt a. M. JZ 1974, 514 u. 516). Ein Zugriff auf ein derartiges Lichtbild ist dem Revisionsgericht jedoch nur dann gestattet, wenn es in der schriftlichen Urteilsbegründung gem. § 267 I 3 in Bezug genommen worden ist; in einem solchen Fall darf das Revisionsgericht zwar nicht in eine eigene Beweiswürdigung eintreten, wohl aber überprüfen, ob das Lichtbild für die vom Tatrichter daraus gezogenen Schlüsse hinreichend ergiebig ist (BGHSt 41, 374, 383f.).

29 d) In striktem Gegensatz zu dieser extensiven Rspr. stehen jene nicht seltenen Entscheidungen, in denen die Revisionsgerichte die konkrete Rechtsfrage (z. B. ob das Verhalten des Angeklagten die gebotene Sorgfalt außer acht gelassen hat) nicht selbst nachprüfen, sondern sie zu einer Sache „tatrichterlicher Würdigung" erklären und sich mit ihrer vertretbaren (d. h. nicht offensichtlich unhaltbaren) Beantwortung durch den Tatrichter zufriedengeben (vgl. dazu *W. Schmid,* 1973, 383ff.). Instruktiv für diese rechtstheoretisch fehlerhafte Vermengung der Tatfrage mit der die Rechtsfrage betreffenden Gesetzesauslegung ist die Entscheidung BGHSt 53, 6, 16, wo der BGH die typologische Interpretation des Rechtsbegriffs der Unrechtsvereinbarung bei den Bestechungsdelikten (dazu *Schünemann,* FS Otto, 2007, 777ff.) irrig für eine an Hand von Indizien in wertender Beurteilung zu entscheidende Tatfrage erklärt (vgl. allg. *Geisler,* FS Geppert, 2011, 113).

30 e) Ähnlich hat der BGH die Revisibilität der Strafzumessung behandelt, die er (mit Recht) nicht der Tatfrage zuschlägt, bei der er aber dem Tatrichter einen breiten Beurteilungsspielraum einräumt. Da der Tatrichter die seinen Strafausspruch tragenden Zumessungserwägungen gem. § 267 III 1 im Urteil wiedergeben muss, kann das Revisionsgericht prüfen, ob sich diese im Einklang mit den anerkannten Zumessungsgrundsätzen (§ 46 StGB) befinden oder einen Rechtsfehler enthalten.

31 Eine rechtsfehlerhafte Strafzumessungserwägung liegt etwa dann vor, wenn der Tatrichter die Erfüllung eines Tatbestandsmerkmals auch bei der Strafzumessung strafschärfend oder -mildernd berücksichtigt. Hier ist ein Verstoß gegen das Verbot der Doppelverwertung (§ 46 III StGB) und damit ein revisibler Rechtsfehler gegeben. Die letzte Phase des Strafzumessungsaktes, die Abwägung der Strafzumessungsfaktoren und die Bildung einer bestimmten Strafe, enthält hingegen einen der Nachprüfung nicht restlos zugänglichen Bereich. Während die Revisionsgerichte hier zumeist erst bei einem „Vergreifen in der Oktave", d. h. beim Vorliegen eines willkürlichen Ober- oder Untermaßes eingreifen (grundlegend BGHSt 17, 354), wird in der Literatur eine Reduzierung des dem Tatrichter vom BGH zugebilligten weiten Beurteilungsspielraumes auf den engeren Einflussbereich der nur begrenzt mitteilbaren Feinheiten der Täterpersönlichkeit gefordert.[10] Ob die vom 1. StS (NJW 2009, 528) unternommene Taxonomisierung der bei Steuerhinterziehung regelmäßig angemessenen Strafe, d. h. deren Abhängigkeit von der Höhe des Hinterziehungsbetrages, eine Ausnahme bleiben wird oder den Anfangspunkt einer intensiveren Reglementierung der tatrichterlichen Strafzumessung bildet, lässt sich derzeit noch nicht sagen.

32 5. Die Rspr. des BGH hat damit in den letzten Jahrzehnten eine gegenüber dem Konzept der RStPO wesentlich **erweiterte Revision** geschaffen,[11] indem auf die Sachrüge hin die Darstellung der Beweiswürdigung im schriftlichen Urteil auf Plausibilität überprüft wird (so dass die klassische Sachrüge um die substantiell selbständige, der StPO

[10] I. E. s. *Bruns,* Strafzumessungsrecht, 2. Aufl., 1974, 705ff.; *Frisch,* 1971, 112ff., 230ff.; *Zipf,* 1969, 211ff., 227ff.

[11] Eingehend *Barton* und *Frisch,* FS Fezer, 2008, 333, 353.

an sich unbekannte **„Darstellungsrüge"** ergänzt worden ist[12]). Das Verdienst des BGH liegt darin, die Kontrollintensität auf diese Weise erheblich über das ursprüngliche Konzept des Gesetzes hinaus entwickelt zu haben. Freilich stößt die darin liegende Rechtsfortbildung zumindest dort, wo sie auch in Bezug auf freisprechende Urteile und damit in malam partem angewendet wird, wegen der richterlichen Gesetzesbindung (Art. 20 III GG) auf verfassungsrechtliche Bedenken. Auch vom Ergebnis her ist die Bilanz nicht eindeutig, weil die Ausdehnung der Sachrüge durch eine erhebliche Einschränkung der Verfahrensrüge kompensiert worden ist (u. Rn. 35 ff.) und weil im Rahmen der Darstellungsrüge im Grunde gar nicht die Richtigkeit des Urteils, sondern nur die Kunstfertigkeit seiner Darstellung überprüft wird: Nicht ob diese den Inhalt der Hauptverhandlung richtig wiedergibt, sondern die juristische Begabung und das logische Denken des Urteilsverfassers stehen hierbei auf dem Prüfstand. Solange der Gesetzgeber nicht dafür sorgt, dass die Beweisergebnisse noch in der Hauptverhandlung zuverlässig dokumentiert werden (was am besten durch ein sich auf die wesentlichen Punkte beschränkendes Inhaltsprotokoll geschähe, s. o. § 44 Rn. 58 u. *Schünemann,* 2002, 54 f.; *Witting,* FS Schiller 2014, 691), wird die vom BGH entwickelte erweiterte Revision deshalb notgedrungen eine bloße Aushilfskonstruktion bleiben, mit der die Richtigkeit des Urteils als solche nur indirekt überprüft werden kann.

E. Die Revisionsgründe

Eine vom Tatrichter begangene Gesetzesverletzung reicht allerdings zur Begründung 33
einer erfolgreichen Revision nicht aus. Vielmehr muss diese auch einen relativen oder absoluten Revisionsgrund abgeben.

I. Die relativen Revisionsgründe, insbesondere die Verfahrensrügen und deren Marginalisierung in der Rechtsprechung

1. Nach § 337 I kann die Revision grds. nur darauf gestützt werden, dass das Urteil auf einer Verletzung des Gesetzes **beruhe.** Trotz Gesetzesverletzung ist daher dann kein Revisionsgrund gegeben, wenn ein Fehler gemacht worden ist, der keinen Einfluss auf die Entscheidung gehabt hat, z. B. wenn ein Zeuge zu Unrecht vereidigt worden ist, in der Urteilsbegründung aber steht, dass das Gericht ihm nicht geglaubt habe (BGH NStZ 1986, 130). Stützt das Gericht allerdings die Verurteilung auf die Aussage des zu Unrecht vereidigten Zeugen, so kann das Urteil darauf beruhen und muss aufgehoben werden; denn einer beeidigten Aussage wird üblicherweise mehr Gewicht beigemessen als einer unbeeidigten (BGH StV 1994, 225). Für die Revisibilität eines Verfahrensfehlers spielt es keine Rolle, ob den Tatrichter daran ein Verschulden trifft.[13]

Es muss demnach ein **Kausalzusammenhang** zwischen Gesetzesverletzung und Ur- 34
teilsinhalt vorliegen. Hierfür reicht jedoch nach einhelliger Meinung aus, dass das Ur-

[12] Eingehend bereits *Fezer,* 1974; zus.fassend *Nack,* StV 2002, 510, 558; *Loddenkemper,* 2003; zahlreiche weitere Nachweise bei *M-G,* § 337 Rn. 26 ff., KK/*Gericke,* § 337 Rn. 28 ff.; *Detter,* FS BGH-Prax., 2000, 679; *Fezer,* in: 18. Strafverteidigertag 1994, 87; *Ranft,* Rn. 2193 ff.

[13] So auch BGHSt 22, 266 für den Fall einer gegen § 60 Nr. 1 verstoßenden Vereidigung eines unerkennbar geistesschwachen Zeugen; anders und bedenklich BGHSt 21, 72; 22, 297 für eine vom Richter nicht zu verantwortende, gesetzeswidrige Einschränkung der Öffentlichkeit; vgl. bereits o. § 47 Rn. 24 f.

teil ohne die Gesetzesverletzung **möglicherweise** anders ausgefallen wäre; eine „rein theoretische" Möglichkeit soll allerdings nicht genügen (BGH NStZ 1985, 135). Das Ausreichen einer bloßen Möglichkeit ist vor allem für Verfahrensrügen wichtig, weil sich der Einfluss von prozessualen Fehlern auf das Urteil – anders als bei einer Verletzung des materiellen Rechts – zumeist nicht positiv feststellen, andererseits aber auch selten direkt ausschließen lassen wird.[14] Allein dadurch wird auch die **Aufklärungsrüge** ermöglicht, d. h. die Rüge, der Tatrichter habe seine Verpflichtung zur vollständigen Wahrheitserforschung (§ 244 II) verletzt, weil er von sich aufdrängenden weiteren Beweismitteln keinen Gebrauch gemacht habe und deshalb zu einem möglicherweise falschen Beweisergebnis gelangt sei (dazu instruktiv *Wessels,* JuS 1969, 1; *Ventzke,* StV 2009, 655).

35 2. Obwohl empirische Untersuchungen gezeigt haben, dass Urteilsaufhebungen aufgrund eines Verfahrensfehlers nicht etwa zu einer überflüssigen Wiederholung mit letztlich demselben Ergebnis, sondern in der Mehrzahl der Fälle zu Änderungen im Verfahrensergebnis geführt haben,[15] sind Gesetzgebung und Revisionsrechtsprechung seit langem mit wachsendem Erfolg bestrebt, die Erfolgsaussichten von Verfahrensrügen zu verringern und eine Urteilsaufhebung wegen eines „bloßen" Verfahrensmangels möglichst zu vermeiden. So hat der Gesetzgeber die „Besetzungsrüge" (dass das Tatgericht unvorschriftsmäßig besetzt gewesen sei) durch Einführung des § 222b präkludiert, wenn sie nicht vor der Vernehmung des Angekl. zur Sache geltend gemacht wird (u. Rn. 39), und gewisse Entscheidungen wie etwa über die audiovisuelle Zeugenvernehmung oder über die Ausschließung der Öffentlichkeit zum Schutz von Persönlichkeitsrechten sind ausdrücklich für unanfechtbar erklärt worden (§ 247a S. 2 StPO, § 171b III GVG), womit entspr. § 336 S. 2 auch die revisionsgerichtliche Kontrolle ausgeschlossen ist. Weitere Einschränkungen sind praeter legem von der Rspr. entwickelt und um immer neue Kategorien bereichert worden:[16]

36 a) Der BGH (BGHSt [GrS] 11, 213; BGHSt 17, 245, 247; weitere Nachweise bei KK/*Gericke,* § 337 Rn. 44) vertritt – unter weiterer Einschränkung der Revisionsgründe – die Auffassung, dass der Beschuldigte nur wegen Verletzung derjenigen Vorschriften, die seinen Rechtskreis berühren, Revision einlegen könne (sog. **Rechtskreistheorie;** dazu bereits o. § 24 Rn. 24). Eine nicht minder empfindliche Beschneidung der Revisionsmöglichkeiten erreicht die Rspr. dadurch, dass sie eine Anzahl von Verfahrensnormen als imperfekte **Ordnungsvorschriften** (dis-)qualifiziert, deren Verletzung ohne Rechtsfolgen bleiben soll.[17] Beide Restriktionsversuche sind schweren Bedenken ausgesetzt und erscheinen nur in der gemilderten Form vertretbar, dass man die Revisibilität eines Verfahrensfehlers vom Schutzzweck der verletzten Norm her ermittelt und begrenzt.[18] Für Verfahrensfehler in der Hauptverhandlung sind sie gänzlich abzulehnen, weil hier jede für das Urteil relevante Gesetzesverletzung die **Justizförmigkeit** des Verfahrens zerstört und

[14] Vgl. für den Fall einer Nichtgewährung des letzten Wortes BGHSt 22, 278 – i. E. vgl. o. § 44 Rn. 5f.; für eine Überschreitung der in § 229 bei Unterbrechungen der HV festgesetzten Frist BGHSt 23, 224;. Im Einzelnen behandelt der BGH das Beruhens-Merkmal allerdings recht unterschiedlich. So soll es z. B. keine Regel geben, wonach es kaum jemals auszuschließen sei, dass das Urteil auf der fehlerhaften Nichtvernehmung eines Zeugen beruhe (BGH NStZ 1996, 400). Dagegen heißt es in BGHSt 41, 119, das Beruhen eines Urteils auf der nach dieser Entscheidung unzulässigen Anwesenheit einer Jurastudentin während der Urteilsberatung lasse sich niemals ausschließen (vgl. bereits o. § 48 Rn. 9).

[15] Nach der Untersuchung von *Haddenhorst,* 1971, 107ff. ist in über 60% der von ihm untersuchten Fälle in der neuen Hauptverhandlung eine Änderung auch im Ergebnis herausgekommen.

[16] Instruktiv *Frisch,* FS Fezer, 2008, 353, 361ff.; statist. Daten b. *Barton,* GS Weßlau, 2016, 33.

[17] Vgl. RGSt 40, 157; 55, 22; 56, 66 zu §§ 57f., 68; näher *Bohnert,* NStZ 1982, 5.

[18] Vgl. *Rudolphi,* 1970; *Blomeyer,* 1971; in weiterführender Auseinandersetzung mit Rudolphi *Frisch,* 1995.

deswegen nach dem Willen des Gesetzgebers zur Urteilsaufhebung zwingt (i. E. s. *Schünemann,* JA 1982, 126f.).

b) Zu einer noch radikaleren Einschränkung der Verfahrensrüge hat eine im Laufe der Zeit immer weiter ausgebaute **Verwirkungsdoktrin** geführt, die zunächst für den Fall der Nichtanrufung des Gerichts gem. § 238 II entwickelt (o. § 44 Rn. 18), sodann in Gestalt der Widerspruchslösung (o. § 24 Rn. 34) zu einer „Heilungstheorie" verstärkt und schließlich durch die generelle These eines Verlustes von Verfahrensrechten im Falle ihres **Missbrauchs** (o. § 19 Rn. 13; besonders drastisch durch die Verbindung mit umfangreichen Freibeweiserhebungen BGH StV 2013, 65 m. zutr. krit. Anm. v. *Trüg*) komplettiert wurde (eingehende Darstellung bei SK/*Frisch,* § 337 Rn. 216f., 206ff., 220ff.). Indem gleichzeitig die formellen Anforderungen an Beweisanträge (o. § 45 Rn. 9f.) und an die Ausführung einer Verfahrensrüge immer weiter verschärft worden sind (u. Rn. 47), ist die Verfahrensrüge inzwischen so weitgehend marginalisiert worden, dass ihre Erfolgsquote auf ca. 1 % gesunken ist (*Barton,* FS Fezer, 2008, 333, 339). Eine besonders bizarre Blüte hat das in der Entscheidung des 1. StS in StV 2009, 169 m. abl. Anm. *Beulke/Witzigmann,* StV 2009, 394, getrieben, wonach eine in der Tatinstanz verworfene Richterablehnung nicht mehr mit der („absoluten") Revisionsrüge gem. § 338 Nr. 3 weiterverfolgt werden könne, wenn dem Urteil eine Absprache gem. § 257c vorangegangen sei (ähnlich BGH StV 2010, 470) – was nicht nur klar gegen den Zweck des § 302 I 2 verstößt (so auch für den Fall des § 231c BGH StV 2009, 628 Tz. 14, für die örtliche Unzuständigkeit BGH StV 2009, 680 u. für eine Sonderzuständigkeit BGHSt 57, 3), sondern auch die ohnehin schon rechtsstaatswidrige Übermacht des Gerichts bei einer Absprachevereinbarung (o. § 17 Rn. 29) ins Unerträgliche steigert. 37

II. Die absoluten Revisionsgründe

1. Nach § 338 wird in acht Fällen der Kausalzusammenhang zwischen Gesetzesverletzung und Urteilsinhalt **unwiderleglich vermutet.** In diesen Fällen besonders schwerwiegender prozessualer Verstöße ist die Revision ohne Rücksicht auf eine konkrete Urteilsbeeinflussung („absolut") begründet, weil die rechtsstaatliche Grundlage des Verfahrens insgesamt nicht mehr gewahrt erscheint.[19] Auch in diesem Bereich ist die Verfahrensrevision jedoch durch eine Rspr. eingeschränkt worden, die man als „Relativierung der absoluten Revisionsgründe" bezeichnet und die einen in § 338 aufgeführten Verfahrensfehler nicht als Revisionsgrund anerkennt, wenn es „denkgesetzlich ausgeschlossen" ist, dass er sich auf die Entscheidung ausgewirkt hat.[20] 38

2. Die absoluten Revisionsgründe lassen sich in vier Gruppen einteilen: 39

a) Um Fehler bei der **Besetzung und Zuständigkeit des Gerichts** geht es bei den Nr. 1 bis 4. Das Rügerecht nach Nr. 1 ist durch das StVAG 1979 gegenüber dem früheren Rechtszustand (vgl. dazu *Rieß,* DRiZ 1977, 289; *v. Stackelberg,* 1977, 207) wesentlich eingeschränkt worden. Bei Revisionen in erstinstanzlichen Strafsachen des LG oder des OLG, in denen das Verfahren der Besetzungsüberprüfung nach §§ 222a, b vorgeschrieben ist (dazu o. § 43 Rn. 8), ist eine fehlerhafte Besetzung nach Maßgabe von Nr. 1 Hs. 2 grds. nur dann mit der Revision angreifbar, wenn ein frist- und formgerecht vorgebrachter Einwand nicht berücksichtigt worden ist oder wenn keine ausreichenden Überprüfungsmöglichkeiten gewahrt wurden (BGHSt 44, 161, 328, 361; BGHSt 47, 220; BGHSt 48, 290). Nur gegenüber erstinstanzlichen Ur-

---

[19] Krit. dazu *Cramer,* 1974, nach dessen Auffassung die absoluten Revisionsgründe zum einen Teil zweifelhaft, zum anderen Teil überflüssig sind.

[20] Übersicht bei SK/*Frisch,* § 338 Rn. 3f.; *Kuckein,* StraFo 2002, 397ff.; *Mehle,* FS Dahs, 2005, 386ff.

teilen des AG sowie Berufungsurteilen des LG und in solchen Fällen, die ihrer Natur nach nicht von dem Verfahren nach §§ 222a, b erfasst werden können, wie der kurzfristigen Abwesenheit eines Richters während der Hauptverhandlung (o. § 44 Rn. 37) oder der Mitwirkung eines tauben, blinden oder geisteskranken Richters (o. § 46 Rn. 36f.), ist die Rüge vorschriftswidriger Gerichtsbesetzung unbeschränkt zulässig.[21] Die Rspr. tendiert ferner dazu, Besetzungsfehler nur dann als Verstoß gegen den Grundsatz des gesetzl. Richters bzw. als absoluten Revisionsgrund nach § 338 Nr. 1 anzusehen, wenn sie auf Willkür beruhen; näher dazu *Niemöller,* 1987; BGHSt 57, 165; einschränkend BGHSt 57, 3, 8ff. Zu Nr. 1 bei unvertretbarer Besetzung der StrK mit nur 2 Berufsrichtern in einem Großverfahren BGH StV 2010, 228; StV 2011, 463; zu Nr. 2 und 3 (Mitwirkung eines ausgeschlossenen bzw. abgelehnten Richters) s. o. § 9; zu Nr. 4 (Unzuständigkeit des Gerichts) s. o. § 6, § 7, § 21 Rn. 5ff.

40 b) Um Fehler des **gerichtlichen Verfahrens** geht es bei den Nrn. 5 und 6. Zu Nr. 5 (vorschriftswidrige Abwesenheit eines Verfahrensbeteiligten) o. § 44 Rn. 35ff.; zu Nr. 6 (Verletzung der Vorschriften über die Öffentlichkeit) o. § 47 Rn. 24ff.

41 c) Um **Fehler nach der Urteilsverkündung** geht es bei der Nr. 7. Hiernach ist die Revision begründet, wenn das Urteil keine Entscheidungsgründe enthält oder diese nicht fristgerecht zu den Akten gebracht worden sind, was auch bei Mängeln der Unterschrift anzunehmen ist (s. o. § 50 Rn. 13); gehen die Urteilsgründe jedoch erst nach ihrer Verbringung zu den Akten verloren, kann die Revision nicht auf § 338 Nr. 7 StPO gestützt werden (OLG *Stuttgart* JR 1977, 126 m. krit. Anm. *Lintz;* a. A. *W. Schmid,* FS Lange, 1976, 788 m. w. N.).

42 d) § 338 Nr. 8 ist überflüssig, soweit das Gericht gegen eine bestimmte Rechtsnorm verstoßen hat; denn da die Verteidigung in einem für die Entscheidung *wesentlichen* Punkt beschränkt wird, greift in einem solchen Fall immer schon § 337 ein (vgl. *Cramer,* 1974, 241; daher für eine Streichung der Nr. 8 *Frohne,* 1984, 276). Teilweise wird versucht, dem § 338 Nr. 8 selbstständige Bedeutung zu geben, indem man ihn auf Verteidigungsbeschränkungen anwendet, die nicht gegen eine geschriebene Rechtsvorschrift verstoßen, z. B. wenn dem Angeklagten untersagt wird, sich neben seinen schwerhörigen Verteidiger zu setzen, OLG *Köln* NJW 1980, 302 (vgl. *Baldus,* Ehrengabe für Heusinger, 1968, 373; LR/*Franke,* § 338 Rn. 127f.). Aber in solchen Fällen ist mindestens die gerichtliche Fürsorgepflicht oder der Anspruch auf ein faires Verfahren verletzt; es wird also gegen das Gesetz verstoßen, so dass auch insoweit § 337 eingreift (*Meyer-Goßner,* NStZ 1982, 362). Andere Autoren wollen sich für § 338 Nr. 8 mit einer abstrakten Wesentlichkeit des Verfahrensfehlers begnügen und auf die für § 337 erforderliche konkrete Möglichkeit eines Kausalzusammenhanges zwischen Verfahrensfehler und Urteil verzichten (näher *Schlüchter,* Rn. 743; *Schünemann,* JA 1982, 129; *ter Veen,* StV 1983, 170; abl. BGHSt 49, 317, 327f.). Beschränkungen der Verteidigung werden von der Rspr. v. a. unter dem Gesichtspunkt eines Verstoßes gegen den Grundsatz des fairen Verfahrens erörtert, vgl. o. § 11 Rn. 4ff.

III. Revisionsbeschränkung

43 Trotz Vorliegens einer kausalen Gesetzesverletzung ist kraft ausdrücklicher Gesetzesbestimmung die Revision in einem Fall nicht zugelassen: Die Verletzung von Verfahrensnormen, die lediglich zugunsten des Angeklagten gegeben sind (z. B. letztes Wort, notwendige Verteidigung; nicht aber die Bestimmungen über die Öffentlichkeit), kann von der StA nicht zu dem Zweck geltend gemacht werden, eine Aufhebung des Urteils zum Nachteil des Angeklagten herbeizuführen (§ 339; anders bei Einlegung eines Rechtsmittels zugunsten des Angeklagten).

F. Einlegung der Revision

44 **I.** Die Revision ist **binnen einer Woche** bei dem Gericht, dessen Urteil angefochten wird (dem **iudex a quo**), einzulegen (§ 341 I). Auch eine Erweiterung der ursprüng-

[21] Vgl. zum Ganzen *Riedel,* JZ 1978, 374; krit. zur Einschränkung der Besetzungsrüge *Kießling,* DRiZ 1977, 396; *Benz,* ZRP 1977, 250; *K. Meyer,* JR 1978, 211; *Hamm,* NJW 1979, 135; *Ranft,* NJW 1981, 1473.

lich beschränkt eingelegten Revision ist nur innerhalb einer Woche zulässig (BGHSt 38, 336 m. abl. Anm. *Stree,* JZ 1993, 476). Eine dem § 315 entspr. Vorschrift (dazu o. § 54 Rn. 6) enthält § 342. Im Gegensatz zur Berufungsbegründung (vgl. o. § 54 Rn. 7) ist die **Revisionsbegründung** – d. h. die Revisionsanträge und deren Begründung – **obligatorisch.** Die Revisionsbegründung ist spätestens binnen eines Monats nach Ablauf der Frist zur Einlegung der Revision bzw. (regelmäßig) nach Zustellung des schriftlichen Urteils (§ 345 I 1 und 2) anzubringen (für eine Verlängerung der Revisionsbegründungsfrist *Dencker,* ZRP 1978, 5), und zwar seitens des Angekl. in einer von dem Verteidiger oder einem Rechtsanwalt (leserlich: BGHSt 33, 44) unterzeichneten Schrift oder zu Protokoll der Geschäftsstelle (§ 345; für die Aufnahme des Protokolls ist nach § 24 I Nr. 1 b RPflG der Rechtspfleger zuständig).

Dabei muss der Verteidiger die Revisionsbegründung nicht nur abzeichnen, sondern auch inhaltlich gestalten und verantworten; übernimmt er nur „vollinhaltlich" einen vom Angekl. aufgesetzten Schriftsatz (BGH NStZ 1984, 563; OLG *Köln* NJW 1975, 890) oder distanziert er sich gar von ihm (BGHSt 25, 272), ist die Revisionseinlegung unwirksam. Auch für nachgeschobene Begründungen gilt die Formvorschrift des § 345 II (OLG *Stuttgart* JR 1982, 167). Eine Revisionsbegründung kann per Fax angebracht werden, wenn die gesamte Urschrift ihres Verfassers durch das behördliche Empfangsgerät reproduziert wird (OLG *Hamburg* NStZ 1989, 587). 45

II. Die Revisionsbegründung besteht aus dem Antrag und der Begründung. Der **Antrag** gibt an, inwieweit der Beschwerdeführer das Urteil anficht und er seine Aufhebung beantragt (§ 344 I). An die **Begründung** sind verschiedene Anforderungen gestellt, je nachdem, ob der Beschwerdeführer die Verletzung materiellen Rechts (Sachrüge) oder verfahrensrechtlicher Vorschriften (Verfahrensrüge) geltend macht (näher *Gribbohm,* NStZ 1983, 97; *Krause,* StV 1984, 483): 46

1. Bei der **Sachrüge** reicht es aus, wenn ganz global die Verletzung materiellen Rechts gerügt wird. 47

2. Bei der **Verfahrensrüge** muss dagegen klar und eindeutig dargelegt werden, durch welche Tatsachen welche verfahrensrechtlichen Normen verletzt sein sollen (vgl. § 344 II). Eine unvollkommen begründete Rüge wird vom Revisionsgericht nicht sachlich geprüft, s. u. Rn. 50. In den letzten Jahrzehnten sind die hieran vom BGH i. E. gestellten Anforderungen fortlaufend verschärft worden bis hin zu der Forderung nach detailliertem Vortrag der sog. **Negativtatsachen,** der zufolge der Revisionsführer nicht nur (wie es dem Wortlaut des Gesetzes entspricht) die den Verfahrensfehler begründenden Tatsachen mitteilen muss, sondern auch das Nichtvorliegen von etwa zur Heilung des Fehlers oder zur Verwirkung des Rügerechts führenden Tatsachen.[22] Hierbei soll den Revisionsführer eine Erkundigungspflicht treffen (BGH StV 2006, 459; BVerfG StraFo 2005, 512), und er darf auch nicht die ihm nachteiligen Tatsachen übergehen (Nachweise bei KK/*Kuckein,* § 344 Rn. 38), widrigenfalls die Rüge ebenfalls nicht sachlich geprüft, sondern als unzulässig verworfen wird. Im Hinblick auf den vom BVerfG aus dem Rechtsstaatsgebot und Art. 19 IV GG abgeleiteten Grundsatz, dass der Zugang zu den in den Verfahrensordnungen eingeräumten Instanzen nicht von Voraussetzungen abhängig gemacht werden darf, die unerfüllbar oder unzumutbar oder aus Sachgründen nicht mehr zu rechtfertigen sind (BVerfGE 63, 45,

[22] Zahlreiche Nachweise bei SK/*Frisch,* § 344 Rn. 57 ff.; akribisch und erschöpfend bei KK/*Gericke,* § 344 Rn. 38 ff.; umfassende Kritik bei *Ritter,* 2007.

70f.; BVerfGE 74, 228, 234; BVerfGE 77, 275, 284; BVerfGE 78, 88, 99; BVerfGE 104, 220, 232), ist die Forderung des Vortrags negativer Tatsachen nicht nur vom eindeutigen Wortlaut des § 344 II nicht mehr gedeckt, sondern wegen der Errichtung unzumutbarer Hürden auch mit dem GG nicht zu vereinbaren. Zwar hat das BVerfG anders entschieden und lediglich in der Forderung des Vortrages von Tatsachen, die „mit dem (relevanten) Vorgang in keinem unmittelbaren Zusammenhang stehen", eine Überspannung der Zulässigkeitsanforderungen sehen wollen (BVerfGE 112, 185). Aber der Grundsatz des effektiven Rechtsschutzes impliziert darüber hinaus eine Abwägung zwischen den Praktikabilitätsinteressen der Justiz und dem vom Rechtsmittelführer innerhalb der Monatsfrist des § 345 I 1 vernünftigerweise Leistbaren. Außerdem führen sich übersteigerte Anforderungen selbst ad absurdum, weil sie nämlich den Revisionsführer wegen der Unvorhersehbarkeit des vom Revisionsgericht i. E. verlangten „negativen Sachverhalts" zu dem umfassenden Vortrag aller auch völlig nebensächlichen Tatsachen zwingen und damit die Revisionsbegründung unsinnig überfrachten. Es ist deshalb völlig sachgerecht, dass das Gesetz in § 344 II 2 nur den Vortrag der „den Mangel enthaltenden Tatsachen" verlangt und eine „weitere Begründung nicht erforderlich ist" (so die vom BGH übergangene Vorschrift des § 352 II), während es ggf. Sache des Rechtsmittelgegners ist, Ausnahmeumstände vorzutragen, die seiner Meinung nach den Verfahrensfehler entfallen lassen: Nur auf diese Weise macht es einen Sinn, dass § 347 I 1 ausdrücklich von einem „Gegner des Beschwerdeführers" spricht, der gem. S. 2 eine „schriftliche Gegenerklärung" einreichen kann.[23] Jeglicher Anhalt im Gesetz ist schließlich bei der Forderung von BGH StV 2010, 615 zu vermissen, bei der Rüge unzulässiger Beschränkung der Akteneinsicht müsse sich der Revisionsführer wegen Unmöglichkeit des an sich geschuldeten Vortrags über deren Inhalt (sic!) gem. § 475 weiterhin um die verweigerte Einsicht bemühen, widrigenfalls die Rüge unzulässig sei.

48 **III.** Die Einhaltung der Fristen und der Form des § 345 II prüft der *iudex a quo.* Sind sie nicht eingehalten, so verwirft er das Rechtsmittel durch Beschluss als **unzulässig** (§ 346 I). Der Beschwerdeführer kann dagegen binnen einer Woche nach Zustellung des Beschlusses auf die Entscheidung des Revisionsgerichts antragen (§ 346 II 1).

49 **IV.** Sind Frist und Form gewahrt, so wird die Revisionsschrift dem Gegner des Beschwerdeführers zugestellt. Dieser kann dazu innerhalb einer Woche Stellung nehmen (§ 347 I).[24] Über die beteiligten StAen gehen die Akten dann an das zuständige Revisionsgericht (§ 347 II).

Das Gericht, an das die Akten versandt worden sind, kann im Einzelfall unzuständig sein: Dann kann es durch Beschluss seine Unzuständigkeit aussprechen und die Sache bindend an das zuständige Revisionsgericht BGH verweisen (§ 348).

G. Vorprüfung durch das Revisionsgericht

50 **I.** Das Revisionsgericht kann ohne mündliche Verhandlung die Revision durch Beschluss **als unzulässig verwerfen,** wenn die Bestimmungen über Einlegung und Be-

[23] Zur Kritik der BGH-Rechtsprechung vgl. auch *Fezer,* FS Hanack, 1999, 346ff.; *Müller-Jacobsen,* FS Strauda, 2006, 411ff.; SK/*Frisch,* § 344 Rn. 61ff.; *El-Ghazi,* ZStW 125 (2013), 862.

[24] Wie vorstehend unter Rn. 47 erwähnt, ist es bemerkenswert, dass die StPO vom „Gegner" spricht und also das Rechtsmittelverfahren ausdrücklich als ein Parteiverfahren konstruiert.

gründung der Revision nicht beachtet sind (§ 349 I, der dem § 322 I entspricht). Sind Frist und Form nicht gewahrt, so wird freilich i. d. R. schon der **iudex a quo** entschieden haben (vgl. o. Rn. 48).

II. Das Revisionsgericht kann die Revision ferner auch durch Beschluss **als offensichtlich unbegründet verwerfen** (§ 349 II). Diese Beschlussverwerfung der Revision ist mit **dreifacher Sicherung** umgeben: 51

1. Es ist dafür ist ein **Antrag der StA** erforderlich; es müssen also zwei Rechtspflegeorgane – StA und Gericht – die Revision übereinstimmend für offensichtlich unbegründet erachten. Freilich steht diese Kautel eher nur auf dem Papier, weil es etwa der Routine beim Generalbundesanwalt entspricht, bei ca. 94% der Revisionen des Angekl. Beschlussverwerfung zu beantragen (*Barton,* StV 2004, 332, 337; *ders.,* FS Kühne, 2013, 139 – ein Beispiel für den Schulterschlusseffekt, o. § 9 Rn. 1).

2. Der Beschluss muss einstimmig gefasst werden (womit etwa eine informelle Usance, dass ein einzelner Dissident im Strafsenat seine Bedenken zurückziehen müsse, schlechterdings nicht zu vereinbaren wäre). Zu den dadurch aufgeworfenen, im Kern ungelösten Fragen der Informationsbasis aller Richter BVerfG StV 2012, 513; *Fischer/Krehl,* StV 2012, 550; *Fischer/Eschelbach/Krehl,* StV 2013, 395. 52

3. Um zu verhindern, dass der Angeklagte, der mit einer Hauptverhandlung rechnet, durch eine Beschlussfassung überrascht wird, sieht § 349 III vor, dass die StA ihren Antrag mit Gründen dem Beschwerdeführer mitteilt. Dieser kann binnen zwei Wochen eine schriftliche Gegenerklärung einreichen. 53

In der Praxis werden ca. 90% der Revisionen des Angekl. nach § 349 II verworfen, so dass also trotz der genannten Sicherungen von der Beschlussverwerfung zur Entlastung der Gerichte in sehr hohem Maße Gebrauch gemacht wird (desh. kritisch *Peters* und *v. Stackelberg,* FS Dünnebier, 1982, 67 und 365; *Barton* u. *Schlothauer,* StV 2004, 332, 340; lt. *Rosenau,* ZIS 2012, 195 „offensichtlich ungesetzlich"). Bedenklich ist auch, dass eine richterliche Befangenheit, wenn sie in der Beschlussverwerfung zum Ausdruck kommt, wegen der Rechtskraft der Entsch. nicht mehr gerügt werden kann (BGH NStZ 1993, 600). Ferner ist es rechtsstaatlich fragwürdig, dass die Entsch. nach h. M. (Umkehrschluss aus § 34!) nicht begründet zu werden braucht (*Schünemann,* JA 1982, 130; *Zwiehoff,* 1992, will deshalb einen Begründungszwang aus Art. 1 I GG ableiten). Für die Verfassungsmäßigkeit des § 349 II (insb. im Hinblick auf die mangelnde Begründung und den Grundsatz des rechtlichen Gehörs) BVerfG NJW 1982, 925; NStZ 1987, 334; JR 2015, 92; EGMR JR 2015, 95 m. zust. Rezension *Allgayer,* ibid. 64; BGH NStZ 1994, 353; SK/*Wohlers,* § 349 Rn. 20f. Für eine Begründungspflicht dagegen *Krehl,* 1987; bei Vorliegen einer Gegenerklärung auch SK/*Wohlers,* § 349 Rn. 56 m.w.N. 54

III. Erachtet das Revisionsgericht die zugunsten des Angeklagten eingelegte Revision einstimmig für **begründet,** so kann das angefochtene Urteil **durch Beschluss aufgehoben** werden (§ 349 IV). Das wird namentlich in den Fällen angebracht sein, in denen offenkundig ein absoluter Revisionsgrund vorliegt. 55

IV. Ferner kann das Revisionsgericht das Verfahren auch in dieser Lage noch durch Beschluss **einstellen,** wenn die Voraussetzungen der §§ 153, 154, 154a (s. jeweils Abs. 2: „in jeder Lage") gegeben sind (anders dagegen §§ 153a, b II) oder – in Analogie zu § 206a – wenn ein Verfahrenshindernis evident ist (a. A. *Meyer-Goßner,* GA 1973, 366). 56

H. Hauptverhandlung

57 1. Die Hauptverhandlung vor dem Revisionsgericht verläuft ganz anders als eine solche vor dem Gericht erster Instanz oder einem Berufungsgericht, und zwar insb. deswegen, weil das Revisionsgericht an die tatsächlichen Feststellungen des Untergerichts gebunden ist und daher die Beweisaufnahme entfällt. Zu einer Beweisaufnahme kann es nur ausnahmsweise dann kommen, wenn ein Verfahrensfehler gerügt wird und sich dessen Vorliegen oder Nichtvorliegen nicht schon aus dem Sitzungsprotokoll ergibt. Aber auch hier ist die Beweisaufnahme mittelbar: Es werden insb. schriftliche dienstliche Äußerungen der Prozessbeteiligten (der Richter, des StA, des Urkundsbeamten) eingeholt, z. B. darüber, ob ein Beweisantrag gestellt worden ist („Freibeweis", nicht „Strengbeweis", vgl. o. § 24 Rn. 3).

58 2. Nach der gesetzlichen Regelung des § 350 werden der Angekl. und sein Verteidiger von dem Termin benachrichtigt, brauchen aber nicht zu erscheinen. Der nicht auf freiem Fuß befindliche Angeklagte hat nicht einmal Anspruch auf Anwesenheit (nach BVerfG NJW 1980, 1945 verstößt das nicht gegen Art. 103 I GG); er kann aber vorgeführt werden. Wenn das nicht geschieht und der Angekl. keinen Verteidiger wählt, muss ihm freilich der Vorsitzende des Revisionsgerichts auf seinen Antrag einen Verteidiger für die Hauptverhandlung vor dem Revisionsgericht bestellen (vgl. § 350 III). Zur neueren Rspr. bezgl. Pflichtverteidigung s. o. § 19 Rn. 28.

59 3. Der Gang der Hauptverhandlung ist folgender: Vortrag des Berichterstatters, Plädoyer des Beschwerdeführers, Plädoyer des Gegners, letztes Wort des Angeklagten (§ 351).

I. Umfang der Urteilsprüfung

60 **I.** 1. Bei **Prozessrügen** erfolgt grds. *nur* eine Nachprüfung des *speziell* gerügten Prozessfehlers (vgl. § 352 I): Daher müssen in der Revisionsbegründung das verletzte Gesetz und die den Mangel enthaltenden Tatsachen genau angegeben sein. Der BGH hat diese Beschränkung ohne ausreichenden Anhalt im Wortlaut der Vorschriften der §§ 352 I, 344 II dadurch noch weiter eingeengt, dass er die zur Begründung einer Verfahrensrevision mitgeteilten Tatsachen nur in Richtung auf die vom Revisionsführer als speziell verletzt bezeichnete Verfahrensnorm prüft. Beispielsweise hat er die Rüge, dass der Verwertung von Angaben, die ein im Ausland inhaftierter und gefolterter deutscher Staatsbürger gegenüber einem ihn fürsorglich aufsuchenden Konsularbeamten gemacht hatte, im Strafverfahren in Deutschland nicht verwertbar seien, nur auf die ausdrücklich genannte Verletzung von § 136a StPO hin überprüft (und dies verneint), nicht aber wegen der von ihm selbst als möglicherweise vorliegend bezeichneten Verletzung des fair trial (BGHSt 55, 314, 320; st. Rspr.). Diese Rechtsprechung findet aber nicht nur im Wortlaut des § 344 II keine ausreichende Stütze, sondern verstößt direkt gegen den Wortlaut des § 352 II StPO, wonach der Revisionsführer nur die Verletzung einer Verfahrensnorm rügen und dazu die Tatsachen vortragen, nicht aber die richtige Verfahrensnorm bezeichnen muss. Der BGH weicht dadurch auch von der Praxis des BVerfG ab, das bei einer zulässigen Verfassungsbeschwerde durchaus auch von sich aus die Verletzung solcher Grundrechte in Erwägung zieht, die der Beschwerdeführer nicht ausdrücklich gerügt hat (BVerfGE 42, 312, 325 f.; BVerfGE 70, 138, 162; st. Rspr.). Die Praxis des BGH erscheint deshalb rechtlich verfehlt und muss vom Revisionsführer geradezu als zynisch empfunden werden.

2. Entgegen dem Wortlaut des § 352 gilt davon jedoch eine wichtige **Ausnahme:** Das Vorliegen der negativen wie positiven **Prozessvoraussetzungen** (Strafantrag, Rechtskraft, Niederschlagung, Verjährung) prüft das Revisionsgericht von Amts wegen, also ohne Rüge, nach. Denn es handelt sich hier nicht (jedenfalls nicht in erster Linie) um die Frage, ob der Erstrichter einen Verfahrensverstoß begangen hat, sondern zunächst einmal darum, ob das Revisionsgericht überhaupt selbst in der Sache vorgehen darf. 61

3. Eine Wiedereinsetzung zur Nachholung einzelner Verfahrensrügen wird in der Rspr. nur ausnahmsweise zugelassen,[25] sollte aber richtigerweise mittels eines arg. a fortiori aus § 44 stets zugelassen werden, weil man sonst bei Versäumung der gesamten Revisionsbegründung besser stünde als bei Versäumung eines Teiles davon.[26] 62

II. Bei einer **Sachrüge** wird dagegen die materiellrechtliche Seite **im ganzen Umfang** nachgeprüft, auch wenn die Begründung nur einen bestimmten Fehler behandelt und dieser nicht vorliegt. Ist z. B. nur die Nichtanwendung des § 20 StGB gerügt, so prüft das Revisionsgericht doch den Schuldspruch im Ganzen nach (also etwa ob ein Vermögensschaden i. S. d. § 263 StGB zu Recht bejaht worden ist). Erforderlich ist aber, dass überhaupt die Verletzung materiellen Rechts gerügt worden ist („allgemeine Sachrüge") und nicht etwa nur die Beweiswürdigung des Tatrichters angegriffen wird (BGHSt 25, 272, 275; weitere Nachweise bei *M-G,* § 344 Rn. 19). Anders als im Zivilprozess (vgl. § 559 II ZPO u. dazu RGZ 87, 5; RGZ 149, 165) ist dies aber auch für die Sachprüfung unentbehrlich; wenn nur Verfahrensrügen erhoben sind, darf das Revisionsgericht in keine materiellrechtliche Prüfung eintreten (BGHSt 26, 94; LR/*Franke,* § 344 Rn. 68). 63

III. Ist seit dem angefochtenen Urteil eine **Rechtsänderung** erfolgt, so ist das Revisionsgericht verpflichtet, diese seiner Entscheidung zugrunde zu legen: Es muss also prüfen, ob die Entscheidung vom Standpunkt des jetzt geltenden Rechts aufrechterhalten werden kann (§ 354a). Anderenfalls muss das angegriffene Urteil aufgehoben werden, selbst bei Teilrechtskraft des Schuldspruchs (BGHSt 20, 78, 116) oder wenn nur noch die Entscheidung über die Strafaussetzung anhängig ist (BGHSt 26, 1). Dazu soll allerdings eine Sachrüge erforderlich sein; bei einer bloßen Verfahrensrüge gibt nach BGHSt 26, 94 auch § 354a dem Richter keine Möglichkeiten, eine mildere Strafvorschrift anzuwenden (dag. mit Recht die vordringende Meinung: *Küper,* 1988; LR/*Franke,* § 354a Rn. 9). 64

J. Die Entscheidung des Revisionsgerichts

I. Prozessurteile

1. Das Revisionsgericht prüft zunächst, ob die Vorschriften über die Einlegung der Revision eingehalten sind. Ist dies nicht der Fall, so verwirft es die Revision als **unzulässig,** und zwar in diesem Stadium des Verfahrens durch Urteil (anders als bei der Vorprüfung, vgl. o. Rn. 50 ff.). 65

[25] Zahlreiche Nachw. bei LR/*Gaalmann-Scherer,* § 44 Rn. 13 ff.; zu den Ausnahmen vgl. BGH NStZ 1981, 110; 1983, 34; 1984, 48; 1997, 45; StV 1996, 522.

[26] BGHSt 31, 161; vgl. LR/*Gaalmann-Scherer,* § 44 Rn. 14 ff.; *Kaiser,* NJW 1975, 338; OLG Zweibrücken StV 1991, 550.

66 2. Liegen **Verfahrenshindernisse** wie Fehlen des Strafantrags etc. (vgl. o. Rn. 61) vor, so stellt das Revisionsgericht das Verfahren ein. Das setzt allerdings voraus, dass das Verfahrenshindernis erst im Revisionsverfahren entstanden oder dass das tatrichterliche Urteil aufgrund einer in zulässiger Form (d. h. mit ordnungsgemäßer Begründung innerhalb der Begründungsfrist) eingelegten Revision aufzuheben ist[27].

II. Sachurteile

67 Hält das Revisionsgericht die Revision für **zulässig,** so prüft es die Berechtigung der erhobenen Rügen nach:

1. Hält es das Urteil des Untergerichts für richtig, so muss es die Revision (durch Urteil) **als unbegründet verwerfen.**

2. a) Hält es die Revision dagegen für zulässig und begründet, so **hebt** es das angefochtene **Urteil** (§ 353 I) und gleichzeitig die dem Urteil zugrundeliegenden **Feststellungen auf,** sofern sie durch die Gesetzesverletzung betroffen werden (§ 353 II).

68 Es werden also **nicht notwendig** *alle* zugrundeliegenden **tatsächlichen Feststellungen** aufgehoben, sondern nur, soweit sie durch die Gesetzesverletzung betroffen werden. Bezieht sich der Rechtsfehler z. B. nur auf die Frage der Schuldfähigkeit, nicht aber auch auf die Feststellungen zum äußeren Tatgeschehen, so bleiben diese aufrechterhalten und müssen vom Gericht in der neuen Verhandlung dem neuen Urteilsspruch zugrunde gelegt werden.[28] Auch eine Maßregelanordnung oder ein Unterbringungsbefehl können bestehen bleiben, wenn sie durch die Aufhebung des Schuldspruches nicht betroffen werden (BGH MDR/H 1982, 971).

69 b) Da das Revisionsgericht neue Beobachtungen selbst nicht anstellen kann, muss es die Sache **grds.** an die Vorinstanz **zurückverweisen** (Ausnahmen s. u. Rn. 71 ff.). Die Zurückverweisung erfolgt aber nicht mehr an die gleiche Abteilung, Kammer oder den gleichen Senat des Gerichtes, dessen Urteil aufgehoben ist, sondern an einen anderen Spruchkörper dieses Gerichts oder an ein demselben Land zugehöriges Gericht gleicher Ordnung (§ 354 II). Dadurch soll dem Anschein der Voreingenommenheit, der bei einer erneuten Verhandlung vor demselben Spruchkörper entstehen könnte, vorgebeugt werden. Nach BVerfGE 20, 336 ist diese Vorschrift mit Art. 101 GG vereinbar (krit. dazu M/D/*Maunz,* GG, Art. 101 Rn. 35). Für die Verweisung wegen Unzuständigkeit vgl. auch § 355. Zu der Frage des Ausschlusses bzw. der Ablehnung von Tatrichtern, die schon beim erstinstanzlichen Urteil mitgewirkt haben, vgl. o. § 8 Rn. 5.

70 c) Um die Einheitlichkeit der Rspr. durchzusetzen, ist der neue Tatrichter (freilich nur in der konkreten Sache!) rechtlich an die der Aufhebung zugrundeliegende Beurteilung gebunden (§ 358 I). Diese Bindung ist dadurch gewährleistet, dass die erneute Entscheidung des Untergerichts wiederum mit der Revision angegriffen werden kann. Nach h. M. ist das Revisionsgericht in einem solchen Falle an die frühere Entscheidung gebunden („**Selbstbindung** des Revisionsgerichts").[29]

---

[27] BGHSt 22, 213; *Meyer-Goßner,* 2011 (Lit. zu § 21), 44 f.; aber str., and. Voraufl. u. BGHSt 15, 203.

[28] Vgl. BGHSt 14, 30; dag. *Grünwald,* Die Teilrechtskraft im Strafverf., 1964, 358 ff.; zumindest gegen eine uneingeschränkte innerproz. Bindungswirkung auch *Wollweber,* 1991, 34 ff.

[29] BGHSt (GrS) 33, 356; BGH StV 1986, 284.

Verweist das Revisionsgericht auf die Sprungrevision die Sache zurück und erhält dabei tatsächliche Feststellungen aufrecht, so sind diese nur für die erste Instanz bindend, nicht aber für die zweite Tatsacheninstanz (BGH NJW 1983, 1921).

3. Nur **ausnahmsweise entscheidet** das Revisionsgericht **selbst,** und zwar immer schon, wenn ohne weitere tatsächliche Erörterung nur auf Freisprechung oder Einstellung oder auf eine absolut bestimmte Strafe zu erkennen ist oder wenn das Revisionsgericht in Übereinstimmung mit dem Antrag der StA die gesetzlich niedrigste Strafe für angemessen erachtet (§ 354 I). 71

Ist A beispielsweise wegen Beihilfe zum Mord verurteilt worden, legt die StA Revision ein und kommt der BGH zu der Auffassung, dass das Verhalten des A als Täterschaft zu würdigen sei, so darf der BGH in der Schuld- und Straffrage selbst entscheiden, da bei Mord eine absolut bestimmte Strafe angedroht ist (krit. *Peters,* JZ 1978, 230). Nach BGH NStZ 1992, 297 m. Anm. *Scheffler* darf das Revisionsgericht in analoger Anwendung des § 354 I auch die gesetzlich zulässige Höchststrafe verhängen, wenn auszuschließen ist, dass der Tatrichter auf eine niedrigere Strafe erkennen würde (zw.!).

Durch das 1. JuMoG v. 24.8.2004 sind im Interesse der Verfahrensbeschleunigung die Möglichkeiten des Revisionsgerichts, über die **Strafzumessung** selbst zu entscheiden, in einer nach Meinung von BGHSt 51, 18, 24: „behutsamen“, nach h. L. aber bedenklichen und erst durch die verfassungskonforme Auslegung in BVerfGE 118, 212 gezähmten Weise erweitert worden[30]. Nach § 354 Ia kann es, wenn ihm die verhängte Rechtsfolge angemessen erscheint, selbst im Falle eines revisiblen Strafzumessungsfehlers von der Urteilsaufhebung absehen, ggf. auf Antrag der Staatsanwaltschaft die Rechtsfolgen angemessen herabsetzen[31]. Weil dem Revisionsgericht in einem rechtsstaatlichen Verfahren ein zutreffend ermittelter, vollständiger und aktueller Strafzumessungssachverhalt zur Verfügung stehen muss (BVerfG 118, 212 Ls. 1), dieses aber keine eigene Beweisaufnahme durchführen kann, muss es sich über das Vorliegen einer vollständigen und verlässlichen Entscheidungsgrundlage dadurch Gewissheit verschaffen, dass es dem Angeklagten die Gelegenheit zur Stellungnahme im Revisionsverfahren einräumt (entspr. einem Vorschlag von *Frisch,* StV 2006, 431, 435), weshalb es ihn ausdrücklich auf die aus seiner Sicht für eine Sachentscheidung nach § 354 Ia sprechenden Gründe hinzuweisen hat (BVerfG a. a. O., Tz. 82–96). Entgegen der vom BVerfG aufgehobenen Entscheidung BGHSt 49, 371[32] darf das Revisionsgericht deshalb auch nicht im Falle einer Schuldspruchberichtigung (näher u. Rn. 73 ff.) von einer Urteilsaufhebung absehen, wenn es die festgesetzte Strafe weiterhin für angemessen hält, denn weil dieser Fall in § 354 Ia nicht vorgesehen ist, läge darin eine Entziehung des gesetzlichen Richters gem. Art. 101 I 2 GG (Tz. 118–123). 72

[30] Zur Kritik des Schrifttums s. *Frank,* GA 2006, 261; *Paster/Sättele,* NStZ 2007, 609; *Gaede,* HRRS 2007, 292; *ders.,* GA 2008, 394; *ders.,* StV 2011, 139; *Berenbrink,* GA 2008, 625; *Peglau,* JR 2008, 80; *Gaede,* StV 2011, 139 mit scharfer Kritik an BGH StV 2011, 136.

[31] Umstr. ist, ob das Revisionsgericht in einem solchen Fall die Beschlussverwerfung nach § 349 IV aussprechen kann oder durch Urteil gem. § 349 V entscheiden muss (im ersteren Sinne BGH NStZ 2006, 465; StV 2011, 136; im letzteren BGH NStZ 2005, 705).

[32] Wobei diese Aufhebung einen Fall betraf, in dem die vom Tatrichter verhängte und vom BGH aufrecht erhaltene bloße Geldstrafe bei einem Betrug mit einem Schaden über mehr als 3 Mio. DM „außergewöhnlich, wenn nicht unvertretbar milde“ erschien (BGHSt 49, 371, 375); erneut betont in der Nachfolgeentscheidung BGH wistra 2007, 457. Weitere vom BVerfG aufgehobene Entscheidungen des BGH zu § 354 Ia: BGH NStZ 2006, 36; BVerfG (Kammer) 2 BvR 1977/05; darauf BGH NStZ 2008, 279; sowie BGHSt 50, 245 (Rn. 24, in der AS. nicht abgedr.); BVerfG (Kammer) 2 BvR 2090/05.

Daraus folgt a fortiori, dass die aufgrund einer unzulässigen Strafmaßabsprache vorgenommene Straffestsetzung entgegen BGHSt 51, 84 nicht über § 354 Ia aufrechterhalten werden kann, denn bei einem ausgehandelten Urteil fehlt es ja an jeglichem seriösen Strafzumessungssachverhalt – weshalb BVerfGE 118, 212 eigentlich zu der Konsequenz führen müsste, dass das BVerfG bei nächster Gelegenheit das ganze in § 257c geregelte Verständigungsverfahren für rechtsstaats- und damit verfassungswidrig erklärt, wenn seine Rspr. nicht an das Bibelwort vom Splitter und Balken (Matth. 7, 3) erinnern soll: Der vom BVerfG apostrophierte „vollständige Strafzumessungssachverhalt" ist ja nicht nur in der Alltagspraxis der Strafjustiz eher eine Fiktion, sondern wird bei strafprozessualen Absprachen sogar gezielt manipuliert, so dass die rechtsstaatliche Akribie von BVerfGE 118, 212 die Probe aufs ernsthafte Exempel noch vor sich hat.

III. Sonderfall: Schuldspruchberichtigung

73 1. In Analogie zu § 354 I ist in bestimmten Fällen eine **Schuldspruchberichtigung** durch das Revisionsgericht bei Aufhebung der Verurteilung durch das Untergericht ohne Aufhebung der tatsächlichen Feststellungen zulässig.

Ist z. B. A wegen Diebstahls verurteilt worden, erblickt das Revisionsgericht in der vom Untergericht festgestellten Tat aber einen Betrug, so kann das Revisionsgericht den Schuldspruch ändern und A wegen Betruges verurteilen (dazu *Beulke,* FS Schöch, 2010, 963).

74 Bei reinen **Subsumtionsfehlern** würde eine Rückverweisung, bei der das neu entscheidende Gericht an die Rechtsauffassung des Revisionsgerichts und an die bestehen gebliebenen Feststellungen gebunden wäre, nur überflüssige Zeitvergeudung mit sich bringen (vgl. §§ 353 II, 358 I). Voraussetzung für eine Schuldspruchberichtigung ist aber, dass der Angeklagte bereits von dem Tatrichter gem. § 265 auf die vom Revisionsgericht später angewandte Vorschrift hingewiesen worden ist und jede Gelegenheit zur Verteidigung erhalten hat. Dies gilt auch dann, wenn das Revisionsgericht eine mildere Vorschrift an die Stelle einer schwereren setzen will (vgl. o. § 44 Rn. 27ff. u. BGHSt 2, 250). Außerdem müssen ergänzende, für die Verurteilung etwa wegen Betruges relevante Tatsachenfeststellungen ausgeschlossen sein.

75 2. Eine Schuldspruchmilderung oder -verschärfung ist nur dann zulässig, wenn schon das Untergericht zu einer Verurteilung gekommen ist. Bei einem Freispruch in der Tatsacheninstanz ist dagegen ein Schuldspruch durch das Revisionsgericht nicht möglich (a. A. z. T. die in sich sehr uneinheitl. Rspr.). Denn ein freisprechendes Urteil bietet nicht die Gewähr dafür, dass dem Revisionsgericht für die Verurteilung ausreichende und erschöpfende Tatfeststellungen unterbreitet worden sind (vgl. § 267 V). Außerdem hat der Angeklagte nicht die Möglichkeit, gegen ihn belastende Feststellungen, vor allem aber gegen Verfahrensfehler der Tatsacheninstanz vorzugehen, da er durch das freisprechende Urteil des Tatrichters nicht beschwert ist. Es besteht deshalb die Gefahr, dass das Revisionsgericht seinen Spruch auf unzutreffende oder verfahrensfehlerhaft zustande gekommene Feststellungen gründet (vgl. *Batereau,* 1971, 64ff.; großzügiger BVerfG NStZ 1991, 499 m. Anm. *Foth,* NStZ 1992, 444).

76 Hat das Untergericht das Verfahren eingestellt, so sollte auch hier das Revisionsgericht davon absehen, den Schuldspruch selbst zu fällen.

In Ausnahmefällen kann auch ein vergessener Schuldspruch durch das Revisionsgericht nachgeholt werden, wenn sich aus den Gründen klar ergibt, auf welche Vorschrift sich die Rechtsfolgenentsch. stützt (OLG Hamm NJW 1981, 697, zw.).

IV. Abstimmung

Das Revisionsgericht entscheidet, wenn es nach § 354 I in der Sache selbst zu Lasten des Angeklagten urteilt, mit der Zweidrittelmehrheit des § 263, in allen anderen Fällen aber mit der einfachen Mehrheit des § 196 GVG. Denn die Beurteilung abstrakter Rechtsfragen bei Aufhebung und Zurückverweisung enthält noch keine Entscheidung über Schuld und Strafe im konkreten Fall (a. A. *Peters,* 660 f., der bei einer dem Angeklagten ungünstigen Rechtsauslegung ebenfalls Zweidrittelmehrheit fordert, weil auch das Revisionsgericht stets Einzelfälle entscheide). 77

K. Revisionserstreckung

1. a) Ficht ein Angeklagter ein Urteil wegen Verletzung materiellen Rechts erfolgreich an und erstreckt sich das angefochtene Urteil auch noch auf andere Angeklagte, die keine Revision eingelegt haben, so wird auch die Verurteilung dieser Angeklagten aufgehoben (sog. **Revisionserstreckung,** § 357). 78

Beispiel: A und B sind als Mittäter einer Unterschlagung verurteilt worden. A ficht das Urteil mit der Revision an; B lässt es auf sich beruhen, so dass es ihm gegenüber rechtskräftig wird. A hat mit seiner Revision Erfolg. Dann wird auch die Verurteilung des B aufgehoben.

b) Neben dem äußeren Zusammenhang **desselben Urteils** muss nach einhelliger Auffassung auch der innere Zusammenhang **derselben Tat** gegeben sein, wofür es wie bei § 60 Nr. 2 (vgl. o. § 26 Rn. 44 ff.) ausreicht, dass zwei Handlungen im selben Erfolg zusammentreffen (Zusammenstoß zweier Wagen: vgl. BGHSt 12, 343). 79

2. a) Die Revisionserstreckung führt zu einer Durchbrechung der Rechtskraft in Hinsicht auf den Angeklagten, der nicht Revision eingelegt hat (obwohl ihm diese Möglichkeit offen stand, BGHSt 51, 35). Der Gesetzgeber will damit der Gerechtigkeit dienen: Eine ersichtlich unrichtige Verurteilung soll nicht aus formalen Gründen bestehen bleiben. § 357 gilt deswegen **nicht** für Verstöße gegen das **formelle Recht,** da derartige Fehler nicht notwendig die Richtigkeit des Urteils im Ergebnis antasten müssen. Hierzu zählt BGH NStZ 2009, 108 auch die nach der Vollstreckungslösung praktizierte Strafmilderung wegen Verfahrensverzögerung (dazu o. § 16 Rn. 11). 80

b) Anders ist es wiederum bei von Amts wegen zu beachtenden **Verfahrensvoraussetzungen;** denn in solchen Fällen steht – anders als bei sonstigen Verfahrensfehlern – mit Sicherheit fest, dass das Urteil im Ergebnis unrichtig ist, so dass die Interessenlage die gleiche wie bei fehlerhafter Anwendung materiellen Rechts ist (vgl. BGHSt 12, 335). Diese Ausnahme gilt auch dann, wenn das Urteil nicht aufgehoben, sondern das Verfahren gem. § 206a durch Beschluss eingestellt wird (s. o. Rn. 56 und BGH NJW 1972, 2271 entgegen BGH NJW 55, 1934). 81

c) Aus dem gleichen Grunde müssen Rechtsänderungen nach Erlass des Urteils, die nach § 354a (vgl. o. Rn. 64) dem Beschwerdeführer zugute kommen, in analoger Anwendung des § 357 auch zugunsten des Mitangekl., der keine Revision eingelegt hat, berücksichtigt werden. Denn die sachliche Unrichtigkeit des Urteils liegt auch in diesem Fall klar zutage (abw. BGHSt 20, 77). Ebenso ist eine Erstreckung der Urteilsaufhebung auf einen Nichtrevidenten vorzunehmen, wenn die Urteilsaufhebung darauf beruht, dass eine Gesetzesnorm zwischenzeitlich vom BVerfG für nichtig erklärt worden ist (a. A. BGHSt 41, 6 im Anschluss an BGHSt 20, 77 mit der Begründung, dass auch Entscheidungen des BVerfG Gesetzeskraft haben).

§ 56. Die Beschwerde

Literatur: *Amelung,* Rechtsschutz gegen strafproz. Grundrechtseingriffe, 1976, 19; *Ellersiek,* Die Beschwerde im Strafprozeß, 1981; *Schwentker,* Der Ausschluß der Beschwerde nach § 305 StPO, 1990; *Köster,* Der Rechtsschutz gegen die vom Ermittlungsrichter angeordneten und erledigten strafproz. Grundrechtseingriffe, 1992; *Bornmann,* Die Struktur der strafprozessualen Beschwerde, 2008; *Fürmann,* Das unterschätzte Beugemittel „Erzwingungshaft"!?, DRiZ 2009, 365; *Cornelius,* Die weitere Beschwerde nach § 310 StPO unter besonderer Berücksichtigung der Beschwerdeberechtigung, 2012.

A. Begriff

1 Die Beschwerde (§§ 304–311 a) richtet sich gegen gerichtliche **Beschlüsse** und **Verfügungen** des Vorsitzenden (s. o. § 23 Rn. 2f.) und des Richters im Vorverfahren. Sie führt zu einer Überprüfung der angefochtenen Entscheidung sowohl in **tatsächlicher** wie in **rechtlicher** Beziehung.

B. Aktivlegitimation, Zulässigkeit und Einlegung

2 **I.** Zu ihrer Einlegung ist nicht nur der Beschuldigte und die StA, sondern **jeder Betroffene** befugt (vgl. § 304 II), z. B. ein Zeuge im Zeugniszwangsverfahren, der Gewahrsamsinhaber bei der Beschlagnahme oder der Verletzte bei der Zurückgabe einer beschlagnahmten Sache nach § 111k.

3 **II.** Die Beschwerde ist **zulässig,** soweit sie nicht – wie in den folgenden Fällen – ausdrücklich ausgeschlossen ist (§ 304 I):

1. **Unanfechtbar** sind die Entscheidungen nach §§ 81c III 4; 153a II 4, 5; 161a III 4; 163a III 5; 201 II 2 und 202 S. 2; der Eröffnungsbeschluss nach § 210 I und für den Angekl. auch der Nichteröffnungsbeschluss nach § 210 II, ferner sämtliche Beschlüsse und Verfügungen des BGH und des OLG, sofern sie als Revisionsgericht tätig werden. Gegenüber Entscheidungen des OLG in erstinstanzlichen (= Staatsschutz-)Sachen und gegenüber Verfügungen des Ermittlungsrichters des BGH und des OLG ist die Beschwerde beschränkt (§ 304 IV, V). Die Ausnahmen, in denen eine Beschwerde zulässig ist, werden vom BGH sehr eng ausgelegt (BGHSt 25, 120; BGHSt 30, 32; BGHSt 30, 250; BGHSt 32, 365; BGHSt 34, 34; BGHSt 47, 249). Immerhin ist aber auch die Anordnung von Erzwingungshaft beschwerdefähig (BGHSt 36, 192), nicht jedoch deren Ablehnung (BGHSt 43, 262). Weitgehend eingeschränkt ist die Beschwerdemöglichkeit bei Beschlüssen über ein Ablehnungsgesuch (i. E. s. § 28). Zur Anfechtbarkeit von Kostenentscheidungen s. u. § 59 Rn. 12.

4 2. a) Die Beschwerde ist weiterhin generell **ausgeschlossen** gegenüber Entscheidungen der **erkennenden Gerichte,** die der **Urteilsfällung vorausgehen** (§ 305 S. 1), z. B. über die Vereidigung eines Zeugen oder über einen Beweisantrag. Da diese Maßnahmen in unmittelbarem Zusammenhang mit der Urteilsfällung stehen, hat es der Gesetzgeber, der ein Zerreißen der Hauptverhandlung verhindern wollte, für ausreichend gehalten, wenn sie gemeinsam mit dem Urteil überprüft werden können.

Der Umfang des Ausschlusses ist i. E. umstr.[1] Gegen Entscheidungen, die in ihrer Bedeutung über die laufende Instanz hinauswirken, wie etwa die Ablehnung einer Pflichtverteidigerbestellung, eine Auswechs-

[1] Vgl. dazu LR/*Matt,* § 305 Rn. 4ff.; *Amelung,* 1976, 19, sowie v. a. zum Problem der „prozessualen Überholung" *Köster,* 1992.

lung des Pflichtverteidigers oder seine Abberufung wird allg. die Beschwerde zugelassen (zahlreiche weitere Nachweise bei HK-*Rautenberg,* § 305 Rn. 5, 8).

b) Ausnahmsweise *doch anfechtbar* sind alle Entscheidungen, durch die Dritte betroffen werden (nicht bei sitzungspol. Maßnahmen des OLG wg. § 181 GVG, s. BGHSt 44, 23), sowie solche über Verhaftungen und einstweilige Unterbringung, Beschlagnahmen (aber nicht, wenn die Beschlagnahme abgelehnt wird, OLG *Hamburg* GA 1985, 234), vorläufige Entziehung der Fahrerlaubnis, vorläufiges Berufsverbot oder die Festsetzung von Ordnungs- und Zwangsmitteln (§ 305 S. 2). Der Grund dafür liegt darin, dass diese Maßnahmen mit den Rechtsmitteln gegen das Urteil überhaupt nicht nachprüfbar (wie Entscheidungen gegen Dritte) oder doch zumindest in ihren Folgen dann nicht mehr zu beseitigen wären (wie Verhaftungen). § 305 S. 2 gilt für dort nicht genannte Zwangsmaßnahmen analog, wenn diese einem der im Gesetz aufgezählten Fälle gleichkommen; das kann (z. B. bei einer Anordnung nach § 81a) von Fall zu Fall verschieden zu beurteilen sein (OLG Koblenz NStZ 1994, 355; vgl. o. § 33 Rn. 12). 5

c) Zu den der Urteilsfällung vorausgehenden Entscheidungen zählt auch der Beschluss, durch den ein Aussetzungsantrag abgelehnt wird, nicht aber derjenige, durch den die Aussetzung angeordnet wird, soweit der Aussetzungsbeschluss die Urteilsfällung unnötig verzögert. Denn eine solche Maßnahme fördert nicht die Urteilsfällung, wie es § 305 verlangt, sondern schiebt sie hinaus und ist darum beschwerdefähig, zumal die StA sonst gegen eine auf diese Weise verkappte Verfahrenseinstellung nichts unternehmen könnte.[2] 6

d) Beschlüsse, die eine Vorlage nach Art. 100 GG an das BVerfG anordnen oder ablehnen, sind nicht anfechtbar; denn über die Verfassungsmäßigkeit eines Gesetzes soll jedes Gericht nach eigener Überzeugung das BVerfG anrufen oder nicht anrufen dürfen (OLG *Düsseldorf* NJW 1993, 411). 7

III. Die **Einlegung** erfolgt (schriftlich oder zu Protokoll der Geschäftsstelle) beim **iudex a quo** (da dieser der Beschwerde selbst abhelfen kann, s. u. Rn. 10; § 306). Die Beschwerde ist im Allgemeinen **unbefristet** (sog. einfache Beschwerde, zu den Ausnahmen s. u. Rn. 12f.). 8

C. Wirkung

I. Die Beschwerde hemmt den Vollzug grds. nicht, hat also **keinen Suspensiveffekt** (§ 307 I; Ausnahmen gelten nach § 81 IV 2 für die Beschwerde gegen den Beschluss über die Unterbringung des Beschuldigten in einem psychiatrischen Krankenhaus sowie nach § 462 III 2 für die Beschwerde der Staatsanwaltschaft gegen den Beschluss, der die Unterbrechung der Strafvollstreckung anordnet). Zwar können sowohl der **iudex a quo** wie der iudex ad quem die Aussetzung der Vollziehung anordnen (§ 307 II), sie sind dazu aber nicht verpflichtet. 9

II. Einer einfachen Beschwerde kann der iudex a quo – auch aufgrund neuen Vorbringens (OLG *München* NJW 1973, 1143 m. Anm. *Gollwitzer,* JR 1974, 205) – selbst abhelfen; andernfalls muss er die Sache binnen dreier Tage dem nach §§ 73 I, 121 I Nr. 2 GVG zust. Beschwerdegericht vorlegen (§ 306 II). Wird nicht abgeholfen und geht vor Weiterleitung an das Beschwerdegericht ein Schriftsatz mit neuem Tatsachenvortrag ein, so muss über die Abhilfe erneut entschieden werden (BGH NStZ 1992, 507). 10

III. Das **Beschwerdegericht** kann Ermittlungen anordnen oder selbst vornehmen (§ 308 II), es gibt dem Gegner des Beschwerdeführers (d. h. bei einer Beschwerde des 11

[2] Vgl. OLG Stuttgart NJW 1973, 2309, aber auch OLG Braunschweig StV 1987, 332, OLG Düsseldorf MDR 1992, 989 sowie HK/*Julius,* § 228 Rn. 11 einerseits, HK/*Rautenberg,* § 305 Rn. 7 andererseits. Als Gegenbeispiel eines nicht beschwerdefähigen, weil der Vorbereitung der HV dienenden Aussetzungsbeschlusses vgl. OLG Köln StV 1991, 551.

StA dem Beschuldigten und umgekehrt; vgl. auch § 309 I) Gelegenheit zur Anhörung (§ 308 I) und entscheidet dann im allgemeinen nach Lage der Akten, d. h. ohne mündliche Verhandlung (§ 309 I); lediglich bei der Haftbeschwerde kann das Gericht nach seinem Ermessen eine mündliche Verhandlung durchführen (§ 118 II). Seine Entscheidung ergeht grds. in der Sache selbst und lautet nur dann auf Zurückverweisung, wenn der Mangel der angefochtenen Entscheidung in der Beschwerdeinstanz nicht zu beheben ist, etwa weil noch gar keine Ermittlungen angestellt sind (vgl. KMR/*Plöd,* § 309 Rn. 9; ferner BGHSt 38, 312).

D. Sofortige Beschwerde

12 **I.** Die sofortige Beschwerde ist im Gegensatz zur einfachen **befristet;** sie muss binnen einer Woche beim iudex a quo eingelegt werden (§ 311 II). Der iudex a quo darf der sofortigen Beschwerde nur abhelfen, wenn die angefochtene Entscheidung auf einer Verletzung des rechtlichen Gehörs beruht (§ 311 III).

13 **II.** Während die einfache Beschwerde den Normalfall bildet (vgl. §§ 304 I, 311 I), ist die sofortige Beschwerde in den (zahlreichen) Fällen vom Gesetzgeber ausdrücklich vorgeschrieben, in denen aus Gründen der Rechtssicherheit eine rasche, **endgültige** Klärung erforderlich ist. Dies gilt z. B. für die Einweisung in ein psychiatrisches Krankenhaus (§ 81 IV) oder bei Verwerfung der Berufung als unzulässig (§ 322 II); vgl. ferner §§ 210 II, 462 III.

E. Weitere Beschwerde

14 Die weitere Beschwerde (d. h. ein Rechtsmittel gegen eine Entscheidung des Beschwerdegerichts) ist *nur ausnahmsweise* zulässig (krit. dazu *Kopp,* NJW 1979, 2627), nämlich gegen die Beschlüsse des LG und des OLG über Verhaftung[3], einstweilige Unterbringung (§ 310; die Einweisung nach § 81 gehört nicht dazu, weil sie ohnehin auf sechs Wochen begrenzt ist!) und dinglichen Arrest über 20.000 EUR. Bei einem nach § 116 außer Vollzug gesetzten Haftbefehl ist eine weitere Beschwerde gegen dessen Bestand unzulässig, weil keine „Verhaftung" vorliegt.[4]

§ 57. Die Wiederaufnahme des Verfahrens

Literatur: *Alsberg,* Justizirrtum und Wiederaufn., 1913; *Peters,* Beiträge zum Wiederaufn.recht, FS Kern, 1968, 335; *Schünemann,* Das strafproz. Wiederaufn.verf. propter nova und der Grundsatz „in dubio pro reo", ZStW 84 (1972), 870; *Hanack,* Zur Reform des Rechts der Wiederaufn. des Verf. im Strafprozeß, JZ 1973, 393; *Peters,* Fehlerquellen im Strafprozeß, Bd. III, 1974; *Jescheck/Meyer* (Hrsg.), Die Wiederaufn. des Strafverf. im deutschen und ausländ. Recht, 1974; *J. Meyer,* Wiederaufn.reform, 1977; *Deml,* Zur Reform der Wiederaufn. des Strafverf., 1979; *Schöneborn,* Strafproz. Wiederaufn.problematik, 1980; *Wasserburg,* Die Funktion des Grundsatzes „in dubio pro reo" im Aditions- und Probationsverf., ZStW 94 (1982), 914; *ders.,* Die Wiederaufn. des Strafverf., 1983; *J. Meyer,* Wiederaufn. bei Teilrechtskraft, FG Pe-

[3] Eine weitere Beschwerde ist jedoch nicht zulässig gegen eine Aussetzung der U-Haft (OLG Karlsruhe NStZ 1983, 41), wohl aber gegen Sicherungshaftbefehle nach § 453c (OLG Braunschweig NStZ 1993, 604 m. w. N.; sehr str., s. *M-G/S,* § 453c Rn. 17).

[4] OLG Düsseldorf NStZ 1990, 248; OLG Zweibrücken MDR 1990, 945; a. A. die wohl überwiegende Auffassung, s. OLG Koblenz NStZ 1990, 102 m. zust. Anm. *Hohmann,* NStZ 1990, 507; *Matt,* NJW 1991, 1801; *M-G,* § 310 Rn. 7 m. w. N.

ters II, 1984, 375; *Dünnebier,* Die Berechtigten zum Wiederaufn.antrag, ebda., 333; *v. Stackelberg,* Beweisprobleme im strafproz. Wiederaufn.verf., ebda., 453; *K. Meyer,* Wiederaufn.anträge mit bisher zurückgehaltenem Tatsachenvortrag, ebda., 387; *Maier,* Rechtsstaatl. Denken und Wiederaufn. des Verf. zuungunsten des Angekl., GS Arm. Kaufmann, 1989, 789; *Strate,* Die Tragweite des Verbots der Beweisantizipation im Wiederaufn.verf., GS Meyer, 1990, 469; *Marxen/Tiemann,* Die Korrektur des Rechtsfolgenausspruchs im Wege der Wiederaufn., StV 1992, 534; *Stern,* Zur Verteidigung des Verurteilten in der Wiederaufn., NStZ 1993, 409; *Tiemann,* Die erweiterte Darlegungslast des Antragstellers im strafrechtl. Wiederauf.verf, 1993; *Rieß,* Möglichkeiten und Grenzen einer Reform des Rechts der Wiederaufn. im Strafverf., NStZ 1994, 153; *Weber-Klatt,* Die Wiederaufn. von Verfahren zu Ungunsten des Angeklagten, 1997; *Theobald,* Barrieren im Wiederaufn.verf., 1998; *Loos,* Überzogener Schutz des Angekl. bei der ungünstigen Wiederaufn. im Strafverf.?, FS Schreiber, 2003, 277; *Wasserburg/Eschelbach,* Die Wiederaufn. des Verfahrens propter nova als Rechtsschutzmittel, GA 2003, 335; *Marxen/Tiemann,* Die Wiederaufn. in Strafsachen, 3. Aufl., 2013; *Eisenberg,* Aspekte des Verhältnisses von materieller Wahrheit und Wiederaufn. des Verfahrens, JR 2007, 360; *Neumann,* Zur Fragwürdigkeit einer Wiederaufn. des Strafverfahrens zu Ungunsten des Angeklagten, FS Jung, 2007, 655; *Bajohr,* Die Aufhebung rechtsfehlerhafter Strafurteile im Wege der Wiederaufnahme, 2008; *Grünewald,* Die Wiederaufn. des Strafverfahrens zuungunsten des Angeklagten, ZStW 120 (2008), 545; *Eschelbach,* Wiederaufnahmefragen, FS Stöckel, 2010, 199; *Schwenn,* Fehlurteile und ihre Ursachen pp., StV 2010, 705; *Letzgus,* Wiederaufnahme zu Ungunsten des Angeklagten, FS Geppert, 2011, 785; *Fornauf,* Die Neuheit bereits erörterter Tatsachen im Wiederaufnahmeverf., StraFo 2013, 235; *Greco,* Strafprozesstheorie u. mat. Rechtskraft, 2015, 853 ff.

A. Bedeutung und Zulässigkeit

I. Bedeutung

Die Wiederaufnahme des Verfahrens dient zur Beseitigung von Justizirrtümern gegenüber rechtskräftigen Urteilen. Bei Erörterung der materiellen Rechtskraft (o. § 50 Rn. 22) ist gezeigt worden, dass der Rechtsfriede nur aufrechterhalten werden kann, wenn die widerstreitenden Prinzipien der Rechtssicherheit und der Gerechtigkeit in ein ausgewogenes Verhältnis gebracht werden. Das Wiederaufnahmeverfahren ist der wichtigste Fall einer Durchbrechung der Rechtskraft im Interesse einer materiell richtigen Entscheidung. Sein Grundgedanke ist, dass die Rechtskraft zurücktreten muss, wenn nachträglich bekanntwerdende Tatsachen das Urteil in einer für das Gerechtigkeitsempfinden unerträglichen Weise als offensichtlich falsch erscheinen lassen oder – wie *Greco,* 2015, S. 883 ff. nachgewiesen hat – wenn die Verurteilung nicht auf einem Mindestmaß an Verfahrensgerechtigkeit beruht. 1

II. Zulässigkeit

1. Die Wiederaufnahme gegen ein rechtskräftiges (auch nur teilrechtskräftiges, OLG Frankfurt a. M. NStZ 1983, 426; vgl. aber auch o. § 53 Rn. 19) Urteil ist nur zulässig, wenn einer der gesetzlich genau fixierten **Wiederaufnahmegründe** vorliegt (s. u. Rn. 5 ff.). 2

2. Auch wenn das der Fall ist, ist sie jedoch unzulässig, wenn sie nur dazu dienen soll, eine andere Strafbemessung aufgrund desselben (!) Gesetzes oder eine Milderung der Strafe wegen verminderter Schuldfähigkeit herbeizuführen (§ 363 I, II; zu Abs. II BVerfGE 5, 22). 3

Ein Fall des § 363 I liegt auch dann vor, wenn der Verurteilte nur aus § 242 StGB anstatt nach §§ 242, 243 StGB bestraft werden will (OLG *Düsseldorf* NStZ 1984, 571; str.), nicht aber, wenn ein wegen mehrfachen Mordes zu lebenslanger Freiheitsstrafe Verurteilter einen Teil der Schuldsprüche (und damit ohne Aussicht auf eine mildere Strafe) angreift (BGHSt 48, 153).

4 3. Sind diese Voraussetzungen erfüllt, so ist die Wiederaufnahme stets zulässig, gleichgültig ob das Verfahren durch Urteil (§ 359) oder durch Strafbefehl (§ 373 a II) beendet worden ist. Zur Wiederaufnahme nach Strafbefehl vgl. i. E. u. § 68 Rn. 13.

4. Die Wiederaufnahme wird durch die Vollstreckung der Strafe oder durch den Tod des Verurteilten[1] nicht ausgeschlossen (§ 361). Nach dem Tode des Verurteilten ist aber Wiederaufnahme nur zulässig, wenn sie zur vollen Freisprechung, nicht auch, wenn sie nur zur Strafmilderung führen soll (§ 371 I). Über das Antragsrecht vgl. § 361 II.

5. Die Wiederaufnahme ist – im Gegensatz zum Zivilprozess (§ 586 ZPO) – nicht befristet.

B. Die Wiederaufnahmegründe

I. Überprüfung der Urteilsgrundlagen

5 Die Wiederaufnahme dient in aller Regel nur zur Überprüfung der **tatsächlichen Grundlagen** des Urteils, nicht auch zur Nachprüfung von Rechtsfehlern. Eine Ausnahme davon bilden die Wiederaufnahme nach Nichtigkeitserklärung eines Gesetzes (§ 79 I BVerfGG), nach einer erfolgreichen Menschenrechtsbeschwerde (§ 359 Nr. 6) und der Fall der vorsätzlich falschen Rechtsanwendung (§§ 359, 362, jeweils Nr. 3).

Die strafprozessuale Wiederaufnahme entspricht so der Restitutionsklage des Zivilprozessrechts (§ 580 ZPO). Eine **Nichtigkeitsklage** wegen schwerster Verfahrensmängel ist dagegen unserem Strafrecht ebenso fremd wie eine allg. Kassation grob ungerechter Urteile durch Nichtigkeits- oder Verfassungsbeschwerde (dazu o. § 52 Rn. 23).

II. Die Wiederaufnahmegründe im Einzelnen

6 1. Die Wiederaufnahme findet **zugunsten wie zuungunsten** des Verurteilten statt wegen folgender strafbarer Handlungen (**propter falsa:** §§ 359 Nr. 1–3; 362 Nr. 1–3):

a) wegen einer für die Entscheidung erheblichen Urkundenfälschung,

b) wegen falscher Aussage von Zeugen oder Sachverständigen und

c) wegen Richterdelikten (Rechtsbeugung oder Bestechung).

Einengende Voraussetzung ist jedoch in allen diesen Fällen, dass eine **rechtskräftige Verurteilung** wegen dieser Taten erfolgt ist oder dass die Einleitung oder Durchführung eines Strafverfahrens rechtlich oder tatsächlich (z. B. wegen Verjährung, Abwesenheit oder Tod) nicht möglich ist (§ 364 S. 1).

7 2. **Nur zugunsten** des Verurteilten findet die Wiederaufnahme statt:

a) wegen Aufhebung eines Zivilurteils, auf welches ein Strafurteil sich gründet (§§ 359 Nr. 4; 262),

[1] Zu einem gescheiterten Wiederaufnahmeantrag im Falle Ossietzky vgl. KG JR 1991, 479; BGHSt 39, 75 (m. Anm. *Joerden,* JZ 1994, 582; dazu auch *Gössel,* NStZ 1993, 565; *J. Meyer,* ZRP 1993, 284; *Brauns,* JZ 1995, 492, nimmt das Verfahren zum Anlass, eine Ergänzung der Wiederaufnahmegründe vorzuschlagen).

b) wenn neue, für den Verurteilten günstige Tatsachen oder Beweismittel beigebracht werden (**propter nova:** § 359 Nr. 5),

c) gegen ein Urteil, das auf einer vom BVerfG für verfassungswidrig erklärten Norm oder der für verfassungswidrig erklärten **Auslegung** einer Rechtsnorm beruht (§ 79 I BVerfGG, näher *Wasserburg,* StV 1982, 237; *ders.,* 1983, 261),[2] und

d) wenn der EGMR auf Menschenrechtsbeschwerde hin (o. § 3 Rn. 15, § 53 Rn. 3) eine Verletzung der EMRK festgestellt hat, auf der das Urteil beruht (§ 359 Nr. 6). Für das „Beruhen" gelten die entspr. Grundsätze wie bei § 337 (*Weigend,* StV 2000, 388). Praktisch wird der EGMR dadurch wie ein Superrevisionsgericht klassifiziert, für dessen Anrufung der Verurteilte freilich einen langen Atem benötigt (s. o. § 3 Rn. 15 ff.).

3. **Ausschließlich zuungunsten** des Verurteilten ist die Wiederaufnahme nur wegen eines einzigen Novums zulässig, nämlich für den Fall, dass der Freigesprochene vor Gericht oder außergerichtlich ein glaubwürdiges **Geständnis** ablegt (§ 362 Nr. 4). I. Ü. sind weitergehende Möglichkeiten der Wiederaufnahme zuungunsten des Verurteilten im Strafbefehlsverfahren nach § 373 a vorgesehen (dazu näher u. § 68 Rn. 12). 8

III. Die Wiederaufnahme propter nova

1. Die Auffindung **neuer Tatsachen oder Beweismittel** ist der praktisch bei weitem wichtigste Fall der Wiederaufnahme zugunsten des Verurteilten. Beispiele solcher neuen Tatsachen sind: wenn der angeblich Getötete wieder auftaucht, wenn der Kopf des vermeintlich im Ofen Verbrannten in einem Teich wiedergefunden wird (Fall Rohrbach), wenn ein Dritter auf dem Sterbebett gesteht, dass er das Haus angezündet hat, wenn sich im Gefängnis herausstellt, dass der Verurteilte schon zur Zeit der Tat geisteskrank gewesen sein muss, oder wenn ein DNA-Gutachten den Verurteilten entlastet (hier wird die neue Tatsache, wie es oft geschieht, mit einem neuen Beweismittel verknüpft). Die Wiederaufnahme kommt auch dann in Frage, wenn die neuen Tatsachen und Beweismittel sich nur gegen die Glaubwürdigkeit von Belastungszeugen wenden; in diesem Fall ist sie abweichend von der allg. Regel des § 364 S. 1 auch von einer rechtskräftigen Verurteilung der angegriffenen Belastungszeugen wegen eines Falschaussagedelikts unabhängig (§ 364 S. 2!). Eine Feststellung des Sachverständigen oder entlastende Bekundungen eines Zeugen können auch dann „neu" sein, wenn das Gericht sie im ersten Verfahren überhört oder missverstanden hat (OLG Frankfurt a. M. NJW 1978, 841; OLG *Düsseldorf* NJW 1987, 2030). Denn die Erheblichkeit der neuen Umstände ist nach h. M. an den Bewertungen und Rechtsauffassungen des ersten Tatrichters zu messen (BGHSt 18, 226; a. A. *J. Meyer,* 1977, 104). Auch der Widerruf eines Geständnisses durch den Verurteilten oder der Vortrag bisher von ihm zurückgehaltener Umstände ist eine neue Tatsache; doch wird derart nachträgliches Vorbringen ohne plausible Erklärung die Hürden der §§ 368, 369 f. selten überwinden (näher *K. Meyer,* 1984). 9

Eine Änderung der Rspr. (z. B. die Einschränkung der lebenslänglichen Freiheitsstrafe für Mord, die BGHSt 30, 105 für Ausnahmefälle ausgesprochen hat) ist keine neue Tatsache nach § 359 Nr. 5; auch 10

[2] Eine Wiederaufnahme nach § 79 I Alt. 3 BVerfGG ist auch dann möglich, wenn ein früherer MfS-Agent wegen geheimdienstlicher Tätigkeit (§ 99 StGB) verurteilt worden ist, bevor das BVerfG für diese Fälle ein Verfahrenshindernis aus dem Grundgesetz abgeleitet hatte (BGH NStZ 1997, 140, 142).

wenn man darin eine richterliche Gesetzesänderung sehen wollte, würde sie die Wiederaufnahme ebenso wenig begründen können wie sonstige gesetzgeberische Strafmilderungen oder Strafaufhebungen (OLG *Bamberg* NJW 1982, 1714).

11 2. Die Wiederaufnahme **zuungunsten** eines Freigesprochenen aufgrund eines **Geständnisses** ist vor allem deshalb vorgesehen, damit sich der Täter nicht öffentlich seiner Tat berühmen und die „unfähige Justiz" verspotten kann. Das Geständnis kann nicht durch einen bloßen Schuldbeweis ersetzt werden, mag dieser auch noch so eindeutig sein. Andererseits liegt auch dann ein Geständnis vor, wenn der Freigesprochene zwar die Tat zugibt, sich aber auf unrechts- oder schuldausschließende Ausnahmesituationen beruft (anders nur, wenn schon der Freispruch auf eine Rechtfertigung oder Entschuldigung gegründet war; dann muss deren Nichtvorliegen eingestanden werden). Ob auch das Geständnis einer erheblich schwereren Tat als der abgeurteilten (z. B. vorsätzlicher statt fahrlässiger Brandstiftung) die Wiederaufnahme begründet, ist str.; eine (im Strafprozessrecht an sich zulässige) analoge Anwendung des § 362 Nr. 4 auf diesen Fall ist aber abzulehnen (so jedoch *Peters,* 678; wie hier *Schlüchter,* Rn. 769.2), weil sonst die Grenzen der Wiederaufnahme zu verschwimmen drohen. Schließlich ist anzunehmen, dass die Wiederaufnahme zuungunsten des Freigesprochenen auf die Dauer der Verjährungsfrist für das betreffende Delikt beschränkt ist, obwohl wegen der Rechtskraft des Ersturteils die Verjährung ruht;[3] denn sonst würde der bisher gänzlich unbehelligte Täter gegenüber dem schon einmal strafrechtlich verfolgten ungerechtfertigt privilegiert.

C. Der Gang des Verfahrens

12 Das Wiederaufnahmeverfahren gliedert sich in drei Abschnitte: die Prüfung der Zulässigkeit (Rn. 13 f.), die Prüfung der Begründetheit des Antrags (Rn. 15 f.) und die Wiederholung der Hauptverhandlung (Rn. 17 ff.).

I. Die Zulässigkeitsprüfung (sog. Aditionsverfahren), §§ 366 ff.

13 1. Das Wiederaufnahmeverfahren erfordert einen formgebundenen **Antrag,** der die Wiederaufnahmegründe und die Beweismittel angibt und vom Verurteilten nur zusammen mit einem Verteidiger oder zu Protokoll der Geschäftsstelle gestellt werden kann (§§ 365, 366; für die Aufnahme des Protokolls ist nach § 24 I Nr. 2 RPflG der Rechtspfleger zuständig). Dabei kann die prozessuale Fürsorgepflicht dem Gericht gebieten, dem Antragsteller Gelegenheit zu geben, einen unzureichenden Antrag zu vervollständigen. Nach § 364 a muss das Gericht dem Verurteilten auf Antrag einen Verteidiger bestellen, wenn dessen Mitwirkung wegen der Schwierigkeit der Sach- oder Rechtslage geboten erscheint. Darüber hinausgehend schreibt § 364 b für die Ermittlung neuer Tatsachen oder Beweismittel i. S. d. § 359 Nr. 5 die Bestellung eines Verteidigers schon für die Vorbereitung des Wiederaufnahmeverfahrens vor, wenn der Verurteilte selbst mittellos ist und die Bestellung beantragt (wichtig für Wiederaufnahmebemühungen Inhaftierter!).

14 2. Der Antrag geht gem. § 367 an das nach § 140 a GVG zuständige Gericht; das ist i. d. R. ein anderes Gericht mit gleicher sachlicher Zuständigkeit als das Gericht, gegen

[3] Str.; wie hier *Schlüchter,* Rn. 769.2; KK/*Schmidt,* § 362 Rn. 7; a. A. BGH MDR 1973, 191; OLG Düsseldorf NJW 1988, 2251; *Gössel,* 1988.

dessen Entscheidung sich der Wiederaufnahmeantrag richtet. Das Gericht prüft die Form des Antrags, das Vorliegen eines gesetzlichen Wiederaufnahmegrundes und die **Eignung** der Beweise (§ 368). Im Fall des § 359 Nr. 5 bedeutet das: Das Gericht muss in Form einer **Schlüssigkeitsprüfung** untersuchen, ob die neuen Tatsachen oder Beweismittel, ihre Richtigkeit unterstellt, in einer neuen Hauptverhandlung ein dem Angeklagten i. S. d. § 359 Nr. 5 günstigeres Urteil erwarten lassen (zu der Frage, ob insoweit der in-dubio-pro-reo-Grundsatz anwendbar ist, s. u. Rn. 15). Spricht allerdings alles für die Nutzlosigkeit der erstrebten Beweiserhebung, so soll nach BGHSt 17, 304, BGH NJW 1977, 59 das Wiederaufnahmegericht ausnahmsweise auch zu einer Prüfung des Beweismittels auf seine inhaltliche Eignung befugt sein.[4] Laut BVerfG (NJW 1994, 510) ist diese Praxis nicht verfassungswidrig, doch dürfen im Zulassungsverfahren keine Beweiswürdigungen vorgenommen und keine Feststellungen getroffen werden (BVerfG NStZ 1995, 43), die nach der Struktur des Strafprozesses der Hauptverhandlung vorbehalten sind. Dazu gehört jedenfalls die Feststellung solcher Tatsachen, die den Schuldspruch wesentlich tragen. Die Zulässigkeitsprüfung wird abgeschlossen durch einen gerichtlichen Beschluss, der entweder auf Verwerfung des Antrags als unzulässig oder auf dessen Zulassung lautet.

II. Die Begründetheitsprüfung (sog. Probationsverfahren), §§ 369ff.

Der Antrag ist – sofern er zulässig gestellt ist – dem Gegner, also i. d. R. der StA, zur 15
Erklärung zuzustellen (§ 368 II). Das Gericht beauftragt dann einen Richter mit der Erhebung der Beweise (i. E. s. § 369). In dieser **Beweisaufnahme** werden die bisher als wahr unterstellten Behauptungen des Wiederaufnahmeführers auf ihre Richtigkeit hin überprüft. Da das Probationsverfahren unter dem Gebot der Amtsermittlung steht (§ 244 II analog), muss es sich über die vom Antragsteller angebotenen Beweise hinaus auf alle wiederaufnahmerelevanten Tatsachen erstrecken (OLG *Zweibrücken* GA 1993, 463). Nach Erhebung der Beweise sind StA und Angeklagter zu Erklärungen über das Ergebnis der Beweisaufnahme aufzufordern (§ 369 IV; von dieser zwingenden Vorschrift darf nicht abgesehen werden, OLG *Düsseldorf* NJW 1982, 839). Sodann ergeht ein *Beschluss* des Gerichts darüber, ob der Antrag auf Wiederaufnahme begründet ist, d. h., ob die in den §§ 359, 362 für eine erneute Prüfung der Sache genannten Voraussetzungen gegeben sind. Entscheidend ist dabei, ob die im Wiederaufnahmeantrag aufgestellten Behauptungen **„genügende Bestätigung"** gefunden haben (§ 370). Wann diese Voraussetzung erfüllt ist, ist bis heute unklar und umstr. In der Rspr. wird betont, dass hierfür der Grundsatz *in dubio pro reo* nicht gelte, statt dessen konkurrieren drei Formeln: ob die Urteilsfeststellungen durch die *nova* „erschüttert" sind, ob eine hinreichende Wahrscheinlichkeit für die Richtigkeit des Wiederaufnahmevorbringens besteht oder ob es nach dem Ergebnis der bisherigen Ermittlungen wahrscheinlich ist, dass eine neue Hauptverhandlung wegen der vorgetragenen Wiederaufnahmegründe zugunsten des Verurteilten ausgehen werde.[5] Daraus wird z. T. gefolgert, dass der Grundsatz „im Zweifel für die Rechtskraft" bzw. „in dubio contra reum" gelten würde (vgl. *Peters,* 1974, 84ff.). Aber das überzeugt nicht. Wenn die nova gem. § 359 Nr. 5 nur zur Freisprechung „geeignet" sein müssen und § 370 nur ihre „genügende" Bestätigung verlangt, so reichen nach dem Willen des Gesetzge-

[4] Näher *K. Meyer,* 1984, 393; krit. *Peters,* FS Dünnebier, 1982, 71; *v. Stackelberg,* 1984, 458f.; *Kaut,* JR 1989, 137; *Strate,* 1990.

[5] Zahlreiche Nachweise bei *M-G,* § 370 Rn. 4; SK/*Frister,* § 370 Rn. 6.

bers schon ernsthafte Zweifel an der Richtigkeit der Verurteilung zur Wiederaufnahme aus, so dass der Grundsatz *in dubio pro reo* auch im Aditions- und Probationsverfahren gilt – aber selbstverständlich (wie auch sonst) nicht bzgl. des einzelnen Beweismittels, sondern bzgl. der Gesamtabwägung (grdl. *Schünemann,* 1972; nach eingehenden Erwägungen zust. SK/*Frister/Deiters,* § 359 Rn. 4–15, bes. 14).

16 Der Beschluss, durch den eine neue Hauptverhandlung angeordnet wird (§ 370 II; im gemeinrechtl. Sprachgebrauch das iudicium rescindens), hat sehr weittragende Bedeutung: Er **beseitigt** die materielle **Rechtskraft** und die **Vollstreckbarkeit** des ersten Urteils (der Wiederaufnahmeantrag als solcher hat dagegen keinen Suspensiveffekt, vgl. § 360 und OLG Hamm MDR 1978, 692). Er kann von der StA nicht angefochten werden (§ 372 S. 2). Der Beschluss, der den Antrag als unbegründet verwirft (§ 370 I), unterliegt dagegen der sofortigen Beschwerde (§ 372 S. 1).

III. Die Wiederholung der Hauptverhandlung

17 1. Ist der Wiederaufnahmeantrag für begründet erklärt worden, so erfolgt in der Regel eine **neue Hauptverhandlung** (§ 370 II). Diese ist ganz unabhängig von der ersten. Es erfolgt keine Umkehrung der Beweislast, vielmehr muss das Beweisgebäude ganz neu aufgeführt werden. Die neue Hauptverhandlung kann, wie jede Hauptverhandlung, mit Verurteilung oder Freisprechung (oder Einstellung) endigen. Freilich darf das frühere Urteil in Art und Höhe nicht zum Nachteil des Verurteilten geändert werden, wenn zu seinen Gunsten die Wiederaufnahme des Verfahrens beantragt worden ist (Verbot der reformatio in peius: § 373 II). Mit einer etwaigen Freisprechung ist die Aufhebung des bisherigen Urteils zu verbinden (§ 371 III, *iudicium rescissorium*). Gegen das Urteil sind, gleichviel ob es auf Verurteilung oder Freisprechung lautet, die gewöhnlichen Rechtsmittel zulässig.

18 2. Eine **Freisprechung** kann auch **ohne Hauptverhandlung** erfolgen:

a) wenn der Verurteilte verstorben ist (§ 371 I; dann ist eine Hauptverhandlung stets ausgeschlossen);

b) in anderen Fällen bei Zustimmung der StA (Ausnahme: Privatklage) nach dem Ermessen des Gerichts, wenn eine eindeutige Beweislage den Verzicht auf die Hauptverhandlung erlaubt (vgl. § 371 II StPO u. Nr. 171 RiStBV).

Die Rechtsnatur der Entsch. nach § 371 II ist sehr str. Mit BGHSt 8, 383 (grundlegend!) ist sie als Beschluss und nicht als Urteil zu qualifizieren, so dass sie mit der sofortigen Beschwerde nach § 372 statt mit der Berufung und Revision angefochten werden muss (anders die früher h. M.). Denn „es wäre ungereimt, in einer Hauptverhandlung und mit Laienrichtern über Rechtsmittel gegen eine Entscheidung zu verhandeln, die ihrerseits mit voller Absicht der Hauptverhandlung und der Mitwirkung von Laienrichtern entzogen worden ist" (BGH a. a. O., 387).

19 Bei Freispruch ohne Hauptverhandlung kann der Antragsteller die Bekanntmachung durch den Bundesanzeiger und ggf. durch andere Blätter verlangen (§ 371 IV), um so seine Rehabilitierung öffentlich kundzumachen.

20 3. Fällt die strafgerichtliche Verurteilung im Wiederaufnahmeverfahren fort oder wird sie gemildert, so ist nach dem StrEG aus der Staatskasse **Entschädigung** zu gewähren (i. E. s. u. § 60 Rn. 4).

11. Kapitel. Strafvollstreckung; Kosten; Entschädigung

§ 58. Die Strafvollstreckung und die Register

A. Strafvollstreckung und Strafvollzug

Literatur: *Bringewat,* Strafvollstr., Komm. zu den §§ 449–463d StPO, 1993; *ders.,* Die mündliche Anhörung gem. § 454 I 3 StPO …, NStZ 1996, 17; *Pohlmann/Jabel/Wolf,* Strafvollstreckungsordnung und gesetzliche Grundlagen, Komm., 9. Aufl., 2015; *Wohlers,* Zur gerichtl. Beiordnung eines Rechtsbeistands in Strafvollstr.- u. Strafvollz.sachen, FS Seebode, 2008, 573; *Wagner,* Strafvollstreckung, Studienbuch, 2. Aufl., 2009; *Röttle/Wagner,* Strafvollstreckung, 8. Aufl. 2009; *Laubenthal/Nestler,* Strafvollstreckung, 2010.

I. An den Strafausspruch schließt sich die **Strafverwirklichung** an (Strafvollstreckung i. w. S.). Sie zerfällt in die **Strafvollstreckung** i. e. S. (d. i. Einleitung und generelle Überwachung der Urteilsdurchsetzung) und den **Strafvollzug** (Durchführung des Urteils im Einzelnen, d. h. praktisch: Vollzug der Freiheitsstrafe). 1

II. 1. Die **Strafvollstreckung** i. e. S. umfasst bei einer Freiheitsstrafe zunächst das Verfahren von der Rechtskraft des Urteils bis zum Strafantritt, ferner die **generelle** Überwachung ihrer Durchführung (die von ihrem **speziellen** Vollzug zu unterscheiden ist). Bei einer Geldstrafe gehört ihre gesamte Beitreibung zur Strafvollstreckung, so dass für einen besonderen Vollzug hier kein Raum bleibt. 2

2. **Rechtsquellen** sind die §§ 449 – 463d, die durch die Strafvollstreckungsordnung v. 15.2.1956 (s. o. § 3 Rn. 8) und die Justizbeitreibungsordnung (s. o. § 3 Rn. 4) ergänzt werden.

III. Während die Strafvollstreckung herkömmlich als (letzter) Teil des Strafverfahrens angesehen wird, steht der **Vollzug** außerhalb des Strafprozesses. Seine gesetzliche Regelung ist seit der Föderalismusreform durch Art. 1 Nr. 7 G. zur Änderung des GG v. 28.8.2006 (BGBl. I 2034) **Ländersache** – eine angesichts der Bundeszuständigkeit für Strafrecht und Strafverfahren unsinnige Zersplitterung, was die teilweise Verweisung des neuen Landesrechts auf das nach Art. 125a I GG fortgeltende StVollzG des Bundes eindrucksvoll belegt (s. etwa Art. 208 BayStVollzG; § 83 HessStVollzG). 3

B. Die Durchführung der Strafvollstreckung

I. Die **Zuständigkeiten** für die Strafvollstreckung sind durch das EGStGB v. 2.3.1974 folgendermaßen geregelt worden: 4

1. Vollstreckungsbehörde ist die **StA** (§ 451). Die Vollstreckungsgeschäfte werden dort grds. von Rechtspflegern erledigt, mit Ausnahme von Entscheidungen nach § 114 JGG (vgl. § 31 II RPflG).

So ist, um nur zwei in der Praxis häufige und bedeutsame Aufgaben zu nennen, der Rechtspfleger z. B. zuständig für den Erlass von Vorführungs- und Haftbefehlen nach § 457 II und für die Bewilligung von Zahlungserleichterungen nach § 459a. § 31 II a, II b RPflG schreiben vor, wann der Rechtspfleger eine ihm an sich übertragene Sache ausnahmsweise doch dem StA vorlegen muss oder kann.

5 2. Schon seit jeher behalten StGB und StPO eine Reihe besonders bedeutsamer Entscheidungen im Rahmen der Strafvollstreckung dem Gericht vor. Die Strafrechtsreform hat hier jedoch zu einer wesentlichen Änderung in der Gerichtsverfassung und gerichtlichen Zuständigkeit geführt, indem sie (nach dem Vorbild des besonderen Vollstreckungsleiters gem. §§ 82ff. JGG) eigene **Strafvollstreckungskammern** geschaffen hat. Diese werden bei den LGs (u. U. auch bei einem zentralen LG für die Bezirke mehrerer LGs) gebildet und sind in Verfahren über die Aussetzung der Vollstreckung des Restes einer lebenslangen Freiheitsstrafe oder über die Aussetzung der Vollstreckung der Unterbringung im psychiatrischen Krankenhaus mit drei Richtern, sonst nur mit einem Richter besetzt (§§ 78a, b GVG). Sachlich zuständig sind sie im Wesentlichen für die bei der Vollstreckung von Freiheitsstrafen nötigen nachträglichen gerichtlichen Entscheidungen (etwa Widerruf der Strafaussetzung, Aussetzung des Strafrestes, i. E. s. §§ 453, 454, 454a II, 454b III, 458, 459d, f, h); nur in wenigen Fällen (etwa bei Verwarnung mit Strafvorbehalt, §§ 59ff. StGB, 453, vorbehaltener Sicherungsverwahrung, § 66a III StGB, oder bei nachträglicher Gesamtstrafenbildung, § 460, s. auch BGHSt 54, 13) bleibt das **Gericht des ersten Rechtszuges** zuständig (i. E. s. § 462a). Die örtliche Zuständigkeit der Strafvollstreckungskammern richtet sich nach dem Ort der Strafanstalt, in die der Verurteilte eingewiesen wird (§ 462a I 1); sie ändert sich, wenn er auf Dauer in eine andere Anstalt verlegt wird (BGHSt 26, 278). Bis dahin anhängige Fragen entscheidet aber noch die ursprünglich zuständige Kammer (BGHSt 26, 165).

6 3. StA und Gericht können sich zur Vorbereitung ihrer Entscheidungen auch im Rahmen der Strafvollstreckung der **Gerichtshilfe** bedienen (§ 463d). Nähere Einzelheiten regelt die StPO jedoch hier ebenso wenig wie in § 160 III für den Bereich des Ermittlungsverfahrens (s. o. § 9 Rn. 30).

7 **II. Voraussetzung** der Strafvollstreckung ist die **formelle Rechtskraft** (§ 449), die vom Urkundsbeamten auf einer als Grundlage der Vollstreckung dienenden beglaubigten Abschrift der Urteilsformel zu bescheinigen ist (§ 451 I; sog. Rechtskraft- oder Vollstreckbarkeitsbescheinigung). Die Vollstreckung ist **unverzüglich** nach Eintritt der Rechtskraft einzuleiten; nur zur Vermeidung erheblicher, mit dem Strafzweck nicht zu vereinbarender Nachteile kann ein höchstens viermonatiger **Strafaufschub** bewilligt werden (§ 456; zum Aufschub beim Berufsverbot vgl. § 456c). Die Vollstreckung von Freiheitsstrafen kann auch bei Krankheit oder Schwangerschaft aufgeschoben oder unterbrochen werden (§ 455), und in den Fällen der Auslieferung und der Ausweisung kann von ihr sogar völlig abgesehen werden (§ 456a).

8 **III.** Für die Vollstreckung der einzelnen Strafarten ist folgendes hervorzuheben:

1. a) Befindet sich der zu einer *Freiheitsstrafe* Verurteilte auf freiem Fuß, so wird er von der Vollstreckungsbehörde, die zugleich die Strafanstalt um Aufnahme ersucht, zum Strafantritt geladen. Stellt er sich daraufhin nicht, so kann die StA von sich aus (!) einen Vorführungs- oder Haftbefehl sowie auch eine Ausschreibung zur Festnahme erlassen (§ 457 II, III i. V. m. § 131 I), gegen den der Beschuldigte den Rechtsweg nach den §§ 21 StVollstrO; 23ff. EGGVG beschreiten kann (näher KK/*Appl,* § 457 Rn. 14).

b) Die Strafzeitberechnung bereitet der Vollstreckungspraxis manche Schwierigkeiten. § 51 StGB regelt die Anrechnung von verbüßter U-Haft oder sonstigem Freiheitsentzug (zur verbleibenden Bedeutung des § 450 I StPO KK/*Appl,* § 450 Rn. 1); die StPO ordnet sie ferner an für im Ausland in einem Auslieferungsverfahren erlittene Freiheitsentziehung (§ 450a) sowie für Krankenhausaufenthalte (§ 461).

2. Die für die Freiheitsstrafen geltenden Bestimmungen sind bei der Vollstreckung von **Maßregeln** entsprechend anzuwenden (i. E. s. § 463). Über die Reihenfolge der Vollstreckung beim Zusammentreffen von freiheitsentziehenden Strafen und Maßregeln s. § 67 StGB. 9

3. Für die Vollstreckung von **Geldstrafen** gelten die Vorschriften der Justizbeitreibungsordnung (Schönfelder, 122), die durch die §§ 459a ff. ergänzt und zum Teil modifiziert werden (§ 459). Vgl. ferner § 111d (s. o. § 34 Rn. 37).

4. Die Vorschrift des § 459i zur Vollstreckung der **Vermögensstrafe** nach § 43a StGB ist mit dessen Nichtigerklärung durch BVerfGE 105, 135 hinfällig geworden.

IV. Bei Zweifeln über die Auslegung des Strafurteils oder die Zulässigkeit der Strafvollstreckung sowie bei Einwendungen gegen bestimmte Maßnahmen der Vollstreckungsbehörde (§§ 458 II, 459h) entscheidet die Strafvollstreckungskammer, die jedoch die Sache an das Gericht erster Instanz abgeben kann (§§ 462a I, 462, 458). Die Entscheidung ergeht ohne mündliche Verhandlung durch Beschluss; sie ist mit sofortiger Beschwerde anfechtbar (§ 462). Gegen die übrigen Vollstreckungsmaßnahmen ist die Beschwerde nach § 21 StVollstrO zur nächsthöheren Behörde statthaft; gegen deren Entscheidung steht der Rechtsweg nach §§ 23ff. EGGVG offen. Soweit gegen Maßnahmen des Rechtspflegers kein Rechtsbehelf nach den allgemeinen Vorschriften gegeben ist, kann gem. § 31 VI 2 RPflG Einwendung bei dem Richter oder StA erhoben werden, an dessen Stelle er tätig wurde. 10

C. Zentralregister und Verkehrszentralregister

Literatur: *Haffke,* Hat das BZRG eine Konzeption?, GA 1975, 65; *Rebmann/Uhlig/Pieper,* BZRG, 1997; *Uhlig,* Die Unterstützung der StAen mit den Mitteln des Bundeszentralregisters, FS Rebmann, 1989, 509; *Hase,* BZRG-Kommentar, 2003.

I. 1. Weitere Folge einer rechtskräftigen Verurteilung ist ihre Eintragung in das **Zentralregister.** Dabei handelt es sich um eine auf dem BundeszentralregisterG v. 18. 3. 71 (i. d. F. der Bek. v. 21. 9. 84: Schönfelder, 92) beruhende Datei, die seit 2007 von dem neu errichteten Bundesamt für Justiz (BfJ) in Bonn geführt wird (§ 1 BZRG). 11

2. In das Zentralregister werden alle rechtskräftigen Verurteilungen eingetragen, durch die ein deutsches Gericht auf Strafe erkannt, eine Maßregel der Besserung und Sicherung angeordnet, jemanden nach § 59 StGB mit Strafvorbehalt verwarnt oder nach § 27 JGG die Schuld eines Jugendlichen oder Heranwachsenden festgestellt hat (§ 3 Nr. 1, § 4 BZRG; über Verurteilungen durch ausländ. Gerichte vgl. §§ 54ff. BZRG und OLG *Karlsruhe* NJW 1984, 572; zur Verurteilung in Abwesenheit OLG Hamm JR 1998, 345 m. Anm. *Schomburg*). Ferner werden gem. § 3 Nr. 3–6 BZRG in das Register aufgenommen: Entsch. von Verwaltungsbehörden und Gerichten, die strafrechtlich bedeutsam sein können, wie z. B. Ausweisung eines Ausländers, Untersagung der Gewerbe- und Berufsausübung, Passentzug etc. (i. E. s. § 10 BZRG); Vermerke über Schuldunfähigkeit, z. B. Freispruch eines Beschuldigten wegen § 20 StGB (§ 11 BZRG); gerichtliche Feststellungen nach §§ 17 II, 18 BZRG; sowie nachträgliche, v. a. Strafvollstreckung und Straferlass betreffende, Entsch. und Tatsachen, etwa die Aus- 12

setzung des Strafrestes nach § 57 StGB (i. E. s. §§ 12–16, 17 I BZRG). Alle Gerichte und Behörden sind verpflichtet, dem BfJ die einzutragenden Entscheidungen, Feststellungen und Tatsachen mitzuteilen (§ 20 BZRG).

13 3. Jeder Person über 14 Jahren wird auf Antrag ein Zeugnis über den sie betreffenden Inhalt des Zentralregisters erteilt, das sog. **Führungszeugnis** (§ 30 BZRG). Auch Behörden (nicht aber Privatleute!) erhalten über eine Person ein Führungszeugnis, wenn sie es zur Erledigung ihrer hoheitlichen Aufgaben benötigen und eine Aufforderung an den Betroffenen, das Führungszeugnis vorzulegen, nicht sachgemäß ist oder erfolglos bleibt (§ 31 BZRG). Im Zusammenhang mit kinder- oder jugendnaher Arbeit wird ggf. ein erweitertes Führungszeugnis erteilt (s. §§ 30a, 31 II, 32 V). Daneben ermächtigt nunmehr § 21a BZRG zur Einrichtung eines automatisierten Auskunftsverfahrens. Bestimmte relativ geringfügige Verurteilungen (insb. auf dem Gebiet des Jugendstrafrechts) dürfen von vornherein nicht in das Führungszeugnis aufgenommen werden (i. E. s. § 32 BZRG). Nach Ablauf bestimmter Fristen (drei, fünf oder zehn Jahre) dürfen auch andere Verurteilungen nicht mehr im Führungszeugnis erscheinen (§§ 33, 34 BZRG; Ausn.: § 33 II). Eintragungen, die nach dem Dargelegten nicht in das Führungszeugnis aufgenommen werden, dürfen ausnahmsweise bestimmten Behörden, insb. Gerichten und Behörden der StA für Zwecke der Rechtspflege, zur Kenntnis gebracht werden (**unbeschränkte Auskunft** aus dem Zentralregister: § 41 BZRG).

14 4. Eintragungen über Verurteilungen werden nach Ablauf von bestimmten Fristen **getilgt.** Die Tilgungsfristen betragen – abgestuft nach der Schwere der Verurteilung – zwischen fünf und zwanzig Jahren. Bei Verurteilung zu lebenslanger Freiheitsstrafe ist eine Tilgung ausgeschlossen (§§ 45, 46 BZRG). Auf Antrag oder von Amts wegen kann das BfJ auch eine vorzeitige Tilgung der Eintragung anordnen, falls die Vollstreckung erledigt ist und das öffentliche Interesse der Anordnung nicht entgegensteht. Bei Ablehnung des Antrags hat der Antragsteller ein Beschwerderecht (§ 49 III BZRG).

15 5. Sind die Eintragungen getilgt oder zu tilgen, so dürfen die Tat und die Verurteilung dem Betroffenen im Rechtsverkehr nicht mehr vorgehalten und nicht zu seinem Nachteil verwertet werden (§ 51 BZRG mit Ausnahmen in § 52 BZRG; s. dazu bereits o. § 24 Rn. 16). Der Verurteilte darf sich dann als unbestraft bezeichnen und braucht den der Verurteilung zugrundeliegenden Sachverhalt nicht zu offenbaren (§ 53 I Nr. 2 BZRG). Dasselbe gilt, wenn die Verurteilung nicht in das (einfache) Führungszeugnis aufzunehmen ist (§ 53 I Nr. 1 BZRG), es sei denn, dass Gerichte oder Behörden ein Recht auf unbeschränkte Auskunft aus dem Zentralregister haben (vgl. o. Rn. 13) und der Verurteilte darüber belehrt worden ist (§ 53 II BZRG).

16 6. Die wesentliche Bedeutung des nicht öffentlichen Zentralregisters liegt darin, dass die zuständigen Gerichte und Behörden sich durch ein Auskunftsersuchen beim BfJ jederzeit über etwaige Vorstrafen eines im Verfahren vor ihnen Beteiligten vergewissern können (vgl. o. Rn. 13 a. E.). Andererseits hat der Gesetzgeber der auch nach der Strafverbüßung fortbestehenden, ständigen „Bemakelung“ des Verurteilten, die einer wirksamen Resozialisierung abträglich ist, dadurch entgegenzuwirken versucht, dass die Fristen für die Nichtaufnahme in das Führungszeugnis und die Tilgungsfristen gegenüber dem früheren Rechtszustand erheblich verkürzt worden sind (zur Kritik vgl. aber auch *Güllemann/Spellenberg*, NJW 1972, 1969).

II. Das Zentralregister wird ergänzt durch das **Verkehrszentralregister,** das beim Kraftfahrt-Bundesamt in Flensburg geführt wird (§§ 28–30c StVG, 59–64 FeV). Darin werden eingetragen (§§ 28 StVG, 59 FeV): 17

a) die rechtskräftigen Entscheidungen der Strafgerichte und Verwaltungsbehörden über Straftaten und wichtigere Ordnungswidrigkeiten im Straßenverkehr;

b) alle rechtskräftigen Entscheidungen, die Fahrerlaubnisse und Fahrlehrererlaubnisse betreffen (Fahrverbot, Entziehung der Fahrerlaubnis u. Ä.);

Die Eintragungen sind nach bestimmten Fristen zu tilgen (§§ 29 StVG; 63 FeV). Die Auskunft aus dem Register ist nach Maßgabe des § 30 StVG beschränkt.

D. Das länderübergreifende staatsanwaltschaftliche Verfahrensregister

Literatur: *Lemke,* Länderübergreif. staatsanwaltschaftl. Verf.register, NStZ 1995, 484; *Kestel,* §§ 474ff. StPO – eine unbekannte Größe, StV 1997, 266; *Kalf,* Das Strafverf.register im System der StPO, StV 1997, 610; *Wolter u. a.* (Hrsg.), Datenübermittlungen und Vorermittlungen, FG Hilger, 2003.

In dem durch das VerbechensbekämpfungsG v. 28. 10. 94 neu geschaffenen achten Buch der StPO (heute dessen 3. Abschnitt, §§ 492–495) ist ein weiteres, für das Strafverfahren besonders bedeutsames Register geregelt worden: das länderübergreifende staatsanwaltschaftliche Verfahrensregister (ausführlich dazu SK/*Weßlau,* § 492 Rn. 1ff.; *Kestel,* StV 1997, 266). Es wird beim BfJ (s. o. Rn. 11) geführt und dient zur Eintragung bestimmter in § 492 II 1 näher bezeichneter beschuldigten-, tat- und verfahrensbezogener Daten. Die näheren organisatorischen Einzelheiten des Registers (etwa hinsichtlich Art und Anlieferung der zu verarbeitenden Daten) sind in der aufgrund von § 494 IV erlassenen VO v. 23. 9. 05 (BGBl. I 2885) geregelt. 18

Die der Eintragungspflicht unterliegenden Daten, die der Registerbehörde von den StAen mitzuteilen sind (§ 492 III 1), dürfen nur für Strafverfahren gespeichert und verändert werden (§ 492 II 2). Auskünfte aus dem Register dürfen nur Strafverfolgungsbehörden für Zwecke eines Strafverfahrens erteilt werden (§ 492 III 2), und zwar auch im Rahmen eines automatisierten Abrufverfahrens, dessen Einrichtung sich nach der erwähnten Rechtsverordnung des BMJ bemisst (§ 494 IV Nr. 4) und dessen Einzelheiten in § 493 festgelegt sind. Darüber hinaus dürfen Daten nach § 492 II Nr. 1 und 2 (beschuldigtenbezogene Daten sowie zuständige Stelle und Aktenzeichen) unter bestimmten Voraussetzungen auf Ersuchen auch an die Verfassungsschutzbehörden, das Amt für den Militärischen Abschirmdienst, den Bundesnachrichtendienst und die für eine Erlaubnis zum Umgang mit Waffen oder Sprengstoff zuständigen Behörden übermittelt werden (§§ 492 III 3, IV). Über Auskünfte an den Betroffenen entscheidet nach Maßgabe des § 19 BundesdatenschutzG die Registerbehörde im Einvernehmen mit der die personenbezogenen Daten mitteilenden StA (§ 495). 19

Bei Unrichtigkeit sind die Daten zu berichtigen, unter bestimmten Voraussetzungen sind sie auch zu sperren oder gar zu löschen (näher § 494 I–III u. § 489 VII, VIII). Bei Übermittlung unrichtiger, zu löschender oder zu sperrender personenbezogener Daten ist dem Empfänger ggf. die Berichtigung, Sperrung oder Löschung mitzuteilen (§ 494 III i. V. m § 489 VIII). 20

§ 59. Die Kosten

Literatur: *Friedenreich,* Die Lehre von den Kosten im Strafprozess, 1901; *Wangemann,* Das Risiko der Staatskasse im Strafverf., 1971; *Hassemer,* Dogmat., kriminalpolit. und verfassungsrechtl. Bedenken gegen die Kostentragungspflicht des Angekl., ZStW 85 (1973), 651; *Kühl,* Zur Beurteilung der Unschuldsvermutung bei Einstellungen und Kostenentsch., JR 1978, 490; *Rieß,* Thesen zur Reform des strafproz. Kostenrechts, in: *Schreiber,* Strafprozess und Reform, 1979, 150; *H. Schmidt,* Streitfragen im Recht der „Kosten des Verf.", FS Schäfer, 1980, 231; *Michaelowa,* Die Notwendigkeit von Kostenentscheidungen in sog. Zwischen- oder Nebenverf., ZStW 94 (1982), 969; *Beste,* Die Kostenlast im Strafprozeß, 1988; *B.-D. Meier,* Die Kostenlast des Verurteilten, 1991; *Neumann,* Die Kostentragungspflicht des verurteilten Angekl. hinsichtl. der Gebühren und Auslagen des „Zwangsverteidigers", NJW 1991, 264; *Forster,* „Kurzer Prozess" – die Unschuldsvermutung bei Kostenauflagen an Nichtverurteilte, FS Trechsel, 2002, 691; *Magold,* Die Kostentragungspflicht des Verurteilten, 2009.

A. Begriff der Kosten

1 **I.** Die Kosten des Strafverfahrens zerfallen in **Gebühren** (Teil 3 Kostenverzeichnis – Anl. 1 zum GKG) und **Auslagen** der Staatskasse (Teil 9 Kostenverz.; vgl. § 464a I 1). Gebühren sind dazu bestimmt, die Kosten der Strafrechtspflege wenigstens teilweise zu decken (die Höhe der Gebühr richtet sich dabei nach der Höhe der erkannten Strafe; Vorb. 3.1 I Kostenverz.). Auslagen, die nur in gesetzlich bestimmten Fällen erhoben werden können, weil sie im allgemeinen durch die Gerichtsgebühren abgegolten sind, erwachsen dem Staat oder Privatpersonen (z. B. Dienstreisekosten bei einem auswärtigen Augenschein, Zeugen- und Sachverständigengebühren, Gebühren für den bestellten Verteidiger).

2 **II.** Zu den Kosten des Verfahrens gehören auch die durch die Vorbereitung der öffentlichen Klage entstandenen Kosten sowie die Kosten der Vollstreckung einer Rechtsfolge der Tat (§ 464a I 2).

III. Von den Verfahrenskosten i. e. S. sind die **Auslagen** eines Beteiligten zu unterscheiden, für die das Gesetz an anderen Stellen besondere Regelungen getroffen hat (vgl. §§ 467, 467a, 469–473); sie bestehen in der Hauptsache aus den Verteidigergebühren und der Zeitversäumnis des Beschuldigten (s. § 464a II; erstere nach h. M. nur in Höhe der gesetzlichen Gebühren, *M-G,* § 464a Rn. 11 m. w. N.; krit. SK/*Degener,* § 464a Rn. 39 ff.). Für die Erstattungsfähigkeit von Auslagen für die Einholung eines Privatgutachtens entgegen der älteren Rspr. OLG *Düsseldorf* NStZ 1991, 353 (m. zust. Anm. *Dahs*) u. NStZ 1997, 511; näher *Kotz,* NStZ-RR 1999, 161 u. NStZ-RR 2000, 161.

B. Entscheidung über Kosten und notwendige Auslagen

3 Jede abschließende Entscheidung muss bestimmen, wer die Verfahrenskosten zu tragen hat (§ 464 I), z. B. „Der Angeklagte hat die Kosten des Verfahrens zu tragen" oder „Die Kosten des Verfahrens fallen der Staatskasse zur Last". Das gleiche gilt für die Entscheidungen über die notwendigen Auslagen eines Beteiligten (§ 464 II).

C. Pflicht zur Kostentragung

I. 1. Der Angekl. hat die Kosten des Verfahrens insoweit zu tragen, als er **verurteilt** worden ist (§ 465 I 1). Dasselbe gilt „selbstverständlich" (*Pfeiffer,* § 465 Rn. 3) für seine eigenen Auslagen, insb. die Kosten eines Pflichtverteidigers (dazu BVerfG NJW 2003, 196); ferner für Kosten und Auslagen des Nebenklägers (u. § 64 Rn. 12) und des Verletzten im Adhäsionsverfahren (§ 472a; s. u. § 65) sowie u. U. die Kosten von Nebenfolgen (§ 472b). Bei einem **Teilfreispruch** gilt für die Taten (§ 264), wegen derer freigesprochen wird, § 467, dazu u. Rn. 6). Besondere Auslagen für Untersuchungen, die zugunsten des Angekl. ausgegangen sind, sind teilweise oder auch ganz der Staatskasse aufzuerlegen, wenn es unbillig wäre, den Angekl. damit zu belasten (§ 465 II). Dies gilt namentlich bei einem sog. fiktiven Teilfreispruch (465 I 2: Ausgliederung einzelner Tatteile oder Gesetzesverletzungen ohne ausdrücklichen Freispruch, näher SK/*Degener,* § 465 Rn. 18f.). 4

2. Die Einziehung der Kosten des Verfahrens und der Haftkosten führt sehr häufig zu einer **Gefährdung der Resozialisierung.** Der mit der Eintreibung verbundene Arbeitsaufwand steht außerdem in gar keinem Verhältnis zu dem geringen Ertrag. Die Regelungen über die Erhebung des Haftkostenbeitrages in (als Beispiel für neues Landesrecht) Art. 49 I 5 BayStVollzG ermöglichen zwar, von der Erhebung abzusehen, „um die Wiedereingliederung des Gefangenen in die Gemeinschaft nicht zu gefährden". De lege ferenda ist aber wegen Gefährdung der Resozialisierung die gänzliche Aufhebung der kriminalpolitisch zweifelhaften und fiskalisch unbedeutenden Kostentragungspflicht des Verurteilten zu fordern.[1] 5

II. Nach § 467 I fallen die Kosten des Verfahrens und die notwendigen Auslagen des Angeschuldigten bei **Freispruch,** Ablehnungsbeschluss gem. § 204 und gerichtlicher Einstellung des Verfahrens grds. der Staatskasse zur Last (für den Fall des Todes des Beschuldigten vgl. o. § 21 Rn. 11). 6

1. Davon gilt eine **obligatorische Ausnahme** dann, wenn der Angeschuldigte besondere Kosten oder Auslagen durch schuldhafte Säumnis verursacht (§ 467 II) oder durch die Täuschung, die ihm zur Last gelegte Tat begangen zu haben, zur Klageerhebung Anlass gegeben hat (§ 467 III 1).

2. Eine **fakultative** Ausnahme gilt dann, wenn der Angeschuldigte sich wahrheitswidrig oder unter Verschweigen wesentlicher entlastender Umstände geäußert hat (§ 467 III 2 Nr. 1) oder wenn er wegen einer strafbaren Handlung nur deshalb nicht verurteilt wird, weil ein Verfahrenshindernis vorliegt (§ 467 III 2 Nr. 2; die Anforderungen an Tatverdacht bzw. [hypothetisch] erwiesene Schuld sind str., vgl. *M-G,* § 467 Rn. 16; OLG *Jena* NStZ-RR 2007, 254, 255, jeweils m.w.N.).

3. Schließlich kann das Gericht davon absehen, die notwendigen Auslagen des Angeschuldigten der Staatskasse aufzuerlegen, wenn es das Verfahren nach einer Vorschrift einstellt, die dies nach seinem Ermessen zulässt, etwa bei Einstellung wegen Geringfügigkeit nach § 153 II (§ 467 IV); nach BVerfGE 82, 106 verstößt das nicht gegen die Unschuldsvermutung des Art. 6 II EMRK (s. a. OLG Frankfurt a. M. NJW 1980, 2031 m. krit. Anm. *Kühl,* NStZ 1981, 114). Wird das Verfahren nach vorangegangener vorläufiger Einstellung gem. § 153a (vgl. o. § 14 Rn. 13ff.) endgültig eingestellt, 7

[1] Vgl. *Hassemer,* 1973; *Köhne,* NStZ 2009, 130, 133; für Verfassungswidrigkeit bereits de lege lata *Magold,* 2009; di ff. *Meier,* 1991, 313ff., der eine flexible Lösung befürwortet und die fiskal. Bedeutung der Kostentragungspflicht nicht als gering einschätzt.

so fallen die eigenen Auslagen ausnahmslos dem Angeschuldigten zur Last (§ 467 V), i. d. R. auch die Auslagen des Nebenklägers (§ 472 II 2, I 1).

8 **III.** Die Kosten eines erfolglos eingelegten **Rechtsmittels** treffen den, der es eingelegt hat (§ 473 I). Abgesehen von der Fiktion des § 473 V ist ein Rechtsmittel nach h. M. (LR/*Hilger,* § 473 Rn. 22ff. m. z. N.) dann erfolglos, wenn es verworfen wird oder schließlich doch wieder zu dem gleichen oder einem für den Beschwerdeführer im Wesentlichen gleichen Ergebnis führt. Legt also der Angekl. etwa wegen unvorschriftsmäßiger Besetzung des Gerichts Revision ein, verweist das Revisionsgericht die Sache zurück und bestätigt das Gericht, an das zurückverwiesen worden ist, das angefochtene Urteil, so muss der Angekl. auch die Kosten der von ihm erfolgreich eingelegten Revision tragen (BGH JR 1956, 69). Richtiger wäre es, bei Aufhebung des erstinstanzlichen Urteils in der zweiten Instanz deren Kosten immer der Staatskasse aufzuerlegen (vgl. *Warburg,* NJW 1973, 23). Bei teilweisem Erfolg des Rechtsmittels muss das Gericht die Gebühr ermäßigen und die Auslagen ganz oder teilweise der Staatskasse auferlegen. Entspr. gilt für die notwendigen Auslagen der Beteiligten (vgl. § 473 IV).

9 **IV.** Der **Anzeigeerstatter** hat die Kosten und notwendigen Auslagen des Beschuldigten zu tragen, wenn er die Anzeige vorsätzlich oder leichtfertig erstattet hat (§ 469).

10 **V.** Der **Antragsteller** hat bei Zurücknahme des Strafantrags die Kosten und notwendigen Auslagen zu tragen. Sie können aber auch dem Angekl. auferlegt werden, soweit er sich zur Übernahme bereit erklärt hat, oder der Staatskasse, soweit es unbillig wäre, die Beteiligten damit zu belasten (§ 470).

11 **VI.** Nimmt die **StA** eine einmal erhobene **Klage zurück** und stellt sie dann das Verfahren ein, so fallen die notwendigen Auslagen i. d. R. der Staatskasse zur Last (vgl. § 467 a). Nach dem klaren Willen des Gesetzes soll also e contrario für den Fall, dass das Verfahren bereits **vor dem förmlichen Abschluss** der Ermittlungen eingestellt wird, kein Anspruch auf Auslagenerstattung bestehen; dahinter steht der (angesichts des Inertia-Effekts, o. § 1 Rn. 16, wenig überzeugende) Gedanke, dass die Beiziehung eines Rechtsanwalts in einem so frühen Verfahrensabschnitt nicht unbedingt erforderlich sei und daher auf eigene Kosten des Beschuldigten erfolgen müsse (vgl. LG München I NJW 1973, 2305; krit. LR/*Hilger,* § 467 a Rn. 25).

D. Anfechtung der Kostenentscheidungen

12 Gegen die Entscheidung über die Kosten und notwendigen Auslagen ist (auch bei einem Urteil) nur die sofortige Beschwerde zulässig und diese auch nur dann, wenn eine Anfechtung der Hauptentscheidung statthaft ist (§ 464 III 1; vgl. BGHSt 25, 77 u. BVerfG NJW 2002, 1867). Unanfechtbar ist die Kosten- und Auslagenentscheidung bei einer Einstellung nach § 153 oder nach § 154 (vgl. i. E. KK/*Gieg,* § 464 Rn. 8, m. w. N.), anfechtbar dagegen bei einer Einstellung nach § 206 a (*M-G,* § 464 Rn. 19 m. w. N.). Die Entscheidungen nach § 467 a I, II sowie nach § 469 I, II sind unanfechtbar (§§ 467 a III, 469 III).

E. Kostenfestsetzungsverfahren

Der Höhe nach werden die Kosten und Auslagen, die ein Beteiligter einem anderen Beteiligten zu erstatten hat, auf Antrag eines Beteiligten in einem Kostenfestsetzungsbeschluss durch den Rechtspfleger festgesetzt (§§ 464b StPO, 21 I Nr. 1 RPflG). 13

Auf das Verfahren – insb. die Anfechtung dieses Beschlusses – sind die Vorschriften der ZPO entspr. anzuwenden (§ 464b 3 StPO i. V. m. § 104 III ZPO – soweit die StPO nicht entgegensteht, daher insb. keine weitere Beschwerde, BGHSt 48, 106). Ob bei Beschwerdeentscheidungen das Verbot der *reformatio in peius* gilt, ist str. (vgl. LR/*Hilger,* § 464b Rn. 11 m. w. N).

Der Staatskasse geschuldete Gebühren und Auslagen werden im Verfahren nach § 19 II GKG bestimmt, die Vergütung des Pflichtverteidigers nach § 55 RVG.

§ 60. Entschädigung

A. Die Entschädigung des Beschuldigten

Literatur: *Kühl,* Haftentsch. u. Unschuldsvermutung, NJW 1980, 806; *Kröner,* Zur Entschädigung nach dem StrEG, FS Baumann, 1992, 407; *Meyer-Mews,* Zivilrechtl. Entschädigungsansprüche des Beschuldigten im Strafverf., MDR 2004, 1218; *Hofmann,* Zur ... Entschädigungslosigkeit von erlittener U-Haft bei ... Verurteilung zu einer Bewahrungsstrafe, StraFo 2007, 52; *Park/Schlothauer,* Rechtswidrige Untersuchungshaft, FS Widmaier, 2008, 387; *Schütz,* Der Anspruch nach dem StrEG im Zivilprozess, StV 2008, 52; *Kunz,* StrEG, 4. Aufl., 2010; *D. Meyer,* StrEG, 10. Aufl., 2016; *Sommer,* Die Verzögerungsrüge, StV 2012, 107; *Marx/Roderfeld,* Rechtsschutz bei überlangen Gerichts- u. Ermittl.verf., 2012; *Falk/Schütz,* Entschädigung wg. überlanger Verf. pp., FS Rössner, 2015, 753

Rechtmäßige oder rechtswidrige Strafverfolgungsmaßnahmen können dem Betroffenen vielfältige Schäden zufügen. 1

I. Entschädigung bei rechtswidrigen Maßnahmen

Ist die Strafverfolgungsmaßnahme von vornherein **rechtswidrig,** also unter Verstoß gegen die StPO (etwa bei der U-Haft unter Verletzung des Verhältnismäßigkeitsgrundsatzes nach § 112 I 2) angeordnet worden, so hat der Betroffene bei Verschulden der staatlichen Organe einen Anspruch aus Amtspflichtverletzung (§ 839 BGB, Art. 34 GG). Bei bloß objektiver Rechtswidrigkeit ist u. U. ein unmittelbar einklagbarer Anspruch auf Schadensersatz aus Art. 5 V EMRK gegeben (grundlegend dazu BGHZ 45, 58). 2

II. Entschädigung bei rechtmäßigen Maßnahmen

Auch für formal **rechtmäßig** erlittene Strafverfolgungsmaßnahmen gewährt das **Gesetz über die Entschädigung für Strafverfolgungsmaßnahmen** v. 8.3.1971 (StrEG) Entschädigungsansprüche. 3

Das StrEG ist auch maßgeblich für die Entschädigung bei einer durch das Verfahrensergebnis nicht gerechtfertigten *Pressebeschlagnahme.* Die entsprechende Vorschrift in einigen Landespressegesetzen ist trotz der Subsidiaritätsklausel des § 2 II Nr. 4 StrEG seit der bundesrechtlichen Regelung der Pressebeschlagnahme in den §§ 111m, n i. V. m. §§ 111b ff. StPO (o. § 34 Rn. 35, 39) außer Kraft getreten (eingehend dazu *Achenbach,* in: *Löffler,* PresseR, 6. Aufl., 2015, § 17 LPG, Rn. 1 ff. m. ausführl. Nachw.).

4 1. Ist der Beschuldigte **verurteilt** worden, verpflichtet § 1 StrEG den Staat grds. zur Entschädigung, wenn die Verurteilung im Wiederaufnahmeverfahren oder sonst, nachdem sie rechtskräftig geworden ist, fortfällt oder gemildert wird. Die Entschädigung ist u. a. ausgeschlossen, wenn der Beschuldigte die Strafverfolgungsmaßnahme vorsätzlich oder grob fahrlässig (dazu BVerfG NJW 1996, 1049) verursacht oder dadurch veranlasst hat, dass er sich selbst in wesentlichen Punkten wahrheitswidrig belastet hat (vgl. i. E. §§ 5, 6 StrEG). Die Ersatzpflicht umfasst außer dem vollen Vermögensschaden[1] auch den immateriellen Schaden, der mit einer grotesk niedrigen Pauschale von früher 11 EUR, nunmehr 25 EUR für jeden angefangenen Tag Freiheitsentziehung abgegolten wird (§ 7 StrEG). Außer dem Beschuldigten haben auch die Personen, denen er zum Unterhalt verpflichtet war, Anspruch auf Entschädigung (§ 11 StrEG).

5 2. Ist der Beschuldigte **nicht verurteilt** worden, ist ihm gem. § 2 StrEG für U-Haft, einstweilige Unterbringung, vorläufige Festnahme, Beschlagnahme und vorläufige Entziehung der Fahrerlaubnis Entschädigung zu gewähren, wenn er freigesprochen wurde (§ 2 I StrEG) und nicht einer der Ausschlussgründe des § 5 vorliegt oder die Behörde nach § 6 eine Entschädigung versagt. Bei Einstellung des Verfahrens ist zu differenzieren: **Muss** das Verfahren eingestellt werden, so ist grds. immer Entschädigung zu gewähren. Bei Einstellung des Verfahrens nach einer Ermessensvorschrift (etwa § 153 I) **kann** eine Entschädigung gewährt werden, soweit dies der Billigkeit entspricht (§ 3 StrEG). Entspr. gilt, wenn das Gericht von Strafe absieht oder wenn die in der strafgerichtlichen Verurteilung angeordneten Rechtsfolgen geringer sind als die darauf gerichteten Strafverfolgungsmaßnahmen (sog. **überschießende Strafverfolgungsmaßnahme**) (§ 4 StrEG). Unzulässig, aber in der Praxis an der Tagesordnung ist es, die Einstellung von einem Verzicht auf Haftentschädigung abhängig zu machen (näher *Seebode,* NStZ 1982, 144).

6 3. **Verfahrensmäßig** ist zwischen der Entscheidung über den Grund der Entschädigungspflicht und über die Höhe der Entschädigung zu unterscheiden. Die Entscheidung **dem Grunde nach** trifft das Gericht regelmäßig in dem das Verfahren abschließenden Urteil oder Beschluss; hat die StA das Verfahren eingestellt, so entscheidet das AG am Sitz der StA (i. E. s. § 9 StrEG). Gegen die gerichtliche Entscheidung ist die sofortige Beschwerde zulässig (§ 8 StrEG). Ist die Entschädigungspflicht dem Grunde nach rechtskräftig festgestellt, so ist der Anspruch auf Entschädigung (also **der Höhe nach**) innerhalb einer Ausschlussfrist von sechs Monaten bei der StA geltend zu machen, die die Ermittlungen im ersten Rechtszug geführt hat. Über dieses Recht ist der Betroffene zu belehren. Über den Antrag entscheidet die oberste Behörde der Landesjustizverwaltung, die diese Entscheidungsbefugnis freilich auf nachgeordnete Behörden delegieren kann (§§ 10, 12 StrEG). Gegen diese Entscheidung ist innerhalb von drei Monaten der Rechtsweg an die Zivilkammern der LGe gegeben (§ 13 StrEG).

III. Anspruchsberechtigte

7 Entschädigungsberechtigt nach dem StrEG ist, wenn man von § 11 StrEG absieht, nur der Beschuldigte selbst, gegen den sich die Maßnahme gerichtet hat. Dritte, in deren Rechte eingegriffen worden ist (etwa bei der Beschlagnahme von Beweismitteln),

[1] Siehe § 7 StrEG und dazu exemplarisch zum Verdienstausfallschaden infolge einer wegen der U-Haft ausgesprochenen Kündigung BGH NJW 1988, 1141; OLG Saarbrücken OLGR 2007, 947.

haben also keinen Anspruch nach dem StrEG, eventuell aber nach §§ 74f StGB, 28 OWiG oder aus Amtspflichtverletzung (§ 839 BGB, Art. 34 GG). Auch wenn ein Zeuge Entschädigung wegen zu Unrecht erlittener Erzwingungshaft begehrt (§ 70 II), kommt keine entsprechende Anwendung des StrEG, sondern Art. 5 V EMRK oder ein allgemeiner Aufopferungsanspruch in Betracht (BGHSt 36, 236).

IV. Entschädigung bei überlanger Verfahrensdauer

Durch das Gesetz über den Rechtsschutz bei überlangen Gerichtsverfahren und strafrechtlichen Ermittlungsverfahren vom 2.12.2011[2] ist in Erfüllung einer älteren Forderung des *EGMR* (NJW 2001, 2694; NJW 2006, 2389) eine angemessene Geldentschädigung für denjenigen vorgesehen, der „infolge unangemessener Dauer eines Gerichtsverfahrens als Verfahrensbeteiligter einen Nachteil erleidet" (so der neue § 198 Abs. 1 S. 1 GVG). Entschädigungspflichtig ist sowohl der materielle als auch der immaterielle Vermögensnachteil, wobei letzterer vermutet wird, wenn ein Gerichtsverfahren unangemessen lange gedauert hat (§ 98 Abs. 2 S. 1 GVG). Die Entschädigung beträgt gemäß Satz 3 in der Regel für jedes Jahr der Verzögerung 1200,– EUR, kann gemäß Satz 2 aber nur beansprucht werden, soweit keine andere Wiedergutmachung geleistet wird. Diese kann gemäß Abs. 4 Satz 1 bereits durch die gerichtliche Feststellung geleistet werden, dass die Verfahrensdauer unangemessen war, speziell in Strafsachen auch dadurch, dass die unangemessene Dauer des Verfahrens bereits bei der Sanktion zugunsten des Beschuldigten berrücksichtigt worden ist (§ 199 Abs. 3 S. 1 GVG; zu der diesbezüglichen Strafzumessungslösung bzw. Vollstreckungslösung vgl. o. § 16 Rn. 9ff.). Um sich entsprechend der Forderungen des EGMR gegen eine Verfahrensverzögerung zur Wehr setzen zu können, wird der neue Rechtsbehelf der **Verzögerungsrüge** geschaffen. Diese kann aber erst erhoben werden, wenn Anlass zur Besorgnis besteht, dass das Verfahren nicht in einer angemessenen Zeit abgeschlossen werde, und erfordert auch ggf. den Vortrag bisher unbekannter Tatsachen, wenn es auf diese für die Verfahrensförderung ankommt (§ 198 Abs. 3 S. 3 GVG). Die Erhebung der Verzögerungsrüge ist zugleich Vorbedingung für die Entstehung des Entschädigungsanspruches (§ 198 Abs. 3 S. 1 GVG). Die Entschädigungsklage muss, wenn sie gegen ein Bundesland gerichtet wird, bei dem OLG am Sitz der Landesregierung erhoben werden und, wenn sie gegen den Bund erhoben wird, beim Bundesgerichtshof (§ 201 GVG). Sie muss spätestens sechs Monate nach Eintritt der Rechtskraft der das Verfahren beendenden Entscheidung oder einer anderen Erledigung des Verfahrens erhoben werden (§ 198 Abs. 15 S. 2 GVG). Hierbei ist das Entschädigungsgericht hinsichtlich der Beurteilung der Angemessenheit der Verfahrensdauer an eine Entscheidung des Strafgerichts gebunden (§ 199 Abs. 3 S. 2 GVG). 8

B. Die Entschädigung für Opfer von Gewalttaten

Literatur: *Schoreit,* Entsch. der Verbrechensopfer als öffentl. Aufgabe, 1973; *Weintraud,* Staatl. Entsch. für Opfer von Gewalttaten in Großbritannien und in der BRD, 1980; *Heinz,* OEG, Komm., 2007; *Gelhausen/Weiner,* OEG, Komm., 6. Aufl., 2015.

[2] BGBl. I 2302; zum Entwurf s. *Steinbeiß-Winkelmann,* ZRP 2010, 205; allg. zum gebotenen Rechtsschutz bei Verfahrensverzögerungen *Bäcker,* EuGRZ 2011, 222; *Huerkamp/Wielpütz,* JZ 2011, 139; zum Gesetz sehr krit. *Sommer,* StV 2012, 107.

9 Durch das Gesetz über die Entschädigung für Opfer von Gewalttaten (OEG) i. d. F. der Bek. v. 7.1.1985 (zuletzt geändert durch G. v. 25.6.2009, BGBl. I 1580) ist auch die **Opferentschädigung** gesetzlich geregelt worden, die hier des Zusammenhanges wegen in ihren Grundzügen kurz geschildert werden soll:

10 Wer durch einen vorsätzlichen und rechtswidrigen tätlichen Angriff oder dessen rechtmäßige Abwehr, durch vorsätzliche Giftbeibringung oder durch ein Verbrechen mit gemeingefährlichen Mitteln eine gesundheitliche Schädigung erlitten hat, erhält nach § 1 OEG wegen der gesundheitlichen und wirtschaftlichen Folgen Versorgung nach den Regeln des BundesversorgungsG, d. h. v. a. medizinische und berufliche Rehabilitationsleistungen, Beschädigtenrente oder Hinterbliebenenversorgung (§§ 9ff. BVG). Ausgenommen davon sind sämtliche Taten mittels eines Kraftfahrzeuges oder Anhängers (§ 1 XI OEG), doch greift insofern nach § 12 PflVersG i. d. F. von § 9 OEG ein Entschädigungsfonds der dt. Versicherungswirtschaft ein. Die Versagung des Anspruchs sieht § 2 OEG obligatorisch vor für die Fallgruppen der Verursachung des Schadens durch den Geschädigten und der sonstigen, namentlich in seinem eigenen Verhalten wurzelnden Unbilligkeit der Entschädigung sowie fakultativ bei unterlassener Mitwirkung an der Sachaufklärung. Generell ausgeschlossen bleibt schließlich der Ersatz von Sachschäden. Weitere Vorschriften des OEG betreffen die Anspruchskonkurrenz (§ 3), die Entschädigung bei Auslandstaten (§ 3a), den Übergang gesetzlicher Schadensersatzansprüche (§ 5) sowie Verfahren und Rechtsweg (§§ 6, 7). Zum Opferanspruchssicherungsgesetz, das dem Opfer Erlöse aus der Vermarktung der Tatgeschichte sichern soll, vgl. u. § 65 Rn. 24.

12. Kapitel. Besonderheiten des ordentlichen Verfahrens

§ 61. Das beschleunigte Verfahren und die sog. Hauptverhandlungshaft

Literatur: *Siegert,* Krit. Bemerkungen zum Schnellverf., GerS 102 (1933), 30; *Schünemann,* Das beschl. Verf. im Zwiespalt von Gerechtigkeit u. Politik, NJW 1968, 975; *Rud. Schmitt,* Das Strafverf. zweiter Klasse, ZStW 89 (1977), 639; *Rieß,* Vereinfachte Verf.arten für die kleinere Kriminalität, in: Schreiber, Strafprozeß u. Reform, 1979, 113; *Herzog,* Wider den „kurzen Prozeß", ZRP 1991, 125; *Dähn,* Möglichkeiten einer verstärkten Anwendung des beschl. Verf. bei Bagatelldelikten, FS Baumann, 1992, 349; *Fezer,* Vereinfachte Verf. im Strafprozeß, ZStW 106 (1994), 1; *Loos/Radtke,* Das beschl. Verf. nach dem VBG, NStZ 1995, 569; 1996, 7; *Schlothauer,* Vereinfachte Beweisaufnahme nach dem VBG auch in der Berufungsinstanz, StV 1995, 46; *Asbrock,* HV-haft als neuer Haftgrund, StV 1997, 43; *Hartenbach,* Einführung der HV-haft, ZRP 1997, 227; *Hellmann,* Die HV-haft gem. § 127b, NJW 1997, 2145; *Herzog,* Symbolische U-Haft und abstrakte Haftgründe, StV1997, 215; *Stinzing/Hecker,* Abschreckung durch HV-haft?, NStZ 1997, 569; *Ambos,* Verfahrensverkürzung zwischen Prozeßökonomie und „fair trial", Jura 1998, 281; *Bürgle,* Die Neuregelung des beschl. Verf. pp., StV 1998, 514; *Schröer,* Das beschl. Verf. gem. §§ 417ff. StPO, 1998; *Meurer,* Das beschl. Verfahr. – ein Akt angewandter Kriminalpolitik?, GS Zipf, 1999, 483; *Schlüchter/Fülber/Putzke,* Herausforderung: Beschl. Verfahren, 1999; *Fülber,* Die HV-haft, 2000; *Ernst,* Das beschl. Verf. pp., 2001; *Radtke,* Die verfahrensrechtl. Konsequenzen fehlender Beschleunigung im beschl. Verfahren, JR 2001, 132; *Meyer-Goßner,* Wesen und Sinn des beschl. Verf., GS Meurer, 2002, 421; *Scheffler,* Das beschl. Verfahren als ein Akt angewandter Kriminalpolitik, ibid, 437; *Lemke,* Schnelle Strafverfahren, FS Schreiber, 2003, 249; *P. Tiedemann,* Das beschl. Strafverf., 2008; *Lubitz,* Das beschleunigte Verfahren der StPO und seine rechtstatsächliche Durchführung pp., 2009; *Gössel,* Über die praktische Bedeutung des beschl. Verf., FS Stockel, 2010, 245.

A. Zweck und Grenzen

1 Im beschleunigten Verfahren (§§ 417–420) folgt das Urteil dem Delikt gewissermaßen auf dem Fuße. So ist es in Großstädten nicht selten, dass die in der Nacht vorläufig Festgenommenen schon am anderen Morgen im Polizeigebäude abgeurteilt werden. Dieser unbestreitbare Vorzug der Raschheit wird jedoch mit erheblichen Einbußen an der Justizförmigkeit des Verfahrens erkauft (i. E. s. u. Rn. 3ff.). Außerdem ist im beschleunigten Verfahren eine Erforschung der Täterpersönlichkeit und der darauf beruhenden Strafzumessungsgründe praktisch ausgeschlossen. Dieses „Schnellverfahren" ist daher nur dann empfehlenswert, wenn der Sachverhalt ohne umfangreiche Beweiserhebung und -würdigung schematisch ermittelt werden kann, während es etwa bei laufenden aufrührerischen Demonstrationen unangebracht wäre, weil dann bei der Strafzumessung die Gefahr einer einseitigen Bevorzugung der Generalprävention bestünde (*Schünemann,* 1968).

2 Weil der Gesetzgeber davon ausging, dass das beschleunigte Verfahren deswegen zu selten zur Anwendung komme, weil die zunächst vorläufig festgenommenen mutmaßlichen Täter mangels Haftvoraussetzungen wieder freigelassen werden mussten und sich so der Hauptverhandlung entziehen konnten (BT-Drs. 13/2576, 3), wurde 1997 erstmals ein Haftgrund und ein Festnahmerecht für einen bestimmten Verfahrenstyp geschaffen (§ 127b). Der hierfür gewählte, an sich missverständliche Terminus „Hauptverhandlungshaft" erklärt sich aus diesem der Sicherung der Hauptverhandlung des beschleunigten Verfahrens dienenden Zweck. Die Vorschrift sieht sich allerdings noch mehr als das beschleunigte Verfahren selbst der Kritik ausgesetzt:[1] Der in § 127b II geregelte Haftgrund steht im Widerspruch zur Systematik der §§ 112ff., sein Anwendungsbereich ist allerdings wesentlich enger, als er auf den ersten Blick scheinen mag (dazu i. E. u. Rn. 9ff.). Soweit die Hauptverhandlungshaft auch dem Zweck dienen soll, den mutmaßlichen Täter abzu-

---

[1] Vgl. dazu *Asbrock,* StV 1997, 43; *Hellmann,* NJW 1997, 2145; *Stinzing/Hecker,* NStZ 1997, 569.

schrecken und auf ihn erzieherisch einzuwirken sowie das Vertrauen der Bevölkerung in die Rechtsordnung zu stärken (so die Gesetzesbegründung BT-Drs. 13/2576, 3), ist dies verfassungswidrig. Denn bereits BVerfGE 19, 342 hat klargestellt, dass freiheitsentziehende Maßnahmen nur aus verfassungsrechtlich vorgegebenen, „absoluten" Gründen zulässig sind. Vor dem Hintergrund der Unschuldsvermutung und des Schuldgrundsatzes darf mit der U-Haft (und nichts anderes ist auch die Hauptverhandlungshaft) nur der Zweck der Sicherung des Strafverfahrens und nicht etwa ein präventiver Zweck verfolgt werden. § 127b ist deshalb verfassungskonform restriktiv auszulegen.

B. Die Regelung des beschleunigten Verfahrens

I. Voraussetzungen; Entscheidungen

3 1. Das beschleunigte Verfahren ist vor dem Strafrichter (Einzelrichter) und dem Schöffengericht **zulässig,** sofern

a) die StA es beantragt (§ 417),[2]

b) die Sache aufgrund des einfachen Sachverhalts oder der klaren Beweislage zur sofortigen Verhandlung geeignet ist (§ 417) und

c) keine höhere Strafe als ein Jahr Freiheitsstrafe verhängt wird (§ 419 I 2).

Wie zu verfahren ist, wenn das Gericht im beschleunigten Verfahren eine höhere Strafe ausgesprochen hat, war sehr str. (vgl. 20. Aufl.). Nach BGHSt 35, 251 (m. Anm. *Schweckendieck,* NStZ 1990, 486) kann in einem solchen Fall das Berufungsgericht die Strafe auf das in § 419 I 2 (damals § 212b I 2) gestattete Maß herabsetzen.

4 2. Das Gericht hat dem Antrag der StA zu entsprechen, wenn sich die Sache zur Verhandlung im beschleunigten Verfahren eignet (§ 419 I 1). Das ist dann der Fall, wenn die HV sofort oder in erheblich kürzerer Zeit als im Normalverfahren[3] durchgeführt werden kann (OLG *Düsseldorf* NStZ 1997, 613). Andernfalls muss es die Entscheidung im beschleunigten Verfahren – durch unanfechtbaren Beschluss (§ 419 II 2) – ablehnen. Eine Ablehnung, die auch noch in der Hauptverhandlung bis zur Verkündung des Urteils möglich ist (§ 419 II 1), hat insb. auch dann zu erfolgen, wenn sich zeigt, dass eine höhere Strafe als ein Jahr Freiheitsstrafe oder eine Maßregel nach § 61 Nr. 1–4 oder Nr. 6 StGB verhängt werden müsste (§ 419 I 2, 3); die einzige Maßregel, die im beschleunigten Verfahren verhängt werden darf, ist die in § 61 Nr. 5 StGB genannte Entziehung der Fahrerlaubnis (§ 419 I 3). Im Falle der Ablehnung beschließt das Gericht bei hinreichendem Tatverdacht die Eröffnung des Hauptverfahrens (§ 419 III Hs. 1). Von der Einreichung einer neuen Anklageschrift kann nur bei Nichteröffnung abgesehen werden (§ 419 III Hs. 2).

5 3. Ist bereits im Normalverfahren ein Eröffnungsbeschluss erlassen worden, so ist ein nachträglicher Übergang zum beschleunigten Verfahren unzulässig (BayObLG MDR 1988, 77).

[2] Es ist streitig, ob die StA ihren Antrag zurücknehmen kann (dafür BayObLG NJW 1998, 2151; *Fülber/Putzke,* DRiZ 1999, 196; *Beulke,* Rn. 530; krit. *Schröer,* NStZ 1999, 213).

[3] Genauer: wenn eine HV in nicht länger als ein bis zwei Wochen erwartet wird (OLG Stuttgart NJW 1999, 511 m. Anm. *Radtke,* JR 2001, 133; *Scheffler,* NStZ 1999, 268).

II. Besonderheiten im Ablauf

Das beschleunigte Verfahren weist im Vergleich zum Regelverfahren **einige** zur Vereinfachung und Verkürzung führende **Besonderheiten** auf: 6

1. Die Anklage kann in der Hauptverhandlung mündlich erhoben werden, ohne dass vorher eine Anklageschrift eingereicht werden muss (§§ 417, 418 III).

2. Es ergeht kein Eröffnungsbeschluss, m. a. W., das gesamte Zwischenverfahren fällt fort (§ 418 I).

3. Die Ladungsfrist ist auf vierundzwanzig Stunden verkürzt (§ 418 II 3), wobei sich eine Ladung überhaupt erübrigt, wenn der Beschuldigte freiwillig erscheint oder vorgeführt wird (§ 418 II 1).

4. Wenn eine Freiheitsstrafe von mindestens sechs Monaten zu erwarten ist, so ist dem Beschuldigten ein Verteidiger zu bestellen (§ 418 IV). Wird diese Erwartung erst im Laufe der Hauptverhandlung einsichtig, so muss der Verteidiger nachträglich bestellt werden; die wesentlichen Teile der Hauptverhandlung vor seiner Anwesenheit sind zu wiederholen (OLG *Braunschweig* StV 2006, 519; OLG Frankfurt a. M. StV 2001, 342).

5. § 420 sieht einige Erleichterungen für die Beweisaufnahme vor. So darf die Vernehmung von Zeugen, Sachverständigen und Mitbeschuldigten durch Verlesung von früheren Vernehmungsniederschriften oder entspr. Äußerungen enthaltenden Urkunden ersetzt werden (§ 420 I); Behördenerklärungen können über die Grenzen des § 256 hinaus verlesen werden (§ 420 II). Voraussetzung ist dabei aber stets die Zustimmung von Angekl., Verteidiger und StA, soweit sie in der Hauptverhandlung anwesend sind (§ 420 III). Schließlich erklärt § 420 IV, dass im Verfahren vor dem Strafrichter dieser unbeschadet des § 244 II den Umfang der Beweisaufnahme bestimmt. Für eine etwaige Berufungsverhandlung gilt § 420 nicht. 7

6. I. Ü. weicht das beschleunigte Verfahren vom Regelverfahren nicht ab; auch die Vorschriften über die Rechtsmittel gelten hier unverändert. 8

C. Die sog. Hauptverhandlungshaft

I. Der Haftgrund

1. § 127b II enthält keine abschließenden Haftgründe wie etwa § 112 II, sondern verweist lediglich auf § 127b I. Insofern bleiben die vom Gesetzgeber gewollten Voraussetzungen für die Anordnung einer Hauptverhandlungshaft im Dunkeln, was die gegen das gesamte Institut der Hauptverhandlungshaft bestehenden erheblichen Bedenken (näher *Herzog*, StV 1997, 215; *Hartenbach*, ZRP 1997, 227; *Meyer Goßner*, ZRP 2000, 348f.; sowie u. Rn. 11), weiter verstärkt. 9

Die Haft darf gegen einen dringend Tatverdächtigen angeordnet werden,
- wenn die Entscheidung im beschleunigten Verfahren ergehen soll, also der Verdächtige nach § 127b I festgenommen wurde und ein Antrag der StA gemäß § 417 sowie eine HV binnen einer Woche zu erwarten und
- aufgrund bestimmter Tatsachen zu befürchten ist, dass der Festgenommene der Hauptverhandlung fernbleiben wird.

10 2. a) Die letztgenannte Voraussetzung überschneidet sich mit dem in § 112 II Nr. 2 geregelten Haftgrund der Fluchtgefahr. Sie geht allerdings insofern darüber hinaus, als ein Haftbefehl auch dann ergehen kann, wenn zu erwarten ist, dass der Beschuldigte zwar nicht fliehen, aber der Ladung zur Hauptverhandlung nicht Folge leisten wird. Die Anordnung der U-Haft war in diesen Fällen bisher unzulässig, weil zunächst das mildere Mittel der Vorführung anzuwenden war. Auch bezüglich des Grades der Wahrscheinlichkeit des Fernbleibens unterscheidet sich § 127b I Nr. 2 von § 112 II Nr. 2. Während die Untersuchungshaft wegen Fluchtgefahr angeordnet werden darf, wenn bei Würdigung der Umstände des Einzelfalles die Gefahr besteht, dass sich der Beschuldigte dem Strafverfahren entziehen werde, soll bei der Hauptverhandlungshaft bereits genügen, dass „zu befürchten" ist, der Beschuldigte werde der Hauptverhandlung fernbleiben. Insofern genügt also eine geringere Wahrscheinlichkeit.

11 b) Mangels Einordnung in das System der §§ 112ff. ist nicht deutlich ersichtlich, inwieweit die Grundsätze der U-Haft auf die Hauptverhandlungshaft anwendbar sind. Wegen des hohen verfassungsrechtlichen Ranges der Freiheit der Person (Art. 2 II 2 GG) ist allerdings davon auszugehen, dass auch die Hauptverhandlungshaft dem Verhältnismäßigkeitsgrundsatz untersteht (vgl. § 112 I 2). Insofern ergaben sich von Anfang an erhebliche Zweifel, ob das Institut der Hauptverhandlungshaft nicht deshalb leerlaufen wird, weil deren Anordnung kaum je verhältnismäßig sein wird (vgl. dazu *Stintzing/Hecker,* NStZ 1997, 573); jedenfalls sprechen hiergegen die im beschleunigten Verfahren zu erwartenden geringen Strafen (vgl. § 419) sowie die Tatsache, dass die StPO mildere Instrumentarien vorsieht, die der Sicherung der Hauptverhandlung bei Fernbleiben des Angeklagten dienen (§§ 230 II, 232, 408a).

3. Die Haft „soll" von dem für das beschleunigte Verfahren zuständigen Richter angeordnet werden, § 127b III.

II. Das Festnahmerecht

12 § 127b I enthält ein Festnahmerecht, das wie der Haftgrund zur Sicherung der Durchführung des beschleunigten Verfahrens dienen soll. StA und Polizeibeamte dürfen danach einen dringend der Tat Verdächtigen vorläufig festnehmen, wenn

- eine unverzügliche Entscheidung im beschleunigten Verfahren wahrscheinlich ist und
- aufgrund bestimmter Tatsachen zu befürchten ist, dass der Festgenommene der Hauptverhandlung fernbleiben wird.

Die letztgenannte Voraussetzung lässt darauf schließen, dass ein Festnahmerecht meist nur dann gegeben ist, wenn die Voraussetzungen eines Haftbefehls nach § 127b II vorliegen (so auch *Hellmann,* NJW 1997, 2149). Bei der nötigen Prognoseentscheidung nach § 127b I Nr. 1 besteht in der Praxis die Problematik, dass der Festnehmende i. d. R. ein Polizeibeamter sein wird, der im Einzelfall schwerlich beurteilen kann, ob und wie wahrscheinlich eine Aburteilung im beschleunigten Verfahren ist (*Hellmann,* NJW 1997, 2149).

§ 62. Das Verfahren gegen Abwesende

Literatur: *Dünnebier,* Das Kontumazialverf. ist abgeschafft, FS Heinitz, 1972, 669; *Oppe,* Das Abwesenheitsverf. in der Strafprozeßreform, ZRP 1972, 56; *Paul,* Das Abwesenheitsverfahren als rechtsstaatliches Problem, 2007; *Ahlbrecht,* EU-Rahmenbeschluss zu Abwesenheitsverurteilungen, DAV-FS, 2009, 1055; *Dallmeyer,* Der Richtervorbehalt als Garant pp., FS v. Heintschel-Heinegg, 2015, 87.

A. Abwesende und Ausgebliebene

I. Es ist ein wichtiger Grundsatz des heutigen Strafverfahrensrechts, dass niemand verurteilt werden kann, der **nicht vorher gehört** worden ist (Art. 103 I GG); darüber hinaus erfordert der Grundsatz der Unmittelbarkeit, dass der urteilende Richter nicht bloß die Zeugen, sondern auch den Angeklagten persönlich vor sich sieht, um sich das richtige Bild von seiner Persönlichkeit zu machen. Deswegen kann **grds.** eine Verhandlung ohne den Angeklagten **nicht stattfinden.** Hier liegt ein prinzipieller Unterschied im Rechtsstaatsniveau des deutschen Strafverfahrens zu vielen anderen europäischen Verfahrensordnungen, die in weitem Umfang ein Abwesenheitsverfahren mit u. U. sogar drastischen Freiheitsstrafen zulassen (beispielsweise Italien, Codice di Procedura Penale Art. 420-quater, und Frankreich, wo es trotz der jüngeren Änderungen immer noch bei sog. délits, also Straftaten mit bis 10 Jahren Straferwartung, einen *jugement en absence* gibt, Art. 410 al. 2 Code de procédure pénale). 1

Die rechtsstaatliche Nonchalance, mit der die Auslieferung zur Vollstreckung von Abwesenheitsurteilen bei Ausländern auf den sog. völkerrechtlichen Mindeststandard heruntergefahren worden ist (BVerfGE 59, 280ff.; zuletzt BVerfG StV 2005, 675) und sogar bei der Auslieferung eigener Staatsangehöriger innerhalb der EU als Voraussetzung nur die frühere persönliche Vorladung oder anderweitige Kenntniserlangung vom ausländischen Verhandlungstermin verlangt wird (Art. 5 RbEuHb), anstatt dass die deutschen Instanzen die internationale Beachtung des hier seit 120 Jahren traditionellen rechtsstaatlichen Standards eingefordert hätten, ist deprimierend. Durch den EU-Rahmenbeschluss 2009/299 JI zu Abwesenheitsverurteilungen v. 26.2.2009 (ABl. L 81/24) wird dieses rechtsstaatliche Defizit grds. festgeschrieben (zutr. Kritik bei *Klitsch,* ZIS 2009, 11), weshalb die Auffassung der damaligen Bundesjustizministerin, dies sei „zweifellos ein Schritt in die richtige Richtung, um Bürgerrechte zu sichern" (Pressemitt. v. 6.6.2008, website des BMJ), die Dinge auf den Kopf stellte. Gleichwohl ist der Rb nunmehr durch das Gesetz ... über die Anerkennung von Abwesenheitsentscheidungen in der Rechtshilfe v. 17.7.2015 (BGBl. I 1332) ins IRG transformiert worden (mit Recht krit. *Polläbne,* GS Weßlau, 2016, 235). Zu den anhaltenden Zweifelsfragen bei der Vollstreckung europäischer Haftbefehle nach Abwesenheitsurteilen s. o. § 3 Rn. 21 a. 2

II. Vom Grundsatz der Unentbehrlichkeit der Anwesenheit des Angekl. gibt es Ausnahmen: 3

1. das Verfahren gegen **Ausgebliebene:** In einigen Fällen kann eine Hauptverhandlung gegen einen nicht erschienenen Angeklagten durchgeführt werden, der sich im Bereich der deutschen Gerichtsgewalt befindet und dessen Aufenthalt bekannt ist, so dass eine ordnungsmäßige Ladung möglich war (§§ 232ff.; dazu o. § 44 Rn. 45ff.);

2. das Verfahren gegen **Abwesende** im technischen Sinn, d. h. gegen Beschuldigte, deren Aufenthalt unbekannt ist oder die sich im Ausland aufhalten und deren Gestellung vor das Gericht nicht ausführbar oder nicht angemessen erscheint (§ 276). Seit dem 1.1.1975 lässt die StPO hier nur noch die unter Rn. 5ff. zu schildernden Maßnahmen zu. Die früher in bestimmten Fällen bestehende Möglichkeit einer Hauptverhandlung gegen Abwesende ist durch das EGStGB v. 2.3.1974 abgeschafft worden. Zur Möglichkeit, bei Ausbleiben des Angekl. gem. § 408a in das Strafbefehlsverfahren überzugehen, vgl. u. § 68 Rn. 1. 4

B. Beweissicherung, Gestellung, sicheres Geleit

5 **I.** Das Verfahren gegen einen Abwesenden dient vor allem dazu, für den Fall seiner künftigen Gestellung die Beweise zu sichern (§ 285 I). Zu diesem Zweck lässt das Gesetz ein eigenes **Beweissicherungsverfahren** zu (i. E. s. §§ 285–289); dieses endet bei Abschluss der Ermittlungen mit vorläufiger Einstellung nach § 205.

6 **II.** Ist gegen den Abwesenden bereits die öffentliche Klage erhoben und liegen die Voraussetzungen eines Haftbefehls vor, so kann sein **Vermögen beschlagnahmt** werden, um seine **Gestellung** zu erzwingen (§§ 290–294; *Hilger,* NStZ 1982, 374 und AK/*Achenbach,* § 290 Rn. 1, wollen die Maßnahme zur Sicherung vermögensrechtlicher Ansprüche nutzbar machen). Sobald sich der Abwesende stellt oder seine Gestellung unmöglich wird, muss die Beschlagnahme aufgehoben werden.

7 **III.** Schließlich kann das Gericht dem Abwesenden nach Maßgabe von § 295 ein sog. **sicheres Geleit** erteilen. Da dies jedoch nur eine begrenzte Befreiung von der Untersuchungshaft gewährt und zudem bei Verurteilung zu Freiheitsstrafe erlischt, wird es den Abwesenden wenig locken. Das freie Geleit muss zugesichert sein; bei fehlender Zusicherung ergibt es sich nicht ohne weiteres aus dem Völkerrecht (BGHSt 35, 216).

13. Kapitel. Die Beteiligung des Verletzten am Strafverfahren

Literatur: *Jung,* Die Stellung des Verl. im Strafprozess, ZStW 93 (1981), 1147; *Rieß,* Die Rechtsstellung des Verl. im Strafverf., Gutachten zum 55. DJT, 1984, mit Referaten v. *Hammerstein* u. *Odersky; Schöch,* Die Rechtsstellung des Verl. im Strafverf., NStZ 1984, 385; *Weigend,* Viktimologische und kriminalpolit. Überlegungen zur Stellung des Verl. im Strafverf., ZStW 96 (1984), 761; *Schünemann,* Zur Stellung des Opfers im System der Strafrechtspflege, NStZ 1986, 193; *Roxin,* Die Wiedergutmachung im System der Strafzwecke, in: *Schöch* (Hrsg.), Wiedergutmachung und Strafrecht, 1987, 37; *Kühne* (Hrsg.), Opferrechte im Strafprozeß. Ein europäischer Vergleich, 1988; *Eser u. a.* (Hrsg.), Wiedergutmachung im Strafrecht einschließl. Rechtsstellung und Entschädigung des Verl. im Strafverf., 1989; *ders.,* Zur Renaissance des Opfers im Strafverf., GS Arm. Kaufmann, 1989, 723; *Hirsch,* Zur Stellung des Verl. im Straf- und Strafverf.recht, ebda., 699; *Weigend,* Deliktsopfer und Strafverf., 1989; *Seelmann,* Paradoxien der Opferorientierung, JZ 1989, 670; *Dölling,* Der Täter-Opfer-Ausgleich, JZ 1992, 493; *Roxin,* Zur Wiedergutmachung als einer „dritten Spur" im Sanktionensystem, FS Baumann, 1992, 243; *Bannenberg,* Wiedergutmachung in der Strafrechtspraxis, 1993; *Pfeiffer,* Opferperspektiven, FS Schüler-Springorum, 1993, 53; *Roxin,* Die Wiedergutmachung im strafrechtl. Sanktionensystem, FS Lerche, 1993, 301; *Patsourakou,* Die Stellung des Verl. im Strafrechtssystem, 1994; *W. Hassemer/Matussek,* Das Opfer als Verfolger, 1996; *Fabricius,* Besserer Opferschutz oder Überwindung der Opferschaft?, GA 1998, 467; *Schünemann/Dubber* (Hrsg.), Die Stellung des Opfers im Strafrechtssystem, 2000; *Kilchling,* Opferschutz und Strafanspruch des Staates: ein Widerspruch?, NStZ 2002, 57; *Krauss,* Täter und Opfer im Rechtsstaat, FS Lüderssen, 2002, 269; *Schöch,* Opferschutz – Prüfstein für alle strafproz. Reformüberlegungen, FS Rieß, 2002, 507; *Riedel/Wallau,* Das Akteneinsichtsrecht des Verletzten in Strafsachen – und seine Probleme, NStZ 2003, 393; *Hilger,* Über das Opferrechtsreformgesetz, GA 2004, 478; *Schroth,* Die Rechte des Opfers im Strafprozess, 2005; *Dölling,* Zur Stellung des Verl. im Strafverf., FS Jung, 2007, 77; *Rieß,* Zur Beteiligung des Verl. im Strafverfahren, ibid., 751; *S. Walther,* Subjektiv-öffentl. Rechte auf Erstattung von Strafanzeige und Durchführung strafrechtl. Ermittlungen, ibid., 1045; *dies.,* Zum Anspruch des Deliktsopfers auf rechtl. Gehör und auf ein faires Verfahren, GA 2007, 615; *Heger,* Die Rolle des Opfers im Strafverf., JA 2007, 244; Hilger, Über den Begriff des Verletzten im Fünften Buch der StPO, GA 2007, 287; *Holz,* Justizgewährungsanspruch des Verbrechensopfers, 2007; *Fastie* (Hrsg.), Opferschutz im Strafverf., 2008; *Kleinert,* Persönl. Betroffenheit und Mitwirkung, 2008; *Schroth,* Der Täter-Opfer-Ausgleich, FS Hamm, 2008, 677; *Schünemann,* Der Ausbau der Opferstellung im Strafprozeß – Fluch oder Segen?, ibid., 687; *S. Walther,* Interessen und Rechtsstellung des Verl. im Strafverf., JR 2008, 405; *Bung,* Zweites Opferrechtsreformgesetz: Vom Opferschutz zur Opferermächtigung, StV 2009, 430; *Schroth,* 2. Opferrechtsreformgesetz: das Strafverf. auf dem Weg zum Parteienprozess?, NJW 2009, 2916; *Barton/Flotho,* Opferanwälte im Strafverfahren, 2010; *Böttcher,* Wie viel Opferschutz verträgt der rechtsstaatl. Strafpr.?, FS Schöch, 2010, 456; *Weigend,* Das Opfer als Prozesspartei, ibid. 947; *Hanloser,* Das Recht des Opfers auf Gehör im Strafverf., 2010; *Safferling,* Die Rolle des Opfers im Strafverfahren, ZStW 122 (2010), 87; *Schünemann,* Die Vorschläge der Europ. Kommission für eine Opferschutzrichtlinie, ERA-Forum 11, 445; *Barton/Kölbel,* Ambivalenzen der Opferzuwendung des Strafrechts, 2012; *Kölbel/Bork,* Sekundäre Viktimisierung als Legitimationsformel, 2012; *Gräfin von Galen,* „Parallele Justiz" für Opfer von Straftaten, StV 2013, 171; *Schünemann,* Strafverteidigung und Opferinteressen, in: Verein. der österreich. StrafverteidigerInnen u. a. (Hrsg.), Strafverteidigung – Opferrechte und Medienjustiz, Wien-Graz, 2014, 129; *Stöckel,* Das Opfer krimineller Taten pp., FS v. Heintschel-Heinegg, 2015, 412; *Zöller,* Opferschutz im Strafverfahren pp., FS Paeffgen, 2015, 719; *Dünkel,* Restorative Justice, FS Rössner, 2015, 499.

Die Beteiligung des Verletzten am Strafverfahren war lange Zeit höchst unzureichend 1
geregelt. Denn die Privatklage (vgl. u. § 63) und das Adhäsionsverfahren (vgl. u. § 65) verhalfen dem Verletzten in der Praxis nur sehr selten zu seinem Recht, während die Nebenklage zwar häufig erhoben wurde, infolge ihrer engen Bindung an die Privatklage aber sehr unbefriedigend ausgestaltet war (vgl. § 62 der 19. Aufl.). Erst der wissenschaftliche Aufstieg der Viktimologie (der Lehre vom Verbrechensopfer) hat lebhafte rechtspolitische Bemühungen um eine Verbesserung der Verletztenstellung hervorgerufen. Sie gipfelten in den Beratungen des DJT 1984 und haben sich in einer ersten Welle im OpferschutzG v. 18.12.1986, dem Zeugenschutzgesetz v. 20.4.1998

sowie dem OpferrechtsreformG v. 24.6.2004 (dazu *Ferber,* NJW 2004, 2562; *Neuhaus,* StV 2004, 620) niedergeschlagen.[1] Diese Gesetze haben v. a. die Befugnis zur Nebenklage umgestaltet und ausgebaut (vgl. u. § 64) sowie die sonstigen Möglichkeiten des Verletzten zur Einflussnahme auf das Verfahren erweitert (u. § 65 Rn. 9ff.). Dagegen ist die Privatklage unangetastet geblieben.

2 Die Kette von Gesetzen, die den Verletzten immer stärker gegenüber der Verteidigung abschirmen und zur Gegenpartei aufbauen, ist durch 3 weitere Gesetze, nämlich 2009 vom 2. OpferRRG, 2013 vom StORMG und 2015 vom 3. OpferRRG, fortgesetzt worden, die zwar überwiegend nur Klarstellungen oder Präzisierungen der geltenden Rechtslage, in einigen Punkten – teils unter dem Einfluss der in der Begründung permanent zitierten „Opferschutzverbände", teils zur Umsetzung von EU-Recht – aber auch eine erneute Verstärkung der Rechtsstellung von Zeugen und Verletzten gebracht haben. Prinzipielle Bedeutung besitzt die Ausdehnung der Nebenklage auf weitere Delikte gegen die Person wie § 240 IV StGB sowie bei „besonderen Gründen" auf alle Delikte mit individuellen Verletzten, vor allem §§ 244 I Nr. 3, 249ff., 316a StGB bei gleichzeitiger Streichung des bisherigen § 395 II Nr. 2, durch die die Nebenklage endgültig als Instrument des (menschlich verständlichen, aber erst durch die in den Schriften zur *Reemtsma*-Entführung[2] zur Genugtuung sublimierten und dadurch hoffähig gewordenen) Rachebedürfnisses des Opfers gravierender Personendelikte etabliert wird – ungeachtet der für die Wahrheitsfindung schädlichen Konsequenzen der Anerkennung des „Opferzeugen" als Partei. Im Ansatz verfehlt ist die intendierte Gleichstellung von Verletztem und Beschuldigtem, die als Begründung für die Heraufsetzung der Schutzaltersgrenze auf 18 Jahre in den Regelungen der §§ 172 GVG, 58a I, 241a I, 247 S. 2, 255 II sowie für die Ausdehnung der wählbaren Zeugenbeistände etc. auf Rechtslehrer (§ 138 III) dient, eben weil es für den Beschuldigten um seine soziale Existenz, für den Verletzten nur um ein seelisches Bedürfnis geht. Das StORMG hat vor allem die Ersetzung der Vernehmung des „Opferzeugen" in der Hauptverhandlung durch die Videovorführung seiner Vernehmung im Ermittlungsverfahren ausgedehnt, und das 3. OpferRRG hat das neue Institut der „Psychosozialen Prozessbegleitung" geschaffen (§ 406g), die eigentlich auch viele Angeklagte nötig hätten, sowie die Hinweis- und Dolmetscherpflichten (s. §§ 158 I 4–5; IV; 161a V; 163 III 5; 171, 3; 397 III; 406d; 406 i–406 l) weiter ausgebaut.

3 Eine rechtspolitische Würdigung der Regelungen zum Opferschutz muss, soweit die Beteiligung des Verletzten am Verfahren in Rede steht, zwiespältig und insgesamt negativ ausfallen (vgl. v. a. *Schünemann,* FS Hamm, 2008, 687ff. m. z. w. N.; bereits *ders.,* NStZ 1986, 193ff.; StV 1998, 391ff.). Es ist nicht zu verkennen, dass die einseitige Stärkung der Nebenkläger- und Verletztenposition (vgl. u. §§ 64 Rn. 2ff., 65 Rn. 9ff.) geeignet ist, durch die Verschmelzung von Partei- und Zeugenrolle die Wahrheitsfindung zu Lasten des Angekl. zu beeinträchtigen. Dieser kriminalpolitische Rückschritt hätte sich vermeiden lassen, wenn man den Verletzten im Hinblick auf die Bestrafung des Täters in eine zurückhaltendere Rolle verwiesen und statt dessen seinen Wiedergutmachungsinteressen, die für ihn ohnehin im Vordergrund stehen,

[1] Die Wiedergutmachung zugunsten des Verl. hat auch den 59. DJT 1992 beschäftigt, dessen Gegenstand „Strafrechtliche Sanktionen ohne Freiheitsentzug" waren (vgl. die Verhandlungen des 59. DJT, Bd. I: Gutachten C von *Schöch,* Bd. II, Teil O: Referate von *Danckert, Robra u. Stöckel;* zum Tagungsverlauf u. zu den Beschlüssen NJW 1992, 3011 bzw. 3021 f.).

[2] *Reemtsma,* Im Keller, 1997; *Hassemer/Reemtsma,* Gesetz und Gerechtigkeit, 2002.

einen höheren Stellenwert zugewiesen hätte.[3] Außerdem ist das lange Zeit unangefochtene, geradezu axiomatische empirische und moralische Fundament der Opferbewegung, nämlich die Notwendigkeit, den Verletzten im Strafverfahren vor der ihm hier drohenden *sekundären Viktimisierung* zu schützen, nach den Untersuchungen von *Kölbel/Bork* zumindest „übermäßig generalisiert" (a. a. O. S. 113) und muss deshalb zukünftig einer differenzierteren und dementsprechend rechtspolitisch vorsichtigeren Betrachtung weichen.

Der Alternativentwurf Wiedergutmachung (AE-WGM), 1992, hat einen ausformulierten, eingehend begründeten Gesetzesvorschlag zur Einbeziehung der Wiedergutmachung in das Strafrecht vorgelegt. Danach kann, wenn bis zur Eröffnung des Hauptverfahrens freiwillige Wiedergutmachung geleistet wird, ggf. von Strafe abgesehen oder die Strafe ausgesetzt werden. Zur Förderung der Wiedergutmachung kann im Ermittlungsverfahren eine Schlichtungsstelle eingeschaltet werden und im Zwischenverfahren eine richterliche Wiedergutmachungsverhandlung stattfinden (§§ 13ff. AE-WGM). Das Verbrechensbekämpfungsgesetz hat in § 46a StGB die Möglichkeit geschaffen, bei Freiheitsstrafen bis zu einem Jahr im Falle der Wiedergutmachung im Wege eines Täter-Opfer-Ausgleichs von Strafe abzusehen oder sie zur Bewährung auszusetzen. Strafprozessual wurde der Täter-Opfer-Ausgleich in der Weise berücksichtigt, dass nach § 155a StA und Gericht in jedem Verfahrensstadium prüfen sollen, ob er in Betracht kommt, und gegebenenfalls auf ihn hinwirken sollen. Außerdem ist er ausdrücklich als mögliche Auflage bei Einstellung des Verfahrens gemäß § 153a I Nr. 5 vorgesehen. 4

§ 63. Die Privatklage

Literatur: *Schorn,* Das Recht der Privatkl., 1967; *Doering,* Beleidigung und Privatkl., 1971; *Koewius,* Die Rechtswirklichkeit der Privatkl., 1974; *Hirsch,* Gegenwart und Zukunft des Privatkl.verf., FS Lange, 1976, 15; *Grebing,* Abschaffung oder Reform der Privatkl.?, GA 1984, 1; *Martin,* Das Sühneverf. vor dem Schiedsmann in Strafsachen, 1988; *Nierwetberg,* Die Feststellung hinreich. Tatverdachts bei der Eröffnung insb. des Privatkl.hauptverf., NStZ 1989, 212; *Bohlander,* Zu den Anforderungen an die Privatkl.schrift, NStZ 1994, 420.

A. Entwicklung und Eigenart des Privatklageverfahrens

I. Nachdem der inquisitorische gemeine Strafprozess, der seit der CCC über 300 Jahre geherrscht hatte, in Deutschland in der Mitte des 19. Jh. durch den Anklageprozess abgelöst worden war, stand die Befugnis zur Anklage zunächst nur der StA zu, die sie (nach dem Vorbild des französischen Rechts) nach ihrem Ermessen erhob oder nicht erhob. Aber bald wurde zum Schutz der Verletzten gegen eine etwaige Justizverweigerung eine allg. subsidiäre Privatklage verlangt. Die Forderung hat sich in der StPO nicht durchgesetzt; vielmehr wurde die Privatklage nur bei bestimmten einzelnen Delikten (Beleidigung und einfacher Körperverletzung), später (nach 1921) auch bei anderen Antragsdelikten zugelassen und noch später auch über den Kreis dieser Antragsdelikte hinaus auf gefährliche Körperverletzung und Bedrohung ausgedehnt. 1

II. 1. Der Privatklageprozess zeigt **Einschläge des Parteiverfahrens:** 2

a) So hat der Privatkläger im Gegensatz zur StA weder eine Verfolgungspflicht noch eine Pflicht zur Objektivität. Daher darf er – anders als die StA – auch nicht Rechtsmittel zugunsten des verurteilten Angeklagten einlegen (s. § 296 II u. OLG *Hamburg* JZ 1958, 251).

[3] Zur Wiedergutmachung als dritter Säule einer dem Rechtsgüterschutz verpflichteten Strafrechtspflege siehe *Schünemann* in: *ders./Dubber,* 2000, 10ff. Zur Beteiligung des Verletzten im Verfahren vor dem IStGH vgl. *Hilal-Guhr,* ZIS 2008, 367.

b) Der Privatkläger kann auch nach Eröffnung des Hauptverfahrens – u. U. allerdings nur im Einvernehmen mit dem Angeklagten – die Privatklage zurücknehmen (vgl. § 391 I). Anders als im Offizialverfahren (vgl. § 156) ist beim Privatklageverfahren also eine Verfügung der „Parteien" über den Prozessgegenstand auch nach Eröffnung des Hauptverfahrens möglich (sog. **Dispositionsmaxime**).

2. Andererseits ist das Privatklageverfahren auch *kein echtes* **Parteiverfahren.** So muss auch im Privatklageverfahren das Gericht sich selbst instruieren, d. h. den seiner Urteilsfindung zugrundeliegenden Tatsachenstoff in eigener Verantwortung zusammentragen. Es gilt also auch hier die **Inquisitions-(Instruktions-)maxime,** nicht dagegen die Verhandlungsmaxime.

3 **III.** Der **Gesetzgeber** steht der Privatklage **nicht freundlich** gegenüber (dazu auch *Bohlander,* 1994). Dies zeigt sich in mehrfacher Hinsicht:

1. Nach § 16 GKG (vgl. § 379a) ist der Privatkläger zur Zahlung eines Prozesskostenvorschusses verpflichtet (evtl. muss der Privatkläger auch Sicherheit für die dem Beschuldigten erwachsenden Kosten leisten; vgl. § 379 StPO i. V. m. §§ 108–113 ZPO).

2. Nach § 383 II kann das Gericht das Verfahren jederzeit einstellen, wenn es die Schuld des Täters für gering hält. I. V. m der Kostentragungspflicht nach § 471 III Nr. 2 ist diese Vorschrift sehr geeignet, von der Erhebung einer Privatklage abzuschrecken.

Zur Vereinbarkeit des § 383 II mit der Unschuldsvermutung vgl. o. § 11 Rn. 2.

3. Nach § 384 III bestimmt das Gericht den Umfang der Beweisaufnahme. Etwaige Beweisanträge kann das Gericht u. U. unbeschadet des § 244 II ablehnen.

4. Unterliegt der Privatkläger, d. h., wird die Klage gegen den Beschuldigten zurückgewiesen oder wird dieser freigesprochen oder das Verfahren eingestellt, so muss der Privatkläger nach § 471 II neben den Kosten des Verfahrens auch die dem Beschuldigten erwachsenen notwendigen Auslagen zahlen.

4 **IV.** Rechtssoziologische Untersuchungen haben gezeigt, dass das geltende Recht den Interessen des Verletzten einer Straftat nicht gerecht wird.[1] Nur ca. 6% aller Privatklagen führen zu einer Verurteilung. Daher erheben überhaupt nur noch 10% der auf den Privatklageweg verwiesenen Verletzten die Privatklage. Diese Entwicklung hat den Stimmen in der Literatur Gewicht verschafft, die für eine tiefgreifende Reform des Privatklageverfahrens oder seine Ersetzung durch andere Formen der Verletztenbeteiligung eintreten (*Hirsch,* 1976; *Jung,* ZStW 93 [1981], 1166; *Grebing,* 1984).

B. Privatklagefähige Delikte

5 **I.** Die Privatklage ist nur bei bestimmten leichten Vergehen zulässig (§ 374 I). Es handelt sich dabei um folgende zehn Delikte oder Deliktsgruppen: Hausfriedensbruch (§ 123 StGB), Beleidigung (§§ 185–189 StGB), unerlaubte Bildaufnahme (§ 201a StGB) und Verletzung des Briefgeheimnisses (§ 202 StGB), Körperverletzung (§§ 223, 229 StGB), Nachstellung (§ 238 Abs. 1 StGB) und Bedrohung (§ 241 StGB), Bestechlichkeit und Bestechung im geschäftlichen Verkehr (§ 299 StGB),

[1] *Doering,* 1971, 12, 126; *Koewius,* 1974, 59, 129, 155, 157ff., 161f.; *Rieß,* 1984 (Lit. 13. Kapitel), Rn. 1ff.

Sachbeschädigung (§ 303 StGB), Vollrausch (§ 323a StGB), soweit es sich bei der Rauschtat um eines der in § 374 I Nr. 1–6 genannten Vergehen handelt, Wettbewerbsvergehen sowie patent-, urheber-, warenzeichen-, gebrauchs- u. geschmacksmusterrechtl. Vergehen.

Mit Ausnahme des § 241 StGB sind alle privatklagefähigen Delikte zugleich Antragsdelikte.

II. Steht das Privatklagedelikt in Ideal- oder Gesetzeskonkurrenz mit einem Offizialdelikt (z. B. Beleidigung u. Sexualdelikt; Hausfriedensbruch u. schwerer Diebstahl), so ist eine Privatklage nicht zulässig. Vielmehr ist das Privatklagedelikt dann von Amts wegen mit zu verfolgen. 6

C. Verhältnis zur öffentlichen Klage

Im Verhältnis zur öffentlichen Klage ist die Privatklage weder exklusiv noch subsidiär. 7

I. Sie ist **nicht exklusiv,** d. h., der Staat bleibt neben dem Privatkläger berechtigt, seinerseits die Klage zu erheben. Die öffentliche Klage wird aber nach dem wichtigen Grundsatz des § 376 bei privatklagefähigen Delikten nur erhoben, wenn das im öffentlichen Interesse liegt (Opportunitätsprinzip).

Für die **Staatsanwaltschaft** bestehen drei Möglichkeiten (§ 377):

a) Sie kann auf jede Mitwirkung verzichten.

b) Sie kann im Termin erscheinen und sich beobachtend und abwartend verhalten.

c) Sie kann die öffentliche Klage erheben; und zwar entweder von vornherein, so dass es gar nicht mehr zur Erhebung einer Privatklage kommen kann, oder nachträglich durch Übernahme, und zwar in der Lage, in der sich der Prozess befindet.

II. Die Privatklage ist **nicht subsidiär,** d. h., sie kann von vornherein erhoben werden. Es ist also nicht so, dass der Privatklageberechtigte sich zunächst an die StA wenden müsste und Privatklage erst dann erheben könnte, wenn die StA die Erhebung der öffentlichen Klage abgelehnt hat. 8

D. Verhältnis der Privatklage zum Strafantrag

I. Soweit die Privatklagedelikte Antragsdelikte sind, liegt in der Erhebung der Privatklage auch schon der Strafantrag, d. h., das eindeutig ausgedrückte Verlangen des Verletzten, dass eine Bestrafung eintreten solle. 9

II. Die Privatklage ist nicht befristet. Ist also der Strafantrag, der befristet ist, rechtzeitig gestellt oder bedarf es überhaupt keines Strafantrages (wie z. B. bei der Bedrohung), so ist die Privatklage noch nach Jahren möglich. Erst die Verjährung setzt ihr ein Ende. 10

III. Die Privatklage (§ 391) und der Strafantrag (§ 77d StGB) können bis zum rechtskräftigen Abschluss des Verfahrens zurückgenommen werden. Jedoch bedarf die Zurücknahme der Privatklage vom Beginn der erstinstanzlichen Vernehmung des Angeklagten zur Sache an seiner Zustimmung (vgl. u. Rn. 22), während der Strafantrag stets ohne Weiteres zurückgenommen werden kann. 11

E. Privatklageberechtigte

12 **I.** Primär privatklageberechtigt ist der **„Verletzte"** (§ 374 I). Die Auslegung dieses Begriffes entspricht derjenigen im Klageerzwingungsverfahren (vgl. o. § 41 Rn. 5f.).

II. Sodann haben der Dienstvorgesetzte und die Familienangehörigen eines Verstorbenen, die nach §§ 194, 230, 77 II, 77a StGB ein selbstständiges Strafantragsrecht haben, neben dem Verletzten auch das Privatklagerecht (§ 374 II).

13 **III.** Ist der Verletzte nicht prozessfähig im zivilprozessualen Sinn (näher dazu *Schmid,* 1981), so steht das Privatklagerecht an seiner Stelle dem **gesetzlichen Vertreter** zu (§ 374 III). Dies ist in zwei Fällen von Bedeutung:

1. wenn ein Minderjähriger oder Geschäftsunfähiger verletzt ist und

2. wenn eine (rechtsfähige oder nicht rechtsfähige) Personenvereinigung verletzt ist, z. B. bei Patentverletzungen, Beleidigungen etc. Der gesetzliche Vertreter erhebt dann die Privatklage im Namen des Verletzten.

14 **IV.** Bei **mehreren Verletzten,** wenn also z. B. eine Äußerung mehrere Personen beleidigt hat („ihr Schurken"), ist jeder einzelne zur Privatklage berechtigt. Doch können, um eine Mehrheit von Verfahren und Verurteilungen wegen einer Handlung zu vermeiden, nach Erhebung der Privatklage durch einen der Verletzten die übrigen keine selbstständigen Klagen mehr erheben, sondern nur dem Verfahren in der Lage beitreten, in der es sich gegenwärtig befindet. Jede in der Sache ergangene Entscheidung äußert zugunsten des Beschuldigten ihre Wirkung gegen alle (§ 375).

F. Besonderheiten des Verfahrensablaufes

I. Sühneversuch

15 Bei den meisten privatklagefähigen Delikten (Ausnahme: die nebenstrafrechtlichen Privatklagedelikte) ist Voraussetzung, dass ein **Sühneversuch** vor einer von der Justizverwaltung bestimmten Vergleichsbehörde stattgefunden hat und erfolglos geblieben ist (§ 380). Zuständigkeit und Verfahren sind dabei landesrechtlich geregelt (Überblick bei *M-G,* § 380 Rn. 3).

16 Durch einen solchen Sühneversuch, bei dem ein Vergleich anzustreben ist, soll im Interesse des Rechtsfriedens wie der Gerichtsentlastung ein Strafprozess möglichst vermieden werden. Zu dem Sühneversuch muss der Kläger erscheinen; sonst gilt der Sühneversuch als nicht erfolgt. Erscheint der Beklagte nicht, so ist der Sühneversuch misslungen.

17 Es genügt nicht, dass der Privatkläger – oder der ihn vertretende Rechtsanwalt – die Privatklage mit dem Versprechen, den nach § 380 erforderlichen Sühneversuch nachzuholen, einreicht. Eine Privatklage, die eingereicht wird, ohne dass der erforderliche Sühneversuch stattgefunden hat, ist vielmehr durch Beschluss als unzulässig abzuweisen, weil sonst der Zweck des § 380, Privatklagen tunlichst zu vermeiden, nahezu unmöglich gemacht würde. Jedoch kann anschließend nach Durchführung des Sühneversuches eine neue Privatklage eingereicht werden (OLG Hamm NJW 1984, 249, str.).

Hat das Gericht das Hauptverfahren eröffnet, ohne dass ein Sühneverfahren stattgefunden hat, so ist das Verfahren fortzusetzen und nicht wegen Fehlens einer Prozessvoraussetzung einzustellen (h. L., abw. *Eb. Schmidt* II, § 380 Rn. 1). Denn bei dem Sühneversuch handelt es sich nicht um eine echte Prozessvoraussetzung, sondern nur um eine **Klagevoraussetzung,** deren Vorliegen zwar auch von Amts wegen zu prüfen ist, aber nicht wie das Vorliegen einer echten Prozessvoraussetzung in jedem Abschnitt des Verfahrens, sondern nur in dem Stadium, das mit der Erhebung der Klage beginnt und mit dem Eröffnungsbeschluss endigt.

II. Klageerhebung, Verfahrenseröffnung

1. Ein Vorverfahren wie im ordentlichen Verfahren gibt es nicht; das Verfahren beginnt mit der **Klageerhebung.** Die Klageerhebung erfolgt schriftlich oder mündlich zu Protokoll des Urkundsbeamten. Erforderlichenfalls ist das Zeugnis über das Misslingen des Sühneversuchs mit einzureichen (§ 380 I 2). Die Privatklageschrift muss den in § 200 I bezeichneten Erfordernissen entsprechen; ein wesentliches Ergebnis der Ermittlungen muss also nicht angegeben werden (§ 381). 18

2. Fehlt eine formgerechte Klage, so ist die Klage durch Beschluss zurückzuweisen. Der Privatkläger kann nach Beseitigung des Mangels von Neuem klagen.

3. Ist die Klage vorschriftsmäßig erhoben, so teilt das Gericht sie dem Beschuldigten unter Bestimmung einer Frist zur Erklärung mit (§ 382).

4. Sodann erfolgt die **Entscheidung** des Gerichts über die **Eröffnung des Hauptverfahrens** wie im Offizialverfahren (§ 383 I). Ist die Schuld des Täters gering, so kann das Gericht das Verfahren einstellen (§ 383 II 1). 19

Das Gericht hat bei der Entscheidung über die Eröffnung des Hauptverfahrens auch zu prüfen, ob das Delikt überhaupt im Privatklageverfahren verfolgt werden kann. Erhebt z. B. der Privatkläger Klage wegen Beleidigung und kommt das Gericht zu der Überzeugung, dass mit der Beleidigung eine versuchte Nötigung konkurriere, so muss es die Eröffnung des Hauptverfahrens ablehnen. Denn bei Konkurrenz von Offizial- und Privatklagedelikt wird das Privatklagedelikt von Amts wegen mit verfolgt (s. o. Rn. 6).

III. Ablauf der Hauptverhandlung

Die **Hauptverhandlung** entspricht im allg. der im ordentlichen Strafverfahren (§ 384). Jedoch sind folgende **Besonderheiten** zu beachten: 20

1. Anders als im Offizialverfahren (vgl. § 243 III 1) liest im Privatklageverfahren der Vorsitzende den Eröffnungsbeschluss vor (§ 384 II).

2. Die Stellung der StA erhält der Privatkläger (§ 385 I), aber mit einer wichtigen Einschränkung: Das Recht der Akteneinsicht kann er nur durch einen Anwalt ausüben (§ 385 III).

3. Die Anwesenheitspflicht ist erheblich eingeschränkt: Privatkläger und Angekl. können sich durch einen Anwalt vertreten lassen (§§ 378, 387 I). Doch kann das Gericht das persönliche Erscheinen sowohl des Klägers wie des Angekl. anordnen und diesen notfalls auch vorführen lassen.

4. Die gerichtliche Aufklärungspflicht (§ 244 II) gilt auch im Privatklageverfahren (§ 384 III). Das Gericht ist aber nicht an die strengen Regeln der §§ 244 III–V, 245 gebunden, sondern bestimmt selbst den Umfang der Beweisaufnahme. 21

5. Der Angeklagte ist auch auf eine Veränderung des rechtlichen Gesichtspunktes hinzuweisen. Doch entfällt sein Recht, die Aussetzung der Hauptverhandlung nach § 265 III zu verlangen (§ 384 IV).

6. Im Urteil dürfen Maßregeln der Besserung und Sicherung nicht angeordnet werden (§ 384 I 2).

IV. Verfahrensabschluss

22 Die **Beendigung** des Privatklageverfahrens weist folgende Besonderheiten auf:

1. Die Privatklage kann bei allen Delikten **zurückgenommen** werden, auch noch in der Revisionsinstanz. Nach Beginn der Vernehmung des Angeklagten zur Sache in der Hauptverhandlung des ersten Rechtszuges bedarf die Zurücknahme der Zustimmung des Angeklagten, da dieser u. U. ein beachtenswertes Interesse an der Durchführung des Verfahrens hat. Ist der Kläger nicht da oder nicht vertreten oder bleibt er aus, obwohl sein persönliches Erscheinen angeordnet war, so gilt dies als Zurücknahme der Privatklage (§ 391).

Bei Zurücknahme der Privatklage wird das Verfahren durch Beschluss eingestellt. Die zurückgenommene Privatklage kann nicht erneuert werden (§ 392).

23 2. Der **Vergleich** ist im Gesetz nicht als Beendigungsgrund erwähnt. Er ist aber sehr erstrebenswert und praktisch nicht selten (*Kühne,* Rn. 253). Der in der Hauptverhandlung abzuschließende Vergleich enthält die Zurücknahme der Privatklage, meist eine Ehrenerklärung – z. B. der Angeklagte nimmt seine beleidigenden Äußerungen mit Bedauern zurück – und eine Vereinbarung über die Kosten. Er ist Vollstreckungstitel (§ 794 Nr. 1 ZPO).

Von dem eben erörterten **gerichtlichen** Vergleich ist der **außergerichtliche Vergleich** zu unterscheiden. Nach verbreiteter Lehre ist jedoch auch der formlose außergerichtliche Vergleich (also nicht nur der vor einer staatlichen Vergleichsbehörde abgeschlossene Vergleich), wenn er dem Gericht nachgewiesen wird, zu beachten und muss zur Einstellung des Verfahrens führen (KG NJW 1960, 2207; LR/*Hilger,* § 391 Rn. 23f.).

24 3. Bei Tod des Privatklägers wird das Verfahren durch (deklaratorischen) Einstellungsbeschluss beendigt (§ 393 I). Doch kann eine Privatklage wegen Beleidigung und Körperverletzung von den Angehörigen des Verstorbenen (§ 77 II StGB) fortgesetzt werden (§ 393 II i. V. m. §§ 194, 230 I 2 StGB).

4. Wenn sich die Sache als nicht privatklagefähig erweist (z. B. ein Schuss, den man zunächst als Schreckschuss – Bedrohung i. S. d. § 241 StGB – angesehen hatte, erweist sich als versuchter Totschlag, oder ein Privatklagedelikt konkurriert mit einem Offizialdelikt – s. o. Rn. 6), erfolgt Einstellung des Privatklageverfahrens durch Urteil und Übergabe der Akten an die StA (§ 389).

5. Schließlich kann das Gericht das Verfahren auch noch in der Hauptverhandlung wegen Geringfügigkeit einstellen (§ 383 II 2). Dieser Beschluss kann mit sofort. Beschwerde angefochten werden (§ 383 II 3).

25 6. Das Privatklageverfahren kann auch dadurch endigen, dass die StA das Verfahren nach § 377 II 1 **übernimmt** (vgl. bereits o. Rn. 7). Wenn die StA das öffentliche Interesse an der Strafverfolgung bejaht, geht das Verfahren in der prozessualen Lage, in der es sich befindet, in ein ordentliches Verfahren über (vgl. BGHSt 11, 56).

Hat also A Privatklage wegen Beleidigung erhoben, ist das Hauptverfahren noch nicht eröffnet und übernimmt dann die StA die Verfolgung, so kann sie das Verfahren nicht mehr einstellen (nach § 170 nicht, weil Klage erhoben ist; nach § 153 I nicht, weil die Zustimmung des Gerichts erforderlich ist; vgl. LG Göttingen NJW 1956, 882). Die StA könnte nicht einmal die Klage zurücknehmen, obwohl dies nach § 156 an sich bis zur Eröffnung des Hauptverfahrens möglich wäre. Doch da die Zurücknahme praktisch einer Einstellung gleichkommt, diese der StA aber versagt ist, ist hier ausnahmsweise die Klage nicht zurücknehmbar.

Um sicherzustellen, dass die StA von dem anhängigen Verfahren und möglichen Übernahmegründen Kenntnis erhält, ordnet § 377 I 2 an, dass das Gericht der StA die Akten vorzulegen hat, wenn es die Übernahme der Verfolgung durch sie für geboten hält. Auch der Privatklagerichter hat also auf Übernahmegründe zu achten.

G. Widerklage

§ 388 I sieht vor, dass der Beschuldigte in einem Privatklageverfahren bis zur Beendigung des letzten Wortes im ersten Rechtszug Widerklage erheben kann, wenn er seinerseits Privatklage gegen den Kläger hätte erheben können. Privatklage und Widerklage müssen miteinander in Zusammenhang stehen. Die Widerklage ist ihrem Wesen nach gleichfalls Privatklage; nur sind die §§ 379, 379a, 380 (Sicherheitsleistung, Gebührenvorschuss, Sühneversuch) nicht anwendbar. Über Klage und Widerklage wird gleichzeitig entschieden (§ 388 III). 26

§ 64. Die Nebenklage

Literatur: *Rosenfeld,* Die Nebenkl. des Reichsstrafprozesses, 1900; *Schulz,* Beiträge zur Nebenkl., 1982; *Nelles/Oberlies* (Hrsg.), Reform der Nebenkl. und anderer Verletztenrechte, 1998; *Pfeiffer,* Nebenkl. und Sicherungsverf., FS Meyer-Goßner, 2001, 705; *Velten,* Ein Plädoyer für die Nebenkl., FS Miklau, 2006, 585; *Kauder,* Die Nebenklage aus Verteidigersicht, DAV-FS, 2009, 579; *Barton,* Die Reform der Nebenklage, JA 2009, 753; *ders.,* Nebenklagevertretung im Strafverfahren: empirische Fakten und praktische Konsequenzen, StraFo 2011, 161; *Schmid,* Nebenklage und Adhäsionsantrag in der Berufung, NStZ 2011, 611; *Senge,* Zwei Rechtsfragen aus dem Bereich der Nebenklage, FS Rissing van Saan, 2011, 657; s. ferner die Lit.-Angaben vor § 63.

A. Begriff und Zweck

Bei der Nebenklage (§§ 395–402) tritt neben der StA eine mit eigenen prozessualen Rechten ausgestattete Privatperson als sog. Nebenkläger auf. Die Nebenklage soll Personen, die durch eine Straftat verletzt sind, zu ihrer Genugtuung, zur Kontrolle der StA wie auch zur Wahrung ihrer sonstigen Rechte eine Verfahrensbeteiligung einräumen. Da der mit der Genugtuungsfunktion verbundene Vergeltungsgedanke und die dem Beschuldigten erwachsenden Nebenklagekosten resozialisierungsfeindlich sind, sollte die Nebenklage de lege ferenda in ein Verfahren des Täter-Opfer-Ausgleichs eingebunden werden, das die Wiedergutmachungsinteressen des Verletzten in den Vordergrund rückt (vgl. o. vor § 63). Statt dessen hat das 2. OpferRRG ihren Anwendungsbereich unter dem lobbyistischen Einfluss der Opferschutzverbände nochmals unerhört ausgedehnt. 1

B. Stellung des Nebenklägers

2 **I.** Bis zur Neufassung des § 397 durch das OpferschutzG v. 18. 12. 86 hatte der Nebenkläger dieselben Rechte wie ein Privatkläger (§ 397 I a. F.). Diese Globalverweisung wurde ersetzt durch eine Aufzählung der Rechte des Nebenklägers in § 397 I n. F., unter denen besonders die Gewährung eines selbstständigen Beweisantragsrechts dem Nebenkläger eine starke und vielfach prozessgestaltende Position verleiht. Der Nebenkläger hat ein Anwesenheitsrecht in der Hauptverhandlung (§ 397 I 1), braucht in der Hauptverhandlung allerdings nicht persönlich zu erscheinen, sondern kann sich durch einen RA oder Rechtslehrer vertreten lassen (§ 397 II). Der Nebenkläger kann auch als Zeuge vernommen werden (§ 397 I 1). Dabei gibt § 397a (lesen!) bei bestimmten schweren Taten und bei Taten an jugendlichen Opfern einen Anspruch auf Bestellung eines „Opferanwalts", dessen Kosten von der Staatskasse getragen werden; kommt eine solche Bestellung nicht in Betracht, sieht § 397a II die Möglichkeit der Gewährung von Prozesskostenhilfe nach §§ 114ff. ZPO vor, wenn der Nebenkläger seine Interessen selbst nicht ausreichend wahrnehmen kann. Diese Verbindung von Partei- und Zeugenrolle ist außerordentlich problematisch, denn praktisch stellt der Nebenkläger meist den Hauptbelastungszeugen dar, dessen Aussage naturgemäß durch sein persönliches Interesse an einer Verurteilung beeinflusst sein wird. Da die Zeugenstellung des Nebenklägers sein Anwesenheitsrecht in der Hauptverhandlung nach dem Willen des Gesetzes (§ 397 I 1) nicht berührt, der Nebenkläger zudem in der Regel über § 406e Aktenkenntnis haben wird und sich so mit Hilfe seines Anwalts gezielt auf seine Aussage vorbereiten kann, droht seine Aussage im Ergebnis von einer Wissensbekundung zu einer Parteierklärung zu degenerieren.[1]

3 **II.** Der Nebenkläger kann unabhängig von der StA Rechtsmittel einlegen (§ 401 I 1), muss seine Revisionsanträge aber von einem Anwalt unterzeichnen lassen (§ 390 II analog; BGH NStZ 1992, 347). Die Rechtsmitteleinlegung ist aber nicht möglich mit dem bloßen Ziel der Verhängung einer anderen Rechtsfolge oder der Verurteilung wegen einer nicht zum Anschluss als Nebenkläger berechtigenden Gesetzesverletzung (§ 400 I). Auch zugunsten des Angeklagten kann er mangels Beschwer keine Revision einlegen (BGHSt 37, 136). Wegen dieser eingeschränkten Anfechtungsmöglichkeit muss der Nebenkläger abw. von § 317 das Ziel seiner Berufung mitteilen (OLG *Düsseldorf* NStZ 1994, 507).

4 **III.** Ein das Verfahren einstellender Beschluss ist für den Nebenkläger i. d. R. unanfechtbar; lediglich gegen eine Einstellung nach §§ 206a, b steht ihm die sofortige Beschwerde zu, wenn die Tat betroffen ist, aus der die Nebenklagebefugnis erwächst (§ 400 II). Auch gegen den die Eröffnung der Hauptverhandlung ablehnenden Beschluss hat er unter dieser Voraussetzung die sofortige Beschwerde (§ 400 II 1).

C. Zulässigkeit

5 Die Nebenklage wird i. d. R. im Strafverfahren erhoben, kann jedoch – v. a. zum Schutze des Verletzten und wegen einer möglichen Überleitung in das Strafverfahren – auch im Sicherungsverfahren nach §§ 413ff. angestrengt werden (so bereits BGHSt 47, 202 und nunmehr ausdrücklich § 395 I – sehr zw.).

[1] Dazu *Schünemann,* NStZ 1986, 199; *ders.,* FS Hamm, 2008, 690ff.; SK/*Velten,* vor §§ 395ff. Rn. 12; vgl. auch unten § 65 Rn. 14.

Als Nebenkläger kommen in Frage: 6

1. der Verletzte einer der in § 395 I Nr. 1, 3–5 aufgezählten Delikte aus dem Bereich der Straftaten gegen die sexuelle Selbstbestimmung, Körperverletzung und der Straftaten gegen die persönl. Freiheit;

2. der durch einen Mord- oder Totschlagsversuch Verletzte (§ 395 I Nr. 2), nicht aber das ausersehene Opfer einer versuchten Anstiftung zum Mord (OLG *Stuttgart* NStZ 1990, 298);

3. derjenige, der das Klageerzwingungsverfahren erfolgreich durchgeführt hat (§ 395 II Nr. 2); dadurch wird der Gefahr entgegengewirkt, dass die gegen ihren Willen zur Anklage gezwungene StA das Verfahren zu nachlässig weiter betreibt;

4. nahe Angehörige eines Getöteten (§ 395 II Nr. 1, dazu BGHSt 6, 103; BGHSt 52, 153), woraus die Gefahr einer „Massen-Nebenklage" erwächst, die der Gesetzgeber dringend durch eine Konzentration auf bis zu drei „Treuhandvertreter" steuern müsste (vgl. *Pues,* StV 2014, 304);

5. der durch eine rechtswidrige Tat nach den i. E. aufgezählten Strafvorschriften des Immaterialgüter-, Urheber- und Wettbewerbsrechts Verletzte (§ 395 I Nr. 6);

6. der Verletzte einer anderen rechtswidrigen Tat (also u. U. auch bei Vermögensdelikten![2]), insb. einer Beleidigung, fahrlässigen Körperverletzung u. a., wenn dies aus besonderen Gründen (namentlich wegen der schweren Folgen der Tat) zur Wahrnehmung seiner Interessen geboten erscheint (§ 395 III).

Die Zulassung der Nebenklage erfordert keinen hinreichenden Tatverdacht, solange die nebenklagefähige Tat nur materiell möglich erscheint und mit einer angeklagten Handlung als eine prozessuale Tat (§ 264) angesehen werden kann (RGSt 69, 244, 246; BGH NStZ-RR 2008, 352).

Seitdem die Nebenklagebefugnis von der Privatklagebefugnis abgekoppelt worden ist, kann sich das Opfer einer Körperverletzung dem Verfahren auch dann als Nebenkläger anschließen, wenn es keinen Strafantrag gestellt hatte (BGH NStZ 1992, 452; OLG *Nürnberg* NJW 1991, 712). Ferner ist die Nebenklage auch bei Volltrunkenheit des Täters zulässig; denn eine „rechtswidrige Tat" i. S. d. § 395 liegt auch dann vor, wenn der Täter nicht ihretwegen, sondern nur nach § 323a StGB verurteilt werden kann (BGH NStZ-RR 1998, 305). 7

D. Verfahren

I. Der Beitritt einer zur Nebenklage berechtigten Person, der in jeder Lage des Verfahrens zulässig ist (§ 395 IV 1), erfolgt durch Einreichung einer schriftlichen Anschlusserklärung bei dem Gericht (§ 396 I 1). Er ist auch noch nach ergangenem Urteil zwecks Einlegung von Rechtsmitteln möglich (§ 395 IV 2). Die Anschlussberechtigung muss durch einen (deklaratorischen) Zulassungsbeschluss des Gerichts nach Anhörung der StA (i. F. d. § 395 III auch des Angeschuldigten) festgestellt werden (§ 396 II). Der Beitritt hemmt den Fortgang des Verfahrens nicht (§ 398). 8

II. Legt nur der Nebenkläger, nicht aber die StA ein Rechtsmittel ein, so muss diese gleichwohl in der nächsten Instanz weiter mitwirken, sei es auch nur dadurch, dass sie die Verwerfung des Rechtsmittels be- 9

[2] Dazu einschr. BGH StV 2012, 710 m. Rezension *Jahn/Bung,* ibid., 754.

antragt. Die Verfügungsbefugnis über das Rechtsmittel liegt aber allein beim Nebenkläger, der das Verfahren durch Zurücknahme des Rechtsmittels (nach Maßgabe des § 303!) oder durch Widerruf seiner Anschlusserklärung (s. § 402) jederzeit beenden kann. Die Verfügungsbefugnis findet ihr Ende jedoch nach Aufhebung der angefochtenen Entscheidung; dann obliegt der Betrieb der Sache wieder in vollem Umfang der StA (§ 401 IV), so dass ein Ausscheiden des Nebenklägers den Prozessfortgang nicht berührt.

10 **III.** Nach Widerruf einer Anschlusserklärung kann der Beitritt erneut erklärt werden, da eine dem § 392 entsprechende Vorschrift bei der Nebenklage nicht existiert.

11 **IV.** Beim Tod des Nebenklägers verliert die Anschlusserklärung ihre Wirkung (§ 402).

Ob das Verfahren durch hinterbliebene Angehörige fortgeführt werden kann, ist str.; es wird teils verneint, weil eine Vorschrift nach Art des § 393 II im Recht der Nebenklage fehlt (BGH NStZ 2009, 174; *M-G,* § 402 Rn. 4), teils in analoger Anwendung des § 393 II bejaht (OLG *Zweibrücken* NJW 1966, 2077; *Ellscheid,* NJW 1970, 1467; *Gerauer,* 1986; offengelassen von BGH NStZ 1997, 200 m. Anm. *Fezer,* NStZ 1997, 300). Die besseren Gründe sprechen für die zweite Meinung; denn wenn die Angehörigen eines Getöteten nach § 395 II Nr. 1 als Nebenkläger auftreten können, sollten sie dieses Recht auch haben, wenn der Nebenkläger nach seiner Anschlusserklärung an den Folgen der Verletzung stirbt.

E. Kosten

12 Die notwendigen Auslagen des Nebenklägers sind i. d. R. dem Angeklagten aufzuerlegen, wenn er wegen einer Tat verurteilt wird, die den Nebenkläger betrifft; bei Unbilligkeit kann das Gericht ganz oder teilweise davon absehen (§ 472 I). Die zusätzliche Belastung des Verurteilten mit den (bei der Massen-Nebenklage exorbitanten) Kosten der Nebenklage ist unter Resozialisierungsgesichtspunkten unvertretbar.

§ 65. Das Adhäsionsverfahren und die Stellung des Verletzten im Übrigen

Literatur: *Schönke,* Beiträge zur Lehre vom Adhäsionsprozess, 1935; *Achenbach,* Vermögensrechtl. Opferschutz im strafproz. Vorverf., FS Blau, 1985, 9; *Lüderssen,* Das Recht des Verl. auf Einsicht in beschlagnahmte Akten, NStZ 1987, 249; *Schlothauer,* Das Akteneinsichtsrecht des Verl. pp., StV 1987, 356; *Otto,* Die Verfolgung zivilrechtl. Ansprüche als „berechtigtes Interesse" des Verl. auf Akteneinsicht i. S. d. § 406e I StPO, GA 1989, 289; *Brokamp,* Das Adhäsionsverf. – Geschichte und Reform, 1990; *Will* (Hrsg.), Schadensersatz im Strafverf., 1990; *Hauser,* Das Adhäsionsurteil, FS SKG, 1992, 207; *Köckerbauer,* Das Adhäsionsverf. nach der Neuregelung durch das OpferschutzG 1987 usw., 1993; *Nowotsch,* Das neue Opferentschädigungsgesetz, NJW 1998, 1831; *Rönnau,* Vermögensabschöpfung in der Praxis, 2003; *Kuhn,* Das „neue" Adhäsionsverfahren, JR 2004, 397; *Lichtenthäler,* Die vorrangige Befriedigung des Verletzten durch Zugriff auf strafprozessual beschlagnahmte Vermögensgegenstände (§ 111g StPO), 2004; *Dallmeyer,* Das Adhäsionsverfahren nach der Opferrechtsreform, JuS 2005, 327; *Plür/Herbst,* Das Adhäsionsverfahren im Strafprozess, NJ 2005, 153; *Rieß,* Einige Bemerkungen über das sog. Adhäsionsverfahren, FS Dahs, 2005, 425; *Wallau,* Rechtsschutz gegen die Akteneinsicht des „Verletzten", ibid., 2005, 509; *Böttcher,* Das Recht des Opfers auf Erhalt von Informationen, FS Miklau, 2006, 67; *A. Groß,* Vereinfachung der §§ 111b ff. StPO pp., 2006; *Rönnau,* Vermögensabschöpfung und Zurückgewinnungshilfe, in: *Volk* (Hrsg.), Verteidigung in Wirtschafts- und Steuerstrafsachen, 2006; *Loos,* Probleme des neuen Adhäsionsverfahrens, GA 2006, 195; *B.-D. Meier/Dürre,* Das Adhäsionsverfahren, JZ 2006, 18; *Steffens,* Notwendige Beschränkungen des Akteneinsichtsrechts des Verl., StraFo 2006, 60; *Feigen,* Adhäsionsverfahren auch in Wirtschaftsstrafsachen?, FS Otto, 2007, 879; *Krey/Wilhelmi,* Ausbau des Adhäsionsverfahrens, ibid., 933; *Klein,* Das Adhäsionsverfahren nach der Neuregelung durch das Opferrechtsreformgesetz, 2007; *Faust,* Das strafprozessuale Vermögensabschöpfungsrecht, 2008; *Koch,* Das Akteneinsichtsrecht Privater nach § 475 StPO, FS Hamm, 2008, 289; *Reichhart,* Die Vermögensabschöpfung im Strafverfahren, 2008; *Spiess,* Das Adhäsionsverfahren in der Rechtswirklichkeit, 2008; *Weiner/Ferber,* Handbuch des Adhäsionsverfahrens, 2008;

Bohne, Die Rückgewinnungshilfe im Strafverfahren, 2009; *Nitzsche,* Gewinnabschöpfung durch die Rückgewinnungshilfe, 2009; *Grau/Blechschmidt/Frick,* Stärken und Schwächen des reformierten Adhäsionsverfahrens pp., NStZ 2010, 662; *Feber,* Das Adhäsionsverf. nach dem Opferrechtsreformgesetz – eine Bestandaufnahme und Perspektiven, in: 300 Jahre OLG Celle, 2011, 537; *Meister,* Die Versagung der Akteneinsicht des Verletzten, § 406e Abs. 2 StPO, 2011; *Zander,* Das Adhäsionsverfahren im neuen Gewand, 2011; *Asholt,* Die Akteneinsicht gem. § 406e StPO zwecks Vorbereitung einer Zivilklage pp., ZStW 126 (2014), 925; *Meyer,* „Reformiert die Rückgewinnungshilfe!" pp., ZStW 127 (2015), 241.

A. Die Entschädigung des Verletzten (Adhäsionsprozess)

I. Zweck und Bedeutung

1 Das Adhäsionsverfahren beruht auf dem Gedanken des **Sachzusammenhangs:** Wenn aus einer Straftat vermögensrechtliche Ansprüche erwachsen, so liegt es nahe, zur Vermeidung von Doppelarbeit, aber auch von widersprechenden Entscheidungen, die Entschädigungsansprüche des Verletzten bereits im Strafverfahren zu erledigen; damit wird zugleich dem Interesse des Geschädigten an einer raschen Wiedergutmachung Rechnung getragen. Gleichwohl hat das Verfahren bisher **kaum Bedeutung** erlangt. Es stößt bislang sowohl bei den Gerichten als auch bei der Anwaltschaft auf Vorbehalte, was vor allem an der forensischen Verschiedenheit von Straf- und Zivilprozess liegen dürfte.[1]

2 Durch das OpferschutzG v. 18.12.1986 sowie das OpferrechtsreformG v. 1.9.2004 wurde versucht, dem Adhäsionsverfahren durch mehrere Änderungen zu größerer praktischer Bedeutung zu verhelfen. So können Schadensersatzansprüche vor dem AG nunmehr ohne Rücksicht auf die Höhe des Streitgegenstandes geltend gemacht werden; sodann ist die Möglichkeit einer Prozesskostenhilfe für den antragstellenden Verletzten geschaffen worden; außerdem wurden die bisher unzulässigen Grund- und Teilurteile sowie Anerkenntnisurteile über den zivilrechtlichen Schadensersatzanspruch nunmehr für zulässig erklärt, vor allem aber wurde in § 405 die Möglichkeit zum Abschluss eines Vergleichs geschaffen, außerdem wurden die Möglichkeiten des Gerichts zur Ablehnung des Verfahrens eingeschränkt und in § 406a I 1 eine Beschwerdemöglichkeit geschaffen. Diese Verbesserungen sind an sich zu begrüßen; denn wenn auch ein Teil der Fälle durch Einbeziehung eines Täter-Opfer-Ausgleichs in das allgemeine Strafverfahren erledigt werden könnte (vgl. o. Vorbem. vor § 63), würde für die Fälle nicht geständiger Beschuldigter dem Adhäsionsverfahren eine wichtige Funktion zukommen können. Ob allerdings diese Verfahrenserleichterungen genügen werden, die geschilderten Vorbehalte der Praxis zu überwinden, bleibt zweifelhaft.

II. Zulässigkeit

3 1. Im Adhäsionsverfahren kann gem. § 403 **jeder vermögensrechtliche Anspruch** verfolgt werden, der aus einer Straftat erwächst (etwa der Anspruch auf Schadensersatz in Geld oder auf Rückgabe der gestohlenen Sache). Im Verfahren vor dem AG ist die Geltendmachung vom Wert des Streitgegenstandes unabhängig.

2. Das Verfahren erfordert einen besonderen **Antrag** des Verletzten oder seiner Erben. Das Vorliegen eines solchen Antrags ist eine von Amts wegen zu berücksichtigende Verfahrensvoraussetzung (BGH NStZ 1988, 470). Die Antragsberechtigten sollen so früh wie möglich auf dieses Recht hingewiesen werden.

[1] Auch aus der Wissenschaft sieht sich das Adhäsionsverfahren bis heute vielfältiger Kritik ausgesetzt, vgl. *Hirsch,* GS A.-Kaufmann, 1989, 716; *Wohlers,* MDR 1990, 763; *Hilger,* GA 2004, 485; *Rieß,* FS Dahs, 2005, 433; *Loos,* GA 2006, 197ff.

III. Verfahren

4 1. Die Stellung des Antrags kann schriftlich oder zu Protokoll, in der Hauptverhandlung auch mündlich bis zum Beginn der Schlussvorträge erfolgen (§ 404 I). Dabei kann dem Antragsteller und dem Angeschuldigten ggf. Prozesskostenhilfe gewährt werden (§ 404 V). Der Antrag entspricht einer Zivilklage, hat also die Wirkungen der Rechtshängigkeit (§ 404 II).

5 2. Über den Antrag wird in der **Hauptverhandlung** selbst, nicht etwa in einer angehängten eigenen Verhandlung entschieden (die Bezeichnung „Adhäsionsprozess" ist also missdeutig!); allerdings ist eine besondere Beweisaufnahme in der Hauptverhandlung zulässig. Für das Verfahren gelten die strafprozessualen Grundsätze, namentlich die Inquisitionsmaxime.

6 3. Der Antragsteller hat nicht die Stellung eines Nebenklägers. Er wird lediglich von der Hauptverhandlung benachrichtigt und kann daran teilnehmen (§ 404 III); er kann sich auch von einem Rechtsanwalt vertreten lassen, muss es aber nicht (auch vor dem LG kein Anwaltszwang!). Auch der Angeklagte ist zum Entschädigungsanspruch zu hören.

7 4. Für die **Entscheidung** des Gerichts gibt es folgende Möglichkeiten:

a) Es kann per Beschluss von einer Entscheidung absehen, wenn der Antrag unzulässig oder unbegründet ist (§ 406 I 3) oder für die Erledigung im Strafverfahren ungeeignet erscheint, was insb. dann in Betracht kommt, wenn die Prüfung des Antrags das Verfahren erheblich verzögern würde (§ 406 I 4, 5; dazu OLG *Celle* StV 2007, 293). Soweit der Antragsteller jedoch Schmerzengeld geltend macht, kann der Antrag nur nach § 406 I 3 wegen Unzulässigkeit bzw. Unbegründetheit abgelehnt werden. Will das Gericht von einer Entscheidung über den Antrag absehen, so hat es die Verfahrensbeteiligten darauf hinzuweisen (§ 406 V). Das Absehen von einer Entscheidung beendet die Rechtshängigkeit, ohne dass abschließend über die Ansprüche entschieden wird. Der Antragsteller ist demnach nicht gehindert, sie anderweitig vor einem Zivilgericht geltend zu machen.

b) Nach Beweisaufnahme in der Hauptverhandlung kann es dem Antrag stattgeben, wobei die Entscheidung auf den Grund oder einen Teil beschränkt werden kann (§ 406 I 2; BGHSt 47, 378, 379 mit Anm. *Groß*, JR 2003, 258); insb. kann es sich darauf beschränken, eine Schadensersatzpflicht des Angeklagten festzustellen und im Hinblick auf die Schadenshöhe nach § 406 I 4 abzusehen. In diesem Fall findet die Verhandlung über den Betrag nach § 304 II ZPO ebenfalls vor dem Zivilgericht statt (§ 406 III 4).

8 5. Sieht das Gericht per Beschluss von der Entscheidung über einen vor Beginn der Hauptverhandlung gestellten Adhäsionsantrag ab, so steht dem Antragsteller gegen diesen Beschluss die Möglichkeit der Beschwerde offen (§ 406a I 1). Im Übrigen steht dem **Antragsteller** ein strafprozessuales **Rechtsmittel** nicht zu (§ 406a I 2). Dagegen kann der *Angeklagte* den Teil des Urteils, der auf Schadensersatz lautet, mit den im Strafprozess zugelassenen Rechtsmitteln anfechten (vgl. § 406a II, III und BGH NStZ 1988, 237) und auch insoweit die Wiederaufnahme betreiben (§ 406c). Ansonsten lässt aber eine Aufhebung des Schuld- und Rechtsfolgenausspruchs in der Revision die nicht selbstständig angefochtene Entscheidung über den Adhäsionsantrag

unberührt, soweit das Revisionsgericht nicht in der Sache selbst entscheidet (BGHSt 52, 96; ebenso bei Zurückverweisung BGHSt 3, 210, 211; BGH NJW 2006, 1890, 1891).

B. Sonstige Befugnisse des Verletzten

I. Der Verletzte als Prozesssubjekt

Durch das OpferschutzG v. 18.12.1986 wurde ein eigener Abschnitt mit der Überschrift „Sonstige Befugnisse des Verletzten" in die StPO eingefügt. In diesem Abschnitt sind die für alle Verletzten geltenden Vorschriften zusammengefasst, soweit sie nicht aus systematischen Gründen in anderem Zusammenhang geregelt sind. Auch gewähren die Vorschriften dem zum Anschluss als Nebenkläger Berechtigten schon vor dessen Anschlusserklärung besondere Befugnisse. Durch die Schaffung eines eigenen Abschnittes wollte der Gesetzgeber über die bloße sachliche Zusammenfassung hinaus deutlich machen, dass der Verletzte als selbstständiger Prozessbeteiligter anerkannt wird.[2] Durch das Opferrechtsreformgesetz, das 2. und 3. OpferRRG und das StORMG wurden die Informationsrechte des Verletzten weiter ausgebaut. 9

Die Vorschriften der §§ 406d ff. eröffnen dem Verletzten nur fakultative Beteiligungsrechte, da sie, in erster Linie zu seinem Schutz geschaffen, ihm nur eine gesicherte Rechtsposition einräumen, ihn aber nicht in seiner freien Entscheidung beeinträchtigen wollen, ob und in welchem Umfang er von seinen Beteiligungsbefugnissen Gebrauch machen will. Insbesondere werden ihm Informationsmöglichkeiten und die Möglichkeit der Hinzuziehung eines fachkundigen Beistands eingeräumt. Nicht geklärt hat der Gesetzgeber bislang den Begriff des Verletzten, da nach seiner Meinung dadurch keine nennenswert größere Rechtssicherheit entstanden wäre. 10

II. Die Regelungen im Einzelnen

1. § 406d I sieht vor, dass dem Verletzten über die Mitteilungspflicht des § 171 hinaus auf seinen Antrag Ort und Zeit der HV mitsamt den erhobenen Beschuldigungen sowie der Verfahrensausgang stets mitzuteilen ist, soweit es ihn betrifft. 11

Mitzuteilen ist dabei nicht der Wortlaut der Entscheidungsformel, sondern, in einer für den Verletzten verständlichen Form, mit welchem Ergebnis das Verfahren wegen der den Verletzten betreffenden Tat beendet worden ist. Aus der Formulierung, es sei der „Ausgang" des Verfahrens mitzuteilen, folgt, dass die Mitteilung erst zu erfolgen hat, wenn die Entscheidung unanfechtbar geworden ist. Nach § 406d II sind dem Verletzten auf seinen Antrag hin auch Mitteilungen über ein gegen den Beschuldigten verhängtes Kontakt- oder Verkehrsverbot oder über Vorgänge im Zusammenhang mit freiheitsentziehenden Maßnahmen gegen den Beschuldigten (etwa Urlaubsgewährung oder Vollzugslockerungen, Flucht) zu machen. Die Mitteilung kann, wenn dem Verletzten ein Rechtsanwalt zur Seite steht, an diesen ergehen; sie kann sogar ganz unterbleiben, wenn sie nicht unter einer vom Verletzten angegebenen Anschrift möglich ist (§ 406d IV). Dies soll eine übermäßige Belastung der Behörde verhindern.

2. Die Möglichkeit des Verletzten zur Akteneinsicht findet sich in § 406e. Die Vorschrift trägt dem Umstand Rechnung, dass die Akteneinsicht einerseits für den Verletzten ein wichtiges Informationsmittel ist, andererseits aber wegen schutzwürdiger 12

[2] Mangels Legaldefinition des Begriffs „Verletzter" wird vielfach auf den – ebenfalls str. – Begriff bei § 172 (*M-G,* vor § 406d Rn. 2 m. w. N., zu § 172 o. § 41 Rn. 5 f.) oder auf den Schutzzweck abgestellt, s. etwa LR/*Hilger,* vor §§ 374 ff. Rn. 17 ff. m. w. N.; SK/*Velten,* vor §§ 406d–406h Rn. 5.

Belange anderer, aber auch im Interesse der Wahrheitsfindung und der Verfahrensökonomie, nicht unbegrenzt gewährt werden kann.

Die Einsicht kann nur durch einen Rechtsanwalt und i. d. R. nur bei Darlegung eines berechtigten Interesses erfolgen (§ 406e I); die Akten können dem RA, soweit keine wichtigen Gründe entgegenstehen, sogar mitgegeben werden (§ 406e III). Zu versagen ist die Einsicht nur, soweit überwiegende schutzwürdige Interessen des Beschuldigten oder anderer Personen entgegenstehen, der Untersuchungszweck gefährdet erscheint oder sie das Verfahren vor Abschluss der Ermittlungen erheblich verzögern würde (§ 406e II; dazu BVerfG NJW 2007, 1052; BGH JR 2006, 297 m. Anm. *Cirener/Sander; Koch,* 2008, 289; *Quedenfeld,* FS Wessing, 2015, 189).

13 Über die Einsichtsgewährung entscheidet im Vorverfahren und nach rechtskräftigem Verfahrensabschluss die StA, sonst der Vorsitzende; gegen eine ablehnende Entscheidung der StA kann die Entscheidung des Ermittlungsrichters beantragt werden, die dann für den Verletzten wie für den Beschuldigten unanfechtbar ist (§ 406e IV; BGH NStZ 1991, 95).

Unter denselben Voraussetzungen, unter denen die Akteneinsicht zu gewähren ist, können dem Verletzten selbst Auskünfte und Abschriften aus den Akten erteilt werden (§ 406e V).

14 Einiges spricht dafür, dass die Akteneinsichtsrechte, die dem Verletzten gewährt werden, zu weit gehen. Denn nicht nur wird das informationelle Selbstbestimmungsrecht des Beschuldigten, das gerade bei der Akteneinsicht Dritter zunehmende Bedeutung erlangt hat, aufgrund einer zunächst noch unbewiesenen Anschuldigung erheblich eingeschränkt. Es besteht auch die Gefahr, dass das Strafrecht hier für rein zivilrechtliche Beweiszwecke[3] missbraucht wird und dass der Verletzte für seine Zeugenaussage Informationen erhält, die er im Sinne einer einseitigen Interessenverfolgung zu Lasten des Beschuldigten verwenden kann (dazu oben § 64 Rn. 2). Bei der nach § 406e II anzustellenden Abwägung kommt den Interessen des Verletzten nicht ohne weiteres der Vorrang zu (BVerfG NJW 2007, 1052); insb. kommt eine Gefährdung des Untersuchungszwecks dann in Betracht, wenn die Aktenkenntnis Einfluss auf eine noch ausstehende Zeugenaussage des Verletzten haben könnte.[4] Vor Versagung muss stets geprüft werden, ob nicht eine teilweise Akteneinsicht gewährt werden kann (LG Hildesheim NJW 2008, 531, 534).

15 3. Nach § 406f I kann sich der Verletzte im Strafverfahren des Beistands eines Rechtsanwalts (oder Rechtslehrers, § 138 III) bedienen oder sich durch einen solchen vertreten lassen. § 406f I 2 gestattet dessen Anwesenheit bei einer gerichtlichen oder staatsanwaltschaftlichen Zeugenvernehmung des Verletzten. OLG *Düsseldorf* NStZ 1991, 504 billigt dem Verletzten ein Auskunftsverweigerungsrecht auf Fragen zu, die den Inhalt der mit seinem Anwalt geführten Beratungsgespräche betreffen.

Wird der Verletzte als Zeuge vernommen, ist außerdem auf seinen Antrag die Anwesenheit einer Person seines Vertrauens zu gestatten (§ 406f II); dies gilt auch für poli-

[3] Gebilligt von BVerfG NJW 2007, 1052; einschr. LG München I NStZ 2010, 110. Exemplarisch und str. sind etwa das Akteneinsichtsrecht zur Ermittlung des Inhabers eines Internetanschlusses, der ggf. bloß als Störer haftet s. die Nachw. bei *M-G/S,* § 406e Rn. 6c (nicht bei bagatellarischen Urheberrechtsverstößen), sowie dasjenige des Insolvenzverwalters, bejahend LG Hildesheim NJW 08, 531, verneinend LG Frankfurt a. M. StV 2003, 495; LG Mühlhausen wistra 2006, 76.

[4] AG Saalfeld NStZ 2005, 565 m. Anm. *Kiethe,* wistra 2006, 50; *Riedel/Wallau,* NStZ 2003, 397; *Beulke,* Rn. 603; a. A. LG Stralsund StraFo 2006, 76 m. abl. Anm. *Steffens,* StraFo 2006, 60. Für ein Übergewicht der Verletzteninteressen bei der Abwägung siehe auch OLG Koblenz StV 1988, 332 m. Anm. *Schlothauer.*

zeiliche Vernehmungen. Ein Recht auf die Anwesenheit besteht allerdings nicht, wenn durch die Anwesenheit der Vertrauensperson eine Gefährdung des Untersuchungszwecks zu befürchten ist (dazu *Neuhaus,* StV 2004, 622).

4. § 406h erweitert für den nebenklagebefugten Verletzten, der als besonders schutz- 16
würdig angesehen wird, über die Bestimmungen des § 406f hinaus die Möglichkeiten der Hinzuziehung eines Rechtsanwalts und dessen Befugnisse (krit. dazu *Kempf,* StV 1987, 218). So ist die Hinzuziehung bereits im Vorverfahren zulässig; auch dann, wenn ein Anschluss als Nebenkläger nicht erklärt wird (§ 406h I). Auf Antrag des Nebenklageberechtigten kann unter gewissen Voraussetzungen sogar einstweilen ein Rechtsanwalt als Beistand bestellt werden und Prozesskostenhilfe bewilligt werden (§ 406h III, IV), wobei aber zumindest ein „ausreichend ermittlungsfähiger Tatverdacht" vorausgesetzt wird (OLG *Oldenburg* NStZ-RR 2011, 117).

Über die von § 406f II gewährten Befugnisse hinaus hat der Rechtsanwalt ein uneingeschränktes Anwe- 17
senheitsrecht in der Hauptverhandlung; dies gilt auch bei richterlichen Vernehmungen und richterlichen Augenscheinseinnahmen, wenn dadurch nicht der Untersuchungszweck gefährdet wird (§ 406h II). Die aus der Hinzuziehung des Rechtsanwalts entstehenden Kosten werden wie Nebenklagekosten behandelt (§ 472 III 1), so dass sie im Falle der Verurteilung vom Beschuldigten zu tragen sind.

5. Durch die §§ 406i–406l sind umfassende Pflichten zur Unterrichtung des Verletz- 18
ten sowie ggf. seiner Angehörigen und Erben über alle ihnen möglicherweise zustehenden Rechte bis hin zur möglichen Unterstützung durch Opfereinrichtungen (§ 406j Nr. 5) statuiert worden.

6. Die wichtigste Neuregelung des 3. OpferRRG besteht in der Einrichtung einer **Psy-** 18a
chosozialen Prozessbegleitung (§ 406g i.V. m. dem PsychPbG). Deren kostenfreie Beiordnung regelt § 406g III in Anlehnung an die §§ 397a, 142 und 162. Sie umfasst „die Informationsvermittlung sowie die qualifizierte Betreuung und Unterstützung im gesamten Strafverfahren mit dem Ziel, die individuelle Belastung der Verletzten zu reduzieren und ihre Sekundärviktimisierung (sic, s. dazu o. 3 vor § 63) zu vermeiden" (§ 2 I 2 PsychPbG). Das prozessual wichtigste Recht des psychosozialen Prozessbegleiters besteht in seiner Anwesenheit bei Vernehmungen des Verletzten und während der (scil. gesamten) Hauptverhandlung (§ 406g I 2, zur Ausschlussmöglichkeit nicht bestellter Begleiter bei Vernehmungen § 406g IV). Zwar ist dem Begleiter jede Beeinträchtigung der Zeugenaussage des Verletzten verboten und ein Zeugnisverweigerungsrecht versagt worden (§ 2 II PsychPbG). Angesichts der hier besonders häufigen und besonders schwierigen Beweiskonstellation „Aussage gegen Aussage" (dazu o. § 45/45) liegen die daraus für die Hauptverhandlung und die Wahrheitsfindung erwachsenden Konflikte aber auf der Hand. Wenn sich der Angeklagte nicht nur dem von Inertia- und Schulterschlusseffekt betroffenen Gericht und StA, sondern auch dem Nebenkläger, dessen anwaltlichem Vertreter und dem psychosozialen Prozessbegleiter gegenüber sieht, so wird die faire Verfahrensbalance durch eine unfaire Verfahrensphalanx ersetzt.

C. Sonstiger Schadensausgleich

Dem Schadensausgleich beim Verletzten dienen auch folgende gesetzliche Regelun- 19
gen:

I. Das Gesetz über die Entschädigung für Opfer von Gewalttaten (OEG) regelt die **Opferentschädigung;** vgl. hierzu o. § 60 Rn. 8f.

II. § 459a I eröffnet der Vollstreckungsbehörde bei Geldstrafen i. V. m. § 42 S. 3 StGB die Möglichkeit der Gewährung von Zahlungserleichterungen, wenn sonst die Schadenswiedergutmachung erheblich gefährdet wäre. Der durch das VBG v. 28.10.1994 eingeführte § 46a StGB gestattet bei einem Täter-Opfer-Ausgleich sogar das Absehen von Strafe (vgl. o. Rn. 3 vor § 63).

20 **III.** § 111b V schließlich regelt das Rechtsinstitut der **„Rückgewinnungshilfe"**. Danach kann auch ein vom Täter aufgrund der Tat erlangter Vermögensvorteil, auf den ein Anspruch des Verletzten besteht und der deshalb nach § 73 I 2 StGB nicht dem Verfall unterliegt, sichergestellt werden. Dadurch wird dem Verletzten die Möglichkeit des Zugriffs auf den Tatgewinn offengehalten; die Vorschrift dient somit der Verwirklichung der Wiedergutmachungsinteressen des Verletzten. Durch das Gesetz zur Stärkung der Rückgewinnungshilfe und Vermögensabschöpfung vom 14.10.2006 wurde das Institut weiter ausgebaut, insb. ist nunmehr in § 111i II, V ein Auffangrechtserwerb des Staates vorgesehen, der sicherstellt, dass inkriminierte Vermögenswerte auch dann nicht beim Täter verbleiben, wenn die Verletzten unbekannt sind oder ihre Ansprüche nicht geltend machen (vgl. dazu im Einzelnen *Greeve,* NJW 2007, 14; *Keller,* Kriminalistik 2008, 321; BGHSt 55, 62; 60, 75). Gerade in Wirtschaftsstrafsachen ist die Rückgewinnungshilfe ein ebenso wichtiges wie gefährliches Mittel, das (ähnlich wie die U-Haft) als strukturelle Abnötigung einer Absprache zu wirken droht, wenn die StA dem Besch. alle Mittel entzieht. Im Einzelnen gilt:

21 1. Die Beschlagnahme nach § 111c wirkt nicht gegen eine Verfügung des Verletzten im Wege der Zwangsvollstreckung oder Arrestvollziehung zur Sicherung eines aus der Straftat erwachsenen Anspruches (§ 111g I, s. ferner II). Hat der Verletzte wegen eines solchen Anspruches im Wege der Zwangsvollstreckung oder Arrestvollziehung eine dingliche Sicherung erwirkt, so kann er gegenüber einer Sicherungshypothek nach § 111d II i. V. m. § 932 ZPO den dinglichen Vorrang beanspruchen (§ 111h I).

22 2. Die Beschlagnahme führt nicht nur zur Entstehung der öffentlich-rechtlichen Verstrickung und – bei amtlicher Inverwahrnahme beweglicher Sachen – eines öffentlich-rechtlichen Verwahrungsverhältnisses, sie hat v. a. ein umfassendes *relatives Veräußerungsverbot* i. S. d. § 136 BGB zur Folge (§ 111c V), das nach Maßgabe von § 111g III, V auch zugunsten des Verletzten wirkt.

23 3. Beschlagnahmte bewegliche Sachen, die dem Verletzten durch die Straftat entzogen worden sind, sollen ihm sobald möglich **herausgegeben** werden, sofern nicht entgegenstehende Ansprüche Dritter bekannt sind (§ 111k). Zur Notveräußerung s. § 111l.

24 **IV.** Ebenfalls der Sicherung der zivilrechtlichen Ansprüche des Verletzten dient das OpferanspruchssicherungsG v. 4.3.98. Danach erlangt die i. S. v. § 172 verletzte Person ein gesetzliches Pfandrecht an Erlösen, die dem Täter aus einer öffentlichen Vermarktung der Tatgeschichte zufallen. Auf diese Weise soll auch verhindert werden, dass das Tatopfer mit seinen Wiedergutmachungsinteressen gegen den sonst oft vermögenslosen Täter leer ausgeht, weil die Anwälte des Täters sich dessen Forderungen gegen die Medien im voraus haben abtreten lassen.

14. Kapitel. Die besonderen Verfahrensarten

§ 66. Das Sicherungsverfahren

Literatur: *Seyfi,* Das Sicherungsverfahren, 2002.

A. Anwendungsbereich

I. Verhängung von Maßregeln

1. Die Zweispurigkeit unseres materiellen Strafrechts, das neben der repressiven Strafe als Rechtsfolge einer rechtswidrigen Tat auch die präventiven Maßregeln der Besserung und Sicherung (§§ 61 ff. StGB) kennt, hat auf prozessualem Gebiet dazu geführt, dass in der StPO neben dem eigentlichen Strafverfahren ein besonderes sog. **Sicherungsverfahren** geregelt ist (§§ 413–416). Während in diesem Verfahren früher allein die Unterbringung des Beschuldigten in einer Heil- oder Pflegeanstalt ausgesprochen werden konnte (§§ 429 a–d a. F.), können heute alle Maßregeln verhängt werden, deren selbstständige Anordnung § 71 StGB zulässt, d. h. die Unterbringung in einem psychiatrischen Krankenhaus oder einer Entziehungsanstalt, die Entziehung der Fahrerlaubnis und das Berufsverbot. Die Eröffnung des Sicherungsverfahrens setzt voraus, dass ein Strafverfahren wegen Schuld- oder Verhandlungsunfähigkeit des Täters undurchführbar und die Anordnung der Maßregel nach dem Ergebnis der Ermittlungen zu erwarten ist (§ 413).[1] Die Verhängung einer nachträglichen oder im Urteil vorbehaltenen Sicherungsverwahrung erfolgt dagegen nach § 275 a in einer neuen, speziell dazu eingeführten Verfahrensart (s. u. Rn. 11 ff.). 1

2. Nach BGHSt 22, 1 kann das Sicherungsverfahren auch dann eingeleitet werden, wenn die Schuldunfähigkeit des Täters einerseits nicht feststeht, andererseits aber auch nicht ausgeschlossen werden kann. Das geht zwar über den Wortlaut der §§ 71 StGB, 413 hinaus, ist aber geboten, da ein Strafverfahren mangels hinreichender Verurteilungswahrscheinlichkeit nicht in Frage kommt (a. A. *Sax,* JZ 1968, 533). 2

II. Verhältnis zu Verfahren des Verwaltungsrechts

1. Im Sicherungsverfahren ist die Straftat nicht Grund, sondern bloßer Anlass der Maßregelverhängung; der Richter übt also inhaltlich Verwaltungstätigkeit aus. Mehrere Maßregeln haben daher auch eine **verwaltungsrechtliche Parallele,** so die Entziehung der Fahrerlaubnis in dem Verfahren nach §§ 3, 4 StVG, das Berufsverbot in der Untersagung der Gewerbeausübung nach § 35 GewO und die Unterbringung in einem psychiatrischen Krankenhaus in dem landesrechtlich geregelten,[2] an polizeirechtlichen Grundsätzen ausgerichteten **Unterbringungsverfahren** für psychisch Kranke, die eine (in den Landesgesetzen unterschiedlich definierte) Gefahr für die Allgemeinheit darstellen. Im Unterbringungsverfahren entscheidet der Richter der freiwilligen Gerichtsbarkeit, der die Unterbringung – anders als der Strafrichter – auch 3–4

---

[1] Ergibt sich aber die Verhandlungsunfähigkeit erst nach dem Anfang der Hauptverhandlung, soll das Verfahren eingestellt werden; ein Übergang in das Sicherungsverfahren ist nach der Rspr. nicht zulässig (BGHSt 46, 345 m. zust. Anm. *Gössel,* JR 2001, 521).

[2] Übersicht bei Staudinger-*Bienwald,* BGB, Neubearb. 2013, § 1906 Rn. 18, s. auch ibid., Rn. 1 ff. zur zivilrechtl. Unterbringung.

dann aussprechen kann, wenn die Gefährlichkeit des Kranken noch nicht zu einer Straftat geführt hat.

III. Sicherungsverfahren nur bei Symptomtaten?

5 Nach Ansicht des BGH (BGHSt 5, 140; zust. KK/*Maur,* § 413 Rn. 11; KMR/*Metzger,* § 413 Rn. 3) setzt die Einleitung des strafprozessualen Sicherungsverfahrens nicht voraus, dass sich die Gefährlichkeit des Täters in den begangenen Taten ausgedrückt hat, d. h. es braucht sich nicht um **Symptomtaten** zu handeln (z. B. Unterbringung eines gefährlichen Geisteskranken anlässlich einer ungefährlichen Beleidigung). Mindestens in den Fällen, in denen die Tat mit der Gefährlichkeit des Täters in keinem Zusammenhang steht, dürfte aber entgegen dem BGH nicht das an der Tat orientierte strafprozessuale Sicherungsverfahren, sondern das entspr. verwaltungsrechtliche Verfahren am Platze sein. Geklärt ist inzwischen, dass das Sicherungsverfahren bei Antragsdelikten unzulässig ist, wenn der Verletzte (etwa in dem eben genannten Fall der Beleidigung) keinen Strafantrag gestellt hat (BGHSt 31, 132).

B. Besonderheiten des Verfahrens

6 **I.** Für das Sicherungsverfahren gelten, soweit nichts anderes bestimmt ist, die Vorschriften über das Strafverfahren sinngemäß (§ 414 I). Zum Beispiel tritt der Unterbringungsbefehl (§ 126a) an die Stelle des Haftbefehls, der Antrag auf Durchführung des Sicherungsverfahrens an die Stelle der Anklageerhebung (§ 414 II). Der Betroffene wird vom Gesetz „Beschuldigter" genannt (§§ 415f.)!

Zur Nebenklage im Sicherungsverfahren vgl. o. § 64 Rn. 5.

7 **II. Zuständig** ist, soweit die Unterbringung des Beschuldigten in einem psychiatrischen Krankenhaus in Frage kommt, die Große Strafkammer beim LG (§§ 74 I 2, 76 I 1 GVG), wenn dagegen die Unterbringung in einer Entziehungsanstalt, die Entziehung der Fahrerlaubnis oder ein Berufsverbot zu erwarten sind, das Schöffengericht (§§ 24, 25 GVG).

8 **III.** Die **Hauptverhandlung,** bei der die Öffentlichkeit ausgeschlossen werden kann (§ 171a GVG), kann auch in Abwesenheit des Beschuldigten durchgeführt werden, wenn dies wegen seines Zustandes oder aus Gründen der öffentlichen Sicherheit und Ordnung angebracht ist (§ 415 I, III) und er vorher durch einen beauftragten Richter des erkennenden Gerichts unter Zuziehung eines Sachverständigen vernommen worden ist (§ 415 II, IV). In jedem Fall muss der Beschuldigte durch einen Verteidiger vertreten sein (notwendige Verteidigung, § 140 I Nr. 7). Außerdem ist ein Sachverständiger über den Zustand des Beschuldigten zu vernehmen (§ 415 V); ihm soll Gelegenheit gegeben werden, den Beschuldigten zur Vorbereitung seines Gutachtens vor der Hauptverhandlung zu untersuchen (§§ 414 III, 415 V).

9 **IV.** Ergibt sich im Laufe der Hauptverhandlung, dass der Beschuldigte die Tat doch als Schuldfähiger begangen hat, so ist das Sicherungsverfahren in das allgemeine Strafverfahren **überzuleiten,** d. h. je nach der dann gegebenen Zuständigkeit als gewöhnlicher Strafprozess weiterzuführen (i. E. s. § 416 II) oder an das zuständige Gericht zu verweisen (§ 416 I). Kann dagegen nicht geklärt werden, ob die Schuldfähigkeit des Beschuldigten ausgeschlossen oder nur erheblich vermindert war, ist das Sicherungsverfahren fortzusetzen (vgl. BGHSt 18, 167).

V. Die **Entscheidung** im Sicherungsverfahren erfolgt durch Urteil, das auf Verhängung der Maßregel (vgl. § 71 StGB) oder auf Ablehnung des Antrags lauten kann. Durch das rechtskräftige Sicherungsurteil wird die Strafklage wie bei einer Freisprechung verbraucht, so dass der Beschuldigte später nicht mehr mit der Begründung angeklagt werden kann, dass er in Wahrheit schuldfähig gewesen sei (allenfalls käme – bei Vorliegen ihrer allg. Voraussetzungen – eine Wiederaufnahme des Verfahrens in Frage). Ob das Urteil auch den staatlichen Sicherungsanspruch verbraucht, so dass ein abgelehnter Antrag auch dann nicht wiederholt werden kann, wenn sich nachträglich die Gemeingefährlichkeit des Täters herausstellt, ist umstr. (dafür richtigerweise BGHSt 11, 322; dag. *Peters,* 572 u. *Henkel,* 418). Die praktische Bedeutung dieser Streitfrage ist, soweit die Unterbringung in einem psychiatrischen Krankenhaus oder einer Entziehungsanstalt in Frage kommt, allerdings deswegen gering, weil die Unterbringung im landesrechtlichen Freiheitsentziehungsverfahren auf jeden Fall zulässig bleibt. 10

C. Das Verfahren bei Verhängung der vorbehaltenen oder nachträglichen Sicherungsverwahrung

Literatur: *Hanack,* Nachträgl. Anordnung von Sich.verwahrung, FS Rieß, 2002, 709; *Renzikowski,* Die nachträgl. Sich.verwahrung und die EMRK, JR 2004, 295; *Kinzig,* Das Gesetz zur Einführung der nachträglichen Sicherungsverwahrung, NStZ 2004, 655; *Laubenthal,* Die Renaissance der Sich.verwahrung, ZStW 116 (2004), 703, *v. Freier,* Verf.identität u. Prozessgegenstand des Verf. zur nachträglichen Anordnung der Sicherungsverwahrung, ZStW 120 (2008), 273; *Esser,* Sich.verwahrung, JA 2011, 727; *Hörnle,* Der Streit um die Sicherungsverwahrung pp., NStZ 2011, 488; *Koller,* Neuordnung der Sich.verwahrung, DRiZ 2011, 127; *Zabel,* Bürgerrechte ernstgenommen, JR 2011, 467.

Die 2002 eingeführte und mehrfach neu gefasste Vorschrift des § 275a ist auf einen grundlegenden Wandel der gesellschaftlichen Einstellung gegenüber gefährlichen (vor allem Sexual-) Verbrechern zurückzuführen, der mit einer „Renaissance der Sicherungsverwahrung" in den 90er Jahren des vorigen Jahrhunderts begann und 2001 in den Worten des damaligen Bundeskanzlers *Schröder* „Wegschließen – und zwar für immer" exemplarischen Ausdruck fand. Die Verfahrensvorschrift des § 275a sollte für die in den §§ 66a und 66b StGB neu geschaffenen Institute der vorbehaltenen oder nachträglichen Sicherungsverwahrung gewährleisten, dass eine derartig tief eingreifende und auf unsicheren Prognosen beruhende Maßregel nur dann verhängt wird, wenn dem ein richterliches Urteil nach einer Hauptverhandlung vorausgeht (BT-Drs. 15/2887, 15). Obwohl diese Ausdehnung der Sicherungsverwahrung weit über die Vorstellungen des sie 1933 erstmals ins StGB einfügenden nationalsozialistischen Gesetzgebers hinausging und in der Strafrechtswissenschaft auf scharfe Kritik stieß (vgl. nur *Kinzig,* NJW 2002, 3204), wurde sie vom BVerfG zunächst für verfassungsmäßig erklärt (zu dem mit Rückwirkung angeordneten Fortfall der ursprünglichen Höchstfrist von 10 Jahren BVerfGE 109, 133; zur nachträglichen Anordnung BVerfG NJW 2006, 3483). Doch nachdem der *EGMR* im Jahr 2009 darin eine Verletzung von Art. 7 EMRK gesehen hatte (NJW 2010, 2495; für Art. 5 EMRK fortgesetzt in JR 2013, 78 m. Anm. *Peglau*), warf das BVerfG das Steuer herum, erklärte das gesamte, gerade durch das Gesetz zur Neuordnung der Sicherungsverwahrung pp.[3] reformierte System für verfassungswidrig und forderte eine grundlegende Neugestaltung mit zahlreichen konkreten Geboten ein, in deren Zentrum das *Abstandsgebot* (scil. zwischen 11

[3] Art. 1 des Gesetzes v. 22. 12. 2010, BGBl. I 2300.

Straf- und Maßregelvollzug) steht (BVerfGE 128, 326; BVerfGE 131, 268). Dem wurde durch Gesetz vom 5.12.2012 (BGBl. I 2425) Rechnung getragen. Dagegen ist das ebenfalls als Antwort auf die Entscheidung des EGMR geschaffene, die nachträgliche Sicherungsverwahrung im Falle einer „psychischen Störung“ gestattende Therapieunterbringungsgesetz[4] für verfassungsgemäß erklärt worden (BVerfG NJW 2013, 3151). Parallel dazu hat das BVerfG die gesetzliche Ausgestaltung, die Anordnungs- und die Vollzugspraxis der Unterbringung in einem psychiatrischen Krankenhaus gem. § 63 StGB mehrfach beanstandet (BVerfGE 128 282; 129, 269; 133, 112; StV 2013, 576 sowie anlässlich des Justizskandals im Fall *Mollath,* NJW 2013, 3228). Wegen der zunächst in Art. 316e EGStGB enthaltenen und durch das BVerfG vermehrten Übergangsregelungen war damit eine außerordentlich unübersichtliche Situation entstanden (beispielhaft BGH NStZ 2013, 524), die aber nur die materielle Entscheidung betrifft, während der prozessuale Rahmen des § 275a so gut wie unverändert geblieben ist.

12 1. Bis spätestens sechs Monate vor dem Zeitpunkt, in dem der Vollzug der Freiheitsstrafe oder der freiheitsentziehenden Maßregel enden soll, entscheidet das Gericht über die vorbehaltene Sicherungsverwahrung (§ 66a II StGB) oder stellt die StA ihren Antrag auf die Verhängung der nachträglichen Sicherungsverwahrung (§ 275a I 3). Die Vollstreckungsbehörde soll der StA die Akten rechtzeitig übersenden (§ 275a I 1), d. h. so dass das Gericht und die StA ihre Entscheidungen noch unter Wahrung der Sechsmonatsfrist treffen können (SK/*Frister,* § 275a Rn. 27). Die nachträgliche Sicherungsverwahrung kann nur auf Antrag der StA angeordnet werden, weil das ursprüngliche Hauptverfahren ohne den einschlägigen Vorbehalt als beendet gilt (SK/*Frister,* § 275a Rn. 30). Die StA ist gehalten, in beiden Fällen die Akten mit ihrem Antrag ohne schuldhaftes Zögern dem Vorsitzenden des Gerichts zu übergeben (§ 275a I 4).

13 2. Für die Vorbereitung und Durchführung der Hauptverhandlung gelten grds. die allgemeinen Vorschriften (§ 275a II m. Verweis auf §§ 213–275). Die Hauptverhandlung fängt nach Maßgabe des § 243 I (§ 275a III 1), mit der Besonderheit, dass die für die Entscheidung relevanten Teile des früheren Urteils vom Vorsitzenden verlesen werden (§ 275a III 2). Anschließend erfolgen die Vernehmung des Verurteilten und die Beweisaufnahme (§ 275a III 3). Bei der vorbehaltenen Sicherungsverwahrung ist ein Sachverständigengutachten einzuholen, bei der nachträglichen zwei (§ 275a IV).

Bis zur Rechtskraft des Urteils ist es dem Gericht gestattet, einen Unterbringungsbefehl zu erlassen, wenn dringende Gründe dafür sprechen, dass eine nachträgliche Sicherungsverwahrung angeordnet wird oder wenn es im ersten Rechtszug bis zu der Sechsmonatsfrist des § 66a II 1 StGB die vorbehaltene Sicherungsverwahrung angeordnet hat (§ 275a V 1, 3). Als Rechtsmittel gegen das Urteil, das die Sicherungsverwahrung verhängt, kommt nur die Revision in Betracht (*M-G,* § 275a Rn. 14).

§ 67. Das Verfahren bei Verfall und Einziehung, Vermögensbeschlagnahme und Geldbußenfestsetzung gegen juristische Personen

Literatur: *Bode,* Das neue Recht der Einziehung im Strafrecht nach dem EGOWiG, NJW 1969, 1052; *Faust,* Das strafprozessuale Vermögensabschöpfungsrecht, 2008; *Wessing,* Der Unternehmensverteidiger, FS Mehle, 2009, 665.

[4] ThUG als Art. 5 des in der vorigen Fn. genannten Gesetzes; mit Recht krit. *Höffler* u. *Ullenbruch,* StV 2014, 168, 174.

A. Das Verfahren bei Verfall und Einziehung

Auf Verfall, Einziehung, Vernichtung und Unbrauchbarmachung ist in der Regel „im Urteil" zu erkennen, also in einem Strafurteil, das eine bestimmte Person zur Strafe verurteilt (d. h. im **subjektiven Verfahren**). 1

In § 76a StGB ist jedoch vorgesehen, dass diese Maßnahmen unter gewissen Bedingungen „selbstständig", d. h., ohne dass ein Strafprozess gegen eine bestimmte Person durchgeführt wird, ausgesprochen werden können. Voraussetzung hierfür ist, dass die Verurteilung einer bestimmten Person nicht ausführbar ist; so kann z. B. Falschgeld eingezogen werden (§ 150 StGB), auch wenn der Falschmünzer flüchtig oder unbekannt ist (sog. **objektives Verfahren**).

I. Das Gesetz regelt in den §§ 430–439 das Verfahren der Einziehung bei einem gegen eine bestimmte Person gerichteten Strafverfahren (**subjektives** Strafverfahren). Besonders bedeutsam ist dabei, dass Dritte, die möglicherweise einen rechtlichen Anspruch auf den Gegenstand der Einziehung haben (sog. **Einziehungsinteressenten**), im Vorverfahren tunlichst zu hören (§ 432) und am Zwischen- und Hauptverfahren zu beteiligen sind (i. E. § 431). Durch die gerichtliche Beteiligungsanordnung werden sie zu **„Einziehungsbeteiligten"** (§ 431 I 1), die prinzipiell die gleichen Befugnisse haben, die einem Angeklagten zustehen (§ 433 I). Sie können also Einwendungen gegen die Einziehung vorbringen, in der Hauptverhandlung erscheinen, Beweisanträge stellen und Rechtsmittel einlegen (Einschränkungen in §§ 436 II, 437). 2

II. Das **objektive Verfahren** ist in §§ 440, 441 geregelt: 3

1. An die Stelle der Klage tritt der Antrag, die Einziehung eines Gegenstandes oder des Wertersatzes selbstständig anzuordnen.

2. Die Entsch. über die selbständige Einziehung trifft das Gericht, das im Falle der Strafverfolgung einer bestimmten Person zuständig wäre bzw. in dessen Bezirk der Gegenstand sichergestellt worden ist (§ 441 I).

3. Das Gericht entscheidet durch Beschluss, der mit der sofortigen Beschwerde anfechtbar ist (§ 441 II).

4. Auf Antrag der StA oder eines sonstigen Beteiligten oder bei Anordnung des Gerichts wird mündlich verhandelt und durch Urteil entschieden (§ 441 III 1). Wird gegen das Urteil eine zulässige Berufung eingelegt, so ist die Möglichkeit der Revision nicht mehr gegeben (§ 441 III 2).

III. Beide Verfahrensarten gelten für Verfall, Vernichtung, Unbrauchbarmachung und Beseitigung eines gesetzwidrigen Zustandes entsprechend (§ 442 I). Richtet sich der Verfall gegen einen Dritten, so ist dieser am Verfahren zu beteiligen (i. E. s. § 442 II). 4

B. Das Verfahren bei Vermögensbeschlagnahme

Bei bestimmten Delikten (i. E. s. den Straftatenkatalog in § 443 I) kann das gesamte im Geltungsbereich der StPO befindliche Vermögen des Beschuldigten mit Beschlag belegt werden, wenn die öffentliche Klage erhoben oder Haftbefehl erlassen ist. Es handelt sich dabei nicht um eine Beschlagnahme i. S. d. §§ 94 ff., 111 b ff., vielmehr soll diese Vermögensbeschlagnahme verhindern, dass der Beschuldigte noch während des Verfahrens von seinem Vermögen zum Nachteil des von ihm angegriffenen Staates Gebrauch macht, z. B. Propaganda treibt, Bestechungen vornimmt oder Mörder oder Truppen anwirbt. Die Vermögensbe- 5 schlagnahme ist vom Richter anzuordnen; bei Gefahr im Verzug ist eine vorläufige Anordnung durch die StA möglich (§ 443 II). Die Beschlagnahme ist spätestens nach Beendigung der erstinstanzlichen Hauptverhandlung aufzuheben (§ 443 I 3). Sowohl der Beschlagnahmebeschluss als auch die Aufhebung der Beschlagnahme sind im elektron. Bundesanzeiger bekanntzumachen (§ 443 III i. V. m. §§ 291, 293 II).

6 Die Vorschrift des § 443 ist rechtsstaatswidrig, weil zur Erreichung des an sich legitimen Zwecks der Verfahrenssicherung und der Verhinderung weiterer Straftaten eine Beschlagnahme des ganzen Vermögens unverhältnismäßig wäre (eingehend SK/*Weßlau,* § 443 Rn. 3ff.; vgl. auch die Nichtigerklärung von § 43a StGB durch BVerfGE 105, 135).

C. Festsetzung einer Geldbuße gegen jur. Personen

Literatur: *Schlüter,* Die Strafbarkeit von Unternehmen in einer proz. Betrachtung pp., 2000; *Drope,* Strafproz. Probleme bei der Einführung einer Verbandsstrafe, 2002; *Lampe,* Verfahrensgrundlinien z. Verhängung von Maßnahmen gegen Wirtschaftsverbände, in: *Schünemann* (Hrsg.), Alternativentwurf Europäische Strafverfolgung, 2004, 101ff; *Haeusermann,* Der Verband als Straftäter und Strafprozeßsubjekt, 2003, 175ff.; *Queck,* Die Geltung des nemo-tenetur-Grundsatzes zugunsten von Unternehmen, 2005; *v. Freier,* Selbstbelastungsfreiheit für Verbandspersonen?, ZStW 122 (2010), 117.

7 Nach § 30 OWiG kann wegen der Begehung von Straftaten durch Leitungsorgane von juristischen Personen und bestimmten Personenvereinigungen, durch die Pflichten des Verbandes verletzt wurden oder der Verband bereichert werden sollte, gegen den Verband eine Geldbuße festgesetzt werden – als Pendant für die in anderen Ländern mögliche Verbandsgeldstrafe. Für das Verfahren zur Verhängung dieser im Wirtschaftsstrafrecht immer wichtiger werdende Sanktion (LK/*Schünemann,* vor § 25 Rn. 20ff. m. w. z. N.) enthält § 444 eine fragmentarische Regelung (lesen!), deren Vervollständigung ein Desiderat der Zukunft ist (zu Vorschlägen s. o. Lit.). Wohin der (prozessuale) Weg führen würde, wenn die ein halbes Jahrhundert lang stets mit Recht verworfenen, aber wie ein hochresistenter Keim erneut virulent gewordenen Forderungen nach Einführung einer „echten" Verbandsstrafe einmal eine parlamentarische Mehrheit finden sollten, ist derzeit unabsehbar (zur Kritik statt aller *Schünemann,* ZIS 2014, 1; eine „panoptische Annäherung" reklamieren *Jahn/Leonardy/Schoop* (Hrsg.), Das Unternehmensstrafrecht und seine Alternativen, 2016).

§ 68. Das Strafbefehlsverfahren

Literatur: *Rieß,* Zweifelsfragen zum neuen Strafbef.verf., JR 1988, 133; *Schaal,* Hinreichender Tatverdacht oder richterl. Überzeugungsbildung für den Strafbef.erlaß?, GS Meyer, 1990, 427; *Fezer,* Zur Zukunft des Strafbef.verf., FS Baumann, 1992, 395; *K. J. Müller,* Das Strafbef.verf., 1993; *Fezer,* Vereinfachte Verf. im Strafprozeß, ZStW 106 (1994), 1; *Hausel,* Ungenutztes Beschleunigungspotential des Straf(-bef.-)verf.?, ZRP 1994, 94; *Schellenberg,* Zur Verhängung von Freiheitsstrafen im Strafbef.weg, NStZ 1994, 570; *Martin,* Freiheitsstrafe beim Ausbleiben des Angeklagten?, GA 1995, 121; *Böttcher,* Der Strafbef. auf dem Vormarsch?, FS Odersky, 1996, 299; *Ambos,* Verfahrensverkürzung zwischen Prozeökonomie und „fair trial", Jura 1998, 281; *Maleika,* Freiheitsstrafe und Strafbef., 2000; *Ranft,* Grundzüge des Strafbef. verf., JuS 2000, 633; *Heinz,* Der Strafbef. in der Wirklichkeit, FS Müller-Dietz, 2001, 271; *Riklin,* Der Strafbef. im dt. u. im schweiz. Strafproz.recht, FS Jung, 2007, 761, *Thommen,* Kurzer Prozess – fairer Prozess, 2013.

A. Bedeutung und Problematik

I. Von dem Grundsatz der StPO, dass eine Kriminalstrafe nur aufgrund einer münd- 1
lichen Verhandlung verhängt werden darf, in welcher der Beschuldigte von dem erkennenden Gericht gehört wird und Gelegenheit zu seiner Verteidigung hat, gibt es eine praktisch sehr bedeutende Ausnahme im Strafbefehlsverfahren, in dem auf Antrag der StA durch schriftlichen Strafbefehl Geldstrafe und Freiheitsstrafe bis zu einem Jahr, aber auch so wichtige Rechtsfolgen wie Fahrverbot und Entziehung der Fahrerlaubnis bis zu zwei Jahren verhängt werden können (§§ 407ff.). Das Strafbefehlsverfahren ist schon jetzt der wichtigste Verfahrenstyp für die Ahndung der einfach gelagerten kleinen und mittleren Kriminalität. Der durch das StVÄG 1987 eingefügte § 408a ermöglicht es nunmehr, sogar noch nach Eröffnung des Hauptverfahrens beim Ausbleiben des Angekl. in das Strafbefehlsverfahren überzugehen und ggf. sogar eine Freiheitsstrafe zu verhängen. Für den Erlass eines Strafbefehls ist in einem solchen Fall an sich ein schriftlicher Antrag der StA erforderlich, seit dem 1. JuMoG reicht in der HV aber ein protokollierter mündlicher Antrag des Sitzungsvertreters aus (§ 408a I 2). Zu den zahlreichen Problemen der Vorschrift *Schellenberg,* NStZ 1994, 570; *Martin,* GA 1995, 121.

II. Gegen dieses summarische Verfahren wird **eingewandt,** dass die Strafen hier meist vorschnell und ohne 2
hinreichendes rechtliches Gehör des Beschuldigten ausgesprochen würden, dass sich die Betroffenen oft aus den verschiedensten Gründen (Gleichgültigkeit, Ängstlichkeit, Unkenntnis) selbst gegen ungerechte Strafaussprüche nicht wehrten und dass dem Schuldigen der Ernst seiner Straftat durch einen bloßen Strafbefehl nicht genügend zum Bewusstsein gebracht werde. Ferner bestehe die Gefahr, dass StA und Gericht eine Sache häufig nur zwecks Arbeitsersparnis durch Strafbefehl erledigten und dass dabei die Strafe absichtlich zu niedrig bemessen werde, um einen Einspruch des Beschuldigten zu verhindern (vgl. *Schmidt-Hieber,* NJW 1982, 1020). Diesen Bedenken wird man die Berechtigung nicht völlig absprechen können. Gleichwohl ist ein summarisches Verfahren unentbehrlich. Angesichts der großen Masse bagatellarischer Straftaten wäre unsere Justiz völlig überfordert, wenn in jedem Fall eine Hauptverhandlung durchgeführt werden müsste. Die dringend benötigte Zeit für die sorgfältige Aufklärung der komplizierteren und schwereren Delikte wäre dann nicht mehr gegeben. Man wird daher auf das Strafbefehlsverfahren nicht verzichten können: Zwei Drittel aller Verurteilungen erfolgen zur Zeit durch Strafbefehl (s. *Heinz,* FS Müller-Dietz, 2001, 271, mit empirischem Material; ferner *Böttcher,* FS Odersky, 1996, 299).

B. Zulässigkeit und Verfahrensgang

I. Zulässigkeit und Zuständigkeit

1. Das Strafbefehlsverfahren ist grds. bei allen Vergehen **zulässig;** Voraussetzung ist, 3
dass die StA eine Hauptverhandlung nicht für erforderlich erachtet (§ 407 I). Da jedoch früher nur Geldstrafe und verschiedene Nebenstrafen und -folgen verhängt werden durften, nicht jedoch Freiheitsstrafe (§ 407 II 1 Nr. 1), war sein Anwendungsbereich begrenzt. Seit der Einführung von § 407 II 2 kann nun aber auch Freiheitsstrafe bis zu einem Jahr festgesetzt werden, wenn ihre Vollstreckung zur Bewährung ausgesetzt wird, allerdings nur, wenn der Angeschuldigte einen Verteidiger hat; erwägt der Richter, einen solchen Strafbefehl zu erlassen, hat er daher dem Angeschuldigten erforderlichenfalls einen Verteidiger zu bestellen (§ 408b). An Maßregeln kann die Entziehung der Fahrerlaubnis angeordnet werden, bei der die Sperrfrist aber nicht mehr als zwei Jahre betragen darf (§ 407 II 1 Nr. 2; wichtig für die Ahndung der zahlreichen Verkehrsdelikte im Strafbefehlsverfahren), sowie das Verbot des Haltens von Tieren etc. gem. § 30 TierschutzG bis zu 3 Jahren Dauer. Auch ein Absehen von Strafe nach § 60 StGB kann durch Strafbefehl erfolgen (§ 407 II 1 Nr. 3).

4 2. **Zuständig** für den Erlass des Strafbefehls ist in Strafsachen von minderer Bedeutung (§ 25 GVG; BVerfGE 22, 254) der Strafrichter, in Schöffengerichtssachen (§ 24 GVG) der Vorsitzende des Schöffengerichts (§§ 30 II GVG, 408 I). Hält dieser den Strafrichter für zuständig, so gibt er die Sache mit bindender Wirkung über die StA an ihn ab; im umgekehrten Fall legt der Strafrichter dem Schöffengerichtsvorsitzenden die Akten durch Vermittlung der StA zur Entscheidung vor (§ 408 I).

II. Das eigentliche Strafbefehlsverfahren

5 1. Das Strafbefehlsverfahren ist gegenüber dem Regelverfahren in vierfacher Weise **abgekürzt:** a) Es bedarf nach § 407 III keiner richterlichen Anhörung des Angeschuldigten vor Erlass des Strafbefehls (berechtigte Bedenken dagegen im Hinblick auf Art. 103 I GG bei *Eser,* 1966).

b) An die Stelle der Anklageschrift tritt der **Strafbefehlsantrag,** durch den die öffentliche Klage erhoben wird (§ 407 I 4). Er muss (im Gegensatz zur Anklageschrift!) auf eine bestimmte Rechtsfolge gerichtet sein (§ 407 I 3).

c) Der Eröffnungsbeschluss fällt weg.

d) Wenn der Richter keine Bedenken gegen den Erlass hat, wird der Strafbefehl **ohne** vorherige **Hauptverhandlung** (u. U. aber nach ergänzenden richterlichen Ermittlungen analog § 202; str.) erlassen (§ 408 III 1) und dem Angeschuldigten schriftlich zugestellt (§ 409 I).

6 2. Der Strafbefehl muss außer der verhängten Strafe die strafbare Handlung und ihre rechtliche Qualifikation sowie die Beweismittel angeben und eine Rechtsmittelbelehrung enthalten (§ 409 I). Er ist formell ein Beschluss, materiell ein auf Strafe lautendes Urteil und stellt, wenn er rechtskräftig wird, die alleinige Grundlage der Strafvollstreckung dar (s. § 410 III).

7 3. Wenn der zuständige Richter gegen den Erlass des beantragten Strafbefehls **Bedenken** hat, so stehen ihm folgende Möglichkeiten zur Verfügung:

a) Hält er eine Entscheidung aufgrund der Akten mangels hinreichender Aufklärung des Sachverhalts für unangemessen (und erscheinen auch keine Zwischenermittlungen analog § 202 angebracht), so beraumt er **Hauptverhandlung** an (§ 408 III 2); ein besonderer Eröffnungsbeschluss ist dann nicht erforderlich, der Strafbefehlsantrag gilt als Anklage. Mit der Ladung ist dem Angeklagten eine Abschrift des Strafbefehlsantrages ohne die beantragte Rechtsfolge mitzuteilen (§ 408 III 3).

Wegen der summarischen Natur des Verfahrens und seiner Schriftlichkeit wird man für den Erlass des Strafbefehls keine richterliche Überzeugung von der Schuld des Angeklagten, sondern nur hinreichenden Tatverdacht verlangen dürfen; dafür spricht auch § 408 II (näher *Schaal,* 1990; str.).

8 b) Möchte er in der rechtlichen Beurteilung oder der **Straffrage** von dem Antrag abweichen, so muss er sich darüber mit der StA zu einigen versuchen, da ein Strafbefehl nur bei **völliger Übereinstimmung** von Richter und StA zustande kommen kann (§ 408 III 1, 2; eine besondere Kautel des Strafbefehlsverfahrens, wodurch die Gefahr einer Fehlentscheidung vermindert werden soll!). Wenn der Einigungsversuch misslingt, ist Hauptverhandlung anzuberaumen (§ 408 III 2).

c) Schließlich kann der Richter den Strafbefehlsantrag auch ohne Hauptverhandlung völlig **ablehnen,** wenn er den Antrag für unzulässig oder den Tatverdacht für unzureichend hält (§ 408 II 1). Die Entscheidung steht dem die Eröffnung des Hauptverfahrens ablehnenden Beschluss gleich (§ 408 II 2), so dass der StA dagegen nach § 210 II die sofortige **Beschwerde** zusteht. Wenn daraufhin das Beschwerdegericht die Zurückweisung des Strafbefehlsantrags für unbegründet hält, kann es gleichwohl (entgegen § 309 II!) weder selbst den Strafbefehl erlassen (das kann nach § 407 I nur **der zuständige Richter am Amtsgericht!**) noch den Richter gegen seine Bedenken zum Erlass des Strafbefehls, sondern nur zur Anberaumung der Hauptverhandlung anweisen (arg. § 408 III 2, str., s. LR/*Gössel,* § 408 Rn. 24–28). 9

III. Der Übergang ins Regelverfahren

1. Der Beschuldigte kann gegen den Strafbefehl binnen zweier Wochen ab Zustellung Einspruch erheben (i. E. s. § 410 I). Durch den zulässigen Einspruch, der nach § 410 II auf bestimmte Punkte beschränkt werden kann, wird die Durchführung einer Hauptverhandlung vor dem Strafrichter oder dem Schöffengericht erzwungen (§ 411 I), sofern nicht die StA die Klage vorher fallenlässt. Nach § 411 III können, wenn der Strafbefehl nicht im Verfahren nach § 408a erlassen wurde, Klage und Einspruch noch bis zur Verkündung des erstinstanzlichen Urteils zurückgenommen werden, nach Beginn der Hauptverhandlung allerdings nur mit Zustimmung des Gegners. 10

Nach BGHSt 25, 187 m. Anm. *Hanack,* JR 1974, 296 ist der Einspruch schon vor Zustellung zulässig, sofern der Strafbefehl bereits erlassen, d. h. vom Richter unterzeichnet und in den Geschäftsgang gegeben ist.

2. Für die **Hauptverhandlung** nach dem Einspruch gelten grds. die allg. Regeln. Von den erst 1994 aufgrund des VBG aus dem beschleunigten Verfahren übernommenen Lockerungen im Bereich der Beweiserhebung (§§ 411 II 2, 420; vgl. o. § 61 Rn. 7) stößt die Abschaffung des Beweisantragsrecht vor dem Strafrichter (§ 420 IV) auf schwere Bedenken. Daneben bestehen Ausnahmen nur insoweit, als einerseits der Angeklagte zwar nicht zu erscheinen braucht, wenn er durch einen mit schriftlicher Vollmacht versehenen Verteidiger vertreten ist (§ 411 II), andererseits aber der Einspruch ohne Weiteres **verworfen** wird, wenn der Angeklagte weder selbst erscheint noch wirksam vertreten wird (§ 412, der auf die für das Berufungsverfahren geltende Regelung des § 329 verweist). Wird der Einspruch zu Unrecht nach § 412 verworfen, so muss das Berufungsgericht das Urteil aufheben und die Sache an das AG zurückverweisen (BGHSt 36, 139 m. Anm. *Gössel,* JR 1990, 302). Nicht etwa darf es in der Sache selbst entscheiden; denn der Fehler des AG darf dem Angeklagten nicht noch zusätzlich eine Tatsacheninstanz nehmen. Will der Angeklagte an der Hauptverhandlung teilnehmen, so darf bei seiner unverschuldeten Verhinderung auch dann nicht ohne ihn über den Einspruch verhandelt werden, wenn der Verteidiger anwesend ist (OLG *Karlsruhe* MDR 1985, 868). 11

3. Der **Urteilstenor** hat dieselbe Fassung wie im Regelverfahren; auf den früheren Strafbefehl, der bereits durch den Einspruch hinfällig geworden ist, wird kein Bezug genommen. Das Gericht ist bei Beurteilung der Tat an den Strafbefehl nicht gebunden, soweit Einspruch eingelegt ist (§ 411 IV). In diesem Rahmen ist nach dem Gesetzeswortlaut sogar eine *reformatio in peius* zulässig, indem der Strafausspruch gegenüber dem Strafbefehl verschärft wird. 12

Da diese Regelung nur mit dem summarischen Charakter des eigentlichen Strafbefehlsverfahrens erklärt werden kann, erscheint eine reformatio in peius aber dann unzulässig, wenn sich in der Hauptverhandlung im Vergleich zu dem im Strafbefehl angenommenen Sachverhalt keine Erschwerungen ergeben (s. *Ostler,* NJW 1968, 486). Die Praxis verfährt anders, weil häufig im Strafbefehl ein „Rabatt" enthalten ist, um den Beschuldigten zum Verzicht auf einen Einspruch zu bewegen.

IV. Die Rechtskraft des Strafbefehls

13 1. Wird gegen einen Strafbefehl nicht rechtzeitig Einspruch erhoben, so steht er einem rechtskräftigen Urteil gleich (§ 410 III). Bis zum StVÄG 1987 hatte die st. Rspr. (zuletzt noch BGHSt 28, 69) gegen den Wortlaut des Gesetzes und gegen den fast einhelligen Widerspruch des Schrifttums dem Strafbefehl nur eine beschränkte Rechtskraft zuerkannt (s. 19. Aufl., 393–395). Danach sollte es wegen der summarischen, keine umfassende Aufklärung zulassenden Natur des Strafbefehlsverfahrens zulässig sein, die durch einen Strafbefehl abgeurteilte Tat noch einmal zu verfolgen, wenn nachträglich ein rechtlicher Gesichtspunkt auftauchte, der im Strafbefehl nicht berücksichtigt war und eine erhöhte Strafbarkeit begründete. Diese Annahme stand in eklatantem Wertungswiderspruch zu der Regelung, die in den ähnlich summarischen Verfahren der §§ 72, 84 II 2, 85 III 2 OWiG für den schriftlichen Bußgeldbeschluss und des § 153a für die Einstellung unter Auflagen und Weisungen getroffen worden war (§ 153a I 4). Deshalb hat der Gesetzgeber des StVÄG 1987 die Regelung beim Strafbefehl derjenigen der beiden anderen verkürzenden Erledigungsarten angeglichen. Die Rechtskraftwirkung des Strafbefehls unterscheidet sich jetzt nicht mehr von der des gewöhnlichen Sachurteils (dazu o. § 52). Jedoch ist nach dem neugefassten § 373a die Wiederaufnahme eines durch rechtskräftigen Strafbefehl abgeschlossenen Verfahrens **zuungunsten** des Verurteilten über die Fälle des § 362 hinaus auch dann zulässig, wenn neue Tatsachen oder Beweismittel beigebracht sind, die allein oder in Verbindung mit den früheren Beweisen geeignet sind, die Verurteilung wegen eines **Verbrechens** zu begründen.

15. Kapitel. Epilog

§ 69. Die Zukunft des deutschen Strafverfahrens

Literatur: *Rieß,* Prolegomena zu einer Gesamtreform des Strafverfahrensrechts, FS Schäfer, 1980, 155; *Schreiber/Wassermann* (Hrsg.), Gesamtreform des Strafverfahrens, 1987; *Roxin,* Über die Reform des deutschen Strafprozessrechts, FS Jauch, 1990, 183; *Wolter,* Aspekte einer Strafprozessreform bis 2007, 1991; *Weigend,* Unverzichtbares im Strafverfahrensrecht, ZStW 113 (2001), 271; *Schünemann,* Wohin treibt der deutsche Strafprozess?, ZStW 114 (2002), 1; *ders.,* Wetterzeichen vom Untergang der deutschen Rechtskultur – Die Urteilsabsprachen als Abgesang auf die Gesetzesbindung der Justiz und den Beruf unserer Zeit zur Gesetzgebung, 2005; *ders.,* La reforma del Proceso Penal, Madrid 2005; *ders.,* Die Zukunft des Strafverfahrens – Abschied vom Rechtsstaat?, ZStW 119 (2007), 945; *ders.,* Verfassungsrechtl. Vorgaben f. d. Struktur des Strafverf., DAV-FS, 2009, 827; *Weigend,* Unmittelbare Beweisaufnahme – ein Konzept für das Strafverfahren des 21. Jahrhunderts?, FS Eisenberg, 2009, 657; *Schünemann,* Überfordert die Komplexität der Wirklichkeit die Juristen?, wistra 2015, 161; *ders.,* Legitimation durch Verfahren? StraFo 2015, 177; *ders.,* Die Vorschläge der Expertenkommission des BMJV zur Reform des Strafprozesses, StraFo 2016, 45; *Weigend,* Richter und Strafprozessreform, in: Jahn/Radtke (Hrsg.), Dt. Str.proz.reform u. Europ. Grundrechte pp., 2016.

I. Seitdem die großen Prozessualisten des 19. Jahrhunderts die Grundlinien des den 1
Inquisitionsprozess überwindenden reformierten Strafprozesses und der ihren Abschluss bildenden RStPO ausgearbeitet haben,[1] haben sich mit dem grundlegenden Wandel der deutschen Gesellschaft und ihrer Kultur auch die Anschauungen über Verbrechen und Strafe ebenso wie die Strukturen der Kriminalität und die kriminalistischen Möglichkeiten radikal verändert. Es ist deshalb fast selbstverständlich, dass die Modernisierung der Gesellschaft auch eine Modernisierung ihres Strafverfahrens erfordert. Dass der bundesdeutsche Gesetzgeber in weniger als 60 Jahren rund 150 Änderungsgesetze fabriziert hat, trägt freilich auch in den Augen eines wohlwollenden Betrachters unleugbar kafkaeske Züge. Inhaltlich hat in den ersten 15 Jahren der BRD, nämlich bis zum StPÄG 1964, die Befestigung des wiedergewonnenen liberal-rechtsstaatlichen Strafverfahrens die Richtung vorgegeben. Seitdem hat die Anpassung an die gewandelten Kriminalitätsformen im Vordergrund gestanden, wobei die dominierenden Stichworte abwechselnd von Terroristenfurcht und Verbrechensbekämpfung gebildet wurden. Auffällig ist, dass sich der hektische Reformgesetzgeber (abgesehen von der Abschaffung der gerichtlichen Voruntersuchung) lange Zeit an die Struktur des Strafverfahrens nicht herangetraut und diese deshalb unverändert gelassen hat. Statt dessen hat der Ausbau der Polizeigewalt im Ermittlungsverfahren im Vordergrund gestanden, was freilich in Verbindung mit dem Funktionsverlust der Hauptverhandlung, die immer mehr ins Schlepptau der polizeilichen Ermittlungsergebnisse geraten ist, ohne Änderung des rechtlichen Rahmens zu einer faktischen Strukturveränderung geführt hat, nämlich zu einer **Zerstörung der Verfahrensbalance,** weil die starke Stellung des Beschuldigten und der Verteidigung in der Hauptverhandlung in

[1] Anstelle eines eigenen strafrechtsgeschichtlichen Kapitels soll in dieser Auflage auf die 25. Aufl. (15. Kapitel 518 ff.) sowie auf die Spezialdarstellungen von *Eb. Schmidt,* Einführung in die Geschichte der deutschen Strafrechtspflege, 3. Aufl., 1965; *Rüping/Jerouschek,* Grundriss der Strafrechtsgeschichte, 6. Aufl., 2011; *Vormbaum,* Einführung in die moderne Strafrechtsgeschichte, 2009, sowie *Ignor,* Geschichte des Strafprozesses in Deutschland 1532–1846, 2002, verwiesen werden. Die Entwicklung des Strafprozessrechts in der BRD und die Reformdiskussion sind in der 25. Aufl., 531 ff., eingehend dargestellt worden.

einem vom Ermittlungsverfahren dominierten Strafprozess wertlos wird. Weil die in den rechtlichen Rahmenbedingungen unveränderte Hauptverhandlung nunmehr den Flaschenhals der Erledigungskapazität der Strafrechtspflege bildete, durch den die nicht nur quantitativ enorm angewachsene, sondern vor allem im Bereich der Wirtschaftskriminalität qualitativ die Dimensionen einer traditionellen Beweisaufnahme sprengende Kriminalität nicht mehr „hindurchpassiert" werden konnte, entwickelte die in der Verfahrenssoziologie sog. Gerichtssaalelite der professionellen Verfahrensbeteiligten (Richter, StAe, Verteidiger) contra legem das scheinbare Patentrezept der **Urteilsabsprachen,** die für alle drei Rollen enorme Vorteile brachten und bei einer folgenorientierten Betrachtung niemanden zu schädigen scheinen, weil der schuldige Angeklagte mit einer milderen Strafe davonkommt, während der unschuldig Angeklagte ja auf der Durchführung einer konventionellen Hauptverhandlung bestehen kann. Aber wie so oft sind die kollektiven Folgen andere als die individuell kalkulierten, denn der für den Geständigen offerierte Strafrabatt mutiert alsbald zur Normalstrafe, was die nicht legitimierbare Strafverschärfung für denjenigen, der unter Wahrnehmung seiner prozessualen Rechte um seine Unschuld kämpft, zur Kehrseite hat. Es ist nicht nur in der sozialpsychologischen Gerechtigkeitsforschung und der rechtsphilosophischen Gerechtigkeitstheorie, sondern auch für den gesunden Menschenverstand evident, dass ein derartiges Prozesskonzept nur legitimiert werden kann, wenn der Beschuldigte und sein Verteidiger (ohne den er gegenüber der rechtskundigen Staatsmaschinerie ohnehin wehrlos ist) sich in einer Ausgangsposition befinden, in der sie den weiteren Verfahrensverlauf mit oder ohne Absprache einigermaßen zuverlässig abschätzen und dem von der Polizei aufgebauten und der StA abschließend formulierten Belastungsgebäude, falls es auf tönernen Füßen steht, auch effektiv etwas entgegensetzen können. Und genau an diesem neuralgischen Punkt kulminieren die prekären Sonderwege des deutschen Strafverfahrens in einer dreifach verhängnisvollen Weise, deren Ignorierung seitens der die gegenwärtige Kriminalpolitik beherrschenden Kräfte entweder einen Verlust des rechtsstaatlich-liberalen Grundkonsenses in der BRD oder ein unmissverständliches Wetterzeichen vom Untergang der deutschen Rechtskultur bedeutet. Gerade der Vergleich mit dem so vielfältig kritikwürdigen, letztlich am Paradigma des Boxkampfes orientierten US-amerikanischen Prozessmodell macht das deutlich, weil dieses nämlich seit der die richterliche Gesetzesbindung beiseite schiebenden deutschen Absprachenpraxis auch unter Gerechtigkeitsaspekten turmhoch über der deutschen Verfahrenswirklichkeit steht: Weil die im Schwurgerichtsverfahren der USA entscheidende Jury die Ermittlungsakten nicht kennt, ist sie nicht wie der deutsche Richter dem **Perseveranzeffekt** (o. § 1 Rn. 16) ausgesetzt und kann deshalb von dem sich unschuldig wissenden Beschuldigten als Ausweg aus dem Absprachendruck als wahrhaft unparteiische Instanz angerufen werden. Umgekehrt wird der Perseveranzeffekt durch die deutsche Absprachenpraxis potenziert, weil sich der Richter beim plea bargaining naturgemäß auf die Richtigkeit des Ermittlungsergebnisses verlässt und zugleich durch das Hinwirken auf eine Urteilsabsprache jenes „commitment" an das von der StA verlangte Schuldurteil steigert, das nach den Gesetzen der Informationspsychologie den Perseveranzeffekt weiter verstärkt.

2 Als weiterer Verstärker kommt die in keiner anderen bedeutenden Rechtsordnung der Welt so intensiv durchgeführte organisatorische Verzwirnung zwischen Richtern und Staatsanwälten hinzu, die (in einer durch die Theorie der sozialen Vergleichsprozesse erklärbaren Weise) den **„Schulterschlusseffekt"** auslöst, kraft dessen die Hypothesen

von StA und Polizei vom Richter grds. als an der Sache orientiert und damit objektiv interpretiert, diejenigen des Verteidigers dagegen als subjektive, womöglich erkaufte Zweckhypothesen diskreditiert werden und damit in allen kognitiv nicht eindeutigen Situationen, wie sie für die meisten Strafverfahren typisch sind, den Anklagehypothesen ein Vertrauensvorschuss gewährt wird. Es offenbart einen ausgeprägten Provinzialismus, wenn man sich in der deutschen Reformdiskussion keine Rechenschaft darüber ablegt, dass die enge Verschlingung der Berufskarrieren von Richtern und Staatsanwälten in Deutschland international fast ohne Beispiel ist und in Verbindung mit den negativen Folgen einer Prozessstruktur, die in der Hauptverhandlung den Richter des alten Inquisitionsprozesses konserviert hat, unweigerlich dazu führt, dass der Richter bei den plea negotiations als verlängerter Arm der StA, bestenfalls aber immer noch als Makler für eine Unterwerfung des Beschuldigten unter die Anklage fungiert. Dass dieser Richter sich nicht scheut, nach einer gescheiterten Absprachеverhandlung nunmehr als vorgeblich neutrale Instanz in der Hauptverhandlung nach der Wahrheit zu suchen, belegt bestenfalls erstaunliche Naivität, die beim Individuum verständlich, als Maxime der Rechtspolitik aber indiskutabel ist. Nimmt man hinzu, dass die Urteilsabsprachen ca. 30 Jahre lang unter Missachtung des Gesetzes praktiziert wurden (was auch der Große Strafsenat durch die Apostrophierung als „Rechtsfortbildung" letztlich eingeräumt hat), ferner dass der Gesetzgeber diese Usurpierung aller prozessualen Machtbefugnisse durch den Richter in § 257c schlicht legalisiert und sogar noch gegenüber der früheren Praxis durch die Vetoposition der Staatsanwaltschaft und die Aufkündbarkeit der Absprache durch das Gericht weiter zu Lasten des Angeklagten verschlechtert hat, so muss man in diesem grassierenden Unverständnis für die Minimalia der Verfahrensgerechtigkeit schon eine bedrohlichere Phase denn bloße Wetterzeichen für den Niedergang der deutschen Verfahrensrechtskultur erkennen. Wenn man außerdem weiß, dass selbst die Rechtspolitik von Drittweltländern erkannt hat, dass es bei der Einführung von Urteilsabsprachen nicht nur um die Äußerlichkeiten der Abschlusszeremonie wie im Inquisitionsprozess beim endlichen Rechtstag, sondern um eine der neuen Prozessstruktur angepasste, faire Ausbalancierung der prozessualen Rechte geht, dann wird freilich abermals deutlich, dass die gegenwärtige rechtspolitische Diskussion in Deutschland in Provinzialität zu versanden droht.

II. Dass diese Entwicklung nicht nur für den deutschen Rechtsstaat verhängnisvoll, 3
sondern auch paradox ist, liegt offen zutage, wenn man die in diesem Lehrbuch teils inhaltlich geschilderte, teils bibliographisch nachgewiesene moderne deutsche Strafprozessrechtswissenschaft zur Kenntnis nimmt, die in ihrer Kreativität, Subtilität und technisch-systematischen Sorgfalt weltweit ohne Beispiel ist. In ihrem Schoße sind in den letzten Jahren auch genügend seriöse Vorschläge entwickelt worden, um auch in einem mit Urteilsabsprachen arbeitenden Prozess jene Verfahrensbalance wieder herzustellen, die, wenn auch in anderer Weise, die Prozessstruktur der RStPO nicht anders als das adversatorische Modell der USA als Leitbild geprägt hat. Zum Abschluss dieses Lehrbuches sollen zwölf im Grunde ganz einfache, aber essentielle Kautelen benannt werden, mit deren Hilfe diese Balance auch in einem Verfahren hergestellt werden könnte, in dem die klassische Hauptverhandlung als Instrument der Wahrheitsfindung entbehrlich und eine Unterwerfung des Beschuldigten unter das Ergebnis des polizeilichen Ermittlungsverfahrens legitimierbar ist. Daneben gilt es natürlich auch, die zahlreichen subtilen Strategien zu revozieren, mit denen die Rechtsprechung in den letzten Jahrzehnten die Stellung der Strafverfolgungsorgane gestärkt und dieje-

nige der Verteidigung geschwächt hat und die in diesem Lehrbuch im Einzelnen dargestellt und kritisiert worden sind. Aber während es hierbei um dogmatische Feinheiten geht, bei denen auch die in der Rechtsprechung entwickelten Positionen angemessen zu berücksichtigen und deshalb ggf. differenzierte Lösungen zu erarbeiten sind, lassen sich die **„zwölf essentials"** in prinzipieller Weise aus der regulativen Idee einer fairen Verfahrensbalance ableiten (s. *Schünemann,* StraFo 2015, 183ff. mit Erweiterung der in der Voraufl. angeführten acht Punkte):

4 1. Wenn das Endergebnis des Prozesses ohne echte Hauptverhandlung direkt aus dem Ermittlungsverfahren abgeleitet wird, dann muss schon dieser Verfahrensabschnitt genügende Garantien enthalten, um als ein Instrument zur Findung der materiellen Wahrheit qualifiziert werden zu können. Das gegenwärtige Ermittlungsverfahren in den USA nicht anders als in Europa enthält diese Garantien nicht, weil es einseitig von der Polizei und allenfalls noch von der Staatsanwaltschaft geführt wird, während die Stellung der Verteidigung so schwach ist, dass man von einer Kontrolle der Richtigkeit der Ermittlungen und von einer Balance zwischen Belastungs- und Entlastungsversuchen nicht sprechen kann. Das Ermittlungsverfahren ist im Grunde identisch mit dem alten Inquisitionsprozess und leidet damit an allen seinen Einseitigkeiten und Gebrechen, die vor 200 Jahren zur Reform des Strafverfahrens in Europa geführt haben. Man muss also die Kontrollmechanismen und Ausbalancierungen, die damals durch die Erfindung der öffentlichen und mündlichen Hauptverhandlung geschaffen wurden, schon in das Ermittlungsverfahren einbauen. Insoweit bieten sich vier Prinzipien an, um schon im Ermittlungsverfahren eine wenigstens einigermaßen hinreichende Balance zwischen den Verfolgungsinteressen und der Kontrollierbarkeit durch die Verteidigung herzustellen.

5 a) Als erstes muss für alle heimlichen Ermittlungsverfahren eine neue und zusätzliche Institution geschaffen werden, die nicht mit der StA oder Strafjustiz identisch ist, sondern ausschließlich die Aufgabe eines Schutzes der Verteidigungsinteressen verfolgt. In den Vorschlägen für die Reform des europäischen Strafrechts ist sie „Proto-", also **„Voraus-Verteidigung"** genannt worden. Sie wäre vom Staat zu finanzieren, würde anders als der Verteidiger selbst zur Verschwiegenheit gegenüber dem Beschuldigten verpflichtet sein, aber dessen Interessen bei allen heimlichen Ermittlungsmaßnahmen und in diesem Sinn eine Kontrollaufgabe wahrnehmen. Für alle Einzelheiten muss auf die für die transnationalen Ermittlungsverfahren vorgeschlagene Einrichtung eines „Eurodefensor" verwiesen werden.[2]

6 b) Zum zweiten müssen sämtliche **Zeugenvernehmungen,** erst recht diejenige des **Beschuldigten,** von Anfang an per **Video** aufgezeichnet werden, weil nur auf diese Weise der Verteidiger später, wenn er volle Akteneinsicht bekommt, die Verlässlichkeit einer Zeugenaussage beurteilen kann. Denn die gegenwärtige Praxis, die Zeugenaussage nur schriftlich aufzuzeichnen, führt, wie zahlreiche empirische Untersuchungen bewiesen haben, zu einem künstlichen Produkt aus dem Wissen des Zeugen und den leitenden Hypothesen der Vernehmungsbeamten.[3] Und es ist später nicht mehr zuver-

[2] Dazu die Gesetzesvorschläge in: *Schünemann* (Hrsg.), Ein Gesamtkonzept für die Europäische Strafrechtspflege, 2006, 49–56.

[3] Dazu *Schünemann,* FS Pfeiffer, 1988, 478; *ders.,* ZStW 114 (2002) 1, 21; *ders.,* StraFo 2004, 293f.; *ders.,* GS Vogler, 2004, 86; *ders.,* ZStW 119 (2007), 957; *Park,* Die Wahrheitsermittlung im Ermittlungsverfahren, 2003, 98ff.; w. N. o. § 1 Rn. 16 Fn. 4.

lässig feststellbar, was als eigenes Wissen des Zeugen und was als Mutmaßung und Formulierung des Vernehmungsbeamten in das schriftliche Protokoll eingeflossen ist. Allein die komplette Videoaufzeichnung ermöglicht es deshalb später dem Verteidiger, etwa in der Aussage eines Belastungszeugen dessen wirkliches Wissen von den von der Polizei hineingetragenen Vermutungen zu unterscheiden und dadurch zuverlässig zu beurteilen, ob die Ermittlungen zur Auffindung der materiellen Wahrheit geführt haben und deshalb als Basis für die Abschlussentscheidung akzeptiert werden können.

c) Drittens muss der Verteidiger, wie es heute unter gewissen Bedingungen nach dem Prozessrecht der USA schon möglich ist,[4] ein gesichertes Recht zur eigenen Zeugenvernehmung bekommen. Derartige **eigene Beweiserhebungen** des Verteidigers sind zwar auch heute schon im europäischen Strafprozess zulässig. Es fehlt aber jede Pflicht des Zeugen, zur Vernehmung vor dem Verteidiger zu erscheinen, so dass es völlig vom guten Willen des Zeugen abhängt, ob er aussagt oder nicht. Nur durch ein gesichertes Vernehmungsrecht kann aber eine Waffengleichheit im Ermittlungsverfahren erreicht und dadurch eine als Basis der Abschlussentscheidung unverzichtbare Balance zwischen Verfolgungs- und Verteidigungsrechten hergestellt werden. Selbstverständlich müsste auch die Vernehmung durch den Verteidiger vollständig per Video aufgezeichnet werden, um etwaige Versuche des Verteidigers zur Zeugenbeeinflussung zu dokumentieren. 7

d) Viertens ist es, nachdem der Gesetzgeber in den letzten Jahren und Jahrzehnten nicht müde geworden ist, die moderne Observations- und Kommunikationstechnik für die polizeiliche Überwachung wie für die Strafverfolgung fruchtbar zu machen,[5] höchste Zeit, sie zur Herstellung der Verfahrensbalance auch zu Gunsten des Beschuldigten zu nutzen, namentlich indem die Untersuchungshaft weitestgehend durch die **elektronische Fußfessel** als mildere Maßnahme ersetzt wird.[6] 8

2. Nur wenn diese vierfache Reform des Ermittlungsverfahrens durchgeführt würde, ließe sich davon sprechen, dass die Verteidigung an dessen Ende zuverlässig beurteilen kann, ob dessen Ergebnisse die von der StA erhobene Anklage tragen und ob es deshalb zur Abkürzung des Verfahrens sinnvoll ist, das von der StA oder von einem Richter vorgeschlagene Ergebnis ohne Hauptverhandlung zu akzeptieren. Damit das betreffende Angebot der Justiz nicht zu einem praktisch die Entschlussfreiheit des Angeklagten zerstörenden strukturellen Druck führt, müssen freilich drei weitere **Garantien für die plea negotiations** hinzukommen. 9

a) Eine Urteilsabsprache kann es nur mit einem professionell verteidigten Angekl. geben, alles andere wäre die unfaire Ausnutzung seiner konstitutionellen Unterlegenheit. Weil aber jeder Angekl. diese Chance besitzen muss (die gegenwärtige Willkür, 10

[4] Dazu *Kamisar/La Fave/Israel/King/Kerr,* 1212; *Whitebread/Slobogin,* Criminal Procedure, 5. Aufl., 2008, 590; sowie *Park* (Fn. 3), 151 ff. m.w.N.; § 3503 US Code Title 18.

[5] Neben der Telekommunikationsüberwachung nach § 100a StPO und dem „Lauschangriff" nach §§ 100c, 100d und 100f StPO vgl. etwa § 100g StPO (Erhebung von Verkehrsdaten bei der Telekommunikation); § 100i StPO (Einsatz von „IMSI-Catchern" zur Ermittlung des Standorts und zur Identifizierung von Handybenutzern) sowie die Befugnis zur Online-Durchsuchung von Computern in § 20k des BKA-Gesetzes.

[6] Vgl. nur *Jolin/Rogers,* MschrKrim 1990, 201 ff.; *Krahl,* NStZ 1997, 457 ff. sowie die Stellungnahme von *Roxin* bei *Julius* in ZStW 111 (1999), 889, 906; zur flotten Einführung im Rahmen der Führungsaufsicht *Brauneisen,* StV 2011, 311.

ob der Richter sich überhaupt auf eine Abspracheverhandlung einlässt, was er normalerweise nur mit einem Verteidiger tut, bedeutet eine inakzeptable Verletzung der Chancengleichheit aller Angeklagte), muss die **Verteidigung** ausnahmslos eine **notwendige** werden.

11 b) Der **Rabatt,** der bei einem Verzicht auf die Hauptverhandlung möglich ist, muss eng **begrenzt** werden.[7] Allein dies würde auch mit dem Strafzumessungsrecht in Übereinstimmung sein, denn danach könnte man die Abkürzung des Verfahrens als eine kleine Wiedergutmachung gegenüber der Rechtsordnung qualifizieren und daraus einen freilich vom Umfang sehr beschränkten Strafrabatt legitimieren.[8] In der Praxis würde das etwa so ablaufen können, dass die StA mit der Anklage zwei verschiedene Strafmaßvorschläge unterbreitet, einen für den Fall nach Durchführung einer vollständigen Hauptverhandlung und einen für den Fall des Verzichts des Angeklagten auf die Hauptverhandlung, wobei die Differenz maximal 20% ausmachen dürfte. Wenn sich der Angekl. aufgrund der verbesserten Garantien im Ermittlungsverfahren davon überzeugt hat, dass er ohnehin kaum reelle Freispruchschancen besitzt, wird er auf die Hauptverhandlung verzichten und sich der ermäßigten Strafe unterwerfen. Legitimierend wirkt hier dann aber nicht sein Konsens als solcher, sondern seine Einsicht darin, dass die Ermittlungen bereits zur Auffindung der materiellen Wahrheit geführt haben. Wählt er die Hauptverhandlung, so ist er durch den zweiten Strafmaßvorschlag der StA davor geschützt, zur „Strafe" für seine prozessuale Hartnäckigkeit mit einer exorbitant höheren Strafe belegt zu werden. Es muss also die höhere Strafmaßbenennung der StA mit einem Verbot der reformatio in peius verbunden werden, wovon man Ausnahmen zulassen kann, wenn die Hauptverhandlung ganz entscheidend schwerere Delikte zutage fördert, etwa dass statt einer unerlaubten Schießerei ein Mord gegeben war.

12 c) Drittens muss eine **Inkompatibilität** zwischen dem die Abspracheverhandlung führenden und dem im Falle ihres Scheiterns die Hauptverhandlung leitenden Richter statuiert werden, weil der Angekl. nur in diesem Fall sicher sein kann, dass er das Abspracheangebot ohne nachteilige prozesspsychologische Wirkungen ablehnen kann.

13 3. Die achte und neunte Kautel müssen auf **organisatorischem** Gebiet liegen:

a) Die international fast einmalige Verschmelzung der Richter- und Staatsanwaltskarriere muss durch eine zumindest partielle **Entflechtung** abgeschwächt werden, um auch den Schulterschlusseffekt zumindest abzumildern. Das muss nicht unbedingt heißen, dass eine so strikte Trennung wie in den USA oder England durchgeführt wird, sei es in Gestalt der Wiedereinführung der Jury, sei es in Gestalt der Wahrnehmung der Anklage durch beauftragte Rechtsanwälte. Es würde vielleicht schon ausreichen, den regelmäßigen Karrierewechsel zu beseitigen oder vor der Ernennung zum Richter ausreichende Erfahrungen in einer Tätigkeit außerhalb der Justiz, etwa auch als Rechtsanwalt, zu verlangen. Denn nur unter dieser Voraussetzung kann der Angeklagte den Richter als einen neutralen Verhandlungspartner empfinden und nicht als den verlängerten Arm der StA, der lediglich nach einem eingeübten Rollenspiel einen

7 Auch in diesem Punkt lässt die Rechtsprechung des BGH eine ausreichende Domestizierung der tatrichterlichen „Sanktionsschere" vermissen, wenn beispielsweise in einem Verfahren wegen Raubes die Alternative „4 ½ oder über 7 Jahre Freiheitsstrafe" toleriert wird (BGH NStZ 2007, 655).

8 Dazu *Schünemann/Hauer,* AnwBl. 2006, 439; *Hauer,* Geständnis und Absprache, 2007, 312.

Vorschlag eine Stufe unter den staatsanwaltschaftlichen Vorstellungen unterbreitet, was natürlich vom Staatsanwalt antizipiert und durch eine entsprechend höhere Ausgangsforderung neutralisiert werden kann.

b) Die Auswahl des Pflichtverteidigers muss für den Fall, dass der Beschuldigte keine 13a
Benennung vornimmt, auf die Rechtsanwaltskammer übertragen werden, um symbiotische Verhältnisse zwischen Justiz und Verteidigern auszuschließen.

4. Die letzten drei Kautelen betreffen das Zwischenverfahren und die klassische 13b
Hauptverhandlung.

a) Das Zwischenverfahren würde ja weitgehend durch die neue Form des abgekürzten Verfahrens ersetzt werden und sollte i. Ü. zukünftig nur noch auf Antrag der Verteidigung stattfinden, wobei dann zur Vermeidung des Inertiaeffekts eine Inkompatibilität zwischen dem Richter des Zwischenverfahrens und dem in der Hauptverhandlung erkennenden Gericht zu statuieren wäre.

b) Aus dem gleichen Grunde muss die Aktenkenntnis des erkennenden Gerichts stark 13c
reduziert werden, wobei die Einzelheiten hier nicht weiter diskutiert werden können. Das betrifft vor allem die für den Inertiaffekt zentralen polizeilichen Vernehmungsprotokolle, bei denen man daran denken könnte, dem Verteidiger das Recht zu einer „Sperrerklärung" einzuräumen, das er nach Auswertung der Videoaufzeichnungen auszuüben hätte.

c) Die Durchführung der Beweisaufnahme sollte dann durchaus entsprechend dem er- 13d
kenntnistheoretischen Modell der Wahrheitsfindung zunächst dem Gericht obliegen. Meine experimentellen Untersuchungen zur Figur des „inquisitorischen Richters ohne Aktenkenntnis" haben gezeigt, dass dieser zu einer optimalen Informationsverarbeitung in der Lage ist[9]. Dabei bietet er gegenüber der alternativen Figur des mit der amerikanischen Jury vergleichbaren Passivrichters den entscheidenden Vorteil, dass die Apperzeption und Bewertung der Beweisaufnahme durch seine Teilnahme an der prozessualen Kommunikation für die anderen Prozessbeteiligten erkennbar und dadurch konterkarierbar bleibt. Zur weiteren Verbesserung und zur Beseitigung der neben dem Inertiaeffekt gravierendsten Beeinträchtigung der Verfahrensbalance in der gegenwärtigen Hauptverhandlung – wie auch in größeren Prozessen zur Wahrung des Unmittelbarkeitsgrundsatzes[10] – müssen die Zeugenaussagen auch im Strafprozess nach dem Muster des Zivilprozesses protokolliert werden, indem der Vorsitzende unter der Aufsicht von Staatsanwaltschaft und Verteidigung eine vom Zeugen zu genehmigende Niederschrift des „wesentlichen Ergebnisses der Aussage" diktiert.[11] Es ist eine informationspsychologisch selbstverständliche, alltägliche und immer wieder offensichtlich unzulässige Revisionsrügen speisende Erfahrung, dass jeder Verfahrensbeteiligte kom-

---

9 *Schünemann,* Verfahrensgerechtigkeit, 222.

10 Denn wegen der Kapazitäts- und Zeitgrenzen des menschlichen Gedächtnisses schöpfte Richter nach einer längeren Hauptverhandlung sein Urteil nicht mehr aus deren Inbegriff, sondern bestenfalls aus seinen apokryphen Notizen, die schlimmstenfalls anhand der Ermittlungsakten wieder verständlich gemacht, häufig genug aber jedenfalls dadurch ergänzt werden.

11 Zur zivilprozessualen Regelung und Praxis s. § 160 Abs. 3 Nr. 4 i. V. m. § 160a Abs. 2 S. 4, 162 ZPO sowie *Natter/Mohn/Hablitzel,* NJOZ 2013, 1041. Deshalb habe ich schon seit 35 Jahren, notabene erfolglos, eine Dokumentation der Beweisergebnisse in der Hauptverhandlung selbst verlangt, s. *Schünemann,* GA 1978, 161 ff. Mit 32 Jahren Verspätung sind solche Gedanken inzwischen auch beim Strafrechtsausschuss der BRAK angekommen, s. dessen Stellungnahme Nr. 1/2010.

plexe Zeugenaussagen von seiner eigenen Perspektive aus apperzipiert, selektiv bewertet und selektiv erinnert, weshalb Verteidiger nach der mündlichen Urteilsbegründung oft spontan erklären, das Gericht müsse wohl in einer anderen Hauptverhandlung gewesen sein. Die gegenwärtige Regelung und Verfahrenspraxis, dass das Gericht erst in den Urteilsgründen den wesentlichen Inhalt der Zeugenaussagen in für die Beweiswürdigung und für die Sachrüge maßgeblicher Weise zu schildern hat, limitiert in erkenntnistheoretisch fataler Weise die Vollständigkeit der Kommunikation als Voraussetzung der Wahrheitsfindung und etabliert in die prozessuale Balance zerstörender und deshalb normativ inakzeptabler Weise eine nicht mehr kontrollierbare[12] Herrschaft des Tatrichters über die Tatsachen. Natürlich muss es ihm überlassen bleiben, über die Glaubhaftigkeit einer Aussage entscheiden, aber wenigstens deren Inhalt muss in der Hauptverhandlung unter Aufsicht aller Beteiligten fixiert werden[13].

14 4. Wer die Justizpolitik der Bundesrepublik in den letzten Jahrzehnten verfolgt hat, wird die vorstehenden Vorschläge als gewagt, wenn nicht utopisch empfinden; man braucht nur die „ridiculus mus" der von einer vom BJMin ernannten „Expertenkommission" riskierten Anregungen dagegen zu halten (dazu i. e *Schünemann,* StraFo 2016, 45). In Wahrheit sind sie nichts anderes als eine Aufstellung der unverzichtbaren Prämissen, die bei der Einführung eines mit Urteilsabsprachen arbeitenden Strafverfahrens in einem Rechtsstaat erfüllt sein müssen. Einige von ihnen wie etwa die Videoverfilmung der polizeilichen Vernehmungen und die Einführung der elektronischen Fußfessel zur Zurückdrängung der Untersuchungshaft gelten ganz genau so bereits für den traditionellen Strafprozess, der durch die einseitige Nutzung moderner Technik ausschließlich zu Lasten des Beschuldigten schon heute die rechtsstaatliche Balance verloren hat.

[12] Zwar hat der BGH eine in der RStPO ursprünglich nicht vorgesehene Revisionskontrolle über die Schlüssigkeit der tatrichterlichen Beweiswürdigung entwickelt (dazu o. § 55 Rn. 32), kann hierbei aber immer nur am Symptom kurieren, weil er auf die Urteilsangaben über den Inhalt der Zeugenaussagen angewiesen ist.

[13] Weil die vorgeschlagene Form der Protokollierung die notwendige Präzisierung der häufig amorphen oder konfusen Zeugenaussagen garantiert, ist sie m. E. einer Videoverfilmung der Hauptverhandlung oder der US- amerikanischen Praxis der Aufnahme durch Gerichtsstenografen vorzuziehen.

Paragrafenverzeichnis

Die Fundstellen verweisen auf die Paragrafen des Buches und deren Randnummern (z. B. 45/6 = § 45 Rn. 6). Hauptfundstellen sind **fett** gesetzt.

StPO §§	§/Rn.
2	6/14
3	6/13; 20/20
4	6/14
5	6/14
6	6/11 a; 21/4; 21/22
6a	21/6; 44/2
7	7/1; 7/2; 7/6
8	7/3; 7/5; 40/13
9	7/3; 7/5
10	7/2
12	7/4; 21/8; 40/10
13	7/7; 7/8
13a	7/5
14	7/10; 21/5
15	7/9
16	21/7; 21/22; 44/2
17	24/54
19	7/10; 21/5
22	8/1; 8/2; 8/3; 9/15; 26/6; 27/14; 42/13; 45/17; 46/27
23	8/4
24	6/10; **8/1; 8/7; 8/10; 8/12;** 18/17; 27/14
25	8/12; 27/14
26	8/12; 8/13; 24/1
26a	8/13; 19/12
27	8/13; 8/16; 44/14
28	8/14; 8/15; 56/3
29	8/14
30	8/16
31	8/1; 8/13; 18/17
33	9/3; 18/4; 18/10; 23/8; 27/11; 29/19; 41/14
33a	8/9; 23/10; 41/16
34	27/11; 37/2; 55/54
34a	52/2
35	23/12
35a	4/8; 23/12; 49/3; 53/30
36	23/13; 30/21
37	22/15; 23/13
38	43/6; 45/15
40	23/12
41a	22/11
42	22/15
43	22/15
44	22/8; 22/17; 22/18; 41/10; 44/45; 52/22; 53/6; 53/30; 54/27; 55/62
45	22/17; 22/20; 24/1
46	22/17
47	22/2; 22/17
48	24/2; 26/11 f.; 27/17
51	26/11; 27/18; 31/28
52	21/12; 24/17; 24/15; 24/42; 24/37; 24/43; 24/46; 24/49; 26/13–19; 26/50; 27/16; 27/17; 33/30; 34/17; 36/8; 36/46; 46/30
53	24/20; 24/28; 24/37; 24/45; 24/46; 26/20–27; 34/17; 34/18; 34/23; 35/12; 36/8; 36/46; 39/23; 46/30
53a	24/37; 24/45; 24/46; 26/20; 26/21; 26/26; 34/17; 34/18; 36/46; 46/30; 46/31
54	24/47; 26/28; 26/30; 26/67; 27/17; 34/21; 45/17; 45/23; 46/11
55	21/12; 24/48; 24/49; 25/34; 26/17; 26/33–55; 33/28; 33/36; 45/24; 46/6; 46/12; 46/30
56	24/1; 26/35
57	25/10; 26/50; 26/58
58	26/51; 26/52; 26/58; 33/16; 47/17
58a	**26/52;** 28/9; 46/22; vor 63/4
58b	26/53a
59	26/17; 26/39; 26/40; 26/42; 26/43; 26/63
60	19/50; 24/4; 26/43–46; 49/11; 55/79
61	26/43; 26/61
62	26/43
64	22/9; 25/10; 26/40; 26/64
65	26/40; 26/48; 26/64
66	26/64
67	26/65
68	26/54; 26/55; 26/59; 40/17; 45/25
68a	26/54–56; 44/22
68b	**26/68; 26/69**
69	25/8; 26/57; 26/60; 26/61
70	25/11; 26/12; 26/48; 33/31; 34/9; 60/7
71	26/70, 27/17
72	24/2; 27/17
73	27/12; 27/17
74	27/14; 34/1
75	27/13; 33/11
76	27/17
77	27/18
78	27/16

StPO §§	§/Rn.
79	27/19
80	27/16
80a	27/11
81	2/9; 9/17; 19/11; 19/24; 24/20; 25/2; 27/11; 29/10; 33/1–5; 45/39; 56/9; 56/13; 56/14
81a	9/18; 24/17; 24/20; 24/22; 24/25; 24/27; 24/49; 24/50; 25/2; 27/13; 29/8; 29/15; 33/1; 33/2; **33/6; 33/ 8–11;** 33/16; 33/20; 33/22; 33/27; 33/28; 33/35; 35/18; 39/16; 39/27; 56/5
81b	26/51; 29/9; 29/15; 29/16; 33/1; **33/14–18;** 33/23; 39/16
81c	9/18; 9/20; 11/7; 24/17; 24/20; 24/22; 25/2; 26/13; 26/37; 27/16; 29/8; 29/15; 33/1; 33/9; 33/22; 33/24; 33/27–33; 33/36; 35/17; 39/26; 39/27; 52/2; 56/3
81d	24/25; 33/10; 33/32
81e	33/1; 33/20; 33/22; 33/35; 33/36
81f	9/26; 27/11; 33/20; 33/22
81g	9/26; 27/11; 33/1; 33/20; 33/23
81h	9/26; 27/11; 33/33; 33/34; 33/36
83	27/12; 27/14
84	27/20
85	27/7
86	24/2; 28/3
87	27/11; 27/14
91	27/11
92	27/11
94	2/9; 33/32; **34/2–8;** 34/16; 34/28; 34/29; 34/31; 34/36; 34/40; 35/24; 36/4; 38/8; 67/5
95	32/13; 34/9; 34/11
96	19/73; 29/13; 32/13; 34/11; 34/21; 34/27; 45/25
97	24/17; 24/46; 26/21; 26/25; 32/13; 34/1; 34/16–20; 34/22–25; 35/7; 35/12; 36/20
98	9/18; 9/26; 9/28; 24/17; 29/7; 29/8; 29/12; 29/14; 29/15; 29/20; 29/25; 32/13; 33/12; 33/18; 34/9; 34/12; 34/14; 34/23; 34/27; 34/29; 35/8; 35/14; 35/23; 38/8; 39/27
98a	32/10; 32/12; 32/13; 32/15
98b	9/28; 29/7; 29/25; 32/10; 32/12–15; 39/26; 39/27
98c	32/15
99	34/31; 34/32; 39/16
100	9/26; 9/28; 24/17; 29/7; 29/8; 29/15; 29/25; 34/32; 39/27
100a	24/29; 24/40; 24/52; 24/55; 24/63; 28/9; 29/5; 32/11; 34/4; 36/3; 36/4–6; 36/9; 36/10–12; 36/14; 36/17–19; 39/15; 39/16
100b	9/26; 9/28; 24/26; 29/7; 29/15; 29/25; 36/2; 36/4; 36/5; 36/9; 36/11; 36/14; 36/17; 36/19; 36/49; 36/52; 39/27
100c	24/22; 24/29; 24/52; 24/55; 24/61; 36/43; 36/46; 36/48
100d	24/22, 27; 36/50; 36/51; 29/7; 36/42; 39/26
100e	36/49
100f	29/7; 29/25; 36/50; 36/52; 39/27
100g	29/7; 29/25; 36/29-30
100h	36/50–52
100i	29/25; 36/2; 36/34; 36/36
101	24/22; 29/24; 32/14; 34/31; 36/25; 36/55
102	35/2; 35/4; 35/5; 35/15; 35/17; 35/18; 35/24; 36/4; 39/16
103	35/8; 35/15–17
104	24/38; 35/7; 35/9
105	9/18; 9/25; 24/17; 29/7; 29/8; 29/15; 29/19; 29/25; 31/10; 35/8–10; 35/16; 39/27
106	31/8; 35/8; 35/9; 35/15
107	35/9; 35/13
108	24/22; 24/29; 35/6; 35/11; 35/12; 35/16
109	35/11
110	29/14; 34/26; 35/2; 35/9; 35/14; 36/4
110a	24/53; 26/67; 37/1–3; 37/5; 37/6; 37/9
110b	9/17; 24/53; 37/2; 37/3; 45/25
110c	24/53; 37/3; 37/4; 37/6
110d	37/3
110e	37/1
111	9/18; 9/26; 29/7; 29/8; 29/25; 32/10; 32/11; 35/20–23; 39/27
111a	9/26; 29/7; 34/28–30; 38/1; 38/2; 38/7; 38/8; 39/16; 39/26
111b	34/1; 34/2; 34/5; 34/33–35; 34/37; 35/5; 35/24; 39/16; 60/3; 65/20; 67/5
111c	34/36; 65/21; 65/22
111d	34/37; 58/9; 65/21
111e	9/18; 9/26; 9/28; 24/17; 29/7; 29/8; 29/14; 29/25; 34/38; 39/27
111f	9/18; 34/38
111g	34/38; 65/21; 65/22
111h	65/21
111i	65/20
111k	34/15; 56/2; 65/23
111l	65/23
111m	34/35; 34/39; 60/3
111n	9/26; 9/28; 24/17; 29/7; 29/25; 34/33; 34/39; 39/26; 39/27

StPO §§	§/Rn.
112	1/5, 2/7, 2/9; 30/1; 30/2; 30/7; 30/9; 30/10; 30/15; 30/18; 30/19; 30/47; 31/3; 31/7; 35/24; 38/4; 38/7; 39/16; 60/2; 61/2; 61/9–11
112a	30/1; 30/11; 30/12–15; 30/47; 30/57; 38/3
113	30/2; 31/7
114	23/11; 29/7; 30/18; 31/26; 39/26
114a	30/21; 30/26
114b	30/21; 30/25
114c	30/24; 30/26
115	16/4; 18/7; 23/8; 30/22; 30/23; 30/29; 31/17; 31/22; 32/8
115a	30/22; 30/24; 30/25; 30/27–29; 32/8
116	16/13; 30/3; 30/12; 30/15; 30/23; 30/45–47; 30/49; 56/14
116a	30/48
117	19/18; 29/14; 30/61; 30/63–65
118	18/7; 30/62; 30/63; 30/67; 56/11
118a	19/18; 30/67
119	30/23; 30/30–34; 30/36; 30/38; 30/40; 30/44
120	30/23; 30/51; 30/52; 42/16
121	11/3; 16/4; 30/53; 30/55; 30/56; 30/58; 30/66; 38/6
122	30/53; 30/57
122a	30/12; 30/57
123	30/48
124	30/48
125	9/29; 30/20; 31/8; 49/5
126	30/33; 30/59; 30/63
126a	30/5; 30/12; 38/1; 38/2; 38/5; 38/6; 39/16; 39/26; 66/6
127	9/17; 12/9; 29/8; 29/9; 31/1; 31/2; 31/4; 31/5; 31/7; 31/9; 31/10; 31/19; 31/23; 32/4; 35/22; 35/24; 38/4; 39/14; 39/16; 39/27
127a	31/7; 31/18
127b	29/8; 29/9; 31/1; 31/6; 61/2; 61/9–12
128	9/28; 16/4; 18/7; 29/14; 31/16; 31/17; 31/22
129	31/17
129a	19/53; 19/58
130	12/9; 30/5; 30/16; 39/14
131	18/21; 29/15; **32/1–8;** 58/8
131a	32/3; 32/6; 32/9
131b	32/3; 32/6; 32/9
131c	9/18; 32/6; 32/9
132	9/18; 30/2; 31/7
132a	9/26; 38/1, 38/2; 38/9; 38/10; 39/16
133	25/3; 31/24; 31/25; 33/4
134	31/24; 31/24; 31/25; 39/16
135	31/25
136	2/9; 2/10; 4/6; 17/31; 18/18; 19/14; 19/64; 21/12; 24/31; 24/32; 24/33; 24/40; 24/49; 25/425/5; 25/6; 25/11–14; 26/57; 27/16; 30/23; 37/5; 39/28; 45/63; 46/26
136a	1/4; 2/9; 14/14; 17/11; 17/21; 17/31; 18/18; 21/20; 22/7; 24/5; 24/17; 24/20; 24/22; 24/32; 24/38; 24/40; 24/61; 25/12–30; 27/16; 33/10; 37/5; 37/7; 44/16; 44/68; 45/63; 53/28
137	18/14; 19/3; 19/17; 19/30; 19/38; 19/39; 19/45; 24/37; 24/38; 24/240; 25/2; 44/56
138	19/33; vor 63/4; 65/15
138a	19/12; **19/48; 19/49; 19/50; 19/51; 19/52; 19/53; 19/54; 19/55; 19/57; 19/58; 19/61;** 19/66; 36/8
138b	19/53; 19/66
138c	19/66
138d	19/56
140	2/10; 18/14; **19/7; 19/17; 19/18; 19/19; 19/22; 19/24; 19/25;** 19/28; 25/5; 33/4; 53/28; 66/8
141	2/10; 18/14; 19/25; 19/29; 19/31; 19/34; 19/42; 25/5; 33/4; 39/34; 42/5
142	19/15; 19/31; 19/34
143	19/31; 19/35; 19/40
145	19/23; 19/25; 19/26; 19/40; 19/46; 22/19; 44/13; 44/40
145a	53/21
146	**19/36; 19/37; 19/38; 19/39;** 19/45
146a	19/39
147	18/17; 19/21; **19/66; 19/68; 19/69; 19/71;** 39/33; 39/34
148	**19/75; 19/76; 19/77;** 30/37; 34/20; 36/8; 36/20
148a	19/76
149	19/149
151	10/2; 13/4; 17/5; 20/1; 20/3; 40/8; 152 9/12; 9/14; 10/2; 14/4; 26/35; 32/13; 34/5; 37/2; 39/3; 39/15; 41/2
152a	21/19
153	1/13; 9/12; 14/3; 14/6; 14/11; **14/22; 14/24; 14/25; 14/26;** 16/8; 16/9; 16/10, 23/5; 25/10; 29/12; 39/1; 39/15; 40/2; 41/16; 42/14; 43/11; 49/16, 52/19; 55/56; 59/7; 59/12; 60/5; 63/25
153a	3/23, 6/1; 9/12; 11/2; 14/13; **14/22; 14/24; 14/25; 14/26;** 23/5; 39/1; 42/14; 43/11; 49/16; 55/56; 56/3; 59/7; 68/13

StPO §§	§/Rn.
153b	14/6; 14/20; 14/22; 42/14; 43/11; 55/56
153c	14/11; 14/22; 14/23; 52/21
153d	14/16; 14/22; 14/23
153e	14/17; 14/22
153f	3/29
154	14/7; 14/8; 14/9; 14/22; 14/27; 17/11; 17/33; 20/3; 42/15; 44/76; 52/19; 55/56; 59/12
154a	14/7; **14/8; 14/9; 14/10; 14/14; 14/15;** 14/22; 14/27; 20/3; 22/13; 55/56
154b	14/11; 14/22; 42/15
154c	14/17; 14/22
154d	14/18; 14/22; 41/7; 45/55
154e	14/18; 14/22; 39/15
154f	40/2
155	10/2; 13/6; 15/3; 20/1; 20/1; 20/2; 20/3; 20/5; 40/11; 40/12; 44/27; 52/11; 52/16; 52/27
156	14/28; 22/14; 40/10; 40/11; 63/2; 63/25
157	40/13; 42/17; 49/11
158	9/2; 39/10; 39/13
159	39/7
160	2/10; 9/2; 9/11; 9/30; 9/31; 17/5; 24/15; 39/1; 39/2; 39/3; 39/11; 39/21; 39/23; 45/2; 58/6
160a	24/17; 24/22; 24/28; 24/46; 24/63; 35/15; 36/12; 39/23
160b	**39/21;** 44/64
161	9/20; 24/18; 24/22; 24/27; 29/4; 30/21; 32/2; 32/13; 36/24; 36/31; 39/22–24
161a	6/20; 16/4; 19/66; 25/3; 26/11; 26/12; 26/39; 26/50; 26/53; 26/62; 26/69; 27/12; 27/13; 27/16–18; 29/14; 29/15; 31/24; 31/28; 39/26; 56/3
162	9/26
163	9/19; 9/21; 16/4; 32/2; 36/31; 39/1; 39/2; 39/3; 39/22; 39/23
163a	2/9; 16/4; 18/6; 18/18; 19/64; 25/3; 25/4; 25/5; 25/11; 25/12; 25/17; 25/31; 26/50; 26/53; 26/57; 29/14; 31/16; 31/24; 39/28; 39/30; 39/36; 46/29; 56/3
163b	9/17; 29/9; 29/15; 31/1; 31/2; 31/7; 31/19; 31/20; 31/23; 31/28; 35/21; 35/22; 35/24
163c	9/28; 31/1; 31/7; 31/19; 31/21; 31/23
163d	9/18; 9/28; 29/7; 29/8; 32/10; 32/11; 35/21; 39/27
163e	9/28; 35/21; 39/27
163f	9/18; 36/31–33

StPO §§	§/Rn.
164	29/15; 31/18
165	9/19; 9/21; 9/29; 13/5
166	9/29
167	9/19; 9/29; 13/5; 39/1
168	39/28
168a	39/28; 51/8; 51/13
168b	39/28; 46/26
168c	18/14; 19/64; 24/27; 24/42; 39/30–32
168d	18/14; 19/64; 24/42; 28/2; 39/30
168e	18/14; 19/64; 39/30; 46/23
169	9/27; 30/62
169a	39/34
170	14/4; 40/1; 40/2; 40/4; 40/6; 40/9; 40/14; 42/4; 63/25
171	39/12; 40/5; 41/4; 41/9; 65/11
172	14/4; 22/17; 41/1; 41/5; **41/7–15;** 65/24
173	41/14
174	14/26; 41/15; 41/17; 49/11; 52/19
175	9/14; 18/7; 23/6; 41/14–16
177	41/1; 41/15
199	4/4; 40/9; 40/14; 42/1; 42/4; 42/7
200	7/1; 20/3; 40/9; 40/16; 40/17; 43/9; 48/4
201	18/7; 18/15; 18/16; 19/25; 22/15; 42/2; 42/5; 42/6; 56/3
202	42/6; 56/3; 68/5; 68/7
202a	42/6; 44/64
203	4/4; 24/37; 24/45; 40/14; 42/3; 42/8
204	4/4; 21/24; 42/14; 59/6
205	21/13; 21/24; 42/15; 62/5
206a	21/24; 43/11; 49/16; 55/56; 55/81; 59/12; 64/4
206b	43/11; 64/4
207	4/6; 14/9; 30/66; 42/3; 42/9–11; 42/16; 52/16
209	6/11a; 21/4; 42/10
209a	42/10
210	42/17; 42/18; 56/3; 56/13; 68/9
211	14/26; 42/1; 42/19; 43/11; 48/6; 52/19
212	43/1; 44/64; 47/5
212b	61/3
213	4/5; 43/1; 43/2; 66/13
214	43/1; 43/6; 45/13
216	43/1; 43/3; 44/43; 44/55
217	18/2; 18/17; 42/13; 43/1; 43/2; 44/12
218	42/13; 43/1; 43/4
219	18/17; 43/1; 43/5
220	18/14; 43/6; 45/14; 45/15
221	43/1; 43/5
222	43/1; 43/9

StPO §§	§/Rn.
222a	16/4; 43/1; 43/7; 44/2; 55/15; 55/39
222b	16/4; 43/8; 44/2; 55/15; 55/35; 55/39
223	18/14; 21/5; 43/1; 43/10; 45/23; 46/3
224	18/14; 24/27; 43/10
225	18/14; 26/53; 28/2; 43/1; 43/10; 46/3
225a	21/5
226	4/5; 9/2; 19/23; 44/35; 44/38–40; 46/1; 46/5
227	19/23; 44/39; 44/40
228	44/9; 44/11; 44/14; 44/40
229	10/2; 19/79; **44/7–11;** 46/5
230	18/17; 19/7; 21/18; 31/26; 43/2; 44/42; 44/43; 44/54; 61/11
231	31/26; 44/46; 44/47; 44/55; 46/1; 46/5
231a	44/14; 44/46; 44/48; 44/53; 54/24
231b	44/6; 44/14; 44/49; 44/53
231c	44/40; 44/58
232	44/45; 44/55; 54/6; 54/25; 61/11; 62/3
233	44/45; 44/55; 54/25
234	44/56
234a	44/32; 44/57
235	22/22; 44/45; 54/6
236	44/14; 44/55
237	20/20; 44/14
238	19/6; 19/59; 23/3; 44/6; **44/14–19;** 44/55; 45/8; 55/37
239	17/5; 44/24
240	18/17; 19/7; 44/1; 44/19; 44/21
241	44/21; 44/23; 44/24
241a	44/23; vor 63/4
242	44/21
243	4/5; 4/6; 9/2; 18/8; 19/80; 21/6; 24/31; 25/4; 25/5; 25/7; 25/8; 25/31; 26/51; 40/16; 42/9; 42/11; 44/1–4; 44/46; 46/1; 46/6; 63/20; 66/13
244	4/7; 10/2; 15/3; 17/7; 18/17; 19/12; 19/13; 19/71; 24/2; 24/6; 24/8, 24/15; 25/10; 26/52; 26/58; 27/10; 33/21; 42/5; 43/5; 44/4; 44/14; 44/22; 44/81; 45/2; 45/4; 45/9; 45/10; 45/12; 45/14–17; 45/19–21; 45/25; 45/28–30; 45/33; 45/34; 45/36–38; 45/41; 46/6; 46/13; 46/33; 54/15; 54/25; 55/16; 55/24; 55/34; 57/15; 61/7; 63/3; 63/21
245	27/12; 43/6; 44/57; 45/12–15; 45/20; 45/28; 45/36; 63/21
246	43/9; 44/12; 45/28
246a	27/11; 44/41
247	19/80; 44/14; 44/50–54; 47/10; vor 63/4
247a	44/52 f.; 45/25; 46/8; 46/13; 55/35
248	44/16; 44/53
249	17/7; 24/2; 28/2; 28/4; 28/7; 28/9; 46/1; 46/7; 51/2; 54/15
250	2/9; 10/2; 28/7; 46/4; 46/8; 46/18; 46/24; 46/26; 46/33; 54/15
251	24/42; 28/9; 39/31; 44/14; 44/53; 44/57; 45/22; 45/26; 46/8; 46/9; **46/11–17;** 46/21; 46/25
252	24/46; 46/12; 46/23; 46/29–32
253	28/7; 46/19–21
254	25/3; 28/7; 45/17; 46/19; 46/20; 46/25
255	26/52; 26/53; 46/21; vor 63/4
255a	28/9; 44/53; 46/21–24; 46/32
256	46/24; 46/26; 61/7
257	4/7; 18/8; 19/7; 24/27; 24/34; 44/1; 44/25; 46/1
257a	19/13; 44/5; 46/2
257b	47/5
257c	**44/60 ff.;** 47/5; 50/7; 55/72
258	4/7; 4/8; 18/8; 44/1; **44/5;** 44/6; 46/1
260	12/10; 21/24; 48/9; 48/10; 49/6–8; 49/10; 49/11; 49/16; 49/17; 52/18; 53/12
261	2/9; 4/1; 10/2; 17/5; 17/7; 17/14; 44/1; 44/9; 44/77; 45/1; 45/17; 45/43; 45/56; 46/1; 46/6; 46/34; 46/38; 46/39; 51/5; 55/24
262	44/13; 45/55; 57/7
263	4/8; 48/13; 55/77
264	4/1; 10/2; 14/13; 20/1; 20/1; 20/2; 20/3; 20/5; 20/12; 20/15; 20/16; 44/27; 46/1; 46/5; 48/2; 48/7; 52/11; 52/16
265	17/16; 18/8; 19/79; 20/1; 20/2; 20/3; 20/5; 20/6; 20/15; 44/12; 44/13; 44/27; 44/28; 44/30; 44/32; 44/57; 45/19; 48/8; 48/10; 54/25; 55/74; 63/21
265a	44/33
266	13/6; 20/2; 20/6; 40/9; 40/15; 44/12; 44/14; 48/4–6
267	23/11; 44/69; 49/12; 49/14; 50/7–10; 55/28; 55/30; 55/75
268	4/8; 21/5; 22/10; 23/11; 44/7; 49/1; 49/2; 49/17; 50/2
268a	49/1; 49/4; 49/10; 49/15; 53/35
268b	30/66; 49/1; 49/5
268c	49/5
268d	49/5
269	6/11a
270	21/5; 23/7; 42/10; 44/14; 52/30

StPO §§	§/Rn.
271	44/38; 51/1; 51/6; 51/13
272	51/1; 51/8; 51/9
273	17/8; 28/3; 28/4; 47/5; 48/5; 51/2; 51/4–6; 51/8; 51/9
274	44/53; 45/53; 51/1; 51/3; 51/7; 51/9; 51/11
275	50/1–3; 50/9; 50/13; 51/2; 66/13
275a	66/1; 66/11–13
276	44/44; 62/4
285	42/15; 44/44; 62/5
289	62/5
290	62/6
291	67/5
293	67/5
294	62/6
295	62/7
296	9/2; 9/11; 18/17; 53/2; 53/8; 53/9; 63/2
297	19/11; 53/8
298	53/8
299	22/10
300	22/6; 53/6
301	9/2; 9/11; 52/4; 53/31
302	18/2; 19/11; 22/14; 44/67; 53/23ff.; 53/29
303	22/14; 53/25; 64/9
304	8/15; 20/20; 23/3; 29/14; 29/20; 30/35; 30/61; 30/64; 33/12; 33/18; 33/23; 41/16; 53/5; 53/10; 56/1–3; 56/13
305	29/14; 33/12; 34/12; 43/8; 44/17; 44/45; 53/10; 56/4–6
306	30/62; 52/20; 53/5; 53/22; 53/23; 56/8; 56/10
307	33/4; 53/4; 56/9
308	18/9; 53/5; 56/11
309	30/62; 42/18; 56/11; 68/9
310	30/35; 30/62; 30/64; 56/14
311	18/9; 22/14; 33/4; 53/5; 53/21; 56/12; 56/13
311a	18/9; 23/10; 56/1
312	6/10; 54/1; 55/4
313	54/1; 54/12; 54/18; 55/4
314	16/4; 22/10; 53/20–23; 54/6; 54/11
315	54/6; 55/44
316	52/2; 53/4; 53/15; 54/7
317	54/7; 64/3
318	20/19; 53/15; 53/17; 54/7
319	52/2; 53/5; 54/8
320	54/8
321	54/8
322	52/2; 54/11; 54/12; 54/18; 55/50; 56/13
322a	54/12; 54/18
323	53/5; 54/13; 54/27
324	18/9; 54/14
325	51/4; 54/15
326	18/9; 54/16
327	53/15
328	54/19
329	15/4; 22/22; 23/12; 31/26; 44/42; 44/45; **54/22–28;** 55/5; 68/11
330	23/12
331	53/31; 53/35; 53/36
332	54/14; 54/15
333	55/2
335	6/8; 55/2–6
336	19/31; 24/22; 24/26; 26/69; 42/13; 55/35
337	22/8; 24/22; 24/26; 26/60; 44/6; 44/7; 44/11; 44/18; 44/32; 44/41; 46/38; 46/39; 47/25; 47/26; 49/2; 53/5; 55/10; 55/14; 55/16; 55/33; 55/42; 57/7
338	6/12; 8/5; 8/15; 19/27; 19/35; 21/7; 22/8; 24/26; 26/59; 43/4; 43/8; 44/13; 44/17; 44/18; 44/37–58; 45/17; 45/40; 46/36; 46/38; 47/5; 47/20; 47/24–26; 49/1; 49/2; 50/2; 50/13; 51/11; 52/25; 55/15; **55/38;** 55/39; 55/41; 55/42
339	55/43
341	16/4; 22/10; 53/20; 53/22; 53/23; 53/26; 55/44
342	55/44
343	52/2; 53/4; 53/15
344	44/6; 51/11; 53/15; 54/7; 55/11; 55/46; 55/47
345	54/10; 55/44; 55/45; 55/47
346	52/2; 53/5; 55/48
347	55/47; 55/49
348	55/49
349	8/9; 23/4; 52/2; 52/18; 55/50; 55/51; 55/53–55; 55/72
350	18/9; 19/18; 19/28; 44/45; 55/58
351	18/9; 55/9; 55/59
352	53/15; 55/11; 55/47; 55/60; 55/61
353	23/7; 55/67; 55/74
354	7/9; 8/5; 8/10; 42/18; 55/69; 55/71–73; 55/77
354a	55/64; 55/81
355	55/69
356	23/7
356a	23/10
357	52/5; 52/22; 55/78; 55/80; 55/81
358	53/31; 55/70; 55/74
359	1/4; 52/16; 52/22; 57/4–7; 57/10; 57/13–15
360	57/16
361	57/4

StPO §§	§/Rn.
362	1/4; 52/16; 57/5; 57/6; 57/8; 57/11; 57/15; 68/13
363	57/3
364	57/6; 57/9
364a	19/18; 57/13
364b	2/10; 57/13
365	9/11; 57/13
366	57/13
367	57/14
368	57/9; 57/14; 57/15
369	57/9; 57/15
370	23/6; 57/15–17
371	48/1; 57/4; 57/17–19
372	57/16; 57/18
373	53/31; 57/17
373a	52/16; 57/4; 57/8; 68/13
374	12/15; 21/16; 40/6; 63/5; 63/12; 63/13; 64/6
375	63/14
376	12/16; 14/21; 40/6; 63/7
377	14/21; 63/7; 63/25
378	63/20; 64/2
379	63/3; 63/26
379a	63/3; 63/26
380	12/7; 63/15; 63/17; 63/18; 63/26
381	63/18
382	63/18
383	11/2; 63/3; 63/19; 63/24
384	63/3; 63/20; 63/21
385	63/20
387	44/45; 63/20
388	63/26
389	63/24
390	53/9; 64/3
391	15/4; 22/22; 63/2; 63/11; 63/22
392	63/22; 64/10
393	63/24; 64/11
395	41/6; 64/1; 64/5–8; 64/11
396	64/8
397	26/9; 64/2
397a	64/2
398	64/8
400	53/9, 64/3; 64/4
401	53/9; 64/3; 64/9
402	64/1; 64/9; 64/11
403	65/3
404	65/4; 65/6
405	65/2
406	65/7
406a	53/9; 65/2; 65/8
406c	65/8
406d	65/9–11; 65/18
406e	64/2; 65/12–14; 65/18
406f	65/15–18
406g	2 vor 63; 65/18a
406h	65/16f.
406 i–l	65/18
407	7/1;18/10; 40/9; 68/1; 68/3; 68/5; 68/9
408	68/4; 68/5; 68/7–9
408a	61/11; 62/4; 68/1; 68/10
408b	68/3
409	22/19; 40/9; 68/5; 68/6
410	18/10; 52/19; 68/6; 68/10; 68/13
411	14/28; 40/10; 68/10–12
412	22/7; 22/22; 44/42; 44/45; 68/11
413	64/5; 66/1; 66/2
414	27/11; 40/9; 66/6; 66/8
415	66/6; 66/8
416	66/1; 66/9
417	16/3; 31/6; 40/9; 40/15; 42/1; 61/1; 61/3; 61/6; 61/9
418	19/18; 40/9; 40/15; 50/9; 61/6
419	61/3; 61/4; 61/11
420	42/1; 61/1; 61/7; 68/11
429a	66/1
429d	66/1
430	67/2
431	53/10; 67/2
432	67/2
433	53/10; 67/2
436	67/2
437	53/10; 67/2
439	67/1
440	40/9; 67/3
441	67/3
442	53/10; 67/4
443	9/28; 39/27; 67/5, 67/6
444	53/10; 67/6
449	52/5; 58/2; 58/7
450	58/8
451	9/2; 30/20; 58/4; 58/7
453	58/5
454	58/5
454a	58/5
454b	58/5
455	58/7
456	58/7
456a	58/7
456c	30/10; 58/7
457	29/1; 29/15; 30/20; 32/6; 58/4, 58/8
458	52/31; 58/5; 58/10
459	3/4; 58/9
459a	58/4; 58/9; 65/19
459d	58/5
459f	58/5
459h	58/5; 58/10
459i	58/9
460	52/18; 58/5
461	58/8
462	56/9; 56/13; 58/10

StPO §§	§/Rn.
462a	58/5; 58/10
463	58/9
463d	58/2; 58/6
464	49/11; 59/3; 59/12
464a	59/1; 59/2
464b	59/13
465	49/11; 50/14; 59/4
467	11/1; 11/2; **21/11;** 49/12; 59/2; 59/6; 59/7
467a	59/2; 59/11; 59/12
469	59/2; 59/9; 59/12
470	59/10
471	11/1; 63/3
472	64/12; 65/17
473	59/2; 59/8
474	39/24
477	24/22; 24/27; 24/53; 24/63; 32/11; 32/14; 36/18; 36/22; 39/23
481	33/19
482	33/19
483	32/3; 32/10; 33/15
489	33/15; 58/20
492	32/3; 58/18; 58/19
493	58/19
494	58/18–20
495	58/18; 58/19

GVG	§/Rn.
1	2/9
13	21/3
16	2/9; 6/11; 10/2; 52/26
18	5/3; 21/3
19	21/3
21a–g	6/12
21e	8/13; 26/6
21f	8/13; 26/6
21g	8/13; 26/6
24	6/6; 6/11 a; 21/5; 54/20; 66/7; 68/4
25	6/6; 44/17; 66/7; 68/4
26	6/7
28	2/9; 6/18
29	6/18; 6/19
30	42/7; 68/4
33	6/16
70	8/13
73	30/62; 56/10
74	6/7; 6/10; 6/19; 54/2; 66/7
74a	6/7; 7/6; 36/47
74b	6/7
74c	6/7; 9/9
74d	6/19
74e	6/7; 21/6; 42/10
76	2/9; 6/7; 6/19; 42/7; 43/8; 54/2; 66/7
77	6/16

GVG	§/Rn.
78a	58/5
78b	58/5
120	6/8; 7/6; 9/7; 30/62
121	6/8; 9/14; 52/2; 55/6; 55/7; 56/10
122	6/20; 42/7; 43/8
135	6/9; 30/62; 52/2; 55/7
136	9/14
139	6/20
140a	57/14
142	9/6
142a	9/6; 9/7
143	9/9
144	9/5; 9/13
145	9/5; 9/6; 9/13; 9/15
146	9/5
147	9/6; 41/9
150	9/14; 41/1; 42/6
152	9/16; 30/21
166	43/10
167	9/24
169	2/9; 10/2; 16/2; 17/7; 18/21; 18/24; 47/2–4; 47/18; 47/24–26
171a	47/10; 66/8
171b	47/10; 47/12; 47/15; 47/20; 47/24; 55/35
172	44/14; 47/8; 47/11–13; 47/15; 47/20; vor 63/4
173	47/23; 47/25
174	47/15; 47/20
175	47/16
176	19/77; 44/14; 44/55; 47/3; 47/8; 47/9; 47/18; 47/19
177	19/59; 31/18; 44/16; 44/49; 47/16; 47/19; 47/21
178	19/59; 44/14; 47/16; 47/19; 47/21
181	47/19; 56/5
183	13/4; 31/8; 39/7; 47/16
184	22/8; 46/1
185	22/8
187	19/22; 22/8
189	22/8
192	4/8; 43/7; 44/36; 48/9
193	48/9
194	48/11
196	48/13; 55/77
197	48/11; 48/12
198	60/8
199	60/8
258	26/12

GG	Art./Rn.
1	3/5; 11/4; 18/19; 18/20; 24/20; 24/55; 25/1; 25/9; 25/19; 26/23; 33/21; 34/25; 36/12; 36/19; 53/14

GG	Art./Rn.
2	18/19; 18/20; 21/13; 24/20; 24/55; 25/1; 25/19; 26/23; 27/11; 30/24; 30/37; 30/43; 30/55; 33/1; 33/21; 34/12; 34/20; 34/25; 36/19; 52/23; 61/11
3	14/2; 14/14; 30/41; 45/30; 52/23
4	26/40; 26/48
5	26/25; 30/38; 34/23; 47/3
6	24/20; 30/37; 30/41
10	18/19; 24/59; 30/37; 34/31; 36/24
12	19/48; 38/10
13	9/26; 18/19; 24/22; 29/7; 31/10; 35/8; 36/39; 36/51; 37/4; 37/6; 47/8
14	36/9
16	3/22
17	41/4
19	14/14; 14/22; 19/66; 29/11; 29/12; 29/19; 29/22; 31/10; 41/2; 41/7; 41/8; 55/12; 55/47
20	2/6; 11/4; 14/14; 17/7; 19/42; 25/1; 34/20; 44/9; 44/28; 55/32
23	3/19
25	3/16; 55/14
28	11/4; 44/9
31	3/11; 66/4
34	60/2; 60/7
35	9/26; 27/13
38	30/42
40	34/22
46	3/5; 21/19; 31/7
47	26/26; 34/22
73	9/24; 9/25
74	34/35
79	3/19
87	9/24; 9/25
92	3/5; 7/1; 9/10; 9/15; 14/14
12	19/48; 38/10
93	52/8; 53/3
96	3/5
97	2/9; 7/1; 9/26
100	56/7
101	2/9; 3/5; 6/1; 6/11; 6/11 a; 7/1; 8/1; 8/7; 8/13; 10/2; 21/5; 52/23; 52/26; 55/69; 55/72
102	31/14
103	2/9; 3/5; 3/18; 3/19;10/2; 14/2; 14/14; 18/4; 18/6; 18/8; 18/12; 19/69; 19/79; 20/2; 20/3; 21/9; 22/19; 23/87; 23/10; 24/11; 24/37; 24/42; 25/4; 41/14; 44/5; 44/25; 44/27; 44/28; 45/30; 46/34; 50/4; 52/6–8; 52/11; 52/17; 52/23; 54/12; 55/58; 62/1; 68/5
104	2/9; 9/26; 18/19; 24/20; 29/7; 29/21; 30/22; 30/23; 31/1; 31/7; 31/10; 31/17; 33/1
140	26/40
142	3/11

EMRK	Art./Rn.
3	3/14, 33/7
5	3/14; 16/3; 19/67; 30/22; 30/55; 60/2; 60/7
6	2/9; 3/14; 3/15; 3/17; **11/1; 11/4; 11/5;** 16/3; 18/4; 18/17; 18/21; 19/1; 19/22; 19/28; 19/30; 19/42; 19/69; 22/8; 24/37; 24/42; 26/52; 30/30; 32/4; 33/7; 34/20; 34/31; 44/20; 44/28; 45/25; 45/56; 46/1; 46/15; 46/23; 46/24; 46/32; 46/34; 47/10; 53/8; 59/7
8	3/14; **18/19; 18/20;** 19/79; 34/31
19	3/15
34	3/15; 53/3
35	3/15

Sachverzeichnis

Die Zahlen verweisen auf die Paragrafen des Buches und deren Randnummern (z. B. 44/5 = § 44 Rn. 5). Hauptfundstellen sind **fett** gesetzt.

Abberufung des Pflichtverteidigers 19/35; 56/4
Ablehnung
– der Gerichtspersonen 3/2; **8/1 ff.**
– des Richters 8/7 ff.
– des Sachverständigen 27/14
– des StA 9/15
Ablehnungsgesuch 8/1; 12 ff.
Abschlussvermerk 39/34
Absoluter Revisionsgrund s. Revision
absolutio ab instantia 45/57
Absprache **17/7 ff.;** 39/21, 35; 42/6; 43/1; **44/60 ff.;** 65/20; 69/1, 8 ff.
– Austauschgeschäft 44/63, 71
– Beweiswürdigung 45/45
– BGH-Rspr. 17/9 ff.
– Bindung des Gerichts 17/8 a; 17/16; 44/74
– Entstehung 17/7
– und Geständnis 17/35; 44/64 f.
– Kritik 17/19 ff.
– notleidende 44/73 ff.
– und Öffentlichkeitsgrundsatz 47/5
– und Prozessstruktur 17/8a
– Rechtsmittelbelehrung bzw. -verzicht 17/18; 44/67; 49/3; 53/24
– Reform 17/35; 39/35
– Strafzumessung 55/72
– Verfassungsmäßigkeit 17/33 ff.
Abstandsgebot 66/11
Abstimmung im Kollegialgericht 48/9 ff.
Abtrennung von Verfahrensteilen 20/20; 4/17; 43/54
Abwägungslehre 24/30 ff., 61 Fn. 56
Abwesenheitsverfahren 44/45 ff.; 62/1 ff.
Adhäsionsverfahren 65/1 ff.
Aditionsverfahren 57/13 ff.
Agent Provocateur s. Lockspitzel
Akkusationsprinzip 13/1 ff., 40/8, 12
Akkusationsprozess s. Anklageverfahren
Aktenbegriff 19/71
Akteneinsicht
– des Beschuldigten 18/17
– Rechtsschutz 19/66
– des Sachverständigen 27/16
– bei Spurenakten 19/71
– bei U-Haft 19/67
– des Verletzten 19/73; 63/20; **65/12 ff.**
– des Verteidigers 19/66 ff.
Aktenkenntnis
– des Nebenklägers 64/2
– der Schöffen 6/16 f.; 46/6
– des Verletzten 65/14
Aktenversendung 46/5
Aktenvorhalt s. Vorhalt
Aktenwidrigkeit 55/24
Aktenzeichen XY 32/7
Akustische Wohnraumüberwachung s. Lauschangriff
Alibi 26/37; 45/48
Amnestie 21/10
Amtsanwalt 41/9
Amtsanwaltschaft 41/9
Amtsgericht
– Besetzung 6/18
– Zuständigkeit 6/6
Anbahnungsgespräch 19/37; 75
Anfangsverdacht 39/15
Anfechtung
– der gerichtlichen Entscheidung 22/19; 23/12; 44/17; 52/31; **53/4 ff.;** 54/10
– von Justizverwaltungsakten 3/4;
– der Kostenentscheidung 22/29; **59/12 f.**
– von Maßnahmen des Vorsitzenden 44/15
– von Prozesshandlungen 22/4
– des Rechtsmittelverzichts 53/27 f.
– der staatsanwaltlichen Entscheidung 29/12
Angeklagter 4/10, s. auch Beschuldigter
Angeschuldigter 4/10 s. auch Beschuldigter
Anhörungsrüge 18/5; 23/10
Anklage 4/3 ff., 10; 6/10, 12, 14
Anklagegrundsatz 10/1 ff.
Anklagepflicht der StA 9/14; 40/7
Anklagesatz 40/16; 44/3 f.
Anklageschrift 40/9 ff.; 42/5
Anklagezwang s. Legalitätsprinzip 14/4 f.; 40/7
Annahme der Berufung 54/12, 18; 55/4
Anstaltsbeobachtung 33/2 ff.
Antiterrordatei 32/3
Antragsdelikte **12/8 ff.**
Anwesenheitspflicht
– des Angeklagten in der Hauptverhandlung 21/18; **44/42 ff.;** 54/22 ff.
– im Privatklageverfahren 63/20
– der Richter in der Hauptverhandlung 44/35 ff.
– des Staatsanwalts 44/39
– des Urkundsbeamten 44/38
– des Verteidigers 44/40
– des Zeugen 44/41

Anwesenheitsrecht
– bei Augenscheinseinnahmen 28/2
– des Beschuldigten 24/42; 39/30f.; 44/48
– des Nebenklägers 65/2
– des Rechtsbeistands des Nebenklägers 65/17
– des Verteidigers 19/64; 44/40
– im Vorverfahren 39/30ff.
Anzeige **39/5ff.;** 41/4; 46/26; 59/9
Anzeigepflicht
– der Gemeinde 39/7
– des Notars 26/21
– des Richters 39/7
– des Verfolgungsbeamten bei privatem Wissen 39/6
Aufhebung des Haftbefehls 9/3; 30/16, 23, 26ff., 51ff.
Aufklärungsgehilfe 45/45, s. auch Kronzeuge
Aufklärungspflicht richterliche 33/21; **45/2ff.,** 36; 46/33; 54/25; 55/34; 63/21
Aufklärungsrüge 45/41; 50/8; 55/34
Auflagen 6/1; 14/13f.; 44/33
Aufopferungsanspruch 60/7
Aufruf der Sache 4/6
Augenschein 28/1ff.; 45/37; 55/28
Augenscheinsgehilfe 27/3
Ausbleiben des Angeklagten
– in der Berufungsinstanz 54/22ff.
– in der Hauptverhandlung **44/44;** 68/1
Auskunft aus dem Zentralregister 58/13
Auskunftsverweigerungsrecht 24/48; 25/48; 26/33ff.
Auslagen 59/1ff.; 63/3; 64/12
Auslandsermittlung 24/67
ausländische TKÜ 36/19
ausländische Vernehmungsprotokolle 46/9
Auslandszeuge 45/29; 46/9, 13
Ausnahmegerichte 2/9; 52/26
Aussagefreiheit s. nemo tenetur
Aussagegenehmigung 24/47; 25/9; 26/31
Aussagepflicht des Zeugen 26/12ff.
Aussageverbot 26/30; 45/25f.
Aussageverweigerungsrecht 26/50; 46/14
Ausschluss der Öffentlichkeit 47/10ff.
Ausschreibung zur Festnahme 32/3ff.
Aussetzung des Hauptverhandlung 19/26; 19/79; 42/13; 43/4; 44/7ff.
Aussetzung der Strafe zur Bewährung 49/10
Aussetzung der U-Haft s. Haftverschonung
Außerordentlicher Gerichtsstand 7/7

Baader-Meinhof 19/78
Bäcker-von-Siegelsbach-Fall 55/27 (Fn. 8)
Bankgeheimnis 26/29
Bartsch-Prozess 45/4
Befangenheit
– des Richters 8/7ff.
– des Sachverständigen 27/14f.
– des Staatsanwalts 9/15
Begründung
– der Berufung 54/6
– der Revision 55/44
– des Urteils 52/10
Begründungstiefe 30/57
Begründungszwang bei gerichtlichen Entscheidungen 55/54
Beistand
– des Angeklagten 19/80ff.; 20/80
– des Verletzten 65/15
– des Zeugen 26/68
Bekanntmachung von gerichtlichen Entscheidungen 23/12; 57/19
Belehrung
– des Beschuldigten 24/31; 24/35; 24/61; 25/7
– qualifizierte bei Rechtsmittelverzicht 53/24
– qualifizierte bei Unverwertbarkeit 24/33, 61
– über Rechtsmittel 49/3
– des Zeugen über Auskunftsverweigerungsrecht 24/48; 46/14
– des Zeugen über Zeugnisverweigerungsrecht 24/43; 33/26; 46/14
Benachrichtigungspflicht
– bei Einstellung des Ermittlungsverfahrens 40/4
– bei U-Haft 30/23
Berufsrichter 6/15ff.
Berufsverbot, vorläufiges 38/9ff.
Berufung 53/5, **54/1ff.**
– Begründung 54/7
– Einlegung 54/6ff.
– Frist 54/6
– Mitzieh-Berufung 53/31 Fn. 6
– Urteil 54/18ff.
Beschlagnahme 34/1ff.
– Anordnung 34/12
– von Daten 34/4; 36/4
– Durchführung 34/13
– Ende 34/15
– von Führerscheinen 34/2, 28ff.
– von Verfalls- und Einziehungsgegenständen 34/33ff.
– Wirkungen 34/14
Beschlagnahmeverbot 24/46; 34/16ff.
Beschleunigtes Verfahren 61/3ff.
Beschleunigungsgrundsatz **16/3ff.**
– Rechtsfolgen bei überlanger Verfahrensdauer 16/8ff.; 60/8
Beschluss des Gerichts 23/2; 52/18; 53/6
Beschuldigter
– Beginn der Beschuldigtenstellung 25/11
– Belehrung 24/31; 24/35; 24/61; 25/7
– als Beweismittel **25/1ff.**
– Erscheinenspflicht 25/3; 54/22ff.
– Festnahme **31/1ff.**
– Ladung 43/3, 6
– Legaldefinition 4/10

- Persönlichkeitsrecht 18/20ff.
- als Prozesssubjekt 2/4; 18/1
- Rechte im Verfahren **18/2ff.;** 25/1
- Tod 21/11, 57/4, 59/6
- Untersuchung **33/6ff.**
- Vernehmung 25/4ff.; 44/2
- Vorführung 30/29, 31/17, **31/22ff.;** 44/43

Beschwer 53/11ff., 55/75
Beschwerde 29/14; 41/9; 53/5; **56/1ff.**
- einfache 56/1ff.
- sofortige 56/12f.
- weitere 56/14
- Wirkungen 56/9ff.
- Zulässigkeit 56/2ff.

Besetzung der Strafgerichte 6/15ff.
Besondere Gerichtsstände 7/6
Besorgnis der Befangenheit 8/7ff.; 55/54
Bestandsdaten 36/29-30
Beugehaft 26/49
Beweis 24/1ff.
Beweisantizipationsverbot 45/4f.
Beweisantrag 45/5ff.
- Ablehnung 45/12ff.
- Ablehnungsbeschluss 45/38ff.
- Bedeutungslosigkeit 45/18ff.
- Begriff 45/8
- Eventualantrag 45/39
- Kongruenzgebot 45/19
- Konnexität 45/10
- präsente Beweismittel 45/13ff.
- Ungeeignetheit des Beweismittels 45/22
- Verschleppungsabsicht 19/12; 45/27f.
- Wahrunterstellung 45/19
- Zeitpunkt der Stellung 45/30
- Zwecklosigkeit 45/22ff.

Beweisaufnahme 4/7; 45/1ff.
- im beschleunigten Verfahren 61/7
- kommissarische 43/10
- Umfang 45/3f.

Beweiserhebungsverbote 24/13ff.
Beweisermittlungsantrag 45/8ff.
Beweisgrundsätze 10/1, 15/8
Beweismittel
- gesetzliche 24/2
- präsente **45/13ff.**
- sachliche 28/1ff.

Beweisregeln, gesetzliche 45/1; 45/42; 45/46
Beweissicherungsverfahren 15/4; 44/44; 62/5
Beweissurrogate 46/4
Beweistatsache 45/10
Beweistransfer 24/18, 27; 39/23
Beweisverwendungsverbot 24/63f.
Beweisverwertungsverbote 24/21f.; 24/28; **24/30ff.;** 33/8; 34/27; 35/9; 36/11ff.; 37/2
Beweiswürdigung, freie **45/42ff.;** 55/26ff.
Beweiswürdigungslösung
- bei Beweisverboten 24/39; 45/45
- bei fehlender Verteidigung 19/42
- bei Lockspitzel-Einsatz 45/45; 46/34
- bei Versagung des Konfrontationsrechts 46/20

Beweisziel 45/10
Blutentnahme 24/49f.; 33/6, 11f., 32
Brechmittel 33/7
Bundesamt für Justiz 58/11
Bundesamt für Verfassungsschutz 9/24; 36/24
Bundesanwaltschaft 9/6f.
Bundesgerichtshof 55/7
- Besetzung 6/20
- Zuständigkeit 6/9

Bundeskriminalamt 9/25; 36/24
Bundesnachrichtendienst 24/54; 36/24; 39/24; 58/19
Bundespolizei 9/24
Bundeszentralregister 49/17; 52/5; **58/11ff.**

Cannabis-Entscheidung 14/12
Cicero-Entscheidung 34/23
Cloud Computing 35/14
Compliance 25/14
Constitutio Criminalis Carolina 11/3; 45/42
Conviction intime 23/11
Corpus juris 3/20, 3/25
cross examination 44/24
Crown Prosecution Service 13/3

Darstellungsrüge 55/32
Datenabgleich 32/15
Datenschutz 26/38; 39/23
Datenübermittlung 36/28, 39/23f.; 58/19f.
Deal s. Absprache
Devolutionsrecht 9/5
Devolutiveffekt 30/63; 53/4
Digitale Beweismittel 24/2
Dinglicher Arrest 34/37
Discovery 11/7; 19/66
Dispositionsgrundsatz 27/7
Disziplinarstrafe, Verhältnis zur Kriminalstrafe 52/7
Disziplinierungsfunktion 24/27
DNA-Analyse 33/20ff.; 45/50
DNA-Analyse Datei 33/23, 34
Dolmetscher 3/14; 22/8
Doppelbestrafung 3/23; 52/6f.
Double Jeopardy 20/2, 9
Drohung 19/63; 22/7; 25/25, 27
Durchsuchung 35/1ff.
- Durchsicht der dabei gefundenen Papiere u. Daten 35/14
- legendierte 35/11
- von Personen 35/17ff.
- bei Presseunternehmen 35/7
- Rechtsschutz 29/14, 19
- Voraussetzungen 35/3ff.

Edathy-Verfahren 39/16
Eid 26/39ff.
Eidesformel 26/64
Eidespflicht 26/39ff.
Eidesverweigerungsrecht 26/47ff.
Einbeziehungsbeschluss 48/6
Einlassung 4/6, 25/11
– schriftlich 25/8, 44/4a
– durch Verteidigerklärung 46/18
Einsatz technischer Mittel 36/50ff.
Einspruch gegen Strafbefehl 68/10
Einstellung des Verfahrens 14/5ff.; 40/2ff.; 49/16; 50/11, 66
– gegen Auflagen und Weisungen 14/13f.
– bei BtM-Sachen 14/12
– Rechtskraft14/24ff.
– im Revisionsverfahren 55/56
– wegen Geringfügigkeit 14/6f.
– wegen überlanger Verfahrensdauer 16/10
– wegen weichendem Strafverfolgungsinteresse 14/16ff.
– Zuständigkeit 14/22ff.
– im Zwischenverfahren 42/14f.
Einzelrichter 6/6
Einziehungsverfahren 67/1ff.
Elektronische Fußfessel 30/3; 69/8
Elektronische Signatur 22/11
E-Mail 22/11; 34/4; 36/1
Emmingersche Notverordnung 6/16; 17/8b; 42/3
Entbindung von der Schweigepflicht 26/22
Entführung des Beschuldigten 21/20
Entschädigung
– des Beschuldigten 60/1ff.; 57/19
– des Opfers 60/8f.; **65/19ff.**
– des Sachverständigen 27/20
– des Zeugen 26/70
Entscheidungsmonopol des Gerichte 6/1
Entziehung der Fahrerlaubnis, vorläufige 34/28f.; 38/1, 7f.
Entziehung des Fragerechts 44/20
Ergänzungsklage 52/15
Ergänzungsrichter 44/36
Erkenntnisverfahren 4/2f.
Erkennungsdienstliche Maßnahmen 33/13ff.; 35/21
Ermächtigungsdelikte 12/14
Ermittler, verdeckter s. verdeckter Ermittler
Ermittlungsgeneralklausel 9/19; 39/23
Ermittlungsgrundsatz 15/1ff.; 45/2; 63/2
Ermittlungspersonen der StA 9/16ff.
Ermittlungsrichter 9/26ff.
Ermittlungsverfahren 4/3; **39/1ff.**
– Abschluss 40/1ff.
– Abschlussvermerk 39/34
– Durchführung 39/21ff.
– Einleitung 39/1ff.
– kontradiktorisches 39/36
– Öffentlichkeit 39/29
– partizipatorisches 39/36
– Rechtsschutz gegen Einleitung 29/12
– Reform 39/35f.; 69/3ff.
– Vergeheimdienstlichung 36/1
Eröffnungsbeschluss 40/18; 42/3, 7ff.; 52/30; 61/6
Ersatzeingriff, hypothetischer s. hypothetischer Ersatzeingriff
Erzwingungshaft 56/3; 60/7
Eurodefensor 46/34; 69/5
Eurojust 3/25f.
Europäische Menschenrechtskonvention 3/14ff.; 57/7
Europäischer Haftbefehl 3/21
Europäische Union 3/18ff.
Europol 3/25f.
Evidenztheorie 52/25 Fn. 9

Fahndung 32/1ff.
Fairnessgarantie durch Strafrecht 24/27f., 51; 37/8
Fair trial 2/9; 3/14, 17; 11/4ff.; 24/34, 49; 33/7; 44/26; 55/42
Feindstrafrecht 14/16ff.; 29/4
Fernmeldegeheimnis 29/21; 36/34
Fernsehen s. Medien
Fernwirkung v. Beweisverwertungsverboten 24/59ff.
Festnahme
– im beschleunigten Verfahren 61/12
– Durchführung 30/21ff.
– vorläufige 31/1ff.
Fingerabdruck s. Erkennungsdienstliche Maßnahmen
Fischer 8/8
Flagranzfestnahme 31/2
Flankenschutzfahnder 24/54a, 37/6
Fluchtgefahr 30/7, 45
Fluchtverdacht 31/3
Folter 2/3; 25/23, 30; 45/42
Fortwirkung v. Beweisverboten 24/61
Fotokopie 46/35
Fragerechte des Prozessbeteiligten 44/19ff.
Freibeweis 24/3f.; 51/9
freie Beweiswürdigung 45/42ff.
Freispruch 49/12; 50/10; 53/13; 57/17f.
Frist 22/15
– Berufungseinlegung 54/6
– Beweisantrag 45/28
– Rechtsmitteleinlegung 53/21
– Revisionsbegründung 55/44
– sofortige Beschwerde 56/12
– Urteilsabsetzung 50/2
Führerschein 34/2, 28ff.
Führungszeugnis 58/13
Funktionstüchtigkeit der Strafrechtspflege 1/7
Funkzellenabfrage 36/33

Fürsorgepflicht des Gerichts 11/11; 24/45; 44/26 f.; 54/10
Fußfessel, elektronische s. elektronische Fußfessel

Gäfgen 24/59; 25/30
Gebühren 59/1
Gefahr im Verzug **29/8;** 33/8; 34/12; **35/8;** 37/2; 39/27
Gegenseitige Anerkennung 3/20
Gegenüberstellung 26/51; 33/16
Geheimdienste 39/24
Gehörsrüge s. Anhörungsrüge
Gemeinschuldnerentscheidung 25/13
Generalbundesanwalt 9/6
Genetischer Fingerabdruck 33/21, s. auch DNA-Analyse
George Bush 3/29
Gerichtshilfe 9/30 ff.; 58/6
Gerichtssaalelite 69/1
Gerichtssprache 22/8
Geschäftsverteilung 6/12
Gesetzlicher Richter 6/11
Gestaltungstheorie 52/9
Geständnis 17/8 a; 45/45, 47; 46/19; 57/8
– schlankes 44/4 a, 45/47
– Widerruf 45/47; 57/9
Gewaltenteilung 2/4
Glaubwürdigkeitsuntersuchung 45/35
GPS 36/50
Grand Jury 42/3
Große Strafkammer
– Besetzung 6/19
– Zuständigkeit 6/7
Großer Lauschangriff 36/39 ff.
Guantanamo 25/23
Gutachtenverweigerungsrecht 27/17

Haftbefehl 30/18 ff.; 32/5; 61/10
Haftbeschwerde 30/61 ff.; 56/11
Haftgründe **30/6 ff.;** 61/9 f.
Haftkostenbeitrag 60/5
Haftprüfung 30/61 ff.
Haftrichter 30/20, 22
Haftverschonung 30/45 ff.
Hammermörder-von-Krumbach-Fall 55/27 Fn. 8
Handy 36/25 ff.; 34 ff.
Hauptverfahren 4/5 f.; 43/1 ff.
Hauptverhandlung 44/1 ff.
– Ablauf 4/6
– in Abwesenheit des Angekl. 44/45 ff.
– in der Berufungsinstanz 54/13 ff.
– in der Revisionsinstanz 55/57 ff.
– Leitung 44/14 ff.
– Reformpläne 44/79–81
– Schluss 48/9
– Unterbrechung/Aussetzung 44/7 ff.
– Vorbereitung 43/1 ff.
– Wiederholung 57/17 ff.
Hauptverhandlungshaft 61/9 ff.
Heilung von Verfahrensfehlern 44/34
Hilfsbeamte der StA s. Ermittlungspersonen der StA
Hinweispflicht 44/27 ff.
Holzschutzmittelfall 45/51
Honecker-Verfahren 21/14; 47/3
Hörfalle 24/40 ff.
Hypothetischer Ersatzeingriff 24/18, 26 f., 50, 53, 62 f.; 32/11, 14; 36/14 ff., 24; 39/23

Identitätsfeststellung 31/19 ff.
Immunität 21/19
Immutabilitätsprinzip 14/28
IMSI-Catcher 36/34 ff.
Inbegriffsrüge 44/77; 55/24
in-camera-Verfahren 34/21
Indizienbeweis 24/7; 45/48
In dubio pro reo 11/1; 45/56 ff.; 57/15
– bei Prozessvoraussetzungen 45/61
– bei Verfahrensfehlern 45/63
Inertiaeffekt s. Perseveranzeffekt
Informatorische Befragung 25/11; 39/17
INPOL 32/3
Inquisitionsprinzip s. Ermittlungsgrundsatz
Inquisitionsprozess 17/3; 44/1; 45/42
Instruktionsprinzip s. Ermittlungsgrundsatz
Internal Investigations s. Private Ermittlungen Internet 39/23
Interimsverteidiger 19/26
Internationaler Strafgerichtshof 3/29
Internet, Ermittlungen im 32/2
Interpol 9/25; 32/3

John F. Kennedy – Mord 37/8
Justizförmigkeit des Strafverfahrens 1/2; 55/12, 36; 61/1
Justizminister 9/5 f.; 45/25
Justizverwaltungsakt 3/4; 9/15; 29/12

Kaution 30/48
Kernbereich privater Lebensgestaltung 24/55 ff.; 35/2; 36/12, 41 f., s. auch Persönlichkeitsrecht
Klage
– Erhebung 40/6 ff.
– Erweiterung 48/4 ff.
– Wirkungen 40/10 ff.
– Zurücknahme 59/11
Klageerzwingungsverfahren 14/4; 41/1 ff.
Klammerwirkung 20/8
Kleine Strafkammer
– Besetzung 6/19
– Zuständigkeit 6/7
Kollegialprinzip 6/17 a
Kombinationstheorie, subjektiv-objektive 25/11
Kompetenzkonflikt, negativer 21/5

Konfliktverteidigung 19/2
Konfrontationsrecht 3/14; 3/17; 26/52; **44/20;** 45/25; 46/15, 33f.
Konnexität im Beweisrecht 45/10
Konsulatsbelehrung s. Wiener Konsularrechtsübereinkommen
Kontaktsperre 19/78
Kontenabfrage 39/23
Kontrollstelle 35/19ff.
Konzentrationsmaxime 16/5; **44/7**
Körperliche Untersuchung 24/49; 25/2; **33/6ff.**
Kosovokrieg 3/29
Kosten 48/13; 59/1ff.
Kostenfestsetzungsverfahren 59/13
Kreuzverhör 44/24
Kriegsverbrechen 7/5; 52/21 Fn. 5
Kronzeuge 14/19f.; 45/45

Ladung 43/3ff.
Laienrichter s. Schöffe
Landgericht
- Besetzung 6/19
- Zuständigkeit 6/7
Lauschangriff 36/42ff.
Lebachurteil 18/22
Legalitätsprinzip 14/1ff.; 39/2f.; 41/1, 7f.
Legendierte Kontrolle 24/54a
Leichenöffnung 27/11
Leichenschau 27/11
Letztes Wort 44/5f.; 54/16
Liechtensteiner Steuerskandal 9/22; 24/54; 39/24
Lissabonurteil 3/19, 21
Litigation PR 18/21a
Lockspitzel 9/19; 21/20; 25/30; 37/7f.
Ludwig II. 33/4
Lügendetektor 25/18
Lumbalpunktion 33/6

Mainzer Modell 44/53a Fn. 19
Maas 9/13a
Maßregeln der Besserung und Sicherung **38/1ff.;** 44/30; 49/15; 53/36; 63/21; **66/1ff.**
Massen-Nebenklage 18/25a; 64/6, 12
Materielle Wahrheit s. Wahrheit
Medien
- Aufnahmen im Gerichtssaal 47/2f.
- Berichterstattung und Persönlichkeitsrecht 18/20ff.
- Beschlagnahme 34/23f., 35, 39
- Durchsuchung 29/21; 35/7
- Vorverurteilung 8/17; 32/4
- Zeugnisverweigerungsrecht 26/24ff.
Mehrfachverteidigung 19/36ff.
Menschenrechtsbeschwerde 53/3
Missbrauchsverbot prozessualer Rechte 19/13
MiStra 3/9
Mitbeschuldigter 24/32
Mollath-Fall 53/13
Monika-Haas-Fall 46/34
Motassadeq-Fall 24/67; 25/23; 30/49; 46/9, 34
Mündlichkeitsgrundsatz **16/1;** 46/1f.
Musterverfahren 44/13

Nachermittlungen der StA 9/4, während der Hauptverhandlung 44/54a
Nachtragsanklage 13/6; **48/4ff.**
Narkoanalyse 25/22
Nebenklage 64/1ff.
- Einlegung 65/8ff.
- Kosten 64/12
- Rechtsanwalt 65/15ff.
- Stellung des Nebenklägers 64/2ff.
- Zulässigkeit 64/5ff.
- Zweck 64/1
ne bis in idem 21/8; **52/6f.,** 21
Negativattest, -mitteilung 44/68b, 51/2
Negativtatsachen 55/47
Nemo tenetur se ipsum accusare **25/1;** 24/41; 33/35f.; 39/24
Netzfahndung 32/10f.
netzpolitik.org-Skandal 9/13a
Nichtigkeit des Urteils 52/25
Nichtigkeitsbeschwerde 52/23
Notstaatsanwalt 9/29
Notverteidigung s. Protoverteidigung
Notwendige Verteidigung 19/17ff.; 42/5
- Reformbedarf 19/42ff.; 39/35
- Voraussetzungen 19/18ff.
- Zeitpunkt 19/23ff.
NSU-Prozess 18/21a, 25a; 47/4

Obduktion s. Leichenöffnung
Oberlandesgericht 55/6
- Besetzung 6/20
- Zuständigkeit 6/8
Observation 36/31ff.
Öffentlichkeit 2/5; 47/1ff.
- Ausschluss 47/10ff.
- Einschränkungen 47/6ff.
- Erweiterungen 47/4
- mittelbare 47/2
Öffentlichkeitsfahndung 32/4ff.
Offizialprinzip **12/1ff.**
OLAF 3/27
Online-Durchsuchung 35/2
Operative Fallanalyse 27/9
Opfer s. Verletzter
Opferanwalt 64/2; 65/15ff.
Opferentschädigung 60/9
Opferschutz 1/8; 2/6
Opferzeuge 26/52, 69
Opportunitätsprinzip s. auch Einstellung 14/1; 40/2
Ordnungsmittel 31/28

Organisierte Kriminalität 29/4; 37/1 f.
Organtheorie 19/3 ff.
Ossietzky-Fall 57/4 Fn. 1

Parteiinteressentheorie 19/7
Parteiverfahren 44/79; 63/2
Passivrichtermodell 44/81
Peinliche Befragung s. Folter
Perseveranzeffekt **1/16;** 6/17, 19; 8/10; 9/1; 15/7; 19/1; 23/10; 24/39; 42/3; 44/61; 44/79, 64; 45/41, 43; 69/1
Personalbeweis 46/33
Personalien, Angabepflicht 25/6
Persönlichkeitsrecht 18/20 ff.; 24/55 ff.; 25/1; 29/4; 32/1; 35/2; 47/10, s. auch Kernbereich privater Lebensgestaltung
Pflichtverteidiger 2/6; 19/29 ff., s. auch notwendige Verteidigung
Pilotverfahren 44/13
PleaBargaining 17/8 f.; 39/35
Polizei 9/16 ff.
– Ermittlungstätigkeit 9/19 ff.
– Schusswaffengebrauch 31/14
– Stellung zur StA 9/21 ff.
– unmittelbarer Zwang 31/11 ff.
Polygraph s. Lügendetektor
Postbeschlagnahme 34/31 f.
Präventionshilfe 14/19 f.
Presse s. Medien
Prima-Facie-Beweis 45/43 Fn. 31
Private Ermittlungen 24/65 ff.; 25/14
Privatklage 12/15 ff.; 14/21; 41/7; **63/1 ff.**
– Verfahrensablauf 63/15 ff.
– Verhältnis zur öffentlichen Klage 63/7 f.
– Zurücknahme 63/11
Profiler 39/22
Proportionalitätsmaxime 24/30, 40, 46
Protokoll s. auch Sitzungsprotokoll
– bei Augenschein 28/3
– Verlesung in Hauptverhandlung 46/9 ff.
– bei Vernehmung 39/28
Protokollrüge 51/12
Protoverteidigung 29/26; 46/34; 69/5
Prozessgegenstand 17/8 a; **20/1 ff.;** 40/12; 48/2
– Begriff 20/1, 5
– Funktion 20/2
– Identität 20/3 ff.; 48/3
– und Konkurrenzlehre 20/7 ff.
– Mehrheit 20/20
– und Rechtskraft 52/12 ff.
– Unteilbarkeit 20/15 ff.
Prozesshandlungen 22/1 ff.
– Begriff 22/1
– Doppelfunktionalität 22/3
– Widerruf 22/14
– Wirksamkeitsvoraussetzungen 22/5 ff.
Prozesshindernis s. Prozessvoraussetzungen
Prozessurteil 54/18; 55/65 f.
Prozessvoraussetzung **21/1 ff.;** 37/7; 42/12; 48/13; 55/61, 81
Psychosoziale Prozessbegleitung 2 vor 63, 65/18a

Qualifizierte Belehrung 24/33, 61
Quellen-TKÜ 36/3

Rasterfahndung 32/12 f.
Razzia 35/24
Rechtliches Gehör 18/5 ff.
Rechtsbehelfe 53/1 ff.
– im Adhäsionsverfahren 64/8
– gegen Beiordnung eines Pflichtverteidigers 19/32
– gegen Kostenentscheidung 59/12
– gegen Sachleitungsmaßnahmen 44/15 ff.
– in der Strafvollstreckung 58/10
– gegen Verweigerung der Akteneinsicht 19/66
– gegen Zwangsmaßnahmen im Ermittlungsverfahren 29/11 ff.
Rechtsfrage 55/17 ff.
Rechtsfrieden als Verfahrensziel 1/3
Rechtshängigkeit 40/10
Rechtskraft 52/1 ff.
– absolute 52/3
– beschränkte 52/19
– Durchbrechung 52/22 f.; 55/80
– bei Einstellung im Verfahren 14/24 ff.; 52/19 f.
– formelle 52/2 ff.; 58/7
– bei Kartellordnungswidrigkeiten 52/21
– bei Klagerzwingung 41/17; 52/19
– materielle 52/6 ff.
– relative 52/3 f.
– des Strafbefehls 68/13
– Umfang 52/10 ff.
– im Zwischenverfahren 42/19
Rechtskraftdurchbrechung s. Wiederaufnahme
Rechtskreistheorie 24/24, 32; 55/36
Rechtsmittel 53/4 ff.
– Belehrung 49/3
– Einlegung 53/20 ff.
– gegen Eröffnungsbeschluss 42/17 ff.
– Form 53/22
– Fristen 53/21
– Kosten 59/8
– des Nebenklägers 64/3
– Verzicht 53/23 f., 28 f.
– Zulässigkeit 53/8 ff.
– Zurücknahme 53/25 f.
Rechtspfleger 55/54
Rechtsschutzinteresse 29/21 ff.
Rechtsstaatsprinzip 55/47
Rechtsweggarantie 14/14
Reemtsma-Entführung vor 63/4
Reformatio in peius 53/31 ff.
Reihengentest 33/33 ff.

Rekonstruktionsverbot 55/24
Rettungsfolter 25/30
Revision 53/5; **55/1 ff.**
– wegen Ablehnung eines Beweisantrags 45/40
– wegen Abwesenheit des Angeklagten 44/43
– Begründung 55/44 f.
– wegen Besetzung des Gerichts 55/39
– Effektivitätsgarantie 55/12
– Einlegung 55/44 ff.
– Erfolgsaussichten 24/34; 55/35, 37, 54
– Erstreckung 55/78 ff.
– wegen fehlender Verlesung des Anklagesatzes 44/3
– wegen fehlerhafter Beweiswürdigung 55/26 ff.
– wegen fehlerhafter Zeugenvernehmung 26/58 ff.
– Frist 55/44
– Gesetzesverletzung 55/14 ff.
– wegen Sachleitungsmaßnahme 44/17 f.
– wegen Strafzumessung 55/30 f.
– Urteil 55/65 ff.
– wegen Verletzung der Aufklärungspflicht 45/4
– wegen Verletzung der Hinweispflicht 44/32
– wegen Verletzung des Öffentlichkeitsgrundsatzes 47/24 ff.
– wegen verspäteter Urteilsabsetzung 50/2
– Verwerfung 55/50 ff.
– Zulässigkeit 55/2 ff.
– Zweck 55/8 ff.
Revisionsgericht 55/6 f.
Revisionsgrund 55/33 ff.
– absoluter 55/38 ff.
– relativer 55/33 ff.
Richter 6/15 ff.
– Ablehnung 8/7 ff.
– Ausschließung 8/2 ff.
– beauftragter 43/10
– blinder 46/37
– ersuchter 43/10
– gesetzlicher 6/1, 11, 12
– schlafender 44/37; 46/38
Richtervorbehalt 29/7, 25; 35/8 f.; 36/9, 36, 52; 37/2
RiStBV 3/8
Rohrbach-Fall 57/9
Rubrum 50/3
Rückgewinnungshilfe 38/3; **65/20 ff.**
Rügepräklusion 44/2, 17 ff.; 55/37
Rügeverkümmerung 51/10 f.
Rundfunk s. Medien

Sachbeweis 46/33
Sachfahndung 32/2
Sachleitung 44/14 ff.
Sachrüge 55/11 ff., 47, 63
Sachurteil 52/6, 18; 54/19 f.; 55/67 f.
Sachverständiger 27/1 ff.; 45/34 f.
– Ablehnung und Ausschluss 27/14 ff.
– Aufgaben 27/1
– Auswahl 27/12
– Begriff 27/1
– Belehrungspflicht 25/12
– Beweiswürdigung 45/46
– Erscheinenspflicht 27/18
– Gutachtenverweigerungsrecht 27/17
– Ladung 43/5
– Rechtsstellung 27/16 ff.
– Vereidigung 27/19
Sanktionsschere 8/11; 17/8; 25/27; 44/68
Scheinaufkäufer 37/6
Scheinverteidiger 53/28
Schengener Durchführungsübereinkommen 3/23; 52/21
Schengener Informationssystem 32/3
Schlankes Geständnis s. Geständnis
Schleppnetzfahndung s. Netzfahndung
Schöffe 6/15 ff.
– Aktenkenntnis 6/17, 46/6
Schöffengericht 6/6, 16 f.
– erweitertes 6/18
Schriftform 22/11
Schuldinterlokut 44/82 f.
Schuldspruchberichtigung 55/73 f.
Schulterschlusseffekt 9/1; 29/25; 55/51; 69/2, 13
Schusswaffengebrauch s. unmittelbarer Zwang
Schutzzwecklehre 24/25
Schweigen des Beschuldigten 25/31 ff.; s. auch Nemo-Tenetur
Schweigepflicht 19/15 f.; 25/35; 26/22; 46/31
Schwellentheorie 9/19
Schwurgericht
– Besetzung 6/19
– Geschichte 2/5; 6/16
– Zuständigkeit 6/7
Selbstablehnung 8/16
Selbstgespräch, abgehörtes 24/56, 64; 36/45
Selbstleseverfahren 28/7
Sexual offender registry 18/22a
Sicheres Geleit 62/7
Sicherheitsleistung 30/45, 48
Sicherstellung
– von Beweismitteln 34/1 ff., s. auch Beschlagnahme
– von Verfalls- und Einziehungsgegenständen 34/33 ff.
Sicherungsverfahren 66/1 ff.
– Verhältnis zu verwaltungsrechtlichen Verfahren 66/3 f.
– Zuständigkeit 66/7
Sicherungsverteidiger 19/40
Sicherungsverwahrung 66/11 ff.
Siegerjustiz 3/29
Siemens-Korruptionsskandal 25/14; 39/24
Sistierung 31/19 f., 28.

Sitzungspolizei 19/59; 44/14, 16; 47/18
Sitzungsprotokoll 51/1 ff.
- Berichtigung 51/10 ff.
- Beweiskraft 51/7 ff.
- Inhalt 51/2 ff.
Sockelverteidigung 19/45
Sozialstaatsprinzip 2/6
Sperrerklärung 29/13, 34/21, 45/25 f., 46/17
Spiegel-Entscheidung 34/23
Spontanäußerungen 25/11
Sprungrevision 55/3
Spurenakten 19/71
Spurenansatz 24/21, 59 ff.; 39/23
Spurengrundsatz 33/26, 33
Staatsanwaltschaft 9/1 ff.
- Aufbau 9/5 ff.
- Aufgaben 9/2 f.
- Bindung an Rechtsprechung 9/14
- Geschichte 9/1
- Herrin des Vorverfahrens 9/26; 39/1
- Mitwirkung im Privatklageverfahren 63/7
- Rechtsstellung 9/10 ff.
- Schwerpunkt-StA 9/9
- Weisungsgebundenheit 9/13
Staatsschutzsachen 6/8; 7/6; 14/16
Stasi-Unterlagen 24/22
Steckbrief 32/1
Stimmfalle 25/19 f.; 33/17
Stotterverwerfung 54/23
Strafantrag 39/12 f.; 59/10; 63/9 f.
Strafanzeige 39/5 ff.; 59/9
Strafaussetzung zur Bewährung 53/35
Strafbefehl 68/1 ff.
- Rechtskraft 68/13
- Voraussetzungen 68/3 f.
- Zuständigkeit 68/4
Strafkammer s. große und kleine Strafkammer
Strafklageverbrauch 52/6 f.
Strafvereitelung durch Verteidiger 19/49, 61 ff.; 36/8
Strafverfahren
- Ablauf 4/1 ff.
- englisches 13/3; 17/4; 23/11; 45/58
- französisches 23/11; 62/1
- Geschichte 2/2 ff.
- italienisches 62/1
- Reform 69/1 ff.
- Struktur 17/1 ff.
- US-amerikanisches 15/6 f.; 17/4; 19/66; 45/58; 51/4; 69/1
Strafverfahrensrecht
- Aufgabe und Ziel 1/2 ff.
- Begriff 1/1
- europäisches 3/14 ff., 62/2
- Grundsätze 10/1 ff.
- internationales 3/13 ff.; 52/21
- Quellen 3/1 ff.
- und Strafprozesslehre 1/14 ff.
- Umfang 1/9
- Verhältnis zu anderen Prozessrechten 1/11 f.; 15/1 ff.
- Verhältnis zum materiellen Strafrecht 1/13
- Verhältnis zur Verfassungsordnung 2/1 ff.
Strafverfolgungsvorsorge 33/18
Strafverteidiger s. Verteidiger
Strafvollstreckung 52/5; 58/1 ff.
Strafzumessung 55/22, 20 f.
Strafzumessungslösung
- bei Beweisverboten 24/30, 36
- bei Lockspitzeleinsatz 36/7 f.
- bei überlanger Verfahrensdauer 16/9 ff.
Strengbeweis 24/2 f.
Substitutionsrecht 9/5
Suggestivfragen 44/22
Sühneversuch 63/15 ff.
Suspensiveffekt 53/4
Syndikusanwalt 26/21

Tagebuchaufzeichnungen 24/55; 34/25
Tatbegriff s. Prozessgegenstand
Täter-Opfer-Ausgleich 65/19
Tatfrage 55/17 ff.
Tatinterlokut 44/83
Tatprovokation s. Lockspitzel
Tatsachen 24/6 ff.
- allgemeinkundige 24/9
- Befundtatsachen 27/21 f.
- gerichtskundige 24/10
- Negativtatsachen 55/47
- offenkundige 24/8 ff.; 45/3
- Zusatztatsachen 27/22 f.
Tatverdacht
- Anfangsverdacht 39/15
- dringender 30/5; 39/16
- hinreichender 40/14; 42/8
Täuschung 25/24
Taxonomisierung 55/31
Technische Mittel 36/50 ff.
Teilanfechtung des Urteils 53/15 ff.
Teilfreispruch 49/13 f.; 59/4
Teilrechtskraft 53/18 f.
Teilschweigen des Beschuldigten 25/33
Teilvereidigung 26/45
Telekommunikationsüberwachung 36/1 ff.
- Anordnung 36/9
- Dauer 36/9
- Mitwirkungspflicht der Netzbetreiber 36/9
- beim Verteidiger 36/8, 20
- Verwertungsverbot 36/11 ff.
- Voraussetzungen 36/5 ff.
Tenor s. Urteilsformel
Termin 22/22; 43/2
Therapieunterbringungsgesetz 66/11

Tonbandaufnahme als Beweismittel 24/56f., 65; 28/9ff.
Transparenzprinzip 44/63
Transportwirkung 21/5
Trennungsgebot 36/24; 39/28

Überlange Verfahrensdauer, Rechtsfolgen 16/8ff.
Überwachung der Telekommunikation s. Telekommunikationsüberwachung
Überzeugung, richterliche 45/43
Umfangsverfahren 16/5
Unmenschliche Behandlung 25/23, 30
Unmittelbarer Zwang 31/11ff.; 33/16, 31
Unmittelbarkeitsgrundsatz 46/3ff.; 54/15
Unschuldsvermutung 11/1ff.; 45/56
Unterbrechung der Hauptverhandlung 44/7ff.
Unterbringung, einstweilige 38/5f.; 42/16; 66/13
Unternehmensinterne Ermittlungen 25/14
Untersuchung s. körperliche Untersuchung
Untersuchungsausschuss, parlamentarischer 18/21a
Untersuchungsgrundsatz s. Ermittlungsgrundsatz
Untersuchungshaft 30/1ff.; 39/35; 42/16; 49/5
– Akteneinsichtsrecht 19/67
– Aufhebung 30/51ff.
– Aussetzung 30/45ff.
– Dauer 11/3; 30/55f.
– Fortdauer nach dem Urteil
– in Privatklagesachen 30/16
– Rechtsbehelfe 30/61ff.
– Unterbrechung 30/60
– Vollzug 30/30ff.
– Voraussetzungen 30/5ff.
– Zweck 30/1ff.
Urkundenbeweis 28/4ff.; 45/47; 46/18
Urkundsbeamter 44/38; 51/6
Urteil **48/1ff.;** 53/6
– Absetzung 50/2
– Aufbau 50/3
– Begriff und Arten 23/1
– Beratung 48/9ff.
– Berichtigung 53/1f.
– des Berufungsgerichts 54/18ff.
– nichtiges 52/25ff.
– des Revisionsgerichts 55/65ff.
– Verkündung 47/23
– Zustandekommen 48/9ff.
Urteilsabsprache s. Absprache
Urteilsformel 49/1, 6ff.; 53/13; 68/12
Urteilsgründe 23/11; 49/2; 50/4ff.
Urteilsperseveranz s. Perseveranzeffekt
Urteilsurkunde 50/1ff.

Van-Mechelen-Fall 46/34
Verbindung von Strafsachen 6/13f.
Verbindungsdaten 36/28
Verbot der Schlechterstellung s. reformatio in peius
Verbotene Vernehmungsmethoden 25/15ff.
Verdacht 24/1
Verdachtsstrafe 45/57
Verdeckter Ermittler 24/53; 26/67; 37/1ff.
Verdunkelungsgefahr 30/9, 46
Vereidigung
– des Sachverständigen 27/19
– des Zeugen 26/39ff., 62ff.
Vereidigungsverbote 26/44
Verfahren
– gegen Abwesende 44/44ff.; **62/1ff.**
– beschleunigtes 61/1ff.
Verfahrensablauf Überblick 4/3ff.
Verfahrensbalance 10/5; 11/7; 15/7; 17/8, 19; 19/66; 39/35; 44/28; 45/6; 51/11; 69/1ff.
Verfahrensdauer s. Beschleunigungsgrundsatz
Verfahrenshindernis s. a. Prozessvoraussetzung
– bei Lockspitzeleinsatz 37/7f.
– bei überlanger Verfahrensdauer 16/10
Verfahrensregister, länderübergreifendes 58/18ff.
Verfahrensrüge 55/11ff., 47, 60f.
– alternative 55/24
– Verwirkung 55/37, s. auch Rügepräklusion
Verfahrensverzögerung 16/8ff.; 60/8
Verfahrensvoraussetzung s. Prozessvoraussetzung
Verfall 67/1ff.
Verfassungsbeschwerde 3/5, 15; 23/10; 52/22; 53/3
Verfolgungszwang s. Legalitätsprinzip
Verfügung 23/3
Verfügungsgrundsatz 12/7
Vergeheimdienstlichung 9/22
Vergleich 63/23
Verhaftung s. Festnahme
Verhältnismäßigkeitsgrundsatz
– bei Anstaltsbeobachtung 33/5
– bei Beschlagnahme 34/4, 26
– bei beschleunigtem Verfahren 61/11
– bei Durchsuchung 35/6
– bei Festnahme 31/7
– bei Pressebeschlagnahme 34/23, 35
– bei Reihengentest 33/34
– bei U-Haft 30/12, 32
– bei Untersuchung 33/10, 28
– bei Zwangsmitteln 29/5
Verhandlungsfähigkeit 21/11ff.; 22/5; 54/24
Verhandlungsleitung s. Sachleitung
Verhandlungsmaxime 10/4; 15/1, 6; 63/2
Verhör s. Vernehmung
Verjährung 21/9
Verkehrsdaten, Erhebung von 36/29ff.
Verkehrszentralregister 52/5; 58/17ff.
Verkündung des Urteils 49/1ff.
Verlesung
– des Anklagesatzes 4/6; **44/3**
– der früheren Aussage eines Zeugnisverweigerungsberechtigten 24/46; **46/29ff.**

– von Protokollen in der Hauptverhandlung 46/9 ff.
– von schriftlichen Erklärungen 46/18
– von Urkunden in der Hauptverhandlung 28/7
Verletzter 1/8; 41/5 f.; ff.1 ff. vor 63; 65/9 ff.
Vermögensbeschlagnahme 67/5 f.
Vernehmung
– audiovisuelle 46/13
– des Beschuldigten 25/4 ff.
– kommisarische 43/10; 45/23
– von Zeugen 26/50 ff.
Vernehmungsmethoden, unzulässige 24/40; **25/15 ff.**
Verpolizeilichung 9/22
Verschlechterungsverbot s. Reformatio in peius
Verschleppungsabsicht 44/23; 45/27
Verständigung im Strafverfahren s. Absprachen
Verteidiger, Verteidigung
– Akteneinsichtsrecht 19/66 ff.
– Anwesenheitsrechte 19/64 f.
– Ausschluss 19/48 ff.
Beschlagnahme von Unterlagen 34/20
– eigene Ermittlungen 19/63
– Entziehung des Wortes 19/59
– Grenzen der Tätigkeit 19/12 f.
– Kontaktsperre 19/78
– Ladung 43/4
– Mehrfachverteidigung 19/36
– notwendige s. notwendige Verteidigung
– Organ der Rechtspflege 19/3 ff.
– Rechtsmittelverzicht 53/26
– Rechtsstellung 19/3 ff.
– Telekommunikationsüberwachung 36/8, 20
– bei U-Haft 30/65
– Verhinderung 19/79
– Verkehr mit Mandanten 19/75 ff.
– Wahlverteidiger 19/30, 33
– Wahrheitspflicht 19/14
– Zeugnisverweigerungsrecht 26/20
Vertrauenspersonen s. V-Mann
Vervollständigungsklage 52/15
Verwendungsregeln 24/14, 18
Verwendungsverbot s. Beweisverwendungsverbot
Verwertungsverbot s. Beweisverwertungsverbote
Verwirkung des Revisionsrügerechts 55/37; s. auch Rügepräklusion
Verzögerungsrüge 60/8
Videoaufzeichnung und -übertragung von Vernehmungen 26/52 f., 39/36; 44/53 f.; **46/13, 21 ff.;** 69/6 f.
Videokonferenz s. Videoaufzeichnung
Viktimisierung, sekundäre 26/52
V-Mann 9/19; 26/67; **37/9 f.;** 45/25; 46/17, 30, 33 f.
Völkerstrafrecht 3/29 ff.
Vollstreckbarkeitsbescheinigung 58/7
Vollstreckung s. Strafvollstreckung
Vollstreckungslösung bei überlanger Verfahrensdauer 16/11 f.
Vorbehalt des Gesetzes 2/4
Vorermittlungen 39/17 f.
Vorfeldermittlungen 39/18
Vorführung
– des ausgebliebenen Angeklagten 31/26; 44/43
– des Beschuldigten 31/23 ff.
– des Verhafteten 30/22; 31/17
– des Zeugen 31/28 ff.
Vorhalt 46/25
Vorladung 31/22
Vorratsdaten 36/13, 29
Vorsitzender 44/14
Vorstrafen, Feststellung 25/8; 44/46; 58/16
Vorverfahren s. Ermittlungsverfahren
Vorverurteilung 8/17
Vorverurteilung s. Medien

Waffengleichheit 11/7
Wahlfeststellung Tenor 49/8
Wahlgegenüberstellung s. Gegenüberstellung
Wahllichtbildvorlage 33/16
Wahrheit, materielle 10/4; 15/6; 45/1
Wahrheitspflicht
– des Beschuldigten 25/10
– des Verteidigers 19/14
– des Zeugen 26/12
Wahrspruch 23/11
Wahrunterstellung 45/19, 53
Weisungsbefugnis
– des Ministeriums gegenüber StA 9/12
– der StA gegenüber der Polizei 9/21 f.
– des Vorgesetzten gegenüber StA 9/13
Wesentliches Ergebnis der Ermittlungen 40/17
Whistleblower 26/67, **39/11a**
Widerklage 63/26
Widerruf eines Geständnisses 45/47; 57/9
Widerspruchslösung 11/11; **24/34 ff.,** 43; 44/18
Wiederaufnahme 52/16; 57 ff.
– in-dubio-pro-reo 57/15
– propter nova 57/9 ff.
– bei Strafbefehl 68/13
– Verfahrensgang 57/12 ff.
– Zulässigkeit 57/2 f.
Wiedereinbeziehung ausgeschiedener Tatteile 22/13
Wiedereinsetzung in den vorigen Stand **22/17 ff.;** 53/30; 54/6
Wiedereintritt in die Hauptverhandlung 44/6
Wiedererkennungsprobe 44/54; s. auch Gegenüberstellung
Wiedergutmachung 14/13; 65/1, 19
Wiederholungsgefahr 29/23 ff.; 30/11 ff., 46; 37/2
Wiener Konsularrechtsübereinkommen 24/35

Wirtschaftsstrafkammer 6/2; 6/7
Wirtschaftsstrafsachen **9/9;** 14/14; 16/6; 65/20; 67/7
Wormser Prozess 45/35 Fn. 26

Zehnaugenprinzip 44/67a
Zentralregister 52/5; 58/11 ff.
Zentralstelle in Ludwigsburg 9/8
Zeuge
– Auskunftsverweigerungsrecht 24/48; 26/33 ff.
– Aussagepflicht 26/12 ff.
– Begriff 26/1
– Beweiswürdigung 45/46
– Erscheinenspflicht 26/11
– vom Hörensagen 26/17, 67; **46/33 f.**
– Ladung 43/5
– Namhaftmachung 43/9
– Prozesssubjekt 26/66 ff.
– sachverständiger 26/3; 27/7
– Unerreichbarkeit 45/23 ff.
– Unvereinbarkeit mit anderen Verfahrensrollen 26/4 ff.
– Vereidigung 26/39 ff., 62 ff.
– Vernehmung 26/50 ff.
– Videovernehmung 26/52; 69/6 f.
– Zeugenbeistand 26/68
Zeugenbeweis 26/1 ff., 45/46
Zeugengrundsatz bei Untersuchungen 33/25, 33
Zeugenschutz 26/55, 67; 44/53
Zeugenschutzharmonisierungsgesetz 26/67
Zeugnisverweigerungsrechte
– des Angehörigen 24/43; 26/14 ff.; 33/26, 30
– bestimmter Berufsgruppen 24/45; 26/20 ff.; 34/17 f.; 36/46
– und Protokollverlesung in Hauptverhandlung 46/29 ff.
– Rechtsfolgen bei Verstoß 24/43 ff.
– Verhältnis zu den Landespressegesetzen 26/24 f.
Zeugniszwangsverfahren 56/2
Zivildienstverweigerung 52/17
Zufallsfunde 24/53; 35/11 f.; 36/14
Zulassung der Anklage 4/4; 42/8 ff.
Zurückgewinnungshilfe 65/19 ff.
Zurückverweisung
– durch das Berufungsgericht 54/20 ff.
– durch das Beschwerdegericht 56/11
– durch das Revisionsgericht **55/69,** 74, 77; 65/8
Zurückweisung von Fragen 17/4
Zuständigkeit der Strafgerichte
– bewegliche 6/10; 42/10
– funktionelle 9/2
– örtliche 3/2; **7/1 ff.;** 21/7
– als Prozessvoraussetzung 21/4 ff.
– sachliche **6/1 ff.;** 21/4 ff.
Zustellung 22/15 ff.; 23/12; 15/4
Zwang, unmittelbarer 31/1 ff.; 33/16
Zwangsmaßnahmen 29/1 ff.
– Erledigung 29/17 ff.
– bei Festnahme 31/11 ff.
– als Grundrechtseingriffe 29/3 ff.
– Rechtsfolgen bei Verstoß 24/49 ff.
– Rechtsschutz 29/11 ff.; 33/18
– Reformbedarf 29/25 f.
– Zuständigkeit 29/6 ff.
– Zweck 29/2 ff.
Zwangsverteidiger 19/40
Zwischenhaft 30/51
Zwischenverfahren 4/4; **42/1 ff.**